中国书业史

郑士德　郑北星　著

上

人民出版社

序　言

魏玉山

（中国新闻出版研究院院长、党委书记）

　　郑士德老前辈的《中国书业史》即将出版，要我写序，我有点惶恐不安。郑老是出版发行界德高望重的老前辈，不仅毕生从事发行工作，有丰富的实践经验，而且研究成果等身，是我辈学习的典范。但是，老前辈既然开口，我也只能从命。

　　我认识郑先生已经30多年，为先生的精神所感佩。1986年我大学毕业，来到中国出版发行科学研究所（中国新闻出版研究院前身）工作，具体的部门是国家出版局党史资料征集工作领导小组办公室（1987年改为新闻出版署党史资料征集工作领导小组办公室），从事出版史料的征集、研究工作。领导小组的组长是国家出版局顾问、老出版家王益同志，副组长是研究所的负责人叶再生同志和国家出版局机关党委书记蔡岐清同志。郑士德先生是国家出版局党史资料征集工作领导小组成员之一，也是领导小组最年轻的成员之一。领导小组每年都开好多次会，郑先生都积极参加，当时号召老同志写回忆录或口述史料，郑先生也很支持。直到1992年领导小组撤销前，与郑先生每年都有多次的接触。此后，郑先生负责中国书刊发行业协会的日常工作，同时他还是我们研究所学术委员会的委员，还参与研究所的一些科研活动，因此联系一直不断，郑先生每有新著出版，都会签名送我。2013年，研究院组织开展了老出版人口述史项目，郑先生作为书刊发行领域的老前辈，自然被列入了口述史采访对象。其间，我带领研究院项目组的同志，几次去郑先生的家里，听取他对口述工作的意见建议，直到2019年他的口

1

述史《一个书店经理人的自述：乐做新华卖书郎》出版，这一段的接触又频繁起来。也是在开展口述史期间，得知老先生虽已进入耄耋之年，但是壮心不已，仍在笔耕不辍，撰写《中国书业史》，其老当益壮之情，实为我辈学习的榜样。

郑先生不仅是发行工作的前辈，也是图书发行学、图书发行史研究的开拓者。早在1982年，他就组织黑龙江、吉林、辽宁新华书店的人员与新华书店总店的人员共同编写发行学教材，1984年由他主编的《图书发行学概论》出版，成为图书发行学领域的第一部著作，为全国图书发行领域的人才培养发挥了重要作用。此后，郑先生又把研究转向了图书发行史领域。2000年他著的70多万字的《中国图书发行史》出版，成为"研究我国书业经营史与图书流通史的第一部著作"（图书发行学高等教材编审委员会），"弥补了我国图书发行学科的一大缺门"（新华书店总店原总经理汪轶千），由此可见郑先生在图书发行研究领域所作出的贡献。

《中国书业史》是在中国图书发行史研究的基础上，历经10多年的研究增补、修订而成。之所以由图书发行史改称中国书业史，我觉得有其合理性：一是著作中既有图书发行的内容，也有大量的图书出版、出版管理等方面的内容，用发行史命名难以全部涵盖；二是书业作为一个行业，其由来已久，但以"书业史"命名的著作还没有，已有的"书史"著作基本不涉及发行业，已有的"出版史"研究，重点在图书出版，而对图书发行的研究着墨也不多，从"书业史"的角度研究，可以兼顾出版、印刷、发行各主要环节。

作为一部纵横3000多年的书业史著作，其可以提及的亮点很多，其中以下三点尤其值得关注：

一是对红色出版格外重视，对传承书业的红色基因有重要的意义。本书作者饱含激情把中共中央创办和领导的进步书店列为重中之重。他们把陈独秀创办的新青年社、毛泽东创办的长沙文化书社及其九个县分社作为重点介绍给读者。特别是文化书社，有10多位同志在同蒋介石集团战斗中光荣牺牲，他们的英勇战斗和热心为读者服务的精神十分感人。从书中对中共中央上海时期、瑞金时期、延安时期以及新中国成立以后的出版发行工作等所做的梳理，使我们从中可以看到党中央一直高度重视出版发行工作，无论是在建党之前还是建党以后，无论是在革命战争年代还是社会主义建设年代，出版发行工作都是革命斗争的一个重要部分，是社会主义建设的一条重要的战线。

二是注重历史经验的总结归纳。历史研究的目的不仅是弄清史实，还历史的本来面目，更重要的是"发挥知古鉴今、资政育人作用"（习近平），因此总结历史经验，为后人提供借鉴，是历史研究的应有之义。本书用大量的篇幅总结了书业经营成功的案例与经验，如宋代建阳书业经验，明代汲古阁出版经验，清代苏、杭书业经验，江西金溪书业经验，民国时期商务、中华、开明书业经验，以及三联书店在国民党统治区的经营经验等，其目的是为当下的出版发行工作者借鉴。

三是注重吸收考古发掘等新成果。作为一位进入耄耋之年的老人，他仍然非常注意吸收新的研究成果，注意新的史料的使用。比如一般秦代出版史都会讲到秦始皇焚书造成书业萧条的不良后果，但对于秦朝"以法为教、以吏为师"却很少提及。本书从考古学家在湖北云梦睡虎地挖掘秦代墓葬出土的1000余根秦简入手，向读者们介绍了秦代的图书销售法规，这对后世中国图书发行行业有着很大的影响。

作为第一部以"书业史"命名的著作，它不仅为出版史、印刷史、发行史研究工作者提供了一种新的研究视角，也为编辑出版专业的学生及出版发行工作者提供了一部系统学习出版发行历史的著作，有助于我们增强文化自信、增强历史自豪感，有助于我们在新时代做好出版发行工作。

目 录

导　言

《中国书业史》是研究我国书业产生、发展变化规律的历史。规律是看不见、摸不着的，但它在一定条件下反复发生作用，只有通过历代书业经营活动来把握它。

中国书业是我国出版行业的简称。1971年7月在巴黎修订的《世界版权公约》给出版下的定义是："出版一词，系指作品以有形的形式复制，并把复印件向公众发行，使作品能供阅读和欣赏。"2001年12月25日中华人民共和国国务院以343号令修订公布的《出版管理条例》第二条指出："本条例所称出版活动，包括出版物的出版、印刷或者复制、进口、发行。"由此可见，不论国际、国内，都将出版社、书店和印刷（复制）图书的企业列为出版行业，简称书业。《中国书业史》侧重于图书发行，包括古代的国有出版发行机构和民办的书坊、书肆、书店。

我国自古以来，由于受轻商、贱商的封建思想影响，一般不重视图书发行。我国出书品种十分丰富，已超过200万种，1978年以前从未出版过有关卖书的书，似乎"发行无学"。有人认为："书上有定价，卖书比卖油盐酱醋简单。"其实，现代出版家、编辑家认为："卖书比编书难。"实践证明，卖书大有学问：发行人员要熟悉书、熟悉读者，主动地精准地找到需要的读者，深入普遍地做好发行工作，力求不脱销、不积压，实现供需动态平衡。

20世纪80年代，在党的十一届三中全会精神指引下，新华书店总店解放思想、突破陈规，编辑出版了《书店工作史料》（4辑，100多万字）、《图书发行丛书》、《海外书林丛书》、《图书发行学概论》等培训教材50多种。中宣部出版局原局长、国际合作出版促进委员会会长许力以主编的《中国大百科全书·新闻出版》专设新兴学科——图书发行学，介绍了许多发行条目，丰富了图书发行知识。

根据中共中央、国务院《关于加强出版工作的决定》，各省（区、市）建立了 17 所图书发行中等专业学校，武汉大学等 8 所大学设立了图书发行管理专业。在新华书店总店支持下，高等教育出版社出版 12 种高等院校图书发行学教材，中国书店出版社出版 17 种中等专业学校图书发行学教材。1999 年，由新华书店总店原总经理汪轶千作序，高等教育出版社作为高等院校教材出版的《中国图书发行史》，印行 7000 册，3 个月售罄。为听取读者反映，迟迟未重印。10 年之后的 2009 年，经作者补充新史料，由原新闻出版总署署长柳斌杰亲自审读、以《一部精彩的书业发展史》为题作序，由中国时代经济出版社出版增订本《中国图书发行史》。又隔 10 年——2019 年，经两位作者大规模删节、修改，补充许多新发现的史料，改书名《中国书业史》，由人民出版社出版。

《中国书业史》探讨了我国古代书业产生和抄书出售的历史，介绍了我国古代最早出现的书籍集市。东汉发明的造纸术、唐初发明的雕版印刷术，推动我国书业前进了一大步。本书分析了建阳书业从宋代到清初为什么持续经营数百年不衰？扫叶山房等名牌书业为什么倒闭？晚清创办的 20 多个资金丰富的官书局为什么比不过商务、中华等民营书局？在国民党白色恐怖统治下，坚持出版发行进步书刊的生活、读书、新知三家书店有哪些经营经验值得继承、发扬？诸如此类史实，本书都有详尽论述。

中国共产党在各个历史时期创办的书业以及从 1949 年新中国成立到 20 世纪末的中国书业历史，本书作为重中之重，详加论述。"明镜照形，古事知今"，了解我国书业史，有利于总结我国书业的经验教训，有利于发展壮大书业，有利于建设社会主义文化强国。

在习近平新时代中国特色社会主义思想指引下，研究中国书业产生、发展变化规律，必须保持高度政治自觉；紧紧把握新时代新要求，弄懂弄通我国图书的基本属性：社会主义文化属性、商品属性和复制图书的科学技术属性。

第一，社会主义文化属性。习近平总书记在党的十九大报告中指出："文化是一个国家、一个民族的灵魂。文化兴国运兴，文化强民族强。没有高度的文化自信，没有文化的繁荣兴盛，就没有中华民族伟大复兴。要坚持中国特色社会主义文化发展道路，激发全民族文化创新创造活力，建设社会主义文化强国。"中国书业是文化产业的核心产业，一定要遵照习近平总书记的指示，激发全体员工创新创造活力，把繁荣兴盛中国特色社会主义文化作为根本任务，竭尽全力提高出版发行工作质量，我国书业必须推进马克思主义中国化时代化大众化，要将习近平总书记的全部著作，突出宣传，大力发行。千方百计增强传播力、影响力。

什么是中国特色社会主义文化？习近平总书记指出："中国特色社会主义文化，源自于中华民族五千多年文明历史所孕育的中华优秀传统文化，熔铸于党领导人民在革命、建设、改革中创造的革命文化和社会主义先进文化，植根于中国特色社会主义伟大实践。"联系书业实际，有关中国特色社会主义文化的图书，品种众多，内涵丰富，中国书业要不忘初心，矢志不渝，坚持为人民服务、为社会主义服务，坚持百花齐放、百家争鸣，为广大人民提供丰富的精神食粮。

党的十九大报告第七部分，即"坚定文化自信，推动社会主义文化繁荣兴盛"提出的五项要求，中国书业要勇于承担，以创新精神，积极主动地为党和国家的大局服务。

第二，图书的商品属性。图书是商品，必须坚持读者自愿购买原则，防止任何方式的强迫摊派。图书同其他商品一样，都具有使用价值和价值的二因素矛盾，只有通过以货币为媒介的交换，书业实现了图书商品的价值，而购书者实现了图书商品的使用价值，图书商品的二因素矛盾才得以解决。如果交换不成，图书的使用价值和价值都无法实现。就书业来说，损失巨大。书卖不出去，造成存书积压或报废损失；图书脱销，不能迅速重印，基层书店添货落空，造成应有的销售收入减少。这是中国书业最大困惑。书业是文化产业，必须坚持党的领导，加强经营管理，扩大销售，增加利润。但是，利润要合理，必须把社会效益放在首位，社会效益与经济效益相统一。

"文化大革命"时期，全国"书荒"严重，人民群众没有书读，特别是求知欲强的青少年亟须精神食粮"嗷嗷待哺"。当年，"书荒"是中国书业的主要矛盾。经过改革开放，"书荒"问题已经解决。进入新时代，中国书业的主要矛盾，已转变为人民日益增长的图书需要与书业发展不平衡不充分之间的矛盾。

中国书业解决主要矛盾，必须遵循习近平总书记在党的十九大报告中指出的"我国经济已由高速增长阶段转向高质量发展阶段……必须坚持质量第一、效益优先，以供给侧结构性改革为主线，推动经济发展质量变革、效率变革、动力变革，提高全要素生产率……"我国书业的供给侧结构性改革，也必须提高编、印、发质量，多出、多发优秀图书，"坚持去产能、去库存、去杠杆、降成本、补短板，优化存量资源配置，扩大优质增量供给，实现供需动态平衡"。

改革没有终点。中国书业必须深化经济体制改革，促进国有资产保值增值，防止国有资产流失。深化国有书业改革，发展混合所有制经济，团结民营书业发展，创名牌，扩大知名度，做强做优做大。对于我国境内所有书业，一视同仁，平等对待。净化图书市场，反对市场垄断。

开放带来进步，封闭必然落后。中国书业要以"一带一路"为重点，坚持"引进来"和"走出去"，扩大中国特色社会主义文化在全球的影响力和美誉度。

第三，复制图书的科学技术属性。如果对复制图书的科学技术属性认识不足，势将成为形势发展的落伍者，有可能被市场淘汰。从古至今，随着科学技术的发展，我国图书有 4 次变形、经历了 4 次革命。第一次革命是从简册演变为纸写书。东汉蔡伦发明造纸术以前，秦始皇每天要阅读笨重的简册（奏章）60 多斤。东方朔进皇宫要请人挑着沉重的竹简（书担）同汉武帝对话，以便随时引经据典。纸写书代替简册，轻便多了，便于图书运输和图书流通。手抄书效率低，一次只能抄写一本书，书价高，流通少。唐初，雕版印刷术发明是图书第二次革命。用雕版印刷，一次印数可达数千册、上万册，而且因大批量快速生产，书价较手抄书便宜，有利于图书销售，有利于书坊、书肆、书店发展，也有利于官办书业刊刻儒家经典，经过唐代、五代的漫长岁月，到了宋代，雕版印刷才普遍推行开来，手抄书退出历史舞台。雕版印刷延续了近千年，到了清代晚期，才被西方引进的石印、铅印技术所取代。比较起来，铅印技术得到发展，石印技术逐步被淘汰。20 世纪，铅印技术成为复制图书的主流，以雕版印刷图书的企业纷纷被市场淘汰。清代晚期各省成立的官书局纷纷倒闭的重要原因，是主持官书局的封建士大夫思想保守，顽固地雕印已经过时的封建专制用书。此外，江西浒湾乡50多家书铺和福建四堡乡80多家书铺，均以雕版印卖科举读物，生意兴隆，清代中期达鼎盛时期。清末废科举、兴学校，处于浒湾、四堡等乡村书铺信息闭塞，仍雕印科举读物，积压严重；雕印其他图书，竞争不过上海新书业的铅印书，民国初期陆续倒闭。

20世纪80年代，胶印书发展快速。20世纪90年代，互联网兴起，网上售书，价格便宜，又主动送书上门，对实体书店是最大的挑战。当当等网上书店在亏损中坚持经营，终于成长壮大，盈利不小。城市书店和少数中小书店开始增设网上售书，使之网上网下融合，扩大了图书销路。但中小书店如何全部推行网上售书仍未解决。德国的中小书店已全部实行网上售书，效果明显。国内外中小书店网上售书的经验值得借鉴。

21世纪是出版发行转型期，第四次图书革命或迟或早必然到来。看来，相当长的时期，电子出版物与纸质图书同时并存。这为中国书业转型升级提供了准备时机。新时代的我国书业，要紧跟形势发展，结合出版发行工作实际，同互联网、大数据、人工智能等高新技术深度融合，努力实行优化升级。

第一章 图书的起源

书和图书是同义语。图书是书的复合词。研究中国图书起源，首先要解决什么是图书。早在公元前 11 世纪——我国西周时期就有了图书，"书于竹帛谓之书"，这是从当时的图书形态为书下的定义，没有提及图书的功能。东汉训诂学家刘熙在所著的《释名》中说："书，庶也，纪庶物也，亦言著也，著之简纸永不灭也。""庶"是众多的意思。译成现代语言：图书是记录多种事物的著作物，写在竹简或纸上，永不灭地传播。

时隔一千八百多年的新中国，著有《中国书史简编》的刘国钧指出："图书是以传播知识为目的，用文字、图画记录在一定形式上的著作物。"其他几位当代学者对图书的定义，大同小异，但都提到图书的功能是记录知识和传播知识。仅仅记录知识是文字载体，还不能成为图书，只有记录知识加传播知识（含信息），才是图书。用什么来记录、传播知识呢？主要用文字。文字是构成图书的核心要素。没有文字也就没有图书。研究我国汉文书起源，要从汉字是怎样产生的谈起。

第一节 汉字的起源和演变

在文字未出现前的远古时期，人们的知识（信息）只能靠语言传递。为巩固记忆，开始出现文字的先导物——结绳，但它并没有发展成文字。文字的出现，需要经过漫长的发展过程。在这个过程中，图画——特别是文字画，对于文字的产生发挥了重要作用。

在人类的发展过程中，先有语言，后有文字。文字产生以前称史前时期，据考证，人类语言产生于四五万年以前。语言是人们思维和表达思想的手段。在共同的生产劳动和社会生活中，人们之间的交际主要靠语言。彼此之间传达信息、沟通意见、交流思想、协调行动，都离不开语言。所以说，语言是社会交际的重要工具，是人类区别于其他动物的本质特征之一，而共同的语言又常常是民族的特征。

语言的局限性。语言功能的局限性表现为转瞬即逝。在上古时期，人们说出来的语言不能直接传于异地（空间局限），也不能保留于异时（时间局限）。信息和知识只能用口耳相传的办法告诉周围的人。口传的内容，时间久了会忘记；口传的诸事纷繁复杂，也会相混。在口传过程中，有些内容或被传错，或被添枝加叶，或被涂上神秘色彩。

为弥补语言功能的不足，需要寻找一种可以突破时空局限的交际工具。最早出现的是象征性实物——结绳。后来出现了以图形示意的文字画，又经过漫长的摸索创造，产生了可以书写在物质载体上的若干符号。在一定的部落群体之内，人们用这些符号表达语言，取得共识，逐渐形成文字。所以说，文字是记录和表达语言的书写符号。它的基本功能是扩大语言在时间、空间的交际，通过文字的物质载体推动人类文明的发展。人类的可信历史，大部分有赖于文字的传播。

结绳记事。商末周初最早的古书《易》载："上古结绳而治，后世圣人易之以书契，百官以治，万民以察。"庄子也说过："昔者民结绳而治之。"这种"结绳而治"就是用象征性实物来唤起记忆，是最古老的记事方法的一种。为记住一件事，就在绳上打一个结，用各种式样的绳结，代表已经发生的事件。"古者无文字，其有约誓之事，事大大其绳，事小小其绳，结之多少，随物众寡"（唐代李鼎祚《周易集解》）。

上古结绳的历史，古书上虽有记载，但还无法找到上古遗留下来的结绳实物加以考证。不过，历史上的许多民族都有过结绳的实例。古代的鞑靼族部落，"调拨军马，结草为约"。这个"结草"，就是在草绳上打结，表示要调集的军马数量。我国古代的瑶族，两个人发生争执，就各取一绳，谁说出一个道理，就在绳上打个结，以结多者取胜。西藏僜人请客，先送去一绳，以绳上的结数表示宴会在几天后举行。云南哀牢山区的哈尼族在 20 世纪 40

年代仍用结绳记事,"凡是寨里、家里发生什么大事,便看见阿波(哈尼族语,意为阿爸)拎出珍藏的草绳,往绳上结疙瘩"(引自1989年12月3日《光明日报》)。在云南省博物馆里,收藏有傈僳、佤等民族结绳记事、刻木记事的实物。

埃及、波斯、日本、墨西哥、秘鲁等国也有过结绳的历史。古代秘鲁用绳结的颜色、大小、松紧、多少来代替不同的记事。以绳结的颜色为例,红色表示战争和武人,黄色表示黄金和赠物,白色表示银子与和平,绿色表示农作物,黑色表示死亡和悲哀。秘鲁的结绳方法,到当代仍有人能通晓其含义。

结绳作为人们交际的工具,作用有限,许多复杂的意思很难用绳结表达。事情多了,时间长了,各种绳结所代表的意思往往难以弄清。因此,结绳无法发展成文字,只能是文字的先导。

一、汉字的起源

中国的汉字源远流长,经历了一个漫长的发展演变过程。对于汉字的起源,我国学者已经研究探索多年,比较趋于一致的意见是,把彩陶符号的出现定为汉字之源,把彩陶象形符号的出现定为文字。至于殷商时代的甲骨文,则已是较为成熟的文字了。

(一)文字画。在旧石器时代,人们已经会画图画。用图画表意可以在一定程度上作为人们之间的交际工具。其表意功能比结绳大,容易唤起人们共识,不仅能表示山、川、日、月、人、兽等具体实物,还能表示动作、行为。邀人打猎,就画一个鹿的图形,再画一个手持弓箭的人形,作为信函送出。收信人一看就明白图画的含义。在一定范围的社会群体之中,交往频繁,对一些图形所表达的意思,约定俗成,人人明白,称文化共享现象。

表意的图画逐渐向两个方向发展。一是发展为图画艺术;二是发展为图画文字,或者叫文字画,即以简练的图形表达具体事物。1924年,在甘肃辛店出土一批公元前3000年左右(相当于夏代以前的原始社会)的陶器,上边刻画有人、兽、鸟、虫等简练的图形,是我国最早发现的图画文字。2005年,宁夏第二民族学院岩画研究中心在宁夏中卫县大麦地众多岩画的个体图形中，发现 1500 多个图画文字。其中，能释读的只占一小部分，绝大部分还不能释读。这些早期岩画距今 1.6 万—1 万年，是我国史前时代的旧石器时期。

岩画是凿刻、磨刻或绘制在岩石上的图画、符号，再现了古代人类生产、生活以及理想信念、宗教信仰的史实。全世界有 50 多个国家都发现过岩画。在我国的南方、北方有 23 个省区均发现了岩画。其中，宁夏岩画数量众多，分布集中，内涵丰富，在世界上占有重要地位。宁夏岩画主要分布于贺兰山东麓至卫宁北山，涉及 4 个市（地区）7 个县。仅登记在册的岩画达 4.5 万幅（组），贺兰山几乎每沟口都有岩画。距银川市最近的贺兰山口就有单体岩画 5509 幅。其中有粗线条的牛、马、羊、虎、豹、驼等动物图案，还有人类狩猎、争战、歌舞、交媾等画面，从中可以看到旧、新石器时代原始部落的图腾崇拜、自然崇拜、祖先崇拜、生殖崇拜，通过岩画可以了解文字尚未产生前的原始历史。岩画介于文字画和图画之间。

古代文字画又进一步向两个方面演变：一是新字的创造，二是形体的简化。起初，人们为表达一个事物，把形体画得很细致。当人们熟悉这个形体所表达的意思之后，再逐渐简化，用粗线条组成一个大的轮廓，直至画成抽象的概念式图案或符号。在一定范围的社会群体内，一致认同它的象征意义。

（二）彩陶符号——汉字之源。1954 年，在陕西西安附近的半坡村和姜寨，出土了一批原始氏族遗物——彩色陶器。在 100 多件彩陶的钵口上，共发现 50 多种刻画符号，其刻法、形状、部位都很相似。经专家考证，出土彩陶属于新石器时代中期的仰韶文化。后来，在陕西西安、合阳、宝鸡、铜川、临潼以及甘肃秦安等考古遗址，都出土了刻有符号的彩陶，而且数量不少。说明在仰韶文化半坡类型的部落里，人们普遍使用这种符号。这些半坡彩陶经放射性碳-14 测定，为距今 6000 年左右的文物。

半坡彩陶符号的发现，引起了考古学、古文字学、历史学等方面学者的研究探讨。郭沫若在《古代文字之辩证的发展》一文中说，半坡"彩陶上那些刻画符号，可以肯定地说就是中国文字的起源，或者中国原始文字的孑遗"。古文字学家于省吾经过考释，在《关于古文字研究的若干问题》一文中指出，半坡出土的陶器上的刻画，既有指事系统的文字，也有象形和假借系统的简单文字，"仰韶文化距今有 6000 多年之久，那么，我国开始有文字的时期也就有了 6000 多年之久，这是可以推断的"。还有一些古文字学家和考古学家发表文章，从多方面论证，认为半坡、姜寨出土的陶器上的符号是汉字的原始形态，是中国文字之源。

从 20 世纪 60 年代到 90 年代，许多学者经过田野考古发掘，在长江中游、下游，黄河上游、中游、下游，淮河流域和渭水流域，都出土了陶器符号，还发现了龟甲符号和石器符号，多为新石器时代中期或晚期产物。也有更早年代的，在甘肃秦安大地湾一期文化的陶器上发现 10 余种彩绘记号，比仰韶文化半坡类型的年代约早 1000 年，考古学者认为"可能是介于图画与文字之间的一种记事符号"。

（三）原始文字。1959 年和 1986 年，考古学者先后在山东莒县、诸城一带发掘出土一批陶器，发现在陶器的一定部位刻有象形符号，同后世的甲骨文、金文形状结构接近。有些符号，古文字学家已可释读。这批彩陶属于新石器时代晚期大汶口文化，距今约有 4000 年历史。一些著名学者如李学勤、于省吾、唐兰、王蕴智、李孝定等认为，大汶口陶器符号是"原始文字由发生而日趋发展时期的文字"，"无论从符号的形状结构来分析，还是从通行于相当广的区域范围来考虑，我们很赞同将大汶口文化的陶器符号称之为陶文，即刻写在陶器上的文字"。① 新石器时代晚期大汶口文化，正值我国历史上的夏代（公元前 21—前 16 世纪）。继夏代之后的商代甲骨文已经是较为成熟的文字，其前必有一个相当长的创制时期。因此，可以把我国文字的出现定在夏代。

《易·系辞传》说："后世圣人易之以书契。"这个"书契"很可能就是夏代的陶器刻画符号——陶文。"书契"的"书"指文字，"契"指用刀刻画。夏代陶文经过 800 年的发展演变，出现了殷商时代更为成熟的甲骨文。

---

① 李学勤主编：《中国古代文明与国家形成研究》，云南人民出版社 1997 年版，第 151、155 页。

二、汉字的形体演变

汉字是一代接一代的社会群体创造的。经过多次整理，逐步划一。随着社会经济文化发展的需要，汉字数量不断增加。

（一）汉字的创造。汉字是谁创造的？在古籍上有不少说法。西汉经学家孔安国《尚书序》说："古者伏羲氏之王天下也，始画八卦，造书契，以代结绳之政，由是文籍生焉。"他把文字说成是伏羲氏造的。战国末期成书的《韩非子》、西汉成书的《淮南子》、东汉成书的《说文解字》，都说汉字是仓颉造的。这些说法，不仅被现代学者所否定，战国时期的荀子也早就否定了。《荀子·解蔽》说："好书者众矣，而仓颉独传者，一也。"意思是说，文字是众多的人创造的，经过仓颉的整理划一，为众人所认同，才得以流传下来。正因为是众多人陆续创造的，所以很难断定我国的汉字产生于哪一年。

仓颉也作苍颉，旧传为黄帝的史官。那时仍用结绳记事。相传，有一次，黄帝与其他部落首领谈判，由于仓颉从结绳上提供给黄帝的事实发生差错，造成谈判失败。仓颉愧而辞官，独居深沟，依照象形创造出文字，开启了人类文明的新篇章。此事惊动了上天，为嘉奖仓颉下了一场谷子雨，即自古流传下来的"谷雨节"。这只是个神话传说，仓颉可能是上古时代创造或整理过文字的一位杰出代表人物。

文字和语言一样，是人类在漫长的社会化劳动过程中产生的。鲁迅说过，"仓颉也不止一个，有的在刀柄上刻一点图，有的在门户上画一些画，心心相印，口口相传，文字就多起来。史官一采集，便可以敷衍记事了。中国文字的由来，恐怕也逃不出这例子的"。① 汉字就是这样，经过若干年代无数个"仓颉"的努力，从无到有，由少到多，从多头尝试到约定俗成，逐步发展演变而成。

（二）汉字的形体演变。古代世界曾经通行过多种文字，如古埃及的象形文字、古巴比伦的楔形文字、古印度的婆罗米文字等，后来都消亡了。唯

---

① 《鲁迅全集》第六卷，人民文学出版社 1991 年版，第 91 页。

独中国的汉字持续了数千年，迄今仍在使用。自古以来，汉字的形体有所演变，但书写符号的构造原则没有大的变化，始终是大众传播和文化交流的理想媒介。历史的持续性是汉字的最大特点。正因如此，我们才能读懂几千年来的中国古籍。

汉字形体演变的一般规律是，笔画由繁到简，书写由难到易。汉字初创时期，字体的构造还没有完全固定下来，有些象形字，甲地一个写法，乙地又一个写法，一个字甚至有数种、数十种写法。因此，在历史上汉字曾经过多次整理，把不规则的异体字加以淘汰、统一，用政权的力量加以规范、推广。

公元前9世纪，周宣王的太史籀（音宙）曾整理过汉字，产生籀文，又称"大篆"。公元前3世纪，秦始皇的丞相李斯（？—前208）以秦国通行的篆书为标准，统一全国文字，称"秦篆"，又称"小篆"。秦朝为便于官府行文，还出现了笔画简省的"隶书"。公元3世纪（三国时期），钟繇创造了楷体字，迄今仍是标准的手写体。公元10世纪的宋代，为适应雕版印刷的需要，书坊的刻工创造了宋体字，到现在仍然是主要的印刷字体。中华人民共和国成立以后，政务院于1955年公布了简化汉字方案，使部分汉字的笔画进一步简化，这对普及文化、节约书写时间极为有利。

数千年间，汉字的数量不断增加。殷商的甲骨文单字，约有4500个。汉代许慎的《说文解字》收汉字9353个。北魏张揖的《广雅》收汉字18151个。宋代司马光的《类编》收汉字31000个。清代张玉书的《康熙字典》收汉字47035个。1990年由徐中舒主编，四川辞书出版社、湖北辞书出版社联合出版的《汉语大字典》收汉字54678个。但是，汉字中的常用字并不算多，1975—1976年，在国家出版局、中国科学院、新华通讯社的主持下进行了汉字"查频统计"。从政治理论、新闻通讯、科技、文艺等书籍86种、期刊104种、文章7000多篇共2100万字中进行查频。结果，共用6335个汉字。其中最常用的汉字560个，常用字807个，次常用字1033个，合计2400个。这些字占书报刊汉字出现数的99%，也就是说，只要认识2400个字，一般白话书报刊都可看懂。不常用字1770个，偶尔出现字2165个。

汉字的特殊形体超越了时空限制，是中华民族的杰出创造，也是维系中华民族团结统一的重要纽带。汉字作为知识、信息载体,具有惊人的生命力和巨大的潜在力量。联合国同一议案的5种工作用文字的文本中,汉文本总是最薄的。据专家测试,相同时间内阅读汉文的人比阅读英文的人要多获得60%的信息。汉字也是理想的计算机语言。电脑输入汉字的速度已超过拼音文字。汉字难学、难写、难打印等问题,已被现代科学技术和新的教学法所克服。

汉字是构成汉文图书的基本要素。用汉字记录的古代典籍已超过20万种,其规模之巨,在全世界无与伦比。可以说,中华民族从古代到当代所创造的灿烂文化,基本上都浓缩在浩瀚的汉字典籍里。

第二节 早期的文字载体

我国古代神话传说把图书的来源说成是神授的。神话不可信,却可以使我们从中得到若干启发。我国最早出现的文字记录,是以甲骨、青铜器、石头等为载体的,大体相当于现代的记录、档案,传播的功能十分有限,还不能称之为书。

一、神话传说中的河图洛书

图书这个词最早源于古代传说"河图洛书"。《易·系辞上》说:"河出图,洛出书,圣人则之。"圣人是指我国传说中的人类始祖伏羲氏。他凭"河图洛书"带领他的部族,从事渔猎生活,繁衍生息。后人则把"河图洛书"混称河洛图书。伏羲氏获得河洛图书,有一则美丽的神话故事:相传约五六千年前,有个氏族部落在河南孟津的黄河岸边定居。这个氏族辛勤劳作,感动了上天,降下祥瑞。一龙首马身遍体鳞甲的怪兽——龙马,背负河图,自滔滔黄河凌波而来,逆水进入与黄河交汇处的一条小河。正在小河捕捞鱼虾的伏羲氏发现这匹龙马,沿河跟踪,涉水缚兽,降伏了龙马。原来龙马背上的图,是散点成线的各种符号。经过伏羲氏的反复观察研究,悟出了这些符号所显示的意蕴,画出了八卦图,称"伏羲八卦"。晋怀帝永嘉四年(310)在相传伏羲氏获得"河图"的今河南孟津县雷河村，建立了龙马负图寺。今又重修，以志纪念。

伏羲氏获得"河图"以后，又带领他的部族到洛水捕鱼。有只神龟背负"洛书"浮出水面。伏羲氏又涉水捕龟，获得"洛书"。有个神话故事说得更生动：某年天大旱，黄帝来到洛水岸边，杀五牲祭祀洛水之神，突然天降大雨。只见水面浮出一条大鲈鱼，背负图书顺水而游。黄帝冒雨涉水，追踪这条鲈鱼，游了七天七夜，一直游到东海才从鲈鱼背上得到"图书"，只见那图书赤文绿字，闪闪发光。《淮南子》也记述了鲈鱼负图献给黄帝的故事。

神话表明，在上古时代，图书具有非常神秘的色彩，它是由神授给"上合天旨，下合地意"的部落首领的。像中原各族的共同首领——黄帝，统一了中原，深得民心，也要经受严峻考验，冒雨游了七天七夜才从鲈鱼背上得到"图书"。最高首领的权威地位是"天意神授"的。他用来治理臣民的规则——"河图洛书"，无疑也是"天意神授"的。这种图书只能由最高首领独占。这些神话传说，也意味着图书一产生，就同政治、经济息息相关。

古代学者认为"河图洛书"是伏羲氏画八卦的依据。汉代孔安国说"河图八卦，伏羲王天下，龙马出图，遂则其文以画八卦，谓之河图"。但从古至今也有些学者，如宋代欧阳修，元代陈应润，明代刘濂，清代黄宗羲，近代钱玄同、顾颉刚等都否定了这个说法。当代蒙古族学者韩永贤经多年研究，认为"河图"是我国上古游牧部落绘制的气象图，"洛书"是上古游牧时代的方位图（罗盘）。上古游牧部落逐水草而居，不时迁移，部落首领要根据长期游牧实践绘制的气象图、方位图，来指挥全部落的游牧生产、生活，其重要性非同一般，只能由首领所占有。它是权力的象征，秘不示人。尽管"河图洛书"被涂上一层神秘的色彩，它仍然是生产实践经验的记录，是用符号或图形记录知识的载体。商、周时期，凡文字记录都可称之为书，或者是书的引申义。例如，诏书、刑书、盟书、文书、上书、家书等。

二、甲骨文

甲骨文是刻在龟甲、兽骨上的商代后期文字。最先是在殷商首都（今河南安阳）发现的，又称殷商甲骨、殷墟文字。主要用于王宫的占卜，又称卜辞、贞卜文字、龟甲卜文、契文。早在商代以前，人们就利用甲骨作占卜。西周也用甲骨占卜，除少数例外，一般不在上面刻写，而是将占卜文字另行记录在简帛或其他载体上。

据专家考证，殷商甲骨主要是公元前14世纪盘庚迁都安阳（前1388）到公元前12世纪帝辛灭亡（前1123），约270年间殷商王朝后期的档案记录。它是今天研究商代社会历史的重要资料，在当时是刻在甲骨上的文字记录，在今天不失之为知识载体。殷商王朝把甲骨上的文字记录视为重要的精神财富，由地位很高的史官保管，当殷商王朝危在旦夕的时刻，把它埋在地下，防止被敌人作为战利品夺走。

20世纪70年代以来，我国考古学家又有新发现。1972年，在安阳殷墟发现甲骨5041片。1977年，在陕西岐山的周原，一次出土西周甲骨1.7万片。与殷墟甲骨相比，其形制整齐美观，制作方法别具一格。说明西周时期在甲骨上记载文字的现象依然存在。

1984—1987年，在河南舞阳贾湖遗址出土了一版完整的龟腹甲和两个龟甲残片，上面都刻有符号。经放射性碳-14测定，距今7500—8500年。"贾湖出土的龟甲符号一下子把在甲骨上刻写文字符号的历史向前推移了六七千年。"[1]

"殷人尊神，率民以事神，先鬼而后礼"（《礼记·表记》）。殷朝廷对重大决策都要向鬼神占卜。殷商的甲骨文大多数为卜辞或占卜征验之词，也有少数是记事文字，大体可分为五类：（1）政治，包括帝系、典礼、臣庶；（2）军事，包括征战——有片甲骨上刻有"俘获而族一千五百七十人，车二辆，盾一百八十个，衣甲十五副，箭若干支"[2]；（3）经济，包括食货、农产、渔猎、营建、灾害、求雨等；（4）天象，包括日食、月食、风雨、岁时；（5）宗教与习俗，包括祭祀、吉凶、疾病与死亡——据现有的甲骨文统计，刻有杀死奴隶作殉葬的达1900多片，被杀害的奴隶达1.3万人。通过

---

[1] 李学勤主编：《中国古代文明与国家形成研究》，云南人民出版社1997年版，第146页。

[2] 李学勤主编：《中国古代文明与国家形成研究》，云南人民出版社1997年版，第146页。

这些记事文字，可以使今人了解到殷商时代的文化和社会生活。从这个意义上说，在当代殷商的记事甲骨文具备了书籍的雏形，尽管还不能复制和流通，但它毕竟起到了传播知识的作用。

甲骨文的书已在地下埋藏了3000多年，19世纪末才被逐步发掘出来。究竟是谁最早判定它是殷墟文字的？较有影响的说法是，光绪二十五年（1899）古董商人范维卿将河南安阳小屯村殷墟出土的近百片刻有古文字的甲骨带到北京。开始不被人注意，后来被大学士、国子监祭酒王懿荣（1845—1900）发现，用高价收购，陆续得到1200多片。经过他的研究，考证为商代文字。这一重大发现，使我国有文字可考的历史前推了1000年，使商代历史成为信史。1900年7月，王懿荣奉命总办团练，抗击八国联军，捍卫京城，城破殉难。他所藏甲骨，由其子卖给《老残游记》作者刘鹗。刘鹗又陆续收购到5000多片刻辞甲骨，于1903年精选1058片编成《铁云藏龟》，最早将甲骨文公诸于世。次年，孙诒让著《契文举例》，最早对甲骨文作考释。清末民初，长于考古的罗振玉为甲骨文的收集和流传作出了重要贡献，著有《殷墟书契》。从1929年起，郭沫若陆续出版了《甲骨文字研究》、《卜辞通纂》等著作，为甲骨文的研究开辟了一条新途径。1980年，中国科学院集研究之大成，出版了《甲骨文合集》。

在文字的构造上，甲骨文已经运用了象形、会意、形声、假借等比较进步的造字方法。文法也和后代的相同。在坚硬的甲骨上，字迹一般都刻得整齐、美观。中国汉字发展到甲骨文时代，至少经历了两千年以上的演变过程。

现藏甲骨总数。据《古籍整理出版情况简报》1984年第129期发表的胡厚宣《八十五年来甲骨文材料之再统计》，国内外总共现藏甲骨154604片。其中，国内收藏127904片（含台湾省收藏30204片，香港地区收藏89片，私人收藏1731片）；国外收藏最多的是日本，12443片。其次是加拿大，7802片。英国3355片，美国1882片。俄罗斯、德国、瑞典、瑞士、法国、比利时、韩国、新加坡等国也有少量收藏。

三、青铜器铭文

青铜是铜、锡或铅配合熔铸成的合金，具有良好的铸造性、耐磨性和化学稳定性。因以铜为主，呈青色，所以称青铜。商、周时期铸刻在青铜器上的记事文字称青铜器铭文。这些文字大多数是在铸造青铜器时用模子浇铸出来的，也有少数是在器具铸成后镂刻上去的。铭文主要铸在青铜器的礼器——鼎和钟（乐器）上。所以，铭文又称钟鼎文。在钟、鼎的铭文上，常有"易吉金"、"择其吉金"字样。吉，是精良、坚固的意思。铭文又称吉金文字或简称金文。

古书上有"禹铸九鼎"的记载。大禹时代铸的青铜器，现在还没有发现。1959 年，在河南偃师县二里头发掘出商代初期炼铜的坩埚片、铜渣，距今约 3600 年。1973—1974 年，又在那里发掘出 4 个铜爵，是我国迄今出土最早的青铜器。这标志着在夏末商初，我国已进入青铜器时代。在殷墟发掘的妇好墓，出土青铜器达 440 多件，说明殷商的青铜器铸造业已具有一定的规模。我国青铜器的分布范围很广，北起辽宁，南至湘赣，西迄陕甘，东至沿海，均有青铜器出土。

青铜器铭文为研究我国古代历史提供了重要资料。在已发现的 1.5 万件青铜器中，约有 1 万件刻有铭文。那个时期的典籍流传到现代的很少，青铜器铭文可补充古文献资料的不足。有些古籍经过历代传抄翻刻，难免发生窜改讹误，而铭文历数千年仍牢固如初，可以对某些古籍的内容起到印证、订正的作用。

青铜器上的铭文有一个发展过程，可分为殷商、西周、春秋战国、秦汉四个时期。各个时期的铭文在形态结构、书法字体以及文法用途等方面均有所差异。

殷商铭文的字体同甲骨文相似，铭辞字数较少，多呈圆形。青铜器上简短的铭文，多为氏族名、人名、接受祭祀的祖先的名字，等等。有些器物上还铸有马、象、猪、狗等形象以及人与器物的形象，表示祭祀、战争和各种社会生活等现象。由于刻铸的字数少，记事过分简单，还不能称为书。

西周铭文字体齐整，笔画端正，文字结构与今日所见的周代典籍相似。其最大特点是铭辞字数渐多，甚至有长篇的记事文。其内容主要为当时的征战、盟约、任命、赏赐、祀典以及其他各种政治社会活动的记事。清代道光末年出土于陕西岐山的"毛公鼎"，属西周晚期的青铜器，铭文 497 个字，记述周宣王告诫和褒赏其臣下等事，还反映了西周统治不稳定的情形。现已发现铸刻有铭文的西周青铜器约 3000 件以上。

西周铭文在当时是记录和档案。今天看来，它为人们提供了西周社会历史知识，补充了过去的史书记载，可以把它视做历史文献。周初康王时期（约公元前 11 世纪）的"小盂鼎"铭文，铸有在盂奉王命征伐外族鬼方，一次俘敌 13081 人，还记有审问被俘酋长的内容。同时期的"大盂鼎"，载有康王赏赐作战有功的贵族 1709 个奴隶和大量车马的内容。西周中期的"曶鼎"（曶音忽），载有鼎主人曶用一匹马一束丝交换 5 个奴隶，后改变主意用"金百寽"（百枚金属货币）交换，对方不同意，引起诉讼，最后判定曶获胜。曶因此铸鼎庆祝胜利。青铜器坚固耐用，铸上的字不易更改，可以作为永久的凭证。公元前 8—9 世纪的"散氏盘"（又名矢人盘），铸有两个盟国划分疆界的盟约。如果一方违约越界，则可拿出这个"散氏盘"评理。

春秋战国的铭文，较西周铭文的字体更加美观齐整，笔画稍短而多变化，常带有韵脚。花纹精细，文字较长。春秋时代的郑国、晋国曾将法律铸在鼎上，称"刑鼎"、"刑书"。

战国以前（含战国）的青铜鼎，是统治阶级贵族极为珍视的礼器，只在举行盛大典礼、祭礼时才使用，被称为"重器"，象征着统治权力。春秋战国时期，周室衰微，王权旁落，诸侯国纷纷铸鼎，凡有重要文件需永远保存或发生重大事件需永志不忘的，就把它刻铸在鼎等青铜器上。消灭一个侯国，一定要"毁其宗庙，迁其重器"。危在旦夕的侯国，往往要将"重器"埋于地下，以防被敌国掳去。贵族统治者死去，也将青铜器作为殉葬品。有许多青铜器因被藏于地下而留存后世，成为现代重要的考古资料。

秦始皇统一天下，下令收缴金属制器，青铜器的制造基本停止。汉代的青铜礼器，主要铸刻器主的名字、铸造年代或公式化的吉祥语。因铭文过分简短，已失掉记事意义，不能起书籍的作用，而此时正式的书籍——简策、帛书已广为流传。

四、刻石文字

古代把文字刻在石头上，让人公开阅读，起到传播的作用，但不能流通。《墨子》书中提到"镂于金石",可见把重要记事文字铸在青铜器上和刻在石头上,至迟在战国时代是并行的。由于石质容易风化,流传下来的刻石文字并不多见。唐初在陈仓(今陕西宝鸡)发现10个以石鼓为载体的文字记录,刻字700多个,因自然风化,现仅存300余字,内容为田猎、打鱼的诗。现代学者考证为公元前7—8世纪的产物,是中国现存最古老的刻石文字。现藏于北京故宫博物院。

较著名的刻石文字还有公元前4世纪末期秦国的《诅楚文》,包括《巫咸文》(326字)、《大沈厥湫文》(318字)、《亚驼文》(325字)共三篇。当时,秦惠文王与楚怀王交战,秦国作《诅楚文》祈求秦国所奉祀的神祇保佑本国战胜,咒诅楚国无道、失败。春秋战国时期,常有用祈祷文咒诅敌国之事。凡一国违背盟约,他国即诉于神祇前,咒诅敌国受到神的惩罚。

秦汉以来,刻石文字盛行,逐渐取代了青铜器铭文。像石鼓那样的圆柱体刻石,称碣;在磨制得平滑的长方形石板上刻字,称碑。统治阶级为记载历史大事、纪念逝去人物、歌功颂德,永志不忘,不再在青铜器上铸字,而是利用碑碣刻字。碑碣的字数多,内容丰富,公开供人阅读,可以达到宣扬的目的。公元183年完成的东汉《熹平石经》,镌刻了7部儒家经典。这是汉灵帝命书法家蔡邕用朱笔写在石碑上,由工匠雕刻而成,立于洛阳太学(国学)门前,作为官定的儒家经典今文标准本,供读书人抄录、校正。国家考试判卷以石经为准。全盛时,每天前来阅读或抄写的达千人以上。此后,不少朝代都刻有石经,如曹魏的正始石经、唐代的开成石经、五代的蜀石经、北宋的嘉祐石经、南宋的御书石经、清代的乾隆石经等。其中,开成石经最著名,全书包括《周易》、《尚书》、《诗经》、《周礼》、《仪礼》、《礼记》、《春秋左氏传》、《春秋公羊传》、《穀梁传》、《孝经》、《论语》、《尔雅》等12部经书,用石114块,两面镌刻共228面。清代又补刻了《孟子》,合称《十三经》。这种刻石文字,前人已经为它正名,称石经。

战国时期还有以玉片和石片为载体的文字记录。我国古代文献曾提及"著之玉版,每旦读之,名曰玉机"(《素问》),但很少见到实物。1960年12月,在山西侯马晋国遗址出土的《侯马盟书》,就是用5000多块玉片或石片写成的。每片长约32厘米,宽约4厘米,厚1厘米。其中,玉片占1/3,有的薄如纸片，晶莹透明。在这些玉、石片上写着朱红色或黑色的毛笔字。经考证，这部玉、石片书是2500多年前晋国的一个贵族赵鞅为赵氏宗族立的誓盟书。盟书强调赵氏宗族要诚心祭祀宗庙，团结一致对付敌人。

第三节　最早出现的书籍

春秋战国时期（前770—前221）开始盛行的以竹木为书写材料的简策、以丝织品为书写材料的帛书，是中国历史上最早出现的正式书籍。东汉文字学家许慎为书籍下的定义是："著于竹帛谓之书。"竹帛之书同甲骨文、青铜器铭文和刻石文字的根本区别，不仅仅是文字载体不同，而是从文字记录的工具发展为传播知识的工具，可以复制多份，超越时空，广泛流通。

一、简策

以供人阅读为目的，把文字写在经过整治刮削的竹片上，称简。写在木板上，称札或牍，总称简牍。一根简，可容纳二三十个字，用毛笔墨书。这比在甲骨上刻字或在青铜器上铸字简便多了。写一篇文章需要用很多根简。为便于阅读，必须把这些简按书写顺序编缀在一起。被编缀起来的群简，称策，也可写作象形字的"册"。这是现在把一本书称为一册书的起源。把组成一篇文章的简，叫作一册。编简成策的细绳称编。

作为书写材料的木板叫作版，写了字的版称牍。竹简与木牍在使用上也有区别。《仪礼·聘礼》中说："百名以上书于策，不及百名书于方。"方，是指一尺见方的木版。百字以上的文章写在简策上，不到一百字的文字记录写在版牍上。古代的户口人名均写在版牍上，称籍，户籍源出于此。往来信函也用一尺见方的版，称尺牍。绘制地图用的木版，代表国家领土的"版图"源出于此。甘肃等西北地区不产竹，只好以木简代竹简。在敦煌、居延等地发现的木简及版牍，均为色白、质轻、易于吸墨的白杨木、柳木制成。

综上所述，以竹木为书写材料，以简为书籍的基本构成单位，以文章为篇，编简成策，形成中国早期的书籍制度——简策制度，又称简牍制度。我国考古工作者发掘战国墓，多次发现制作简策的工具。例如，1957年在河南信阳长台关发掘一号楚墓，随葬一只小木箱，装有制造简策的全套工具：铜锯（截断竹片）、铜锛（劈开竹简，铲平竹片）、铜刻刀和铜夹刻刀（刮平简面并在简边刻出固定简册编绳的缺口）、铜锥（钻孔编册）。还有用于书写的毛笔、笔管（装笔用）、铜削（刊削笔误）。1981年在浙江绍兴狮子山西麓发掘的战国墓，随葬品中除有上述铜刻刀等多种工具外，还有两件编连长册用的陶线锤（竹简按简文顺序编妥，然后用丝线将各枚竹简夹住编连。这时，两头要用线锤拉紧编绳，把简夹牢）。这些制简策工具盛放在一个精致的漆盒内，表明人们对这些工具的爱惜和珍视。

在适于书写的纸张发明之前，竹是较为理想的书写材料，其优越性表现在三个方面：

一是适于书写。经刮制后的狭长竹条，坚硬轻巧，富有弹性，易于编连，适宜在上面写字。写错了还可用刀刮掉后重写。古籍上说，孔子在编定《春秋》时，"笔则笔，削则削"，即应该加上的内容用毛笔加上，应该删掉的内容就用刀子把它削掉。这种简策不论文章长短，均可机动编连，不受篇幅长短的限制。

二是便于制作。先将竹筒锯成一定的长度（重要的经典著作长二尺左右，一般著作长一尺左右），再剖成一定的宽度（一厘米左右），剥去外表青皮，用火烘干（防止腐朽虫蛀），刮削平整，即可写字。东汉目录学家刘向在《别录》中说："以火炙简令汗去其青，易书复不蠹，谓之杀青，亦曰汗简。"以后，就把"汗青"作为史册的代称。南宋抗元英雄文天祥（1236—1283）的《过零丁洋》诗句"人生自古谁无死，留取丹心照汗青"中的"汗青"，就是指历史书籍。

三是价廉易得。竹生长迅速，价格便宜。在中国古代，竹的分布区域较广，不仅在南方，就是在黄河流域的陕西、山西、河南、山东等地，也适于生长。后来由于气候变化，才逐渐南移。在多数地区，要抄写复制书籍，可以就地取竹，花费不多，这就有利于教育事业的发展和文化知识的传播。教育事业发展了，识字的人多了，对书籍的需要增加，才出现书籍的买卖。

简策制度对于中国的书籍文化影响深远。汉字的直行书写，行序自右至左，书籍的计量单位（卷、册）、版面行格和有关术语，都可以从简策制度中找到渊源。简策同甲骨、青铜器、石碑等比较起来，适于书写，便于制作，价廉易得，为古代文人学者著书立说提供了客观条件，也为书籍的流通、买卖提供了有利条件。但是，简策也有它的缺陷，那就是体积太笨重，不便翻阅和携带。秦始皇操持朝政，每天要处理简策文书一百二十秦斤（相当于现代的 25 公斤）。东方朔（前 154—前 93）初入长安，给汉武帝写了一篇奏章，用了 3000 根竹简，由两个人抬进宫廷。简策还有个缺陷，一旦编简的细绳断了，会使简脱落无序。要把众多错乱竹简重新理顺也是件麻烦事。

二、简策的通行年代

简策约起源于殷商时代。郭沫若在《奴隶制时代》一书中说："殷代除甲骨文之外一定还有简书和帛书。《周书·多士》说：'惟殷先人，有册、有典。'甲骨文中也有册字和典字，正是汇集简书的象形文字。但是这些竹木简所编纂的典册，在地下埋藏了三千多年，恐有不能再见了。"《尚书》中的《盘庚》三篇，是殷商君主盘庚告谕臣民的文告，历史学家确认是商代遗文。《诗经》中有《商颂》五篇，也无疑是商代遗文。这些商代遗文只能靠简策加以复制传播下来。据专家考证，在西周以前，竹简、木牍主要用于书写通知、文告、祝祷及其他公文。约在春秋时代才逐渐用于书写长篇文章。司马迁《史记·孔子世家》说："孔子晚而喜《易》……读《易》韦编三绝。"生于春秋末期的孔子（前 551—前 479）所喜读的《易》，无疑是书写在竹简上的。可见，在孔子时代已经有了简策制度。"韦"是"经纬"之"纬"的初字。"韦编三绝"即简策上用柔软的丝、麻细绳编连的横编，因读简舒卷的次数多了，折断 3 次。过去人们把"韦"释作粗硬的熟牛皮绳，是一种误解，因为它不适于编简，也不容易断。

我国出土的简策，见于古代史书记载的有 7 起，原物没有流传下来，均被外国人窃走。新中国成立后发掘出土的最多，截至 20 世纪 80 年代初，已达 22 起，此后还陆续有新发现。从战国起，到秦、汉、魏、晋各代的竹（木）简都有出土。失传 1700 多年的《孙膑兵法》于 1972 年在山东临沂银雀山的一座汉墓中与《孙子兵法》同时发掘出土，极具学术研究的价值。木简埋藏在甘肃等地较为干燥的沙漠地带，保存完好，甚至还发现编绳的整册木简。河南、山东、湖南、湖北等地出土的竹简，都是在密封得很好的古墓里发现的。墓里多半有水，竹简在水里浸了2000多年，仍然字迹清楚。但出土后仍需浸在水里，否则会很快皱缩、扭曲、变黑。有些博物馆用脱水办法保存竹简，已取得明显成效。

2100枚战国竹简于2008年7月入藏清华大学。这批珍贵的古代竹简是清华校友赵伟国从境外抢救，捐赠给清华的，称"清华简"。简上文字精整，少有潦草。这是迄今为止发现最多的2400年前的战国竹简。为防止霉变，均浸泡在药水中。经过紧张的抢救保护工作，到10月初，基本完成第一阶段的清理保护。在"清华简"中竟发现真本古文《尚书》。这是自秦始皇焚书之后首次发现的真本古文《尚书》。

"清华简"中编年体史书，记载了《左传》、《春秋》、《史记》等书没有记载的史实。孔子编了诗、书、易、礼、乐、春秋六经，因"乐"经早已失传，故称五经，而在"清华简"中却发现了两千多年来没人见过的"乐"经。

经11位当代的专家学者论定，"清华简"将对夏商周断代史研究起到不可估量的推动作用。

1995年，我国有关部门从香港购回一批战国竹简共1200多枚，3.5万字。涉及80多种先秦古籍，包括儒、道、法、兵、杂等多家学派，有相当一部分是已失传的古佚书。

简策制度在我国古代通行的年代，无法确切断定。从简策源于商代中期算起，到晋代末期被纸书最后代替，约通行1700年。从已被发掘出土的战国简到晋简计算，简策制度在中国大量通行的时间（战国到晋末）近900年。

三、帛书

帛是丝织品的通称。以丝织品为文字载体的著作物，称帛书。帛的种类较多，用双丝织成的细绢，色黄，不透水，称缣帛，是书写的最佳材料。用缣帛写的书称缣书。缣帛往往成为帛书的代称。用生丝织成的绢，不经漂染，色白质薄，称素帛，适于书写和绘画。用素帛写的书称素书。由粗丝加工织成的"缯",厚而暗,经久耐用,也可用来写书,称缯书。缣书、素书、缯书统称为帛书。帛书与简策在古代同时并用,所以常将"竹帛"、"竹素"作为图书的代称。

丝织文化起源于中国。传说公元前 3000 年,嫘祖发明养蚕织丝。在殷商的甲骨卜辞中就有丝、蚕、帛、桑等字。在安阳殷墟已发现丝帛残迹。在西周初期的古墓中曾发现丝帛。不过,早期的缣帛因产量少,价格昂贵,主要供贵族做衣服用,随着桑蚕生产的发展,才逐渐用作书写材料。

帛书的出现是书写材料的一大进步。它比简策有更多的优越之处。帛质轻薄柔软,易书写,易绘画,易携带,易收藏,易舒卷,能随文字的长短截断,便于阅读。根据传统的说法,卷轴起源于帛书。轴是卷的轴心,以轴为中心将帛书从左到右卷起来,形成一种与简策制度并存的书籍形式——卷轴制度。近期有些学者认为,卷轴形式起源于简策,将编缀好的简策从左到右卷成一捆,系以书绳,成为一卷。这是书的计量单位"卷"的由来,帛书沿袭了这一形式。有些帛书还采取折叠式,不一定用轴卷起。但历来习惯上说的卷轴,则是指帛书和初期的纸写书。

四、帛书的盛行时期

帛书的起源年代无法查考。据古代文献记载,春秋时期已有帛书流传。《晏子春秋》是战国时人的著述,其中提到,"景公谓晏子曰:'昔吾先君桓公予管仲、狐与谷其县十七;著之于帛,申之以策,通之诸侯,以为其子孙赏邑'"。齐景公与晏子是公元前五六世纪的人,齐桓公和管仲是公元前 7 世纪的人。据此推测,在公元前六七世纪的春秋时期,已经用缣帛作为书写材料。从当时的竹、帛分工来看,把重要的记事写在帛上,作为档案凭证长期保存,而要把这件大事通知或通报其他侯国,则写在简上复制多份,分别送出,即"申之以策"。成书于战国时期的《墨子·明鬼篇》说:"故古者圣王……书之竹帛,传遗后世子孙。"《韩非子·安危篇》说:"先王寄理于竹帛。"这里所说的圣王、先王,大概也是指春秋时期或战国初期的人。那么在这个时期已经是并用竹帛于"寄理"了。能够用得起帛书记事的,也只有圣王、先王,所以流传下来的很少。加之,帛书埋在地下易腐烂,不易保存，迄今还没有发现春秋时期及其以前的实物。1934 年，曾在长沙楚墓发现一件"楚缯书"，共 1000 多字，据考证是战国时期的帛书。

现在所能见到的帛书实物，是 1974 年在长沙马王堆西汉墓中出土的帛书，共发现 10 多种，计 20 多万字。约公元前 2 世纪或略早的书籍，墨笔书写，字体为小篆或隶书。这是一次重大考古发现，增加了许多未见记载的史料，为文献学、校勘学、版本学提供了丰富资料。

从战国到三国是古代盛行帛书的时期。即公元前 4 世纪至公元 3 世纪，约 700 年。东汉末年董卓之乱，朝廷珍藏的缣帛书，在西迁的途中载 70 余乘，被军队用做车篷、提囊、口袋，损失惨重。可见，当时帛书的数量已相当可观。

缣帛价格昂贵。在汉代，一匹缣帛（2.2 汉尺 ×40 汉尺）值 6 石（720 汉斤）米的价格，一般读书人是买不起帛书的。通常朝廷或豪富人家用它抄写较为贵重的有永久保存价值的著作。《太平御览》载，东汉的"刘向为孝成皇帝典校书籍二十余年，皆先书竹，改易刊定，可缮写者以上素也"。即先写在简策上，经过校正定稿之后，再缮写在素帛上成为帛书。先秦的儒家经典也以帛书为定本。古代人笃信鬼神，所以有关占卜星相的书、谶纬的书也多用帛书，以示尊重。帛书还有个重要用途，就是绘制地图、图画。历史上著名的荆轲刺秦王中"图穷而匕首见"的图，就是绘在缣帛上的地图。在长沙马王堆汉墓出土的帛书中，就有湘江、漓江流域的地图。

在汉代，很讲究帛书的形制。宫崇献给汉顺帝一部道家经典《太平清领书》，共 170 卷，"皆缥素书，朱介，青首，朱目"。即在青白色的素帛上，画有规范行距的红色直线，用青色的绫子装饰卷头，全文为墨字，小标题为红字。考古学者在敦煌、玉门等地考古发现，汉代已有专供著书或绘画用的帛织品。其界行的红线或黑线是事先织上去或画上去的，红线称朱丝栏，黑线称乌丝栏。帛书的形制世代相袭，到唐代，帛书虽已减少但仍存在。《唐国史补》说："素帛有织成红、黑纹者，以供书写。"

第二章　先秦及秦的图书

先秦是指秦代以前的历史时期，从远古至公元前 221 年秦始皇统一全国为止。在夏代，开始有了文字。商代有了以甲骨、青铜器、石头为载体的文字记录和简策。西周以竹帛为载体的图书逐渐增多，开始从周王室流传到诸侯国。春秋战国时期，图书从诸侯逐渐流散到"士"这个阶层，可能出现图书买卖的萌芽。因尚未查到古文献上的有关记载，只能作为假说。秦代的历史很短，也未见古文献上有图书买卖的记载。

第一节　西周的图书统于王室

公元前 11 世纪，武王伐纣，战于牧野，商军倒戈，纣王自杀，结束了商朝 600 年的统治。西周王朝总结纣王无道的教训，开始重视文治，教化以礼。西周的典章文物都藏于王室。民间无书无器，学术专为官有，教育非官莫属。学在官府，官师合一。周王室设有史官掌管书籍。

一、文武之政布在方策

周族是活跃于我国西部黄土高原的一个古老部落，臣服商朝。周文王勤于政事，发展农业，礼贤下士，广罗人才。"济济多士，文王以宁"（《诗经·大雅》）。在文王治下，"入其境，则耕者让畔，行者让路；入其邑，男女异路，颁白不提挈；入其朝，士让为大夫，大夫让为卿……天下闻之而归者四十余国"（《毛传》）。传说周文王及其子周公，都是哲学家，"文王作卦辞，周公作爻辞"（《周易正义》）。他们很善于利用政治宣传，扩大周王朝的影响，瓦解敌军。

周公著述丰富。周王朝建立以后，摄理朝政的周公（姬姓，名旦，亦称叔旦，因采邑在周（今陕西岐山北），称周公），总结纣王无道的教训，重视文礼之治，礼刑并用，亲自制礼作乐。这个"礼"，是维系统治阶级内部等级名分的具体条文。贾公彦《仪礼疏序》载，著名的《周礼》、《仪礼》"并是周公摄政太平之书"。张揖《上广雅表》载："昔在周公，缵述唐虞，宗翼文武，克定四海，勤相成王，六年制礼，以导天下，著《尔雅》一篇。"《诗经》里的《七月》、《鸱鸮》、《常棣》、《时迈》以及《周颂》诸篇，据传多出于周公。周公著述之多，是前无古人的。《礼记·中庸》："孔子曰：文武之政，布于方策。"西周王朝用文武两手治国治民之策，都写在书籍——"方策"上。周公的著述，也通过"方策"流传下来。

周王室向诸侯赐书。西周实行分封制，周天子向自己的子弟、亲戚、功臣或古代先王圣贤后裔，分别授予一定范围的土地和人民，叫做"封国"。众多的封国便是诸侯。诸侯受封时要举行册封仪式，由天子颁布"册命"，"授民、授疆土"，同时还要赐给书籍典册，并将执掌书籍典册的史官也一同赐给诸侯。周公的儿子伯禽受封于鲁，周天子赐给他"祝宗卜史，备物典册，官司彝器"以及"大路（车）"、"大旗"等礼器仪仗。在受封诸侯中，伯禽得到的书籍最多，为鲁文化的发展奠定了基础。从一定意义上说，西周时的图书从周王室那里流传到了诸侯国。

二、藏书之所——盟府

西周王室保存盟约、图籍、档案的机构，称盟府。掌管盟约、图籍的官员，称司盟。《左传·僖公五年》："虢仲、虢叔，王季之穆也，为文王卿士，勋在王室，藏于盟府。"也就是说，这两个人为周王室立下了功勋，被文王封为卿士，立下官书为凭，保存在司盟之府。

盟府藏书日益增多。西周王室在封侯时，要向受封者宣布封疆的范围、土地的数量以及赐给的奴隶、官属、礼器、仪仗和书籍等，用文字记载下来，写在简册上或铸刻在青铜器上，以档案为凭，称为"册封"。天子与诸侯之间、诸侯相互之间、诸侯和大夫之间，为了在政治利益上相互约束，达成契约，向神盟誓，形成文字，称盟书。诸侯会盟，产生决议，也要见诸文字，称为盟约。所有这些册封、盟书、盟约、图籍都保存在盟府。诸侯之间对于已约定的事项发生争议，则"诉之盟府"，到盟府查阅档案，明确是怎样记载的。《左传·襄公十一年》中说："夫赏，国之典也，藏在盟府，不可废也。"也就是说，这些官书、档案非常重要，要存于盟府永久保存。

诸侯会盟载入史册。西周时期，诸侯之间的往来很频繁。《左传》说，在西周末年和春秋初期，20年间，就会盟50次，攻伐40次，朝觐35次，形成盟约16个，所有这些活动都要写在简册上，保存在盟府。周王室和诸侯发出的各种通告、命令、表扬，也要写在简册上，藏于盟府。因此，盟府里的简册逐渐丰富起来，流传后世，便成为珍贵的史料。

诸侯国也有盟府，又称故府。以鲁国为例，鲁哀公"三年五月辛卯，司铎火，火蜟公宫，桓喜灾。救火者皆曰顾府。南宫敬叔至，命周人出御书；子服景伯至，命宰人出礼书；季桓子至，命藏魏象（法令），曰旧章不可亡也"。这段文字说明，鲁国盟府保存的简册（档案）相当可观，发生火灾时三位大夫都特别关心盟府的简册，权衡轻重，各有所取。从他们抢救简册的主张来看，这个盟府的藏书已经有了分类。在楚国的盟府里，已经将存书分为三坟、五典、八索、九丘。

盟府里保存的简册，是由谁来撰写的呢？又是由谁来管理和组织流传的呢？这就涉及史官。

三、掌书之人——史官

史官是掌管简册之官。从有文字记载的商代起，书籍的写作权、保管权和组织借阅权，主要集中于史官。从训诂上追溯史的本义，"史（𡶇）记事者也。从又，持中，中正也"（许慎《说文》）。意思是，史官要忠实记录事实。近代学者王国维解释："史即持册持书之人"（《观堂集林·释史》）。他认为𡶇（史）字的组成：（ㅂ）为简册，（丨）为刀笔，（彐）为右手，史即执笔记事之人。执简秉笔直书是史官的专门职业。所以，史官又称作册。

史官的由来。传说"斯则史官之作，肇自黄帝，备于周室，名目既多，职务咸异。至于诸侯列国，亦各有史官，求其位号，一同王者"（刘知几《史通·外篇》)。初造书契的仓颉、沮诵是黄帝的左右史，夏代有个太史名叫终古，商代有个太史名叫向挚。他们都是掌管典籍执笔修史之人。这些都是古籍上记载的传说，无法查实。但在商代的甲骨文中，确实有"贞人"、"大史"、"西史"、"小史"等史官的名称。"殷人尊神，率民以事神"，朝廷设有敬鬼神、司占卜的神官，称巫。巫把占卜结果记录在甲骨上，即卜辞。有的巫官即史官，或者说史源于巫。

西周的史官增多。他们已从神的附庸地位独立出来，成为"掌官书以赞治"的王室重臣。周王室的史官有了明确分工，官位最高的是太史，掌六国之典，诏王命，负责撰文修史，兼及天文历法、祭祀及典籍的管理。官位低一些的有：小史，掌邦国之志（定世系）；内史，掌书王命；外史，掌书，使乎四方（书写对外的命令，记载四方发生之事）。在天子的两旁，有左史、右史。左史记言（记载天子讲的话），右史记事（记载天子的行动和发生的事件）。跟随王后的有女史，掌内宫礼仪典籍。这些不同级别的史官，都要"记言书事，太史总而裁之，以成国家之典"（《隋书·经籍志》）。

地方的史官负责复制、珍藏图书。

西周时期，诸侯国的史官由周王室委派。春秋时期，周王室衰微，诸侯国自设史官。例如，齐国有齐太史、南史氏，楚国有左史倚相，晋国有董狐、史墨。董狐不畏强权，秉笔直书，被孔子赞为"古之良史"。在侯国所属的州、间，设有州史、间史。"宰告间史，间史书为二。其一藏诸间府，其一献诸州史。州史献诸州伯，州伯命藏诸州府"（《礼记·内则》）。宰是执掌王家内外事务的执政官，他把发生的大事告知间史，由间史写成文字，复制成两份，一份存在间府，另一份交给州史。州史先送给州的主持人州伯看过，然后保存在州府。

史官的知识丰富。周王室和诸侯国的史官都出身贵族，职务世袭，从小受到较好的教育，博闻强记，具有渊博的知识，可以随时整理各种知识入书，如天文、历法、算术、文字、占卜、典制、文书、外交、使命等。史官是著书人，也是管理和组织书籍流通的人。经史官准许，可向贵族及其子弟出借图书。楚共王当太子时，就读了春秋、世、诗、礼、乐、令、语、故志、训典等书，而这些书都是保存在史官那里的，读完了要还给史官。这已是春秋初期的情况了。

史官在政权中的地位较高。周天子总要选择最可信任的人充任史官,并派他们去诸侯列国掌管和收罗各种典籍。史官是知识分子,善于观察,有文字表达能力,发现问题可以随时记下来,向周天子汇报。天子也靠派出的史官作为自己的情报来源。

史官掌管的典籍是治理国家不可缺少的文化财富。公元前506年,吴军攻楚,楚昭王逃亡。次年,吴军退走,楚昭王回郢,因典籍丧失,无法理政。有个名叫蒙谷的人,在战乱中冒险闯入楚国宫中,把大批典籍抢救出来,藏于云梦泽。楚昭王复国以后,蒙谷献出典籍,五官得法而百姓大治。

在周王室和诸侯国的典籍中,还包括地图。它也可以"以天下土地之图,周知九州之地域广轮之数,辨其山林、川泽、丘陵、坟衍、原隰之名物"(《周礼·大司徒》)。地图的种类也较多,有掌道路之图,掌九州之图,掌天下之图,掌邦中之图,掌土地之图,还有一县一乡之图以及各种专图。

四、史官和史书

周代的学术统于史官,私人没有著述文字。史官所撰写的史书是各种学术的渊源。法律书源于史书,文学书也源于史书。清代学者龚自珍认为,六经都是史:《易》为卜筮之史,《书》为记言之史,《春秋》为记动之史,《风》为史采于民,《雅》、《颂》为史采于士大夫,《礼》是一代的律令。可见,史书是集周代文化的大宗。孔子说:"天子失官,伤周之史亡也。灭人之国,必先去其史;隳人之枋,败人之纲纪,必先去其史;绝人之材,湮塞人之教,必先去其史;夷人之祖宗,必先去其史"(《古史钩沉论》)。

上面所说的史,实为典籍的代称,它对于巩固王朝的统治具有重要作用。每当一个王朝崩溃的时候,有的史官就将所掌握的典籍据为己有,去投奔新主。《吕氏春秋·先识》说:"夏太史终古见桀迷惑,载其图法奔商。商内史向挚见纣迷惑,载其图法奔周。晋太史屠黍见晋公骄无德义,以其图法归周。"可见,史官趁王朝衰亡之机,常常把图法典籍作为投奔或支持新王朝的"资本"。从这个意义上说,夏、商、周虽然还没有图书的买卖,但是已经有了图书的流传。图书已成为精神财富,具有重要价值,千金难得。

史官是图书的撰写、保管和传播之源。有了图书的传播之后，才有以货币为媒介的图书流通。研究中国书业史的活动，可以溯源到先秦时期的史官。这也如同研究图书之源可以溯源到殷商王朝的记录档案一样。同出一源，然后分流。

第二节 春秋战国时期的图书流通

自公元前 770 年至公元前 221 年，共 550 年，为我国历史上的春秋战国时期，即东周时期。这是一个大变革的时代，奴隶制瓦解，封建制开始确立。王室衰微，大国争霸，宗法统治秩序崩溃，劳动人民的地位较过去有所提高。周王朝的书籍开始从史官的手里解放出来，个人著书立说兴起。私学的出现，使书籍得以在较大的范围内流传。

一、周王室的图籍向诸侯国流散

春秋时期（前 770—前 476），随着社会生产力的发展，井田制逐步被私田制所代替，奴隶生产逐步被初税亩所代替，出现了地主阶级和奴隶起义。各诸侯国互相兼并，西周的宗法统治秩序被打乱，所谓"礼崩乐溃"。周天子的统治权力削弱了，而有些侯国的政治、经济、军事力量却得到空前发展。原来被集中保存在周王室的各种典籍，因王室的衰微而流散到诸侯国，又因上下相克，天下大乱，诸侯国保存的书籍又流散到民间。

周王室藏书的第一次大流散。春秋初期，周王室和鲁、宋两国保存的书籍最多，以周王室的文化影响最大。到了周惠王至周襄王之间，各王子互相争夺权位，掌管周王室典籍的史官司马氏，乘战乱离开了周室逃到晋国，并将他掌管的大批典籍送给了晋国，从而使晋国文化发展起来。以后，又由于战乱，这批典籍（也可能是被晋国复制的典籍）又由晋国分散到卫、赵、秦诸国。这段史实，发生在公元前 676 年至前 619 年之间。在《史记·太史公自序》中有所记载："当周宣王时，失其守，而为司马氏。司马氏世典周史。惠、襄之间，司马氏去周适晋。晋中军随会奔秦，而司马氏入少梁。自司马氏去周适晋，分散，或在卫，或在赵，或在秦。"公元前362年，周太史儋逃到秦国，带走周王室的部分图书去见秦献公。这批图书也就归秦国所有，带动了秦国文化的发展。

周王室藏书的第二次大流散。发生在公元前516年，王子朝起兵夺取王位失败，率领部分宗族百工，带着王室所藏的大批典籍逃亡到楚国，活跃了楚国文化。楚文化逐渐沿长江而下，吴、越等国的文化得以发展起来。越国的名臣范蠡、文种都是楚国人。他们博学多才，越国"得此二人而教士三万，君子六千，勃然而兴"(《越世家》)。

畴人投向诸侯。据《史记·历书》载："幽厉之后，周室微，陪臣执政，史不记时，君不告朔，故畴人子弟分散，或在诸夏，或在夷狄。"畴人就是世代相传掌管天文、历法、数算的官员。这些人离开周王室，必然把他们所掌握的天文、历法、算学等典籍带到诸侯国甚至边远的夷狄等地。所带的典籍也就成为这些畴人在诸夏夷狄等国取得官员地位的"资本"。

诸侯国图书的横向流散。各种典籍从周王室向诸侯国的流散是一种纵向流散，诸侯国的典籍也不时发生横向流散。流散的媒介仍然是史官。《论语·微子》记载了鲁国史官、乐官流散到其他诸侯国的情况：太师挚跑到齐国，亚饭干跑到楚国，三饭缭跑到蔡国，四饭铁跑到秦国。在诸侯国中，鲁国的文化典籍最为丰富，鲁国的史官、乐官外流，也必然把他们所掌握的部分典籍带到其他侯国去。这种典籍的横向流散促进了各侯国的文化发展，是历史的一大进步。剡国的国君很注意收集各侯国的典籍（大概也要付出一定的代价），从而丰富了自己的历史知识。孔子（前551—前479）曾专程向这位国君请教。

官书变私书向民间流散。战国时期，一些诸侯国的政权被卿大夫所控制，"陪臣执国政"。经几度兴废，各侯国掌握的图书逐渐流落到士大夫手里。一些诸侯国的史官趁诸侯国衰微，把图书据为私有，官书变成了私书。随着动乱，诸侯国的史官无法世袭，家业败坏，他们据为己有的书，或自行抄录复制的书，也流散到民间。"闵因叙云：昔孔子受端门之命，制春秋之义，使子夏等十四人求周史记，得百二十国宝书"(《公羊解诂》)。这百二十国宝书就是周王室和诸侯国的多次战乱而从史官那里流散出来的。《史通·六家篇》引《墨子》云："吾见百国春秋。"各侯国的史记春秋，记录了本国的许多机密，"公卿诸侯至于群士善恶之迹，毕集史职"（《隋书·经籍志》）。所以，各侯国史记的阅读范围受到严格限制，求之至难，有些公卿贵族也不能随便阅读。如果不是因战乱而流散到民间，墨子是很难见到上百个侯国的史记春秋的。

二、私家著述兴起

西周时期，一切学术统于王官，各种典籍为周王室和诸侯国所独占。书籍的著述和保存，是史官的专职。到了春秋后期以及战国时期，出现了私家著述，个人著书立说成为社会风气。在奴隶制度崩溃和封建制度兴起的大变动时代，许多杰出人物代表不同阶级、阶层，提出了他们对社会的看法，形成各种学派，"各著书言治乱之事"（《史记·孟子荀卿列传》）。

春秋战国时期的重要学派有"六家"、"九流"之说。六家为：儒、墨、名、法、阴阳、道德。九流为：儒、墨、道德、名、法、阴阳、纵横、农、杂。还有的加上兵家称"十家"。据《汉书·艺文志》："诸子十家，其可观者九家而已。皆起于王道既微，诸侯力政，时君世主，好恶殊方。是以九家之术，峰出并作，各引一端，崇其所善。以此驰说，取合诸侯。"各学派学者到处游说，互相辩驳，争胜斗强。其目的都是为了"取合诸侯"，使自己的学说为诸侯所采纳，也使自己学派的门人受到诸侯的重用。

百家争鸣繁荣了著述。九流十家为宣传自己的学说，就要写书、编书，复制自己的著作，希望他们的书流传得越广越好，这与被王室所垄断的官书是完全不同的。它们是私家著作，独成一家之言。据传，老子的著作最早问世。老子姓李名耳，字伯阳，谥曰聃，是春秋时期周王室的守藏室之史。老子"居周久之，见周之衰，乃遂去。至关。关令尹喜曰：'子将隐矣，疆为我著书。'老子乃著书上下篇，言道德之意五千余言而去，莫知其所终"（《史记·老子韩非列传》）。这就是《老子》一书的由来，但历来有争论。不管怎么说，老子是道家的创始人，是春秋时期的伟大思想家，他留有著述是可能的。老子作为守藏史离开周王室，带走大批图书过关也是可能的。春秋初期的管仲、春秋末期的孔子，都有著述或遗说流传下来。他们的遗说则由其门人整理成书，经不断抄写复制流传到民间。

战国中叶以后，诸子百家著书立说的更多了。儒家有孟子、荀子；道家有尹文子、庄子、慎子；法家有商鞅、吴起、申不害、韩非；名家有公孙龙、惠施；阴阳家有邹衍、邹奭等。这些学者都有自己的著作。许多畴人（科技人员）离开周王室和诸侯国，也根据自己的学识撰述了天文、历法、农业、畜牧、医药等方面的著作。当时还未形成著作权的观念，以某学者名为书名的书，不一定就是这位学者本人的著作，可能是他的门人记述他的言论思想，也可能是某一学派的学者用这个学派最有权威者的名字作为自己著述的书名。

诸侯养士编书。战国时期，诸侯兴起养士之风。在西周、春秋时期，"士"是最低级的贵族阶层。战国时期，"士"成为统治阶级中知识分子的通称。各诸侯国实力的强弱、斗争的成败和士的活动关系密切。"得一士而兴邦，失一士而丧邦。"诸侯以好贤礼士之名，罗致有才学的知识分子——士，协助自己治国兴邦。一些游士为了争取高位也争相归附。诸侯和卿大夫养着这批人才，让他们出主意，贡献知识，而他们创作的图书就是知识的结晶。这些士的任务就是为诸侯、卿大夫提供咨询、谋略，或写书、编书、抄书。战国末期，秦相国吕不韦（？—前235）在咸阳招致食客3000人。组织其中的士，"人人著所闻"汇合先秦各派学说，"兼儒墨，合名法"由百家争鸣趋向百家交融，编成长达20余万言的《吕氏春秋》，旨在为即将出现的秦王朝大一统政治局面提供理论借鉴。

由于各学派纷纷著书立说，加上游士的编书、抄书，社会上的私家著作多了起来。

三、私学兴起与书籍流通

书籍的著述、复制和流传，同教育事业的发展密不可分。西周和春秋初期属于奴隶社会，书籍统于王官，"礼不下庶人"，在周王室和诸侯国设有官学，受教育的主要是王室、诸侯的子弟和少数贵族子弟。普通劳动人民谈不上受教育，没有资格入这种官学。奴隶社会的大事是祭祀和征伐。官学的教学课程为六艺：礼、乐、射、御、书、数。教育的重点是前四项即礼乐祭祀和作战知识。书与数不那么重要，只占教学时间的三分之一。这种祀与戎的教育，对书籍的需要极其有限。

私学是历史的进步。春秋中叶以后，周王室的官学日趋衰落。在各侯国，除鲁僖公立"泮宫"，郑子产"不毁乡校"外，多数侯国由于忙于争战，官学都停办了，甚至认为"可以无学，无学不害"（《左传·昭公十八年》）。诸子百家为了宣传自己的学说，则招生授徒，私学开始兴起。私学突破了教育方面的等级限制，使知识得以向民间传授，书籍也得以更广泛地在民间流传。

儒家学派创始人孔子是创办私学的著名人物。他从小勤奋学习，到处寻师求教，终于掌握了过去为贵族独占的一套文化知识——六艺，"博于诗书，察于礼乐，详于万物"（《墨子·公输》）。孔子近30岁时创办儒家私学，受教弟子达三千人，成名的有七十二人。孔子第一个提出"有教无类"（《论语·卫灵公》），不论来自何族何地，不分贵贱庶鄙，只要能交得起学费，都可以收他做学生。孔子说："自行束脩以上，吾未尝无诲焉"（《论语·述而》）。脩是干肉，束脩是十条干肉。束脩是孔子给每个学生讲课所收取的学费。这种学费是学生或学生家长以礼物的形式送给老师的。礼物的金额约值十条干肉的价格。

孔子是我国历史上最早的编辑家。办私学、教授知识需要教材。孔子编订了古代的六部文献：《诗》、《书》、《礼》、《乐》、《易》、《春秋》，作为他教授学生的教材。据《史记·孔子世家》载："孔子之时，周室微而礼乐废，诗书缺，追迹三代之礼，序《书传》，上纪唐虞之际，下至秦缪，编次其事。"另据《史记·三代世表》载："孔子次《春秋》，序《尚书》。"《史记》上说的"编次"、"序"、"次"，都是编辑活动。孔子那个时代，《诗》、《书》的流传已经残缺不全，经过孔子的收集整理，编辑成书，才得以保存。"自孔子卒后，七十子之徒，散游诸侯。大者为师傅卿相，小者友教士大夫，或隐而不见"（《史记·儒林列传》）。到了战国时期，"儒分为八"，儒家学派声名大著。孔子编订的教材和其他儒家著述随孔门弟子代代办学而流传开来。儒家学派著名继承人孟轲创办的私学规模不小，"后车数十乘，从者数百人，以传食于诸侯"（《孟子·滕文公下》）。

其他学派也创办私学。少正卯的法家私学与儒家私学相对立，争招门生，使孔子的私学"三盈三虚"（《论衡·讲瑞》）。墨家学派招收门生有严密的组织，"墨子服役者百八十人，皆可使赴火蹈刃，死不旋踵"（《淮南子·泰族训》）。由于广招门生，"墨翟之言盈天下。天下之言，不归杨，则归墨"（《孟子·滕文公下》）。老庄学派的田骈，"在齐，资养千钟，徒百人"（《战国策·齐策》）。农家学派许行，躬耕自食，也有"徒数十人"。鬼谷子王禅在云梦山（今河南淇县）创办的军事私学，培养了一批赫赫有名的军事家、纵横家，如孙膑、庞涓、苏秦、张仪、尉缭、毛遂等。这些学派的著作也作为教材由他们的门生代代传抄，多次复制，流散民间。

四、书籍买卖的萌芽

公元前5世纪到前3世纪，在古希腊已经有了书籍买卖的记载。这个时期正是我国历史上科学文化空前繁荣的战国时期（前475—前221）。在古籍上迄今还没有发现那时书籍买卖活动的记载。但从战国时期的经济、文化发展状况来看，从图书已在民间流传的情况来看，可能出现了图书买卖活动。理由如下：

（一）众多的图书品种不可能无偿地在民间流传。如前所述，春秋后期的孔子，曾派他的学生四处奔波，得周史和百二十国宝书。这么多国史秘籍究竟用什么方式得来的，古文献上没有记载。完全是人家白送的吗？不可思议。孔子出身卑微，不过是个下层士民，向诸侯、大夫或其他士民求书，谈何容易。不过，孔子的学生子贡是"家累千金"的大商人，"结驷连骑，束帛之币以聘享诸侯。所至，国君无不分庭与之抗礼"（《史记·货殖列传》）。孔子能周游列国和求得百二十国宝书，在相当程度上是靠子贡等弟子的经济支持。

战国时期，随着社会的变革，诸子蜂起，百家争鸣，对当时的文化学术发展发挥了极大的推动作用，文学、法学、医学、农学、历算、天文、军事以及手工业技术等方面的图书纷纷问世，散入民间。战国时期的法家代表人物韩非（约前280—前233）主张统一法令。他说："境内之民皆言治，藏商、管之法者家有之……境内皆言兵，藏孙、吴之书者家有之"（《韩非子·五蠹》）。如果说所有人家都藏有法律书和兵书，那是不可能的，但在具有一定文化的士民阶层，付出一定的代价，获得这两类书则是无疑的。

由于众多的图书流入民间，战国时期出现了藏书家。《墨子》上说："今天下之士，君子之书，不可胜载。"墨子（约前468—前376）是春秋战国之际的思想家，拥有大量藏书，"子墨子南游使卫，关中载书甚多"（《墨子·贵义》）。他在南游卫国时，带了三车书同行。战国时的名家代表人物惠施（约前370—约前310）也是著名藏书家，"惠施多方，其书五车"（《庄子·天下篇》）。后人用"五车书"来表示藏书之富。纵横家苏秦，早年失意，归故里，"乃夜发书，陈箧数十，得太公《阴符》之谋。伏而诵之……读书欲睡，引锥自刺其股，血流至足"（《战国策·秦策》）。意思是说，苏秦回到老家，翻查了家中数十个往昔藏书的竹箱子，找到一部兵书《阴符》。他精研此书，终于说服六国"合纵"，对抗秦国。苏秦有书数十竹箱，说明藏书丰富。墨子（翟）、惠施、苏秦等人的大批藏书是通过什么方式取得的？不可能都是自制竹简，自己抄写，自己亲手编连的，有可能是花钱买来的。

（二）私学的教材不可能无偿发给学生。战国时期启蒙教育有所发展，出现一种用三面起棱、可供书写的木简，制成教儿童识字的书——"觚"（音孤），可以直立放置。这种"觚"，不是每个家庭都会制作的，可能在市上有售，或制成半成品的"空白觚"有售。家长们为学童买来，再付出一定的报酬，请老师或书法好的人在上面写字。如果利用各种形式支付了"觚"的酬金，这就孕育着书籍的买卖活动。

诸子百家兴办的私学，所讲授的是比较高级的教材。儒家要讲授《诗》、《书》、《易》、《礼》、《论语》、《孟子》、《荀子》等书。道家要讲授《老子》、《经法》、《十大经》、《道原》、《庄子》等书。墨家要讲授《墨子》以及制造守城武器的工艺书。

秦朝的学校可能已经有了书籍买卖。在各学派私学就学的学生，除了听老师口头传授外，也或多或少要有一些必备的教材。获得教材的途径有三条：一是自己抄写；二是付出一定的代价请别人抄写；三是用实物（礼物）、货币换取高年级同学或他人已读过的书。后两条均意味着发生书籍的买卖行为，就是自己从私学那里借书抄写，也不是完全无偿的，因为在给私学的"束脩"中就包含了学生听读或抄写教材的报酬。

在经济文化发达的城市，图书有可能成为商品。周王室都城洛阳以及齐、楚、燕、韩、赵、魏、秦等国首都,都是经济文化较为发达、人口较为稠密的商业城市。特别是齐国首都临淄,有 7 万户居民,壮年男子 21 万人,城内居肆列货,商贾云集,吃、穿、用等各种商品都有出售。《战国策·齐策》形容这里的市场盛况:"临淄之途,车毂击,人肩摩,连衽帷,举袂成幕,挥汗成雨。"在摩肩接踵的人流中,不乏知识分子在市上寻购包括书籍在内的文化用品。当年,笔、墨等书写工具以及各种竹制品(简)、丝织品(帛)早已成为商品。

齐国的威王和宣王很重视文化教育。在临淄城的稷门(西门)外设立一座大学堂,史称"稷下之学",聘请诸侯国著名的学者来这里讲学著书,学生最多时达千人。各学派首领孟轲、荀况、田骈、慎到、邹衍等人都在这里讲过学。荀况曾在这里当过三次祭酒(讲学领袖)。像这样文人学者荟萃、商业发达的城市,唯独没有书籍的复制和出售,令人难以想象。至少在上千人的学生之间以及众多的学者之间,需要"以其所有,易其所无"(《孟子·公孙丑下》)。

战国时期已经出现佣书活动。据《太平御览·壬子年拾遗记》载:"张仪、苏秦二人同志,遂剪发以相活,或佣力写书。每遇《坟》、《典》行途无所题记,以墨书掌及股里,夜还而写之,析竹为简。"佣,是受人雇佣。替人抄写书籍而获取一定佣金的人,称佣书人。张仪、苏秦是战国后期的两位显赫人物,曾一度是患难与共的朋友,为维持生活而佣书。雇主只有向抄书人付出一定的佣金才能获取书籍,体现了书籍的买卖行为。

佣书活动的出现,表明战国时期可能有了图书买卖活动。那时的读书人不多,图书的买卖同其他生活用品的买卖相比较,微乎其微,尚处于萌芽状态。我国自古以来就轻商、贱商,文人把图书看成神圣之物,耻于言商,对于零星发生的图书买卖活动,不会引起重视。加之,秦始皇焚书,许多先秦古籍失传,使后人对战国时期的图书买卖情况难以具体查考。

第三节　秦代的图书流通

战国后期秦国日益强大。经过 10 多年的兼并战争,公元前 221 年,秦王政统一中国，结束了诸侯割据，建立起中国历史上第一个统一的封建帝国——秦朝。秦的统一符合人民利益和历史要求。秦朝虽然只存在 15 年，却是个很重要的朝代。从书业史来讲，秦朝统一了文字，推广了童蒙课本，编制了《秦律》等法律书籍，确立了全国划一的经济制度，有利于后世书业的发展。但秦始皇严刑酷法，发布挟书律，毁灭了大批先秦图书，也毁灭了刚刚处于萌芽状态的书籍买卖活动。

一、"书同文"的积极意义

秦灭六国之后，秦始皇采取了一系列巩固统一、加强中央集权的措施。在政治上废除分封制，建立郡县制，消除了诸侯割据的根源。在经济上确立封建土地所有制，统一钱币和度量衡，疏浚河道，修建驰道，有利于发展生产，扩大市场，繁荣经济。在文化上实行"书同文，行同伦"，有利于形成汉民族的共同心理状态，从思想上、习俗上清除诸侯割据的痕迹。特别是"书同文"，对繁荣后世著述、扩大书籍流通，具有深远意义。

"书同文"即统一全国文字。据许慎《说文解字·序》，战国时期"七国田畴异亩，车涂异轨，律令异法，衣冠异制，言语异声，文字异形"。可以想见，秦统一六国以后，如果不把这六个"异"统一起来，势将妨碍秦统一政令的施行和政权的巩固。就全国来说，也不会形成凝聚力和共同的历史文化认识，更不会有共同阅读的书籍。其中，"书同文"是个关键。文字统一了，就可以解决语言异声问题，也可以统一政令，统一度量衡的标志符号。水陆交通发展了，人们互相往来多了，衣冠异制、异俗等也自然会趋同。

秦朝是我国汉字发展演变的转折时期。西周时期，使用的文字"大篆"（又称"籀文"）字形复杂，笔画繁多。春秋时期，由于诸侯的割据，各自为政，我国的汉字出现分歧。到了战国时期，文字异形更加严重。齐鲁地方通行一种"古文"，又称"蝌蚪文"，其他地方很难辨识。秦统一全国以后，秦始皇发布命令，以通行于秦国的小篆（又称秦篆）为正字，废止原来六国各自通行的形形色色的异体字。传说用行政命令推行的小篆，是以古籀文为基础，由李斯加以订正、省改而成，字体力求匀圆齐整，简省划一。秦始皇"上邹峄山，立石，与诸生议，刻石颂秦德"（《史记·秦始皇本纪》），其中所用的字体就是小篆。现在还保存下来的有"泰山刻石"和"琅琊刻石"。秦朝划一全国度量衡器,在这些器具上用木戳印40个小篆体字的诏书。应该说,这是我国雕版印刷之滥觞。

在秦代,还有一种隶书与小篆同时流行,称秦隶。隶书比小篆更加简化,笔画方折平直,简便易写。传说有个名叫程邈的狱吏,因犯罪被拘禁在狱中。他刻苦钻研多年,创造一种笔画省便的方形字体,称秦隶。隶书不仅在民间流行,一些政府官员也喜欢用它来书写公文。据《说文解字·序》:"是时,秦烧灭经书,涤除旧典,大发吏卒,兴役戍,官狱职务繁,初有隶书,以趣约易。"近年,经考古专家考证,隶书至少在战国后期已经出现了,云梦出土的秦简就是用隶书写成的。秦朝的程邈可能对隶书文字做过收集、加工整理,从而成为秦代日常通用的文字。

隶书是今文字的开端。汉字从篆到隶,字形结构发生重大变革。小篆是古籀文的改良,仍为象形化的文字。隶书已经笔画化,成为象征符号。从秦隶到汉末的隶书又经历了400多年的完善过程,隶书作为今文字的开端,则不能不说是秦代"书同文"的副产品。秦始皇在"琅琊刻石"上作自我歌颂的"秦德"之一,就是"器械一量,同书文字"。我国幅员广阔,各地区的方言出入很大。有了统一文字作为书面语言,对于加强各地人民之间的联系,繁荣科学文化,巩固祖国统一,具有极其重要的意义。这也为发展出版发行事业,统一全国的图书市场创造了条件。

二、秦代首创童蒙课本

秦朝统一文字,不仅靠行政命令来推行,还从儿童识字抓起。秦丞相李斯(?—前208)亲自撰写以小篆为字体的童蒙课本《仓颉篇》,中车府令赵高(?—前207)撰写《爱历篇》,太史令胡毋敬(生卒年不详)撰写《博学篇》,后人统称为《仓颉篇》。它是介绍小篆楷范的识字书,共3300字,一般常用字已基本具备。三本童蒙课本的中心内容是教学书法、识字、书写姓名、熟悉语法和认识名物等。这三位朝廷重臣合作编书,旨在推广统一文字,也反映了秦朝对儿童识字书的重视。《仓颉篇》同诸子百家著作相比较,内容浅显适用,需要面广,又由官府提倡,儿童识字必备,不能排除有人将三种童蒙课本加以复制，在市集上出售。

《仓颉篇》是儿童字书的先驱，也是秦代首创。按秦制，学童如果熟记了这 3000 多字，再"以吏为师"，能背诵尉律条文，到 17 岁，取尉律之义，推演发挥，写成文章，就可以为吏了。

三、秦代编写的学法教材

秦始皇灭六国后，为了巩固统一的专制政权，严施法治，取缔私学，推行"以法为教，以吏为师"的学制。即由政府官吏传授秦朝的法律、政策。传授者称"吏师"。学习法律条文的学生称"学僮"。"学僮"在官府学习的教室称"学室"。学室有严格的法律规定，不准一般人随便出入，"犯令者有罪"。学习法律的教材在一般正史上很难查到。1975 年，我国考古学家在湖北省云梦睡虎地发掘秦代墓葬，出土的秦简达 1100 枚。墓主名喜，生前曾经做过秦朝安陆御史、令史、鄢令史，审理过刑法案件，随葬出土的简册大部分为法律书籍。从他自己编写的《编年史》来看，死者生前担任过吏师，随葬的简册是他向学僮传授法律的教材。据文物出版社 1981 年版《云梦睡虎地秦墓》一书的记载，这批秦简教材可分为三类：

（一）《秦律》，是秦代法律的总称。秦始皇统一中国后，对原有的秦国法律进行了修订补充，颁布全国。它是吏师传授法律的主科教材。睡虎地出土的《秦律》有五十几篇。如《田律》、《工律》、《徭律》、《置吏律》、《除吏律》、《捕盗律》、《戍律》、《效律》、《金布律》等。《效律》是对统一的度量衡制度作了 22 条法律规定。在秦代，布帛可以作为货币流通，《金布律》则对布帛的规格和质量作了详细的法律规定："布恶，其广袤不符合标准者，不行。"即布的质量不好或长宽尺寸不符合《金布律》规定的，不得流通。学僮学法，必须把各篇《秦律》的条文背诵熟记。

（二）《法律答问》，系学法的辅助教材。主要内容是解释《秦律》中的刑法部分，解释的范围很广，包括法律术语的界定，诉讼程序的说明等。旨在强调司法公正。

（三）《封诊式》系案例教学辅导用书。全书共 98 支简，包括《治狱》、《讯狱》、《盗马》、《牵牛》、《告臣》、《告子》等案件的处理实例以及对案件的调查、检验、审讯等审理程序和注意事项。

上述从秦墓出土的学法教材，可能不是秦代编写的法律图书的全部，但已具备了"以法为教"的基本要求。秦代的时间很短，能够有系统、分层次地编写出一大批法律图书，应该是我国古代出版史上的一大亮点。

四、秦始皇的挟书律

我国历史上的第一次书厄。秦始皇为实现中央集权、巩固全国统一，在政治、经济、文化等方面所采取的一系列重大改革措施，遇到了抵制和斗争。秦王政二十六年（前221），秦灭六国，统一天下，以丞相王绾为首的群臣，主张沿袭古制，分封皇子为王，唯有廷尉李斯反对，主张实行郡县制，秦始皇采纳了李斯的主张。公元前213年，秦始皇大宴群臣。仆射（首席博士）周青臣在宴席上颂扬秦的德政：立郡县，废分封。博士淳于越指责周青臣是阿谀奉承，他仍坚持分封皇子和功臣为诸侯，认为"事不师古而能长久者，非所闻也"。这时已经升任丞相的李斯严厉驳斥了以淳于越为代表的儒生复古派。他说："诸生不师今而学古，以古非当世，惑乱黔首……而私学相与非法教人，闻令下则各以其学议之，入则心非，出则巷议。"他主张禁止私学，不许民间私藏诸子百家之书。在这一年，秦始皇再次采纳李斯的主张，颁布了挟书律。

挟书律是禁止民间藏书的法律。主要内容有：（1）除《秦记》以外的列国史记，一律烧毁；（2）民间所藏儒家著作和其他诸子百家著作限30日内交官府烧毁；（3）逾期不交者处以黥刑，罚筑长城4年；（4）谈论《诗》、《书》者斩首；（5）以古非今者灭族；（6）吏见知不举者，与同罪；（7）禁止私学，有人想学文字、法令，必须到官府以吏为师；（8）民间私藏的医药书、农书和卜筮书不烧；（9）博士官藏书不烧。

挟书律发布以后，许多先秦古籍被毁，特别是六国史记损失最为严重。因为这类史书多藏于官府，史书的内容不利于秦朝的中央集权，且对秦"有所刺讥"。散存于民间的诸子百家著作，虽然被焚毁不少，但仍有人冒着生命危险把它保存下来。公元前212年，卢生、侯生等方士、儒生对秦始皇的焚书政策不满，攻击秦始皇"贪于权势"、"乐以刑杀为威"。秦始皇派御史查究，将 460 名儒生和方士坑死于咸阳，史称"焚书坑儒"。

秦始皇焚书旨在定法家于一尊。他企图用严刑酷法禁锢人们的思想，消灭各种学派，推行愚民政策。但是他的挟书律和愚民政策受到知识分子的抵制，咸阳有两位知识分子，一个叫却鼎翁，另一个叫练丹叟，为抵制挟书律，把家藏存书偷偷南运，从秦都咸阳转道洞庭，沿酉水逆江而上，将一千多卷书籍藏在人迹罕至的二酉山的山洞里。不久，秦朝灭亡，刘邦建立了汉朝、其子汉惠帝除挟书律，诸子百家著作重新受到人们重视。藏在二酉山山洞里的书籍重新见到阳光，藏书人把这批书籍捐献给朝廷，受到朝廷的奖励和人们的赞誉，汉朝把二酉山定为圣迹，汉代以来，专程到二酉山朝拜的文人、学子络绎不绝。从此，历史上流传"书通二酉"典故。古籍《荆州记》："小酉山山下有石穴，中有书千卷，旧云秦人避地隐学于此。"明代人冯梦龙的《古今小说》以"书通二酉"演义为刻苦读书而功成名就的吏部尚书。《辞源》对"二酉藏书"的注释是："二酉，指大酉、小酉二山，今在湖南沅陵县西北"，清代、民国时期在北京东打磨厂有"老二酉堂书店"，远近闻名。原来，二酉山仅为一座山，源于重庆市酉阳县的酉江和湖南古文县的酉溪，在此汇合，故名二酉。近年，二酉藏书洞已成旅游胜地。2011 年 10 月 28 日《图书馆报》对"二酉藏书"作了专题介绍。

秦始皇的宦官赵高认为，读书人多了，书籍多了，会影响秦王朝的统治，于是"焚百家之言，以愚黔首"。这种文化专制适得其反，不仅毁灭了大量的先秦古籍，还招致"天下积怨"，在焚书坑儒的第三年，陈胜、吴广等农民起义的烈火，终于把秦王朝烧成了灰烬。

第四节　先秦的代表著作

本章的前两节对先秦著作已多有涉及。早在西周时期，先秦已有著作流传下来。春秋战国时期，随着宗法统治秩序的崩溃，社会生产力的发展，诸子百家争鸣，学术思想空前活跃，涌现了一批不朽的著作。

一、六经

六经是指成书于西周至春秋时期的《周易》、《尚书》、《诗》、《礼》、《乐》、《春秋》6 部著作。这些古老文献，在春秋后期已有所散失，篇章不一。经孔子多方收集和编次整理，并向儒家弟子传授，才得以流传下来。这几种书也就依托孔子的名义，称儒家经典，在两千多年封建社会的意识形态领域占统治地位，从而成为我国历代书肆的常销品种。

（一）《周易》，又称《易》、《易经》。相传为周人所作。内容包括"经"、"传"两部分。"经"是占卦用的卦辞、爻辞；"传"是对卦辞、爻辞的解释。它通过八卦形式推测自然和社会现象的变化，其中的部分内容包含朴素的辩证法思想。

（二）《尚书》，又称《书》、《书经》。是我国上古历史文献和部分追述古代事迹著作的汇编。孔子选自史官所藏历代重要典诰，相传共有百篇，到西汉初仅存 29 篇，称《今文尚书》。汉武帝时，有人献《古文尚书》，到魏晋时已亡佚。东晋时又有人献伪《古文尚书》。现在通行的《十三经注疏》本《尚书》，系《今文尚书》与伪《古文尚书》的合编。

（三）《诗》，又称《诗经》。是我国最早的诗歌名篇选集。编成于春秋时期，亡佚 6 篇，存 305 篇，分风、雅、颂三类。《诗》具有深刻的思想内容和很高的艺术价值。对两千多年来我国文学发展有重大影响。

（四）《礼》，是西周和春秋时期部分礼制的汇编，战国时期的儒者又有所增减排比。对研究中国古代社会情况、儒家思想和文物制度有重要参考价值。

（五）《春秋》，是一部编年体的史书。孔子用鲁国史官所记的《春秋》，上起鲁隐公元年（前 722），止于鲁哀公十四年（前 481），整理编成 242 年历史。其文字简短，相传寓有褒贬之意。

（六）《乐》，又称《乐经》。流传下来的只有上述五经。有学者认为，并无《乐》，《乐》即包括在《诗》、《礼》之中。当代出土的简策，已证实确有《乐》。

二、先秦诸子之书

先秦诸子之书是指春秋战国时期诸子百家的争鸣之作。著作的内容主要是谈论政治，探索哲理，但有的著作也包含寓言、隐语、神话、故事，文笔优美，隽永有味。其代表作有下列各书。

（一）《论语》。共 20 篇，是孔子弟子及其再传弟子关于孔子言行的记录。《汉书·艺文志》说："《论语》者，孔子应答弟子、时人及弟子相与言而接闻于夫子之语也。当时，弟子各有所记。夫子既卒，门人相与辑而论纂，故谓之《论语》。"流传下来的《论语》是东汉郑玄混合各种古本编成的。

（二）《墨子》。现存 53 篇，是墨家学派的著作总汇。书中阐述了墨家创始人墨子——墨翟（约前 468—前 376）的学术思想，记述了墨子和他的弟子的言行。此外，还编入了后期墨家的哲学和科学著作。

（三）《孟子》。今存 7 篇，孟轲（约前 372—前 289）及其弟子万章等著。一说为孟子（即孟轲）弟子及再传弟子的记述。书中记载了孟子的政治活动、政治学说及其哲学、伦理、教育思想。

（四）《老子》。又称《道德经》、《老子五千文》。相传春秋末期道家创始人老子——老聃（李耳）著，后人考证该书可能编订于战国时期，基本上保留了老子的学术思想。其内容重在详尽论述作为宇宙本体和运动规律的天道，具有丰富的朴素辩证法思想，保存了古代天文、生产技术、军事、养生等方面的许多资料，被后世的道教奉为主要经典。

（五）《庄子》。今本存 33 篇，庄周（约前 369—前 286）及其门人所著。书中多采用寓言故事形式，想象丰富，阐述道家学说，在哲学、文学上有较高研究价值。

（六）《荀子》。共 32 篇，荀况（约前 313—前 238）著。批判地总结和发展了先秦各学派的哲学思想，阐述他的自然观、认识论以及伦理政治思想，反对天命和鬼神迷信之说。

（七）《韩非子》。共 55 篇，韩非（约前 280—前 233）著。据《史记》本传："韩非作孤愤、五蠹、内外储、说林、说难十余万言。"原为各自成篇，韩非逝世后由他人汇编成书，可能掺入他人言论。书中总结了前期法家思想，吸收了道、儒、墨、名家等学派的思想，成为法家学说的代表作。

（八）《管子》。今存 76 篇，是齐国"稷下学宫"学者的论文汇编，其中包括春秋初期政治家管仲（？—前 645）的著作及其遗说，故名《管子》。

内容较为复杂，收录了儒、道、名、法、阴阳等学派的著作。

（九）《公孙龙子》。战国时的哲学家公孙龙著，是名家的代表作。书中提出了"白马非马"的名辩论题，着重分析了概念的规定性和差别性，对古代逻辑思想的发展有一定贡献。

（十）《吕氏春秋》。共160篇，战国末期秦相吕不韦（？—前235）集合门客共同编写，是杂家的代表作。内容汇合了先秦各派学说，兼收并蓄，集众家之长，超出学派的门户之见，形成新的思想体系，为当时秦国统一天下、治理国家提供了思想武器。

三、军事著作

春秋战国是一个社会大变动的时代，诸侯争霸，战争不断，积累了丰富的作战经验。兵家是诸子百家中最活跃的一家。孙武、孙膑是杰出的兵家代表人物。他们总结战争经验，相继写出著名的军事学著作。

（一）《孙子兵法》。共13篇，春秋末期齐国人孙武著。他自幼精通武艺，熟读兵书，是祖传第三代的兵家。书中提出的战略战术具有丰富的朴素唯物主义和辩证法因素，是中国最早最杰出的兵书。我国历代军事学家都把这部书作为军事学的经典著作。在现代，已有多种外文译本。

（二）《孙膑兵法》。共89篇，战国时齐国人孙膑著。孙膑相传为孙武的后代，他协助齐威王指挥军队两次打败强大的魏国，还打败了燕国。该书已失传1700多年，1972年在山东临沂银雀山汉墓出土的大批竹简中，重新发现这部古代兵家著作的残简。它总结了战国中期以前的作战经验，继承和发展了《孙子兵法》的军事思想。

四、历史著作和文学著作

先秦时代，除孔子修《春秋》、编《诗经》为后世留下两部重要的历史著作和文学著作外，还出现一批史学、文学名著。

（一）《左传》。又称《春秋左氏传》或《左氏春秋》。旧传为春秋时鲁国太史左丘明著。近人认为，它是战国初期的学者据春秋各国史书，仿照《春秋》体例而编成的编年史，比《春秋》所记史实多17年，反映了春秋各国的政治、外交、军事活动及有关言论。文字优美，记事详明，为中国古代的文史学名著，约成书于战国前期。

（二）《国语》。旧传为左丘明著。记载西周末年至春秋时期周、鲁等国长达 500 多年的历史。首创分国编纂历史，对后人编写春秋、战国的国别史有重要影响。今人认为系战国初期学者根据各国史官的记载而编写成书。本书与《左传》均叙述同一时代的史实，但各具特色。

（三）《战国策》。战国时期游说之士的策谋和言论汇编。经西汉末刘向的整理，编订为 33 篇，始定名《战国策》。

上述三种史书代表了先秦历史散文的最高成就，具有较高的历史价值和文学价值，对后世文学家的写作影响深远。

（四）《楚辞》。以楚国伟大诗人屈原（约前 340—约前 278）的诗作为主，兼收他的学生宋玉等人的作品。西汉末年，刘向把西汉东方朔等人模仿屈原的作品汇编在一起，成书《楚辞》。它对我国文学发展产生了重要影响，可与《诗经》媲美。

五、自然科学著作

春秋战国时期，生产力有了进一步发展，出现一批天文、历算、地理、工业技术、医学等方面的著作。

（一）《甘石星经》。战国时期对天体运行的研究有很大进展，齐人（一说楚人）甘德著有《岁星经》、《天文星占》；魏人石申著有《天文》。后人把这两位天文学家的上述著作合编在一起，称《甘石星经》。书中记述了五大行星的运行规律，录有 800 颗恒星的名字。书中测定的恒星表是世界上最古老的恒星表，比欧洲第一个恒星表早 200 年。早在 2300 多年前，甘德已观察到木星的 3 号卫星，比西方古代科学家对木卫的发现早 1970 多年。

（二）《四分历》。春秋后期，我国天文历算学家研制的最古老的历书。该书规定一年有 365 天零 6 小时，比古罗马颁行的同样天数的《儒略历》早 300 年。

（三）《山海经》。成书于战国时期的地理著作，著者不详。有少数几篇是西汉初年后续的。主要内容介绍民间传说中的地理知识，保存了不少远古的神话。书中记述的资料是世界上最早的矿物文献。

（四）《考工记》。是春秋末期齐国能工巧匠记述手工业技术的官书，著者不详。内容包括攻木、攻金、攻皮、设色、刮摩、抟埴等技术知识以及建造宫室、车舆、兵器、乐器的技术。书中记述的冶炼青铜技术，介绍了世界上最早的合金配方。

（五）《难经》与《内经》。均为战国时期的杰出医学著作。前者原名《黄帝八十一难经》，齐国人扁鹊著，首创切脉治病。后者又称《黄帝内经》，著者不详，托名黄帝。书中汇集了我国古代劳动人民长期同疾病作斗争的临床经验和理论知识。今存《素问》、《灵枢》两篇。

我国的先秦著作丰富多彩，为西汉以来图书作为商品在社会上流通创造了条件。

第三章　两汉书业

公元前 206 年，刘邦（前 256—前 195）率军首先攻克秦都咸阳，秦朝覆灭。经过 4 年的楚汉战争，刘邦获胜，于公元前 202 年称帝，国号汉，定都长安，史称西汉或前汉。公元 8 年，王莽代汉称帝，国号新。公元 25 年，西汉皇族刘秀重建汉朝，定都洛阳，史称东汉或后汉。公元 220 年，东汉灭亡。西汉、东汉共统治 406 年。

西汉朝廷重视收集、整理图书，并广开献书之路，我国历史上出现了图书买卖活动，出现了文物市、书肆和书籍集市。东汉时期，佣书业活跃。随着纸的发明和纸张生产的发展，图书形态开始出现简、帛、纸并存的局面。

第一节　西汉的图书买卖活动

汉高祖刘邦沿袭秦制，建立了统一的中央集权制封建帝国。在灭秦的战争中注意收缴秦朝图籍。开国伊始，就组织文臣武将整理、编辑书籍。惠帝除挟书律。文帝、景帝、武帝以及皇族开始用重金求购先秦古籍，从而引发了图书买卖活动。

一、萧何、韩信等文臣武将编书

公元前 206 年，刘邦率领他的军队首先攻入秦都咸阳，秦王子婴投降。刘邦的相国（丞相）萧何（？—前 193）具有非凡的政治眼光，直奔秦廷御史和秦丞相藏书之所，收缴秦朝的图籍文书。相比之下，项羽则是个有勇无谋的武夫。他来到咸阳，本已迟了一步，不仅不去收罗仍散存在秦宫各处的图籍，而且火烧秦宫，残存的图籍被付之一炬。

汉代伟大的史学家司马迁对萧何收秦籍给予了很高评价："沛公至咸阳，诸将皆争走金帛财物之府分之。何独先入，收秦丞相御史律令图书藏之……汉王所以具知天下厄塞、户口多少，强弱之处、民所疾苦者，以何具得秦图书也"（《史记·萧相国世家》）。刘邦掌握了这批地图、书籍、户籍等文献，了解了山川、地形、道路和关隘要塞等信息，是出奇制胜取得全国政权的一个重要因素，也是刘邦开国以后了解民情，制定政策和朝仪、礼法的参考依据。

西汉初年，丞相萧何在长安的未央宫（皇宫）修建了高台殿阁，天禄阁、石渠阁，作为皇家的藏书之府。为防火、防潮，阁内以石块砌成"石室"，藏书的书柜以铜板包边，称"金匮"。天禄阁在未央宫北，主要存放国家文史档案和重要典籍。石渠阁在未央宫西北，距天禄阁520米。因其阁下砌石为渠，用以导水，故名石渠阁。它是西汉最大的藏书阁。萧何从秦廷收缴来的律令和图书典籍都收藏在这里，西汉历年从各地征集来的图书也收藏在这里。秦朝御史张苍"明习天下图书计籍"，因帮助萧何收集秦廷图书有功，被安排在石渠阁整理编辑图书。每编定一册，都交萧何过目，由这位开国丞相"序次定著"，足见萧何对图书的重视。

1986年，中国社会科学院考古研究所在西汉未央宫遗址区发掘出土3万余片骨签书。骨签制作均选用高级骨料，体积小，便于集中穿放；工艺高，表面整齐、光洁。骨签上的文字用书刀镌成，填以矿物颜色，刀笔有力，体现了优良的书法功力。与竹简、帛书相比，骨签书的规格十分高贵。其文字内容记载了从西汉王朝建国之初到西汉后期朝廷"工官"（即制造业系统）的管理文书，涉及兵器、皇室乘舆等物。为研究西汉政权的经济结构、官署组织、工业生产管理方式以及有关军事、政治等方面的问题，提供了重要依据。骨签书出土地点在未央宫前殿西北部，这个方位恰恰是石渠阁的所在。这些骨签书很可能是当年石渠阁所藏。

天禄、石渠二阁在历史上很有名，是西汉藏书、编书、校书和学术研究的机构。班固《西都赋》："又有天禄、石渠，典籍之府，命夫谆诲故老，名儒师傅，讲论乎六艺，稽合乎同异。"太史令司马迁为撰写《史记》，曾在这两个藏书阁读遍"石室、金匮之书"。甘露三年（前51），汉宣帝曾在石渠阁"诏诸儒讲五经同异"。据《后汉书·翟酺传》："孝宣论六经于石渠，学者滋盛，弟子万数。"西汉的许多著名学者都曾在这里查阅过图书资料或论经讲学。大量图书是从这里抄写复制流传到民间的。在民间又经过多次复制和有偿流通，从而形成图书买卖。所以说，天禄、石渠二阁是西汉时期非常重要的图书之源，而日后的图书买卖又丰富了天禄阁与石渠阁的藏书。

萧何根据石渠阁收藏的秦廷典籍，编制了汉初的法律——《九章律》，在中国法制史上占有重要地位。他又命叔孙通率领30名鲁地儒生，参照秦朝图书中的古礼、秦仪，编制出汉初的朝仪礼法，写成《汉仪》十二篇。其目的是确定森严的封建等级制度，树立皇帝的绝对权威。这套朝仪经过文武百官演练，被正式定为威严不可违背的礼法。汉高祖刘邦十分满意，叔孙通受到重金赏赐。萧何重视人才，月下追韩信的故事一向为世人所称道。他也重视图书的作用，首创皇家藏书阁等，一般不被世人所知。

刘邦重视图书的作用。他称帝以后，政论家陆贾（官至太中大夫）上书说，可以用武力夺取政权，但不能单纯靠武力维持政权，治理天下一定要文武并用。秦始皇一味实行暴力统治，才失掉了天下。刘邦很赞成这个主张，命陆贾著书，总结秦亡汉兴的原因和古代王朝成败的历史经验。陆贾著《新语》十二篇。"每奏一篇，高帝未尝不称善，左右呼万岁"（《史记·郦生陆贾列传》）。陆贾论述秦之失败是"用刑太极"，他主张文治，说办学是治国之本。刘邦在位7年就去世了，还来不及兴办学校。但陆贾《新语》的影响却不可低估。

西汉开国名臣张良、韩信不仅是军事家，也是兵书编辑家。据《汉书·艺文志》："自春秋至于战国，出奇设伏，变诈之兵并作。汉兴，张良、韩信序次兵法，凡百八十二家，删取要用，定著三十五家。"这两位军事家收集整理了春秋战国以来的182家兵书，去粗取精，编成35家兵书。名将编书是汉初军事发展和总结秦末战争经验的需要，也是强化中央集权制度、巩固封建秩序的需要。

汉初，朝廷和名臣名将收集整理图籍和编撰新著之举，也为后世所仿效。

二、汉惠帝废除挟书律

西汉初年，由于秦朝的暴虐统治和长期战乱，社会经济遭到严重破坏，"人相食，死者过半。高祖乃令民得卖子，就食蜀汉"（《汉书·食货志上》）。因此，汉初的迫切问题是安定社会，恢复生产，还顾不上文化教育。"天下唯有《易》卜，未有它书"（《汉书·刘歆传》）。在这种历史背景下，不可能有图书的买卖。

汉高祖刘邦去世，太子继位为惠帝。惠帝为人懦弱，由其母吕后（吕雉）掌实权，继续执行刘邦的休养生息政策，社会经济逐渐得到恢复，推动了文化教育的发展。研究各种学说、民间讲学活动开始萌发。汉惠帝四年（前191），废除挟书律，允许民间藏书，允许民间讲学，允许各种图书公开在社会上流通。

废除挟书律的意义主要表现在两个方面：

（一）从法律上扫清了图书流通的障碍，使先秦古籍得以继续流传后世。从公元前213年秦始皇颁布挟书律，到公元前191年汉惠帝废除，共执行了20多年。在这期间，先秦古籍被大规模焚毁，加之战乱频仍，人民死伤过半。惠帝时期，年轻人对先秦古籍已一无所知，只有极少数老年儒生，凭自己的记忆还能口述一些典籍的内容。少数儒生冒着生命危险把自己的先秦旧籍藏在地下才得以保存下来。如果挟书律再执行几十年，老儒生或藏书人纷纷过世，我国的先秦古籍就有可能失传了。挟书律废除以后，"文学彬彬稍进，《诗》、《书》往往间出"（《史记·太史公自序》）。"《诗》、《书》所以复见者，多藏人家，而史记独藏周室，以故灭"（《史记·六国年表》）。可见，废除挟书律后，尚存的先秦古籍得以向民间传播，对于开启图书流通具有深远意义。

（二）促进了汉代文化学术的繁荣。《隋书·经籍志》说："惠帝除挟书之律，儒者始以其业行于民间。"始创于孔子时代的儒家私学又继续兴办起来。不过，吕后采用黄老之学，主张"清静无为"，实行休养生息政策。惠帝的相国曹参也是采用黄老之治。吕后实行较为宽容、开明的文化政策，允许儒家开办私学。在吕后、曹参的影响下，儒家私学融会了法家、道家理论，汉代学术走上繁荣之路。从汉惠帝四年废除挟书律，经历西汉、东汉直至西晋泰始三年(267)，长达461年间，没有发生过禁书案，这对繁荣文化、发展书业极为有利。

三、文景之治萌发书籍买卖

文帝开始收集儒家典籍。继汉惠帝之后的文帝、景帝都是较有作为的君主。他们深明君道，善纳谏，注意发展农业生产，控制政府开支，全国呈现出一派和平繁荣景象，史称"文景之治"。文帝接受先秦儒家的"民本"思想，开始收集儒家典籍。先秦的《尚书》在首都长安一带已经失传。齐地（今山东章丘南）的伏生（名胜，字子贱）曾在秦朝当过博士。秦始皇下令焚书时，他将《尚书》藏在夹壁里。汉惠帝除挟书律访求遗书，仅得29篇，传于齐、鲁。汉文帝召伏生到京师长安讲授《尚书》，因为他已90多岁，老不能行，文帝就派太常掌故晁错（前200—前154）到齐地就读，由伏生女儿通传口授，即今文《尚书》。晁错在齐地学习和收集儒家典籍有功，回京后升为太子舍人、博士，掌管图书典籍，以备顾问。文帝收集图书，在儒生中产生良好影响。音乐家窦公也献出珍藏的《周礼·大司乐》。

景帝是文帝之子，继位后继续征集图书。河间人颜芝藏有《孝经》，他的儿子颜贞长途跋涉把这部书献给景帝。北平侯张苍也将家藏的《左传》献出。景帝时期，鲁恭王扩大宫室，拆毁孔子旧宅，在夹墙里发现古文《尚书》、《礼记》、《论语》、《孝经》等数十篇，这是先秦古籍的一大发现。为响应景帝的献书号召，鲁恭王把这批书如数献给了朝廷。各方献书都得到重金赏赐。可见，献书实际上名利双收，已成为有偿交换。从此，"天下众书往往颇出，皆诸子传说，犹广立于学宫，为置博士"（《汉书·刘歆传》）。景帝收集到的图书很多，需要进行研究，就重用了一批儒生，任董仲舒、辕固、胡毋生等人为博士，为后来汉武帝崇扬儒术创造了条件。

封王购求图书。朝廷征集图书直接影响到各地的封王，他们也效仿朝廷在自己的封国里征求先秦旧籍。著名的有河间献王刘德和淮南王刘安。《汉书》记载他们以重金向民间购求图书，时间约在景帝中后期，即公元前150年至公元前141年。

河间献王刘德（生卒年不详）是景帝的庶子，栗姬所生。他和后来的汉武帝是同父异母兄弟。《汉书·河间献王刘德传》说："河间献王德以孝景前二年立，修学好古，实事求是。从民得善书，必为好写与之，留其真，加金帛赐以招之。繇是四方道术之人不远千里，或有先祖旧书，多奉以奏献王者，故得书多，与汉朝等……献王所得书皆古文先秦旧书，《周官》、《尚书》、《礼》、《礼记》、《孟子》、《老子》之属，皆经传说记，七十子之徒所论。"

千金购求佚书。刘德是皇子，又被封王。在他的封地，庶民向他卖书，不能说"卖"，只能说"献"、"奏"，而他花高价买书，也不能说买，只能说"加金帛赐以招之"。这个"招"字，就意味着用可观的价钱把卖主吸引来。司马迁形容当时的各种商品买卖说："天下熙熙，皆为利来。天下攘攘，皆为利往。"刘德为收集书籍招之以利，民间珍藏多年的先秦古籍被他收购到了。他的藏书几乎同朝廷的藏书相等。四方术士为了得到厚利，不远千里背负先秦旧籍来出售。有个李氏把祖藏的《周官》（即《周礼》）一书卖给刘德。这部书原为六篇，可是李氏只有前五篇，缺《冬官》篇。据《隋书·经籍志》："（《周官》）独阙《冬官》一篇，献王购以千金不得，遂取《考工记》以补其处，合成六篇奏之。"历史上流传下来的《周礼》就是这样形成的。"购以千金不得"说明刘德曾以高价向民间购求佚书。

刘德为整理和传播儒学而购书。他在自己的封国河间最早兴办官学，立博士，教六艺。组织官学的学生学习六艺，就要收购先秦的儒家典籍，并组织儒家学者毛苌等人加以编次整理作为教材。《毛诗》、《左氏春秋》等书都首先出自他的封国。《汉书·艺文志》说："武帝时，河间献王好儒，与毛生等共采《周官》及诸子言乐事者，以作《乐记》。"刘德将编次整理的书籍加以抄写复制，献给朝廷。他曾专程来长安向武帝献上《雅乐》。刘德用重金收购书籍，编次整理和复制书籍，对于抢救和流传先秦古籍作出了历史贡献。

刘安（前179—前122）为编书而购书。景帝到武帝期间，高祖刘邦之孙淮南王刘安也花重金向民间购买书籍。他不仅收购儒家典籍，还广收先秦诸子百家著作。"淮南王（刘）安亦好书，所招致率多浮辩"（《汉书·河间献王刘德传》）。淮南是南方的一个文化中心。淮南王是个势力强大的侯王，各方游士慕名聚集到淮南，成为他的门客。他就组织这些人以阴阳家和道家的思想著书立说。刘安"招致宾客方术之士数千人,作《内书》二十一篇,《外书》甚众,又有《中篇》八卷,言神仙黄白之术,亦二十余万言。时武帝方好艺文,以安属为诸父,辩博善为文辞,甚尊重之"(《汉书·淮南厉王刘长传》)。所说的《内书》,就是我国历史上有名的杂家著作《淮南子》,又称《淮南鸿烈》。刘安入朝时把这部书献给了武帝。刘安好读书,才思敏捷。武帝命他作《离骚传》,早晨受诏,晚上就写好了。

据《汉书·艺文志》,刘安和他的门客编撰了多种书,有《淮南王赋》82篇,《淮南王群臣赋》44篇,《淮南道训》2篇,《淮南杂子星》19卷,《淮南歌诗》4篇。据传还编过一种兵书。除《淮南子》外,其他书均已亡佚。史称刘安是思想家、文学家,也可以说他是编辑家。他同他的门客共同编书,承担了主编的角色。他在《淮南子》一书的《要略》(即自序)中说:"凡属书者,所以窥道开塞,庶后世使知举错取舍之宜适。"意思是,编书要有益于后世,这可能是在我国出版史上最早提出编书要注重社会效益的问题。后来,刘安以谋反事发自杀,受株连者达数千人。

我国最早出现的书籍买卖特点。从文帝、景帝征集图书,到刘德、刘安等诸侯王以重金向民间购求图书,是目前已发现的古籍中最早记载的书籍买卖活动。归结起来,这些书籍买卖活动有如下特点:(1)出现书籍买卖活动的时间在公元前2世纪;(2)买卖的主要书籍是先秦旧籍;(3)买方首先为皇族;(4)卖方为民间,他们是冒着生命危险藏匿旧籍数十年的读书人或其后人;(5)买书目的是丰富朝廷与王室的藏书,编纂新著,研究学术,兴办官学;(6)买卖行为还是零星的、一次性的;(7)汉代轻商观念强烈,朝廷买书只能说征集书籍,诸侯王买书只能说悬赏、招致,而民间向他们卖书只能说献书;(8)书籍价格完全凭朝廷、诸侯王赏赐,先秦旧籍得之不易,总要赏以重金。

第二节 书肆和书籍集市

经过文景之治,西汉的经济得到空前发展。汉武帝(前156—前87)即位，外拓国疆，内修文教。正是在这样一个历史条件下，出现了售卖书籍等文教用品的文物市。又经历了一个发展过程，才出现以贩书为业的书肆。继之，又出现以太学生为交易对象的书籍集市——槐市。

汉代书肆的产生和发展主要受三个因素的影响。一是长安兴太学、郡国办学校，对图书的需求增多；二是建藏书之策、置写书之官，图书品种增多；三是商业的发展，形成繁华的都市，有利于贩书人列肆于市。这三个因素交织，促进了书肆和书籍集市的产生。

一、兴太学、办私学对图书的需求

汉武帝与秦始皇都想巩固自己的中央集权，但采取的政策完全相反。秦始皇禁止办学，焚书坑儒，企图用愚民政策统一人们的思想，结果失败了。汉武帝用改造了的儒家学说，发展教育，培养为巩固皇权所用的知识分子，结果成功了。汉代"独尊儒术"，把儒家经典定为知识分子孜孜以求的入仕升官之路，导致社会上对这类书的需求增加，促进了书籍贸易。

汉武帝兴办太学。元朔五年（前 124）武帝始兴太学，置五经博士。博士源于战国时代，秦及汉初博士的职务是掌管图书，通古今以备问。汉武帝设置的五经博士是向太学生传授儒家经学。儒家的《易》、《书》、《诗》、《礼》、《春秋》五种书从此被尊为"五经"。每经置一博士，各以家法传授，所以称五经博士。开始只有太学生（博士弟子员）50 人，后来陆续增加，到西汉后期，太学生已增加到万人以上。太学生主要由各郡国县官选拔"好文学，敬长上，肃政教，顺乡里，出入不悖"的青年来太学学习，或由兼管文化教育的九卿之一——太常"择民年十八以上仪状端正者，补博士弟子"。学习内容以五经为主，到一定年限经考核，一般可在郡国任文学职务，成绩优秀的可在朝廷或地方上做官。"自此以来，公卿大夫士吏彬彬多文学之士矣"（《汉书·儒林传》）。影响所及，社会上购求五经蔚然成风。

在地方上也设有教授五经的官学。蜀郡太守文翁早在景帝时期就在成都设立官学，择优取仕。"县邑吏民见而荣之，数年，争欲为学官弟子，富人至出钱以求之"（《汉书·文翁传》）。武帝推广了文翁的蜀郡官学，下令"天下郡国皆立学校官"。郡和国是汉代的地方行政单位。郡国下设县或邑、道。

郡国办的官学称学，县、道、邑办的官学称校，乡办官学称庠，乡以下办的官学称序。

汉代的私学比官学多。私人办的小学称"书馆"或"书舍"。官学招纳生员有限，且兴废无常。民间的少年儿童多就学于书馆。高级私学称"精舍"、"精庐"。向汉武帝建议"罢黜百家，独尊儒术"的董仲舒，晚年辞官归里，自办"精舍"，讲学授徒。

儿童入学，先学字书识字，然后再学《论语》、《孝经》、《诗经》、《九章算术》等书。西汉初期，"闾里书师"综合秦代的识字课本《仓颉》、《爰历》和《博学》，重新编写了《仓颉篇》，断六十字为一章，凡五十五章。武帝时期，司马相如新编识字用书《凡将篇》。此后，又出现多种识字课本，如史游的《急就篇》、李长的《元尚篇》、扬雄的《训纂篇》。东汉时期，又有班固的《十三篇》、贾鲂的《滂喜篇》等。经过时间的选择，史游的《急就篇》最为风行，其内容多为三、四、七言韵语，便于学童识字，因句首有"急就"二字，故名此书。《急救篇》深受官学、私学欢迎，直至隋、唐仍然用作学童的课本。

官学、私学的发展，使读书识字的人逐渐增多，从而为书肆提供了市场。各类官学、私学培养造就的高级人才多了，写书的人也相应多了，书肆经营的图书品种也随之增多。《汉书·儒林传赞》中说："自武帝立五经博士，开弟子员，设科射策，劝以官禄，讫于元始，百有余年，传业者寝盛，支叶蕃滋，一经说至百余万言，大师众至千余人，盖禄利之路然也。"这表明，教育事业的发展培育、拓展了图书市场。

二、藏书之策发展了图书事业

汉武帝为巩固封建统一国家的上层建筑，在兴办太学的同时，开始发展图书事业。元朔五年（前124），武帝到天禄、石渠等藏书阁视察，发现"书缺简脱，礼坏乐崩，圣上喟然而称曰：'朕甚闵焉！'于是建藏书之策，置写书之官，下及诸子传说，皆充秘府"（《汉书·艺文志》）。

（一）开献书之路。汉武帝命丞相公孙弘"大合天下之书"。于是，淮南王刘安、河间王刘德等人先后来朝廷献书。鲁恭王从孔子旧宅的墙壁里得古文《尚书》及《礼记》、《论语》、《孝经》凡数十篇，也献了出来。一些著名学者把自己珍藏的先秦旧籍献给朝廷，得到了武帝的赏赐。孔子的后代孔安国有一部较为完整的古文《尚书》，也献给了武帝。但更多的图书来自民间，由朝廷以高价购得。据《汉书·张安世传》："上（指汉武帝）行幸河东，尝亡书三箧，诏问莫能知，唯安世识之，具作其事。后购求得书，以相校无所遗失。上奇其材，擢为尚书令，迁光禄大夫。"可见，开献书之路的一个重要途径就是用高价向民间购求，这就构成了图书买卖活动。

（二）设掌书机构。武帝指定朝廷的各有关机构分工掌管图书，"外则有太常、太史、博士之藏，内则有延阁、广内、秘室之府"（《汉书·艺文志》注引刘歆《七略》）。太常是九卿之首，掌宗庙礼仪兼管文化教育，武帝令太常的官署——太常寺负责管理图书；令太史收藏国家典籍，便于记载史事，编写史书；令博士——汉代的学官收藏图书，便于向太学生传授知识；令宫廷内部的延阁、广内执掌皇家藏书；令军政杨仆重新编辑整理兵书，以适应开拓国疆、对外用兵的需要。

（三）置写书之官。在太常寺等官署设置专门抄写书籍的中下级官员，将收集、收购来的书籍重新抄写出若干复本，分送各官署及宫内的藏书机构。所谓"天下计书，皆先上太史，副上丞相，遗文古事，靡不毕臻"（《隋书·经籍志》）。"写书之官"是我国正史上最早记述的佣书人，不过他们不拿佣金，而是享受朝廷俸禄。当年的书籍是简册，可能还雇有一批制作竹简和编简成册的"工匠"。"写书之官"加"工匠"构成了我国古代官办出版事业的先驱。他们复制出的书籍并不出售，而是分发给朝廷的有关部门，但也不能排除其中的某些书籍会通过各种渠道流传到民间。

三、大规模校理群书

武帝的藏书之策一直延续到西汉末年。武帝之后的昭帝、宣帝、元帝时期，都或多或少收集到一些新书，而尤以成帝时期（前32—前7）收书最多，编校、整理图书的成果最为显著。成帝这个人沉湎酒色，政绩不佳，但他重视图书，组织学者收集、校理图书却在历史上留下佳话。成帝派谒者（传达通报皇帝旨意的官员）陈农出使四方，求遗书于天下，即组织各郡国、地方政府向民间收购各种图书。从武帝到成帝"百年之间，书积如丘山"。

面对积如丘山的大批书籍，急需加以整理校勘。河平三年（前26），成帝"诏光禄大夫刘向校经传、诸子、诗赋，步兵校尉任宏校兵书，太史令尹咸校数术，侍医李柱国校方技。每一书已，向辄条其篇目，撮其指意，录而奏之。会向卒，哀帝复使向子侍中奉车都尉歆卒父业"（《汉书·艺文志》）。

这是一项由刘向主持的大规模校理群书的工程。地址在天禄阁，组织众多学者校勘国家藏书。校定后的稿本，由大批擅长书写的人员抄写复制成定本。另雇有一批工匠，专门制作简片，编简成册。哀帝建平元年（前6），在即将完成校书工程之际，刘向病逝，时年72岁。他的儿子刘歆，奉哀帝命继续主持校书。历数年，终于把这项宏伟工程完成了。据姚振宗《七略佚文》统计，共校理出定本书一万三千三百九十七卷，图四十五卷（共分六大类，三十八小类，六百三十四家），几乎包括了当年社会上流通的全部图书。

刘向、刘歆父子花了二十多年完成的校理群书工程，开创了我国古代的目录学、校勘学和分类学，清理和保存了从西周到西汉末年的古籍，在历史上影响深远，功勋卓著。对我国的古代书业来说，至少作出了三大贡献：

一是编次定本，促进了图书有序流通。许多先秦著作无定本，同一种书往往有不同的书名，篇章也不一致，内容有多有少。以《战国策》为例，就有《国策》、《国事》、《短长》、《事语》、《长书》、《修书》等多种书名。刘向等学者要把同一种书的不同本子备齐，删重复，订脱落，经过校雠，写成定本，并作出学术性论述。有了定本，就可以克服图书流通中的混乱。

二是复制新书，为图书流通提供了新货源。刘向组织大批抄书人和工匠按定本复制成新书，虽然作为朝廷藏书保存在天禄阁，但通过人们的抄写复制，其副本逐渐流散到民间。民间又不断抄写复制实行有价转让，从而为售书人提供了货源，活跃了图书贸易。

三是辨伪求真，还先秦古籍以原貌。有些古籍原书已失传，有人却冒名伪作。例如，《尚书》在秦灭后只剩下二十八篇。汉成帝酷好这部书，有个叫张霸的人伪造了一部，多出两篇，谎称是春秋以前的旧物，献给成帝。成帝甚悦，赐给他博士官职。后来经校勘，发现除原有二十八篇外，其余全是假的，一时朝野轰动，主张杀掉张霸，成帝饶了他一命，只是革掉博士一职了事。在刘向的《别录》中还澄清了一些伪托古人所著之书，如《神农》一书并非神农所著，"疑李悝及商君所说"；《黄帝泰素》一书也非黄帝所著，"或言韩诸公孙之所作也"（《汉书·艺文志》）。此次校理群书对后世图书事业防伪产生了深远影响。

刘向（前77—前6），西汉经学家、目录学家、文学家。字子政，沛人（今江苏沛县）。汉皇族楚元王四世孙。曾任谏议大夫、宗正等官职，屡次上书劾奏外戚专权。成帝时任光禄大夫，校阅和整理朝廷藏书，撰成我国最早的综合性群书目录《别录》（二十卷），为我国目录学之祖。

刘向之子刘歆（？—23）继承父业，总校群书，在《别录》的基础上撰成我国第一部综合性群书分类目录《七略》（共七卷）。王莽执政时，立古文经博士，刘歆任"国师"，备受宠信。后谋诛王莽，事泄自杀。

四、商业的发展便于贩书人列肆于市

书肆是商业中的一个行业。只有商品生产发展到一定程度，才能带来商业的繁荣，从而为售书行业的产生创造有利条件。这个条件在秦代是不具备的。秦王朝在政治上严刑繁诛，吏治刻深；经济上赋敛无度，百姓困穷，使商业失掉了发展基础。加之，又采取抑商政策，商人被视同罪犯。汉高祖仍然抑商，对商人有四不准：不准衣绸佩剑，不准骑马乘车，不准购买土地，不准当官为吏。到了武帝时期，开始重视商业。执掌财政的大臣桑弘羊反复强调商品流通的重要性，"商不出则宝货绝，宝货绝则财用匮"。各地的土特产品"待商而通"（《盐铁论·本议》）。于是"开关梁，弛山泽之禁，是以富商大贾周游天下，交易之物莫不通，得其所欲"（《史记·货殖列传》）。

经商容易致富。同农业和手工业比较，商业赚钱更多。西汉流传着这样一首民谣："用贫求富，农不如工，工不如商，刺绣文不如倚市门"（《史记·货殖列传》）。汉代商业的利润率可高达20%。一些富商巨贾年收入比得上食封千户的王侯，社会上称富商为"素侯"。因经商容易致富，有些农民则卖掉耕田改行从商。一些贫困的知识分子求仕无门，则利用自己知书、识书的优势办起书肆。这些书肆无法与富商大贾相比，都是小本经营的坐列贩卖。

西汉出现了不少商业城市。据《史记》、《汉书》等记载，汉代商业有出售粟、米、牛、羊、枣、橘、姜、醋、酒、酱等的食品行业，出售棉絮、布疋、皮革、羔、裘等的服装衣料行业，还有出售书籍、笔、纸等的文教用品行业，以及出售药品、农具、棺椁、珠宝、玉器等的奢侈品行业，以及日常用品行业。都城长安是全国的政治、经济、文化中心，又是全国最大的商业城市。它比同时期西欧罗马城的规模大3倍，周围60多华里，有12座城门，街道宽阔，可并行12辆马车。居民40多万。交通发达，商业繁华，我国的文物市、书肆和书籍集市都首先出现于长安。其他较具规模的商业城市还有：洛阳、邯郸、临淄、成都、宛（今河南南阳）、江陵、吴（今苏州）、番禺（今广州）。这些城市的经济、文化都很发达，官学、私学较多，又是交通枢纽，继长安之后，也可能出现书肆。据《汉书·地理志》载，蜀郡成都有居民7.6万户，人口达30万以上，城内商肆林立，营业兴旺，郡学发达，是仅次于长安的城市，也有书籍贸易活动。

贩书人列肆于市。肆，是市集上出售商品的无壁之屋，类似现在农贸市场带有顶棚的摊床。《汉书·食货志》："开市肆以通之。"在汉代，商人必须在官府指定的市上按行业设置摊床，排列成行，称列肆或市列。同类商肆各成行列。小商贩也要按商品类别依次摆摊出售。包括书籍在内的各种商品都要列肆于市，以货币为媒介进行交易。汉武帝把铸币大权从郡国收归中央，新造五铢钱，轻重适宜，使用方便。全国统一货币，促进了商业发展。此后，直至隋代的六七百年间，各朝多用五铢钱，行使不废。

汉代对市场管理十分严格。城市里的官府、住宅和商肆实行分区集中。住宅区称里，商业区称市。里和市四面都筑墙环绕，辟有门，作为进出的通道。每个市设有市官称市令、市长、市丞，负责监督商品交易。设收税官——啬夫，负责收税。设吏卒，负责市区的治安。商人在市区营业，要由市官登记入册，取得"市籍"，依法缴纳市租，并按市场规定进行交易，违反规定的将受到惩处。汉武帝元狩二年（前121）匈奴浑邪王率4万余众归汉，在长安购买物品，因市肆经营行为不轨，有500名商人被官府治罪。

西汉的长安有九市。九市均在北郭，以洛城门外的杜门大道为界，道东设三市，统称东市；道西设六市，统称西市。凡四里为一市。每市的中心建有二层市楼，楼上悬鼓，开市、闭市击鼓为号。市政官员在市楼办公。每市以市楼为中心形成十字形或井字形街道，称"隧"，在隧的两旁分列商肆。在这九市上分布着众多的行业，主要有布帛、皮革、车船、农具、日用品、药品、珠宝、书籍等。不过，书肆的规模较小，与笔墨、纸张等文教用品商肆列为一行，且都兼营笔墨等文具用品。长安的九市，顾客众多，熙熙攘攘，有时拥挤得使人难以转身，车不能调头，烟尘四起，上接云天。班固《西都赋》形容了长安市场的繁华景象："九市开场，货别隧分，人不得顾，车不得旋，阗城溢郭，旁流百廛，红尘四合，烟云相连。"我国最早的书肆就出现于长安。

五、书肆的产生年代

在我国古文献上最早提及书肆的是西汉扬雄所著的《法言·吾子》："好书而不要诸仲尼，书肆也。"意思是说，好读书，而不专心攻读儒家经典，却去读诸子百家的书是不会有成就的。这种读书人无异于开书肆的书商。洪荣宝注《法言义疏》对这一段的注疏也大体是这个意思。该书说："称市陈列百物以待贾，故即谓之肆。卖书之市，杂然并陈，更无去取。博览而不知折中于圣人，则群书骰列，无异商贾之为也。"这也表明，汉代的书肆不仅卖儒家的书，也卖诸子百家等各门各派的书，只要有货源，有市场需求，什么书都可"杂然并陈"。

扬雄从儒家的立场出发，把书籍分成两类：一类是维护封建礼法的儒家典籍，另一类则是"诋訾圣人"、"破大道而惑众"的"诸子之书"。他在《法言·吾子》中说："或曰：'女有色，书亦有色乎？'曰：'有。女恶华丹之乱窈窕也，书恶淫辞之淈法度也。'"淈（音姑）即搅浑水的意思。他把儒家著作以外的诸子著作以及汉代司马迁所著的《史记》等书都列入搅浊封建礼法的"淫辞"之书。可见，扬雄对当时的书肆、书商并无好感，认为书肆什么书都卖，不利于维护封建礼法。

扬雄，字子云，蜀郡成都人。生于汉元帝初元元年（前48），殁于王莽称帝的天凤五年（公元 18 年）。从他的生卒年代可以断定《法言》中提到的书肆，出现于公元前 1 世纪。扬雄少年好学，非圣贤之书不好。年四十才从成都来到长安。曾一度参与刘向领导的群书校理工作，因奏《羽猎赋》受到汉成帝青睐，除为郎（即皇帝的侍从官，顾问应对）。成帝出游，他作为侍从官掌管法礼，以维护皇帝至高无上的尊严。当年，司马迁的《史记》已在社会上流传。一些学者发现《史记》对某些历史是非的判断往往有违于儒家学说，常向扬雄请教其中的原因。扬雄则用合乎法礼之言一一作答，他所提到的书肆就是作答的内容之一。到了哀帝时期（前 6—前 1），他把过去历次作答的内容加以整理，仿照《论语》体裁撰成 13 篇文章，定名《法言》，即合乎儒家法礼之言。这个考证表明，《法言》中提到的书肆是成帝时期（前 32—前 7）的书肆。

书肆的产生有一个从无到有、从小到大的发展过程。如前所述，从武帝时期起，兴办太学和其他官学、私学，为书籍贸易提供了市场。建藏书之策，为书籍贸易提供了货源。在这个基础上开始出现售卖书籍、笔墨以及礼乐典章器物的文物市。这只是一种定期或临时性的综合集市，书籍只是其中的一个品种，占的份额不大，往往是读书人把自己读过或不再需要的书籍偶尔拿到集市上出售，或者用它换回自己需要的书籍。随着社会上书籍品种增多，市场的扩大，售书有利可图，才从文物市分离出来发展成常年经营图书的书肆。

汉武帝在位 54 年，连续用兵 40 年，加之朝廷挥霍无度，几乎把西汉的国力耗费殆尽。武帝在位的后半期，社会危机严重，"海内虚耗，户口减半"（《汉书·昭帝纪》）。在经济濒临崩溃的情况下，文物市不会很快发展成排列成行的售书业。由此看来，书肆出现的时间不会早于武帝末期。经过"昭宣中兴"，社会经济得到恢复，太学生的人数从一二百人增加到上千人，书肆处于草创时期。成帝重视文化教育，太学生超过 3000 人。从扬雄提到的书肆来看，成帝时期的图书贸易已成为一种社会行业，书肆上出售的图书已不限于儒家经典，不少"淫辞之渎法度"的书籍也"杂然并陈"其中。书肆产生之后，发展到这样的规模需要一个过程，可能要经历几十年的时间。据此，我们可以把书肆产生的上限定于武帝末期（前 90 年左右），下限定于成帝初期（前30年左右）。概括地说，我国以贩书为业的书肆约产生于公元前1世纪。

六、最早出现的书籍集市——槐市

西汉末期（1—8）和王莽的新朝时期（9—23），在长安太学附近出现了我国最早的书籍集市——槐市。

西平帝9岁即位，由王太后的侄子、大司马王莽辅政，封王莽为安汉公，加九锡。一切朝政均控制在王莽手里。他出于夺取政权的需要，设法网罗知识分子，在各郡县普遍设立学官，将博士名额扩大5倍，征召天下通古文、今文经学及天文、历算、兵法、文字、医学、药学等各方面的"异能之士"来京师讲学，"前后至者千数"（《资治通鉴·孝平皇帝纪》）。随着太学生的急剧增多，王莽于平帝元始四年（4）在长安城东南郊，大兴土木，扩建太学，容纳太学生万人以上，可见其规模宏大。这是我国历史上大规模建设最高学府的开始。为了适应众多的太学生读书需要，在太学附近的槐树林里设立了定期聚散的书籍集市，史称槐市。

东汉末期成书的《三辅黄图》和清代张澍所辑《三辅旧事》对槐市作了介绍："王莽作宰衡时（公元4年），建弟子舍万区"，"为博士舍三十区"，"去城七里东为常满仓，仓之北为槐市，列槐树数百行为隧，无墙屋。诸生朔望会且市，各持其郡所出货物，及经传书记，笙磬乐器，相与买卖，雍容揖让，论议槐下，侃侃訚訚"，"其东为太学官寺，门南出，置令丞吏，诘奸宄，理讼词。五经博士领弟子员三百六十，六经三十博士，弟子万八百人……学士同舍，行无远近皆随檐，雨不涂足，暑不暴首"，"太学中有市有狱"，"光武东迁，学乃废"。

这段记载使我们了解到当年槐市的基本情况。它是一个露天市场，位于太学附近风景秀丽的槐树林里，也像长安九市那样形成临时的隧路，出售的经传书籍、笙磬乐器以及太学生从外地带来的家乡产品，分列隧的两旁。每逢农历初一、十五开市。买卖的双方主要是太学生。这些儒家弟子的相互交易都非常注重文明礼貌（"雍容揖让"）。彼此客客气气，用和悦的语言谈论书籍的内容，议定书价（"侃侃訚訚"）。有时三五成群，在幽静的槐树林里进行学术交流（"论议槐下"）。像古希腊的大学一样，西汉末期的太学也自设司法机关，而这个槐市也是由太学所设（"太学中有市有狱"）。重文明，讲礼貌，槐市具有浓郁的文化气息。槐市的文明礼貌传统值得今天的书店行业继承。

公元 9 年，王莽称帝，改国号为"新"，改元"始建国"。太学和槐市继续存在和发展，曾盛极一时。由于王莽改制的失败，社会动乱加剧，百姓饥荒，农商失业，食货俱废，白骨蔽野，城郭空虚。更始元年（23），王莽政权终于在赤眉、绿林等农民起义军的打击下崩溃。王莽也在绿林军攻入长安时被杀。从此，长安太学解体，槐市随之消失。

槐市虽然仅存在 20 年，但在历史上的影响却很深远。后代的文人学者吟诗作赋，赞颂槐市对发展文化教育事业的贡献。南朝梁文学家萧绎的《皇太子讲学碑》提到："晬玉容而经槐市。"北周文学家庾信的诗句有："璧池寒水落，学市旧槐疏。"唐代诗人卢照邻凭吊汉景帝、汉武帝时期蜀郡太守文翁创办的郡学旧址，赋《文翁讲堂》诗："槐落犹疑市，苔深不辨铭。"唐代骆宾王、刘禹锡、崔日知等人的诗篇都曾提到槐市。[①]

第三节　东汉书业

从王莽代汉称帝到刘秀开创东汉王朝廓清四海，经历了长达 20 多年的混乱。全国人口大减，仅剩下十分之二，约 1200 万人。"民饥馑，黄金一斤易粟一石"（《东观汉记·世祖光武皇帝纪》）。汉光武帝刘秀（前 6—57）是一个很有作为的皇帝。他审时度势，采取了一系列适应当时社会发展的措施，稳定了社会秩序，恢复了经济、文化，并为东汉的发展奠定了基础。在这个大背景下，东汉书业有了新的发展。一是多次"诏求亡失，购募以金"；二是书业中心转移到洛阳；三是佣书活跃；四是纸张的发明使书籍形态发生

---

① 1984 年，四川省新华书店经理薛钟英第一次对槐市的史实作了考证和介绍，载新华书店总店编印的《图书发行增刊》第 39 期，本节内容参考了薛钟英的文章。

巨变。

一、诏求亡失，购募以金

采求阙文，补缀漏逸。东汉开国皇帝刘秀，20岁入长安太学，学过今文《尚书》，博览多识。为他打天下的将领多为儒将，为他治国的文吏也多为儒臣。由于战乱，朝廷的藏书和民间的藏书受到很大损失。刘秀在持节河北、开基立业的时候，就注意收罗图书。更始三年（25）六月，刘秀在鄗县（今河北高邑县）即帝位。十月迁洛阳定都。"初，光武迁还洛阳，其经牒秘书载之二千余两，自此以后，三倍于前"。刘秀削平群雄称帝，就提出"吾理天下，亦欲以柔道行之"。所谓"柔道"就是重文治，善教化，文治和教化都离不开图书。刘秀本人也非常爱好图书，每次出巡，"未及下车而先访雅儒，采求阙文，补缀漏逸"。各地的学士获悉刘秀爱好图书，纷纷"抱负坟策，云会京师"（《后汉书·儒林列传》）。他们一是献书，二是讲学。献书，不会白献，至少会得到金帛的赏赐。这也是一种变相的书籍买卖。

光武帝之后的几代皇帝，也很注意收购图书和整理图书。《隋书·经籍志》载："光武中兴，笃好文雅，明、章继轨，尤重经术。四方鸿生巨儒，负帙自远而至者，不可胜算。石室、兰台弥以充积。""帙"是包简策的布套，实为书籍的代称。很多学者把世上罕见的珍本秘籍献给朝廷，从而得到重金赏赐，这种变相的书籍买卖，彰显了明帝、章帝"笃好文雅"的声誉。所以，东汉哲学家王充（27—97）说，朝廷多次"诏求亡失，购募以金，安得不有好文之声"（王充《论衡·佚文篇》）。四方学者献来的书籍"不可胜算"，均收藏在兰台（石室是兰台的藏书场所）。早在西汉就设有兰台，是宫内收藏图书的机构，由御史中丞掌管。东汉始置兰台令史，仍隶御史中丞，掌书奏及印工文书，兼校订宫廷藏书。明帝、章帝时期，班固、傅毅、贾逵等许多著名学者都集中在兰台校书。这表明兰台的藏书很丰富。班固还受诏在兰台撰史。可以说，兰台是东汉的藏书出版机构。

明帝时期（58—75）建东观，作为国家收藏、编纂、校勘和著述图书的机构。东汉历代的著名学者如班固、贾逵、傅毅、刘珍、蔡邕、曹褒、崔寔、边韶、延笃等，曾先后于东观尽心著作，也称"著作东观"。安帝永初四年（110），邓太后临朝听政，"从曹大家（班昭）受经书，兼天文、算术。昼省王政，夜则诵读，而患其谬误，惧乖典章，乃博选诸儒刘珍等及博士、议郎、四府掾吏五十余人，诣东观雠校传记"（《后汉书·和熹邓皇后纪》）。这是东汉时期规模最大的一次校理群书工程。校理的图书相当多，包括五经、诸子、传记、百家、艺术等。桓帝延熹二年（159），朝廷设立统一执掌图书事业的官员——秘书监，置员一人，秩六百石，掌典图书秘籍，校定文字。此后，各个朝代都循例设立执掌图书的官员。魏晋时称秘书郎，唐代一度改称兰台郎，明、清并其职于翰林院。

二、洛阳成为书业中心

东汉都城洛阳是全国最大的商业城市，也是书业中心。东汉学者王符说，洛阳的商人为农夫的十倍，而皇家官吏、贵族、文人学者和诸生的人数为农夫的百倍。识字人数众多，为图书贸易提供了市场。在洛阳城里，"牛马车舆，填塞道路，游手为巧，充盈都邑……商邑翼翼，四方是极"（《后汉书·王符传》）。排列成行的书肆坐落在繁华的洛阳南市。

书肆的主要读者群体是太学生。建武五年（29）光武帝建太学于洛阳城南，起太学博士舍，修内外讲堂，经逐步扩建，太学的规模不次于新朝时期，出现了"诸生横巷"的盛况。位于南市的书肆离太学比较近，便于太学生光顾。明帝时期是东汉的盛世。"天下太平，百姓殷富"，太学生急剧增加，连匈奴也派贵族子弟来洛阳入太学。桓帝以后直至东汉末期，太学生达到3万多人。学生正式上课的时间不多，主要靠读书自修。学习生活比较自由散漫，正课之外可以随自己的兴趣到书肆博览群书，从而激发了对图书多样化的需求。

洛阳南市的书肆是太学生选购群书的理想场所。有不少太学生厌弃五经章句，喜欢研究诸子百家的著作，也常到书肆寻求所好。据《后汉书·王充传》："充少孤，乡里称孝。后到京师，受业太学，师事扶风班彪。好博览而不守章句。家贫无书，常游洛阳市肆，阅所卖书，一见辄能诵忆，遂博通众流百家之言。"王充生于光武称帝的第三年（27），约卒于和帝九年（97）。从《后汉书·王充传》里可以了解东汉前期的书肆情况：一是洛阳书肆比较多且集中,不然就谈不上"常游";二是书肆经营的图书品种相对比较丰富,儒家经典和"众流百家"的书兼容并有;三是书肆出售的书允许读者自由展阅,较长时间在那里"诵忆"也可以;四是书肆不仅具有图书贸易的功能,还兼有公共图书馆的作用,客观上便利了一些贫寒的青少年刻苦自学,到书肆"阅所卖书"。

像王充这样的太学生常游书肆的事例并不是个别的。东汉献帝时期的秘书监、史学家荀悦(148—209)也因"家贫无书,每之人间,所见篇牍,一览多能诵记。性沈静,美姿容,尤好著述"(《后汉书·荀悦传》)。这位掌管图书事业的官员,在青少年时期就常到市间的书肆展阅图书。自学成才之后,又勤于著述,著有《汉纪》、《申鉴》、《崇德》、《正论》等书。这些著作经过辗转传抄,流入书肆成为图书商品。

东汉的经学大盛,注释经书的著作颇多。仅东汉后期的经学家郑玄(127—200)的著作就达数十种之多。他聚徒讲学,"弟子河内赵商等自远方至者数千"。以党锢事被禁,遂隐修经业,杜门不出,遍注群经,"括囊大典,网罗众家,删裁繁诬,刊改漏失,自是学者略知所归"(《后汉书·郑玄传》)。郑玄的著作"凡百余万言",相当于教学辅导书。

刘秀曾利用谶纬神学(伪托神灵的预言)为自己做皇帝大造舆论。称帝后,他命"善说灾异谶纬"的薛汉等人对图谶进行编纂整理。中元元年(56),光武帝把经过整理的谶纬图书公布天下。"上有所好,下必甚焉"。这类书也陆续进入书肆,可以公开出售。

三、图书市场向各地扩展

随着各郡国教育事业的兴起,图书市场也在向各地扩展。班固《东都赋》说:"四海之内,学校如林,庠序盈门。"这固然是文学家对东汉教育事业的艺术夸张,但也在一定程度上反映了一些地方政权重视教育,识字人口增多。据《后汉书》载,丹阳太守李忠、汝南太守寇恂、颍川顾奉、桂阳太守卫飒、渔阳太守张堪、弘农太守刘昆等,都以兴办学校而著称,"习经者以千数,道路但闻诵声","政化大行","盗贼清静,郡中无事"。此外,许多学者隐居家乡讲学,门徒比官学的学生还多。杜抚"归乡里教授……弟子千余人"。张兴办的私学"声称著闻,弟子自远至者,著录且万人"。楼望在家乡"教授不倦,世称儒宗,诸生著录九千余人。年八十,永元十二年,卒于官,门生会葬者数千人"。

在上述一些教育事业较为发达的地区,很自然地出现卖书人的踪影。桓帝时期(147—167)任尚书郎的刘梁,"宗室子孙,而少孤贫,卖书于市以自资"。卖书的地点就在他的家乡东平宁阳(今山东兖州一带),买书的主要是当地的官学、私学学生。他利用卖书的有利条件,刻苦攻读,成为学者,著有《破群论》、《辩和同之论》等。桓帝时,被举为孝廉,在今河北涿县担任一邑(县)之长。刘梁是卖书的出身,深知图书的重大作用。他在任上"乃更大作讲舍,延聚生徒数百人,朝夕自往劝诫,身执经卷,试策殿最,儒化大行。此邑至后犹称其教焉"。由于他政绩卓著,"特召入拜尚书郎,累迁。后为野王令,未行。光和中(公元180年)病卒"(《后汉书·刘梁传》)。刘梁因卖书成才,留名史册。可以想象,那些一辈子卖书却不可能在史册上留名的人一定很多。

在知识分子较集中的乡间也有了流动售书人的足迹。东汉著名学者张楷,"门徒常百人……车马填街,徒从无所止……隐居弘农山中,学者随之,所居成市"(《后汉书·张楷传》)。在这种以学生、学者为供应对象的临时集市上,洛阳书肆的书商也远出荒郊来到弘农山售书。

有些学者撰著的图书通过各种途径被书肆复制或收购去,在更广的范围流通。在谶纬盛行的东汉,王充写成的名著《论衡》,以大无畏精神批判了"皇权神授"、"天人感应"、"灾异之变"、"鬼神观念"等谶纬神学。儒家视《论衡》为离经叛道,进不了学校之门,通过书肆的复制销售才得以流传开来。王充一生著述颇多,除《论衡》外,还著有《六儒论》、《政务》、《讥俗节义》、《养性》等书。他辞世80年之后,文学家蔡邕(132—192)慕《论衡》之名,在中原四处寻购不得,后因"亡命江海,远迹吴会……积十二年在吴"(《后汉书·蔡邕传》),终于购到此书。"恒秘玩以为谈助"(《后汉书·王充传》注引《袁山松书》),"时人嫌蔡邕得异书,或搜求其帐中隐处,果得《论衡》,抱数卷持去。邕丁宁之曰:'唯我与尔共之,勿广也。'"(《后汉书·王充传》注引《抱朴子》佚文)。此后,会稽太守王郎在越地也买到这部书,"叹曰:

不见异人，当得异书"(《后汉书·王充传》注引《袁山松书》)。当年买《论衡》之类的"异书"实在不易，吴越等地的书肆对传播这部有价值的著作起了重要作用。王充是浙江上虞人，他罢官还乡以后，一面招收生徒，教学授业；一面研究学问，专心著述。所以，他的《论衡》等著作，多在吴越一带的书肆流传。

四、东汉的佣书活动

图书贸易的发展，要求有源源不断的图书货源。在雕版印刷术发明之前，图书货源只能靠人工抄写复制，受雇佣抄写复制书籍的人员称佣书人。战国后期就有了"佣力写书"的记载。西汉时期，武帝开献书之策，置写书之官。这种写书之官，就是抄写复制书籍之人，同佣书人没有太大的差别，不过是拿固定的俸禄。河间献王刘德、淮南王刘安均重金购求佚书，召佣书人替他们抄写复制。西汉成帝时，诏刘向大规模整理图书，更离不开佣书人抄写复制。由于那些佣书人没有成名，古书上鲜有记载。东汉以来，佣书成名的人不少，文献上记载的多了，才使我们可以更具体地了解到佣书活动情况，实际是在印刷术发明之前的出版活动，或者说佣书活动即书业经营活动。

东汉以来的佣书活动大体有两种情况，一种是为官府抄写书籍，每抄写好一部书可获取一定的佣金；另一种是自己选择有价值有销路的书，加以抄写复制，直接在市场上出售或出租。佣书人与售书人往往难以严格区分，不少售书人也自抄自卖。为官府抄书，也等于变相抄书出售。

佣书人要有较高的文化素质，知书、识书。同时要工于书法，字写得规范、工整，有出售价值。一般都是家境贫寒的读书人，一时难以入仕，则以佣书为业，维持生活。有些佣书人在抄书过程中积累了丰富的学识，为日后的飞黄腾达打下基础。东汉的桓荣、李郃、公孙瓒等名臣都是佣书出身。东汉名将班超，年轻时也以佣书为业。安帝时的王溥则以佣书、售书致富。

桓荣，字春卿，沛郡龙亢人。少时入长安太学，因家境贫困，经常替人家抄写书籍，用所得的佣金来维持学习。他边读书，边佣书，"精力不倦，十五年不窥家园"(《后汉书·桓荣传》)。学成以后，自办私学，徒众数百人。

后被光武帝召去，历任博士、太子少傅、太常。明帝即位，尊以师礼，封关内侯。

在东汉的太学生中，像桓荣那样靠佣书收入来维持学习和生活的，还有一些。汉中南郑人李郃在洛阳的太学求学，"常以佣书自给"（《太平御览·李郃别传》），安帝时官至太常，复为司徒。顺帝时封涉都侯，辞让不受，年八十，卒于家。东汉末期的公孙瓒，"入太学，授尚书，写书自给"（《北堂书钞·写书》）。官至奋武将军，封蓟侯。

"投笔从戎"这个成语就出自班超的佣书故事。班超（32—102），字仲升，扶风平陵（今陕西咸阳）人。父班彪，作《史记后传》60余篇，早亡。兄班固因整理父亲的遗稿，以"私改国史"罪入狱。从此，家境衰落。不到20岁的班超，"家贫，常为官佣书"。他"诣阙上书"为兄编史辩护，班固获释，召为兰台令史，迁校书郎。有一次，汉明帝到东观藏书阁视察，召见正在编史的班固，询问班超从事何职。班固回答说："为官写书，受直以养老母。"这里所说的为官佣书或写书，就是为东观藏书阁抄写书籍，计件取酬。班超"久劳苦，尝辍业投笔叹曰：'大丈夫无它志略，犹当效傅介子、张骞立功异域，以取封侯，安能久事笔研（砚）间乎？'左右皆笑之。超曰：'小子安知壮士志哉'"（《后汉书·班超传》）。后来，他果然抛掉佣书之笔。明帝永平十六年（73）从窦固击北匈奴，旋奉命率吏士36人赴西域，击退匈奴，巩固了东汉在西域的统治。章帝章和元年（87），他又联合当地力量击退匈奴的反扑，平定莎车、龟兹、焉耆等地贵族叛乱，保护了西域各族人民的安全和"丝绸之路"的畅通，任西域都护，封定远侯。

与班超同时代的高君孟，为官佣书成为终身职业。据《书林纪事》卷二："高君孟自伏写书，著作郎署哀其老，欲代之，不肯。云：我躬自写，乃当十遍读。"有些贫苦的知识分子，入仕无门，只好还乡务农，同时把佣书作为副业。

东汉末期的陈长次，字君渊，"昼则躬耕，夜则赁书以养母"（《北堂书钞·写书》）。赁书，即抄书出售。看来，陈长次的佣书收入微薄，只能把主要精力放在耕种庄稼上。

东汉的王溥是佣书致富的典型。安帝时期（107—125），琅琊人王溥"家贫不得仕，乃挟竹简插笔于洛阳市肆佣书。美于形貌，又多文辞。来僦其书者，丈夫赠其衣冠，妇人遗其珠玉。一日之中，衣宝盈车而归。积粟十廪，九族宗亲，莫不仰其衣食，洛阳称为善笔而得富……后以一亿钱输官，得中垒校尉"（王嘉《拾遗记》卷六）。从这段记述中，可以了解洛阳市肆的佣书情况。佣书人王溥在市上设肆，自带竹简抄写书籍，很注重衣着仪表，文质彬彬（"美于形貌"），写得一手好字（"善笔"），善于接待读者，也善于宣传介绍书（"又多文辞"），深受读者欢迎。由于经营有道，才得以发财致富，花一亿钱买了一个不大不小的官——掌北军垒门。值得研究的是"来僦其书者"的"僦"字，有两重含义：一是租赁，二是付费取走。由此可见，当年佣书人的经营形式很灵活，抄写好的书可以租赁给读者，也可以先交费预订，按读者指定的书抄写，写好后让读者按期来取。

佣书人抄写出售最多的是儿童识字书，即本书第二章所介绍的"觚"。这种"觚"，需求量大，儿童识字必备，又不是一般百姓家自己可以制作或书写得好的。甘肃玉门花海汉代烽燧遗址曾出土四件七面菱形"觚"，高37厘米。其中，有三件是抄写的《仓颉篇》，另一件是抄写的《制诏》。甘肃武威等地也出土了汉代的"觚"。这些觚上的字体都写得很工整，笔画清晰，书法精湛，无一讹误，用于儿童学习、识字。

甘肃武威还出土了"汉代医简"。通册为一人抄写，书体苍劲有力，其校对刮削处和行外加行加字，同原书的字体一致，说明校对人即抄书人。如果不是以佣书为专业的人，很难抄写得如此规范。据专家研究，甘肃出土的"觚"和"汉代医简"等，很可能均出自佣书人的手笔。东汉时期，甘肃敦煌人盖晋就以佣书为业，"贫为官书，得钱"（《太平御览》卷四百二十六）。

西方的佣书业约出现于公元前1世纪（我国西汉时期）的古罗马。在罗马广场附近有一条名叫桑达拉里乌斯的大街，集中了几家前店后厂式的书店。书店主人都是贵族，各拥有一批经过专门训练的抄书手。他们多是从历次战争中被俘虏来的有文化的人，沦为奴隶。抄写的方法是，由一人手持原本书朗读，多人同时听写。书籍载体是特制的羊皮纸。写毕，经过专人校对订正，装订成册。由于是集体抄书，可在同一时间复制出10—20个复本。每出一种新书，就在书店门前的楹柱上张贴书名广告，招徕读者。无论在我国还是古罗马，佣书业的出现都促进了图书贸易的发展，为传播科学文化知识发挥了重要作用。

五、纸张的发明与图书贸易

以植物纤维为原料而生产的纸张，最早出现于东汉时期。纸的发明逐步改变了我国古代持续 1000 多年的简帛制度，为纸写书卷的面世创造了条件。以竹简为载体的书籍，比较笨重，不便于携带和运送；以缣帛为载体的书籍，虽然轻便，但数量稀少，价格昂贵。汉代的一匹缣，相当于 6 石米的价格。用缣帛写的书，一般读书人买不起。纸写书卷（写本书）恰好可以弥补简书、帛书的短处。论其优点，一是轻便，同简策相比较，体积缩小，重量减轻，便于携带和阅读；二是价廉，纸张生产成本不仅低于缣帛也低于简策，可以适应更多读书人的购买力，有利于扩大图书的发行量，创造新的市场。造纸术是我国古代四大发明之一。它极大地促进了人类的文明进步，从东汉到隋唐，从官府到民间，用纸张抄写复制书籍蔚然成风，对书业发展和图书贸易具有划时代的意义。

以植物纤维为原料经过加工处理而制成的纸，是东汉时期的蔡伦发明的。蔡伦（？—121），字敬仲，桂阳（今湖南郴州）人，东汉和帝的宦官，任中常侍，侍从皇帝，传达诏令，掌理文书，权力很大。他很有才学，尽忠重慎，得以预参帷幄，匡弼得失。后加位尚方令。尚方，是监制皇家兵器及其他各种器物的官署，各种技艺高明的工匠汇聚于此。尚方令是这个官署的主官。蔡伦正是运用尚方的财力、物力和能工巧匠等十分有利的条件，研制出了轻便、廉价、可供书写的纸。《后汉书·蔡伦传》说："自古书契多编以竹简，其用缣帛者谓之为纸。缣贵而简重，并不便于人。伦乃造意，用树肤、麻头及敝布、鱼网以为纸。元兴元年奏上之，帝善其能，自是莫不从用焉，故天下咸称'蔡侯纸'。"元兴元年为公元 105 年，历史上就把这一年作为蔡伦发明纸张的年代。由于他担任中常侍又兼任尚方令有功，安帝元初元年（114）被封为龙亭侯，邑三百户。所以，人们把蔡伦发明的纸称为"蔡侯纸"。后来，因宫廷内部斗争祸及蔡伦，"伦耻受辱，乃沐浴整衣冠，饮药而死"。

历史上对造纸发明的争议。在唐代神龙元年（705）以前，长达 600 年间，各种古文献上一致记述造纸术是蔡伦发明的。但自神龙二年（706）以后，唐代张怀瓘、明代谢肇淛开始提出"纸非自蔡伦始"的议论。今人也多有附和，理由是在《汉书》、《后汉书》中数次出现"纸"字。《汉书·孝成赵皇后传》述及赵飞燕以小绿箧给狱中妇人，"中有裹药二枚，赫蹏书"。后人把"赫蹏"解释为"薄小纸"，但宋代学者已予纠正，认为"赫蹏"是染色的素帛，并不是纸。《后汉书·贾逵传》说，建初元年（76）诏逵入宫讲《左氏传》，"教以左氏，与简纸经传各一通"。《后汉书·和熹邓皇后传》述及："是时，方国贡献，竞求珍丽之物，自后即位（102），悉令禁绝，岁时但供纸墨而已。"有人由此得出结论，在蔡伦发明纸以前已经有了纸。其实，这是一种误解。宋代赵彦卫、清代胡朴安以及当代造纸科研单位的专家对此均有考证，认为上述各书所说的纸，都是丝絮薄膜。把质量很差的丝絮泡在水中，然后捞起，在竹席上晾干，轻轻揭下的丝絮薄膜，绝非植物纤维纸。《后汉书·蔡伦传》在叙述蔡伦造纸的同时，首先指出，"自古书契多编以竹简，其用缣帛者谓之为纸"，这已交代得很清楚了。

东汉初期文字学家许慎编著的《说文解字》，对蔡伦造纸以前的纸字的解释是："纸，絮一箔也，从糸，氏声。"同时指出："絮，敝绵也。"敝绵是质量很差的丝绵。这种丝絮薄膜，不仅产量少，也很难在上面写字。清代段玉裁《说文解字注》给书籍下的定义是："著于竹帛，谓之书。"《说文解字》完成于公元 100 年，比蔡伦发明纸早 5 年。可见，这时尚未出现可用于书写的植物纤维纸。东汉末期的训诂学家刘熙的训诂书《释名》给书籍下的定义是："书，庶也，纪庶物也；亦言著之简纸，永不灭也。"该书面世约在蔡伦发明纸百年之后，已经有了纸写书，所以书籍的定义也改变为"著之简纸"。

出土古纸的争议。1957 年，据称在西安市郊灞桥的汉墓出土了古纸。有人在报上发表文章，认为它是汉武帝时代的麻纸，是"世界上现存最早的纸"，宣称蔡伦不是造纸术的发明人，而是改良者。不久，又据报载，在甘肃放马滩出土所谓"西汉纸地图"。从此，在国内的许多出版物包括一些教材，有关蔡伦发明造纸术的历史被修改了。颇具权威的语文工具书也修改了蔡伦条目，说他只是总结了西汉以来用植物纤维造纸的经验，改进了造纸术。消息传到国外，有的国家造纸展览馆撤下了陈列多年的蔡伦画像和他的造纸术发明说明书。外国则乘虚而入，公然宣称造纸术是印度发明的。有的西方学者则宣称，造纸术是 14 世纪德国人发明的，也有人说是同时代意大利人发明的。

灞桥纸被否定。20 世纪 50 年代以来出土的古纸是否为西汉麻纸？ 20 世纪 80 年代，我国造纸学术部门、造纸科研单位及有关专家，"针对以'灞桥纸'为代表的'西汉麻纸'，通过科学分析检测、历史文献考证和灞桥实地重点调查，终于弄清了事实真相：'灞桥纸'根本不是纸，而是废麻絮。当时有人将其分层、喷水，用玻璃夹平，便名之曰'西汉麻纸'。此外，在调查中得知，陕西文物部门的发掘档案中，根本没有灞桥西汉墓的发掘报告，甚至连一份发掘简报也没有"（见段纪纲《关于"灞桥纸"的调查报告》，载《纸史研究》第 4 辑）。所谓"西汉纸地图"，经有关专家鉴定，是魏晋时代的纸，并非西汉的植物纤维纸（《纸史研究》第 7—10 辑和《中国造纸》1992 年第 4 期）。据《纸史研究》第 9 辑载，"灞桥纸"和"纸地图"两种展品已分别从中国历史博物馆和故宫"中国文物精华展"展厅撤出。出土古纸的断代涉及多种学科，需要发挥各学科专家的群体优势，单靠一个部门是难以胜任的，而以往的古纸断代却忽略了这一点。

为肯定和赞扬蔡伦发明造纸术的历史功绩，中国造纸学会于 1987 年 9 月 11 日在北京科学会堂召开了纪念蔡伦发明造纸术 1882 周年大会。我国著名科学家周培源在大会上强调指出："在没有取得确切的考古实物、科学鉴定与可靠的历史文献根据之前，绝不可轻率地贬低蔡伦和修改历史。"继此次大会之后，1990 年 8 月，国际造纸历史协会（IPH）在比利时南部城市马尔梅迪召开第 20 届代表大会，来自欧、美、亚各国的 60 多位造纸历史学家根据对纸的分析和历史记载，一致确认蔡伦是造纸术的伟大发明家，中国是造纸的发明国。

蔡伦发明的造纸术逐步在社会上推广，出现了简策、帛书和纸写书卷并行流通的局面。人们在生产实践中对"蔡侯纸"不断改进。东汉后期，纸的质量逐步提高。有个名叫左伯（字子邑）的造纸家以造纸精美著称于世——洁白、光滑，更便于书写。"子邑之纸，妍妙精光"（萧子良《答王僧虔书》）。

那时，著名的抄书家、书法家"必用张芝笔、左伯纸、韦诞墨"。左伯是山东东莱人。从汉末直至南朝，东莱一带盛产优良的纸张。

纸张大量生产以后，生产成本降低，纸抄书卷的价格远低于帛书。汲县令崔瑗给友人葛元甫复信说："今遣送《许子》十卷，贫不及素，但以纸耳"（《北堂书钞》卷一百零四）。经考证，这封信约写于东汉顺帝后期（140—144），即蔡伦发明造纸术30多年之后，已经出现了如《说文解字》《许子》。这样的纸写书卷。身为县令的崔瑗，为政清廉，"家无担石储，当世清之"（《后汉书·崔瑗列传》）。买不起缣帛写书（"贫不及素"），所以才以纸写书送给朋友。可见，当时的纸写书成本低，适宜于在社会上广泛流通。

公元7世纪，中国的造纸术经朝鲜传入日本。公元8世纪传到中东，不久，又传到欧洲各国。

两汉时期，因战乱曾发生两次大规模毁损书籍事件。一次是王莽新朝地皇四年（23），长安兵起，王莽被杀，宫室图书被焚成灰烬。这是继秦始皇焚书之后的第二次书厄。另一次是东汉初平元年（190），董卓胁迫献帝迁都长安。大肆烧杀抢掠，洛阳城市肆和附近二百里内的宫庙、官府、居家被烧光，"室屋荡尽，无复鸡犬"（《资治通鉴·汉孝献皇帝纪》）。被迫迁徙的老百姓，或死于饥饿，或死于战乱，积尸盈路。洛阳城内的书肆当然也被烧成灰烬。由于军纪败坏，洛阳皇家藏书在迁往长安的途中大量被毁坏，军人们利用大幅的帛书搭帐篷，把小幅帛书缝成装米的袋子或背囊。数百年积累起来的精神财富——图书"扫地皆尽"。这是历史上的第三次书厄。其实，两京大乱时，朝廷藏书并没有完全毁掉，有一部分流散到民间，陆续被贩书人购去，经抄写复制，在书肆出售。

六、魏、蜀、吴书业

东汉末期，经过多年的军阀征战兼并，天下三分，魏、蜀、吴鼎足而立。他们各自在境内恢复和发展经济，整饬吏治，兴办文教，搜求图书。尤其是曹操，更为关心图书事业。

（一）曹魏政权对图书的搜求、编撰。曹操是个热爱图书的人，"御军三十余年，手不捨书，昼则讲武策，夜则思经传，登高必赋，及造新诗，被之管弦，皆成乐章"（《三国志·魏书·武帝纪》裴松之注引王沈《魏书》）。他对董卓等人在洛阳、长安制造的"书厄"非常痛心。公元196年，曹操迎汉献帝迁都许昌，就着手搜求图书。越两年，他率军击败吕布，犒赏部将，"给众官车各数乘，使取布军中物，唯其所欲，众人皆重载，唯（袁）涣取书数百卷，资粮而已"（《三国志·魏书·袁涣传》裴松之注引《袁氏世纪》）。曹操对这个在战争中抢救图书的新收编部将——袁涣大加赞赏。不久，提拔袁涣为郎中令，行御史大夫事。袁涣向曹操献策说："今天下大难已除，文武并用，长久之道也，以为可大收篇籍，明先圣之教，以易民视听，使海内斐然向风，则远人不服可以文德来之"（《三国志·魏书·袁涣传》）。曹操"善其言"。这段记载表明曹操搜求图书的政治目的是以文德服人。公元200年，曹操在官渡之战打败袁绍，缴获了大批俘虏、辎重。袁绍的图书也作为战利品为曹操所有。

曹操抢救藏书家在战乱中散失的图书。东汉末文学家蔡邕藏书数千卷，逝世前大部分给了王粲，少部分留给了女儿蔡琰（蔡文姬）。后来，蔡文姬在战争中被南匈奴掳去。曹操念在与蔡邕旧谊，以重金把她赎回。问她能否追忆10多年前的家藏旧籍，"文姬曰：'昔亡父赐书四千许卷，流离涂炭，罔有存者。今所诵忆，裁四百余篇耳。'操曰：'今当使十吏就夫人写之。'文姬曰：'妾闻男女之别，礼不亲授。乞给纸笔，真草唯命。'于是缮书送之，文无遗误"（《后汉书·董祀妻传》）。蔡邕的部分诗文藏书由于蔡文姬的诵忆追记，经抄写复制而流传下来。

曹操为魏王，在朝廷设置了秘书令，典尚书奏事，同时负责购求、整理和掌管图书。秘书令建有"中外三阁"，让文人学士在这里"采掇遗亡，典藏图书"。鉴于迁都许昌，"台阁旧事散乱"，曹操让尚书郎卫觊整理图书，"觊以古义多所正定"（《三国志·魏书·卫觊传》裴松之注引王沈《魏书》）。卫觊才学出众，"受诏典著作，又为《魏官仪》，凡所撰述数十篇"（《三国志·魏书·卫觊传》）。

曹操下令禁止谶纬图书。由于汉光武帝刘秀的提倡，谶纬图书红极一时。这类书的主要内容是假托神意解释儒家经典，鼓吹天人感应——所谓上天的预言。每一种儒家经典都有数种纬书相配。例如，《易》有《乾凿度》、《坤灵图》；《书》有《刑德放》、《帝命验》；《诗》有《推度灾》、《含神雾》；等等。从这些奇怪的书名就可以想象其内容的荒诞、神秘了。建安时期，各州牧武装争战不息，有些军阀利用谶纬图书制造夺取"神器"的舆论。于是，曹操下令禁止谶纬图书（所谓"内学"）的流传，禁止书肆出售。这是历史上第一次禁谶。

（二）蜀汉政权的图书搜求。诸葛亮协助刘备建立蜀汉政权，在出兵夺取中原的同时，也加强了蜀国的内部治理。蜀中的农田水利办得好，教育事业发达，为发展书业提供了有利条件。蜀汉政权沿袭汉制设"东观"收藏图书。命郤正担任掌管图书事业的秘书令，多次向民间购求图书。

郤正，字令先，河南偃师人。"少以父死母嫁，单茕只立，而安贫好学，博览坟籍。弱冠能属文，入为秘书吏，转为令史，迁郎，至令。性澹于荣利，而尤耽意文章，自司马、王、扬、班、傅、张、蔡之俦遗文篇赋，及当世美书善论，益部有者，则钻凿推求，略皆寓目……咸宁四年（278）卒。凡所著述诗论赋之属，垂百篇"（《三国志·蜀书·郤正传》）。郤正对蜀国的图书搜求、整理颇有贡献。

诸葛亮治蜀期间，还安排许慈、胡潜、孟光、来敏等学士"鸠合典籍，沙汰众学……典掌旧文"（《三国志·蜀书·许慈传》）。这里所说的"鸠合典籍"，就是搜集购求图书。搜购来的大批图书需要校勘、整理。许慈与胡潜在学术上有分歧，由争论变成了成见，"书籍有无，不相通借"。后来，刘备设酒宴为他们两个人做了调解工作。

蜀国的丞相长史向朗以私家的财力收购和整理图书。向朗，字巨达，襄阳宜城人。诸葛亮南征时，由他主持后方朝政。蜀建兴五年（227），随诸葛亮到汉中作战。向朗素与马谡友好，谡逃亡，他知情不举。诸葛亮很恼火，向朗被免官还成都。"自去长史，优游无事垂三〔二〕十年，乃更潜心典籍，孜孜不倦。年逾八十，犹手自校书，刊定谬误，积聚篇卷，于时最多……上自执政，下及童冠，皆敬重焉"（《三国志·蜀书·向朗传》）。这表明，向朗晚年，从事书业，颇有名望，受到人们的敬重。

（三）孙吴政权的东观校书。孙权继承父兄之业，占据江东各郡，建都建康（今南京）。为巩固内部，北拒曹魏，加强了对东南地区的开发。吴国的农业、手工业都有所发展，商业也较中原活跃，但在文化教育方面无所建树。虽然也"诏立祭酒，以教学诸子"，但这个诏书并未得到实施。吴国也沿汉制设立了秘书监，史书上记载不详，可能没有多大作为。虽然也设立了图书机构"东观"，并未见有什么搜求或整理图书的业绩。主要原因是孙权晚年推行残暴政治，性多嫌忌，对于他的文武百官动辄加罪惨杀，到了他的孙子——末代嗣主孙皓，更加残暴，"忠谏者诛，谗谀者进，虐用其民，穷淫极侈"（《三国志·吴书·三嗣主传》）。许多文人学者不是被杀戮，就是离他而去。不过，吴国有位著名文人——虞翻，收徒讲学，学生常有数百人。为了教学需要，他训注的《易经》、《老子》、《论语》等书，经过多人抄写复制，流传后世。

吴国的韦曜奉命撰书遭杀身之祸。韦曜，字弘嗣，吴郡云阳人。少好学，能属文。曾任太史令，奉命撰《吴书》。吴永安年间（258—263），任中书郎、博士祭酒。景帝孙休"命曜依刘向故事，校定众书"。末帝孙皓即位，命曜为孙皓的父亲孙和作纪。韦曜认为孙和未登帝位，只宜作传，因此得罪了这位末代暴君。在一次群臣宴上，韦曜酒量小，没有按孙皓的规定"饮酒七升"。孙皓竟以"不承用诏命，意不忠尽"的罪名把韦曜投入死囚之狱。韦曜在狱中上书说，他曾考订过《古历注》，作《洞纪》四卷，还作有《官职训》及《辩释名》各一卷，希望秘府从他家中取来，呈帝一阅。其用意是以此求免死罪。不料，孙皓却责怪他的书上有污垢之处。秘府郎华覈上书为他求情，说韦曜才学出众，《吴书》还没有撰完，"非得良才如曜者，实不可使阙不朽之书。如臣顽蔽，诚非其人。曜年已七十，余数无几，乞赦其一等之罪，为终身徒，使成书业，永足传示，垂之百世。谨通进表，叩头百下"（《三国志·吴书·韦曜传》）。可是，嗜杀成性的孙皓根本不理这一套，立即下令把这位"笃学好古，博见群籍，有记述之才"的韦曜杀害了。

上书营救韦曜的华覈，字永先，吴郡武进人。曾任秘府郎，迁中书丞。孙皓修建新宫，所费甚多。华覈上疏谏劝，孙皓不纳。后来把华覈调任东观令，覈上疏辞让。"皓答曰：'得表，以东观儒林之府，当讲校文艺，处定疑难，汉时皆名学硕儒乃任其职，乞更选英贤。闻之，以卿研精坟典，博览多闻，可谓悦礼乐敦诗书者也'（《三国志·吴书·华覈传》）。从这个批复来看，末帝孙皓也清楚图书事业的重要性，任命华覈执掌东观，编撰图书。

吴国已经有了藏书家。著名的如范平，钱塘人，官至临海太守，好读古文典籍，总揽百家，藏书七千卷。其子范泉也以儒学闻名当世。其孙范蔚，官至关内侯，继承了他的藏书传统，不断寻购新书，上门借书者常有百余位。他既借人以书，还供读书人以食宿。范家三代遗风常存，浙东藏书，世有其人。

吴国地处东南，出现善于绘制地图的人才。书肆可以出售简易地图。吴王孙权的赵夫人自幼习画，精于绘制地图，"作列国山岳、河海、城邑、行阵之形于方帛上"。赵夫人把地图针绣出来，献给吴王孙权，时人谓之针绝。

第四节　两汉时期的代表著作

两汉时期，我国的经济文化有了飞跃发展，各类著作增多。西汉末期刘歆编纂的总书目《七略》，共著录图书 13397 卷，图 45 卷。如果把《汉书艺文志拾补》所列的图书加在内，著录图书约 2 万卷。这个数字包括先秦流传下来的著作在内。东汉著作约有 1100 部，2900 卷。两汉的主要代表著作大体有以下几种类型。

一、哲学著作

西汉初期，道家的黄老之学有利于稳定政治形势和恢复社会经济，遂成为汉初统治者的指导思想，并逐渐成为一种社会思潮。到了武帝时期，"罢黜百家，独尊儒术"，以董仲舒为代表的今文经学盛行一时。东汉时期，今文经学与谶纬迷信相结合，毒化了社会思潮。王充对汉代神学迷信展开了全面批判。概括两汉的哲学代表著作有如下几种。

（一）《淮南子》。又称《淮南鸿烈》。前已述及，由淮南王刘安及门客苏非、李尚等 9 人编著，是西汉时代的鸿篇巨制（《汉书·艺文志》著录内 21 篇，外 33 篇，现只流传内 21 篇）。该书是西汉前期黄老思想的总集，内容以道家思想为主，融入儒、法、阴阳五行等家的学说，也包含不少自然科学史材料。

（二）《春秋繁露》。西汉今文经学大师董仲舒著，后人疑其不尽出自他一人之手。内容推崇公羊学，发挥了儒学中的唯心主义，用所谓"天人感应"、"三纲"、"五常"等说为加强封建皇权统治制造了理论根据。这正迎合了汉武帝的心意，因而把今文经学定为官学。

（三）《新论》。东汉桓谭著。从唯物主义观点阐述了形体同精神的关系，提出"以烛火喻形神"的著名论点，批判了光武帝刘秀提倡的谶纬神学。桓谭几乎被刘秀以"非圣无法"的罪名置于死地。

（四）《论衡》。东汉王充用毕生精力，历时30多年才完成这部20多万字的唯物主义著作。批判了"天人感应论"和今文经学的造神运动以及当时社会上的各种迷信活动。曾被统治阶级斥为"异端邪说"，长期受到埋没。

二、史学著作

两汉的史学有了新发展，出现了纪传体的史学巨著。司马迁的《史记》和班固的《汉书》是这一时代的代表作。

（一）《史记》，原名《太史公书》。西汉司马迁（约前145或前135—?）著。共130篇，526500字，为我国第一部纪传体通史。记事起于传说中的黄帝，止于汉武帝，约3000年。司马迁遭到武帝的残暴迫害，被处以腐刑。他以极大的毅力忍受羞辱，发愤写作，直至武帝末期（前91年前后）完成。不久，他就默默无闻地去世了，连准确的卒年也没有留下。汉宣帝年间（前73—前49），他的外孙杨恽把这部划时代的历史巨著公之于世。此后，该书成为历代编纂史书的楷模。

（二）《汉书》，又称《前汉书》。是班固（32—92）在其父亲班彪所著《史记后传》的基础上续写的，即将成书时因受窦宪株连死于狱中。其妹班昭及马续奉汉和帝之命续修完成。本书是我国第一部纪传体的断代史，文辞渊雅，叙事详赡。历代的"正史"都沿用《汉书》断代为史的体例。

汉代著名的史书还有：荀悦编著的西汉编年史《汉纪》，东汉史官编写的东汉史料《东观汉纪》，袁康编写的我国最早的地方志《越绝书》，又称《越绝纪》。

三、文学著作

汉代文学的主要形式是赋。赋讲究文采、韵节，兼具诗歌与散文的性质。乐府民歌是汉代新兴的文学体裁。武帝时设立乐府机构，广泛收集民歌，由协律都尉制作歌谱演唱，供宫廷娱乐，也有"观风俗，知薄厚"供统治者借鉴的作用。许多民歌具有较高的思想性和艺术性。

（一）汉赋。政论家贾谊是最早的汉赋大师。他的《吊屈原赋》、《鵩鸟赋》，抒发了怀才不遇的心境，是情真意实的佳作。枚乘的《七发》，司马相如的《子虚赋》、《上林赋》，扬雄的《羽猎赋》等，都是汉赋的代表作。到汉成帝时统计，进呈西汉皇帝的汉赋达千篇以上。班固的《两都赋》、张衡的《二京赋》、赵壹的《刺世疾邪赋》等，则是东汉时期的名作。这些作品被职业抄书人写在竹简上编连成册，作为商品在书肆出售，才得以流传后世。

（二）乐府民歌。又称乐府诗，是经过整理的民歌。基本反映了汉代社会生活情况，表达了人民的感情和希望。著名的如《陌上桑》、《东门行》、《妇病行》、《孤儿行》等，而《孔雀东南飞》和《古诗十九首》则是东汉乐府诗的代表作。

四、字词工具书

随着语言文字的发展变化，一些先秦古籍中的文字，到了汉代已难以为一般读书人所理解，因此产生了解释词义的工具书。

（一）《尔雅》。是我国最早解释词义的工具书。其来源已无法查考，通常认为是由汉初学者们缀辑周、汉诸书旧文，递相增益而成，今存19篇。该书把复杂参差的语词现象，用比较标准的音和词义加以集中归类，供人们阅读古代典籍时参考。它是考证词义和古代名物的重要工具书。

（二）《说文解字》。简称《说文》，是我国第一部系统地分析字形和考究字源的工具书。东汉许慎（58—147）著。成书于东汉和帝永元十二年（100）。首创按汉字的偏旁部首编排字书的体例。字体以小篆为主，并列有古文、籀文等异体，使后人因此而得识古字、读古书，并对汉字的历史源流获得较为完整的认识。

五、自然科学著作

两汉的科学技术水平远远高于秦代和先秦时期，在天文历算、数学、农学等方面出现不少重要著作。

（一）《灵宪》。东汉科学家张衡（78—139）的天文学名著。书中探索了宇宙起源、演化以及无限性等论题。指出"宇之表无端，宙之端无穷"，指出行星运动的快慢与距离地球远近有关。第一次用科学方法解释了月食形成的原因，对于陨星、彗星的论述也很精彩。今人为纪念张衡在天文学上的光辉成就，在月球上有以他的名字命名的环形山，还有以他的名字命名的小行星。

（二）《周髀算经》。西汉或更早时期的天文历算著作。作者不详。主要阐明当时的盖天说和四分历法。在数学方面，使用了分数算法和开平方法，最早介绍了勾股定理。

（三）《九章算术》。系统地总结了先秦到东汉初年的数学成就，包括初等数学中的算术、代数以及几何的相当一部分内容。经多次增补，至迟在公元 1 世纪时，已经有了现传本的内容。该书标志着我国古代数学已形成完整体系，在世界数学史上占有重要地位。书中关于多元一次方程组的解法，比印度早 400 多年，比欧洲早 1300 多年；分数四则运算、比例算法以及正负数运算法则等，均属当时世界上最先进的算学成就。16 世纪以前（明代中叶以前）的我国数学著作，多沿袭《九章算术》体例。

（四）《四民月令》。东汉桓帝时（147—166）曾任五原太守的崔寔著，是我国最早的农家历。崔寔关心农业生产，教民种麻纺织，为了让农民按农时节令适时进行生产活动而写成此书。东汉后期，市场上已有历书出售，《四民月令》是其中的一种。在甘肃出土的大批汉简中，就有历书、日书。天水放马滩出土的《日书》简，内容包括占卜、婚丧、生育、修造、出行、农事等，是当时广为流通的农家历。

（五）《氾胜之书》。又名《种植书》，西汉成帝时（前 32—前 8）的御史氾胜之撰。"氾"是"泛"的异体字。本书是我国现存最早的一部农学专著，书中总结了黄河中游地区耕作原则、作物栽培技术和种子选育知识，发展了战国以来的农学。原书 18 篇，北宋后期失传。现有辑佚本，由后人从《齐民要术》、《太平御览》等书中辑得。该书在我国农学史上占有重要地位。

六、医学著作

两汉时期，我国医药学已形成较为完整的体系。一些先秦的古医书，经过汉代学者的收集整理，成为定本。《汉书·艺文志》载有医经、经方等 18 家的著述近 500 卷。

（一）《神农本草经》。我国现存最早的本草学专著，是先秦以来药物知识的总结。成书年代约在西汉后期。共收药物 365 种，详述性味、功能和主治，疗效大多确实。对我国后世药物学的发展有很大影响。

（二）《伤寒杂病论》。我国第一部理、法、方、药兼备，理论和实践紧密结合的临床诊疗专著。张仲景（约 150—约 219）著。张仲景，名机，河南南阳人，被后世称为医圣。书中总结了秦汉 300 多年的临床实践经验，对病理、诊断、治疗和用药有详细论述，对祖国医学发展作出了重大贡献。

（三）华佗的医学著作。华佗（？—208），东汉末年医学家，精内、外、妇、儿、针灸各科，尤擅外科，创用麻醉药给病人施行腹部手术。行医各地，声名显著，人称神医。著有《华佗内事》五卷、《华佗观形察色并三部脉经》一卷、《华佗枕中灸刺经》一卷。因不从曹操征召，被执入狱。在狱中著医书《青囊经》三卷。临刑前，将此书送给狱吏，"曰：'此可以活人。'吏畏法不敢受，佗不强与，索火烧之"（《后汉书·华佗传》）。华佗的著作均已失传。华佗的学生继承他的医术，著有《吴普本草》、《李当之药录》等书。

第四章　魏晋南北朝书业

建安元年（196），东汉王朝名存实亡，其政权实际上已被曹操掌控。赤壁之战（208）之后，形成魏、蜀、吴三国鼎立的局面。从建安二十五年（220）曹丕代汉称帝，经过两晋、五胡十六国，到南朝与北朝对峙，直至隋开皇九年（589）隋文帝杨坚灭陈，长达369年的分裂割据时期，史称魏晋南北朝。

在这个时期，由于封建势力割据混战，人民生活动荡不安，社会生产力屡遭破坏，不能不影响到书业发展。但是，历史总是要前进的。在近4个世纪的时间里，也不乏相对和平安定的年代，社会经济得到恢复和开发，文化也有所发展。魏晋南北朝时期书业的特点是，少数民族统治者入主中原逐步汉化，加快了民族融合；佣书业有了很大发展，某些佣书成才者被载入史册；图书形态发生革命性变化，纸写书卷最终取代流传1000多年的简策版牍。

第一节　魏晋南北朝的图书事业

东汉建安二十五年（220），曹操病逝，其子曹丕代汉称帝，国号魏，又称曹魏，都洛阳（今洛阳市东）。249年，司马懿发动政变，曹魏政权被司马氏控制。263年司马氏灭蜀，265年司马炎建立晋朝，史称西晋。280年西晋灭吴。西晋王朝实现了短暂的统一。不久，西晋发生宗室诸王混战——"八王之乱"，西晋兵力大为削弱，北方少数民族政权兴起，此后百余年间，北方地区先后有五个少数民族建立了十六个割据政权，混战不休，史称"五胡十六国"。316年，西晋被刘曜率领的匈奴军所灭。318年，晋宗室司马睿在长江以南的建康（今南京）称帝，史称东晋。西晋与东晋共历156年，曾一度出现短暂的和平安定环境。

一、曹魏政权的图书事业

曹丕是魏朝的首任皇帝，即魏文帝。"文帝天姿文藻，下笔成章，博闻强识，才艺兼该"（《三国志·魏书·文帝纪》）。他对图书事业很重视，改秘书令为秘书监，专掌图书的搜求、整理、编撰、典藏和抄写复制。《三国志·魏书》说曹丕"帝好文学，以著述为务，自所勒成垂百篇。又使诸儒撰集经传，随类相从，凡千余篇，号曰《皇览》"。这里说的"诸儒"主要是指秘书郎刘劭、王象等人。编撰《皇览》是魏文帝秘书监的重要任务。

《皇览》是我国历史上第一部类书。南宋王应麟编辑的类书《玉海》载："类事之书，始于《皇览》。"曹丕是编辑《皇览》的总策划人和组织者。全书分40多个部类，每个部类都有数十篇文献，共680卷。成书后藏于秘书监，主要供皇帝、皇族阅览，所以叫《皇览》。通过各种渠道的传抄、复制，流通到民间。北宋初期《皇览》散佚。《史记索引》、《太平御览》、《水经注》等古籍均引用了《皇览》的部分内容。

《皇览》的主要撰辑人是刘劭、王象，参与其事的还有缪袭、桓范、韦诞等学者。《三国志·魏书》说，刘劭"受诏集五经群书，以类相从，作《皇览》"。刘劭是邯郸人，以才学见称，曹操为魏公时，拜太子舍人，迁秘书郎。曾任陈留太守，颇有政绩，"百姓称之"。官至散骑常侍，赐关内侯，著有《新律》等多种著作。

王象，河内人，少孤贫，为人牧羊，借放牧之际读书，被主人发现遭到痛打。"魏有天下，拜象散骑侍郎，迁为常侍，封列侯。受诏撰《皇览》，使象领秘书监。象从延康元年始撰集，数岁成，藏于秘府……象既性器和厚，又文采温雅，用是京师归美，称为儒宗"（《三国志·魏书·杨俊传》裴松之注引《魏略》）。可见，领秘书监官职、掌管图书事业的都是才学出众的文人。

魏明帝时，领秘书监的郑默四处购求图书，采掇遗亡，"考核旧文，删省浮秽"（《晋书·郑默传》）。他于明帝青龙三年（235）撰成《魏中经簿》

十四卷。该书对魏国藏书进行了细致分类，在我国目录学史上占有重要地位。青龙四年（236），明帝置崇文观，典藏图书。征召善文之士高堂隆、苏林、秦静等在这里研究天文历算，校勘图书，释解诸书传文危疑。

二、西晋政权的图书事业

晋武帝司马炎将魏朝的秘书监并入晋朝的中书省，"其秘书著作之局不废"（《晋书·职官志》）。中书省重新整理了魏、蜀两个王朝的藏书。东汉王朝曾组织著名学者在东观著书、讲学。魏明帝太和中，设置了著作郎的官职，隶属中书省。晋初，晋武帝任命荀勖为秘书监，任缪征为中书著作郎。他们受命整理和著述图书。后来，将中书著作改称秘书著作，置大著作郎1人，佐著作郎8人。担任著作郎之职必须有真才实学。著作郎一到职，就得至少撰写一篇名臣传。西晋惠帝永平元年（291）将图书事业的掌管机构从中书省分出来，设置秘书省，其属官有秘书丞、秘书郎、著作郎。西晋的藏书和学术研究机构为兰台、秘阁和崇文院，后来又修建了石渠阁。这些学术机构都承担编著、整理图书的任务，也可以称作官办书业。

公元280年，晋军灭吴。晋龙骧将军王濬自蜀率水军沿长江东下，兵不血刃、攻无坚城，很快进入吴都建康，孙皓投降。王濬这个人从小就爱好图书，"博涉坟典"。他攻入建康，"收其图籍，封其府库，军无私焉。帝遣使犒濬军"（《晋书·王濬传》）。这里所说的"收其图籍"包括孙吴王朝秘书监、东观、秘府（宫廷藏书处）的藏书，也包括文书档案和户籍资料。王濬把这些图籍运回洛阳，受到晋武帝的嘉奖。消息传出，一些地方官也四处搜求图书献给朝廷。从此，沿袭成风，直至西晋末期，凉州刺史张寔仍"遣督护王该送诸郡贡计，献名马方珍、经史图籍于京师"（《晋书·张寔传》）。

西晋时期较大规模的搜求、整理图书是在泰始十年（274）。晋武帝命秘书监荀勖、中书令张华"依刘向《别录》，整理记籍"（《晋书·荀勖传》）。荀勖依靠政府力量从各地征集、购求，经整理、校正、编辑、抄写图书达10万多卷。

荀勖（?—289），字公曾，颍川颍阴人。父早亡，年十余岁能属文。曹魏时期曾任安阳县令。晋武帝即位，任中书监，加侍中，领著作，与贾充共定律令。后来，又领秘书监。他参考郑默的《魏中经簿》首创甲乙丙丁四部分类法，著《中经新簿》，著录的图书达 1085 部、29945 卷。这是西晋搜求、整理图书的重要成果。由于皇家财力雄厚，经荀勖整理的图书均重新复制，抄写成帛书，然后放入淡青色的丝质袋中，即"盛以缥囊，书用缃素"。

荀勖还主持了历史上有名的《汲冢竹书》的编校整理活动。晋武帝咸宁五年(279)，一个名叫"不准"的盗墓人在汲郡地方盗窃了战国时代魏襄王(又说魏安釐王)墓中的珍宝。因墓穴内部伸手不见五指，盗墓人"不准"就拾起墓中的竹简点燃照明。这个盗墓案件后被官府查知，只收回部分随葬物品，并在墓中发现大批残断散乱的竹简，许多竹简被烧得只剩下一些残头。当地官府把这批竹简装了几十车，送到京都洛阳的秘书监。太康二年(281)，武帝命荀勖和他的助手中书令和峤整理这批竹书，"校缀次第，寻考指归，而以今文写之"(《晋书·束晳传》)。要把散乱的古简重新编定成书，可不是一件容易的事。断简上的战国古文字(称蝌蚪文)到了西晋时期已难以辨识，要考证这些古简的内容更非易事。经过荀勖、和峤等多位学者研究、编次，用今文在黄纸上重新抄写成书，才弄清楚这批书中有《周易》和战国时期魏国的编年史书《竹书纪年》、《穆天子传》，还有卜筮书、辞典《事名》、画赞《图诗》，等等。由于这些书是在汲郡墓冢中发现的，故称《汲冢竹书》，被秘书监编入《中经新簿》丁部的后面。这只是初步编辑整理，仍有不少误读、误释和编次错乱之处。

西晋惠帝永平元年(291)，由新任秘书监挚虞、秘书丞卫恒重新考证《汲冢竹书》。卫恒是一个有家学渊源的古文字学者，对古简上先秦蝌蚪文的考证，主要由他承担。可惜，在考证期间遇上楚王司马玮政变，卫恒被杀。后来，由他的好友束晳继续完成了《汲冢竹书》的第二次编辑整理工程。经过这次重新整理，编定《汲冢竹书》16 种、75 篇。西晋王朝覆灭，《汲冢竹书》的整理本在战乱中散佚，唯有其中的《穆天子传》因故事性较强，有小说味道，读者对象多，经当年书肆抄写、复制、售卖，流传到民间，才得以保存下来。

西晋朝廷对图书市场加强了管理。当年，有一部《春秋元命苞》，是解释儒家经典《春秋》的纬书。其内容神秘奇幻，有浓重的迷信色彩，对朝廷统治不利。晋武帝下诏禁止传抄售卖。此书在后赵、前秦、北魏和南朝时期均被朝廷查禁。天文学专著《甘石星经》因涉及星象问题，有损天子至高无上的威严，在西晋也被查禁。

西晋惠帝时期（290—306），出现了长达16年的"八王之乱"。洛阳成为战场，数十万人死于战乱，社会经济文化受到严重摧残。怀帝时期（307—312）又发生永嘉之乱。匈奴贵族刘聪攻陷洛阳，杀人无数，西晋的官府宫庙以及崇文院、东观、石渠阁等处藏书被烧毁。接着长安被攻破，西晋灭亡。经过这两次战乱，西晋朝廷的藏书损失严重。正如《隋书·经籍志》所说："惠、怀之乱，京华荡覆，渠阁文籍，靡有孑遗。"这是我国历史上的第四次书厄。

三、东晋王朝的图书事业

东晋偏安江南，维持统治104年。尽管统治集团内讧不断，北方少数民族政权不时南侵，但是同战乱频仍的北方十六国比较起来，南方还是相对安定的。许多中原士人为避北方战祸而南渡。"洛京倾覆，中州士女避乱江左者十六七"。于是，在东晋统治的南方，经济文化有了发展。开国丞相王导"提挈三世，终始一心"，在戎马倥偬之时，仍然开设学校，建置史官，恢复秘书监。王导向晋元帝司马睿上书："诚宜经纶稽古，建明学业，以训后生，渐之教义，使文武之道坠而复兴……"（《晋书·王导传》）。元帝采纳他的建议，开展了购求图书的活动。对于私人藏书不愿出让的，则有偿借来，由秘书监组织佣书人抄写复制。秘书丞王谧曾让秘书郎到殷允、张尚文、郗俭之、桓石秀等"多书之家"、"分局采借"。经过多方购求、借抄，朝廷的藏书才聚集起来，"其后，中朝遗书，稍流江左"（《隋书·经籍志》）。

在晋元帝"鸠集遗书"的号召下，有的武将在陷阵攻城之际，也注意把图书作为战利品加以收集。东晋建武将军应詹治郡有方，以学艺文章称。在他督三郡军事，与平南将军陶侃"破杜弢于长沙。贼中金宝溢目，詹一无所取，唯收图书，莫不叹之"（《晋书·应詹传》）。

东晋中期，随着朝廷藏书的增多，李充第一次以经、史、子、集的四部分类法对图书进行整理，编成《晋元帝四部书目》，存书3014卷，较西晋荀勖编目时减少89%。李充，字弘度，江夏（今湖北安陆）人，曾任秘书监大著作郎。"于时典籍混乱，充删除烦重，以类相从，分作四部，甚有条贯，秘阁以为永制"（《晋书·李充传》）。他把图书分作经、史、子、集四大类，成为我国古籍的主要分类法，为后世学者和古书业所采用。

东晋后期，图书的购求、编撰活动仍在继续。著名学者徐广两度担任秘书郎，从事书籍的典校、著述长达40余年。在他的主持下，整理秘阁存书36000余卷。东晋末期，徐广奉命撰成《晋纪》四十六卷。成书后，他想辞去著作郎职务，安帝不许，又让他主持秘书监。"及刘裕受禅，恭帝逊位，广独哀感，涕泗交流……因辞衰老，乞归桑梓"（《晋书·徐广传》）。

魏晋时期盛行玄学，取代了东汉后期衰微的经学。玄学以老庄思想为哲学基础。虚无清谈成为一时风气。玄学家何晏作《道德论》，王弼注《老子》、《易经》，都提倡清静无为，主张"无为而治"。玄学在晋代更是大行其道。史上闻名的竹林七贤（嵇康、阮籍、山涛、向秀、刘伶、阮咸、王戎）都是玄学家，嵇康的《养生论》、《言不尽义论》，阮籍的《通老论》、《通易论》、《达庄论》，阮咸的《易义》，向秀的《儒道论》、《周易义》都是玄学著作。他们在太行山南麓山阳（今河南修武县）的嵇公竹林里谈玄清议、吟咏唱和、纵酒酣醉，主张废弃礼法，回归自然。嵇康等人表面上不问政治，辞官归里，实际是躲避西晋王朝险象丛生的官场是非。嵇康是曹操的孙女婿，官拜西晋中散大夫，因不愿涉足官场是非，辞官移居山阳，过上了不问政治的处世生活。最后，仍被西晋司马氏集团杀害。

东晋时期，竹林七贤除王戎外均有文集行世。阮籍和嵇康是魏晋时期著名作家，二人的诗、赋、文章，为讥刺当政的司马氏集团，多有隐喻晦涩。这是时势使然，正如阮籍《咏怀诗》所赋："但恐须臾间，魂气随风飘。终身履薄冰，谁知我心焦。"

四、十六国政权的图书事业

与东晋政权相对峙的北方，入居中原的少数民族相继建立了汉（匈奴）、后赵（羯）、前燕（鲜卑）、前秦（氐）、后秦（羌）等16个割据政权，史称"五胡十六国"，直至北魏统一北方，历130余年。在这一时期，北方的各族统治者相互攻战，人民饱受战祸之苦，四散逃亡，土地荒芜。黄河流域及中原地区的经济文化遭受严重破坏，图书事业也难以幸免。不过，后赵、前秦、后秦和前燕等国政权也做过一些振兴文教、购求和编撰图书的工作。

（一）后赵整理编校藏书。后赵称帝的石勒，羯人，曾被贩卖为奴，没有多少文化，但在立国之后，却重视文教事业。他任命徐光为中书令，领秘书监。命记室佐明楷等学者撰《上党国记》，命参军石泰等人撰《大单于志》。后赵朝廷分别设立了经学、史学、律学祭酒。在国都临漳立太学，置博士教授五经，增设十余所小学于都城襄国（今邢台）四门，诏令各地立学校。石勒"亲临大小学，考诸学生经义，尤高者赏帛有差"（《晋书·石勒载记》）。秘书监徐光是石勒的重臣。石勒死后，其养子石虎从太子石弘手中夺得政权即帝位，徐光首先被害。石虎曾派国子监博士到洛阳抄写石经。命国子监参照郑默的《中经书目》整理编校朝廷藏书。为加强市场管理，石虎下令禁止售卖谶纬图书，"禁郡国不得私学星谶，敢有犯者诛"（《晋书·石季龙载记》）。

（二）前秦弘儒教之风。前秦的第二代皇帝苻坚，氐人，博学多才艺。他在汉族寒士王猛辅佐下，"广修学官，召郡国学生通一经以上充之，公卿已下子孙并遣受业。其有学为通儒、才堪干事、清修廉直、孝悌力田者，皆旌表之。于是人思劝励，号称多士，盗贼止息，请托路绝，田畴修辟，帑藏充盈，典章法物靡不悉备"（《晋书·苻坚载记》）。

苻坚每月一临太学，考学生经义优劣，品而第之。问难五经，博士多不能对。苻坚重视教育，图书事业也受到青睐。他任命朱肜为秘书监，赵整为秘书郎，主持图书的购求、编辑整理活动。赵整奉命在长安设译场，主持佛经的翻译事务。名僧鸠摩罗什曾在这里翻译佛教经论300余卷，译文流畅，"众心惬服，莫不欣赞"（《出三藏记集·鸠摩罗什传》）。

苻坚常到秘书省和太学视察。有一次，博士卢壶告诉他：由于战乱，废学已久，各种图书零落无存。近年曾经进行过整理、购求和复制，儒学经典已大体收集齐全，唯有《〈周官礼〉注》失传。后来，苻坚获悉太常韦逞的母亲宋氏，"世学家女，传其父业，得《周官》音义……于是就宋氏家立讲堂，置生员百二十人，隔绛纱幔而受业"（《晋书·韦逞母宋氏传》）。从此，《周官》才重新流传于世。

符坚采纳王猛的建议，下诏禁止谶纬图书，把宣扬图谶的太史令王雕杀掉。符坚母少寡，曾一度与将军李威同居。著作郎赵泉、车敬把这件事如实记入史册。符坚阅其书，"惭怒，乃焚其书而大检史官，将加其罪"（《晋书·符坚载记》），但由于这两个著作郎已经死去，才作罢。

（三）后秦藏书皆赤轴青纸。后秦的皇帝姚兴，羌人，"讲论经籍，不以兵难废业，时人咸化之"（《晋书·姚兴载记》）。他邀请天水姜龛、东平淳于岐等学者"经明行修，各门徒数百，教授长安，诸生自远而至者万数千人。兴每于听政之暇，引龛等于东堂讲论道艺，错综名理"（《晋书·姚兴载记》）。有上万的太学生汇聚后秦的国都长安，可以想象，那里的书肆可能再度出现兴旺景象。屡受战火破坏的洛阳，文教和图书事业也有所恢复。姚兴死后，他的儿子姚泓虽博学善谈论，却无经世之用，只当了两年皇帝就被东晋的刘裕大军所灭。刘裕攻破洛阳，收缴后秦秘书监的图籍，"五经子史，才四千卷，皆赤轴青纸，文字古拙"（《隋书·牛弘传》）。由此可知，后秦时期（384—420）纸写书卷已完全取代简册。

（四）前燕皇帝亲撰教材。在前燕称帝的慕容皝，鲜卑人，占据辽河流域的东北地区。大批汉族士庶为逃避中原战祸流入前燕，受到慕容氏的重用，从而把汉族文教事业和图书事业带入辽河流域，这对鲜卑上层人物的汉化起了决定性作用。慕容皝"雅好文籍，勤于讲授，学徒甚盛，至千余人。亲造《太上章》以代《急就》，又著《典诫》十五篇，以教胄子"（《晋书·慕容皝载记》）。《太上章》和《典诫》都是童蒙教材。他的儿子慕容俊亦"雅好文籍，自初即位至末年，讲论不倦，览政之暇，唯与侍臣错综义理，凡所著述四十余篇"（《晋书·慕容俊载记》）。前燕也设有秘书监购求和收藏图书，主持秘书监的聂熊是慕容氏的重臣。

五、南朝宋、齐、梁、陈的图书事业

东晋末期，以武功显赫封为相国的刘裕，于公元420年以禅让名义夺取帝位，国号宋，仍建都建康。从此，在中国南方共170年间出现了宋（刘宋）、齐（萧齐）、梁（萧梁）、陈四个王朝的更替，史称南朝。在南朝境内，除东晋末和梁末两次战祸外，基本没有发生较为严重的战争破坏。随着北方汉族士庶的大量南迁，加上相对安定的社会环境，促进了南方经济文化发展，南朝书业远远超过北朝。

（一）刘宋政权的图书购求。宋武帝刘裕平定后秦，命令他的部将把后秦府库四千卷赤轴青纸藏书运回建康。立国之后，把东晋朝廷的图书移归他新组建的秘书省，主官为秘书监，辅之以秘书丞、秘书郎。下设正字（校书人员）、弟子（抄书人员）。此后，齐、梁、陈各朝直至唐朝都沿袭这个建制。

宋文帝时期（424—453），南朝的社会较为安定，经济有所发展，出现元嘉小康局面。诏令各州郡修复校舍，召集生徒。文帝亲至国子学，策试诸生。元嘉三年（426），南朝著名诗人谢灵运任秘书监，殷淳任秘书丞。他们奉文帝命"整理秘阁书，补足遗阙"（《宋书·谢灵运传》）。补足遗阙，就需要征购天下书，还要加以校正、抄写复制、整理、编目。经过六年的辛勤工作，编出《元嘉八年秘阁四部目录》，共收书 14582 卷，另收佛经 438 卷。

谢灵运（385—433），陈郡阳夏（今河南太康）人。他的父亲谢瑍曾任东晋的秘书郎，早亡。"灵运少好学，博览群书，文章之美，与颜延之为江左第一"（《南史·谢灵运传》）。他在秘阁主持图书编辑整理工作的同时，奉命撰写《晋书》，写至 36 卷，被调任侍中。郁郁不得志，称病不朝，常带领数百名门生遨游郊野，开一代山水诗风。后遭诬陷，以兴兵拒捕的"反叛"罪名流放广州，被杀。

宋明帝时期（465—472），王俭任秘书丞，再次购求和编辑图书，于元徽元年（473）完成，共收书 15000 余卷，撰成《元徽四部书目》。在王俭的倡议下，明帝于泰始六年（470）立总明观，作为典校撰写图书和研究学问的机构，又称东观。另在王俭的宅邸开学士馆，"以总明四部书充之"。

王俭，字仲宝，琅琊临沂人。幼笃学，手不释卷，18 岁任秘书郎，后升迁秘书丞。他在征求、整理图书的过程中，深感官修书目"不能辨其流别，但记书名而已"，所以另撰新的图书分类法《七志》。"（王）俭寡嗜欲，唯以经国为务，车服尘素，家无遗财。手笔典裁，为当时所重"（《南史·王俭传》）。官至中书监。

（二）萧齐政权的图书购求。以军功起家的萧道成于公元 479 年废宋顺帝，建立南齐政权，或称萧齐，仍建都建康。南齐是个短命王朝，只存在了

23 年。在其前期，高帝萧道成、武帝萧赜励精图治，社会安定，经济文化有所发展。南齐设秘书监一人，丞二人，秘书郎、著作郎和著作佐郎多人。建学士馆，收藏重要图书，召学者在这里从事著作，研讨学术。齐永明年间（483—493），在秘书监谢朏主持下，开展图书购求和编辑整理工作，撰《秘阁书目》，共收书 18010 卷，较刘宋末期多收书 3000 卷。

齐朝后期，江淹（444—505）任秘书监。他是南朝著名的文学家，字文通，济阳考城（今河南兰考东）人，少孤贫好学，早年以文章著称。在他任秘书监时，襄阳人从古墓中得玉镜和竹简古书。竹简上的古字无人认识，经他反复研究，才辨识为先秦周宣王之前的古书——《考工记》。江淹著有《齐史》十志和前后文集，行于世。据传，晚年作诗文不如前期，留下了"江郎才尽"的成语。

齐永元末年（500），建康发生战乱，大火延烧至秘阁，宋齐以来搜求和编辑整理的大批图书被毁。

南齐年间首次出现巾箱本书。巾箱，就是古代装头巾用的小箧。指开本特小的书可以装在巾箱里，故称巾箱本。据《南史·萧钧传》载，衡阳王萧钧"常手自细书写《五经》，部为一卷，置于巾箱中，以备遗忘。侍读贺玠问曰：'殿下家自有坟素，复何须蝇头细书，别藏巾箱中？'答曰：'巾箱中有《五经》，于检阅既易，且一更手写，则永不忘。'诸王闻而争效为巾箱《五经》。巾箱《五经》自此始也"。此后，历代都有巾箱本书籍流传。齐武帝时，萧钧任秘书监。武帝殁后，萧氏皇族抢夺帝位，萧钧被萧鸾（齐明帝）所杀。

在萧氏皇族中，竟陵王萧子良曾致力于编书事业。他"移居鸡笼山西邸，集学士钞《五经》百家，依《皇览》例为《四部要略》千卷"。

（三）萧梁政权的图书购求。雍州刺史萧衍灭齐，公元 502 年即帝位于建康，国号梁。梁代是南朝文化最发达的时期。梁武帝萧衍年轻时就爱好文学，他与沈约、谢朓、任昉、王融等七位文学家交游甚密，号称"八友"。他自己就撰写了《通史》600 卷、《金海》30 卷以及《中庸讲疏》、《孔子正言》等多种著作凡 200 余卷。这位"博学多通，好筹略"的开国皇帝，在兴师时就重视搜集图书。公元 501 年，征东府司马柳恽在出师前就提出"城平之日，先收图籍"。柳恽挥兵攻陷建康，"帝命吕僧珍、张弥勒兵封府库及图籍"。史学家评论萧衍的统治，"敦崇儒雅，自江左以来，年逾二百，文物之盛，独美于兹"（《南史·梁武帝纪》）。

梁朝设置的掌管图书机构有四：一是秘书省，主管官员为秘书监、秘书丞；二是在宫廷内府设典经局，主管官员为典经局洗马；三是寿光殿，为朝廷藏书之所，置学士，掌著述及校正经史；四是士林馆，延集学者开讲学术。"领军朱异、太府卿贺琛、舍人孔子祛等递互讲述"。

萧衍开国之初，即发布诏令，撰修类书，召著名学者（佣书人）王僧孺等多人参考秘书监的藏书，编成《寿光书苑》200 卷。萧衍对这部类书不够满意，认为不如他弟弟安成王萧秀委托刘孝标编的《类苑》120 卷的内容好。命秘书监徐勉、何思澄等多名学者编成大型类书《华林遍略》700 卷。又编成《长春义记》100 卷、《法宝联璧》300 卷。

梁朝担任秘书监（或丞）的著名人物有王泰、任昉、柳恽、殷钧等学者。

王泰，字仲通，琅琊临沂人。梁天监元年（502）为秘书丞。他上表给武帝说："自齐永元之末，后宫火延烧秘书，书图散乱殆尽"（《南史·王泰传》）。提出征购天下书，校定缮写。武帝赞成王泰的奏表，特发布诏令向民间购求图书。诏令说："宜选陈农之才，采河间之阙。怀铅握素，汗简杀青，依秘阁旧录，速加缮写"（任昉《为梁武帝集坟籍令》）。通过这次购求，秘书监藏书达 23000 多卷，较齐末增加 5000 卷。

任昉（460—508），字彦升，乐安博昌（今山东寿光）人。仕宋、齐、梁三朝。梁武帝时任御史中丞、秘书监。"自齐永元以来，秘阁四部，篇卷纷杂，昉手自雠校，由是篇目定焉"（《南史·任昉传》）。《隋书·经籍志》也说："梁初，秘书监任昉，躬加部集，又于文德殿内列藏众书，华林园中总集释典。"后来，他"出为新安太守……为政清省，吏人便之。卒于官，唯有桃花米二十石，无以为敛"（《南史·任昉传》）。

任昉不惜重资购求图书。"博学，于书无所不见，家虽贫，聚书至万余卷，率多异本"。梁武帝正在品尝"西苑绿沈瓜"时，忽然得到任昉病逝的消息，立即把未吃完的瓜投在盘子里，非常悲痛。"即日举哀，哭之甚恸，追赠太常"。武帝知道秘书监任昉藏书丰富，特派学士贺纵、沈约到任昉家了解遗书目录。凡是秘书监缺少的，就向他家购买，以充实官府藏书。任昉

"所著文章数十万言,盛行于时"(《南史·任昉传》)。

继任昉之后,柳恽任秘书监,与秘书丞殷钧继续购求异书,并进行整理。不久,柳恽调任吴兴太守,图书整理工作由殷钧继续主持完成。殷钧"好学有思理,善隶书,为当时楷法。梁武帝以女永兴公主妻钧,拜驸马都尉。殷钧任秘书丞时,在职启校定秘阁四部书,更为目录"(《南史·殷钧传》)。这里所说的"更为目录",即《梁天监六年四部书目录》。殷钧的族人殷芸也在梁代担任过秘书监。

梁武帝管理图书的政策较为宽松,很少用刑罚,他反对宣传唯物主义的《神灭论》,只用学术辩论的形式加以驳斥,不予禁售,有些书虽然禁售,但不加害作者或抄书复制者。

梁武帝的长子昭明太子萧统酷爱图书。他凭借皇家的财力四处购买图书,藏书数量比秘书省还多。据《梁书·昭明太子传》:"于时东宫有书几三万卷,名才并集,文学之盛,晋、宋以来未之有也。"

梁朝前期的藏书盛过晋、宋,但在后期先后发生两次兵燹,大批图书被焚毁。

第一次毁书发生于公元549年的侯景之乱。侯景本是东魏的降将,被梁武帝封为河南王、南豫州刺史。不到一年,他以诛领军朱异等人为名,起兵反梁,很快攻陷建康。他纵兵抢掠,四处杀人放火。"初,城中积尸不暇埋瘗,又有已死而未敛,或将死而未绝,景悉聚而烧之,臭气闻十余里"(《梁书·侯景传》)。城内文人学者的私人藏书损失严重。在侯景围攻皇宫所在地台城之际,称帝48年的武帝萧衍被饿死于台城文德殿。台城攻下之后,侯景"夜于宫中置酒奏乐,忽闻火起,众遂惊散。东宫图籍数百橱,焚之皆尽"(《太平御览》卷六百一十九)。

第二次毁书发生于公元554年的周师入郢。侯景占据建康之后,武帝萧衍的第七子萧绎时为镇西将军都督荆州刺史,拥兵自立。公元542年在江陵称帝,是为梁元帝。他派兵击败了侯景,把建康官府的存书全部运到江陵,加上他自己多年在建康、江陵等地购求到的图书,共14万卷。不到两年,他的侄子萧詧(昭明太子萧统之子)引魏兵攻破江陵。元帝萧绎知大势已去,"入东阁竹殿,命舍人高善宝焚古今图书十四万卷。欲自投火,与之俱灭，宫人引衣，遂及火灭尽。并以宝剑砍柱令折，叹曰：'文武之道，今夜穷矣'"（《太平御览》卷六百一十九）。隋秘书监牛弘把这次严重的毁书事件列为我国历史上的第五次书厄。

（四）南陈政权的图书购求。梁末，江州刺史陈霸先于公元557年以禅代的形式夺取帝位，国号陈。陈朝承袭梁制，主管图书事业的机构仍为秘书监。由于梁元帝焚毁大批图书，陈朝秘书监的藏书十分有限，只是将梁秘阁劫后残存的图书加以收集、整理。

陈朝的第二代皇帝陈文帝陈蒨较有作为，"崇尚儒术，爱悦文义，恭俭行己，勤劳济物"（《南史·陈文帝纪》）。他曾下诏向各地购求图书，但收效不大。所以，《隋书·经籍志》说："陈天嘉中（560—565），又更鸠集，考其篇目，遗阙尚多。"在此期间，张式奉旨编成《书图渊海》数十卷。

亡国皇帝陈后主（陈叔宝）"荒于酒色，不恤政事"（《南史·陈后主纪》）。他的秘书监傅缔绰却是一个很有作为的文人志士。经他奏请，后主曾诏禁"淫祀妖书"。傅绰，字宜事，北地灵州人。好读书，广集坟籍，为文典丽，军国大事，下笔辄成。后被人诬陷下狱。他在狱中上书，指斥后主"恶忠直若仇雠，视百姓如草芥……神怒人怨，众叛亲离，恐东南王气，自斯而尽"（《南史·傅绰传》）。陈后主大怒，赐死狱中。

傅绰死后，姚察任秘书监，领著作。姚察，字伯审，吴兴武康人。好聚书，为官清廉，专志著书，白首不倦。所著《汉书训纂》、《说林》、《建康三锺》、《文集》等近百卷。"陈亡入隋，诏授秘书丞，别敕撰梁、陈二史"。隋文帝很器重他，向朝臣说："闻姚察学行当今无比，我平陈唯得此一人"（《南史·姚察传》）。

六、北朝的图书事业

从北魏到北齐、北周直至南北统一前的隋，历150年，史称北朝。北朝是少数民族统治者入主中原，日益汉化。其书业规模不及南朝，但也有所建树。

（一）北魏政权四次求购天下书。北魏沿袭晋制设立秘书省，掌管图书事业，主管官员为秘书监、丞、郎，还设置了著作郎、校书郎。先后任秘书监（或丞、郎）的有卢昶、孙惠蔚、李预、崔子元、李彪、崔光韶、高谧等多名学者。

鲜卑族拓跋珪于公元386年称魏王。398年建都平城（今山西大同），进称魏帝，即北魏太祖道武帝。道武帝比较重视文教事业，在平城设置了五经博士，增国子太学生员三千人。他还组织"博士儒生，比众经文字，义类相从，凡四万余字，号曰《众文经》"（《魏书·太祖纪》）。他为了借鉴历史上的治国之道，命崔宏等学者编撰了《帝王集要》30卷，旨在"陈古人制作之体，及往代废兴之由"（《北史·崔宏传》）。

道武帝很重视搜求图书。他召博士李先商量搜求图书的办法。李先，字容仁，中山卢奴人，十六国时期曾担任过慕容永政权的秘书监。他归顺北魏后，受到道武帝的重用。"太祖问先曰：'天下何书最善，可以益人神智？'先对曰：'唯有经书。三皇五帝治化之典，可以补王者神智。'又问曰：'天下书籍，凡有几何？朕欲集之，如何可备？'对曰：'伏羲创制，帝王相承，以至于今，世传国记，天文秘纬不可计数。陛下诚欲集之，严制天下诸州郡县搜索备送，主之所好，集亦不难。'太祖于是班制天下，经籍稍集"（《魏书·李先传》）。这是北魏第一次运用政权力量四处购求图书，聚集于平城。

道武帝的孙子太武帝拓跋焘掌政，崇奉道教，排斥佛教。太平真君七年（446），下诏灭佛："诸有佛图像及胡经，尽皆击破焚烧，沙门无少长悉坑之。"这是我国第一次灭佛，使佛教经书遭受到重大损失。这个太武帝还干了一起杀功臣、毁史书的暴行。北魏神麚二年（429），太武帝命崔浩及弟览、高谠、邓颖、晁继、范亨、黄辅等人共同撰写北魏史书《国记》，共编成30卷。后来，把这部国史刻在石碑上，立于城郊要道。过了20年（450），有人告发，说崔浩把拓跋部的丑事在国史上直书不讳。太武帝大怒，崔浩被囚，受尽侮辱后灭族。崔浩的亲戚范阳卢氏、太原郭氏、河东柳氏也都被灭族。与编纂《国记》有关的"秘书郎吏以下尽死"（《魏书·崔浩传》）。

崔浩，字伯渊。清河汉族人，袭封白马公。道武帝时，曾任秘书郎，转著作郎。太武帝时，他辅佐政事，都督行台中外诸军事，功勋显赫，只因直书国史而被害。

北魏第二次购求和编辑、整理图书是在天安、皇兴年间（466—470），秘书郎高谥以秘府图书残缺不全为由，"奏请广访群书，大加缮写"，献文帝诏准。"由是代京图籍，莫不审正"。高谥，字安平，渤海蓚人，"以功臣子召入禁中，除中散，专典秘阁。肃勤不倦，高宗深重之，拜秘书郎"（《魏书·高谥传》）。因整理图书有功，升迁兰台御史，年四十五病卒。追赠骠骑大将军、太尉公、青州刺史。

太和九年（485），孝文帝元宏发布诏令禁止图谶和妖邪之书流传。诏令说："图谶之兴，起于三季。既非经国之典，徒为妖邪所凭。自今图谶、秘纬及名为《孔子闭房记》者，一皆焚之。留者以大辟论。又诸巫觋假称神鬼，妄说吉凶，及委巷诸卜非坟典所载者，严加禁断"（《魏书·高祖纪》）。这个禁书令很严厉，凡是贩卖或保留上述诸书的，将处以死刑。

太和十八年(494)，北魏孝文帝将国都从平城迁至洛阳，推行汉化改革：禁胡服、断北语、改姓氏、定族姓，促进了北方的民族大融合。他发布诏令"求天下遗书，秘阁所无、有裨益时用者加以优赏"。这是北魏第三次购求图书，洛阳的官府藏书从此初具规模。在未迁都前，孝文帝就派使臣去南朝齐国购书、借书，组织学者抄写复本在北魏流传。他对太武帝杀崔浩、毁国史的做法不以为然，特召秘书丞李彪、著作郎崔光重撰国史。"常从容谓史官曰：'直书时事，无讳国恶。人君威福自己，史复不书，将何所惧'"（《魏书·高祖纪》）。

这次购求图书虽然收获很大，但尚未来得及整理，"篇目虽多，全定者少"。二十多年之后即世宗宣武帝时期（500—515），秘书丞孙惠蔚发起第四次购求和整理图书的活动。他上疏给宣武帝元恪，反复强调加强图书事业对于治理天下的重要性。奏疏说："《六经》、百氏，图书秘籍，乃承天之正术，治人之贞范。是以温柔疏远，《诗》、《书》之教；恭俭易良，《礼》、《乐》之道。爻象以精微为神，《春秋》以属辞为化。故大训炳于东序，艺文光于麟阁。斯实太平之枢宗，胜残之要道，有国之灵基，帝王之盛业。安上靖民，敦风美俗，其在兹乎？"（《魏书·孙惠蔚传》）。在奏疏中还列举了两汉、魏晋历代王朝"收亡集逸，访购经论"的史实，他主张北魏王朝应重新购求和整理图书，凡是秘书省没有的书籍，都应"广加推寻，搜求令足"。由于这是一个浩大的聚书工程，不是一两个校书人员在短期内能完成的，他提议"今求令四门博士及在京儒生四十人，在秘书省专精校考，参定字义"（《魏书·孙惠蔚传》）。

宣武帝"雅爱经史"，很赞赏孙惠蔚的奏疏，于永平三年（510）"六月壬寅，诏重求遗书于天下"（《魏书·世宗纪》）。经过这次购求、编辑、整理活动，"群书大集"。孙惠蔚从秘书丞升为秘书监，67 岁卒于官，"赐帛五百匹，赠大将军、瀛洲刺史"（《魏书·孙惠蔚传》）。

宣武帝很关心向民间推广医药知识。他命令医署和秘书监"集诸医工，寻篇推简，务存精要，取三十余卷，以班九服，郡县备写，布下乡邑，使知救患之术耳"（《魏书·世宗纪》）。编写医书，布置各州县广为抄写复制，普发到乡邑，实在是一件好事，可惜这些书没有流传下来。

孝明帝正光年间（520—524），北魏秘书省的藏书大增，西域高昌国遣使来朝，"求借《五经》、诸史，并请国子助教刘燮以为博士，明帝许之"（《北史·高昌传》）。这表明，北魏后期，它的图书典籍已流传到西域地区。

公元 534—535 年，北魏分裂为东魏和西魏。原北魏首都洛阳，在东魏、西魏的多次争夺战中再次被毁，经近百年搜集整理的秘书监存书损失严重。北魏末期的秘书监常景。东魏时期他仍任秘书监。东魏和西魏都是短命王朝，没有什么图书事业可言。公元 550 年，北齐灭东魏。公元 557 年，北周灭西魏。

（二）北齐秘书省"校写不辍"。掌握东魏大权的高洋灭掉东魏，即帝位（齐文宣帝），国号齐，定都邺城，史称北齐，只存在 27 年。北齐沿袭北魏官制，设立秘书省主管图书事业，监、丞各 1 人，秘书郎 4 人，校书郎 20 人，正字 4 人；又领著作局，设著作郎 2 人，佐郎 8 人，校书郎 2 人。此外，还设立了召集文人学者撰著图书和珍藏图书的场所仁寿殿、文林殿、麟趾殿。这说明，随着历史的前进，秘书省的机构越来越完善。

北齐开国初期，朝廷派人访购图书，但规模不大。由于战争的破坏，秘阁珍藏较有价值的图书不多。北齐天保七年（556），文宣帝发布诏令，"校定群书"。樊逊、高乾和等 12 位学者被召到秘书省整理、编校图书。由于秘阁的藏书残缺不全，樊逊等人除向民间搜购外，还到太常邢子才、太子少傅魏收、吏部尚书辛术、司农少卿穆子容、前黄门郎司马子瑞、故国子监祭酒李兴业等"多书之家，请牒借本参校得失"。经过借书参校和抄写复本，"凡得别本三千余卷，《五经》诸史，殆无遗阙"（《北齐书·樊逊传》）。北齐秘书监的机构较为完善，其购求图书和抄写复本的工作持续不断。《隋书·经籍志》说："后齐迁邺，颇更搜聚，迄于天统、武平，校写不辍。"天统、武平是北齐的年号，指公元565—575年。武平年间已经到了北齐末期。

北齐秘书监抄写复制的许多书籍来自于南朝。上述一些"多书之家"，往往通过各种途径从南朝购得珍籍异本。以吏部尚书辛术为例，他曾到靠近南朝的淮南一带，"大收典籍，多是宋、齐、梁时佳本，鸠集万余卷"（《北齐书·辛术传》）。

北齐王朝于武平三年（572）召萧放、颜之推等62位学者编撰大型类书《修文殿御览》360卷。这部类书源于南朝梁徐勉等人编撰的《华林遍略》。可惜到了明初，《修文殿御览》失传了。

（三）北周平齐先封书库。西魏政权掌握在宇文泰手里。宇文泰病死，其长子宇文觉于公元557年灭西魏，建立北周，国都长安，自称周明帝。公元560年，周明帝被杀，宇文泰次子宇文邕即帝位，是为周武帝，从此，北周进入强盛时期。北周王朝的秘书监兼领著作监，监下设秘书校书郎。另设麟趾殿、虎门殿为藏书和著述、抄书机构。

周明帝曾召集公卿以下有文学者八十余人，于麟趾殿刊校经史。明帝被害，这项刊校活动也就停止了。《隋书·经籍志》说："后周始基关右，外逼强邻，戎马生郊，日不暇给。保定之始，书止八千。后稍加增，方盈万卷。"保定是北周武帝的年号，经过几年的访购，秘书监的藏书达到1万卷，较开国时增加1倍，只相当于北齐辛术的私人藏书。周武帝深知图书对于治理天下的重要作用。公元577年，武帝挥师东进，一举灭齐，命令攻入邺城的将军"先封书库"，把缴获的5000卷图书作为战利品归入北周的秘书监珍藏。

北周武帝为加强皇权，尊崇儒教，反对佛教、道教，建德三年（574）诏令："毁佛像、烧佛经，夺寺产，沙门道士还俗"（《广弘明集》卷八），道教经书也同时被毁。

第二节　魏晋南北朝书业经营

魏晋南北朝是一个大变革时代。玄学兴起，儒学失去独尊地位，专制主义有所削弱，文人集会活跃，诗文书画创作繁荣，各个门类的著作增多。所有这些，都为民营书业经营提供了有利条件。随着江南的开发，民营工商业和教育事业都有了新发展，在一定程度上促进了图书市场的扩大。诗、书、画作为商品进入市场。

一、南北两大书业中心

东汉时期，民营书业中心从长安转到洛阳。东汉末年，长安、洛阳均遭到战火破坏，疮痍满目，"出门无所见，白骨蔽平原"。人们过着饥馑的生活，谈不上图书买卖。三国时期，魏、蜀、吴的都城人文荟萃，民营书业相应有所发展。两晋南北朝的历代朝廷，多次购求天下遗书，经过整理和抄写复制，流通于市。南北朝时期著名的文人、学者几乎都有著作问世，图书品种较东汉时期更加丰富，从而使贩书为业的书肆兴旺起来。长期的南北对峙，形成建康与洛阳两大书业中心。

（一）南方的书业中心——建康。建康（今南京）是孙吴政权的国都，开始称秣陵，后改称建业。在城南秦淮河两岸是繁华的商业区，有图书出售。西晋灭亡时，晋朝的许多皇室、官吏和豪族世家从中原逃往南方，在建业成立了偏安江左的东晋王朝。建业改名建康。东晋灭亡，此后的宋、齐、梁、陈四代也相继在建康定都。各代朝廷掌管图书事业的秘书监以及国家的藏书机构、著述机构和太学等都设在这个城市。因此，建康是东晋和南朝的政治、经济、文化中心，也是书业中心。

建康是当时世界上罕见的大都会。《金陵记》说："梁都之时，户二十八万……南北各四十里。"如以每户五口计算，建康城拥有人口 140 万。这里水上交通发达，长江码头经常停靠着数以万计的商船，商业之盛可以想见。城内有四个繁华的商业市场。其中，城东部的市场在朱雀航，秦淮河上建有 24 航（浮桥），装饰最为华丽的是朱雀航。朱雀航位居交通枢纽，正对都城朱雀门。隋唐时期，繁华不再。市场多书肆，史书中多次提到在这里购得珍籍秘本。各市场都设有管理市场的官员：市令、市丞和市魁等。市内按商品种类分别设立店肆，卖书的书肆也必须按规定排成行，列肆贩卖。南朝刘宋时期，著名文人任昉在答友人的信中说："才同文锦，学非书肆"(《书林清话》)，说明建康的书肆图书品种丰富，除了儒学经典，诸子百家著作以及盛行的玄学著作。在许多书肆都有出售。

东晋以后，江左有劝农之诏，无抑商之令，税负比较轻。曹魏政权时，商业店肆要按商品销售额的 10% 纳税，已被认为是"轻税"，而南朝各代"百分收四"，这对包括书业在内的商业发展十分有利。有的史书上说，晋代鄙商，规定商人都得戴头巾，巾上写明姓名及所卖货名，穿鞋要一只白，一只黑。其实，这只是对"驵侩"即买卖经纪人的规定，也可能这是"经纪人行业"的标志，并不是对所有商肆的规定。至少，卖书人不必穿黑白鞋。

晋代与南朝开清谈之风，玄学兴起。许多学者"笃好玄言……讲《周易》、《老》、《庄》而教授焉"(《南史·张讥传》)。因此，老庄等玄学方面的书籍及其注释书如《周易义》、《老子义》、《庄子内篇义》、《庄子外篇义》、《庄子杂篇义》、《玄部通义》、《游玄桂林》等书，成为书肆的常销品种。南朝宋明帝好《周易》，尝集朝臣于清暑殿讲学，生徒常数百人。丹阳尹何尚之奉明帝之命"立宅南郭外，置玄学，聚生徒"(《宋书·何尚之传》)。魏晋时的玄学家何晏、王弼等人，讲述"《庄》、《老》、《周易》，总谓《三玄》……学徒千余，实为盛美"(《颜氏家训·勉学》)。陈朝的博士马枢讲授《老子》、《周易》，听众达 2000 人。据《南史》和《北史》的记载，这些生徒在听讲时"皆当持本"。也就是说，都要拿着《老》、《庄》等书来听课。可见，《老子》、《庄子》等书在建康的书肆上销路颇广。

南朝时期，儒家经典仍是太学生的必读课程，南朝的五经博士严植之在建康设学馆，"每当登讲，五馆生毕至，听者千余人"(《南史·严植之传》)。这么多学生需要"五经"之类的教材，主要来自书肆供应，当然也不排除个人借书抄写。南朝的袁峻，"家贫无书，每从人假借，必皆抄写，自课日五十纸，纸数不登则不止"(《南史·袁峻传》)。借书抄写的多为贫寒子弟，富裕的学生则可从书肆或佣书人处购得复制抄写的"五经"等书。

南北朝时期的识字教材增多。东汉史游的《急就篇》，成为传统教材风行数百年。其他还有三国时期朱育的《幼学篇》、项峻的《始学篇》，晋代杨方的《少学》、束皙的《启蒙记》、王义的《小学篇》、顾恺之的《启蒙记》以及《常用字训》、《俗语难字》、《杂字要》、《杂字指》、《字指》、《要字苑》等书。其中，影响最大、流通范围最广的仍属《急就篇》。"蓬门野贱，穷乡幼学，递相承禀，犹竞习之"（颜师古《急就篇注叙》）。那个时期的许多著名学者如夏侯德、崔浩、刘兰、李绘、刘铉等人，都在幼年时读此书启蒙。因为流通量大，一些著名书法家如三国时期的钟繇、皇象，晋代书法家王羲之及其早年宗师卫夫人、尚书郎索靖等人，都抄写过此书。

建康的教育事业发达，为教育服务的书肆也很活跃。东晋初，藏书家梅颐售给秘府一部古文《尚书》，唯缺《舜典》一篇。经过180年后，即南齐建武三年（496），名儒姚方兴于建康朱雀桥"市得其书（《隋书·经籍志》），后列为国学必修之书"。这篇《舜典》在民间收藏了数百年，一旦在市上露面，就可以被抄写复制，幻化出若干复本，扩大流通范围，更有利于代代相传。南齐武帝萧赜曾下令"诸王不得读异书，《五经》之外，唯得看《孝子图》而已"。武帝的异母弟江夏王萧锋却不理这个禁令，"乃密遣人于市里街巷买图籍，期月之间，殆将备矣"（《南史·江夏王锋传》）。这段史料表明，建康的书肆较多，经营的品种除教学用书外，其他方面的图书品种也不少。期月，即花了一个月的时间，才大体上把全市书肆出售的有关图书买齐。如果建康的书肆很少，品种贫乏，就用不了那么长时间去搜求图书了。萧锋是南齐高帝第十二子，好聚书，有才学。隆昌元年（494）为侍中领骁骑将军，寻加秘书监。后来，齐明帝杀诸王，萧锋被害。

荆州的书业较发达。《南齐书·州郡志》说："江左大镇，莫过荆、扬。"梁元帝萧绎担任荆州刺史时，"博极群书"，聚书十万卷，"遣州民宗孟坚下都市得书，又得鲍中记泉上书"（萧绎《金楼子·聚书》）。说明荆州市上不仅有一般图书出售，还不时可在市上买到孤本、异书。

成都的书业也很有名。西晋文学家左思（约250—约305）《三都赋》形容魏朝时期的成都："市廛所会，万商之渊，列隧百重，罗肆巨千，贿货山积，纤丽星繁。"在"罗肆巨千"之中就有书肆这个行业。北朝人往往通过成都的书肆购买南朝的书籍。

寿春和襄阳均位于南朝北部边境，是南北互市的枢纽。图书也是互市的商品之一。南朝撰著、复制的大批图书（包括佛经），经常通过这两个城市的书业流通到北朝境内。北魏的辛术就在寿春买去大批图书。梁代邵陵王萧纶长期驻守寿春，聚书两万卷，恐怕有不少是在寿春买到的。

（二）北方的书业中心——洛阳。东汉末，洛阳毁于战火，经西晋政权多次修建，逐渐恢复东汉时的盛况。文人学者荟萃于此。史学家陈寿在洛阳写成《三国志》，司马彪写成《后汉书》。晋武帝"太康中，三张（张载、张协、张亢）、二陆（陆机、陆云）、两潘（潘岳、潘尼）、一左（左思），勃尔俱兴，踵武前王，风流未沫，亦文章之中兴也"（钟嵘《诗品序》）。"文章之中兴"也标志着书业的中兴。

聚会于洛阳的"建安七子"、"竹林七贤"、"金谷二十四友"等，都写了不少著述，丰富了洛阳书肆的经营品种。

北魏时期的洛阳，繁华景象不亚于南朝的建康。魏孝文帝、宣武帝曾两次大规模修建洛阳街坊。全城有三个热闹的市场，书肆多集中于城南的"四通市"。各市设市令来管理市场和收税。市中心有市楼，悬钟鼓，击之以开市、闭市。西域一些少数民族政权如高昌、龟兹、鄯善、车师等，常派使者来洛阳购书。

洛阳的书肆也常常出售南朝的书籍。北魏的散骑常侍崔鸿为撰写《十六国春秋》，经常到书肆"搜集诸国旧史"，花 7 年时间草成 95 卷，"唯常璩所撰李雄父子据蜀时书，寻访不获，所以未及缮成"（《魏书·崔鸿传》）。《蜀书》是南朝撰录的，一时不易购得。20 年后，崔鸿的儿子崔子元任秘书郎，终于在洛阳书肆"购访始得"李雄《蜀书》。崔子元参照《蜀书》加以补充改写，最终完成了《十六国春秋》102 卷。

北魏末期的秘书监常景也经常在洛阳市肆购书。这个人"清俭自守，不营产业，至于衣食，取济而已。耽好经史，爱玩文词，若遇新异之书，殷勤求访，或复质买，不问价之贵贱，必以得为期"（《魏书·常景传》）。

南朝流传的《急就章》在北朝同样风行。因直书魏史而蒙难的崔浩是著名书法家。"浩既工书，人多托写《急就章》。从少至老，初不惮劳，所书盖以百数……世宝其迹，多裁割缀连以为模楷"(《魏书·崔浩传》)。他是参与军国大事的谋臣，受人之托写此书"以百数"。以抄书为业的佣书人，抄写此书的数量，肯定要比崔浩多出若干倍。

除洛阳外，邺城也是北魏的大城市，又是东魏、北齐的都城，书肆较多。在书肆上不仅卖儒家经典和诸子百家，也出售适合民间说唱的通俗读物。据《北史·阳俊之传》："当文襄时，多作六言歌辞，淫荡而拙，世俗流传，名为《阳五伴侣》，写而卖之，在市不绝。俊之尝过市，取而改之，言其字误。卖书者曰：'阳五，古之贤人，作此《伴侣》，君何所知，轻敢议论?'"文襄，即掌握东魏朝廷实权的高澄。他从洛阳迁都到邺城，几经修建，使邺城繁荣起来，从而也带动了东魏书业的发展。阳俊之就是撰写《阳五伴侣》的作者。他发现书肆卖的这本书有错字，才"取而改之"。这本书"在市不绝"，也说明它是畅销书。售缺之后，书肆会重新抄写复制，继续在市上出售。阳俊之待诏文林馆，有文集 10 卷。他的先人阳尼，字景文，北魏孝文帝时拜秘书著作郎，常到市上访购异书，有书数千卷。

北魏时期的长安和晋阳（今太原）是一方的都会，图书贸易也较活跃。平城是北魏旧都，随着鲜卑族的日益汉化，那里也出现了书肆。从平城至盛天子号、怀朔镇（今内蒙古包头市境内），在这条东西古道也开始出现图书买卖活动。

（三）售书方式的发展——流动售书。自西汉起，售书只能列肆于市，在指定地点坐肆经营，等待读者来买。到了南北朝时期，书商可以走出书肆，流动供应，送书上门。送书上门的服务对象多为名人学者或藏书家，梁代的刘勰送书请沈约审定的故事就反映了流动售书的情况。

刘勰（约465—约532），字彦和，东莞莒县（今属山东）人，早孤，笃志好学。梁朝天监年间（502—519）担任东宫通事舍人。他撰写了文艺理论著作《文心雕龙》50 篇。由于人微言轻，成书后并未受到文坛重视。他想把自己的著作送请沈约来审定。沈约是梁代的大文学家，助梁武帝登位，官至尚书令。可是，年轻的刘勰并不认识这位声名显赫的大人物。他想了个接近沈约的办法，把自己装扮成卖书人，抱着《文心雕龙》这部书来到尚书令官邸，等候在沈约的车前。"约取读，大重之，谓深得文理，常陈诸几案"

（《南史·刘勰传》）。经过沈约的推荐，这部书才引起文人学者的注意，在市上流传开来。

值得进一步研究的是"常陈诸几案"这句话，也可能刘勰就是以卖书人自居，待沈约上车时，把抄写好的复本《文心雕龙》卖给了沈约。该书为沈约所有，才能经常放在几案上备考。沈约根本不认识刘勰，凭尚书令的高贵身份不会贸然接受刘勰赠书。

南北朝时期还出现了长途贩运的书商。天监年间（503—519），梁武帝萧衍命徐勉等人编撰的《华林遍略》，经过各种途径的传抄，成为南朝书肆的商品。30多年后（约544—549），扬州有位书商背负这部书来到东魏的邺城，找到总揽东魏大权的大将军、中书监高澄，"请卖《华林遍略》，文襄（即高澄）多集书人，一日一夜写毕，退其本曰：'不须也'"（《北史·祖珽传》）。这里所说的"集书人"，即以佣书为业的抄书人。仅用一昼夜的时间就将南方梁朝编写的700卷大型类书《华林遍略》抄写完毕，足证北朝邺城的佣书人不少。这位历尽艰险远道而来的扬州书商，书未售出，反而被高澄"盗抄"，有苦难言，被后世书商引以为戒。清代全祖望《小山堂藏书记》也提到这位书商受骗的事，说历代书商"相戒无得"——不让不知底细的买书人轻易地把书取走过夜。

文襄组织"集书人"抄写完毕的《华林遍略》，交秘书丞祖珽保管。此人很有才华，却不走正道。"珽以《遍略》数帙质钱擗蒱，文襄杖之四十"（《北史·祖珽传》）。意思是说，他私自拿出《华林遍略》若干卷作为赌本去赌博，被文襄查出挨了四十大板。北齐初年，趁政权更替，祖珽把这部书窃为己有，加之又犯了纳吏受贿罪，应判绞刑。因他是前朝旧臣，北齐文宣帝高洋（文襄之弟）特赦，"免死，除名"。不久，祖珽又因功当上了秘书监，他会同萧放、颜之推等62位学者，以《华林遍略》为基础，加上北朝文史资料，编成《修文殿御览》360卷。后来者居上，《华林遍略》冗汰复见，不及《御览》取精。400年后，北宋编《太平御览》，将《修文殿御览》作为蓝本之一。

南朝的《华林遍略》通过书商流传到北朝，而北朝的《修文殿御览》以及其他著作如《齐民要术》、《颜氏家训》等书也被贩运到南朝。可见，长途贩书的书商为促进南朝与北朝的文化交流和图书流通发挥了重要作用。

二、图书形态的革命——纸写书取代简策

东汉蔡伦发明造纸术以后，逐渐形成简、帛、纸三种图书形态并行于世的局面。随着造纸业的发展和造纸技术的进步，东晋后期纸写书卷最终取代了简策，帛书也日见稀少。这是我国书业史上的一件大事，也是人类文明的一大进步。

（一）西晋的纸写书流通到边疆。三国时期，纸写书已逐渐增多。曹操曾下令发给侍中、别驾等官员以纸张，用来写书。到了西晋，史学家陈寿所著《三国志》就有纸写书卷。他死后，朝廷曾派人携带纸、笔到陈寿家抄写《三国志》。该书流传到民间，经佣书人抄写复制，才广泛在各地流通开来。1924 年，在我国新疆鄯善县出土的文物中，发现了西晋时期纸写书《三国志》残卷。这是世界上现存最古老的纸写书残卷，共 80 行，1900 字。该残卷已流入日本，国内仅有影印件。1965 年，在新疆吐鲁番英沙古城南一座佛塔遗址中，又再次发现西晋时期的纸写书《三国志》残卷，内容是《孙权传》的部分段落，有 40 行，570 字，用隶书书写。这两件珍贵的历史文物表明，西晋时期已盛行纸写书，而且流通范围相当广泛，距洛阳数千里之遥的鄯善已经有了纸写书。这些纸写书很可能是当年的西域使臣从洛阳书肆买去的，或者是当年的商人经"丝绸之路"带到西域的。

（二）桓玄下令废简用纸。东晋的造纸业是当时有代表性的手工业，造纸技术水平提高，产量增加。东汉时期，湖北枣阳盛产"蔡侯纸"，东晋时"县人今犹多能作纸，盖伦之遗业也"（盛弘之《荆州记》）。四川产蜀笺，湖南产南纸，浙江余杭一带的能工巧匠还用藤皮、桑皮为原料造出了相当精美的藤皮纸和桑皮纸。这两种纸超过了以往用渔网、树皮、麻头等原料制造的麻纸。东晋书法家王羲之曾担任会稽令，他的好友谢安向他索取纸，他从官府的库存中一次就拨给 9 万张。

当时，人们的观念比较滞后。给朝廷上书仍然要用简牍，以示尊重，纸写书登不了大雅之堂。东晋元兴二年（403），掌握东晋军事大权的大将军、楚王桓玄夺取帝位，都建康，国号楚。公元 404 年，他发布诏令说："古无纸，故用简，非主于敬也。今诸用简者，皆以黄纸代之"（《桓玄伪事》）。桓

玄只当了两年多皇帝就因兵败战死，东晋王朝又得以短期恢复。历史上称桓玄为僭帝，他没干多少好事，但下令废简用纸却符合了历史潮流。

与东晋王朝相对峙的北方十六国也废简用纸。据北魏崔鸿的《前燕录》："慕容俊三年（351），广义将军岷山公黄纸上表。俊曰：'吾名号未异于前，何宜便尔？自今但可白纸称疏。'"可见，十六国政权也以纸代简。如前所述，东晋的刘裕率军攻陷洛阳，收取后秦图书"皆赤轴青纸"，说明十六国时期纸写书卷也已取代简策。

（三）纸写书卷的形式。以纸为书籍载体的最初形式，沿袭了帛书的形式。即将若干张纸粘成长卷，以木棒做轴，粘于长卷纸的左端。以轴为中心从左向右把长卷纸卷成一束。纸写书卷一般高一尺左右，长度以容纳一篇或几篇文章为限。在纸上要画上界行，四周画上边栏，以规范书写的行距。卷轴右面的一头露在外边，为避免磨损，另贴一张纸在前面，称"标"或"首"。为保护书卷，也为了便于检索，通常按五卷或十卷为一组，用"帙"包起来。"帙"是以麻布为里、丝织品为表的包裹书卷的包袱皮。

为防止蠹虫侵害书卷，人们先将纸张浸渍于黄檗溶液中，晾干后就成了黄色的纸，然后再在纸上书写。这种方法称"入潢"。黄檗是一种落叶乔木，树皮含有多种生物碱，有良好的杀虫效果。从现存5—6世纪的纸写书卷来看，时隔一千四五百年，虽有破损、断烂，但无虫蛀现象，说明"入潢"是一种科学的纸书防蛀方法。

三、诗、书、历、画进入图书市场

随着纸张作为书写载体的普及，图书品种增加、发行数量扩大。著名诗人写的诗赋，书画家写的字画、字帖，天文学家编制的历书，均开始成为商品进入图书市场。这些商品也成为书肆的经营品种。

（一）著名的诗赋进入市场。魏晋南北朝的文学艺术，是一个有特殊成就的时期。许多著名的诗、赋轰动京城，成为书肆的热销品种。有些文学家发表作品善于借助"名人效应"。西晋秘书郎左思（约250—约305）利用在秘书省工作的优越读书条件，博览群书，构思十年，写成《三都赋》（三都为蜀都、吴都、魏都）。这是一篇具有艺术价值的写实作品，他怕"人微言轻"，引不起文坛的重视，特请有名望的学者皇甫谧、卫瓘、刘逵、张载为之作序、作注、作略解，均对该书称赞有加。著名文学家张华评论《三都赋》："使读之者尽而有余，久而更新。"经过几位名人的推荐，《三都赋》身价倍增，"豪贵之家竞相传写，洛阳为之纸贵"(《晋书·左思传》)。这个"竞相传写"也包括了佣书人的抄写售卖。

南朝书肆写卖名诗。南朝诗人谢灵运独创山水诗派，诗中名句很多。"每有一首诗至都下，贵贱莫不竞写，宿昔间士庶皆遍，名动都下"(《南史·谢灵运传》)。其中的"贵贱莫不竞写"，就有书肆参与其间竞相复制写卖。谢灵运的诗作，只有成为书肆上的热销品种，才能"名动都下"。所谓"洛阳纸贵"不是纸价提高了，而是人们争相购纸，抄写《三都赋》。

北朝的书肆也售卖诗文。北魏、北齐的文学家邢邵（字子才）喜欢购书、藏书，是洛阳书肆的常客。这个人"雅有才思，聪明强记……自孝明之后，文雅大盛，邵雕虫之美，独步当时，每一文初出，京师为之纸贵，读诵俄遍远近"(《北史·邢邵传》)。邢邵的文章出名，也借助书肆替他宣传、售卖。由于卖得多，才会"读诵俄遍远近"。

（二）书法作品进入图书市场。书法艺术是我国独特的艺术精品。汉魏时期，书法受到士人的格外珍爱。两晋以后，书风大盛，出现了"书圣"王羲之等大书法家。王羲之（321—379），字逸少，祖籍琅琊临沂（今山东临沂），官至东晋王朝的右军将军，人称"王右军"。他很喜欢山阴道士养的鹅群，道士要他写一部《黄庭经》来交换。他写了《黄庭经》六十行，交给道士，自己"笼鹅而归，甚以为乐"。唐代大诗人李白赋诗说："山阴道士如相见，应写《黄庭》换白鹅。"有一次，王羲之在市上遇到一位老妇卖竹扇，生意冷落，他就在扇子上书写了"各为五字"。他对老妇说："但言是王右军书，以求百钱耳。"结果，人人争买王右军的"扇书"。王羲之的《兰亭序》、《寒切帖》、《黄庭经》、《快雪时晴帖》、《丧乱帖》等，后人均有摹本，通过书肆的收购和再销售而流传下来。

南朝梁武帝非常喜爱王羲之的书法，命拓书人殷铁石在其遗书中拓下不同的字1000个，又命员外散骑侍郎周兴嗣用这些字编成学童的启蒙课本《千字文》。"每奏，帝称善，赐金帛"(《南史·周兴嗣传》)。该书均为四言韵语，叙述社会、历史、伦理、教育等方面的知识，同时又成为人们学习书法的字帖。通过书肆流传很广，历代都有续编或改编本。《千字文》当然就成为历代书肆的常销品种。王羲之的七世孙智永禅师也工于书法，曾写卖真草《千字文》800本。《千字文》这本书颇有国际影响，隋朝时期曾出口到日本。

著名书法家的字迹很值钱，可以在市上卖到大价钱。王羲之之子王献之（344—386），也是著名书法家，以楷书《洛神赋》、行书《鸭头丸帖》最为世人所崇。他为逃避战乱，曾一度来到扬州。一位名叫沈光姜的老妇人招待他吃了一餐夜饭。这位大书法家无钱酬谢，"乃于匙面上书'夜'字，令便市卖。近观者三，远观者二，经数日遂获千金"（《书林纪事》卷二）。有个名叫康昕的士子同南州惠式道人共学王羲之、王献之的书法，惟妙惟肖，写好的字画拿到市上高价出卖，人们误把它作为王氏父子的墨宝珍藏。这也说明，在当年的图书市场上就有了以假乱真的书法赝品。南梁侍中萧子云善草隶，远近闻名。百济国派使臣向他求书。他花了三天时间，"书三十纸与之，获金货数百万"（《书林纪事》卷二）。

北朝的书法与南朝有别，方整遒劲，多为碑体，世称魏碑。北朝的郑道昭、张公礼、崔潜、姚元标等都是著名的书法家。他们的书法作品也有流入书肆而得到传播的。崔潜曾给他死去的哥哥崔浑写了一篇祭文，书法精妙，后散落民间，"延昌初（512），著作佐郎王遵业买书于市而遇得之。计诔至今，将二百载，宝其书迹，深藏秘之。武定中（546），遵业子松年以遗黄门郎崔季舒，人多摹拓之"（《魏书·崔玄伯传》）。这表明，有些优秀的书法作品历经200年之久仍可在书肆买到。又经过30多年，人们摹拓复制使其得到更广泛的流传。

（三）历书进入图书市场。魏晋南北朝时期，随着天文学和数学的进步，历法也日趋科学，特别是祖冲之（429—500）创制的《大明历》面世，在民间得到普及。不论农业生产还是人民日常生活，都需要查看历书。有些佣书人就以写卖历书为业。那个时候，人们把历书称为历日。东晋安帝时（397—418），晋安郡吏王兴，由于生计无着，就在山中书写历日，然后拿到市上出售。

南朝的傅昭，字茂远，六岁而孤，为外祖父所养，十岁于建康的朱雀航卖历日。这也是为生活所迫，小小的年纪就成为卖书人。他用卖历日的收入，刻苦攻读，终成名流。同时代的诗人虞通之作诗称赞他："英妙擅山东，才子倾洛阳。"齐明帝时期，"引昭为中书通事舍人。时居此职者，皆权倾天下，昭独廉静无所干预，器服率陋，身安粗粝"（《南史·傅昭传》）。梁武帝对他很器重，任命傅昭为给事黄门侍郎，领著作，兼御史中丞。后来又担任主管图书事业的秘书监。傅昭在少年卖书，中年著书，到了老年掌管图书事业。"终日端居，以书记为乐，虽老不衰"，在书业史上成为佳话。

（四）绘画艺术作品进入图书市场。西汉、东汉时期绘画还不发达，有些画家如毛延寿，不过是黄门画工，专为宫廷绘画，魏晋南北朝时期，我国的绘画艺术有了重大突破，从宫廷进入民间，从非卖品变为商品。山水、花鸟、人物等卷轴画竞相争艳，成为书肆的经营品种。人们过年要买年画已逐渐成为风俗。魏晋以前虽然也有年画，但其主要内容是悬在门户上的门神画，以"令百鬼畏之"。魏晋以来，年画的内容以反映吉庆欢乐为主题。梁代刘瑱的《少年行乐图》是这个时期的年画代表作。这对后世的年画内容有深远影响。

有些名画被皇家或高官显贵所收藏，画家会得到重金赏赐，这也是一种变相的买卖活动。东晋画家顾恺之曾将自己"深所珍惜"的一橱画卷封题送给了僭帝桓玄。桓玄同他开了个玩笑，打开橱门，把画全部取出，又把橱门封缄如旧，还给顾恺之，说是没有开橱取画。顾恺之风趣地说："妙画通灵，变化而去，亦犹人之登仙。"其实，桓玄与恺之是知心好友，当然会重金酬谢顾恺之的。

有些画家就是以卖画为业的。如东晋画家戴逵，性高洁，不阿权贵。一生以琴、书为友，以绘画、雕塑为业。他的画进入书肆，流入民间，几经辗转又被书肆购回，再出售到民间。如此反复，直到唐代仍为书肆之宝。

第三节　青史留名的佣书人

随着图书市场的扩大，纸写书卷的普及，带动了佣书业的发展。在印刷术发明之前，佣书人抄写复制图书成为当年的出版人。许多以佣书为职业的知识分子，长年累月，埋首抄书，或者卖给书肆，或者卖给秘府，或者自抄自卖，为增加书源，繁荣图书事业作出了贡献。其中，绝大多数人的地位低下，默默无闻地抄写了一辈子书。但也有少数幸运者从佣书发迹，后来成为著名学者或朝廷重臣，青史留名。研究他们佣书成学的业绩，对于当代的出版发行工作者会起到鼓舞作用。

一、魏晋的佣书成学者

三国时期天下未定，魏、蜀、吴的统治者求贤若渴，唯才是举。因此，出身农家的阚泽，得以佣书成才，官居吴国侍中的高位。两晋时期，推行九品中正制度，主要从豪门势族中选拔人才，门寒身素的读书人很难有入仕的机会。但也有一些例外，晋武帝就发布过"开寒素"的诏书，像清贫的范汪也能够从佣书起家，官至徐兖二州刺史。后秦的释僧肇则是另一个类型，他以佣书发迹，成为著名的佛学家。

（一）吴国的阚泽（？—243），字德润，会稽山阴（今浙江绍兴）人。"家世农夫，至泽好学，居贫无资，常为人佣书，以供纸笔，所写即毕，诵读亦遍。追师论讲，究览群籍，兼通历数，由是显名"（《三国志·吴书·阚泽传》）。这里所说的"常为人佣书"，主要是为经营书肆的人抄书，或为私人藏书家抄。三国时期，已出现私人藏书家，如建安七子之一的王粲、魏郡太守王修、尚书郎王弼、蜀丞相长史向朗等，藏书都很丰富，甚至藏书万卷。他们藏书来源之一，就是请佣书为业的人抄写复制。阚泽这个人很聪明，他把一本书抄写完毕，也把书的内容背诵下来了。正由于他勤奋好学，精明能干，孙权才任命他为吴国的尚书。后来任为中书令，加侍中、太子太傅。中书令和侍中都是皇帝的近臣，参与机务，主拟诏旨，为事实上的宰相。"每朝廷大议，经典所疑，辄咨访之。以儒学勤劳，封都乡侯"（《三国志·吴书·阚泽传》）。他曾为汉末刘洪所撰《乾象历》作注，今佚。阚泽于吴国赤乌六年（243）病逝，孙权非常悲痛，连续数日吃不下饭。

（二）东晋的范汪，字玄平。少孤贫，六岁随母从中原来到江南，依外家新野庾氏。年十三，丧母。及长，好学。"外氏家贫，无以资给，汪乃庐于园中，布衣蔬食，然薪写书，写毕，诵读亦遍"（《晋书·范汪传》）。范汪把抄写好的书卖出去，赖以为生。他边抄书出售、边读书，增长了知识，"遂博学多通，善谈名理"（《晋书·范汪传》）。入仕后，当过中书侍郎、安西长史，进爵武兴县侯。"自请还京，求为东阳太守……在郡大兴学校，甚有惠政。"65 岁卒于家，赠散骑常侍。

（三）后秦的释僧肇。据《高僧传》记载，僧肇是京兆（今洛阳）人。"家贫，以佣书为业，遂因缮写，乃历观经史，备尽坟籍。爱好玄微，每以《庄》、《老》为心要，尝读《老子德章》。"后来，出家当了和尚，对佛学颇有造诣，二十几岁就"名振关辅"。后秦皇帝姚兴命他在逍遥园助译佛经。后秦弘始十六年（414）卒于长安，年仅 31 岁。著有《般若无知论》。

二、南朝的佣书成学者

南朝的佣书人被载入史册的有三种情况：一是毕生从事佣书，受到人们称颂，如陶贞宝；二是从佣书发迹，后来成为著名学者或官居高位，如王僧孺、朱异；三是南朝很重视孝道，鼓励孝子，有的佣书人被列入《孝子传》，因而显名，如庾震、沈崇素。

（一）南朝宋的陶贞宝。他的佣书事迹并未列入《南史》，只是在《云籍七签》卷一百零七提到陶贞宝是南朝宋的佣书人。他不仅抄写一般书籍，更擅长抄写佛经。该书说他"善隶书，家贫，以写经为业，一纸直价四十，书体以羊欣、萧思话为法"。刘宋元嘉时期，一匹麻布值 500 钱，写经 12 张纸可以赚到一匹麻布。随着麻织业生产的发展，到刘宋末期和南齐初期，入宫的好麻布只值 100 多钱，可见写经 3 张纸的佣金，相当于一匹麻布的价格。羊欣、萧思话都是东晋著名书法家。佣书出售并非易事，字迹要写得工整美丽，还得仿照名书法家的笔体。

佛教是在东汉时期从天竺传入中国的。魏晋以来佛教传布渐广。南朝时期，由于统治者的崇奉和提倡，佛教势力进入鼎盛时期。南朝建有佛寺2000 余处，仅都城建康就有 500 余处。名僧慧远住庐山 30 余年，翻译佛经，讲授佛学。与慧远同时代的另一位名僧法显，在建康译经传授佛教。在这位名僧的倡导下，南朝的译经事业取得很大成就。他们译出的佛教之经、论、律，需要大量抄写复制。因此，写经业应运而生。佣书人在南北朝时期又称经生，陶贞宝则是经生的代表人物。

（二）南朝齐、梁的王僧孺（465—522），东海郯（今山东郯城）人。"幼聪慧……七岁能读十万言，及长笃爱坟籍。家贫，常佣书以养母，写毕讽诵亦了"（《南史·王僧孺传》）。他长期抄写书籍，练就一手好书法，时人称他"善楷隶"。抄书成了王僧孺增长知识的阶梯，凡是抄过的书都可以背诵下来，从而成为南朝著名的文学家。"于书无所不睹，其文丽逸，多用新事，人所未见者"（《南史·王僧孺传》）。齐明帝下诏取士，著名学者任昉推荐王僧孺这个难得的人才："既笔耕为养，亦佣书成学"（《梁书·王僧孺传》）。明帝任王僧孺为太学博士，迁侍御史。梁朝初年，任南海太守，政绩卓著。官至御史中丞，后因事被免官。著有文集30卷，另著《东宫新记》、《两台弹事》，奉旨整理《百家谱》。他也是藏书家，"好坟籍，聚书至万余卷，率多异本"（《梁书·王僧孺传》）。

（三）南朝齐的庾震，字彦文，新野人。"丧父母，居贫无以葬，赁书以营事"（《南史·庾震传》）。庾震因长期抄写书籍，过分劳累，右手致残。可见，佣书是个很艰苦的行业。他把佣书所得用于父母的丧事。南阳人刘虬为他写了《孝子传》。庾震以佣书行孝而被列入《南史》。

（四）南朝梁的朱异，字彦和，吴郡钱塘人。"居贫，以佣书自业，写毕便诵。遍览《五经》，尤明《礼》、《易》。涉猎文史，兼通杂艺，博弈书算，皆其所长"。21岁当了太学博士。梁武帝向朝臣自讲《孝经》，命朱异在他的身旁执读。此后，朱异步步高升，官至侍中，掌机密，辅助皇帝执政。朱异"居权要三十余年，善承上旨，故特被宠任"。不过这个人"贪财冒贿，欺罔视听……远近莫不忿疾"。侯景谋反，就是打着"清君侧，杀朱异"的旗号兴兵的。侯景的叛兵攻入建康城，围困皇宫所在地台城。梁武帝"登南楼望贼，顾谓异曰：'四郊多垒，谁之罪欤？'异流汗不能对，惭愤发病卒，时年六十七。诏赠尚书右仆射"（《南史·朱异传》）。

（五）南梁的沈崇傃，字思整，吴兴武康人。"家贫，常佣书以养。天监二年（503），太守柳恽辟为主簿"（《南史·沈崇傃传》）。因其"事所生母至孝"感动了梁武帝，派中书舍人到他家中慰勉。沈崇傃佣书成学，闻名乡里，武帝让他担任太子的侍从官——太子洗马，掌管书籍。辞官不就，又让他担任永宁县令。时逢母亲去世，他过分悲痛，未及到任便病卒。

三、北朝的佣书成学者

北朝主要指鲜卑拓跋氏建立的北魏。这个入主中原的少数民族政权，积极推行汉化运动，特别是孝文帝迁都洛阳，诏令"断诸北语，一从正音"，要求中州各少数民族学汉语，讲汉话，读汉文书籍，促进了抄书复制的佣书业发展。早在北魏建都平城时，就出现了佣书成学的崔亮和佣书出身的将作大匠蒋少游。迁都洛阳以后，位近宰相职务的刘芳、崔光和辅国将军房景伯都是佣书成才的。

（一）北魏的崔亮，字敬儒，清河东武城人。父早亡，"居家贫，佣书自业"。从兄看他夜以继日地抄书出售，十分辛苦，收入微薄，就劝他放弃佣书去投奔在朝廷做官的亲戚。崔亮说，不能只图我个人的温饱而置弟妹的饥寒于不顾。佣书虽然辛苦，但可以增长学识，并能利用售书的机会在书肆阅读书籍，"自可观书于市，安能看人眉睫乎"（《魏书·崔亮传》）。

崔亮在青少年时期就很有志气，锐意进取，终于佣书成才，被北魏高祖聘为中书博士，"俄为太子中舍人，迁中书侍郎，兼尚书左丞"。北魏迁都洛阳，崔亮任度支尚书（主管朝廷财政），增收节支，"岁省亿计，又议修汴、蔡二渠，以通边运，公私赖焉"。世宗时任安西将军、雍州刺史。城北渭水浅，不通船，行人艰阻。崔亮克服各种困难修建了木柱长桥，史称"崔公桥"。他关心人民生活，推广了碾、磨技术。肃宗时，任镇南将军、定州刺史，都督诸军事与南朝萧衍的军队作战，获全胜，"以功进号镇北将军"（《魏书·崔亮传》）。老年病卒，诏赠散骑常侍、车骑大将军。

（二）北魏的蒋少游，乐安博昌人。"性机巧，颇能画刻。有文思，吟咏之际，时有短篇。遂留寄平城，以佣写书为业，而名犹在镇。后被召为中书写书生"（《魏书·蒋少游传》）。蒋少游的书法好，以佣书出名。入仕后，仍然为朝廷抄写书籍。由于才学过人被提拔为中书博士，曾作为李彪的副手出使江南。北魏高祖修造船只，召他任都水使者、前将军兼将作大匠。将作大匠相当于现代的总工程师。平城的太庙、太极殿、华林殿、金墉门楼等宫廷建筑物，都是蒋少游主持修建的。官至太常太卿，病卒，赠龙骧将军、青州刺史。有文集十余卷。

（三）北魏的崔光，本名孝伯，字长仁，东清河鄃人。"家贫好学，昼耕夜诵，佣书以养父母"。他佣书成才，拜中书博士，转著作郎，与秘书丞李彪参撰国史。北魏高祖很器重崔光的才学，称赞他说："孝伯之才，浩浩如黄河东注，固今日之文宗也"。世宗时期，官至中书监、侍中。肃宗继位，封崔光为博平县开国公，食邑二千户，兼领国子祭酒，寻迁车骑大将军、仪同三司。年七十三病卒。"肃宗闻而悲泣，中使相寻……大鸿胪监护丧事。车驾亲临，抚尸恸哭"（《魏书·崔光传》）。

（四）北魏的刘芳，字伯文，彭城人，汉楚元王之后。父早亡，刘芳随母流离失所，投奔洛阳做官的至亲——崔浩，竟"拒不见之。芳虽处穷窘之中，而业尚贞固，聪敏过人，笃志坟典。昼则佣书，以自资给，夜则读诵，终夕不寝，至有易衣并日之弊，而澹然自守，不汲汲于荣利，不戚戚于贱贫，乃著《穷通论》以自慰焉"。刘芳经常为僧侣佣写经论。"笔迹称善，卷直以一缣，岁中能入百余匹，如此数十年，赖以颇振"（《魏书·刘芳传》）。经核查史实，"数十年"系十数年之误。刘芳经过十数年佣书发了财，而且博闻强记，精于儒家经典。许多学者经常向他请教，时人称他"刘石经"。

刘芳佣书成学，中年入仕。官至中书令、太常卿。一度出任青州刺史，"廉清寡欲，无犯公私"。61岁病卒，诏赐帛四百匹，赠镇东将军，徐州刺史。著有《徐州人地录》、《礼记义证》等多种著作，共83卷。

（五）北魏的房景伯，字长晖，生于桑乾。"少丧父，以孝闻。家贫，佣书自给，养母甚谨"（《魏书·房景伯传》）。他利用佣书的优越读书条件，涉猎经史，学识渊博。经尚书卢渊的推荐，当上了司空祭酒、给事中、尚书仪曹郎。后来，当了清河太守，治理有方，百姓安之。任满时，有300多郡民上书乞留。诏准，又留任2年。后迁辅国将军、司空长史。年五十卒于家。

（六）后梁的张景仁，济北人，幼孤贫，以佣书为业。经过长期锻炼，草书、隶书写得非常好，闻名于世。后梁天保八年（569）被明帝萧岿召去，在内府缮写书籍。萧岿很喜欢他的书法，让他在身边担任侍书。后主萧琮继位，张景仁当上了侍中，封建安王。后梁是向西魏、北周称臣的傀儡政权，都江陵。由此可知，张景仁是江陵一带的佣书人。

上述佣书人有个共同特点，就是在青少年时期家境贫寒，以佣书自给。

他们长年抄写各类书籍，拥有得天独厚的求知条件，辛勤笔耕，笃志攻读，终于佣书成才，官居要职，名列青史。南北朝某些统治者在选仕上打破了膏粱寒素之隔，"唯才是务"。统治阶级看到贵族已经腐化，才用"寒门掌机要"，若干学识出众的佣书人脱颖而出，成为朝廷重臣。这也是魏晋南北朝书业史上的一种独特现象。到了隋唐时期，实行科举选仕，以佣书为业的人就难以入仕了。

魏晋南北朝时期，一些文人学士盛行抄书之风，在史书上颇多记述，例如，东晋的葛洪，家徒四壁，却刻苦攻读，白天种田，晚上借书边抄边读，抄了诸子百家之言三百一十卷、《金匮要略》一百卷，后来成为著名的道教理论家和医学家，著有《抱朴子》和《肘后备急方》。又如，南朝的沈麟士，以教书为业，从学士数十百人。"守操终老，读书不倦。遭火烧书数千卷，年过八十，耳目犹聪明，以反故抄写，火下细书，复成二三千卷，满数十箧"（《南史·沈麟士传》）。前已提及的梁代秘书丞王泰，"少好学，手所抄写二千卷许"（《南史·王泰传》）。北朝的崔愍，字长谦，任青州司马时，"贼围城二百日，长谦读书不废，凡手抄八千余纸"（《北史·崔愍传》）。南朝梁武帝的后人萧大圜，被北周明帝召为学士，入长安麟趾殿，见其先人所著《梁武帝集》40卷、《简文集》90卷，"乃手写二集，一年并毕。识者称叹之"（《周书·萧大圜传》）。许多文人学士抄写的某些书籍日后流入市场，成为书肆的经营品种。南朝的《梁武帝集》成为北朝宫廷藏书，也有赖于书商的长途贩运。

第四节　魏晋南北朝的代表著作

魏晋南北朝时期的书业，起了继汉开唐的作用。魏末晋初，经学衰落，玄学兴起，禁锢人们思想的独尊儒术发生动摇，为繁荣著述创造了条件。随着图书品种的增多，产生了不少传世之作。

一、历史、地理著作

东晋和南朝，盛行私人撰史，仅晋史就有 19 种。裴松之为《三国志》

作注，搜购到史书 140 余种。玄学清谈之风的蔓延，涌现出不少记述逸闻琐事的书。地理著作较两汉时期也有了新发展。

（一）《三国志》。共 65 卷，作者陈寿（232—297），曾任西晋的著作郎、治书侍御史，一生研究历史，著有史书多种。《三国志》是他 30 多岁时的成名之作。史学家公认该书为良史。陈寿病卒，西晋王室派人到他家中抄写了一部，使得"辞多劝诫，明乎得失，有益风化"的《三国志》行世。经过书肆的抄写售卖在各地广泛流传。裴松之为此书作详注，注文本身也具有丰富的史料价值。

（二）《后汉书》。几代史学家的研究成果，最早由西晋的司马彪编《续汉书》80 卷，以翔实著称。继续由西晋的华峤编《后汉书》97 卷，以准当著称。袁宏又以编年体编出《后汉记》，以简明著称。南朝宋的范晔，博采上述各家的后汉史书之长，重新编出的《后汉书》，分 10 纪、80 列传。原计划还要撰"十志"，未成遇害。南朝梁代人将司马彪《续汉书》中的 8 个志共 30 卷补入范晔的《后汉书》。自此，历代流传形成今本《后汉书》。世人把《史记》、《汉书》、《后汉书》、《三国志》称为"前四史"，是著名的四大正史。

（三）《华阳国志》。东晋史学家常璩根据前人史学研究成果编著的我国西南地区的方域志。主要记载华山之阳（华山以南）的汉中、四川及云贵一带的历史沿革、风土人情，故称《华阳国志》。书中记载了蜀地开发、自然物产、神话传说、人物传记和民间作品等丰富史料，有较高的文学价值和史学价值。

此外，南朝齐沈约的《宋书》、南朝梁萧子显的《齐书》、南朝陈姚察父子编著的《梁书》、《陈书》，也都具有重要的史学价值。

（四）《水经注》。北魏时期地理著作。由曾任北魏治书侍御史、鲁阳太守的郦道元对《水经》所作之注。《水经》作者不明，旧题汉代桑钦撰，清代学者疑为三国时期无名氏所作。郦道元以《水经》为基础作了 20 倍于原书的补充和发展，成书 40 卷。所记水道 1389 条，逐一叙述各河道的概况以及河道经过地方的山陵城邑、建筑名胜、珍物异事、历史故事、神话传说、风俗习惯等。该书集我国 6 世纪以前地理学著作之大成，为历史地理学、水文地理学、经济地理学、考古学、水利学的重要文献。

（五）《佛国记》，又称《历游天竺记》、《佛游天竺记》。是东晋高僧法显西去天竺求取佛经的旅行传记。作者生动地记述了我国西域以及今阿富汗、巴基斯坦、印度、尼泊尔、孟加拉、斯里兰卡等地当年的地理面貌和风土人情，是世界上最早的长篇旅行记之一，对于研究亚洲历史和地理有重要价值。

二、文学著作

魏晋南北朝时期的文学创作很活跃，作家作品的数量远远超过前代，文学表现技巧趋于成熟，文学理论得到进一步发展。由于文学作品众多，只能选择少数代表作品加以介绍。

（一）《文选》。我国现存最早的诗文总集。南朝梁代昭明太子萧统主编，共30卷。后人又称《昭明文选》。该书取文，上起周代，下迄梁代初期。入选的作品经过严格的衡量。梁以前文章的精华基本上都总结在《文选》里，对后世文学的发展有深远影响。唐宋时代以诗赋取仕，《文选》是士人的必读书。

（二）《搜神记》。东晋著作郎干宝撰的志怪小说集。所记多为神怪灵异，也保存不少民间传说。有些名篇揭露了封建统治者的残暴本质，歌颂了劳苦大众的英勇反抗精神，历来为世人所传。东晋和南朝的小说大体可分为志怪和志人两大类。《搜神记》在当时的志怪小说中占有重要地位。此外，张华的《博物志》、刘义庆的《幽明录》也是著名的志怪小说。

（三）《世说新语》。南朝宋文学家刘义庆所撰的志人小说集。记录了东汉至南朝宋初期的高士名流逸闻琐事、言谈举止。文章隽永生动，具有较高的艺术价值和史料价值。志人小说又称轶事小说，该书是魏晋清谈的产物，也是那个时代轶事小说的代表作。

（四）《诗品》。南朝梁文学批评家钟嵘撰的古代诗歌评论著作。作者将汉魏以来的五言古诗分成上中下三品，并评论其优劣，在中国文学理论批评史上是一部有影响的著作。

（五）《文心雕龙》。南朝梁文学理论家刘勰撰的古代文学理论著作，共

10 卷，50 篇。该书对各种文体源流及作家、作品作了评价，并重点研究了创作论、文学史论和批评鉴赏论。该书是中国文学理论批评史上的宝贵遗产，在现代受到许多国家学者的重视。

（六）《玉台新咏》。南朝陈文学家徐陵编的自汉迄梁的诗歌总集，主要收男女闺情之作。《孔雀东南飞》、《陌上桑》等不少名诗靠此书方得以保存和广为流传。

此外，杨衒之的《洛阳伽蓝记》、颜之推的《颜氏家训》等，均系北魏时期流传至今的名著。《颜氏家训》被后人视为处世的良轨，教子的课本，广泛地流传于书香门第人家。

三、数学、农学、医学著作

魏晋南北朝时期，我国出现了著名的数学家祖冲之、农学家贾思勰、医学家王叔和、针灸学家皇甫谧等，他们都留下了杰出著作。

（一）《海岛算经》。三国魏景元四年（263）成书，刘徽撰。因第一题是测量海岛之高度和距离而得名。所有问题都是利用两次或多次测望所得之数据来测算可望而不可即的目标之高、深、广、远。

（二）《缀术》。东晋南朝的科学家祖冲之著的数学书，最突出的贡献是求得圆周率，比西方科学家早算出 1000 年。唐朝的国学教授数学，用本书作教材，学习期限 4 年，是最长的课程。12 世纪时，日本、朝鲜等国也把《缀术》作为算学教材。

（三）《齐民要术》。北魏高阳太守贾思勰著，是我国现存最古老、最完整的一部农学著作，也是世界农业科学史上第一部比较系统的农业著作。该书书名的含义是，人民群众谋生的重要技术。内容包括农业、园艺、林木、畜牧、水产、农产品加工制造等，可谓集先秦至东魏农业生产知识之大成。

（四）《脉经》。西晋太医令王叔和编著的医学专著。该书总结了战国以来有关脉诊的知识和经验，并加以集中和系统化，在国内外医学界产生了重要影响。隋唐时期，《脉经》传到日本。14 世纪，波斯的百科全书介绍了《脉经》及其作者王叔和。

（五）《针灸甲乙经》。全称为《黄帝三部针灸甲乙经》，魏晋之际皇甫谧撰集的针灸学专著。该书被视为中医针灸学之祖，对后世针灸学的发展有重大影响。

（六）《肘后备急方》，简称《肘后方》。东晋炼丹家葛洪编著，共三卷。旨在为劳动大众自治急病提供药方。书中介绍的药方"率多易得之药，其不获已须买之者，亦皆贱价草石，所在皆有"。后梁代名医陶弘景又加以整理，增补为八卷。

第五章　隋唐五代书业

公元 581 年，杨坚灭北周，建国号隋。过了 8 年，隋朝平定南陈，结束了 369 年的分裂局面，实现了全国统一。隋朝建立 37 年（581—618）后被唐朝所取代。唐太宗李世民总结隋朝迅速灭亡的教训，减轻赋税徭役，改善政治，偃武修文，形成"贞观之治"。玄宗时期又出现了"开元盛世"。在这百余年间，唐朝的经济、文化达到空前繁荣，图书贸易也从抄书出售逐步发展到雕版印卖的新阶段。

公元 907 年，历时 289 年的唐朝灭亡，进入五代十国时期。在这一时期，经历了半个世纪的分裂、混战，社会生产力遭到严重破坏。但从各个政权的具体情况来看，生产力被破坏的程度不同，一些统治者也采取措施恢复和发展了经济、文化，图书事业在较为安定、富庶的地区继续得到发展。

隋唐五代共经历了 379 年。在这期间，历代王朝多次下诏购求图书，国家管理图书事业的机构日益完善，纸写书卷达到极盛时期。随着雕版印刷术的发明，初步兴起刻书出售的书坊。五代时期，首次由朝廷兴办了雕版印卖事业。

第一节　各朝的图书事业

隋唐五代各朝对图书的购求和撰述较魏晋南北朝时期又有新发展。隋朝掌管图书的机构、著述和研究学术的机构较过去更为完善。特别是唐朝，有 2.8 万卷新著问世。随着官府书业和民间书业的发展，抄写复制大量新书，对促进文化兴旺和繁荣图书市场、推动图书出口具有重要意义。

一、隋朝对图书的购求和查禁

隋朝把掌管图书的机构秘书省提升一格，与尚书等省并列，不惜重金购求图书，先后三次整理图书，组织人才编纂图书，严令查禁谶纬书籍。

（一）抄写 30 万份宣传品大造灭陈舆论。隋文帝杨坚即位之后，即着手准备南伐灭陈。几年间，他组织了 50 多万人的南征大军。在出师之前，先对陈朝发动强大的宣传攻势。开皇八年（588）三月，隋文帝以玺书的形式揭露陈朝皇帝陈后主（陈叔宝）的罪恶，列出 20 条罪状，说他疯狂搜刮民脂民膏，使得财尽民穷；说他十分残暴，"斩直言之客，灭无罪之家，剖人之肝，分人之血……自古昏乱，罕或能比"（《隋书·高祖纪》）。

这个以玺书形式颁发的灭陈宣传品被佣书之士抄写了 30 万份，散发到南朝各地，"遍谕江外"（《资治通鉴》卷一百七十六）。30 万份完全由人工抄写，在古代可不是一个小工程。这个灭陈宣传品在陈朝军民之间，一传十，十传百，造成人心动摇，兵无斗志。强大的宣传书卷是隋军迅速灭陈的一个重要因素。

隋军于同年十月分八路出师。晋王杨广为行军元帅，节度各路兵马。翌年正月，攻进建康，陈军溃败，陈后主被俘。杨广好文史，喜聚逸书，当建康城破之时，他就命元帅记室裴矩和元帅长史高颎"收陈图籍"，"归之秘府"（《旧唐书·裴矩传》）。

（二）隋朝崇奉佛教，抄写佛经远远多于一般图书。隋文帝杨坚是在尼姑庵出生的，被尼姑抚养成人。他作为隋朝开国皇帝——隋文帝诏令各地"废像遗经，悉令雕撰"，规定全国百姓"任听出家，仍令计口出钱，营造经像。而京师及并州、相州、洛州等诸大都邑之处，并官写一切经置于寺内"（《隋书·经籍志》）。文帝诏令发出后，各地纷纷掀起抄写供奉佛经、祈求赐福的热潮。文帝时期，全国共抄写佛经 13.2 万卷。隋炀帝在未登极之前，曾施舍纸张 2000 多张，提倡、鼓励民间抄写佛经。隋炀帝登极以后，仍下令各州、县崇奉佛教，民间为"消灾敬佛"，也出资给经生抄写佛经，献给寺院。炀帝时期，抄写佛经近 3 万部。《隋书·经籍志》说："天下之人，从风而靡，竞相景慕，民间佛经多于六经数十百倍。"

（三）隋朝只有 30 多年，很注重教育，官学和私学增多，儒学经典著作成为学生必读的教材。据《隋书·经籍志》：隋朝时期的识字读物有：史游的《急就章》、蔡邕的《劝学》、晋郭璞注《三苍》（李斯《苍颉篇》、扬雄《训纂篇》、贾鲂《滂喜篇》的合称）、束皙的《发蒙记》、顾恺之的《启蒙记》、周兴嗣的《千字文》。这些书也是儿童在民办书馆学习的课本。学馆需要较多，各地书肆争相抄写出售。

（四）隋文帝购求天下异书。文帝废北周官制，恢复汉魏旧制，把秘书省同尚书、门下省、内史（中书）省、内侍（宦官）省并列为五省。秘书监由正三品升格为从二品。秘书郎、著作郎均升格为从五品、正五品。秘书省编制由隋初的 38 人增至隋后期的 120 人。其中，校书郎 40 人，抄写复制图书的楷书郎 20 人。在雕版印刷发明之前，抄写复制图书的楷书郎承担图书复制出版任务。其他秘书郎、著作郎、校书郎等人承担图书的编辑、校对等任务。另在管理东宫供奉诸事的门下坊设司经局典校经籍；在太子官署设典书坊，也负责搜购、典校和撰著图书。这两个机构也都是官办书业。

在隋秘书省担任过监、丞的有牛弘、柳䛒（音辨）、许善心、袁充、王珪、王劭（秘书少监）等，他们是文、炀二帝的近臣。秘书省是出人才的地方，唐贞观年间的宰相房玄龄年轻时就在隋秘府当过校书郎。

第一任秘书监牛弘为隋朝的图书事业作出了突出贡献。牛弘（545—610），字里仁，安定（今甘肃泾川北）人，本姓寮，赐姓牛。隋朝初年，任散骑常侍、秘书监。开皇三年（583）三月，他向隋文帝"上表请开献书之路"。这个"奏表"对研究我国古代的书业史具有重要价值。"奏表"总结了图书兴废的规律，凡是英明圣主都重视图书的作用，加强对图书的搜集、购求、整理和撰述；每逢乱世，图书都要遭受严重损失。从秦至南北朝，牛弘列举了五次书厄。他认为，发展图书事业直接关系到"经邦立政"，"为国之本，莫此攸先"。隋初，秘书监藏书仅有 15000 余卷，而且"部帙之间，仍有残缺。比梁之旧目，止有其半"。牛弘在"奏表"中说：当前要大弘文教，必须把散落民间的珍本异书搜集起来，"不可王府所无，私家乃有。然士民殷杂，求访难知，纵有知者，多怀吝惜，必须勒之以天威，引之以微利。若猥发明诏，兼开购赏，则异典必臻，观阁斯积，重道之风，超于前世，不亦善乎"(《隋书·牛弘传》)。

文帝采纳了牛弘的"奏表",同年三月"丁巳,诏购求遗书于天下"(《隋书·高祖纪》)。"献书一卷,赍缣一匹。"以一匹绢的价格购买一卷异书,即"引之以微利"。秘书监还派出专使到各地搜访和购买异书。如果藏书人不愿出售,可以把书借给秘书监,"校写既定,本即归主",同样能够得到朝廷的赏赐。

秘书监用重金购求天下书,刺激了书肆的图书经营活动。书商们最熟悉书籍篇目,在经济利益的驱动下,他们从民间收购到不少珍本秘籍,转手卖给朝廷。既然是珍本,他们也可以抄写复制,在市上卖个好价钱。这在客观上促进了图书的流通。

向朝廷献书有厚利可图,刺激了一些人弄虚作假,把自己编写的书伪称古书、异本,卖给朝廷以获得厚利。秘书监负责搜访和购求图书的人虽然多为学识渊博的学者,往往也会上当受骗。有个名叫刘炫的儒生,伪造先秦古书出售就是个典型事例。刘炫,字光伯,河间景城人。少以聪敏见称,闭户读书,10年不出。北周时期,在秘书监修过国史,修过天文历律,还在内史省考定过群书,可以说在学术界小有名声。可是宦途不顺,几经周折才当上个八品官——殿内将军。他获悉秘书监购求天下异书,认为有机可乘,就"伪造书百余卷,题为《连山易》、《鲁史记》等,录上送官,取赏而去"(《隋书·刘炫传》)。献书百余卷,得绢百余匹,也算不小的一笔财富。后来有人告发,刘炫被判死罪。经学者们上书说情,"经赦免死,坐除名,归于家,以教授为务"。隋末,他的门人多参加农民起义军,而他却郁郁不得志,冻馁而死。

这次购求天下异书,效果很好。"民间异书,往往间出"(《隋书·经籍志》)。"一二年间,篇籍稍备"(《隋书·牛弘传》)。牛弘也因此立功,"进爵奇章郡公,邑千五百户"。后迁礼部尚书,炀帝时拜吏部尚书,66岁于江都病卒。

(五)隋秘府对图书的整理和编纂。隋王朝仅存在30多年,但对秘府图书却进行了三次大规模的整理编目。第一次整理是在开皇九年(589),平陈胜利,将陈朝秘府的藏书并入隋秘府,进行汇总编目,"召天下工书之士,京兆韦霈、南阳杜颛等，于秘府内补续残缺，为正副二本，藏于宫中，其余以实秘书内、外之阁，凡三万余卷"（《隋书·经籍志》）。比隋朝初年的藏书多了 1 倍。

第二次整理是在开皇十七年（597），许善心任秘书丞，"于时秘藏图籍尚多淆乱，善心放阮孝绪《七录》，更制《七林》，各为总叙，冠于篇首……又奏追李文博、陆从典等学者十许人，正定经史错谬"（《隋书·许善心传》）。《七林》是当年秘府藏书的编目，并对作者有所评介。目录学家认为该书是古典目录的正宗。许善心，字务本，高阳北新城人，曾任陈朝侍郎，"家有旧书万余卷，皆遍通涉"。他的《七林》就是参照自己的藏书编撰而成。后来，他随炀帝行幸江都，被宇文化及所杀。

第三次整理是在炀帝嗣位初年（605），柳晋任秘书监，开展了规模最大的抄书复制活动，"秘阁之书限写五十副本，分为三品：上品红琉璃轴，中品绀琉璃轴，下品漆轴。于东都观文殿东西厢构屋以贮之……又聚魏已来古迹名画，于殿后起二台，东曰妙楷台，藏古迹；西曰宝迹台，藏古画。又于内道场集道、佛经，别撰目录"（《隋书·经籍志》）。柳晋跟随炀帝多年，是他的近臣，与帝"同榻共席，恩比友朋"（《隋书·柳晋传》）。柳晋在炀帝的支持下，要人有人，要钱有钱，因此把秘府藏书的副本增加了 25 倍。藏书增多有利于士人借阅和抄写复制，也有利于各种图书在社会上流通，对发展图书贸易有积极作用。柳晋从幸扬州，遇疾卒，年六十九，赠大将军。撰《晋王北伐记》15 卷，有集 10 卷行于世。

隋炀帝杨广是个暴君，但他重视图书的编纂，曾组织文人学者利用秘书省藏书编纂抄写了不少书，"自经术文章兵农地理医卜释道，乃至捕搏鹰狗，皆为新书，无不精洽。共成三十一部，万七千卷"（《文献通考·经籍考·总叙》）。其中，较著名的有《长洲玉镜》400 卷，是以南朝梁代的《华林遍略》为基础编纂的大型类书。还有《区宇图志》，用 1200 卷的篇幅分类记述隋代版图的山川、郡国等地理情况。

（六）隋朝对图书的查禁。主要禁藏禁撰两类书。一是禁谶纬图书。这类书常为反叛者制造夺取政权的舆论，北魏王朝就严加禁止。隋初又有所流通，不少书肆售卖这类书可以获厚利。开皇十三年（593）二月，隋文帝下诏："制私家不得隐藏纬候图谶"(《隋书·高祖纪》)。私家不得藏,书肆不得卖,就连秘书监的藏书也要加以清理,谶纬图书一律清除。但是,在民间流传的这类书仍不会轻易绝迹。炀帝时期又再次查禁谶纬之书。"乃发使四出,搜天下书籍与谶纬相涉者,皆焚之,为吏所纠者至死"(《隋书·经籍志》)。这个命令是很严厉的,如果私藏或私自出售谶纬图书,被官府查出来要处以死罪。"自是无复其学,秘府之内,亦多散亡"(《隋书·经籍志》)。唐初,魏征奉命清理隋代遗书,编撰《隋书·经籍志》时只发现 13 部谶纬图书。

二是禁止私人撰著史书。开皇十三年(593)五月,文帝下诏"人间有撰集国史,臧否人物者,皆令禁绝"。文帝时,著作佐郎王劭以母忧去职,在家撰写《齐书》,被内史侍郎李元操举报。文帝大怒,派人收缴书稿。本来要治王劭违诏之罪,但看他的书稿,认为写得不错,未治罪,"起为员外散骑侍郎,修起居注……在著作,将二十年,专典国史"(《隋书·高祖纪》)。隋末,王劭为秘书少监。

二、唐朝对图书的购求、编纂和查禁

唐朝在开国征战之际,就注意收缴隋朝秘府的图书。立国之后,设秘书省掌管图书事业,多次购求与整理天下遗书。此外,史馆、集贤院、弘文馆、崇贤馆和司经局都与发展图书事业关系密切。这几个皇家机构也从事图书的保存、复制和撰述,实际是雕版印刷术发明前的国家书业机构。下面侧重介绍秘书省的图书购求和编纂。唐朝查禁图书不多,略作介绍。

(一)唐初收隋朝两京图籍。隋秘书省藏书主要集中在西京长安的嘉则殿,珍藏图书 37 万卷。经秘书监柳䛒从中挑选并抄写补齐一套标准本 3.7 万卷,运往东都洛阳的观文殿。公元 617 年,隋朝太原留守兼晋阳宫监李渊,在太原建立独立政权,自称大将军,一举平定河东各县。继而进军关中,攻克长安,"命主符郎宋公弼收图籍"(《新唐书·高祖本纪》),拥立隋宗室杨侑为帝,自号大丞相,封唐王,都督中外诸军事。翌年(618),江都兵变,隋炀帝被宇文化及所杀。李渊趁机让杨侑退位,自己当了皇帝,改国号为唐,年号武德,定都长安。这样,长安嘉则殿的藏书为唐秘书省所有,秘书省也就成为唐朝的国家藏书机构。

武德四年（621），唐秦王李世民出兵关中，攻克洛阳，"太宗入据宫城，令萧瑀、窦轨等封守府库，一无所取，令记室房玄龄收隋图籍"（《旧唐书·太宗本纪》），又命太府卿宋遵贵把洛阳观文殿 3.7 万卷藏书用船经水路运至长安。不幸，运书船在三门峡附近的水域触礁，"经砥柱舟覆，尽亡其书"（《新唐书·艺文志》）。这批经过严格精选的标准本书完全被河水冲走了，损失严重。

（二）唐朝掌管图书事业的机构。唐朝的秘书省是直接由宰相领导的政府机构，其职责是"掌邦国经籍图书之事"。据《唐六典·秘书省》：秘书省的编制有 162 人，主持全面工作的长官仍称秘书监（1 人），副长官称秘书少监（2 人），主管日常事务的官员称秘书丞（1 人）。丞下设秘书郎、校书郎、详正学士（正字）、典书员、楷书手等各若干人。还设有熟纸匠、装潢匠、笔匠等若干人。其中，人员最多的是抄写书籍的楷书手，达 80 人至 100 人。如果加上集贤院、弘文馆、崇贤馆、史馆、司经局的楷书手，则中央官府的抄写书籍人员有 290 人。

秘书省还有两个直属机构：著作局，负责编写史书及其他撰述事项；太史局，负责编撰历书，兼掌天文、计时。这两个局都有自己的编制，另立官署。

秘书监这个官职很不简单，多由朝廷的重臣或帝王的亲信担任。唐高祖时期的秘书监窦琎、令狐德棻（丞），太宗时期的秘书监魏征、虞世南、颜师古等，都是学识渊博、著述有成的名人。武则天称帝后则有所变化，她的面首张宗昌、张易之以及她的侄子武承嗣相继担任此职，并将秘书省改名兰台，秘书监改称兰台太史。武则天病死，中宗复唐国号，又恢复原名。此后，历任秘书监的有郑思普、李邕、马怀素、元行冲、徐坚、贺知章、陈希烈、李成裕、卢僎、崔沔、姜皎、蒋乂、陈京、薛逢等。

秘书省的官员天天接触书，有利于精研苦读，容易出人才。唐朝宰相张说、张九龄就是从正九品的校书郎发迹的。伟大诗人白居易也当过校书郎。

秘书省财力雄厚，多次向民间购求图书。特别是在唐朝初期、中期，社会的经济、文化空前繁荣，秘书省购求图书的次数较多，规模较大，是唐代书业最为繁荣发展时期。

秘书省文人荟萃，奉旨编纂了不少类书。太宗贞观年间魏征等人编纂的《群书治要》、《文思博要》，武后圣历年间张宗昌领衔编纂的《三教珠英》，玄宗开元年间徐坚等人编撰的《初学记》，等等。安史之乱后，官编类书明显减少。

（三）唐初期"购天下书"。唐初两代皇帝高祖和太宗时期（618—649），战乱之余，经籍亡逸。秘书丞令狐德棻"奏请购募遗书，重加钱帛，增置楷书，令缮写"（《旧唐书·令狐德棻传》）。高祖诏准。经过重金购求，"数年间，群书略备"。在这个基础上，高祖又批准令狐德棻的建议，组织一批著名学者修撰梁、陈、北齐、北周、隋的史书，于贞观年间完成。令狐德棻还与欧阳询、陈叔达、裴矩等人，根据购求来的众多图书，修撰了唐代第一部类书《艺文类聚》，共100卷。

令狐德棻，宜州华原人。唐武德元年（618）任起居舍人，五年（622）迁秘书丞。他是唐朝第一个发起购募遗书的秘府官员。太宗时，除秘书少监。高宗时，除国子祭酒。"暮年尤勤于著述，国家凡有修撰，无不参预"（《旧唐书·令狐德棻传》）。年八十四卒于家。

唐太宗李世民纳谏任贤，是历史上很有作为的皇帝。他卓有成效地治理唐朝20多年，史称"贞观之治"。贞观三年（629）谏议大夫魏征任秘书监，参与朝政。魏征上书太宗，"请购天下书，选五品以上子孙工书者为书手，缮写藏于内库，以宫人掌之"（《新唐书·艺文志》）。太宗是重视文治的皇帝，当然诏准。经过这次大规模购求天下书，"数年之间，秘府图籍，灿然毕备"（《旧唐书·魏征传》）。

魏征（580—643），字玄成，馆陶（今属河北）人。少时孤贫落拓，隋末参加瓦岗农民起义军，后降唐。太宗即位，擢为谏议大夫，共陈谏二百余事，是历史上著名的谏官。他在图书事业上也作出了重大贡献：购求天下异书，编撰大型类书《群书治要》，总监诸史的撰修，等等。他曾一度任宰相（侍中），封郑国公。"薨，时年六十四。太宗亲临恸哭，废朝五日"（《旧唐书·魏征传》）。

（四）唐中期的购求图书诏。这里所说的唐中期，是指神龙元年（705）中宗复位，经睿宗到玄宗天宝十四年（755）安史之乱爆发。五十年间，三代皇帝都曾发出购求图书的诏令。长安四年（704）冬，女皇武则天病死，中宗李显于翌年复位。秘书监"郑普思坐妖逆配流儋州，其党与皆伏诛"（《旧唐书·中宗本纪》）。虢王李邕继任秘书监。经李邕奏请，中宗发布购求图书的诏令："以经籍多缺，使天下搜括"。这里所说的搜括，仍是用钱帛购买民间的珍本异书。中宗只当了五年皇帝，就被他的妻子韦后阴谋夺权所杀。紧接着，中宗的侄子李隆基又把韦后杀掉。隆基拥立其父睿宗李旦复位。睿宗在位三年，也发布购求图书的诏令："以经籍多缺，令京官有学行者分行天下，搜检图籍"（《唐会要·经籍》）。这次购求图书的办法是派有学识的京官到各地搜访、采购图书，以充秘府。

玄宗时期购求和整理、编撰图书达到顶峰。先天元年（712）睿宗让帝位给他的儿子李隆基，是为玄宗。他是继太宗之后大有作为的皇帝，治理唐朝40多年，出现"开元盛世"。玄宗认为："国之载籍，政之本源"（《唐大诏令集》卷五十一）。玄宗亲自为《孝经》作注，颁布天下。在玄宗的支持下，秘书省购求图书的活动十分活跃。

玄宗派他深为礼重的侍读马怀素任秘书监。马怀素，润州丹徒人，少好学，博览经史，善属文，举进士。几经升迁，任监察御史，武则天时期，他与嬖臣张易之作过斗争。开元初，任户部侍郎，三迁秘书监兼昭文馆学士。他到秘书省就职，发现"典籍散落，条流无叙。怀素上疏曰：'南齐以前坟籍，旧编王俭《七志》（书目）。已后著述，其数盈多，《隋志》所书，亦未详悉。或古书近出，前志阙而未编；或近人相传，浮词鄙而犹记。若无编录，难辨淄、渑。望括检近书篇目，并前志所遗者，续王俭《七志》，藏之秘府'"。玄宗诏准，派国子博士尹知章等在秘书省"分部撰录，并刊正经史"，同时通知各州县购求"近书篇目"和"前志所遗者"（《旧唐书·马怀素传》）。马怀素主持图书的购求和刊撰，刚过三年就病逝了。玄宗派国子祭酒元行冲代行其职。

在秘书省购求和整理图书的同时，左散骑常侍、侍读褚无量"以内库旧书，自高宗代即藏在宫中，渐致遗逸，奏请缮写刊校，以弘经籍之道"（《旧唐书·褚无量传》）。内库旧书既然已经遗逸，那就要到民间重新搜购补充。玄宗派褚无量"于东都乾元殿前施架排次，大加搜写，广采天下异本"（《旧唐书·褚无量传》)。经过数年的搜购和抄写复制,"四部充备"。这项工程完成之后,玄宗又令褚无量于丽正殿继续刊校和撰述图书。丽正殿遂命名为丽正书院,实为官办书业机构。褚无量在这里只工作一年就病逝了,"病卒,年七十五。临终遗言。临终遗言以丽正写书未毕为恨"(《旧唐书·褚无量传》)。这项未完成的工程,玄宗令元行冲总代其职。开元九年(721)编目完成,《群书四录》200卷。"自后毋煚又略为四十卷,名为《古今书录》(书目),大凡五万一千八百五十二卷"(《旧唐书·经籍志》)。

开元十三年(725),玄宗把丽正书院改名集贤书院,授中书令(宰相)张说兼集贤院学士知院士(院长),秘书监徐坚副之。从此,集贤书院成为皇家修书机构,置十八学士,宰相为集贤院大学士。该院的主要任务是"掌刊辑古今之经籍,以辨明邦国之大典。凡天下图书之遗逸,贤才之隐滞,则承旨而征求焉"(《旧唐书·职官志》)。可见,购求天下异书是集贤书院的一项具体任务。该院设有括访异书使,张怀、徐浩、史维则等人都担任过此职。他们到各地搜访异书,"悬以爵赏,所获不少"。收购来的书由集贤院加以校正复制。该院有100名写书手负责抄写复制书籍。抄写好的复本在学士中流传,几经辗转被书肆购去在社会上流通。

从集贤院成立到安史之乱的30年间,秘书省和集贤院的图书事业达到鼎盛时期。历任宰相萧嵩、张九龄、李林甫、杨国忠等都主持过集贤书院的修书事宜。秘书监李成裕、姜皎、陈希烈(少监)等先后作为副职署理院务。著名的唐朝行政法典《唐六典》,就是在张说、张九龄主持下,历时16年由集贤书院纂成的。

(五)唐朝的史馆专修历朝皇帝的实录、国史、正史等历史著作。史局撰述的历史著作称官修史书。由历朝宰相监修国史。唐代史馆成绩斐然,修史最多,史无前例。迄今全国共有官修史书二十四部,而唐代史馆就编修了《晋书》、《梁书》、《陈书》、《南史》、《北史》、《北齐书》、《周书》、《隋书》,占二十四史的三分之一。唐代以前未建史馆,由秘书省著作局专修实录和前朝国史,编修史书由级别较低的著作郎承担。从唐太宗起,唐朝历代皇帝都很重视史馆,由宰相监修国史,"自是著作郎始罢史职"(《旧唐书·职官志》)。史馆的官舍华丽,环境幽雅,史官的俸禄高,生活条件优越。修撰国史的史官，多抽调有真才实学的官员承担，完成修撰任务后调回原职。唐代史馆为后世官修史书产生深远影响。官修史书历代相传。

（六）安禄山乱后的"屡诏购募"。天宝十四年（755），拥有边境六镇兵权的安禄山叛乱，中央各官府藏书在战乱中遭到严重损失。据《旧唐书·经籍志》："禄山之乱，两都覆没，乾元旧籍，亡散殆尽。"《新唐书·艺文志》又说"安禄山之乱，尺简不藏"。这次叛乱标志着唐王朝开始衰落。

"肃宗、代宗崇重儒术，屡诏购募"（《旧唐书·经籍志》）。公元757年，安禄山叛乱被平息，肃宗李亨从凤翔还京，重整朝纲。太常少卿于休烈兼修国史。他上疏说，朝廷藏书在"京城陷贼后，皆被焚烧。且国史、实录，圣朝大典，修撰多时，今并无本。伏望下御史台推勘史馆所由，令府县招访。有人别收得国史、实录，如送官司，重加购赏。若是史官收得，仍赦其罪。得一部超授官资，得一卷赏绢十匹"（《旧唐书·于休烈传》）。肃宗诏准。出售一卷国史书可得绢十匹，堪称有史以来的高价书。曾在秘书省撰述过史书的工部侍郎韦述，"以其家藏国史一百一十三卷送于官"（《旧唐书·于休烈传》）。可得绢1000多匹。

代宗时期（762—779），元载为宰相，权倾一时，加集贤殿大学士修国史，"奏以千钱购书一卷，又命拾遗苗发等使江淮括访"（《新唐书·艺文志》）。用一千钱购一卷书，相当于代宗大历年间100亩的青苗税钱。当时，国库空虚，京师百僚官俸锐减。为了给官吏们发俸禄，"以国用急，不及秋，方苗青即征之，号青苗钱"（《新唐书·食货志》）。大历初（766），青苗钱为每亩10文。一卷书值100亩的税款。

文宗时期（827—840），郑覃任侍讲，进言经籍未备，"诏令秘阁搜访遗文，日令添写。开成初（836），四部书至五万六千四百七十六卷"（《旧唐书·经籍志》）。安史之乱后，经过70多年数次购求遗书，秘府藏书才略多于开元盛世的卷数。唐僖宗初期，达到7万余卷。后来，黄巢起义、战乱不绝，京城制置史孙惟晟占据秘书省作兵营，藏书损失惨重，只剩下1.8万卷。昭宗天复二年（902），凤翔节度使李茂贞攻入长安，大烧大掠，宫殿、秘府和包括书肆在内的各种商店遭到严重破坏。天祐元年（904），宣武军节度使朱温挟昭宗李晔迁都洛阳，把长安城的宫殿、官署全部拆毁，秘府仅存的一万多卷书"又丧其半。平时载籍，世莫得闻"（《旧唐书·经籍志》）。

（七）唐朝对图书的查禁。唐朝主要禁止出售或收藏妖言惑众的书。初唐时期，有个名叫法琳的和尚写了一本《破邪论辩证论》。唐太宗看了大怒，把法琳找来说："你著的这本书说，'有念观音者，刀不能伤。'现在给你7天时间去念观音，到期试刀，看是否不伤。"法琳的这本书完全是谣言谎话，经不起实验。法琳苦思救命之策。当敕使来问他，"7天期满，你口念观音，我们来试刀吧！"法琳诡辩说："我未念观音，只念陛下。因为陛下功德巍巍，照经典说，陛下就是观音。"这一套谄谀逢迎使他免受一刀，但太宗还是把他流放到远州去了。

贞观二十年（646）发生一起"三皇经"事件。吉州的州官从犯人刘绍略的衣服里发现一本《三皇经》。书上说："凡诸侯有此文者，必为国王；庶人有此文者，钱财自聚；妇人有此文者，必为皇后。"经审讯，犯人说此书得自一位道士，准备献给州官。因为当年道教受崇，州官只得将此书上报朝廷。经刑部传唤长安的著名道士，才认定该书是晋代道士鲍静妄撰的。太宗于当年发出诏令："《三皇经》文字既不可传，又语涉妖妄，宜并除之。即以老子《道德经》替处。有诸道观及以百姓人间有此文者，并勒送省除毁。"这也表明，凡是危害唐王朝统治的书是不允许存在的。贞观时期制定的《唐律》就包括了有关禁书的条款，而禁毁书籍统一由秘书省承办。

唐高宗颁发的《唐律疏议》对唐律的禁书条款作了阐释：

1.诸玄象器物、天文、图书、谶书、兵书、七曜历、《太一》、《雷公式》，私家不得有，违者徒二年。《疏议》解释说："玄象"，即天文仪器，可用来观察日月星辰的运行，妄言时世的变迁。"天文"指观察日月星辰的天文书。"图书"指妄说吉凶的河图洛书。"谶书"指假借神意预示未来灾祥征兆的书。"兵书"指《太公六韬》、《黄石公三略》、《孙子兵法》等书，防止人们学习兵法组织武装起义。"七曜历"是从印度传来的不同于唐朝官历的历书，宣扬迷信，内容荒诞。《太一》和《雷公式》都是属于妖言惑众的占卜书。

2.诸造妖书妖言者，绞。传用以惑众者，亦如是。传，谓传言；用，谓用书。其不满众者，流三千里。言理无害者，杖一百。即私有妖书，虽不行用，徒二年；言理无害者，杖六十。《疏议》解释说："妖书妖言"是指谎称鬼神之言，胡说国家有凶相恶报，或妄言他人或自己有吉利的征兆。"观天画地，诡说灾祥，妄陈吉凶，并涉于不顺者，绞。"

3. 开元二十七年（739），唐玄宗又以敕令的形式对禁书法令作了一条新规定："诸阴阳术数，自非婚丧卜择，皆禁之。"专用于婚丧嫁娶卜择吉日的书可以保留，其他凡是归之于阴阳术数的书如算命打卦、骨法相书、天人感应、预卜吉凶等书，均禁止流传。

纵观唐代，禁书的法令严明，多为后世所法，但真正发生的禁书案件并不多。

三、五代十国王朝对图书的购求

公元 907 年，朱温灭唐，从此出现了一个分裂、混战半个世纪的五代十国时期。后梁、后唐、后晋、后汉、后周这五代以及南方的吴、南唐、吴越、闽、前蜀、后蜀等国均设有秘书省或秘书监。但由于战乱不断，王朝更替频繁，秘书省往往是有名无实。北宋初年孙逢吉撰文说："唐季离乱，中原多故，百王之书荡尽，兰台延阁空存名号"（《册府元龟》卷六百零四）。尽管如此，后唐等朝仍然或多或少地开展了图书购求活动。

（一）后梁、后唐王朝购求异书。后梁、后唐王朝在五代时期统治时间最长。在图书事业方面，后唐较有建树。

1. 后梁。传二帝，共 16 年。梁太祖朱温建都开封，"经营社稷，千征万战"，顾不上图书事业。只是在朱温兴兵讨襄阳汉帝赵匡凝时，他的都指挥使杨师厚统前军，"引军过汉水，一战，赵匡凝败散"（《旧五代史·梁书·杨师厚传》）。师厚挥军进入襄阳，收匡凝藏书数千卷。后来，他奉太祖之命把这批书进献朝廷。末帝朱瑱命中书侍郎、集贤殿大学士郑珏监修国史，命崇政院副使张希逸担任秘书少监，刚着手搜求图书，后梁就亡国了。

2. 后唐。传四帝，共 13 年。庄宗李存勖在魏州即帝位。灭后梁，建都洛阳。后唐基本上统一了北方，同南方诸小国相安无事，全国出现相对稳定的局面。这个王朝先后命宰臣卢澄、郭崇韬、郑珏监修国史。先后担任秘书监的有孔循、姚颢（少监）、刘岳、马郁、卢文纪、刘赞。经宰相郭崇韬提议，庄宗于同光二年（924）二月颁诏："召天下有能以书籍进纳者，各等第酬奖"(《旧五代史·唐书·庄宗纪》)。不久，又再次颁诏，以赐给官职为交易条件，鼓励藏书者向秘府献书。"进纳四百卷已下、三百卷已上，皆成部帙、不是重叠及纸墨书写精细，已在选门未合格人，一百卷与减一选；无选减数者，注官日优与处分；无官者，纳书及三百卷，特授试官"(《册府元龟》卷五十)。这也表明，唐代末期官府藏书并未完全毁于战火，而是一些官员趁战乱之机把这批图书窃为己有。据史书所载，黄巢领导的农民起义军纪律严明，攻破长安，"闾里晏然"，足以证明唐朝秘府等处藏书并非为农民军抢掠，而是唐朝官员或溃兵"趁火打劫"。因此，后唐朝廷才以赐官为诱饵，让那些窃取图书的官员把书献给后唐秘府。这是一种特殊的商品交易。

明宗李嗣源设置了以采购图书为专职的官员，称搜访图籍使，后改称进书官。同光三年（925），后唐灭前蜀。庄宗派庾传美为三川搜访图籍使，前往成都购买图书。前蜀受战争破坏较轻，唐僖宗曾在成都避难，有不少随从官员在成都落户。后蜀又网罗唐名臣世族，予以重任，"典章文物有唐之遗风"。那里的书肆较发达，藏书家也较多。庾传美在四川寻访图书接近一年，颇有收获，购得唐代《九朝实录》及杂书传记千余卷。

长兴二年（931），在左仆射郑珏主持下，史馆开始撰修唐史。史馆纂修、都官郎中崔税奏请购募民间野史，以备编修史书。明宗准奏。次年十一月，史馆又再次奏请购买图书，准奏。奏文说："大中（唐宣宗年号，起于公元 847 年）以来，迄于天祐（后唐太祖年号，止于公元 923 年），四朝宝录，尚未纂修，寻具奏闻，谨行购募。敕命虽颁于数月，图书未贡于一编。盖以北土州城，久罹兵火，遂成灭绝，难可访求。切恐岁月渐深，耳目不接，长为阙典，过在攸司。伏念江表列藩，湖南奥壤……固多奇士，富有群书。其两浙、福建、湖广伏乞诏旨，委各于本道采访宣宗、懿宗、僖宗、昭宗以上四朝野史，及逐朝日历、银台事宜、内外制词、百司沿革簿籍，不限卷数，据有者抄录上进。若民间收得、或隐士撰成，即令各列姓名，请议爵赏"(《旧五代史·唐书·明宗纪》，引《五代会要》)。

这个奏文表明，五代时期，北方"久罹兵火"，图书损失严重，而长江以南相对安定，"固多奇士，富有群书"。当时，南方的吴越、闽、荆南、楚等国，依旧向后唐称藩臣朝贡；南方的吴、南汉不向后唐称藩臣，但也和后唐建立关系，互派使节。因此，史馆奏请明宗下诏，委托南方称臣的各国代为搜购图书，也要求后唐的地方政权向民间搜购图书。秘书省又派进书官到各地购买图书。

后唐的进书官制度到闵帝时才撤销。闵帝李从厚只在位4个月，诏令进书官刘常任荥阳令，单骧任唐州司马参军，"今后三馆所阙书，并访本添写，其进书官权停"（《册府元龟》卷五十）。从这个诏令看，后唐的史馆、集贤馆、弘文馆都可派出进书官采购图书，直至闵帝时期才被停止。闵帝时已到后唐亡国之秋，国库空虚，没有财力采买图书，所谓"访本添写"只是句空话。

（二）后晋、后汉、后周三个王朝购求异书。后晋、后汉、后周这三个王朝均建都开封。由于连年征战，民不聊生，兵锋所及，城郭为墟。秘书监空有官府名而无廨署。但这些王朝的皇帝都想为自己树碑立传，安排宰臣修撰国史。所以，他们的史馆也要购求异书。

1.后晋。传二帝，共11年。高祖石敬瑭命宰相赵莹监修国史。史馆的书籍奇缺，赵莹奏请高祖诏准，购求唐朝实录、传记日历、制敕册书等。仿照后唐赐官的做法，凡是愿意出售史馆急需异书的，量其文武才能，授以官职。经过几年的四处访购，收上来一大批书。在赵莹的主持下，"纂补（唐代）实录及修正史二百卷行于时"（《旧五代史·晋书·赵莹传》）。高祖死后，出帝（又称少帝）石重贵继位，命侍中桑维翰继续监修国史，卢重任秘书监，边蔚任秘书少监。出帝后期，又命司空刘昫监修国史。开运二年（945）六月，刘昫、史官张昭远等"以新修《唐书》纪、志、列传并目录凡二百三卷上之，赐器帛有差"（《旧五代史·晋书·少帝纪》）。翌年，契丹灭后晋，辽兵在开封城大杀大掠，史馆收购来的以及新撰成的大批图书均被契丹收缴去。

2.后汉。传二帝，只统治了4年，是最短命的王朝。高祖刘知远在位1年，忙于征战。隐帝刘承祐在位3年。他亡国的那一年（950），命宰相苏逢吉监修国史，实际执笔修史的是史官贾纬。为适应修史的需要，隐帝颁诏，"开献书之路，凡天下文儒，衣冠旧族，有收得三馆亡书，许报馆进纳，据卷帙多少，少则酬之以缯帛，多则酬之以官资"（《册府元龟》卷六百零四）。这个购书诏发出不久，握有重兵的天雄节度使郭威获悉隐帝派人来刺杀他，被迫起兵，攻入京城开封，纵诸军抢掠文武百官，城中到处起火，官府藏书大部分被焚抢，后汉王朝随之灭亡。

3.后周。传三帝，共9年。太祖郭威和世宗柴荣，除弊政，尚勤俭，群情大服，国力日增。特别是世宗，其文治武功为五代诸帝之冠。太祖命宰相王峻、李谷监修国史。边光范为秘书监，王禧为秘书少监，中书舍人刘温主持史馆纂修。世宗时期，以宰相范质、李谷继续监修国史。秘书少监许逊"假窦氏国书隐而不还"，被撤职。显德三年（956），世宗发出购书诏："史馆所少书籍，宜令本馆诸处求访补填。如有收得书籍之家，并许进书人据部帙多少、等第，各予恩泽。如果卷帙少者，量给资帛。如馆内已有之书，不在进纳之限"（《旧五代史·周书·世宗本纪》）。参照购进的图书，修史的效率很高，在短短几年时间，撰成后周太祖实录20卷、后晋高祖实录30卷、少帝实录20卷。继续修撰的还有"梁、唐二末主实录"等。世宗过早病卒，子宗训7岁继帝位（恭帝）。半年后，政权被赵匡胤所夺。购求来的图书未受损失，成为北宋王朝的秘府藏书。

（三）南方诸国的寻访异书。五代时期，南方诸国战争较少，一般都采取保境安民政策，经济文化有所发展。虽然也出现过暴君、昏君和内乱，但立国时间一般都达四五十年，吴越达72年，只有前蜀的寿命短，仅19年。北汉不属于南方，在今山西中、北部立国，对契丹奉行民族投降政策，延续29年。

在南方诸国中，以南唐、吴越、前后蜀、闽的文教事业较发达，在较为安定的社会环境中，书业比北方繁荣。但这些王朝的购书活动在史书上记载不多。已知的有：

1.闽。闽太祖王审知在位18年，建都福州。治闽有功，礼贤下士，轻徭薄赋，发展经济，兴办学校，多次在境内购求和整理图书。公元904年，他发布诏令："命管内军州搜遗书缮写以上"（《十国春秋·闽·太祖世家》）。在赞颂王审知的《恩赐琅琊郡王德政碑》上也说："自燎炽西秦，烟飞东观，鲁壁之遗编莫抹；周陵之坠简宁存？亟命访寻，精于缮写，远贡刘歆之阁，不假陈农之求，次第签题，森罗卷轴。"可见，闽王朝藏书购进的图书相当可观，它为以后宋代建安书业的繁荣创造了条件。

2.南唐。南唐烈祖李昇，建都金陵，改称江宁。自公元918年治理南唐以来，兴利除弊，休养生息，社会经济有了很大发展。在文化上，兴科举，办学校，"六经臻备，诸史条集，古书名画，辐辏绛帷"（《金华子杂编》）。他曾在境内广泛采购图书，南唐的礼贤院聚书万卷。后主李煜虽属昏君，但好读书，善文学，喜聚书，赐张泊图书万余卷。说明南唐王朝藏书众多。

3.前蜀、后蜀。前蜀高祖王建于公元907年建都成都。唐末的一些名家世族多避难于蜀，韦庄等百余名文人学士都得到蜀国优待，被予以重任。王建修造新宫，命人购买经史子集等四部图书于宫中。前蜀通正元年（916）"八月，起文思殿，以清资五品正员官购群书以实之，以内枢密使毛文锡为文思殿大学士"（《五代史记·王建世家》）。

后蜀高祖孟知祥，在称帝前八年入蜀，整顿吏治，减少苛税，境内渐安，为在成都立国奠定了基础。可是，他称帝当年（934）就病死了。后主孟昶在位31年，崇尚六经，不惜重资镂刻"石室十三经"。蜀与南唐、吴越同为五代时期的文化中心。后蜀王朝的购书活动很活跃。

4.吴越。钱镠于公元907年建立吴越国，定都杭州。因为国小，三面受敌，为求自保，奉中原王朝为正朔。境内比较安定，经济繁荣甲于江南。文士荟萃，人才济济，文学盛称于时，民间书业的雕版印卖发达。吴越的王子喜欢聚书，多达万卷。

楚、吴、荆南、南汉、北汉等王朝的购书情况，缺乏史料记载。

（四）五代的禁书法律。五代时期的刑罚多依《唐律》。因此，唐朝的禁书法律在后梁、后唐、后晋、后汉各朝继续执行。后周太祖郭威出身贫寒，深知民间疾苦。即帝位后，对极残忍的刑法进行了改革，规定罪人除犯反逆罪外，不得灭族及没收家产。同时对唐朝规定的禁书令作了修正和补充，后周广顺三年（953）九月重新颁发禁书敕令。

1."今后所有玄象器物、天文、图书、谶书、七曜历、《太一》、《雷公式》，私家不得有及私自传习，如有者并须焚毁。"较之《唐律》删去了禁兵书一项。

2."其司天监、翰林院人员并不得将前件图书等，于外边令人看览。"上述禁书，国家天文台和学术研究机构可以作为"内部读物"收藏，不得外借。

3.“其诸阴阳、卜筮、占算之书,不在禁限。”较之唐代的禁书律宽松了。

4.“所有每年历日,候朝廷颁行后,方许私雕印传写,所司不得预前流布于外。”这一条是根据雕版印刷发明后的新情况,对书坊雕版印卖历书的新规定。历书规定的二十四节气,直接关系农业生产,必须准确、统一,不得胡乱印卖。

第二节　隋唐的书业经营

隋朝统一全国,使南方与北方的文化得以合流,扩大了图书流通范围。唐代是我国封建社会经济文化最繁荣的时期,图书贸易也相应出现繁荣局面。京师长安是全国书业中心。日益增多的藏书家成为书肆的最大买主。随着佣书业的发展,写本书销售达到鼎盛阶段。晚唐和五代时期,印本书进入图书市场,将在本章第三节作专题叙述。

一、隋唐的书肆

两汉以来的书肆,是指在市上排列成行的书摊、书床,类似当代的农贸集市。到了隋唐时期,书肆一般是指卖书的店铺,它和以前名同实异。这表明,隋唐书业同其他商业一样发展到了一个新阶段。

(一)京师长安以及洛阳等地的书肆。长安是隋唐时期的政治经济文化中心,豪门权贵、高官大吏聚居在这个城区的东半部。全国最出名的学者、诗人、画家、书法家和士大夫也多聚居在这里。他们撰述的文艺作品和学术著作丰富了书肆的经营品种。隋唐两朝大兴学校,尤其唐代,国子学、太学、四门学、书学、算学、崇玄学、医学、律学等学校均设在长安,学生多达八千人。这还不算名师巨儒开馆授徒的私学和童蒙学馆。众多的文人学士和师生群体以及赴京赶考的生徒、乡贡,构成长安书肆的主要购书对象。这种优越的外部环境,使长安的书肆成为全国书业中心。

汉末400年的分裂和战乱,长安屡遭破坏,北魏时期逐渐恢复。经隋代和唐初近半个世纪的修建,长安已经成为全国最繁华的大城市。各种商业店铺集中在长安城的东市和西市。唐代长安城中有文献可考的李家书坊、大刁家书坊均位于东市。东市最为繁华，占两坊地位，包括书业在内共有220个行业。贵族和官员、名人、学者的住宅区都离东市比较近。书法家欧阳询在东市某书坊看到一本王羲之指点王献之的笔画图，非常惊喜，书坊主人开出300卷优质缣帛的高价，欧阳询慷慨买下。花了一个月时间，日夜观摩学习，喜而不寐，终于使自己的楷书增添了笔力。欧阳询书法字帖（称欧体字帖）深受历代学子欢迎。唐会昌三年（843），东市夜间失火，烧十二行四千余店铺，可见东市商业店肆之多。西市离平民百姓居住区较近，有衣、绢、秤、药等日用品行业，还有供波斯等外国客商堆积货物的货栈。

除了长安的书业较为繁荣外，洛阳、扬州、成都、金陵等城市的书业也较发达，各自形成地区性书业中心。

东都洛阳的书业仅次于长安。在唐代，洛阳先后被称为皇帝的行宫——洛阳宫，又称东都、神都、东京等。唐高宗、武则天、唐玄宗等六位皇帝先后移都洛阳，历时40余年。女皇武则天在洛阳居住的时间最长。她从关中迁富户10万充实洛阳。许多文人学者也云集于此。"初唐四杰"王勃、杨炯、卢照邻、骆宾王都在洛阳写下了著名篇章。伟大诗人杜甫5岁寄居洛阳，43岁才移家长安。杰出医学家巢元方、孙思邈、张文仲等人为洛阳书肆撰著了《诸病源候论》、《随身备急方》等多种常销不衰的医学书。洛阳城内有南、北、西三个市，商业繁荣。书肆这个行业在南市。唐代吕温的《衡州集》内有上官昭容的《书楼歌》："君不见洛阳南市卖书肆，有人买得《研神记》。"《研神记》是志怪小说。可见，小说类书已成为唐代书肆的常销品种。

唐代著名城市有"扬一益二"之称。扬州是南北水陆交通的要道，经济、文化繁荣，"十里长街市井连"（张祜诗）、"夜市千灯照碧云"（王建诗），那里的书肆比较多。成都物产丰富，盛产纸张，"薛涛笺"名满天下。东汉的造纸原料是用麻和楮。南北朝时期发展到用桑皮、藤皮。隋唐五代时期，最早由成都造出竹纸，而且得到迅速发展。竹纸适于抄写书籍，更适于印书。所以，雕版印卖的书坊业较早在成都兴起。晚唐时期，成都书坊出的书已批发到长安、洛阳，还远销日本。

隋唐时期建康改称金陵。隋文帝灭陈，把建康的城池宫殿夷为平地，但这个城市的商业未受损失。由于六朝（吴、东晋、宋、齐、梁、陈）时所奠定的政治、经济、文化基础，金陵依然是东南地区的书业中心。南唐时期，金陵的文化事业比较发达，也促进了书业发展。

中唐以后，福建的学校发展很快，人才辈出，"文物骎骎与上国齿"。福州、泉州、建安的书肆也随之兴旺起来。建安有两任太守推崇文学，建安的书肆颇为有名。《天禄琳琅书目续编》称："盖建安自唐为书肆所萃。"人杰地灵的江西南昌书业也很兴旺。在湖北襄阳也有了书肆。唐代文学家皮日休（约838—约883）赋诗回忆青年时代的读书生活："乃将耒与耜，并换椠与铅，阅彼图籍肆，致之千百编。携将入苏岭，不就无出缘。"皮日休是襄阳人，早年居鹿门山，诗中所说的苏岭大概就在襄阳鹿门山一带。诗中说，他把家里的农具卖掉了，到书肆买了不少书，携至苏岭读书。这说明编唐代的襄阳已经有了颇具规模的书肆。否则，皮日休无法买到"千百编"书卷。

唐代的图书流通范围扩大。不仅在内地的城市有书肆，就是在边疆西域也有了书商。唐高宗麟德年间（664—665），驻在西域的西州刺史之子智昭，好学，喜欢买书。有一次，来了一位卖异书的书商，智昭把他母亲的积蓄都买了书。这说明，唐代的新疆已经有了图书买卖活动。唐开元年间（713—741），长安的图书已经流通到东北松花江流域的渤海郡。该郡最盛时辖有五京、十五府、六十二州，郡王驻上京龙泉府（今黑龙江宁安市渤海镇）。渤海郡王大钦茂执政57年，派人来长安朝贡49次，开展了渤海与唐朝廷的经济、文化往来，使用汉文。他继位的第二年就派人来长安抄写《唐礼》、《三国志》、《晋书》、《三十六国春秋》等书，还多次派学生来京师太学"习识古今制度，攻读儒家经典"（《宁安县志》）。学成返回时均购买大批图书，从而形成渤海文化。由此可见，唐代图书流通范围很广泛，西至新疆，东至东北边境，均有汉文书的传播。

（二）地方政府对书肆的管理。唐朝政府对包括图书在内的商品市场管理很严格。只准在州治、县治的城市设立市场，各种商品必须进入市场出售，不是州、县治所的地方不得设市。市场沿袭汉以来的"坊市分设"制。市四面有围墙与坊区（住宅区）分开，市外不得买卖。每个市由司市按规定时间开、闭市门。"凡市，以日中击鼓三百声而众以会，日入前七刻，击钲三百声而众以散"(《唐六典·关市令》)。日中击鼓开市门，日落前敲锣散市闭市门。市内专有市令管理市场。各种店铺只准设一个陈列货铺，不得另设偏铺。

唐代的市场管理注重对各种商品质量的监督。凡造器用之物，"官为立样，仍题工人姓名，然后听鬻之"。如果所造器物不真、不牢，偷工减料而上市出售者，"各杖六十"(《唐律疏议》)。对滥造之物，由官府没收。书肆出售的图书必须注意质量，严禁粗制滥造。不是随便什么人抄写一卷书就可以出售的。民间的职业抄书人称经生，首先要经过官府认可，取得合法的职业身份。在抄写的书卷上要有题记，写明经生姓名、校正人姓名、抄书时间、抄书人的所在地址、用纸张数等。抄写售卖佛经，还得写明典师的姓名。当年书卷上的题记，类似现代图书的版权记录。抄写错误百出的书，一经发现，官府要追究经生、校正人的责任，也要依法"各杖六十"，并作为"滥造之物"由官府没收。

敦煌遗书的题记。1900年，在甘肃敦煌千佛洞莫高窟石室发现大量古籍。其中，隋唐五代人所写的卷子本书多至数千种。据专家考证，这批写本敦煌遗书多数都有题记。如《诚实论》第十四卷末题："永平四年(571)岁次辛卯七月二十五日，敦煌镇官经生曹法寿所写，典经师令狐哲，校经道人洪携，用纸二十八张。"朝廷写本书的题记更加明确具体。例如，唐高宗年间由秘书省或弘文馆抄发各地的《妙法莲华经》、《金光明经》等30多部书，抄发的时间不同，在各书的题记中均注明成书时间、经生姓名、用纸张数、装潢手、初校、再校、三校，还注明四级详阅和判官、监写的姓名。五代时期的写本书仍沿袭题记制度。在敦煌遗书中有一卷《秦妇吟》，题记为后梁"贞明五年(919)乙卯岁四月十一日，敦煌郡金光明寺学仕郎安友盛写讫"。

唐代开始实行行业管理。包括书业在内的各种商业都有了行业组织——行。书肆的行业组织称"书行"。"书行"的带头人称"行头"，由司市在同行业中指派。"行头"也是书肆经营者，负责组织本行业的经营者服徭役，协助官府收税和评定书价。根据《唐律》，出售的商品如不执行平价，以"坐赃"或"盗赃"论处。行业组织也要维护本行业的利益，有拒绝新开业书肆加入"书行"的权力。

（三）书肆的常销品种。书肆经营的图书品种，总的趋势是随着文化教育事业的发展越来越多。唐朝重振儒术，实行科举制度，儒家经典仍是各地书肆的必备图书。贞观四年（630），唐太宗命颜师古考正五经文字。经诸儒详加评议，多方驳难。颜师古随言答辩，援据详明，诸儒无不叹服。于是，唐太宗将颜师古校定的五经定本正式颁布。书肆抄写出售五经，必须以定本为准。自汉以来，关于经籍的注疏五花八门，品种繁多。唐太宗决定改变这种儒学多门、章句繁杂的混乱局面，诏国子祭酒孔颖达等撰著《五经正义》一百八十卷。几经考订，于（高宗）永徽四年（653）颁行天下。朝廷规定，科举考试的试题范围仅限于《五经正义》，莘莘学子诵习经籍义理必须依据此书。所以，《五经正义》成了书肆的常销书。

武则天当政时期命人编写了两本书，也成为书肆的必备品种。一本是《臣轨》，由北门学士编写，武则天亲自作序。她下令把这本书作为九品以上官员必读之书，同时列入举人考试科目。另一本是《兆人本业》，敕令大臣编写，颁发给朝集使（每年十月下旬来朝集会的地方官员，称朝集使）。要求地方官员按照这本书的要求，劝课农桑。凡能做到"田畴垦辟，户有余粮"的地方官，可以升官；"为政苛滥，户口流溢"者，要降级或受罚。

唐朝李氏皇帝把老子李耳说成是本家始祖。唐高宗上元元年（674）诏令"王公百僚皆习老子，每岁明经一准孝经、论语例试于有司"（《旧唐书》卷五《高宗下》）。上元二年（675），诏令贡举人加试《老子策》。仪凤三年（678），诏令"自今以后，《道德经》并为上经，贡举人皆须兼通"（《旧唐书》卷二十四《礼仪四》）。到了开元年间，唐玄宗亲自注疏《老子》，下诏"士庶家藏一本，劝令习读，使知诣要"（《龙角山记·唐明皇再诏下太上老君观》）。同时，还鼓励人们读《道德经》、《庄子》、《列子》和《孝经》。显然，这些书也成为书肆必备品种。

唐朝时期，在一些乡镇教儿童识字的启蒙学馆增多。启蒙教材中《千字文》取代了《急就篇》，常销不衰。此书是南朝梁武帝命周兴嗣为皇室子弟编写的启蒙识字教材，到了唐代在民间广为流传。"博览经史"的顾蒙避战乱到广州，一时缺乏生活来源，"困于旅食，以至书《千字文》授于聋俗，以换斗屑之资"（《唐摭言》卷十）。唐代女诗人薛涛（约768—约832）居于成都浣花溪，与客人饮酒，行《千字文》令。在敦煌石室藏有许多从唐至五代的《千字文》写本，仅被外国人斯坦因、伯希和劫至西方的就达 31 种。以上史料说明，《千字文》在隋唐五代时期流通范围很广，风行年代久远。

唐代人撰写的启蒙教材有马仁寿的《开蒙要训》、李瀚的《蒙求》、杜嗣先的《兔园册府》以及不知何人所著的《太公家教》。《太公家教》是对儿童进行伦理道德教育的课本，从中唐到北宋初期最为盛行，其流通范围遍及辽、金、高丽。在敦煌石室藏有此书不同写本 36 件。这些著名的启蒙教材为各地城乡学馆选用，发行面广，销售量大，是书肆赖以经营的支柱。

在唐代，作诗成为社会风尚而遍及各个阶层。以诗赋取仕是唐代推行科举制度的重要内容，这也促进了唐诗繁荣。唐人自选的诗集称别集。著名诗人白居易，从青年到老年先后十次编辑自己的别集《白氏长庆集》，每次都把新写的诗补充进去。他多次编辑、补充自己的诗集，就是为了传遗后世。而只有通过书肆一代一代重印销售，才能达到传世目的。这是许多唐代著名诗人的诗集流传到当代的原因。文人合编的诗集称总集，一般都通过书肆广为流通。例如，殷瑶编《河岳英灵集》，专选王维、孟浩然等盛唐诗人的诗集；韦庄编选的《又玄集》（总集），"录才子一百五十人，名诗三百首"，以杜甫为第一，李白为第二。人们喜欢作诗，诗韵一类的工具书成为书肆的常销品种。

我国古代小说在唐代已达到成熟阶段。流传到现在的不下数百篇，包括讽喻小说、侠义小说、爱情小说、历史政治小说、神话故事，等等。这些小说的读者对象比较多，深受文人和识字市民的喜爱。一些优秀的小说作品靠书肆的抄写售卖代代相传。在唐代还出现了变文话本。一些寺院的和尚为了宣传佛教，便把佛经里的故事用散文、韵文编成书，通俗地讲唱出来，称变文。讲唱人边说边唱，另加表演动作。唐代文人也参照这种形式把中国古代历史故事、民间传说、人物传记编成变文，抄成副本由书肆出售。在敦煌千佛洞石室的遗书里，就有不少唐代的变文抄写本，还发现少量雕印本。

唐代出现不少杰出的画家，如展子虔、阎立本、吴道子、张萱、周昉、韩滉、李升等人。他们的绘画珍品多由宫廷、王府、显贵收藏。有些珍品也通过各种途径流入市场。韩滉的《丰稔图》、李升的《姑苏市集图》等，具有浓郁的吉祥喜庆气息，是民间年画的杰作。

唐代的书法字帖影响深远。欧（阳询）、颜（真卿）、柳（公权）等人的字帖在唐代就成为学生学习的范本，是当时书肆不可或缺的经营品种。有些书法字帖价格十分昂贵。书法家欧阳询在书肆上见到一本王羲之教其子献之的《指归图》，"以三百缣购之而归。赏玩经月，喜而不寐焉"。一本书法书，值三百匹缣。一匹古缣，幅广二尺二寸，长四丈，重二十五两。欧阳询去世之后，其子欧阳通"早孤，母徐教以父书。惧其堕，尝遗钱使市父遗迹。通乃刻意临仿以求售。数年，书不亚于询。父子齐名，号大小欧阳体"。欧阳询的书法字帖常在市上有售，其死后仍在社会上流通。所以，他的儿子才能花钱把欧阳询的书法字帖买回来。初唐秘书监虞世南也是著名的书法家，写的字也很值钱。"尝有人收得世南与圆机书一纸，剪开字字卖之。至'矾卿'二字，得麻一斗。'鹤口'二字，得铜砚一枚。'房村'二字，得芋千头。随人好之浅深而异其价"（《书林纪事》卷二）。

唐太宗爱好书法，"尝出御府金帛购求王羲之书迹。天下争赍古书，诣阙以献"。皇帝出高价买王羲之书迹，吸引天下藏书人争相出售。但为了辨明真伪，太宗命秘书监褚遂良加以鉴定。"遂良备论所出，一无舛误"（《旧唐书·褚遂良传》）。

（四）售书成学者。从隋唐起，实行科举制度。知识分子入仕的唯一门路就是参加科举考试，而科场舞弊严重，"无能之士，禄以例臻；才俊之流，坐成白首"（扬州刺史赵匡《举选议》）。家境贫寒的佣书人尽管有真才实学，也难以通过科举考试而成名天下。但是，也有一些刻苦攻读的售书人在书肆里博览群书，后来成为著名学者。隋末唐初的书肆主人徐文远就是一例。

徐文远"洛州偃师人，江陵陷，被掳于长安，家贫无以自给"。他和他的哥哥徐文林在长安开了一个书肆。徐文远边卖书，边利用空暇时间阅读书肆经营的图书，"博览五经，尤精于《春秋左氏传》。时有大儒沈重，讲于太学，听者常千余人。文远就质问数日便去。或问曰：'何辞去之速？'答曰：'观其所说，悉是纸上语耳，仆皆先已诵得之'"（《旧唐书·徐文远传》）。这位大儒讲学的内容，徐文远早已从书肆的存书中研读过了。后来，书肆由他哥哥经营，徐文远自己设馆讲学。隋末农民起义领袖杨玄感、李密等人都是他的门生。唐高祖武德六年（623）授国子博士，"七十四卒于官，撰《左传音》三卷、《义疏》六十卷"（《旧唐书·徐文远传》）。徐文远是隋唐时期售书成学的代表人物。

经营书肆也是一门学问，需要有较高的学识和专业素质。唐代人李绰著《尚书故实》载："京师书肆孙盈者，名甚著；盈父曰仲容，亦鉴书画，精于品目，豪家所宝，多经其手，真伪无所逃焉。"这条史实可以使我们对唐代书肆的情况有进一步了解。第一，孙盈办的这家书肆，经营有方，远近闻名；第二，这家书肆不仅卖书，也卖名家的书法字帖、字画和名画家的画卷；第三，这些书画多出自前朝名家手笔，价格很高，十分珍贵，有人就加以临摹仿制，以假充真骗取买主的钱财，书肆经营这类书画精品，必须是行家里手，有丰富的鉴别经验，"真伪无所逃焉"；第四，能够买得起这类精品书画的，主要是豪门贵族或藏书家，孙氏父子的书肆善于联系这方面的读者，货真价实，取得了豪门阶层的信任，所以"豪家所宝，多经其手"。如果没有过硬的业务本领和诚信的职业道德，孙氏书肆也不会"名甚著"。

二、书肆与藏书家

隋唐五代的藏书家较之南北朝时期，人数增多，藏书卷数增多。这些藏书家是书肆的主要服务对象，也是书肆补充货源、增加经营品种的主要渠道。藏书家之间也时有换书交易。

（一）万卷以上的藏书家。随着社会经济文化的发展，图书流通范围的扩大，藏书家一代比一代增多。已经载入史册的藏书家，隋代有5人，唐代有28人，五代有36人。名不见经传的藏书家，要远远超过上述数字。从聚书万卷以上的藏书家来看，隋代有秘书丞许善心，依据所藏"万卷旧书"编制书目《七林》。崔儦也是大藏书家，"每以读书为务，负恃才地，忽略世人。大署其户曰：'不读五千卷书者，无得入此室'"（《隋书·崔儦传》）。说明他的藏书超过5000卷。

唐代超过万卷藏书的有十余人。初唐的李元嘉是唐太宗的异母兄弟，封韩王，"少好学，聚书至万卷，又采碑文古迹，多得异本"（《旧唐书·李元嘉传》）。他的儿子李谟任通州刺史，也是藏书家。开元年间的京师留守使杜暹因修缮宫城有功，多次得到唐玄宗"赐书褒劳……家聚书至万卷"（《旧唐书·杜暹传》）。玄宗时期的修文馆学士吴兢迁邺郡太守，"于壮年，兢家聚书颇多，尝目录其卷第，号《吴氏西斋书目》"（《旧唐书·吴兢传》）。"其家藏书凡一万三千四百余卷"（《郡斋读书志》）。玄宗时期集贤院直学士韦述，"家聚书二万卷……兼古今朝臣图，历代知名人画，魏晋以来草隶真迹数百卷"（《郡斋读书志》）。可见，藏书家不仅藏书，也收藏名人画卷和书法碑帖。

中唐的藏书家李泌，位至宰相，封邺侯，家聚书三万余卷。韩愈作诗形容李泌的藏书："邺侯家多书，插架三万轴。一一悬牙签，新若手未触。"他的藏书按经、史、子、集分类，用不同颜色的牙签加以区别。后人把邺侯作为古代藏书家的代称。

中唐的大藏书家还有不少。德宗时的户部侍郎苏弁，主管财政（判度支），"聚书至二万卷，皆手自刊校，至今言苏氏书次于集贤秘阁焉"（《旧唐书·苏弁传》）。宪宗时期官至刑部尚书的柳公绰，"早年家贫，有书千卷"。其子柳仲郢，继承父业购求图书，宣宗时期也当上了刑部尚书，"家有书万卷。所藏必三本，上者贮库，其副常所阅，下者幼学焉"（《新唐书·柳仲郢传》）。宪宗时期的魏博节度使田弘正是个儒将，屡立战功。他盖了一座藏书楼，"聚书万余卷，通春秋左氏，与宾属讲论终日"（《新唐书·田弘正传》）。宪宗时期的秘书监蒋义，"结发志学，老而不倦，虽甚寒暑，卷不释于前，故能通百家学，家藏书至万五千卷"（《新唐书·蒋义传》）。

五代十国时期的大藏书家，官至后唐太尉、侍中的王都，"书至三万卷，名画乐器各数百，皆四方之精妙者，萃于其府"（《旧五代史·王都传》）。后周张昭兴，建书楼，积书数万卷。吴越钱惟治聚法帖图书万余卷。南唐张泊得后主赐书万余卷。张泊是南唐后主的宠臣，居然能得到万卷赐书，足证南唐秘府的藏书丰富。南唐的民间藏书家也比较多。

（二）藏书家的购书和流失。藏书家的图书来源，除少数是朝廷赐书或亲手抄写的外，多数是通过各种途径买来的，日积月累才聚书成千上万卷。唐玄宗开元年间的礼部尚书杜暹，为了教育子孙保护好家藏图书，在书上题示："清俸买来手自校，子孙读之知圣道，鬻及借人为不孝"（《旧唐书·杜暹传》）。说明他的藏书除朝廷赐给的外，主要是靠自己的俸禄买来的。他告诚子孙不要卖掉藏书，也从另一个角度表明，藏书家的图书往往被他的后人卖掉。德宗时期的河南尹杜兼"聚书至万卷"，也在藏书上"署其末，以坠鬻为不孝戒子孙"（《新唐书·杜兼传》）。

文宗时期（826—840），王涯购买的图书几乎与秘府藏书相等。他长期担任盐铁转运使，财贮巨万，"前世名书画尝以厚货购至，或私以官荐垣纳之"。后因"民怨荼，禁苛急，涯就诛"。王涯的钱财"取之弥日不尽"，"为人破垣，剔奁轴金玉而弃其书画于道"（《新唐书·王涯传》）。

唐代著名文学家柳宗元，官至监察御史，因政争被贬为永州司马，又迁柳州刺史。"家有赐书三千卷，尚在善和里旧宅，宅今三易主"。他的藏书也随着旧宅的易主而被卖掉了。柳宗元眼望长安归不得，对被卖掉的藏书"常系心腑……立身一败，万事瓦裂，身残家破，为世大僇"（《新唐书·柳宗元传》）。

五代十国时期的藏书家用大量家财购买图书。后唐定州节度使王都，"好聚图书，自常山始破，梁国初平，令人广将金帛收市以得为务，不责贵贱，书至三万卷"（《旧五代史·王都传》）。越国的王景绝，"时时购四方书钞之，晚年集书数千卷"（《十国春秋·王景绝传》）。后唐庄宗派兵收复镇州，"遣崇涛阅其府库，或以珍货赂遗，一无所取，但市书籍而已"（《旧五代史·郭崇涛传》）。郭崇涛是后唐兵部尚书，也是藏书家，为官清廉，收缴镇州府库，一无所取，自己却购买了不少书籍。这表明，镇州也有书肆。后唐的丁凯从契丹逃归，"徙居祥符，尽其家财，聚书至八千卷，为大室以贮之"（司马光《涑水纪闻》）。藏书家是书肆的大买主，二者相辅相成，推动着图书发行事业的发展。

（三）书肆向藏书家赊销图书。藏书家多是高官、权贵和家藏万贯的士大夫。书肆对他们的服务十分周到，可以用实物换书，也可以记账赊销。唐代诗人王建《赠崔杞驸马》诗："凤凰楼阁连宫树，天子崔郎自爱贫，金埒减添栽药地，玉鞭平与卖书人。"诗中说的是唐顺宗的驸马喜聚书，在书肆看到一本异书，身边忘带钱，又怕再来买时书已售缺，就以自己骑马用的玉鞭同书肆主人换取异书。

一些文人是书肆的老主顾，一时手头紧可以赊账买书。唐代诗人张籍

（约766—约830）写过一首给书肆还账的诗："得钱只了还书铺，借宅常时事药栏。今去岐州生计薄，移居偏近陇头寒。"张籍中年时期在秘书省当过秘书郎，因患眼疾，治病花了不少钱。贫病交加之际，仍嗜书如命，遇见好书先赊账买来，手头宽裕时再还账。

当时的卖书人因热心为藏书家或文人搜求迫切需要的书，得到这些顾客的赞誉，相互结交为挚友。唐代诗人项斯《宁州春思》诗："失意离城早，边城任见花，初为断酒客，旧识卖书家。"这位诗人因失意而戒酒，不再光顾酒肆，而是到老相识的书肆做客，挑选书籍，研讨学问。

三、隋唐的佣书人

隋唐时期（581—907），我国的写本书发展到顶峰，与此相适应的佣书业也达到了极盛阶段。在这个时期，雕版印刷术已经问世，由于每种书的销售量有限，雕版印书尚未成为复制书籍的主要方式。五代十国时期，雕版印书逐渐增多，但佣书人仍然活跃于图书市场。

（一）隋代的佣书人物。较为著名的佣书人是洛阳的韦霈、南阳的杜頵。由于他们的书法好，抄写的书籍闻名于世，在隋开皇年间被召到秘书省，为朝廷抄写书籍。这两个人既非高官，又非学者，他们的生平业绩在《隋书》中没有记载。

隋灭陈以后，有些南陈的遗臣流落长安，生活贫困，只好以佣书为业。沈君道和虞世基则是其中的代表人物。

沈君道，原来是陈朝的吏部侍郎。陈灭，随着一批亡国遗臣从建康迁移到长安，但并未混上什么官职，"家甚贫窭，父兄并以佣书为事"（《隋书·沈光传》）。他带着长子佣书售书。次子沈光，善骑射，随着炀帝出征，立有战功，拜为郎将，赏遇优重。

虞世基，字茂世，会稽余姚人。南朝陈后主时期，官至尚书左丞。陈亡，流落长安，"贫无产业，每佣书养母，怏怏不平"。他在长安抄书售书达十余年。炀帝即位，经秘书监柳䛒推荐，虞世基当上了内史侍郎。"帝重其才，亲礼逾厚，专典机密……参掌朝政"（《隋书·虞世基传》）。炀帝被宇文化及所杀，虞世基也同时被害。

隋代的佣书业分布较广。据敦煌遗书记载，当时的敦煌就有一支由经生、校经人、典经师组成的佣书业。留下姓名的有敦煌镇官经生：曹法寿、刘广周、张显昌、马天安、张阿胜、令狐崇哲、令狐礼太等。没有留下姓名的，肯定多于此数。

从现存的敦煌遗书来看，魏晋南北朝时期的写本书卷多用隶楷混合体，隋代多用楷书。《文选命运论》为隋代职业抄书人所写，书法劲秀，有文人士气，已摆脱隶体束缚。当一名经官府批准的佣书人并非易事，必须会写工整、漂亮的楷体字。

（二）唐代的佣书人物。最著名的佣书人是女抄书家吴彩鸾。她的丈夫文箫则是售书人。唐代文人盛行赋诗，赋诗离不开韵书。因此，《唐韵》在书肆上销路甚广。吴彩鸾、文箫则以抄写售卖《唐韵》为生。此外，他们还抄写售卖《广韵》、《玉篇》、《法苑珠林》以及佛本行经。吴彩鸾抄写的《唐韵》，"皆硬黄书之，纸素芳洁，界画精整，结字遒丽，神气清朗，皆人间之奇玩也"（《书林清话》）由于她的字写得非常好，后人称她为女仙，并引出一篇美丽动人的神话故事。

元代人林坤《诚斋杂记》叙述了吴彩鸾故事："钟陵西山，有帷游观。每至中秋，车马喧阗，十里若阛阓。豪杰多召名姝善讴者，夜与丈夫间立，握臂连踏而唱，唯对答敏捷者胜。太和末，有书生文箫往观，睹一姝甚妙。其词曰：'若能相伴陟天坛，应得文箫驾彩鸾；自有绣襦并甲帐，琼台不怕雪霜寒。'生疑其神仙，踯躅不去。姝亦相盼。歌罢，独秉烛穿大松径将尽，陟山扣石，冒险而去。生蹑其踪。姝曰：'莫是文箫耶？'相引至绝顶坦然之地。后忽风雨，裂帷覆几。俄有仙童持天判曰：'吴彩鸾，以私欲泄天机，谪为民妻一纪。'姝乃与生下山，归钟陵为夫妇。"文箫是个书生，突然得到理想的伴侣，固然是喜事，但在钟陵定居，如何维持生活却成了问题。吴彩鸾这位女仙，善小字楷书。于是，他们就以抄书、售书为业。

《宣和书谱》继续叙述了吴彩鸾故事："箫拙于为生，彩鸾为以小楷书《唐韵》一部，市五千钱，为糊口计。然不出一日间，能了十数万字，非人力可为也。钱囊羞涩，复一日书之，且所市不过前日之数。由是，彩鸾《唐韵》，世多得之。历十年，箫与彩鸾遂各乘一虎仙去。"

　　吴彩鸾与文箫写卖《唐韵》等书，确有其事，不过被后人神化了。北宋史学家欧阳修在他的《归田录》里记载了此事。南宋文学家陆游在四川导江县迎祥寺亲眼见过吴彩鸾书写的佛经 60 卷。清代文人王士禛在《皇华纪闻》（卷二）中也提到，见过吴彩鸾"手写《法苑珠林》百二十轴。其轴粘连处至今不断"。他还提及，吴彩鸾"于洪州紫极宫写《唐韵》，今有写韵轩，人尽知之"。迄今，在北京故宫博物院仍珍藏一部唐代吴彩鸾写本《唐韵》。这个写本的形制是，把一张张写好的书页，按内容顺序逐次向后相错一公分，粘到一张整纸上面。然后，以卷首为中轴卷成卷子。这部书共有 25 页，第一面为单面书写，从第二页起均为双面书写。这种装帧方式，称"旋风装"，又称"龙鳞装"。

　　吴彩鸾、文箫客居的钟陵，在今江西省进贤县城东北，隔军山湖与南昌市相望。钟陵的图书市场毕竟狭小，后来，他们迁到南昌（清代初期，在南昌进贤门外紫极宫侧，还有吴彩鸾写《唐韵》的"写韵轩"遗址）。说她"不出一日间，能了十数万字"，疑为神话的夸张。但《唐韵》一部，市五千钱"则可能符合史实。吴彩鸾写卖《唐韵》等书的开始年代在唐文宗"太和末"（835），按上述故事交代，至少写卖了 10 年（"历十年"），停止写书的年代应为唐武宗会昌五年（845）。

　　一部《唐韵》卖五千钱是非常贵的。据《新唐书·食货志》载，会昌年间的百官月俸钱（禄米在外），最高的太师、太傅月俸二百万；最低的主簿、中郎将月俸两千八百五十钱；校书郎、正字的月俸万五千钱。由此折算，校书郎的月俸只能买三部《唐韵》。唐代中期，每斤米值十文钱，一部《唐韵》的售价约合 500 斤米。可见，当年的写本书价是相当高的。20 世纪初，在新疆和田的一所寺院里，发现唐代人的一个账簿，记有："历书纸一刀，值钱六。"对比之下，当年的纸价并不算高，而书价主要高在抄写的工价上。

　　除吴彩鸾外，唐代还有一些出众的女抄书家。如：会稽吴氏三十一娘写《玉篇》，"楷法殊精"；胥山蚕妾沈彩写《柳河东先生集》十五卷，"此种钞本，直可与彩鸾并美"（《书林清话》）；胶州的姜淑斋"自号广平内史，姜临十七帖，笔力矫劲，不类女子。又高密单某妾，学右军楷书，似黄庭遗教二经，二人皆髻龀女子也"（《池北偶谈》卷十二）。这些女抄书家能闻名于世，不排除也像吴彩鸾那样抄书出售。抄出的书成为商品，才能广泛流传，为世人所知。

北方的佣书人苏灵芝很有才学，几次科举应试均未及第，就在易州以佣书为业。他曾为易州刺史郭明肃抄写《候台记》，名声大振。"在幽燕之地，中州患难得，契丹以墨本诣榷场，易绢十端，方与一本"（《书林纪事》卷二）。据《新唐书·食货志》，贞元初年（785）一匹绢值三千二百钱。以此推算，苏灵芝抄写的一本书卖给契丹国，竟值三万二千钱。这里所说的"榷场"，是指在唐与契丹边境所设的两国互市场所。场内贸易由官吏主持，除官营贸易外，一般商人出售物品须纳税，交牙钱领得"关引"（即营业许可证），方能贸易。苏灵芝在这里卖书，说明榷场也有书籍贸易。

佣书人除抄书出售外，还为秘书省抄书，按抄书字数计价取酬。唐高宗显庆年间（656—660），"罢雠校及御书手，令工书人缮写，计值酬佣"（《旧唐书·崔行功传》）。这同东汉的班超"为官佣书"基本相同。玄宗时期（712—755）秘书省置御书手一百人，其中多为具有丰富抄书经验的佣书人，"广召诸色能书者充之，皆亲经御简"（《唐六典》）。在秘书省、集贤院抄书有统一字体，宰相张说、张九龄制定了抄写书籍的标准字样，如《颜体字样》、《群书新定字样》、《敕定字样》、《东台字样》等。

佣书人为秘府抄写书籍，可以在那里遍览群书。佣书人阳城在玄宗后期应召当了写书吏，"窃官书读之，昼夜不出房。经六年，乃无所不通。既而隐于中条山，远近慕其德行，多从之学"（《旧唐书·阳城传》）。德宗时，阳城任谏议大夫，后出为道州刺史，有德政。

（三）唐代的写经业。北周时期，武帝毁佛，佛教受到沉重打击。到了隋朝佛教复兴。唐朝统治者继续利用佛教来维护其统治。由于皇帝的提倡，"中外臣民承流相比，皆废人事而奉佛，政刑日紊矣"（《通鉴》卷二百二十四）。崇奉佛教，就要翻译佛经和写卖佛经。初唐僧人玄奘赴印度取经，贞观二十年（646）返回长安，花了19年译佛经74部1365卷。去世时，有一百万人前来送葬。玄奘译写的佛经，通过各寺院抄写复制，也通过写经坊（又称佛经铺、写经铺）写卖。

高宗李治和武则天当政时期（650—704），写经坊遍及各州、县坊市。

一些善男信女为祈求免灾降福，花钱请写经坊抄写佛经，或自家诵读，或捐送给寺院以表虔诚之心。久视元年（700），内史狄仁杰上疏谏阻武则天造佛像："里陌动有经坊，阛阓亦立精舍，化诱倍急，切于官征"（《旧唐书·狄仁杰传》）。可见，那个时期的写经坊很多。又据《唐两京城坊考》："东都（洛阳）外郭城长夏门之东第二街……次北嘉善坊，菏泽寺经坊。"这段文字介绍了洛阳一家写经坊的详细地址，它是由菏泽寺创办的。写经坊缮写的佛经数量很大，世代流传。1986年，北京中国书店曾在民间收购到唐代人缮写的佛经，系卷子本，有头有尾，长三丈三尺。

有些佣书人也写卖佛经。扬州江都人王绍宗，"少勤学，遍览经史，尤工草隶。家贫，常佣力写佛经以自给，每月自支钱足，即止。虽高价盈倍，亦即拒之。寓居寺中，以清净自守"。因儒家轻商，耻于言利，王绍宗写卖佛经以维持自己的生活为原则，不以佣书发财致富。他在扬州的声望很高。武则天光宅元年（684），徐敬业在扬州组织叛乱，多次拉绍宗入伙，均被绍宗拒绝。敬业大怒，想杀掉他。后被敬业的谋士唐之奇劝阻："绍宗人望，杀之恐伤士众之心，由是获免。"徐敬业兵败之后，武则天召绍宗赴东都，亲加慰勉，擢拜太子文学，累迁秘书少监。"当时，朝廷之士咸敬慕之"（《旧唐书·王绍宗传》）。

武则天利用写经制造夺取皇位的舆论。武则天原是高宗李治的妃子。永徽六年（655）被册封为皇后，参与朝政。她示意法明和尚编了一部《大云经疏》，说自己是弥勒佛化身，理应称帝。武则天下令全国各州都要建立大云寺，藏一部《大云经疏》。由寺院和尚写卖这部经，并请高僧向群众宣讲。经过20多年的舆论准备，她终于在天授元年（690）当上了"圣武皇帝"，改国号周。各寺院的和尚利用武则天的皇威写卖佛经，这是一般写经坊竞争不过的。

唐玄宗曾将写卖佛经的特权交给寺院，取消商办的写经坊。开元二年（714），玄宗颁诏："闻坊巷之内，开铺写经，公然铸佛，口食酒肉，手漫膻腥……自今以后，州县坊市，不得辄更铸佛写经为业。须于经典诵读者，勒于寺取读。如经本少，僧为写供。诸州官并宜准此"（《唐大诏令》卷十三）。从此，佛经就成了寺院写经坊独家经营的专卖品种了。现存《阿毗昙毗波沙》卷就是唐代由寺院写经坊抄写的佛经。该经是唐朝右卫将军鄂国公尉迟宝琳出资供奉，由写经坊经生沈弘抄写，用纸十六张。并由高僧道爽别本再校讫。抄写的佛经装在透雕紫檀木盒，供奉在云际上寺。经生沈弘的楷书非常工整，数万文字始终一律，不失行次。在佛经的题记（类似现代书版权页）注明了抄写该经的年月，经生姓名、出资抄经的供奉人和供奉的寺庙。一部佛经写下来，数月足不出户，时时刻刻如履薄冰。文物出版社已影印出版可作为毛笔小楷的范本。

据邓之诚教授记述："真定大历寺有藏（经）虽小精巧，《藏经》皆唐宫人所书，经尾题名极可观，佛龛上有匣，籍匣古锦俨然，有开元赐《藏经》敕书，及会昌赐免折殿敕书，有涂金匣《藏经》一卷，字体尤婉丽，其后题曰：善女人杨氏，为大唐皇帝李三郎书。见赵潜《养疴谩笔》"（中国书店1991年版邓之诚著《骨董琐记》第305页《杨贵妃写经》）。这是"安史之乱"前，自称"善女人"的杨贵妃为唐玄宗祈福免灾，以婉丽的字体恭恭敬敬，抄写佛经，供奉给寺院。天宝十五年正月，范阳、平占节度史兼御史大夫安禄山叛，率兵攻陷洛阳，自称"大燕皇帝"。唐玄宗仓皇出逃，"行至马嵬驿，军士围驿，请陛下割爱，将贵妃正法，玄宗无奈，命力士引贵妃于佛堂，缢杀之"（《新唐书·安禄山传》）。这位"善女人"杨贵妃为玄宗祈福免灾抄写佛经，仍被玄宗赐死。

（四）五代的佣书业。晚唐和五代十国时期，雕版印刷的书籍、佛经逐渐增多，但尚未完全代替佣书业。有些寺院既写卖佛经，也写卖儒家经典、文学著作和学生课本。在这方面，敦煌遗书给我们留下了珍贵史料。

五代时期，敦煌一带较为安定。这里又是中西交通要道的重镇。佛教发达，有记载的寺院达17所，僧尼近千人。敦煌的寺院主宰了当地的文化教育和抄书售书事业。以抄书为业的人称"经生"。寺院的经生称"学士郎"。敦煌遗书中有一本《孝经》，题记："唯天福七年（942）壬寅岁十二月十二日永安寺学士郎高清子书写。"《秦妇吟》的题记："贞明五年（919）乙卯岁四月，敦煌郡金光明寺学仕郎安友盛书写。"这位经生还在书卷末端写了几句话："今日写书了，合得五斗米，高升不可得，还是自身灾。"抄写一本《秦妇吟》售价值五斗米，说明书价不低。

五代时期的敦煌遗书《禅安心义》，在书后写有一首诗："写书今日了，因何不送钱？谁家无懒汉，回面不相见。"这本书是某读者事先预订的，也可能与抄书人早就相识，只是口头订书，未交订金。待抄写完毕，却不按期来交钱取书，引起抄书人不满：你这样不守信义，今后不愿同你再见面。

寺院学仕郎抄写的经卷，售给佛教信徒用于念诵、供奉。抄写的一般图书则售给当地文人、过往商队或使节，儒家经典和蒙学读物则售给学生。

后蜀的成都有位著名的佣书人，名叫杜鼎升，字大峰，"形气清秀，雅有古人之风，鬻书自给……尝手写孙思邈《千金方》鬻之"。杜鼎升从五代到宋初，始终以抄书售书为业。"夫妇皆八十余，每遇芳时好景，选胜偕行，人皆羡其高年逸乐……每写文字，无点窜之误。至卒，方始搁笔"（《茅亭客话》）。

南唐的徐锴也以佣书著称。"徐锴四岁而孤。母方教兄铉，未暇及锴，能自知书"（《书林纪事》卷二）。他写卖的《说文解字韵谱》，为士人所重。南唐中主李璟让他当了秘书省正字。有些雕版印卖的书先由徐锴写好书稿，经过反拓，再由刻字工雕版刷印。

第三节　雕版书初现市场

随着社会经济文化的发展，人民群众对图书的需求增加，图书市场逐渐扩大，光靠佣书人或书肆手工抄写书卷费时费工，书籍的成本也太高。新的市场需求呼唤快速的、产量高的复制书籍方法。经过人们长期的探索和实践，雕版印刷术脱颖而出。

印刷术是我国古代的重大发明之一，被誉为"神圣的艺术"、"文明之母"。用雕版印刷术复制书籍出售，标志着我国古代书业发展到一个新的阶段。为了研究这个新阶段是如何形成的，就要明确雕版印刷术始于何时，雕版印刷的书籍是怎样走向市场的。

一、雕版印刷术的发明

在研究雕版印刷术的发明年代之前，首先要明确雕版印刷术的概念、渊源，然后再来探讨雕印技术始于何时。

（一）雕版印刷术出现的条件。这种印刷术又称整版印刷术。是在平整的规范化的木板上，刻出凸起的阳文反字或图画线条，然后在板上加墨，铺上纸，用棕刷在纸上刷印出白底黑字的印刷品。雕字的木板，通常要用质地坚硬的梨木、枣木。所以，宋代以后的文人常将雕版喻为"伤梨动枣"或"付之梨枣"。

雕版印刷术的出现是以一定的物质条件为基础的。其一，要有适宜于印刷的高质量纸张。蔡伦发明纸张前，谈不上雕版印刷。西汉时代的纸，是帛絮，贵族只能用来包东西，东汉蔡伦发明纸张初期，适用于毛笔书写，还达不到印刷的要求。只有纸张生产发展到一定水平，能够造出匀薄、平滑、吸墨的纸，才适宜于雕版印刷的需要。其二，要有易溶、不晕、不褪色的墨，这种墨约在南北朝时期才出现。最适于刷印的桐油制墨是唐代制墨家李廷珪发明的。其三，中国汉字从大篆、小篆演变为隶书，再从隶书彻底演变为楷书。因为楷体字易写易认，也便于把字雕成凸起的阳文。魏晋时代已经有了楷书，但到初唐才稳定下来。其四，社会上对雕版印刷品有了大量需求。就图书销售来说，有了一次性大量复制的市场容量。如果销售量很有限，手工抄写就够了，用雕版印刷反而不经济。

（二）雕版印刷术发明的历史渊源。雕版印刷术的形成有一个漫长的发展过程。其来源之一是图章，又称印信、印章。图章上的文字都是反文，印出来成正文。早在汉代，就有了一种长方形的图章，长三寸，宽一寸，用金、铜等金属材料或桃木制成，上面刻有"莫我敢当……"33个字。汉代人传说，佩戴这种图章可以驱除恶鬼——避邪。到了晋代，一些道士用枣木刻制"符印"，进山的人携带，传说可以驱赶猛兽。北魏、北齐时期，已经有木制条印，称"关防"。这种印章长一尺一寸，宽二寸五分，用红色印在两张公文纸的连接处，可称雕版印刷的先驱。

雕版印刷术的第二个来源是石刻的捶拓。石刻文字一般都是凹下去的阴文，如东汉的《熹平石经》、北魏的《正始石经》。人们在石经上涂墨，铺上纸，用捶拓的方法把文字复制下来。到了唐代，已有把碑板文字刻在木板上，再加以传拓的方法。拓碑提供了从阴文正刻的字取得复制本的技术。如果像图章那样把阳文反刻在木板上，再像拓碑那样，涂墨刷纸，反复操作，就可以取得多份的复制文字。人们从刻制图章和捶拓碑文得到启示，发明了雕版印刷术。

（三）雕版印刷术的发明时期。对这个问题，史学家已争论了几百年，众说纷纭。大体有东汉说、隋代说、唐代说、五代说。唐代说又有初唐说和晚唐说之分。

东汉说。元代人王幼学在《纲目集览》卷十二，引用《后汉书·张俭传》："乡人朱并，素性妄邪，为俭所弃，并怀怨恚，遂上书告俭同郡二十四人为党，于是刊章讨捕。"王幼学认为"刊章两字，以为印行之文，如今板榜"。清代咸丰同治年间人郑机在《师竹斋读书随笔汇编》卷十二也说："汉刊章，捕张俭，是印版不始于五代。"这是对"刊"字的误解。在唐以前的文献中，"刊"字是指削除、删削，并非现今的刊印。《说文》："刊，剟也。"段注："凡有所削去谓之刊。"明代王志坚《表异录·国制》对"刊章"的解释是："刊落姓名，而下其章也。"唐代以来，才以刊行、刊刻、刊本、刊刷等字句，表明刻版印行。清代，才单用"刊"字指刊行。可见，用"刊章"二字来论证雕版印刷术始于汉代，是难以成立的。

隋代说。明代人陆深在《河汾燕闲录》中说："隋文帝开皇十三年十二月八日，敕废像遗经，悉令雕撰。此印书之始，又在冯瀛王先矣。"陆深所引的原始材料，源于隋代人费长房《历代三宝纪》。清初学者王士祯在《居易录》中指出，原文的"雕"是指雕造佛像，"撰"是指撰写佛经。不能把雕撰理解为雕印。由于误解文义，明代人胡应麟也转引陆深的这段话，在其《少室山房笔丛》中，认为雕版印刷术"肇自隋时，行于唐世，扩于五代，精于宋人"。胡应麟的隋代说影响很大，直至新中国成立初期，不少学者仍沿袭这个说法，认为雕版印刷术始于隋代。孙毓修在《中国雕版源流考》一书中，还补充了隋代说的一个新证："有宋太平兴国五年翻雕隋刻《大随求陀罗尼经》。"这也是一个误解。此经是敦煌遗书的一种，现在法国巴黎国民图书馆和英国伦敦博物馆均有收藏。其标题是"大随求陀罗尼"。"大随求"是佛家成语即"大自在"的意思。这个"随"并非指隋朝。据专家考证，此经是唐代人宝思惟从梵语译成汉文的，不可能在隋代有汉文刻本。

　　唐代说。我国当代的多数学者都持此说。张秀民的《中国印刷史》(上海人民出版社 1989 年版)认为雕版印刷术始于 7 世纪唐代贞观年间。贞观说的根据之一是,明代史学家邵经邦(1491—1565)在其《弘简录》卷四十六提及:"太宗后长孙氏,洛阳人。……遂崩,年三十六。上为之恸。及宫司上其所撰《女则》十篇,采古妇人善事。……帝览而嘉叹,以后此书足垂后代,令梓行之。""梓行"即雕版印行,说明在唐贞观年间已有雕版印刷术。但是,在《新唐书》、《旧唐书》、《资治通鉴》、《太平御览》等宋代成书的史书中,虽然都提到《女则》,却没有"令梓行之"这句话。张秀民认为,邵氏《弘简录》是一部正式通史,"花了十五年工夫,换了四次草稿才写成。可见他谨慎不苟,又自称'述而不作',所以相信他是有根据的,可惜未明言述自何书耳"(张秀民《中国印刷史》)。

　　贞观说的根据之二是,唐代人冯贽《云仙散录》引《僧园逸录》:"玄奘以回锋纸印普贤像,施于四众,每岁五驮无余。"玄奘用回锋纸大量印发普贤像,说明在贞观年间(627—649)雕版印刷术已应用于佛教宣传。

　　本书认为,雕版印刷术始于公元 7 世纪的初唐时期。除上述《弘简录》和《云仙散录》对此有文字记载外,还有 7 世纪(或 8 世纪初)流传下来的雕版印刷实物为佐证。佐证之一:1966 年 10 月,在韩国东南部庆州(古老的新罗王朝首都)佛国寺的释迦石塔的根基内,发现一卷雕版印刷的佛经《无垢净光大陀罗尼经》。经卷为厚桑皮纸,卷轴式。字体和我国六朝时代的楷书体相同,有些字用了武则天创造的"制"字。此经是由中亚吐火罗的名僧弥陀山译成汉文的。弥陀山于公元 680—704 年住在长安,这正是武则天统治中国时期(684—704)。此经很可能是在这个时期即公元 7 世纪后期或 8 世纪初期刻印的。这个时期,唐朝与新罗交往密切,新罗国的学生不断来长安留学。唐朝的学者、僧侣也不断前往新罗。这卷《无垢净光大陀罗尼经》应是在长安刻印后流传到新罗的。新罗不是唐朝的附属国,若是新罗人自己刻经,没有必要遵守武则天的"制"字,何况经卷用的桑皮纸也是中国的产物。由此看来,我国雕版印刷术的发明时间应以《无垢净光大陀罗尼经》的大体刻印时间为起点,再朝前推进一段时间。这个时间恰恰与玄奘刻印普贤像的年代相衔接。

佐证之二：孙毓修在《中国雕版源流考》一书中介绍了唐人雕本《开元杂报》。它是唐玄宗开元年间（713—741）的宫廷邸报。内容主要记录皇帝的言行或朝廷大事。《中国雕版源流考》指出："湖北江陵有个杨姓，家中藏有七张《开元杂报》，叶十三行，行十五字，字大如钱，有边线界栏，而无中缝，犹唐人写本款式，作蝴蝶装。墨印漫漶，不甚可辨。"魏隐儒《中国古籍印刷史》已刊出这份《开元杂报》的影印件。该报原无报名，因其发行的年号在开元年间，后人遂称其为《开元杂报》。它肯定不是首创的印刷品。以这份印刷品的雕印时期再稍稍朝前推进一步，就是公元 7 世纪。因此，我们把雕版印刷的发明时间定于公元 7 世纪的初唐时期，既有文献记载，又有实物佐证。

由于已经有了公元 7 世纪或 8 世纪前期的雕版印刷遗物，历史上的晚唐说、五代说就不成立了。

雕版印刷术是中国古代劳动人们在实践的基础上逐步创造的，很难准确地说，是何人、何年发明创造的。由于封建文人和统治阶级的思想保守，轻视雕版印书，拖了二百多年才普遍推行。

二、雕版出版物进入图书市场

雕版印刷术虽然在公元 7 世纪的初唐就已出现，但它的推广应用却是比较缓慢的，直到中唐即公元 9 世纪前期，社会需求量大的出版物雕版印刷品才作为商品进入图书市场。最早进入市场的是印本佛经、印本诗集。到了晚唐时期（公元 9 世纪后期），人们日常生活用书需求量增多，发行范围扩大，才有印本在市场上出售。

（一）印本诗集炫卖于市。这里是指中唐时期两位著名诗人白居易、元稹的诗集。元、白二人是诗友，善于写通俗大众化的诗，两人的诗作并称元白诗体。长庆四年（824），元稹为白居易的诗集《白氏长庆集》作序说，长安少年都仿效元白诗体赋诗，"20 年间，官署、寺观、驿站的墙壁上无不题元白诗，王公、姜妇、牧童、士兵之口无不吟元白诗"。"至于缮写、模勒，炫卖于市井，或因之以交酒茗者，处处皆是。扬越间多作书模勒乐天及余杂诗，卖于市肆之中也。其甚者有至于盗窃姓名，苟求是售，杂乱间厕，无可奈何。"

从元稹的这篇序文可以得到如下启示：其一，只有像元白诗集之类流传广泛、市场需求量大的书，才有可能雕版印卖。元稹曾任浙东观察使。有一次，他到绍兴的平水草市，见村校学童都在学诗，问他们学何诗？齐声答曰：先生教我们学元白诗。元白诗已进入村校课堂，足证销量之大。如果销量甚小，抄书出售就可以了。其二，"模勒"指雕版印书。清代学者赵翼考证说，模与摹相通，"摹勒即刊刻也"。清末民初学者王国维也说："夫刻石也亦可云摹勒，而作书鬻卖，自非雕版不可，则唐之中叶，吾浙亦有刊板矣。"其三，"炫卖"是指书商作口头广告，夸耀元白诗写得好，以引起读者的兴趣来扩大销售，说明唐代书业已注重广告宣传。其四，有些书商盗用元白的名义，刻印赝劣的诗文出售，损害了这两位著名诗人的名誉，但让诗人"无可奈何"。其五，唐代的诗歌创作空前繁荣，除元白诗集外，其他人的诗集也可能有"作书模勒"的。

（二）日历印版满天下。在雕版印刷术发明前，历书是由朝廷编制，经过抄写复制，颁发给地方政府，准许佣书人或书肆传写销售。隋朝由太史令负责造历，仍是人工抄写。隋开皇五年（585），太史令张胄玄所撰历书"在乡间流布，散写甚多"（《隋书》卷三十四，律历下）。初唐时期，由于雕版印刷技术尚未普及，历书还是用抄写复制的方法在民间流通。随着雕版印刷术的普及，唐代中后期，在长安、洛阳、成都、扬州、苏州等城市，由于民间需求日历增加，光靠人工抄写，数量少，时间长，不够供应，有些书坊开始雕版印卖日历。日历是平民百姓较普遍需要的商品，销量大，季节性强，适于雕版印卖。唐朝规定，日历由司天台编制，奏请皇帝颁发官历。这样，按行政层次一级一级颁发会延误时日，等书坊刻好了日历版再印卖，往往会错过销售旺季。于是，一些书坊就自编日历，私置历版，提前印卖。唐太和九年（835），东川节度使冯宿为维护唐王朝的权威，上奏文宗："准敕禁断印历日版。剑南、两川及淮南道皆以版印历日鬻于市，每岁司天台未奏颁下新历，其印历已满天下，有乖敬授之道，故命禁之"（《册府元龟》卷一百五十九）。文宗准奏："太和九年（835）十二月丁丑，敕诸道府不得私置历日版"（《旧唐书·文宗本纪》）。

唐朝后期的统治已成强弩之末。文宗禁止民间私置历版的诏令，可能在短期内发挥了一点作用。他死后继任的几代皇帝，政治危机日益严重，已无力干预民间私置历版之类的事。在敦煌就藏有民间刻印的《乾符四年（877）历书》和成都府樊赏家刻印的《中和二年（882）具注历》。成都印历书已远销到敦煌。除成都外，在淮南道（治扬州）、东川道（治梓州）、江南东道（治苏州）等地均有书坊雕版印卖历书。苏州有两家书坊编印历书，每月的大尽（30天）、小尽（29天）各不相同，历书上的节气也不一致，因而发生争执。为了评个谁是谁非，两家书坊到官府打官司。"地方官说：'尔非争月之大小尽乎？同行经纪，一日半日殊是小道。'遂叱去。而不知阴阳之历，吉凶是择，所误于众多矣"（王谠《唐语林》卷七）。可见，当时的地方官府对民间印卖自编的历书听之任之。

（三）实用的印本书进入书肆。从古文献的记载来看，这类印本书首先出现在晚唐时期的益州（今成都）。那个时期的益州处于和平环境，经济繁荣，盛产适于印书的麻纸。所以，民间需求量比较大的通俗实用书，如字典、识字读物、《唐韵》以及预测吉凶禁忌的迷信书，被雕版印卖。唐僖宗时期的中书舍人柳玭写的《柳玭训序》，对益州书肆的印版书作了较为具体的介绍："中和三年（883）癸卯夏，銮舆在蜀之三年也（指僖宗因黄巢攻占长安，逃往成都避难的第三年）。余为中书舍人，旬休，阅书于重城之东南，其书多阴阳杂记、占梦、相宅、九宫、五纬之流，又有字书、小学，率雕版印纸，浸染不可尽晓。"

柳玭，京兆华原人。进士及第，以秘书正字入仕，累迁广州节度副使。黄巢农民起义军陷广州，柳玭逃至长安，任起居郎。黄巢又攻陷长安，柳玭在战乱中受伤，逃至益州，在临时组建的僖宗王朝任中书舍人（负责起草诏令、参与机密的五品官）。柳玭的祖父柳公绰、父亲柳仲郢都是著名的藏书家。他从小就热爱书籍，所以对书肆特别关注。唐朝官府十日一休假，柳玭在旬休日游益州书肆，最早记录了益州的印本书。其中，"字书"是指《说文解字》之类的语文工具书。"小学"可以有两种解释：一是文字学、训诂学、音韵学的总称；二是指儿童识字读物，因儿童入学先学识字，故名。看来，柳玭所说的"小学"，是指儿童识字读物，这类书卖得多，最适于雕版印卖。

我国古代科学不发达，人们的迷信观念根深蒂固，占梦、相宅之类书颇有市场，最早出现了雕版印本书。雕版印卖的还有需求量大的佛经、《唐韵》、《玉篇》（南朝梁代编的字书）等。

唐代益州雕版印卖的书坊可考者，一是成都过家印卖佛经。过家书坊印卖的《金刚般若波罗蜜经》均印有"西川过家真印本"字样，现藏法国巴黎图书馆。中国国家图书馆藏有从该经"真印本"抄写的经卷残页。二是成都龙池坊卞家书坊印卖《陀罗尼经咒》，系汉文与梵文的合刻本，现存四川省博物馆。三是成都樊赏家印卖历书。英国伦敦博物馆藏有该书坊印卖的《中和二年（882）具注历》。

唐代长安可考的雕版印卖书坊，一是长安东市李家印卖《新集备急灸经》，现藏中国国家图书馆，书上注明抄自该书印本。二是长安东市大刁家印卖《历书》。

三、五代十国的雕版印卖事业

唐代中、后期，市上出售的印本书主要由刻书、卖书的书坊经营，有些寺院也兼办有关佛经方面的印卖事业。一些高级官员和文人思想保守瞧不起印本书，仍以写本书为正统。到了五代十国时期，这种状况发生了变化，不仅官员和文人插手刊刻书籍，就连国子监也开始雕版印卖儒家经典。

（一）监本书问世。后唐宰相冯道在都城洛阳了解到吴、蜀等地开办的书肆，印本书的品种逐渐增多，唯独儒家经典仍为写本，而这些写本的某些文字不统一，各有各的说法，不利于按统一的书本科举取士。于是，冯道与另一位宰相李愚联名向后唐明宗上书，"长兴三年（932）二月，辛未，中书奏：'请依石经文字刻九经印板。'从之"（《旧五代史·唐书·明宗纪》）。冯、李二位宰相在奏疏中说："敕令国子监集博士儒徒，将西京石经本，各以所业本经句度，抄写注出，仔细看读。然后雇召能雕字匠人，各部随帙刻印，广颁天下，如诸色人等要写经书，并须依所印敕本，不得更使杂本交错"（王溥《五代会要》卷八）。在奏疏中还提到："尝见吴蜀之人鬻印板文字，色类绝多，终不及经典，如经典校定，雕摹流行，深益于文教矣。"

此次雕印的"九经"由国子监田敏主持，从后唐长兴三年（932）开刻，直至后周太祖广顺三年（953）才完成。历后唐、后晋、后汉、后周4个朝代22年。共刻成《易经》、《书经》、《诗经》、《春秋左氏传》、《春秋公羊传》、《春秋榖梁传》、《仪礼》、《周礼》、《礼记》，是为"九经"。还印刻了《五经文字》、《九经字样》和唐陆德明的《经典释文》。

这套书无论从编校质量还是刻印质量来看，均属上乘。南宋学者洪迈（1123—1202）对它的评价是"字画端严有楷法，更无舛误"。近代学者王国维（1877—1927）在《五代监本考》中说："自开成石经出，而经文始有定本；自五代监本出，而注文始有定本，虽文字不无差讹，然比之民间俗本，固有优无绌。田敏等校订之勤，与整齐划一之功，究未可尽非。"

五代国子监雕印的"九经"是直接出售的，也是朝廷国子监（官办书业）突破保守思想，第一次用雕版印刷术出版图书。《资治通鉴》对此说得很清楚："唐明宗之世，宰相冯道、李愚请令判国子监田敏校定'九经'，刻版印卖，从之。后周广顺三年六月丁巳板成，献之。由是虽乱世，'九经'传布甚广。"各类图书由手抄传写到刻版印卖，是历史的巨大进步。后周的国子司业樊伦在这套"九经"刻成之后百般挑剔，甚至诬告主持刻书的田敏"擅用卖书钱千万，请下吏讯诘"，但这个害人的阴谋并未得逞。有些腐儒对雕版印卖也横加指责。如宋代文人胡寅就说："颁之可也，鬻之非也。"这是轻商、贱商的迂腐观念。在五代乱世，战争连年，如果不是刻版印卖，行家经典"九经"等书不可能"传布甚广"。

（二）后蜀的雕版印卖。前蜀、后蜀均建都四川成都。当中原连年发生战乱的时候，成都却是一派太平景象，前后蜀七十余年间未发生战事，经济、文化有所发展，也促进了书坊事业的繁荣。不仅书坊刻印书籍，而且有些官员、和尚也刻印书籍。前蜀官员任知玄就自出俸钱刻印《道德经广圣义》三十卷，刻板四百六十余块，藏于龙兴观，印造流行。信道教的人得到这部书，至少要出钱出物，布施给道观。这实际上是一种变相的商品交换。前蜀和尚昙域收集他师父贯休的一千多首诗稿，编成《禅月集》刻印成书。恐怕也是一种用布施掩盖起来的交换。

后蜀宰相毋昭裔雕版印卖书籍，在历史上很有名。他是蒲津人，少年贫寒，向人借阅《文选》、《初学记》，人家不愿借。他暗自立下夙愿："他日得志，愿刻板印之，以便利天下的读书人。"后来，他做了后蜀主孟昶的宰相，念念不忘早年的夙愿，于明德二年（935），让他的门人勾中正、孙逢吉楷写《文选》、《初学记》和《白氏六帖》等书，自己出资雇工雕印。毋昭裔身为宰相，也很关心学校教育和教学用书。广政十六年（953），他用私财兴办学校，刻印"九经"。据《资治通鉴》卷二百九十一："自唐末以来，所在学校废绝，蜀毋昭裔出私财百万营学馆，且请刻板印'九经'，蜀主从之。由是蜀中文学复盛。"他刻印的这些书也是出售的，但销售不畅，成为蚀本生意。后蜀的官员们笑他做了件"傻事"。公元965年，宋军入蜀，蜀主孟昶投降。后蜀王朝的财物、图书均被宋军作为战利品没收。毋昭裔已去世，其书版也被没收，后来归还。

（三）南唐、吴越、闽的雕版印卖。五代时期，南方的诸小国偏安一隅，战事较少，雕版印卖事业发展较快。南唐的首都江宁府（今南京）有家书坊名为建业文房，刻印了唐代史学家刘知几的《史通》和南朝陈代徐陵编选的《玉台新咏》。还有人雕印了《韩昌黎集》和南唐李建勋的《李丞相诗集》。这些书都是出售的。南唐书坊雕印历书的也很多，其发行范围遍及蜀国。

吴越国在今浙江和苏南一带，首都杭州雕版印刷技术先进，流传下来的印本书以佛经为最多。吴越的延寿和尚主持过杭州灵隐寺和永明禅寺，有弟子2000余人。他最重视刊印佛经，《法界心图》印7万余本，《弥陀塔》印14万本。30多年间，在他主持下"开版印施"的佛经、图像达40多万本（张）。所谓"开版印施"，就是不要钱白白送给施主。但众多的善男信女肯定要拿出相应的财物作为回报。

闽国的福州、建安的书坊业也很发达。五代时，莆田人徐寅原在后梁做官，后因赋诗触梁王朱温的讳，逃难南归故里。他在福州（或泉州）写的《斩蛇剑赋》、《人生几何赋》被书坊刻印成书，远销到渤海国都（今黑龙江省宁安市渤海镇）。渤海国王把这两篇赋用泥金写在屏风上。徐寅闻知此事，作诗说："拙赋偏闻镌印卖，恶诗亲见画图呈。"这两句诗表明，当时还没有法律保护作者权益，书坊可以不同作者商量，任意将诗赋文章雕印出售。而且发行范围很普遍，从南方的福州，发行到东北的渤海国。闽国主王审知是个礼贤下士的明君。他安排徐寅当了自己的书记，还把徐寅的诗文集《钓矶集》

刻印成书，因印数多，得以流传后世。

（四）沙州（今甘肃敦煌）、青州（今山东潍坊）的雕版印卖。敦煌遗书中就有《唐韵》、《切韵》等印本书（今藏法国巴黎图书馆），显然是沙州一带的寺庙或书肆为出售而雕印的。唐末，青州节度使王师范"雅好儒术，少负纵横之学，故安民禁暴各有方略，当时藩翰咸称之"（《旧五代史·王师范传》）。唐天复三年（903），后梁太祖朱温派兵攻青州，王师范战败乞降，后被朱温灭族。青州人怀念王师范治理青州的政绩，编了一本《王公判事》，由当地书坊雕版印卖。南唐刘崇远《金华子杂编》提到此事："王师范镇守青州时，执法不渝，至今青州犹印卖《王公判事》"（《旧五代史·王师范传》）。这里说的"至今"，是指南唐昇元年间（937—942）。这时，王师范已被处死30多年，说明雕版印卖的《王公判事》很受读者欢迎，市场寿命长达几十年。

四、隋唐五代的图书出口贸易

随着海上交通的发展，隋唐五代朝廷开始对日本、高丽、百济、新罗等国进行友好交往，我国的写本书和印本书陆续向这些国家出口。出口的途径有：一是各国派使节来朝，求购各类书籍或佛经；二是各国派来的留学生和学问僧在长安等地购买经籍带回本国；三是唐朝的商船到达外国的口岸出售。

（一）外国使臣求购图书。在隋代，日本曾三次派使臣来长安修好。隋开皇二十年（600），日本推古天皇首次"派遣使诣阙"。越7年，日本的圣德太子派遣大礼小野妹子率学生、学问僧来隋。抄写复制的《千字文》等书就是被遣隋使购得带回日本的。

有的史书说，日本先后派出遣唐使19次。其中4次光有任命，未能成行，实际派出的遣唐使应为15次（含两次送唐客使）。日本的遣唐使节多为闻名的学者或文人，有的则从遣隋、遣唐的留学生中选任。每次来唐的随员达百余人，有时达五百余人。"遣唐使表面上始终是为了敦睦邻谊，但实际上输入唐朝的文化产品却是主要目的之一"（[日] 木宫泰彦：《日中文化交流史》，胡锡年译，商务印书馆1980年版）。《旧唐书·东夷传》对日本遣唐使输入唐朝书籍之事亦有所记载。武则天当政时，曾在麟德殿宴请过遣唐使（日本的户部尚书）粟田。粟田把从日本带来的黄金和入唐后"所得赐赍，尽市文籍，泛海而还"。他在唐开元年间又再次来唐。

唐初，高丽国也先后遣使来朝，购去儒家五经、《史记》、《汉书》、《后汉书》、《三国志》、《晋春秋》、《玉篇》、《字总》、《字林》、《文选》等大批书籍。

百济和新罗较为频繁地派遣使臣来朝。唐初，百济已从长安等地购去五经和子、史等类图书。新罗同唐朝的关系最为密切，不时派专使来隶书。唐垂拱二年（686），新罗王"遣使来朝，因上表请《唐礼》一部并杂文章，则天令所司写吉凶要礼，并于文馆词林，采其词涉规诫者，勒成五十卷以赐之"（《旧唐书·东夷列传》）。唐开元二十五年（737），新罗王兴光卒，唐玄宗派鸿胪少卿王琇为特使去新罗，册立兴光之子承庆为新罗王。王琇临行之前，"上谓琇曰：新罗号为君子之国，颇知书籍，有类中华，以卿学术，善与讲论，故选使充此到彼，宜阐扬经典，使知大国儒教之盛"（《旧唐书·东夷列传》）。王琇去新罗的一项重要任务就是"阐扬经典"。新罗国的官吏、学者很喜欢唐诗。唐长庆四年（824），作书模勒白居易诗篇，"鸡林贾人求市颇切，自云：'本国宰相每以百金换一篇'"（《白氏长庆集序》）。鸡林即新罗。可见，印本的白居易诗篇已远销新罗。

（二）外国留学生、学问僧入唐寻购图书。据日本现存最早的史籍《日本书纪》载，在唐代，日本先后派到中国学习的学生和学问僧有一千多人次。他们临行前，日本朝廷都赐给布、绁、绵和黄金，作为入唐后的生活费用和购书费用。学问僧圆仁、圆载等入唐学习的年代较长，日本朝廷各赐黄金二百两。日本名僧灵仙参与唐朝的译经，淳和天皇先后两次共赐金二百两。唐朝廷也给予各种方便，施加恩惠。来唐的日本留学生、学问僧把节省下的钱物，主要用于购买书籍、经卷、佛像、佛画等。"这些图书都是他们在唐朝经过细心访求、抄写而得来的，或者节省了为数不多的学费而买到的。当时交通不便，搬运这些图书想必付出很多的辛劳和牺牲。因此，他们并不是顺手随便搜集的，而全是精心挑选，所以其中包括许多尚未传到日本的新译经卷、优秀的著作、珍奇的诗集等。这些带回的图书，对于日本文化的发展必然给予清新的刺激"（[日] 木宫泰彦：《日中文化交流史》，胡锡年译，商务印书馆1980年版）。

在唐代，究竟向日本出口了多少书籍、经卷，很难有准确的统计。唐末期至后梁初，日本学者藤原佐世仿《隋书·经籍志》编撰《日本现在书目录》，收录从唐朝进口的图书1579部、16790卷。唐朝实际出口数字可能大于此数。据《日中文化交流史》，仅学问僧玄昉就"带回经论五千余卷"。日本的慈觉大师"带回经论章疏、传记等五百八十四部，八百零二卷"。日僧最澄在台州龙兴寺住了三个月，利用台州刺史陆淳赠给他的纸张，雇用经生数十人抄写经论，共得230部、455卷，全部带回了日本。在最澄带回日本的书目中，还包括17种书法字帖。如《王羲之十八帖》、《王献之书法》、《真草千字文》、《欧阳询书法》、《梁武帝评书》等。日僧宗俊带回国的书有《西川印子唐韵》一部、五卷，《西川印子玉篇》一部、三十卷。"西川印子"就是刻于成都的印本书。宗俊于咸通六年（865）入唐，住在长安城西明寺，没有到过成都。这说明，成都印本书的市场覆盖面已到达长安，又通过宗俊等日本僧人东渡日本。

长安等寺院的壁画、佛像画也通过画家的临摹复制远销日本。日僧圆仁在《入唐求法巡礼行记》"会昌元年（841）四月条"记："十三日唤画工王惠商量画胎藏帧功钱。十五日晚间博士王惠来，画帧功钱商定了，五十贯钱作五幅帧。二十八日始画胎藏帧。"按一贯等于百钱，十贯等于千钱。王惠这位博士画家，给日僧画五幅画，共收入五千钱。

新罗、百济等国亦有学生和僧侣入唐学习。唐开成五年（840），新罗来唐学习期满的"归国学生等共一百五人并放还"。这仅是《旧唐书·东夷列传》记载的一次，隋唐数百年间新罗等国的学生远远多于此数。他们回国时也肯定会购去各类图书、经卷，只是正史上缺少记载。

唐代图书的陆续出口，直接影响到日本、新罗、百济、高丽等国的学校教育。《论语》、《孝经》、《千字文》等书成为这些国家学生的必修课。新罗等国学校所读之书也是"五经"之类。日本的高等学府称"大学寮"，学校课程设有《周易》、《尚书》、《周礼》、《仪礼》、《礼记》、《毛诗》、《春秋左氏传》等"七经"。中国的造纸术、制墨术和雕版印刷术也在唐代由新罗传入日本。

（三）渡海的商船贸易。隋初，由朝廷特许的商船开展了对日本、新罗等国的港口贸易。到唐代，商船贸易有了进一步发展，而图书是日本、新罗出口贸易的重要品种。据《日中文化交流史》载："唐朝的商船主要是从事贸易。每次来日本，必载很多货物……至于货物的品种，固然不大清楚，但似乎是以当时人们信仰的经卷、佛像、佛画、佛具以至文集、诗集、药品、香料之类为主"。《中国商业史简编》也提到："当时唐船运往日本的货物，主要有经卷、佛像、佛具、文集、诗集、药品、香料等；回船载运日本货物为沙金、水银、锡、丝、绵、绢等。"

唐船一般均航至日本的博多津，由日本的主管官府太宰府驰驿报告日皇，并按敕令把唐商一行安置在鸿胪馆，供应食宿。太宰府官员用府库所藏的沙金、水银、绵、绢等来和唐商交易货物。日本朝廷设有"交易唐物使"管理交易。唐船运去的书籍，先由日本皇家选购。有一次，"交易唐物使"发现唐船中载有《元白诗集》，非常高兴，花重金买下后献给文德天皇。公元 824 年，淳和天皇命日本学者参照日本秘府珍藏的汉文、日文书籍，"以类相从"，花了五年时间编成大型类书《秘府略》一千卷。日本学者说，"这部书是仿照梁朝的《华林遍略》、北齐的《修文殿御览》、唐朝的《艺文类聚》、《初学记》、《北堂书钞》、《白氏六帖》等类书编成的"（[日] 木宫泰彦：《日中文化交流史》，胡锡年译，商务印书馆 1980 年版）。可见，中国的古代类书在隋唐时均已出口到日本。

按照当年日本的《大宝令》规定：在官司未交易前，不许私自和诸蕃（指唐商船）交易。否则，以盗论罪，处三年以下徒刑。但实际上私下交易却难以禁止。每当唐船一到，日本的公卿、大臣、富豪等便争先派人来到码头，抢购包括书籍在内的唐船商品。

唐船有时也受货主之托代运书籍。唐僖宗中和元年（881），婺州人李达曾受日本僧侣圆珍之托，携带黄金及日方书信去长安大兴善寺，购求阙经，共百二十卷。然后，交张蒙的商船运到日本。

五代时期，中原战乱不断，日本来华学习的留学生和僧侣大为减少，对日出口图书的贸易也处于低潮。但仍有商船往来，特别是吴越对日本的贸易较多，也有一些书籍行销日本。有的佛经在吴越已经散佚，又托商船从日本买回。日本《皇朝类苑》卷七十八载："吴越钱氏，多因海船通信。天台智者教五百余卷，有录而多阙，贾人言日本有之。钱俶买书于其国主，奉黄金五百两，求写其本，尽得之讫。"钱俶是吴越的第五代王（末代王），在位31年（947—978）。钱氏王朝笃信佛教。日人所说"天台智者教"，即中国佛教的天台宗，奉《法华经》。唐永贞元年（805），日僧最澄入天台山，学习天台宗，带回经疏四百六十卷。150余年后（即五代后期），吴越寺院保存的这套经疏已残缺不全。所以，钱俶花五百两黄金托人到日本求写，然后运回杭州。这可能是最早从日本进口的图书。

唐朝同新罗、百济的商船贸易也很频繁。唐船将丝绸、茶叶、书籍、瓷器、服装等商品输往这两国，再从那里输入贵重的药材、折扇、乐器等。

第四节　隋唐五代的代表著作

隋唐时期，我国的封建经济、文化有了高度发展。隋朝新撰著作不多，到了唐代才出现繁荣局面。宋代史学家欧阳修说，自汉以来，"藏书之盛，莫盛于开元，其著录者，五万三千九百一十五卷，而唐之学者自为之书者，又二万八千四百六十六卷。呜呼！可谓盛矣"（《新唐书·艺文志》）。在二万八千多卷的唐人著作中，对后世影响较大的主要代表著作有下列几个方面。

一、类书

从南北朝时期起，写文章崇尚"据事以类义，援古以证今"（刘勰《文心雕龙》）。历史上留下来的大量典故、旧辞，任何人也难以完全记住。于是，一些文人学者就将各个门类或某一门类的古籍、词语，按照一定的方法加以辑录、编排，使之成为便于寻检、征引的工具书。隋唐实行科举制度，考生应试撰文以及文人写文章，急需类书作参考。类书博采古籍，广罗词语，成了文人的应急宝库。隋朝编有官修类书《长洲玉镜》，已佚。唐朝编的类书主要有：

（一）《艺文类聚》。唐朝官修的第一部类书。武德五年（622），由令狐德棻、欧阳询等多位学者编成。全书100卷，引自1400多种书中的材料。

分类按目编次，"事与文兼，汇为一编"，"事居于前，文列于后"。

（二）《北堂书钞》。虞世南私人撰辑。他曾任隋秘书郎，在隋朝秘书省北堂（后堂）研究学问。此书主要在那时辑成，故名《北堂书钞》。全书173卷，主要摘录经史百家之事，供做文章检索之用。

（三）《文思博要》。魏征、高士廉、褚遂良、房玄龄等16位学者撰修。全书1200卷，贞观十五年（641）编成。武则天圣历二年（699）又加以修订补充，增加佛、道及亲属、姓名、方域等部，改名《三教珠英》，成书1300卷。

（四）《初学记》。徐坚、张说于开元十五年（727）辑成。全书30卷。取材于群经诸子、历代诗赋及唐初诸家作品。精编严取，按部、类、目选取的零篇单句，连贯起来可以作为一篇文章读。

（五）《白氏六帖》。白居易辑，共30卷。杂采成语典故，供写文章、作诗选录辞藻之用。

二、历史、地理著作

为了从历代兴亡盛衰中总结经验教训，隋唐五代的历朝皇帝都很重视撰修史书，置史馆，撰写前朝史书，由宰相监修。随着南北的统一和对外交往增多，地理学出现了不少新著作。

（一）官修正史。隋朝见于记载的史书有牛弘修的《周史》，李德林修的《齐史》。这两种史书均未流传下来。唐朝修史的成就较为突出。贞观年间，由姚察、姚思廉父子修成《梁书》、《陈书》；李德林、李百药父子修成《北齐书》；令狐德棻等修成《北周书》；魏征等修成《隋书》；李延寿独撰《南史》、《北史》；房玄龄等重修《晋书》。唐太宗李世民也参与修撰《晋书》。现存二十四史之中，唐朝修了八部。五代时期，后晋的张昭远等撰成《旧唐书》。

（二）《史通》。刘知几著。全书20卷49篇，是我国第一部史学理论著作，系统地评论了唐以前的史书，强调"良史以实录直书为贵"，"不掩恶，不虚美"，对后世史学影响深远。

（三）《元和郡县志》。李吉甫撰。原名《元和郡县图志》，北宋图佚后改名，是唐朝的地理总志，对后世修志有重要影响。

（四）《大唐西域记》。玄奘述，辩机编，12卷。记玄奘西行并周游至天竺（今印度）的山川、城邑、物产、习俗，是记载古代中外交通以及印度、尼泊尔、巴基斯坦、孟加拉国、斯里兰卡和中亚等国历史地理的重要文献，向为世界学者所重视。

（五）《经行记》。杜环著。本书最早记述了非洲阿拉伯的风土人情和中国人在西亚萨马尔汗第一个创办印刷作坊的经历。唐天宝十年（751）杜环随安西节度使高仙芝西征，攻大食到怛逻斯（今哈萨克斯坦江布尔）败归，杜环和许多唐军士兵被俘。他被大食军带到库法古城（今伊拉克南部），参与了大食的几次军事行动，表现良好，受到优待，被大食释放。杜环随之游历了伊拉克、苏丹、埃及、埃塞俄比亚，历时十一年返回广州。杜环撰写了十多年来从军被俘经历和旅游非洲的《经行记》。本书记述了阿拉伯人的风俗和较为先进的医术（善医眼与痢），记述了被俘唐军中的金银匠、画匠、纺织匠、造纸匠，以及中国人最早在萨马尔汗创办的造纸作坊。经考证，中国的造纸技术正是从这里传播到大马士革、开罗、摩洛哥与西班牙的一些城市，由西班牙传到西欧各国。

三、文学著作

隋唐五代文学，主要是唐代文学，在中国文学史上占有重要地位，标志着中国封建社会的文学已发展到成熟阶段。在著作方面，最具代表性的是唐诗、散文和传奇小说。

（一）唐诗的别集和选集。唐朝以科举取士，作诗成为入仕之途，唐朝的文人几乎都会作诗。清康熙年代编的《全唐诗》存诗近5万首，作者2200余人。唐代个人的诗文集通称"别集"。李白的诗收入《李太白集》30卷。杜甫的诗收入《杜工部集》，原集60卷，唐末已散佚。北宋王洙编成20卷，补遗1卷。白居易的诗收入《白氏长庆集》，原集75卷，现存71卷。晚唐著名诗人杜牧的诗收入《樊山文集》。李商隐的诗词收入《李义山集》。

唐代人所编的唐诗选集为数众多。著名的有：殷璠编《河岳英灵集》3卷，专选盛唐诗，收王维、孟浩然等24人的224首诗；芮挺章编《国秀集》3卷，收初唐和盛唐90人的220首诗；顾陶编《唐诗类选》，收诗1232首；韦庄编

《又玄集》，录"才子一百五十人，名诗三百首"。才子排列的顺序是杜甫第一，李白第二。

五代时期，一种配合音乐歌唱的新体诗——词，日趋繁荣。著名的五代词选是后蜀赵崇祚编的《花间集》，共收入温庭筠、韦庄等 18 位作家的词500 首，南唐著名词人李煜编有《李煜集》10 卷，冯延巳编有《阳春集》。李、冯两个词集已散佚。

（二）散文集。隋唐五代的散文在中国文学史上起着承前启后的作用。清代编的《全隋文》共收入文章 680 余篇，作家 160 多人；《全唐文》收文章 18400 余篇，作家 3000 余人。著名的散文集有：韩愈的《昌黎先生集》，李汉编；柳宗元的《河东先生集》，又称《柳河东集》，刘禹锡编；陈子昂的《陈伯玉文集》，卢藏用编。

（三）唐代传奇。唐代文人开始把小说作为独立的文学形式进行创作，其内容多传述奇闻逸事，后人称"唐传奇"。唐代小说流传下来的不下数百篇，著名专集有 40 余种。晚唐陈翰精选唐传奇的优秀篇章编成《异闻集》10 卷，已佚。其中的部分篇章被宋初李昉编入《太平广记》。

唐传奇多为短篇文言小说，代表作有：沈既济的《枕中记》、李公佐的《南柯太守传》，分别写卢生、淳于梦做梦当了宰相、太守，权势煊赫，醒来却是一场空。主题表现了人生的荣华富贵如梦境。李朝威的《柳毅传》，写书生柳毅传书，搭救洞庭龙女，几经周折终于同龙女结为夫妻。袁郊的《红线传》和裴铏的《聂隐娘》，描写了或能腾空飞行，或有超人武艺的侠女形象，成为后世武侠小说的滥觞；白行简的《李娃传》和蒋防的《霍小玉传》，都以世族子弟与妓女的恋爱为题材，反映了森严的阶级界限与真挚爱情之间的深刻矛盾。

四、医学、算学、历法专著

隋唐时期，杰出的医学家巢元方、孙思邈、苏敬等人撰写的医学、药学专著成为传世之作。唐代的算学、历法均超过以前各朝。

（一）《诸病源候论》，隋代巢元方著，是我国第一部病源症候学专著，50 卷，对各科疾病病源和症状作了详细论述，列出各种症候 1700 余条，丰富了我国医学宝库。

（二）《千金翼方》，孙思邈于永徽三年（652）写成《备急千金药方》。30 年后，在原书基础上加以补充发挥，写成《千金翼方》。该书首创"复方"，是我国医学史上的重大建树。他的医术面向平民百姓，发挥了救死扶伤作用。后世称孙思邈为"药王"。

（三）《唐新本草》，太医苏敬等 20 余位名医编写，记载药物 850 种。以图为主，图文并茂。高宗诏令各地选送地道药材，以实物为标本，绘其图形，详细介绍其产地、形态、性味、功效和主治。该书是世界第一部官修药典。

（四）《缉古算术》，初唐王孝通著。该书论述的 20 个算术难题，主要运用高次方程来解决，是我国古代算学的新进展。

（五）《大衍历》，唐玄宗命一行和尚（俗名张遂）重新创制的历法，较正确计算出地球绕太阳运行速度的变化规律。从唐中叶到明末，《大衍历》使用了 800 余年。日本留唐学生吉备真备把该历法带到日本，被广泛流传和使用。

第六章　两宋朝廷的图书事业

宋代分为北宋和南宋，简称两宋。北宋建于公元 960 年，定都开封。宋太祖赵匡胤基本结束了五代十国的分裂割据局面，统一了中原和南方。辽朝占据北方，与北宋相对峙。公元 1127 年，北宋被金朝所灭。宋高宗赵构于公元 1127 年建立南宋，经过几年的辗转流离，定都临安（杭州）。金朝占据淮河、秦岭以北的大片领土，与南宋相对峙。公元 1276 年，元军攻入临安，俘宋恭帝。此后，文天祥、陆秀夫等领导南宋军民继续用宋朝旗号坚持了三年抗元斗争。加上这三年（1277—1279），北宋、南宋的历史共达 320 年。

两宋王朝的统治，虽然多次处于危机四伏状态，但它的经济和文化较之唐代却有了长足的发展。北宋重文治，给文人以极高的政治待遇与物质待遇，提出"与士大夫共治天下"，"不杀士大夫及上书言事者"。这是宋太祖对统治之道的总结。推行文德致治，就要尊崇儒术，发展教育，科举取士，繁荣著述。这一系列文化教育政策促进了图书市场的扩大，带动了印刷技术的进步。宋代书业较前期发生的新变化是：两宋王朝更加重视对图书的搜求和整理、编纂；印本书基本上取代了写本书；毕昇发明了活字印刷术；官办书业和民间书坊业得到共同发展；禁书事件增多，对图书市场的控制加强。

第一节　两宋朝廷的图书事业

"宋朝以文为治，而书籍一事，尤切用心，历世相承，率加崇尚"（丘浚《大学衍义补》）。两宋王朝沿袭隋唐官制，设立秘书省掌管图书事业，具体负责搜集、整理图书，购求天下遗书，组织著名学者编撰图书。两宋时代，有官办书业和民办书业，也有民间个人刻书出售者。

一、北宋朝廷的图书事业机构

北宋开国皇帝赵匡胤是身处行伍、手不释卷的儒将，在开国之际就命令各路兵马注意搜集图书。太宗赵光义在统一南方诸国的战争中，"宣祖总兵淮南，破州县，财物悉不取，第求古书遗帝"（《宋史·太宗本纪》）。真宗赵恒、仁宗赵祯也有儒雅之好。由于受帝王的重视，北宋朝廷的图书事业远远超过五代，胜于隋唐。

（一）收缴各割据政权的藏书。宋太祖赵匡胤是以禅代的形式推翻后周王朝的。后周的文武百官归附宋朝，后周秘书省藏书约12000卷，成为宋初秘书省的藏书。后来，宋太祖和太宗在削平南北各地割据政权的过程中，命令攻城将领注意收缴图书。"乾德元年（963）平荆南，尽收其图书，以实三馆"（程俱《容斋随笔》）。过了两年，太祖命王全斌率兵6万向后蜀进军，仅用65天就攻陷成都，后蜀主孟昶投降。"命右拾遗孙逢吉往西川取伪蜀法物、图书经籍、印篆赴阙，得蜀书一万三千卷"（《玉海》卷四十三）。这批书运到宋廷之后，太祖"命使尽取蜀文籍诸印本归阙。忽见卷尾有毋氏姓名，以问欧阳炯。炯曰：'此毋氏家钱自造。'太祖甚悦，即命以板还毋氏"（《焦氏笔乘》）。孙逢吉曾是后蜀宰相毋昭裔的门人，毋氏雕印《文选》、《初学记》等书，他是主要参与者。这次他作为宋朝的右拾遗收取后蜀图书，把毋氏镂版也一并没收。幸亏太祖下令，才把这批镂版归还毋氏子孙。

五代十国之中，南唐与吴越的经济、文化最为发达，秘府藏书也较丰富。开宝八年（975），宋军将领曹彬率10万水陆大军攻陷金陵，南唐后主李煜投降。宋太祖派太子洗马吕龟祥赴金陵，收其图书2万余卷。太宗时期，吴越主钱俶携带大批宝物来汴京（开封）朝贡。太宗格外优待，重加封赏，但把钱俶留在汴京不许其返回杭州，并将吴越的近亲和高级官员都迁到汴京，吴越王朝的大批藏书也一并收归宋廷。太平兴国四年（979），宋太宗下诏亲征，派重兵包围北汉的统治中心太原。北汉统治者刘继元投降。太宗派左赞善大夫雷德源入太原点检书籍图画，运回汴京。

北宋开国十余年间，"名藩大将，俯首听命，四方列国，次第削平"（《宋史·太祖本纪》）。共收缴"四方列国"的图书8万余卷。其中，也有一小部分是从民间购买的。

（二）崇文院。北宋朝廷主管图书的收藏、整理、编撰和购求的官府，前期为崇文院，后期为秘书省。

崇文院。北宋开国初期，忙于战争和建设政权，顾不上图书事业。秘书省徒有其名。到了太宗时期，才着手丰富国家藏书，广开献书之路。当时，图书的购求、整理、典藏和修撰分别由史馆、昭文馆、集贤院承担。这三个机构通称"三馆"。从各地割据政权收缴来的图书，主要由三馆管理。史馆负责修写国史、日历及图籍。这里所说的"日历"，是由史官按日记载朝政事务之书。其资料来源主要是皇帝的起居注和朝廷重臣的时政记录，具有档案性质，并不公开出版发行。昭文馆和集贤院掌经史子集四库图籍的修写、校雠。馆阁的职官有大学士、学士、直学士，还有直秘阁校理、正字等。

有一次，太宗到三馆巡幸，发现这里的条件太差，屋舍破旧不堪，仅能蔽风雨而已，深感"若此之陋，岂可蓄天下图书，延四方贤俊耶"（程俱《麟台故事》），于是决定重建三馆。太平兴国三年（978）建成，赐名崇文院。越十年，太宗派参知政事（副宰相）李至在崇文院内组建秘阁，并兼秘书监。秘阁建成后，择三馆真本书籍万余卷及内府古画、墨迹藏其中。三馆加秘阁统称崇文院，主要任务是整理、典藏图书，编撰、购求图书，培育人才，受诏撰述文稿，也从事出版发行活动。重要的图书编撰活动多由帝王下令，由崇文院承担。

李至，字言几，真定人，举进士，当过著作郎、直使馆。他兼秘书监，实际是主管崇文院。李至"每与李昉（宰相）、王化基（参知政事）等观书阁下，上必遣使赐宴，且命三馆学士皆与焉"（《宋史·李至传》）。能在崇文院做官是很荣耀的，"馆职清切贵重，非他官可比"（《续资治通鉴长编》卷三十四）。

（三）秘书省。太祖、太宗时期，秘书省形同虚设。其主管官员多为寄禄官，常带出入，或由他官兼领，或由秘阁官员兼判。"凡邦国经籍图书悉归秘阁，而秘书所掌，常祭祀祝版而已"（马端临《文献通考》）。太宗过世，真宗继位，管理图书事业的职能逐步由崇文院向秘书省转移。从此，有不少朝廷重臣或著名学者担任秘书监。真宗时期，秘书监由副宰相郭挚兼任。另一秘书监毕士安与历史上知名的寇准同拜宰相，监修国史排名在寇准之前。仁宗时期，秘书监王钦若奉诏主编《册府元龟》，后晋升宰相。和他同编《册府元龟》的杨亿（字大年），进轶秘书监。另一秘书监晏殊是著名词人，后升为同平章兼枢密使（宰相）。真宗、仁宗时期的秘书监地位不低。秘书省与崇文院的职官多相互兼职，主官常由一人兼管。只是修撰国史由宰相主持，秘书监退居次要地位。

神宗元丰五年（1082），实行职官改制，废崇文院，其职能划归秘书省。此后直至北宋灭亡，担任秘书监的多为天下名流。哲宗时期的秘书监周邦彦是著名词人。宰相吕大防被降为秘书监。钦宗时期，权臣太师蔡京被贬为秘书监。

元丰改制后的秘书省设监、少监、丞各一人。秘书监是主官，"掌握古今经籍图书、国史实录、天文历数之事。少监为之贰，而丞参领之"（《宋史·职官志》）。每年仲夏，秘书省都要晒书，由皇帝赐宴，在秘书省招待尚书、学士、侍郎、待制、谏官和御史。秘书省的郎官常是发迹的起点，"公卿侍从，莫不由此途出"（《续资治通鉴长编》卷三十四）。

二、宋朝廷对图书的购求

北宋秘书省以及集贤院、史馆、昭文馆、秘阁的藏书来源之一，是派人到各地书坊、书肆购买图书，或向藏书家购买。朝廷为撰修国史或编纂各种重要著作，也需要四处收购有关图书供参考。为引起朝野上下的重视，多以诏令的形式购求天下书。

（一）太祖、太宗诏募亡书。太祖赵匡胤是创业垂统之君，好读书，也安排他的"武臣尽读书以通治道"（《宋史·太祖本纪》）。乾德四年（966），太祖认为三馆的藏书太少，特发布诏令，购募亡书。藏书家涉弼、彭干、朱载等人纷纷向朝廷献书，共收购到1228卷。涉弼等人因献书有功，都赐给了官位。同年闰八月，太祖又下诏给史馆："凡吏民有以书籍来献，当视其篇目，馆中所无者，收之。献书人送学士院试问吏理，堪任职官者，具以名闻"（程俱《容斋随笔》）。

太宗赵光义自称"无所爱，但喜读书"（《续资治通鉴长编》卷二十四）。

所以更重视购求天下书。太平兴国六年（981）十二月，太宗派人购买了一大批医书。三年后，太宗颁诏说："遗编坠简，当务询求，眷言经济，无以加此！宜令三馆以开元《四部书目》，阅馆中所阙者，具列其名；于待漏院出榜，告示中外：若臣寮之家，有三馆阙者，许诣官进纳。及三百卷以上，其进书人送学士院引验人材书札，试问公理。如堪任职官者，与一子出身。亲儒墨者，即与量才安排。如不及三百卷者，据卷帙多少，优给金帛……"（程俱《容斋随笔》）。朝廷用最优惠的条件购求图书，在民间引起震动。"自是，四方书籍，往往出焉"（程俱《容斋随笔》）。至道元年（995），秘书省又派裴愈赴江南两浙诸州寻访图书。对于秘书省急需的书，用高价购买。如果不愿出售，则雇佣当地的佣书人借本抄写，及时还书。秘书省还派著作郎谢泌到岭南寻访和购买图书。

（二）真宗再开献书之路。真宗赵恒命王钦若、杨亿编纂图书总汇《册府元龟》，需要大量图书资料。秘书省整理三馆藏书，对照唐代开元《四部书目》，发现其中有不少书亡逸。真宗说："国家设广内、石渠之储，访羽陵汲冢之书。法汉氏之前规，购求虽至；验开元之旧目，亡逸尚多。庶坠简以毕臻，更悬金而示赏。式观献书之路，且开与进之门。"于是下达诏令："献书一卷，赏钱一千；如及三百卷以上，量材试问与出身酬奖"（程俱《麟台故事》）。一卷书值一千钱，这个价格是够贵的。仁宗时期，包拯在陈州调查，一斗小麦值钱五十文。这时距真宗在位相去不远，社会安定，物价较为平稳。按此计算，献一卷三馆所缺之书，可得二石小麦。

由于朝廷出重金购求，来献者不少。长乐郡主献家藏书 800 卷，赏钱30 万。其他主要献书者有 19 人，秘书省共购到逸书 10754 卷。

（三）仁宗以一匹绢换一卷书。仁宗赵祯在位 42 年，史学家对他的评语是"恭俭仁恕"。景祐二年（1035），他下诏购求馆阁遗书。又命欧阳修、宋祁等编撰《崇文总目》，共著录图书 30669 卷。"总目"所收各书均写有内容提要，"一书大义，必举其纲"。仁宗发现列入"总目"的图书种类还不及唐开元《四部书目》之半数，于嘉祐五年（1060）再次招募遗书。诏令说："国家承五代之后，简编散落。建隆之初，三馆聚书，仅才万卷。祖宗平定列国，先收图籍。亦尝分遣使人，屡下诏令。诏募异本，被茸渐至……然以今秘府所藏，比唐开元旧录，遗逸尚多。宜开购赏之科，以广献书之路。一应中外士庶之家，并许馆阁所缺书。每卷支绢一匹；及五百卷，特与文资安排"（程俱《麟台故事》）。一匹绢的价格要高于两石小麦，用这样高的价格购求图书，收效应该不小，可惜缺乏史料记载。

（四）徽宗购天下异书。徽宗时期，秘书省重新整理国家藏书，循《崇文总目》的体制编撰《秘书总目》。同时，派人四处访求遗书。徽宗赵佶委派太师蔡京之子蔡攸提举秘书省。提举是官名，管理的意思。蔡攸是徽宗的近臣，权力很大。《宋史》把他列入《奸臣传》。他一上任，就布置秘书省再购天下异书。并规定，购书有功人员可以升官，献异书百卷以上的，不仅可以得到钱帛之赏，还可以补官。宣和五年（1123），荣州助教张颐向秘书省售书 223 卷，赐进士出身。李东售秘府缺逸之书 162 卷，补迪功郎。宣和七年（1125），王阐、张宿献出三馆秘阁所缺之书共 2417 卷，均被补官，王阐当了承务郎，张宿当了迪功郎。这两个郎官均为从九品。

三、靖康书厄

自钦宗靖康元年（1126）金兵攻陷开封，到南宋绍兴十一年（1141）宋、金达成和议，十五年间遭受战争破坏的地区很广，图书损失极为惨重。陆游说："李氏书属靖康之变，金人犯阙，散亡皆尽。收藏之富，独称江浙。继而胡骑南骛，州县悉遭焚劫。异时藏书之家，百不一存。纵有在者，又皆零落不全"（《渭南集》卷二十八）。北宋灭亡，不仅使秘书省等皇家藏书"散亡皆尽"，金兵到处，也使私人藏书化为乌有。

（一）金兵统帅指名索要秘阁三馆书籍。靖康元年（1126）闰十一月，金兵包围北宋都城开封，开封军民准备巷战，金兵不敢贸然进城。金兵统帅斡离不、粘罕以"和议"为名向宋廷勒索财物，指名索要"秘阁三馆书籍，印本监版，古圣贤图像，明堂辟雍图，皇城宫阙图，四京图，大宋百司并天下州府职贡令应，宋人文集，阴阳医卜之书"（《靖康要录》卷十五）。并要求钦宗赵桓下诏令，停止抵抗，向金兵投降。钦宗一一照办。

翌年一月，金兵顺利入城，徽、钦二帝也同时被拘留在金营。因徽、钦二帝被质，宋秘书省对金兵的要求只能百依百顺，派鸿胪卿康执权等三人押道、释经版；校书郎刘才等五人押监本印版并三馆图书，送到金营。"二月，虏得九鼎，观之不取；止索三馆文籍图书，国子书版"（《靖康要录》卷十五）。从此，北宋王朝历160余年编撰、整理和多方购求来的大量图书，随徽、钦二帝及其后妃、宗室被金兵俘获而北。

由于金兵仓促离开开封，"营中遗物甚多……秘阁图书，狼藉泥中。书史以来，安禄山陷长安以后破京师者，未有如今日之甚也"（《靖康要录》卷十五）。

（二）兵匪作乱，私家藏书受损。在靖康战乱年代，一些私人藏书有的损于兵燹，有的丧于匪患。宋代著名藏书家晁公武本拥有祖传七世的丰富藏书，"及兵戈之后，尺素不存"（晁公武《郡斋读书志序》）。大半生在北宋当官的叶梦得在《避暑录话》中说："吾家旧藏书三万余卷，丧乱以来，所亡几半。"南宋秘书监王明清在《挥麈录》中回顾靖康书厄说："承平时士大夫诸家如南都戚氏、历阳沈氏、庐山李氏、九江陈氏、番阳吴氏，俱有藏书之名，今皆散佚。"

宋代女词人李清照藏书众多，因靖康战乱损失殆尽。李清照痛心地叙及藏书损失："至靖康丙午岁，候守淄州，闻金人犯京师，四顾茫然；盈箱溢箧，且恋恋，且怅怅，知其必不为己物矣！"北宋灭亡，李清照南逃，几经拣选，仍载书十五车，但在颠沛流离之中"散为云烟"。她在"青州故第尚锁书册什物，用屋十余间。期明年春，再具舟载之。十二月，金人陷青州，凡所谓十余屋者，已皆为煨烬矣"（《金石录后序》）。

靖康书厄严重地破坏了图书贸易，繁荣的开封书业从此衰落。

四、南宋秘书省及对图书的购求

靖康元年（1126），北宋被金朝所灭。次年，徽宗第九子、钦宗之弟赵构在南京（今河南商丘）称帝，是为高宗。以后建都临安（今杭州）。南宋朝廷的图书事业由秘书省主管，曾多次购求图书。

（一）南宋秘书省的修撰活动。绍兴元年（1131）高宗诏置秘书省，北宋时的集贤院、昭文馆等均被取消。高宗时期，秘书省职官只置少监一人，丞相和著作佐郎各一人，校书郎、正字各二人。可谓精简之至，后来略有增加。第一任秘书少监李光，颇有作为，"自是采求阙文，补缀漏逸，四库书略备，即秘书省复建史馆，以修神宗、哲宗实录"（《宋史·职官志》）。李光后擢升为副丞相。因受丞相秦桧的排挤，被贬居琼州。继任少监游操，极力讨好秦桧，乞置提举官。秦桧就让他的儿子秦熺（礼部侍郎）提举秘书省。秦熺派人四处购求图书。北宋末期，有位藏书家王铚，字性之，"其藏书数百箧，无所不备。……及卒，秦熺方恃其父之势，气焰熏灼；手书移郡，将取其所藏书，且许以官。其子仲信名廉清，苦学有守，号泣拒之曰：'愿守此书以死，不愿官也。'郡将以祸福诱掖之，皆不听，亦不能夺而止"（陆游《老学庵笔记》卷二）。看来，秦熺求书已达不择手段之地步，但藏书家的后人王仲信以死相抗，使这位气焰嚣张的奸相之子无可奈何。

秦桧死后，南宋著名诗人曾几任秘书少监。孝宗时期的秘书监杨万里也是一位诗人，诗作今存 4200 首。宁宗时期的秘书监牛大年"清操凛然，所至以廉洁自将"（《宋史·牛大年传》）。还有一位秘书监乔行简，理宗时官至丞相，封肃国公。光宗时期的秘书监孙逢吉，字从之，与北宋初期的孙逢吉同名。理宗时期的秘书监马骥，是从秘书省正字一步步升迁至主官的。还有一位秘书监洪天锡，度宗时召为刑部尚书。度宗时期，已到了亡国之秋。秘书监陈仲微坚持抗元斗争，与张世杰、陆秀夫等抗元名将拥立益王赵昰为帝，在福建、广东沿海一带与元兵作战。后因崖山兵败，陈仲微走安南，越四年卒。

南宋秘书省的职官多为进士及第。著名学者朱熹，著名词人朱敦儒、张孝祥、范成大等，都是从秘书省正字或校书郎发迹。有些左、右丞相如周必大、宣缯、吴潜、程元凤、江万里、陈宜中等人，均在秘书省当过正字、郎官或少监。

南宋秘书省的内部机构分四案：经籍案，掌管书籍的购求、编撰、勘校和管理；祝版案，掌管各种祭祀祝版和撰写祝词；太史案，掌太史局，测验天文，考定历法；知杂案，掌人事和行政事务。又设国史案，纂修国史、日历、实录、会要。这里所说的"实录"，是指历代皇帝治下的编年大事记。每一位皇帝死后，继嗣之君必令史臣撰修实录。如《高宗实录》、《徽宗实录》、《钦宗实录》等。这里所说的"会要"，是指每个朝代所修的经济、政治、文物、故实等典章制度的汇编。南宋朝廷很重视修撰会要，先后修撰十余次，今存《宋会要辑稿》近 500 卷。国史案的变动较多，有时诏置国史院，以宰臣提举，监修国史；有时又置日历所、会要所；有时又置实录院，以秘书监权同修国史。无论是修撰国史，还是修撰各种重要典籍，都离不开大量的书籍作参考。因此，秘书省的一个重要任务就是向四方购求书籍，以恢复国家藏书。

（二）高宗连续三次发出购求图书诏。南宋时期，"国步艰难，军旅之事，日不暇给，而君臣上下，未尝顷刻不以文学为务"（《宋史·艺文志》）。这里所说的"文学"也包括图书事业在内。高宗赵构在临安建都，痛惜书籍散佚。他发现藏书家贺方回的子孙正在街上出售家藏故书，命秘书省全部买下。又发现芜湖县有一位和尚藏有蔡京寄存的书籍，也命人立即取来，充实秘府。有个名叫刘季高的书商，从北方带来一批珍本秘籍，高宗令秘书省"以重价访求之"（李心传《建炎以来朝野杂记》）。

高宗先后于绍兴三年（1133）、绍兴五年（1135）、绍兴十三年（1143）下诏购求图书。绍兴十三年的诏令说："国家用武开基，右文致治，藏书之盛，视古为多。艰难以来，网罗散佚，而十不得其四五。令监司郡守，各谕所部，悉送上官；多者优赏"（马端临《文献通考·经籍考》）。在重金购求的诱惑下，四方多来献者，仅大理评事诸葛行仁就售出《册府元龟》等一万余卷。他献书不仅发了财，还官升一级。绍兴十五年（1145），高宗命秦伯阳提举秘书省，主要任务是"求遗书"。翌年，又向民间公布了献书的"赏格"。

（三）秘书省购书方法的创新。绍兴五年的求书诏要求各州县学及民间书坊，把自己收藏的图书或书板抄写一份目录，向秘书省申报。这样，秘书省就可以按各方申报的书目选购图书了。有人主动来献书，先到秘书省核对，确认是急需之书，才肯买下。

后来又采取一种更有针对性的购书方法。秘书省按照唐朝的《艺文志》和北宋的《崇文总目》与自己的藏书一一核对，编制求书目录，镂版公布。诸州军和藏书家、书坊可以参照这个目录，向朝廷献书。

经过前后 50 多年的搜访，秘书省的藏书逐渐增多。孝宗淳熙四年（1177），秘书少监陈骙开始重新编撰《中兴馆阁书目》，"五年书目成，计见在书四万四千四百八十六卷。较《崇文》所载实多一万三千八百一十七卷"（马端临《文献通考·经籍考》）。又过了43年即嘉定十三年（1220），秘书丞张攀等奉诏编《中兴馆阁续书目》，"又得一万四千九百四十三卷，而太常太史博士之藏，诸郡诸路刻板而未及献者，不预焉。盖自绍兴至嘉定，承平百载，遗书十出八九。著书立言之士，又益众，往往多充秘府"（马端临《文献通考·经籍考》）。经过百年的艰苦搜求，南宋朝廷藏书共59429卷。

这百年期间，南宋的经济文化有了很大发展，文人学者撰写了大量新著，"大而朝廷，微而草野，其所制作、讲说、记述、赋咏，动成卷帙，参而数之，有非前代之所及也"（《宋史·艺文志》）。在张攀的续《书目》中，南宋人新撰写的著作占有不小的比重。新书增多对繁荣书业至关重要。

第二节　两宋的书业经营

我国具有现代意义的出版发行事业，是从宋代正式拉开帷幕的。北宋之前，图书的复制生产主要靠手工抄写。把佣书出售称为出版业，较为勉强。唐后期书坊业印的书较为粗糙，"侵染不可晓"（柳玭《家训序》）。五代的雕印技术虽有进步，但印本书的品种、数量和刊刻地区极为有限。社会上缺乏安定的环境，雕印技术很难普遍推广。"宋兴，治平（1069）以前，犹禁擅镂，必须申请国子监。熙宁后（1077）方尽驰此禁"（宋罗璧《识遗》）。宋代开国近百年，到了神宗时期推行新法，书坊业雕版印书不必申报国子监。

一、北宋的官办书业

北宋的官办书业主要有国子监的印书钱物所、崇文院、太医局的校正医书局、司天监的印历所、鸿胪寺的印经院、杭州的市易务等。部分地方官署有时也印卖书籍。

（一）国子监的印书钱物所。国子监是我国封建时代的最高学府和国家的教育管理机构。始设于晋武帝咸宁二年（276），唐、宋时代以国子监总辖国子学、太学、四门等学校。北宋和南宋的国子监还承担教材和一般图书的刊刻、销售。刊刻的书籍留有储备，供朝廷赐书之用。北宋初年，国子监专设刊印书籍的机构——印书钱物所。30 多年之后，改名为国子监书库。其主管称书库监。据《宋史·职官志》："淳化五年（994），判国子监李至言：国子监旧有印书钱物所，名为近俗，乞改为国子监书库官，始置书库监官，以京朝官充。掌印经史群书，以备朝廷宣索赐予之用，及出鬻而收其直以上于官。"元丰三年（1080），神宗对朝廷各官府实行改制，书库监官被废，但刊刻和销售书籍的任务仍由国子监承担。

国子监雕版印卖事业发展很快，景德二年（1005）夏，真宗赵恒到国子监视察书库，询问国子祭酒邢昺书库有多少板片。"昺曰，国初不及四千，今十余万，经、传、正义皆具。臣少从师业儒时，经具有疏者，百无一二，盖力不能传写。今板本大备，士庶家皆有之，斯乃儒者逢辰之幸也。上喜曰，国家虽尚儒术，非四方无事何以及此"（《宋史·邢昺传》）。宋初的四千板片，主要是接收北周国子监的。从宋初到真宗景德二年，刚好 45 年，国子监的经籍板片已增加到 10 万余块，反映了官办书业的发展。宋人姚铉评论说："国子监之印群书，虽汉唐之盛无以加此。"国子监版本作为范本对于版式、字体的规范化起了促进作用。

北宋监本书迄今已知的有 110 余种。宋初主要翻刻五代监本。后来，则遍刻九经唐人旧疏及其他儒家经典的宋人新疏，并大规模校刻史书、子书、医书、算书、类书以及《文选》、《文苑英华》等诗文总集。当年，杭州的民营书坊雕印技术要好于国子监的印书钱物所，有些大部头著作如《资治通鉴》、《史记》、《汉书》、《后汉书》、《新唐书》以及医书《外台秘要方》等，均封送杭州的书坊业雕版。

国子监出版的儒家典籍主要出售给各路儒学，同时也供学生、文人、雅士直接购买。宋代的科举与唐代相比，范围扩大，及第名额增多，及第后的地位待遇提高。每次取士达数百人，进京考试的人数则多至数十倍。这些学子都要利用进京的机会购买监本书。《齐东野语》载，吴兴东林的学子沈君与，少游京师，"及而擢第，尽买国子监书以归"。《说文解字》是学生必备的工具书，也由国子监印卖。"雍熙三年（986），敕新校定《说文解字》牒文，……

仍令国子监雕为印板，依《九经》书例，许人纳纸墨价钱收赎"（《天禄琳琅》）。

国子监为扩大图书的销路，还在书籍的前言里以公牒形式做广告宣传。例如，绍圣元年（1094）刊印的王叔和著《脉经》，附在正文前的公牒说，"开雕小字《圣惠方》等共五部出卖，并每节镇各十部，余州各五部。本处出卖，今有《千金翼方》、《金匮要略方》、《王氏脉经》、《补助本草》、《图经本草》等五件医书，日用而不可缺。本监虽见出卖，皆是大字，医人往往无钱请买，兼外州军尤不可得，欲乞开作小字，重行校对出卖，及降外州军施行，本部看详。欲依国子监申请事理施行，优候指挥，六月二十六日奉圣旨，依钞如右。"这个公牒宣传了 6 种书，既讲了先出的大字本，又讲了此次印的小字本。强调这些书"日用不可缺"。看来，利用书籍的空白页做广告，宣传同类书，始于宋代。

与国子监官办书业配合密切的是崇文院。《五经》正义、《孝经》、《论语》、《尔雅》等许多图书，都是由崇文院校正、编定，交由印书钱物所刻版印行。有时，崇文院也自行刊印图书。已知的有《说文解字》、《广韵》、《玉篇》、《集韵》、《礼部韵略》等工具书，还出了《资治通鉴》、《三国志》、《晋书》、《隋书》、《唐书》、《齐民要术》、《算经十书》等。崇文院并入秘书省以后，图书的编校工作则由秘书省承担，继续交国子监刊行。

（二）校正医书局。仁宗嘉祐二年（1057），太常寺所属太医局设立校正医书局。这是我国最早出现的官办专业出版机构，主要编撰医学著作，为太医局培养的医科学生提供教材。太医局有教授，招收学生来医书局学医，但要经过严格考试。"学生常以春试，取合格者三百人为额"（《宋史·职官志》）。该局最早编撰的《太医局诸科程文格》，是专供学生应试用的医学大纲，由朝廷正式颁布。该局出版的医书流传下来的有《脉经》、《灵枢》、《太素》等20 多种。此外，还刊刻了古农书《齐民要术》、《四时纂要》以及九种算经等。该局编撰之书，"每一书毕，即奉上，（林）亿等为之序，下国子监版行"（《宋会要》）。先送诸王辅臣各一部，然后公开售卖。宋代医事开始分局管理，设医药惠民局，专事监督管理制药、售药以及医药书的销售管理。诏令"诸州县医药方书、州职医县生掌之"（宋《元丰备对》）。

（三）印历所。隶司天监。北宋的历书禁止坊家印卖。由司天监编撰的历书，统一由印历所雕版印卖。熙宁四年（1071），神宗赵顼发布诏书："司天监印卖历日，民间勿得私印。""元丰官制行，罢司天监，立太史局，隶秘书省"（《宋史·职官制》）。印历所成为太史局的下属机构。南宋时期，民间需要的历书仍由官方专卖。"私自印卖历日，杖一百"、"雕造大小本历日，雕印贩卖者，仍千里编管。"从唐代起就禁止私置历日板，宋、元、明、清等朝均有此禁令。这些封建统治者认为，时令正朔、月大月小、斗转星移、日食月食等均属"天意"。民间乱自推算，私自印卖历书，有违教授之道，只有代表天意的皇朝才有权雕版印卖制，由各地书肆销售。

（四）鸿胪寺印经院。鸿胪寺是掌管四夷朝贡、接待迎送和管理宗教事务的官府。内设传法院，掌译经润文。北宋开宝四年（971）宋太祖派张从信去益州（成都）主持监雕版佛经《大藏经》（史称《开宝藏》）。这是一个浩大的雕版工程，历时 12 年才完成，共雕版 13 万块。太宗时期，《大藏经》刻版被运到开封。太平兴国八年（983），鸿胪寺设印经院，用这些雕版印行佛经。各大寺院可自备纸墨费，请印经院刷印佛经。所谓纸墨费，不过是在文字上回避"买卖"二字而已。婺州的开元寺、松江的兴圣院、汀州的开元禅寺等均派人携重资到印经院，订印这部《大藏经》。

（五）杭州市易务。市易务是王安石推行变法的产物，可以把它理解为官办的商业、金融机构，掌乘时贸易，平抑物价，放贷收息，以通财货。中央设都提举市务司，兼领诸州市易务。杭州市易务看准了图书贸易有利可图，遂利用自己的雄厚资本，经营图书的雕版印卖，颇为兴旺。元祐四年（1089）八月，杭州知州苏轼上奏朝廷说："市易务原造书板用钱一千九百五十一贯四百六十文，自今日以前，所收净利外，只是实破官本六十一贯五百一十二文"（《苏文忠公集·乞赐州学书板状》）。用六十一贯的官本造出价值一千九百多贯的书板，而且纯利收入尚未计入，说明赢利非常大。这可能是我国历史上地方官办商业最早兼营图书的先驱。苏轼发现印卖图书是生财之道，经奏请朝廷批准，把杭州市易务的书板无偿拨给了杭州州学。州学的经费困难，就利用这些书板印卖图书，其盈利"以助学粮"。宋代的州学、府学、县学以及书院刻印书籍，成为一时风气。特别是书院刻书，尤有名气。

（六）地方官府刻书出售。北宋时期，地方官府刻书的不多，较为典型的是苏州府。嘉祐四年（1059），苏州太守王琪家藏《杜工部集》，发现市上奇缺，"人间苦无全书"。他就动用公款刻印该书一万部，"每部为直千钱，士人争买之，富室或买十余部，既偿省库，羡余以给公橱"（陈公眉《太平清话》）。这位太守还算清廉，用销售图书的收入偿还了印书成本，盈利全部归公。有的史料说，王琪用这笔售书盈利修缮了苏州府官署。当地能刊刻《杜工部集》这样的大部头著作，说明苏州的书坊业较为发达。而千钱一部能售出一万部，也说明苏州的识字人口众多，图书市场容量不小，可能有一部分销到了外地。

二、宋开封的民营书业

北宋时期是我国刻书出售的书坊业蓬勃兴起的时代。印刷术的普及有利于宋朝的"以文为治"，而以文为治又促进了书坊业的发展。开封、临安、婺州、衢州、建宁、福州、漳州、泉州、长沙、洛阳、成都、眉山等经济文化较发达的城市，书坊业均较兴旺。北宋都城开封即东京汴梁，是全国的政治、经济、文化中心，也是全国书业中心，相国寺书市是开封图书市场的重要组成部分。

（一）开封的书坊业。北宋时期，开封是北京首都也是全国最大的城市，拥有上百万人口。官府多，学校多，文人学者多，经济繁荣，商店林立，为书坊业的兴起和发展创造了有利条件。唐代城市的坊、市界限分明，各种商品只准在四周有围墙的"市"内列肆出售，营业时间有严格规定。随着生产的发展，这种封闭型的"市"阻碍了商品流通。从五代到宋初，坊市围墙被拆除，包括书坊在内的各种商店均面街营业，营业时间和营业地址不再受官府限制。自由贸易也有利于图书商品的流通。

开封的书坊多在相国寺东门大街。"寺东门大街皆是幞头、腰带、书籍铺……"（孟元老《东京梦华录》）。那时的书坊也称书籍铺、经籍铺、书铺、书肆，多为前店后厂。前店为卖书的店铺，后厂即雕版印刷书籍的车间。书坊集编、印、发于一体，刻版印书，设肆出售。宋代著名画家张择端的《清明上河图》，生动地描绘了北宋开封城的各种景观，其中就绘有一家名为集贤堂的书铺，门面上方高挂"兑客书坊"的红边白布店招。（注：故宫博物院藏清代摹写本《清明上河图》，集贤堂书铺店招上写的是"发兑古今书籍"）从画面看，这家书铺坐落在繁华的街市上，是一间漂亮的瓦房，门面全部敞开，营业结束再加上门板。店内书架上摆满各种书册。书铺主人站在柜台后边接待读者。这个画面告诉我们，北宋时期书店行业开始有了店名、招牌，还挂有店招广告，门面敞开，光线充足，开架售书。

毋昭裔的后人也在开封设立书坊，印书出售。如前所述，宋太祖发现毋氏书板是自家出钱所造，诏令把书板还给毋氏后人。这时，毋昭裔的长子毋守素已在宋朝担任工部侍郎，开宝初年（968），任国子祭酒。毋氏书板如《文选》、《初学记》、《白氏六帖》及"九经"等已运到开封，由守素的家人经营印售。"是时，其书遍海内，后家累千金，子孙禄食"（王明清《挥麈录》）。毋氏书坊经营了50多年。大中祥符九年（1016），毋守素之子"克勤上其书板，补三班奉职"（《宋史·毋守素传》）。从此，毋氏书坊结束。

（二）相国寺庙会书市。开封的寺院林立，庙会繁多，是销售各种商品的重要市场。书商书贩利用庙会的机会摆摊售书，以相国寺庙会最为著名。该寺濒临汴河，寺前门是市内的一个重要码头。寺内场地宽阔，中庭两庑可容万人，"每月八次开放，百姓交易，举几笔墨纸砚、珍禽异兽、书籍字画、香药饰品，时令果蔬，应有尽有"（《东京梦华录》）。相国寺书市是知识分子购书必到之处。苏东坡、王安石经常来这里浏览书市。苏东坡在《李氏山房藏书记》中说："诸子百家书籍日传万纸"，每天可印一万张，说明当年印刷生产力有了很大发展，也反映了当年开封的读者众多，书至方生意繁荣。"凡商旅交易皆萃其中，四方趋京师以货物求售、转售他物者，必由于此"（王栐《燕翼贻谋录》）。其他庙会每年只办一次或数次，而相国寺庙会每月多达八次：朔（初一）、望（十五）、三（初三、十三、二十三）、八（初八、十八、二十八）。每逢这几个日子，"技巧百工列肆，罔有不集"（王栐《燕翼贻谋录》）。《东京梦华录》对相国寺庙会各类商品的销售场所一一作了介绍，其中提到"殿后资圣门前，皆书籍、玩好、图画及诸路罢任官员土物、香药之类"。这表明，资圣门前是以图书为主的文化市场。

相国寺书市除出售官刻本和坊刻本外，也出售私刻本。私刻本也称家刻本，是指由一些文人自行出资刊印的书籍，出于爱好或某种目的，不求盈利，也有拿到市上出售的。穆修在相国寺出售自己刻印的书籍就是一例。宋人朱弁《曲洧旧闻》载："穆修伯长，在本朝为初好学古文者。始得韩、柳文集善本，大喜。……欲二家文集行于世，乃自镂版鬻于相国寺。性伉直，不容物。有士人来还价，不相当。辄语之曰：'但读得成句，便以一部相赠。'或怪之。即正色曰：'诚如此，修岂欺人者。'士人知其伯长者，皆引去。余犹笑其不达，夫欲卖则卖耳，何必问人能读韩、柳文乎，更何必平白赠人，使人闻而引去也。"《东轩笔录》卷三也有类似记述："本朝穆修……晚年得《柳宗元集》，募工镂板，印数百帙，携入京相国寺设肆鬻之。有儒生数辈至其肆，未评价值，先展揭披阅，修就手夺取，瞑目谓曰：'汝辈能读一篇不失句读，吾当以一部赠汝。'其忤物如此，自是经年不售一部。"

穆修（979—1032），字伯长，郓州人，性刚介，与众多龃龉。曾任颍州文学参军，著有《穆参军集》。他精心搜集唐代著名文学家韩愈、柳宗元的散文，倾尽家财刊刻了《昌黎先生集》、《柳宗元集》，并亲自到相国寺书市推销甚至赠送。由于服务态度生硬，经营乏术，一时引为笑谈。但是，穆修是雕版印卖韩、柳文集的先驱，接着引起了刊刻这两个文集的热潮。据今人刘光裕教授统计宋代出版物，韩集有汴京本、蜀本、杭本、湖州本等八个版本，柳集有汴京本、蜀本、杭本、四明本等五个版本。这对宋代继续推广古文运动，反对骈偶文风发挥了不小的作用。

有些文人到相国寺买书留下了不少佳话。女词人李清照同她的丈夫太学生赵明诚，"每朔望，明诚太学谒告归，出质衣，取半千钱，步入相国寺，市碑文果实，夫妇相对展玩咀嚼，自谓葛天之民也。崇宁时（1102—1106），有人持徐熙《牡丹图》，求钱二十万，留信宿，计无所出，卷还之，夫妇相对怅怅数日"（李清照《癸巳类稿》）。说明赵明诚、李清照夫妇经常去相国寺书市购书，后来携带大批图书回归故里青州。"易安性强记，每饭罢，与明诚坐'归来堂'，烹茶，指堆积书史，言某事在某书第几卷几叶几行，以中否决胜负，为饮茶先后，往久举大笑，茶复杯不得饮。""靖康二年，金人陷青州，火其书十余屋"（李清照《癸巳类稿》）。这表明，赵明诚、李清照夫妇也是藏书家。

（三）抄本书仍有市场。相国寺书市不仅卖刻本书，也有抄本书出售。"凡书市之中无刻本，则钞本价十倍。刻本一出，则钞本咸废而不售矣"（叶德辉《书林余话》）。宋代诗人蔡君谟"为《四贤一不肖》诗，布在都下，人争传写。鬻书者市之，颇获厚利"（《渑水燕谈录》）。"仇万顷，未达时，挈牌卖诗，每首三十文，停笔磨墨，罚钱十五"（《渔隐丛话》）。这说明，抄本书仍有市场。

在相国寺书市有时也能买到唐代的古书。宋人张邦基《墨庄漫录》说："其后，在相国寺中庭买得古叶子书。"这里所说的古叶子书，是指唐代出现的经折装书。经折装的单幅，形式好像一片树叶，唐代人称它为叶子书。古叶子书被人们保存了数百年，又重新出现在书市上。五代时期的旧书更可以在书市上散见。《东京梦华录》的作者孟元老"靖康之难"以前就住在开封，常游相国寺，"日阅相国寺书肆，得冯瀛王诗一帙而归"。冯瀛王即五代的冯道，后周时去世，世宗追封为瀛王。《东京梦华录》还提到："乡人上官极，累举不第，年及五十方得解，赴省试，游相国寺，买诗一册。纸已熏晦，归视其表，乃五代时门状一幅。"这是抄本旧书。古代纸张较珍贵，所以用"门状"背面抄书。

相国寺书商想出一种奇妙的图书促销办法，进行赌博游戏，买者下注，掷骰子的胜者可以任选相同价值的图书。北宋灭亡时，开封城遭金兵洗劫，相国寺庙会失去往日繁华，但寺内仍有卖旧书处，有人买得《熙丰日历》数帙。《熙丰日历》是北宋神宗年间的朝廷大事记。

（四）夜市、晓市和民俗节日的图书市场。唐代的城市对商品交易时间有严格限制。北宋时期的开封，各种商品交易已完全取消了时间限制，繁华商业区的夜市直至三更尽，在夜市上也有书籍出售。"每自三更市合，买卖衣物、书画、珍玩、犀玉。"在潘楼街一带还有早市，"每五更点灯，博易买卖衣物、图画、花环、领袜之类，至晓即散，谓之'鬼市子'"（《东京梦华录》）。

开封城的民俗节日较多，常有大型文娱活动。这也是销售书籍的好时机。正月十五元宵节，众多游人集于御街。"两廊下奇术异能，歌舞百戏……苏十、孟宣筑球，尹常卖《五代史》。"七月十五日中元节，先数日市井卖冥器、靴鞋，书商也赶来"印卖《尊胜目连经》"。十二月二十四日交年，"近岁节市井皆印卖门神、钟馗、桃板、桃符……"（以上均引自《东京梦华录》）。

（五）流动书商。宋人左圭辑《百川学海》载："近世印书盛行，而鬻书者往往皆躬自负担。有一士人，尽掊其家所有，约百余千，买书将以入京。至中途，遇一士人取书自阅，爱其书，而贫不能得。家有数古铜器，将以货之，而鬻书者，雅有好古器之癖，一见喜曰：'毋庸货也，我将与尔估其值而两易之。'于是尽以随行之书，换数十铜器，亟返其家。"这个鬻书者有较高的文化素质，对古铜器颇有研究。他挑着书担流动出售，还准备进开封城购进新书，补充货源。在半路上遇到另一位知识分子，遂以图书换取古铜器，两厢情愿，达成交易。

流动书商对抢救散失多年的古逸书发挥了重要作用。据《宋人轶事汇编》（中华书局版，第 252 页）："杨大年，因奏对，偶及《比红儿诗》，大年不能对，甚以为恨。访《比红儿诗》，终不可得。忽一日鬻书者至，有小编，视之乃《比红儿诗》也。自此，士大夫始传之。"杨大年即真宗时期两度任秘书监的杨亿，字大年，与王钦若主编《册府元龟》，博览群书，却找不到《比红儿诗》，而流动书商向他提供了这本访求不得的逸书。

北宋后期有一个流动收售图书而发迹的书商毕良史，字少董，蔡州人。"略知书传，喜字学，粗得晋人笔法。少游京师，以买卖古器书画之属，出入贵人之门。当时谓之'毕偿卖'。兵火赴行在，遂以古器书画之说动诸内侍，内侍留喜之。上方搜访古器书画之属，恨未有辨真伪者，得良史大悦。月给俸五十千，仍令内侍延为门客，又得束脩百余千。良史月得几二百千，而客满门，随有辄尽。当时号为'穷孟尝'"（《三朝北盟会编》）。金兵灭北宋，一些文人逃到京师附近的郊县避难，毕良史就利用这个机会，搜求京城乱后遗弃的古器和图书，买而藏之。后来，他把这些古器、图书献给了刚刚成立的南宋朝廷。毕良史这位书商很有政治眼光，劫后余生，仍为抢救文物遗产作出了贡献。

（六）书商的行业组织——团行。宋代的书商行业组织较唐代更为成熟。在开封、临安、建宁等书业较为发达的城市都建立了书业团行。凡是从事书籍刊刻、贩卖的书坊、书肆经营者，都被纳入书商的行业组织。行业的首领称行头或行老，多由有名望的书坊大户担当。书行的主要任务是维护行业利益，防止不正当竞争，共同占有图书市场。同时还要替官府向本行的行户收取捐税，摊派各种劳役。

北宋全盛时期的开封约有 160 多个商行，有 6400 多商户，这些商户都被纳入各种行业组织——团行之中。书业团行是其中之一。据《东京梦华录》载："市肆谓之团行者，盖因官府回买而立此名，不以物之大小，皆置为团行，虽医卜工役，亦有差使，则与当行同也。"不论经营货物的大小，都要参加相应的团行。就是行医卜卦或各种工匠，也和其他工商业者一样组成团行。南宋时期，包括书行在内的各种行业组织仍然存在。

三、南宋的官办书业

"靖康之祸"使北宋国子监等官署辛苦经营百余年的书板，被金兵作为战利品掠去。南宋王朝偏安一隅，奸臣擅权，朝政腐败，国子监等官办书业已失去前朝的辉煌，但地方官署刻书和民间书坊业却有了进一步发展。

（一）国子监印书作。南宋开国初期，高宗赵构害怕与金兵作战，朝廷中投降派当权，主战派遭到打击。小朝廷被金兵追赶得到处逃跑，根本顾不上图书事业。直至绍兴九年（1139），礼部尚书张彦实"始请下诸道州学取监本书籍镂板刊行，从之"（李心传《朝野杂记》）。绍兴十三年（1143），高宗命人在抗金英雄岳飞被害时的钱塘县旧宅修建国子监。国子监印卖监本书的机构称"印书作"，又称"印文字所"。主事的官员仍沿袭北宋官制称"书库监官"，为供应学校教材的急需，"印书作"来不及重新刻版，只好收取临安、湖州、台州、泉州以至四川等地的书板，加紧赶印"六经"等书，作为监本书出售。同时，又从淮南路转运司、衢州府学等处收取《史记》、《三国志》等书板，作为监本书印行。《新唐书》、《五代史》等书则取自湖州王氏的家刻版，也作为监本书重印。高宗后期，国子监"印书作"逐渐扩充实力，开始雕版书籍。高宗下令："监中其他缺书，亦令次第镂板，虽重有所费，不惜也"。南宋国子监刊行的书籍有书名可考者 110 余种。较重要的著作有《通鉴纲目》、十三经的"正文"、"传注"、"正义"以及《淳熙礼部韵略》、《监本药方》等。北宋国子监刊行的一些书，南宋国子监又重新刊行，"仍发各州、郡学售卖"（《书林清话》卷三）。

（二）秘书省印书作。秘书省设立的编纂机构有编修所、会要所、印历所。这几个所编成的书籍或历书，交由楷书案抄写定稿，由印书作雕版印行。印书作附设印版书库，储有《太平广记》、《乐府》、《中兴书目》等书版7000多片。有时，秘书省奉旨修润校正书籍，然后交国子监作为监本雕版印行。印书作也利用自己的书板随时印行书籍。历书仍属于印历所独家经营的专卖品种。此外，宋廷的太医局、将作监、左廊司局也曾刊行过书籍。

（三）地方官署印卖书籍。南宋地方行政机构为路、府、州、县。路，没有统一的机构和长官，而是分立为转运司（掌财赋）、提点刑狱司（掌司法）、安抚使司（掌兵政），还有提举常平、茶盐、坑冶等司分管一路粮储和官办专利企业。这些官署也不时用公款刊刻畅销的或生活运用的书籍，相互赠送，也向公众出售。如两浙东路茶盐司印卖《外台秘要方》和《资治通鉴》，两浙东路安抚使印卖《元氏长庆集》，福建转运司印卖《太平圣惠方》，江西提刑司印卖《容斋随笔》，等等。各州军、府学、县学也有刻书出售的。江宁、杭州、明州、绍兴、临安、平江、余姚、眉山等府、县官署也不时刻书出售。

地方官署刻书可以获得丰厚的利润。绍兴十七年（1147），黄州印卖《小畜集》，在前记中介绍了该书的纸墨工价"共计一贯一百三十六文足，见成出卖，每部价钱伍贯文"。其印书成本只占书价的23%。淳熙三年（1176），舒州公使库印卖《大易粹言》（一部三十册），在前记中说，本书的纸墨工价等钱"共一贯伍百文足，赁板钱一贯二百文足，库本印造见成出卖，每部价钱八贯文足"。印书成本占书价的34%。平均每册二百六十七文钱。当时每斤米约十文钱，一册书值米二十六斤七两。沅州公使库刊行的《续世说》共6册12卷，书前有广告性的牌记，记载该书的用纸、墨、刻、印等成本费用，约4贯钱，每部售价8贯钱。由于它是直接零售，获利颇丰。

公使库相当于官办招待所。每年由国家财政拨给一定的招待费，称公使库钱。有些州、军就利用这笔钱作资本印卖书籍，牟取厚利。台州知州唐仲友曾用公使库钱刻印《小字赋集》600部。拨出200部作为官场应酬，剩下的400部被他窃为己有，运到老家婺州的书坊出售。

四、南宋的书坊业中心

南宋时期，书坊业有了较大发展，浙江杭州、福建建宁、四川成都（含眉山）成为三大书坊业中心。其他如江苏的苏州、建康（南京），浙江的绍兴、金华、宁波、衢州、温州、台州，江西的吉安、抚州，安徽的贵池、歙县，广东的广州、潮州，福建的福州、泉州、邵武，湖南的长沙等城市，也有书坊刻书出售。下边侧重介绍南宋的三大书坊业中心。

（一）杭州书坊业。北宋时期，杭州已经成为"四方之所聚，百货之所交，物盛人众"的大都会。那时的书坊业就很繁荣，北宋"监本刊于杭者，殆居太半"（王国维《两浙古刊本考》）。北宋哲宗时期，书商徐戬在杭州刻印《夹注华严经》等佛经，运往高丽出售，获利甚丰，后被杭州知州苏轼禁止。建炎三年(1129)高宗升杭州为临安府。绍兴八年(1138)正式定都临安。在此后的140年间，临安（即杭州）成为南宋王朝的政治、经济、文化中心。素负盛名的书坊业成为南宋最大的书坊业中心。这里刊刻的书籍，字体工整，刀法圆润，纸坚色白，墨色清香，有些刻本至今仍有一种清香气味。

南宋政权定都临安以后，原在开封的高官、贵族、文人、学者以及富商大贾为避金兵烧杀掳掠，纷纷迁来临安。来临安避难的商贾"于（开封）御街前开张铺席者，不下万计"。临安都城（杭州）人口倍增，超过一百万人。临安的教育较为发达，每个里巷有一两所家塾、舍馆，"弦诵之声，往往相闻"。国学、文武两学、宗学、京学也都集中在临安。嘉泰三年（1203），各地来临安投考太学者达3.7万人。临安人文荟萃，为发展书坊业提供了十分有利的条件。

南宋临安的书坊多设在繁华的街区，前肆后坊，印书出售，迄今有文献可考的20多家。在城内安顺桥、中瓦子一带，书坊较多。贾官人经书铺、张官人诸史子文籍铺、赵宅书籍铺、荣六郎书籍铺等，都集中在这个街区。

有的书籍铺是在北宋灭亡时从开封迁来的，荣六郎书籍铺就是其中的一家。在这家书铺印行的一本书题记说："旧东京大相国寺东荣六郎家，见居临安府中瓦南街东，开印经史书籍铺，今将京师旧本《抱朴子内篇》校正刊行，的无一字差讹，请四方收书好事君子，幸赐藻鉴。绍兴壬申（1152）六月旦日。"这是印在该书上的一则很有吸引力的广告。它使读者了解到，荣六郎书籍铺是从北宋至南宋经营了数十年的名牌老店。为避"靖康之祸"，历经千辛万苦，迁来临安中瓦子南街继续营业，重印《抱朴子内篇》（今藏辽宁省图书馆）。从开封南迁来的书铺可能不止这一家。如果不南迁，就有被金兵掠走的风险。

南宋临安书坊刊行的"书棚本"较为著名。据《咸淳临安志·京城图》，临安城内有个御河，上有棚桥，这一带街道皆以棚名，如南棚、中棚、棚北等。在棚北大街睦亲坊有一家陈宅书籍铺，又称棚北大街陈解元书籍铺，刊刻的书板秀丽精湛，刻书行款、版式规格有定制。印行的书籍远近闻名，极受后世藏书家珍视。刻书可考者有 32 种，被称为书棚本。其他书坊如尹家书籍铺，主要印卖唐宋人说部杂记，刊刻的版式与陈宅书籍铺版式相仿，也泛称书棚本。

睦亲坊陈宅书籍铺为繁荣南宋文化作出了突出贡献。书铺主人陈起，字宗之，号芸居，自称陈道人，又称武林陈学士。据朱彭《南宋古迹考》载："陈宗之，钱塘人，宁宗时乡贡第一，时称陈解元。事母至孝，居睦亲坊，开肆卖书以养母。"可见，睦亲坊陈宅书籍铺与陈解元书籍铺实为一家。有的书籍史把它说成两家，或说陈解元是陈起（宗之）之子就错了。陈起经营的书铺有如下特色：

1.通过编选、印卖诗文集托起一个文学流派——江湖诗派。南宋中晚期，有一些不满朝政、厌恶仕途、浪迹江湖的下层文人。他们创作的诗文对南宋社会有较为深刻的反映，但登不了堂皇的文学殿堂。书商陈起则给予大力支持，把他们的作品刊刻成集，先后出版发行了《江湖集》、《江湖前集》、《江湖后集》、《江湖续集》、《中兴江湖集》等诗集。在陈起的组织联络下，这些怀才不遇的文人形成江湖诗派，震动文坛，在南宋文学史上颇为有名。陈起作为诗人加编辑，还整理编选了唐代诗人的大量作品。近代作者王国维（字静安，浙江海宁人）对陈起的刻书、售书事业给予了很高评价："陈氏父子编刊唐宋人诗集，有功于古籍甚钜"，"唐人诗集得以流传至今，陈氏刊刻之功为多"。

2.讲究经营之道，多方面为读者提供方便。书籍铺的地址选得好，附近多塾学，又是文人聚居之处。门外树林成荫，隔道有小河流水。陈氏刻书质量高，价格却较其他书铺低廉。周晋仙赠诗说："哦诗苦似悲秋客，收价轻于卖卜钱。吴下异书浑未就，每逢佳处辄流连。"在陈宅买一册书，比卜卦之钱还便宜。也正因为书价便宜，读者才慕名而来，流连忘返。如果读者买书的钱未凑够，陈起允许赊销。诗人黄元易赠诗说："独愧陈征士，赊书不问金。"如果一些老顾客一时买不起书，陈起可以慷慨大方地把书借给他读。诗人杜子野赠诗说："往年曾见郑天乐，数说君家书满床，成卷好诗人借看，盈壶名酒毋先尝。"诗人叶绍翁也赠诗说："案上书堆满，多应借得归。"由于陈宅书籍铺多方面为读者提供便利，赢得了众多读者的信任。诗人许棐赠诗说："君有新刊须寄我，我逢佳处必思君。"一个普普通通的书铺主人，能够得到读者的经常思念，说明他的服务精神感人至深。

这家书铺不仅印卖新书，还经营旧书。叶绍翁赠诗说："随车尚有书千卷，拟向君家卖却归。"一次卖书千卷，说明这位诗人也是一位藏书家。古代的书坊多是新、旧书同时经营，不仅可以丰富品种，吸引更多的读者前来选购，还可以抢救古书。五代后晋时期的监本书《九经字样》在南宋时已罕见，一书商从民间的故纸堆里发现了该书五代开运丙午的刻本。后来，以高价卖给了嘉兴知府陈振孙。诗人形容陈宅书籍铺"四围皆古今，永日坐中心"、"万卷书中坐，一生闲里身"。这家书铺的店堂四周设有书架，陈列古今各种书籍。读者来到这里，好比置身于万卷书丛之中，其乐无穷。

3. 得道多助，流芳青史。陈起由于经营有道，结交了众多文友。当时任秘书少监的刘克庄同陈宅书籍铺的关系密切。刘克庄是南宋的著名诗人，江湖诗派的领袖，他赠诗给陈起："陈侯生长繁华地，却似芸居自沐薰。炼句岂非林处士，鬻书莫是穆参军。雨檐兀坐忘春去，雪屋清谈至夜分。何日我闲君闭肆，扁舟同泛北山云。"可见，陈起同主管书业的主官刘克庄之间已不完全是"功利性交往"，而是志同道合的挚友。陈起刊刻《江湖集》等诗集，得到了刘克庄的帮助。后来，因书中的某些诗句刺痛了南宋丞相史弥远，陈起连同诗作者以讪谤朝臣罪入狱，书板被毁。由于陈起结交的朋友多，朝野为之呼吁，另一位丞相郑清之深慕陈起之名，把他从流放途中赦免归来。

陈起去世时，不少诗人为他写挽诗。"天地英灵在，江湖名姓香。良田书满屋，乐事酒盈觞。字画堪追晋，诗刊欲遍唐。音容今已矣，老我倍凄凉"（周端臣《挽芸居诗》）。"诗刊欲遍唐"是对陈起经营书业的最高评价。有的诗人怀念他："世上名犹在，闲情岂足悲。自怜吟日少，唯恨识君迟"（释斯植《挽芸成秘校》）。"海内交游三十年，临分我到卧床前，西湖一叶惊先落，泪尽秋风松下阡"（黄文雷《挽芸居》）。一位普通的书商在生前身后得到众多诗人的称颂和怀念，在中国书业史上是罕见的。陈起过世后，由其子陈续芸继续经营陈宅书籍铺，约元朝初期"肆毁人亡"。

与陈起父子的陈宅书籍铺容易相混的还有一家"临安府棚北大街陈氏书籍铺"。书籍铺主人陈思在国史实录院任成忠郎（正九品），负责采购图书。因常与各书坊打交道，对图书市场行情较为了解。他出的书虽然不多，却颇有影响。他编印的《两宋名贤小集》，共366卷，约240家。很多宋人的作品通过这部书流传下来。

临安的民俗节日常常形成百货云集的临时集市，许多书商、书贩纷纷赶来在集市上出售诸色经文、卖字本、博弈书、选官图、朝报、旅游图，等等。新年到来之前，各业商贩争相在集市上出售年货。"都下（临安）自十月以来，朝天门内外竞售锦装新历，诸般大小门神、桃符、钟馗……春联帖、幡胜之类，为市甚盛"（《东京梦华录·外四种》）。

在浙江，除临安是书业中心外，其他如婺州、绍兴、明州、湖州等地也有一些书坊刊售书籍。尤其是婺州（今金华市），一些书坊刊刻的书籍一直流传至现代。

（二）建安书坊业。南宋时期，福建的书坊业较为兴旺，尤以建宁府为最。建宁府地处闽北，辖建安（今建瓯县）、建阳两县，府治设在建安。该府的书坊业通称建安书业。建宁府有文献可考的书坊达39家，有些私家宅塾也刻书出售，逐渐发展成书坊，算上这个数字，则建宁府从事刻书出售的达57家，当年位居全国之冠。其中，多数书坊集中在建阳县的麻沙、崇化两地，号为"图书之府"（祝穆《方舆胜览》）。南宋理学家朱熹在《建阳县学藏书记》中说："建阳版本书籍，行四方者无远不至。"这表明，建阳书坊业兴旺发达，销路广泛。

建安成为南宋以至元、明时期的书坊业中心，是有一定政治、经济和文化条件的。建安偏处祖国东南的闽中腹地，远离中原，也远离各种政治旋涡。从五代到宋、元，这里基本上没有遭受战乱。建安的水陆交通较为方便，是"江浙入闽之咽喉，八闽北出朝于京阙，未有不由此者"（《建安志》）。由于社会较为安定，又通舟楫，便行旅，"自五代乱离，江北士大夫、豪商巨贾，多逃避于此"（《建安志》）。北宋末期，为逃避宋、金战争，中原富户来此定居者日渐增多。南宋中期，"建安有民户十四万二千一百"，较北宋元丰年间增加63％。新增加的户数多从北方迁来。这些外来户带来了中原文化和物质财富，有利于发展建安的文化、经济。

建宁府的教育事业较为发达，中唐时期这里的科举文化就名扬四方。北宋时期，建宁府科举出身的达810人，超过福州。南宋时期，由于朱熹的倡导，建宁成为理学闽派基地。这里书院林立，讲帷相望，仅建阳一县就有19处书院。这里的乡村重视村童教育，设有村校，不乏女孩子入学。麻沙、崇化两坊，均有妇女从事刻版、印书。《宋史·地理志》载，闽人"多向学，喜讲诵，好为文辞，登科第者尤多"。建宁府的读书好学风尚较福建其他地区尤为突出。良好的人文条件为书坊业提供了雄厚的著述、编辑人才和刻版技术人才，又为图书销售创造了市场。

建宁具有得天独厚的雕版、印书资源。建阳盛产竹，"茂林修竹，所在皆有，则槽纸笋蕈之利所从出也"（道光《建阳县志》）。建阳生产的竹纸，质薄而韧，色黄而光，吸水性强。书坊业常用山椒果实煮汁，把竹纸染制成坚韧耐久的椒纸，浓郁的芳香气味经久不衰，可以防虫蠹。它是古代雕版印书的理想用纸。建安的竹纸不仅供本地书坊印书，还远销江浙等地，外地书坊经常到麻沙造纸作坊订购印书用的竹纸。书坊业雕版刻字，离不开质地坚韧的梨、枣木板材。建安地处武夷山区，盛产梨木、枣木。在麻沙、崇化一带，梨、枣等木材资源尤为丰富。直至现代，建阳的梨果产量仍居福建南平地区之首位。建安书坊业生产书籍可以就地取材，具有低成本优势。

在"图书之府"崇化坊有一家著名的书院——同文书院，是南宋理学家朱熹开设的。这里既是收徒讲学的教育机构，又是刻书出售的经营机构。由朱熹之子朱在、女婿刘学古经营。朱熹的许多门生如蔡元定、蔡渊、林择之等人居间协助。朱熹的许多著作如《四书章句集注》、《四书或问》、《周易本义》、《易学启蒙》、《通书解》、《西铭解》、《太极图说解》等，均由他自己开设的同文书院刊行。

朱熹（1130—1200）是宋代理学的集大成者、著名教育家。生于福建尤溪，14 岁随母定居于建阳的邻县——崇安（今武夷山市）五里夫。19 岁中进士，为官多年，注重教育事业。一度辞官，退居崇安授徒讲学，著书立说，前后达 15 年之久。一生著述颇丰，对经学、史学、文学、乐律以至自然科学有不同程度的贡献。在南宋的教育界，程朱理学在相当长的时间里占据主导地位，朱熹的《四书章句集注》等书已被太学、官学作为必读的教材和参考用书，十分畅销，常被其他书坊盗印。朱熹很气愤，只好函请县官或挚友"追索其版"。朱熹的后世子孙，有不少人也从事书坊业。直至明代，他的著作不断被朱氏家族印售传播。

朱熹的学生祝穆，家住建阳，也刊书出售。他编纂的《方舆胜览》（70卷）、《事文类聚》（170 卷）、《四六宝苑》等书，自己主持校对、刻印，上市后颇受欢迎，"蜀中人士来购者，一次竟以千部计"（元代人方回《瀛奎律髓》夹注）。朱熹的《方舆胜览》因销路快，怕人盗印，特向福建转运司申请保护版权。

南宋时期，建安著名的书坊还有：余氏勤有堂、余仁仲万卷堂、刘日新宅三桂堂、麻沙水南刘仲吉宅、黄三八郎书铺、陈八郎书铺、江仲达群玉堂、虞氏务本堂、朱氏与耕堂、高氏日新堂、叶氏广勤堂、崇文书堂等。此外，黄善夫的家塾刻本也很有名。

余氏和刘氏为建安的两大书坊世家，祖祖辈辈经营图书。在崇化镇，余氏书坊有 6 家。在麻沙镇，刘氏书坊有 9 家。

建安余氏书坊的先祖余同祖，北宋时曾任广西安抚使，年老落户建阳，其子孙多以经营书坊为业。近代学者叶德辉说："宋刻之盛，首推闽中，而闽中尤以建安为最，建安尤以余氏为最"（《书林清话》卷二）。近代学者叶昌炽也说："考今时所传闽本，以建安余氏为最，南宋有余仁仲、余恭礼、余唐卿、余彦国；元有余志安勤有堂及双桂书堂"（《藏书纪事诗·序》）。余仁仲为南宋孝宗时期国学进士，经营万卷堂书坊，所刻《尚书精义》等书，"字画端谨，楮墨精妙"，为公认的善本。南宋末期，余文兴经营的勤有堂书坊，其后人余靖安刊行的勤有堂《古列女传》等书也很有名。

建安刘氏书坊的先祖刘翱晚唐时曾任少府监，几经周折落户建阳。其后人多以经营图书为业。著名的有刘僎、刘麟、刘仲吉、刘将士、刘元起、刘叔刚等。刘僎编成《元氏长庆集》60卷，由其子刘麟于北宋宣和六年（1124）刊行于世。刘仲吉（1131—1202）是朱熹的学生，"性嗜书，手不释卷。前辈文集，昼夜编集"（《刘氏忠贤传》）。南宋孝宗的左丞相周必大为其撰墓志铭，朱熹为其书作赞。其子刘将士，淳熙科进士，官莱阳县令，也刊书多种。

建安余氏和刘氏这两大家族经营的书坊，历宋、元、明三代达五六百年之久，举世罕见。

建安麻沙、崇化两地书坊闻名天下，是有其成功的经营之道的。

1.稍具规模的书坊主人有较高的文化素质。余仁仲是国学进士，已如前述。由家塾刊书发展为书坊的魏仲举，非一般书商可比，曾独立编选九十多卷的五百家注音辨的《昌黎、宗元文选》，旁征博引，有很高的学术价值。他既是学者，又是书商，被称为南宋"麻沙书坊之领袖"（《福建通志》）。书坊主人蔡梦弼除亲自编选书籍外，还自著《草堂诗话》二卷。黄善夫是善于创新的编选专家，他把南朝宋裴骃《史记集解》、唐司马贞《史记索隐》、唐张守节《史记正义》三家注颇具创意地编入《史记》各相关正文之下，刊行《史记》三家注合刻本。一书在手，便于读者参阅，销路大增，深受后世推崇。他纂集的《王状元集百家注分类东坡先生诗》25卷，编选思路与《史记》三家注大体相同，销路颇畅，引起建阳书坊业跟风翻雕。但黄善夫刻本均属建本上乘，为后世藏书家所珍藏。

有些书坊聘请有名望的文人、塾师担任编辑、校对。余氏广勤堂延请名儒徐世载校辑《诗传义疏》，费时40年才刊刻成书。一般书坊都有自己的写工、刻工、印工，许多官刻书也交给他们刻印。设于麻沙的刘日新三桂堂是一家较大的书坊，全盛时期有经史编辑14人，刻工、印工16人。麻沙、崇化一带的农家也有一批熟练的雕版技术能手，有些是祖辈相传。他们农忙务农，农闲时就在家中包揽刻版劳务。

2.出书面向市民阶层。南宋大兴水利，农业发展水平超过北宋。在这个基础上，制瓷、造纸、造船、纺织、印刷等各种手工业均有了长足进步。这就带动了市镇经济的繁荣，市民阶层随之兴起。新兴的市民阶层提出了新的文化要求和新的编纂课题。建安书坊业敏锐地看到了图书市场的新趋势，突破了仅仅为封建士大夫出书的狭小圈子，把雕版印卖的重点扩大到市民阶层。为适应市民文化消遣需要，建安书坊业率先编辑出版了《武王伐纣》、《乐毅伐齐》、《前后汉》、《五代史》、《大宋宣和遗事》等平话小说。这些小说使用的语言接近口语和白话，内容多为市民所熟悉的事件或精彩的历史故事，销路颇广，甚至连南宋皇帝也喜欢读平话小说。

为适应市民阶层社交应酬或生活需要，建安书坊业编撰了许多尺牍、通书、酬世大全……居家必备的图书。一些通俗实用的医书、验方也为市民生活必备。建安书坊业瞄准市民阶层这个广阔的市场、稳定的销路使他们得以生存、发展。

3.书价相对低廉。建安的经济地理条件和人文条件有利于降低出书成本。如前所述，雕版用材、印书用纸均可就地取材，且质量上乘，出书的原材料成本相应降低。刻版工匠多来自当地农家，农忙务农，农闲受聘刻书，刻印工价相应降低。号称图书之府的麻沙镇，水陆交通方便，建安书坊刊行的书多由此地集散，远销浙赣，"下吴越如流水"。相比陆路，水运更为便宜。

基于上述成本优势，麻沙本（建本书）的价格约较浙本书便宜30％，较苏州等江南本书便宜50％。由于建本书价格低廉，得以北销临安、开封、洛阳、鄂州（武昌），南下福州、泉州，经海船行销日本、高丽、暹罗。

4.对南宋麻沙本的评价。建安的书坊多，出书品种多，销量大，难免鱼龙混杂、泥沙俱下，既出版一批校勘精良、印制精美的传世珍品，也出版不少错漏百出、粗制滥造的书。历史上对麻沙本即建本书的评价，各见高低。

南宋和后代的学者认为麻沙本中不乏善本。南宋诗人杨万里赞扬建安虞平斋本《东坡集》刻版技术精良："麻沙枣木新雕文，传刻疏瘦不失真，纸如雪茧出玉盆，字如秋雁点秋云"（该书今存国家图书馆和北京大学图书馆）。余仁仲万卷堂《周礼注》被藏书家评为"句读处亦与所言相合，又卷末各详记经注音义，字数点画完好，纸质极佳"。历代学者对麻沙本的肯定评语如："纸白如玉，字体秀劲"、"笔画工整，纸墨古雅，洵宋刻之最佳者"、"字画精朗，古香可爱，盖宋版之绝佳者"等。清代《四库总目提要》盛赞建安魏仲举刊本："纸墨如新……椠刻精工，在宋刻中亦称善本。"

南宋人和后代学者也有贬低麻沙本者。南宋诗人陆游就批评过麻沙本的《易经疏义》，错将"釜"字刊成"金"字，诸生考试闹出了笑话。宋人叶梦得《石林燕语》说："今天下印书，以杭州为上，蜀本次之，福建最下。京师比岁印板，殆不减杭州，但纸不佳。蜀与福建多以柔木刻之，取其易成而速售，故不能工。福建本几遍天下，正以其易成故也。"明代人胡应麟、谢肇淛，清代人王士禎也沿袭了叶梦得的评语，认为麻沙本的刻版和用纸最次，"盖徒为射利计，非以传世也"（谢肇淛《五杂俎》）。这些学者的评语不无道理。叶梦得所说的"多以柔木刻之"中的"柔木"，是指麻沙一带产的白梨木，用这种版材刻书速度快，最适于刊印场屋用书。此类书时间性强，要求快编快印，使其"易成而速售"。学者们把此类"速售"的麻沙本"坊屋用书"同杭州、苏州等地刊刻的经史子集等书作比较，可能是"福建最下"。但是，建安书坊业刊刻的经史子集等传世之书，则不用"柔木"而是用本地盛产的红梨木或枣木等上好版材，精工刊印。此类麻沙本并不比浙本、江南本和蜀本差。

对古代版本优劣的评价应采取分析的态度。不能说某地出版的书均为善本，也不能说某地出版的书均为粗制滥造。在各个朝代之间、书坊之间以及每个书坊刊刻的各种不同书籍之间，必然参差不齐，有好有差。总的来看，麻沙本有许多刊印精品，素负盛名。流传至今的宋版书中，麻沙本居多。从现存宋刻"麻沙本"《道德经》、《杜工部草堂诗笺》等书来看，刊刻得相当精美，并已有插图。图书的刊刻质量是书坊的生命，如果麻沙本多数为劣本，肯定难以生存和发展。

当代某些权威性辞书对"麻沙本"的释文欠妥。商务版《辞源》1983年12月修订第一版第3565页对"麻沙本"的解释是："旧刻本之雕印不精者，世称麻沙本。"把麻沙本当作"雕印不精者"的同义语，显然不科学，其他各地刻本中也肯定有"雕印不精者"，任何人都不会把它称为"麻沙本"。释文继续说:"麻沙,地名,南宋时属福建建阳县(注:现在仍属福建省)。地产榕树,质性松软,易于雕版,镌书人皆居麻沙一带,所刻颇多讹误,当时不为人重。明弘治间,曾委官厘正之。今麻沙之本,已罕流传。"叶梦得《石林燕语》谓"今天下印书,以杭州为上,蜀本次之,福建最下。所谓福建本,即麻沙本也。"

上述释文值得探讨:第一,包括麻沙、崇化等镇在内的建阳全境,自古以来就不产榕树。榕树产于福建沿海,建阳位于闽北山区,不适于榕树生长。宋人梁克家《三山志》载:"榕,州以南为多,至剑则无。"剑,是指今福建南平地区,而建阳是南平地区的一个县。在福建,自古以来就流传"榕不过剑"的谚语。第二,榕树木质薄脆,根本不能用作版材刻字。《闽产录异》载:"榕,或作槦,言其连蜷谬结,不中梓人也。"槦即庸木——不中用的木材。雕版工匠(梓人)是不会用这种庸木来刻字的。《辞源》的释文把"柔木"臆断为榕木,又想当然地把麻沙镇说成榕树产地,从而推断麻沙本即"旧刻本之雕印不精者"。这就值得商榷了。上海1979年版《辞海》第2040页对"麻沙本"的释文较为客观,但"麻沙镇"词目也说该镇附近盛产榕,"榕树质性松软,易雕板",就不对了。受这些权威性工具书的影响,《古籍版本浅说》也说:"麻沙镇附近多产榕树,木质松软,麻沙人多取用雕版印本,因此称为麻沙本。"类似这种以讹传讹,也见诸他书。

《辞源》释文引用叶梦得的评语来论证麻沙本雕印不精,也值得讨论。叶梦得(1077—1148),南宋绍兴年间任江东安抚制置使,兼知建康府,殁于绍兴十八年(1148)。他的评语充其量只能说明南宋初期20来年的浙本、蜀本、建本的坊刻状况。他死后,南宋尚存在130余年。事物是不断发展变化的,怎么能用一个人生前的某个评语来继续认定他身后长达一个多世纪的麻沙本为"雕印不精者"呢?更何况从元、明直至清初,麻沙镇仍在继续刊书。[①] 如果麻沙刊印的书错误多,名声坏,用现代语言说,品牌不好就不会延续数百年直至清初仍在刊书。

南宋时期,除建阳书业外,福建的福州、泉州、漳州、晋江等地也有一

---

① 本书对建安书坊业的叙述,参考了林应麟著的《福建古代书业史》油印本。

些书坊或家塾刊行书籍。

（三）成都书坊业。唐代后期，成都的书肆就开始出售印本书。五代时期，官府和民间都刊刻书籍。经过上百年的发展，成都书坊业在北宋时期就拥有雄厚的刻版力量。北宋初年，张从信奉太祖之命赴益州雕《大藏经》。共计雕版 13 万块，5480 卷。如此浩大的雕版工程，如果没有众多的刻工能手参与是无法完成的。这从一个侧面说明成都的书坊业发达，否则也养不活那么多的写工、刻工。有些大部头著作，北宋朝廷往往同时诏令杭州和成都镂版。熙宁八年（1075）神宗曾诏令这两个府的转运司各自雕印新修《书》、《诗》、《周礼新义》。成都的书坊也致力于编印新书。徽宗曾诏令成都府路，采访民间书坊"镂板奇书，令漕司取索，上秘书省"（《四朝国史艺文志序》）。可见，成都书坊业闻名京师，受到徽宗的重视。

南宋时期，成都长期处于和平环境，农业、手工业和商业均有进一步发展。读书人多，学者辈出。南宋高宗也说："蜀中多士，几与三吴不殊。"西蜀文籍，巨细毕备。富庶的经济、发达的文化、精湛的雕印技术为成都的书坊业开拓了市场。成都造纸业素负盛名，成都府广都县（今双流县）又盛产适于印书的竹纸和楮皮纸。书坊业印书可就地取材，有利于降低成本。四川雕印的书通称"蜀本"或"川本"，又可细分为成都本、广都本、眉山本。叶梦得说"蜀本次之"很难服人。

南宋时期，成都的书坊刊行过不少大部头著作。一千卷的《册府元龟》就刊过两次，还刊行过一千卷的《太平御览》。南宋末期，蒙古兵多次攻陷成都，书坊业蒙受深重的焚掠之灾，大部分蜀本被毁。流传到现在的蜀本远远少于浙本和建本，传下来的书坊业史料更少。可以断定，当年的大书坊不在少数。迄今有据可查的书坊有西蜀崔氏书肆，曾刊刻王雱《南华真经注》。该书的牌记说："得完本于西蜀陈襄之家，以授崔氏书肆命工刊行。"看来崔氏书肆拥有自己的雕版、印刷工匠。既然是刊行，那就不排除直接销售。每逢十二月，成都有桃符市，书坊业则赶印大小门神、桃符（春联）、新历等在闹市上出售。

成都府也有经营上百年的书坊世家。该府广都县的费氏进隆堂在南宋初期就经营图书，长达百余年。费氏刊行的大字本《资治通鉴》远近闻名。广都北门裴宅也是书坊业的老字号。早在北宋徽宗时期，裴宅就印卖《六家注文选》，南宋末年仍在翻刻此书。这家祖传书坊约经营 170 余年。此外，成都府的犍为、临邛等县均有书坊，印卖的书籍流传至今。

成都府眉山县教育事业发达，人才辈出。南宋时期逐渐成为与成都并列的书坊业中心。井宪孟刊行的七史（宋、齐、梁、陈、魏、北齐、北周）以"眉山七史"著称于世。这里的书坊还刊行了不少唐宋诗文集。大部头著作《册府元龟》也有眉山本。眉山是苏东坡的家乡，苏氏眉山功德寺刊行的《苏文忠公文集》、《苏文定公文集》销行各地。在眉山，苏东坡的"粉丝"很多，"初《眉山集》有雕本，元弼得之也，观忘寐。陈氏有言，遂求去，元弼出之。元弼每以此说为朋友言之。且曰言吾读《眉山集》而致也"（李廌《师友谈记》）。章元弼因嗜读苏东坡的《眉山集》而废寐，结果与妻子离婚，章元弼并不介怀，说明读者对苏东坡的崇拜，已经成了精神支柱。

眉山书坊业最早提出保护版权的声明。南宋中期，眉山人王称写了一部北宋历史《东都事略》130 卷，在初刻本目录后印有长方牌记："眉山程舍人宅刊行，已申上司，不许覆板。"根据历史学家、巴黎国际科学史研究院通讯院士胡道静考订，该书写作年代不晚于南宋孝宗淳熙十二年（1185），刊行年代约在光宗绍熙年间（1190—1194）。该书牌记是目前世界上最早发现印在书上的版权保护声明。牌记中的"刊行"二字，说明程舍人宅是一家书坊，《东都事略》一书是作为商品出售的。"不许覆板"是为了保护其经营利益和劳动成果，当然也含有保护著作权的意图。它从另一方面也表明眉山书坊业的繁荣，在同行业之间可能有过盗版翻印事件。因此，程舍人宅才申报官府，请求立案。他人如果"覆板"，将报请官府查处。

五、活字印刷术的发明

一部书稿经过雕版印刷可以复制出众多复本，比起佣书人手写传抄，节省了大量的人力和时间。这对促进图书贸易发挥了巨大作用。但是，当这项技术在北宋中期得到发展之际，人们又发现雕版印刷术的局限性：一是印一页书必须先雕一页版，如无重印机会则弃置废用；二是印大部头著作往往要花费若干年时间刊刻大量板片，耗资巨大；三是各种书板需要占用一定的库房来储存，并需妥善管理。随着图书品种增多，销量扩大，推动了活字排版印刷技术的产生。它的发明人，则是北宋年间的毕昇。

（一）泥活字排版印刷技术。毕昇的这项发明在宋人沈括的《梦溪笔谈》卷十八作了如下记述："板印书籍，唐人尚未盛为之，自冯瀛王始印《五经》，以后典籍皆为板本。庆历中有布衣毕昇又为活板。其法，用胶泥刻字，薄如钱唇，每字为一印，火烧令坚。先设一铁板，其上以松脂蜡和纸灰之类冒之。欲印，则以一铁范置铁板上，乃密布字印，满铁范为一板，持火炀之，药销熔，则以平板按其面，则字平如砥。若止印二三本来为简易，若印数十百千本，则极为神速。尝作二铁板，一板印刷，一板已自布字，此印者才毕，则第二板已具，更互用之，瞬息可就，每一字均有数印，如'之'、'也'等字，每字二十余印，以备一板内有重复者；不用则以纸贴之，每韵为一贴，木格贮之，有奇字素无备者，旋刻之，以草火烧，瞬息可成。不以木为之者，纹理有疏密，沾水则高下不平。兼以药相贴，不可取，不若燔土，用讫，再火令药熔，以手拂之，其印自落，殊不沾污。"毕昇的发明，就是用胶泥刻字，每字一印，经火烧制成泥活字。用这些泥活字在两块铁板上交替排版和印刷。泥活字可多次使用，较雕版印刷经济方便。

（二）毕昇与书坊业。毕昇的这项发明除《梦溪笔谈》有所记述外，其他历史文献均未提及。因此，对他的生卒年月和经历无从查考，只知他是北宋庆历年间（1041）的一位老百姓（布衣），约卒于1051年。1996年4月26日《人民日报》发表消息说，在湖北英山县睡狮山毕家坳发现毕昇及其妻李氏合葬墓碑，考古专家已确认这是泥活字印刷术发明家毕昇的墓碑。

毕昇的职业有几种说法。近代学者王国维说毕昇是个锻工，法国汉学家茹连说毕昇是个铁匠，《大英百科全书》说他是个炼金术士。《宋朝史话》（北京出版社出版）说："毕昇可能是当时刻书中心杭州的一名刻工。"《毕昇》电影则说他是杭州一家书籍铺的主人。王国维的说法，是将大中祥符年间（1008—1016）为王捷锻金的老锻工毕昇与庆历年间发明活字印刷术的毕昇混为一人。外国学者的说法主要源于王国维的说法。

本书认为电影《毕昇》的推测颇有道理。隔行如隔山，雕版印刷在各行各业中是个小行业，一般引不起世人的注意。毕昇如果没有参与刊刻书籍的实践，不熟悉雕版印刷技术及其局限性，也就不可能产生发明活字印刷术的动机，更不会花费大量的时间、精力和物力，进行反复多次的试验。可见，毕昇的职业一定同书业关系密切。

按沈括的记述，泥活字排版印刷技术较为复杂。毕昇在11世纪发明胶泥活字的艰难历程可想而知。如果毕昇仅是一名刻字工匠，恐怕难以承担得起这些研制费用和研制时间，发明成功也处有限。合乎情理的推测，毕昇可能是书籍铺主人。从生产经营来看，他有这种发明的需要；从研制所花费的人力、物力来看，他能够承担得起，并可组织刻工、印工来共同从事各项研制。书籍铺主人把这项发明作为自己的经营秘密，不会轻易向社会公开。毕昇去世，幸亏沈括获得泥活字印刷术的"秘方"，对其加以记述，才能流传后世。

（三）毕昇发明的深远影响。毕昇发明的泥活字排版印刷技术，与现代铅字排版印刷的原理基本相同。可以说，它是现代铅字排版印刷的先导。这项发明比德国人J.谷登堡活字印书约早400年。

我国封建王朝和官僚、士大夫受儒家思想统治，轻视生产技术的发明创造，只把它看作"雕虫小技"。因此，活字印刷术的推广与运用并未引起官方重视。其实，在北宋后期，活字印刷术已传至西夏，出现木活字印本。迄今发现第一部泥活字印本是南宋绍熙四年（1193）刊行的周必大《玉堂杂记》。

周必大（1126—1204），字子充，吉州庐陵人，曾任监察御史、枢密使，南宋孝宗时官至左丞相。光宗时封益国公。卒年79岁。绍熙四年，他任潭州（今长沙）知府时写信给程元成："近用沈存中（沈括）法，以胶泥铜板，移换摹印，今日偶成《玉堂杂记》二十卷……"（周必大《周益文忠公集》）。周必大一生为官，著作达八十一种。有些著作由他亲自主持刊刻，这才出现泥活字印本的《玉堂杂记》。不仅如此，他还是我国出版史上官阶最高的编辑出版家。他在丞相任上，发现坊间刊刻的欧阳修文集"讹谬不可读"，遂与老于儒学的孙谦益、长于考证的丁朝佐等人遍搜旧本，互加编校，花了六年时间，重新刊刻了《欧阳文忠公集》一百五十三卷，史称"周必大刻本"。北宋雍熙三年（986）奉诏编纂的一千卷《文苑英华》，因编选不当，舛误颇多，一直未刊印。时隔二百多年，周必大奉诏命重新组织编选校勘，终于嘉泰四年（1204）正式刊行。

第三节　两宋图书市场

两宋王朝重科举取士，围绕科考需要的场屋用书成为图书市场的常销、热销品种。随着市民阶层的崛起，年画成为图书市场的新品种。私人藏书的增多为图书市场带来了活力。两宋的对外图书贸易已不如唐代。由于宋辽、宋金交战，两宋王朝加强了对图书市场的控制。王朝内部的斗争加剧，禁书事件增多。本书从宋代起把禁书事件列入"图书市场"，专节叙述。

一、两宋书业的常销书

图书市场上常销或一时热销的图书，一般都同文化教育事业的发展以及重大政治事件的影响或民风民俗的变化有关。但每个历史时期又有其不同特点。北宋至南宋的常销书大体有如下几方面。

（一）《中书五经》与《三经新义》。这两部书是宋代风行的教材。北宋三次发起兴学运动，第一次是范仲淹为相时的庆历兴学，第二次是王安石为相时的熙宁兴学，第三次是蔡京为相时的崇宁兴学。三次兴学运动都要求各州县设立学校，凡州县有学校聚徒讲诵之所，赐"九经"一部。"九经"是指《诗》、《书》、《易》、《周礼》、《礼记》、《仪礼》、《公羊传》、《穀梁传》、《左传》，后来又增加了《论语》、《孝经》、《尔雅》，宋代元祐年间又增加《孟子》成为十三经。它们是各类官学以及私学的基本教材，从而成为图书市场的常销书。这些教材也是国子监不断重印的书，"许人纳纸墨价钱收赎"实际上就是按定价出售。监本书的字大、定价高，书坊业则另行刊印了一种字体较小、定价稍低的书，取名《中书五经》，读者竞相购买。在销售教材方面，书坊与国子监展开了竞争。

熙宁年间，在神宗赵顼支持下，王安石推行变法。这是一场政治改革，反对的人不少，为了统一思想，急需对儒家经典作新的训释。神宗问王安石，现在解说经书各人不同，何以道德？王安石说："卿有所著，可以颁行，令学者定于一"（《续通鉴长编》卷二百二十九）。神宗派王安石主管经义局，训释《诗》、《书》、《周官义》，旨在为"新法"找理论根据。王安石于熙宁八年（1075）编成，定名《三经新义》，颁于学官。神宗命发给宗室、太学及诸州府学作为必读教材，下令杭州、成都府路转运司镂板印卖。科举取士也以《三经新义》为标准，"一时学者无不传习"（《续通鉴长编》卷二百二十九）。《三经新义》成为宋代的常销书。

神宗病逝，保守派当政，王安石被废黜，但《三经新义》仍继续流通。保守派大臣在政治上反对王安石，却推崇该书对儒学发展的贡献。国子监黄隐擅自停售《三经新义》，遭到上官均、刘挚等保守派大臣的弹劾。宋朝规定，《三经新义》与先儒之说并行。南宋时期，此书仍被士人所重，朱熹也推崇"王氏新经尽有好处"。

（二）武经七书。北宋官方颁发的兵学教材。武经七书汇集了我国古代兵法的精华，包括《孙子》、《吴子》、《六韬》、《司马法》、《三略》、《尉缭子》、《李卫公问对》。元丰三年（1080）立武学。神宗诏命国子监将这七部兵书校定刊行，颁为武学必读书，并定为武举考试科目。武学的学生、赶考武举的士子以及宋军各级武官都离不开这七部兵书，因而成为市场上的常销书。

（三）科举考场用书。从北宋到南宋都很重视科举考试。由考官出题，应考人只要文章做得好，不论门第贵贱均有录取的希望。科举取士的政策摧毁了门阀制度的残余，调动了四方学子读书应考的积极性。书坊业发现科举考场的潜在需求，就模拟各种考题，找文人写文章编印成书，颇为畅销。

宋人高文虎《蓼花洲闲录》载："祥符中（约1011），西蜀二举人，至剑门张恶子庙祈梦。梦神授以来岁状元赋，以'铸鼎象物'为题。至御试，御题果出《铸鼎象物赋》，韵脚尽同。思庙中所求，一字不能上口，草草信笔而出。及唱名，皆被黜；状元乃徐奭也。既见印卖赋，比庙中所见者，无一字异。"这个故事的"祈梦"是一种迷信，但它表明，宋初的书坊业就开始印卖状元赋之类的考场应急用书，也可能是书坊主人有意编造"神授状元赋"的迷信谣传，来扩大他的图书销路。

南宋的书坊业更加看重科考市场，纷纷刊行"场屋用书"。岳飞之孙岳珂《愧郯录》称："自国家取士场屋，世以决科之学为先。世以决科之学为先，故凡编类条目，撮载纲要之书，稍可以便检阅者，今充栋汗牛矣。""场屋用书"主要指程文策论，如《圣宋文选》、《崇古文诀》等书，可供考生暗中带入考场，作剽窃文章之用。建阳书坊业印卖此类书尤为著名。岳珂指出："建阳书肆为日辑月刊，时异而岁不同，以冀速售。而四方转致传习，率携以入棘闱，务以眩有司，谓之怀挟。"这里所说的"日辑月刊……以冀速售"，就是指时间性强，随着每年考场形势变化不断编选的程文策论之类的场屋用书。"怀挟"是指考生把这些书揣入怀中偷偷带入考场（即场屋）。朱熹也说，建宁书坊业印卖的供科举考试夹带用的书"百倍经史"。这类书销路广，周转快，利润高。

（四）名人文集风行一时。这也同科举取士有关。考生准备科考，靠押题做文章毕竟不可靠，真功夫还是熟读名人文集。为适应这种需要，两宋的书坊业刊行唐人文集达 300 多种，有 28 家书坊争相印卖韩愈文集。宋人自选诗文集达 1500 余种，多由书坊业刊行。

（五）说史讲故事的"话本"受市民欢迎。在汴京、临安等城市有了专门的娱乐场所——瓦肆、勾栏。在一些中小城镇乃至乡间集市也有不少娱乐场所。娱乐文化的核心是围绕说史讲故事展开的。职业说书人"只凭三寸舌褒贬是非，略万余言讲论古今"。说书的繁荣带动了"话本"的创作。一些著名的"话本"如《孙庞斗智》、《刘项争雄》、《黄巢》、《三国志》、《晋宋齐梁》、《收西夏》、《中兴名将传》、《洛阳古今记事》等，纷纷由书坊业出版，受到市民欢迎，在城镇广泛流通。流传至今的仍有《梁公九谏》、《新编五代平话》、《新刊大宋宣和遗事》等。

（六）《百家姓》、《三字经》广为流传。一些富庶人家多设家塾，安排本族子弟入学。有些塾师自设蒙馆、冬学，聚徒教书。苏轼说："吾八岁入小学，以道士张易简为师，童子几百人"（《东坡志林》）。陆游说："农家十月乃遣子入学，谓之冬学。所读杂字、《百家姓》之类，谓之村书"（《剑南诗稿》卷二十五）。可见，《百家姓》是宋代儿童入学的启蒙识字教材。此外，《千字文》和《蒙求》也是启蒙教材。南宋赵汝鐩赋诗说："农家颇潇洒，潺潺清泉流……群儿窗下读，《千字文》、《蒙求》"（《野谷诗稿》卷三）。这几种蒙学读物每句字数相等，顺口押韵，易读易记，举世学童背诵，家喻户晓，这是书坊业常印常销的品种。

《百家姓》的成书年代，宋代学者王明清认为是宋初吴越的老儒所编。

因此，宋朝皇帝赵氏被列为首句首姓。当时的吴越仍被钱俶统治，钱氏列为首句次姓。今人考证，这个说法不准确。明代梅鷟的《南雍志经籍考》、周弘祖的《古今书刻》都著录有唐代虞世南手写本《百家姓》，在敦煌石窟发现两个《百家姓》卷子，和今本《百家姓》完全相同。敦煌文献多为唐五代时期的写本，宋初文献极少。如果该书成书于宋初的吴越地区，不可能在短期内传到遥远的敦煌，并被敦煌一带的村校选为教材。当今学者认为，《百家姓》成书于唐代的可能性较大。但从宋代起广为流传，由书坊业刊印出售则是确定无疑的。明代有以朱姓为首的《皇明千家姓》，清康熙时有以孔姓为首的《御制百家姓》，但流传至今的仍是以赵姓为首的《百家姓》。

《三字经》成书于南宋时期，相传为王应麟编撰，又传为区适子编撰。内容包括基本的生活知识及历史知识。明清学者又陆续有所补充。《三字经》直至近现代仍广为流传，在国际上也有较大影响，联合国教科文组织已将其选为儿童道德丛书之一。

南宋时期，童蒙教学的补充读物还有《小学》、《童蒙须知》、《训蒙诗》等。

二、年画市场

年画（含门神画、春联等）是在新年张贴的节日风俗画。它寄托了人们在岁末新春之际的美好期望：祈福迎祥，驱灾避邪。年画约出现于汉代，但作为商品在市场上广为流通，则始于北宋。

（一）年画溯源。相传在汉代就有了门神画，人们在除夕之夜，逐除恶害之鬼"乃画荼、垒并悬苇索于门户，以御凶也"（蔡邕《独断》）。魏晋南北朝时期仍沿袭这个风俗，"岁旦绘二神贴户左右：左神荼，右郁垒，俗谓之门神"（南朝梁宗懔《荆楚岁时记》）。唐代的门神画衍变为威严勇猛的武将。传说"唐太宗不豫，寝门外抛砖弄瓦，鬼魅呼号……太宗以告群臣。秦叔宝出班奏曰：'愿同胡敬德戎装立门外以伺。'太宗可其奏，夜果无警……因命画工图二人之像，悬于宫掖之左右门，邪祟以息。后世沿袭，遂永为门神"（《搜神广记》）。中唐时期，出现了岁暮驱邪的钟馗画。

五代时期，后蜀主孟昶于广正二十七年（964）新年，命群臣在桃符板上写对联，以试才华。孟昶写了"新年纳余庆，佳节号长春"，成为历史上最早出现的春联。此后，每逢岁暮，在士大夫阶层形成张贴春联的习俗。

（二）两宋的年画。从北宋起，我国的民间年画开始成熟与定型。在开封有较为集中的画市。据宋人孟元老《东京梦华录》："朱雀门西大街相对梁家珠子铺，余皆卖时行纸画、花果铺席。""如果木亦集于朱雀门外，及州桥之西，谓之果子行，纸画儿亦在彼处，行贩不绝。"这两处可能是较固定的画市。临近年关，则出现季节性画市。冬至以后，"御街游人嬉集，观者如织，卖扑土木粉捏小象儿，并纸画看人，携归以为献遗。……近岁节，市井皆印卖门神、钟馗、桃板、桃符及财神、钝驴、回头鹿马、天行帖子"（《搜神广记》）。

在宋代，岁暮驱鬼、驱邪的钟馗画被宋神宗赵顼所提倡。熙宁五年（1072），他"令画工摹拓镌版，印赐两府辅臣各一本。是岁除夕，遣入内供奉官梁楷就东西府给赐钟馗之像"（沈括《梦溪补笔谈》）。足证宋代年画已用木板雕印。

南宋杭州的年画市场较之北宋的开封更加兴旺。当时的年画，仍称纸画儿。"都下自十月以来，朝天门内外竞售锦装新历、诸般大小门神、桃符、钟馗、狻猊（狮子画）、虎头及金采镂花、春帖、幡旌之类，为市甚胜"（南宋《武林旧事》）。门神画的形象除武将外，还有穿朝服的文官形象，寓意为进财迎福。南宋秘书监刘克庄赋诗："今年台历无人寄，且看村翁壁上图。"这两句诗反映出，南宋时期已有台历历画出售，其发行范围已达到农村，在农村老翁家的墙上挂有标明农时季节的历画。

（三）绘画作品、肖像画和导游图。年画系节令性商品，通常在农历十月以后上市，春节过后落市。在平时，汴京相国寺、晓市均有出售绘画作品的坊肆。北宋朝设有翰林图画院。后期又在国子监设画学，收徒教画，名手辈出，全国各地名家也来此作画。买画的多为王公贵族、士大夫，也有富商大贾和茶楼酒肆。一些店铺悬挂名画始自北宋。这里有一段故事。有一次，宋太祖"阅蜀宫画图，问其所用，曰：'以奉人主尔。'太祖曰：'独览孰若使众观耶！'于是，以赐东华门外茶肆"（陈师道《后山谈丛》）。这家茶肆得到御赐名画，悬于壁上，立即产生轰动效应，生意越来越兴隆。许多人往往为了看画而来饮茶。其他店铺也相继效仿。"汴京熟食店张挂名画,所以勾引观者,留连食客"(陈师道《后山谈丛》)。开封城"巷口,宋家生药铺,铺中两壁,皆李成所画山水……淋漓泼染,最入神妙"(《东京梦华录》)。北宋灭亡,开封的一些店铺南迁杭州,"今杭城亦如之,插四时花,挂名人画,装点店面"(陈师道《后山谈丛》)。此类供店铺悬挂的绘画作品,称市肆画。

绘画艺术商品化程度的提高,使某些画家能以绘画、卖画为业。画家燕文贵,吴兴人,宋太祖时入汴,"多画山水人物,货卖于市,后隶军中。"他画的《七夕夜市图》"状其浩穰之所,至为精备"(《圣朝名画评》)。刘宗道,开封人,"每出一画样,必复制数百本,而后于市上出售,当日流布"(《画继》卷六)。从宋代著作中能查到的开封名画家有数十人之多,外地入京者尚不计在内。山西绛州的民间画家杨威,工画《村田乐》。"每有贩其画者,威必问所往,若至都下,杨告之曰,汝往画院前易也;如其言,院中人争出取之,获价百倍"(《画继》卷六)。这反映了宋代已出现专业贩画商,常到绛州买画,然后运到开封等地出售。

随着雕版技术的进步,开封市场上还出现了肖像画。元祐年间,名相司马光病逝,"京师之民,罢市往吊,鬻衣以致奠。巷哭以送丧者,盖以千万数。……四方来会葬者数万人。京师之民画其像,刻印鬻之,家置一本,四方皆遣购。画工有致富者"(《云谷杂记》)。司马光病逝一事,形成社会热点,书坊业立即印售司马温公像,赶在举行葬礼之际销售。此后,"司马光砸缸"的故事也被刻印成图画上市。"温公童时与群儿戏于庭,庭有大瓮,一儿登之,偶坠水内,群儿皆弃去。公则以石击瓮,水由穴出,而儿得不死。盖活人手段,已见于龆龀。今京、洛间多售《小儿击瓮图》"(《冷斋夜话》)。"击瓮图"这个年画题材一直流传到现代。

南宋临安的书画市场也很繁荣。一些名画非一般文人所能买得起。画家李唐,"初至杭,无知者,甚困。有内使识之曰:'待诏作也。'遂奏闻。唐之画,杭人即贵之"(《宋人轶事汇编》)。只要是被朝廷确认的名画家,他的绘画作品就可在市上卖个大价钱。宋代,山水画不如象征荣华富贵的花卉画值钱。李唐有感于市场行情作诗说:"雪里烟村雨里滩,看之容易作之难。早知不入时人眼,多买燕脂画牡丹。"

经营书画这一行也不容易。书画商要有较高的审美水平，善于识别真伪。北宋的著名画家米芾（1051—1107），字元章，"米老酷嗜书画，尝从人借古画自临，并以其赝本归之，俾其自择而莫辨也。在涟水时，客鬻戴嵩《牛图》，元章借留数日，以摹本易之而不能辨。后客持图乞还真本。元章怪而问之，曰：'尔何以别之？'客曰：'牛目有童子影，此则无也'"（《清波杂志》）。这位书画商如果没有善于辨别真伪的基本功，就要上当受骗了。戴嵩是唐代的名画家，他画的《牛图》能够传到北宋末期已十分珍贵，不是一般人能买得起的。所以，连徽宗时期的书画学博士、礼部员外郎米芾也想以假换真。可见，我国书画造假活动最迟在北宋时期就存在了。

南宋书坊业印卖的导游图为图书市场增加了一个新品种。导游图被南宋人称之为《地经》。据元代人李有《古杭杂记》载，杭州"驿路有白塔桥，印卖《朝京里程图》（即导游图）。士大夫往临安，必买以批阅。有人题诗于桥壁道：'白塔桥边卖地经，长亭短驿甚分明，如何只说临安路，不较中原有几程'"。白塔桥毗邻南宋皇城，临钱塘江，是水路交通要道，在这里摆卖地经——《朝京里程图》，销路最好。这个导游图是以临安为中心，把南宋所辖地区通往临安的道路、里程以及歇脚的长亭和住宿的驿站一一标出，但对已沦陷的中原失地却未标明。这首诗抒发了作者忧国之情，也从一个侧面使我们了解到南宋印卖导游图的概貌。元初，意大利人马可·波罗在杭州也买到了相类似的导游图。他说，杭州的名胜古迹、导游线路在图上标得很清楚，对初到杭州的旅人很适用。

三、私家藏书的聚散流通

两宋有文献可考的藏书家不下 60 余人。其特点是：大藏书家增多，藏书之来源书肆增多，藏书又流入社会的增多。私家藏书的聚散，在一定程度上促进了图书作为商品在社会上的再流通。

（一）两宋藏书家。北宋时期的著名藏书家有：江正、朱昂、赵宗晟、赵宗绰、赵德麟、赵安仁、姚铉、晏殊、黄唏、富弼、田伟、司马光、李日方、王溥、宋敏求、王钦臣、吕大防、李公择、欧阳修、李淑、沈思、沈立、苏过、李清照、晁公武等。南宋时期的著名藏书家有：陆游、刘凤仪、尤袤、宋大防、许棐、陈振孙、贾似道等。

有些王公贵族藏书多到超过秘府。濮安懿王之子赵宗绰"聚书七万卷"（高似孙《史略》）。懿王另一儿子赵宗晟，"好古学，藏书数万卷。仁宗嘉之，益以国子监书"（《宋史·宗室传》）。太祖六世孙赵德麟是苏东坡的好友，"往还酬唱，皆一代胜流……藏书数万卷，蓄画数十函"（李荐《德隅斋画品自序》）。

有些官员、学者的藏书也很丰富。据《荆州府志》："宋人田伟，燕人，为江陵尉，因家焉。作博古堂，藏书三万七千卷。"政和中，诏求遗书，田伟送上一千卷异书，补三馆之所无。龙图阁学士知河中府李淑，字献臣，又名李邯郸，"所蓄三万卷，靖康之变，金人犯阙，散亡皆尽"（陆游《跋京本家语》）。集贤殿修撰王钦臣，"性嗜古，藏书数万卷，手自雠正，世称善本"（《宋史·王钦臣传》）。南宋淳熙年间的礼部尚书尤袤，藏书至多，法书尤富。

有些豪富之家建塾学，聚书教子。《宋史·孝义传》载："胡仲尧，洪州奉新人。累世聚居，至数百口。构学舍于华林山别墅，聚书万卷。"九江陈氏，五世同居，长幼七百口，上下雍睦。为教育子弟，"别墅建家塾聚书，延四方学者，伏腊皆资焉。江南名士皆肄业于其家"（释文莹《湘山野录》）。这位陈氏也是江南著名的藏书家。南宋的周辉隐居不仕，藏书万卷，父子自相师友。南宋的石继曾筑博古堂以教子，藏书二万卷。

有些学者为著述而藏书。名相司马光根据所藏的万卷文史，积18年之久撰成历史名著《资治通鉴》。藏书家晏殊"每读得一故事，则书以一封皮，后批门类，盖今《类要》也"（《避暑录话》）。《类要》是北宋年间个人编撰的著名类书，皆晏殊"手抄于六艺太史百家之书"，取材极富。南宋文学家陆游把自己的住处题名"书巢"，自称"吾室之内，或栖于椟，或陈于前，或枕藉于床，俯仰四顾，无非书者"（《宋史·陆游传》）。藏书家利用藏书进行文献的再创作，为图书市场增加了新品种。

藏书家之中也不乏祖孙相传之世家。"藏书过秘府"的宋绶，字公垂，赵州平棘人。"绶幼聪警，额有奇骨，为外祖杨徽之所器爱。徽之无子，家藏书悉与绶。博通经史百家，文章为时所尚，以兵部尚书、参知政事卒，年五十"（《宋史·宋绶传》）。他的儿子宋敏求，字次道，龙图阁直学士，继承祖传之书继续聚书，藏书达三万卷。他利用丰富的藏书把一些散失的文集重新加以编辑整理，与王安石共同编成《唐百家诗选》，还自行辑成《刘梦得外集》、《颜鲁公集》、《孟东野集》、《李卫公别集》、《宝刻丛章》等多种图书。可见，有些藏书家也是编辑家，他们为收集、保存、整理、编辑和传播古代文献作出了贡献，从而也为发展书坊业立下了功劳。

（二）书业的大买主。宋代的印本书得到普及，书业较为发达，使藏书家免去抄书之劳，可以直接到市场上搜购各种图书。许多藏书家把他们相当一部分的收入用于买书。御史中丞赵安仁"尤嗜读书，所得禄赐，多以购书。三馆旧阙虞世南《北堂书钞》，惟安仁家有本。真宗命内侍取之，喜其好古，手诏褒美"（《宋史·赵安仁传》）。如果不是藏书家不惜重资收藏隋唐古籍，《北堂书钞》这类书也就无法流传到现代了。吕大防，字微仲，蓝田人，元祐二年拜尚书右丞，后来当了宰相。"大防既相，常分其俸之半以录书，故所藏甚富"（《郡斋读书志》）。朱昂，字举之，"人称'小万卷'，所得俸赐，以三分之一购奇书"（《宋史·文苑传》）。南宋的刘仪凤"绍兴二年登进士第，……奉入、半以储书，凡万余卷"（《宋史·刘仪凤传》）。

有些学者为买书而倾尽家财。湖州归安县之东林，有位隐士沈思，字东老，藏书颇多，喜宾客，时人赠诗说："西邻已富忧不足，东老虽贫乐有余，白酒酿来缘好客，黄金散尽为收书"（《避暑录话》）。开封有位隐士蔡致君，"不事科举，不乐仕宦，独喜收古今之书。空四壁，捐千金以购之，常若饥渴然"（苏过《夷门蔡氏藏书目叙》）。经过 50 年购求，蔡氏藏书达二万卷。

有的贫苦读书人甚至衣不蔽体也要聚书。据《宋史·隐逸传》载："黄晞，字景微，建安人。少通经，聚书数千卷。"《涑水纪闻》说他"家贫，谒索以为生，衣不蔽体，得钱辄买书，所费殆数百缗……著书甚多，至和中卒。一子，甚愚鲁。所聚书及自著书皆散无存"。南宋藏书家许棐，隐居秦溪，著书颇丰，自称"少安于贫，壮乐于贫，老忘于贫"，但"市有新刊，知无不市"（《曝书杂记》）。也就是说，书肆来了新书，宁肯节衣缩食也要去买来。当年的书业主要靠这些为数众多的贫苦读书人对知识的渴求，才日益发展起来。

（三）藏书之回流。周密《齐东野语》说："世间凡物，未有聚而不散者，而书为甚。"藏书家一旦衰落，其大批藏书常被书商购去，重新进入流通领域。宋初，越州刺史江正，字元叔，悉心购求钱氏时书，"及破江南，又得其逸书，兼吴越所得，殆数万卷。老为安陆刺史，遂家焉。尽辇其书，筑室贮之。正既没，子孙不能守，悉散落于民间"（郑毅夫《江氏书目记》）。这个"散落于民间"，主要指被书商贱价买去，"有张氏者，所购最多"（郑毅夫《江氏书目记》）。位居相位的富弼藏书万卷，"甲子岁，洛阳大水，公第书无虑万卷，率漂没放失，市人得而鬻之"（《东观余论》）。富弼藏书被大水漂没，市人得之，卖给书肆，又被人购去。

藏书家去世之后，其藏书也有直接售与其他藏书家的。宋敏求之父宋宣献就先后购买了毕文简、杨文庄两家的藏书，"故所藏之富与秘阁等"（《郡斋读书志序》）。敏求继承了父亲的藏书，又陆续购买，家里藏书盛极一时，"士大夫喜读书者多居其侧，以便于借置故也"（《曲洧旧闻》）。可惜，到了元符二年（1099），他家的三万卷藏书被后人转卖一空。南宋藏书家陈亚，晚年得华亭双鹤及怪石异花，作诗诫其子孙："满室图书杂典坟，华亭仙客岱云根。他年若不和花卖，便是吾家好子孙"（《清波杂志》）。但陈亚死后，他的大量藏书包括一千余幅名画仍被后人变卖一空。

四、两宋的图书出口贸易

两宋的图书出口主要是通过各国使者来京进行贡赐贸易，宋廷把书籍作为回赐品而流传到国外的。日本、高丽等国的僧人不断来华，访求佛经和各类图书，这也是一个出口途径。宋与辽、西夏、金之间，在和平时期多次达成互市的协议，图书作为商品通过榷场和往来的使者、商人，流通到宋境之外。

（一）日僧多次来华访求图书。北宋时期，日本僧人来华的人数较唐代大为减少。史上留名的仅有 20 人，著名的如奝然、寂昭、成寻等。

北宋太宗太平兴国八年（983），"日本国奝然，与其徒五六人浮海而至"（《宋史·日本国传》）。这位日本名僧向宋廷进献铜器十余种，还献上日本的《王年代记》、《职员令》各一卷及金缕红罗标水晶轴的卷子《孝经郑氏注》一卷、《越王孝经新义》第五十一卷。太宗召见奝然，垂问日本国的风土文化。奝然善隶书，而不通华言，问其风土，但书以对，云，"国中有五经书及佛经、《白居易集》七十卷，并得自中国。"太宗待他十分优厚，赐紫衣，馆于太平兴国寺。奝然求印本《大藏经》。诏准，赐大藏一藏及新译经 280卷。奝然留宋 4 年，回国时购买了十六罗汉画和其他图书。他带回的印本藏经促进了日本的刻版事业，京都贵族纷纷印刷天台经典。他派弟子嘉因来华再次购买新译经本，并向宋廷献土物表示感谢。

奝然带回的画，是宋代罗汉画输出日本的先驱。此后，北宋朝廷连续4 次向日本的寺院输出十六罗汉画。南宋淳熙五年（1178），明州（宁波）画家林庭珪、周季常所绘五百罗汉画又卖给日本京都大德寺。

北宋景德元年（1004），"其国僧寂昭等八人来朝，寂照不晓华言，而识文字，缮写甚妙，凡问答并以笔札。诏号圆通大师，赐紫方袍"（《宋史·日本国传》）。他留宋 31 年，长期住在苏州，与文人结交甚密。日本的藤原道长给他捎来一百两黄金，作为购买一切经论、各宗章疏和文化典籍的费用。他的弟子念救等人把购到的图书陆续带回日本。后来，寂昭病死于杭州。

北宋熙宁五年（1072），日本京都大云寺僧成寻率弟子 7 人来到开封，晋谒宋神宗，奏请赐给新刊印的佛经。诏准，得印经院新译经等 413 卷（册）。他还在市上买到佛画和大量图书。翌年，他的随从弟子赖缘等 5 人归国，所获图书也同时带回日本。成寻留宋 9 年，在开封开宝寺病故。

南宋时期，日本僧人来华的人数增多，其特点是：单身搭乘商船往来，不带使者色彩。来华的主要目的是学习禅宗。有文献可考的入宋僧达一百多人。据日本史学家估计，不可考者远远超过此数。入宋僧或多或少都携带一批佛经及其他图书回国。

南宋刊刻的《大藏经》每藏 500 函、6000 余卷，通过日僧至少向日本输出 10 藏以上。其中有福州版、湖州思溪版、苏州碛砂版等。日僧还在临安、苏州、明州、泉州等地购买一大批经论章疏、禅籍、儒书、诗文集和医书运回日本，有的购书超过千卷。例如：日本名僧不可弃俊芿，于嘉定四年（1211）来华购去佛教典籍、儒书、杂书、法帖等 2013 卷。他的弟子闻阳湛海来华，也购去各种经论、图书数千卷。淳祐元年（1241），日本东福寺住持圆尔辨圆"自宋带回典籍达数千卷，藏在普门院的书库中，并亲自著《三教典籍目录》。这些典籍对于日本五山儒学、诗文学的兴盛起过作用"（[日]木宫泰彦：《日中文化交流史》，胡锡年译，商务印书馆1980年版）。

有些日僧把书稿带到中国刊印，然后运回日本。京都建仁寺的监寺禅忍和尚，"入宋时携带《大觉禅师（兰溪道隆）语录》，于弘长二年到临安府，求上天竺佛光法师法照作序文，并请净慈的虚堂智愚校勘。文永元年，自己施财在宋绍兴府刻版刊印"。"京都东福寺圆尔辨圆的弟子白云惠晓，入宋在明州刊印《希叟绍昙禅师语录》……从宋朝带回的书籍似乎也不少"（[日]木宫泰彦《日中文化交流史》）。也有的日僧趁来华之便，把日本禅籍带到临安等地刻版，然后把雕好的书板运回日本印行。

两宋期间，中日两国的商船往来频繁，年年不断。中国输往日本的商品，主要有香药、丝织品、瓷器、书籍和文具。中国商船到达日本港口，仍沿袭前代制度，先与大宰府进行交易，然后准许与普通商人或市民买卖。买书的多为日本的贵族。

（二）高丽、交阯多次遣使来华购书。高丽国王非常重视购求宋朝书籍。其方式主要是通过贡赐贸易进行的。从宋太祖建隆三年（962）到南宋隆兴二年（1164），高丽遣使送来的土特产品达30多次，带来的贡品（商品）有铜、银、人参、麝香、布匹、药材和农产品，用以换取中国的茶叶、丝织品、瓷器和书籍等。据《宋史·高丽传》载，端拱二年（989），高丽"遣僧如可赍表来觐，请《大藏经》，至是赐之"。淳化二年（991），"遣使韩彦来贡，求印佛经。诏以藏经并御制《秘藏诠》、《逍遥咏》、《莲华心轮》赐之"。高丽很快又派使者"贡方物并谢赐经及御制"。从表面看是礼尚往来，实际上是通过贡赐形式所进行的一场贸易。淳化四年（993），应高丽国王的请求，太宗"赐板本'九经'书"。大中祥符八年（1015），高丽遣侍郎郭元带着贡物来求书，真宗赐"经史、历日、《圣惠方》等"。天禧三年（1019），高丽使者渡海来宋购书，遭风覆舟，漂失贡物，死了不少随从人员。到开封只剩下一些芝布、药物等零星礼品，又进中布二千端，求佛经一藏，诏赐经还布，别赐衣服、缯彩焉（《宋史·高丽传》）。因为高丽使者损失太严重了，所以真宗满足了他们的要求，并未收贡物。天禧五年（1021），高丽派礼部侍郎韩祚等 179 人来谢恩，又带来了大批贡物，"表乞阴阳地理书、《圣惠方》，并赐之"（《宋史·高丽传》）。

宋哲宗即位，高丽特派两位使臣前来祝贺，并打算借此机会向国子监买书。"请市刑法之书、《太平御览》、《开宝通礼》、《文苑英华》。诏惟赐《文苑英华》一书"（《宋史·高丽传》）。这时，高丽国已向辽朝称臣，宋朝当然很不满意，所以没有满足他们的购书要求，这也是一种政治态度。元祐七年（1092），高丽"遣黄宗慧来献《黄钺经》，请市书甚众。礼部尚书苏轼言：'高丽入贡，无丝发利而有五害，今请诸书与收买金箔，皆宜勿许'。诏许买金箔，然卒市《册府元龟》以归"。这进一步反映了两国关系的交恶。根据苏轼的意见，国子监对高丽使臣的购书要求婉言拒绝了，但使臣仍然在市上购到《册府元龟》这部著名的大型类书。高丽使臣还利用贡赐贸易的机会，搜访中国图画，"锐意购求"。

苏轼力阻向高丽出口图书。元祐八年（1093），这位礼部尚书三次上札说："中国书籍，山积于高丽、而云布于契丹。"他担心书上介绍的山川要隘悉被外人获知，对宋、辽之间的战争不利，因此不让售书给高丽。苏轼的意见被朝廷采纳，此后多年，以贡赐形式对高丽的图书出口中断了。

南宋时期，高丽奉金朝为正朔，宋廷与高丽之间的各种贡赐贸易已基本断绝。高丽曾从海路遣使至明州（宁波），宋廷担心这个使节是金朝的间谍，没有允许他进入临安，只是命明州地方官"赐银帛遣之"。但是，两国民间的商船仍频繁往来。南宋书坊业知道高丽人喜欢中国书籍，常用船载书去高丽的开京销售，或献于高丽国王。南宋人熊禾说，建宁书坊业印卖的各种书籍"高丽、日本通"。

交阯国也不断派使节来华，购买佛藏、道藏和儒家经典。宋朝国子监一般都会满足他们的要求。交阯使节还千方百计在民间书坊购买书籍。徽宗大观元年（1107），"交阯进奉人乞市书籍，法虽不许，嘉其慕义，可除禁书、卜筮、阴阳、历算、术数、兵书、敕令、时务、边机、地理外，许买"（《宋史·交阯传》）。当时，北宋王朝已临近覆灭的前夕，对外国使节购书疑虑重重，所以作了许多限制。南宋时期，安南（交阯）仍派贡使来临安。"淳熙三年（1176），赐安南国历日。"

（三）两宋与辽、西夏、金、大理的榷场贸易。榷场是在和平时期宋朝与辽、西夏、金共同商定的互市场所。北宋初期，在宋、辽边境城镇，两边的商人可以随便进行贸易，"北界商旅辄入内地贩易"（《宋史·食货志》）。开封等地书坊刊刻的书籍，则通过这些商人贩运到辽国境内。后来，宋、辽两国交战，宋朝对边境贸易严加管理，禁止书籍出境。淳化二年（991）以后，宋、辽开始处于和平时期，宋朝在雄州、霸州、代州、雁门依旧设置榷场。辽国在涿州、朔州等地设榷场，多为官营贸易。北宋向辽国输出的商品主要有：书籍、稻米、茶叶、香料、丝织品等。辽输宋的商品主要有牲畜、皮毛、麻布等。北宋出于军事保密的考虑，对榷场上的图书贸易有严格限制。景德三年（1006），真宗诏令："民以书籍赴沿边榷场博易者，非'九经'书疏，悉禁之。"由于经济利益的驱使，禁是禁不住的。北宋书坊业刊行的各种图书，还是通过多种途径源源不断流入辽国。

对西夏的图书输出。宋初的两代皇帝为了抑制西夏的壮大，断绝同西夏的贸易。西夏第二代国主李德明继位，宋夏关系开始改善。约30年间，双方贸易频繁。宋朝在保安军置榷场，场内由官方主持，除官营贸易外，商人缴纳税钱，领取"关引"，也可进行交易。开封等地出版的书籍，通过商人贩运，不断输往西夏。北宋国子监也向西夏使节或商人出售经书、史书和医书。

南宋同金朝的图书贸易也是通过边境上的榷场进行。泗州、颍州、邓州、蔡州等市镇都有南宋设立的榷场，但在其中进行的图书贸易除"九经"疏义之类儒家经典外，其他图书要进行检查。书商稍一不慎就有坐牢的危险。嘉泰二年（1202），有个书商运了16车书籍准备渡淮河，到榷场销售。当路过河边的军事哨卡时，被南宋盱眙军拦住，从车上查出两本禁书《中兴小历》、《九朝通略》，均为熊克撰写的野史。贩运图书的书商被治重罪。宁宗又诏令各府、州、军、监严格检查书坊出售的图书，"凡事干国体者一律毁掉"。

大理国是两宋时期以"白蛮"为主体建立的封建领主政权。辖区相当于今云南全境和四川东南部。其王被宋朝封为大理王、云南节度使。大理国人很注意吸收汉族先进文化，统治集团通用汉文，多次向内地求购汉文书籍。

崇宁二年（1103），大理王"使高泰运奉表入宋求经籍，得六十九家，药书六十二部"（《南诏野史》）。大理民间常赴邕州贸易，售出马匹、药材，买回汉文经籍。南宋"乾道癸巳（1173）冬，忽有大理人李观音得、董六斤黑、张般若师等率以三字为名，凡二十三人，至横议市马。一文书字画略有法，大略所需《文选五臣注》、《五经广注》、《春秋后语》、《三史加注》、《都大本草广注》……《百家书》之类"（范成大《桂海虞衡志》）。这一次买书众多，不一一列举。此后，内地刊行的书籍源源流入大理国。元代人吴莱曾在大理购得《帝苑》，明代人于嘉靖年间在大理购得《群公四六》。这两种书均为宋版，内地早已失传，而在滇西却能买到，足证宋版书输往大理者不在少数。

五、两宋朝廷对图书市场的管理

雕版印刷技术的推广应用，可以使一种图书在较短的时间内复制出成千上万册，通过众多的书坊、书摊和图书贩运商，无远不至。两宋朝廷深知印本书的舆论宣传作用和信息沟通作用，较之抄本书增强数百倍，一旦失控将直接危及皇权的巩固和国家的兴亡。因此，多次发出诏令，加强对书坊业刊刻印卖书籍的管理。

（一）雕版印卖须选官详定。宋初，书坊业主要刊行儒家经典，供学校用作教材或学习参考。为确保书籍的校勘质量，在刊行之前要得到国子监的审查批准。这个规定持续近百年，到神宗熙宁年间才废弛。过了 20 多年，哲宗元祐五年（1090）又重申禁令，在法律条文中规定，书坊业不得印卖记录国家大事和机要活动的会要、实录之类书，"即其他书籍欲雕印者，选官详定，有益于学者方许镂板。候印讫，送秘书省。如详定不当，取勘施行。诸戏亵之文不得雕印，违者杖一百。委州县监司郡县国子监觉察"（《宋会要辑稿·刑法禁约》）。从这个法律条文来看，秘书省是朝廷的出版管理机关。所谓"诸戏亵之文"是按当时的道德规范来衡定的有伤社会风化之书。这个法律条文还规定由地方的学官来监督书坊业的出书动态。宋代的吏治腐败，政令松弛。所谓出书"必须申请国子监"或"送选官详定"等法令，究竟执行得如何，未见其他史料记述。

南宋朝廷沿袭旧制，也有对书坊刊行书籍事先送审的规定。绍兴十五年

（1145），太学正孙仲鳌上疏："自今民间书坊刊行文籍，先经所属看详，又委教官讨论，择其可者许之镂板。"高宗"从之"（《宋会要辑稿·刑法禁约》）。《绍兴令》规定："诸私雕印文书，先纳所属申转运司，选官详定，有益学者听印行。"转运司是在州（府）、县上的"路"所设的掌管财赋及粮食转运等事务的行政机构，长官为转运使。由主管全路财赋的长官来审查书稿能否刊行是南宋独特的规定。看来，这个规定执行一段时间又松弛了。30多年之后，淳熙五年（1178），孝宗发出诏令："申饬书坊擅刻书籍之禁"（《宋史·孝宗本纪》）。也就是重申，刊行书籍要送"选官审定"。十多年之后的绍熙四年（1193），光宗诏令："今后雕印文书，须经本州委官看定，然后刊行仍委各州判专切觉察，如或违戾，取旨责罚"（《宋会要辑稿》）。光宗把书坊业的管理、监督和审查权交给各州的行政长官。"州判"又称"判××州"，是指京官二品以上或带中书、枢密院等职衔的官员主持州一级行政的长官。光宗只当了5年皇帝就禅位给他的儿子宁宗。

宁宗时期先后由权臣韩侂胄、史弥远专政。他们结党营私、排斥异己、钳制言论，加强了对书坊业的控制。法律规定："诸私雕印文书，先纳所属申转运司，选官详定，有益学者，听印行，仍以印本具详定官姓名，送秘书省、国子监。诸私雕印文书，不纳所属详定，辄印卖者，杖一百。印而未卖，减三等"（《庆元条法事类》卷十七）。书坊业刊行一种书，先由州、县等地方官和本路的转运司审查批准。出书之后，还得写明审查批准官员的姓名，连同样书分送朝廷的秘书省和国子监备案。一旦发现问题，还要追审。

尽管韩侂胄等权臣对书坊业严密管制，但人们对腐败政权的不满仍然通过出版物发泄出来。"韩'侂胄'用事久，人不能平。又所引率多非类。市井有以片纸摹印乌贼出没于潮，一钱一本，以售儿童，且诵言曰：'满潮（朝）都是贼。'京尹廉而杖之"（《宋人轶事汇编》）。

（二）两宋禁刊禁售的图书。两宋朝廷明文规定，凡是可能危及皇权统治的图书、危及国家安全和军政机要的图书、危及皇家尊严的图书，一律禁止刻版和出售。

1.危及皇权政治的天文、图谶和阴阳术数之书。这些书历代都有禁令，宋代也不例外。他们生怕有人利用天文、图谶来制造夺取皇位的舆论；也怕有人利用阴阳术数之书找到"好风水",影响自己的后代坐江山。宋太祖登基第四年(963)颁布的法律《宋刑统》规定:"禁天文、图谶、兵书、七曜历、《太一》、《雷公式》。"9年之后,可能有人利用图谶造谣惑众,太祖重申禁令,上述各书"不得藏于私家,有者并送官"。太宗即位后,怕自己的江山不稳,于太平兴国二年(977)"诏禁天文卜相等书,私习者斩"(《宋史·太宗本纪》)。藏有这类书的人要斩首,刊刻销售者不知会罪加几等了。可见,宋初对图书市场的管理十分严厉。

尽管太宗颁发禁书诏令,但天文、图谶之类的图书仍在民间流通,屡有暗中印售者。这使后继者宋真宗第三次发起对禁书的围剿。"景德元年(1004)春正月,……诏:民间天象、器物、谶候禁书,并纳所司焚之,匿不言者死"(《宋史·真宗本纪》)。同时规定,"募告者赏钱十万"。真宗的禁书诏令发布30余年后,仁宗年间仍有人售卖阴阳术数书《六壬玉钤》。由于这是一本没头没尾的残本,对售书人没有判死罪。仁宗命司天监制定一份禁书目录,经学士院详细审核,于宝元二年(1039)颁发全国。这个禁书目录包括天文、图谶、律历、阴阳、术数、兵书等十四个门类。

2.危及国家安全和军政机要之书。北宋开国以来40多年间,宋、辽之间战争不断。景德元年(1004),真宗与辽国达成屈辱妥协的"澶渊之盟",虽然求得休战,但彼此仍处于戒备状态。当时,在北宋朝廷内部出现了和与战的争论。在士大夫之间,评论朝政得失、军国利益的文章也多了起来。坊间书肆则将这些文章加以汇编印卖。宋廷深恐这些书籍泄密,一再颁布法令,对图书市场严加管理。康定元年(1040),仁宗诏令:"访闻在京无图之辈及书肆之家,多将诸色人所进边机文字,镂板鬻卖,流布于外,委开封府密切根捉,许人陈告,勘鞫闻奏"(《宋会要辑稿》)。

这个诏令发布之后,书坊业可能有所收敛,但违禁文字并未根绝。15年后,至和二年(1055),参知政事欧阳修向仁宗上疏:"臣伏见朝廷累有指挥,禁止雕印文字,非不严切,而近日雕板尤多,盖为不曾约束书铺贩卖之人。臣窃见京城有雕印文集二十卷名为《宋文》者,多是当今议论时政之言,其首篇是富弼往年《让官表》,其间陈北虏事宜甚多,详见语言,不可流布。雕印之人不知事体,窃恐流布渐广,传入虏中,大于朝廷不便……臣今欲乞明降旨，下开封府访求板本焚毁，及止绝书铺。今后如有不经官司详定，妄行雕印文集，并不得货卖。许书铺及诸色人陈告，支与赏钱二百贯文，以犯事人家财充。其雕板及货卖之人，并行严断"（《欧阳文忠公集》卷一百零八，奏议十二）。参知政事为副宰相。欧阳修的奏文，仁宗当然诏准。

仁宗之后的几代皇帝都有严加管理书坊业的诏令。治平三年（1066），监察御史张戬奏言："窃闻近日有奸佞小人，肆毁时政，摇动众情，传惑天下，至有矫撰敕文，印卖都市。迄下开封府严行根捉造意，雕、卖之人行遣"（《宋会要辑稿》）。英宗从之。于是将该书的编写人、雕印人和销售人追根究底，一一捉拿归案。

宋神宗支持王安石变法，对图书市场的管理更加严格。元丰元年（1078）神宗诏令："诸榷场除《九经疏》外，若卖余书与北客，及诸人私卖与化外人书者，并徒三年，引致者减一等，皆配邻州本城，情重者配千里。许人告捕给赏。著为令"（《续资治通鉴长编》卷二百八十九）。元祐五年（1090），哲宗诏准礼部的奏疏："凡议时政得失，边事军机文字，不得写录传布。本朝《会要》、《实录》不得雕印。违者，徒二年，告者，赏缗钱十万"（《宋会要辑稿》）。看来，书坊业印卖这类书可以得厚利，所以屡禁不止。而朝廷为了鼓励告密者，则将赏金增至十万钱。北宋末期，宋、辽重起战事，书禁更严。大观二年（1108）徽宗下诏重申不得卖书给辽国，"其沿边州军，仍严行禁止，凡贩卖藏匿出界者，并依铜钱出界法罪赏"（《宋会要辑稿》）。宋代铜钱出界法最为严厉，出界二贯者徒一年，三贯以上者处死。宣和四年（1122），权知密州赵子书奏文说："近者卖书籍人乃有《舒王日录》出卖，臣愚窃以为非便，愿禁止，无使国之机事传播闾阎，或流入四夷，于体实大。"徽宗从之，"仍令开封府及诸路州军毁板禁之。如违，许诸色人告，赏钱一百贯"（《宋会要辑稿》）。

3. 禁"撰造事端"的小报。宋徽宗以蔡京为宰相，疯狂地搜刮民财，挥霍无度，使北宋统治进入最黑暗、最腐朽的时期。一些中下级官员和书铺主人合作编印一种"朝报"，揭露蔡京集团的罪恶行径，通过书商、书贩秘密发行。人们把这种私下编发的"朝报"称作"新闻"。从此，"新闻"就成了"报纸"的代名词。这种"朝报"不同于由朝廷进奏院编发的"状报"。进奏院"状报"相当于中央政府公报，而"朝报"则是民间经营的，称其为小报更恰当一些。因为徽宗的诏令称其为"朝报"，只好以此定名。大观四年（1110）六月徽宗诏令："近撰造事端，妄作朝报，累有约束，当定罪赏。仰开封府检举，严切差人缉捉，并进奏官密切觉察"（《宋会要辑稿》）。当年死气沉沉的官僚政治很难对付这种暗中发行的"朝报"，所以屡禁不绝。靖康二年（1127）二月十三日，金兵占领开封，这种"朝报"已从暗中转为公开。"是日，百官赴秘书省，士庶赴东朵楼，军民赴大晟府，僧道赴西朵楼，集议推戴张邦昌事。……初百官集秘书省，莫知议何事。凌晨有卖朝报者，并所在各有大榜揭于通衢，云金人许推择赵氏贤者。其实奸伪之徒假此以结百官，使毕集也"（《靖康要录》卷十五）。这种"朝报"已完全成为政治斗争的工具。它的策划者很可能是与金朝勾结的伪楚皇帝张邦昌，由他的爪牙编写成"新闻"，通过书坊刊刻发售。

南宋时期出现了一种"小报"，"始自都下，传之四方，甚至凿空撰造，以无为有，流布远近，疑误视听"。有些文人则以探听消息，撰写新闻为生，日书一纸。这种"小报"是出售的，可以"坐获不资之利，以先得者为功，一以传十，十以传百，以至遍达于州郡。人性喜新而好奇，皆以小报为先，而以朝报为常，真伪亦不复辨也"（《靖康要录》卷十五）。这里所说的"朝报"，是指朝廷正式发布的消息，即前面所说的进奏院《状报》。

"小报"是民间与中下级官吏相勾结，以传抄形式散播开的。最迟在高宗绍兴二十六年（1156）就出现了。朝臣认为，"小报……事干国体，或涉边防，妄有流传，为害非细"。但在绍兴年间（1131—1162）未见禁令。到了淳熙十五年（1188），孝宗诏令："近闻不逞之徒，撰造无根之语，名曰小报，传播中外，骇惑听闻……令临安府常切觉察禁戢，勿致违戾"。翌年，又再次诏令："今后有私衷小报，唱说事端，许人告发，赏钱二百贯文，犯人编管五百里"（《宋会要辑稿·刑法二》）。这样严厉的法令，并未禁住"小报"的流通。3 年之后的绍熙四年（1193），朝臣上奏光宗，在说明"小报"的危害之后，"乞申明有司严行约束，应妄传小报，许人告发，根究得失，断罪追赏，务在必行"。光宗从之。由于南宋王朝的腐朽，统治集团内部矛盾重重，其控制政局的力量日趋削弱，"小报"仍在流通。

4.禁印程文试策。此类书对科举考试是一种干扰，特别是程文策论，往往会涉及军事机密或对金朝的斗争策略。南宋庆元年间（1195—1200），宁宗颁布了一条法律："诸举人程文辄雕印者，杖八十。事及敌情者流三千里，并许人告"（《庆元条法事类》）。庆元四年（1198）二月，建阳麻沙书坊印卖科考读物《太学总新文体》。国子监认为"多是撰造怪僻虚浮之语。又妄作祭酒以下批凿，似主张伪学，欺惑天下，深为不便"。上疏宁宗，"乞行下福建运司，追取印板赴国子监缴纳。已印未卖，当官焚之。仍将雕行印卖人送狱根勘，依供申取旨施行。从之。"

同年三月，又有朝官上疏："乞将建宁府及诸州应有书肆去处，辄将曲学儒撰到时文，改换名色，真伪相杂，不经国子监看详及破碎编类有误传习者，并日下毁板。仍具数申尚书省及礼部。其已印未卖者，悉不得私卖。如有违犯，科罪惟均。从之"（《宋会要辑稿》一百六十六册）。此类书销路大，获利丰，尽管朝廷禁刊禁售，各地书坊仍暗中印卖。

（三）权臣当道"因人废书"。北宋的"因人废书"起于元祐党争。神宗支持王安石变法。神宗死后，哲宗继位，高太后听政，重新任用反对变法的司马光为相，废王安石新法，沿旧制立元祐法。后来，这两个政治集团相互争权，轮流走红。元祐八年（1093）哲宗亲政，重行新法。徽宗继位初期，又重用保守派。后来，他起用蔡京为相，废掉司马光等人制定的元祐法，再行新法，把司马光、苏轼等120人打成元祐奸党。崇宁元年（1102）十二月，徽宗诏令："诸邪说诐行非先圣贤之说，及元祐学术政事，并勿施用。"翌年四月，"诏毁刊行《唐鉴》并三苏、秦、黄等文集……追毁程颐出身文字，其所著书令监司觉察"（《宋史·徽宗本纪》）。

徽宗诏令中的三苏，是指苏洵（著有《嘉祐集》）、苏轼（著有《东坡集》、《后集》、《内制集》、《外制集》、《和陶诗》等）、苏辙（著有《栾城集》）。苏氏父子三人的文章为翰林学士参知政事欧阳修所称赞，一时成为士大夫仿效的范文，多年后竟成了王朝明令毁弃的禁书。不是书的内容有问题，只因他们曾对变法表示过不同意见。诏令中的"秦、黄"，是指著名文人秦观、黄庭坚，均为苏轼的得意门生。他们的文集也被株连为禁书。

徽宗的禁书诏中未禁元祐党人头号人物司马光的巨著《资治通鉴》，是因为神宗曾为《资治通鉴》撰写了序文。禁毁该书就等于否定了徽宗的父亲神宗。

在徽宗禁书诏的淫威下，许多书坊怕惹起祸端，纷纷把苏、黄等人的书板毁掉，"独一贵戚家刻板印焉，率黄金斤，易坡文十，盖其禁愈急，其文愈贵也"（《诚斋集》卷八十三）。人们要花一斤黄金才能买到苏东坡的10卷文集，可能有些夸张，但售价极高却是必然的。据《清波杂志》载，徽宗当政的"崇宁、大观间（1102—1110），东坡诗盛行，朝廷虽尝禁止，赏钱增至八十万，禁愈严而传愈多，往往以多相夸。士大夫不能诵东坡诗，便自觉气索，而人或谓之不韵"。这里所说的"禁愈严而传愈多"也意味着苏、黄等人的文集销量反而增大。

徽宗的禁书诏不得人心，就连开封府尹也不认真查禁。"宣和间（1119—1124），申禁东坡文字甚严。有士人窃携东坡集出城，为阍者（把守城门之人）所获，执送有司。见集后有一诗云：'文星落处天地泣，此老已亡吾道穷……'京尹义其人，且畏累己，因纵之"（《梁溪漫志》）。有的地方官不仅不查禁，还以销售东坡的墨迹大发其财。"东坡南窜，议者请悉除其所为文，所在石刻多见毁。徐州黄楼，东坡所作，子由为赋，坡自书。时守者不忍毁，但投其石城濠内，而易楼名观风。宣和末年，禁稍弛，一时贵游以蓄东坡之文相尚，鬻者大见售，故工人稍稍就濠内摹此刻。有苗仲先者，适为守，因命出之，日夜摹印，既得数千本。忽语僚属曰：'苏氏之学，法禁尚在，此石奈何独存？'立碎之。人闻石毁，墨本价益增。仲先携至京师尽鬻之，所获不赀"（《却扫编》）。《苕溪渔隐丛话》也提及苗仲先这位徐州太守，虽因销售东坡的墨迹发了财，但一听到打碎碑的声音就非常害怕，后来投水自杀。这个故事可能是编造的，反映了人们对这位太守毁碑发财的憎恨。

一些刻工对苏、黄等著名文人颇有感情。据《挥麈录》："九江碑工仲宁，刻字甚工。黄太史题其居曰琢玉坊。崇宁间（1102—1106），诏郡国刊元祐党人姓氏，太守呼仲宁使镵之。辞曰：'小人家贫窭，止因开苏学士、黄内翰词翰，遂至饱暖。今以奸人为名，诚不忍下手。'守义之曰：'贤哉！士大夫所不及也。'馈以酒而从其请。"可见，刻工和太守都很敬重苏、黄等名人，不忍把他们的名字刻在奸人碑上。

徽宗和蔡京一伙深知他们的禁书诏不得人心，在时隔20余年之后的宣和六年（1124）十月，又再次诏令："有收藏习用苏、黄之文者，并令焚毁，犯者以大不恭论"（《宋史·徽宗本纪》）。这个诏令已无人理睬，没过两年，徽宗及其继位者钦宗已成为金朝的阶下囚，蔡京早已逃之夭夭。

南宋的权臣秦桧压制抗金舆论，多次制造"因人废书"案件。北宋徽、钦二宗被俘，南宋开国皇帝高宗赵构在"靖康之祸"之际的表现也很不光彩。当年的书坊业曾刊刻过一些私人撰述的历史书即野史，涉及这段令高宗讳莫如深的史实。在高宗当政的30多年间，私人撰述的野史书成为刊行的禁区。绍兴十四年（1144），高宗颁布禁止野史的法令，但野史一类书仍在市场上流通。第二年，秦桧再次布置各州、县禁野史。60多年前司马光写的《涑水纪闻》（又名《司马温公纪闻》）也被毁版。宋、金达成和议时曾任吏部尚书的李光，极力反对秦桧撤淮南守备，反对夺诸将兵权，当着高宗的面斥责秦桧"盗弄国权，怀奸误国"，结果被贬至藤州，移琼州。李光怀着满腹忧愤撰写野史。此事被两浙转运副使曹泳告密。秦桧正好利用禁野史的法律把李光及其子李孟坚投入囚牢。绍兴"二十年春正月丁亥，……两浙转运副使曹泳言，李孟坚诵其父光所撰私史，语涉讥谤，诏送大理寺"（《宋史·高宗本纪》）。

秦桧毁《论语讲解》案，既是"因人废书"又是"以书害人"。北宋末期，金兵入侵，钦宗派程瑀、秦桧作为专使与金兵谈判。但这两个人的政见不合，彼此交恶。高宗即位初期，程瑀任兵部尚书，终被秦桧做手脚，降职为龙图阁学士。程瑀官场失意，因埋头著书，死后得祸。据《宋史·高宗本纪》，绍兴"二十四年（1154）十二月，以故龙图阁学士程瑀有《论语讲解》。秦桧疑其讥己，知饶州洪兴祖尝为序，京西转运副使魏安行镂版，至是命毁之。兴祖昭州、安行钦州编管，瑀子孙亦论罪"。此书是魏安行用公使库款刊行的，在市上售出几千册，流布四方。谏官王珉买到一本，于是罗织罪名向秦桧告密。这正中秦桧的下怀，自己的政治对手虽已死去，仍要加害程的后人。为了"杀一儆百"，秦桧通知各军州严行查拿此类异端书籍，一律毁板，更不得出售。《论语讲解》案影响很大，书坊业刊行书籍更加小心，唯恐犯禁。20 多年之后，孝宗再次诏令，禁止书坊擅自刊行书籍。

前已述及，理宗时期的宰相史弥远权势熏灼，出于政治斗争的需要，硬说书商陈起刊行的《江湖集》是谤讪之作，下令毁板禁售。被诬为谤讪者的诗人曾极、赵汝忭、敖陶孙等都遭到贬谪。曾、赵二人死于流放处。书商陈起也遭流放，经营救被赦还。一时间，临安书坊业笼罩一层恐怖气氛，谁家都不敢印卖诗集了。

第四节　两宋的代表著作

据《宋史·艺文志》，两宋 320 年间，共出书 9819 部、119972 卷。唐代的出书部数缺乏史料记载，只知开元盛世是唐代藏书最盛的年代，藏书近 5.4 万卷。宋代的出书卷数较之唐开元盛世增加一倍还多，两宋刊行的书籍遍及各个门类。主要的代表著作有下列几个方面。

一、类书

宋代最著名的大型官修类书有《太平御览》、《太平广记》、《文苑英华》、《册府元龟》，史称"宋代四大书"。这几种类书，卷帙浩繁，内容渊博。朝廷组织编纂这些大部头巨著是有政治目的的。"当时削平诸僭，降臣聚朝，多怀旧者，虑其或有异心，故皆位之馆阁，厚其禄爵，使编纂类书，如《太平御览》、《太平广记》、《文苑英华》之属，迟其年月，困其心志。于是诸国之臣，俱老死于字里行间，世以此为深得老英雄法，推为长策"（《隐居通议》卷十三）。从出版史来看，这几种书保存了不少失传的古书或今本所无的文字，已成为传世之作，宋、明、清各代均有刻本。在当代，仍有影印本或排印本面世。

（一）《太平御览》。太平兴国二年（977）春，宋太宗命李昉等人编纂，历时 7 年成书，初名《太平总类》，共 1000 卷。采书 1690 种，分 55 部，征引浩博，是综合性类书。"帝每听政之暇，日读《御览》三卷，有故或阙，即追之，虽隆冬短景必及其数"（《国朝会要》）。太宗花了一年多时间全部读完，赐名《太平御览》。有人劝太宗每天不必读那么多书，要注意休息。太宗说："朕性喜读书，颇得其趣，开卷有益，岂徒然也"（《国朝会要》）。"开卷有益"这个成语从此流传开来。北宋朝廷严禁此书外流，但南宋庆元三年（1197）仍被输往日本。不久，此书被日本翻刻。今有中华书局影印本。

（二）《太平广记》。李昉等人奉敕编纂。历时 1 年于太平兴国三年（978）成书，共 500 卷，另有目录 10 卷，按性质分 92 大类，采录自汉至宋初的小说、笔记、稗史等 475 种。它是《太平御览》的外编，专记异事，保存了大量的古小说资料。其中引用的书，有不少已经散佚、残缺或被后人窜改，赖此书得以考见。宋元时人编写的话本、杂剧以及明、清时人写的小说、戏剧，很多都取材于《太平广记》。《四库全书总目提要》评论此书说："古来轶闻琐事，僻笈遗文咸在焉。卷帙轻者往往全部收入，盖小说家之渊海也。"今有人民文学出版社排印本。

（三）《文苑英华》。太平兴国七年（982），李昉等人奉敕编，苏易简、王祐等参修，历时 5 年成书。共 1000 卷，辑集南朝梁末至唐代诗文 2300 余篇，上续《昭明文选》。本书保存了大量诗文。宋代编的《唐文粹》、明代编的《古诗记》、清代编的《全唐诗》和《全唐文》，多取材于此书。《四库全书总目提要》说："考唐文者，惟赖此书之存。"今有中华书局影印本。

（四）《册府元龟》。景德二年（1005），宋真宗选定 20 位文人修纂此书，由宰相王钦若领衔，实际承担主编的是杨亿。每天编好的草本要送真宗审阅。"真宗常有签贴，有少差误，必见，至有数十签。大年虽服上之精鉴，而心颇自愧，窃揣上几少暇，不应能如此。稍访问之，乃每进本到，辄降附陈彭年。彭年博洽，不可欺毫发，故谬误处皆签贴以进。大年乃盛荐彭年文字，请与同修，自是进本降出，不复签矣"（《明道杂志》）。本书初拟名《历代君臣事迹》，真宗定名《册府元龟》，意为总结历代的统治经验，作为当朝君臣的鉴戒。共 1000 卷，历时 8 年编成。本书将历代政事，自上古至五代，分门顺序排列，所采以史籍为主，间取经、子，不收说部，为后世校史、补史、辑佚提供了珍贵史料。今有中华书局影印本。

二、历史、地理著作

宋代的史学著作较为繁荣，官修的断代史、通史均获得了辉煌成就。随着交通日趋发达，也促进了地理学的发展。

（一）官修断代史。北宋朝廷为借鉴历代的兴衰，很重视修撰前朝历史。太祖时期，由参知政事薛居正修成《五代史》。仁宗对后晋时期编成的《唐书》（史称《旧唐书》）不满意，令欧阳修、宋祁重修《新唐书》，又继续撰成《新五代史》。

（二）《资治通鉴》。我国第一部通史巨著，司马光主编。开始编撰时，得到英宗的支持，在崇文院设书局，由司马光物色精通史学的刘恕、刘攽、范祖禹等人共同编撰。宋神宗熙宁变法期间，司马光因持反对意见，辞去枢密副使之职，自请为西京御史闲官，居于洛阳，书局也随他迁至洛阳，继续编撰，前后 19 年，于神宗元丰七年（1084）完成。全书上起周威烈王二十三年（前 403），下迄后周世宗显德六年（959），贯穿 1362 年史事。正文 294 卷，考异、目录各 30 卷。全书经过多次改写，书的草稿堆满了两间屋子，最后由司马光笔削成书。神宗作序，赐名《资治通鉴》，称赞它"博而得其要，简而周于事"。司马光进呈神宗的《谢赐〈通鉴·序〉表》谈及此书的编撰，"删削冗长，举撮机要，专取关国家盛衰、系生民休戚，善可为法，恶可为戒者，为编年一书使先后有伦，粗精不杂。……穷探治乱之迹，上助圣明之鉴。"这几句话很清楚地表达了编撰此书的目的。本书取材丰富，言必有据，结构完整，创编年体通史体例。宋元以来，深受历代史学家的推崇。今有中华书局标点排印本。

司马光官高权重，廉洁奉公，生活俭朴。他在洛阳编撰《资治通鉴》时居所简陋，把编书的书局选在地下室。他在地下室编书、读书，怡然自乐。当年有位大臣王拱辰，也住在洛阳，宅第非常豪华，筑有三层楼。最高一层称朝天阁，洛阳百姓戏称："王家钻天，司马入地"。司马光无钱葬妻，只好把祖传的三顷田典当出卖，置棺理丧。

（三）《通志》。南宋郑樵撰，共 200 卷，是综合历代史料而成的，自上古至北宋的通史。作者为撰写此书隐居山中，做了 30 年准备工作，志在"集天下之书为一书",南宋绍兴三十一年（1161）成书。年谱是本书新创的体例。二十略（"略"相当于正史的志）是本书的精华。

（四）《太平寰宇记》。北宋的地理总志,乐史编撰。共200卷,目录2卷,太平兴国年间成书。记述范围,始于东京汴梁,终于"四夷"。"万里山河,四方险阻,攻守利害,沿袭根源,伸纸未穷,森然在目"（乐史《上〈太平寰宇记〉表》）。本书取材丰富,除沿袭唐代地志体例外,又增加风俗、姓氏、人物、土产等门类。所载唐以前地志佚文,可补史籍缺略。今本佚去八卷。

三、文学著作

两宋时期,我国的文学艺术取得了辉煌成就。著名的诗人、词人和文学家层出不穷。他们的作品通过雕版印卖而传之于世。

（一）盛极一时的宋词选本。迄今尚存的作品达两万余首,可考作者1400余人,两宋词著之盛可见一斑。宋代刊行的宋词选本有曾慥辑《乐府雅词》、黄昇辑《花庵词选》、赵闻礼辑《阳春白雪》、周密辑《绝妙好词》等。许多著名词人也都有词集传世。在北宋文坛拥有很高地位的晏殊,有《珠玉词》。善于用民间俗语入词的柳永,有《乐章集》。颇负盛名的女词人李清照（号易安居士）,有《易安居士文集》、《易安词》。辛弃疾（号稼轩居士）的词多以歌唱抗金、恢复中原为主题,在南宋传诵较广,当年已有多种刊本问世,著名的有《稼轩词》。

（二）著名的诗文集。欧阳修是北宋诗文革新运动的领袖,在中国文学史上占有重要地位,著有《欧阳文忠公集》153卷,附录5卷。其中的《居士集》等著作,为欧阳修自定,当朝已有刊本,其余为后人编刻。

继欧阳修之后主盟文坛的苏轼,在诗、词、散文等方面都取得了卓越成就。苏轼今存诗2700多首,在宋代就有分类注本,《东坡乐府》刊本流传最广。东坡词今存340余首,南宋初已有注本面世。苏轼的文章在南宋时已刊行《经进东坡文集事略》60卷。后人编印的《苏文忠公全集》共110卷。

王安石是著名的政治家也是文学家,北宋时期已刊行《王临川集》100卷。

南宋杰出爱国诗人陆游创作极丰，存诗9300余首，居历代诗人创作之冠。传世《剑南诗稿》85卷（系其子陆子虡编定）、《渭南文集》50卷等。

（三）宋代话本。即白话小说，是宋代说书艺人讲故事、小说的底本。开始是民间口头文学，经过文人的记录、整理就成了话本。话本的出现标志着中国小说史发展到一个新阶段。宋代话本有100多种，流传至今的有二三十篇。代表作如下。

《新编五代史平话》。每代两卷，重要情节皆本正史，对人物、战争场面则加以渲染、夸张，类似历史小说体裁。

《大宋宣和遗事》。又称《宣和遗事》，源出宋本，可能经过后人增订。故事内容历数北宋各朝荒淫无道的昏君；也讲到了宋江三十六人聚义梁山泊；继而是金兵攻陷东京，掳徽、钦二帝北行；最后是康王南渡即位，定都临安。话本反映了汉族人民爱国抗金的思想感情。

《大唐三藏取经诗话》。演述唐玄奘取经故事，但与今本《西游记》故事情节和叙述方法有所不同。该书卷末记有"中瓦子张家印"，应为南宋临安（今杭州）刻本。

四、科学技术著作

两宋的科学技术有了重大发展，不少科学家著书立说。沈括的《梦溪笔谈》、秦九韶的《数书九章》、苏颂的《新仪象法要》、李诫的《营造法式》等，在我国科技书出版史上占有重要地位。

（一）《梦溪笔谈》。沈括著，连同《补笔谈》、《续笔谈》共30卷。因写于润州（今江苏镇江市）梦溪园而得名。书中有关自然科学和科技方面的条目占1/3以上，内容涉及天文、数学、物理、化学、生物、地质、地理、气象、冶金、建筑、医学、动植物等多学科领域。该书最早提出月本无光，"日耀之乃光"的科学结论；最早记载了物理学的磁偏角，比西方记载早400多年；最早推测出太行山"乃昔之海滨"；等等。书中还详细记载了劳动人民在科学技术方面的贡献，如毕昇发明的泥活字印刷术、河工高超关于合龙堵口的先进技术、建筑工匠喻浩的《木经》等。沈括宦途多艰，遭王安石排挤，政治上不得志，但在科学技术方面的杰出成就受到后人的敬仰。

（二）《数书九章》。秦九韶著，淳祐七年（1247）成书。本书发展了北宋数学家贾宪的增乘开方法，可解一元十次方程式。书中介绍了求解一次同余组的一般计算步骤，方法正确，被誉为闻名中外的中国剩余原理。500年后，西方才对这个问题有了研究。本书的学术成就反映了宋代数学在当时世界上的领先地位。

（三）《武经总要》。北宋官修书，曹公亮主编，四十卷。本书论述了军事组织、军事制度、战略、战术、历代用兵故事以及武器制造。在武器制造部分，详细记述了世界上最早的战争用火药配方，书中涉及的管形枪炮、军事机械、器具使用、船舶制造等，表现出当时高度的力学技巧，尤其对"猛火油柜"的描绘，是古代液压油泵的创举。

（四）《新仪象法要》。苏颂著。本书详细介绍了"浑仪"、"浑象"、"水运仪象台"的制作技术，附图63种，反映了宋代天文仪器制造的新水平。书中记述的星象图传于后世的有14种，其中有5幅是现存中国最早的全天星图，绘星1464颗。在西方，到14世纪才观察到星数1022颗。本书比西方的著述早六七个世纪。

（五）《营造法式》。我国建筑史上的珍贵文献。作者李诫，集中众多工匠的智慧编修成书。崇宁二年（1103）刊行。共36卷，357篇。本书对宋代建筑技术成就作了系统总结，对各种官府建筑的用材选择、各种结构的坡度标准以及各种技术操作，作了严格规定，并附有各种建筑图案。它是当时世界上较为完备的建筑学专著，对后世建筑技术的发展有深远影响。

五、医学著作

两宋的医学取得了巨大进步，主要表现在对本草的多次修订，对医方的整理以及分科诊治技术的提高。

（一）《证类本草》。唐慎微修纂。北宋时期曾多次修订本草，其中对医药学产生重要影响的是《证类本草》，收录药物1700多种，论述了各种药物的配伍禁忌，发展了前人成果，是宋、元时代本草书的范本。

（二）《本草图经》。苏颂撰，嘉祐六年（1061）成书，是流传至今的第一部绘有药用植物图的本草著作。今人英国李约瑟博士评价《本草图经》说：

"这是附有木刻标本说明图的药物史上的杰作之一。在欧洲把野外可能采集到的动植物加以如此精确地木刻并印刷出来，这是直到 15 世纪才出现的大事。"

（三）《太平圣惠方》。王怀隐等编著，淳化三年（992）成书。本书广集汉唐以来各家方书及民间医疗经验，收录 16800 个处方，记述了我国 10 世纪前的医药学成就，为宋代医方巨著。

（四）《洗冤集录》。宋慈（1186—1249）著，世界上最早的较完整的法医学专著。淳祐七年（1247）成书。本书总结了宋及以前的法医学知识，包括人体解剖、检验尸体、检查现场、鉴定死因、自杀或谋杀的各种现象、各种毒物和急救、解毒方法等。这部书比西方最早出现的法医著作早 350 年，深受国际法医学界的重视，先后被译成法文、英文、荷兰文、德文、俄文、日文、朝鲜文，在世界各国广为流传。本书对法医学的发展作出了重大贡献。

作者宋慈是南宋福建建阳童游里人。曾任广东、江西、广西、湖南的提典刑狱公事，简称提刑官，相当于现在的省高级法院院长。他花了三年时间在湖南撰写了此书。南宋理宗诏令将《洗冤集录》向全国推广。康熙三十三年，清朝律例馆把本书重新校正出版，定名《律例馆校正洗冤录》以朝廷名义向全国推广。元末编撰的《宋史》，却未将宋慈入传。可见，腐朽的封建社会，对著名科技人才的轻视。

第七章　辽、金、元代书业

辽朝是居于辽河上游的契丹族建立的。在汉文化的影响下，契丹族逐渐从游牧转为定居农耕。公元916年（五代初期），耶律阿保机称帝，是为辽太祖，国号契丹。公元938年，辽太宗耶律德光从后晋石敬瑭手中夺得幽、云十六州。公元947年改国号为大辽。辽朝幅员万里，朝贡国60有余，西夏向辽称臣。辽朝统治中国北方达210年，被金朝所灭。

金朝是女真族建立的。北宋中期，逐渐形成以完颜部为中心的部落联盟。当时，女真诸部在辽国统治之下备受奴役。公元1114年，女真部落联盟首领阿骨打起兵反辽，不断打败辽军。翌年（1115）正月，阿骨打称帝，国号大金，定都会宁府（今黑龙江省阿城区）。10年后（1125）灭辽，金兵乘胜南下攻宋，次年灭北宋。金朝先后迁都中都（今北京）、开封。金政权统治中国北方120年，被蒙古和南宋联合灭掉。

元朝是蒙古族建立的。五代时期，蒙古族游牧于漠北草原。后来，处于辽、金统治之下。公元1206年，蒙古各部贵族推铁木真为大汗，尊称成吉思汗，正式建立蒙古国。公元1234年，联南宋灭金。1271年建国号大元，忽必烈为元世祖，定都大都（今北京）。1279年灭南宋，统一全国。历时98年，被明朝所灭。

元朝的统一，结束了国内几个政权长期并立的分裂局面，促进了我国统一的多民族国家的发展。马克思说："野蛮的征服者总是被那些他们所征服的民族的较高文明所征服，这是一条永恒的历史规律。"无论是蒙古族还是契丹族、女真族，都先后接受了中原文化，尊崇儒学，而图书事业也在南宋的基础上发展起来。

辽、金、元三朝，在政权稳定之后，都参照两宋官制设立秘书监，购求和收藏书籍。设立国子监，刊刻书籍。民间书坊业也逐步恢复、兴旺起来。

第一节　辽、金、元三朝的图书事业

辽、金两朝的图书事业都经过了从无到有的缓慢发展过程。北宋仁宗宝元元年（1038），党项族首领元昊在今宁夏、甘肃、陕北一带，建立一个国号为"大夏"的王朝，史称"西夏"或"夏国"，开始向北宋称臣，后来成为辽朝的属国。所以，在介绍辽朝图书事业的同时，也叙及西夏的图书事业。

元朝实行民族歧视政策，汉族知识分子地位低下，所谓"九儒十丐"。元代的学术文化不及宋代，图书事业也没有大的建树。

一、辽、西夏王朝对图书的收缴和购求

从契丹国算起，辽朝在开国前期基本上没有图书事业。开国40年之后，才有了规模不大的皇家藏书。

（一）辽朝秘书监。辽太祖耶律阿保机虽忙于征战，但仍很重视吸收中原文化，陆续购买汉文图书一万余卷，并组织学者创造契丹文字，翻译了若干汉文图书。太宗耶律德光主政，挥兵陷开封，灭后晋，收缴后晋秘书省图书，运至都城上京临潢府（今内蒙古巴林左旗波罗城），设秘书监（省）。从此，辽朝廷有了皇家藏书机构。

辽朝秘书监职官只设秘书郎和秘书郎正字，领著作局，设著作郎、著作佐郎和校书郎。在《辽史》上很少提及秘书监的活动，作为战利品收缴来的后晋藏书缺乏整理和利用。秘书监唯一的名人杨皙，字昌时，安次人，幼通《五经》大义，圣宗闻其颖悟，召试诗，授秘书监校书郎，官至尚书左仆射兼中书令。秘书监的职官受杖刑的却不乏其人。圣宗时期，秘书监正字李万与人联合上疏言事，"辞涉怨讪，皆杖而徒之"（《辽史·圣宗本纪》）。有一次，"上欲观起居注，修注郎不撽及忽突董等不进，各杖二百，罢之"（《辽

史·圣宗本纪》)。这也说明,秘书监的职官文化素质太差,又玩忽职守。辽开国 140 多年之后,才修建秘书监官府。据《辽史》载,重熙二十三年(1054)冬十月,兴宗"驻跸中京(今内蒙古宁城),戊戌,幸新建秘书监"。藏书之处,定名乾文阁。

辽朝秘书监购求的图书不多。只是在清宁十年(1064),辽道宗发布求书诏,购买乾文阁所缺书籍,命儒生校正经籍。但究竟购书效果如何,史书上缺乏记载。道宗一方面下诏购买图书,另一方面又发布诏令:"禁民私刊印文字"(《辽史·道宗本纪》)。这是动用政权力量压制民间书业的发展。

(二)西夏王朝的翰林学士院。西夏国是我国古代羌族的一支——党项族建立的。党项族原在川西北及青海一带游牧,唐后期移居今陕、甘、宁边境。公元 1038 年,党项族首领元昊称帝。西夏王朝历时 193 年,设有翰林学士院承担图书的购求、编修、翻译和珍藏的任务。在吸收宋律的基础上,制定了西夏王朝的《新法》。

西夏设有太学、国学,各州县也设立学校,约有学生 3000 人。他们所需汉文儒家经典主要向宋朝国子监购买。西夏毅宗赵谅祚派专使乞购宋国子监刊行之书,宋仁宗诏给。西夏又向宋国子监求购《九经》、《唐史》、《册府元龟》等书,也得到了满足。西夏仁宗赵仁孝还派使臣赴金中都,购买儒、释书籍。

西夏崇奉佛教,在开国初期的 40 多年间,曾先后 6 次向北宋印经院购进《大藏经》。一部藏经要用 50 匹至 70 匹马来交换。

西夏景宗李元昊命野利荣仿汉字创造了西夏文字。翰林学士院编写了西夏文字典《文海》,还将《诗经》、《论语》、《尔雅》、《孝经》、《孟子》、《四言杂字》等译成西夏文本,作为"蕃学"的教材。西夏还编了一本《掌中珠》,汉文与西夏文并注,四言骈列。

1908 年,沙皇俄国科兹洛夫探险队从我国的原西夏王朝黑水古城盗走西夏文文献编号达 8000 多号,艺术品编号近千号。其后,英国人斯坦因也从黑水古城盗走西夏文文献编号达 4000 多号。被盗走的西夏文献的内容极其丰富,包括西夏历史、军事、法律、经济、历法、医学、音乐等多方面的古籍,仅西夏文文字音韵类书就有《文海》、《音同》、《杂字》、《五音正误传》

等多种。从汉字译成西夏文的书籍更是数不胜数，如《孙子兵法》、《将苑》、《孝经序》、《经火杂抄》、《贞观将玉镜》……还有大量典册残页和译自失佚的汉文藏文西夏文佛经，版本价值极高。从外国人盗走的12000多号西夏文文献可以看出，当年西夏王朝的书业已经颇具规模，西夏翰林学士院编修图书的业绩不可小觑。

二、金朝廷对图书的收缴和购求

金朝开国初期还没有文字，更谈不上图书事业。后来，金朝统治者逐步认识到学习中原文化的重要性，在战争中着手搜集图书。政局稳定之后，设秘书监掌管图书。章宗时期，曾用重金购求图书。

（一）在战争中收缴辽、宋王朝的图书。金天辅五年（1121），兴师伐辽。太祖阿骨打命诸军都统，"若克中京，所得礼乐、仪仗、图书、文籍，并先次津发赴阙"（《金史·太祖本纪》）。越四年（1125），金兵灭辽，辽秘书监乾文阁的图书成为金兵战利品，被运往金朝都城会宁府（今黑龙江省阿城区）。

翌年（1126），金兵灭辽之后，乘胜向北宋都城汴梁进攻。中书门下平章事（宰相）刘彦宗向金兵统帅宗翰、宗望献策："萧何入关，秋毫无犯，惟收图籍。辽太宗入汴，载路车、法服、石经以归，皆令则也。"二帅嘉纳之（《金史·刘彦宗传》）。宗翰挥兵攻克汴京，立即派人收缴北宋官府藏书。"金天会五年（1127）四月，以宋二主及其宗族四百七十余人及珪璋、宝印……图书，与大军北还"（详见本书"靖康书厄"）（《金史·宗翰传》）。在金兵的攻城队伍中，有个名叫宗宪的皇族是元帅宗翰之弟，年来及冠，也把收缴图书作为自己的战利品。"汴城破，众人纷趋府库取财物，宗宪独载图书以归"（《金史·宗宪传》）。

宗翰的部队攻陷文化名城洛阳，指名搜求北宋名人的文集。"粘罕（即宗翰）至西京（洛阳），令人求大臣文集书籍，又寻文潞公、富郑公、司马温公等子孙，时惟潞公第九子殿撰维申，老年杖屦，先出城，遗一妾一婴儿。粘罕既得，抚之良久，以衣服珠玉为压惊，复令归宅"（《金史·宗宪传》）。这是宗翰的一个政治姿态，用以怀柔洛阳的知识阶层。

（二）金朝秘书监对图书的购求和修撰。金王朝以收缴来的辽、北宋官府藏书为基础，建立了秘书监（省），掌图书的购求、修撰、整理和典藏事宜。贞元元年（1153），金主完颜亮迁都燕京（今北京），称中都。秘书监初具规模，领有著作局、笔砚局、书画局、司天台。秘书监的职官设监、少监、丞各一员。另设秘书郎、著作郎、著作佐郎、校书郎若干人。先后任秘书监的有宗爽（皇族）、萧肄、萧裕、移拉子敬等；少监有贾少冲、郭长倩、张仲轲等。

章宗完颜璟当政时期（1190—1208）对图书事业最为重视。"章宗在位19年，承世宗治平日久，宇内小康，乃正礼乐，修刑法，定官制，典章文物粲然成一代治规"。明昌二年（1191），章宗命学士院购进"唐杜甫、韩愈、刘禹锡、杜牧、贾岛、王建，宋王禹偁、欧阳修、王安石、苏轼、张耒、秦观等集二十六部"。明昌五年（1194）二月，"诏购求《崇文总目》内所阙书籍"。五月，置弘文院，掌校订、翻译经史等务，设同知院事、校理等职官。次年，命左丞相夹谷清臣监修国史。泰和元年（1201）又再次发出购求图书诏："敕有司，购遗书宜尚其价，以广搜访，藏书之家有珍惜不愿送官者，官为誊写，毕复还之，仍量给其直之半"（《金史·章宗本纪》）。章宗用十分优惠的购书政策鼓励藏书家献遗书，或借书给官府抄写复制，以丰富秘书监藏书。

三、元朝廷对图书的收缴和购求

蒙古族在灭金亡宋的战争中，对中原地区的汉族文化有了更多的接触和认识。在中书令耶律楚材的主持下，开始推行尊经崇儒、兴学立教政策。蒙古军的统帅在攻城陷阵时，也注意收缴图书。元朝政权稳定之后，建立秘书监负责购求和编撰图书。

（一）耶律楚材注重保存中原文化。元太祖成吉思汗兴兵漠北，南征北战，未遑文事。太宗窝阔台继位，继续向南、向西发动掠夺性战争。他的亲近大臣别迭等人主张："汉人无补于国，可悉空其人以为牧地"（《元史·耶律楚材传》）。中书令耶律楚材极力反对这种赶尽杀绝汉人、变中原为牧场的政策。他认为，天下虽"马上得之，不可以马上治之"，劝说太宗推行周孔之教，戒杀戮，召名儒向皇太子及诸王大臣子弟传授儒家九经，"俾知圣人之道"（《元史·耶律楚材传》）。太宗接受了他的主张。太宗五年（1233），蒙古军队攻占金朝首都汴京，耶律楚材奏请珍视和保护"南中士大夫"，太宗准奏。太宗八年（1236），在耶律楚材的主持下，"置编修所于燕京、经籍所于平阳，由是文治兴焉"（《元史·耶律楚材传》）。可见，元朝在开国时期实行文治是从编修、印行书籍开始的。

耶律楚材（1190—1244），字晋卿，出生于汉化了的契丹封建士大夫家庭。他的父亲耶律履曾任金世宗的尚书左丞。"楚材生三岁而孤，母杨氏教之学。及长，博极群书，旁通天文、地理、律历、数术及释老医卜之学，下笔为文，若宿构者"。金宣宗贞祐二年（1214），楚材任金朝中都（燕京）的左右司员外郎。翌年，成吉思汗攻占燕京，闻其名，召见之，留为身边近臣，"日见亲用"。"丙戌冬（1226），从下灵武，诸将争取子女金帛，楚材独收遗书及大黄药材。既而士卒病疫，得大黄辄愈"。有些蒙古军将领"孥人妻女，取货财……杀人盈市"，他多次奏请太祖下令禁止。成吉思汗"指楚材谓太宗曰：'此人天赐我家。尔后军国庶政，当悉委之'"（《元史·耶律楚材传》）。

太宗窝阔台当政期间，耶律楚材位居中书令，典领百官，倡导图书事业，命名儒梁陟、王万庆、赵著等在燕京设立编修所。又命宣德州宣课使刘中随郡考试，儒人被俘做奴隶者也可应试，共得儒士4030人。有1/4的被俘儒士得到赦免，成为儒户。耶律楚材用儒学思想影响、改变了蒙古国的社会政治制度和治国方法，保存和发扬了中华民族的传统文化。在他的推动下，元朝在统一全国的战争中注意对图书的搜集。

（二）元军收缴南宋秘府图书。太宗六年（1234），元灭金。蒙古军队长期围困金朝首都汴京，城内一片混乱，"满城萧然，死者相枕"。后来，金哀宗完颜守绪逃走，他的西面元帅崔立以汴城投降蒙古，交出金后妃、宗室和宝器，史书上未提交出图书。大概在战乱中，金秘书省藏书已丧失殆尽。不仅如此，就连金朝元好问私人的千余册藏书也焚荡无几。

在征战中最早注重收缴图书的是太宗军前行中书省事的杨惟中。他随皇子阔出伐宋。"克宋枣阳、光化等军，光、随、郢、复等州及襄阳、德安府，凡得名士数十人，收伊、洛诸书送燕都"。杨惟中，字彦诚，弘州人。知读书，深得太宗器重。"太宗崩，太后称制，惟中以一相负任天下"（《元史·杨惟中传》）。

至元十一年（1274），世祖忽必烈调集军队大规模进攻南宋，命伐宋统帅收缴南宋朝廷的图书。右丞相伯颜率二十万大军在芜湖一带的长江击溃宋军，"追杀百五十里，得船二千余艘及军资器仗、督府图籍符印"。紧接着在攻占南宋各州县时，"括江南诸郡书版及临安秘书省《乾坤宝典》等书"。那时临安尚未攻取，秘书省的部分图书已到了元军阵营。至元十三年（1276）二月，"宋主㬎率文武百官投降。"元世祖诏谕南宋临安新附府州司县官吏："尔等各守职业，其勿妄生疑畏……秘书省图书……天文地理图册，凡典故文字并户口版籍，尽仰收拾"（《元史·世祖本纪》）。元军统帅伯颜命宋侍王堃入宫，收宫中图籍、宝玩等物。

处理完南宋王朝的投降事宜，伯颜进入临安，立即遣郎中孟琪一一搜缴"秘书省、国子监、国史院、学士院、太常寺图书祭器乐器等物"。世祖又派"秘书监焦友直为宣抚使……括宋秘书省禁书图籍"。8个月后，"两浙宣抚使焦友直以临安经籍、图画、阴阳秘书来上"（《元史·世祖本纪》）。焦友直是掌管书籍的专家，到了临安，把元军缴获的所有图书一并运回元大都。此后，世祖还命进攻南方的元军和新派驻的官吏搜缴地方官府的图书。湖南的卢挚就将江南诸郡珍藏的四库精善书运至大都。

临安是南宋的书业中心，官刻、坊刻都很发达。焦友直只是将搜集到的官方图书运回大都。临安尚存有大量的官府刻本。至元十五年（1278），世祖采纳翰林集贤大学士许衡的建议："遣使至杭州等处，取在官书籍版刻至京师"（《元史·世祖本纪》）。

经过收缴南宋官府遗书，搜集各方典籍，元朝廷的存书逐渐丰富，分别保存在秘书监（省）、集贤院和后来建立的奎章阁。

（三）元朝秘书监。成吉思汗创业50余年，"武功迭兴，文治多缺"。忽必烈继承汗位着手推行汉法，沿前朝旧制设立国家政权机构。至元十年（1273）立秘书监，掌历代图籍并阴阳禁书，同时领导出版机构兴文署。图书的编撰机构则有集贤院、翰林国史院、奎章阁学士院等。这些机构对图书的编撰，本章结合元朝官办书业来叙述，此处从略。

秘书监的主官称秘书太监，从三品，设二员（有时简称秘书监）。元仁宗时，把秘书太监升格为秘书卿，正三品，设四员。这四员主官往往是寄禄官，即用来确定官位等级和俸禄的，只在秘书监挂个空名。实际主持工作的是秘书少监，从四品，设二员。另设监、丞二员，从五品。办事人员有：典簿、令史、知印、奏差、译史、通事、典书、典史。属官有：著作郎、著作佐郎、秘书郎、校书郎、辨验书画直长等。这些属官的官位由从六品到正八品。秘书监的机构较为精干，只有 30 人。秘书监曾奉诏监修全国总志《大元一统志》，这是一部拥有 1300 卷的巨著，历时 18 年编成。又拖了 27 年才刊刻成书。

元朝廷大规模购求图书的次数不多。在秘书监初创时期，命波斯人札马鲁丁兼知秘书监事，由秘书少监赵秉温主事，购求天下图书。赵秉温是云中蔚州人，早年跟随世祖西征吐蕃，南征大理。他在秘书监工作 9 年，收购图书成绩显著，迁昭文馆大学士。至元十年（1273），世祖命翰林院纂修国史"敕采录累朝事实，以备编集"（《元史·世祖本纪》）。翰林院也派人四处购求遗书，供撰史参考。

忽必烈的长子真金曾派人去南方购求图书。真金长期接受儒家教育，世祖时期任中书丞相，与秘书监张易过从甚密，在东宫自立藏书机构。至元十五年（1278），东宫的书库官刘容"奉旨使江西，抚慰新附之民。或劝其颇受送遗，归赂权贵人，可立致荣宠。容曰：'剥民以自利，吾心何安'。使还，惟载书籍数车，献之皇太子"（《元史·刘容传》）。刘容在江西购买了大批书籍，说明江西书业已很发达。刘容去南方购书有功，升任秘书少监。

元朝廷另一次大规模购书是在大德十一年（1307）。武宗之弟爱育黎拔力八达被立为皇太子，领中书省、枢密院兼尚书令，"遣使四方，旁求经籍"（《元史·仁宗本纪》）。在购进的书籍中有一部《大学衍义》，命詹事王约译成蒙古文字。这位掌握朝廷大权的太子说："治天下，此一书足矣。"他选出《大学衍义》、《图像孝经》、《列女传》等书，命兴文署刊刻发行。

元朝统治者维护蒙古贵族的特权，其职官制度是"学者不必用，用者不必学"。像秘书监这样一个掌管图书事业的官府，多由蒙古人、色目人担任主管。如前所述，最早任秘书监的是波斯人札马鲁丁。世祖后期和成宗时期的秘书太监是出生于伊利汗国（今叙利亚）的景教徒爱薛。元代后期的秘书卿答兰、秘书太监达礼麻识理均为蒙古族人。只有文宗时期的秘书太监王珪是汉人，而文宗是个短命的皇帝，仅当政两年。

第二节　辽、金、元的官办书业和民营书业

随着雕版印刷技术的普及，辽、金、元三朝都建立了官办书业，而民间书坊业也在辽、金统治区的燕京、平阳等地兴起。元朝统一全国以后，大都（今北京）成为全国的书业中心。南宋时期的书业中心杭州、建安等地，仍保持着繁荣发展的势头。成都、眉山的书业因遭受元军的严重破坏而大伤元气。从宋代到元代雕版印刷已占统治地位。有些销量小的书，仍以抄写复制出售。有些抄本书一直流传到现代。2011 年在嘉德春季拍卖会古籍善本拍卖专坊上，元抄本《两汉策要》以 4830 万元人民币成交。书价之高突破古籍拍卖世界纪录。本书由 700 多年前元代书法家赵孟頫手抄，其艺术价值、文物价值极高。

一、辽朝的书业经营

辽朝很注意接受中原文化。辽太祖建国之初，就兴建孔子庙，相继在南京析津府——燕京（今北京）、东京辽阳府（今辽宁辽阳）、上京临潢府（今内蒙古巴林左旗波罗城）、中京大定府（今内蒙古宁城）、西京大同府（今山西大同）这五个京立太学，诏令州县兴学。辽朝的书业处于起步阶段，没有后来的金、元两朝的书业发达。

（一）辽朝的官办书业。辽朝也设有国子监，辽朝崇儒，既然兴办学校，就要用儒家经典作为教材，而这些教材仿照北宋的做法，由国子监雕版印卖。据《辽史》载，开泰元年（1012），圣宗诏赐护国仁王《易》、《诗》、《书》、《春秋》、《礼记》各一部。清宁元年（1055），道宗下诏设学养士，颁《五经传疏》。咸雍十年（1074），颁定《史记》、《汉书》。辽王朝的上述赐书

和陆续颁定的经史类书籍，是由辽国子监雕印的。辽清宁八年（1062）辽廷下令禁止民间私自刊印文字，说明国子监刊印书籍的生产力已足够供应辽国各类学校的教材需要。辽廷运用契丹文刊行了《贞观政要》、《五代史》、《通历》、《方脉书》等多种图书。由于战乱和辽代民间藏书家不多，辽代监本书传世的甚少。

辽朝设有印经院，刊刻的《辽藏》（又称《契丹藏》）工程浩大。分大字本和细字本两种。大字本为卷轴本，共5480卷；细字本装订近1000册。高丽僧人曾购去细字本，评价说："念兹大宝，来自异邦，帙简部轻，函未盈于二百，纸薄字密，册不满于一千，殆非人功所成，似借神巧而就"（《东文选》卷一百一十二）。这个评语使我们了解到，辽朝的雕版印刷工艺不亚于北宋，刊刻的《辽藏》也可出售。

（二）西夏的刻印司。西夏后来成为辽的属国。西夏国设有刻印司，类似官办书业。西夏翰林学士院译成西夏文本的儒家著作，由刻印司印卖。近代在甘肃发现的西夏刻印的《千金方》、《本草》、《治疗恶疮略论》等医书，也可能是由刻印司雕版印卖的。刻印司还刊行西夏文佛经，有的刊本印数达5万至10万册。西夏国还设有大恒历司，雕版印卖官方编制的历书。

北宋毕昇发明活字印刷术后不久，这种技术就传到了西夏。西夏王朝用活字印刷了多种西夏文书籍。1917年，中国学者罗福苌在宁夏灵武县最早发现西夏文《大方广佛华严经》（80卷）为活字印本。1993年，中国西夏文专家史金波在俄罗斯科学院东方学研究所圣彼得堡分所整理拍摄俄藏我国黑水古城文献，发现西夏文的《大乘百法明镜集》、《德行集》、《维摩诘所说经》等均为活字印刷，而西夏文《三代相照言文集》的文末，已经注明"字活"（活字）。史金波确认，这批西夏中晚期印刷的文献，是目前已知世界最早的活字印刷实物。1991年秋，宁夏文物考古研究所在宁夏贺兰县拜寺沟方塔中发现西夏文佛经《吉祥遍至口和本续》，共6册，总220多页，约10万字，皆蝴蝶装印本。1996年11月，文化部科技司邀请有关专家组成鉴定委员会。委员们认真考察了这部书的原件以及有关论文资料，确认这部书是木活字印本，刊于北宋后期。这一发现，使木活字发明和使用的年代，从传统说法的元代提前到北宋后期。

（三）辽代燕京书坊业。唐及五代时期，今北京称幽州，是北方重镇。辽会同元年（938）升幽州为陪都南京，又称燕京，户口三十万，其繁荣为五京之首。燕京街巷坊市井然有序。店铺列于六街，市集位于北市，陆海百货，聚其其中。书坊业随着燕京的经济、文化发展而逐步兴起。1974年在山西应县释迦塔发现大批辽代刻经，从佛经题记来看，多为燕京书坊业雕印。其中有"燕京仰山寺前杨家印造"，还有"燕京檀州街显忠坊南颊住冯家印造"，等等。北宋苏轼的诗选以及医书《肘后方》、《百一方》、童蒙读物《蒙求》等书均在燕京的书坊刊印出售。

燕京的寺院刊刻佛经。今北京的法源寺，辽代称大悯忠寺，曾刻印过不少佛经。辽代刊印的《燕台大悯忠寺新雕诸杂赞一策》，介绍了该寺刊行的各种经赞，实际上起了广告宣传作用。燕京弘法寺、大昊天寺也有印行佛经的记载。

燕京的刻工也自行刊刻书籍出售。如雕工赵守俊就自行刊印日历出售。还有雕版印卖蒙学教材和识字用书的。

除燕京外，在辽国的其他城镇也有书肆或书商贩运图书，主要是从北宋的书坊业输入的。辽太祖之子东丹王耶律倍，精通汉文，能诗善画，"尝市书万卷，藏之医巫闾山"。医巫闾山在今辽宁省中部，大凌河以东，当年是辽国的腹地。在这一带的城镇能陆续买到万卷书，可见辽国书商从中原贩书之多。

二、金朝的书业经营

金朝开国初期，干戈未休，都城上京会宁府没有书业。南宋建炎三年（1129），洪皓奉命使金，被扣十余年。他拒绝金国授予的官职，以教授生徒自给。上京无纸，更无书板，他只好取桦树叶子写《论语》、《大学》、《中庸》、《孟子》，传授给学生。"时谓桦叶四书"（《一统志》）。金朝在开国十年之际（1125）灭辽，又过了两年（1127）灭北宋。北宋百余年所积聚的府库藏书被金兵所得，运至燕京。开封府的一些书籍铺也被掠走。各种人才、工匠被掳至金朝境内，金朝的官办书业和民间书坊业逐渐发展起来。

（一）金朝的官办书业。金天会八年（1130），金太宗在平阳（今山西临汾）立经籍所雕版印卖书籍。这是金朝最早建立的官办书业。平阳是金朝的重要城市。灭北宋后，金朝把平阳府从次府升为上府，设总督府，置转运使。当时，金都上京会宁府远离中原，所以把经籍所设在平阳，由总督府管辖，较合情理。经籍所的雕版工匠和书板可能是金兵灭宋时从开封掳来的一部分。

金朝于贞元元年（1153）迁都燕京，改称中都（今北京）。从此，京府节镇，各处设学，定额数千。在中都设太学，隶国子监。在学科上规定学习经书、子书、史书。为供应学生教材的需要，国子监利用从北宋开封掠来的书板印行了九经、十四史以及《老子》、《荀子》、《扬子》等经、史、子三大类书籍。《金史·选举志》说，这些书"皆自国子监印之，授诸学校"。金世宗完颜雍"嗜读史籍，尤尚儒风"（《金史·世宗本纪》），盛赞北宋苏轼为"经济之良才"，诏国子监刊行《东坡奏议》。世宗还设立译经所，把汉文的《史记》、两《汉书》、《论语》、《孟子》等15种书译成女真文字颁行，还译印了《孝经》，分赐护卫亲军1000册。

金章宗完颜璟在位19年，"承世宗治平日久，宇内小康，乃正礼乐，修刑法，定官制，典章文物粲然成一代治规"（《金史·章宗本纪》）。这个时期也是国子监刊行书籍最多的时期，迄今可考者近50种，雕镂极工，虽南宋精椠，亦不能及。章宗时期，黄河多次决口。为治理黄河，金廷的都水监刊刻了宋人沈立的《河防通议》，颁发给河防官员阅读。为了治理蝗灾，金廷还刊刻了《捕蝗图》，颁发给地方官员。

宣宗完颜珣于贞祐二年（1214）迁都南京开封府。随行的国子监、秘书省、蓬莱院、贲文馆所有之图书，用车3万辆。"汴京吏民指所乘车叹曰：'恰去九十年，谁知又归在此耶'"（杨循吉《金小史》）。在这3万车书中，肯定有金朝国子监刊印的图书。

（二）金代的书坊业。金代的中都和平阳的书坊业较为发达，开封的书业也有所恢复。

1. 中都书坊业。金主完颜亮于贞元元年（1153）从上京迁都燕京，改称中都大兴府。从此，中都成为金朝的政治、文化中心。除辽代遗留下来的书坊外，又增加了一批从开封掳来的书坊和雕版工匠。学校教材主要由国子监印卖，书坊业主要印卖市场销量较大的科举考试参考用书。张天锡的《草书韵会》销路颇广，金朝规定，此类韵书士人考试可带入考场。一些名人的诗文集，如元好问的《中州集》以及南宋洪皓使金所著诗文，中都的书坊业"争钞诵求锓梓"（《金史·海陵王传》）。在中都市集上出售较多的仍是看风水、占卜、合婚、安葬等迷信书。

金王朝既信佛教又崇道教。金朝后期，佛经和道经均成为商品在市场上流通。佛教的《首楞严经》"鬻遍天下"。道教教主丘处机得到金世宗的垂青。道教的一派全真教传遍北方，压倒佛教，人道者众，道家著作热销一时。丘氏的《磻溪集》、《七真要训》等书广传四方。在金朝政府的支持下，道家在中都刊刻《大金玄都宝藏》6455卷。如此浩大的刻版工程，反映了金代中都雕版印刷的生产实力。

2.平阳书坊业的崛起。金代的平阳，久无战事，衣冠甲于河东。学校众多，人才辈出。盛产纸张，质地坚韧，适于印书。北宋灭亡时，开封的部分书坊和雕版工匠逃往平阳，促进了平阳书坊业的发展。除金朝在这里设立经籍所作为官办书局印卖书籍外，有据可考的民间书坊"立局二十有七，役工五百有奇"（《遗山先生文集》卷三十一），其中著名的书坊有：书轩陈氏、中和轩王宅、晦明轩张宅、夏氏书籍铺等。

平阳书坊业印卖的图书，多是一些平话小说、戏剧唱本、年画以及通俗实用的医书、类书。平阳（今临汾）又称平水，这里印卖的图书称平水本，其特点是具有民间色彩。平阳的书坊业把民间文艺创作编印成书，远销各地，对后代说唱文学和戏剧的发展产生了深远影响。1908年，在甘肃张掖黑水古城遗址曾发现一批平阳书坊刊行的《刘知远诸宫调》等书，被沙俄科兹洛夫探险队掠去。1958年，苏联政府赠还给我国，现存国家图书馆。当年，平阳书坊业刊行的书能够远销到甘肃张掖一带，说明它的市场辐射力是很强的。

闻名于世的《赵城金藏》是金熙宗天眷二年（1139）至金世宗大定十三年（1173）由平阳府汾西县庞家书坊用了30多年刻印成的。这是一部大藏经，由潞州妇女崔法珍发起，平阳一带的善男信女纷纷响应，经过民间募化集资而刊刻的。共雕印了43部，到了元代，元世祖忽必烈送给外国30余部。到了近代仅存一部，因藏于山西赵城东南 40 华里的广胜寺，又称《赵城广胜寺藏》，简称《赵城金藏》。这部佛经应有 6800 卷，在历史上屡遭损失，到抗日战争时期尚存 4900 余卷，已引起侵华日军注意。1942 年，日军占领赵城县，计划前往广济寺掠取此经。中共地委得此情报，由陈赓、薄一波指挥的八路军，1942 年 4 月 27 日入夜，急行军到广济寺，抢运出 4330 卷。护经战士在途中与日军遭遇，为保护藏经安全，把日军引向相反方向，被日军逼入低谷，一位战士不幸牺牲。华北人民政府于 1949 年将此经转交北京图书馆（今国家图书馆）收藏。经新中国成立后收集，现存 4800 余卷，是各种藏经中最有价值的珍品。这段史实说明：一方面，中国共产党十分重视祖国的文物典籍，不惜牺牲生命，用武力把《赵城金藏》抢救出来；另一方面，金代平阳府汾西县也有书坊，竟能承担 6800 卷的刊刻工程，实属罕见。它的雕版工匠很可能是从平阳书坊业招聘的。

3. 宁晋的书坊世家。在金代，赵州宁晋县有一祖传几代的荆氏书坊，远近闻名。书坊主人荆祐，字伯祥。从他祖父起就经营图书，主要印卖儒家经典"五经"、《广韵》等书，供那一带的私学用作教材。20 年间"荆氏家籍布满河朔"（康熙年间《宁晋县志》）。这家祖传的书坊经营有方，在发行上有一套办法。虽地处县城，其市场的覆盖面却很广。金宣宗贞祐年间（1213—1216），蒙古兵破宁晋，荆祐把自家书板藏于废墟中。战争过后，加以修补，继续印卖。荆氏书坊成功之道在于：刊刻的书籍适销对路，刻印精美，定价低廉，薄利多销，声誉良好。荆祐乐行善事，不时用赚来的钱接济穷人，被誉为宁晋的"善士"。他的后人荆珍在金末仍刊行《五音集韵》等书，流传至今。

4. 复苏的开封书坊业。北宋灭亡时，被金兵洗劫的开封城呈现一派凋残零落景象，包括书坊业在内的各种店铺遭到严重破坏，富商大贾纷纷南迁。金朝统治开封的百余年间，远不如北宋东京时期繁盛。贞祐元年（1213），蒙古军分三路，破金 90 余郡，其前锋逼近燕京。为避开蒙古军锋芒，金宣宗迁都开封，并推行缓和民族矛盾的政策。在金代统治的最后二十年，开封的经济、文化有所恢复，全城人口又达一百多万人。相国寺书市沿袭北宋惯例，以三日、八日为市，许多珍本秘籍不时在市上有售。金末文学家元好问就是在这里买到唐人写的《笠泽丛书》。金世宗之孙完颜璹，晚年居汴，自刊诗集《如庵小藁》，行于世，"汴梁鬻书家多有之"（刘祁《归潜志》卷一）。流传到近代的吴兢《贞观政要》、孔元措《孔氏祖庭广记》等书，均为金末开封书坊印行。

此外，在金朝的辖区里，有书坊刊刻书的地方不在少数。如太原刘氏书坊刊行《伤寒真格论方》、古泽陈氏刊行《法言微旨》、济南李德元刊行《窥豹集》等。其他如邢台、真定、隰州、蒲州、莱州、曲阜等地均有书坊或家塾刊行图书。

三、元朝的官办书业

国家的统一、经济的恢复使元代书业逐步发展起来，官办书业和民间书坊业较辽、金两朝繁荣。元朝的官办书业主要有经籍所、兴文署、艺文监、太史院等。国子监和太医院也印卖过书籍，但为数不多。地方政府的行省和各路儒学、书院，有时也印卖书籍。

（一）平阳经籍所。元太宗三年（1231），窝阔台重用耶律楚材领中书省事，主管黄河以北的政务。灭金的第二年（1236），在耶律楚材主持下，立经籍所于平阳，雕版印卖书籍。这个经籍所是否接收了金朝设于公元1130年的经籍所，已无从查考。至元四年（1267），平阳经籍所迁京师。世祖忽必烈"改经籍所为弘文院，以马天昭知院事"（《元史·世祖本纪》）。此后，弘文院在元史上消失，可能它就是五年后设立的秘书监或兴文署。

（二）兴文署。至元九年（1272）置秘书监，掌历代图籍，并阴阳禁书。下设兴文署，掌管书板、刊行书籍。从杭州及江西诸郡作为战利品收缴来的南宋官书板均交兴文署掌管。主官称兴文署令，秩从六品，以翰林修撰兼之；署丞一员，以翰林应奉兼之。校理四员，楷书一员，掌记一员，镌字匠四十名，作火一，匠户十九，印匠六十。至元十四年（1277）兴文署并入翰林院，这意味着翰林院承担刊行书籍之责。

世祖忽必烈很重视兴办教育。办教育必然带动书业的发展。至元六年（1269），诏设诸路提举学校及教授官，要求各路、府、州、县立学校。事实上，并未普遍立学。后来规定，入学生徒可免一身杂役，这个奖学政策促进了教育事业发展。至元二十五年（1288），"立学校二万四千四百余所"。为了给学校提供教学用书，至元二十七年（1290）正月，"复立兴文署，掌经籍板及江南学田钱谷"（《元史·世祖本纪》）。召良工刊行经史子版本，流布天下。兴文署雕印的胡三省撰《资治通鉴音注》、《通鉴释文辨误》等书，质量上乘，最为有名。

仁宗延祐年间（1314—1320），张师鲁任兴文署丞，雕版印卖较为活跃。该署不仅刊刻经史类书籍，还重视农业技术的推广。兴文署曾在浙江刊印《农桑辑要》万部，还自行刊刻《栽桑图说》，售给民间。仁宗死后，元统治者内乱加剧。英宗至治二年（1322），兴文署被废止。此后，皇帝频繁的更换，已无暇过问图书事业。8 年之后成立的艺文监再次成为官办书业。

（三）艺文监。文宗天历二年（1329）立奎章阁学士院，掌聚集文人学士，鉴赏文集，兼备皇帝咨询。以忽都鲁笃弥实、赵世延为奎章阁大学士，承旨仿唐宋会要，纂修《皇朝经世大典》（总 880 卷，目录 12 卷）。奎章阁下设艺文监，"秩从三品……专以国语敷译儒书，及儒书之合校雠者俾兼治之"。艺文监的主要任务是将儒家经典译成蒙文刊刻印行，同时也检校刊刻某些汉文书籍。在艺文监之下，设广成局，"秩七品，掌传刻经籍及印造之事"。又设艺林库，"秩从六品……掌藏贮书籍"（《元史·百官志》）。艺文监及其所属的广成局、艺林库具备了编（译）、印、发（储）的官书局职能，其刊本流传下来的极少。

至顺元年（1330），文宗亲署欧阳玄为艺文少监，后升为艺文太监，检校书籍事，奉诏修辽、金、宋三史，召为总裁官。惠宗（顺帝）至正四年到五年（1344—1345）《辽史》、《金史》、《宋史》先后编成，由丞相阿鲁图任都总裁官表奏进呈。挂名的是阿鲁图，实际干事的却是欧阳玄，修三史之功不可没。欧阳玄（1283—1358），字原功，浏阳人，是元朝的大学者，"宗庙朝廷雄文大册，播告万方制诰，多出玄手……有《圭斋文集》若干卷传于世"（《元史·欧阳玄传》）。此后，担任艺文监太监的有大都人宋木，科举进士，名列第一。在他主持下由广成局刊行的《祖宗圣训》，甚为考究。

（四）太史院。掌天文历数之事。下设之印历局负责雕版印卖历书。元代著名科学家郭守敬（1231—1316）制定的《授时历》，于至元十七年（1280）

颁行天下，由太史院印历局雕版印卖。在腹里（元朝中书省直辖地区）及各省分设司历及印历管勾，负责印历的发行事宜。《元史·刑法志》载，历书统一由官府印卖，"诸告获私造历日者，赏银一百两。如无太史院历日印信，便同私历，造者以违制论"。印历局印制的历节分，《大历》，每本售价银钞一两；《小历》，每本售价银钞一钱；《回回历》，每本售价银钞一两。银钞一两相当于元代五斤米的售价。据天历元年（1328）统计，全年销售历书"总三百一十二万三千一百八十五本，计中统钞四万五千九百八十锭三十二两五钱"（《元史·食货志》）。这笔财政收入相当于同年江南三省（江浙、江西、湖广）夏季粮税钞数的 1/3，为湖广省夏季粮税钞数的 2.37 倍。

（五）地方政府及各路儒学、书院刊行书籍。地方性的官刻本，多由各路学校的学田收入开支，但须自下而上层层申报，由中书省批准。在各行省中，江浙行省刊行书籍最多。省会杭州刻工技术精良，纸墨俱佳，朝廷颁发的一些重要书稿，往往飞马运送杭州，由江浙儒司转交有名望的儒学或书院刊刻。

元代的各路、府、州、郡、县多设有儒学。有些经济实力较强的儒学也刊行书籍。以九路儒学分刻九史最为有名。这九史是：《汉书》、《后汉书》、《三国志》、《隋书》、《唐书》、《北史》、《辽史》、《金史》、《宋史》。元代的国子监掌学校之教令，从主官到典吏只有 10 个人。他们有时也编选一些书籍，牒呈中书省批准，分派给实力较强的各路儒学刊刻。例如，庆元路儒学就为国子监刊刻过《急就篇补注》、《小学绀珠》、《玉海》、《汉书艺文志考证》等十五种书，共 265 卷。

书院刻书是元代的一大特色。书院这个名称早在唐代就有了，如丽正书院。当时，书院只是朝廷修书、藏书的机构，到了两宋时代发展为读书、讲学和研究学问的教育机构。创办者或为私人，或为官府，一般选山林名胜之处为院址。书院的负责人称山长。宋代最著名的有白鹿、石鼓（一说嵩阳）、睢阳、岳麓等书院。位于庐山的白鹿洞书院有学生数千人。宋代书院都有学田，靠田赋收入供日常费用或购买图书。浙江的鹤山书院藏书 10 万卷，南国书院藏书 3 万余卷。宋代，有些书院利用丰富的藏书和众多的学者编纂和刊行书籍，但刻书数量不多，影响不大。到了元代，书院刻书有了进一步发展。

元朝统一全国，一些汉族知识分子不愿到朝廷做官，遂隐蔽山林名胜之地，办书院讲学。元朝统治者则对这些书院采取怀柔、扶持加控制的政策。元代，全国有书院 400 余所，南方最多，仅江浙行省就有书院 160 所，除少数为官办外，多数为私人设立，但山长由官府委任。拥有学田较多、教育经费富裕的书院不时刊刻书籍。清代学者顾炎武说："宋元刻书皆在书院，山长主之。"他指出，书院刻书有三个优越条件："山长无所事而勤于校雠，一也；不惜费而工精，二也；板不贮官而易印行，三也"（顾炎武《日知录》）。另外，还可以补充两个优越条件：一是书院有丰富的藏书，有利于书籍的编撰和校勘；二是刊行的书籍可以作为教学参考用书卖给学生或向社会上销售。

元代西湖书院刻书最著名。它是在南宋太学的基础上改建的。拥有学田最多时达 1650 余亩，因此有财力刻书。加之，南宋国子监有 20 多万块四部书板在元军攻克杭州时未被收缴到大都，而成为西湖书院的财产。这个书院就用这些书板印行书籍，同时又选雕版能手刊印新书。元朝修撰的一些要籍如宋、辽、金三史等，都是由西湖书院刊刻的。泰定元年（1324），西湖书院刊行马端临《文献通考》348 卷，字体优美，行款悦目，刻印俱精，堪称元刻本的代表作。

元代书院刻书见于著录的，除西湖书院外，还有：广信、明道、豫章、宗文、象山、建安、梅溪、梅隐、武溪、兴贤、圆沙、雪窗、龟山、桂山、屏山、南山、苍岩、临汝等书院。

书院或儒学刊刻书籍的成本高得惊人。明道书院与溧阳、溧水州学和本路儒学合刻的《金陵新志》15 卷，经批准由官府拨款，共花掉"实银七千一百七十九两八钱九分九厘。是每卷合用银四百四十余两。古今刻书之工，恐未有贵于此者。即以五两一锭计算，亦需实银七百四十四两八钱九分九厘，以十五卷之书，似不应有如许刻价，岂当时浮支冒领，亦如今日（清末民初）各省书局之不实不尽乎"（叶德辉《书林清话》卷七）。

（六）官刻本的发行系统。元朝从中央到各行省、路、府、州、县都有人承担官刻本的发行。凡是由朝廷的兴文署、国子监、艺文监刊行的书籍，多由各级教育行政机构兼办发行事务。在各中书行省治所的州，设儒学提举司，兼管书籍的发送或重行雕印转发。各路设经历一员，各府设提控案一员，各州置吏目一员至二员，各县置典吏二员。这些机构和人员除管理文书、档案等事务外，兼办图书的收发业务。中央及行省发来的图书由他们收转。需要翻刻增加印数的书，由各级教育行政机构的兼办人员筹措银两，招募刻工，组织刊行。从这一点来说，元朝的官刻本发行胜过唐宋时代。

四、元代的书坊业中心

元代的书坊业是在南宋和金代书坊业的基础上恢复和发展起来的。"元时书坊所刻之书，较之宋刻尤夥。盖世愈近则传本多，利愈厚则业者众，理固然也"（叶德辉《书林清话》）。元代可考的书坊有40余家。大都、平阳、杭州、建宁是元代的书坊业中心。江西的庐陵、浙江的婺州、江苏的苏州书坊业也较兴旺。

（一）大都书坊业。大都作为元朝的首都，是当时世界上最繁华的城市之一。元初，人口约50万人，元后期人口近百万人。外国的使节、商人、传教士以及各方学者纷纷来到大都，庞大的中央官僚集团聚于此地，著名的科学家郭守敬及文学家关汉卿、王实甫等文人荟萃于此。大都的教育发达，仅国学就分为国子学、蒙古国子学、回回国子学3处。高丽、暹罗、安南、日本派来大批留学生在这里学习，私学、塾学也较多。众多的文人、学生促进了大都图书市场的繁荣。

大都的商业日趋兴旺。燕京在金末基本未遭到蒙古军的破坏。元代大都城是在原金代燕京城东北郊另行兴建的。为鼓励旧城商肆迁入新的大都城，元朝采取减税政策。原定商税为三十取一，迁入新城者的商税减为四十取一。商税低，促进了商业也包括书坊业的发展。"京师民物，日以阜繁。"同一行业一般均集中在一市。如米市、果市、缎子市、皮帽市、珠子市、牛市、马市、骆驼市、鹅鸭市等，同时也出现了以销售图书为主的文籍市。据《析津志辑佚》载："文籍市在省前东街。"经查，"省前东街"的位置约在今北京市东长安街一带。

元大都的书坊可考者，已知的有燕山窦氏活济堂。从其7种传本来看，它是印卖针灸类医学书籍的。还有一家由汪谅经营的书坊，主要印卖文学书籍。汪谅刊行的《千家注分类杜工部诗集》，其书板原为建安余氏勤有堂刊刻的，后来卖给叶氏。叶氏把原书板的牌记勤有堂削去，刻上自己的牌记广勤堂。叶氏后人又把牌记易刊为叶氏三峰书舍。汪谅买来书板，又改刻为金台汪谅重刊。同一书板，数易书坊名称，千里迢迢从建安转到了大都。

大都的书坊受官员的委托印卖书籍。元太宗时期的中书令杨惟中为宣扬儒学，曾委托大都的书坊刊行《大学》、《论语》等四书。他又教弟子杨古刊刻《近思录》、东策经史、论说诸书，行销四方。尚书田和卿也教书坊刊行了《易程传》、《书蔡传》、《春秋胡传》等书。

大都文籍市出售的书籍，除读书人必备的正经、正史外，还适应科举考试的需要大量供应纂图互注本的经书、子书、字书、韵书以及各种应试参考书、范文选本等。金代平阳书坊热销的平话小说，在元大都文籍市同样有销路。

大都的文籍市也销售书画。一些书法家和画家常常在文籍市上出售自己的作品。著名人物如赵孟頫（1254—1322），字子昂，湖州人，在书、画两方面都造诣深湛。仕元以后，因他是"故宋宗室"出身，遭到排挤，田产废弃，家境难以维持，经常靠卖字画为生。有一次，他用唐人褚遂良笔法写了《千字文》。他的友人在文籍市上买到，以为真是唐人作品，特意请他写跋语。他的画也是元代的泰斗作品，在市场上极为珍贵，四方万里以至日本、印度人士，都以求购到他的作品为荣。其他著名画家如高克恭、钱舜举、柯九思等的作品，在市场上也深受欢迎。

（二）平阳书坊业。早在金代开业的晦明轩张宅，在元代仍经营图书。这家书坊主人张存厚，字魏卿，平阳府人。他在元代印卖的医书、史书和名人文集都有传本，被后人誉为佳本，出书质量达到了当时雕版艺术的高峰。

平水中和轩王宅是跨金、元两代经营图书百余年的老字号。它的经营特色就是注重刊刻质量，侧重印卖四书五经以及语言文字工具书。此外，平阳梁宅书坊和曹氏进德斋书坊刊刻的《论语注疏》、《尔雅》等书堪称精品，胜于两宋的刻本。

在元代的京兆（今陕西西安），有一家日新堂书坊，在陕甘一带大有名气，刻书不少，今有《唐诗鼓吹》存世。

（三）杭州书坊业。元朝改临安府为杭州路，是江浙行省的治所，其政治、文化地位较南宋时期有所下降。杭州的书坊业也从南宋的鼎盛时期开始向下滑落。元代，杭州可考的书坊有：书棚南经坊沈二郎、睦亲坊沈八郎、勤德堂、沈氏尚德堂等四家；还有南宋书贾陈思之重孙——陈世隆，字彦高，仍继承祖业刊行《宋诗拾遗》等书。加上这一家，仍较南宋可考书坊二十家少十五家，反映出杭州书业已失去前朝的辉煌。究其原因，一是宋末元初，南方遭到严重的战争破坏，社会生产力下降，杭州百业不振，书业也不例外；二是蒙古统治阶级实行种族歧视政策，压迫汉人特别是南人。一些书坊为避免招祸，出书不刊印出版年月，也不标出自己的书坊牌记，且多重印前朝书籍。因此，许多书坊已不可考。

杭州的书坊业除继续面向读书人印卖经史子集等传统书籍外，也开始面向市民阶层印卖戏曲、平话小说，如《关大王单刀赴会》、《尉迟恭三夺槊》、《李太白贬夜郎》、《霍光鬼谏》等书。

（四）建宁书坊业。元代，建宁府改为建宁路，在四川书业衰落、杭州书业已不如前朝的情况下，建宁路书坊业没有受到太大的冲击，可考书坊达59家，较南宋时期增加22家。出书品种可考者达400余种，实际出书可能远远超过此数。建宁的书坊世家比较多：刘氏13家，余氏6家，熊氏5家，詹氏5家，虞氏4家，郑氏3家。这几姓书坊已占建宁书坊的半数以上。著名的书坊有：刘锦文日新堂、刘君佐翠岩精舍、崇化余志安勤有堂、虞氏务本堂、郑希善宗文堂等。

建宁路书坊在元代之所以能够保持繁荣局面，主要原因是，建宁路在宋末元初未遭到兵匪战乱的破坏，经济、文化基本上未伤元气。得到元世祖忽必烈信任的意大利人马可·波罗于至元二十九年（1292），经杭州、建宁、福州，由泉州离开中国。在他的游记中，盛赞当时的福建物产丰富、商业兴旺。因此，建宁的书坊业仍然据有可靠的图书市场。在经济是基础这个前提下，建宁书业的持续繁荣还有几个具体原因。

1. 有较为宽松的政治环境。元朝政府最早派往建宁路的总官府兼管是色目人，名叫暗都剌，被嘉靖《建宁府志》列为名宦。这位官员"内劝农事，

廉勤爱民，留心学校，劝勉生徒，郡庠倾圮，尝修葺之"。分派来的建阳县
尹如陈天锡、辛思谦等，也都能勤于政事，兴学校、广生徒，轻刑薄赋，兴
利除害，县人思念。元代，建宁路列入"名宦"的府、县官员达16人。这
些"名宦"比较重视文教事业，使建宁人才辈出，识字人口增加，为持续
发展书业创造了良好条件。既然是名宦，也必然关心和支持本地的名牌产
业——书坊业的发展。

2. 注重编校、雕印的质量。从宋代相传的书坊世家积累了丰富的经营经
验，培养了学识渊博的接班人。如上述著名书坊主人余志安、刘锦文、刘君
佐、郑希善等人，都具有较高的文化素质，善于经营，精于校勘，有的还
有著作。书坊的刻版技术较前代更有进步，"从元代建本的知见书籍看，善
本居多"（林应麟《福建古代书业史》）。南宋时，建本书就以价格便宜著称，
元代仍保持这个传统，无疑会在图书市场上占有竞争优势。

3. 不断创新，促进销售。唐代、两宋时期建宁刊印的书籍迄今尚未发现
有封面的。宋本往往只在正文的第一页题署书名，或在版心刻印书名。后来
发展到每卷书名用两行大字，以示突出。到了元代，建阳刘君佐翠岩精舍刊
行的《广韵》，首创封面，书名非常醒目，在封面上还注明出书单位和印行
年月，又附加"校正无误"、"五音四声切韵图谱说明"等简要广告文字。此
后，余氏勤德堂的《十八史略》、博文书堂的《礼部韵略》、玉融书堂的《增
广事类氏族大全》等书，都增加了封面。李氏建安书堂刊行《三国志故事》，
在封面上绘有三顾茅庐图画。建安虞氏刊行的《吕后斩韩信》、《三国志》等
五种平话小说，不仅封面上绘有图画，每页正文也有图画。在每个版面上，
图画占1/3，文字占2/3，上图下文，实为我国连环画的先驱。书籍封面是无
声的"推销员"，设计得越醒目、越精美，越能激发读者的阅读欲望。元代
建安书坊业首创封面、绘图封面和插图本。元至顺年间（1330—1333），建
安椿庄书院刊刻发行的《事林广记》，是民间适用的百科全书式类书，内容
无所不包。书中插图很多，深受欢迎，非常热销。书坊业竞相翻印，流传至
今有六个版本。1963年中华书局已将椿庄书院刊本影印出版。这说明建阳
书坊业的市场意识如创新意识较前朝大为增强。

建宁书坊业将书籍装帧的蝴蝶装率先改为包背装，也是一大创新。蝴蝶

装是将每张书叶反折（有字的纸面向里对折），使版心朝里，单口向外，并将各叶中缝背口以糨糊黏结成为书脊。包背装恰恰相反，是将书叶有字的正面正折，书口朝外，单边向里，再将多张单边黏结为书脊。其形制已与线装书相近，只是未穿孔钉线。蝴蝶装在阅书时往往要多翻一次空白面，包背装就无须多翻一次。这是书籍装帧形式的一大改进。明代中叶，包背装才取代蝴蝶装，而元代的建宁书坊业最早采用了包背装。

建宁书坊业较早采用简体字。刻书用简体字始于南宋，元代开始流行。官刻本和家刻本较为保守，一般不采用简体字。坊肆刊刻的平话小说为求速成易售，较多采用简体字。虞氏务本堂印行的《三国志》等五种平话，简体字更多。我国今天采用的若干简化汉字，在元代建安的坊刻本中已经流行。

建阳书坊在封面上作促销广告也是一种创新。余氏勤有堂出版的《古今通要十八史略》，封面的广告词："通要之书行事之矣，惜其太简，读者憾焉"；"编详略得宜，诚便后学，以梓与世共之"。这个促销广告用对比方法指出同类书之弊——"惜其太简"——，指出本书特点详略得宜，诚便后学。

第三节　辽、金、元代图书市场

辽代流传下来的官刻本十分稀少。金代的书业盛于辽代，其书业中心平阳府曾有"家置书楼，人蓄文库"之誉。

元朝结束了宋、金的对立，建立了多民族的统一国家。"舆图之广，历古所无"，这对发展统一的图书市场提供了有利条件。蒙古族统治者基本上采用汉法治理汉地，同时又保留了许多蒙古旧制。从总体上看，元代图书市场没有南宋时期兴旺。

一、辽、金两代的常销书

辽、金与两宋出于政治、军事斗争的考虑，对图书商品的流通都严加管制，严禁图书出境。但在经济利益的驱动下，两宋图书仍源源不断地流入辽、金。因此，两宋的常销书往往也成为辽、金境内的常销书。

　　（一）北宋名人诗文集热销燕京。辽制，书禁甚严，凡国人著述，惟听刊行境内，有传于邻境者死。邻境实际是指北宋的管辖区域，辽朝出于保密需要，禁止本朝书籍流入宋朝，但辽朝却千方百计购买北宋刊行的各种书籍，从中了解北宋的政治、军事、经济、文化等各方面的信息。契丹主"每谓晋臣曰：中国事我皆知之，吾国事，汝曹不知也"（《辽史拾遗补》）。这段话带有傲慢、夸张色彩，但也反映了一定的事实。北宋元祐年间（1086—1093）苏辙出使辽国，发现北宋刊行的各种书籍在燕京的书坊、书肆公开售卖。其兄苏轼的诗文集在燕京颇受欢迎。辽朝的官员对他说："令兄内翰《眉山集》已到此多时。"苏辙深有感慨地赋诗说："谁将家集过燕都，每被行人问大苏"（《苕溪渔隐丛话》）。

　　苏辙回国向哲宗汇报说："本朝民间开版印行文字，臣等窃料北界无所不有。臣等初至燕京，副留守邢希古相接送，令引接殿侍元辛传语臣辙云，令兄……内翰何不印行文集，亦使流传至此？访闻此等文字贩入虏中，其利十倍"。北宋王朝曾三令五申禁止向辽国出售书籍，但向辽国运销书籍可得十倍利润，"人情嗜利，虽重为赏罚亦不能禁"（苏辙《论北朝事宜札子》）。

　　在十倍利润的诱惑下，辽国的书坊也注意购求北宋名人的诗文翻刻成集。北宋张芸叟"奉使大辽，宿幽州馆……闻范阳书肆亦刻子瞻诗数十篇，谓之《大苏小集》"（王辟之《渑水燕谈录》）。唐初，燕京称幽州，天宝元年（742）幽州改称范阳郡。这里所说的范阳书肆就是指燕京的书肆。燕京的书肆不仅从北宋购进常销书，也自行翻刻宋人文集。北宋大观二年（1108），徽宗诏令说："访闻虏中多蓄收本朝见行印卖文集书册之类，其间不无夹带论议边防兵机夷狄之事，深属未便"（《宋会要辑稿》）。宋、辽经常处于紧张对峙状态，双方为防止泄密而禁止书籍出境，无可非议。但从传播中原文化来看，宋、辽书商的运销、翻刻活动还是具有积极意义的。

　　辽朝以严厉的法律禁止本朝书籍出境，人为地缩小了图书市场。图书的流通范围狭小，印数少，导致辽刻本极少传世，各家书目也罕为著录。1974年7月，在山西应县木塔发现辽代刻本《蒙求》上、中、下三卷。系唐代李翰编撰的儿童读本，四字一句，对偶押韵，朗朗上口，自唐代问世后流传广泛。辽代书坊又加以翻刻，并附有释音，是目前仅见的辽代刻本。因该书读者对象众多，想来也是当时书肆的常销书。

辽代尊孔崇儒，辽五京的太学以及各州县学校以儒家的"五经"为教材，道宗曾正式颁发《五经传疏》。此类儒家经典也是书肆的常销品种。

（二）金朝利用图书贸易进行政治斗争。如前所述，金代书坊业主要以大众为对象，销售一些民间盛行的诸宫调说唱以及通俗而实用的医药书和风水、占卜之类的迷信书。尽管金、宋紧张对峙，金朝统治者并未禁止书籍出境。相反，却利用边境图书贸易对南宋进行政治斗争。宋徽宗被金兵掳至金国的大后方——五国城（今吉林省扶余县）。南宋的知识阶层当然关心徽宗等人在金国的遭遇。金朝廷则利用南宋人们的好奇心理，把徽宗在五国城屈膝投降的活动编印成书，利用边境贸易销到南宋境内。据南宋人张端义《贵耳集》载，徽宗这个阶下囚对金朝统治者的小恩小惠感恩不尽，"凡有小小凶吉丧祭节序，金主必有赐赉，一赐必要一谢表。北虏集成一帙，刊在榷场中博易，四五十年，士大夫皆有之，端义曾见一本"。这实际是对南宋王朝的一种嘲弄，也是对宋人进行的一场心理战。

南宋奸相秦桧破坏抗金斗争，陷害民族英雄岳飞，同金朝订立了屈辱投降的"绍兴和议"，引起朝野上下有识之士的强烈反对。绍兴八年（1138），枢密院编修官胡铨上疏反对和议，要求宋高宗斩秦桧以谢天下。后遭到秦桧的打击，被流放昭州，后来又被流放到海南岛。曾支持胡铨上疏的官员，均被一一治罪。秦桧死后，宜兴进士吴师古把胡铨的《劾秦桧疏稿》"锓木传之，金人募其书千金"（《宋史·胡铨传》）。金廷购得此书"刻而卖之"，在书市上颇为热销，它向金国知识阶层宣传了金主的胜利和高宗的昏庸腐败。南宋的吴师古却因印卖此书获罪，被流放袁州。

（三）金代年画远销西北边陲。平阳是金代年画发行中心。这里雕印的年画称平水年画。清光绪三十四年（1908），沙皇俄国的"东洋学团"曾在我国西北的古代遗址搜索掠取文物。在他们盗运的上千件文物中就有金代平阳书坊雕印的木版年画两幅。一幅是平阳姬家雕印的《四美图》，绘有汉代的王昭君、赵飞燕、班姬和晋代的绿珠，配以雕玉栏杆、花石牡丹等后苑景物。画中的四美人花冠绣裳，神姿艳丽。画幅高二尺五寸、宽一尺，上题

"随朝窈窕呈倾国之芳容"等楷书 10 字。据专家鉴定，此画的雕印水平堪称宋、金、元年画的代表作。另一幅是平水徐家印的《义勇武安王位》，关羽坐于靠背交椅上，神色庄严，令人起敬。其侧，一武士捧印，前后又有四武士擎刀、执旗侍立于旁，旗上楷书"关"字。边框绘回纹图案。构图多样而统一，当是金代年画之珍品。现代学者郑振铎认为，这两幅年画是中国版画艺术由佛像到人像的一大转折，开我国人像版画的先声。

这两幅年画是在甘肃黑城子（今内蒙古自治区额济纳旗）的古塔中发现的，说明平水年画的销售范围广泛。1973 年，在西安碑林发现《东方朔盗桃图》，画面是腰挂药葫芦的一位老人，双手握一折枝仙桃搭在肩上，老人回首面带笑容。据专家鉴定，它也是金代平水年画。在当年交通不便的情况下，平水年画能越过边境运到西安，其销售辐射力应该说是很强的。

二、元代的常销书

元代书坊业的常销书仍然离不开教学用书和科举考试用书。随着商品经济的发展，在城市出现了文化娱乐场所，歌舞、表演受到市民们的喜爱和追求，因而杂剧剧本和话本小说得到广泛传播。

（一）《童蒙须知》等蒙学教材。在书肆销售的图书中仍以蒙学教材为大宗。元代著名的蒙学教材有《三字经》、《百家姓》、《千字文》、《六言杂字》等。这些书是广大城乡私塾义教必教必读的书，书价低，需求量大，不仅城市的书肆、书摊常销不衰，还有货郎担到乡下推销这些书。此外，《童蒙须知》也是销量大的常销品种。此书是朱熹撰著，南宋后期开始流通。到了元代，成为富庶人家教授儿童必备的启蒙读物。元代初期，程端礼制定了"分年读书日程"，强调读书识字要循序渐进，"失序无本，欲速不达"。儿童在八岁入学以前，要先读《童蒙须知》。晚饭后由识字家长读给儿童听。在《童蒙须知》中，从儿童的起居生活、语言步趋、待人接物、读书写字，直到杂细事项，都作了具体规定，旨在使人们从小就养成"圣贤坯模"。

（二）"四书"和《四书集注》。元代富庶人家的子弟八岁入学，先读《小学》、《孝经》，再读《大学》、《论语》、《孟子》、《中庸》。后四种书合称"四书"。在这个基础上，进一步修习《诗》、《书》、《礼记》、《周礼》、《春秋》、《易经》。

朱熹将"四书"按自己的理学论述作通俗浅近的解释,著《四书集注》。从此,朱熹的理学借"四书"这几部学生必读的教材,得以广泛传播。元代的科举考试分乡试、会试和御试三级。考试题重经义而轻诗赋。经义在"四书"中出题,朱熹的《四书集注》为标准答案。以朱注四书取仕是从元代开始的,直至明清两代,"四书"及《四书集注》仍是广大学生必读之书,从而成为各地书坊常印常销的品种。建阳等地书坊刊行的坊屋用书也颇有销路。

(三)元杂剧刊本进入图书市场。元杂剧是融合宋、金以来的音乐、说唱、舞蹈等艺术而形成的戏剧,它标志着我国的戏剧艺术到元代已发展到成熟阶段。元代社会的民族矛盾和阶级矛盾错综复杂,蒙古贵族勾结部分汉族大地主残酷镇压各族人民。人民的反抗斗争呼唤战斗性、群众性较强的戏剧作品,因而出现了一大批富于反抗精神的杂剧戏目。加之大都、平阳、真定等北方城市工商业的发达,为元杂剧的演出提供了物质条件。元杂剧作品经书坊业和书会刊刻成集,成为元代图书市场上的常销书。

元代杂剧作者当时称才人,多为怀才不遇、沦落城市、谋生无路的文人,以写作唱词、话本、杂剧为生。他们的作品一方面供勾栏、瓦舍的艺人演出,同时也刊刻成集在市场上出售。才人有自己的行业团体称书会。元大都就有玉京和元贞两个书会组织。书会是元杂剧的创作中心。剧本编成后,往往加以刊印在市场上销售,或在艺人演出时向观众出售。也可以说,元大都的书会是印卖杂剧刊本的中心。元杂剧书目见于《录鬼簿》、《太和正音谱》者共 500 余种,流传至今的作品有 150 多种。《元刊杂剧三十种》是现存最早的元杂剧作品集,相传是元末书商汇集各地最流行的剧本合并刊印的集子。其中收著名杂剧作家关汉卿的作品 4 种。

(四)讲史话本受市场青睐。讲史话本是从说话艺术发展起来的通俗小说,元代人称平话或评话。文人把说话艺人讲述的历史故事加以文字整理、润色,刊刻成书就是深受市民欢迎的消闲读物。此类平话,本子薄、定价低、销量大,不仅一般市民需要,也引起外国赴大都学者的兴趣。日本内阁文库迄今仍藏有元代至治年间(1321—1323)从中国买去的"新安虞氏刊本全相平话五种:《武王伐纣书》、《乐毅图齐七国春秋后集》、《秦并六国》、《吕后斩韩信前汉书续集》、《三国志》，每集各三卷"（鲁迅《中国小说史略》）。除《三国志》外，其他4种平话在国内均已失传。

高丽书商也来大都购买平话。元朝时期，高丽国刊行的汉语教材《老乞大》就提到一位书商在大都购买的书籍中有《三国志平话》。另一本汉语教材《朴通事》也提到："我两个部（都）前买文书去来。买甚么文书去？买《赵太祖飞龙记》、《唐三藏西游记》去。"下面接着介绍了《西游记》的部分情节，其内容和明代吴承恩的《西游记》已很相近。可见，平话小说在元代图书市场是很盛行的。它为后世明代文人创作长篇小说奠定了良好基础。

三、辽、金、元私家藏书的聚散流通

随着书业的发展，辽、金时代也有藏书家，但见诸史传的不多。元代承平之后，有些汉族知识分子不入仕，致力于购求图书，研究学问，藏书丰富。但藏书家的后人往往把他们的藏书出卖净尽。有时遇到兵匪之祸，私家藏书也蒙受损失，被流散于市。蒙古贵族也有喜欢藏书的。

（一）辽、金两代著名藏书家。辽代最大的藏书家是辽太祖耶律阿保机之长子耶律倍。他聪敏好学，尤喜唐诗，被封为东丹王，陆续购买了万卷图书。"太宗既立，见疑，以东平为南京，徙倍居之……倍既归国……起书楼于西宫"（《辽史·义宗传》）。后来，为避辽太宗耶律德光的迫害，"载书浮海而去"。这些书散佚于后唐境内。

辽代宦官王继恩好读书，每得赏赐，都用来买书，藏书超过万卷。这在历代宦官中是罕见的。

金代著名藏书家元好问（1190—1257），字裕之，号遗山，秀容（今山西忻县）人。祖系出自北魏拓跋氏，曾任金朝的左司员外郎等职，著有《遗山集》。曾为金朝编撰《国史》、《实录》、《金源君臣言行录》，还编辑了金人文学集《中州集》。他是金代屈指可数的文学家和编辑家，金亡不仕。出于撰述和编辑的需要，常"往来四方，采撷遗逸"，购买了许多宋版珍籍。他说："余家所藏书，宋元祐以前物也。贞祐丙子（1216）之兵，藏书壁间，得存。兵退，予将奉先夫人南渡河，举而付之太原亲旧家。自余杂书及先人手写《春秋》、三史、《庄子》、《文选》等，尚千余册，并画百轴，载二鹿车

自随。是岁，寓居三乡。其十月，北兵破潼关，避于女几之三潭。比下山，则焚荡之余，盖无几矣……往在乡里，常侍诸父及两兄燕谈。每及家所有书，则必枚举而问之。如曰某书买于某处，所传之何人，藏之者几何年，则欣然志之。今虽散亡，其缀辑装褙，签题印识，犹梦寐见之"（元好问《故物谱》）。这段记述表明，元好问的藏书有相当一部分是从其他藏书家手中购得的。原来的藏书家在售书之前藏了多少年，他都记得很清楚，能"欣然志之"。藏书家之间让渡图书也是图书赖以保存和持久流通的一条重要渠道。

金代有些知识分子节衣缩食购求图书。张邦直，字子忠，河内人。曾任金朝国史编修官。后来在开封开馆教学，从学者甚众。他的教学收入多用来买书，所谓"束脩惟以市书，恶衣粝食，虽仕宦如贫士也"。许至忠，怀州人，曾任金朝的南京丰衍库使。"倾家赀市书，后告归……余尝至其家，敝衣粝食，环堵萧然，盖清苦之士也"。宁知徵，字明甫，宿州人。"博学，无所不知，尤长于史事……家积书万卷"（刘祁《归潜志》卷五）。后还乡，遭乱。他的藏书在战乱中散失。

（二）元代著名藏书家。元代藏书家有事迹可考者约有一百二十多人。藏书最负盛名的庄肃，字恭叔。"仕宋为秘书小史。宋亡，弃官，浪迹海上。性嗜书，聚至八万卷。……至正间修宋、辽、金史，诏求遗书，危素购于其家，得五百卷"（《松江府志》）。这时，庄肃早已去世，"其子欲售之，买者积年无有，好事者可见其鲜"（杨瑀《山居新语》）。庄肃的八万卷藏书不是一般人家全能买得起的，他的子孙只好陆续售出。

元代赵孟頫珍藏的宋版《汉书》延续流通三百余年。他的书画收入多用于购书。他在自己的藏书《梅屋诗稿》第四卷卷末写道："吾家业儒，辛勤置书，以遗子孙，其志何如？后人不读，将至于鬻，颓其家声，不如禽犊。苟归他室，当念斯言。取非其有，毋宁舍旃"（《曝书杂记》）。尽管赵孟頫谆谆告诫，他的后人仍将藏书变卖给他人。例如，他珍藏的宋版前、后《汉书》，殁后，被吴中陈太宰购去。后来书转卖给太仓王司寇，而明末清初的钱谦益又"以千金从徽人赎出，藏弄二十余年。今年鬻之四明谢象三"（宋刻本《汉书》钱谦益跋）。赵孟頫这部藏书不知经过多少位藏书家买进卖出，历元明两个朝代300多年，清代前期仍存于世，后来又被转卖给四明的谢氏。

（三）入元不仕的学者致力藏书，埋首著述。这方面的例子比较多，如藏书家俞琰，字玉吾。"入元，征受温州学录，不赴，隐居吴之南园。老屋数椽，古书金石，充牣其中。传四世皆读书修行，号南园愈氏云"（《楹书隅录》）。《列朝诗传》也称："国初……南园俞氏……书籍金石之富，甲于海内。"俞琰利用藏书撰有《书斋夜话》、《幽明辨惑》、《周易集说》等多种著作。俞琰"甲于海内"的藏书经二百多年的买进卖出，到明末被毛氏汲古阁购得。

入元不仕的藏书家还有周密、孔克齐、袁静春等多人。这些学者利用藏书，埋首著述，为图书市场增添了不少传世之作。周密，南宋末期义乌令，入元不仕。祖传三世藏书，甚至卖掉负郭之田，冥搜极讨，不惮劳费，凡有书四万二千余卷。著有《齐东野语》、《云烟过眼录》、《癸辛杂志》等多种图书，皆行于世。周密在《齐东野语》一书中记述了宋末元初众多藏书家聚书散失的遭遇："世间万物，未有聚而不散者，而书为甚。吾乡石林叶氏，藏书多至十万卷。其后齐斋倪氏、月河莫氏、竹斋沈氏、程氏、贺氏各不下数万卷，亦皆散失无遗。至如秀岩、东窗、凤山、三李、高氏、牟氏，皆蜀人，号为史家，所藏僻书尤多，今亦已无余矣。"如此众多的藏书，不见得都被焚毁，至少有一部分重新流回书肆或被其他藏书家购去。

有的藏书家善于观察政治、军事形势，在元末战争到来之前尽早把自己的藏书卖掉，避免了损失。倪瓒，字元镇，无锡人。"家雄于赀，工诗，善书画……藏书数千卷。皆手自勘定，古鼎法书，名琴奇画，陈列左右……自号云林居士"（《明史·倪瓒传》）。《列朝诗传》说他："瓒见俗事，避去如恐浼。至正天下无事，忽卖尽家产，推与知旧，人皆窃笑。及兵兴，富家尽被掠，元镇扁舟箬笠，往来淮、泖间，人始服前识也。"至正年间已经到了元朝末期，为防止自家藏书毁于战乱，藏书家的后人则提早出售藏书。例如袁桷，字伯长，庆元人。"承祖父之业，广蓄书卷。国朝以来，甲于浙东"（《至正直记》）。伯长殁后，这批藏书被他的子孙陆续转卖他人。看来子孙确实不肖，但避免了"甲于河东"的珍本秘籍被成批毁于战火，也属幸事。

（四）书肆是藏书聚散的桥梁。藏书家购求逸书离不开书肆为之牵线搭桥。书商、书肆是私家聚书之源，又是散书之流。元代藏书家张雯，字子昭，浚仪人。"家临市衢，构楼蓄书，自经传子史，下逮稗官百家，无不备"（郑元祐《张子昭墓志》）。他珍藏的宋本书往往记载购于某某书肆。宋刻《草窗韵语》就有他的跋："至正十年（1350）三月，浚仪张雯得之于高文远书肆。五月，重书于吴下乐志斋。"前面叙及的藏书家俞琰，在《丙子学易编》一书上也写明"此书系借闻德坊周家书肆所鬻者。天寒日短，老眼昏花，并日而钞其可取者"（《四库提要》）。

有些藏书家为了广收奇书，热情接待送书上门的书商。沈景春，居苏州乐圃坊，"平生寡嗜欲，惟酷好收书……人有挟书求售，至必劳来之，饮食之，酬之善价，于是奇书多归沈氏，《集古录》其一也"。这段话录自《皕宋楼藏书志》，可见沈景春的藏书历元、明、清三代，不知被多少书肆或藏书人买进卖出，到清末民初被皕宋楼楼主收藏。

有些藏书家专程去江南购买图书。据《少室山房笔丛》载："元至正初，史官遣属官驰驿求书，东南异书颇出。时有蜀帅纽邻之孙，尽出家资，遍游江南。四五年间，得书三十万卷，溯峡归蜀，可谓富矣。"购得三十万卷，可能有所夸张，也可能不问品种是否重复，逢书便购。但这条史料表明，江、浙、闽的书坊业发达，"东南异书颇出"，吸引了不少藏书家前来求购。著述颇丰的苏天爵，字伯修，真定人。他是藏书世家，其先人"尝因公事至江之南，获书万卷以归"（《滋溪书堂记》）。张思明，字士瞻，曾任元仁宗的中书参知政事。"思明平生不治产，不畜财，收书三万七千余卷"（《明史·张思明传》）。张思明的藏书主要购自江南。

江南的藏书家也多于北方。有的藏书家既藏书又刻售图书。据万历《宜兴县志》："岳浚，字仲远，飞九世孙，积书万卷，一时名士多游其门。"刻有《春秋经传集解》、《九经三传沿革例》以及《周易》、《论语》、《周礼》等多种儒家经典。他刻印的书被称为元代"相台岳氏本"，也是出售的。"名士多游其门"，可能也是为了求书。元代"相台岳氏本"经数百年的流通，今国家图书馆仍有藏本。

四、元代的图书出口贸易

辽、金两朝出书不多，谈不上图书出口。元代破坏了市舶司制度，各种商品对外贸易衰落，图书也不例外。蒙古贵族建立了横跨欧亚的帝国，一路上设立许多驿道、驿站，客观上促进了中西经济文化交流，便利了商队的往来。但由于语言、文字的隔阂，汉文、蒙文图书流入中亚或西方的并不多。元代对外图书贸易仍以高丽、日本为主要对象。

（一）对高丽的贡赐贸易和榷场贸易。宋、元时期，新罗、百济、高句丽已统一为高丽国，首都平壤。经蒙古军队的几度征伐，高丽国王向元朝称臣纳贡，经常派使臣来朝。元世祖在位31年，"其国入贡者凡三十有六"。至元七年（1270），高丽国王派700人"入觐"。元世祖"诏令从四百人来，余留之西京"（《元史·高丽传》）。来元的贡使有许多是学者和商人，任务之一是在大都等地购买图书。

程朱理学在元朝初年传入高丽。高丽人安珦在大都买到《朱子全书》新版。回国后，在太学讲授"朱子学"。为了供应太学的学习需要，高丽学者又从大都购买许多程朱理学著作回国。朱熹的《四书集注》成为太学生的必备教材。该国秘书省曾翻刻和销售这部著作。元代理学著作的广泛流通，使高丽涌现出一批著名理学家，如李谷、李穑、李齐贤等人。

元朝仍通过贡赐贸易向高丽国输出图书。至元九年（1272），"诏以至元十年历日赐高丽"；至元十四年（1277），"以十五年历日赐高丽国"（《元史·世祖本纪》）。延祐元年（1314），高丽中宣王入元朝访问，亲自在大都购书，又"至江南购万卷书而归"。元仁宗应高丽使臣之请，以"赐书"的形式售给高丽4300多册宋秘阁珍藏的善本书。高丽国义天和尚来朝，就便购回宋刊本佛经3000多卷。高丽博士柳衍知悉江浙一带的书肆出书众多，专程去江南购回各种图书10800卷。元代赵孟頫的书画曾被书商销往高丽，深受高丽文人的爱慕。

元朝与高丽曾在两国边境集镇设榷场，进行互市贸易，中国图书通过边境榷场不断传入高丽。

（二）对日商船贸易和入元僧购书。元世祖忽必烈曾两次发兵进攻日本，未果。元初十余年间，元朝与日本交恶，官方往来中断，但两国民间商船的往来却很频繁。元朝的庆元（今宁波）、日本的博多是两国间的贸易港。两港之间，航海里程一般10天即可到达。中国商人向日本出口的商品以铜钱、香药、经卷、书籍、文具、唐画、什器以及金丝织品、金纱、唐锦、唐绫、毛毡等商品为主。

元朝时期正值日本的镰仓幕府时代，注重文教事业。日本"五山的出版事业很盛，但印的多半是禅僧的语录和诗文集，儒、道诸子百家的书、历史书以及其他杂书，似乎都是从元朝输入的"（［日］木宫泰彦《日中文化交流史》）。当年日本学者写的《导制庭训往来》载有劝学书目，上列《毛诗》、《尚书》、《周易》、《礼记》、《左传》、《周礼》、《仪礼》、《公羊传》、《穀梁传》、《论语》、《孝经》、《老子》、《列子》、《庄子》、《史记》、《汉书》、《后汉书》、《扬子》、《荀子》、《墨子》、《淮南子》、《文中子》、《吴子》、《孙子》、《吕氏春秋》、《战国策》、《山海经》、《尔雅》、《神仙传》、《孝子传》、《先贤传》、《列女传》、《太平御览》、《太平广记》、《群书治要》、《玉篇》、《广韵》等书。这些书都是元代江南书坊刊行，通过商船贩运到日本的。

日本僧人来华购买大批书画返国。元成宗大德三年（1299），中国高僧一山一宁赴日，他的日本徒弟龙山德见受他的影响乘日本商船来华。此后，日本僧人来华与年俱增，有时竟有数十人结队来华。在日本史册上留名的入元僧达220余人。这些都是日本的名僧，一般日僧来华人数要比这个数字多出几倍。日僧来华的主要目的是历访江南著名寺院，从事修禅。同时也顺便观光旅游，尽情领略江南的山水风光。当他们回国时，则带回佛经或其他图书。元泰定三年（1326），日僧安禅奉师命来华，购求福州版的《大藏经》。越五年，日本的近江三井寺得宋版《一切经》，应是委托日本商船从中国购去的。日僧安公、入元、十禅客等人先后从中国购去元版《大藏经》。十禅客"经历三年得到二部而回国"。此外，日僧还从中国购去佛家著述《景德传灯录》以及《五灯会元》、《宗镜录》、《禅林类聚》、《佛祖统纪》等书。这些书籍又由日本的寺院重新翻刻，在日本流通。

日僧回国时还购去很多名画。其中有吴道子、月壶（金山寺长老）、牧溪的观音画像，米元晖、陆青、李尧夫的山水画，文与可、苏东坡、檀芝瑞的画竹，仲华光、杨补之的画梅，韩干、李伯时的画马，戴嵩、舒月的画牛，牧溪的画虎，所翁、张僧繇的画龙，胡直夫的人物画，等等。当时，日本的禅寺和上流社会喜欢在客厅的墙壁上悬挂宋元名画。日僧则适应这个需要，以重金来华购求。

（三）安南使臣来华购书。经蒙古军的几次征伐，安南国王向元朝称臣，并派使臣朝贡，元朝则赐给历书。安南来朝的使臣有时多达二三十人，任务之一是在大都购买图书。元大德五年（1301），安南来使邓汝霖在大都书肆购到舆地图、宫苑图本，还有被元朝列为违禁的图书。太傅完泽发现，奏知元成宗。建议"遣使持诏，责以大义"（《元史·安南传》）。成宗准奏，遣礼部尚书马合马、礼部侍郎乔宗亮持诏赴安南，对安南国王日燇严加责备。

五、元朝廷对图书市场的管理

辽代的书业欠发达，市场狭小。辽王朝只是规定本朝书籍不许出境，违者处死。其他的，谈不上什么管理。金代的书业有所发展，但在图书流通方面，未见有何限制。元朝统一全国之后，蒙古贵族统治者对广大汉族居住区只注意于武力的防范，在意识形态、文化艺术等方面，同历代封建统治者相比，则是相当宽松的。对图书市场的管理也较为宽松。

（一）禁售天文、图谶、阴阳伪书。元朝初建期间，为了防止某些人利用这几类图书制造不利于元朝统治的舆论，元世祖忽必烈从至元三年（1266）至二十三年（1286），屡禁天文、图谶、阴阳伪书。至元三年，"平阳路僧官以妖言惑众伏诛"，接着"诏禁天文、图谶等书"。在圣旨下达百日之内，一律上交本地官府封存。限期过后，如有人敢出售、收藏禁书者，追问得实，一律判罪。至元九年（1272），诏令"括民间《四教经》"。此书的内容不详，可能仍为阴阳、图谶之类的书。社会上有一种逆反、好奇心理，越是朝廷查禁的书，人们越是想收藏、翻阅。至元十年春正月，世祖再次发诏"禁阴阳、图谶等书"（《元史·世祖本纪》）。

八年之后（至元十八年），南方的都昌县白莲教首领杜万一，用《五公符》、《推背图》、《血盆经》等书制造反元舆论，发动当地农民反抗蒙古贵族的高压统治。元世祖兴兵镇压，同时发布诏令，严禁上述各书以及其他天文、图谶的流传。命令各地官府尽心拘收，盖上封记，上交秘书监收存。

元世祖针对这一事件制定法律："诸妖言惑众，啸聚为乱，为首及同谋者处死，没入其家；为所诱惑相连而起者，杖一百七。诸假托神异，狂谋犯上者，处死。"尽管这条法律很严厉，但是，有压迫必然有反抗。至元二十一年（1284），也就是杜万一事件3年之后，"河间任丘县民李移住谋叛，事觉伏诛。括天下私藏天文图谶《太乙雷公式》、《七曜历》、《推背图》、《苗太监历》，有私习及收匿者罪之"（《元史·世祖本纪》）。很显然，李移住谋叛也利用天文图谶制造了反元舆论。

元朝时期，蒙古贵族信奉一种原始宗教——萨满教。萨满是通古斯语的音译，即"巫"的意思。该教最崇拜上天，认为是诸神所居之处。元朝统治者担心"妖妄之人"利用天文、图谶、星历之书与上天相通，有可能把灾难降到自己的头上。因此，对于上述几类书一律查禁。

成宗大德六年（1302）十月，"南人林都邻告浙西廉访使张珪收藏禁书及推算帝五行，江浙转运使合只亦言珪沮挠盐法，命省、台官同鞫之"（《元史·成宗本纪》）。江浙行中书省和朝廷御史台共同审理这个案子。因张珪是有功之臣，"是家为国灭金、灭宋，尽死力者三世矣"（《元史·张珪传》）。又加上"沮挠盐法"纯属诬告，收藏禁书未查出实证，他不仅未被治罪，反而升任江南行台御史中丞，后官至中书平章政事（宰相）。

有位具有正义感的地方官员对禁书的处理采取宽容态度。曾任兴文署令的张升，字伯高，定州人，武宗时期外补知汝宁府。有人向他举报某藏书家"有禁书一编，且记里中大家姓名于上。升亟呼吏焚其书，曰：'妄言诬民，且再更赦矣，勿论。'同列惧，皆引起，既而事闻，廷议谓升脱奸宄，遣使鞫问，卒无迹可指，乃诘以擅焚书状。升对曰：'事固类奸宄，然升备位郡守，为民父母，今斥诬诉，免冤滥，虽重得罪不避也。'乃坐夺俸二月"（《元史·张升传》）。这位知府下令把禁书烧掉，保护了藏书人和"里中大家姓名"，免受牵连，也免被治罪。上司派人来调查，因查不到实证，只能责怪张升擅自焚书，扣发他两个月的俸禄了事。

禁天文、图谶主要集中在元世祖时期，先后发布六次禁书令。世祖去世30年后的泰定二年（1325），通晓天文历数的术士观察天象，认为"荧惑犯天江，辰星犯建星"。二星相克使夺得帝位不久的泰定帝坐卧不安，深恐有人利用图谶制造舆论推翻他的皇位，所以再次"申禁图谶，私藏不献者罪之"

（《元史·泰定帝本纪》）。

（二）禁恶言犯上词曲。《元史·刑法志三》规定："诸妄撰词曲诬人以犯上恶言者，处死。"这条法律的规定虽然很严厉，但元朝对词曲的撰作、刊行却很少限制。因"妄撰词曲"而被处死的，也未见史册记载。元代蒙古贵族统治者长期陶醉于军事上的胜利，生活逐渐开始腐化，追求享乐，杂剧表演成为他们喜欢的艺术。由于语言、习俗的隔阂，他们对词曲内容的容忍程度比历代封建统治者都要宽松。词曲中对封建统治阶级恶势力的鞭笞，对民族压迫、阶级压迫的控诉，往往采取以古讽今、指桑骂槐的手法。蒙古贵族多为赳赳武夫，对此很难一一计较明白。他们也不屑于去管剧目审查或词曲刊行之类的细事。

（三）焚毁道藏。元太祖十四年（1219），成吉思汗在西征途中，派人到山东莱州延请道教全真派首领丘处机。经过一年零两个月的行程，丘处机率领18位弟子赶到成吉思汗的西征行营。他在行营讲道三次，劝说成吉思汗统一天下，不嗜杀人，为治之方，敬天爱民。从此，道教得到蒙古贵族的信任。后来，丘处机定居燕京。"为帝者之尊师，亦天下之教父。"成吉思汗授予道士免除一切赋税之特权。一些道士由于受宠而有恃无恐，公然将一些寺院占为道观，刊行《老子化胡经》，把释迦牟尼说成是道教始祖老子的化身。又刊行了一本所谓老子代代转世的《老子八十一化图》，使佛道之间斗争更趋激化。

元宪宗蒙哥即汗位，为调解佛道之间的纠纷，宪宗五年（1255），蒙哥召二教首领赴都城辩论。辩论结果，道教却失败了。蒙哥皇帝降诏，禁止道士毁坏佛像与伪造经文。

道教对这次辩论不服输，也没有遵守蒙哥汗关于禁止伪造经文的诏令。三年之后，蒙哥汗再次召集二教首领来京辩论。辩论结果，道教再次失败。于是，蒙哥再次降诏，《老子化胡经》、《老子八十一化图》等诸种"伪道经"及其印板一律焚毁。

蒙哥去世，由其弟忽必烈继承皇位（元世祖）。至元十八年（1281），元朝主管佛教事务的都功德使司官员向世祖报告说，各地道士仍然收藏伪道经及印板，违抗了蒙哥汗的圣旨。当时，喇嘛教萨迦派首领八思巴被忽必烈尊为国师、帝师，佛教的地位上升。世祖派曾任秘书监后升任枢密副使的张易，召佛教长老及道教全真派首领祁志诚等人同赴道教长春宫检查道教书籍。在检查过程中，佛道二教领袖又展开了一场辩论。张易偏向佛教，道教再次失败。张易上疏说："参校道书，惟《道德经》系老子亲著，余皆后人伪撰，宜悉焚毁"。世祖从之，"诏谕真人祁志诚等焚毁《道藏》伪妄经文及板"（《元史·世祖本纪》）。除老子《道德经》之外，"各路凡有《道藏》说谎经文及其印板，应全部焚毁"。查处不力的官员将与收藏道经的人同受惩处。这个诏令先在大都实施，至元十八年（1281）十月，"集百官于悯忠寺焚《道藏》伪经杂书"（释念常《佛祖历代通载》卷二十一）。此后，又派专使赴保定、真定、平阳等地督察焚毁道书。

道藏在唐代开元年间就开始结集称"藏"。宋代刊行了《崇宁重校道藏》、《万寿·道藏》。蒙古太宗九年（1237），在窝阔台汗的支持下由丞相胡公捐金千两，用五百多名刻工在平阳刊刻《道藏》，历八年始成，凡七千八百卷。可惜，44年之后，道家经典遭到了毁灭性打击。

元朝对佛教徒伪撰佛书也严加惩处。世祖去世，成宗即位的第一年——元贞元年（1295），"荆南僧晋昭等伪撰佛书，有不道语，伏诛"（《元史·成宗本纪》）。

（四）官刻书须经监察机关审核批准。元朝最高监察机关称御史台。为加强对南方的控制，世祖至元十四年（1277）设江南行御史台于扬州，后迁杭州，再迁建康。下辖江南十道监司。各道监司称肃政廉访司。其长官称肃政廉访使，正三品。各道监司监治五六个或十几个路。各路儒学或州、县官署刊行书籍，其刊刻经费多由有钱粮收入学校的学田款开支，但须先向本路总管府申请，由路总管府转呈本道肃政廉访司。经肃政廉访使审查批准，再层层下转，然后由申报单位刊行。至正五年（1345），抚州路儒学拟刊行虞集《道园类稿》50卷，先向抚州路总管府申报，经批准由路转呈江西湖东道肃政廉访司，由该司主官肃政廉访使审核批准，再依次行文，交抚州路学开雕。至正二十五年（1365），平江路（苏州）儒学拟刊行《战国策》10卷，则先向平江路守镇分司申报，由分司官佥事核准，再上报江南浙西道肃政廉访司（设于杭州）审查批准，然后逐级行文下达到平江路儒学开雕。

中央一级机关准备交江浙一带的路学刊刻书籍，其刊刻费用需学田款支付的，也要经过一定的审批手续。至正二年（1342），编修官拟刊行苏天爵《国朝文类》70卷，先呈文给翰林国史院，由该院详准呈中书省和礼部共同议准，然后由中书省发文给江浙行中书省，通知杭州路西湖书院开雕。有些书如辽、金、宋三史，由中书省奉旨直接通知江浙、江西刊刻，也由学田款开支。

私人刻书也要申报。明代陆容《菽园杂记》说："元人刻书，必经中书省看过，下所司，乃许刻印。"清代蔡澄《鸡窗丛话》也说："先辈云，元时人刻书极难，如某地某人有著作，则其地之绅士呈词于学使，学使以为不可刻，则已。如可，学使备文咨部，部议以为可，则刊板行世，不可则止。"私人刻书的申报制度在《元史》上未见记载，只好存疑。书坊业刊行书籍是否也事先申报，未见记载。像元杂剧一类书，有不少是影射攻击元朝统治者的，能得以广泛刊行，恐怕没有规定什么申报、审批制度。

第四节 元代的代表著作

辽、金两朝的统治者在立国初期，处于从奴隶制向封建制的转变阶段。他们尊崇儒学，逐步汉化，从无到有地发展图书事业。虽然也涌现出一批文人学者，但影响深远传诸后世的代表著作却不多见。元朝统一全国，统治了90余年，图书事业在南宋的基础上有了一定的发展。元代查禁图书的案件不多，在客观上有利于学术文化的繁荣。元曲著作是这个时期的卓越成就，其他如历史、地理、农业、历法等方面，也涌现出不少颇有价值的论著。清代学者钱大昕统计，元代共出书3142种。其中：经部804种，史部477种，子部763种，集部1098种。代表著作有如下几个方面。

一、元曲著作

元代在文学艺术方面取得辉煌成就的是元曲，同唐诗、宋词并称。它是元代封建城市经济发展、社会矛盾尖锐复杂的产物。元曲包括杂剧和散曲两部分。杂剧是由歌唱、音乐、舞蹈和完整故事情节所组成的歌剧；散曲是由诗、词变化发展而形成的新体诗。通常所说的元曲主要指杂剧。元杂剧的形成标志着我国的戏剧艺术已发展到成熟阶段。关汉卿、王实甫、马致远等是创作元杂剧的主要代表人物。他们的作品刊行成书，700多年来被继承和改编为多种戏剧形式，深受广大人民群众喜爱。有的剧本如《西厢记》、《赵氏孤儿》等还流传到国外，影响深远。

（一）关汉卿剧作。关汉卿原名已佚，汉卿是他的字，号已斋，大都（今北京）人。生卒年不详，曾任元朝太医院尹是由金入元的作家。《析津志》说他"生而倜傥，博学能文，滑稽多智，蕴藉风流，为一时之冠"。他的剧作深刻揭露了元代社会残酷的民族压迫和阶级压迫。其代表作《窦娥冤》通过一个年轻寡妇窦娥的血泪控诉，引起人们对封建贵族制度、官僚制度的否定和传统观念的怀疑。据元代钟嗣成《录鬼簿》著录，关汉卿的杂剧著作有62种，流传至今的有18种。著名的作品除《感天动地窦娥冤》外，还有《望江亭中秋切鲙旦》、《赵盼儿风月救风尘》、《关大王单刀会》、《闺怨佳人拜月亭》等。他的作品对元杂剧和后来戏剧的发展发挥了重要作用。

（二）王实甫剧作。王实甫，名德信，大都（今北京）人，生卒年不详。主要创作活动约在元成宗元贞、大德年间（1295—1307），剧目可考者有14种。代表作有《崔莺莺待月西厢记》，歌颂了以爱情为基础的结合，否定了封建礼教和封建婚姻制度。

（三）马致远剧作。马致远（约1250—约1321），号东篱，一说字千里，大都（今北京）人。著有杂剧15种，现存7种。剧作文辞豪放有力，内容显示对当时统治者的不满，以《汉宫秋》最有影响。该剧以汉元帝与王昭君的爱情故事为主线，揭露了帝王的昏庸、朝政的腐败，抨击了文武大臣在侵略威胁面前的怯懦与无能，塑造了王昭君这一爱国者形象。马致远剧作的元刻本流传较广。

可考的元杂剧作家约有120人，作品有535种。除上述介绍的关、王、马等人的名作外，白朴的《梧桐雨》、《墙头马上》，郑光祖的《倩女离魂》，纪君祥的《赵氏孤儿》等剧作也很有名。

（四）元代散曲。元代散曲作家约200人，作品4300多首。元前期著名的散曲作家仍为关汉卿、白朴、马致远等人，活动中心在大都。后期的著名作家有张可久、乔吉、贯云石、徐再思等人。元散曲的思想内容反映了元代社会的黑暗现实，寄托了对人民苦难的同情。元代刊行的散曲选集有杨朝英编选的《阳春白雪》、《朝野新声太平乐府》，人称"杨氏二选"。还有佚名者编印的《乐府群玉》和《梨园乐府》。中华书局于 1964 年出版了《全元散曲》，收小令 3800 余首、套曲 450 余套，堪称元代散曲总集。

二、历史、地理著作

元代除官修的宋、辽、金三史外，较著名的有马端临的《文献通考》等书。随着元朝版图的扩大，水陆交通的开拓，政治、军事的实际需要，促进了元代地理学的发展。

（一）《文献通考》。宋元时人马端临著，348 卷，记载上古到宋宁宗嘉定末年的典章制度及其沿革，计有田赋、钱币、户口、职官、帝系、舆地等 24 门。除参考唐杜佑《通典》的内容外，还收录各种经史、会要、传记、奏疏、论议等，夹叙夹议。资料较《通典》更为翔实，于宋代制度尤称详备，多为《宋史》各志所未载。作者在该书的自序中称："引古经史谓之'文'，参以唐宋以来诸臣之奏疏、诸儒之议论谓之'献'，故名曰《文献通考》。"《文献通考》与南宋郑樵《通志》、唐杜佑《通典》，被后代史学家合称"三通"。

（二）《蒙古秘史》。又称《元朝秘史》，作者不详，是用畏兀儿蒙古文写成的第一部蒙古族史书和文学作品。约在元宪宗时期（1251—1259）成书。主要记述蒙古族的起源和成吉思汗、窝阔台汗时期的史实。因"事关秘禁"，成书后长期锁在宫廷的金匮石室之中，蒙古贵族和史官都不能阅读。元朝灭亡后，明初四夷馆才译成汉文，用作培训蒙汉翻译人员的教材。

（三）《大元大一统志》。札马鲁丁、虞应龙奉元世祖忽必烈之命编纂的全国志书，共 1300 卷。至正七年（1347）刊行。内容包括各州的建置沿革、坊郭乡镇、里至、山川、风俗、古迹、宦迹、人物等，"每路卷首，必用地理小图"。该书已失传，《永乐大典》辑有残卷。

（四）《河源志》。至元十七年（1280），招讨使都实奉世祖忽必烈之命实地考察黄河河源，后由翰林学士昂霄根据踏勘的详情撰成《河源志》。内容包括星宿海一带地形、水系、植被、动物、人口、聚落分布等等。当时对河源的判断虽然尚未达到现代的科学结论那样精确，但超越了汉、唐以来的说法，使人们对黄河正源的认识前进了一大步。

（五）西域、南海地理著作。元代学者跟随成吉思汗西征，综述自己的实际见闻，写成西域游记多种，开阔了人们对西域的地理视野。较著名的有耶律楚材的《西游录》，李志常的《长春真人西游记》，常德口述刘郁执笔的《西使记》等。这几种书都记述了他们经历的山川、城市和沿途的民族风习，在地理学史上具有珍贵价值。

元代海外贸易有了新扩展。汪大渊在元代中叶曾两次随商船出海，途经南海诸岛和印度洋沿岸数十国，根据自己的旅途见闻撰成《岛夷志略》一书，较之宋以前记述海外情况的专著更加翔实。成宗元贞二年（1296），周达观随元朝使臣赴真腊（今柬埔寨），旅居一年多，回国后写成《真腊风土记》，记述了柬埔寨的风土人情、物产、贸易。

三、科学技术著作

元代的科学技术在天文历法、数学、农学、医学等方面取得了突出成就。

（一）《授时历》。郭守敬、王恂、许衡等创制，至元十八年（1281）颁行。以 365.2425 日为一年，所定数据全凭实测，打破古来制历的习惯，是我国历法史上的第四次改革。新历的完成，主要应归功于郭守敬在仪象观测上的贡献。

（二）《四元玉鉴》与《测圆海镜》。《四元玉鉴》为数学家朱世杰撰，大德七年（1303）刊行。该书的主要贡献是发明四元术和多种高阶等差级数求和方法，在当时的世界数学领域是先进的。

《测圆海镜》。李冶撰，是一部杰出的数学著作，刊行于世祖至元二年（1265），此后传入西域。50 余年后，色目人又把它作为西方的数学成就以《东来法》为书名"进呈圣祖仁皇帝，授蒙养斋诸臣习之"。诸臣之中的数学家梅珏成发现此书就是李冶的遗书《测圆海镜》的西译本，"流入西域，又转而还入中原也"（《四库全书总目》）。

（三）《农桑辑要》。世祖忽必烈命司农司编纂，至元十年（1273）成书，发行到全国各地，旨在推广农业技术知识，曾被多次刊行。内容多辑自古代至元初的各种农业书，介绍了各类种植业、养殖业技术，提倡种植苎麻、甘蔗、药材等经济作物。强调从异域引进优良品种。书中所引古代农书，多已佚失，赖本书摘引得以保存。

（四）《农书》。王祯撰，皇庆二年（1313）刊行，是我国第一部对南北方农业做系统研究的农业技术著作。内容包括"农桑通诀"、"百谷园"和"农器图谱"三部分。其中的"农器图谱"共绘图306幅，包括当时各种农具、农业机械、灌溉工具、运输工具、纺织机械等图形，并详细介绍了这些器具的来源结构及其制作使用方法。众多农器绘图入书，在我国农学史上是第一部。

四、医学著作

元代的医学继承前人成果又有新发展，涌现大批医学著作，在骨伤科、针灸科等方面成绩尤为显著。

（一）《世医得效方》。危亦林著，至正五年（1345）刊行，是一部系统的综合性医学著作。该书首创"悬吊复位法"治疗脊椎骨折，是世界医学史上的重大发明，比西方医生应用此法早600多年。书中用麻醉术治疗骨折脱位，在当时也处于世界领先地位。

（二）《十四经发挥》。滑寿著，至正元年（1341）刊行，是杰出的针灸学著作。元代盛行针灸治病，受本书影响至深。此书传入日本，推动了日本针灸医学的发展。

（三）《瑞竹堂经验方》。蒙古族医学家萨德弥实撰，泰定三年（1326）刊行，书中辑入大量的"屡试屡验"药方，在我国药物学史上占一定地位。元明时期，此书被多次刊行。

（四）《饮膳正要》。元代著名的蒙古族食疗营养学家忽思慧著。元文宗天历三年（1330）刊行，共三卷，辑录314种饮食品种，详细介绍了制作过程、烹调技术、避忌适宜及其医疗作用，有大量插图。本书是我国古代第一部食疗营养学著作，书中还反映了元代国内各少数民族及中外人民的饮食文化交流的史实。元、明、清及民国时期均有刊本。1986年又有人民卫生出版社本。

第八章　明代书业

　　元末农民起义推翻了元朝的腐朽统治。公元 1368 年，朱元璋称帝，建都南京，国号明。永乐十九年（1421），明成祖朱棣迁都北京。明王朝立国之后，废除元代苛政，抑制豪强贪吏，促进了社会生产力发展，巩固了国家统一，但明代经济发展远远不如宋代。据历史学家黄仁宇统计，明王朝平均每年财政收入不过是宋朝的 19%。明成祖永乐年间（1403—1424），是明朝经济全盛时期。英宗时期（1436—1449）开始走下坡路。崇祯十七年（1644），李自成率农民军攻破北京，明朝灭亡。

　　朱元璋取得全国政权之后，推行"世乱则用武，世治宜用文"的政策，下诏"访求贤才"，诏"天下郡县立学"，诏"除书籍田器税，民间逋负免征"（《明史·太祖本纪》）。重文政策推动了书业发展。在历代帝王之中，只有明王朝免征书籍税，书坊业发达的城市明显增多。随着图书市场的扩大，出现了刻书地与聚书地的分离，书籍集市不断增多。出现了铜活字印刷技术。

第一节　朝廷的图书事业

　　明朝前期，朝廷对图书的搜集、购求、整理以及修纂均很活跃。特大型类书《永乐大典》的修纂实为空前之举。明朝中期以后，奸臣当道，宦官专权，内忧外患不断，昏庸腐朽的皇帝再也没有发过购求图书的诏令，朝廷的现有藏书也无人整理，散失严重。

一、明廷对图书的搜购和整理

明太祖仿效萧何入咸阳收取秦图籍的故事，在灭元的战争中就注重搜集图书文籍。明朝前三代皇帝均发出诏令购求天下遗书。

（一）明太祖对图书的搜集和购求。太祖朱元璋（1328—1398）出身贫农，少时在皇觉寺为僧，文化程度不高，但很聪明，善于学习。在扫灭群雄的战争中，他团结了李善长、朱升、刘基、宋濂等大批知识分子，给他讲解经史，出谋划策，使他逐步认识到图书对于安邦治国的重要性。元至正二十六年（1366），朱元璋在应天府（今南京）自立为吴王，以应天府为中心向四周扩展根据地，陆续夺得安徽、江苏、浙江、江西等大片地区。为了招贤纳士，他在应天府盖了一座礼贤馆，"命有司访求古今书籍，藏之秘府，以资览阅"（《明太祖实录》）。可见，朱元璋开国之前已经在南京建立了藏书机构——秘府。秘府的图书有的是从元朝地方官府收缴来的，有的则是在江南各城市访购来的。

洪武元年（1368）正月，朱元璋在南京称帝，是为太祖。南京成为明代初期的全国政治、经济、文化中心。同年八月，明朝征虏大将军徐达率师攻破元朝的大都。徐达奉太祖之命，"入元都，封府库书籍，守宫门，禁士卒侵暴"（《明史·太祖本纪》）。这里所说的"府库书籍"是指元朝奎章阁和翰林国史院、崇文阁等中央官府的藏书，包括了宋、辽、金、元积累数百年的国家藏书，从而为明代的国家藏书奠定了基础。徐达派兵护送，把元大都官府的全部藏书运至南京。太祖把这批书珍藏在南京的文渊阁。

太祖并不以收缴元大都的藏书为满足，"复诏求四方遗书，设秘书监丞，寻改翰林典籍，以掌之"（《明史·艺文志》）。这次访求遗书究竟购到多少册，史无记载，但在各地很有影响。有个盱眙人专程来南京"献天书"，企图博得朝廷赏金，或借此升官发财。没有想到，太祖大怒，命"斩之"。原来，北宋真宗受人蒙骗，不问朝政，把主要精力用于追求"天书下降"，导致政治腐败，财力空竭。朱元璋总结了这个历史教训，拒收"天书"。给制造骗局的献书人以适当的惩罚是必要的，但因此就把献书人杀掉，未免过于残暴。

（二）建文帝"购遗书，申旧典"。朱元璋有 26 个儿子，立长子朱标为太子。太子早故，立太子的嫡子朱允炆为皇太孙。洪武三十一年（1398），太祖病故，皇太孙朱允炆即帝位，以第二年为建文元年。建文帝天资仁厚，亲贤好学，召汉中府教授方孝孺为翰林院侍讲，诏行宽政，"购遗书，申旧典，日惟汲汲不遑逸"（《明书》卷七十五）。这是明朝第二次下诏购求民间藏书。从四方购来的图书，一般都藏于南京的文渊阁。建文帝把大本堂建于宫内，"充古今图籍其中，召四方名儒训导太子、亲王"（《明史·职官志》）。

朝廷的其他官府如国子监、翰林院、詹事府、资德院、钦天监等，也均有藏书。建文帝时期，首都集庆府（南京）的藏书体系已基本建立。这些中央官府都需要购书，这对活跃图书市场发挥了一定作用。

（三）永乐帝遣使访购"勿较值"。永乐帝即明成祖朱棣，是个大有作为的皇帝。在他的治理下，四方宾服，幅员之广，远迈汉唐，经济兴旺，府藏衍溢。基于这样的历史背景，他着手发展图书事业，命翰林院不惜重金购买文渊阁所缺少的图书。"永乐四年（1406），帝御便殿阅书史，问文渊阁藏书。解缙对以尚多阙略。帝曰：'士庶家稍有余资，尚欲积书，况朝廷乎？'遂命礼部尚书郑赐遣使访购，惟其所欲与之，勿较值"（《明史·艺文志》）。这就是说，凡是文渊阁缺少的书，只要书坊或藏书人家愿意出售，就不必计较书价的贵贱，都要买进来。

郑赐派人四处购求图书，文渊阁的藏书大增。"词臣纂修者，及太学儒生数千人，繙秘库书数百万卷，浩无端倪"（《明史·陈济传》）。这里的藏书达数百万卷之多，远远超过明以前历朝秘府的藏书量。

朱明王朝以程朱理学为正统思想，旨在维护高度集权的封建专制统治。凡是诋毁理学的书籍，都被视为大逆不道。因此，书坊业或藏书家向文渊阁献书、卖书都小心翼翼，谨防因售书而得祸。有个鄱阳人"进书毁先贤，杖之，毁其书"（《明史·成祖本纪》）。所谓毁先贤，就是书中有反对程朱理学的内容。这个鄱阳人还算万幸，只挨了板子，没有丧命。在明代，至少有两个人因向朝廷"献书"而被处死或被施以杖刑。朱元璋父子如此严酷，实在是史无前例。

（四）仁宣之治典籍最盛。永乐帝之后，在明朝历史上出现"仁宣之治"。

永乐帝之子仁宗朱高炽即帝位不到一年就病故了，所谓"仁宣之治"主要是指仁宗之子——宣宗朱瞻基当政的宣德年间（1426—1435）。他在贤相的辅佐之下，"吏称其职，政得其平，纲纪修明，仓庾充羡，闾阎乐业，岁不能灾。盖明兴至是历年六十，民气渐舒，蒸蒸然有治平之象矣"（《明史·宣宗本纪》）。宣宗好学，也很关心图书事业，"临视文渊阁，亲披阅经史"（《明宣宗实录》）。《明史·艺文志》说，"当是之时，典籍最盛……秘阁贮书约二万余部……"典籍最盛，就不能排除日常陆续购进新书。钱大昕《文渊阁书目跋》也说："仁、宣二世，世既升平，文物益盛。"经过半个多世纪的购求，文渊阁藏书之富，到明朝宣宗时期达到顶点。

从英宗起，多昏庸腐败的皇帝，宦官擅权，奸臣当道，内忧外患不断。明王朝由安而乱，由盛而衰，顾不上购求图书了。武宗正德五年（1510），大学士邱浚在《访求遗书疏》中说，文渊阁藏书"数十年来，在内者未闻考校，在外者未闻购求"。世宗嘉靖年间，翰林学士丰熙向朝廷献书获罪。明刘继庄《广阳杂记》载："丰熙，鄞人。与其子坊，皆善造伪书。按熙，嘉靖初，以翰林学士率修撰杨慎等，伏阙议礼，廷杖谪戍。与慎遇赦不宥，没于戍所。"丰熙是位藏书家，究竟向皇帝献的是不是伪书，未见史书记载。因献书而受杖刑，又被充军，终身不赦，实为冤狱。丰熙"父子皆好藏书，多异本，皆归于范氏天一阁"（沈德符《野获编》）。

嘉靖之后，文渊阁藏书每况愈下，不仅不购进新书，连原有藏书也保不住了。神宗万历三十三年（1605），中书舍人张萱等人奉旨清理文渊阁藏书，同宣宗时期比较，已"十不存一……其他唐宋遗编，悉归子虚乌有"（倪灿《明史·艺文志序》）。

二、明廷兼管图书的机构——翰林院

明朝初期也沿袭唐宋惯例，设秘书监掌管图书。后来，秘书监并入翰林院，设从八品的官员——典籍，掌管图书。

（一）秘书监的兴废。洪武三年（1370）三月，太祖设秘书监，掌内府书籍。秘书监的主官称秘书监或秘书丞，正六品，较之唐宋王朝秘书省的主官，品级明显下降。秘书监的属官有："直长二人，寻定设令一人，丞、直长各二人"(《明史·职官志·翰林院》)。明初,秘书监为搜集、购求国家藏书以及筹建藏书机构文渊阁,做了不少工作。

洪武十三年(1380),秘书监并入翰林院典籍。这一年,有人告发丞相胡惟庸阴谋叛乱,太祖把他抄家灭族。从此,不设丞相,废除中书省,由六部尚书分理朝政。但无总揽之权,一切政务统由皇帝裁决。这可把太祖朱元璋忙坏了,平均每天要看200多份报告,处理400多件事情,根本无暇过问秘书监这个专掌图书的机构,于是把它并入翰林院。"查禁图书由礼部承担,有兴造妖妄者罪无赦"(《明史·职官志·礼部》)。

(二)翰林院兼掌图书。翰林院的主要任务是掌制诰、史册、文翰之事,以考议制度,详正文书,备天子顾问。对于图书的购求、整理、典藏、编纂,不过是兼管一下而已。翰林院的主官称学士,明初为正三品。名儒宋濂就当过翰林学士,一时名人学者多在翰林院供职。后来,翰林学士降为五品。可是,学士一旦入阁,官职虽然不高,因接近皇帝,裁决机宜,权势极重,成为没有丞相之名的丞相。在翰林学士之下,设侍读学士、侍讲学士(从五品)。另设属官:侍读、侍讲(正六品)、五经博士(正八品)、典籍(从八品)、侍书(正九品)等若干人。

翰林院负责修史,设修撰(从六品)、编修(正七品)、检讨(从七品)等史官,人数不定。"凡天文、地理、宗潢、礼乐、兵刑诸大政,及诏敕、书檄、批答王言,皆籍而记之,以备实录。国家有纂修著作之书,则分掌考辑撰述之事"(《明史·职官志》)。可见,翰林院也兼有国家编书机构的职能。

从翰林院的建制来看,国家藏书仅由两名官职卑微的典籍来管理,同唐、宋秘书省或元奎章阁、艺文监相比,地位大为削弱。这也是造成文渊阁藏书管理不善,散失愈来愈严重的重要原因。

(三)文渊阁藏书的流失。永乐十九年(1421),明成祖迁都北京,国家藏书中心也随之北迁。明姚福《青溪暇笔》说:"前代藏书之富,无逾本朝,永乐辛丑,北京大内新成,敕翰林院凡南内文渊阁所贮古今一切书籍,自有一部至有百部,各取一部,送至北京,余悉封识收贮如故。时修撰陈循如数取进,得一百柜。督舟十艘,载以赴京。"于是,宋、辽、金、元以来国家之旧藏书群聚于北京的文渊阁。

　　明成祖和仁宗、宣宗都喜欢读书，对文渊阁藏书的搜集、整理较为重视。再加上当时先后任翰林院学士的杨士奇、杨荣、杨溥都是从翰林院编修起家，熟悉图书事业。他们陆续入阁，任期长达四朝（成祖、仁宗、宣宗和英宗前期），所谓"明称贤相，必首三杨"。因此，在英宗前期，文渊阁藏书处于极盛时期。北京文渊阁藏书约二万余部，近百万卷。英宗正统六年（1441），杨士奇等人曾对国家藏书进行整理编目，即历史上著名的《文渊阁书目》，收书7000多种。当时，对图书的管理也比较好，文渊阁多系"宋元所遗，无不精美，装用倒摺，四周外向，虫鼠不能损"（《明史·艺文志序》）。

　　正统十四年（1449），发生"土木之变"，英宗朱祁镇在与蒙古瓦剌部作战中被俘。从此，明朝进入多事之秋，朝政腐败，国库空虚，文渊阁藏书也随之由盛而衰，日益流失。首先是藏书管理制度被破坏。执掌藏书的典籍往往监守自盗，把一些精本善本售给书商以获厚利。有些典籍"皆贤郎幸进，虽不知书，而盗取以市利者实繁有徒"。武宗正德十年（1515），典籍刘伟、中书胡熙、主事李继先奉命核查文渊阁缺书。他们却利用这个机会把阁藏"宋刻精本"窃为己有。武宗时期的阁臣杨廷和之子杨升庵，依恃其父的权势，"屡至阁缮书，攘取甚多"。从八品的典籍不敢干预。其次是"馆阁之臣借阅者，往往不归原帙。值世庙（嘉靖帝）而后，诸主多不知文，不复留意查核，内阁之储，遂缺佚过半"（沈德符《野获编》）。嘉靖年间（1522—1566），礼部尚书兼武英殿大学士严嵩（1480—1567）入阁，专国政20年，干尽了坏事，后被抄家，"籍没严嵩家宋板书籍六千八百五十三部"（王世贞《朝野异闻录》）。其中的许多书窃自文渊阁。

　　明代后期，散失更加严重，而新购进的图书却寥寥无几。神宗万历三十三年（1605），中书舍人张萱等人查实文渊阁藏书，编定《内阁藏书目录》，"视前所录，十无二三，所增益者仅近代文集、地志，其他唐宋遗编，悉归子虚乌有"。国家藏书大量被盗，几经辗转，终不免被书商购去，在社会上再流通。明末清初藏书家钱谦益《跋古列女传》载："余藏《列女传》，古本有二：一得于吴门老儒钱功甫；二则丙戌（1646）入燕，得于南废殿中，皆仅免于劫灰，此则内殿本也。"可能是从南废殿附近买来的，不可能那么凑巧，他刚到北京就拣到一部古书。所谓内殿本，实即文渊阁流入民间的部分藏书，避免了明末的书厄，也算幸事。

崇祯十七年（1644），李自成农民军攻克北京，明朝灭亡，百孔千疮的文渊阁藏书被大火焚毁。姜绍书《韵石斋笔谈》载："内阁秘府所藏书，虽殊寥寥，然宋人诸集，十九皆宋板也……但文渊阁制既库狭，而牖复黯黑，抽阅者必秉炬以登。内阁辅臣，无暇留心及此，而翰苑诸君，世所称读中秘者，曾未得窥东观之藏，至李自成入都，付之一炬，良可叹也。"李自成这位农民起义军领袖，对国家藏书的重要意义毫无认识。他本应该像朱元璋那样，命最先攻入北京的将领查封官府藏书，而不是听任他的部下放火焚书。

三、明廷的图书编纂活动

朱明王朝编纂图书主要集中于太祖洪武年间和成祖永乐年间。太祖朱元璋强调"治国以教化为先"，而教化离不开图书。成祖朱棣也强调，"金玉之利有限，书籍之利岂有穷也"（《明会要》卷二十六）。所以，这两代皇帝都很重视编纂、刊印图书。

（一）洪武朝的编纂活动。明太祖诏令购求天下遗书，目的是供编纂图书时参考。开国第二年（1369），太祖命翰林学士宋濂修撰《元史》，命儒臣修撰《礼书》，命国子监刊印教材，并向各郡县颁发经、史、律、诏、礼仪各书，令生员"皆许熟读精通"。太祖认为，《孟子》一书有触犯皇权至尊的内容，就命人删去"民为贵，社稷次之，君为轻"等80多条文字，编成《孟子节文》。后来，还命宋濂等人编《洪武正韵》，以为一代文化之治。

翰林院的编纂活动还要为太祖推行"狡兔死则良犬烹，敌国如灭，谋臣必亡"的谋略服务。经过明初几年的征战，天下逐渐太平，朱元璋开始居安思危。洪武八年（1375），命翰林院编纂太祖《资世通训》，告诫文臣武将"勿欺、勿蔽"。洪武十三年（1380），编印《臣戒录》，纂录历代诸侯王、宗戚、宦臣之属，"悖逆不道者凡二百十二人的行事"。编纂这两部书实际是以"背叛"的罪名为诛杀开国功臣制造舆论。该书刚刚出版，即以"谋反"罪诛杀左丞相胡惟庸、右丞相汪广洋、御史中丞陈宁，诛三族。因胡惟庸案大小官员被处死者竟达15000余人。

洪武十九年（1386），编印《志戒录》，采汉唐宋为臣悖逆者凡百有余事，赐群臣及教官诸生讲授。这是再次发出诛杀功臣的信号。越四年（1390），名列第一的开国功臣、被封为韩国公的李善长，以"知逆谋不发举"的罪名被赐死，妻女弟侄等 70 余人被杀。又过三年（1393），开国名将蓝玉也以毫无根据的"谋反罪"被处以磔刑（剐死），受牵连而被处死者近两万人。明太祖以图书作为政治斗争工具，制造舆论，先后兴起胡、李、蓝三大狱，文臣武将被诛杀者近 4 万人。替他编书的宋濂也被迫害致病死。其残暴实千古所未有。

（二）永乐朝修纂《永乐大典》。建文四年（1402），燕王朱棣兴兵攻入南京，从侄儿建文帝手中夺取了政权，改元永乐。他为了笼络"宿学大儒"，炫耀自己的文治，以消弭朝野上下的不平之气，决定编纂一部空前规模的大型类书。永乐元年（1403）七月，他命翰林学士解缙召集著名文人，把天下古今各类典籍统统编入一部特大型的类书之中。编书的材料除文渊阁藏书之外，还要广泛"购募天下书籍"。成祖对解缙等人说："天下古今事物散载诸书，篇帙浩穰，不易检阅。朕欲悉采各书所载事物聚之，而统之以韵，庶几考索之便，如探囊取物尔……尔等其如朕意：凡书契以来经、史、子、集、百家之书，至于天文、地志、阴阳、医卜、僧道、技艺之言，备辑为一书，毋厌浩繁"（《明太宗实录》卷二十）。

解缙奉旨组织 147 位学者，花了一年多时间编成《文献大成》。经成祖朱棣审阅，认为取材仍不够完备，遂命姚广孝、解缙等人重新编辑补充。这一次建立了规模庞大的编纂机构，召朝臣文士、四方宿学老儒等 2169 人参与这项编修、校订、圈点、绘图、缮写工程。总编纂处设在文渊阁。辑入图书包括经、史、子、集、释、道、北剧、南戏、平话、工技、农艺、医学、志乘等近 8000 种。永乐五年（1407）编成，共 22877 卷，目录 60 卷，分装成 10095 册，约三亿七千万字。成祖赐名《永乐大典》，撰"序言"于卷首："纂集四库之书，及购天下遗籍，上自古初，迄于当世，旁搜博采，汇聚群分，著为奥典"。这部巨著，搜罗之广，内容之富，卷帙之多，远远超过前几代王朝编纂的类书。外国学者赞誉《永乐大典》为"世界上最大的百科全书"，它比法国狄德罗、达兰贝主编的百科全书和英国大百科全书要早 300 多年。

修纂《永乐大典》功绩卓越的应推解缙和姚广孝。

解缙（1369—1415），字大绅，吉水人，洪武二十一年（1388）进士。太祖的侍臣，建文帝召为翰林待诏。永乐二年（1404），擢翰林院学士兼右春坊大学士，入内阁预机务，自始至终主持《永乐大典》的纂修，深得世祖倚重。书成，因谗言被谪交趾，命督饷化州。"永乐八年（1410），缙奏事入京，值帝北征，缙谒皇太子而还。汉王言缙伺上出，私觐太子，径归，无人臣礼。帝震怒……逮缙下诏狱，拷掠备至。"后来，他在狱中被灌醉了酒，"埋积雪中，立死。年四十七。籍其家，妻子宗族徙辽东"。解缙才学出众，功勋卓著，因"莫须有"的罪名蒙冤被害，表明封建帝王的残暴。死后50年，宪宗朱见深为他平反，诏还所籍家产，"复缙官，赠朝议大夫"（《明史·解缙传》）。

姚广孝（1335—1418），长洲人，年十四，度为僧，法名道衍。有才学，足智多谋，与燕王朱棣过从甚密。太祖崩，建文帝立，削夺诸王权力。道衍密劝燕王举兵。"帝用兵有天下，道衍力为多，论功以为第一。永乐二年四月拜资善大夫、太子少师。复其姓，赐名广孝……帝与语，呼少师而不名。命蓄发，不肯。赐第及两宫人，皆不受。常居僧寺，冠带而朝，退仍缁衣"（《明史·姚广孝传》）。他和解缙共同主持《永乐大典》的纂修，但不在朝廷任实职，没有卷入政治斗争的旋涡。这是他比解缙高明之处。卒年八十四，以僧礼葬。

《永乐大典》的主要贡献在于保存了明初以前各种学科的珍贵文献。但深藏宫内，一般士人不得披阅，未能发挥它应有的传播作用。世宗嘉靖十三年（1534）"甲午春，南祭酒陆可教有刻书一疏，谓文皇帝所修《永乐大典》，人间未见，宜分颁巡方御史，各印一种校刊汇成，分贮两雍，以成一代盛世。上即允行，至今未闻颁发也"（沈德符《野获编》）。世宗朱厚熜是个昏庸腐朽的皇帝，一生最感兴趣的是崇拜仙道，祈求长生。他倚重奸臣严嵩搜刮纳贿，造成嘉靖"家尽"，国衰财敝，根本没有财力来刊印2万余卷的《永乐大典》。嘉靖三十六年（1557），宫内失火，世宗在一个晚上三次下令抢救《永乐大典》，才得以保存。

为防止《永乐大典》被毁，世宗颁诏重新抄录一部。由一百多名善书人，抄写6年才完成。重新抄录的嘉靖副本与永乐正本在装帧、格式等方面完全一样。正本藏于北京的文渊阁，副本藏于北京的皇史宬。明末清初，永乐正本遗失。明清之际，由于吏治腐败、管理不善，藏于皇史宬的副本常被朝臣零星窃去。

清咸丰十年（1860），英法联军侵占北京，疯狂地烧杀抢掠，《永乐大典》被英人劫走最多。40 年后，英美日等八国联军于 1900 年入侵北京，《永乐大典》再次被毁、被劫，损失殆尽。经查，目前在美国有 46 册，英国、德国、日本等国也存有不少。蒋介石集团逃离大陆时带往台湾 8 册。有少数卷册流落到京城旧书店。

中华人民共和国成立后，经中华书局多年访查，先后共收到《永乐大典》797 卷，于 1960 年影印成 16 开精装本问世。影印成书的卷数仅占全书总卷数的 3.5%。这个惨重的教训表明，任何珍贵的图书一旦被少数封建统治者独占，迟早都免不了被毁灭的命运。只有把图书刊印出来，作为商品经书坊、书肆组织流通，由人民群众收藏利用，才能得以永生。

（三）明廷的其他编纂活动。明朝统治天下 270 多年，历代都有一些图书编纂活动。永乐年间除编纂《永乐大典》外，成祖鉴于诸家对儒家经典的解释纷杂不一，学生无所适从，遂命翰林学士胡广、杨荣等人，根据宋代程、朱理学家的注疏编成《五经四书大全》；又将程、朱等理学家百余人的著作和语录汇编成《性理大全》，由成祖作序。永乐十五年（1417）将这两部书作为统一教材颁发给全国各地学校，令学生必读，科举考试也以此为标准。

宣德年间（1426—1435），政治较为清明，为教育群臣忠于明王朝，翰林院奉旨以宣宗名义撰《历代臣鉴》、《外戚事鉴》。景泰年间（1450—1457），代宗命翰林学士徐𬭩"尝集古帝王行事，名《勤政要典》"（《明史·徐𬭩传》）。又命翰林学士刘吉纂修《寰宇通志》。书成，进礼部尚书，入阁机务。孝宗弘治年间（1488—1505），民间书坊业发展到鼎盛阶段，朝廷的编纂活动却不多，孝宗只命阁臣刘建等人编《大明会典》，历时四年有余。孝宗作序，敕令刊刻，颁行全国。这部书整理和保存了明朝开国以来的各种典章制度，为官府行政有所遵循。正德、嘉靖、万历年间续有修订。该书为清朝编修《大清会典》提供了范例。弘治以后，朱明王朝越来越走下坡路，再未编出有价值的著作。

明廷历朝编纂的书籍经刊刻后流入社会。书坊业择其有销路者则加以重印发行。洪武年间，宋濂等人修纂的《洪武正韵》成为书坊业的常销书。出书百年之后的万历年间，金陵书肆周前山仍在重刻出售。该书广告说："《洪武正韵》，点画不苟，书梓广惠海内。惟冀君子留意斯编，足为笔山墨海之筌蹄焉。"万历年间，吴勉学经营的书坊师古斋曾重刻出售《性理大全》等书。

凡是朝廷编纂的有价值又有市场需求的图书，往往要靠历代书坊重新刊行，为民间所有，才得以传世。从明太祖起，就鼓励书坊业刊行和销售朝廷编纂的公开发行的书籍。不仅如此，太祖还派人四处购买善本书，交给书坊重刻销售。洪武二十三年（1390），太祖"命礼部遣使购天下遗书善本，令书坊刻行"（《明史·太祖本纪》）。这表明，朱元璋已经把书坊业作为教化人民的舆论宣传工具加以利用。

第二节　明代的书业经营

明代的社会生产力较前朝有了很大发展，造纸技术和印刷技术都有了长足进步。随着土地兼并的加剧，城市居民逐渐增多，明代书业在某些城市得到了前所未有的发展。据杨绳信《中国版刻综录》统计，现在珍藏于中国国家图书馆等 17 家图书馆的明版书，共有 2864 部。

明代书业仍沿袭宋元传统，有官办书业和民办书坊业。有些藏书家从事刻书，名为私刻本，有不少品种也作为商品出售，不妨也把它们列入书坊业产品。

明代的官办书业有两个空前绝后的特殊现象：一是由 1000 多名太监组成的出版机构——经厂；二是太祖朱元璋用刑法和行政命令推广《大诰》刑典书的销售。

一、明朝的官办书业

明朝从中央到地方较为重视刊行书籍。翰林院学士解缙向太祖献《太平十策》。其中有一策提到："宜令天下投进诗书著述，官为刊行。又尽行刊完国家所藏欠缺的书籍，并于京城及水陆通会州县，设立官开书坊一所，刊书"（《解文毅公集》）。这是个很好的建议，由于历史条件的限制还不可能在各地普设官办书坊，但明朝的国子监、内府、经厂及有关部院都编辑、刊行书籍。明朝的十三省布政司、按察司以及各府不时刻印书籍出售，在一定程度上起了官办书坊的作用。袁栋《书隐丛说》载："官书之风至明极盛，内而南北两京，外而道学两署，无不盛行雕造。"此外，皇家贵族——藩王府也热衷于刊刻书籍。

（一）国子监典籍厅刊书事业。国子监是明朝的最高学府，又是国家管理教育事业的官府。明朝开国前一年就在集庆府（南京）儒学旧址设立国子学。洪武十五年(1382)，新建太学竣工，改称国子监，学生多至9000余人。成祖迁都北京，南京的六部官府并未撤销。因此，明朝有两个国子监，南京的简称南监，又称南雍；北京的简称北监，又称北雍。南监与北监均设有典籍厅，负责管理和刊印书籍。

南监刊行的书籍，以国子监及天下府州县学教学需要的经史类书为重点。著名的有"二十一史"。其中有宋、元旧版和明代重刻版，史称"三朝本"。这套"二十一史"书板一直保存到清代嘉庆年间，因火灾被毁。其中有7种史书板是南宋绍兴年间刊刻的，存世达700年之久，毁于一旦，令人痛惜。南监刊行的著名著作还有《十三经注疏》、《通鉴纪事本末》、《通志略》、《通典》、《贞观政要》等。明代重书法教学，南监刊行了赵孟頫等书法家写的《百家姓》、《千字文》法帖，供学生临摹学习之用。此外，还刊行一些医书和科技书。据周弘祖《古今书刻》著录，南监共刊行书籍271种。

北京国子监收藏的书板没有南监多，刊行的书籍少于南监。其刻印的书籍多以南监本为底本。南监的重要著作，北监均有翻刻。弘治年间刊行的《国子监续志》载："本监特设典籍一员，以掌书籍，又设印刷匠四名，以给其役，可谓重矣。"

南北国子监以及内府刊刻的书籍主要通过各级行政部门或儒学来发行。与元代的行政发行系统大体相同。明代福建建阳县学尊经阁所藏《孝顺事实》等监本书、内府本书，就是通过这一渠道发行的。

（二）司礼监刊行的经厂本。洪武十七年（1384）置司礼监，为宦官二十四衙门之一。司礼监附设经厂，专司刊行书籍。经厂的主官由太监担任，称提督，职掌提调各处旧存和新刻的书籍，下设掌司四员至六员。定都南京期间，经厂有刻字、刷印、装订等方面的工匠500人。成祖迁都北京后，经厂的工匠逐渐增多，据嘉靖初年的记载，经厂有刻字、刷印、装订、笔墨等方面的工匠1008人，堪称规模空前的官办书局。这个人数还未把缮写人员计算在内。经厂内部设有中书房，负责缮写书版和敕文。缮写人员都是从太监中挑选出的聪明稳重的青少年，经过多年的书法训练才能充当。他们苦练赵孟頫书法，所以经厂本均为赵体字。

经厂刊行的图书主要为制书和经史文集。制书又称"国朝颁降官书"，多由皇帝御撰、御批或命儒臣纂修的书。刊印成书之后，由朝廷发给各省地方，也有专门发给皇族、外戚和群臣的。洪武朝的制书有《皇明祖训》、《大明律》、《御制文集》等30余种。永乐朝的制书有《四书集注大全》等20余种。其他各朝也或多或少出了一些制书。如宣宗的《御制历代臣鉴》、《外戚事鉴》。前者赐群臣，后者赐皇亲，剩余的交书肆出售。

有些制书的发行对象十分广泛，要求家喻户晓。最典型的是洪武十八年（1385）由经厂（内府）刊行的《大诰》及其续编、三编。它的内容主要是朱元璋办理案件材料的汇编。刊行此书是将贪官污吏的罪行写成故事昭示于全国各级官员，使他们有所警惕，不敢贪赃枉法，同时也使百姓安分守己，知晓王法的厉害。《大诰》第七十四条规定：一切官民之家，都要拥有一部《大诰》，认真研读。如果犯有笞、杖、徒、流之罪，有该书的人可以罪减一等；没有的人，则罪加一等。在该书续编中规定：全国各地百姓，每家都要拥有一部。如果有不收藏、不敬读的，要将全家迁居于荒远之地，永远不许返回原籍。太祖还命国子监祭酒严督诸生习读讲解。有不习读的，以违抗诏旨论处。后来又规定，科举考试以《大诰》为出题内容。用这种严厉的法律手段和行政命令手段来推广这本书，在我国历史上恐怕是空前绝后的。经厂本《大诰》颁发之后，各地方官府和书坊纷纷翻刻，广为销售。迄今发现的《大诰》有：南监本，江西、贵州布政司本，扬州、叙州、太原府本，建阳书坊本等。

由于各地书坊翻刻的多，出书质量难免参差不齐。太祖发出御旨："近监察御史丘野奏，所在翻刻印行者，字多讹舛，文不可读。欲穷治而罪之，朕念民愚者多，况所颁之诰，字微画细，传刻之际，易致差讹。今特命中书大书，重刻颁行，使所在有司就将此本易于翻刻，免致传写之误。敢有仍前故意差讹，定所司提调及刊写者，人各治以重罪"（《大诰续编》）。这里所说的"念民愚者多"主要是指刊刻《大诰》的书商、书坊。在明代，文盲人口占绝大多数，图书购买力十分低下，凭借皇权、刑法来推动《大诰》一书的发行，实际是向民间强迫摊派，必须否定。当代出版发行工作者应该接受这个教训。

永乐年间由经厂刊行的《为善阴骘》，是成祖命人采辑的"一百六十五人传记"，作为士子必读之书。成祖诏令说："自今科举取士，准《大诰》例，于内出题。"在科考需求的推动下，各地书坊竞相刊刻销售，这本书的发行量也肯定很大。

正统年间，英宗发现一些书坊刊行的《五经》、《四书》经注舛讹较多，遂命经厂重刊两书颁之。这就为各地学校教学提供了标准本，对书坊业刊行这两种书也起了示范作用。

经厂本一般都选用上等纸墨刊印，版框宽大，行格疏朗，字大如钱，刻有句读，便于阅读。有些经厂本虽非公开发卖，但通过多种渠道流入民间，被书坊购去，作为旧书再流通。有些经厂刻本系按旧本誊录，校对不精，常有舛讹脱误之处，受到藏书家的鄙视。

（三）都察院刊行书籍。都察院是全国最高监察机构，设监察御史8人，在全国十三道各设御史3—5人，自成系统。这个机构却刻了不少与监察无关的书。如《算法大全》、《千金宝要》、《史记》、《文选》、《杜诗集注》等，还刊行了《三国演义》和《水浒传》。这些书一部分公开发售，另一部分在官场中赠送。

（四）钦天监修撰和刊行历书。明代历书沿用元代郭守敬的《授时历》，改名《大统历》，由钦天监修撰。该监设有裁历、裱褙、刷印等工匠31名。"每岁造《大统历》，先期二月初一日进呈来岁历样，然后刊造一十五本，送礼部，颁于两京及布政司照样刊印"（郑元容《文献撮要录》卷一）。布政司是中央派驻地方的行政机构。全国共分13个（省）布政司。其权力范围仅限于全省的民政和财政，事事都得秉承朝廷意旨。布政司负责专印专卖历书。此外，经厂也按照"历样"大量印行历书。

明朝也严禁刊行私历。在历书的封面上，均印有"大明××××年岁次大统历"字样，钤有红色印记："钦天监奏准印造大统历日颁行天下，伪造者依律处斩。有能告捕者，官给赏银五十两。如无本监印信，即同私历。"书后刊有监正、监副、治理法官的姓名。

（五）地方官府刻书。各省布政司和经济实力强的府或府学均涉足书业，刻书最多的达百余种。刻书最活跃的布政司有：陕西、云南、河南、山西、江西、四川、福建等省。刻书最多的府有：苏州、南昌、福州、常州、扬州、西安、武昌、成都、开封等府。这些官府除刊行地方志外，还刊行历史、政法、医药、类书以及本地历代名人的诗文集等。所出之书，小部分用于赠送，大部分委托书肆销售。

朝官用自己的俸钱刊书。"奉使出差，回京必刻一书，以一书一帕相馈赠，世即谓之书帕本"（叶德辉《书林清话》）。此类书除用于赠送，也出售一部分。谢德兴《书林逸话》说："按昔日刻书习惯……刊成后，先以红色印刷，次乃用墨。以红印本分赠师友，墨印本送各地出售。"书帕本往往校勘不善，名低价贱，不被藏书家重视。

明代的书院也刊行书籍。例如，福州五经书院刻有《十三经注疏》、《通典》、《通志》、《皇明进士登科考》等多种书。其他如白鹿、东林、崇正、正学等书院均有刻本。每个书院只刻一两种书，没有元代书院学田收入多、刻书多。

（六）藩府刻书。朱元璋有26个儿子，两个儿子早殇，其他24子均分封到各地为藩王。此后，明代的历朝皇帝都分封自己的子孙为藩王。明朝对这些藩王在政治上加以控制，防止他们成为地方上的割据势力；在生活上给予优厚待遇。亲王岁禄万石，郡王禄千石，赐田多至万顷。穆宗隆庆元年（1567）礼部上疏说："今二百年来宗支造入《玉牒》者共计四万五千一百一十五位，而见存者二万八千四百五十二位"（明版《礼部奏议宗藩事宜》）。在这两万多宗室子孙中，多数人过着寄生虫般的生活，甚至祸害一方。也有少数人在学术上有所成就，他们喜爱读书、藏书、著书和刊刻书籍。

藩府刻书具有许多优越条件。一是经济实力强。藩王占有成千上万顷田地，还有取之不尽的岁禄。他们刊刻书籍可以不计成本，选用上品纸墨和技术精湛的雕工，精写精刻。二是藏书丰富。他们的藏书除购自书坊或民间外，还有来自朝廷的赐书。从太祖、永乐起直至以后诸帝，都经常向这些宗室子弟颁赐书籍。不仅赐给一般经史类书，洪武年间"亲王之国，必以词曲一千七百本赐之"（梁清远《雕丘杂录》卷十五）。通过赐书，可以把藩王的精力引导到读书、著书、刻书方面来，以避免历史上的"八王之乱"或"燕王夺位"重演。三是有些王府官属设有长史、纪善、教授等官职，不乏名人学者。这些文人可以协助藩王著述书籍或从事编校工作。

藩府刊行书籍的目的在于扬名。特别是刊行自己的撰述，可以美名远扬，也能让当朝皇帝消除疑忌，表明自己致力于学术文化，没有谋求帝位的野心。宁献王朱权是太祖第十七子，有文韬武略，受到太祖器重，把他封藩到战略要地大宁（喜峰口外的重镇），"带甲八万，革车六千，所属朵颜三卫骑兵皆骁勇善战"（《明史·宁献王传》）。燕王朱棣起兵时曾和他约定，"事成，当中分天下"。待燕王夺得帝位，却失约了。朱权被改封南昌，"自是日韬晦，构精庐一区，鼓琴读书其间"。为避成祖猜忌，他埋首著书。较著名的有《荆钗记》及杂剧等12种，兵书《古今武略》，史书《汉唐秘史》，奉敕辑《通监博论》及其他注纂数十种。包括他自己的著作在内共刻书137种。

明代藩府刻书可考者有四十三藩。以宁藩、蜀藩、益藩、辽藩、郑藩、周藩、徽藩、晋藩、鲁藩、吉藩等所刻之书最为著名。他们翻刻了许多宋元时期刊行的诗文集、类书、古医书和新医书。这些宗室子孙出于消闲的需要，还刻了不少琴谱、棋谱、茶谱、花谱、法帖、版画以及《西游记》之类的长篇小说。藩王自己的著作以及前辈留下的诗文书稿更是他们刊行的重点。

藩府刻书也有不少书籍流散到书坊或民间。宁献王朱权的孙子朱谋㙔所作《藩献记》说，朱权"凡群书有系风教，及博物修词，人所未见者莫不刊布国中"。这里的"国中"，是指朱权的封国南昌一带。宁献王朱权"诸书无所不窥，凡群书有秘本，莫不刊布"（朱彝尊《明诗综》）。有些藩府就以朝廷赐给的宋版书为底本，召良工严格按照宋版底本翻刻。这些书往往被书肆从民间收购去，撕掉藩府本的序跋，假冒宋版书高价售出。藩府本的刻、印、装均很考究，大字、宽本、蓝绫包背装。"远近宝之"（朱彝尊《明诗综》）。

藩府刊刻的一些杂剧本流入市场。太祖第五子周宪王朱有炖，"博学善书"，著有《诚斋乐府》、《诚斋杂剧》共和《杂剧十段锦》等 31 种戏曲著作。他的封国在开封。这些杂剧经周宪王藩府刊刻，在开封一带公开流传。朱有炖去世 70 余年之后，开封的民间艺人仍在演出他的剧本。

有的藩王刻书愿向远近学者供应。太祖第十六子庆靖王朱㮵，封国宁夏。"王好学有文，忠孝出天性"。他刊行自著的宣德《宁夏志》等三种书。其三子安塞王朱秩炅，"性通敏，过目不忘，善古文"，也喜欢买书、刻书，"人有古今书，辄捐金购之，绣梓与远近学者"（《明史·庆靖王传》）。他刊行的《文苑英华》、《陶渊明集》等多种书籍，以远近学者为供应对象，当然不会白送，即便是白送，学者们也会礼尚往来，所奉之值会超过书价。

二、北京的民营书业

明代学者胡应麟（1551—1602）说："今海内书，凡聚书之地有四，燕市也，金陵也，阊阖也，临安也"。又说，"凡刻书之地有三，吴也，越也，闽也"（《少室山房笔丛》）。聚书，即图书商品的集散地。刻书，即图书商品的生产地。聚书与刻书的分离，即图书的产销分离。它标志着我国书业开始出现图书商品的产、供、销专业分工，是历史的进步。燕市即明朝首都北京是全国最大的图书集散地。

（一）北京书坊业。元朝灭亡，大都改称北平府。成祖即帝位，北平府改称顺天府。从永乐五年（1407）起，经过 10 多年的营建，北京城的规模超过了元大都。永乐十九年（1421），北京成为明朝的都城，中央官府众多，人文荟萃于此。明中叶，北京人口超过一百万。城内商店林立，百货充塞于市。明朝重科举取士，每隔 3 年，全国的举人都要到京城会试。北京的书坊业正是在这些有利条件下发展起来的。

明代北京的书坊多集中于正阳门一带，在宣武门、崇文门、隆福寺、护

国寺一带也有书坊。明代 270 多年间，书坊的变迁也较大。迄今可考者有
13 家。汪氏书铺、岳家书坊、永顺书堂较为著名。

汪氏书铺设于正阳门内西第一巡警更铺对门，主人汪谅。这家书铺以
宋、元旧版翻刻了不少书籍，而且善于利用自己刊行的书籍进行广告宣传。
嘉靖元年（1522），汪谅刻《文选注》，在目录后附印汪氏书铺刊行的书目
广告："今将所刻古书目录列于左，及家藏古今书籍，不能悉载，愿市者览
焉。"后列翻刻《正义注解史记》等宋元版书 7 种，《名贤丛话诗林广记》等
唐代古版书 7 种，共 14 种。其中有的宋元版书并非汪氏所刻，如《史记》
是辗转购自元末明初建安余氏广勤堂旧版（本书前已叙及），削去旧坊刻的
名字，换上"汪谅翻刻"而已。

岳家书坊地址在正阳门内大街东下小石桥第一巷内金台岳家。岳家于弘
治十一年（1498）印行《全像参增奇妙注释西厢记》，书名所以题"全像"，
是因为每页为两节版，上图下文，半叶十二行，行十八字。卷末刊"弘治戊
午季冬金台岳家重刊印行"的牌记，还刊有对本书的促销广告："本坊谨依
经书重写绘图，参订编次大字本，唱与图合，使寓于客邸，行于舟中，闲游
坐客，得此一览始终，歌唱了然，爽人心意。"这段广告烘托出阅读本书的
美好意境，情景相融，有动有静，文字简洁，语言典雅，很能激发人们的购
书动机。

岳氏重刻《西厢记》反映了当年北京城的民俗民风。明代中期，朝廷
"严禁官妓，缙绅无以为娱，于是小唱盛行"（沈德符《野获编》）。岳家书坊
为适应"小唱盛行"的需要，才"重刻印行"的。这也说明，《西厢记》在
京城很畅销。岳氏的初刻版经多年刷印，已字迹不清，所以不惜工本重新刊
行，并印上了颇有吸引力的广告词。

永顺书堂刻于成化七年至十四年（1471—1478），刊行的十一册唱本和
一册南戏《白兔记》为戏曲中的早期刻本。如《说唱包待制出身传》、《包龙
图断乌盆传》、《包龙图断白虎精传》、《曹国舅公案传》、《唐薛仁贵跨海征辽
故事》等。封面上印有"北京新刊"字样，说明永顺书堂是明代北京的一家
书铺。这些戏曲刻本反映出明代的北京"小唱盛行"。

（二）北京的书籍集市。北京的书坊刻书事业没有南京、苏州、建阳发

达，但北京的零售书业和书市却远较南京等地繁荣。明胡应麟《少室山房笔丛·经籍会通》说："燕中刻本自希，然海内舟车辐辏，筐箧走趋，巨贾所携，故家之蓄，错出其间，故特盛于他处。"北京是全国的政治、文化中心，中央的各官府公费购书多，高官大吏和文人学者藏书家多，国子监的学生多，赴京会试的举子多。因此，书业多，图书销量大，"特盛于他处"。

市场需求牵动书价的消长。胡应麟曾对明代京、苏、杭的书价作过比较，认为北京出售的书籍"第其直至重。诸方所集者，每一当吴中二，道远故也；辇下所雕者，每一当越中三，纸贵故也"。北京当地刻书不多，市场出售的大量图书多为苏州等地的刻本，经长途贩运，运费高，所以北京的书价比苏州高一倍。北京各书坊印书的纸张需从南方买进，其书价比纸张产地杭州的书价高两倍。

北京是最大的消费城市，各种商品主要靠外地运来。"市肆贸迁，皆四远之货，奔走射利，皆五方之民"（谢肇淛《五杂俎》）。图书商品尤其如此。北京的书价高，但帝王之都的购买力强，图书销路广，这就促使各地书商特别是南方书商贩书到京。苏州书坊曾刊行东林党人蔡士顺著的《尚论录》，"凡列声气二百余人。书贾携数十部至京，时礼部徐都谏耀，克己有名，恐为异己所购，遂以重价尽市之，秘不出"（李清《三垣笔记》）。

书商的长途贩运丰富了北京的图书市场。读者"挟资入贾肆，可立致数万卷"（曹溶《流通古书约》）。隋唐时期的藏书家，尽毕生之力也不过藏书数万卷。明代北京的藏书家，只要有钱，"可立致数万卷"。当然，这并不意味着任何书随时都能买得到。凡是紧俏的书，书商则奇货可居，高价出售。"予过长安书肆，见《皇明泳化编》一部，命买归，书客故高其价。予曰：'缓之'。及旋骑再访，则云卖去。问之，乃巩驸马永固也。因心识之曰：'帝婿皆豪华自喜，渠知读书耶'"（李清《三垣笔记》）？这些皇亲贵族尽管不读书，也不惜高价购书，以示风雅。这也是北京书价被抬高的原因之一。

北京的零售书业——书肆，一般都集中在繁华的商业街区。有些前店后坊的书坊也掺杂其间。随着时间的推移也有所变化。万历年间（1573—1619），"凡燕中书肆，多在大明门之右（天安门广场上），及礼部门之外（天安门广场东侧），及拱宸门之西（西长安街）"（李清《三垣笔记》）。明代的大明门以北是明朝中央官署集中之地。在大明门之右，书肆则杂处于各种店铺之间。以刻书为主的岳家书坊、汪家书铺、鲁氏书铺均设在这个街区。明万历年间绘制的《皇都积胜图》（今藏中国国家博物馆）绘有大明门一带的街市店铺，其中就有销售书籍、字画的。明代人刘侗在《帝京景物略》中说："朝前市者，大明门之左右，日日市，古居贾者也。"日日市，就是每天都有集市，居贾是指常年开门营业的坐商。

随着时间的推移，北京的书肆也有所变迁。《北京书肆记》说："有明一代，京师鬻书，在旧刑部街之城隍庙、棋盘街、灯市三处；刻书则在宣武门内之铁匠营与西河沿两处，然皆不盛，盛在江南也"（《中国现代出版史料》甲编）。这可能是明代后期的情况，刻书与售书，即图书的产与销有了进一步分工，城隍庙与灯市多书摊。棋盘街即"大明门之右"，多为固定铺面的书铺、书堂。据蒋一葵《长安客语》载，棋盘街（今前门楼、毛主席纪念堂）一带"天下士民工贾，各以牒至，云集于斯，肩摩毂击，竟日喧嚣"。这里是明代中后期京城最繁华的街区，也是京城零售书业中心，经营品种除京刻本外，主要是从南方贩运来的苏、杭、闽本书。

北京的各种集市也有书籍出售。胡应麟说："每会试举子，则书肆列于场前。每岁朝后三日则移于灯市。朔、望并下瀚则徙于城隍庙中。灯市极东，城隍庙极西，皆日中贸易所焉。灯市岁三日，城隍庙月三日，至期百货萃焉，书其一也"（《少室山房笔丛》）。这段话表明，售书的集市可分为考市、灯市和庙市。

考市。明朝每三年举行一次会试。各省举人赴京会试，由各地方官府提供食宿费和交通工具。会试的考场设在京师礼部，称贡院。每次应试举人达 4000 余人。原来的贡院比较窄小，神宗万历年间重新修建，贡院面积长宽各 160 丈，四周修有围墙。内有举人应试的号舍 4900 间，能一次容纳举人会试 4900 人。这么多举人齐集贡院，必然需要各种图书，这是京城书肆扩大销售的极好机会。每逢会期，书商们则"税民舍于场前。月余，试毕贾归，地可罗雀矣"（《少室山房笔丛》）。在贡院门前设立临时书市，可以做一个多月的生意。应考的举子总要买一些书，京城学子也会利用这个机会逛逛书市，选购图书。

灯市。明代北京的灯节活动从正月初八开始，至十三日进入高潮，十七日结束。这一活动因与节日商品交易相结合，故称灯市。据《帝京景物略》卷二，灯市在东华门之东，即今灯市口一带，"市楼南北相向，朱扉绣栋，素壁绿绮疏……"在灯节期间，包括书籍在内的日用商品列肆于街道的两边，并有各种乐作和民间歌舞杂耍表演。入夜则烟火灯影，异彩纷呈，吸引成千上万的市民来逛灯市。这正是图书销售的旺季，全城的书坊、书肆都要来灯市摆摊设肆。

庙市。北京的城隍庙、隆福寺、护国寺每月都有庙会，列肆成市，均有图书出售。最著名的是城隍庙集市，每月初一、十五、二十五，包括图书在内的各种商品集中于此。这个集市的规模很大，西至庙，东至刑部街，长达三华里。过去这条街就叫"都城隍庙街"，今改名"城方街"。有些外国商人也在这里出售从本国运来的商品。《帝京景物略》述及这个集市说："每月三次，列肆三里，古今图书，唐宋书画，充斥其间。"众多的书摊、书棚为庙市增添了浓郁的文化氛围。它们排成一长列，形成庙市中的书市。这些书摊多为书坊、书肆临时搭设的简易摊棚，所谓"辇肆中所有，税地张幕，列架而书置焉，若綦绣错也。日昃（太阳西斜）复辇归肆中"（《少室山房笔丛》）。翰林院典籍兼待诏陈鸿文曾在古书钞本《汗简》上作跋："崇祯辛巳（1641）……秋日，同张孟恭至城隍庙古书铺见此，孟恭解金购归"（《爱日精庐藏书志》）。这表明，除临时书棚、书摊外，在庙市附近也有固定铺面的书铺。

城隍庙书市是读书人"淘书"的好去处。宋元古本、内府秘籍不时在书市上出现。万历年间的藏书家张诚父常来这里"淘书"，曾买到宋版徐锴《说文解字韵谱》五卷。他在该书的卷后记有："万历乙未年（1595）冬至日，得于北京城隍庙，价银十两，子孙其世宝之，张诚父藏书记"（《书林清话》）。同时代的文学家胡应麟常偕同友人来这里购书。他说："里中友人祝鸣皋束发与余同志，书无弗窥。每燕中朔、望日，拉余往书市……竟录所无，卖文钱悉输贾人"。这位祝鸣皋嗜书如命，把自己的积蓄多用于买书，"诸子啼号冻馁罔顾，惜年仅四十而殀"（《少室山房笔丛》）。

（三）流动售书和佣书。明代的北京书商，除在考市、灯市、庙市流动设摊售书外，还有从事长途贩运图书的。据《柳南随笔》载："有周子肇者，以鬻书为业，而喜交士大夫，又时时载书出游，足迹几半天下。年甫六十，即制一椑（棺），极其精美，所至辄载以自随，谓逆旅旦夕不测，身后可无虑也。"这位书商事业心是够强的，在花甲之年仍从事长途贩书，甚至随车载上棺木以备不测。"足迹几半天下"说明他从事流动售书已经多年。"喜交士大夫"也是古代书商经营之道。士大夫是书商收购珍本秘籍的对象。看来，周子肇"载书以游"，是将流动售书与收购古旧书"毕其功于一役"了。

在北方的其他城市也有流动售书的。明代中叶，山东聊城有一家好友堂书店，自印自卖启蒙读物、唱本等书。生意清淡时就扛着书沿街叫卖，或携带纸笔文具、图书，串书馆（塾学）售卖。

明代仍有抄本书在市上流通。一些书法工整的抄本书深受藏书家重视。有些大部头宋版书如《册府元龟》、《太平御览》等，市上奇缺，而书坊又无力刊行，以佣书为业的人就花费大量时间把这些书工工整整地抄写出来，售给藏书家。书法家黄道周（1585—1646），号石斋，漳州人。天启年间任翰林院编修，因事被廷杖下狱。家人买通狱吏，允许他在牢房中抄书。他的书法非常好，"行草笔意，离奇超妙，深得二王神髓"（《黄石斋行状》）。他写的字"楷格遒媚，直逼钟王"（《快雨堂跋》）。抄好的书由家人利用探监的机会取出来，拿到市上出售。仅《孝经解》就抄了一百本，"每本售银一两，人争市之，以为家珍"（李清《三垣笔记》）。他的夫人也工于书法，字体与道周相同。夫妻二人所抄的书同时摆在书肆上，人们常误为道周一人所抄。崇祯皇帝国破自杀，道周事福王、唐王，官至吏部尚书兼兵部尚书。兵败，殉节而死！

明代抄本书一般可分为黑格、无格、蓝格、红格四种。明初多为黑格。弘治、正德年间多无格。嘉靖后蓝格、红格居多。手抄本书贵于一般印本书。名人手写的"绵纸抄本《礼记集说》四十二卷，价二十两"（《书林清话》卷六）。

明代走街串巷的货担郎也兼售少量图书。主要是启蒙读物，如《三字经》、《百家姓》以及戏曲唱本等。一些从书香人家散出的善本、稿本偶尔也会落到货担郎手中。万历年间，文坛盟主王世贞有部分诗文书稿未及刊印而去世。这批书稿不知去向，其子士骐寻找多年未见。到了崇祯年间，竟被复社文人陈继儒从货担郎的手中买到了。当年的货担郎兼卖图书，又以极便宜的价格收购图书，这对抢救古籍、传播文化发挥了一定作用。

三、南京的民营书业

南京是六朝故都，具有雄厚的经济基础和悠久的文化传统。明朝初年，朱元璋下令将全国近两万户富豪迁至南京，充实了这个大都会的财富。成祖迁都北京之后，南京成为留都，保留了与中央政府相对应的一整套官府，成为南方的政治、经济、文化中心。明代后期，南京已拥有近50万人口，众多的皇亲宗室、文官武吏和前来应考的士子，为繁荣图书市场创造了条件。明代，南京的书坊业盛极一时，无论是书坊的数量和刻书的品种，均居全国前列。

（一）南京书坊业。据张秀民先生考证，明代南京的书坊有93家。如果算上不设店铺刻书出售的刻书家，则超过百家。万历至崇祯年间（1573—1644），书坊业最盛。"吴会、金陵擅名文献，刻本至多，巨帙类书，咸荟萃焉。海内商贾所资，二方(指苏州、南京）十七，闽中十三，燕、赵勿与也。然自本方所梓外，他省至者绝寡，虽连楹丽栋，搜其奇秘，百不二三，盖书之所出，而非所聚也"（《少室山房笔丛》）。南京的书坊多，刻本多，批发辐射面广，已成为颇具规模的图书聚散地。"连楹丽栋"是指书肆备书品种丰富，但多为本地刊行，从外地贩进的奇书秘籍不多。

南京书坊的主人文化素质比较高，与文人学者联系密切。明朝末期，有些书坊极力支持复社党人。清初文学家孔尚任（1648—1718）在《桃花扇》戏曲里反映了南京书坊的实况。当年，有些书坊不仅是销售图书的店铺，还成为文人学者聚会议论的场所。这部历史戏曲中的男主角——复社党人侯方域，一出场就说："幸喜社友陈定生、吴次尾，寓在蔡益所书坊，时常往来，颇不寂寞。"据人民文学出版社版《桃花扇》一书的注释：侯方域、陈定生、吴次尾确有其人，均为明末复社的著名人物，而蔡益所是一位书商的名字。他开设的书坊在《桃花扇》中称"蔡益所书店"。

《桃花扇》第二十九出《建社》开场，就由书商蔡益所自白："在下金陵三山街书客蔡益所的便是。天下书籍之富，无过俺金陵；这金陵书铺之多，无过俺三山街；这三山街书客之大，无过俺蔡益所。你看十三经、廿一史、九流三教、诸子百家、腐烂时文（指八股文）、新奇小说，上下充箱盈架，高低列肆连楼。不但兴南贩北，积古堆今，而且严批妙选，精刻善印。俺蔡益所既射了贸易诗书之利，又收了流传文字之功；凭他进士举人，见俺作揖拱手，好不体面。今乃乙酉乡试之年，大布恩纶，开科取士。准了礼部尚书钱谦益的条陈，要亟正文体，以光新治。俺小店乃坊间首领，只得聘请几家名手，另选新篇。今日正在里边删改批评，待俺早些贴起封面来。风气随名手，文章中试官。"这一段叙述使我们了解到明末书店的经营规模、门面布置、与文人学者的关系以及适应乡试抓紧编印科考用书的情景。书还未编出来，已在门外大做广告——"早些贴起封面来"。

南京的书坊出书门类较为齐全。每逢乡试之年，一些著名书坊都聘请名士"选家"编印科考用书，这类书销路广，利润大。此外，戏曲、小说、医书也是南京书坊的主要出书品种。明代中期，南京书坊刊行的戏曲、小说图文并茂，闻名全国。徽州、湖州的一些刻工能手汇聚南京，运用饾版、拱花技术和套印技术印书，使南京刊行的画册、戏曲、小说更加精美、绚丽。

刊行戏曲最多的书坊是富春堂。主人唐富春，字对溪。万历年间这家书坊刊行戏曲一百多种。其他如世德堂、广庆堂、文林阁等书坊，主人都姓唐，均以刊行戏曲、小说作为自己的经营特色。世德堂于万历二十年（1592）刊行的神话小说《西游记》为迄今发现的最早版本。刊行戏曲较为有名的还有继志堂、大业堂、师俭堂等书坊。他们刊行的《牡丹亭》、《拜月亭记》、《琵琶记》、《红拂记》、《白蛇记》等戏曲书，都成为传世之作。

南京的书坊也刊行过不少医书。万历十八年（1590），书商胡承龙最早刊行明代医药学家李时珍的《本草纲目》，全书52卷，190万字，花了5年时间刻完。该书在医药学界产生很大影响。富春堂刊行的《妇人大全良方》、赵氏书坊刊行的《胎产须知》、大业堂刊行的《保赤全书》等，均是面向一般市民的实用医书。

（二）寺院印售佛经。朱元璋年轻时当过和尚，明朝开国之后，他动用国家的财力重新校刊大藏经，永乐元年完成，定名《大明三藏圣教南藏》，简称《南藏》，"共六千三百三十一卷，合六百三十六函"。这部佛经板片藏于南京的大报恩寺印经铺，外地寺院可以派人来订印，每部《南藏》收赁版费 20 两银子。据万历年间的物价，1 两银子合 80 贯铜钱，而 1 石粳米值 25 贯钱。依此折算，一部《南藏》的赁版费相当于 60 多石粳米的价格。

万历年间，南京徐自强开设的印经铺，一部《南藏》售价 40 余两银子，相当于 130 多石粳米。这种暴利行为被官府查知，受到重罚，勒令书商按售价的一半退给买主。南京的官府还将藏经的定价分为三等九号，明码公布，对各等应达到的质量标准也作了明确规定（参见《金陵梵刹志》卷四十九）。

南京十竹斋书坊主人胡正言（1580—1671）博学多才，能书善画：雇有数十位一流刻工、印工。他组织刻工、印工用"饾版"、"拱花"技术彩色套印的《十竹斋笺谱》、《十竹斋书画谱》，艳美绝伦，成为我国古代版画艺术的精品。上市后十分畅销，深受文人墨客的欣赏、喜爱。明代人李于坚、李克恭先后撰文说：《十竹斋书画谱》等书"热销于大江南北，时人争购……良工汪楷，以致巨富矣。"其实，十竹斋书坊主人（也是这两书的作者）胡正言，大胆革新，别出一格，这两本版画书多次再版，比"良工汪楷"更加发财致富。

（三）南京的书肆街。明都南京，街巷店铺林立，各种货物分类设坊陈列。如铜铁器在铁作坊，木器在木匠营，其他如珠宝、玉器、锦绣、颜料等各有指定的街市设肆营业。经营图书的坊肆则集中在三山街和贡院一带。"凡金陵书肆，多在三山街及太学前"（《少室山房笔丛》）。著名的书坊富春堂就设在三山街。它刊行的书籍多注明："金陵三山街富春堂梓行。"其他如世德堂、继志斋等著名书坊也集中在三山街。福建建阳的一些资金雄厚的书坊，如郑大经的四德堂、叶近山的近山书舍等也在这里设立了分号。《金陵通传》形容这条街"书肆栉比，典册山积"、"书贾云集"。从明初至清代后期，三山街成为远近闻名的书肆街。清末，废科举，兴学堂，三山街的古书刊刻和批销业务日趋萧条，终至衰落。三山街是今天中华路的一段。20 世纪 30 年代，直通中华门的中华路建成，三山街的街名至此消失。

南京的另一条书肆街在秦淮河畔贡院——孔庙（夫子庙）附近。也即胡应麟所说的"太学前"。太学即国子监学，既刊刻书籍，又是规模宏大的最高学府，仅学生宿舍就有 2000 余间，孔庙位于监之东部。学生众多，需要的书也必然多，因而书坊、书肆、书摊多汇聚于太学前和状元境、贡院西街一带。著名的书肆有文林阁、天禄阁等，富春堂在这里设有分号。最盛时有书铺 30 多家。有些书摊就设在书铺的廊下。明代马佶人《荷花荡》一书中有："不免在书铺廊下，摆个书摊，赚他几贯如何?"因为书铺经营的图书品种多，读者流量大，而书摊则可"借地生财"。这种"搭车"现象，近现代仍不少见。

书坊业合作出书是南京的一大特色。著名的书坊如王世茂的车书楼。王世茂因科举落地而从事书坊业。这位自称读书人负责组织选题和书稿编辑交由经营规模较小，没有足够实力的书坊刊刻、印刷、装订成册，仍以车书楼牌号出版发行。与其他小书坊合作刊刻新书，可以节省人力物力，实现经济利益最大化。书坊间的合作出书，特别是畅销书，不仅对编辑、发行的书坊有利，对刊刻印刷书坊的声誉也大为提高。

四、苏、常、锡民营书业

苏、常指江苏的苏州和常熟，锡指无锡。明代的苏州"为江南首郡，财赋粤区"(姜良栋《镇吴录》)。物产富饶，工商业发达，藏书、刻书之风尤盛。常熟是苏州府管辖的一个县，明代后期著名刻书家毛晋就在这里刊行了大量书籍。无锡，属常州府，距苏州较近，首创铜活字印书。

(一)苏州书坊业。明人胡应麟曾将几个书业发达城市的刻书质量作过比较，认为"其精，吴为最"(《少室山房笔丛》)。两宋时期，苏州的书坊业就崭露头角，明代中后期苏州是发达的商品经济中心，大批文人墨客聚居于此，形成独特的吴门文化圈，书卷气十足。书坊业日益兴旺，刻书质量名列前茅。可考书坊 27 家，加上不设店铺也刻书发售的刻书家，先后约有 50 余家。

明代的苏州城很繁华。从"吴阊到枫桥，列市二十里……列巷通衢，华区锦肆，坊、肆、市綦列，桥梁栉比……货财所居，珍异所聚"(莫旦《苏州赋》)。这里所说的"吴阊"，就是指苏州书坊业较集中的阊门内外。所说的"珍异所聚"，也包括精神产品珍本秘籍。胡应麟说："凡姑苏书肆多在阊门内外及吴县前，书多精整，然率其地梓也。"苏州是刻书中心，阊门一带的书坊书肆主要批发、零售本地刊行的书籍。由于刻书质量高，有竞争力，吸引了众多的外地书商来阊门批进图书。

阊门一带书摊也较多，文人们往往能在书摊上买到稀世珍本。藏书家赵琦美，字元度，官至叙州知府。网罗古今载籍，损衣削食。"美每从吴门过，必于书摊子上觅书一遍。岁戊子，偶一摊见《杂俎》续集十卷，宛然具存乃以铢金易归"（钱曾《读书敏求记》）。

苏州著名的书坊或刻书家有：袁褧的嘉趣堂、顾元庆的顾氏山房、叶敬池的书种堂、叶龙溪的阊门书林、陈氏嘉会堂、书商陆元大等。此外，藏书家王延喆、小说家冯梦龙等人也对书业的繁荣作出了重要贡献。下面，侧重介绍袁褧、王延喆、陆元大、冯梦龙。

袁褧（1495—1573），字尚之，号谢湖，博学善文，知名吴中。袁氏是苏州的藏书、刻书世家，从明正德十五年到万历十二年（1520—1584）的64年间，袁氏家族从事过刻书的有袁表、袁褧、袁袠、袁尊尼、袁年等多人，刊刻书籍至少在百种以上。仅《金声玉振集》这一套丛书就达50种。其中，刻书最多也最有名望的就是袁褧。嘉靖年间，他以嘉趣堂的牌记刊行了许多古书，也编印了不少小说。袁褧在他刊行的《六家文选》（六十卷）序言中说："余家藏书百年，见购鬻宋刻本《昭明文选》有五臣、六臣、李善本、巾箱、白文、小字、大字，殆若干种。家有此本，甚称精善。而注释本以六家为优，因命工翻雕，匡陈字体，未少改易，刻始于嘉靖甲午岁，成于己酉，计十六载而完。用费浩繁，梓人艰辛，今摹榻传播海内，览兹册者，毋徒曰'开卷快然也'。"一部书刊刻了16年，可谓认真严肃之至。从"今摹榻传播海内"这句话来看，嘉趣堂似为书坊，刻书要"传播海内"，当然是出售而不会白送。袁除翻刻宋本《世说新语》等古小说外，还编印了《四十家小说》等三部丛书，也是以出售为目的而刊行的。

王延喆（1483—1541），字子贞，苏州人。武宗的姨表兄弟，入阁大学士王鏊之子。曾任尚宝司少卿（掌宝玺、符牌、印章之事）。这只是个恩荫寄禄性质的荣誉职位，从五品。后来，他随父亲回归故里苏州，好藏书、刻书。"一日，有持宋椠《史记》求鬻者，索价三百金。延喆绐其人曰，姑留此，一月后可来取直。乃鸠集善工，就宋版本摹刻。甫一月而毕工，其人如期至，索直。故绐之曰，以原书还汝，其人不辨真赝，持去。既而复来曰，此亦宋椠，而纸差不如吾书，岂误耶。延喆大笑，告以故。因取新雕本数十部，散置堂上，示之曰：'君意在获三百金耳，今如数予君，且为君书幻千万册化身矣'。其人大喜过望。今所传有震泽王氏摹刻印即此本也"（王士祯《池北偶谈》卷二十二）。

王士祯（1634—1711）是明末清初学者、藏书家，上述故事肯定有所依据，从中可以得到如下启示：

1. 明代苏州的书商不仅开肆经营，还主动送书上门。

2. 书商具有一定的经营本领，知书识书，懂得版本的真伪。

3. 宋版书到了明代，贵得惊人，一部宋版《史记》竟值三百金，应该是三百两银子。

4. 正因宋版书如此昂贵，王延喆才召良工巧匠仿刻宋版《史记》。仿刻之精可以乱真，几乎把精通版本的书商都骗过了。另据史料记载，王延喆于嘉靖四年（1525）根据南宋建阳黄善夫本仿刻《史记》，花了两年多时间才完成，而不是"甫一月而毕"。因其酷似原本，后代书商常以此本冒充宋本。

陆元大是正德年间（1506—1521）苏州陆氏书坊的主人。由于宋版书价格昂贵，他也出重资聘用良工翻雕宋版书，行款格式及用纸完全仿照宋版。已知他曾复刻《晋二俊集》和《花间集》。批发上市后，一些书商为获取厚利往往把这两种书冒充宋版书出售。

一些书商以新刻本伪造宋版书骗取暴利的事例层出不穷。但也有诚实、正直的书商帮助购买古书的人鉴别真伪。邓之诚《骨董琐记》载，有位名叫李和的书商，钱塘人，清初尚存，鬻故书为业，精于版本，过眼无欺。不少人求他鉴别古书的真伪。他认定为真本，则盖上"李和鉴定"的印章，"或有赝本，求一印识，毅然弗从"。

冯梦龙（1574—1646），字犹龙，号墨憨斋主人，苏州人。少时才华出众，屡考科举不中，久困诸生间，落魄奔走。天启二年（1622），归居苏州。他与书种堂等书坊合作，选辑宋、元、明话本小说120种，分3次刊行。此即明清以来书市上常销不衰的《喻世明言》、《警世通言》、《醒世恒言》。书种堂主人叶敬池刊行了"三言"和冯梦龙另一本小说《新列国志》。苏州叶姓书坊有 9 家。叶敬溪的书坊也刊行了《醒世恒言》，插图精美。冯梦龙一生创作或编辑的小说、戏曲、民歌达 70 种，主要由苏州的书坊刊行。明末，清兵南下，他各地奔走，刊行《中兴伟略》诸书，宣传抗清。清顺治三年（1646）春，忧愤而死，又有说是被清兵所杀。

冯梦龙与苏州书坊业的关系十分密切。反映明中叶市井生活的《金瓶梅》，经冯梦龙推荐，最早由苏州的书坊刊行面世。据明代文人沈德符《野获编》卷二十五载：《金瓶梅》原稿全本是由万历年间的世袭锦衣卫指挥刘承禧从他的岳父家抄录的。后又辗转传抄，被沈德符所得。庚戌年即万历三十八年（1610），沈德符携书稿抄本到苏州，被冯梦龙发现，遂怂恿书坊以重价购刻。从此，《金瓶梅》才有刊本问世，这就是被鲁迅称为万历"庚戌本"的《金瓶梅》初刻本。

苏州的书坊常以重金收买小说书稿。《封神演义》刚刚脱稿，就被金闾书林舒载阳以高价买去。他在该书的出版说明中说："此集乃某先生考订批评秘册，余不惜重赀购求锓行。"这里还有一段传说。某文人有二女，他把家中所有贵重物件都作为嫁妆给了长女，引起次女不满。待次女出嫁时，他只陪嫁了一部《封神演义》书稿。后来，次女卖书稿所得远远高于长女的嫁妆所值。当年，还没有稿费这个名称，但小说书稿已成为商品，其价格相当可观。

（二）常熟的毛晋汲古阁。明代中后期，苏州府常熟县城"商贾骈集，货财辐辏，若土地所产，与夫他方水陆之物，靡不悉具"（弘治《太仓州志》卷十）。在这里先后开设的书坊有翁氏书林、三槐堂等。刻书家有魏佑、赵用贤、赵开美、范恺等。最负盛名的是毛晋的汲古阁。

毛晋（1599—1659），字子晋，初名凤苞，晚更名晋，常熟人。有田数千亩，当铺数所。他不安于做富豪，而是奋起为儒，通明好古，强记博览，以雄厚的资财创办汲古阁，从事藏书、刻书和售书活动。现代学者说他"藏书震海内，雕椠布寰宇，经史百家秘籍琳琅，有功艺林诚非浅鲜。江左文献所寄，有明十三朝无出其右者"（潘承弼、顾廷龙《明代版本图录初编》卷七）。

汲古阁是明末清初的民办书业。阁后有楼九间，名目耕楼。中藏四库书及释、道两藏，皆宋朝内府所遗。汲古阁主人毛晋就在楼下从事书业活动。每天边读边校，指挥 30 名雕版工匠翻刻宋版名著。这个目耕楼，实际就是一所编辑出版楼。"楼下两廊及前后，俱为刻书匠所居"（钱泳《履园丛话》卷二十二）。阁外有"绿君亭"，亭前后皆种竹。另有印书作，聚印匠 20 人，刷印经籍。

汲古阁对保存和传播宋元以来的文化遗产作出了重要贡献。毛晋的刻书活动约起自万历末期到清顺治年间，经过 40 多年的苦心经营，共刊行书籍 604 种，书板达 10 万块。其中，有不少是卷帙浩繁的鸿篇巨制，如《十三经注疏》11000 多页，《十七史》22000 多页，《津逮秘书》16600 多页。其他如《汉魏六朝一百三家集》、《宋多家词六十一种》、《六十种曲》以及唐宋元名人的别集等，都很著名。毛氏刊行的图书在版心刻有"汲古阁"或"绿君亭"字样，行销大江南北，远至日本、琉球、高丽。

汲古阁的经营策略。毛氏汲古阁位于常熟近郊的七星桥，既非闹市，又没有门面。江南一带书坊林立，各具特色。毛晋以自己的家刻本同繁华城市的书坊业竞争，具有相当大的难度。他的经营策略是：

1. 以翻刻宋元版的珍善本为经营目标。他以高价购求宋元母本，在家门口贴出广泛购求古旧书的广告："有以宋椠本至者，门内主人计叶酬钱，每叶出二百。有以旧抄本至者，每叶出四十。有以时下善本至者，别家出一千，主人出一千二百。"按当时的物价，二百钱可以买二斤半香油。毛氏购买一页宋版书的价格，可谓不低。汲古阁以重金求书，远近闻名，湖州一带书商赁船满载古籍送到常熟七星桥毛晋的家门口。时人传说："三百六十行生意，不如鬻书于毛氏。"毛晋不惜工本共买进珍本秘籍 64000 余册，为校勘和翻刻宋元古籍提供了丰富资料。

2. 亲撰跋语促进销售。明代书业已开始注重广告宣传，一些大书坊常常聘请海内名书画家在自己出书的封面上作广告。毛晋的广告策略则以内容质量取胜，每刻一书都亲自撰写跋语，介绍该书的作者，说明过去有哪些版本，他选用的是什么版本，优点在哪里。明代学者陈瑚评论毛晋的汲古阁本，"勘酬流布，务使学者穷其源流，审其津涉"。毛氏跋语对读者选购图书发挥了很好的导向、促销作用，它是没有广告色彩的广告。毛晋通过每本书的跋语，在图书市场上树立了汲古阁刊本的名牌形象。

3. 出书用纸独具特色。毛氏刻书不仅选择最佳版本，认真校勘，还精心选择印书的纸张。他在江西的一家造纸作坊，特制一种纸张，厚的叫"毛边纸"，薄的叫"毛太纸"。汲古阁专用这两种纸印书，从而使毛氏刻本在众多的官刻本、坊刻本、家刻本中独具特色。直至现代，这两种纸仍沿用"毛边"、"毛太"的名称。

4. 善于交际，联络四方。毛晋很注重公众关系。在家族内部，治家有法，同釜而炊，均平如一。"以故一家之中，能文章，娴礼义，彬彬如也"（陈瑚《毛晋小传》）。在社会上广交朋友，热心公益事业。"子晋为人，孝友恭谨，迟重不泄，交知满天下"（钱谦益《隐湖毛君墓志铭》）。在常熟之七星桥附近，有 3 家名士，毛晋是其中之一。"是时，海内胜流至常熟者，无不以三处为归。江干车马，时时不绝，而应接客人如恐不及，汲古阁主人为最。尤好行善，水道桥梁，多独成之。岁饥，则连舟载米，分给附近贫家"（《汲古阁主人小传》）。在来访的客人中，有慕名而来的购书者、贩书者，也有远近学者前来切磋学问的。不论来客为何等人士，毛氏一家都彬彬有礼，热情相待。如此一传十，十传百，毛晋有了好名声，汲古阁刊本的销路也随之扩大，"四方之士，购者云集"。在他家门前的河道里经常停有书商前来贩运毛氏书的船只，于是有"毛氏之书走天下"的美誉。"滇南官长万里遗币，以购毛氏书。一时载籍之盛，近古未有也"（陈瑚《毛晋小传》）。

汲古阁刊本从晚明至清末近三百年间，始终在市上流通。"光绪初元，京师、湖南旧书摊头，插架皆是。"民国人叶德辉说："毛氏刻书，至今（民国初年）尚遍天下，亦可见当时刊布之多，印行之广矣"（叶德辉《书林清话》卷七）。

5. 执着追求，百折不挠。毛晋的事业心极强，数十年如一日，"缩衣节食，遑遑然以刊书为急务"（毛扆《五经文字跋》）。毛晋有 5 个儿子、20 个孙子、23 个曾孙，全家有妇孺童仆工匠 200 人，都被动员从事书业。明代诗人雷司礼赠诗说："行野田夫皆谢赈，入门童仆尽抄书。"他本人更是披肝沥胆，苦心编校，"夏不知暑，冬不知寒，昼不知出户，夜不知掩扉，迄今头颅如雪，目睛如雾"（毛晋重刻《十七史》跋）。他刻的《十七史》、《十三经》

花了 13 年工夫，中间遇上两年灾荒，被迫卖掉 300 亩良田。以后又遭到清军灭明的甲申战乱，"岂料兵兴寇发，危如累卵"。他动员全家把刻好的板片藏于湖边岩畔的草舍之中，"水火虫鼠，十伤二三"。毛晋面对被毁损的板片，心疼极了，"呼天号地，莫可谁何"（毛晋重刻《十七史》跋）。他并不气馁，又耗费巨资把毁损的板片重新补刻，终于使这两部巨著在清初问世。

毛晋卒于清顺治十六年（1659），卒年六十有一。毛扆继承父业，继续刊行书籍。不久，家业衰败。毛氏书板卖给了苏州的扫叶山房、萃古斋书铺以及无锡华氏、扬州徐氏。买到这些书板的书铺都剜去毛氏牌号，改头换面作为自己的刻版，印书出售。

（三）无锡华氏、安氏的铜活字本。明中叶以后，无锡的商品经济日趋发达，有些富豪巨商也附庸风雅开办书坊，刊行书籍。可考的有：顾起经的奇字斋、王化醇的尊生斋、秦汴的绣石书堂以及刻书家谈恺、俞宪、蔡伯庸、华祥麟、华从智等。最为著名的是华氏、安氏两家用铜活字印书。他们印的铜活字本流传较广，与宋、元本同为世人所珍。

最早用铜活字刊行书籍的是无锡华燧的会通馆。华燧（1439—1513），字文辉，号会通。"少于经史多涉猎，中岁好校阅异同，辄为辨证，手录成帙，既乃范铜板锡字，凡奇书艰得者，悉订正以行，曰：'吾能会而通之矣'"（华诸《勾吴华氏本书·华燧传》卷三十）。经过他的研究试验，会而通之，创制铜活字、锡活字。他将刊行书籍的牌号取名会通馆。从明代弘治三年（1490）开始，会通馆用铜板活字印行了《宋诸臣奏议》、《百川学海》、《文苑英华纂要》等 18 种书。华燧还用铜活字印行了自己的著作《十七史节要》、《九经韵览》等书。

华燧的叔父华珵，字汝德，是明代弘治年间著名的藏书家，喜收藏古书、古画、古董。在华燧创制铜活字之后，华珵用此法"又制活字板，择其切于学者，亟翻印以利众，此集之所以易成也"（文征明《甫田集》）。明代《无锡县志》说他，"又多聚书，所制活版甚精密，每得秘书，不数日而印本出矣。"弘治十五年（1502）曾印行南宋陆游的《渭南文集》、《剑南续稿》等书。所谓"亟翻印以利众"，说明华珵印行的书也是公开出售的。

华燧的侄子华坚，字允刚，于正德年间（1506—1521）开设兰雪堂，也以铜活字印行书籍。传世的有唐代类书《艺文类聚》以及白居易、元稹等唐代著名文学家的诗文集。他的所有印本多注明"锡山兰雪堂华坚允刚活字铜板印行"的牌记，或"兰雪堂华坚铜板印行"的篆文小印。

安国（1481—1534）也以铜活字印书而闻名。《常州府志》载："安国，字民泰，无锡人。居积诸货，人弃我取。赡宗党，惠乡里，乃至平海岛浚白茅河，皆有力焉。父丧，会葬者五千人。尝以活字铜版印《吴中水利通志》。"明代《无锡县志》说他"富几敌国，居胶山，因山治圃……好古书画彝鼎，购异书"。安国以布衣经商致富，发展成为置田两万亩的大地主，是嘉靖年间无锡的三大富豪之一。有了钱，他就藏书、刻书。"闻人有奇书，必重价购之，以至充栋。铸活字铜板，印诸秘书，以广其传"（《胶山安黄氏宗谱》）。清初人安璇也说，安国"闲居时，每访古书中少刻本者，悉以铜字翻印，故知名海内，今藏书家往往有胶山安氏刊行者，皆铜字所刷也。"安国是精明的商家，刊行书籍要先作市场调查，所谓"每访古书中少刻本者"，就是寻找市场空缺，使刊行的书籍适应市场需求，避免与其他刻书家或书坊的刊本"撞车"。

苏、锡、常一带是富饶的河网地区，有些小书商常驾船沿河流动售书，称书船。明代文人童子鸣"买一舫，不能直项，帆樯下皆贮书"（《中国藏书家考略》）。嘉靖年间的南京太仆寺丞归有光（1507—1571）在《送童子鸣序》一文中提到："越中人多往来吾吴中，以鬻书为业"，即指浙江的小书商驾书船往来于苏杭之间，游弋售书。

五、杭、湖、徽、陕民营书业

杭州，历来是水陆交通的要冲，经济、文化发达，百货辐辏汇集，书业闻名全国。到了明代，杭州的城市经济又有新发展，成为全国丝织业中心之一，也是海内书籍的四大集散地之一。与杭州书业相媲美的还有两个后起之秀，即湖州、徽州的书业。明人胡应麟说："余所见当今刻本，苏、常为上，金陵次之，杭又次之。近湖刻、歙刻骤精，遂与苏、常争价"（《少室山房笔丛》）。湖是指浙江的湖州府（今吴兴），歙是指安徽徽州府的歙县。刻工能手多出自歙县，所刻之书多由南京徽州等地书坊销售。陕西的书坊不多，但也有精品传世。

（一）杭州书坊业。明代前期，杭州坊刻本见于著录的不多，说明它的刻书中心地位已经被南京、苏州所取代，明代中后期有所复兴。杭州毕竟是东南的大都会，随着经济文化的发展，购买力的提高，杭州的图书市场仍很繁荣。本地坊刻本有所减少，但书香门第人家的旧藏书相当丰富，从南京以及苏、常、湖、徽、闽等地刊行的书籍也大量涌进杭州的书肆、书摊。胡应麟在叙及"燕中刻本"的同时，也说"越中刻本亦希，而其地适东南之会，文献之衷，三吴七闽，典籍萃焉。诸贾多武林龙丘，巧于垄断。每瞰故家有储蓄而子孙不才者，以术钩致，或就其家猎取之，此盖海内皆然。楚、蜀交通便道，所携间得新异。关、洛、燕、秦，仕宦囊装所挟，往往寄鬻市中，省试之岁，甚可观也"（《少室山房笔丛》）。可见，明代杭州仍是著名的图书聚散之城。

明代杭州可考书坊有 36 家（顾志兴《浙江出版史研究》）。杭州别称武林，"凡武林书肆多在镇海楼之外，及涌金门之内，及弼教坊、清河坊，皆四达衢也"（《少室山房笔丛》）。在交通便利的繁华街区设坊肆刻书、售书，是自古以来书业的发展规律。杭州著名的书坊有清平山堂、文会堂、容与堂等。

清平山堂。创办人洪楩，字子美，钱塘人，曾官詹事府主簿。富藏书，居杭州清平巷，取清平山堂的牌号刊书出售。著名的有《清平山堂话本》，原为 60 篇小说，今存《快嘴李翠莲记》、《董永遇仙记》等 29 篇。洪楩于嘉靖二十五年（1546）刊行医学书 8 种，还刊行了不少诗文集，在书业史上占有一定的地位。

文会堂。创办人胡文焕，字德甫，仁和（杭州）人。经营于万历、天启年间，出书 450 余种，是杭州出书最多的书坊，今传世者仍有百余种。胡文焕是学者型书商，编选的"格致丛书"达 200 余种，"百家名书"达 103 种。他还精选有关游记、谐史、寓文、舆地、诗词韵、琴谱等资料编成"胡氏粹编"丛书，其中也有他自己的著作，又自作传奇小说《余庆记》。《武林藏书录》说他"藏书设肆，流通古籍……名人贤达多为序跋"。请名人贤达作序，既提高了书的品位，又扩大了文会堂的声誉，这是一种高雅的促销手段。

容与堂。创办人不明，有的书上刻有"虎林容与堂"，虎林是杭州的古称。这家书坊刊行的戏曲、小说颇多，而且与明代伟大的思想家、文学家李贽关系密切。李贽（1527—1602），号卓吾，泉州晋江人。他著书立说对封建的传统思想有所突破，并重视小说、戏曲在文学上的地位，在当时颇有影响。经他评点的《幽闺记》、《琵琶记》、《红拂记》等，均由"虎林容与堂"刊行。在这些书的封面上均印明"李卓吾先生批评"字样。万历年间刊行的《李卓吾先生评忠义水浒传》，仍为"容与堂藏板"，刻印俱精。这家书商聘请颇有影响的李卓吾为其评点文艺小说，也是运用"名人效应"促销的一个范例。

杭州的书坊善于利用精美的插图来扩大图书销路。容与堂所刻之书多有插图，雕镌婉丽，令人喜爱。其他如杨尔曾的夷白堂、古杭徐氏起凤馆、钱塘汪慎修书坊以及香雪斋、白雪斋等书坊，刊行的书籍均结合内容附有大量插图，绘刻俱佳，人多宝之。夷白堂的《海内奇观》插图，被今人誉为"精美绝伦，世人争相收藏，美国国会图书馆珍藏一部，视若拱璧"（叶树声《明代武林版画谈》）。

明代后期开始出现出版与发行的分工。天启年间（1621—1627），杭州读书坊等几家书坊曾联合刊行诸子书15种，在每种书的封面上各题坊斋藏版及承担发行的书商、书铺名称。其中：《关尹子》的封面上，印有"读书坊藏板，杭城段景亭发行"；《鬼谷子》的封面上，印有"横秋阁藏板，虎林嘉橱里张衙发行"。全套书定名为《合诸家批点诸子全书》。在我国古代的印本书上，一般都使用"梓行"、"刊行"、"印行"等字样，天启年间的坊刻本开始用"发行"一词。对此，可以有两种理解：一是《关尹子》、《鬼谷子》等书，由书坊投资刻版印刷，交由书商段景亭、张衙等分别批发或包发；二是这两种书由书坊投资刻版或原有藏版，由书商段景亭、张衙分别赁版，自行刷印成书，自行批发零售。即版权归原来的书坊，书商可将书板租来，自印、自销，类似当代的租型。但不管怎样理解，"发行"一词出现在书业界，标志着出版与发行开始分工。这里说的发行，是指书籍的总批发。至于书肆、书摊、书船、书贩只从事图书的零售而不自行刻书，早已有之。

杭州的书市主要有省试书市、花朝节书市、岳庙书市等。杭州是浙江行省的省会，每三年举行一次省试，又称乡试，凡学有所成的国子监监生，府、州、县学诸生，九品以下低级官吏以及尚未取得官位的读书人，都可参加省试，考中者为举人。每逢乡试之年的夏历八月初九日至十五日，在贡院举行考试。这个时期，杭州的书坊、书肆则于贡院前临时搭棚售书，形成热闹非凡的省试书市。

南方风俗每年二月十五日为百花的生日，称花朝节，在杭州的天竺有庙会，持续三五日，百货云集，也是书商列肆售书的好机会。三月下旬，杭州西湖的风光秀丽，游人众多，书商们则于岳庙附近摆起长长的书摊，形成岳庙书市。昭庆寺是杭州的著名寺院，香火很盛，和尚们则利用这个机会销售佛家典籍。明人胡应麟说："梵书多鬻于昭庆寺，书贾皆僧也"（《少室山房笔丛》）。昭庆寺设有经房，刊行的《楞严经》颇负盛名。

杭州书坊业的版权意识，继两宋之后进一步增强。静常斋书坊刻有散曲《月露音》四卷，每卷都印有编辑者的名字，四卷各不相同。在封面上印"静常斋藏板，不许翻刻"。封面右下角钤一红色长方印，文曰："杭城丰东桥三官巷口李衙刊发。每部纹银八钱。如有翻刻，千里究治。"这位李衙可能就是静常斋书坊主人。

（二）湖州书坊业。浙江的湖州府，治所在乌程县（今湖州市）。明代后期，湖州是著名的蚕丝产地，有"湖丝遍天下"之誉。"各直省客商云集贸贩，里人贾鬻他方，四时往来不绝"（乾隆《湖州府志》）。随着工商业的繁荣，湖州的书坊业也勃然兴起。凌氏和闵氏两家书坊用朱、墨等色套印技术刊行图书，闻名于世。

这两家书坊刻书很多，除经史子集外还刻了不少戏曲、小说。一般正文用墨色，名家批注或评点用朱色。有的书甚至发展到用四五种颜色套印，每种颜色代表一家批注。由于编校、印刷上的创新，使套色湖刻独具特色，"遂与苏、常争价"。

凌氏书坊的创办人凌迪知是嘉靖三十五年（1556）进士，做了几任地方官，倦于仕途，辞官归里。他和弟弟凌稚隆开办书坊，从事编书、著书、刻书和卖书。他刊行的《文选锦字》、《五车韵瑞》是供人们写作诗文时检索查阅的工具书，颇有销路。凌氏家族在历代诗文集的编辑刊行方面下足了功夫。他的儿子是著名小说家凌濛初（1580—1644），字玄房。这个人博学多才，却在科场中屡遭挫折，耗尽了半生精力，只好返归故里，继承父业刊行书籍。凌濛初选编的 8 种杂剧闻名一时，但突出成就是创作的通俗小说《拍案惊奇》、《二刻拍案惊奇》，简称"二拍"。这部小说深刻地表现了市民的生活情趣和审美意识。苏州冯梦龙的"三言"和湖州凌濛初的"二拍"都是明代后期兴起的白话小说，堪称明代短篇小说集的代表作，成为书肆的常备常销品种。

凌氏几代人都从事过刻书、售书，除凌迪知、凌濛初外，还有凌瀛初、凌澄初、凌玄初、凌汝亨、凌玄洲、凌延喜、凌性德、凌杜若、凌毓楠、凌启康、凌启东、凌君实等。凌姓同属一族，成为书坊世家。不过，最先用套印技术刊行坊刻本的是凌濛初和闵齐伋。元代曾有人用朱、墨两色套印佛经，未推广开来，仅是昙花一现。

闵氏也是书坊世家。这个家族的闵振声、闵振亚、闵光瑜、闵于忱、闵映璧、闵无颇、闵一拭、闵元衢、闵绳初等都从事过刻书活动。最有名的是乌程秀才闵齐伋，家资富有，万历四十四年（1616）最早用套印技术刊行《春秋·左传》。他与凌濛初是世代姻亲，又是同乡毗邻，两个人合作得很好，互相交流套印技术，共同出书。凌濛初、闵齐伋两家书坊共计出书 130 多种。戏曲小说多有附图或插图，笔画工致，神态秀逸，选用上等纸张，套色印刷，彩色绚丽。这两家书坊的出版风格、版式、纸墨等基本相同。有凌氏序跋的称"凌刻本"，有闵氏序跋的称"闵版"。这两家书坊刊行的图书流通广泛，近人陶湘搜罗最富，后流入旧书店，今多归辽宁省图书馆收藏。

（三）徽州书坊业。明代的徽州，商业集团崛起，手工业发达，盛产佳墨良纸，多雕版能手。徽州府歙县虬村（又称虬川）有仇姓、黄姓两个大家族。从弘治年间起，这两个家族多以刻版为业，尤其擅长雕刻版画，艺术造诣很高，世称"徽派"。特别是黄氏刻工，延续数代，人数众多，名手辈出。徽州的书坊业就是在歙县拥有大量优秀刻工的基础上发展起来的。嘉靖《徽州府志》载，徽州"书铺比比皆是，时人有刻，必求歙工"。可考书坊约 10 余家，著名的有师古斋和环翠堂。

师古斋。书坊主人吴勉学，字师古，徽州歙县人，博学多识，富于藏书。所刻经、史、子、集四部之书数百种，为明代刊行书籍最多的书坊之一。由于他校雠精审，经营有方，发财致富。《韵盦偶笔》里记有吴勉学刻书的故事。一天，他在梦中被冥司所拘，以多做好事哀求判官放还。判官问他做什么好事？他说要多刻医书以济人，得被还阳。此后，他刊行医书44种，"刻费及十万"。这些书多为传世之本，但销量不大，他就用刊行热销书赚的钱弥补刊行医书的亏空。吴勉学在梦中的愿望不足信，但他很注重书坊业的职业道德，以盈补亏，造福社会，则是值得称赞的。师古斋刊本多注明"新安吴勉学校刊"。新安是两宋以来徽州、歙县（州）的别称。吴勉学开设的师古斋倒闭，其书板被黄之采买去。他将吴氏书板牌记剜补为"新安黄之采校刊"。

环翠堂。书坊主人汪廷讷，字昌朝，号坐隐，徽州休宁人。万历年间官至盐运使，好诗赋词曲，工乐府。为官得巨富，归故里开设环翠堂书坊，在南京设有分号。著有《环翠堂集》、杂剧《广陵月》、传奇《狮吼记》等。这家书坊刊行的多为名家杂剧，世称"环翠堂乐府本"，以插图精美著称。

徽州书坊利用本地的刻工优势，都在绘刻插图上下功夫。自称"图像俱精，字纸兼美"（熙春堂刊本《六经图》）。明人谢肇淛在《五杂俎》中说："今杭本不足称矣，金陵、新安、吴兴三地剞劂之精者，不下宋板。"胡应麟也说，"歙刻骤精"，主要精在徽本书的插图上。不过，它在本地的市场容量有限，要靠徽商长途贩运到北京、南京等大城市销售。徽本书《养正图解》绘、刻均属上乘，运到北京，被朝官、士大夫"珍为奇货"。

（四）陕西书坊业。陕西长安的书坊不多，但刻工精劲古雅，校勘精审，字体娟秀。著名的有邰阳书堂。成化四年（1468）刊行《长安志》、《长安志图》等书，颇负盛名。关中郡斋书坊在嘉庆年间也刊行了不少书。天启六年（1626），长安某书坊还出版了希腊文学作品《伊索寓言》，书名《况义》，由在陕传教的法国传教士金尼阁与岐山人张赓虞合译。

六、建阳书林

明代的福建建宁府书业依然兴旺发达，书坊之多，书籍产量之大，甲于两京和苏杭等地。同宋、元时期相比，出现的新变化是，建宁府治所建安

（今建瓯）的书坊减少，该府建阳县的书坊大增。建阳的书坊分布于县城、麻沙、崇化三地，而麻沙和县城先后遭受火灾，"古今书板荡为灰烬"（嘉靖《建阳县志》）。许多书坊陆续向崇化集中，形成了颇具规模的书坊街，图书贸易盛极一时。

（一）崇化书坊街。明代的建阳书坊多自称"书林"，其数量之多为全国之冠。据福建省新华书店林应麟先生考证，明代建宁府先后有书林（含家刻）185处。主要集中于建阳县崇化、麻沙两坊。麻沙书坊早在南宋时期已驰名中外，元末的一场大火使那里的书坊业元气大伤，后来虽有所恢复，但已比不上崇化书坊街的繁荣。

崇化书坊街位于闽北建阳县城的西南约90华里处。发源于武夷山的建溪流经建阳县城，又西流70多华里就是麻沙镇，再往西南流10多华里就是崇化书坊街。建溪航运发达，麻沙、崇化两地书坊刊行的图书多通过建溪的船只运输出省。当时还有一条大道从建阳城关过崇化往北，直通江西上饶。水陆交通之便，为书坊街刊行的图书，向全国批发辐射提供了有利条件。

崇化书坊街的文化氛围浓郁。明福建提学副使潘潢在这里建立了8座牌坊，即崇孝、崇弟、崇忠、崇信、崇礼、崇义、崇廉、崇耻，蔚为壮观。本地乡绅集资建立了富丽堂皇的文庙、武庙。这里有同文、琼林两座书院，社学、乡塾、私塾、家塾遍崇化，"明星在天灯影烂，满城书声起夜半"。全城约3万人口，识字人口占的比重较大，为书籍的刊刻和推销提供了廉价劳动力。当代作家路工曾于1962年5月到书坊乡考察，他说："明代这里书业非常繁盛，书坊有四五千户"（《访书见闻录》）。这可能包括整个书坊街的住户。许多住户并不直接经营图书，而是凭祖传的刻书技术，"以刀为锄，以版为田"。周围农户亦农亦工，临时受雇于书坊。

书坊街最盛时期约有书坊、书肆百余家。街上还有其他行业如纸张、竹木、蓝靛、烟墨、茶叶、日用百货、茶座、酒楼、客栈、船户、脚力（搬运）等数百家店铺，分布于崇化城的前街、后街、上街、下街、新街。清澈的建溪河水流经全城，有10座桥把这个书府水乡连成一体。相传，在全城西北角有一口泉，称墨池。用池里的水溶墨印书，墨色不渗，蛀虫不蚀。

书坊街的正面楼门称书林门，上书横额："邹鲁渊源"，气势非凡。书林门外设有"接官亭"。附近有马道坪，供外地客商牧马、拴马。书林门内是一条笔直大道，即前街。两旁书坊林立，"比屋皆鬻书籍，天下客商贩者如织，每月以一、六日集"（嘉靖《建阳县志》）。这是我国书业史上最早出现的以批发为主的图书集市。每月逢一、逢六共六个集日，车水马龙，市井喧嚣。书坊街的主要服务对象是来自各地的图书贩运商。他们在这个集市上批进图书，运回本地再转批给书肆、书摊。除"贩者如织"的书商外，也不乏文人学者慕名前来访书，"四方博雅之儒，时时觅委宛而来"（万历《建阳县志》）。

麻沙距书坊街只有 10 多里路。许多书商到崇化书坊街贩书的同时，也顺便光顾麻沙书坊。麻沙书业遭受火灾之后，最迟在宣德年间（1426—1435）得到恢复。据清人梁章巨《归田琐记》载，宣德四年（1429），曲阜衍圣公曾派专人来麻沙买书。嘉靖《建阳县志》载："今麻沙乡进士张瘩，偕刘、蔡二氏新刻书板寝盛，与崇化并传于世。"约在嘉靖年间，麻沙书坊再度中兴。清初，藏书家朱竹垞（朱彝尊）曾访问麻沙，赋诗："得观云谷山头水，恣读麻沙坊里书。"云谷指麻沙镇的云谷书院。他称赞"福建本几遍天下，有字朗质坚，莹然可宝者"。清初诗人查慎行也慕名访问麻沙，赋诗说："西江估客建阳来，不载兰花与药材。缀点溪山真不俗，麻沙村里贩书回。"从这首诗来看，明末清初各地书商到麻沙购书的仍络绎不绝。

建本书在全国图书市场的占有量相当可观。清人陈寿祺说："四部巨帙自吾乡锓板，以达四方，盖十之五六。"能否占这么大的比重？可能有所夸大。但当年不可能有全国性的图书销售统计。从已知的材料看，明代的通俗小说畅销，"现知万历年间出版小说共有 120 种，其中（崇化）书坊版约占一半，其余金陵、杭州、成都、北京等大城市合起来才占了一半"（徐晓望《建阳书坊与明代小说出版业》）。在明代，建阳书坊刊行的通俗小说约占此类书出版总数的二分之一（《出版史研究》第四辑）。上述两个数字，反映了明代建本书的市场竞争实力。

为了扩大建本书的批发覆盖面，建阳的书商也有到大城市开设书铺的。到北京的有翠岩精舍刘文寿；到南京的除前已述及的叶近山、郑大经外，还有熊振宇、余昌宗、余尚勋、肖腾鸿；到广州的有熊世奇、吴世良等人；还有到鄂州（武昌）开办书铺的。

（二）百年以上的书林世家。建宁府的书坊业，从宋初到明末清初历时680余年，始终处于兴旺发达状态，值得研究它持续发展的规律。就多数书坊来说，终不免兴衰更替。但也有些家族，祖祖辈辈经营书业，世代相承，历百年甚至数百年不衰。据今人林应麟考证，建宁府（指建安、建阳两县）至少有八大家族经营书坊业在百年以上：

余氏书坊。从宋代建安余氏勤有堂到明初的建阳崇化坊余志安勤有堂，已持续经营271年。据《书林余氏宗谱》记载，勤有堂的后裔在明代开设书坊的有余象斗双峰堂、余彰德萃庆堂。这两个人同为书林余氏34世孙。余彰德长子余泗泉继续经营萃庆堂，次子余应虬另立近圣居。列为书林余氏34世孙书坊的还有余成章的永庆堂，其胞弟余张豹的存庆堂。书林余氏36世孙余郁生仍沿用其祖父永庆堂的牌号刻书。余氏家族世系在明代有37家在崇化、麻沙开设书坊。他们都是唐末建阳县令余青的后裔，而余青的曾孙余宜北宋时曾任广西安抚使，任满后返归建阳。《书林余氏宗谱》说他是"书林之始祖"。如此算来，余氏家族的后裔在建安、建阳经营书坊历宋、元、明三朝，直至清康熙年间余氏永庆堂仍在刊行书籍。

刘氏书坊。刻书最早见于北宋徽宗宣和六年（1124）麻沙的刘麟。其后裔在南宋开设书坊可考者有刘仲吉、刘仲立、刘元起、刘日新等。著名的有刘君佐的翠岩精舍。其后人在元、明时期仍沿用翠岩精舍的牌号经营书业。万历十六年（1588）刊行《素问》一书。翠岩精舍从宋到明万历十六年，至少经营了294年。南宋刘日新于麻沙开设三桂堂书坊。其后人于元代开设刘锦文日新堂。刘氏子孙于明嘉靖年间仍以日新堂名义出书。从南宋三桂堂算起已经营300余年。明代刘氏书坊最负盛名的有刘弘毅的慎独斋、刘宗器的安正堂、刘龙田的乔山堂等。其中，安正堂刊行的书籍最早见于弘治七年（1494），最晚见于万历三十九年（1611），可见刘宗器的子孙经营安正堂至少达118年。刘氏家族于明代开设的书坊有31家。他们的先祖均为唐代后期镇守建州的刘翱。

虞氏书坊。南宋时期就有建安虞平斋务本堂，元代，虞氏务本堂刊行《武王伐纣》等5种平话流传至今。明洪武二十一年（1388），仍在刊行《易传会通》。以此推算，虞氏家族自南宋、元至明洪武后期，至少经营务本堂220 余年。

郑氏书坊。明代建阳有郑氏书坊 11 家，其先人郑天泽曾于元代在崇化开设宗文堂书坊。自元至明中叶刻书甚多。"溥宇海内，售播四方贤哲士夫……此由元至顺庚午（1330）下至明嘉靖丁酉（1537），凡二百余年"（叶德辉《书林清话》）。其后人郑希善继承宗文堂的牌号最晚刊行的书籍见于明万历二十八年（1600），以此推算共经营 270 年。其他如郑氏的丽正堂、四德堂、联辉堂、萃英堂、光裕堂等书坊，均为元代郑天泽宗文堂后裔所经营。

叶氏书坊。叶日增广勤堂"为元时建阳名肆，刻书甚多"（《中国版刻图录》）。其后人在明代仍持续经营约 216 年。崇化书坊街先后有叶氏家族世系开设的书坊 10 家。

杨氏书坊。杨江于明宣德年间创办清江书堂，"为明时名肆，刻书甚多"（《中国版刻图录》）。其后人经营这个书坊达 200 年。杨氏家族世系先后在建阳开设书坊 9 家。著名的有杨先春的归仁斋及其后人杨员寿的归仁斋，从嘉靖至崇祯经营了 80 年。

熊氏书坊。创始人为著名医生熊宗立，约于明正统元年（1436）开设种德堂。子孙世代相传，直至六世孙熊飞在崇祯年间仍刊行书籍，前后经营书坊 200 年。熊氏家族世系先后在建阳开设的书坊有 15 家。

詹氏书坊。建于元末，兴于明代。这个家族世系先后在建阳开设书坊11 家。其中，詹氏的进德书堂、进贤书堂、西清书堂均经营百年左右。

此外，建阳的魏氏仁实堂、陈氏存德堂也是跨元、明两朝经营书业一百七八十年的老字号。

在数百年的漫长岁月中，这些书坊世家是否代代相传始终经营书业？是值得怀疑的。有可能其中的几代人改营他业，而祖辈刊刻的书板或刻本却世系相传，以至于中断几代之后，他们的后人又重操书业。由于史料不充分，只能根据这些书坊世家已知的始刻本年代和末刻本年代，来推算他们经营书坊的年代。但不管怎么说，建阳的书坊世家在我国书业史上是一种独特现象。

（三）建阳书林的经营特色。建阳地处闽北山区，既非政治、经济中心，又非大城市，但这里的书坊业跨宋、元、明三朝，历经六七百年繁盛不衰，必然有它的经营特色。

1.老字号注重祖传声誉。对建本书（或称麻沙本书）的评价历来褒贬不一。特别是明代，建阳有 100 多家书坊，鱼龙混杂，良莠不齐。有不少书坊专为射利，出书粗制滥造，"纸板俱最滥恶"（谢肇淛《五杂俎》）。此类书坊必然缺乏生命力，旋生旋灭。但是，一些历史悠久的老字号却很珍视祖传声誉，出书少而精。被后世珍藏、流传至今的也多是这些老字号的版本。例如，余氏书坊的余象斗以双峰堂的牌号从万历十六年开始刻书，其子孙后代继其业，刊行书籍 44 种。多为上图下文，图文并茂，刻印精良。明万历甲午（1594）余氏双峰堂刊行《水浒志传》，木刻插图达 1235 幅，绘刻刚劲明快，清新自然，虽为小说插图，也不啻为一部规模宏大的连环画册。或者说，它是我国连环画的滥觞。鲁迅对其刊本评价很高。

刘氏书坊的刘宗器及其后人刘朝珰、刘莲台等，自宣德四年（1429）至万历三十九年（1611）共 182 年间，先后以安正堂的牌号刊行 24 种书，多为名人诗文集，如《李太白集》、《杜工部集》、《东坡诗》、明宋濂《学士文集》等。这些书都是名著，没有时间性，只要先人留下的书板不毁损，其子孙就可勤印常销。杨氏归仁斋于嘉靖三十一年（1552）始刻《大宋中兴通俗演义》，末刻本见于崇祯四年（1631），80 年间已知书目仅 13 种。实际出书品种可能超过此数。这些老字号出书不多，当然要精益求精。这等于给子孙后代留下个"聚宝盆"，让他们利用祖传书板不断地刷印生财。

传统名肆出书很注重校勘。慎独斋主人刘弘毅刊行《文献通考》348 卷，计改差讹 11221 字；刻《史记大全》130 卷，计改差讹 245 字。清代学者徐康认为："慎独斋细字，远胜元人旧刻大字巨册。"建阳知县区玉编《山堂群书考索》，特邀请刘弘毅担任校雠督工。由于他校雠有功，知县特殊批准，"免刘徭役一年，以偿其劳"，也就是免除慎独斋书坊一年的公差劳役费用。归仁斋的后期主人杨员寿也精于校勘，曾两次受官府委托刊行《大明一统志》。如果出书质量太差，就不会获此殊荣。建阳书林还出现受聘为书坊编辑、校对的专家："刘剡，号仁斋，崇化人，世居书坊，博学不仕，凡书坊刊行之书籍，多剞校正。尝编辑《宋、元资治通鉴》(嘉靖《建阳县志》)。另一位编校专家："刘文锦，字叔简，博学能文，多所著述，书板磨灭，校正刊补"(嘉靖《建阳县志》)。

一些书坊世家培养了不少才华出众的人才。创设双峰堂的余象斗，不仅是精明的书商，还是小说家，编著有神怪小说《南游记》、《北游记》及公案小说《皇明诸司公案传》等。创设种德堂的熊宗立精通阴阳医卜诸术，除翻刻《内经·素问》等古代医书外，自著医书《原医药性赋》等10余种。他编印的《名方类证医书大全》传入日本，被视为"医学之宝"。日本医生真长、和气等人慕名来华，拜他为师，学习医术。他的曾孙熊大木也是学者型的书商，遍览群籍，涉猎诸史，著有《大宋中兴通俗演义》等多种讲史小说。熊大木写的《北宋志传》是最早创作的杨家将故事，《南宋志传》则是《说岳全传》的先驱。这些书商文化素质高，不仅能够自编自印图书，还善于继承和总结祖传的经营经验，出版了不少上乘之作，促销得力，名扬海内外。

2.品种丰富，以通俗读物为主。"天下书籍备于建阳书坊"(景泰《建阳县志》)。这个说法并非夸张。从明初到嘉靖年间，仅书坊街就出书451种。嘉靖后期及万历、天启年间是出书盛世，建阳书林尤为活跃。据专家考证，明代建本书在千种以上，居全国首位，经、史、子、集等各个门类应有尽有。宋代的一些卷帙浩繁的图书如《册府元龟》、《文苑英华》等，由于建阳书林的翻刻而继世流传。弘治《建阳县志》也说："书林古典缺板，悉今重刻，嘉惠四方。"崇化、麻沙两坊的书商为保存和传播我国古代文化作出了重要贡献。

从总体来看，建阳书林刊行最多的是童蒙读物、戏曲小说、实用医书、居家必用等方面的通俗读物。这些书的读者对象广泛，销路大，流转快，有利可图。科考读物也是书坊街的传统产品。书商们紧跟时尚，花样翻新，速成速售，随生随灭。"自宋至明六百年间，建阳书林，擅天下之富"(叶德辉《书林清话》)。其经营诀窍就是市场观念强，信息灵，什么书畅销，就快编、快印、快上市。

3.薄利多销，低价取胜。前已述及，建阳盛产书籍用纸，印书具有原材料价低的优势。麻沙、崇化一带多亦工亦农的刻工,当地居民多以刻版、刷印、装订图书作为家庭副业。书坊出书又具有工价低的优势。一些书坊世家用祖传的书板刷印书籍,成本更加低廉。书坊街每月逢一日、六日为集,多为整批交易,书坊主人则采取薄利多销的策略吸引天下客商。各地书商也必然采取低价进、销的策略吸引读者。于是,建阳书林以低廉的书价赢得了天下寒士的青睐,扩大了它在全国图书市场的占有份额。

明人胡应麟曾对苏州、杭州、建阳的书价作过比较,结论是:"其值重吴为最,其值轻闽为最,越皆次之"(《少室山房笔丛》)。前已述及,明代北京的书价最贵,"每一当吴中二"。而苏州刻本的价格同建本书相比较,又贵一倍多。苏州的金阊书坊舒冲甫刊行《封神演义》,书上印明"每部定价纹银二两"。同一时期建阳书林安正堂刘宗器刊行《新编事文类聚翰墨大全》,书上印明"好纸板每部价银一两正"。其篇幅比苏版《封神演义》多一倍,价格却低百分之五十。

明代书价同粮价相比仍然昂贵。上述两书均刊行于万历年间。明《神宗实录》卷一百八十八载,万历十五年(1587),"江南,折漕,每粮一石,折银五钱。"以此折算,买一部苏州刻本《封神演义》,则相当于四石粮价。即使建本书便宜,买一部《新编事文类聚翰墨大全》,也得用二石粮食来交换。当时,一个刻工的月工资为一两半银,可见普通百姓的图书购买力十分低下。七品知县的月俸为九两银。看来,只有像知县这样具有高收入的人,才能买得起较为贵重的书。

第三节　明代图书市场

明初,经过开垦荒地,兴修水利,社会经济得到恢复。一批新兴工商业市镇逐渐形成,原有城市的工业、商业以及文化教育事业也盛于元朝。同图书市场关系最为密切的是,识字人口相对增加,购买图书的大户——藏书家增多。明朝实行海禁,图书出口受到影响,但贡赐贸易仍有发展。

一、图书市场的常销书

明代图书市场的新变化是，八股文范本盛销不衰，通俗小说受到市民阶层的青睐，历尽沧桑而流传下来的宋版善本书为世人所宝，套版多色印刷技术的发明使年画绚丽多彩，版画艺术和《京报》成为图书商品的新成员。

（一）八股文范本充斥士子书桌。明朝推行崇文兴教政策，"一以孔子所定经书诲诸生"（《明书·学校志》）。建文年间，规定"四书"、"五经"、《说苑》、《大诰》及本朝律、令、书法、数学为各级学校的教材。这些书再加上童蒙读物《三字经》、《百家姓》等就成为各地书肆的常备常销品种。明朝仍推行开科取士。科举考试专以"四书"、"五经"命题。考生所作的经义、书义之文，仍沿袭宋代王安石所作《三经新义》的格式，代古人语气而为文，文体使用对偶，内容沿袭程、朱旧说。这种文体逐步发展成八股文。"经义之文，流俗谓之八股，盖始于成化（1465—1487）以后，股者，对偶之名也"（黄汝成《日知录集释》）。"四书"、"五经"可出的考试题毕竟有限，容易重复和被猜中。许多书坊则看中这个市场机会，重金聘请文人从"四书"、"五经"的内容中各选出一二百个题目，每个题目作八股文一篇，刊刻成册，这就是明代中后期在市场上十分流行的八股文范本。

每次科举考试题目，往往与八股文范本所选的文章题目相同。因此，考生只要将八股文范本背得滚瓜烂熟，常能侥幸中试，获得功名富贵。于是，"天下之士，靡然成风，而本经亦可以不读矣"（黄汝成《日知录集释》）。

万历年间的八股文范本主要有：程文，乡试时主考官所作的范文；墨卷，士子所作的优秀答卷；房稿，会试时考中进士的文章汇编；社稿，在学诸生岁考、科考时的优秀文章汇编。

以上八股范文总称程房墨稿。大部分是南京、建阳和苏、杭等地书坊编印，销往全国各地，充斥于士子们的书桌。"天下之人，唯知此物可以取功名，享富贵。此之谓学问，此之谓士人，而他书一概不观"（黄汝成《日知录集释》）。王应奎《柳南续笔》介绍了万历年间最畅销的八股文选本："本朝时文选家惟天盖楼（吕笛良）本子风行海内，远而且久。尝以发卖坊间，其价一兑至四千两，可云不胫而走矣。"万历末年，江西的艾南英、陈际泰等文人的八股选本也风行一时，苏杭一带的书坊花重金聘请他们选文。

明代人李濂在《纸说》一文中批评了八股文选本的泛滥："比岁以来，书坊非举业不刊，市肆非举业不售，士子非举业不览。"有识之士作打油诗讽刺这种现象："读书人，最不济。烂时文，烂如泥。国家本为求才计，谁知道变作了欺人技……案头放高头讲章，店里买新科利器（指八股文范本），读得来肩背高低，口角嘘唏……辜负光阴，白白昏迷一世"（徐大椿《随园诗话》）。此诗的核心意思是说，读书人书桌上堆放着高过额头的八股文范本，还要去书肆购买新出的八股刻本，一天到晚背诵时文，不通文史，不懂时务，浑浑噩噩地活着。这固然同书坊的射利有关，但根本原因应归罪于陈腐的科举制度。

（二）通俗小说受到市民阶层的青睐。通俗小说始于宋元时期的话本，明代进入繁荣发展时期，出书约千余种。宋元时期的图书市场，通俗小说仅占微不足道的比重，明初仍无大的变化。从嘉靖年间起，商品经济开始兴旺，市民阶层文化普及率提高，通俗小说逐渐成为人们的一种文化消遣享受。"今书坊相传射利之徒，伪为小说杂说，南人喜谈如汉小王、蔡伯喈……农工商贩，抄写绘画，家畜而人有之；痴女妇尤所酷好"（叶盛《水东日记杂抄》）。读者队伍如此庞大，为通俗小说开拓了广阔销路，从而也打破了正统诗文垄断市场的地位。这在我国书业史上具有划时代的意义。

通俗小说进入市场有一个发展过程。闻名中外的巨著《三国演义》（原名《三国志演义》）、《水浒传》均成书于明初。当时只有少量抄本书流传，沉寂百年后，明代中期嘉靖年间才有刻本问世。

刊行通俗小说最多的是建阳书林。《三国演义》、《水浒传》、《西厢记》、《西游记》、《琵琶记》等书，建阳书林刊行得最早。因为这些书畅销，各家书坊竞争激烈。仅《三国演义》就有余象斗、刘龙田、郑少垣等七家刻本。这些书多为上图下文连环画形式。各家书坊在插图上大做文章，力求创出自己的牌子。万历年间，双峰堂余文台刊行《水浒》的前言中说："《水浒》一书，坊间梓者纷纷，偏像十余副，全像止一家"。仅建阳就有十多家刊行《水浒》，而余文台则宣传他的刻本最好。南京、苏州、杭州的书坊也竞相刊行小说。

书籍价格的高低是市场竞争的焦点。在版本的用纸、刻工、插图、广告等方面下功夫，是正当的市场竞争。但有些书坊以盗版为手段，降低通俗小说的定价，而花费巨资编印小说的书坊则大受损失。盗版书定价低，最初的正版书反而竞争不过。当年，在书业界虽然已经有版权意识，但朝廷没有正式立法，只把盗版作为民间的商业纠纷，经营正派的书坊无可奈何。建阳双峰堂主人余象斗在自编自印的《西游记》前言中说："不妄斗自刊《华光》等传，皆出予心胸之编集，其劳轶掌矣，其费弘钜矣。乃多为射利者刊甚，诸传照本堂样式，践人辙迹而逐人后尘也。今本坊自立者固多，而亦有逐利之无耻与异方之浪棍、迁徙之逃奴，专欲翻人已成之刻者，袭人唾余，得无垂首而汗颜无耻之甚乎？故说。"余象斗花费巨资编印了多种小说，射利者盗版刊行，减价出售，使他蒙受不小的损失。

有些奸商采取漏刻的手法，减少篇幅，降低书价。明人郎瑛对这种蒙骗读者的行为进行了揭露："我朝太平日久，旧书多出，此大幸也；惜为福建书坊所坏。盖闽专以货利为计，但遇各省所刻好书，闻价高，即偈翻刻。卷数、目录相同，而于篇中多所减去，使人不知，故一部止货半部之价，人争购之。"图书市场上的伪劣假冒产品，古已有之，明代更为突出。投机取巧的奸商战胜以诚信为本的名牌书坊，以缺冒全的残书战胜校勘精当的善本，实为书业界的悲哀。

有些书坊为降低通俗小说的售价出了一些删节本。对此，明代学者也进行了批评："余二十年前所见《水浒传》本，尚极足寻味。十数载来，为闽中坊贾刊落。止录事实，中间游词余韵，神情寄寓处，一概删之，遂几不堪覆瓿。复数十年，无原本印证，此书将永废矣"（《少室山房笔丛》）。这种删节本同漏刊残本应加以区别。有些文化程度低的读者，读小说出于消遣的需要，只关心故事情节，对于书中的"游词余韵"不感兴趣。书坊针对这部分读者的需求心理，把它加以删节，降低了书价，受到"市井细民"的青睐，只要在书中公开说明，似不必苛求。

（三）宋版善本书为世人所宝。北宋的印本书，由于战争的破坏，流传下来的极为稀少。南宋的印本书虽然也屡经兵灾，因刻书较多，毕竟流传下来一些。宋版书有以下优点：1.比较接近古书原来的面貌。因为每经过一次翻刻，都可能增添新的差错，所以越是早出的版本，越接近原貌。2.宋版书一般校勘精审，文字错讹较少。3.宋版书多用欧、颜、柳体字，书法优美、典雅。4.纸墨俱佳，刻工精细。加之刊刻年代较早，存世不多。到了明代，宋版书极具收藏价值，价格昂贵。藏书家如果能买到百部宋版善本书，就可以受到文人学者的羡慕。

一部宋版书换得一座庄园。明代藏书家王世贞（1526—1590），字元美，今江苏太仓人，好读书而喜聚书。在他担任南京刑部尚书时，在一家书坊发现宋刻《两汉书》，缮刻极精。他一见倾心，但书商揣摩出他非买此书不可的心理，要价极高，几经讨价还价，终以一座庄园换来这部书。王世贞在该书题跋中说："余生平所购《周易》、《礼经》、《毛诗》、《左传》、《史记》、《三国志》、《唐书》之类，过三千余卷，皆宋本精绝。最后班、范二书，尤为诸本之冠，前有赵吴兴像，余失一庄而得之"。王世贞购求藏书3万余卷，专建"九友斋"藏宋本精善。这部《两汉书》成为"九友斋"的镇库之宝。后来，又有书商把宋版《六臣注文选》送上门来，因价格要得太高，他买不起了，"令客持去，念之常以为恨"（《天禄琳琅》）。叶昌炽诗有"得一奇书失一庄，团焦犹恋旧青箱"之句（《藏书纪事诗》）。

封建士大夫竟有以美婢换宋本书的。"嘉靖中，华亭朱吉士，字大韶，性好藏书，尤好宋时镂版。访得吴门故家，有宋椠袁宏《后汉纪》，系陆放翁、刘须溪、谢叠山三先生手评，饰以古锦玉签，遂以一美婢易之。盖非此不能得也。婢临行，题诗于壁曰：'无端割爱出深闺，犹胜前人换马时。它日相逢莫惆怅，春风吹尽道旁枝。'吉士见诗惋惜，未几捐馆"（吴翌凤《逊志堂杂钞》）。把女婢作为商品用来交换书籍是一种野蛮行径，暴露了封建士大夫的丑恶嘴脸，但也反映出宋版善本书确系"奇货可居"。朱吉士把宋本《后汉纪》"捐馆之后，散落人间，孙汉阳收得之，至今借读皆朱氏收藏印记"（《偃曝余谈》）。

（四）年画市场扩大。明代中叶没有发生大规模的战争，社会经济有了一个比较宽松的发展环境。江浙、湖广、四川和华北平原的农业发展速度明显加快，从而使年画市场从少数城市向众多的中小城镇扩展。天津附近的杨柳青、苏州的桃花坞、河南的朱仙镇、四川的成都和绵竹、福建的漳州和泉州、山东的潍县、河北的武强、山西的临汾和新绛等，从万历年间到明末清初，相继成为年画的产销中心。它们绘刻的年画多具有地方的独特风格，自成流派。在上述各地，出现了专业的画店、画坊和家庭手工业作坊。每年冬月，季节性的年画贩运商把本地刻印的年画长途贩运到自己的目标市场，然后经由季节性的画棚、画摊、画贩零售给城乡居民。绚丽多彩的年画，为人们庆贺新年增添了节日的祥和气氛。

在年画产地，以杨柳青、桃花坞的年画最为著名，产量多，行销广，绘刻精致。杨柳青地近帝都，年画富于绘画风格，而桃花坞处于苏州这个书业中心，其年画木刻韵味较浓。明万历年间（1573—1619），杨柳青和桃花坞的年画已分别在北方、南方流行。最初为手工绘制品，销量有限。随着市场的扩大，才逐渐由手工绘制改为刻版印涂，先印出墨线，然后再涂上相应颜色。万历后期，绘刻技法有了重大突破，出现了完全用木刻板片多色套印的年画，产销数量也随之大幅度增加。

悬挂画作、收藏名画作成为明代文人的欣赏品、装饰品。一些名气大的画家如仇英、唐寅（唐伯虎）等人的画作，购买的高官、文人非常多。画家忙于绘画，难以应付。要想买到著名画家的画作，先要找到中介人——画家的仆人。请仆人转交一封尊重画家的求画信。经画家答应后，买家预付订金。待画作完成，画家要在画上题诗、签名、盖章，由中介人将画作交给买家。唐寅为了应付众多的购画者，常请老师周臣代笔。很多鉴赏家难以区分哪些是唐寅画的，哪些是周臣画的。明代著名画家为应付索画者，都曾找过他人代笔。

明代年画以福寿喜庆题材居多，流传至今的有：《九九消寒图》、《一团和气图》、《南极星辉图》、《八仙庆寿图》、《百吉图》、《万年如意》、《钟馗图》、《孝行图》等。各地画坊刊行的门神画、灶神画、财神画尤为普遍。

画店行业也不乏经营有方的祖传世家。杨柳青的戴氏画店约开业于明万历年间，传至清康熙年间的戴廉增画店，已是第九世了。杨柳青的齐健隆画店也是跨明清两代的画店世家。从这家画店清初遗留的"点套粉本"（画工依图填色的样本）来看，制作艺术相当成熟，说明它在明代已经营多年。苏州桃花坞王君甫画店是崇祯年间的著名画店，其产品行销江南，出口日本。入清后仍利用它的旧存画版刷印出售。康熙二年（1663），还敢用其传统旧版印行《大明九边万国人迹路程全图》，是否受过清政府的查处，缺乏史料记载。此后，这家画店还继续刊行新画。

（五）《京报》进入图书市场。明朝恢复了宋朝的诏令章奏传报制度，设有通政使司，"掌受内外章疏、敷奏、封驳（即传送）之事"（《明史·职官志》）。它是朝廷的"喉舌"，凡是需要向各级官府传达之事，都由通政使司通过"邸报"抄写出来，"互相传报，使知朝政"（《皇明典故纪闻》）。这种"邸报"又称"邸抄"，相当于近现代的中央政府公报。明末清初学者顾亭林说："昔时邸报，至崇祯十一年方有活版，自此以前，并是写本。……访问士大夫家，有当时旧钞，以俸薪别购一部，择其大关目处，略一对勘，便可知矣"（《亭林文集》）。顾亭林向士大夫购买的是过期的旧邸报，通政使司发行的"邸报"是否公开出售，尚不清楚，但准许民间报房抄录"邸报"，翻印出售。报房销售的报纸实际是定期出版的小册子，通称《京报》。

民办的报房多设在北京。最早的报房约出现于明万历年间（1573—1619）。后来，在南京等主要城市也有了民办报房。各报房刊行的《京报》，以传播朝廷下达的各种诏令、摘登朝臣的奏章、朝官任免等消息为主要内容，有时也发表少量社会新闻。天启六年（1626）五月初六，《京报》报道了北京一个火药库爆炸，炸毁房屋几万所，居民伤亡一万多人。爆炸时，在长安街一带不断有人头"从空飞坠"。德胜门外"坠落人手人脚更多"，石驸马大街有一对重五千斤的石狮子被震飞到宣武门外，等等。这个消息显然是添枝加叶，言过其实。分析其动机，只是为了引起人们猎奇的兴趣，以扩大《京报》的销售。

民办报房刊行的《京报》内容受到朝廷的严格控制。"崇祯元年（1628）上谕，各衙门章奏，未经御览批红，不许报房抄发，泄露机密。一概私揭不许擅行抄传，违者治罪"（孙承泽《春明梦余录》）。报道社会新闻，以不得损害明朝统治者利益为限。有关水旱灾害，李自成、张献忠农民起义以及同清军议和等消息都严禁刊载。兵部尚书陈新甲在"邸报"上泄露了同清军谈判的消息，被处以极刑。

北京报房的《京报》也向少数大城市发行。由于交通工具落后，运送时间相当长。发运到南京、杭州需要一个月，发到成都需要一个月到一个半月。崇祯十七年（1644）三月十九日，李自成农民军攻进北京，崇祯帝吊死在煤山。当天的《京报》报道了这两条重大消息。经过一个月零两天，杭州的读者才收到那一天的《京报》。从此，明朝灭亡的消息才在这个城市传开。

二、私家藏书的聚散流通

明代的私家藏书较之唐、宋、元等朝代有显著增加。不仅藏书家多了，各家藏书的品种、卷数也多了。这是历史的进步，也是我国古代图书事业不断发展的一个标志。众多的藏书家是购书大户，直接影响图书市场的供求。家境一旦衰落，又变成售书大户，成千上万卷藏书又回流市场，或补充书肆的货源，或直接被新兴的藏书家购去。

（一）明代的藏书世家。海内藏书之富，首推明宗室各藩王。"周藩之'竹居'，宁藩之'郁仪'，家藏与天府埒"（《黄氏千顷斋藏书记》）。这些藩王府既可以得到朝廷赐书，又有数不尽的财富购买古今图书，世代相传，藏书极富。像周定王和宁献王，藏书之多不亚于皇家藏书。周定王的六世孙朱睦㮮在继承祖辈藏书的基础上，又尽买江都葛氏、章丘李氏的藏书，共达 5 万余卷。宁献王朱权的大量藏书，一直传到七世孙朱谋㙔，而谋㙔又精选藏书，刊行新书 100 多种。这些藩府购书是不计贵贱的。嘉靖年间，徽恭王朱厚爝以白银 10 两、彩缎两匹购买一部《文苑英华》。

除藩府外，著名的藏书世家仍有不少。浦江的郑瀷，其家世代藏书，达 8 万卷。昆山的藏书世家叶盛，"藏书之富，甲于海内。服官数十年，未尝一日辍书"（钱大昕《江雨轩集跋》）。叶盛"殁后百十有余年，而其图书府局扃未疏"（《铁琴铜剑楼书目》）。其"子孙不啻数世，尚能守而勿失，健羡之余，感慨系之矣"（《中吴记闻》）。苏州藏书家孙艾，子子孙孙都好读书，喜聚书，直至他的八世孙孙江，藏书倍增，并著有《牢山》、《花源》、《问庚》诸集。

在诸多藏书世家中最有影响的是范钦设在浙江宁波的天一阁。范钦，字尧卿，鄞县人。嘉靖十一年（1532）进士，官至兵部右侍郎。"钦号东明，喜购旧本，两浙藏书，以天一阁为第一"（《茶余客话》）。"天一阁在郡治月湖之西，范尧卿以少司马解组归，乃构是阁，遇海内异本即购……"（黄家鼎《天一阁藏书颠末考》）。为防虫蛀，在书中夹有芸香草，既可杀虫，又给书留下一股清香。书香之名，由此而得。为防火灾，"其阁四面皆水，读者不许夜登，不嗜烟草，故永无火厄，迄今三百年（清道光年间），虽十亡四五，然所存尚可观也"（《东斋脞语》）。

天一阁是世界现存最古老的三座私人藏书楼之一，是全国重点文物保护单位。天一阁原藏书 7 万多卷，以明刻本为主，尤以地方志、政书、实录以及科举文献等书最为丰富。据《光明日报》2011 年 8 月 17 日报道，现存的明代科举文献 80% 藏于天一阁，其中海内孤本占 90%。

范钦对天一阁藏书有严格规定："代不分书，书不出阁，夜不入楼。"清初以来，藏书损失颇多。乾隆编《四库全书》下令民间献书，范钦第八代孙被迫进呈 641 种珍贵的明刻本。清咸丰十一年（1861）天一阁藏书被盗，当废纸卖给造纸厂商人。民国初年（1914）第二次被盗，天一阁藏书约 50% 被上海的书商和洋人低价购去。商务印书馆买回一部分存于该馆涵芬楼，终被侵华日军炸毁。1949 年新中国成立，经多方收集、捐赠和重点保护，天一阁藏书逐渐恢复，迄今藏书近 4000 卷。

（二）聚书成癖，购书成迷。明代的某些知识分子喜爱读书、聚书成癖的精神令人赞叹。万历年间的藏书家陈良卿，"性嗜异书……遇有奇书隐牒，不惜破产购之。江南故家遗帙，搜抉殆遍"（李日华《紫桃轩杂缀》）。嘉靖年间，苏州的藏书世家孙楼，性好书，"或赴试，薄游两都，日遨列肆间，一睹所未睹，辄大叫，喜不自禁。若一旦获拱璧，恨相遇晚。与之直，或倍其索，弗吝。既获，虽剧寒暑必讽之卒业"（《博雅堂藏书目录序》）。嘉靖进士沈节甫，乌程人，"无他嗜好，独甚爱书。每遇货书者，惟恐不余售。既售且去，惟恐其不复来也。顾力不足，不能多致，又不能得善本，往往取其直之廉者而已"（《玩易楼藏书目录自序》）。陈第，连江人，为学官弟子教授清漳。"惟书是癖……自少至老，足迹遍天下，遇书辄买。若惟恐失，故不择善本，亦不争价值，积三四十余年，遂致万有余卷"（《世善堂书目题词》）。云南府学教授虞堪，家藏书史及古今法书名画，甲于三吴。"闻有雍公遗文，千里外必购得之"（《姑苏志》）。嘉靖贡生谢兆申，建宁人，"喜交异人，购异书，交游既广，囊中半以佞佛，半以市书"（《静志居诗话》）。谢氏"岁游吴越间，每出，必载书数车，聚书如货殖。处一室，以书为墙垣"（《福建通志·文苑传》）。

书肆是藏书家获取图书的主要途径。藏书家王遹昭曾赋诗描写他到苏州书肆购书的情景："闲来袖钱向书肆，目涉手探凝立久。吾侪一一老蠹鱼，假借搜罗费奔走"（《士礼居藏书题跋记》）。

有些书商利用藏书家急欲求书的心理，往往作伪牟取暴利。泰州人寓庸扬是明中叶的古书画收藏家，"家富于财，发愿欲以十万金收尽江南北之古董书画。始犹有什一真者，后乃吐弃本朝宋元，而专购晋唐，于是钟繇、羲献墨迹，接踵而至，率苏人伪撰，皆用高价购之。骛利之徒，趋之如狂"（徐树丕《识小录》）。

有些藏书家为便于日后追查作伪的书商，则在书上记下售书人的姓名或地址，郑希圣购到宋本《诚斋易传》，在书上题跋："鬻书客潘生所售，置诸芭蕉林读书处。"耿征藏书 3 万余卷，书上多注明"购书金陵"。安吉知州黄翼买到《林和靖诗》，在书上注明该书的流通情况："余购于武林徐门书铺中，后归赵灵均。灵均身后，藏书散去，此册独存。戊子夏，赵昭携过泾上，因复留之，如异乡之见故人也"（《铁琴铜剑楼书目》）。这本书被易主多次，终于又回到最初的主人手中。

（三）节缩百费为购书之资。在明代藏书家中，有些人既非高官显贵，又非豪富人家，但为了读书求学问，节缩百费，日月积之，为购书之资。明初的学子阎起山，"喜积书，见书必力购……所获学俸，尽费为书资。家甚贫，或时不能炊，至质衣以食，而玩其书不忍弃"（文征明《阎起山墓志铭》）。嘉靖进士何良俊，"遇有异书，必厚资购之，撤衣食为费，虽冻馁不顾也，所藏书四万余卷，涉猎殆遍"（《四有斋丛说序》）。闽中藏书家徐惟起，"性喜蓄书，常聚书数万卷。每见异本，典衣购之"（《鳌峰集》）。

有些藏书家因购书耗尽家财。成化年间的礼部主事杨循吉，"性最嗜书。家本素封，以购书故，晚岁赤贫，所藏书十余万卷"（《沧生堂藏书训》）。弘治年间的太仆少卿都元敬把所得俸金多用于买书，归老之日，斋居萧然。有人送诗说："书买黄金尽，愁生白发长"（《边华泉集·送都元敬》）。这些知识分子用自己的积蓄购得大量图书，实在不容易。一旦被毁，痛苦已极。边贡，弘治进士，官南京户部尚书，癖于求书，所蓄不啻数万卷。"一夕，毁于火，仰天大哭曰：'嗟呼！甚于丧我也。'病遂笃，卒年五十七"（《列朝诗传》）。

（四）为刻书、著书而购书。有些藏书家也是刻书家，他们从众多的藏书中精选珍本善本重新刊行，广为流传，功不可没。本章第二节述及的著名刻书家袁褧、安国、毛晋、吴勉学、顾宸、高濂等人，都曾不惜重金购求古书，然后翻刻成新书，向社会发行。《无锡金匮合志·文苑》说："顾宸操文场选柄数十年，每辟疆园新本出，一悬书林，不胫而遍海内。"可见，他收藏古书的重要目的就是刊行新本。由于他编选的书适应市场需求，流通范围遍及海内。同时期的高濂，喜购医书。他以瑞竹堂的牌号翻刻宋本医书《瑞竹堂经验方》、《外科秘羽》等多种，还自编自印了《尊生八笺》。

藏书家利用藏书撰写新著的事例就更多了。正德年间的举人黄鲁曾与其弟黄省曾都是藏书家，"父授产千金，悉以置书"（《列朝诗传》）。兄弟二人"白首牖下，诵览不辍，铅椠日操，多所校辑，若《孔氏家语》、《两汉博闻》、汉晋唐四传、唐诗二选、仙家四书、《小哈录》、《诗说》诸集行于世"（《列朝诗传》）。其他如宋濂、杨士奇、文征明、朱存理、唐顺之、王世贞、茅坤、焦竑、朱承爵、黄居中、陈继儒、孙艾等许多藏书家，都利用自己的藏书进行学术研究，撰写著作刊行于世。他们既是图书需求者，又是图书创作者，对繁荣和扩大图书市场发挥了良性的循环作用。

（五）私家藏书的再流通。图书既是精神财富，又是物质财富。当藏书家或其后人遇到经济困难时，其藏书又会再次流入市场，被他人买去。吴中高士朱存理，不业仕进，不随俗为尘井小人，著书多种。"有异书，手自缮录，既老不厌。而坐贫无以自资，其书旋亦散去。每抚之叹息"（《列朝诗传》）。这位藏书家由于老年贫困，被迫卖掉藏书以维持生活。他的同乡顾英玉也有类似境遇。英玉，历官河南副使。罢归，训童蒙数人以自给，尝绝粮。"家无长物，出宦日所得书，货以给日用"（《列朝诗传》）。

人存书聚，人亡书散。这是私家藏书的一般规律。宁波的著名藏书家丰坊，"家有万卷楼，蓄书数万卷，负郭田千余亩，尽鬻以购法书名帖"（《鄞县通志·人物编》）。晚年，"居吴中，贫病以死"，藏书被门生盗卖，成为天一阁藏书。天启年间的翰林冯复京"藏书万卷，子孙不能读，且不知爱惜，即宋、元精板，尽化为蝴蝶飞去"（莫氏《宋元本经眼录》）。他的侄子冯武见到书肆出售冯氏藏书，痛心地赋诗："历代图书聚一门，牙签玉轴属云孙，今来市上抛残帙，肠断丹黄认旧痕"（冯武《疗忘集·书肆见先伯父遗书有感》）。邱子成是苏州的藏书家，"家贫，或日不重炊，而读书不辍"（《嘉定县志》）。"子成殁后，其子携父书求售。予典钱付之，得书数种"（《艺文·别类集》）。汪柳门也是个大藏书家，"筑万宜楼藏书，其子不肖，以万五千金售之。有人见其额，诧曰：'前定矣，不云万五楼乎？闻者大笑'"（《藕香簃别钞》）。

藏书家之书早晚逃不过书商之手。万历年间的江西右参政祁承㸁，每至一地，遍访书坊，广为购求。晚年，撰《聚书训》嘱其子孙，"勿分析，勿覆瓿，勿归商贾手"（《知不足斋丛书》）。他死后，藏书终未逃过书商之手。因为藏书卖得太贱，有人感伤地赋诗说："宣绫包角藏经笺，不抵当时装订钱"（马瑗《闻过斋集跋》）。祁氏花费毕生财力购来的大批图书，一旦卖于书商，连当年付出的装订钱都收不回来。藏书家项墨林担心自己死后，藏书被子孙贱价卖掉，"每书后必记所得之价以示后人，使不贱售"，他的子孙并未理会藏书的购价，而是零零散散地贱价卖掉了。

贱价卖掉先人藏书，时有发生。"金华虞参政，藏书数万卷，其子孙不能守。元瑞（即胡应麟）唉以重价，给令尽室载至，凡数钜舰。及至，则曰，吾贫不能偿也，复令载归。虞氏子既失所望，又急于得金，反托亲戚居间减价售之，计所得不什之一也。元瑞所以书雄海内"（《五杂俎》）。后世文人评论胡应麟的"书雄海内"，实为乘人之危，巧取豪夺。

有的藏书家怕自己的藏书被后人贱价处理，到了晚年就公开标价出售。焦竑，万历进士，授翰林编修。藏书两楼，五楹俱满。黄宗羲在《天一阁藏书记》中说："余在南中，闻焦氏书欲卖，急往讯之。不受奇零之值，二千金方得为买主。"因一时找不到这样大的买主，只好零散售出。由此可见，明代图书流通渠道，除官办书业以及书坊、书肆、书摊或流动书商之外，藏书家购进和卖出图书也是一条缓慢运转的流通渠道。

三、明代的图书出口贸易

明代的对外图书贸易，主要对象仍是朝鲜、日本，对琉球和安南也有少量输出。交易的主要形式仍是"贡赐贸易"。外国使臣向明廷献上贡品，同时提出需要某些书籍。明廷一般诏准，从国子监或经厂提取一定数量的书籍，以赏赐的名义颁给外国使臣。这实际上是一种在朝贡关系掩盖下的商品交换。外国使臣来朝贡时常常带领一批随行人员，有时多达百余人或数百人。其中，有商人、学者或专门来华采购书籍的官员。他们朝贡完毕，被允许到各地书坊、书肆采买书籍，运回本国。由于日本海盗多次在我国东南沿海一带劫掠，自明初到隆庆年间，明廷基本实行"海禁政策"，禁止商人与海外通商，"寸板不许下海"。隆庆以后，海禁时紧时松。因此，明代的对日图书贸易远不及唐宋时期活跃。

（一）对朝鲜的图书贸易。朝鲜是汉以前的古称，汉末，改国号高丽。明洪武二十五年（1392），高丽大将李成桂主政，向明廷请求更改国号，"帝仍古号曰朝鲜"。"朝鲜在明朝虽称属国，而无异域内。故朝贡络绎，锡赉便蕃，殆不胜书"（《明史·朝鲜列传》）。朝鲜的贡使络绎不绝，来华买去的图书也比较多。在《明史》上多有记载。

对朝鲜的图书贸易始于明初。洪武二年（1369）春，高丽国王派使臣前来送贺表，贡方物，且请封。太祖赐历书及锦绮，所赐历书在百本以上。秋天，高丽使臣又来，"赐六经、四书、《通鉴》。自是贡献数至，元旦及圣节皆遣使朝贡，岁以为常"（《明史·朝鲜列传》）。洪武五年（1372），高丽派贵族子弟百余人来南京入太学学习。这些太学生学习期满，又购买大批图书带回国。

永乐元年（1403），朝鲜国王芳远遣使朝贡，带来布匹，用以交换贵重药品和书籍，成祖诏准。永乐二年（1404），礼部受命印行《列女传》一万本，以贡赐贸易形式输出朝鲜及其他诸番国。永乐八年（1410）又赐"五经"等多种图书。宣德八年（1433），朝鲜国王派来使臣，"奏遣子弟诣太学或辽东学，帝不许，赐'五经'、'四书'、《性理大全》、《通鉴纲目》诸书"（《明史·朝鲜列传》）。这次赐书可能也是应朝鲜的要求，既然不接受朝鲜的留学生，那么以贡赐贸易的形式把学校需要的"五经"、"四书"等教材让使臣运回，是合乎情理的。弘治年间，明廷翰林院修《大明会典》，朝鲜"贡使市以归"。朝鲜国王认为该书对朝鲜世系的记述有误，"乞改正"。"诏曰：可"。嘉靖四十三年（1564）十一月，朝鲜国王"表贺冬至，因奏买回《吾学编》、《弇山堂别集》等书，载本国事与《会典》乖错，乞改正"。明廷认为，《吾学编》等书都属于野史，不足凭。至于《会典》有不妥之处，可以交史馆参考，"待日后改正"（《明史·朝鲜传》）。朝鲜使臣朝贡的次数很多，《明史》对于一般的购书活动并未详细记载。

　　朝鲜使臣及其随行人员来华，一般都要到京城的书坊、书肆购买书籍。明陈继儒在《太平清话》中说："朝鲜人极好书，凡使臣到中土，或限五六十人，或旧典，或新书，稗官小说，在彼所缺者，五六十人日出市书，各写书目，分头遇人便问，不惜重值购回，故彼国反有异书藏本也。"明末清初学者王士禛也说："近朝鲜入贡使臣至京，亦多购宋元文集，往往不惜重价，秘本渐出，亦风会使然"（王士禛《池北偶谈》）。崇祯年间，杭州书坊主陆云龙评点和刊行短篇小说集《型世言》，我国已佚失 300 多年，在韩国首尔大学仍藏有此书，可见朝鲜使臣来华购书品种之丰富。1993 年，中华书局根据该书影印本加以标点整理，在我国重新出版。

　　（二）对日本的图书贸易。明廷与日本幕府的正式邦交于明代建文四年（1402）恢复。建文帝派禅僧天伦作为使者赴日，并"颁示大统历，俾奉正朔，赐锦绮二十匹"（《善邻国宝记》）。这是把日本作为属国看待的。洪武年间，明廷也曾多次派使者赴日，因携带的国书以宗主国自居，未被日本幕府接受，派出的使者甚至被杀。这一次，经过日本大商人的劝说，日本足利幕府却接受了，主要是以进贡的名义获得贸易利益，而明廷也以"允许贸易"为交换条件，促使日本主动禁止海盗来犯。永乐二年（1404），明廷与日本幕府缔结了贸易条约。为区别日本的贸易船和倭寇船，明廷给日本幕府送去勘合及其底簿。日本的贡品（贸易）船来华都要携带幕府发给的勘合，没有勘合的，明廷和地方政府拒绝接待。贸易条约缔结之后，两国使者往来频繁。日本的贡品船原规定不得超过 2—3 艘，人员两三百人，但实际上有时达 9 艘，人员多至千人。这是以外交礼节进行的官方贸易。

　　明廷对日本的图书贸易（所谓颁赐），仅占整个官方贸易的极小份额。但历经 200 多年，输往日本的图书品种和数量仍是很可观的。《明史》有关对日"颁赐"图书的记载有两次。一次是"永乐五年、六年（1407—1408）频入贡，且献所获海盗。使还，请赐仁孝皇后所制《劝善》、《内训》二书，即命各给百本"（《明史·日本传》）。另一次是"成化十三年（1477）九月来贡，求《佛祖统纪》诸书，诏以《法苑珠林》赐之"（《明史·日本传》）。

　　在日本的史料中，来华购书的记载却有不少。据日人《允彭入唐记》载，日本第三次勘合贸易船于景泰五年（1454）回国途中，"漂流到耽罗（济州）岛求水，起初耽罗官吏表示疑惧，但一看到船中载有明朝书籍，就不怀疑了"。《筹海图编》列举了从明朝输入的商品中，最受日本贵族喜好的有丝、丝绵、瓷器、漆器、古书、古名画、古字画等 22 种。日人相阿弥于明成化十二年（1476）写的《君台观左右账记》，列举了唐、五代、宋、元等朝的名画家 156 人，并叙述了每个画家的专长。可知在明朝中叶，日本贵族阶层曾珍藏这些画家所绘的很多名画。其中，有相当一部分是明初至明中叶从中国购买的。

　　日本足利幕府派遣第四次遣明使，交给明廷的国书说："书籍、铜钱，仰之上国，其来久矣。今求二物，伏希奏达，以满所欲。书目见于左方：《教乘法数》全部、《三宝感录》全部、《宾退录》全部、《北堂书钞》全部、《兔园策》全部、《史韵》全部、《歌诗押韵》全部、《遐斋集》全部、《张浮休画墁集》全部、《遁斋闲览》全部、《石湖集》全部、《类说》全部、《挥麈录》全部，附《后录》十一局、《第三录》三局、《余录》一局、《百川学海》全部、《老学庵笔记》全部"（［日］木宫泰彦《日中文化交流史》）。明英宗满足了日本幕府的要求，所需书籍、铜钱，如数颁赐。实为日方用硫黄、铜、大刀、长刀、扇子等贡品折价交换。

　　明成化十二年（1476），日本义政幕府派出第五次遣明使，又在国书中开列书目，明廷再次颁赐。日本遣明使及其数百名随行人员均从宁波上岸，再乘船溯甬江、钱塘江到达杭州，然后经运河过苏州、扬州（有时溯长江到南京）、徐州、天津到达通州，再进入北京。在往返路途中，他们也在这些城市停留，进行贸易。其中的一些文人学者，则遍游苏杭以及两京的书坊、书肆，寻购尚未传到日本的书籍。

日本的访华僧也喜欢游览中国的书肆。明代，日本高僧访华有据可考者110余人。他们的随从人员以及三三两两搭乘商船来华的普通僧侣，不可胜数。这些僧人尤其是闻名的高僧，一般都懂汉文，"都喜欢舞弄诗文，钻研儒学，所以带回的诗文集、儒书、史书等典籍，当不在少数"（[日] 木宫泰彦《日中文化交流史》）。明景泰五年（1454），日本建仁寺僧天马清启"随遣明使入明，带回书籍甚多"（日本古书《卧云日件录》）。

明朝人东渡访日也或多或少带去一些图书。明朝的僧人如喜江、静山、文溪等禅师都入了日本籍，住在日本的寺院。他们从中国买去不少佛家经典。明朝高僧一如在日本京都逗留6个月，京都东福寺住持僧岐阳方秀开列一份尚未传到日本的书籍清单，请一如法师回国后代为购买，并委托日本商船运去，"以惠本国学者"（[日] 岐阳方秀《不二遗稿》）。

明朝后期，经官府批准，中国商船到日本长崎港进行贸易的络绎不绝。有些商船也将图书作为商品运往日本。日本史料《丰萨军记·一宗麟政务并唐船渡海之事》记载，中国商船于"天正三年乙亥 [明万历三年（1575）]，停泊四杵之浦。此时载来猛虎四只、大象一只，孔雀、鹦鹉、麝香以及名人书画、绫罗等各种珍奇宝物"。明后期以至南明时期，中国商船赴日本从事贸易的有600多只，其中仍有贩运名人书画和图书的。

明代刊行的某些书籍，经过战乱的破坏，在清代已成佚书。明理学家洪自诚著《菜根谭》一书，清初以来200多年间在我国不见流传。清末民初，有位中国学者从日本书摊上买回。

（三）对安南、琉球的图书贸易。洪武二年（1369），安南国王陈日煃派遣使节"奉表来朝，贡方物"。明太祖"赐日煃《大统历》、织金文绮纱罗四十四"（《明史·安南传》）。明朝与安南的"贡赐贸易"从此开始，规定三年一贡。但有关图书的"贡赐贸易"在《明史·安南传》上记载得不多。英宗天顺元年（1457），安南"遣使入贡，乞赐衮冕，如朝鲜例，不从。其使者乞以土物易书籍、药材，从之"。嘉靖二十年（1541），明廷命广西布政司每年向安南出口《大统历》一千册。

琉球国的中山王于洪武五年（1372）派遣使者入朝，贡方物。明太祖"赐

《大统历》及文绮、纱罗有差"。从此，两国之间的"贡赐贸易"不断，《明史·琉球传》曾先后 10 次提到，琉球派贵族子弟前来明朝的国学学习。这些留学生应当会购买图书带回国去。

四、明王朝对图书市场的管理

明太祖朱元璋个性强悍、多疑，洪武年间大兴文字狱。臣下的一张贺笺、一首诗、一纸疏谏，如果被认为涉嫌"讥讪"或"冒犯"，立遭杀身之祸。建阳等地书坊明初刊行图书往往不署牌号，不印出版年月，以躲避文字狱。但在《明史》或野史上，尚未发现因书中文字犯禁而获罪的书坊、书商。同宋、元两朝相比，明代书坊出书不必事先呈请官府审查批准，且享受免税优惠，这是历史的一大进步。明廷对图书市场有六禁：禁天文图谶，禁"奸党"文字，禁亵渎帝王圣贤的词曲、小说，禁冒犯程朱理学，禁八股文选本，禁官颁教材违制改刻。

（一）禁天文图谶。洪武六年（1373）颁发的《大明律》规定："凡私家收藏玄象器物、天文图谶、应禁之书及历代帝王图像、金玉符玺等物者，杖一百；若私习天文者，罪亦如之，并于犯人名下追银一十两，给付告人充赏。"举报私藏"妖书"者不仅可得十两银子，还能升官。永乐八年（1410），有个五品官杨瑞检举指挥使曹升私藏"妖书"，被越级升为正四品。曹升受杖刑又被捕入狱。

对于撰写、刊行、销售或传用"妖书"的处罚更加严厉。《大明律》规定："凡造谶纬、妖书、妖言及传用惑众者，皆斩。"破获此类案件更能升官发财。明廷有个特务机构称西厂，由皇帝直接控制和指挥。西厂的办案人员称检校，品位虽低，可以伺察、告发人家的阴私勾当。这帮特务无恶不作，为了升官发财，同地方上的地痞流氓相勾结，唆使这些人刊行"妖书"，煽惑愚昧无知的市民传用。然后再把这些传用者抓起来，刑讯逼供，屈打成招，闹得家破人亡，"冤死相属，无敢言者"（《宪宗实录》）。这些特务却向朝廷邀功请赏。

"妖书"，是指带有迷信色彩煽惑造反的图书。"妖书"的传播往往与明代民间会党活动相结合。人们为了反抗官府的残酷压迫和剥削，需要用"妖书"一类的宣传品来发展会众。尽管明廷用严刑酷法来禁止"妖书",却越禁越多,几乎明朝的每一代皇帝都镇压过传用"妖书"的会党。

(二)禁"奸党"文字。燕王朱棣以武力夺取建文帝的皇位之后,就把誓死忠于建文帝的大臣指为"奸党",悬榜列名者有 50 多人,均被诛杀,且祸及九族。这些被杀者的生前著作被指为"奸党"文字。成祖朱棣下令,对被杀者的著作一概交出烧毁,私自收藏者杀。"奸党"中的著名人物如方孝孺、练子宁、茅大芳、齐泰、黄子澄等。他们的著作均被列为禁书,不仅不得销售,就是私家藏有也会惹来杀身之祸。翰林院庶吉士章朴因事下狱,与狱友杨善关系密切,他无意中说起家藏方孝孺文集。杨善出狱后向朝廷告密,章朴因此被杀,而杨善则官复原职,当上从九品的鸿胪寺序班。

明廷对"奸党"著作的查禁持续 30 多年,直至英宗后期才不了了之。这些人的著作虽遭严禁,仍有人冒着生命危险保存下来。从英宗正统年间起,方孝孺的《侯城集》、《逊志斋集》,练子宁的《练中丞集》、《金川玉屑集》、茅大芳的《茅大芳集》(抄本)等,重新在图书市场上流传开来。

(三)禁亵渎帝王圣贤的词曲、小说。自元至明,流行杂剧。在江浙一带,出现了西湖春、秦淮夏、扬州清明、虎丘中秋等引人入胜的演剧闹季。许多文人乐于登场做戏,上演的剧本也随之畅销。太祖认为,某些剧本的内容有伤风化,不利于他的专制统治。洪武六年(1373),诏令禁止各地戏班扮演帝王圣贤、忠臣义士。此类杂剧剧本也在禁止刊行之列。

明成祖朱棣更变本加厉,以极刑来禁止此类杂剧的印卖。永乐九年(1411),明廷命各地官府发布榜文:"但有亵渎帝王圣贤之词曲、驾头杂剧,非律所该载者,敢有收藏、传诵、印卖,一时拿送法司究治。"成祖还亲自批示:"但这等词曲,出榜后,限他五日,都要干净,将赴官烧毁了,敢有收藏的,全家杀了"(顾起元《客座赘语》)。为收藏一本词曲而诛杀全家,实为空前的酷刑。

冒犯封建礼教的小说也在被禁之列。英宗正统七年(1442),国子监祭酒李时勉上疏:"近有俗儒,假托怪异之事,饰以无根之言,如《剪灯新话》之类,不惟市井轻浮之徒争相诵习,至于经生儒士,多舍正学不讲,日夜记忆,以资谈论。若不严禁,恐邪说异端日新月盛,惑乱人心,实非细故。乞敕礼部行文内外衙门及提调学校佥事御史并按察司官巡历去处，凡遇此等书籍，即令焚毁。有印卖及藏习者，问罪如律。庶俾人知正道，不为邪妄所惑"（《英宗实录》）。

《剪灯新话》是明代文学家瞿佑（字宗吉，钱塘人）于洪武年间创作的传奇小说集，其内容充斥迷信色彩，但歌颂了自由恋爱，指斥了官场腐败，暴露了封建社会的黑暗，具有反封建意义。这部书约在永乐年间面市，十分畅销，从"市井轻浮之徒"到"经生儒士"，"人多喜传而乐道之"（曾棨《剪灯余话序》）。这就刺痛了明王朝的"神经"，诏令内外衙门以及各方面官员都来焚毁"此等书籍"。这个"等"字意味着与《剪灯新话》相类似的书都在查禁之列。李昌祺等人的《剪灯余话》、《觅灯因话》等书也被查禁。

明朝对杂剧、戏曲、小说的查禁，往往有头无尾。这一代皇帝发的禁书令，到了下几代就无人过问了。特别是属于娱乐消遣性的书，市场需求大，书坊出书有利可图，查禁的风头一过，有些书坊又会重新刊行。明中叶，建阳的清江书堂、詹氏书林都刊行过《剪灯新话》。至于各种杂剧、戏曲，南京、苏州等地书坊刊行更多。

崇祯后期《水浒传》被禁。山东农民李青山聚众起义，以梁山为根据地反抗明朝暴政。这次起义被镇压之后，明廷认为李青山起义是受了《水浒传》影响。崇祯十五年（1642），思宗朱由检发布诏令，命各地督抚"大张榜示，凡坊间、家藏《水浒传》并原版，尽令速行烧毁，不许隐逸"（《明清内阁大库史料》上册）。

（四）禁冒犯程朱理学。明王朝崇儒兴学，强化程朱理学在意识形态领域的统治地位，严禁非议。同这个学说相对立的学术著作被斥为"异端"、"邪说"，屡遭查禁。"明永乐中，饶州儒士朱季友诣阙献书，专诋周、程、张、朱之学。成祖大怒，命有司声罪杖遣，悉焚其著书，曰：无误后人"（严有僖《漱华随笔》）。成化二十年（1484），无锡学者陈懋著书批评朱熹的《四书集注》，被宪宗治罪，书被焚毁。嘉靖中，广东按察司佥事林希元著《易经存疑》、《四书存疑》、《更正大学经传定本》等书。进呈世宗，希望交官府刊行。结果，各书均被焚毁，林希元因诋毁先贤罪下狱。万历中，嘉善进士袁黄著《四书删正》，对程朱学说痛加批驳。后被朝臣告发，所刊书遭焚禁，袁黄被革职。

正德年间（1506—1521），以"反传统"姿态出现的阳明学派风行一时。这个学派的创始人王守仁（1472—1529），字伯安，人称阳明先生，浙江余姚人。官至南京兵部尚书。由于他率兵平定势力强大的宁藩叛乱，有功勋，封新建伯，世袭，岁禄一千石。他在批评程朱理学的基础上建立了自己的阳明学派，弟子盈天下，其影响远至日本。著作由门人辑成《王文成公全书》三十八卷。明廷虽然对他的学说不满，但要靠他继续去镇压南方如火如荼的农民起义，只好听任他的著作在市上流通。嘉靖元年（1522），世宗朱厚熜不点名地下诏警告说："自今教人取士，一依程朱之言，不许妄为叛道之经私自传刻，以误正学"（《世宗实录》）。

嘉靖七年（1528），王守仁在转战途中病逝。世宗这才开始禁书。大学士桂萼"奏其擅离职守。帝大怒，下廷臣议。萼等言：'守仁事不师古，言不称师。欲立异以为高，则非朱熹格物致知之论……传习转讹，非谬弥甚。'"奏请追夺王守仁的爵位，"禁邪说以正人心"（《明史·王守仁传》）。世宗一一诏准。翌年，世宗公开批判说："守仁放言自肆，诋毁先儒，号召门徒，声附虚和，用诈任情，坏人心术。近年士子传习邪说，皆其倡导"（《世宗实录》）。王守仁的著作大有销路，受到士子的欢迎。尽管一禁再禁，他去世10年之后，著作仍在市场上或明或暗地流通。世宗再次下诏申禁王守仁著作，"今后若有创为异说，诡道背理，非毁朱子者，许科道官指名劾奏"（《世宗实录》）。

世宗去世，穆宗继位。廷臣多颂扬王守仁之功，穆宗朱载垕才为他平反，恢复爵位和世袭的俸禄。

王守仁的私淑弟子李贽著书立说反对传统教条，终被迫害致死。李贽（1527—1602），号卓吾，别号温陵居士，福建泉州人，举人出身。曾任国子监博士、南京刑部员外郎、云南姚安知府。后来流寓江浙湖广等地，著书讲学。著有《李氏焚书》、《续焚书》、《藏书》、《李温陵集》等书，他在书中阐述的一些理论，实际是明代中期资本主义萌芽在意识形态领域里的反映，受到不少士人的拥护，轰动一时。但他遭到地方官府的迫害，到处漂泊。老年时，寄寓北京近郊的通州。礼部给事中张问达上疏说："李贽壮岁为官，晚年削发。近又刻《藏书》、《焚书》、《卓吾大德》等书，流行海内，惑乱人心。……以孔子之是非不足据，狂诞悖戾，未易枚举。"疏中建议把他解回原籍治罪，所著书全部烧毁。神宗朱翊钧准奏，命通州官府逮捕李贽。这位七十六岁的老学者在狱中乘理发之机用剃刀自刎。

明廷围绕李贽事件查禁了一大批书。礼部尚书冯琦上疏，颂扬逮捕李贽"其于崇正辟邪，甚盛举也"。他建议扩大禁书范围，"其有决裂圣言，背违王制，援儒入墨，推墨附儒，一切坊间新说曲议，皆令地方官杂烧之"（《北海集》）。神宗诏准。于是，一大批坊间刊行的"新说曲议"之书被"杂烧"了。另一位"异端"学者达观也被捕入狱。

李贽的著作以及李贽评点的《水浒传》、《西厢记》、《琵琶记》等戏曲小说是万历三十年（1602）被查禁的。天启五年（1625）又有禁令。但越禁越畅销，流通范围愈广，一般读者就是冲李贽著（评）的名字去购买的。有关李贽署名的书，远销朝鲜、日本。李贽也因其书被禁而名扬海内外。不少书坊假托其名印书发财。张萱撰写的《疑耀》一书，以作者李贽的名义刊行"盖万历中，贽名最盛，托贽以行"（《四库全书总目》，中华书局 1965 年版）。明末清初学者顾炎武说："自古以来，小人之无忌惮，而敢于叛圣人者，莫甚于李贽。然虽奉严旨，而其书行于人间自若也"（《日知录》）。明末公安派文学家袁中道却赞扬李贽著作屡禁不绝"若揭日月而行"（《珂雪斋近集》）。

（五）禁八股文选本。如前所述，因八股文选本热销，各地书坊争相刊行，建阳的书坊刊行最多，超过百种。有识之士认为此类选本"损德荡心，蠹文害道"。弘治十二年（1499），建阳县书坊业发生大火，"古今书板，荡为灰烬"。吏科给事中许天锡主张趁此时机禁毁八股文选本。上疏说，此类选本都是"俗士陋儒，妄相裒集，巧立名目，殆且百家。梓者以易售而图利，读者觊侥幸而决科……一旦科甲致身，利禄入手，只谓终身温饱，便是平昔事功，安望其身体躬行，以济世泽民哉"（《孝宗实录》）。他提议将建阳书坊中的"晚宋文字及《京华日钞》、《论范》、《论草》、《策略》、《策海》、《文衡》、《文髓》、《主意》、《讲章》之类，凡得于煨烬之余者，悉皆断绝根本，不许似前混杂刊行"（《孝宗实录》）。对于其他各地书坊刊行的上述各书，令两京国子监及天下提学等官"悉用烧除"。孝宗朱祐樘将这个奏疏交礼部议论，礼部主张："《京华日钞》等书板已经烧毁者，不许书坊再行翻刻。"孝宗诏准。这次查处可能走了过场，因为书板是否烧毁，官府很难一一查明。其他地方的书坊能否继续印行，不知下文。

由于八股文选本越印越多，干扰了科举考试，南京礼部给事中徐文溥于正德十年（1515）上疏："近时，时文流布四方，书肆资之以贾利，士子假此以侥幸，宜加痛革。凡场屋文字，句语雷同，即系窃盗，不许誊录。其书坊刊刻一应时文，悉宜烧毁，不得鬻卖。各处提学官尤当禁革。如或私藏诵习不悛者，即行黜退"（《武宗实录》）。这里所说的时文、场屋文字，就是指八股文选本或科举考试的模拟卷。武宗朱厚照诏准，"下所司知之"。

这次查禁使书坊业有所收敛，但因利之所驱，查禁风头一过，此类书的销量又与日俱增。明末复社文士就有与南京书坊合作，以编辑八股文选本谋生的。当时一位与复社敌对的文人吴炳写了一本《绿牡丹》传奇小说，描写了八股文选家的丑态，以影射攻击复社。复社成员黎元宽任浙江学政，下令在全省禁毁《绿牡丹》，并追究作者及刊印、发卖之人，有些人被捕入狱。

（六）禁官颁教材违制改刻。弘治十二年（1499）麻沙书坊业大火。给事中许天锡上疏说："今年阙里孔庙灾，福建建阳县书坊亦被火，古今书板尽毁，上天示警，必于道所从出、文所荟萃之处，请禁伪学，以崇实用"（施鸿保《闽杂记》）。孝宗赞许这个奏疏，"遂敕福建巡按御史，厘正麻沙书板"（施鸿保《闽杂记》）。巡按御史是明都察院专差御史之一，每省一人。官仅七品，但出为巡按，名曰"代天子巡狩"。在地方考察民情，监督吏治，大事奏裁，小事立断，事权甚重，地方官员不敢与抗，事毕还京。巡按御史来到建阳，组织地方官员对书坊业进行了治理、整顿。凡是属于讹误百出的官颁教材，命书坊重新校勘订正；属于八股文选本的，售完为止，不许重刊。

嘉靖五年（1526），世宗派巡按御史杨瑞赴建阳考察书坊业。杨瑞与提督学校副使邵诜联名上疏，建议在建阳设立管理书坊业的官署。世宗准奏，"派翰林春坊官一员，监校麻沙书板，寻命侍读汪佃领其事。此皆载礼部奏稿者，是明时麻沙书板且有官监校矣"（施鸿保《闽杂记》）。春坊官属詹事府，掌太子上奏请、下启笺及讲读之事，正五品。世宗派近臣高官来建阳管理书坊业的刊书事务，足证建阳书坊业刻书多，占有市场份额之重。派两位富有学识的官员来加强建阳书坊业的管理，是史无前例的。用现代语言来说，嘉靖年间（从1526年起），明廷在建阳设立了出版事业管理处。这个机构究竟持续多长时间，有待进一步考证。

为加强管理，按察司对建阳书坊业作了三条规定：

1. 颁发一批官刻五经、四书的标准本。命建阳知县"拘各刻书匠户到官，每给一部，严督务要照式翻刊，县仍选委师生对同，方许刷卖"。

2. 明文规定，书坊刊行的书籍，"书尾就刻匠户姓名查考，再不许故违官制，另自改刊。如有违谬，拿问重罪，追版划毁，绝不轻贷"。

3. "仍取匠户不致违谬结状同依准缴来"。命各书坊都要写出遵规守制的刻书保证书，具结画押后上交官府，作为检查处理刻书质量的凭证。

上述规定（均引自《书林清话》），应该说是我国历史上最早出现的地方性出版管理法规。

书商经营书坊也很不容易。不仅要确保出书质量，开拓市场，还要应付地方官的白拿白要。据《书影》载："杨升庵《丹铅总录》，汀州上杭县有刻本，宦闽者远近皆取之邑令。令索之民间。印以绵侧理，装以绫锦。每部民赀二金余，而官动取十数部，又不给值。"这里的"动取"二字表明，官员们到书坊白拿白要不止一次，而且动不动就来取走十几部。书坊主人叫苦不迭，还得笑脸迎送。明朝的吏治如此腐败，看来也难以管理好图书市场。

第四节　明代的代表著作

明代书业的外部环境较为宽松。刻字工价低廉，纸张生产发达，出书不必像宋、元时期那样事先送官府审批，"书皆可私刻"。随着城市的发展，图书市场的扩大，图书品种增多。据张秀民先生考证，"明人实际刻书当有一二万种"（《中国印刷史》）。其中，最有特色的是特大型类书的编纂和古典长篇小说以及科学技术名著传世。摘其主要代表作简述如下。

一、类书与丛书

明成祖命解缙等学者修纂《永乐大典》，集历代官修类书之大成。本书前已叙及，下面只略作补充。印刷术发明以后，从编修类书发展到编纂丛书。它与类书有共同之处，即集众书为一书。其区别在于，类书有特定的编纂体例，或以类分，或按韵编。丛书是将不同的书汇集在一起，各书先后并无一定的次序。

（一）《永乐大典》。这是一部超大型类书，只有手抄本，并未出版，更谈不上出售。在明代，这部巨著深藏宫内，利用状况究竟如何，也很难说。但它搜罗丰富，自先秦至明初 8000 余种古籍都分门别类辑入《大典》，对保存古代文献发挥了重要作用。现存《东观汉记》、《续资治通鉴长编》、《建炎以来系年要录》等稀缺史籍，都是从《大典》中辑出，被书坊重新刊行才流传到现代。

（二）《说郛》。明人陶宗仪编的大型丛书。我国最早的丛书始自南宋俞鼎孙、俞经同编的《儒学警语》，仅收宋人著作 7 种。到了明代，书坊刊行丛书渐成风气，代表作有《说郛》、《津逮秘书》等。《说郛》分类选辑汉魏至宋元的各种笔记汇编而成。内容包括经史、小说、杂记、诗话、文论等，共数万条，采录之书达 600 余种。其中少数作品世无传本。

（三）《津逮秘书》。明人毛晋辑，共 15 集。这部丛书源于胡震亨的《秘册汇函》，只刻了 20 多种因火灾被焚。汲古阁毛晋购其残版，并合家藏旧籍增补到 141 种，定名《津逮秘书》，刊行于世。该丛书多选自宋、元人著作，偏重掌故琐记。前此各家丛书，多不足之本，只是选辑片断内容，而这套丛书所收，全帙较多。

二、历史、地理著作

明代的官修史书极少，只有一部明初编纂的《元史》，仓促成书，多有粗略。明代私家修史的却很多。明末清初学者全祖望说："明季野史，不下千家。"李贽的《藏书》、《续藏书》以及谈迁的《国榷》，堪称代表作。明代的地理学取得了突出成就，其代表作有徐弘祖的《徐霞客游记》等书。

（一）《藏书》、《续藏书》。作者李贽，其生平事迹前已叙及。李贽在青年时代就不受封建传统思想的羁绊，对旧事物具有一定的批判精神。他披阅史书，独立思考，见解独到，作史论《藏书》。体裁采纪传体，叙及战国至元代历史人物约 800 人。《续藏书》叙及明初至明神宗以前人物约 400 人。这两部书对历史人物作了与传统见解不同的评价。自称"颠倒千万世之是非"、"与世不相入"，只能"藏之后世"，遂取名《藏书》。其实，这是一种向封建传统势力作斗争的策略。他的书并未藏起，而是由书坊刊行于市。李贽还著有《焚书》、《续焚书》，内容对儒家经典和假道学进行了有力批判。李贽的这些著作上市以后就被查禁。但禁愈严，传愈广。

（二）《国榷》。作者谈迁（1594—1658），浙江海宁人。原名以训，字仲木，明亡改名迁。天启初着手撰明朝的编年史，天启六年（1626）写出初稿，取名《国榷》。古人"横木水上曰榷"。意在自己编写的史书"句榷而衡之"，公正严谨。他费尽心血编出的初稿被盗，又发愤重编。前后花费 30 多年才成书，共一百卷，具有较高的史料价值。本书只有抄本流传，清代没有刊行，未遭清人篡改。1958 年，由中华书局排印出版。

（三）《徐霞客游记》。作者徐弘祖（1587—1641），江苏江阴人，字振之，号霞客，明代杰出的旅行家和地理学家。万历三十五年（1607）始游太湖，此后 30 余年间，历游 16 个省区。沿途考察地理形势，山川风貌、瀑布温泉，乃至风土人情、矿石物产等，以日记的形式逐日记叙，开创地理学系统地观察自然、描述自然的新方向。文笔生动，记述精详。本书既是地理学文献，又是文学名篇。书中关于石灰岩地貌的考察和研究，早于欧洲人一个多世纪。

（四）《星槎胜览》和《瀛涯胜览》。这两部书都是永乐、宣德年间三宝太监郑和（1371—1433）出使西洋的通事官（翻译）所记载的航行经过。郑和通使西洋，通事费信随行，前后四次，遍历诸国，以自己的见闻撰《星槎胜览》，约成书于正统元年（1436）。另一位通事马欢，随郑和下西洋，归志其事，撰《瀛涯胜览》，所记共 20 国。这两部书记述了郑和航船所到诸国的风土人情、山川地理以及当地居民的生产、生活情况，是研究 15 世纪亚非地理和中西交通的重要史料。两书已被译成多国文字出版，在世界各地广为流传。

三、文学著作

明代的小说、戏曲等通俗文学日趋繁荣，而正统的诗文则相对衰微。随着工商业的发展，市民阶层需要小说、戏曲等书来丰富精神文化生活。加之，市民文化程度的提高，印刷技术的进步，书肆书坊的发展，为小说、戏曲的创作提供了市场条件，从而也繁荣了这两类书的创作。

（一）《三国演义》。元末明初人罗贯中著。小说描写了东汉末年和三国时代封建统治集团之间的矛盾和斗争。这部章回体长篇巨著，结构宏大，人物众多，情节曲折，代表着我国古代历史小说的最高成就。书中的刘备、关羽、张飞、诸葛亮、曹操、周瑜等人物，成为民间家喻户晓的名人形象。其中的动人故事广为流传，影响深远。本书在明代有 20 多个版本，清代毛纶、毛宗岗父子修订为一百二十回本。

（二）《水浒传》。元末明初人施耐庵著。明人又有说罗贯中著或施、罗二人合著。今学术界多认为施耐庵著。小说取材于北宋末期宋江起义的史实，描写了梁山泊一百零八位农民起义英雄反对官府残暴统治的故事，暴露了封建统治阶级的黑暗和腐朽，揭露了当时的社会矛盾。小说通过艺术形象反映了"官逼民反"的历史规律，叙述了许多引人入胜的情节。小说称赞宋江只反贪官，不反皇帝，表现出一定的历史局限和思想局限。本书在流通过程中出现多种不同的本子，主要有一百回本、一百二十回本和七十回本（实为七十一回本）。

在已知的《水浒传》版本中，最早为嘉靖年间（1522—1566）的武定侯本。这个刊本是武定侯郭勋所刻。郭勋人品低劣，无政绩可言。他写了一本小说《英烈传》，传说他的始祖郭英开国时立下的赫赫战功。买通给嘉靖帝说书的宦官，天天在皇上面前演唱这本书，并谎说该书是祖传的旧本。嘉靖帝因而认为郭英的功劳大而封赏太薄，遂有意提高郭勋的官位。郭勋又乘机刊刻《水浒传》、《三国演义》等书，通过各种途径送给嘉靖身边的宦官、宫女，供他们阅读消遣。这些人得了郭勋的好处，就在皇帝面前说郭勋的好话。郭勋借此手段爬上太师宝座，成为嘉靖帝的宠臣，把持朝政，大造冤狱。他刊刻的《水浒传》等书流散到坊间，书商们纷纷翻刻出售，才使这两部书广泛流传开来。这只是传说，可靠性存疑。

（三）《西游记》。作者吴承恩，字汝忠，号射阳山人，江苏淮安人。该书在民间流传的唐僧取经故事和有关话本、杂剧的基础上，经过再创作而成。是一部规模宏伟、结构完整的长篇神话小说。作者描写孙悟空大闹天宫，曲折地反映了对封建专制秩序的反抗精神。此后，描写唐僧取经路上所遇到的形形色色的妖魔鬼怪，以幻想的形式揭露了黑暗的社会现实。由于时代的局限，《西游记》也存在一些宿命论、因果报应和封建伦理道德等糟粕。

（四）《金瓶梅》。作者署名兰陵（今山东峄县）笑笑生。小说刻画了西门庆这个集官僚、恶霸、富商三位于一体的封建市侩势力的代表人物及其一妻五妾家庭的丑恶生活，暴露了明代中叶以来封建社会的黑暗和腐朽。在我国文学史上，《金瓶梅》是第一部以现实社会和家庭日常生活为题材，描写市井世俗情态的长篇小说，具有深刻的认识价值。小说的思想内容有严重缺点，作者对腐朽的现实生活缺乏应有的爱憎，露骨的色情描写充斥全书。

（五）《牡丹亭》，又名《还魂记》。作者汤显祖（1550—1616），字义仍，江西临川人。这部传奇剧本歌颂了青年男女反对封建礼教和追求婚姻自主的不屈斗争。人物心理描写细腻，曲词幽美。明人沈德符评论说："汤义仍《牡丹亭梦》一出，家传户诵，几令《西厢》减价"（沈德符《野获编》）。

四、科学技术著作

从明代起，我国的科学技术水平开始落后于西方，但仍然涌现一批如李时珍、宋应星、徐光启等优秀科学家，在医药学、手工业技术、农业技术等方面留下了杰出著作。我国的珠算发明于元末，明代中期陆续刊行一批普及珠算知识的数学著作，对珠算的推广普及发挥了重要作用。

（一）《盘珠算法》。徐心鲁订正，明代中期由建阳书林刊行。印有算盘图，梁上一珠，梁下五珠，是以盘式对照口诀说明算法的最早面市的珠算书。在我国已失传，日本内阁文库藏有一部。明代的重要珠算著作还有《数学通轨》（算盘图式为梁上二珠，梁下五珠），出口日本，流传很广；《算学新说》介绍了81档大算盘，所求平方根、立方根多至20余位。

（二）《农政全书》。作者徐光启（1562—1633），上海人，官至礼部尚书，晚年撰成这部农业科学著作，约50多万字，60卷。书中对开垦、水利、荒政等作了重点论述，提倡种植经济作物，宣传"人定胜天"的思想。光启为官清廉，"盖棺之日，囊无余赀"。生前无力刊行此书。死后五年，"帝（崇祯）念光启博学强识，索其家遗书，诏令有司刊布"（《明史·徐光启传》）。

（三）《天工开物》。作者宋应星（1587—约1666），江西奉新人，曾任亳州知州。一生著述颇丰，以《天工开物》这部堪称世界上最早的工艺百科全书影响最大。该书刊行于崇祯十年（1637），介绍了各种手工业技术和工艺，附图123幅，并作了数据描述。其中，选育良种、采煤、炼锌、火药制造、金属器物制造与舟车制造、珠玉加工等技术，反映了明代生产力发展水平。清初，日本学者刊行了日文译本。清中叶传入西方，法国人出版法文译本，译名《中华帝国古今工业》。达尔文盛赞此书是"一部中国古代的伟大著作"。他把此书记述的人工杂交选育优良蚕种的技术，作为物种变异的论据之一。清朝统治者不重实学，这部重要著作却未收入《四库全书》。清末民初，中国学者从日本购回后，我国才得以重新出版。

（四）《几何原本》。意大利来华传教士利玛窦（1522—1610）与内阁大学士徐光启合作翻译的中文本。内容是介绍西方欧几里得平面几何学原理。万历三十五年（1607）前六卷（共十五卷）刊行问世。不久，利玛窦病逝，该书翻译中断。（清咸丰七年，《几何原本》的后九卷由英人伟烈亚力和李善兰续译完成。）《几何原本》引进的欧式几何以及演绎推理对中国哲学思想的发展起了推动作用。近代学者梁启超称本书为"千古不朽之作"。利玛窦与中国学者合译的数学著作还有《测量法义》、《测量异同》、《同文指算》等。从此，中国数学开启了中西汇通阶段。

（五）《崇祯历书》。经徐光启推荐，德意志来华传教士汤若望（1592—1666）等人用西法修撰的历书，共137卷。崇祯八年（1635）修成，其西法精度高于我国传统的中法。清朝将此历改名《时宪历》，行用200多年。

五、医药学著作

明代医药学著作数量多，内容丰富，临证各科都取得了新成就，下面介绍几种代表作。

（一）《本草纲目》。作者李时珍（1518—1593），蕲州人，世医出身。他在行医过程中，发现以往的本草书"舛谬差讹，遗漏不可枚数"，决定重新编著本草专书。历 27 年，参考 800 多种医书文献，亲到深山旷野考察各种植物、动物、矿物，并求教于药农、野老，于万历六年（1578）撰成中药学巨著《本草纲目》，共 52 卷。本书附药图 1000 余幅，药方 11000 余个，系统地总结了我国 16 世纪以前的药物学，纠正了以往本草书中的某些错误或反科学见解，是我国药物学、植物学的宝贵遗产。万历二十五年（1597），由南京的书坊刊行，复刻甚多。万历三十四年（1606）输出日本，此后又远销朝鲜及西欧各国。现已有多种外文译本在国外流传。

（二）《温疫论》。作者吴有性，明末姑苏（今江苏吴县）人。明王朝接近倾覆，战乱饥荒，疫病猖獗。在吴县一带"一巷百余家，无一家仅免；一门数十口，一口仅存者"（《吴县志》）。当时的医生多以《伤寒论》为依据来治疗，但"经医而死者不计其数"。吴有性在临床实践中认识到伤寒与瘟疫是两种病症，提出瘟疫是传染性极强的"戾气"致病，撰《温疫论》。在人类发现细菌及其他微生物 200 年前，本书论述了传染病的病因、传染途径和传染病的特点以及治疗规律，对医学界产生很大影响。此书问世后被多次刊行，康熙年间传入日本，也屡经翻刻发行。

（三）《普济方》。朱橚、滕硕等编著，永乐四年（1406）刊行。编者广辑历代各家方书、民间验方、单方，分门别类汇编而成，共收 61739 方。本书搜罗广泛，资料丰富，编次详细，是我国最大的一部方书，在中医方剂学史上占有重要地位，许多明以前失传或罕见的医书赖此书得以保存。

中国书业史

郑士德　郑北星　著

下

人民出版社

目　录

六、北朝的图书事业　97

第二节　魏晋南北朝书业经营　102
一、南北两大书业中心　102
二、图书形态的革命——纸写书取代简策　108
三、诗、书、历、画进入图书市场　109

第三节　青史留名的佣书人　112
一、魏晋的佣书成学者　113
二、南朝的佣书成学者　114
三、北朝的佣书成学者　116

第四节　魏晋南北朝的代表著作　118
一、历史、地理著作　118
二、文学著作　120
三、数学、农学、医学著作　121

第五章　隋唐五代书业　123

第一节　各朝的图书事业　123
一、隋朝对图书的购求和查禁　124
二、唐朝对图书的购求、编纂和查禁　128
三、五代十国王朝对图书的购求　135

第二节　隋唐的书业经营　140
一、隋唐的书肆　140
二、书肆与藏书家　147
三、隋唐的佣书人　150

第三节　雕版书初现市场　156
一、雕版印刷术的发明　156
二、雕版出版物进入图书市场　160
三、五代十国的雕版印卖事业　163
四、隋唐五代的图书出口贸易　166

第四节　隋唐五代的代表著作　170

第九章　清代书业

崇祯十七年（1644），李自成领导的农民起义军攻占北京，推翻明朝。早在沈阳称帝的清世祖爱新觉罗·福临（顺治）乘势入关，打败李自成，定都北京，定国号清，逐步统一全国。清朝是中国封建社会最后一个专制王朝，从清世祖入关到末帝溥仪"逊位"，共统治267年。

在清代历史上，从康熙到乾隆的百余年间是清王朝的鼎盛时期，政治统一，国力强大，疆土广阔，经济文化繁荣，官办书业和传统的民办书坊业呈发展势头。18世纪中叶，清王朝由盛转衰。1840年鸦片战争以后，西方列强入侵，采取军事的、政治的、经济的和文化的侵略手段，使中国从几千年的封建社会沦为半殖民地半封建社会，清代书业也随之发生了深刻变化。西方印刷技术引入中国，近代新书业诞生。传统的书坊业开始走下坡路，本章将清代书业分为鸦片战争前和战争后两个阶段来叙述。至于其他内容，仍沿用前几章的体例，统一叙述。

第一节　清代前期朝廷的图书事业

从顺治元年（1644）清军入关，到道光二十年（1840）鸦片战争爆发近200年间，中国仍处于封建社会。本书将这段时期划为清代前期。清王朝巩固政权之后，也开始推行文治，购求遗书，组织了规模空前的图书编纂活动。清廷刊行书籍的机构远盛于明朝。本节主要叙述清前期朝廷对图书的购求、编纂、刊刻和发行活动。

一、清前期的诏求遗书

明朝灭亡，北京遭到战争破坏，明廷藏书和私家藏书损失严重。"兵火焚掠，弥亘四方，今之奇书秘册，灰飞烟灭"（黄中立《千顷斋藏书记》）。清初统治者并未像宋、元、明开国之君那样命令自己的军队收缴和保存前朝的图书。直至顺治后期，才"诏求遗书"，但收效不大。康熙再次颁发求书诏。乾隆年间亦开展了规模宏大的求书活动。

（一）顺治、康熙"诏求遗书"。清朝入关初期，忙于统一全国的战争，当它的政权基本巩固之后，才开始考虑文治。顺治十二年（1655），发布诏令说："今天下渐定，朕将兴文教，崇儒术，以开太平。直省学臣，其训导士子，博通古今，明体达用。诸臣政事之暇，亦宜留心学问，佐朕右文之治"（《清史稿·世祖本纪》）。兴文教，崇儒术，离不开图书。翌年（1656）三月，"诏求遗书"。他命令各直省学臣向民间购求内府所缺之书。实际效果如何，缺乏史料记载。顺治没过几年就去世了。振兴文教，重整图书事业，只能由他的继承人康熙来承担了。

康熙（玄烨）是一位具有雄才大略的政治家。《清史稿》说他"经文纬武，寰宇一统……圣学高深，崇儒重道"。鉴于明末清初国家藏书遭受严重损失，康熙二十五年（1686）四月"甲午，诏求遗书"（《清史稿·圣祖本纪》）。诏令礼部和翰林院派人到通都大邑访求遗书，凡经史子集的"善本、藏书秘录，宜广为访辑，务令搜罗罔失，用充秘府，以广见闻而资掌故"（《东华录》）。这次访求很有成效，许多宋、元旧籍被礼部搜购到。其中，也有一些是文臣进献的。仅刑部尚书、《明史》总纂官徐乾学一人就进呈《大易粹言》、《续资治通鉴长编》等珍贵古籍12部，近500卷，受到康熙的嘉奖。

康熙求书是很务实的，拒不接收教人"长生不老"的炼丹之书。康熙二十八年（1689）春，他南巡至江宁（南京），"江南民王来熊献《炼丹养身秘书》一册"。康熙勃然大怒，"掷还之"。通告随行诸臣说："朕于经史之余，所阅载籍多矣，凡炼丹修养长生及师巫自谓前知者，皆妄诞不足信，但可欺愚民而已，通经明理者断不为其所惑也"（《东华录》）。在这个问题上，康熙比过去的历代帝王都英明。唐太宗晚年，因迷信道术仙丹，中毒而死。宋真宗因迷信"天书",伤财误国。明太祖把"献天书"的盱眙人杀掉。康熙既拒收此类迷信书籍,又对献书人采取宽容态度,虽然大怒,也不过是"掷还之"。

康熙晚年,曾召集诸皇子及文武近臣入宫,告诫他们拒收迷信书籍:"八龄践祚,迄今五十七年,从不许人言祯符瑞应,如史册所载景星、庆云、麟凤、芝草之贺,及焚珠玉于殿前,天书降于承天,此皆虚文,朕所不取,惟日用平常以实心行实政而已"(《东华录》)。

(二)乾隆搜访遗书。在历代帝王中,乾隆(弘历)最关心征求遗书,征求规模之大、时间之长、获书数量之多,是史无前例的。乾隆六年(1741)正月,清廷发出诏谕:"从古右文之治,务访遗编。目今内府藏书,已称大备。但近世以来,著述日繁,如元、明诸贤以及国朝儒学,研究六经,阐明性理,潜心正学,醇粹无疵者,当不乏人。虽业在名山,而未登大府,著直省督抚、学政,留心采访,不拘刻本、抄本,随时进呈,以广石渠、天禄之储"。早在乾隆初期,清廷就开始搜访遗书,其目的是为了稽古右文,聿资治理。当时还没有想到通过搜访遗书来禁毁古籍。乾隆十五年(1750)二月,御史王应缫奏称:"伏思草莽下士,皓首穷经,人往而书始出,岁久而学乃传,曾不得与今日应选之士,同邀荣遇,可为深惜。请敕下内外大臣,细加搜访,上其遗书,果能斟酌群言,阐明奥旨者,量予旌奖,其书藏诸秘府,以为积学之劝。"这道奏文,经朝中大学士、九卿公议,一致赞同,奏称:"应如所请,令直省各衙门陆续采访进呈。"乾隆批复:"从之"(《清高宗实录》)。这是乾隆第二次访求遗书。

乾隆三十七年(1772)正月,第三次诏令各省督抚学政采进遗书,汇送京师,"以彰千古同文之盛"。这个诏令发出的第三个月,"河南罗山县在籍知县查世柱,以藏匿《明史辑要》,论斩"(《清史稿·高宗本纪》)。此案传开,一些书坊主人和藏书家心有余悸,深恐因献书而惹来文字狱之祸,不敢出让。地方官员也怕受牵连,行动迟缓,"宪檄一到,即报无书"(《亭林文集》)。

乾隆三十八年(1773)开四库馆,急需各类图书作编纂的参考。由于求书效果不佳,清廷对藏书家较多的江浙皖等省督抚严旨诘问,痛加斥责。经过不断地督促，求书活动才陆续开展。为了解除民间对献书的疑惧，当年又发出谕旨说："朕办事光明正大，可以共信于天下，岂有下诏访求遗籍反于书中寻摘瑕疵，罪及藏书之人乎？……至督抚等经手汇送，更无关碍，又何用其畏疑乎"（《办理四库全书档案》）。为了鼓励民间献出珍本秘籍，乾隆提出"以书易书"。对进献图书500种以上的，各赏《古今图书集成》一部。献书百种以上的，各赏《佩文韵府》一部。"所有各家进到之书，俟校办完竣日，仍行给还原献之家"。此外，还用御笔题词，在《四库全书总目》中留下献书人姓名等荣誉性措施，鼓励向朝廷献书。通过这些措施，各地的献书活动逐渐形成高潮。乾隆三十九年（1774）八月，集中到北京的图书已达一万种以上。

从乾隆三十七年（1772）起，访求遗书固然是为了修《四库全书》，但深层次目的是"寓禁于征"。当万余种图书运到翰林院之后，乾隆屡下谕旨，命令各地官府把查缴禁书放在访求遗书的首位。明末清初的稗官野史、国初诗文、宋人言辽金、元明人言元等大批著作，以"诋毁"、"违碍"、"偏谬"等罪名，遭到查禁或篡改。

（三）清廷掌管图书的机构。清廷访求历代遗书、搜罗或购买四方典籍的任务，由礼部承担。礼部尚书直隶皇帝，"掌五礼秩叙，典领学校贡举，以布邦教"（《清史稿·职官志》）。图书同社会教育和学校贡举有密切关系，所以由礼部来征集、购求。各省督抚征求来的图书以及个人进献的图书，均交礼部会集。经礼部整理后，转翰林院或清廷藏书机构。

清廷的藏书机构比较多。凡皇帝办公、读书的处所均有藏书。昭仁殿之天禄琳琅，专门收藏明代及明以前各代的古籍善本。皇史宬收藏本朝实录、大清会典、方略等书。武英殿是内府修书机构，藏书丰富。乾隆年间开四库馆，为适应编修书籍的需要，也备有大批书籍。

官府藏书除翰林院和国子监外，还在7个地方建有藏书楼，即：紫禁城的文渊阁、圆明园的文源阁、热河避暑山庄的文津阁、盛京（沈阳）故宫的文溯阁、镇江金山寺的文宗阁、扬州大观堂的文汇阁、杭州西湖的文澜阁。这些藏书楼主要收藏《四库全书》。其中镇江、扬州、杭州的南三阁，准许文人学者到阁中抄阅。

二、清廷的图书编纂

在历代封建王朝中，清王朝编纂的图书最多。其编纂机构可分为常设、例设、特设三种。常设的有武英殿修书处和国史馆（掌修清朝国史）。例设即按惯例开设的编书机构，如实录馆、圣训馆（纂修前代皇帝的实录、圣训）等。特设即为编修某一部书而特别开设的编书机构，图书编成，馆即解散。此类机构较多，如会典馆、明史馆、通鉴纲目馆、一统志馆、八旗通志馆、医宗金鉴馆、古今图书集成馆、四库全书馆等。这些特设编书机构由皇帝指派监修总裁官，临时抽调编修人员。

（一）顺治朝的编纂活动。顺治入主中原，实行尊孔崇儒，奉程朱理学为正统，命儒臣修《孝经衍义》、《易经》、《资政要览》、《通鉴全书》等书，还修成了《大清律》。那时，清廷的编纂活动尚处于起步阶段，到康、雍、乾时期才进入高潮。

（二）康熙朝的编纂活动。康熙勤奋好学，博览群书，很重视图书的编纂活动。他亲自批点《资治通鉴纲目大全》等书，谕旨"凡文武各官，皆须读，于古今得失，加意研究"（《东华录》）。凡是经他批点、批注或修改的书，便成为"钦定"、"御定"著作。其范围涉及经学、历史、文学、数学、农艺、天文、历法等类别。康熙喜好数学。著有《御制三角形推算法论》、《积求勾股法》等书。他还组织人才编撰《数理精蕴》，介绍西方中世纪数学知识。

康熙朝内府约刻书 50 余种，5100 余卷。著名的官修书有《古今图书集成》、《康熙字典》、《渊鉴类函》、《佩文韵府》、《全唐诗》等。

（三）雍正朝的编纂活动。雍正（胤禛）以勤政俭朴自律，猛严治国著称。雍正朝内府刻书 38 种，11500 卷。《明史》在雍正朝最后修成，又续修《大清会典》，颁行圣祖（康熙）御纂《书经传说》，御纂《孝经集注》、《日讲春秋解义》等。雍正为整肃宗室纪律，编纂了一本《朋党论》。朋党是以私人关系为纽带在朝中形成的任用私人、排斥异己、削弱皇权的官僚集团。《朋党论》是为处理宗室结党案造舆论的，强调不论什么人，结党必诛。结果，受朋党案牵连的数十名宗室、贵族、显官被革职、降级，或被拘禁。

（四）乾隆朝的编纂活动。乾隆"揆文奋武，于斯为盛"（《清史稿》）。

本朝编纂和刊行的书籍最多，约150余种，17600余卷。著名的有《四库全书》（见本书第五节）、《十三经注疏》、《国朝诗别集》、"二十一史"等。

乾隆朝还有一项巨大的刊刻工程即《乾隆版大藏经》，又称《龙藏》，共724函，每函10册，共7240册，收佛教经典1675部。全部板片重达400吨，历经250多年风风雨雨，迄今（21世纪）板片基本完整。

（五）嘉庆朝的编纂活动。从乾隆后期起，清王朝开始走下坡路，嘉庆即位虽然极力调整各方面政策，却已难挽颓势。图书编纂刊刻事业已失去前朝的辉煌。内府约刻书35种，4500余卷，多系继刻、重刻前朝遗籍。新编纂而又影响深远的应属《全唐文》，编入18488篇文章，共1000卷。"有唐一代，文苑之美，毕萃于兹"（俞樾《全唐文拾遗序》）。

道光以来的编纂活动。道、咸、同、光、宣历五朝90年间，清王朝日趋衰败，内府合计刻书仅36种、15017卷，多为御制诗文集或增订续刻前朝旧籍。

三、皇家书业及其经营

清顺治时期，翰林院修纂图书由内务府召集原来明朝经厂的工匠刻版，称清内府本，其格式与经厂本大同小异。印数有限，主要供皇室、贵族或朝臣阅读，不公开发卖。从康熙朝起，总管宫廷事务的内务府在武英殿设立修书处，公开刊行官修书。康熙后期，曾一度在扬州设立诗局，也属于内务府主管的皇家书业。地方官府主要翻刻武英殿的官颁书。此外，有些书院也刊行书籍，虽非皇家经办，也多为官办。

（一）武英殿修书处。康熙十二年（1673），内务府奉旨在紫禁城内的武英殿设造办处，重新修补明朝经厂旧刻《文献通考》板片。此后，内府书籍统由造办处刊行。康熙十九年（1680）正式定名武英殿修书处，归内务府管辖，派亲王、大臣总裁其事，但有关图书的修纂、刊行，均由皇帝钦定。修书处实际是一个皇家书局，有400多名工作人员。内设：翰林校刊处，从事编纂校刊图书；监造处，下设21个作坊，从事刊印、装订图书；又设通行书籍售卖处（隶属于监造处），从事颁发、销售图书以及仓储保管。

清廷的官修书多由武英殿修书处承刻。除刻印汉文书外，还刻印满文、蒙文书。出书内容侧重典章制度、上谕、御制诗文、御纂经典、会典、实录、史地、天文以及官修教学用书。其刻本称"武英殿本",简称"殿本"或"殿版书"。康、雍、乾三朝是殿本书刊行最多的时期。殿本书印制精良,抄写书板的人均经过严格选拔,恭楷精写,刊刻精致,纸张莹洁,墨香色润,装潢端雅,堪称清代刻本书的代表作。同治八年(1869),武英殿发生火灾,近 200 年来的殿本书板大部分被毁。

乾隆年间,武英殿修书处用木活字印书较为著名。主事官员金简,朝鲜人,入清隶正黄旗籍,历官内务府笔帖式、内务府大臣,管理和监督武英殿刻书事宜。他提议用木活字印书,奏折说:"臣详细思维,莫若刻做枣木活字套板一份,刷印各种书籍,比较刊板工料省简悬殊。……遇有发刻一切书籍,只需将槽板照底本一摆,即可刷印成卷。"乾隆批示:"甚好,照此办理"(《中国近代出版史料二编》)。修书处仅用一年多时间刻成木活字 25 万枚。当时正在编纂《四库全书》,词臣从《永乐大典》中辑出失传书籍 385 种。在金简主持下,用木活字排印了其中的 138 种,又续印单行 7 种。因"活字版"之名不雅,乾隆取名"聚珍版"。这套用木活字排印的书称"武英殿聚珍版丛书",史称"内聚珍"。这套大型丛书是中国出版史上仅有的木活字大规模统筹运用,从而把中国古代活字印刷技术推向新的高峰。2012 年 7月,故宫出版社已影印出版,按原样装订,分 236 函,1413 册。只印 300 套,编号限量发行。

(二)殿本书的发行。殿本书(即武英殿聚珍版书)以及国子监、翰林院贮板印制的图书,除供宫内陈设、皇室贵族阅读和赏赐之用外,也公开发行。发行方式分为颁发、预订、寄销三种。

1. 颁发。颁发的主要对象是各省布政使司,每种书一般发给一两部,也有多至百部的。各省布政使收到书后,凡需广为传播的,则组织翻刻流布,或招募书坊刊印售卖。图书的颁发事务由礼部负责。康熙十五年(1676)谕令礼部:"将《古文渊鉴》、《资治通鉴纲目》等书颁发各省,凡坊间书贾有愿意刊刻售卖者,听其自便"(《大清会典事例》)。康熙年间陆续颁发的图书还有《朱子全书》、《周易折中》、《孝经衍义》、《性理精义》、《律历渊源》以及《诗》、《书》、《春秋》等一大批书,诏令各省"依式刊版通行"(《大清会典事例》)。

乾隆登上皇帝宝座的第一年，就谕令礼部："从前已颁圣祖（康熙）御纂《周易折中》等书，各省虽已镌板，然得书者寥寥。令各省招募坊贾，自备纸墨刷印，通行售卖"。不久，又陆续颁发《日讲四书解义》等书，皆令各省布政使"招募坊贾士子等人赴司呈请刷印售卖"。乾隆三年（1738）谕令礼部："从前颁发圣祖御纂经史诸书，交直省布政司刊刻，准人刷印。近闻书板收藏藩库，士子及坊间刷印者甚少，着各省将书板重加修整，供士民易于刷印，坊间有愿翻刻者自便。如御纂诸书内，有为士子所宜诵习而未经颁发者，准予各省督抚奏请颁发，刊板流布"（《大清会典事例》）。这个谕令经礼部周知各省。各省督抚对朝廷颁发之书，不敢怠慢，随时奏报"刊板流布"情况。从《明清内阁大库档案史料》来看，此类奏报不少。如乾隆四年（1739）甘肃巡抚元展成奏报说："遵旨将《御制朱子全书》、《诗经》、《书经》、《春秋》、性理诸书已经刊刻完竣，并出示晓谕绅士人等，听其自便刷印。《御制周易折中》、《康熙字典》现在敬谨刊刻，俟告成之日印发各属广布。唯有《御制律历渊源》、《大清会典》二书未蒙颁发，理合请颁，以便会同《四书解义》一体刊刻。"陆续奏报殿本书翻刻发行情况的，还有湖广总督孙嘉淦、江苏巡抚陈大受等。各省翻刻和发行的费用，一般都摊入成本。如有亏空，经奏准可在上年度节余公项银下拨补。

清廷曾于乾隆四十一年（1776）向东南五省颁发《武英殿聚珍版丛书》。"敕所在镌勒通行，用广流布。一承录命开雕者，江南凡三十九种，江西凡五十四种，福建凡一百二十三种，浙江凡三十九种，卷帙多寡不一，以福建为最富，以浙江为最精"（丁申《武林藏书录》卷上）。各省对翻刻发行这套丛书都非常重视。以浙江为例，闽浙总督钟音、浙江巡抚王宣望以及三司长官、杭州知府等都参与其事。"书凡二十函，一百二十四册，谨遵殿本原定价值，共计纹银十二两五钱八厘九丝二忽。省城振绮堂汪氏、寿松堂孙氏、知不足斋鲍氏公印通行，皆进书之家而承刊者，世又称三单本，迄今百余年，全帙亦罕觏矣"（《大清会典事例》）。

清廷向各省颁发的书，由不收费逐步转为收费。康乾盛世经济实力雄厚，向各省颁发图书，不收书款。后来，国库日益空虚，颁发图书则采取收款制。嘉庆五年（1800），清廷向每省颁发《吏部则例》各六十部，各省应交书价银三百零八两八分。奉天、山西等十五省已如数交清，福建只交了三十部书款，山东则分文未交。武英殿修书处多次发文给山东、福建，催交书款。诸如此类的拖欠书款现象时有发生，而且越来越严重，甚至嘉庆二十二年（1817）颁发的《西巡盛典》、《骈字类编》等书，到了道光二十年（1840），仍有广东、江西、浙江等省欠交书款。修书处向皇上告状说：这三省"共应交价银一千四百五十两八分六厘"，"福建共积欠武英殿聚珍版价银四千一百四十一两二钱二分八厘一毫二丝二忽，除道光三年（1823）曾解交一千两外，其余至今未还。江南共积欠书价银二千四百两七钱五分七厘六毫八丝八忽。道光十九年催交，至今仍未归还"。各省长期拖欠中央的书款，反映清廷统治已江河日下，政令不通，管理松弛。在鸦片战争中一败涂地的道光帝，对这样一个小问题也无能为力，只好发出谕旨："江南、福建二省因积欠未清，暂停不发"（《大清会典事例》）。江西、广东、浙江三省各欠银不到五百两，金额不算多，仍"各发六十部"。颁发图书收不回书款，而清廷财政日绌，导致武英殿刊行图书越来越少。

2.预订。这是向中央六部、监、院及地方各级政府官员发行图书的办法。乾隆三年（1738），礼部曾遵旨会同修书处将武英殿、翰林院、国子监、礼部等处所存书板及藏书分别进行了清点。向乾隆奏报说，这四处共存76种书籍，"于学术有所裨益，宜广为流布。将其刷印各书所需纸墨工价核定，凡满、汉官员愿意指俸若干刷印者，由其所在旗、县衙门查明，咨送武英殿照数刷给，并行文户部，扣俸还项"（《大清会典事例》）。乾隆准奏。当年还没有预订这个名词，但从其奏报的发行办法来看，与现代书业的图书预订大体类似。其预订办法是，将这76种书标明定价，通过各级政府系统告知满、汉官员，然后以所在旗、县衙门为报订单位，自愿提出各书订数，由武英殿"照数刷给"。书款则由户部从应拨给各地政府的俸禄总额中"扣俸还项"。用现代的发行术语来说，这是一种"系统发行，内部预订"。

这种预订办法约推行了4年。乾隆七年（1742），经皇帝批准，征订对象进一步扩大，征订办法也有所改进。"武英殿所贮书籍，凡各衙门官员欲买者，由本衙门给咨、齐银，到日即行给发；非现任人员及军民等人欲买者，也准予给发，由翰林院给咨、齐银办理。武英殿所贮书板，亦听官员人等刷印。以后，每刻得新书，于呈祥之日，即将应否听其刷印请旨，永著为例"（《大清会典事例》）。这里所说的"给咨、齐银"，就是商量办理订书，交齐书款，按事先规定好的日期，由有关衙门或翰林院发给图书。看来，各衙门和翰林院都奉旨承担了殿本书的代订代发任务。武英殿刊刻的图书能否公开发行（听官员人等刷印），都要事先奏请皇帝批准。

3. 寄销。武英殿修书处位于紫禁城内，戒备森严。一般平民士子难以入内购书，就是满、汉高级官员想进入这个修书处也并非易事。为了扩大殿本书的销售，从乾隆三年（1738）起，"将武英殿各书交与崇文门监督，存贮书局，准予士子购觅"（《大清会典事例》）。崇文门监督是清朝户关监督之一，掌征纳出入京师商货之税，兼充内务府买办及抄没物资之发卖。关署在北京城崇文门外大街东侧。正监督为主官，由特派旗籍大臣兼充；副监督又称"副使"，由内务府大臣选派。税收正额解交户部，盈余归内务府。武英殿修书处是内务府的所属机构之一。所以，可以通过这个同商家接触频繁的崇文门监督关署，物色可靠的书局寄销殿本书。

修书处设立"通行书籍售卖处"以后，就逐步与京城的各大书局、书铺建立寄销关系，直接"发交五城书铺，售卖流通"。其具体做法在道光九年（1829）的修书处奏折中有所反映："本处向例遇有聚珍摆印各书，及刷印通行各种书籍，俱发交五城领卖。令其按四季投缴价银，行文都察院照例饬交五城司坊，派令殷实铺户，每五家连名互保出俱，平价流通"（《武英殿修书处档》）。清代北京分中、东、西、南、北五城。各城设察院，隶属清廷最高监察机构都察院，负稽查京师地方之责，厘奸剔弊，整顿风俗。五城司坊是五城察院下设的管理街市之职役。城中各坊，其编户之头目称"坊长"，推诚实及家道殷实之人充任，定期更换，掌稽查奸伪、偷盗、赌博及来历不明之人。武英殿修书处通过从上到下的稽查系统，物色资金充裕、诚信可靠的若干书铺销售殿本书，看来属于寄销性质。修书处每出新书，这些书铺就到崇文门监督领来销售，按四季定期结算，将已售出的书款由崇文门监督转交给武英殿修书处的通行书籍售卖处。

外省的书坊，可以代售本省布政使司翻刻的殿本书，也可以"赴司呈请刷印售卖"（《大清会典事例》）。乾隆年间，礼部和修书处奏报说，殿本书"各省皆有翻刻书板，可转饬各省查明修补，听坊贾等人广为刷印，或翻刻通行"（《大清会典事例》）。

清廷通过上述一系列措施，组成了殿本书在京师和各省的发行网络。道光初年和光绪二十年（1894）仍先后谕令修书处等衙门，"查补原刻书板，重印发卖"（《军机处录副奏折档》）。可见，这个发行网络持续200年之久。

（三）钦天监印造《时宪历》。清朝沿袭元、明等朝做法，由钦天监"岁给奏新历，送礼部颁行"（《清史稿·职官志》）。该监设时宪科，"掌推天行之度，验岁差以均节气，制时宪历，颁之四方"。这个"颁之四方"，主要颁发给各省布政司，由各省布政司翻刻印卖。康熙三十六年（1697）的《时宪书》，卷首刊有"钦天监奏准印造时宪历日，颁行天下。伪造者依法处斩，有能告捕者官给赏银五十两。如无本监历日印行，同私历"。私人伪造历日要处以死刑，说明惩处之严厉。但各地书商可以按批发价向官府批进《时宪历》，广为推销。

（四）扬州诗局。康熙四十四年（1705），江宁织造曹寅在扬州城北天宁寺创办的皇家书局，隶清廷内务府。这一年，康熙南巡，发现明末藏书家"胡孝辕《唐诗统签》，凡千余卷，久未版行。上命购其全书，令织造府兼理盐课通政曹寅鸠工刻于广陵（扬州），胡氏遗书幸不湮没"（王士禛《分甘余话》）。曹寅奉旨，花了一年多参照胡氏遗书和清初季振宜编的《唐诗》，重新编成《全唐诗》，共收诗49403首，诗作者2873人。此后，扬州诗局又陆续刊行了不少诗文集。

曹寅（1658—1712），字子清，清汉军镶蓝旗人，是《红楼梦》作者曹雪芹的祖父。曹寅的父亲是皇上的近臣，母亲当过康熙的乳母。曹寅13岁担任康熙的御前侍卫，能诗及词曲，深得康熙的宠信。及长，历任通政使、江宁织造、两淮巡盐御史。扬州诗局就是用两淮的盐余款项开办的。

扬州诗局刊刻《全唐诗》一举成功，闻名于世。全书字体秀润，墨色匀称，纸张洁白，装潢豪华。进呈入宫，康熙大悦，批奏"刻的书甚好"。清人金埴称赞曹寅："素耽吟，擅才艺，内廷御籍多命其董督，雕镂之精，胜于宋版。今海内称'康版书'者，自曹始也"（《不下带编》）。这个诗局刊行的著名图书有：《御定历代赋汇》、《御定全唐诗录》、《御定佩文斋书画谱》、《御选宋金元明四朝诗》、《敕编佩文韵府》等等。曹寅为刊行《佩文韵府》辛劳成疾，于康熙五十一年（1712）病死于扬州诗局。

扬州诗局刊行的书籍也公开出售。官绅士子有愿自备纸张刷印者，准其自便。书局的售书价格称售价银。诗局刊行的《佩文韵府》以台连纸刷印，售价银十一两六钱二分九厘，其中成本费占82%，其他耗余（实为发行费）占18%。这是由书局或武英殿修书处直接销售的价格，且系散本散页，不加装订。如果装订成册并加做函套，则另收费用。武英殿修书处和扬州诗局发行图书，均有详细的发行记录，备日后查考。

（五）官办书院刻书。清初，朝廷对书院采取抑制政策，害怕文人学者到书院自由讲学，抒发对明朝的怀念，对清朝统治者不利。后来，一些封疆大吏为提倡理学，相继在省城设立官办书院。雍正十一年（1733）"谕旨"鼓励在省城设立书院，并各给予一千两银子的开办费。清代书院约780余处。其中，少数书院也编纂、刊行书籍，著名的有广州的学海堂书院，刊行《皇清经解》等书180余种。其他书院刊行书籍的还有湖南岳麓书院、武昌勺庭书院、昆明育才书院和五华书院、建阳同文书院、安徽新安书院等20余处。一般只出一两种书，多者也不过20余种。书院刊行的书籍，主要供学生研修，也公开出售。

第二节　清代前期的民营书业

清初，各地的抗清战争持续近20年。清廷采取民族高压政策，进行残暴镇压。经济文化较发达的南方各省，经过清军洗劫，财物焚掠殆尽，城镇荒凉，民营书业同其他工商业一样，急剧衰落。康熙二十年（1681）清军平定吴三桂等三藩之后，采取与民休息政策，社会生产力逐渐恢复，民营书业逐步振兴。北京成为全国书业中心，琉璃厂书店街闻名海内，苏州成为南方书业中心，浙、闽、徽、赣、粤、川、鲁、豫、晋等省的书坊业也有所发展。

一、北京的民营书业

北京是清代的政治、文化中心。顺治初期，几十万旗人包括军队占据北京内城，大批汉族人被迁居外城。明代设在大明门内的书坊书肆，清军入关后已不复存在。清初，城隍庙发生火灾，庙会书市迁至广安门内的慈仁寺，新年灯市移至正阳门外的琉璃厂。从乾隆年间起，琉璃厂一带书店云集，逐渐成为书店街。

（一）清初的慈仁寺书市。明代成化年间（1465—1487），宪宗为其出家为僧的舅舅在元代报国寺旧址修建了一座规模宏大的寺院，称"大报国慈仁寺"。当时有几百名和尚，几百顷庄田。清初，每月朔、望及二十五日为庙会，百货杂陈，书摊罗列，游人如织。在平日，这里也有书摊营业。"考康熙朝诸公，皆称慈仁寺买书，且长年有书摊，不似今之庙市仅新春半月也"（陈康祺《郎潜纪闻》）。

清初学者王士禛、朱彝尊、宋荦、丁耀亢等人在诗文中多次提到慈仁寺书市。王士禛在《居易录》一书中常常记述到慈仁寺书市购书情况："官都下二十余载，俸钱之入，尽以买书。尝冬日过慈仁寺市，见孔安国《尚书大传》，朱子《三礼经传通解》，荀悦、袁宏《汉纪》，欲购之，异日侵晨往索，已为他人所有。归来怊怅不可释，病卧旬日始起。古称书淫书癖，未知视予何如？"这段记述表明，来书市买书的读者不少，有些罕见的书很快售缺。

王士禛（1634—1711），号阮亭，又号渔洋山人，顺治进士，官至刑部尚书。一般文人难以谒见，但在慈仁寺书市却常常能见到。他在《古夫于亭杂录》中说："昔在京师，士人有数谒予，而不获一见者，以告昆山徐尚书健庵（乾学）。徐笑谓之曰：'此易尔，但值每月三、五日于慈仁寺书摊候之，必相见矣。如其言果然。'"

慈仁寺书摊设在山门内的两庑廊内，排列成行，主要出售古旧书，规模不小，要花很长的时间才能浏览完，以致"眼眵意倦两足酸，大笑出门日当午"（释元璟《完玉堂诗集》）。

在慈仁寺书市有不少故家藏书失而复得、散而再聚的逸事佳话。康熙年间的翰林编修万九沙"于慈仁寺市肆得其八世祖兰窗公手卷"，诗称："金石文难灭，沧桑感至今。千年归故物，悲喜那能禁"（陆师《采碧山堂诗卷》）。藏书家周蓉湖在这里购回散佚多年的藏书，邀来好友庞垲，"畅饮至夜"。庞垲即兴赋诗："忽睹亡书在，狂夫喜不禁"（《丛碧山房集》）。诗人丁耀亢家藏罗汉画卷，经战乱已散佚10年，居然在书市重逢，"初看如识面，再阅痛回肠……偶然心似触，不觉涕盈眶。"这些轶事说明，慈仁寺书市是清初京城的图书聚散地，对组织古今图书流通发挥了重要作用。

康熙十八年（1679）七月，京师地震，慈仁寺被毁。"自地震后，六十年来，荒凉已极"（《藤荫杂记》）。

（二）厂甸灯市。厂甸即北京的琉璃厂。辽时为燕下乡海王村，元、明直至康熙中期为烧造琉璃瓦的官办窑厂。清初，这一带"地基宏敞，树木茂密，浓阴万态，烟水一泓"。"自国初罢灯市，而岁朝之游改集于厂甸。其地在琉璃厂之中，窑厂大门外，百货竞陈，香车栉比。自初二日至十六日，凡半月。午前游人已集……必竟日始归"（潘荣陛《帝京岁时纪胜》）。

从康熙朝起厂甸灯市逐渐繁华。每逢新春，全市书坊、书肆、书摊都来这里摆摊售书，诗人形容这里"鼎彝书画布成行……玉轴牙签，千门联络；图书充栋，宝玩填街"。乾嘉时期尤盛，诗人王玮庆形容厂甸灯市说："入门满地尽摊书，郑笺颜注镂新板。几回翻阅穷搜罗，文字结缘蠹鱼多。洛阳纸贵何暇计，归时还仗青骢驮"（《藕唐诗集》）。这位诗人不计贵贱买了一大批书，要靠青骢马驮运归家。外地文人宦游京师，也趁机来厂甸买书。女诗人许韵兰题云："厂桥游趁上春初，囊有余钱尽买书，归压轻舟应胜石（原注：时将还黔），伴郎披读快何如？"（《听春楼稿》）。用图书压船，说明买书之多。

厂甸灯市持续数百年不衰。道光年间的方朔赋诗："都门当岁首，街衢多寂静。惟琉璃厂外二里长，终朝车马常驰骋。厂东门，秦碑汉帖如云屯；厂西门，书籍蓰素家家新。"又云："书生逐队亦何欢，除夕修钱剩百千。笑谈偶挈鸡林使，买得江南未见编"（《琉璃厂小志》）。诗人把书市写得活灵活现，读书人几乎排起长队逛书市，高丽使臣买到了市上罕见之书。民国期间，某些西方人和日本人也利用逛厂甸的机会购买中国古籍。北京解放后直至1958年，厂甸灯市仍然存在。

（三）琉璃厂书店街。康熙三十三年（1694），官办琉璃窑厂被废，这一带逐渐形成小街市。乾隆年间，这里成为书店云集之街。据李文藻《琉璃厂书肆记》，乾隆三十四年（1769），在这条二华里长的小街上已有书店 34 家。

琉璃厂从临时书市发展成为书店街是有其独特的市场条件的。一是这里邻近汉官文人聚居之地。"旧日汉官，非大臣有赐第或值枢廷者，皆居外城，多在宣武门外……士流题咏，率署'宣南'，以此也"（夏仁虎《旧京琐记》）。有些著名文人如程晋芳、朱彝尊、孙承泽、孙星衍等都住在琉璃厂附近。二是各省会馆多建于正阳门外至宣武门外这一带，而琉璃厂恰恰位于这两地之间。会馆里住有来京办事的官员、赶考的举子和外地商人，为书店街带来大批流动读者群。三是琉璃厂成为翰林院编书、访书必至之地。乾隆三十八年（1773），朝廷从各地调集 2000 多文人学者来京参与《四库全书》的编修、校订、抄写和搜访古书。"乾隆癸巳，开四库馆……每日清晨诸臣入院，设大厨供茶饭，午后归寓，各以所校阅某书应考某典，详列书目，至琉璃厂书肆访之。是时，浙江书贾，奔辏辇下。书坊以五柳居、文粹堂为最"（翁方纲《复初斋诗集·自注》）。

乾嘉时期琉璃厂书店街最为繁荣。不少文人赋诗形容当年的盛况："画舫书林列市齐，游人到此眼都迷"。这里书店多，图书品种丰富，使读者眼花缭乱。"却笑酸儒贱珠玉，巾箱时捡异书归"（徐嘉《味静斋诗存》）。贱珠玉而重异书，表达了诗人的价值取向。"细雨无尘驾小车，厂桥东畔晚行徐，奚童私向舆夫语，莫典春衣又买书。"这位读者可能是琉璃厂书店的常客，一再典卖衣物用于买书。王士禛给远在南京的友人袁枚（1716—1798）寄诗："势家歇马评珍玩，冷客摊前问故书。"袁枚猜测说："此必琉璃厂也。"足见琉璃厂书店街声名远著。

（四）乾嘉时期的著名书坊。当年设于琉璃厂的 30 多家书坊，各有特色。著名的有五柳居、文粹堂、聚瀛堂、鉴古堂等。

1. 五柳居。主人陶正祥（1752—1817），字庭学，江苏苏州人。少时家贫，自青年起卖书为业，刻苦钻研，终成专家，"言及各朝书版、书式、著者、刻者，历历如数家珍，士大夫万不能及焉"（《清代野记》）。"钜公宿学，欲购异书者皆诣君，车辙满户外"（孙星衍《五松园文稿》）。四库馆开，陶正祥被委以搜访异书秘本。

陶氏五柳居有其独特的经营之道。其一,注重刻书质量。其刊行的《抱朴子》、《太玄经集注》等多种书籍,校勘精细,工料上乘,为世人所重。其二,广交朋友。专设居舍、桌椅,供往来文人抄书留宿。丁学博在《尚书全解》卷尾作跋说:"乾隆丁酉(1777),予在京师,从琉璃厂五柳居,借抄此卷,乃《永乐大典》本也,快哉!"陶氏也是一位学者,常与黄丕烈、吴骞等名人切磋辞章。朝鲜学者李懋官、柳得恭等也常至五柳居访书谈往。其三,不牟厚利。"与人贸易书,不沾沾计利之所得……曰:吾求赢余以糊口耳。己好利,亦使购书者获其利。人之利欲,谁不如我?我专利而物滞不行,犹为失利也"(孙星衍《陶正祥墓志铭》)。北京的书价远远高于苏州。陶氏每年都返回家乡苏州购书,用船运来北京销售,但不牟厚利,低来低走,薄利多销。这种经营策略使五柳居声誉大振。

2.文粹堂。主人金氏,不详其名,苏州人。以贩运苏州刊行的书籍为主业,也刻书出售。嘉庆年间刻有满、蒙、汉文对照的语文工具书《三合便览》,还刻有《校正买卖蒙古同文杂字》,蒙汉图文对照,收辑会话词语,供去蒙古地区经商的人使用。金氏善于用人,雇苏州书商谢氏,往返苏州采购珍善刻本和抄本,素负盛名。

3.聚瀛堂。主人崔琦,杭州人。乾隆年间来京参加科举会试,屡考不中,遂在琉璃厂开设书肆,经营的珍籍善本颇多。崔氏很注重店堂的布置和对读者的服务。乾隆五十五年(1790),朝鲜使臣柳得恭在《燕台再游录》中说:"聚瀛堂特潇洒,书籍又富,广廷起簟棚,随景开阖,置椅三四张,床桌笔砚,楚楚略备,月季花数盆烂开。初夏天气甚热,余日雇车至聚瀛堂散闷。卸笠据椅而坐,随意抽书看之,甚乐也。"从这段描述来看,崔氏把店堂布置得十分幽雅,备书品种丰富,具有浓郁的文化气息。这位使臣与崔氏初次见面,留下了深刻印象:"崔生年少,亦能诗,雅人也。……每日午,崔生劝藕粉粥和砂糖,食之甚美。川楚'匪'乱,彼中士大夫缄口不言,便成时讳。崔、陶(陶正祥)两生时时痛言之,似是市井中人,无所忌惮而然耳。"崔氏如此热情接待读者,也是一种促销手段,广交朋友,发展基本主顾,扩大图书销售。

4.鉴古堂。主人韦氏,不知其名,人称老韦,浙江湖州人。精通版本,善于促销。李文藻《琉璃厂书肆记》说："韦，颇晓事，而好持高价，查编修莹、李检讨铎，日游其中。数年前，予房师纪晓岚先生买其书，亦费数千金。书肆中之晓事者，惟五柳之陶，文粹之谢，及韦也……韦年七十余矣，面瘦如柴，竟日奔走朝绅之门。朝绅好书者，韦一见，念其好何等书，或经济，或辞章，或掌故，能各投所好，得重值，而少减辄不肯售，人亦多恨之。"韦氏的经营策略与五柳居陶正祥的薄利多销截然不同，而是"持高价，投所好，得重值"。虽然名声没有陶氏好，但他"竟日奔走朝绅之门"，注重销售的主动性和针对性，熟悉各类读者需求，尽管抬高书价，读者也只好忍痛买下。

韦氏凭多年的书业经验，善于向专家学者推荐书。当年的藏书家周书昌，在鉴古斋发现吴氏《韵补》，翌日索购，"为他人买去，怏怏不快。老韦云：'邵子湘《韵略》已尽采之'。书昌取视之，果然。老韦又尝劝书昌读魏鹤山《古今考》，以为宋人深于经学，无过鹤山，惜其罕行于世，世多不知采用。书昌亦心折其言"。由此看来，这位书商学识渊博，至少对经学颇有研究。鉴古堂以零售为主，常赴江南收购古旧书，货源丰富。自己也刻书出售，韦氏编的《辑宋诗抄》等书，字体秀美。

上述各家书肆主人，文化素质较高，精通版本、目录、校勘等学，这是他们经营成功的秘诀。史学家章学诚（1738—1801）曾将书店人员戏称为"横通家"。其实，熟知版本源流以及众多图书的内容和评价，也是一门不可轻视的学问。我国封建社会不知埋没了多少为发展书业、繁荣学术作出独特贡献的"横通家"。

（五）东打磨厂书店街。东打磨厂是一条不到800米的小街，聚集了13家书店。路北有：义文书局、大有书局、益昌书局、致文堂、瀚文堂、老二酉堂；路南有：宝文堂、文成堂、泰山堂、万居书局、文达书局、河北书局。在杨梅竹斜街和隆福寺街，古旧书店居多。其中不少书店如老二酉堂等早在明末就有了。清代中期，东打磨厂又增加不少年画批发商。这些书局、书店、画铺主要以零售图书（含古籍收售）为主，也刊行一些民俗读物（画铺夏天卖扇面）。

二、江浙书业

清代前期，江苏的苏州、金陵（南京）、扬州等地的书业逐渐复兴，尤其是苏州书业发展到顶峰。金陵与扬州次之；浙江杭州的坊刻事业萎缩，图书贸易仍较发达。明中叶兴起的浙江湖州、安徽歙县的书业到清初已经衰落。

（一）苏州书肆之盛比于京师。这是叶德辉《书林清话》对清代前期苏州书肆的评语。苏州是锦绣江南的历史名城，大运河流贯其境，太湖水漫润其田，物产丰富，"阊门内外，居货山积，行人流水，列肆招牌，灿若云锦"（孙嘉淦《南游记》）。这里的居民文化素质高，人才多，书坊书肆历来兴旺，私家刻书尤多。其实，家刻本也具有商品性质，绝大多数委托书肆出售。清代可考的苏州书坊和家刻单位（二者有时难以区别），先后约107家。如果加上苏州附近的无锡、常熟书业，共达118家。清代前期，苏州书业（含家刻）至少有50家。苏州著名书坊有扫叶山房、书业堂、五柳居、士礼居等。

1. 扫叶山房。其是一家从明到清直至中华人民共和国成立初期，经营350余年的老字号书店。明万历后期在松江（今属上海市）设立，不久迁苏州阊门内。取"校书如扫落叶"的古训作店名，以示刻书精益求精。创办人席端攀，号右源，江苏吴县洞庭东山人。与其兄以贩布起家，资累巨万。次子启寓及其后裔继承扫叶山房书业，世代相传。席启寓曾购得毛晋汲古阁大量书板，用扫叶山房的牌记印行。康熙南巡苏州，驻跸其家东园。启寓进献新刻《唐诗百名家全集》四套。康熙传谕嘉奖，赐兰花，从此声誉远扬。乾嘉时该店主人席世臣，精选善本校刻《契丹国志》等4种史书，世称"四朝别史"，享誉史学界。在清代，该店刊行的经史子集以及小说笔记、通俗读本，约数百种，行销大江南北。

扫叶山房因经营有方，日益兴旺，受到同业某人的嫉妒，在阊门内另开一家书店取名卷席斋，企图卷席氏书店而代之。可是卷席斋生意不佳，不久就倒闭了。人们讥笑说，原想"卷席"，反被"席卷"。又有人在扫叶山房隔壁创办扫松山房，把松字写成古体，和叶字差不多，有意混淆，企图借助名牌效应来发展自己，结果反而遭到读者的冷落。到头来，扫叶山房仍是市场竞争的胜利者。

清代后期上海逐渐成为全国书业中心，扫叶山房先后在上海彩衣街、棋盘街设立分号。继而又在汉口设立汉号，在松江设立松号。民国初年，增添铅石印机器用新法印书。五四运动后，新文化受到社会欢迎，该店继续刊行祖传版本，逐步失掉市场。加之，在经营上墨守成规，终被时代所淘汰，延至 1954 年因严重亏损而歇业。

2. 书业堂。创立于明末的苏州阊门内，书店主人的姓氏不详，世代相传。康、雍、乾、嘉百余年间生意兴旺，以刊行小说话本为经营重点。该店的《豆棚闲话》、《济颠全传》、《说呼全传》、《后西游记》、《英云梦传》等小说畅销一时。毛晋汲古阁的部分板片被该店购去，嘉庆三年（1798）曾翻刻毛氏《十三经注疏》。嘉庆后期未见该店刻本，可能倒闭。

3. 五柳居。嘉庆年间，北京琉璃厂书肆五柳居主人陶正祥去世，其子陶珠琳（字蕴辉）继承父业，将书店迁回故里苏州，在吴门庙前重新开张，仍以收售古旧书为业。珠琳曾在内廷三馆供事，在其父的熏陶下精于版本之学。同其父相比"有过之而无不及"。苏州五柳居于同治年间歇业。

4. 滂喜园黄家书籍铺。黄丕烈（1764—1849）于道光五年（1825）在玄妙观西街创办。黄丕烈，字绍武，号荛圃，苏州人，是著名藏书家。乾隆五十三年（1788）举人，擢直隶知县，不就。官主事，辞官。终日杜门著述、校书，不惜重资购书、藏书。某书商将宋刻本《北山小集》送上门来，他愿出一两黄金的高价购买，而书商硬是要加倍的价格才肯出手。结果，只好以二两黄金成交。世人都说他是"书痴"。士礼居、百宋一廛为其藏书斋号。他开设的书籍铺主要收、售古旧书，也利用其丰富的藏书资源刻书出售。销售业务由其长孙黄习业主持。黄氏"士礼居专收毛、钱二家之零余……时收时卖……其时书肆中人，无不以士礼居为归宿"（《书林清话》）。毛、钱二家系指明末清初常熟的藏书家毛晋和钱谦益。乾嘉时期，他们二人的大量藏书被后人陆续卖掉。其中，有些书被黄丕烈购去。书业同行都知道黄丕烈喜收古书。在同业之间的图书交易，不仅讨价还价，还可以欠账。黄氏曾从一书商购得《佩韦斋集》，遂在该书作跋语："今春书估索值八饼金，余许未及半，遂不谐。迨秋末，屡以促，余归之。既而询其故，知亡其妻，欲归葬湖州，藉凄路费。余不忍食言，故允之。"书商做成一笔交易很不容易，要屡催欠款。黄家书籍铺从书商采购来的书籍，只付一小部分现款，其余部分则拖欠之，能拖则拖。该书商多次来讨账，最后以归葬亡妻的理由才把书款全部讨回。

黄丕烈知书识书，也善于经营图书。经他精心选辑，请良工翻刻罕见的宋本书 22 种，定名《士礼居丛书》，校勘精当，为学者所重。在他开设的书籍铺里，备有《士礼居刊行书目》，"其书价、册数均注明某书之下，并记付梓之岁，录之以备后有观览者"。书目之前，注有"书价制钱七折"，书目后印有"滂喜园黄家书籍铺"图章（范锴《华笑庼杂记》）。这个书目不仅标明书价，还给予七折优惠，表明它是为了宣传促销用的。

（二）书坊行业之神——梓潼帝君。最迟到清初，苏州就有了书业公会组织，初称"崇德书院"，后改称"崇德公所"。同治十三年（1874）在苏州尚义桥崇德公所院内立有一碑。碑文称："苏城书坊一业，向于康熙十年间曾建崇德书院，在治北利三图汪家坟，供奉梓潼帝君，为同业订正书籍、讨论删原之所。并同业中异乡司伙，如有在苏病故，无力回乡者，代为埋葬狮山义冢等事宜。历年久远，咸各遵守。兵燹后，公所被毁，故址荒蔓，难以修葺。今同业各愿捐资，更卜新基，在于治下北利四图石幢弄内，重建崇德公所。择吉兴工，次第建造。一应章程，悉循旧规。皆出同业自愿捐办，毫无假公勒捐情事……"（《明清苏州工商业碑刻集》）。

这个碑文表明，早在康熙十年（1671）苏州的书坊业就集资建立了行业公会的议事场所崇德书院，后改名"崇德公所"。康乾年间，苏州共有工商公所、会馆 29 个，书业公所是其中之一。它们的共同宗旨都是协调同业之间的关系，摆脱官府约束，保护竞争，促进互助。书业供奉的行业神在苏州为梓潼帝君，北京琉璃厂书业称"文昌帝君"，名称不同，实为一神。文昌是星官名，属紫微垣，包含六颗星，又名"文曲星"、"文星"。神话传说它是主宰天下文教之神。因此，书坊业、刻字业以及教育界均奉文昌帝君为祖师——行业神。元代延祐三年（1316），仁宗将"梓潼帝君"加封为"辅文开化文昌司禄宏仁帝君"，两者遂合二为一。又说，文昌帝君生于四川梓潼县，又名"梓潼帝君"。

《明史》载："梓潼帝君者，记云：神姓张，名亚子，居蜀七曲山，仕晋战没，人为立庙。唐、宋屡封至英显王。道家谓帝命梓潼掌文昌府事及人间禄籍，故元加号为帝君。而天下学校亦有祠祀者。景泰中（1450—1456），因京师旧庙辟而新之，岁以二月三日生辰，遣祭"（《明史·礼四》）。清代，北京书业仍于每年农历二月三日举行祭祀活动。

清代书业界传说，这位文神曾保护过书业。秦始皇焚书时，梓潼（文昌）帝君将书籍藏于二酉山中，躲过了焚书的厄运，因而奉他为书业神，实际是牵强附会。

梓潼帝君作为书坊业的祖师被供奉在崇德公所，对全行业同人发挥了凝聚作用。书商经常在公所聚会，讨论全行业共同关心的问题，联络感情，加强互助。各书坊刊行的书籍，除自行销售外，也可以求助全行业代为销售。

苏州的崇德公所订有行规行约。道光十七年（1837）十月，65家书坊订立《各书坊公禁淫书议单条约》："议得凡有应禁淫书板本，各坊自行检出赴局呈缴，照议领价，如有藏匿不缴者，察出议罚，任局吊销；议得外省书友来苏兑换者，先将捆单交崇德书院司月查明，如有应禁书籍，即行交局销毁，只付纸价，倘匿不呈缴，及各坊私相授受者，俱照原价以一罚十，一半归崇德书院充公，一半缴局充公，仍将原书缴局销毁，或外省书友不遵局议，请局发封，任凭局办"（《元明清三代禁毁小说戏曲史料》）。这是我国文献上最早记载的书坊业行规行约，全行业相互约定、相互监督，禁售淫书。

（三）玉峰书籍街。玉峰是清代江苏的一个小镇，今上海市昆山县城，西邻苏州，水陆交通方便。最迟在乾隆年间，这里就形成了书籍街。黄丕烈在《士礼居藏书题跋记》中多次提到它。乾隆五十六年（1791），黄氏获悉《孟子注疏解经》有丛书堂刻本，"亟往索之，云已携至玉峰书籍街去矣。迨至书船返棹，而是书依然在焉。喜甚，携之归。"嘉庆四年（1799），黄氏又记述说："夏初，玉峰岁试时，书贾毕集郡中。"嘉庆十七年（1812），他同友人陆拙生谈书，"时拙生亦自玉峰科试归，而书籍街竟无一获。古书难得，数年之间已判盛衰矣"。道光三年（1823），黄氏发现一部《江月松风集》，记述说："余向来之见，今见诸玉峰考棚汗筠斋书籍铺。"从黄氏的《题跋记》来看，这个玉峰书籍街，跨乾隆、嘉庆、道光三代，至少存在数十年。这里不仅有固定的书籍铺，每逢岁试，生员来这里赶考，书贾云集，连苏州的书坊也要赶来设摊售书。一个小小的集镇，在清代竟能形成以零售为主的书籍街，全国罕见，足证这一带经济、文化发达。

（四）金陵书坊刻版盛行。清朝将南京改名"金陵"，又称"江宁"。它是"五方辐辏"、南北商贾争赴的大都会，人文之盛甲于东南。金陵书坊业经过清初的破坏，到康熙朝有所恢复，但店数较晚明时期有所减少。清代前期可考书坊仅 12 家。著名书坊有芥子园、大业堂、奎壁斋等。

1.芥子园。清初著名戏曲家李渔（号笠翁，浙江兰溪人）于康熙十八年（1679）创办的书坊，又名"翼圣堂书店"。经营业务由其女婿沈因伯主持。"地止一丘，故名芥子，状其微也"。书铺与住宅连在一起。芥子园刻的书遍天下，至今还有名，以精刻饾版五色套印的《芥子园画传》（共四集）最为著名。初印本用开化纸，不失原稿神韵，色调绚丽夺目。问世后颇受欢迎，成为指导国画技法的教材，二百多年来对初学者学习国画传统技法和借鉴前人绘画遗产发挥了不小的作用。后世书坊多有翻刻复制。1960 年，人民美术出版社曾影印出版。

芥子园还刊行了李渔创作的小说传奇如《无声戏》、《十二楼》、《风筝误》等所谓"闲书"。李渔给友人写信说："今人喜读闲书，购新剧者十人而九；名人诗集问者寥寥"（《与徐冶公书》）。一些畅销书如《三国志传》、《金瓶梅》、《水浒传》、《西游记》、《今古奇观》等由李渔写出序评，也被芥子园作为"闲书"刊行。

李渔善于在芥子园刊行的书上做广告宣传。例如，在《芥子园画传》封三、四中预告"《资治新书》初集、二集已行世，三集续刊已久，旦夕告成"。在《窥词管见》中，用生动的文字宣传介绍他编写的日用生活大全《闲情偶寄》。在《尺牍初征》中，刊登了两封读者来信，赞扬芥子园出的书大受欢迎。一是借石鲸来信，热捧《怜香》、《风筝》诸书，"每食必借以下酒，昨者偶失提防，竟为贪人攫去，不啻婴儿失乳"。二是借李一贞来信，盛赞《无声戏》"不啻骇目惊心已也。……国门纸贵，信然信然"。这两封信相当于书评，用来激发需求，促进销售。在清代书坊中，像芥子园这样注重市场营销的还不多见。

2.大业堂。主人周氏，创办于明万历年间，传世刻本有《志传题评》、

《唐书志传通俗演义题评》、《历朝故事统宗》等。这家经营百年以上的老字号书店不知所终。

3. 奎壁斋。福建莆田人郑思鸣始设于明代天启年间，书坊在南京状元境，刊行《急览类编》等书多种。它是跨明清两朝经营二百余年的书坊世家。

（五）扬州书坊和星货铺。清初，扬州遭清军残酷洗劫，几成废墟。但这里水陆交通方便，经济、文化基础好，延至乾隆年间，"四方豪商大贾，鳞麇至，侨寄户居者，不下数十万"（乾隆《淮安府志》）。这就为图书市场创造了图书购买力。扬州的坊刻、家刻均较兴旺，可考书坊有 10 余家。有些"星货铺"（即杂货铺）也兼卖书籍。乾嘉年间，扬州一书坊刊行《小郎儿曲》，内容为"男女相悦之词"，风行扬州城乡，"近日，是曲翻板数十家，达及荒村僻巷之星货铺，所在皆有"（《扬州画舫录》）。

扬州的书肆还出现一位售书成才的大学者汪中（1744—1794），字容甫，江苏江都人。7 岁丧父，家贫，母亲曾携他乞食。稍长，在书肆当学徒，满徒后，当店伙。他利用书肆的丰富存书，刻苦学习，精通版本、目录诸学，"借阅经史百家，于是博综典籍，谙究儒墨"（江藩《国朝汉学师承记》）。汪中厌恶科考，绝意仕途，"自立学术"。乾隆五十五年（1790），被推荐参加文宗、文澜二阁《四库全书》的校勘，历时 4 年，51 岁病逝于杭州校书处。

汪中的多年书肆生涯，为他后来成为乾嘉学派的著名学者奠定了基础。他在学术上的突出成就，是使《荀子》之学在清代成为显学，并恢复了先秦时儒、墨并称显学的历史真实。他的著述有 10 余种，《述学》为其代表作。

（六）杭州的书店和书船。清初，浙江的抗清斗争激烈。南京的福王败亡，浙东则组织义军抗清，绍兴曾一度成为南明鲁王政权中心。浙江金华、衢州的抗清义军多次获胜。清军攻陷杭州，加强了对浙江的控制。康乾时期，清廷大兴文字狱，受害最重的是浙江。震惊全国的"庄氏史案"、"查氏试题案"、"吕氏文选案"、"齐氏游记案"、"卓氏诗集案"等均出在浙江。这些案件均因著书、刻书、售书招罪。残酷的屠杀政策使杭州的书坊业受到沉重打击。从北宋起持续六七百年的杭州书坊业，到康熙时期已一蹶不振。王士禛在《居易录》中说："今杭绝无刻。"王士禛卒于康熙五十年（1711），足见在此前的几十年间，杭州书坊业很少刻书，至少没有什么传世之作。

杭州素称"丝绸之府"。清初，这里的机户已达万数，并出现拥有上千台织机的大型丝织工场。丝织手工业发达，促进了商业发展。杭州刻书虽然减少，图书贸易仍恢复了繁荣景象。清代前期，杭州的书坊、书肆有些已改称"书店"。它们除收售本地的古旧书外，还代为销售本地刻书家刊行的新书，并从苏州等地书坊补充新书货源。杭州、湖州、苏州、无锡之间有水路相通，这一带以贩书为业的书船，常常装满新刻的书籍，沿苕溪、运河在各处销售，同时也贩运给杭州的书店。

杭、湖、苏、锡之间的书船亦称"书舫"，对促进图书销售发挥了不小作用。俞樾为《武林藏书录》（武林即杭州）题诗称："山堂书贾推金氏，古籍源流能缕指，吾湖书客各乘舟，一棹烟波贩图史。不知何路达宸聪，都在朝廷清问中，星火为书下疆吏，江湖物色到书佣。"这里所说的书客、书佣都是指沿河售书的书船主人。"星火为书下疆吏"，是指乾隆三十八年（1773）为修撰《四库全书》征求遗书所下的谕旨："湖州向多贾客书船，平时在各处州县兑买书籍，与藏书家最熟，其于某处旧有某书，曾购某本，无不深知"（《武林藏书录》）。这些书船主人熟悉版本知识，又熟悉藏书家以及专家学者的需求，经常送书上门。黄丕烈称他们为书船友："余于癸丑（乾隆五十八年，1793）岁除，得单疏本《仪礼疏》，因思'得陇望蜀'，欲再得《仪礼注》，以为双璧之合。越明年春，果得《仪礼注》于书船友"（《士礼居藏书题跋续编》）。同一年，学者张鉴也说，杭州附近的"织里一乡，居者皆以佣书为业。出则偏舟孤棹，举凡平江远近数百里之间，简籍不胫而走"。织里全乡皆以佣书（即售书）为业，说明书船生意的兴旺。

印卖科举考试用的墨卷仍是杭州书店赖以生存的支柱。清人吴敬梓（1701—1754）的著名小说《儒林外史》，描述杭州的书店编选和印卖墨卷的情节。书中说，年轻文人匡超人从家乡来到杭州文翰楼书店。书店主人对他说："目今我和一个朋友合本，要刻一部考卷卖，要费先生的心替我批一批，又要批得好，又要批得快，合共三百多篇文章，不知要多少日子才可批得出来？我如今扣着日子，好发与山东、河南客人带去卖。若出得迟，山东、河南客人起了身，就误了一觉睡。这书刻出来，封面上就刻先生的名号，还多寡有几两选金和几十本样书送于先生。"匡超人夜以继日，仅用六天就把三百多篇文章批阅完毕，并写了序言。"选本已成，书店里拿去看了，回来说道：'向日，马二先生在家兄文海楼，三百篇文章要批两个月，催着还要发怒，不想先生批得恁快，我拿给人看，说又快又细，这是极好的了。先生住着，将来各书坊里都要来请先生，生意多哩！'因封出二两选金……"匡超人从此就为杭州各家书店编选书稿，五六年间一共编考卷、墨卷、房书、行书等95种。"每一回出，书店定要卖掉一万部，山东、山西、河南、陕西、北直的客人，都争着买，只愁买不到手"（《儒林外史》）。

《儒林外史》约成书于乾隆十四年（1749）前后。书中描述匡超人、马二先生编选墨卷、考卷，把时代背景定在明代晚期，是为了避免文字狱，实际是真实反映了康、雍、乾时期杭州的书业活动。杭州历来是刊行科考读物的中心。清代前期，北方的一些书商都争相向杭州购进，说明杭州刊行的墨卷、考卷已辐射到北方。

乾、嘉时期盛行考据、辑佚、校勘之学，与之相应的是私家刊刻丛书成风。杭州刊刻的丛书尤为著名。寓居杭州的鲍廷博（1728—1814）"生平酷嗜书籍，每一过目，即能记其卷某叶某讹字"（翁广平《鲍渌饮传》）。他以自家藏书为基础，刊刻《知不足斋丛书》30集，207种。湖南学政卢文弨乞归故里杭州"校书终老"，刊行《抱经堂丛书》11种。杭州学者陈春，博学多闻，刊行《湖海楼丛书》14种。藏书家吴骞（1733—1813），酷爱藏书，每逢善本，常不计其值，倾囊而购，刊行《拜经楼丛书》30种。这些丛书，多稀见之本，一般委托杭州的大小书店以及书船、书商销售。在"寓禁于征"，抽毁和删改古书的乾隆年代，有识之士大量刊行丛书，使罕见古籍进入市场，对保存传统文化有重要意义。

三、闽赣书业的兴衰

福建建阳书业在清初衰落，代之而起的是闽西山区四堡书坊业。与此同时，江西金溪县浒湾镇的书坊业也很有名，形成了盛极一时的书铺街。

（一）建阳书坊业的衰落。从宋初到明末，建阳（含麻沙、崇化两坊）始终是书业中心。这里，书坊书肆之多，老字号之久，刻本之盛，发行面覆盖之广，常居全国书林之前列，但是到清初却急剧衰落。清初金埕（《不下带编》）称："今闽版书本久绝矣，惟白下（南京）、吴门（苏州）、西泠（杭州）三地书行于世。"闽版书即建阳坊刻书。顺治和康熙两朝，在福建发生两次兵灾，建阳书坊被毁于战火。

清初，福建是抗清斗争基地。南明隆武政权虽在福州失败，但建阳、邵武、汀州、漳州等地的农民军又先后占领了建阳、永安、龙岩等 14 个府县。清廷派任建宁、兴化两地的知府以及永安、漳平等地的 12 个知县，均被农民军处死。顺治五年（1648），清军再次攻打建宁府，抗清将军王祁"每日必出战，每战斩首甚多，将军首尾与敌角，共一十四日"（全祖望《鲒埼亭明事杂录》）。建宁府素多爱国忠义之士，在民族危难之时，宁为玉碎，不作瓦全，虽凡夫俗子、丁孺妇叟，都奋不顾身地同清军战斗。当城破之时，出现了悲壮的巷战场面："短刀夹长戟，格斗血成渠。烈火复四起，烟焰达街衢。满城十万户，无一存妻孥"（沈白楼《悼建阳城破诗》）。一位名叫陆笠的和尚目睹这场屠杀说："戊子年（顺治五年），建宁合城十万户，千户存焉，其零而已。"全城十万户不一定完全被清军屠杀，可能有相当多的人逃亡，但众多的书坊及其藏板则被毁殆尽。

图书之府麻沙、崇化两镇也在这次战争中被毁。顺治年间的闽浙总督陈锦上疏清廷说："窃我朝定鼎以来，干旄所指，无不披靡，未有如建宁之贼，死守难攻。……今建府一城之贼虽除，其余属县以及延平府属，漫山遍野，无处非贼。……东击西遁，则西受其害。北搜南逸，则南受其残。……且地方凋残已极，米价异常腾涌，仓廪无行粮可支，市廛无人烟可恃"（陈锦《闽省遍地皆贼，城野焚掠皆空疏》）。既然"漫山遍野，无处非贼"和"城野焚掠皆空"，麻沙、崇化两镇及其书坊也必然被焚掠一空。

清廷平定耿精忠（1644—1682）兵乱，建阳县又成为激烈争夺的战场，刚刚复苏的建阳城镇再一次被毁。耿精忠袭父继茂爵被清廷封为镇守福建的靖南王。康熙十三年（1674），耿氏以复明为口号在福建起兵，响应云南吴三桂叛乱。耿氏部将吴安邦屯兵建阳的"溪南地方，旧有街三十六，有巷七十二，为兵火所残，乃荒凉至此"（道光《建阳县志》）。清中军守备金朝弼驻守建阳，目睹战后的惨状说："时城中虚若谷焉，茸若薮焉。比户洞开，阒无人也。道路崎岖，败瓦积也。深夜无闻，鸡犬尽也。"建阳已成为败瓦残垣的空城，昔日繁荣的图书贸易已成过眼烟云，一去不复返。名闻中外的麻沙书坊业也因此衰落。乾隆十九年（1754）《福州府志》载："闽地藏书之家多散佚，麻沙近少雕镂。"清人施鸿保谈及麻沙书林说："今则市屋数百家，皆江西商贾贩鬻茶叶，余亦日用杂物，无一书坊。……数百年擅名之区，不知何时降至此也"（《闽杂记》）。崇化书坊乡也在两次战火中被毁，仅存范、张、陈、吴四姓聚居的高墙大院和一座将军庙。

乾隆四十年（1775）乾隆帝谕军机大臣考察建安余氏书坊的现况。谕旨说："近日阅米芾墨迹，其纸幅有'勤有'二字印记，未能悉其来历。及阅内府所藏旧板《千家注杜诗》，向称为宋椠者，卷后有'皇庆壬子余氏刊于皇庆为元仁宗年号，则其版是元非宋。继阅宋版《古列女传》，书末亦有建安余氏靖安刊于勤有堂字样，则宋时亦有此堂。因考之宋岳珂相台家塾论书板之精者，称建安余仁仲，虽未刊有堂名。可见，闽中余板，在南宋久已著名，但未知北宋时即行勤有堂名否？又他书所载，明季余氏建版仍盛行，是其世业流传甚久，近日是否相沿？并其家刊书始自何年？及勤有堂名所自？询之闽人之官于朝者，罕知其详。若在本处查考，尚非难事。著传谕钟音，于建宁府所属访查余氏子孙，见在是否尚习刊书之业，并建安余氏自宋以来刊印书板源流，及勤有堂始于何代何年？今尚存否？或遗迹已无可考，仅存其名；并其家在宋曾否造纸？有无印记之处。或考之志乘，或征之传闻，逐一查明，遇便覆奏。此系考订文墨旧闻，无关政治，钟音宜选派诚妥之员，善为询访，不得稍涉张皇，尤不得令胥役等借端滋扰。将此随该督奏折之便，谕令知之"（叶德辉《书林清话》）。

闽浙总督钟音派人到建阳作了一番考察，向乾隆覆奏。略称："余氏后人余廷勷等呈出族谱，载其先世自北宋建阳县之书林，即以刊书为业，彼时外省板少，余氏独于他省购选纸料，印记'勤有'二字。纸板俱佳，是以建安书籍盛行。至勤有堂名，相沿已久。宋理宗时，有余文兴，号勤有居士，亦系袭旧有堂名为号。今余姓见行绍庆堂书集，据称即勤有堂故址，其年已不可考"（叶德辉《书林清话》）。

从闽浙总督钟音的覆奏来看，余氏后人余廷勷对宋代余氏书林的情况知之较多，而对明代和清初的书林情况却茫然无知，所谓"其年已不可考"。

这一方面表明，清初的建阳书林包括余氏书林在内，已被战火毁灭；另一方面也可能有所顾虑，不敢告以实情。乾隆四十年（1775），正是在全国搜查书籍的高潮时期，也是文字狱发展到登峰造极的年代。乾隆在位60年，较严重的文字狱竟达30多起，平均不到两年就发生一起。被判为"逆书"的作者和刻书、售书者，将罪及子子孙孙。余氏后人面临文字狱的淫威，生怕因说出实情而招来灭族之祸，只好用进呈族谱来敷衍。

（二）闽西四堡书业的崛起。四堡是闽西山区的一个乡镇，旧属福建长汀县，1951年划归连城县。该乡距连城县城26公里。四堡书业起源于宋代，发展于明代，鼎盛于清代前期。明代万历年间，在四堡就有人以刻书为业，到清代康熙年间，四堡书业开始崛起，繁荣兴旺近二百年。据光绪四年（1878）刊行的杨澜著《临汀汇考》载："长汀四堡乡，皆以书籍为业，家有藏板，岁一刷印，贩行远近，虽未必及建安之盛行，而经生应用典籍以及课艺应用之文，一一皆备。城市有店，乡以肩担，不但便于艺林，抑且家为恒产，富埒多藏。"清代的四堡书业过去鲜为人知，出版史著作也缺少介绍，只有张秀民先生的《中国印刷史》略有提及。1992年，吴世灯先生为编修《福建省志·出版志》，曾到四堡挨家挨户访问，并在《出版史研究》第二辑（中国书籍出版社1994年版）发表了《清代四堡刻书业调查报告》，从而引起出版史学界的重视。

四堡书业盛于清代乾嘉道时期，以邹氏、马氏两姓书坊创办最早。据《范阳邹氏族谱》载，康熙二年（1663）邹葆初在四堡创办崇德堂书坊，"闽汀四堡书坊实公所开创也……公刻书以来，多人学步，通里文明，实公宣布"。《长汀四堡里马氏族谱》则称，马氏书坊始于马维翰。此人生于崇祯十二年（1639），卒于康熙三十九年（1700），创办的书坊称"万竹楼"。从其生卒年限来推测，万竹楼书坊当始于康熙年间。其族弟马权亨约于同时期创办经纶堂书坊。从此，邹、马两姓书坊子承父业，代代相继。康雍时期，邹姓书坊有6家，马姓书坊有8家，共14家。乾隆至嘉庆年间是四堡书业最为兴盛时期，共有书坊84家。其中，邹姓53家，马姓20家，另有不明业主的书铺11家。据吴世灯先生调查分析，"兴盛时期四堡刻雕板总量在30万片以上"。经查证，四堡在清代刊行的图书多达九大类、九百余种。

在四堡刊印的书上，常标有"藏版所有，翻刻必究"字样，说明四堡书坊已经有了版权意识。其刻书销路北至山东曲阜，南至海南岛，西至重庆。主要市场在两广、两湖以及闽、浙、赣等省。此外，通过福州、泉州的分号远销南洋。

四堡之所以能成为持续 200 年的书坊之乡，是有其主客观条件的。这里的教育发达，读书人多，但科举之路极窄。自明代中期至清代，邹氏家族有 169 人中秀才，其中只有 2 人中举。大多数人当不了官，当地又人多田少，因而以刻书、售书为谋生之路。马氏家族也大体如此。乾嘉年间的马正存，读书多年，科举无望，又不愿与"面目可憎"的"市井侩贩伍……计足以谋生而仍得亲缙绅先生之言论风采，俾得熏育以成其德者，惟贾书之业"（孝恩堂《长汀四堡里马氏族谱》）。所以，邹、马两姓多以雕版传家。邹葆初的崇德堂延续八世，长达 150 年；马权亨的经纶堂也传八世，延续近 200 年。由于子孙分支众多，他们陆续开设书坊的堂号多达 57 个。四堡一带盛产枣木和毛边纸、连史纸，雕版所需的板材和印书所需的纸张均可就地取材。加之，农村刻字工的工价低廉。这都有利于降低印书成本，使四堡书的批发价格具有较强的市场竞争力。四堡书业从出版、印刷、发行形成一条完整的产、供、销产业链。鼎盛时期经销四堡图书的书商达 629 人，远销 13 个省 150 多个县市。

四堡是个偏僻山区，信息闭塞，市场非常狭小，书坊业之所以能够兴旺发达，是有其独到的经营特色的。

1. 从销售图书到刊行图书。四堡书坊主多数由卖书起家。邹氏书坊的最初创办人邹葆初，壮年在广东经营图书生意，获厚利，"方搬回本里，置宅买田，并抚养诸侄，仍卖书治生"（《范阳邹氏族谱》）。马氏书坊的最初创办人马维翰，因举业无成，遂"贾书于汀广间十四五年，颇获利"。由于他的弟弟早逝，"其父悲伤莫解，乃不复业贾书而募匠刻劂梨枣，募印书籍以为诸贾贩，其利且倍蓰于远贾，而得朝夕俸侍于父母侧"（《长汀四堡里马氏族谱》）。康乾年间的邹兆熊，壮年在外地售书，晚年返里，教其子抚南开办书坊，"多镌经史秦汉诸书广而布之"。邹抚南的后人继承祖业八世，直至民国初年，经营 200 年的书坊才倒闭。在邹氏族谱中，记有在外售书经历的达

252人。马氏《下祠谱》记有在外售书经历的达377人，足迹遍及南方各省。他们见识广，思路宽，懂经营，在售书实践过程中熟悉市场需求，掌握刻书、售书业务。在这个基础上回归故里，开办书坊继续刻书售书。

2. 派推销员开拓远方市场。四堡书业刊行的书籍主要供外地特别是外省的需要。因此，"在外从事发行的人数要比在家乡从事刻书的人员多五六倍"（吴世灯《清代四堡刻书业调查报告》）。据马氏《下祠谱》载，藏经阁书坊主人马谦"兄弟三人，常挟资售书江西，命儿孙远贾两粤"。经纶堂书坊主人马权亨"自贸易于粤"，其第四子"幼就蒙师未卒业，遽远贾于粤间。盖是时分家开书坊剞劂，于外舟车往来，岁间再至，始所谓服劳以事其父兄"。这些以家庭为单位的书坊，光靠家人外出推销远远不够，于是就产生了一批以长途贩运图书为职业的人。他们以低价在各书坊批进图书，然后再转售到外地。在马氏《上祠谱》中就有20多名专以外出推销为业的书商。外地书商也有来四堡贩运图书的。江西浒湾的一些书商就在四堡建有会馆，坐地采购图书，然后转运到江西各地贩卖。

3. 在外地开设书店扩大批发覆盖面。文海楼书坊主邹殿赓在广西灵山县开设了书肆，早卒。其子新城，"深怕父业之失坠也，弃读而贾。设肆于灵（山），又添于南宁，又于潮、于汀、于横开张书肆五处，以一身经略其间，各皆就绪，大获资财"（《范阳邹氏族谱》）。由四堡通往南、北、西的各条交通要道上的主要城镇，常有四堡人开设的书店。外出推销图书的四堡书商，可在这些家乡人开设的书店歇宿或调剂余缺。

已知四堡人在外地开设的书店有：长汀大光书局、民生书局；潮州文兰书局、萃文书局；兴宁德文堂、以文阁；梅县文经堂、翼经堂；贵县本立堂；百色启智书局，翁源西园书局；上杭林兰仪记书局；漳州素位堂书局等。在福州、泉州开设的书店有：万卷楼、宝文堂、宏文阁、素位堂等。除省城福州外，上述书店多设在较大的县城。大城市的书店多，竞争激烈，而在一些县城往往没有书店。面对市场空白，四堡书商乘虚而入。他们以这些县城为批发基地，还可向附近的其他县城辐射。有些销量大的书，可从四堡运来书板，就地印行。上杭和长汀的书店都用四堡的本号书板印行过"四书"、《一年杂字》、《三字经》、《千字文》、《千家诗》、《大增广》、《药性赋》等书。

4.每年正月十五举办书市。四堡乡有个官地坝，是四堡各书坊一年一度共同举办书市的场所。每逢正月十五，就邀请两广、湖南、江西和福建的书商云集书市，开展批发贸易。批发分两种类型：一是现货供应；二是买卖双方签订订货合同，按双方约定的期限发货。为确保批发秩序，四堡书坊业定有两项行规：

一是"岁一刷新"。在除夕之前，各书坊要将明年的可供书目张贴在书坊门墙之上，以便新年期间书坊主们互相拜年时沟通信息，了解各自刊书、供货情况。如遇重复品种过多，则进行协商调解。待一切准备就绪，就于正月十五日上市交易。传说书坊主马伟才每年书市开张之日，批发额达到一千两银子才吃早饭。这从一个侧面反映了书市批发生意的繁荣。

二是"藏版所有"。即保护版权，严禁互相翻刻，防止"同板网利"。至于"四书"、"五经"等书，各坊都有自己的刻板，不在此例。从事长途贩运的书商或在外地开设书店的族人，趁回乡过年之机，可以向有关书坊赁板印书，但不得另立标记，以保护正常的图书交易。云深处书坊主人邹步蟾在道光年间兄弟几人分家时，定有家规：兄弟之间分得的书板（财产），可以相互租赁，"不通同刷印，亦不得出售……租印之板十部抽取一部，对外人并亲朋俱不租印，各宜遵家规"（《邹氏族谱》）。

四堡书业的衰落。咸丰十年（1860），清军与太平天国石达开部在四堡乡一带展开激战，不少书坊的藏板被毁，四堡书业元气大伤。接着而来的是石印、铅印技术对古老的雕版印刷术的冲击，使四堡书业日趋衰落。光绪三十二年（1906），清廷废科举、兴学堂，使这里刊行的重点读物——课艺用书失去市场，各书坊相继倒闭。

1999年，连城县四堡乡被福建省人民政府定为省级"历史文化名乡"。

（三）江西浒湾书铺街。浒湾是江西金溪县的一个镇，位于赣东抚河流域中游，距金溪县城30公里，距抚州府20公里。这里，得抚河水利，交通便捷，经济文化较为发达，盛产适于印书的"毛边纸"。明崇祯元年（1628），河南新乡人谷祥四在浒湾创办第一家书坊，至康、雍、乾、嘉年间书业鼎盛，有书坊近50家，云集刻字工匠六七百人，外出推销人员也有六七百人。主要刊行启蒙读物、戏曲说唱、小说以及经史子集。

浒湾有前后两条并列的书铺街，专门从事图书的批发零售。后街之东有一个面积约二亩的水塘称"聚墨池"，传说为各书铺洗涤书板墨污之池。在前街街口立有三块"严禁淫词小说"的石碑。碑上列"禁书"二百余种，《水浒传》、《西厢记》、《红楼梦》、《牡丹亭》、《今古奇观》、《笑林广记》等均被列为禁刻、禁售、禁读之书。此碑立于同治十一年（1872）。这可能是浒湾书业根据清政府的规定而共同商定的行规。

前后书铺街上较有名气的书铺有红杏山房、大文堂、两仪堂等，均为世代相承的书坊业世家。

红杏山房约创于乾隆年间。创办人赵肖庵，平生乐于藏书和著述，自设书坊刊行书籍。历代刊行的书籍有《太平寰宇记》、"二十四史"三表、《历代名臣奏议选》、《抚州五贤合集》等数十种。同治年间的书铺继承人为赵承思。

大文堂约设于嘉庆二十年（1815）。创办人为余钟祥、余致祥兄弟。世代相承经营120余年。民国二十年（1931），仍在经营，书铺继承人为余春奎，雇工匠50余人，继续用雕版印书。此后，终因销售困难而歇业。其存书有六大橱，保存完好，1984年被北京中国书店购去。大文堂书铺的售书厅很考究，悬有古香古色的楹联，相传是开创时期的遗物，反映了当年书铺街的文化氛围。

两仪堂创办年限不详。王安石的后裔王棐创办，世代相承，经营百年以上，在江西吉安设有分号，抗日战争时期倒闭。

在清代，素有"临川才子金溪书"的盛誉。金溪书，即金溪县属浒湾镇所刊行的书籍。浒湾的雕版水平较高，印书用纸考究，刻字工价极低（每刻一字酬铜钱二枚）。因此，金溪书价格低廉，销路甚广。浒湾各书坊凭借价格优势，常年派人到各地推销。在北京设有新旧金溪会馆，在南京状元境设有"金东书寓"，在长沙设有"三让书屋"等。这些书店均为浒湾书商在这些城市推销书籍的落脚处。

清代晚期，西方传来的铅印、石印技术逐渐取代了古老的雕版印刷术，浒湾书铺街的生意日趋萎缩。面对这场变革，文林堂、忠信堂等10余家书铺相继改营石印书。后来，由于废科举，兴新式学堂，浒湾书业信息闭塞，跟不上新思潮的发展，终于被市场淘汰。

四、粤、川及其他地区的书业

清代前期，广东的广州、佛山，四川的成都、重庆，书业均较兴旺。其他如山西、山东、河南、云南、盛京（沈阳）等地，也出现了较有名气的书店。

（一）广州、佛山书业。广州是清代海外贸易的重要港口。清前期，广州的刻书铺多集中于西湖街、龙藏街，著名书坊有萃文堂、富文斋、聚珍堂、墨宝楼等，已初步形成书店街。道光年间，广州刻本大盛。著名刻书家伍崇耀通过聚珍堂、萃文堂刊行"粤雅堂丛书"、"岭南遗书"等200余种。菊坡精舍刊行《通志堂经解》等书1000余卷。其他书坊刊行图书无计其数。1856年10月，第二次鸦片战争爆发，英国侵略军炮轰广州，攻入城内纵火焚烧店铺民房，书店街化作一片火海，大量图书荡然无存。美国人卫三畏1897年著的《中国史》，记述了英国侵略者制造的这起骇人听闻的书厄："1856年，广州被烧书百万。"这使刚刚发展起来的广州书业元气大伤。同、光年间，可考书坊尚有丹桂堂、右经堂等20余家。

佛山书业。广东佛山是中国四大镇之一，商务甲天下，街市"绵延十余里，烟户十余万"（雍正时广东巡抚杨永斌奏折）。乾嘉时期更盛，"店铺作坊如林，大街小巷共622条"（《中国商业简史》）。在这个"岭南大都会"，强劲的图书购买力促进了图书贸易的发展。该镇的书籍行、刻字行、印务行、纸行、墨行集中在水巷及豆豉巷大地街。卖书的店铺和书摊以豆豉巷为最多，基本上形成一条书店街。可考书店有古文堂、敬慎堂等12家。这些书店既经营苏杭等地贩运来的图书，也自行刻书出售。主要刊行销量大的蒙学读物、日用医书和通俗小说等。最盛时仅印刷工匠和装订工匠就达千人以上。有位唐姓书商曾用锡活字印书，还承印过在广东最早流行的彩票。

佛山刊行的图书主要行销两广。一些经济文化较为发达的县，相继有了经营或兼营图书的店铺，就近向佛山进货。清代是华侨开发南洋的高潮时期，有许多商人往返于祖国与南洋各国之间。乾隆年间，广东华侨罗芳伯还在婆罗洲昆甸国建立了国家政权，振兴农业，开发金矿，聘请儒生办学堂。

佛山书籍行抓住这个契机开拓了东南亚华文图书市场。通过华侨商人、商船把图书销往东南亚。鸦片战争以后，佛山的商务为香港所夺，佛山刻书业衰落。清末民初，佛山仍有大小书店 20 余家。

（二）四川书业的复兴。清初，"蜀更兵变，城郭丘墟，都无刊书之事"（《书林清话》）。经过康熙年间的休养生息，经济文化开始恢复。乾隆初期，长江中上游水运有了重大发展，宜宾、重庆至宜昌的航运开通，重庆成为重要商埠。一批江西书商沿长江水路相继入川，在重庆、成都、泸州等地开肆售书，主要售卖学子应考用的科场书、参考书以及启蒙读物。江西人入川开设的书肆多带"经"、"元"字样，时人称之为"经元八大家"。他们的共同特点是先从卖书发迹，积累了资本才着手刻书。为扩大自产书的销路，又发展分号，建立自己的发行网点。

1. 泸州宏道堂。江西书商最早入川的是杨宏道，贩卖唱本起家。康熙五十五年（1716）在泸州开设宏道堂书店，附设印刷作坊。随着业务的扩大，陆续在成都、重庆、宜宾、乐山设立分号。道光年间利用长江水运之便，在汉口、南京、上海开设分号。刻书不少，大部头的有《通鉴纲目》、《了凡纲鉴》、《医宗金鉴》等多种。其后人继承经营，民国时期倒闭。像这样百年以上的老字号书店，四川有 10 余家。

2. 重庆善成堂。约建于乾隆十六年（1751），江西书商傅金铎创办。原为流动书商，逐步发展为书店。从道光初年起，先后在北京、上海、浒湾、济南、聊城、汉口、沙市、宜昌、成都、广安等地设立分号。极盛时期附设五个印刷作坊，刊行图书多种，通过分号行销全国。抗日战争末期倒闭，世代相承经营约 190 年。

3. 成都尚友堂。乾隆年间，由江西浒湾书商周舒腾在成都学道街创办，以销售江浙刻本书籍为主业。他的儿子周承元在店里当学徒，满徒后另立门户，在学道街开设九思堂书店刻售书籍。山西太原人王作富在九思堂当学徒。学徒期满也在学道街自开书店，定名志道堂，运销江浙版图书。同治七年（1868），周氏父子开设的尚友堂、九思堂被一场大火烧毁，家境中衰。周承元被迫将 13 岁幼子周达三送到徒弟王作富开设的志道堂书店当学徒。

周达三满徒之后，勤奋工作，刻苦学习，对《四库全书总目提要》"博闻强记，于题跋口称而笔述之"（廖季平《周达三先生墓志铭》）。他精通业务，在同业中首屈一指，一些士大夫也对他刮目相看。店主人王作富知人善任，遂将志道堂全权交他经营，自己作为资方不加干预。

周达三不负店主的重托，书店业务蒸蒸日上。旋在学道街新设志贤堂、翰缘堂两家分号。志道堂作为总号，改名"志古堂"。他经营 40 余年，殚竭心力，刻书 500 余种。志古堂成为全川有名望的大书店。清末，志古堂在"洋版书"的冲击下衰落。

4.德格印经院。藏文出版机构，雍正十年（1732），德格安抚司却吉登巴泽仁（藏族）创建，位于金沙江畔的四川甘孜。用藏文刻版印行佛教的各种经书以及医学、艺术、天文、地理、历史、文学等方面书籍，远销四川、西藏、青海、甘肃、云南等藏族聚居区。印经院有 200 多年历史，中华人民共和国成立后在党和政府的支持下仍在继续刷印佛经，累计存板 21.7 万块。

（三）其他地区的书业。清代，在各省城一般都有了书店，不过规模不大，较著名的有：

1.山西太原的书业德书店。创办于乾隆年间，总号设在太原附近的祁县，在太原、太谷、介休设有分号。运销南方各省刻本，也收售古旧书，自产自销启蒙读物和"四大奇书"等文艺小说，是一家经营上百年的老字号。

2.山东聊城书业。聊城是东昌府的治所，交通便利，府试、院试在此举行，书业较发达，清代可考书店有 16 家。书业德、善成堂、有益堂、文英堂被时人称为"聊城书业四大家"。这些书店多从南方购进已印好的书页，在聊城装订后出售。它们也自行翻刻畅销书出售。每逢岁末岁初，华北、东北的一些书商纷纷来聊城批进图书。极盛时期，聊城书业每年可批销图书二三十万部。每逢乡试、会试，各书店则抢出"墨卷"。善成堂书店和书业德书店均建立于康、乾年间，职工近百人，各存书板千种以上。善成堂在北京、济南、济宁、包头建有分号。书业德在济南、太原、忻县、中遥建有分号。聊城的书业德可能与山西祁县的书业德为一家，或同一家族开设，详不可考。

3.陕西书业。西安城内的涝巷集中多家书坊，规模较小，主要刊行启蒙读物。在交通不便的安康有张氏来鹿堂，刻书达 200 多种。

4.昆明王氏务本堂。创办于乾隆年间,刊行了许多启蒙读物,也刊行一些医药书如《滇南本草》、《验方新编》,戏曲书如《滇戏》、《滇戏曲谱》等。在下关、建水等县设有分号。民国初年,务本堂主人王廉生在云南军都督蔡锷支持下,从日本购进铅石印设备,印行新书。务本堂世代相承经营约200多年。

5.锦州三元堂书店。约建立于明代成化年间(1465—1487)。当时的锦州称"广宁右中屯卫"。书店位于城内东街,创办人为邑绅刘绍令。店名原称"三连堂",寓意卫中学子连中三元。主要贩卖关内各地出版的书。店主刘氏常将《历代大庇会试集》等书赠送给穷苦学子,逐渐形成传统。有个名叫文贯的学子考中两榜进士,官至巡抚。明嘉靖二年(1523)告老还乡,念及三连堂书店助学赠书的厚德,特送上"连升堂"金匾一块。该店遂改名"连升堂"。清康熙五年(1666),奉天府丞兼学政白尚登与锦州知府宋之铉慕名来访,十分赞许这家书店为学子服务的传统,提议把店名改为"三元堂"。从此,人贵字荣、三元堂誉满辽西,直至20世纪30年代仍在经营。算起来,这家书店经营400余年。

6.奉天程记书房。清嘉庆年间设立,店址在奉天(沈阳)小南门里。创办人程伟元(?—约1818)乾隆末寓居北京,广泛收集曹雪芹《石头记》原著抄本,与高鹗共同修补成一百二十回本《红楼梦》,首次以活字版印行。嘉庆五年(1800)去奉天,任盛京将军晋昌的幕僚,佐理奏牍,时相唱和。他在晋昌的资助下创办程记书房,以贩运关内刻版书为主,曾刊刻过诗文集。

第三节　清代后期书业

道光二十年(1840)爆发的鸦片战争,标志着中国近代史的开端。清代后期书业打上了半殖民地半封建的烙印。它的一个显著特点,就是各种政治力量先后创办出版发行机构,以建立自己的舆论宣传阵地。西方印刷技术的引进,缓慢地取代了古老的雕版印刷术。旧学衰落,新学初兴,图书市场需求发生巨变，传统的书坊逐渐被以商务印书馆为代表的新式书店所取代。

一、外国传教士创办的教会书店

早在 19 世纪初（嘉庆年间），西方传教士就不断来我国传教，清政府宣布耶教为"邪教"，明令禁止。鸦片战争后，在西方列强的武力威胁下，清政府却成了传教士的保护伞。据统计，19 世纪初来华的传教士约 80 余人，到 1890 年则增至 5800 余人（含各种教派）。他们按照总体战略目标，在中国各地建立教堂，开办教会书店。

（一）教会书店的建立与发展。鸦片战争前，西方传教士来华刊行布道用书，常常受阻。嘉庆十二年（1807），英国伦敦布道会派遣传教士马礼逊来广州传教，结识广东刻字工梁亚发（又名梁发、梁阿发），秘密刻印由马礼逊译成中文的《新约》，被官府查知，书板被几个刻工焚毁，未能刊行。嘉庆十八年（1813），伦敦布道会又派米怜"东来为之助"，终因广州官府查之严，刻书传教事业无所成。马礼逊遂于嘉庆二十年（1815）携米怜、梁亚发等人迁往马来半岛西岸的马六甲，在那里设立印刷所（即教会书店），出版中文书刊。近代第一本中文杂志《察世俗每月统计传》就是在这里创刊的。梁亚发经常往来于马六甲、澳门、广州之间，把他们以传教为宗旨出版的中文书刊发行到中国。嘉庆二十四年（1819），他在广州就地印发小册子，被广州官府捉住，挨了 30 大板，印的书被没收，板片被焚。事后，他仍继续刻书或从马六甲运书，从事传教活动。每逢广东府试、乡试，他就携带基督教小册子向考生散发。道光十四年（1834），他自己编写和刻印了一本名叫《劝世良言》的书。事发后被官府逮捕，经洋商出面解救，获释。赴广州应试的花县考生洪秀全读了这本书，深受感动，把它看成是专门为自己准备的"天书"。这本基督教小册子对洪秀全领导的太平天国革命运动起了触媒作用。

尽管广州官府严禁刊行教会布道用书，但住在广州的西方传教士仍然明里暗里从事发行活动。美国传教士裨治文于道光十二年（1832）以广州美国海外传教委员会的名义，刻印了不少中文书籍，通过各种途径发行。过了两年，裨治文联络在广州的部分外国商人，设立中国益知学会，用中文出版宗教宣传品以及介绍西方历史、地理等书。如果把这两个出书单位也算做教会书店的话，那么在鸦片战争前也不过仅此两家而已。

鸦片战争后情况大变，1842 年 8 月，清政府同英国侵略者签订了丧权辱国的《南京条约》，开放广州、福州、厦门、宁波、上海 5 处为通商口岸，西方传教士首先进入这些城市，设立教会书店。清政府禁止传教的法令虽未撤销，实际上已管束不了这些"洋大人"了。但在中国腹地，仍无教会书店的立足之地。为了取得合法的传教权利，1858 年 6 月，美国诱迫清政府订立《中美天津条约》，其中明文规定："耶稣教教士得自由传教。"清朝全权大臣对传教条文有争执，但在美国公使的恫吓之下，只好屈辱接受。从此，西方传教士包括基督教、天主教、东正教等许多教派，在中国各地通行无阻，各个教派创办的书店随之增多。他们刊行的布道小册子遍及穷乡僻壤。

传教士创办的书店多以上海为中心，逐步向各地发展。19 世纪末，全国约有教会书店 50 余处，遍及 30 多个城市。包括：上海、北京、香港、澳门、福州、宁波、广州、汕头、台南、兴华（闽）、南京、汉口、武昌、九江、上蔡（豫）、长沙、郴州、乐山、成都、梧州、通州（冀）、潍县（鲁）、威海卫、青岛、兖州、西安、海口、温州、重庆、济南、太原、烟台等。这还没有把广学会在若干城市设立的分支机构或代销机构计算在内。

19 世纪末，外国人（主要是传教士）已基本垄断中国的报刊市场。他们在华创办的中外文报刊有 170 种，约占我国同时期报刊的 95％。截至1890 年，教会书店出版中文书籍 1000 多种。

外国传教士是代表西方殖民利益来华的。他们最早深入中国内地，成为列强进行侵略扩张的先行者。中国广大人民群众常将反抗外国侵略者的斗争矛头对准外国传教士和外国教堂，极力反对他们的文字布道。咸丰十一年（1861），湖南群众刊行反对天主教书籍的传单，江西的绅士立即加以翻印，"刷印数万张遍贴省内外通衢"（《中西纪事》）。同治四年至九年（1865—1870），湖南、江西、四川、安徽、台湾、江苏、天津、贵州等许多地区，掀起层出不穷的群众性反对外国教会的斗争浪潮。光绪五年（1879），美国传教士在福建延平县（今南平市）开设福音堂书店，进行传教活动，引起群众反对。美国传教士开枪打伤一名中国人，愤怒的群众捣毁福音堂书店。在地方官的保护下，美国传教士才得以逃脱。闽浙总督立即应美国领事的要求，派员前往"查办"、"惩凶"。光绪十二年（1886），法、美、英三国传教士在重庆所建的教堂和其他设施几乎全部被打毁。重庆的教会书店也未幸免。

（二）教会书店的战略目标。西方列强在世界各地进行侵略扩张，一向都很重视传教士的作用。因为，他们把基督圣经看成与炮舰同等重要的武器。传教士来华传教的战略目标是同列强的殖民政策相呼应的，那就是在中国建立基督教殖民统治。他们带来西方铅印、石印技术，办书店，出书报，都是为这个目标服务的。创办书店的传教士有不少是头面人物。从他们的在华言论和行动，就可以看清教会书店的宗旨和战略目标。

"要用十字架来战胜中国"。这是光绪十九年（1893）外国传教士在上海召开第一次"中华教育会"大会的主题。这个主题由大会主席潘慎文宣布。同文书会（美国长老会1884年在上海创办的教会书店）创办人之一的花之安在大会上强调，书籍是文字布道的重要工具，必须推而广之。"要使基督教文化来战胜中国固有的文化"。甚至"中国旧有的艺术，如音乐、图画等，也要连根拔掉或彻底改造"。花之安更露骨地说，如果中国人不信基督教的上帝，则"奉教之国"、"文明之邦"就将本着耶稣的"己所欲施于人"的信条，"对高抗不从者，则必从而罚之，如兴师问罪，务使归化而后已"（《自西徂东》）。这意味着要以武力强制中国人民信教，伏伏帖帖地"归化"于殖民统治。美国平信徒调查团来华，对"基督教文字事业"作了专题调查，坦白承认"初起的宣教事业，其目的在于用基督教征服世界，是一种含有战争意味的慈善事业"（《宣教事业评议》）。可见，教会书店的出版发行活动是依附于列强的炮口，为其征服中国服务的。

教会书店为列强的侵略扩张辩护。教会书店出版的某些图书已远远超越宣传教义的范围，而是具有强烈的政治意图。只要列举几个教会书店创办人物的著作，就很能说明问题。英国浸礼会传教士李提摩太（1845—1919），来华长期主持教会书店，曾任同文书会督办、广学会总干事，多次著书宣扬殖民主义。他在《泰西新史揽要》一书中说："中国近年不体天心，不和异国，不敬善人，实有取败之理。"这就是说，中国割地赔款、被迫签订一系列不平等条约，都是由于"不体天心，不和异国"。他在《新政策叙》一书中说，英国因"地小人众，养赡无资"，向外扩张掠夺"乃是合乎天心"。中国人如果反抗，那就是"上逆天心，下逆人心"。他写的自传《西铎》，竟主张"中国印度化"。在他的《通讯集》中，还提出了对中国实行"国际共管"的具体方案，主张组成一个完全听命于列强的中国内阁。同文书会执行委员林乐知同李提摩太唱一个调门。他在《治安新策》一书中，丑化中国人民"骄傲、愚蠢、怯怯、欺诳、暴虐、贪私、因循、游惰"。于是，他把中华民族划为"没有文明教化的劣等民族"。

美国传教士丁韪良更加起劲地为列强侵略辩护。此人是京师同文馆总教习，也是同文书会的创办人之一，号称"万国公法"专家。他在《邦交提要》一书中说，"万国公法"只能保护"有化之国，自强之国"。东方"无教化"的国家（注，作者明指印度、缅甸，暗指中国）"为英国所灭是公法所允许的"。因为这些国家"内政不修，外交不明……不得为国"。当义和团运动大规模兴起之后，于韪良叫嚣"让基督教列强把这个异教帝国瓜分了吧！这可供中国有一个新秩序的世界"（《花甲记忆》）。他怂恿美国对华提出领土要求："瓜分中国是自然的扩张，正如俄国向西伯利亚，美国向西部扩张一样"（《北京使馆被围记》）。列宁在《中国的战争》一文中，一针见血地指出，像丁韪良这类传教士，是"利用自己的所谓文明来进行欺骗、掠夺和镇压的人……用传教的鬼话来掩盖掠夺政策的人"。

史实证明，创办教会书店的某些传教士，就是直接参与对华掠夺和镇压的侵略者。最早来华从事刻书播道的马礼逊精通中文，曾任美国东印度公司汉语通事，多次来华倾销鸦片。他的儿子也是传教士。中国近代史上第一个不平等条约——《中英南京条约》就是小马礼逊起草的。在广州创办中国益知学会（书店）的美国传教士裨治文，是1844年美国强迫清政府签订《中美望厦条约》的起草人。他利用编书、办报的有利条件，不断收集情报，提供给美国政府。参与创办同文书会的丁韪良是美国驻华公使的谋士，1858年签订的《中美天津条约》，就是他与另一传教士威廉士起草的。光绪二十六年（1900），八国联军侵占北京，联军头目下令公开抢劫3天。丁韪良"在沙滩粮店抢得两万多斤粮食"（《清朝史话》）。当然，对创办书店的传教士也要作些分析。披着宗教外衣的殖民主义分子毕竟占少数，但他们掌握实权，能量不小。多数外国传教士为了信仰虔诚，长期受到殖民主义和宗教神学影响，自觉不自觉地为西方殖民利益服务。也有些人对中国人民怀有友好感情，为"西学东渐"做过好事。

引进西学、译印西书是我国近代书业的一个重要课题。教会书店在这方面出版了一些书籍，主要是介绍基督教文化，也涉及公法、史地等方面的内容。虽然也出过科学技术方面的书，但为数不多。从 1853 年至 1897 年的 40 多年间，教会书店印行的科学技术书籍仅 68 种，平均每年不到两种，其内容一般都较肤浅，每种书的销售量极为有限。对比之下，教会书店印行的布道用书，仅 1894 年一年就发行 98.9 万册。他们出版的科学书籍也是为基督教会的总体战略服务的。1896 年，传教士狄考文在《什么是中国教会学校最好成绩的课程》的报告中宣称："科学是基督教合法子孙，有了它，可以给基督教在与异教徒作斗争中得到极大的好处……如果教会聪明的话，它应该抓住这个机会，不让魔鬼开动这个机器。"

（三）有代表性的教会书店。清代中期的 50 多家教会书店并不稳定，经营的年限长短不一，有的被改组、合并，也有后起之秀。现将几家具有代表性的教会书店介绍如下。

1. 美华书馆。美国长老会创办。其前身为花华圣经书房，道光二十四年（1844）美国传教士柯理夫妇带着印刷机在澳门开业。翌年迁宁波，在宁波卢氏宗祠开业，共经营 14 年 4 个月，出书 130 万册，可考者 103 种，属于宗教教义的占 82.5%，属于天文、地理、物理、历史、经济、语文、道德等方面的书 18 种，占 17.5%。咸丰十年（1860）迁上海北京路 18 号，改名"美华书馆"。早期经营人查德·科尔。迁上海后，改由威廉·甘布尔经营。用各种外文和中文出版《圣经》及其他传教书刊，曾出版几十种自然科学方面的书籍。光绪十二年（1886）该馆出版发行美国医生洪士提汉译的《万国药方》，是西方医药传入我国最早译本。该馆还兼营商业簿册账表。最盛时雇用 120 多名中国人从事编、印、发等业务，专设门市部售书。

该馆设在上海北四川路的印刷厂，是西方传教士在华创办的规模最大、机械化程度较高的印刷机构。曾任该馆监督人的姜别利，发明用电解法铸造汉字字模的新技术。

美华书馆善于结交清朝最高统治者。光绪二十年（1894），为给慈禧太后六十大寿送礼，在外国传教士的组织下，中国女基督徒一万多人奉命捐出银子 1200 两，由该馆印制《新约全书》（《圣经》的后半部），封面是银质硬板，烫有《救世圣经》4 个金字，只印一册，送给慈禧。宣统元年（1909）溥仪即位，外国传教士又故技重演，动员全国基督徒捐出银子 1400 两，由该馆以原版重印 4 册，分送宣统皇帝、摄政王、其母后和隆裕太后。这家书馆分文不花，却名利双收。

美华书馆约经营 60 年。前 10 年的图书销售情况不详，后 50 年发行图书约 40 万册。辛亥革命后，改由中国人经营。1923 年盘给商务印书馆。

2. 墨海书馆。其前身为英国伦敦教会设在爪哇巴达维亚的印书馆。道光二十三年（1843）迁来上海，改名"墨海书馆"。主持人麦都士（1796—1857）是英国第一任驻上海领事巴富尔的随从人员。麦都士凭借英国势力，在今上海麦家固一带占了不少土地，用于建教堂、办书店，还建了一个华英书院教授英文，这就是麦家固地名的由来。此人曾在马六甲印刷所与马礼逊共事，熟悉出版发行业务。道光十五年（1835）来华，在广东、上海、山东等地活动。五口通商以后，他成了英国驻上海领事的随员。1854 年，美、英、法三国在上海设立"工部局"，麦都士为首任董事。此后，他的儿子麦华陀任英国驻上海领事 10 余年。

墨海书馆开馆时有 3 台铅印机。当年上海还没有电力，只好用牛力转动印刷机。"印书车床约重一牛之力，制作甚奇，华士之往来墨海者，无不喜观，为之吟咏。孙次公诗云：车翻墨海转轮圆，百种奇编宇内传。忙杀老牛浑未解，不耕禾陇种书田"（王韬《瀛壖杂志》）。该馆的经费由伦敦教会资助。

继麦都士之后，英国传教士韦廉臣、艾约瑟等人主持该馆的编务多年，雇用王韬、李善兰、张福禧、张文虎等中国文人为其编书。双方合作（传教士口述，中国人笔录）译印了一批数、理、化以及天文、植物等方面著作。值得一提的是，李善兰（字壬叔，浙江海宁人，数学家）与韦廉臣等人共同翻译出版了欧几里得的《几何原本》后九卷（前六卷曾由明末徐光启、利玛窦译出）。但墨海书馆毕竟是教会书店，大量印行的仍是布道用书。

墨海书馆为发行布道小册子不择手段，蔑视清政府的法律，酿成"青浦教案"。道光二十八年（1848）三月，主持墨海书馆的麦都士率两名传教士闯入江苏青浦县城（今属上海市）传教，发行布道小册子。因违反上海开埠时议定的"外人行走之地，以一日往还，不得在外过夜"的规定，受到当地官府的干预，并与停泊在青浦的漕船水手发生争殴。英国驻上海领事阿礼国联络法、美、比等国领事，硬说距上海90华里的青浦是在官定范围之内，无理要求中国方面"惩凶"。他们殴辱苏松太道咸龄，停付关税，派军舰扣留即将北上的1400艘粮船，又让副领事乘兵船到南京要挟两江总督李星沅。在英国威逼之下，清政府特派五口通商钦差大臣耆英处理此事。耆英卑躬屈膝，将咸龄革职，捕10名水手在海关前枷号示众，其中2人判处徒刑，另任亲英买办吴健彰署理苏松太道。一个小小的墨海书馆竟能掀起这么大的政治风波，说明它是不折不扣的英国侵华工具。

上海美华书馆约经营20年，伦敦教会对墨海书馆停发经费，遂于同治二年（1863）停业，并入美华书馆。

3.土山湾印书馆。咸丰九年（1859）在上海董家渡设立，由法国天主教会传教士爱桑创办，后迁徐家汇。早期采用雕版印书，工人几乎全是天主堂办的土山湾孤儿院的中国孤儿。书馆引进石印、铅印设备，主要出版天主教的小册子和宣传画，承印上海法租界当局的文件、报表、通告等，还出版供天主教会学校用的教科书以及为中国人学习拉丁文、英文、法文的教材、文法书、字典等。清政府曾明文规定禁止私制历书，但这家印书馆却不理睬这一套，悍然出版发行附有日出日没时刻表的《1874年日历》。清政府对此装聋作哑，不敢过问。该馆曾秘密为法国殖民当局印制《扬子江上游图》、《江苏省分区图》，倚仗法租界当局的庇护，邮寄到法国各有关机关。这实际是一种窃取情报的间谍行为，清政府照样装作不知。

4.广学会。是各国基督教传教士在上海共同组建的规模最大、经营时间最长的出版发行机构。其英文名称可直译为"在中国人中广传基督教及一般知识的会社"。前身是"同文书会"，光绪十三年（1887）成立于上海西华德路(今长治路)，由英国传教士韦廉臣、美国传教士花之安等39人共同发起，参加同文书会的成员包括英、美、法、德、加等国不同教派的传教士。粤海关总务司英人赫德任董事长。董事主要由传教士担任，还有英、美、法、德各国驻华使节和外国在华公司、银行的老板。韦廉臣任督办。4 年后，由李提摩太继任督办，后改称"总千事"。此人主持广学会 25 年。经他提议，光绪十八年（1892），同文书会改名"广学会"。

广学会的宗旨，就是通过出版书报，宣传基督教教义和宣扬殖民主义，以"争取中国士大夫中有势力的集团，启开皇帝和政治家们的思想"，"控制这个国家的头和背脊骨"（《全国文史资料》第 51 辑）。在广学会的经营计划书中对这个政治图谋作了更加具体的补充："他们（指中国人民）反对西方的观点、计划以及商业、政治、宗教等各方面的活动，几乎完全是由于无知。因此，消除这种无知，在人民各阶层中推广学识，就具有极端的重要性。但文人士绅……是满清帝国的灵魂和实际统治者。所以，很显然，如果要影响中国整个国家，我们就必须从这些人开始……这些人当了大臣的时候，要负责和外国订立条约，打交道……不只是影响到他们本国三亿六千万人民的幸福和繁荣，而且也影响到洋商和外国的利益……送他们几本我们出版的好书，可以瓦解他们的反抗。利用一些合适的书籍来指导他们，就可以完全渗透这个帝国，并且有效地改变中国的舆论和行动。"广学会的渗透作用得到英帝国主义的高度赞赏。上海英国领事在广学会第十一届年会上说："吾辈助华（本书注：应是侵华）之策，无有善于广学会者。"他又说，"西方列强捐给广学会的一元钱，等于两军交战之时枪中发出的一颗子弹"。

如果什么叫文化侵略还不清楚的话，读了广学会的这个计划书和英国领事的评价就明白了。广学会要在中国"人民各阶层中"，首先是上层统治者中"推广学识"，即利用"牧师式的欺骗"（列宁语），使人们容忍列强侵略，不作任何反抗，以便在中国实行殖民统治。

广学会为实现上述"计划"，很重视发行工作。光绪三十一年（1905），该会在上海河南路增设发行所，又相继在北京、奉天（沈阳）、西安、南京、烟台等地设立分支机构（在日本的东京、韩国的汉城也设有广学会），图书销售额增长迅速。据日本人矢野仁一著《近代支那论》："光绪十九年（1893），广学会发行的书籍仅售八百余元，光绪二十三年（1897）骤增至一万五千余元，至光绪二十九年（1903）所出书籍，凡二百五十部，售价竟达二十五万元之巨。"10 年间，图书销售额增长 31 倍。广学会出版物行销全国，按它的"计划"直接控制"这个国家的头和背脊骨"。"光绪帝曾于 1898 年（光绪二十四年）订购广学会刊行的《万国公报》全部及其他一切出版物。可见该会的书籍在当时之风行"（《中国现代出版史料》丁编）。《万国公报》是林乐知主编由广学会出版的杂志，初为周刊，后改月刊，发行量最高时达 3.8万份。广学会从成立至 20 世纪 30 年代初的 40 年间，共出版各种书籍 2000余种，创办中文报刊 10 余种。

由于发行工作开展得普遍，广学会在一本纪念册上曾将"文字之功用与礼拜堂之功用"作了一番比较："试以十万金建筑一礼拜堂，可谓巨矣，然其内容听讲之座至多一千余人而已；即此一千余座，每一回讲道能否坐满，不可知也；纵使满座，来者附近一隅之人耳。其听讲也，能悉心领受者几何？恐未出大门，而心中已空无所有者多矣。此十万金之收效，可想而知也。反之，以一万金作文字播道事业，每月至少可出报一册，书二三册，约书报之销数，每月均小至一二千，总一年论之，两者销数可得三四万册。此三四万册，请问读者而受感动者，当有若干人？是不啻日日对数万人讲道也。且书报不为地所限，能不胫而走遍天下；书报亦不为时所限，一读之后，若有遗忘，可以再读；书报更不为人所限，一人读过，可以贻于他人。而且人类从耳入之感动，极为浮浅，远不及从目入之深。故听讲之道，易得而易失，由书册上研究所得，往往终身不忘。然则一万金之收效，恐常倍蓰于十万金之讲堂而无算也"（《中国近代出版史料二编》）。从这段议论来看，广学会重视图书的发行，至为精明。

1919 年五四运动后，广学会曾出版《共产主义之研究》、《基督教与共产主义》等反共书刊。20 世纪 30 年代初，广学会曾组织读书会，会员达1800 余人。凡是会员每年交 5 元会费，就可得到该会一年内所出的各种书籍。1931 年，该会曾将新出的 58 种书寄给会员。广学会每年可得到基督徒的个人捐款和宣教会的津贴。所以，可以蚀本向会员发书。

中华人民共和国成立后，广学会由中国教士主持，继续出版基督教书籍。1956 年，与其他三个基督教出版单位合并组成中国基督教联合书局。

5. 中国浸礼会书局。光绪二十五年（1899）由美国浸礼会来华传教士共同集资，在广州创办。主要刊行基督教读物，前10年约发行书刊7000万页。书局雇有20多个推销员流动推销。该书局的出版物除向中国内地发行外，还向海外的华侨销售。美国平信徒调查团来广州，著文说："浸礼会书局在广州开了好几年门市部，但成功不大，因为售出的基督教杂志和书籍为数不多，大多数书籍、杂志是由沿街兜售人员销去的。该书局的主要营业是贩卖文具和别种商品"（《宣教事业评议》，商务印书馆1933年版）。这家书局雇用中国员工上百人，因经营得法，主动推销，加上多种经营，颇有盈余。

二、太平天国的出版发行活动

咸丰元年至同治三年（1851—1864）的太平天国农民革命运动，历时14年，纵横18省，严重地动摇了清朝统治，痛击了外国侵略势力。天王洪秀全把刊刻颁行书籍，作为宣传他所创立的拜上帝教，发动、教育和组织起义队伍的重要手段。出书品种虽然不多，发行数量却很庞大，连清朝统治者也惊呼："汗牛充栋，人人见习"（张德坚《贼情汇纂》，神州国光社版《太平天国》第三册）。

（一）太平天国刊行书籍的始末。道光二十三年（1843），洪秀全从梁亚发的布道书《劝世良言》中吸收了某些思想加以改造，创拜上帝教。他把自己附会为耶稣的弟弟，受命于天父上帝，下凡救世。于是，会同好友冯云山"遨游天下，宣传真道，拯救天下兄弟姊妹"（《太平天国》第一册）。他们在广西桂平县紫荆山区建立了传教根据地，信徒日益增多。从道光二十五年（1845）起，洪秀全用两年时间写成《原道救世歌》、《原道醒世训》、《原道觉世训》3本小册子，确立了拜上帝教的理论基础，也为太平天国革命提供了思想武器。洪秀全在紫金山区准备起义期间，就写书作宣传，"主每天同南王（冯云山）写书送人，时将此情教导世人"（《太平天国》第二册）。他们所抄写的就是《原道救世歌》等3种书。咸丰元年（1851）一月，金田村起义时，已有农民起义队伍——太平军2万多人。洪秀全将他的3本小书又加上新写的军事纪律《十款天条》，作为起义的思想动员，发给"两司马"以上首领。"两司马"是带领25个战士的小头目。如此算来，每种书至少要发行千本以上，当时可能已有刻本。

太平军从金田村起义到咸丰三年（1853）三月攻入南京的两年多时间里，约刊行了10种书，还刊行了一批征讨清朝的文告，大量刷印，广为散发，以扩大太平天国的政治影响，"教育世人摒弃邪神，独尊唯一真神皇上帝"。同时代的文人张汝南说："太平军所到之处，必散伪书数种"（《金陵省难纪略》）。清朝官员写的《教匪来》也说，太平军"不淫杀，不剽劫，乡村进贡人迎接。报礼随物件，或给《三字经》（内容是宣传拜上帝教），或给《太平诏》，或给《天条书》，一一付执照"（《太平天国资料》）。太平军攻占湖南道州，刊行《奉天讨胡布四方谕》等三篇檄文，揭露了清王朝的滔天罪恶，号召人民群众参加起义，"大振旌旗，报不共戴天之仇，共立勤王之助……同享太平之乐"。这些檄文发行范围很广，"武昌城内外所在，亦多有之"（《太平天国》第四册）。

在向金陵进军途中，洪秀全善于利用书籍对全军进行思想教育。起义的当年九月，太平军攻克永安州，在这里休整了半年。他利用休整时机，刊刻颁布《天命诏旨书》、《天条书》、《太平条规》，向全军宣传他的教义，加强军事纪律。规定："天晴则操练兵士，下雨则习读天书。"既然要习读，就要把书发给识字的战士。第二年，洪秀全再次颁发《汇编天命诏旨书》，并加以说明："今恐通军大小男女兵将未能熟知天父圣旨命令最紧要者，汇录镌刻成书，庶使通军熟读记心，免犯天令，方得天父天兄欢心也"（太平天国历史博物馆编《太平天国文书汇编》）。向全军普发书籍，组织大家"熟读记心"、"识法忌法"，是洪秀全比历代农民起义领袖高明之处，也是太平军纪律严明、秋毫无犯，增强战斗力的一个重要原因。但是，他以宗教迷信来维系起义部队，妨碍了人们的觉醒，终于使这场革命走入歧途。

太平天国定都天京（南京）之后，对图书的需要大增，刊书条件也大为改善。南京刻书业发达，"掳得此项匠人众多"（涤浮道人《金陵杂记》）。其实，不能说成"掳得"。天京的所有居民都被分别男女编组起来，全部纳入太平军的军事组织。刻书匠人属手工业者，被编入军队所属的"诸匠营"和"百工衙"。过去曾在进军途中刊行的书籍，又在天京加以汇编或修订，重新刻印发行。为适应形势发展，又刊行了《建天京于金陵论》、《贬妖穴为罪隶论》、《天朝田亩制度》、新旧《遗诏圣书》、基督教《圣经》等多种新书。在上海创办墨海书馆的英国传教士麦都士曾走访天京，赠给洪秀全《天理要论》。天王"旨准"，于太平天国甲寅四年（1854）镌刻颁行。

太平天国刊行的书籍总称"诏书"。据洪秀全《诏书盖玺颁行论》的解释，意指"真书"、"训世之书"、"化民之书"、"发号施令之书"、宣布"天王之化"之书。每种书在刊行之前，需先"经禀报列王，转禀奏东王启奏天王御览，蒙恩旨准"（《太平天国文书汇编》）。也就是说，要一级一级上报审批，最后由天王洪秀全批准，并且要盖上他的"旨准"木玺。

太平天国颁行的书籍，"由政府印刷及分派于民间，不取偿价"（[英]吟利《太平天国史》，又见《太平天国典制通考》）。太平军进入南京，没收所有官僚和大地主的住宅及其财产，所有的物资都被分类集中储存，成为天国政府的财富，商业一度被废除。按拜上帝教的教义："凡物皆天父赐来，不需钱买。"图书的颁发实行军事供给制，发行量巨大。以《天条书》为例，在天京城内，开始只发给每馆、每衙一本，后来则规定天京百姓"朝夕诵读"，以熟背此书为荣，"夸耀于众"（张德坚《贼情汇纂》）。天京出了一本《鬼教该死》宣传小册子，共发行80万册。英国海军上校费士班访问天京归来说："太平军散布《圣经》极广，有400人终日从事印刷，向外分送。"访问过天京的外国传教士晏玛太也说："洪秀全雇佣80个刻字者专为刊印《新约圣经》及宗教书，以分派于全军。"在各地打仗的部队也携带旨准颁发的书籍，广为分发。在接待乡民进贡时，"必回赠书籍数册"（毛保隆《见闻杂记》）。翼王石达开一度占领安徽贵池一带，派员颁递饬令举官造册的谕告时，一并发给"天朝圣书，期望间邑乡民能回心敬天"（《历史研究》1981年第2期）。

太平天国也很重视向儿童发行启蒙用书和教材。宣传教义的《三字经》、《幼学诗》、《御制千字诏》以及删改后的"四书"、"五经"、《诗韵》等书，大量刊印，免费发给儿童作为教材学习。《天朝田亩制度》还规定："童子俱日至礼拜堂，两司马教读《旧遗诏圣书》、《新遗诏圣书》及《真命诏旨书》焉。"

（二）太平天国的出版发行机构。太平军于金田村起义后，就不断发展刊行书籍的队伍，"贼掳得两广、两湖稍知文字者为伪诏书，又掳胁各处能写字者为其抄写"（张德坚《贼情汇纂》）。为管理这支队伍，在行军途中派李寿晖为正"典镌刻"，主持书籍的镌刻和发行。此人"举止安详，人颇文秀"，是太平军中"有风度者"，受东王喜爱。还有一个名叫雷信孔的，改名雷反孔，协理此事。后来，此人成了叛徒，又复名雷信孔，清朝给他"二品顶戴，诰封武功将军"。

太平军定都天京，建立了中央政权，分别设立了书籍的编、印、发机构。

1. 编书机构。设诏书衙和删书衙。诏书衙位于天京城内慧圆庵。门口悬有对联："诏出九重天哪怕妖魔施毒计，书成一统志岂容狐兔竟横行。"长官称正、副"典簿书"。李寿晖主其事，旋调任东殿史部尚书。继由参加金田村起义的黄再兴以地官副丞相的职衔主管诏书衙。"洪道所下伪诏，由伪诏书衙汇修发刻"（张德坚《贼情汇纂》）。张德坚是清廷派遣到太平军内部窃取情报的奸细。所谓"伪诏"，即洪秀全批准刊行的各种图书。

删书衙。位于天京城内明瓦廊大街前户部郎中梅曾亮宅。定都天京的次年（1854）设立，按天王洪秀全命令，删改孔孟诸子百家书籍，取"其中有合乎天情道理者"，镌刻发行。"始以四书五经为妖书，后经删改准阅，惟《周易》不用。他书涉鬼神丧祭者削去"（张汝南《金陵省难纪略》）。主持删书事宜的均为天朝的重臣，如镇国侯卢贤拔、天官副丞相曾钊扬、夏官丞相何震川、前夏官副丞相赖汉英等，"择能文书手佐之"（张汝南《金陵省难纪略》）。

2. 刻印机构，设镌刻衙和刷书衙。镌刻衙位于天京城内复成仓大街。书稿完成，先经一定的审批程序，最后由天王旨准，送镌刻衙雕刻书板。主官为正副"典镌刻"。后来，镌刻衙扩大为镌刻营，"其卒皆刻字匠。各营以指挥统之，其总制至两司马，亦如土营、水营之制"（张德坚《贼情汇纂》）。镌刻营自将军以下正副各官、典官、属官，计有1715人，伍卒计有12500人，总计14215人（张汝南《金陵省难纪略》）。这支上万人的队伍，可能将南京、扬州及其附近各县的书业人员都组编在内了。

刷书衙。位于天京城内文昌宫后檐。镌刻营将书板刻好之后，送交刷书衙刷印，装订成书。其印书封面，一般只用黄纸、红纸两色，唯《幼学诗》封面为草绿色。太平天国刻版，字体多横细竖粗之匠体字，行文多用语体白话文。封面设计大体雷同，中间是大字书名，紧贴书名有边框，两边是二龙戏珠图案，上边书眉小字题"太平天国××年新刻"。

3.发行机构。设宣诏衙，位于天京城内北城。刷书衙装订好的书籍，由宣诏衙负责向全军运送、分发。如果印的是文告，则负责到四处张贴。主官为正、副"宣诏书"。清朝官府潜入天京的密探张德坚，侮蔑宣诏衙的发行人员为"奔走贼"。当年英国海军上校费士班访问天京，著《中国印象记》，其中提及各种书籍由宣诏衙"四处分送"。在分送之前，要在每本书的卷首钤盖天王"旨准"的木玺。这是由于"天朝一切诏书颁行天下，而又恐天下不知敬信永遵，遂盖以金（木）玺，以诏严肃"。如果"有书不奏旨，不盖玺而传读者，定然问罪"。还严格规定："片文只字刊刻，必自京内颁行"（太平天国博物馆编《太平天国印书》）。天王洪秀全的印有金玺、玉玺、木玺之别。前二玺加盖于重要诏旨之上，轻易不用。金玺已毁，玉玺今藏中国国家博物馆。木玺加盖于旨准颁发的书籍上。这个木玺于1975年在南京一民宅的天花板上被发现。1982年经专家鉴定，被确认为已沉睡130多年的洪秀全"旨准"木玺。

洪秀全严密控制书籍的编、印、发，任何人不得私镌。"'六经'等书亦皆蒙御笔改正"，"不恤操劳，诚恐其诱惑人心，紊乱真道"。结果，形成极端的文化专制。这就导致太平天国的书业不可能发达。天朝拥有上万人的编、印、发队伍，十多年间仅刊行书籍61种（荣孟源《历史笔记》）。这是已知书名者，实际出书可能不止此数。

（三）太平天国禁书活动。洪秀全出于宣传拜上帝教的需要，在太平军所到之处，常常焚烧学宫、考棚、寺观、祠堂，捣毁孔子木柱，禁售禁读孔孟诸子书籍。太平军攻打长沙之役，岳麓书院藏书，荡然无存。太平军攻克武昌城，将城内"庙中神像尽烧毁"，并将孔孟诸子书籍"抛掷满地……沟渠秽坑，无处不有"（张汉《武昌纪事诗》）。在扫荡传统文化的同时，太平军则广为散发《天书》、《三字经》、《天条书》、《太平圣书》等书。

太平军进入天京之后，主持"诏书衙"的地官副丞相黄再兴著《诏书盖玺颁行论》提出："当今真道书者三，无他，《旧遗诏圣书》、《新遗诏圣书》、《真天命诏书》也。凡一切孔孟、诸子百家、妖书邪说者，尽行焚除，皆不准买卖藏读也。否则，问罪也。"这个残暴的禁书政策导致江浙一带书坊书

402

肆的存书和私家藏书大量被毁，天京城中一度出现"搜得藏书论担挑，行过厕溷随手抛，抛之不及以火烧，烧之不及以水浇，读者斩，收者斩，买者卖者一同斩"（《太平天国》第四册）。太平军所到之处，直接摧毁大大小小藏书楼数百十处，一举造成我国宋、元、明版书籍资源在太平军占领区的枯竭，给我国文献史、文化史带来不可估量的损失。

东王杨秀清对上述做法表示异议。太平天国三年（1853）四月，他以天父下凡的方式说，儒家经典"并非全是妖话，未便一概全废"。他写了一本《太平救世歌》，反复强调以儒家思想为核心的政治伦理道德。翌年（1854）正月，杨秀清又以天父下凡的形式说："前曾贬一切古书为妖书，但四书五经其中阐发天情性理者甚多，宣明齐家治国孝亲忠君之道亦复不少。……至若历代史鉴，褒善贬恶，发潜阐幽，启孝子忠臣之志，诛乱臣贼子之心，劝惩分明，大有关于人心世道……岂可将书废弃，使之湮没不彰？"杨秀清的地位仅次于洪秀全，握有军政大权，还有代"天父"立言的特权。因此，洪秀全不得不妥协，于同年二月下诏设立删书衙，规定："凡一切妖书如有敢念诵教习者，一概皆斩。尔等静候删改镌刻颁行之后，始准读习"（张德坚《贼情汇纂》）。经删书衙删改后的孔孟诸子经史，究竟镌刻颁行否？还是个历史悬案。太平军失败，太平天国出版物被曾国藩的湘军严厉查禁，几乎烧光，迄今人们还未发现被删改后的"四书"、"五经"刊本。

三、各省督抚相继设立的官书局

清朝统治阶级在镇压太平天国革命之后，不惜拨出巨款，在曾被太平天国占领的南方各省建立官书局，企图用封建文化来肃清太平天国的影响。其他各省也相继效仿建立了官书局。有些官书局刻书不多，主要从事图书发行业务。

（一）晚清最早的官书局是湖北巡抚胡林翼于咸丰九年（1859）在武昌设立的。刻《读史兵略》、《弟子箴言》等书。第二个创办官书局的是闽浙总督左宗棠。同治三年（1864），他与太平军作战，驻军宁波，"以乱后书籍版片多无存者，饬以此羡余刊刻四书"（陈其元《庸闲斋笔记》）。攻克杭州后，书局随左宗棠迁至杭州。胡林翼、左宗棠设立的两个书局，经营时间不长，后世提及晚清官书局，多称曾国藩首创。

曾国藩（1811—1872）组织的湘军以及由此而派生出的李鸿章的淮军是镇压太平天国革命的主力。同治二年（1863），太平天国的战略要地安庆失守，曾国藩把他的两江总督府迁入安庆。翌年四月，他在安庆"捐廉三万金设书局"（朱孔彰《曾祠百咏》）。安庆一带的长江称"曲江"，又称"曲水"，故名"曲水书局"。六月，天京陷落，太平天国覆灭。曲水书局的主要人力随曾国藩进入南京。经过一段时间的筹备，奏请清廷旨准，同治四年（1865），金陵官书局在南京成立，光绪初年改名"江南书局"。当年，曾国藩是两江总督兼督办江南军务的钦差大臣，权倾朝野。其门生部下李鸿章、左宗棠、马新贻、刘坤一、吴棠等均为南方各省督抚。他创办金陵书局的影响很快波及南方各省。

继金陵书局之后，李鸿章在苏州设立江苏书局。同治六年（1867）又在南京创办江宁聚珍书局。同治八年（1869），两淮盐运使方浚颐在扬州创办淮南书局。江苏省的四个书局，以江苏书局出书最多，达 180 种，延续时间也最长，民国时期仍在经营。

继江苏书局后，曾被太平天国占据过的闽、鄂、浙、赣、湘、川等省也先后建立官书局。闽浙总督左宗棠于同治五年（1866）在福州设立正谊堂书局，旨在"扫异学之氛雾，入宋儒之堂奥"（《左宗棠全集·批札》）。湖广总督兼湖北巡抚李瀚章（李鸿章之兄）于同治六年（1867），"收并"汉口"湖北绅耆原设之崇文书局"（《湖北通志·宦绩传》）。在武昌成立湖北官书局，又称"崇文书局"。同年，浙江巡抚马新贻在杭州设立浙江官书局，广州将军瑞麟在广州设立广州书局。江西巡抚刘坤一于同治十一年（1872）在南昌设立江西官书局。同年，湖南学政将长沙府学办的尊经书局加以扩充，改称"湖南官书局"。四川总督吴棠也在成都设立存古书局，又名"四川官书局"。

各省建立官书局符合清廷的旨意。同治三年（1864），太平天国革命失败，同治帝谕令曾国藩："江南北现经荡平，亟宜振兴文教"（《穆宗实录》）。翌年，又旨准御史汪朝的奏折："现在地方新复，亟宜兴建学宫……各州县学宫，如有被贼焚毁者，自当次第兴修"（《穆宗实录》）。其实，太平军对学宫破坏不大，经过整顿已纷纷复学，关键是书籍奇缺。同治六年（1867）初，浙江巡抚马新贻"设局刊书"的奏折称："欲兴文教，必先讲求实学，不但整顿书院，并需广集图书。浙江自遭兵燹，从前尊经阁、文澜阁所存书籍，均多毁失。士大夫家藏旧本，连年转徙亦成乌有。军务肃清之后，省城书院如敷文、崇文、紫阳、孝廉堂、诂经精舍均已先后兴复……惟书籍一项经前兼署抚臣左宗棠创刊《四书五经》读本一部，余尚未备。士子虽欲购求，无书可读。而坊肆寥寥断简残篇，难资考究，无以嘉惠士林，自应在省建立书局重刊，以兴文教"（《马端敏公奏议》）。

江西巡抚刘坤一关于"设局刊书"的奏折也说："江西各属屡遭兵燹，不但各学藏书散失无存，即民间经史子集善本版片亦俱焚毁殆尽，士子诵习无资，实于文教大有关系……臣现饬候补道缪德菜会同各司道仿照江苏、湖北等省办法，另立书局"（《刘忠诚公遗集·奏疏》）。

光绪年间，北方以及一些边疆省份也陆续设立了官书局。山东巡抚丁宝桢于光绪初（又说同治末年）在济南设立皇华书局，刊书甚少，实为南方各省官书局的分销处。山西巡抚曾国荃于光绪五年（1879）在太原设立濬文书局，后改名"山西官书局"。兵部尚书兼直隶总督李鸿章于光绪七年（1881）在保定设立直隶官书局，又名"莲池书局"。它与畿辅通志总局是一个机构、两块牌子。左宗棠督办新疆军务期间（光绪元年至六年）曾在迪化设书局，刊行供维吾尔子弟"诵读之书"（秦翰才《左文襄公在西北》）。左宗棠离开新疆，该书局停业。六年之后（光绪十二年），新疆巡抚刘锦棠在迪化设印书局，用维吾尔文注音，刊行了一批蒙学读物。光绪年间，"西宁知府龙锡庆在西宁设尊经书局，刊行四书、五经等书"。光绪十七年（1891）由陕西督学柯逢时捐银一千两，西安吴周氏捐银五千两在西安创立味经书局，购置铅印机器设备，至1911年辛亥革命，20年间共出书300多种。其中有不少是新学书，如《天演论》、《原富》、《十九世纪欧洲政治史论》、《中国现势论》等。由于出版的新学书籍受欢迎，这家书局于"光绪三十三年（1907）的图书零售额达白银1100多两"（《陕西出版史志资料》第二辑），后并入省图书馆。

光绪年间，在广州又出现了一所广雅书局，它是两广总督张之洞于光绪十二年（1886）创办的。这家书局财力雄厚，刊书270余种，为全国官书局之冠。受广雅书局的影响，广西巡抚马丕瑶于光绪十五年（1889）在桂林设立桂垣书局（后期改名广西官书局），马丕瑶及其继任巡抚张联桂陆续在南宁、柳州、梧州等 14 个州县设立了官书局，使广西全省形成官书局发行网络，实为全国首创。湖南思贤讲舍主持人、前国子监祭酒王先谦于光绪十六年（1890）在长沙创办思贤书局。贵州巡抚嵩崑于光绪二十二年（1896）在贵阳设立贵州官书局，刻书不多，以售书为主。云南巡抚崧蕃于光绪二十四年（1898）在昆明设立云南官书局。崧蕃在奏折中说："于公款中提银一万两，选绅承领，谕令将经史子集、国朝掌故，暨一切有裨时务实学诸书，择要开单，由各省采买运滇。即在省城设立书局，随购随售，只照原价酌加水脚、薪工等费，并不格外取赢，使书价较廉，多士易于购置，亦造就人才之一助也"（《宫中档光绪朝奏折》）。云南官书局也是以售书为主。

设立官书局是一件大事，需由督抚署名奏报朝廷，经过旨准。以山西巡抚曾国荃的奏折为例："其时东南各省先后设局将经史各书刊刻齐全，各省艺林莫不利赖。独晋省僻处边陲，尚未兴办。臣莅晋后，查书肆既无刊印官书即南省已刻之书，又因道路艰险无人贩运到晋。凡市肆所售者，率皆伪误不堪卒读……书籍既无善本，士虽有志攻读，对此讹编亦安有不望而却步哉？若不及时振兴文教刊刻成本，则以后晋之之晋，更难望臻上理矣。此刊书所亟宜兴办者也"（《晋政辑要》）。当地缺少书店，缺少善本，为了"振兴文教"，维护封建专制的思想统治，是各省相继创办官书局的基本动因。

综上所述，同治、光绪年间全国各省约设立官书局 24 个（广西的州、县官书局尚未计入内），如果加上清廷设立的京师官书局（另行叙述）共 25 个。官办书业的空前发展，标志着图书流通规模的扩大，也反映了封建统治阶级更加注重意识形态领域的问题。官书局刻书比较重视质量，精校密勘，售价低廉，对保存和传播古籍作出了一定贡献。但官书局的宗旨是维护封建专制，所刻之书多为御纂钦定之类，不符合时代潮流，注定是短命的。有些书局只存在几年或十几年就消失了。有些书局虽未消失也没有大的发展，随着清王朝的崩溃而解体。"民国成立，军事频年……原有各省设立之官书局，在减政裁并方策之下，纷纷停办"（王汉章《刊印总述》）。只有少数书局延续到民国时期，仍靠官方拨给的经费来维持。

（二）官书局的刊书活动。江浙等地官书局成立初期，清廷发过两次谕旨。同治六年（1867），同治帝谕内阁："著各直省督抚转饬所属，将旧存学中书籍广为购补，并将列圣御纂钦定经史各书，先行敬谨重刊，颁发各学"（《穆宗实录》）。同治七年（1868），江苏巡抚丁日昌编印培训州县官员的教材——《牧令全书》，得到同治帝赞许，发出谕令："州县为亲民之官，地方之安危系之。丁日昌现拟编刊牧令各书，颁发所属，即著实力奉行，俾各州县得所效法，其小学、经史等编有裨学校者，并陆续刊刻，广为流布。至邪说传奇，为风俗人心之害，自应严行禁止"（《穆宗实录》）。这是对官书局应出什么书，不能出什么书作了规定。

所谓"列圣御纂钦定经史之书"，就是同治前由武英殿修书处刊行的书籍。浙江巡抚马新贻立即遵旨："先恭刊《钦定七经》、《御批通鉴辑览》、《御选古文渊鉴》等书，昭示圭臬。其余有关学问、经济、讲诵必需者，随时访取善本陆续发刊"（《杭州府志》）。这个奏折基本反映了各地官书局的出书情况。

康雍乾嘉时期的殿本书各省布政司多有旧存板片，有些加以修补就可刷印。江西巡抚刘坤一上疏说："查藩司署内本藏有御纂钦定各经等项书板，历年久远，残缺不全，难以刷印。……遂遴选积学之士，雇募精熟匠人，先将藩署旧存书板逐加查看，分别补修"（《刘忠诚公遗集·奏疏》）。广东、福建等地官书局还大量翻刻了武英殿的《聚珍版丛书》。

各省官书局也刊行了一些体现地方特点的图书，如方志、地图、本省古今名人的文集等。

金陵书局于同治八年（1869）与江苏、浙江、湖北、淮南等五个书局合作，共同刊刻"二十四史"，被誉为晚清的书林佳话。但在同一时期，广东新会陈氏菉古堂独资翻刻殿版"二十四史"，雕印精良，版式划一，比五局合刻本更胜一筹。

各省官书局究竟刻了多少种书，无法统计。"估计十余官书局所刻书，当在一千种左右，四部均备，以正经、正史居多"（张秀民《中国印刷史》）。清末，有些书局也开始用铅印、石印出书。受"西学东渐"的影响，少数书局也译印一些自然科学和外国史地等类图书，但为数不多，影响不大。

（三）官书局的经营和发行。官书局的具体主持人多为封建官僚或因循守旧的文人。不重视经营，不问市场，不计盈亏，贱商轻商的观念严重，"耻于言利"，反正由官府拨给经费。晚清那么多官书局，没有一家能够像民营商务印书馆那样，发展成为近现代大型出版发行企业。

各省官书局的经费除卖书收入外，多数来自厘金。厘金又称"厘捐"或"厘金税"。系清廷为筹措军饷以镇压太平天国革命而征收的一种商业税，名目繁多。这场战争结束后，依旧征收。其中的"余额"常由督抚批准，拨作书局刻书经费。这个主意是江苏学政鲍源深提出的。同治六年（1867），他在《请购刊经史疏》中说："或疑现在经费支绌，筹饷艰难，似购书刊无暇遽及。夫戡乱则整武为先，兴学则修文宜亟，况购书刊书，经费每年不过筹饷中百分之二三，筹捐尚易。"这个疏文得到同治旨准，各省也照此办理。浙江巡抚马新贻关于筹办浙江官书局的上疏也说，官书局的"一切经费在厘捐项下酌量撙节提用"。光绪十五年（1889），张之洞调任湖广总督，宏奖士流，鼓励刻书，每月从善后局拨银数千两补贴湖北官书局。江西巡抚刘坤一《设局修经籍片》也说，仿照江苏、湖北等省办法"遵旨设局开办"。"江苏书局所用款项"直至光绪后期仍"由善后局酌提厘金支放"（《光绪朝东华录》）。此外，也有由支应局、藩库、道库、运库、海关拨给经费的。

官书局不讲经营，效率低，浪费大，刻书成本甚高。以曾国藩创办的金陵书局为例，同治年间每年由支应局拨银4000两，藩库拨银3000两作为常年经费。光绪二十四年（1898），两江总督刘坤一下令停发经费。从此，无力刊行新书，只靠卖存书维持生存。算起来，该局从1864年至1898年的35年间，共得官方拨银16.1万两，外加李鸿章拨银3万两，共19.1万两。而在这漫长的30多年间，仅刻书56种（690册）。平均每年刻1.6种，平均每种书耗银3410两。如果把书籍销售收入加进去，其所耗银两至少要加大一两倍。该局所刻之书，不外是钦定御纂的经史古籍，真正有价值的新著不多。这些由封建官僚办的书局，不问市场，不管经营，靠吃皇粮混日子，是不会有发展前途的。

北方各省及边疆省份的官书局刻书不多，以经销南方各省官书局的书籍为主业。直隶官书局开业伊始，即"筹款购买南方各省官刻书籍，运直（隶）

原价发售，以惠士林"（直隶按察司、布政司、清河道为筹办书局给李鸿章的呈文）。山西官书局开业初期还刻了一些书。从光绪十六年（1890）起，"厘捐款用竭"，"暂停剞劂……拨款采买南省局刻各书，照转售通省士民"（光绪《山西通志》）。云南、贵州、广西等省官书局常派人到鄂、粤、苏、浙等省官书局采购书籍。云南巡抚杜瑞联上疏称："湖北官书局地处交通要道，会集各地寄存善本，特派员前往购书"（《光绪朝东华录》）。湖北官书局利用九省通衢的优势，聚集各省官书局寄存的图书，发挥了总经销或代理发行的作用。"上海、天津、吉林、河南、四川等地常有汇款崇文书局索书者"（方振益《湖北官书局始末考略》）。

官书局的发行方式可分为批发、零售、组织州县代卖、赠发等。

1. 批发。各省官书局之间互相交换、寄销图书。广雅书局在一份经营报告中称："山东书局是各省官书局分销处。经销本局书有经部二十八种、史部九十四种、子部三种、集部八种"（朱士嘉《官书局书目汇编》，中华图书馆协会1933年版）。

官书局还直接向私营书店批发书。苏州扫叶山房、上海抱芳阁书店印发的书目广告中，就列有官书局刊印之书。官书局也允许私营书店租赁书板，自己刷印出售，但严格规定"凭其值售之"，不得擅自加价。

有些官书局委托书商推销图书。广州书商孙士颐采取多种措施代售广雅书局的书。他说："广雅局书，最好仍换局书来粤，彼此平换。如我寄书一百元，则托竹简斋或别家按现时价钱买杭局书来。……金陵、湖北书局能来，尤佳。"用换书的办法可以增加经营品种，扩大销售。用局本书交换坊刻本或石印本，其价格是"局本则平换，以局书易石印书及木板诸书则局书需加价，局书一百元换一百二三十元"。广州书商汪大钧曾携带广雅书局刊行的书专程赴上海换书，"无论局刻、家刻、坊刻各书……皆拟换之"（《汪康年师友书札》，上海古籍出版社1987年版）。

2. 零售。有两种形式。一种是自设门市部，直接向读者售书。江西官书局就在省城设店售书。印有书局价目，随书附送。该书局还代售私营书店的书，书名也一并列入书目。另一种是不设门市部。保定的直隶官书局"仿照江南、湖北等处书局章程……由局编刻总书目，刊定价值，划一不二。由钱铺（指定聚恒成、聚隆两家钱铺）收钱、发票，持票赴局取书"。"并于该钱铺存放书目一本，以便买书者查阅"（《直隶经售各省官刻书籍总目》）。这种售书办法"官气"十足，读者买书无法事先翻阅，而且要先去钱铺交书款，再去书局取书。直隶官书局从南方购进的图书，需经天津转运保定。李鸿章命设在天津的总理海防支应总局办理转运，同时在天津发卖书籍。

天津没有采取保定的办法。光绪八年（1882）二月，支应总局发出售书告示说："总理海防支应总局：奉爵阁督宪札饬筹备成本，购运南省官书来直，原价发售，以惠士林。现择问津书院设局发卖，已将各省官书局书籍一律运齐安放，并于局内悬挂总书目、售书章程，又留存刊就总书目一本，所有价值照南省十足制钱划一不二，定于二月初九日开售。士子欲买购，到本局查阅书目，照付钱取书无误"（《津门杂记》）。支应总局曾奉李鸿章之命拨银 5000 两作为直隶官书局采买图书的资本，所以由该局经办在天津的售书事宜。

3.组织府州县代卖。这是李鸿章给直隶官书局拟定的发行办法之一。他在《直隶官书局运书发售章程》上批示："由省局刊刻总书目刷印多份，通饬各府州县知照，各该府州县有能筹备款项照总局章程买书发卖者，备文开单，将款项解交省局或津局代为买运，由各府州县赴局领回发售。各府州县准照九五折备价，其发售时准照足价，所余五厘即以津贴经手铺户所有。由津省运至各府州县运费，由各府州县捐办，不准加入书价"（《直隶官书局运售各省官刻书籍总目》）。这实际是下令各府州县衙门代卖书籍，但不得从中盈利，而且要贴补运费。如果交书商经办，只给五厘手续费。"如有小贩买书运至乡间及外州县出卖者，卖价听其自便，不在不准加价之列"。

各府州县主要向书院发卖书籍。对此，李鸿章想得较为周到。他在《章程》上批示："查书籍交各州县发卖，固可广为流布，但寒士仍属无力购买，惟书籍存储书院，俾肄业者得以借观，最为培植寒畯良法……"他要求直隶省按察司、布政司"通饬各府州县，凡有书院者均先行酌筹款项，择切要之书买备一份，在书院妥为收存，令在院生徒随时借观。严立章程，不准遗失……"（《直隶官书局运售各省官刻书籍总目》）。为此，总理省城通志局（即直隶官书局）、直隶按察使、布政使、清河道联名印发了一个售书告示，交各州县张贴，"俾绅民一律周知"并"通饬各府州县，筹款赴省买书"。告示的核心就是要求各书院建立图书室，方便生员借阅。

4. 赠发。官书局出的书，首先要进呈皇帝御览。光绪二十九年（1903），光绪谕令江苏、江西、浙江、广东、湖北、四川各省督抚，将省内官书局刊刻书籍择要刷印进呈御览。其次，上缴国子监收藏。皇帝专门下诏，说明六省官书局刻书最为精良，品种较多。光绪七年（1881），两江总督刘坤一檄饬金陵、江苏、淮南、江西各官书局，将局刻书籍选上色纸装订，解赴国子监。光绪二十年（1894），清廷又重申各局刻书初印精絭者解交国子监。向国内知名书院及曲阜孔府、清朝驻外使馆赠发。

四、洋务派、维新派的出版发行活动

第二次鸦片战争（1856—1860）以后，以李鸿章为代表的洋务派，以康有为、梁启超为代表的维新派，出于不同的政治主张，分别创办书业机构，出版、译印、发行图书。这些书业机构规模较小，有的经营时间较短，有的忽视经营或不以营利为目的，但它们是我国近代书业的先驱，对引进西学、开启民智发挥了一定作用。

（一）洋务派创办的译书机构。洋务派是指 19 世纪 60 年代至 90 年代以李鸿章为代表的"兴办洋务"的封建官僚集团。他们为了推行"洋务外交"和引进西方"船坚炮利"的技术，在"洋务事业"中附设了书业机构。主要有京师同文馆、江南制造局翻译馆、其他译书机构等。

1. 京师同文馆。是清代最早培养翻译人才的洋务学堂，附设有译印西书的机构。同治元年（1862），由总理各国事务衙门在北京创办，陆续设立英文、法文、俄文、德文、日文等馆以及天文、算学等班。经费、人事等由总税务司英国人赫德控制，美国传教士丁韪良任总教习。结合外语教学，曾由师生合作翻译出版印一批外国文献和科学书籍。著名的译作有西方国际法《万国公法》、西方经济学《富国策》、外交学《星轺指掌》、物理学《格物入门》以及《化学指南》、《算学课艺》等。光绪二十七年（1901）底，京师同文馆并入京师大学堂。同文馆存在 39 年，共译著、出版图书 35 种。其中，"教习的译著 12 种，学生的译著 10 种，师生共译 9 种，未知的 4 种"（苏精

《清季同文馆及其师生》)。"内中多数是同文馆印刷所印行，免费分发给全国官吏"(丁韪良《同文馆记》)。

2.江南制造局翻译馆。同治四年(1865)，曾国藩、李鸿章从美国购买机器，在上海创办了清政府规模最大的新式军工企业，定名江南机器制造总局，简称"江南制造局"，内设机器厂、铸铜铁厂、轮船厂、枪厂、炮厂、火药厂、炼钢厂等。同治七年(1868)增设翻译馆，译印西书，公开出售。参加译书的有中国科学家徐寿、华蘅芳、李善兰、李凤苞以及英国人傅兰雅、美国人金楷理、林乐知等，译员最多时近60人。所译主要为工艺制造和自然科学，尤重武器及船舶制造学，也译有医学、农学和社会科学方面的书籍。光绪三十一年(1905)，翻译馆撤销。三十多年间共译印图书207种(据1912年制造局图书处编印的《上海江南制造局译印图书目录》统计)。这些书籍为"西学东渐"、为促进中国近代科学研究发挥了重要作用。

翻译馆比较重视译印西书的发行，配备专人"董理售书之事"。该馆译印的《三角数理》等书，被京师同文馆、耶稣教中大书馆、登州书馆先后购去，作为教材。"南京有大宪设馆教算学等事，学者不少，故有多人购买局中算书。……局内之书，为官绅文士购存者多，又上海、厦门、烟台之公书院中亦各购存。如上海公书院，在格致书院内有华君若汀居院教习，凡来咨诹者，则为之讲释；而华君在局内时，与西人译书有10余种，故在院内甚能讲明格致"(傅兰雅《江南制造总局翻译西书事略》)。华君即清代数学家华蘅芳(1833—1902)，字若汀，是翻译馆筹办人之一，在馆内从事数学、矿物学、地质学等方面著作的翻译，常向来馆购书者推荐介绍有关书籍。

英国人傅兰雅(1839—1928)对翻译馆的编译、发行工作作出了很大贡献。翻译馆所用西文图书多由傅兰雅从英国订购，"各种书籍，傅先生所口译者十居其六七"(徐寿《格致汇编·序》)。他在翻译馆任职编译达28年之久，为江南制造局和益智书会先后翻译英文原著143种，所译之书包括数学、物理、化学、天文、地质、气象、生物、机器制造、工程测量、医药卫生、航海工程、水师、炮术、农业等众多类别。傅兰雅这位外国人是向中国介绍西方科学技术书籍最多的一个人。同治四年(1865)，他在上海创设格致书室，专售科技书籍，其中很大一部分是江南制造局翻译馆译印的书籍。

光绪十四年（1888）格致书室售书目录列有 650 种。该书室先后"在北京、烟台、奉天（今沈阳）、天津、杭州、汕头、福州、厦门、香港等地开设分店，销售书籍 15 万册"（贝内特《傅兰雅译著考略》，哈佛大学东亚研究中心 1967 年英文版）。

翻译馆不以营利为目的，书价较为便宜。每种书售价约为 100 文到 2000 文不等。每册页数一般为 60 页到 100 页。为了扩大发行，有时还减价销售。

翻译馆的图书发行册数缺乏完整统计。该馆从同治十年（1871）开始出书，到光绪五年（1879）六月底，9 年间"已销售之书有三万一千一百十一部，共计八万三千四百五十四本。又已刻成地图与海道图共二十七张；海道图大半为英国者，译出后俱在局中镌铜板印之，已销售者共四千七百七十四张"（傅兰雅《江南制造总局翻译西书事略》）。傅兰雅总结当时的发行工作说："阅以上所售之书，其数虽多，然中国人数尤多，若以书数与人数相较，奚啻天壤。惟中国邮递之法，尚无定章，而国家尚未安设信局，又未布置铁路，则远处不便购买。且未出示声明（广告），又未分传寄售，则内地无由闻知，故所售之书尚为甚少。若有以上各法，则销售者必多数十倍也"。

翻译馆发行的图书对当时的知识界发生了积极影响。康有为购该馆译书"以赠友人及自读者，达三千余册"（张伯桢《万木草堂始末记》）。张元济在北京办通艺学堂，不断托上海《时务报》经理汪康年购买江南制造局译书，据传"制造局长蒋少穆愿于京都广售新学各书，张氏欣喜异常"（《张元济书札》，商务印书馆 1981 年版）。谭嗣同、章太炎、蔡元培等人都读过制造局的译书。它使一些知识分子的知识结构发生了新变化，深化了对自然界的认识。

3. 其他译书机构。在"洋务"事业中附设译印西书的机构还有一些，如：金陵机器制造局、福州船政学堂、天津机器制造局、天津水师学堂。这些机构结合业务需要，译印过西方科学技术书籍，或作为教材，或供生产参考。不过，规模较小，出书不多。

（二）维新派出版发行机构。光绪二十一年（1895），清政府在甲午战争中败给日本，民族危机严重。康有为等在帝党官僚的支持下，以"变法图强"

为号召掀起维新运动。为了宣传他们的改良主张，先后设立了强学书局、上海强学会书局、大同译书局、广智书局等。在一些大城市还创办了宣传变法维新的报刊。

1.强学书局。光绪二十一年（1895）成立于北京后孙公园。维新派团体强学会创办。以译印图书、发行报刊为主，兼售同文馆、上海江南制造局所刊西学诸书及地图、仪器。出版梁启超主编的《中外纪闻》。该报用木活字水印，每日或隔日出一小册，鼓吹维新变法。创刊初期发行1000份，后来增加到3000份，随《宫门抄》分送各官宅。

关于强学书局，戈公振《中国报学史》、范文澜《中国近代史》、华岗《中国民族解放运动史》均有叙述，在细节上略有差异。戈公振说："强学会者，清季维新运动之总机关也。先是，康有为及其弟子梁启超、徐勤、汤觉顿等，在南方组织南学会，谓非变法自强，则无由救国；并联合公车一再伏阙上书，请求革新政治，此光绪二十年事也。时北方由文廷式之主倡，亦有强学会之组织，已而改为强学会书局，其目的亦在改良政治。其会员有黄绍箕、汪康年、黄遵宪、岑春煊、陈宝琛、陈三立等，而工部尚书孙家鼐、湖广总督张之洞，胥其有力之后援者。康有为等闻之，因即遵海北游，往来上海、北京，加入斯会，于是强学会势益大振，时光绪二十一年秋季也。……袁世凯首捐金五百，加以各处募集，得千余金，遂在北京后孙公园设立会所，向上海购得译书数十种，而以办报事委之梁启超，英人李提摩太亦参与之。"范文澜说："光绪二十一年七月，帝党文廷式出面组织强学书局（又称强学会），康有为、梁启超加入活动，成会中主要分子……"华岗说："北京强学会附设有强学书局，出版一种刊物，名叫《中外纪闻》……"

强学会是一个松散的政治团体，其会所"为诸京官讲求时务之地，已而改为强学书局"。这是光绪二十二年（1896），孙家鼐在《官书局开设缘由》一文中的提法，似应以"改为强学书局"为准。强学会入会的会员既有维新派，也有洋务派，还有支持变法图强的帝党官员。李鸿章表示捐银2000两入会。因甲午战败，他的名声不好，没有被接受。那时，距戊戌政变还有两年，洋务派与维新派的界限尚未分明。

强学书局成为后党与帝党斗争的牺牲品。光绪的老师翁同龢是帝党的中坚，时任军机大臣兼总理各国事务衙门大臣。他支持强学会的某些变法主张。强学书局的主持人文廷式，是侍讲学士兼日讲起居注官，支持光绪掌权，反对慈禧太后干预朝政。中日甲午战起，他主战甚力，严参李鸿章畏葸，挟夷自重，欲罢斥其位。他发起组织强学会，又拒绝李鸿章入会。李鸿章早就怀恨在心，遂于当年冬，授意他的儿女亲家——御史(后党)杨崇伊，以强学书局出报的宗旨不纯、非议朝政的罪名，告到慈禧那里。慈禧当然不许帝党扩大势力，强令光绪封禁强学书局。文廷式被革职，"永不叙用"。

帝党对查封强学书局并不甘心。光绪二十一年（1895）十二月，翁同龢授意御史胡孚辰（帝党）奏称："京师近日设有强学书局，经御史杨崇伊奏请封禁，在朝廷预防流弊，立意至为深远。惟局中所储藏讲习者，首在列圣圣训及各种政书，兼售同文馆、上海制造局所刻西学诸书绘印舆图，置备仪器，意在流通秘要图书，考验格致精蕴。所需费用，皆系捐资集股，绝无追索情事，所刻章程，尚未疵谬。此次封禁，不过防其流弊，并非禁其向学"（《中国近代出版史料初编》）。因此，奏请解禁。光绪帝饬交总理各国事务衙门筹议。总理衙门奏请将强学书局改为官立书局，"选刻中西各种图籍，任人纵观，随时购买，并将总署所购洋报选译印行，以扩闻见"。光绪旨准。

强学书局于光绪二十二年（1896）春改成京师官书局，隶属总理衙门，"于出使经费项下每月提拨银一千两"（《中国近代出版史料初编》）。派孙家鼐为"管理官书局大臣"。孙家鼐（1827—1909），安徽寿州人，咸丰朝状元，历任工部、礼部、吏部尚书等职，与翁同龢同为光绪的老师，列名强学会。官书局曾刊行《官书局报》、《官书局汇报》，内容除谕折外，尚有若干关于新事新艺之译文。究竟出过什么书，不可考。官书局内设学务、选书、局务、报务四个部门，曾被革职"永不叙用"的文廷式又成为前两个部门的负责人。光绪二十四年（1898），诏立京师大学堂，孙家鼐成为管学大臣，官书局及新设之译书局并入京师大学堂。

2.上海强学会。光绪二十一年（1895）八九月间，康有为赴南京，请两江总督张之洞捐银5000两在上海设立维新派团体强学会。张之洞作《上海强学会序》和《强学会章程》（实为康有为代笔）。规定四项任务：译印图书，刊布报纸，购采各类图书并代售各省书局之书，开博物院。从前三项任务来看，上海强学会实际是未用书局名义的书局。该会章程也说："书局开办之始，务求俭约，以期持久。择地赁屋，茶点坐落，须清雅洁净"（《中国近代出版史料初编》）。对译印之书如何发行，如何优惠会员等，也作了具体规定。当年十二月，出版《强学报》，用孔子纪年，仅出 3 期。张之洞恐获罪慈禧西太后，当月即下令封禁。善于看风转向的张之洞，得知北京强学书局已被后党查禁，借口不同意康有为"孔子改制"学说，停发会费，上海强学会刚刚开办就夭折了。

3. 大同译书局。光绪二十三年（1897）秋，梁启超等集股创设于上海。"戊戌六君子"之一、康有为之弟康广仁任经理。规定：首译各国变法之书，以备今日取法；译学堂各种功课，以备诵读；译宪法书，以明立国之本。这个书局只存在一年左右，因戊戌政变而结束。曾刊印《大彼得变政考》、《日本书目志》、《孔子改制考》等书。维新派约出版新书 40 余种，多为宣传变法改制的著作。康有为的《公车上书记》、梁启超的《西学书目表》重印多次。

4. 广智书局。光绪二十四年（1898）成立于上海外滩租界。康、梁以"保皇会"名义，用股份制方式，向海外华人集资创办。冯镜如、何澄一主持。设分局于北京琉璃厂。这家书店极力宣传变法维新，出版不少康有为、梁启超的著作。变法失败，仍坚持出梁著《戊戌政变记》、《饮冰室文集》以及康有为的著作。康、梁逃亡日本，编著的书刊仍交广智书局出版，在国内发行。该书局提倡新学，大量译印日文著作或转译自日文的西方著作。1925年，被世界书局兼并。

宣传变法维新的书籍在各地知识分子中产生了很大影响。参加辛亥革命和八一南昌起义的无产阶级革命家、教育家吴玉章（1878—1966）回忆 19 世纪末的经历说："那时成都有一志古堂书店（本章第二节已叙及）也趁时逐势，大卖新书……当我读到康、梁（特别是梁启超）的痛快淋漓的议论以后，我很快就成了他们的信徒，一心要做变法维新的志士，对于习八股，考功名，便没有多大的兴趣了"（《吴玉章回忆录》）。可见，顺应历史潮流的书业可以直接影响青年学子的政治态度，推动社会进步。

维新派还利用报刊来宣传自己的主张。戊戌政变前两年，宣传变法维新的报刊多达 20 余种。那时，报纸与期刊的区别并不明显，许多时事政治期刊或专业科学期刊也泛称"报"，而报纸又多为册页型，在封面上标明第几册，装帧、开本类似书籍，脱销后还可以重印出售。1995 年，江西安福县发现光绪三十年（1904）发行的《安福汇报》，仍是书册形式，每期 40 页，活字印刷。

光绪二十四年（戊戌年，1898）八月，慈禧太后发动"戊戌政变"，使"百日维新"葬送于血泊之中，大多数报刊也随之被清廷查禁。同年十月，慈禧"上谕"称："近闻天津、上海、汉口等处，仍复报馆林立，肆口逞说，捏造谣言，惑世诬民，罔知顾忌，亟应设法禁止。著各该督抚饬属认真查禁。其馆中主笔之人皆斯文败类，不顾廉耻，即饬地方官严行访拿，从重惩治，以息邪说，而靖人心。"但慈禧的"上谕"在津、沪、汉等城市难以完全实行，报刊界人士躲进外国租界，地方官害怕外国势力，奈何不得。康、梁等人流亡日本，变成了保皇派，创办《清议报》、《新民丛报》等，继续宣传他们的改良主义，成为推行资产阶级民主革命的阻力。在国内，保皇派又创办《时报》、《岭海报》等。由于他们的舆论宣传已经违背历史潮流，逐渐被孙中山革命派的书报刊所取代。

五、反清革命派的出版发行活动

19 世纪末，维新运动失败，义和团运动失败，中华民族的危难日益加深，以孙中山为首的革命派作为资产阶级的中下层政治代表走上历史舞台。他们在推翻清王朝的革命斗争中，始终把出版发行书报作为唤起群众的思想武器。孙中山在他的自传中说，"革命成功全赖宣传主义"。

（一）反清革命派出版书报刊的概况。当年同盟会员冯自由在《辛亥前海内外革命书报一览》中说："兹调查昔年海内外各地各种革命书报，自乙未（1895）以讫辛亥（1911），约千数百种。"其中，报纸（含日报、隔日报及星期报）67 种，杂志（含旬刊、半月刊、月刊及年刊）49 种。书报刊的国内出版地有：上海、香港、广州、汉口、杭州、台北、厦门、金华、贵阳、长春、北京、桂林、汕头、松江等，以上海、广州、香港为最多。国外出版地有：日本的东京、横滨，美国的檀香山、旧金山，法国的巴黎，新加坡、泰国、缅甸、菲律宾、加拿大等。国内出版的图书，为避免清政府迫害，一般都不注明出版发行单位，图书作者常常不署真实姓名。

反清革命派出版的图书可分为如下几类：（1）宣传民主革命的书籍。如邹容《革命军》、陈天华《猛回头》和《警世钟》、章太炎《驳康有为论革命书》和《訄书》、黄藻编《黄帝魂》等。（2）宣传民族革命的历史书籍。如陈去病《清秘史》、陶成章《中国民族权力消长史》、刘师培《光汉室丛谭》等。（3）赞颂革命志士、民族英雄的传记。如日本人宫崎寅藏著《孙逸仙》、毕志社的《徐锡麟》、未署名的《秋瑾》、章士钊著《沈荩》等。（4）鼓吹民族民主革命的小说。如轩辕正裔《瓜分惨祸预言记》、冷情女史《洗耻记》、感惺《断头台传奇》等。（5）揭露帝国主义侵略的译作。如《美国垂涎中华近事》、《俄国蚕食亚洲史略》、《埃及惨状》、《印度灭亡战史》、《越南亡国史》、《二十世纪之怪物帝国主义》等。（6）介绍西方政治学说的译著。如卢骚《民约论》、达尔文《天择篇》和《物竞篇》、斯宾塞《代议政体》等。（7）介绍欧美资产阶级革命的书籍。如《法兰西革命史》、《苏格兰独立史》、《美国独立战史》等。

上述几类书籍，特别是直接涉及推翻清王朝的宣传小册子，像一颗颗精神炸弹，摧毁了封建专制的思想统治，使清朝统治者坐卧不宁。光绪三十年（1904），清廷谕令查禁"悖逆"各书称："准军机处函开，近闻南中各省书坊报馆，有寄售悖逆各书，如《支那革命运动》、《革命军》……（略，共列举23种）等种种名目，骇人听闻，丧心病狂，殊堪痛恨……务希密饬各属，体察情形，严行查禁。但使内地无销售之路，士林无购阅之人。……仰书坊报馆及诸色人等知悉。自示之后，倘敢再售前项悖逆各书，一经查出定即饬提严办。其各学堂及士民人等，务各束身自爱，不再购阅，致干咎戾"（《中国近代出版史料初编》）。清廷已成强弩之末，越查禁，孙中山革命书刊的销路越大。"当督抚查禁之命令下，而各埠书肆之生涯日以盛，存储之货为之一空，现尚纷纷贩运"（《查禁书报之效果》，《扬子江》1904年第2期）。

（二）反清革命派创办的出版发行机构。反清革命派的活动处于秘密状态，它的出版发行机构一般不公开。有些书直接由各个革命团体或革命党人编印，不署书店名称，交各地书店寄销。湘乡李希圣的《庚子传信录》，"以触犯多，故托日人名印行……支那人忌讳不敢言者，皆著焉，诚信史也"（阿英《庚子八国联军战争文学书录》）。为避免清廷迫害，有些书籍在日本印行，运回国内发行。1895 年，孙中山东渡日本，曾在横滨印发《扬州十日记》、《嘉定屠城记》等书，宣传反清革命。他还命兴中会会员刘成禺撰写《太平天国战史》，1904 年在日本东京出版，旨在"发扬先烈，用昭信史，为今日吾党宣传排满好资料"（《世载堂杂记》）。策划武昌起义的刘公（字仲文），1902 年至 1910 年留学日本期间，曾出巨资翻印革命书刊，运回国内，由革命党人秘密发行。

反清革命派或同情反清革命的人士创办的出版发行机构可分为报馆和印书馆。当年的报馆在出版报纸的同时，也或多或少印行一些书籍。

革命派创办的主要报馆有：

《中国日报》。兴中会的机关报。1900 年 1 月，孙中山派陈少白在香港创办，"兼为党务军务之进行机关"。1900 年 10 月的惠州起义，即以中国日报馆为总机关，发动起义的各种宣传小册子均由该馆印行。辛亥革命后迁广州，成为国民党的宣传机关。1915 年被军阀龙济光查封。

《苏报》。原为亲保皇派报纸，从 1902 年起倾向革命，逐渐成为上海革命团体爱国学社的机关报。1903 年，由爱国学社章士钊任主笔。章太炎先后在报上推荐邹容的《革命军》以及其他反清革命的文章。同年 7 月，清政府勾结上海租界工部局，以"谋为不轨"的罪名查封。邹容、章太炎被捕，史称"苏报案"。同年 8 月，章士钊等人又在上海创办《国民日日报》，陈独秀参加编辑。该报继续揭露清廷腐败，宣传反清革命。清政府外务部行文称："查上海苏报馆著书刊报，煽惑人心，业将报馆封闭在案。现又有人创设《国民日日报》，依然放肆蜚语，昌言无忌……除分谘沿江各省，通饬一体示禁，不准商民买看该报"（戈公振《中国报学史》）。该报出版数月。

《民报》。以孙中山为总理的中国同盟会机关报，实为政论性月刊。1905 年 11 月 26 日在日本东京创刊，1908 年 10 月被日本政府封禁。曾以"民报社"名义印行《亡国惨记》等多种图书。孙中山在《革命原起》一文中说："同盟会成立未久，发刊《民报》，鼓吹三民主义，遂使革命思潮弥漫全国，自有杂志以来，可谓成功最著者"（《中山全书》第二册）。清廷害怕《民报》的传播，下令不准输入内地。革命派则利用满族朋友回国的机会，将《民报》伪装成《法政丛编》，装入衣箱。中国海关见了满人名片和那条辫子，认为不是革命党也就不检查了。革命党人还把《民报》装订成合订本，伪装成《心理学讲义》运回内地。

上海是反清革命派报刊活动的中心，先后办有《神州日报》、《民吁日报》、《民立报》、《中国女报》等。北京及其他各省也都办有报馆，这些报馆也印行过书籍。

革命派创办的印书馆或书店，早期主要集中于上海。后来，华兴会在长沙，日知会在黄州，川籍同盟会员在四川大足也陆续建立了书店。简述如下：

1. 华美印书馆。1890年在上海设立的教会书店。创办人宋嘉树，号耀如，系从美国归来的中国人传教士，又名宋查理，宋庆龄之父。1894年冬，孙中山北上经过上海时结为至交。此后，成为革命团体兴中会在上海的秘密联络机关。受孙中山之托，多次印行反清革命书籍。革命党人还在该书局试制过炸药。一位反清志士写诗赞扬说："壮者印书馆，华美天下传，《圣经》表其志，檄文诀我胆，党人议光复，志士制炸弹，勇兮中华人，至此最耐看。"

2. 作新社。1902年在上海设立，革命党人戢元丞、秦力山与日人下田歌子合办。出版《政海波澜》、《支那国际论》、《哥萨克东方侵略史》等从侧面宣传反清革命的图书，还出版《热血痕》、《女子权》等小说。发行《大陆》杂志兼营科学仪器。

3. 国学社。又称"国学扶轮社"，1902年成立于上海。创办人王均卿、沈知方等。出书颇多，但政治色彩不浓，发行《小说海》月刊。1980年，人民出版社出版的《辛亥革命史》把国学社列为革命派建立的印书馆。被该书列为革命派印书局的，还有设于上海的镜今书局和东大陆图书局。

4. 上海徐氏书店。约创办于20世纪初，店址设于上海福州路。创办人徐敬吾，广东香山人，流寓上海，曾就业于鸿文石印书局，熟悉发行业务。后来，加入革命团体光复会，自办书店，命女儿徐金姚化装成男少年，担任营业员。店中陈列的多为古今小说和生活实用图书，暗中销售同盟会机关报《民报》以及留日学生出版的反清革命刊物《浙江湖》、《江苏》等杂志，其他如《自由血》、《革命军》、《黄帝魂》、《苏报案纪事》、《猛回头》、《孙逸仙》、《驳康有为政见书》等，凡是能够购进的反清宣传小册子，应有尽有。徐敬吾常到各茶馆流动推销这些"禁书",公开叫卖的是《三国演义》、《水浒传》之类的古典小说,暗地推销的却是宣传革命的书刊。

徐氏书店附近多妓院,上海某小报戏称徐敬吾为"野鸡大王"。他也乐得借此雅号为掩护,逐渐有了一点小名气。每逢节假日,静安寺路张家花园的茶厅座无虚席,许多知识分子把这里作为聚会谈天之处。徐敬吾则乘此机会推销"禁书"。有时,他在茶厅发表演说,生动地介绍《革命军》等书的内容,听者为之动容。后被官府查知,把他解送到南京的监狱。审判官认为他是精神病患者,把他释放了。

5. 作民译社。革命团体华兴会的出版发行机构。1904年设立于湖南长沙东街。创办人黄兴、宋教仁等,以"讲求实学,翻译新书"为掩护,实际是翻印发行各种反清书籍。作民译社的发行活动很活跃,长沙的许多书店都乐于寄销反清革命读物。1907年,有一个名叫沈祖燕的湖南候补道,曾向湖广总督赵尔巽禀报长沙各书店销售"逆书"的情况。他惊呼:"近年来革命党人倡为逆说,编辑成书。甲辰(1904)之岁,湘中亦遍行流布。偶于友人处见之,大为骇异,询所自来,则以书肆购售……因微服诣市查阅,见罗列满布者,触手即是。惊诧之余,莫为愤懑"(《湖南历史资料》1959年第1期)。经他在长沙各书店查阅,被列为"逆书"的达41种。

6. 昌明公司。1903年湖北留日学生在上海创办的书刊进口公司,总经理万声扬。1904年2月,黄兴在长沙成立华兴会以后,万声扬加入该会,昌明公司实际上成为反清革命的华兴会在上海的联络机关。该公司表面上接待湖北出国学生,经售"合法"书报和文化用品,实际上从日本秘密输入反清革命书刊,并加以翻印运往湖南、湖北等地。为扩大发行,在武昌设有分公司。留日师范生曾编印《师范讲义》四册,允许昌明公司无偿在上海翻印发行,畅销数年,获利两万余元。公司先提两千元购买幻灯机和幻灯片,运往武汉交革命党人放映,配以讲演,宣传民族民主革命思想,效果卓著。许多读者和观众,成为日知会的成员。

7. 鸠译书舍。湖北革命团体日知会的出版发行机构,1906年设立于湖北黄州,创办人为日知会总干事刘静庵。书舍的主要任务是大量翻印《革命军》等反清革命书刊,运往武汉等地发行。"军学界凡属同情革命的人,几乎人手一册"（李春萱《辛亥首义纪事本末》）。

8.大足书报社。四川同盟分会的地下机关。1906年设于四川大足县城，川籍同盟会员肖德明、陈凤石等创办。旨在翻印、发行反清革命书报，传播民主革命思想，策动会党起义。大足书报社的出版发行活动，对掀起四川保路风潮发挥了一定作用。

9.西安公益书局。陕西同盟会创办，焦子静主其事，主要发行南方运来的反清革命书刊。民国时期改名"西山书局"，1936年印行《关中丛书》，颇负盛名。抗战时期倒闭。

除上述反清革命派创办的书店外，许多民营书店也纷纷出版具有反清革命倾向的读物。已知的有：商务印书馆、神州广文社、民智书局、光复社、天声社、复古社、陆沈社、神州复社、新智社、印鸿书室、民醒社、新小说社、有正书局、自由社、尚古山房、鸿文书局、时中书局、愈愚书社、改良小说会社、竞存书局、通智社、独社、灌文新书社、湖南苦学社、小说林社、上洋小说支卖社、贵州交通书局、通雅书局、南洋书局等。

（三）《革命军》等重点书的发行。在反清革命派印行的各种出版物中，以邹容的《革命军》和陈天华的《猛回头》、《警世钟》流传范围最广，发行数量最多，社会影响最大。

邹容（1885—1905），四川巴县人，出生于富商家庭，幼颖敏。1902年春自费留学日本，参加中国留日学生的革命运动。1903年4月回上海，加入革命团体爱国学社，撰成《革命军》一书，揭露清朝的卖国罪恶，号召推翻清廷的封建专制统治，建立中华共和国。《苏报》案发生，邹容自到巡捕房投案，1905年4月病逝于狱中。1912年，以孙中山为临时大总统的南京临时政府追赠邹容为大将军。

《革命军》最初在上海面市，立即受到广大读者的欢迎，"不翼不胫而飞走海内……"（留日学生《祭邹容文》，《醒狮》第1期）为了防止清廷查禁，革命派巧妙地变换书名，在国内外不断地重印发行。新加坡重印本更名《图存篇》，香港《中国日报》馆重印本改名《革命先锋》。在日中国留学生捐款，把《革命军》、《警世钟》、《排满歌》等书汇编成一书，改书名为《铁券》，秘密输入内地，销行很广。同情反清革命的外国人士"争翻译为东西文，传布其国，并揭容像于新闻杂志以揄扬之，且谓支那亦未始无人也"（《邹容略传》）。

《革命军》发行数量之多占清末各种书刊之首位，在短短一两年内各地翻印达 20 余版，"风行海内外，销售逾百十万册"（冯自由《革命逸史》第二集）。这只是 1905 年以前发行数字的概略统计，此后直至辛亥革命，各革命团体翻印发行的数量已无法统计。当年，已有邮局，一些偏远地区纷纷向书店邮购，"远道不能致者，或以白金十两购之，置笼中，杂以衣履餈饼以入，清关邮不能禁"（章炳麟《赠大将军邹容墓表》）。

孙中山极为重视《革命军》的翻印发行。1904 年，他请美国旧金山华侨黄三德等人集资翻印 11000 册，寄赠全美华侨。1906 年，他致函新加坡华侨张永福说："海外各地日来亦多进步，托东京印《革命军》者有数处。兹就河内同志印就者寄上一本，照此版式……宜从速印之，分派各处，必能大动人心，他日必收好果"（张永福《南洋与创立民国》）。张永福接信后印行 2 万册，在南洋华侨中发行。"不及半载，观念大新，齐唱革命"（陈健夫《国父孙中山全传初稿》）。

与《革命军》同样震撼人心的还有《猛回头》和《警世钟》。这两本书的作者陈天华（1875—1905），字星台，湖南新化人，出身落第秀才家庭，得族人帮助考入新化求实学堂。1903 年初，由该学堂资送日本留学，投入留日学界的爱国革命运动。当年秋，在日本撰写和出版《猛回头》、《警世钟》两书，慷慨激昂地揭露帝国主义瓜分中国的野心和清廷的卖国罪行，"一字一泪，沁人心脾，谈复仇而色变，歌爱国而声歔"（《祭陈星台先生文》，载《民报》第二号）。1904 年 2 月回国，与黄兴、宋教仁等在长沙创办华兴会，因策划湖南武装起义事泄，复逃亡日本。1905 年 12 月，为反对日本文部省颁布的《清国留日学生取缔规则》，在日本大森海湾投海自杀。

反清革命派在国内大量翻印发行《猛回头》和《警世钟》，"三户之市，稍识字之人，无不喜朗诵之"（《陈天华殉国记》）。清廷胆战心惊，一再下令查禁。驻上海的各国领事无不"为之心悸"，反复在租界里"明侦暗搜"。上海的镜今书局、东大陆图书局、时中书局、启文书社等，因销售《警世钟》，被公共租界工部局控诉于会审公廨。这几家书店经理受到拘押 3 个月至 2 年的判决。1906 年，浙江金华县龙华会会员曹阿狗因宣传销售《猛回头》被处以死刑。金华知府张贴告示，严禁销售、阅读此类"禁书"，"阅者杀无赦，以阿狗为例"。官府的酷刑激起广大人民群众的愤慨，更加促进了《猛回头》等书的销售，"索观此逆书之人益多，乡人多辗转向上海购阅"（冯自由《中华民国开国前革命史》中卷）。

《猛回头》、《警世钟》二书用通俗文字、唱词写出民族危机和亡国沉痛，高亢悲壮，有很强的感染力。反清革命派以此二书及《革命军》作为政治教材，"暗收同志，极力宣传，使动其愤怒复仇之心，而坚其反清革命之念"（朱峙山《辛亥武昌起义前后记》）。革命派学界代表不断地向各学堂推荐这几种书"备作课本传习"。学生读之"如同着迷"，兵士读之"即奉为至宝"，"散至民间，则用为歌本，遍行歌唱，其效力之大，不可言喻"（曹亚伯《武昌革命真史》）。

革命派组织武装起义常用《革命军》、《猛回头》等书作思想发动。光复会领袖陶成章于 1904 年去浙江联络各地会党起义，常坚持步行，日走百余里，同时将《革命军》、《猛回头》等多种反清革命小册子运往各地。"由是，浙东之革命书籍，遂以遍地，而革命之思想亦遂普及于中下二社会矣"（陶成章《浙案纪略》）。同年，兴中会会员黄乃裳、林义顺等在新加坡翻印《革命军》等书，运至潮州秘密发行，用来发动潮安起义。因事机泄露，起义失败。但"各界志士闻风来归。岭东一带，端赖是书传播，覆满之心遂稍普遍"（《丁未潮州黄冈革命与南洋同志经过事实》，新加坡《新国民日报》）。黄兴的学生胡瑛，1904 年由湘来鄂建立华兴会支部，为动员新军起义，与武汉革命党人张难先一起向同营士兵"散发《猛回头》、《孙逸仙》、《黄帝魂》、《革命军》等书。常于饭后集操场，讲有关系之故事以激励之"（张难先《湖北革命知之录》）。同盟会员熊成基于 1908 年在安庆以新军为对象，"组织'同学会'，散发《猛回头》、《革命军》一类革命读物，发展革命力量"（《辛亥革命史》中册）。为"安庆马炮营起义"奠定了思想基础。

湖北一带的新军多"少年学子……革命思想易于输入"（胡鄂公《辛亥革命北方实录》）。武昌的革命团体共进会、文学社因势利导，多次从上海购买《革命军》、《猛回头》等书，在新军士兵中做宣传鼓动工作。加上他们自办的鸠译书舍以及在武汉创办的乐群印刷社大量翻印供应，为武昌新军起义提供了思想武器。少数革命党人还在城市平民、农民、饥民、工人中间发行此类反清革命读物，发行范围远及两湖、两广和长江沿岸。运用书刊制造革命舆论，进行思想发动，是武昌起义成功，导致清王朝覆灭的重要因素之一。

1906 年 6 月，为与东京的《民报》遥相呼应，在欧洲宣传革命思想，使留学欧洲的中国学生了解革命，支持革命，张静江（1877—1950）出资联合吴稚晖、蔡元培、李石营等人在巴黎达候街 25 号发起成立世界社，出版《世界画报》；同时创办《新世纪》同刊，紧密配合国内外的《苏报》、《浙江潮》等诸多革命书刊，大力宣传以孙中山为首的资产阶级革命主张，让世界在舆论上给予支持。

六、近代民营新书业的兴起

从 19 世纪末期起，新学有了迅速发展，新式学堂日益增多，以上海为中心，涌现了一批由民族资本或外商创办的书局。它们在印刷上运用新式石印、铅印技术，在出书内容上注重新学、新小说和新式教科书，在发行上致力于分支机构的建设。这标志着我国古老的雕版印卖书业——民营书坊、书肆过渡到近代新式书业。

（一）上海成为全国新书业中心。19 世纪末叶，在诸多因素的作用下，上海成为全国最大的城市，是近代中国的经济、文化中心。受维新思潮、革命思潮影响的知识分子，多汇聚于此。他们首倡新学，著书立说。加之，新式学校兴起，需要反映近代文明的教科书，为近代新书业的产生和发展创造了有利条件。

20 世纪初，上海较为著名的新书业有：商务印书馆、文明书局、有正书局、开明书店、广智书局、锦章书局、点石斋书局、时中书局、一新书局、广益书局、普及书局、乐群书局、鸿文书局、同文书局、中国图书公司、昌明公司、科学仪器馆、东亚公司新书店、神州国光社、新世界小说社、启文社、新智社、小说林社、乐善堂书药局（日本商人创办）等 20 多家。此外，官办的南洋公学译书院也设立了售书处。商务印书馆开我国近代书业之先河，另作专题叙述。先选择几个有代表性的书局介绍如下：

1. 文明书局。光绪二十八年（1902）创立，廉泉、俞复等人合股经营，以出版发行新式教科书发迹，其发行的《蒙学课本》七编，书、画、文有三绝之称，为我国最早的小学课本之一，因聘请著名画家插图，销量大增。该局有了一定积累之后，大量印行古今笔记小说，如《清代笔记丛刊》（8 函、160 册）、《笔记小说大观》（49 函、500 册）等，在学术上颇有参考价值。该局自制铜版印行了许多精美的画册，不仅销行国内，还远销日本和南洋群岛。1932 年，该局并入中华书局。

2. 开明书店。光绪二十八年（1902）由夏颂莱创办。该店除出版图书外，还兼售其他书局出版的图书。翌年，清廷分别在南京、开封举行乡试。该店长途跋涉到这两个城市临时设肆售书。归来后，先后编印《金陵卖书记》、《汴梁卖书记》，记叙了新学书籍的销售情况，分析了各类书的畅、滞销原因和考生的购书心理，是研究清末出版发行史的珍贵资料。光绪三十三年（1907），该店与点石斋书局、申昌书局等合并为集成图书公司。

3. 点石斋书局。又称"点石斋石印局"。光绪二年（1876）由英国商人美查创办。开创之初，石印殿版《康熙字典》，"第一批印四万部，不数月而售罄。第二批印六万部，适某科举子北上会试，道出沪山，每名率购备五六部，以作自用及赠友之需，故又不数月而罄"（姚公鹤《上海闲话》）。一年多时间，售出 10 万部，为当时工具书的最高发行数。点石斋因此获得巨额利润，设印刷总厂和北厂，并在北京、南京、广州、杭州、重庆、成都等20 个城市设立分店，主要从事本版书刊的批销业务。该书局印行的《点石斋画报》，描绘时事新闻、民间风俗，在当年具有一定影响。

点石斋隶属申报馆，但独立经营。申报馆既出报，又出书（共出版 160多种）。其发行业务由点石斋的联号申昌书局承担。光绪二十三年（1907），点石斋、申昌书局、图书集成局与开明书店四家书局合并组成集成图书公司，编印教科书。辛亥革命后的第二年（1912），黎元洪等人投资集成图书公司，改组为民国第一图书局，仍以出版发行教科书为主。

点石斋用石印出书获得厚利，"于是宁人则有拜石山房之开设，粤人则有同文书局之开设。三家鼎立，垄断一时"（姚公鹤《上海闲话》）。接踵而至者，在上海又开设了十多家石印书局。武昌、苏州、宁波、杭州、广州等城市也都创办了石印书局。19世纪80年代至90年代，石印书风行一时。

4.南洋公学售书处。光绪二十三年（1897），协助李鸿章创办"洋务"的盛宣怀经清廷批准，在上海南洋公学附设译书院，张元济任院长，编印《蒙学课本》等学校教科书。后来，又陆续翻译出版有关各国政治、历史、科技等类书籍。为扩大发行，译书院设立南洋公学售书处。光绪二十九年（1903）售书处负责人江绍墀禀请江南分巡苏松太兵备道发出布告，略称："太子少保前工部左侍郎盛。奏设译书院于兹数年，所有翻译东西图书，考订详明，校印精美，出书既多，用款尤钜，平价出售，海内风行，现在计有铸版、摆版、石印及已译待印诸书共六十余种。……诚恐书贾射利，故智复萌，妄行翻印，贻误非浅，为此禀请批准立案，出示严禁，凡译书院译印官书均不许他人翻刻，以符奏案而保版权……嗣后一经查出翻印情弊，即指名呈控，照例从严罚办等情，并粘书目清单到道。据此，除分行县廨暨致租界领袖事一体立案外，合行给示谕禁，为此示仰书贾人等一体知悉……"（《中国近代出版史料初编》）。在布告上还附印了书目（共54种）。售书处通过官府的布告既保护了版权，又免费作了书目广告。

（二）新书业泰斗——商务印书馆。光绪二十三年（1897）在上海创立，由夏瑞芳、鲍咸恩、鲍咸昌、高凤池等4人集资3750元，买了几台手摇脚踏的小印刷机，在北京路租了几间房子，开张营业。这4个人都是教会设立的清心小学的工读生，习英文排字，先后在外国人办的字林西报馆、捷报馆或美华书局当过印刷工人。开业初期，以经营印刷业务为主。当年，耶稣教会在各地设立了一些小学，需要学习英文的教科书。夏瑞芳请人将英国人编的印度读本译成中文，加白话注解，名曰《华英初阶》、《华英进阶》。这两本书行销极广，利市三倍。于是，商务印书馆逐步将经营的重点转向出版发行业务，设立了印刷所和发行所。最初出版的十几种书，因粗制滥造又不熟悉市场，造成严重积压。光绪二十八年（1902），夏瑞芳聘请南洋公学译书院院长张元济入股，新设编译所。张元济聘请创办爱国学社的蔡元培任编译所所长。蔡预测市场需求，认为新式学堂势将取代科举制度，遂从爱国学社教员中选择数人，着手编辑小学教科书。未及数月，"苏报案"起，邹容等被捕，蔡避至青岛。翌年（1903），张元济任所长，主持编译业务。从此，商务印书馆的经营蒸蒸日上。光绪二十九年（1903），商务印书馆的营业额为 30 万元，至宣统二年（1910）营业额已达 173 万元。7 年增加了近 5 倍。开办时的资本不足 4000 元，到宣统二年，商务印书馆的资本已达 100 万元。辛亥革命以后，该馆的事业发展另行叙述。清代末期，商务印书馆从一个小印刷所迅速发展为大型出版发行企业，成功之道主要有如下几点：

1. 知人善任。商务印书馆创办人夏瑞芳"头脑灵敏、性情恳挚，能识人，能用人，实为一不可多得的人才"（包天笑《钏影楼回忆录》）。创办人知人善任是商务事业得以兴旺发达的关键。

夏瑞芳（1871—1914），字粹芳，江苏青浦（今属上海市）人。早年在英商《字林西报》、《捷报》当排字工人。他是商务印书馆的主要创办人，首任总经理。曾赴日本考察，思想开放，目光敏锐，对馆务发展多有筹划。他任用的张元济、高凤池、高凤谦等，都是杰出的编辑和经营管理人才。他深知，没有市场就难以生存和发展，所以千方百计物色"老书坊里杰出人才"俞志贤、吕子泉、沈知方等从事发行工作。

张元济（1867—1959），字菊生，浙江海盐人。清光绪进士，曾任刑部主事，总理各国事务衙门章京。因参与维新变法活动，1898 年 8 月戊戌政变后被西太后革职"永不叙用"。同年 9 月经李鸿章介绍赴上海，任南洋公学译书院长，再任南洋公学总理。他加入商务印书馆以后，毕生致力于出版事业，操守廉洁，勤谨尽责，且学贯中西，思想开放。他后来回忆说："余被谪南旋，侨寓沪渎，主持南洋公学译书院，得识于夏君粹方于商务印书馆，继以院费短绌，无可展布，即舍去。夏君招余入馆任编译。余与约：吾辈当以扶助教育为己任。夏君诺之"（《张元济诗文》）。从此，"以扶助教育为己任"成为商务印书馆的出版理念。清末，他曾赴欧洲考察书业，极力仿效西方企业的经营管理之道。主持出版教科书，翻译出版世界名著，整理出版古籍，功绩卓著。历任编译所长、经理、监理、董事长等职。1949 年张元济应邀参加第一届政治协商会议。开国大典前一天曾与毛泽东一起游天坛。曾任华东军政委员会委员、上海文史馆馆长、公私合营商务印书馆董事长，当选第一届全国人民代表大会代表。1956 年，张元济给逃到台湾的蒋介石写信，劝蒋"默查时局，归顺中央，与共产党第三次合作"。信的文采很好，八股文底子，用典较多，完全用文言写成，通过广播电台，对台湾喊话。

高凤池（1864—1950），号翰卿，上海人。21岁入美华书馆当学徒，31岁升任美华书馆经理。34岁与夏瑞芳等创办商务印书馆。在商务印书馆业务有所开展时，辞掉美华书馆经理职务，入商务印书馆主持发行业务和财务。对商务分支馆的建立，贡献颇多。民国时期，曾任商务印书馆经理、总经理、监理和董事等职。

高凤谦（1869—1936），号梦旦，福建长乐人。少时不登科举，好为实用之学，善于接受新事物，曾在《时务报》上发表《废除跪拜论》，深受当时维新运动领袖梁启超赏识。光绪二十七年（1901）受聘为浙江大学堂总教习，次年率学生留日，任留学监督。他深感日本之兴，端在教育，遂发愿为编辑教科书而努力。光绪二十九年（1903）应张元济聘，进入商务，长期从事中小学教科书的编辑工作，曾任编译所所长、出版部部长。创议设立辞典部，对四角号码检字法的发明与宣传多有贡献。

2.以质量取胜，占领教科书市场。1901年9月，清廷颁旨，改设新学制，要求各地增设中小学。于是，新式学堂日益增多，上海的新书业如广智书局、文明书局、乐群书局、南洋公学、藻文书局、集成图书公司等，都瞄准这个新兴起的教科书市场。商务印书馆是后起之秀，聘请蔡元培、蒋维乔等专家悉心研究，集体讨论，精益求精地编写教科书。光绪三十年（1904）出版《最新教科书》，分初小、高小、中学三类，受到教育界的欢迎，多次重印。1905年8月，清廷接受袁世凯、张之洞等封疆大臣的联名奏折，发布谕令："立停科举，以广学校。"至此，在中国实行了1300年的科举制度完全废止。商务印书馆以此为契机，按照新编学制又编印了一套《简明教科书》初小教科包括国文、算术、笔算、珠算、格致、地理、修身等7种；高小教科书包括国文、算术、历史、地理、农业、商业等9种；中学教科书13种；另有师范学堂、高等学堂、实业学堂等数十种以及教授法、英文初范、铅毛笔画帖等数十种，基本上包罗了清廷新学制规定的各类新式学堂教学用书。这套"简明教科书"，深受全国教育界和学生家长的欢迎，从形式到内容均胜过其他书局出版的教科书。有专家估计，从废止科举制度，到辛亥革命商务版教科书的市场占有率达 70%。

由于出版发行教科书的利润丰厚，引起上海士绅夏清贻等人的"眼红"，集资 25 万元在上海成立中国图书公司，也以出版教科书为主，在《申报》大登广告，攻击商务印书馆有日本资本，有损中国之教育权，标榜该公司出版之教科书"上可以保国权，下可以免侵略"（《中国图书公司招股缘起》）。但是，这家公司出版的教科书质量不过关，选材不当，文字欠生动，行销不广，"未及十年，不克支持，乃归并于商务"（《现代出版史料》丁编）。

3. 实行中日合资，引进先进技术和经营管理制度。光绪二十九年（1903），夏瑞芳同日本金港堂（日本最大的教科书出版社）原社长原亮三郎及其子（社长）原亮一郎、女婿山本条太郎和金港堂总务部长加藤驹二达成合资经营商务的协议，核心内容是：(1) 中日双方各投资 10 万元（中方以原有资产设备，加上部分现款凑足 10 万元）；(2) 经理及董事都是中国人，日方只派一个监察人；(3) 聘用的日人随时可以辞退。在经营管理方面，商务印书馆从家族型企业改组为股份有限公司，由股东大会推举董事和监事。由董事会推举董事长、任命总经理。中日合资以后，日方推荐两位富有编辑教科书经验的专家来商务编译所担任顾问，这有助于提高商务版教科书的编写质量。当时，我国印刷技术落后，商务印书馆只能铅印，不会照相、铜锌版。商务印书馆合资后利用雄厚资金，引进国外的先进印刷技术。在日方派来两位印刷技师的帮助下，拥有凸、平、凹各项印刷设备和技术的全能厂，誉满全国。

辛亥革命前后，中日合资的商务印书馆在市场竞争中处于被动局面。商务印书馆的日股成为同业攻击的目标。宣统二年（1910），清廷学部颁发的中学教科书，以商务印书馆有日股为由不许它承印和发行。湖北、湖南、江西等省明令不许商务版教科书进入。商务董事会决议请日方股东退出，日方反对。商务总经理夏瑞芳反复与日方股东协商，会谈数十次，历时两年多，双方终于达成协议。从此，商务印书馆成为全部华资的股份公司。1914 年 1 月 6 日该馆宣布收回日资股份的当晚，夏瑞芳遇刺身亡，但此案与日方退股无关。夏瑞芳被何人暗杀，成为谜案。

4.发展分支机构，扩大发行范围。商务印书馆开办初期，就建立了发行所专营批发、零售。开业 3 年后，着手在各地建立代销处。辛亥革命前，商务印书馆陆续在杭州、广州、北京、南京等 26 个城市设立分馆、支馆。在香港、新加坡和日本横滨设立分销处。民国期间又继续建立一批分支馆。各分支馆均由总馆派人前往经营，事事听总馆指挥。它们就近向外地书店批发本版书，并直接向附近各市县的学校发行教科书。众多分支机构、代销处的建立，使商务版书的发行范围不断扩大，并成为商务印书馆发展事业的有力支柱。张元济担任商务总经理时期，对分支馆的工作非常重视。每天从编译所下班后，都要到发行所研发行工作和分支馆情况。

（三）各地初步兴起的新书业。清代后期，除上海的新书业较为发达外，其他城市均处于初步兴起阶段，发展缓慢，多从上海进货，在本地零售。北京的琉璃厂文化街出现了销售新学书籍和教科书的书局，如晋华书局、博文书局、第一书局、北洋书局、直隶书局、书业公司等。上海的商务印书馆、锦章书局、点石斋书局等也在北京设立分局。上海的文明书局、有正书局和商务印书馆相继在天津设立了分局。哈尔滨有一家魁升堂书店专门采办古今图书，货源来自京、沪。在昆明，有一家崇正书局派员驻沪采办书籍，并在大理开设分号。昆明的学务公所，专售新学书籍，照原价九折优待。广州丹桂堂和右经堂等书店，也以经营新书为主，同时出版发行粤剧剧本。南京、汉口、重庆等城市，多由上海的大书局出资设立分号，也出现一些零售新书的小书店。在成都有个合股经营的图书公社。在江苏南通有个较为著名的翰墨林印书局。在兰州有个以兴办"公益事业"为宗旨的陇右乐善书坊。

各地也出现了一批出版发行教科书的书局，较著名的有学部编译图书局、彪蒙书室、诚文信记书局等。

1.学部编译图书局（又称"学部图书局"）。光绪三十二年（1906）成立于北京，是清廷学部设立的教科书出版发行机构，并负责审定民营书店编成的教科书。局长为翰林院编修袁嘉谷。有编辑、校对、出版发行人员 120 人。出书原则是忠君、尊孔、恪遵圣教，广集新知以适应清廷筹备宪政的需要。编译、审校人员都是编修、知府、知州、知县等官僚。他们"不知教育为何物，持笔乱改，每有原稿尚佳，一经校勘，反不适用者矣。……然以堂官之尊严，何人敢与对抗"（江梦梅《前清学部编书状况》）。该局编的初等小学《国文教科书》第一册出版后，即遭《南方报》抨击。第二册出版，亦被批评，认为质量低劣，违背教育原理。

学部编译图书局设有售书处，"现钱交易，概不赊欠。凡购五部者记名，十部以上者九折优待，三十部以上者八五折，百部以上者八折。并发行购书券，便利京师学堂学生购买零册。持券购书，九折优待"。私营书店愿寄售者，"须承领'寄售招牌'，实贴门口，书价八折成交，……售出书价，月必一结，结必交款，逾三月不交者，停止承售"（学部编译图书局《售书章程》）。除出版教科书外，也出了一些与教育有关的书。据清学部档案 349 号载，光绪三十四年（1908）售书处售书 124 种，计 10.2 万部（册），售书收银 8316 两。这年 12 月结存书竟达 733.7 万部（册），存书积压惊人，显然经营不善。该局存在 6 年，1911 年辛亥革命后结束。

2. 彪蒙书室。光绪三十一年（1905）成立于杭州，施锡轩创办。出版发行初级蒙童读物。如《绘图蒙学识字实在易》（二十册）、《造句实在易》、《中国地理实在易》、《卫生实在易》等。清廷学部曾以不合教科书体例为由，对该室出的某些书予以批斥。

3. 诚文信记书局。光绪初年成立于山东烟台，翻译出版西方书籍，也出版学堂用书，销售于大连、安东（今丹东）等东北各地。光绪三十四年（1908）迁安东，改名"诚文信书局"，侧重印售武侠小说、语文工具书和教学参考书，畅销东北，在哈尔滨设有分号。1947 年倒闭。

七、清代后期的古旧书业

随着西方印刷技术的引进和新学的兴起，雕版印卖的古旧书业逐渐失去往日的辉煌，但这个演变过程是缓慢的，且充满曲折。维新派代表人物梁启超主张新学，强调"国家欲自强，以多译西书为本；学子欲自立，以多读西书为功"（《中国近代出版史料初编》）。他专门编了《西学书目表》和《东籍书目》，向人们推荐新学。洋务派代表人物张之洞则强调"旧学为体，西学为用"，以维护封建伦理纲常，所谓"讲西学必先通中学"，特地编了《书目答问》，号召人们继续读儒家经典，学童"十五岁以前诵《孝经》、四书五经正义，随文解义，并读史略、天文、地理、歌括、图式诸书及汉唐宋人明白晓畅文字……"（张之洞《劝学篇》）。这位朝廷重臣（后来又兼管学部）对晚清教育有很大影响，在一定程度上也激发了人们对古旧书的需求。晚清的古旧书业仍以北南两京和苏、扬二州为中心。张之洞的《书目答问》所列书目成为古旧书店的常备书。

（一）晚清的琉璃厂和隆福寺书店街。清代后期，北京琉璃厂仍是一条书店街，见于记载的经营古旧书的书店近30家，著名的有老二酉堂、文成堂、文宝堂、文锦堂、文贵堂、文友堂、宝森堂、翰文斋等，多以零售为主，有的兼营出版。经营最久的应属老二酉堂，创立于明朝末年，中间几经易手，光绪年间被陈萌堂接办，以印售木版唱本（京剧唱词选段）为主，行销华北各地。商务、锦章等新式书局也设在这条街上。此外，还有刻字铺、法帖铺、书画铺等。春节期间，厂甸书市依然有一番热闹景象，不过"止有零星小摊，无复牙签锦贉，留人寻玩矣"（缪荃孙《琉璃厂书肆后记》）。除琉璃厂外，在城内隆福寺的庙前空地也出现了庙会书市。每月逢九日、十日，各种古旧书籍、碑帖画卷与日用百货等，纷然杂陈，成为读书人经常光顾的场所。

同治、光绪年间，北京城内的隆福寺街也出现了一个小小的书店群，如聚珍堂（初名天绘阁）、三槐堂、宝书堂、文奎阁等。以聚珍堂最有名气，印有活字本《儿女英雄传》、《济公传》、《三侠五义》等小说，销路颇广。该店印行的"四书"、"五经"等书，校雠审慎，纸墨刊工均属上乘。

清末北京兴起古旧书晓市。地址在前门外打磨厂兴隆店。"外来书贾货车萃焉。五更开市，各书陈列于地，论堆估值，厂友悉趋之"（《琉璃厂小志》）。"厂友"即琉璃厂的书商。这个晓市成为书商们低价进货的重要渠道。有些文人学者也起早赶来挑选古旧书，藏书家盛伯希"时时袱被往宿"，多次在这里廉价买到宋、元时期的珍贵刻本。

（二）北京善于经营的古旧书商。雕版古旧书总的趋势是在走下坡路，但有些书商精通业务、善于经营，其营业在一定时期仍有所发展。宝文斋主人徐志沺，年六十余，目录之学甚熟，侧重收售旧志书，颇负盛名。其徒弟韩心源更是"青出于蓝"。满徒以后，从摆书摊起家，然后出行商变坐贾，开设翰文斋书铺，收售珍善本书甚多，"先得益都李南涧藏书，再得内城李勤伯藏书，琳琅满目，自摆摊至开铺，自小铺拓广厦，不过数年，已与至大之书铺鼎立"（《琉璃厂小志》）。

传统的古书业往往是家族型经营，子孙相承。清代后期有了变化，书店主人一般都招收徒弟作为帮手，有的店主则将书店事业交徒弟继承。他们对徒弟的要求很严格，苦口婆心地把自己的经营经验传授给徒弟。琉璃厂正文斋店主谭笃生，就是前述翰文斋主人韩心源的徒弟，"庚子乱后最有名，藏不全宋本数十种，种留一帙不售，云将留之以教生徒，有心哉！"。

经营雕版古旧书要精通目录学和版本学，识别真品、赝品。否则，就会受骗，而受了骗还不能声张，以免被同业耻笑。琉璃厂善于识别版本的行家不少，以宝森堂店主李雨亭最为精通。此人"宋椠元椠，见而即识；蜀板闽板，到眼不欺"（缪荃孙《琉璃厂书肆后记》）。缪荃孙是这家书店的老主顾。有一次，李雨亭拿出一部貌似宋本的《国策》，告诉缪荃孙，这是黄丕烈士礼居刻本，有的书商把它伪造成宋本"装潢索善价，以备配礼送大老，慎弗为所惑也"。

前述正文斋店主谭笃生就是造假能手。此人"熟版本，光宣间执书业之牛耳，惟好以赝本欺人。又内监时盗内府书，出售于谭，因此起家"（伦明《辛亥革命以来藏书纪事诗》）。正文斋搞歪门邪道受到同业批评，在书业史上留下臭名。孙殿起主编的《琉璃厂小志》提及谭笃生，"所藏多古本精钞家刻之书，惟往往鱼目混珠，略有失神必受其骗，盖仿旧钞本为其特长也"。这位书商因屡施骗术而败坏了声誉，"不幸早殁；其徒刘能继起，旋已化去"（伦明《辛亥革命以来藏书纪事诗》）。

有些书商善于结交权贵做靠山。前述宝文斋主人徐志沺善于交际，结交朝廷大臣甚多，一般地方官僚不敢斜视。相传，某日徐外出，有巡城御史（掌稽查之官）乘车碰落该店招牌，店伙令其下车亲挂。徐归，知事不妙。次日，御史率差人来封门，见他的上司和同僚正在店内小酌，只好忍气而去。徐志沺的徒弟李炳勋开设宝名斋书店，也结交了不少亲贵大臣，内务府天禄琳琅书，专交该店售卖，获利颇丰。但在出售珍善本时，因得罪了某朝官而被怀恨。光绪五年（1879），有位学士上奏，说李炳勋包揽户部报销，为京官钻营差使，戴用冠服出入宫门。得旨查封书店，李被驱逐回籍。

清代官场的受贿也在琉璃厂书商的经营中得到反映。清末，厂甸的某书店陈列一部《古今图书集成》，全书共一万卷。因雍正年间仅印 64 部，故标价一万两银子。别看书价高昂，却被多次卖出，但从未被买者运走。原来买主购买此书专为行贿之用。买主买书付款之后，把书名写在礼单上，再把礼单送给行贿对象——握有实权的高官大吏。这些受贿者并不真的要书，而是持礼单到书店兑换一万两银子。结果，大批银两一次次进了权贵们的腰包，而这部《古今图书集成》却长期"沉睡"在书店的书架上。

（三）琉璃厂的文昌会馆。北方书业把文昌帝君作为行业神。琉璃厂书业历数百年不衰，书商们归功于文昌帝君的保佑，遂建馆祀之。文昌会馆在琉璃厂有两处。一处在厂东门内路北，是咸丰、同治年间由江西籍书商建立的。江浙一带来京应试落第者，往往落户北京经营书业，而以江西人居多。"每届二月初三日为文昌诞辰，书业师弟皆来拈香，以江西帮派为主"（《琉璃厂小志》）。另一处在厂甸的小沙土园内，是光绪中叶由河北籍书商建立的。江西书商的学徒多为河北人。到了光绪年间，河北籍书商渐渐多起来，"足与江西派抗衡，而往文昌馆拈香者，辄被江西人所拒绝。北方书贾愤甚，遂集资在小沙土园购地，修建北直文昌会馆，于每年二月初三日文昌诞日，献戏酬神。并将同业中之亡故者，编制谱牒。每届是日，修谱一次，追怀前徽，意至善也"（《琉璃厂小志》）。光绪三十四年（1908），北直书业公会有会员 64 户。

书业最忌火灾，所以奉火神免灾。琉璃厂各家书店集资，修建了火神庙。有一首《火神庙》诗："春风拂面染尘埃，往日寻书几日回。故籍散亡人亦老，祝融庙里感重来。"祝融庙即火神庙。庙内外书摊云集，也是读者淘书的好去处。

在上海、武昌、南京、重庆等城市，也都有了书业公会组织。

（四）南京等地的坊刻业。清末，新式学堂发展不快。在众多的县城（更不用说乡镇），私塾仍占多数。这就为传统的坊刻书带来广阔的市场空间。除北京外，南京、苏州、扬州等地的旧式书坊仍较为集中。在其他城市，也有新开业而经营成功的书坊。他们一般都是刊印书兼发行。所刻书多为私塾采用的"四书"、"五经"和启蒙读物《三字经》、《百家姓》、《千字文》、《弟子规》、《七言杂字》，以及初学书写的仿影、字帖等。有些书坊还针对市场需求，刻印医、卜、星相、小说、唱本、善书、佛经等。这些坊刻本不为藏书家或士大夫所重视，但在民间销路颇广。

各地较为著名的书坊有：南京的李光明庄和金陵刻经处、苏州的扫叶山房（前已叙及）和文学山房、广州的五桂堂、长沙的三味堂、重庆的善成堂（前已叙及）、厦门的会文堂、吉林的探源书舫等。

1. 李光明庄。约成立于同治年间，地址在南京三山街附近的秦状元巷。创办人李光明。设分号于南京状元境状元阁，称"状元阁书店"。共出书200余种，20世纪40年代中期歇业。其刊刻的童蒙读物，图文并茂，用圈、点断句，行销极广。所刻各书均附印书目广告专页，一一注明定价。

2. 金陵刻经处。同治五年（1866）由佛学家杨仁山在南京创办，杨氏倾40余年财力、心血，广泛搜求佛经，精心勘校、注疏，至民国元年（1912）刻印经典百余万卷。其中有隋唐失传、千余年未曾出现的典籍。民国时期，刻经处的处境十分困难，终于倒闭。1973年，周恩来总理指示国务院宗教事务局，会同中国佛教协会着手恢复，刻经流通业务于1981年重开。

3. 五桂堂。光绪二十年（1894）设于广州西关（今光复中路），创办人徐学源、徐学成兄弟，以印行唱本和旧小说闻名，远销海外华侨聚居地，在香港设分号1972年歇业。广州总号于1940年歇业。

4. 三味堂，又称三味书局。光绪初设于湖南新化，创办人陈御丞。光绪二十九年（1903）迁邵阳，在长沙、衡阳及湖北武昌设分号。刻印书100多部，校勘精审，以史书、医书最负盛名。宣统三年（1911）歇业。

5. 会文堂。经营年代由同治至清末，设在福建厦门，创办人不详。以印行锦歌、南曲等福建流行的"歌仔册"（曲艺唱本）为主业。多传统"老本"，刻工颇佳，价格低廉，畅销于福建、台湾等地。

6. 探源书舫。光绪十六年（1890）设立于吉林（今吉林省吉林市），创办人盛福。以贩运北京等地的坊刻本为经营重点，自行刻印《幼学琼林》等童蒙读物和文史类书籍，行销东北各地，声誉颇佳，光绪末歇业。

第四节　清代图书市场

清代前期（1644—1840），图书市场需求与明代后期没有太大的变化，同属封建社会末期，维护封建专制的程朱理学仍被清廷奉为正统，教育事业和科举考试基本上沿袭明代旧制。我国的书业历来都围绕教育事业的发展而发展，图书供应首先要紧跟教学需求。乾嘉时期，许多文人学者讲究训诂考据，在一定程度上激发了图书市场的活力。

清代私家藏书之风极盛。藏书家人数之多、藏书数量之众，在历史上是空前的。这是清代古旧书市场较为兴旺的一个重要原因。

清代后期（1841—1911），图书市场需求随着政治风云的变化而变化。西学东渐，新学兴起，维新思潮、革命思潮不可阻挡，反映了晚清图书市场需求的主流。

清初，清廷实行"海禁"政策和种种限制，对外图书贸易受到影响。晚清时期，对外图书贸易出现畸形发展，许多珍本秘籍浮海而去，祖国的文化遗产遭到破坏。

清廷大兴文字狱，整肃图书市场，使民间书业不寒而栗。清末，通过"谕令"和立法禁止某些图书的流通，但已难以挽救清王朝灭亡的命运。

一、清代的常销、畅销书

清代的常销、畅销品种依然是包括蒙学在内的教学用书、历代流传下来的古籍和工具书、文艺小说和鼓词、唱本、年画，等等。古老的抄本书仍有市场。为适应民间的文化消遣需要，北京的租书业较为活跃。

（一）市场需求最大的"三、百、千、千"。清代的官学并不发达，较为普遍的教育机构是民间设立的各类私塾，较高一级的称"经馆"。儿童先入私塾，学习《三字经》、《百家姓》、《千字文》等识字入门书，然后再读《千家诗》。这 4 种书简称"三、百、千、千"，是城乡图书市场需求量最大的蒙学读物。刘鹗（1857—1909）以反映清代社会现实为主题的小说《老残游记》，曾叙及一家书店销售蒙学读物的情况，"店主说：所有方圆二三百里，学堂里用的'三'、'百'、'千'、'千'，都是小号里贩得去的，一年要销上万本呢!"此类书销量之大，可见一斑。内容稍深一些的则有《小学》、《孝经》、《幼学琼林》、《名物蒙求》、《圣谕广训》等书。"凡童生入学、复试、论题，多用《小学》，著在律令"(龙启瑞《重刻朱子小学序》)。《小学》是南宋朱熹、刘子澄编，主要内容是辑录封建道德的言行，共六卷，明清时代被塾学用作较高一级的儿童教育课本。"《孝经》、《小学》最为蒙童切要之书，读之即知做人之道"(《唐确慎公集》)。《小学》等书是市场上的常销书。

高一级的经馆教学内容则与官学招生考试相衔接。其教材主要为经、史、性理、时文、制艺等。清代前期提倡程朱理学，《性理大全》、《御纂性理精义》、《朱子大全》、《四子书》、《大学衍义》等则成为国学、府州县学和经馆必用的课本。清初名儒王步青曾于乾隆十年(1745)编撰《四书朱子本义汇参》(5函30册)，每页版心均镌有"敦复堂课本"字样，封面上印有"敦复堂藏版，文盛堂发兑"。在乾隆年间已出现"课本"一词，刻书单位与总发行单位分离，此类课本也是各地书店常备常销之书。为适应科举考试的需要，一些时文、制艺之类书仍常销不衰。光绪后期废科举，上述课本和科考用书由畅变滞，原价一二元的书，降价至一二角也无人买，经营此类书的书店纷纷倒闭。

从清代前期起，江浙一带的农村出现了以村学为服务对象的流动书商，称"闯学堂的书客"，把教学用书送到学堂，兼售文具。北方的村学学馆没有江浙等地发达，多由在农村流动的货郎担兼售"三、百、千、千"等书。

清代蒙学教育注重习字，名人字帖是书店必备品种。河北衡水县有个阎家庄，是清代闻名的"字帖村"。许多人家以印卖字帖为业，刻印和远地运销形成有序分工。1991年，在该村曾挖掘出木刻和石刻自帖板200多块，帖片80余种共400余张，最早的为明代刻板，多数为清代刻板。许多刻板如《玄秘塔》、《法华寺》、《赤壁赋》等板片，仍完好无损。据考，这个"字帖村"始于明代，盛于清代，延续到抗日战争前。

(二)乾嘉学派活跃了经史类图书市场。从康熙年代起，文字狱愈演愈烈，迫使许多知识分子把治学目标转向遥远的汉代经学，专注于训诂考证，称"汉学"。他们的学风崇尚朴实，反对虚浮，又称"朴学"。这个学派盛于乾隆、嘉庆时期，史称"乾嘉学派"。这些学者不热衷于官场生意，埋首于古书堆中，既可回避社会现实，又可免去在学术上招来杀身灭族之祸。他们的考据对象，从经书扩大到整个古籍和语言文字，考据内容从解释经义扩大到考究历史、地理、天文历法、音律、典章制度。"经学自存源流，自汉而六朝而唐而宋，必一一考究，而后及于近儒之所著"（顾炎武《亭林文集》）。从空间到时间，如此庞大的考究体系，需要购求大量图书，特别需要经史类书。这就为古旧书业带来不可多得的市场机会。北京琉璃厂书店街的兴起与繁荣兴旺，是与乾嘉时期大兴考据之风分不开的。这些书店适应考据需要，着重购销珍本、善本、孤本，名扬海内。

考据学家不惜重金购买经史古籍。乾嘉学派的代表人物惠栋（1697—1758），"先生自幼笃志向学，家多藏书，日夜讲诵。雅爱典籍，得一善本，倾囊弗惜。或借读手钞，校勘精审，于古书之真伪，了然若辨黑白"（钱大昕《惠先生栋传》）。书店学徒出身的汪中也是乾嘉学派著名学者，一生清贫，却购书数万卷。

清代的书价不菲，平均每册售价三钱银子。嘉庆十八年（1813）刊行的《三经音义论孟孝经》一部 10 册，每册售价"三钱二分"银。当时，1 两银子可买米 80 斤，每册书约值 24 斤米。清代一个七品知县的月俸为 8 两银，约可购书 26.6 册。知县以下普通的文职人员月俸不及 2 两银，除应付日常的吃穿用外，已无力买书。像汪中这样的清贫之士，一生节衣缩食购书数万卷，实在难能可贵。

考据学家很重视抄本书。黄丕烈说："大凡书籍，安得尽有宋刻而读之？无宋刻则旧抄本贵矣。旧抄而出自名家所藏，则尤贵矣"（《士礼居藏书题跋记》）。抄本书可分为影宋抄本、名人抄本、普通抄本、稿本。一部元代抄本《图画见闻录》三卷残本，嘉庆年间黄丕烈"以洋钱十六元勉力购得"，高出同时期宋刻本的平均价格。明代弘治年间的礼部尚书吴宽抄写的一本书，流传到康熙二十年（1681），"书肆索直三十金"。有些书如记载崇祯年间农民起义的《流寇琐闻》、记郑成功家族三世盛衰的《靖海志》等，世无印本，只靠抄本流传，极为难得，一向为考据学家和史学家珍视。

乾嘉学派通过训诂注释、辨伪辑佚等方法在经学、小学（语言文字学）、历史、地理、金石、考古以及丛书、类书、工具书的编纂等方面，作出了重要贡献。姚际恒的《古今伪书考》，把《古文尚书》等数十种古代典籍考证为伪书。这个学派整理经史等书近 400 种，搜集散失佚亡之书 600 余种。乾嘉学派的研究成果被刊印成书，繁荣了图书市场。各地书店为这些学者搜集和供应各种版本的古籍、抄本，也是一种贡献。

光绪二年（1876）时任四川学政的张之洞著《书目答问》刊行。这是一本深受市场青睐、重印次数多、流通范围广、影响深远，仅有十几万字的小册子。《书目答问》介绍了经史子集（古代四部分类）的代表作品。张之洞这位晚清名臣历来主张"旧学为体、新学为用"提示读书人该读什么书，主张只有按照他所介绍的书目去读古书，才能飞黄腾达。从晚清到民国时期的古旧书店，把这本书作为培训教材，安排营业员背下来，熟记《书目答问》，目的是向读者推荐交流古书。

（三）小说名著常销不衰。明代已有刻本的小说名著如《三国演义》等书，仍为书店的常备品种。乾隆年间曹雪芹的《红楼梦》问世，先以手抄本流传了 30 年，"当时好事者每传抄一部，置庙市中，昂其价，得金数十，可谓不胫而走者矣"（程伟元《红楼梦序》）。乾隆年间的米价，每石（120 斤）约 1.5 两银。按此折算，一部手抄本《红楼梦》至少相当于 2000 斤米的价格。乾隆五十六年（1791），程伟元用木活字印刷之后，该书价格低落，销售量增多，影响巨大。《红楼梦》成为人们茶余饭后谈论的话题。京师流传竹枝词说："开谈不说《红楼梦》，纵读诗书也枉然。"人们在谈论中往往发生激烈争辩，甚至"遂相龃龉，几挥老拳"（程伟元《红楼梦序》）。

经过书商的长途贩运，这部文学巨著逐渐在全国流传开来。"乾隆八旬盛典后，京版《红楼梦》流行江浙，每部数十金。至翻印日多，低者不及二两"（毛庆臻《一亭考古杂记》）。"不及二两（银）"仍相当于 100 多斤米价。可见，刻印本《红楼梦》价格不菲。尽管价格高，仍然名列畅销书榜首。道光二十五年（1845），有位名叫郑光祖的文人在《一斑录杂述》中说："偶于书摊见有书贾记数一册，云：是岁所销之书，'致富奇书'若干，《红楼梦》、《金瓶梅》、《水浒》、《西厢》等书称是。其余名目甚多，均不至前数。"这条史料很珍贵，不仅真实地记下了当年的畅销书，而且表明早在 150 年前，我国书商已开始编制畅销书排行榜。不过，当时称作书商的"致富奇书"，此类书受读者欢迎，销量大，书商当然可以致富。"书贾记数一册"，可能相当于新华书店的"发行记录卡"，旨在研究图书市场需求动向，供进添货参考。

清代后期的小说市场，最为风行的是侠义公案小说和谴责小说，主要适应一般市民的业余消遣需要。侠义公案小说如《儿女英雄传》、《三侠五义》、《施公案》、《彭公案》等；谴责小说如《官场现形记》、《二十年目睹之怪现状》、《老残游记》、《孽海花》等，均为各地书店的常销品种。这些书的市场生命力很强，直至当代，仍不断重印，受到城乡读者的欢迎。

新学的兴起更加促进了小说类读物的销售。梁启超极力强调小说的作用："欲新一国之民，不可不先新一国之小说。故欲新道德，必新小说；欲新宗教，必新小说；欲新政治，必新小说；欲新风俗，必新小说；欲新学艺，必新小说；乃至欲新人心，欲新人格，必新小说"（梁启超《论小说与群治之关系》）。这个观点得到书业界共识。晚清时期（20世纪初），上海的商务印书馆、小说林、新世界小说社、作新社等20多家书店竞相出版小说类书。光绪三十三年（1907）仅上海一地就出版小说120余种。据当代文学史家阿英（1900—1977）统计，晚清时期出版的各种小说超过1000种，反映了小说市场的容量空前扩大。

清末，翻译小说增多。其中，译自西方的侦探小说热销。光绪三十四年（1908）初，上海小说林社经理徐念慈在他主编的《小说林》月刊上，分析了当年的小说市场趋势："翻译多于创作，侦探小说多于一般小说。创作中，谴责小说又多于其他的小说"（《丁未年小说界发行书目调查表》，载《中国近代出版史料二编》）。丁未年为1907年，谴责小说风行一时，预示清王朝即将覆灭。一些文人利用小说抨击清朝时政，揭露官场腐败和社会黑暗，得到广大读者共鸣。

晚清时期，销路较广的仍是供市民阶层消遣的通俗小说。小说林社分析各类小说销路说："他肆我不知，即小说林社之书计之：记侦探者最佳，约十之七八；记艳情者次之，约十之五六；记社会态度、滑稽事实者又次之，约十之三四；而写军事、冒险、科学、立志诸书为最下，十仅得一二也"（《中国近代出版史料二编》）。

同治、光绪年间，北京盛行京剧和曲艺。在北京的市集庙会上手抄的戏曲唱本很有销路。著名的有张姓百本堂、李姓聚春堂和老聚春堂、宝姓别野堂等。其中，抄售品种丰富、营业最为兴旺的是百本堂。主人姓张，自称"百本张"。

"百本张"的经营历史悠久，约从乾隆后期起，世传四代，以抄售戏曲唱本为业。在他出售的抄本书封面上，有墨印长方形图章："别还价，百本张"，有的盖有朱印木记："诸公君子莫怪，由乾隆年起至今，少钱不卖。"书铺地址在"西直门内高井胡同中间东小胡同东头路北，张姓行二"。每月逢七日、八日在护国寺东碑亭，逢九日、十日在隆福寺西角门祖师殿摆摊出售抄本书。抄本种类包括二黄戏（京剧）、子弟书、大鼓书、马头调等。按上述四类分别列有专题书目，标明书价，供读者选购。民国初年，因受到石印、铅印戏本的冲击，"百本张"歇业。1929年，近代文学家刘半农（1891—1934）曾在琉璃厂一书店发现"百本张"抄本戏曲80余包，共1124种。经刘半农建议，由北平的历史语言研究所购去。抗战爆发，这些抄本"从南京运往西南的途中，不幸船沉江底，全部戏曲书籍终于给毁灭了"（傅惜华《百本张戏曲书籍考略》）。

除京师外，其他城市也有抄书出售的。同治年间，有位妇女在武昌以抄书出售为业，"笔力超劲，备篆隶之法，署款曰张女纶英"（邓之诚《骨董琐记全编》）。"百本张"和张纶英的抄书出售表明，始于汉代的佣书业，历经两千多年，直至清末才逐渐消失。

王夫之（1619—1692），湖南衡阳人，著《船山遗书》。明亡，曾举兵起义，阻击清军南下。战败，藏身于深山密林。42岁隐居衡阳县曲兰镇石船山下，刻苦钻研，埋首著书100多种、400多卷。73岁辞世。他生前说："吾书两百年后始显"，两百多年之后，王夫之6世孙王世全与友人邓显鹤整理《船山遗书》150卷，1839年在长沙刊行。1862年湘军统帅曾国藩与太平天国作战，占领安庆。曾国藩用晚上时间在安庆读《船山遗书》中的《读通鉴论》深受启发，遂命安庆的曲江书局重刻《船山遗书》。1903年上海反清青年从《船山遗书》中选刻《黄书》小册子，大力发行，迅速掀起"驱除鞑虏，复兴中华"热潮。反清学者章士钊回忆说："辛亥革命以前，船山之说大张……

船山志在鼓励本族从事光复"。孙中山、章太炎、章士钊等反清人士都十分推崇王夫之的民族主义思想。为研究发扬王夫之思想，革命党人在长沙创办船山学社。在湖南第一师范学校读书的毛泽东曾多次到船山学社听讲，并多次抄写船山语录。延安时期，毛泽东曾写信给长沙八路办事处主任徐特立，请他设法补齐《船山遗书》所缺各册。王船山在哲学上总结和发扬了中国传统的唯物主义和辩证法。毛泽东说："西方有一个黑格尔，东方有个王船山。"

（四）清代的租书业。清代的书价不低，买书对于市井平民来说是不小的负担。因此，租书业应运而生。有的书铺兼营租书业务，也有由其他行业兼办租书的。出租的书籍多为适合市民兴趣的通俗小说、戏曲唱本之类。这两类书被清廷视为"琐语淫词"，一再下令查禁。康熙二十六年（1687），刑科给事中刘楷上疏说："臣见一二书肆刊单出赁小说，上列一百五十余种，多不经之语，诲淫之书……"（《皇清奏议》）。这条史料表明，康熙年间，一些书肆既卖书，又租书。备有出租书目。乾隆三年（1738），学政王丕烈上疏说："盖淫词秽说最为风俗人心之害，例禁綦严。但地方官奉行不力，致向存旧刻销毁不尽，甚至收买各种（小说），叠架盈箱，列诸市肆，租赁与人观看……"（《学政全书》）。乾隆下谕，凡民间一应淫词小说严禁刻印、售卖，"限文到三月，悉令销毁……其有开铺租赁者，照'市卖例'治罪"。《大清律例》的"市卖例"规定，市卖淫词小说"杖一百，徒三年，买看者杖一百"。

尽管清廷如此严厉查禁，图书的租赁活动并未停止。嘉庆十八年（1813），清廷下令："稗官野史……最为人心风俗之害，屡经降旨饬禁。此等小说，未必家有其书，多由坊肆租赁，应行实力禁止"（《仁宗实录》）。民间百姓喜欢小说、戏曲，书肆业租赁此类图书有利可图，靠行政命令是禁不住的。到了道光年间，"传奇、演义等书，踵事翻新"，在市场上流通得更多了。"其始不过市井之徒乐于观览，甚至儿童妇女，莫不饫闻而习见之"（《宣宗实录》）。道光十四年（1834）清廷再次命令："各直省督抚及府尹等，严饬地方官实力稽查，如有坊肆刊刻及租赁各铺一切淫书小说，务须搜取板、书，尽行销毁"。这些地方官已经极度腐败，道光帝的圣旨等于一纸空文。

在江浙等地，租书铺（又称"税书铺"）星罗棋布。

同治、光绪年间北京的馒头铺兼营租书业务。可考的有永隆斋、三美斋、兴隆斋等13家。出租的书多为抄写本鼓词。其开本呈细长形，长26厘米，宽12厘米。每册页数在20至30之间。其中，《三国志鼓词》抄本共165万字，装订成173册。出租书的封面上印有说明出租手续的长形图章。永隆斋馒头铺抄本《福寿缘鼓词》的长章："本斋出赁四大奇书，古词野史，一日一换，如半月不换，押账变价为本，亲友莫怪。撕书者男盗女娼。本铺在交道口南路东便是。"施家胡同东口的兴隆斋抄本《大晋中兴鼓词》的长章："本斋出赁钞本公案，言明一天一换，如半月不换，押账作本。一月不换，按天加钱。如有赁去将书哄孩，撕去书皮，撕去书编，撕纸使用，胡写、胡画、胡改字者，是男盗女娼，妓女之子，君子莫怪。"每本书的日租价九文钱，相当两个鸡蛋的价格。聚文斋抄本《三国志鼓词》的图章规定："失书一本，赔钱一吊。"一吊即制钱一百文，相当于3斤猪肉的价格。晚清时期，北京的租书业如此活跃，说明说唱鼓词在民间颇为流行。

（五）清代年画市场。清初经历了数十年的战争动乱，年画市场萧条。福建的年画产地漳州，被清兵围困日久，"城中百姓才余一二百人，第舍万间，率洞门不闭，室中虚无人"（《簪云楼杂记》）。四川的年画产地绵竹也受到战火破坏，村墟零落。"几处青林茅作屋，相邻一坝即比邻"（《绵州竹枝词》）。人口锐减，画板焚毁殆尽。直到康熙朝，社会才安定下来，经济、文化有了恢复发展，年画市场逐渐繁荣。

乾隆年间，年画市场出现鼎盛局面。全国约有70多个州、县印制木版年画、门画或灶画。著名的有天津杨柳青、苏州桃花坞、山东潍县、山西临汾、福建漳州、四川绵竹、河南开封、河北武强等地的画坊、画铺。以杨柳青、桃花坞两地印行的年画影响最大；潍县年画的发行量也相当可观。

1.杨柳青年画。产于天津市西郊的杨柳青镇。这里水运方便，交通发达，市肆纵横，风物怡人。明万历年间已有年画作坊出现。清代中叶以后，"年画作坊通街皆是，画牌相招，彩幌遥对。每岁冬至前后，远近各地趸画客商，齐集这里。直到腊月初、货色交齐、商旅车马才络绎走绝"（王树村《中国民间年画史论集》）。镇周围三十多个村庄均有刻版作坊，世称"家家事点染，户户善丹青"。全镇从事年画行业的画工、刻工、刷工、裱工、造纸工有 3000 多人，这还没有把从事经营、发行的人员计算在内。杨柳青年画绘制精美，色彩鲜艳、明快，品种多，行销广。

杨柳青较为知名的画店有 20 余家。该镇流传的童谣说："廉增、美丽、廉增丽；健隆、惠隆、健惠隆。"这是开业悠久的六家画店的名称。其中，规模最大、信誉较好的是齐氏健隆和戴氏廉增。这两家画店在兴盛时期均有 200 名从业人员，50 多个画案，每年各印行 100 多万张年画。

北京打磨厂成为年画批发街。清代中叶，杨柳青的戴廉增画店在北京崇文门外打磨厂设立分店，以批发年画、扇面为主。每年初冬，各地年画客商纷纷来这里批购年画。嘉庆年间在京又增设一家分号，叫"增华斋画店"。此后，杨柳青年画作坊纷纷来京开设画店。原以锻打刀剪为主的打磨厂，竟被年画、扇面批发行业占去了半条街。20 世纪 40 年代，打磨厂的年画庄仍较集中。

2. 桃花坞年画。苏州刊刻和销售年画始于明末，清初因战乱而停顿，康熙朝开始恢复，乾嘉年间苏州的年画批发市场开始兴旺。当时的年画作坊集中在苏州的山塘一带。可考的画店及其作坊有陆福顺、泰源号、张聚星、魏宏泰等 11 家。今存的《姑苏万年桥》年画是乾隆五年（1740）刊行的，雕刻精巧，用色考究，套印准确，具有重要的文物价值。太平天国末期，清兵攻打苏州，纵火烧毁和抢掠山塘等地，大批年画刻板毁于战乱。此后，年画作坊和大小画铺陆续聚集到苏州的桃花坞。同治、光绪年间可考画铺有鸣云阁、墨香斋、陈同兴、吴太元等 17 家。郑振铎在《中国版画史》中说："坞中诸肆，殆为各地刊画之总枢。"

有些画师还在苏州市上出售笔绘年画，"大幅小帧俱以笔描，非若桃花坞、寺前之多用印板也。惟工笔、粗笔各有师承……所绘则有天官、三星、人物故事以及山水、花卉、翎毛，而画美人为尤工也"。购买手工绘制年画的，"多外来游客与公馆行台以及酒肆茶坊，盖价廉工省、买即悬之，乐其便也"（顾禄《桐桥倚棹录》）。其他如杨柳青、绵竹等地，也有画师出售笔绘年画。

3. 潍县年画。康熙、雍正年间山东潍县杨家埠已有公茂、永盛等 6 家画店。由于世代相传，兄弟分支，杨家埠的画店越办越多。乾隆年间，公茂画店已分出 6 家，而永盛画店成为最大的画店，其房屋占了一条胡同的一面，后人称"永盛胡同"。同治、光绪年间是潍县年画极盛时期，可考画店 100 家左右。东大顺成为最大画店，有 300 余套画版，每年产年画 100 多万张。在杨家埠，每年入冬以后，从事年画生产的达 900 余人，最高年产量约 5000 万张。每年来往于杨家埠的画商小贩多达 5000 人。年画行销山东全省，远销东北、江苏、安徽、河南、河北等地。农历十一月、十二月，杨家埠一条主要街道的大小画店装饰一新，开市营业到深夜，各种年画琳琅满目，任画商挑选，还可随时加印。有些画店还在省内外的主要县城开设分号，批发年画。

潍县杨家埠百多家画店在竞争中逐渐形成自己的目标市场。大顺画店以印制专供东北民间需要的"大门神画"出名，被称为"关东庄"。万盛画店以刊行临朐需要的年画为主，被称为"临朐庄"。其他如莒州庄、沂州庄、鱼台庄、胶州庄、西路庄等，各有特色。

潍县年画以农民为主要供应对象，年画体裁完备。"一户农家院落，从大门到东、西、南、北屋的门，从堂屋到住室，从窗顶到窗旁，从灶墙到小壁橱，从粮囤到牛棚，都有特定体裁的年画供张贴。还有专供婚、丧户，病人或孩子稀少之户张贴的年画"（李述之、孙清顺《潍县杨家埠木版年画》，《山东出版志资料》第二辑）。

4. 年画的销售方式。年画的批发，已如上述。其零售方式，一是办画棚，二是由流动画贩边唱边卖。

办画棚在北方较为普遍。清人富察敦崇《燕京岁时记》"画儿棚子"条记有："每至腊月，繁盛之区支搭席棚，售卖画片，妇女儿童争购之。"这个风俗最迟在乾隆年间就有了。《红楼梦》中的刘姥姥说："我们乡下人到了年下，都上城来买画儿贴。时常闲了，大家都说，怎么也得到画儿市上去逛逛。"当年的画棚称"画儿市"，不仅城里人买年画，贫苦的乡下人"也得到画儿市上去逛逛"。可见，清代的年画是民间书业发行最普遍、发行数量最多的品种。在年画中，又以门神画和灶君画销量最大。无论城乡，凡是有板门和柴灶的人家，无不粘贴。在南方，供查阅节气的《春牛图》也是农户必备的年画。清人顾禄《清嘉录》说:"卖画张者,聚市三清殿,乡人争买《芒神春牛图》。"

这种季节性的画棚不仅在城市举办,在一些较大的县城也举办。通常由贩运年画的商人合资,在城内租一块空地,搭起很大的席棚,悬挂丰富多彩的年画样张。画商且讲且卖,群众纷纷选购,形成面向大众的美术展览会。

流动画贩是推销年画的一支重要力量。他们多为农民,利用冬季农闲,走村串户推销年画。京郊的农民在打磨厂批进年画,用蓝印花布包好,背在身上,串胡同叫卖:"画来,买画咧!"有的人家想买,他就打开包袱,一张一张地宣传,"这张是合家欢乐过新年","这张是岳爷大战金兀术"。看画的人家男女老少围上来,听着他那合辙押韵的吉祥话和动人的故事,总要买上几张。

晚清时期,市场上出现反帝反封建和宣传时事的年画。如义和团《炮打西什库》、《关前坳华军大胜全图》、《义和团杨村大捷》、《女子求学》、《女学堂比武》等。"天津甲午之战,串小巷敲锣卖糖者,皆代卖木刻小画,用粉帘纸印,横九寸、高五寸,所印除滑稽故事外,多战事意想上的消息,幅值一文"(《语美画刊》1926年第27期)。由众多的敲锣卖糖的小贩代卖年画,价格又那么便宜,每幅画售一文钱,反映了年画发行队伍之大,也反映了我国民间书业和广大人民群众爱国反帝热情的高涨。

随营运销年画。光绪元年(1875),左宗棠率楚军出征新疆,讨伐阿古柏分裂政权。西征部队除粮秣外,所需日用品由一批行商供应。这些行商挑担跟进,随营行止,也随时向沿途的居民售货。在长途运销的商品中就有年画。其中,有专为穆斯林民众刻印的年画,如颇似穆斯林建筑的亭台楼阁画(称"洋林")以及瓶花壶盘画(称"格景")。这些画不仅在迪化(今乌鲁木齐)销售,还分销到天山南北两路,远至和田。有些画还销售到土耳其。

除年画外,笔写的春联、对联、斗方、字画等,也是年画市场的旺销品种。出自名人手笔的,售价极高。清代书画家郑板桥(1693—1766),因请赈触忤大吏而辞官,隐居扬州,以出售书画为生。他在门前张贴有书画价目广告:"大幅六两,中幅四两,小幅二两,书条对联一两,扇子斗方五钱。凡送礼物食物,总不如白银为妙。公之所送未必弟之所好也。送现银则中心喜乐，书画皆佳。礼物既属纠缠，赊欠尤为赖账，年老神倦，不能陪诸君子作无益语言也"（《郑板桥集》）。虽然要价不菲，人们仍把郑板桥的书画作为珍品来收藏。

二、清代私家藏书的再流通

清代继承和发扬了我国历史上的藏书传统。私家藏书风气盛极一时，藏书规模也远非前朝可比。许多藏书家对保存、整理和传播古代典籍作出了重要贡献。藏书家购求图书，离不开书店以及书商的主动服务或送书上门。藏书家的家业一旦衰败，其藏书多由书店收购，组织再流通。藏书家之间的图书转让，也多由书店发挥中介作用。晚清的几次战争动乱，使清廷的藏书大量散佚，藏书家和书店乘势收购，抢救了许多珍本秘籍。

（一）清代私家藏书的特点。同历代相比较，清代藏书家的特点是：人数增多，规模增大，薄富贵而厚于书。

1. 藏书家人数增多。清末民初学者叶昌炽（1849—1917）编著的《藏书纪事诗》，记述了从五代至清末的藏书家共 1175 人。其中，清代 497 人，占 42%。吴晗（1909—1969）撰《江浙藏书家史略》，述及的清代藏书家有许多均未被叶昌炽收录，而叶昌炽收录的清代江浙藏书家又有一些未被吴晗收录。今人张画石考证，仅江苏一省，清代藏书家"不少于二百人"（《江苏出版史志》1989 年第 1 辑）。从分布地域来看，藏书家仍集中于江浙一带，但在北京、山东、湖广、四川以及东北等地，也出现不少"知名于时"的藏书家。

一些少数民族的学者也致力于收藏图书。满洲贵族子弟富察昌龄，"性耽书史，筑谦益堂，丹铅万卷，锦轴牙签，为一时之盛"（昭梿《啸亭杂录》）。满族宗室盛昱字伯熙，光绪年间曾任国子监祭酒，常至海王村（琉璃厂）阅肆，发现精本，多以高价竞购。"邸中所藏彝鼎、图书充牣"（《藏书纪事诗》）。蒙古世家法世善，乾隆年间曾任侍读，筑梧门书屋，藏书数万卷。自称："余束发嗜书，北地书值昂贵，贫士尤难办。三十年来，一甑一裘，悉以易书"（王文进《文禄堂访书记》）。清代藏书家的增多，为活跃图书市场，扩大图书的再流通发挥了积极作用。

2.藏书规模增大。清代出现不少著名的藏书楼。藏书主人不惜重资，用毕生精力陆续购买数以万卷甚至数十万卷的图书。清初，从明代延续下来的江南四大藏书楼：范氏天一阁、毛氏汲古阁、钱氏绛云楼、黄氏千顷斋，藏书数量之多，版本之精，仍著称于世。毛晋的汲古阁目耕楼藏书8400余册，（20万卷）。绛云楼主钱谦益几乎天天有书商送书到他家。共有藏书73橱。顺治七年（1650）遭受火灾，烬余之书卖给了他的族孙钱曾。此人也是藏书世家，一生爱书如命，筑述古堂藏书，"余二十年食不重味，衣不完采，摒当家资，悉藏典籍中"（钱曾《述古堂藏书目自序》）。其父钱嗣美也"好聚书，书贾多挟策潜往"（《钱嗣美墓志铭》）。黄虞稷藏书8万卷，编《千顷堂书目》，在目录学上很有影响。

乾嘉时期是私家购藏图书最兴旺的年代。著名的四大藏书家为长洲黄丕烈、周锡瓒，元和顾之逵，吴县袁廷梼。黄丕烈既藏书，又售书。购得宋刻百余种，藏书室名"百宋一廛"。周锡瓒（1742—1819），苏州的大藏书家，"乾隆嘉庆以来，吴中之能聚书者，未有过于周子者也。黄丕烈每购一书，必往借所藏秘本证之"（《藏书纪事诗》）。顾之逵（1752—1797），字抱冲，藏书处曰"小读书堆"，家多宋元以来善本。人称"一握书论一斛珠，购来手自三熏沐。黄金散尽为收书，秘本时时出老屋"。他是书业的大主顾，家财多用于买书。

除上述4人外，乾嘉时期的藏书大家灿若繁星。拜经楼主吴骞，藏书超过10万卷。门前卖书船不断，"遇善本倾囊购之，弗惜"（《海昌备志》）。与吴氏同时的鲍氏知不足斋、马氏丛书楼、卢氏抱经堂、汪氏振绮堂等，均以藏书众多而闻名。知不足斋的鲍廷博，客居杭州，购访图书持续30余年。各地书商"来售武林（杭州）者，必先过其门。或远不可致，则邮书求之。……得则狂喜，如获重货；不得，虽积思累岁月不休"（朱文藻《知不足斋丛书序》）。家藏善本六百余种献"四库馆"，为天下献书之冠。扬州丛书楼马珣，酷爱典籍，有未见书，必重价购之，积书十余万卷。

晚清时期战乱频仍，内忧外患，藏书风气大减。

3.薄富贵而厚于书。清代的某些读书人宁愿倾尽家财，节衣缩食，也要购书、藏书。清初藏书家马寒中，"尝过龙山查氏，见案头有宋椠《陆状元通鉴》，百计购之不可得。后查氏谋葬其亲，所卜吉壤则马氏田也。寒中大喜曰：'书可得矣'。即诣查氏，愿效祈田之易，凡十亩，书卷尽付焉。抱书疾归，若惟恐其中悔也"（《爱日精庐藏书志》）。用10亩良田换一本书，可见其爱书之笃。康熙五十一年进士林佶，授内阁中书，因不惜重金购书，不得不变卖田产，祖传的"荔水庄池，半属他姓"（《朴学斋稿》）。

有些家境清贫的读书人也千方百计购买图书。济南历城的周永年，"百无嗜好，独嗜书，历下书不易得，生故贫，见其脱衣典质，务必得"。乾嘉时嘉兴人曹言纯，藏书处曰五千卷室，"家故贫，妻女篝灯夜纺"，全家劳动所得"半为买书尽"（钱泰吉《曝书杂记》）。

有些藏书家是靠自己的微薄薪俸日积月累购买图书的。道、咸时人彭桐桥"见善本书，必倾囊典衣购之。当幕游数千百里外，必挟书以出，所得幕俸必购书以归。……行旅之费，倍于他人，比抵家而游囊无几矣。如是三十余年，积书数万卷"（翁广平《听莺居文钞》）。

有些贫苦的读书人唯书是求。光绪时人童铨，"贫无余赀，雅性爱古。市集门摊，时时搜访，所得颇有佳本……年七十余，赋诗而逝，有'亡魂愿化庄周蝶，只恋书香不恋花'句"（《杭郡诗集》）。清末的沈德寿，自称"余仅温饱，不能巨资购书，则惟自奉俭约，不为无益之费，出遇异书，倾囊必购，人皆迂而笑之，余以为凤好在此，愿薄富贵而厚于书。近来搜罗将遍，古本罕见，而橱计三万五千余卷"（《抱经楼藏书志》）。正是这些"唯书是求"、"薄富贵而厚于书"的读书、爱书人，支持了清代书业的发展。

（二）为藏书家主动服务的书商。藏书家购书多以书商为中介。有一些书商如吴门之钱景开、陶五柳、湖州之施汉英等人练就一套主动为藏书家寻书找书的本领。他们具有丰富的目录学、版本学知识，"眼别真赝，心知古今，闽本蜀本，一不能欺，宋椠元椠，见而能识，是为掠贩家"（洪亮吉《北江诗话》）。这些书商精心调查许多珍本秘籍的下落，"上至都门，下至海舶，苟得一善本蛛丝马迹，缘沿而购取之"（张鉴《眠琴山馆藏书目序》）。清代中叶的苏州萃古斋书店，对私家藏书动向的信息尤为灵通，与一些藏书家保持密切联系。许多藏书家也都结交了一批信誉卓著的书商朋友。藏书家朱彝尊在《经义考》一书中说，他的"坊朋贾友，亦不可枚数"。藏书家黄丕烈把苏州五柳居店主陶珠琳（字蕴辉）视为密友。他说："余友陶君蕴辉雅善识物，并稔知余之所好在古刻，昔余所收者大半出其手"（《士礼居藏书题跋记》）。

一些精明的书商对藏书家的分布状况、需书特点及其购买力了如指掌。乾嘉时期，扬州藏书家较多，"惟陈氏瓠室最知名于时"，陈氏即陈本礼、陈逢衡父子，藏书达数十万卷，名震东南，"江浙书贾，获一秘籍，必先造其庐，不惜千万缗购之"（《碑传集补·陈征君传》）。浙江的书商长途奔波，给陈氏送书。浙江乌程刘疏雨"挥金购书，估值逾倍，琅函秘册，无足而前。武林、金阊诸贾与织里贸书家争先求售，溪上书船恒满"（施国祁《滮水集说》）。书商逐利，才使"琅函秘册，无足而前"。而且很多书船云集溪上，等待刘疏雨这位藏书家来选购。陈子准、张月霄藏书"并甲于吴中，四方之士、书林之贾客，挟秘册，访异书，望两家之门而投止者，络绎于虞山之麓，尚湖之滨。嘻！盛矣"（黄廷鉴《藏书二友记》）。由于书商的四处收罗，清初钱谦益、毛晋两家的藏书"沦落他方百余年而复归故土，其事殆非偶然矣"。"复归故土"，即被陈、张两家购藏。陈子准这位藏书家特别欢迎书商登门售书，"嘉湖书贾往往捆载而来，而要必以书贾先至其家为快"（张金吾《陈子准别传》）。书商送书上门，也有因书不对路、价格不妥而卖不出去的时候。宗彦《夏日杂诗》就有："吴山有陶生，托业在书籍，携包无人买，时复就我弈。"书卖不出去，只好陪着文人下棋了。

有些书商专"宰"藏书家。曾任知县的玉栋，字筠圃，是京城有名的藏书家。此人"性颇吝财，独奢于聚书，人亦以是斩之。尝过厂市，酬一书如其常值，弗与；求益，因倍之，仍弗与；再倍之，又弗与。君怒，拂衣登车去。夜不获寐，破晓，卒遣骑奴以三倍值驰取书归"（王芑孙《愓甫未定稿》）。书商深知藏书家求书心切，所以待价而沽，终以高出3倍的价格售出。

（三）以书商为中介的再流通。清人朱琦总结私家藏书再流通的规律："书之为物，丰财则后收，歉财则先鬻"（《昭代丛书补编》）。当藏书家的家业衰落，大批藏书则被书商低价购回，转售给其他藏书家。道光初年，黄丕烈过世，士礼居散出的藏书成为苏州书商争购目标。其藏书多被瞿镛铁琴铜剑楼购去。再后，又被聊城杨以增海源阁购藏。乾隆时人吴允嘉，积数十年苦心购藏书籍。"殁后，故书散落人间……散见于书贾求售者不知几何"（黄彻《碧溪诗话》）。他珍藏的南宋陈思刻《江湖小集》，后被苏州书商购去，有人出价一百两银子，书商仍惜售。

有些古本书经书商的中介，连续不断地投入再流通。北宋赵明诚、李清照夫妇著的《金石录》（宋刻本），在战乱中历经磨难，到明初尚残存十卷，被浙江藏书家冯文昌购得。他发现从南宋到明初，有不少名人在书上题字或用印，说明此书已被多次转卖。他过世之后，以书商为中介，此书又辗转流通到仪征的江立、歙县的鲍廷博、新安的丁杰、扬州的阮元、金陵的韩泰华，直至光绪年间被吴县潘祖荫收藏。可见，一些珍贵古籍作为商品，数百年来在民间多次再流通，从而得以保存和传世。清代学者王士祯在《分甘余话》中也述及一种古籍反复流通的故事。

有些不成套的古书，经过书商的长期搜寻会使它配齐成套。清初藏书家钱谦益缺《后汉书》中的两本，遍嘱书商，大索天下，渺无消息。某日晚，一书商泊舟乌镇，买面作食，面店主人取出旧书两本撕下几页用来包面。书商发现竟是宋版《后汉书》，只是首页已缺，经查为邻翁裹面以去，遂用重资把这一页追回。结果，钱氏久缺的两本《后汉书》终于完整无缺。乾隆时人蒋重光以30两银子从书商陈天士手里购得宋刻《续资治通鉴》的前二十册，经过8年，才在苏州萃古斋书店购得后二十册，"装潢纸色与前无二"。可见，许多残篇断简，不知经过多少书商的精心寻求，才得庆全璧。

藏书家因生活贫困，只好把图书卖给书店。乾隆二年（1737），水部主事桑弢甫从书店买得元人《百家诗》，内夹一小笺，上书某妇女写的《卖书诗》："典到琴书事可知，又从架上检元诗。先人手泽飘零尽，世族生涯落魄悲。此去鸡林求易得，他年邺架借应痴。亦知长别无由见，珍重寒闺伴我时。"诗后附注："丁巳（乾隆二年）又九月九日，厨下乏米，手检元人《百家诗》付卖，以供饘粥之资。手不忍释，因赋一律。媵之陈氏坤维题。"这首诗非常感人，因"厨下无米"，不得已把自己心爱的《百家诗》卖掉，伤感留恋之情，跃然纸上。又如，甘泉人江子屏，"藏书八万卷，读书三十年，躬耕无一亩，卖文无一钱"。因频遭丧乱，只好变卖图书以糊口，赋诗"元抄宋椠连签橱，全家不饱惟自娱。一朝割爱换升斗，十年感旧增歔歙"（吴嵩梁《香苏山馆集》）。藏书家因生活贫困而卖书买米的事例颇多，不再例举。

（四）书商与藏书家共同抢救文化遗产。清代后期，有三次战乱使公私藏书遭受严重损失。第一次是太平天国起义军占领江浙，杭州文澜阁的藏书散佚。藏书家丁丙，字松生，为抢救遗书作出了贡献。"粤寇陷杭，君（指丁丙）出城，至留下市中买物，以字纸包裹。取视，皆《四库》书。惊曰：'文澜阁书得无零落在此乎！'君之搜辑文澜阁遗书，实始此矣"（俞荫甫《丁松生家传》）。丁丙的"墓志铭"也说，文澜阁所藏《四库》，"兵间散乱剽失。君（指丁丙）避难留下，收买积万余册，乱定庋之府学尊经阁"。如果没有丁丙这位藏书家，不惜重资收购，文澜阁藏书的损失就更大了。

第二次是1860年英法联军侵占北京，抢掠烧毁圆明园，大量的皇家藏书散佚。其中的一部分书被琉璃厂书商收购去。据《藏书纪事诗》载："咸丰庚申（1860），英人焚淀园，京师戒严，持朱提一笏，至厂肆即可载书兼两。仁和朱伯修先生得之最多。"朱修伯不仅收购圆明园散佚的藏书，还收购了一些王公重臣随咸丰帝逃至承德时散落出来的图书，"不惜重值购藏，遂为京师收藏一大家"（缪荃孙《结一庐文集·序》）。

第三次是1900年八国联军侵略北京。翰林院沦为战场，存放《永乐大典》的敬一亭被毁，藏书多为战火所焚，其余的散落在瓦砾中，遍地皆是。八国联军用它构筑工事，铺路，"排积成行"、"一望无际"。事后，据鹿传霖折奏："翰林院失去《永乐大典》六百零七本，其他经史载籍四万六千余本"（邓之诚《骨董琐记全编》）。其中，部分图书被帝国主义分子掠走，出现在英国伦敦的旧书店或拍卖行。

蒋芷侪在《满清野史初编》一书中也提到："庚子间（1900），四库藏书残佚过半。都人传言，英、法、德、日运去不少。在此情况下，出现了一批专门收购书籍的行商。他们携带银两和粮食，分赴四城八乡，成批论斤（有时论垛、论堆、论箱）收购古籍、旧书和碑帖、拓片，运到北京，在崇文门外东西晓市旧货集散地出售。其中，经常发现著名版本、秘本和孤本。"有些书被琉璃厂的书店购去。富晋书社就收购到《永乐大典》的零册，开价惊人。

三、清代的图书进出口贸易

清代的图书出口仍以日本为主要贸易对象，朝鲜次之。贸易形式已从官方的"贡赐贸易"转为民间的商船贸易，既有出口，也有进口。清代后期，随着海运的畅通，中日两国的人员往来增多，促进了图书的流通。中国与西方国家也或多或少有了图书的进出口贸易。

（一）对日的商船贸易。明末清初，随着清廷对海禁的逐渐放松，中国商船驶往日本长崎出售货物（含图书）的日益频繁。日本在长崎设置了管理各种商品进口的机关，鉴定商品的官员称"诸物目利"。图书是日本进口的重要商品之一，专门设置了"书物目利"，任务是检查中国商船载运的图书，鉴定图书品种，议定价格。对于珍贵图书，首先供将军及其幕僚们选购。对于禁书如兵书、天主教书籍等则不准进口。康熙二十五年（1686），"书物目利"在中国商船运去的书籍中，发现有关天主教的书籍，禁止入境。书物目利受到日本幕府嘉奖，被提拔为管理圣堂兼检查书籍的官员，其子孙相承可领得廪米。

清代前期，中国商船输往日本长崎的图书还是很可观的。据当年的"书物目利"向井富氏编撰的《商船载来书目》统计，从康熙三十二年（1693）至嘉庆八年（1803）共110年间，有43艘中国商船输出图书到长崎，出口图书品种达4781种，出口总册数不详。另据日本学者大庭修统计，从康熙五十三年（1714）至咸丰五年（1855）共141年间，中国商船到达长崎港，共售出图书6630种，56844部。此外，尚有一些走私船的图书贸易难以统计。例如，乾隆五十八年（1793）南京的王开泰二号商船从乍浦开往日本，就走私运出《红楼梦》等67种图书。

清代，通过商船出口图书的主要是江苏和福建。江苏出口商品达80余种，其中书籍出口列为第1位，书法绘画列为第78位。福建出口商品61种，书籍出口也列为第1位。明朝时期，浙江通过宁波出口的书籍最多，到了清代急剧衰落。

苏州年画从康熙朝起就大量向日本出口。日人黑田源次于1932年著文说，中国苏州年画流入日本甚多。此种区区民众喜爱的印刷品，士大夫多所不齿，在我邦却引起好事者之兴趣，爱之如命，故传于至今，遂有如此之多（《支那古版画图录》，日本东京美术研究所 1932 年版）。

中国图书、年画运抵长崎，经"书物目利"检查通过，等于得到贸易许可，遂采取投标的形式出售。办法是，由商船主与"书物目利"共同商定各种图书的售价，称"基价"。然后由主管贸易的长崎会所公布投标日期，允许日本书商看样书投标，谁给的价格高就卖给谁。如中国商船运去的《剑南诗钞》，日本书商三支屋报价 20 匁，永见屋报价 29 匁，安田屋报价 45 匁 7 分 5 厘。此书则被安田屋买下。

中国商船运去的珍贵图书不实行投标，而是按议定的价格由日本的官府购买。"收藏在枫山文库中，称为天皇文库御用，不久便翻刻官版"（[日]木宫泰彦《日中文化交流史》）。日本"天保十三年（1842），幕府下令给 10 万石以上的大名，奖励他们翻刻流传。经过这样输入、翻刻的中国书籍，流传到日本学者、文人手中，对于日本文化的发展，起了很大作用。清朝的考据学风风靡了日本的儒学和史学界；诗集、诗论、诗话的输入影响了日本的诗学；小说、戏曲的输入影响了日本的文学；画论、画谱的输入影响了日本的画界；他如医学、博物学、理化学等，亦无一不受到影响"。

（二）中日人员往来就便购书。随着中国商船驶往日本长崎港的增多，中国名僧应邀赴日本的不少。明末清初学者戴笠，字曼公，著有《永陵传信录》、《殉国汇编》等多种著作。明朝灭亡，他深感悲愤，躬自韬晦，以"独立"为法名出家，渡海赴日。其他如隐元、木庵、即非、高泉、心越等名僧，均有较高的文化素质，相继赴日。还有一批明末的中下级官吏和文人、画家、医师、商人避清初动乱，侨居长崎。他们带去大批书籍和名画。有些人精通医术，给日本带去许多中医书。

日本人来华顺便买书或专程买书、买画的，为数不少。叶德辉说："明遗老龚半千贤，画名甚重。其一幅之值，贵者百金。日本人尤珍贵之，往往一幅值数百元番饼银价"（《书林余话》）。清初有位颇具民族气节的名画家陈洪绶，号老莲，浙江诸暨人。毛奇龄在《陈老莲别传》中称："王师（指清兵）下浙东，大将军抚军固山，从围城中搜得莲，大喜。急令画，不画。刃迫之，不画。以酒与妇人诱之，画。久之，请为所画署名，且有粉本渲染，已大饮，夜抱画寝。及伺之，遁矣。朝鲜、兀良哈、日本、撒马儿罕、乌思，藏购莲画，重其值，海内传模为生者数千家。"陈老莲的画幅被日本、朝鲜等国买去不少。

日人专程来华购买中国藏书家的藏书。光绪三十二年（1906），日本人岛田翰，遍游我国大江南北的藏书楼，曾登陆心源的皕宋楼观览。此时，陆心源已病殁 12 年，藏书楼由其子陆树藩继承。岛田翰与树藩商议，将所藏卖给日本。树藩开始索价 50 万元，次减至 35 万元，以后退至 25 万元。双方讨价还价，出入较大，未达成交易。岛田翰返日本后，就怂恿三菱系财阀岩崎兰室购买。翌年（1907）三月，岩崎派重野成斋来华，几经商讨，日人以 10.8 万银圆购去陆氏皕宋楼、十万卷楼、守先阁的全部藏书。这批书被运至日本岩崎氏的静嘉堂文库。日人岛田彦桢著《皕宋楼藏书源流考》，颇讥讽陆氏父子。陆氏藏书售与日本的消息传出，江南书业界和藏书家大为震惊，"为太息者累日"。

陆氏藏书的东渡形成连锁反应。叶德辉在《吴门书坊之盛衰》一文中说："二十年来，蓝皮书出，怯庐横行，东邻西邻乘我之不豫，图画书籍古物，尽徙而入于海外人之手……俯仰古今，不胜沧桑之感矣"（《书林清话》）。康熙年间刑部尚书王士禛，"俸钱所入，悉以购书"，藏书楼名"池北书库"。王氏殁后，其子孙保存了几代，至晚清时期，其藏书售于日本，迄今仍可在日本见到"池北书库"旧藏。蒋芷侪在《清季野史初编》中说："庚子后，四库藏书，残佚过半……外人日以重价搜罗我旧版书籍，琉璃厂书肆，常有日本人踪迹。"

琉璃厂书商孙殿起对日本人来京购书情况说得更具体："日本东京文求堂书店主人田中庆太郎，清光绪末叶，每年必至我国北京，搜罗书画法帖一次或两次……其与书肆交易最密者，琉璃厂文友堂、隆福寺文奎堂。并经常托文友堂代搜《永乐大典》，每册现银一百元，购去数十册；并贵阳陈崧山庋藏明板书数十箱，其中明人集类居多数，全部捆载而去。此外，旧本小说曲谱，亦多为他人购去"（《琉璃厂小志》）。

（三）中国学者赴日本搜访坠典。光绪七年（1881）和十三年（1887）两次出使日本的黎昌庶，字莼斋，以文章辅外交，同日本的汉学家文酒酬酐，得阅日人森立的《经籍访古志》，知我国散佚日本经籍之大概，遂不惜重金搜购，并以钦差大臣身份，入日本皇室秘阁借阅我国散佚经籍。"前后凡六年，遗文坠典存于今日者，竭力搜访之"（［日］岛田重《礼送清国公使莼斋黎君序》）。黎昌庶精选出我国佚书二十六种（二百卷），多为隋唐时期的钞本书和两宋刻本书，取名"古逸丛书"，请日本的雕版能手木村嘉平在日本刊刻，历三年始完工，耗俸银一万八千两，刊印百部，悉运归国。时朝中显要，学界名流，皆惊叹欲绝。《古逸丛书》的板片运交给江苏官书局存贮，以"流通古籍，嘉惠后学"。2002 年，贵州人民出版社已将这套丛书影印出版。

在驻日公使黎昌庶的支持下，其随员杨守敬也借此机会，遍访日本的书店，广泛搜求在国内已罕见的古籍。有些珍贵善本，日本书商不愿出售，就用自己带去的古钱、古印、汉魏六朝金石碑帖与日本书商交换。经过 4 年多的章勤搜访，从日本买回 10 万多卷古籍，包括唐人写本和罕见的宋元刊本。光绪十年（1884），用船满载回国。开始收藏在湖北黄州的"邻苏园"。光绪二十三年（1897），杨守敬写成《日本访书录》。光绪二十九年（1903），他在武昌建"观海堂"藏书楼，将黄州藏书移至武昌。辛亥革命胜利，都督黎元洪曾发出布告，保护杨氏藏书。

黎昌庶出使日本的随员姚文栋（1853—1929）在日本 6 年，时值日本明治维新时期，崇尚西学，"脱亚入欧"，导致公私藏家的中国古籍及日本汉文古钞、古刻大量流散。日本书店原来定价高昂的中文古籍一落千丈。姚文栋也乘机搜购到大批流入日本的中国古佚书。回国后成为上海的著名藏书家，"家有昌明文社书库藏十六万卷，以日本版本为最多"（王謇《续补藏书纪事诗》）。

中国学者访日，零星购回的佚书也不少见。例如，眉山程舍人刊行并注明保护版权的《东都事略》，曾为清代怡亲王所藏，书上钤有"怡府世宝"，不知何故何时被日本买去。民国初年又被访日的董康买回，以千元代价卖给了藏书家张乃熊。

日本西化风气过后，有些学者又重新考虑中国古籍的文化价值，对国内所藏中国古籍的流失追悔莫及。我国清末民初，日本官方和民间又开始利用各种手段从中国搜求古籍。

（四）对朝鲜的图书贸易。朝鲜是清朝的属国，其贡使来到北京，除进行"贡赐贸易"外，还有一项附带的任务就是购买图书。康熙十五年（1676）十一月，朝鲜国王李焞奏言："前明《十六朝纪》一书中载本国癸亥年废光海君李珲，立庄穆王李倧事，诬以篡逆。今闻纂修《明史》，特陈奏始末，乞删改以昭信史。""礼部议不准行"（《清史稿·朝鲜列传》）。这说明，朝鲜贡使从北京购来的书籍，引起国王的重视。又，康熙三十年（1691）七月，"礼臣奏朝鲜国贡使违禁私买《一统志》书，内通官张灿应革职发边界充军，正使李沈、副使徐文重等失于觉察，应革职。帝命从宽，免革职"。"朝鲜使人以买《一统志》，发其国，论罪"（《清史稿·圣祖本纪》）。这表明，各国贡使在北京可以买什么书，禁止买什么书，有明文规定。买了不该买的书也要"论罪"。

朝鲜国对清朝新刊行的史书叙及朝鲜史实的，极为关注。在乾隆、同治、道光时期，朝鲜的几代国王先后奏言，对《明纪辑略》、《皇明通纪》、《皇朝文献通考》、《廿一史约编》等书"载其先世之事，因讹袭谬，诬妄含冤，请并行刊去"。清廷一般都给予了满意答复。其中，有的书如《皇明通纪》，"京城书肆亦无售者"，"《约编》一书在中国久已不行"。但朝鲜国仍在流通，足证清代对朝鲜的图书贸易较为活跃。

乾嘉时期，朝鲜使臣柳得恭经常到琉璃厂购书，结交了不少书友，本书前已叙及。他在《燕台再游录》中描述琉璃厂书店的情况，绘声绘色，为我国书业界留下了一条珍贵史料。

朝鲜的书商也常来北京贩运书籍回国。王钟翰在《北京书肆记》一文中提到："又据朝鲜人记载，知韩人岁岁来厂（琉璃厂）买书以去，意者展转输入日本以牟利乎！"（《中国现代出版史料》甲编）。朝鲜书商来北京采买的图书，有的在朝鲜国内出售，也有的做了转口生意，出口日本。

佛山等地对东南亚的图书出口，本章第二节已叙及，从略。

（五）对西方的图书进出口。自明末清初中西之间的海运开通以后，外国传教士来华，就着手购买中国书籍。英国传教士理雅各在中国学者王韬的帮助下，开始翻译"十三经"，在香港出版了五卷本的《中国经典》英译本，内容包括《大学》、《中庸》、《论语》、《孟子》、《诗经》、《书经》、《周易》、《礼记》、《春秋》、《左传》等。这些书主要销行西方。光绪年间，清廷为了讨好帝国主义，拨出巨款，委托上海同文书局用新法石印《古今图书集成》100部（每部凡 1628 本）。出书后，由总理衙门赠送给美、英等西方国家。清廷还选购了 3000 多册中文书送给美国国会图书馆。19 世纪末，美国的一些大学开始增设中文课程，收藏中文图书。直至清末，美国各大学图书馆通过各种途径购去中国古籍约 20 万册。中国的一些名画也被美国人收购去。

在洋务运动、维新变法运动的推动下，中国书业界掀起译书的高潮。"迄光绪三十年（1904）止，译籍约千余种"（诸宗元、顾燮光《译书经眼录序例》，《中国近代出版史料》近代二编）。译书得向国外购进外文书。已经译成中文出版的约千余种，待译或未译的外文书品种肯定要超过此数。清政府也鼓励进口外文书，曾规定在国外印制的地图及书籍进口可以免税。宣统二年（1910），上海书业公会呈准地图、书籍出口，可以免税。清末，上海的书业界也开展了图书的进出口贸易。

19 世纪末 20 世纪初，在大连等地开始出现外国人开办的专售进口外文书的书店。光绪二十三年（1897）沙俄入侵中国，强占"关东州"（普兰店至旅顺、大连一带）。越两年，俄国人在旅顺开设俄国远东新闻编辑部书店，主要销售俄文书刊。光绪二十六年（1900），俄军关东州将校消费组织也在旅顺开办"书籍贩卖部"。光绪二十九年（1903），日本和沙俄在我国的辽东半岛及其沿海爆发了一场争夺我辽东半岛南端的战争。俄国战败，旅顺口、大连及其附近海域以及从长春至旅顺口的铁路都被日本侵占。俄国人在旅顺开设的书店倒闭。日本人代之而起，相继在抚顺、营口、安东（今丹东）、大连开设书店，销售从日本运来的日文书刊。其中，规模最大的大阪屋号书店是光绪三十四年（1908）滨井松之助在大连开设的，在旅顺、奉天（沈阳）、长春设有分店。

四、清廷对图书市场的管理

清朝是我国最后一个封建专制王朝，对图书市场严加管制。一旦发现不利于封建秩序及其皇权统治的图书，不仅禁止流通，还要追究作者、刻印者、销售者和读者的责任。轻者革职、杖刑、流徙，重者立斩并祸及族人、门生和友人，史称"文字狱"。为"端人心而正风俗"，一再禁毁通俗小说和戏曲。清代后期，文字狱稍有收敛，但对宣传维新变法、反对外国入侵、反清革命的图书，仍不择手段，疯狂查禁。

（一）残暴的文字狱。封建统治者为了防止和镇压知识分子的反抗，往往故意从书中摘取字句，罗织罪名，构成冤狱，称"文字狱"。此类冤狱，古已有之，清代尤甚。

顺治朝，主要查处反清复明的书籍，以消除汉人的民族意识。僧函可的《变记》，因记叙反清烈士的事迹和清军暴行，被严加酷刑，流放奉天（今沈阳）。明末诸生冯舒收集亡友遗诗编成《怀旧集》，因未用顺治年号被定为"逆诗"，把他下在狱中害死。无独有偶，书商毛重倬、胥庭清等 4 人选刻"制艺"出售，也因署年用千支未用顺治年号，被指控"目无本朝"而治罪。顺治十六年（1659），清廷下令将书坊业出售的未署顺治年号的《四书辨》、《大全辨》等书焚毁。顺治十年（1653），浙江布政使司左布政使张缙彦（1600—1672），撰刻《无声戏》（共二集），称自己为不死英雄。刑部以"巧辨欺饰"、"煽惑人心"的罪名拟斩，诏从宽免死，顺治十八年（1661）流放宁古塔（今黑龙江省宁安市）。

最骇人听闻的是康熙朝查处的庄廷鑨"明史案"。明代天启年间的内阁首辅朱国祯著《皇明列朝诸臣传》，尚未刊行。清初，其后人将书稿卖给浙江乌程县（今湖州市）南浔镇的豪富人家庄廷鑨。此人用重金聘请 10 多位名士对书稿润色并补充天启、崇祯两朝史实，定名《明史辑略》，署名庄廷鑨著，在书首列有一长串"参订"名人。顺治十七年（1660）刊刻完毕，交书商王云蛟、陆德儒等人发卖。康熙元年（1662）被人以"逆书"的罪名告发。结果，庄氏子孙 15 岁以上者均斩，妻、女发配给奉天披甲人为奴。作序及列名参订的 14 人凌迟。已经病逝的庄廷鑨及其父庄允城被开棺戮尸。出售书稿的朱氏子孙 70 余人被处死。书店老板王云蛟、陆德儒以及刻书匠、购买"逆书"的李继白等多人均被处死，家产籍没，亲属被流放。湖州知府、推官、府学教授、县学训导等以"知情隐匿"、"放纵看守"的罪名被绞死。据当时任浙江按察使的法若真在《黄山诗留》中说，因庄氏明史案而被祸

的有 700 家，被处死的约千人，被发配的又不知多少。又有记载，被处死的
220 余人，牵连入狱的 3000 余人。事过近百年，乾隆朝发现有收藏该书的，
仍被处斩。

《明史辑略》仅对明末清初史实作了客观记述，只是明朝灭亡前未用清
的年号，清兵入关后仍用南明年号。张元济说："其涉及清室，并无讪谤语，
仅偶见'建夷'及'夷氛'、'夷寇'等字，不意竟触震怒，酿成惨祸"（《明
史钞略》跋）。

与明史案相类似的还有戴名世的《南山集》案和方孝标的《滇黔纪闻》案。
戴氏被处死刑，受牵连者死百余人；方氏已死，被戮尸，其 3 个儿子及妻子
被充军至黑龙江。

雍正朝时间不长，文字狱却不少。与书业有关的案件有：汪景祺的《读
书堂西征随笔》，吕留良的自编诗集，吴茂育的《求志篇》，屈大均的《翁山
文外》、《翁山诗外》等。因受吕留良案牵连而被禁售的图书达 10 余种。这
些书的作者多被加以"悖逆"、"狂悖恶乱"等罪名处死，已死的戮尸。雍正
四年的御史谢济世因事被贬，下放到阿尔泰军前效力赎罪。谢济世在阿尔泰
埋头讲学，著《古本大学注》，被人揭发有违程朱理学。这时，又一个被贬
的官员陆生楠也被发配到阿尔泰，有人说他著的《通鉴论》"非议时政"。雍
正降旨，将谢、陆二人绑赴刑场杀头，先将陆生楠斩首，又宣布赦谢济世
死罪。后人评论：以注经获罪，始自谢济世；以论史获罪，始自陆生楠。从
此，一些学者视注经论史为畏途。

雍正四年（1726），北京报房小报发出一条消息："端午节，王大臣等赴
圆明园叩节毕，皇上出宫登龙舟，命王大臣等登舟，共数十只，俱作乐，上
赐蒲酒，由东海至西海，驾于申时回宫。"雍正看了这条消息大为震怒，发
谕旨称，报房"捏造小抄，刊刻散播，以无为有，甚有关系"，要求兵部和
刑部"详悉审讯，务究根源，以戒将来，以惩邪党"。原来这条消息失实，
端午节当天，雍正和王大臣们并未登舟作乐。结果，刊行小报的报房负责人
何遇恩、邵南山被判斩刑，于同年秋后处决。小报报道失实固然错误，但因
此两个办报人竟被处死刑，实属暴君推行的酷刑。

乾隆朝文字狱最多，较严重的有 30 多起，主要罪名是"谤及本朝"或"大

不敬"。内阁学士胡中藻的《坚磨生诗钞》，只因书中有"一把心肠论浊清"之类诗句，被指为"谤及本朝"，作者被"立斩"，与其唱和的满洲官员鄂昌"赐自尽"。曾任知县的徐述夔《一柱楼诗集》中有"清风不识字，何必乱翻书，举杯互见明天子，且把壶儿抛半边"，被指为"悖逆"。徐述夔、徐怀祖父子已死，开棺戮尸，枭首示众，延揭子孙；其他买书、校书等5人"秋后处决"。礼部尚书沈德潜，生前《咏黑牡丹》诗，有"夺朱非正色，异种也称王"，惨遭鞭尸。江西举人王锡侯编《字贯》，刊刻销售，纠正了不少《康熙字典》的谬误，被诬为贬毁钦定的《康熙字典》，"罪不容诛"。王锡侯及其子孙"斩立决"，妻、媳、幼童配给功臣之家为奴。江西布政使和按察使以失察罪革职议处。河南书商刘峨刷印出卖《圣讳实录》，内容是提醒人们敬避圣讳并教给避讳方法，因书中出现了庙讳、御名，被当作"犯讳大案"。刘峨及经手买卖板片的李伯行等人均被处斩，并传谕各省督抚一体查缴。福建书商李浩从另一家书铺买到《结盟图》、《惩匪安良图》等板片，自行刷卖。又请人刊刻了图文相配的《孔明碑记》板片，随时刷印，连同上述二图一同出售。因《孔明碑记》有"隐语妖言多不可解"的题记，被定为"逆书"，乾隆命福建、广东两省官员对该图来历进行彻底追查，拘讯了不少书商。

乾隆中叶，开始大规模查缴书籍，实际是对全国图书市场的一次洗劫。乾隆三十九年（1774），乾隆颁发查缴"违碍"书籍的上谕，责备各省督抚进呈遗书不认真检查有无"违碍"文字，"况明季末造，野史甚多，其间毁誉任意，传闻异辞，必有抵触本朝之语。正当及此一番查办，尽行销毁，杜遏邪言，以正人心而原风俗，断不宜置之不办"（《高宗实录》）。凡被清廷认为违背伦理纲常、不合义理名教、讥贬满族先世、危及皇朝统治的图书，均在禁毁之列。

为了禁毁图书，各省设立采访遗书总局，部分州县设支局，边购访图书，边禁毁。江西巡抚海成，两年间查禁"违碍"书籍8000余部，得到乾隆嘉奖。乾隆于四十三年（1778）、四十七年（1782）、五十三年（1788）、五十四年（1789）多次降谕，督促查禁图书。直至五十八年（1793）十月，历时19年的查禁图书活动才告结束。共禁毁图书3100多种，15.1万部，销毁板片8万余块。至于各地书店和藏书人家为避祸而自行毁掉的，则难以统计了。被禁毁的图书，多为中国传统文化精品。20世纪90年代，经专家学者普查，劫后余存的禁毁书尚有1500种，多数收藏于各图书馆。其中的700种，收入《四库禁毁书丛刊》（共311册），1999年由北京出版社出版。

从嘉庆朝起，清廷处于多事危亡之秋。1840年鸦片战争失败之后，内忧外患加剧，腐朽的清王朝已没有多少精力在思想专制上做文章。唯查禁康梁文字和查禁《革命军》等书，是晚清时期影响最大的文字狱。本章前已叙及，从略。

（二）禁售通俗小说和戏曲。清廷为维护封建秩序，于顺治九年（1652）通令各地："凡琐语淫词，通行严禁，违者从重究治"（《学政全书》）。所谓"琐语"，即指通俗小说。小说作家李渔在顺治年间刊行的短篇小说集《无声戏》，颇为畅销，遂又刻《无声戏二集》。清廷以"煽惑人心"的罪名定为禁书。资助此书刊行的浙江布政使张缙彦被革职流放。康熙年间，书坊书商把这两本书的"合集"改名《连城璧》，又继续在市场上流通，远销日本。苏州书坊业发达，竞相刊刻小说。顺治年间的苏州知府汤斌发出告谕："若仍前编刻淫词、小说、戏曲，坏乱人心，伤败风俗者，将书板立即焚毁，其编者、刊者、卖者一并重责，枷号通衢。仍追原工价，勒限另刻古书一部，完日发落"（《苏州府志》）。

康熙连续发出4次谕令禁售淫词小说。康熙二年（1663），他发布命令："嗣后如私刻琐语淫词有乖风化者，必须查实议罪。"此类小说销路好，书坊仍翻刻售卖。"淫词小说犹流布坊间，有从前禁而公然复行者，有刻于禁后而诞妄殊甚者"（《皇清奏议》）。二十六年（1687）清廷再次下旨，严禁小说流通。四十八年（1709），御史张莲上疏说，民间设立香会，又有出卖淫词小说的。清廷下旨严禁，并规定："若该地方官不实心查拿，在京或经该部查出，外省或经督抚查出，将该管官员指名题参，一并治罪"（《圣祖实录》）。

此后，清朝每换一个皇帝都要发布几次禁售淫词小说的命令。乾隆年间尤甚，对该管官员，失察一次"降二级调用"（《学政全书》）。乾隆两次下谕禁售《水浒传》，认为该书是"教诱犯法之书"。又密令军机大臣查禁"有关涉本朝字句"的戏曲剧本，指定苏州、扬州的书坊为重点查处对象。经过周密部署，查禁了一大批小说、戏曲、弹词，甚至连岳飞抗金的《说岳全传》

也被禁售。嘉庆曾三次下令禁毁小说，认为"稗官野史……最为人心风俗之害，屡降旨饬禁……嗣后不准开设小说坊肆，违者将开设坊肆之人以违制论"（《仁宗实录》）。道光年间，城市里的不少妇女儿童都喜欢读小说。道光十四年（1834）再次下令禁售各种传奇、演义等书，"务须搜取板、书，尽行销毁"（《宣宗实录》）。江浙一带的书坊仍然是清查的重点。这两个省的地方政权，各开了一批"禁书目录"，《水浒传》、《西厢记》、《牡丹亭》等都被列为禁止出售之书。咸丰元年（1851）又再次下谕，禁售《水浒传》，特别指出："湖南各处坊肆皆刊刻售卖，蛊惑愚民，莫此为甚"（《文宗实录》卷三十八）。实际是害怕农民起义。此书已被乾、嘉、道、咸四代皇帝连续查禁了近百年，但它仍在市上流通。这说明，深受群众喜爱的小说，靠行政力量是查不完禁不住的。

同治、光绪年间实际掌权者是慈禧太后，更加害怕小说的"蛊心"作用，先后发布 5 次禁售小说的命令。江苏巡抚丁日昌陆续开出两批应禁书目，共269 种。《红楼梦》、《水浒传》、《西厢记》、《牡丹亭》、《隋唐演义》等书皆在查禁之列。

清廷查禁的小说，其中有一些在当时人看来的确是淫词小说，书坊行业也赞同禁刊禁售。前已叙及，苏州书坊同业曾于道光十七年（1837）订立《各书坊禁淫书议单公约》。南京的书坊业也曾公议，禁售淫书、淫画。同治九年十二月（1871 年初），在江宁知府蒯某的授意下，南京民办慈善机构——兴善堂捐资收购"淫书"、"淫画"、"淫词"、"艳曲"及其书板。然后，由江宁知府召集书坊业及有关业户开会，当众将收购来的书及其刻板焚毁。书坊业主在会上纷纷表态，"保证永禁"。江宁知府为此事发布告示，勒石立碑。1987年，此碑在南京金沙井 38 号墙内被发现。光绪后期，上海的书业公会也曾议定公约，不刻不售淫秽书籍。可见，晚清的图书市场已开始出现行业自律。

（三）清朝颁发的有关管理图书市场的法律。顺治四年（1647）颁发的《大清律》，有"造妖书妖言"条例，规定"凡造谶纬妖书妖言，及传用惑众者，皆斩。……若（他人造传）私有妖书隐藏不送官者杖一百，徒三年"。康熙五十三年（1714），对禁止出售"淫词小说"作了补充规定："凡坊肆市卖一应淫词小说，在内交与八旗都统、都察院、顺天府，在外交督抚等转行所属官弁严禁，务搜板、书，尽行销毁。有仍行造作刻印者，系官革职，军民杖一百，流三千里。市卖者杖一百，徒三年。买看者杖一百。该管官弁不行查出者，交与该部按次数分别议处。"当年，对于失察官员的处分又作了具体规定："该管官不行查出者，初次罚俸六个月，二次罚俸一年，三次降一级调用"（《圣祖实录》）。这条法律，对该管官员起了监督作用，强化了市场管理的责任机制。

晚清时期，清廷在京师设立印刷注册总局，隶商部、巡警部、学部。这三个部门于光绪三十二年（1906）会定《大清印刷物专律》，经"奏奉朱批"，由印刷注册总局颁发。这个"专律"规定："凡以印刷或发卖各种印刷物件为业之人，依本律即须就所在营业地方巡警衙门，呈请注册。"出版发行的各种图书，"均须详细纪册，以备巡警衙门或未设巡警之地方官或委员随时检查"。还规定了出版物的"毁谤罪"、"教唆罪"。"专律"的颁发，旨在维护清王朝的统治，从严控制图书市场。但是，不管制定多少法律，已难以挽救清王朝的覆灭。

（四）晚清免除上海运销书籍的商品税。自有租界以来，中国的关税就被外国人控制。一般商品的运销税率为"值百抽五"，另加码头捐千分之二十五。上海文明书局，编印教科书与书画册甚力，在京津各地设立分销处，运输不绝于水道，因向海关申请，以书籍为教育用品、启迪百姓智识为理由，希望免予纳税……海关洋人坚执不允，交涉再三，并无结果。时袁世凯任直隶总督，方见信于西太后，而文明书局主人廉惠卿与袁友善，向袁陈说。袁允其请，命以书贾名义正式禀求，即为向西太后奏请，下旨允准。遂由清廷派员与上海海关税务司西人力争，使书籍免税成为定案（秋翁《六十年前上海出版界怪现象》）。上海是全国的书业中心，运销书籍一度实行免税，其他地区的书业未见免税。

第五节　清代的代表著作

据历代书目的不完全统计，从汉代至清代共出书 181700 余部（种），合

236.7万卷。其中，清代出书126649部(种)，合170万卷。同以前各朝比较，清代的图书事业有了很大发展。清代盛行小说和说唱文学，各省所刻不下万种。清代刊行的方志达6500余种。晚清以来，"欧风东渐，竞译西书"，丰富了图书品种。在浩如瀚海的清代著作中，本章只能选择主要门类的代表作加以简述。

一、大型丛书

清代乾隆年间编纂的《四库全书》，是一部规模庞大的丛书。乾隆三十七年（1772）开馆纂修，历10年始成。共收书3578种（又说3461种，《辞海》说3503种），79337卷，存书6819部，94341卷。共约9.97亿字，分经、史、子、集四部，故名《四库全书》。根据乾隆谕旨，又编纂了《四库全书总目提要》和《简明书目》，"俾学者由《书目》而寻《提要》，由《提要》而得《全书》，嘉与海内之士，考镜源流，用昭我朝文治之盛"（《四库全书总目》）。

《四库全书》的书源来自：敕撰本、内府本、永乐大典本、各省采购采访本、私人进献本、民间书坊的流通本。四库全书馆把这些书集中起来，重新校勘，分门别类加以整理汇编。该刊印的刊印，该抄存的抄存，该存目的存目。对每种书均写出提要，述及源流考评得失。这部丛书基本上把我国古代至乾隆前的重要图书都包括在内，在一定程度上起了保存、整理和传播古代文献的作用。但是，对不利于清王朝统治的图书，则实行抽毁或窜改，或排斥不录，或严加禁毁。据统计，乾隆共禁毁各种典籍71万卷。后人对此次编纂活动的评价是功过兼半。

全书共缮写7部，分藏文渊、文源、文津、文宗、文汇、文溯、文澜七阁。其中，文汇、文宗两阁书毁于战火。文渊阁书被英法联军焚毁。文渊阁书，今存台北。文津阁书今存中国国家图书馆。文溯阁书今存甘肃省图书馆。文澜阁书多有散佚，经补抄配齐，今存浙江省图书馆。历代封建王朝的秘府典籍，多因战乱而亡佚，唯独这部收集我国古代典籍最为丰富的《四库全书》，两百多年来屡经变乱，虽然损失了3部，仍有4部较为完整地保存下来。1934年，商务印书馆选印232种，定名《四库全书珍本初集》。21世纪初，已有《四库全书》影印本面市。

《四库全书》的总纂官纪昀（1724—1805），字晓岚，河北献县人，官至礼部尚书，协办大学士，晚年著《阅微草堂笔记》。为人性格开朗、诙谐、大方，善于团结人。在他的实际负责下，共组织 359 位学者参加"全书"的编纂，抄写人员达 1500 余人。

二、类书、工具书

清代编纂的著名类书有《古今图书集成》、《渊鉴类涵》。著名的工具书有《康熙字典》。这三种书都是康熙朝的官修书。

（一）《古今图书集成》。是我国现存特大型类书，全书共 10040 卷。所录资料，起自上古，止于康熙朝。古今图书，去取严谨，编排妥善，便于检索。主要编者陈梦雷，字则震，福建闽县人。初名《古今图书汇编》。康熙五十五年（1716）进呈，康熙赐名《古今图书集成》，并于同年设馆继续增辑，参与纂修者 80 人。雍正嗣位，命户部尚书蒋廷锡主持重编，雍正四年（1726）告成，武英殿修书处以铜活字印刷 64 部，每部 5020 册，是当时世界上最精美的出版物。光绪十年（1884），上海图书集成局用扁字体铅印 1500 部，征订发行。1934 年，中华书局按旧藏殿本再次重印。1986 年，中华书局与成都巴蜀书社按 1934 年本联合重印，改为 16 开精装本，为最新最佳版本。

（二）《渊鉴类函》。专供撰写文章时采摭辞藻、典故之用的类书。张英、王士禛奉康熙之命编纂，康熙四十九年（1710）由武英殿修书处刊行。全书450 卷，以《唐类函》所辑故实、诗文为基础，又采《太平御览》、《玉海》、二十一史以及子、集、杂书中的材料综编成书，补入明嘉靖及其以前各代的事类、文章。内容充实，篇幅较《太平御览》多出一倍。

（三）《康熙字典》。现存的我国古代第一部收字最多的字典。张玉清等奉康熙之命编纂，康熙五十五年(1716)印行。主要依据明代梅膺祚《字汇》、张自烈《正字通》等字书加以增订而成。共收 47035 字，文字音义注释均较以前刊行的字书详细。不足之处是，音切、释义杂糅罗列，漫无标准，疏漏、错误较多。道光年间，王引之作《康熙字典考证》，改正该书正文内错误 2588 条。《康熙字典》刊行二百多年来，影响很大，它的文字音义和书证，广泛地被人们引用。

三、历史、地理著作

清代前期，提倡史学，但加强了对史学观点的控制。汉学家多兼通经史，或由经入史。因此，清代的史学著作繁多，重要的史书有《明史》、《续资治通鉴》，著名的史论有《文史通义》。清代的地理学有新的发展，重要的有《大清一统志》、《四洲志》、《海国图志》等。

（一）《明史》。官修纪传体明代史。顺治开史局，三开三辍，历康、雍、乾三朝，经 90 余年，才最后成书。先后任总纂者有徐元文、徐乾学、王宏绪等，聘史学家万斯同核定稿件。雍正年间以张廷玉为总裁继续修订，乾隆四年（1739）刊行。共 332 卷，系二十四史中编写得较好、体例严密、对史实处理较为妥切的一部正史。馆臣为避忌文字狱，叙万历以来涉及清朝先世的史事，隐讳删汰，对南明诸王事，尤多避讳。

（二）《续资治通鉴》。编年体的宋、辽、金、元史，上与司马光的《资治通鉴》相接。康熙年间，徐乾学总纂，万斯同等人参与编成《资治通鉴后编》，起于宋初，止于元亡，缺辽、金史实。乾隆年间，毕沅以"后编"为底本，补以新出史料，参考古籍百余种，重加增订，嘉庆间刊行。本书对研究宋、辽、金、元四朝史事，具有重要价值。

（三）《文史通义》。关于经学、史学及文学的论著，以讨论史学为主旨。乾隆年间进士章学诚（1738—1801）著。历时 30 年始成。该书提出"六经皆史也"的著名论点，认为六经是古代典章制度的记载，揭穿了汉儒的以史为经，动摇了儒家经典的思想统治地位。本书对史学多有创见，在乾嘉学坛独树一帜，为后世史学家所重，直接影响近代历史学的发展。

（四）《大清一统志》。清官修地理总志。乾隆八年（1743）敕修该书340 卷。乾隆后期和嘉庆、道光时期三次敕令重修。本书以京师、盛京和十八行省以及特别地区为记述单位，汇载各地建置沿革、疆界、地理形势、山水、户口赋役、物产、风俗、宦绩、人物等。每省区，先概述基本情况，然后分述各府州县。在清代，此书可在书店出售，但禁止外国人购买。

（五）《四洲志》和《海国图志》。两书均为世界地理志。林则徐（1785—1850）在广州主持禁烟时，为了解西方情况，抵御列强侵略，请人译述英人慕瑞的《世界地理大全》，编成《四洲志》。书中记叙了世界五大洲中 30 多个国家的地理和历史。道光二十一年（1841），魏源（1794—1857）在镇江受林则徐委托，以《四洲志》为基础，又参考其他文献资料编成《海国图志》，较全面、详细地介绍了外国情况。此书主张"以夷制夷"、"师夷长技以制夷"，被后来的洋务派部分地接受。维新派康、梁等人阅读此书，对西方社会有了进一步认识，决心求教"西学"，倡导变法。此书问世后，很快远销日本，日本志士竞相阅读，翻刻成风，先后有 22 个翻刻本，对日本明治维新思潮的形成，起了积极作用。

四、学术著作

清代学术著作的一个重要特征，就是对中国古代学术和思想进行了总结，同时也为近代思想史掀起了新篇章。主要代表作有：《明夷待访录》、《日知录》、《船山遗书》、《皇清经解》、《天演论》等。宣传反清革命产生巨大影响的《革命军》等书，前已述及，从略。

（一）《明夷待访录》。黄宗羲（1610—1695）著。含《原君》、《原臣》、《原法》等 21 篇。此书大胆地揭露和批判了封建君主专制的毒害，指出"为天下之大害者君而已矣。……岂天地之大，于兆人万姓之中独私其一人一姓乎？"本书篇幅不大，但在中国历史上产生了重大影响。乾隆年间列为禁书。但是，真正有价值的著作是禁不住的，总会通过多种渠道继续流通。清末维新派人士将此书作为理论武器，大量印行。梁启超说这部书"对于三千年专制政治思想为极大胆的反抗。在三十年前，我们当学生时代，实为刺激青年最有力的兴奋剂。我自己的政治运动，可以说受这部书的影响最早而最深"（《中国近三百年学术史》）。

（二）《日知录》。顾炎武（1613—1682）的读书札记。一生为学所得多荟萃于其中，经数十年的积累和不断增补、修订，于晚年完成这部札记式的著作。共 32 卷，1000 余条。其内容以考据为主，按经义、吏治、财赋、史地、兵事、艺文等分类编入。其治学强调务实和经世致用，考证精详，以古筹今，对清代学术发展有深刻影响。

（三）《船山遗书》。王夫之（1619—1692）的著作文集。王夫之是湖南衡阳人，晚年居衡阳之石船山，人称"船山先生"。明亡，参加抗清斗争，多次失败，遂辗转湘西，窜身瑶洞，伏处深山，勤恳著述垂40年，得"完发以终"（始终未薙发）。王夫之精于经史，在哲学上总结和发展了中国传统的唯物主义，批判了程朱理学的唯心主义，建立了他自己的历史进化论，反对保守退化；在政治上反对豪强地主。船山著书一百多种，主要有《读通鉴论》、《周易外传》、《思问录》、《尚书引义》等。其政治思想性较强的著作被乾隆朝列为禁书。同治四年（1865），曾国藩、曾国荃刊行《船山遗书》，收入57种。后人又刊行《船山全集》。

（四）《皇清经解》。清代训释儒家经典的汇刻。阮元（1764—1849）主编，搜集清初至乾嘉年间的经学著作74家，180余种，是对乾嘉汉学研究成果的大规模汇集，由广州学海堂刊行，又称《学海堂经解》。

（五）《天演论》。严复（1854—1921）译自英国赫胥黎著《进化论与伦理学》一书的前两章，附有按语，表达严复自己的见解和主张，并作序。本书第一次系统地把达尔文的进化论引进中国，轰动了当时的知识界和思想界。严复宣扬自强，论证"物竞天择，适者生存"的道理，呼唤国人从沉沦中惊醒，促进了变法图强和维新运动。

五、文学著作

清代的文学著作无论是诗、词、戏曲、小说都取得了重要成就。尤其是小说，数量空前，风格流派多样，涌现了具有世界影响的巨著。限于篇幅，本章侧重介绍《聊斋志异》、《儒林外史》、《红楼梦》以及晚清谴责小说、侠义小说的代表作。随着西学东渐，清末的翻译小说十分盛行，以林纾翻译的外国小说数量最多，名声最著。

（一）《聊斋志异》。文言短篇小说集，近500篇。蒲松龄（1640—1715）著。小说内容涉及官场、富商、文士以及冤狱、婚姻等，作者以谈狐说鬼的表现手法，对当时的社会黑暗和官吏腐败作了深刻揭露，并对科举制度和封建礼教有所批判，其深度和广度都超过了明代的"三言"、"二拍"。

（二）《儒林外史》。长篇讽刺小说。吴敬梓（1701—1754）著。小说深刻揭露和批判了科举制度的毒害、考场的腐败和仕途的险恶，嘲讽了利欲熏心的各种类型的士人，但对自食其力的人则给予尊重和同情。本书是我国古代讽刺文学的杰作。

（三）《红楼梦》。原名《石头记》，是具有世界影响的长篇小说。曹雪芹（约1715—1763）著。内容以贾、史、王、薛四大家族的兴衰史为背景，以贾宝玉、林黛玉的爱情悲剧为线索，揭露了地主贵族的荒淫腐败，歌颂了这个阶级中具有叛逆精神的青年和某些奴婢的反抗行为，广泛地反映了当时的社会矛盾。小说塑造了许多富有典型性格的艺术形象。这部巨著规模宏大，结构严谨，文字优美，具有高度思想性和卓越艺术成就，是我国古代长篇小说发展的高峰，在世界文学史上占有重要地位。

（四）晚清的四大谴责小说。20世纪初，清廷面临崩溃瓦解，官吏徇私枉法，外交软弱无能，国力极度衰微。市场上出现一批抨击清政府和时弊的谴责小说。其共同特点是"揭发伏藏，显其弊恶，严加纠弹，或更扩充，并及风俗"（鲁迅《中国小说史略》）。李宝嘉（1867—1906）的《官场现形记》、吴沃尧（1866—1910）的《二十年目睹之怪现状》、刘鹗（1857—1909）的《老残游记》、曾朴（1871—1935）的《孽海花》，被称为晚清的四大谴责小说。这些小说的内容涉及官场、商场、洋场，以写官场为主。《官场现形记》为代表作。书中对大大小小的官僚进行了深刻揭露和有力抨击，是同类小说中思想性和认识价值最高的一部，但它的主导倾向是社会改良而不赞成革命运动。

（五）晚清的侠义公案小说。如《三侠五义》、《小五义》、《施公案》、《彭公案》等。在清末直至民国年间，风靡一时，数量众多，颇有销路。其内容多以清官审案为主线，由一些豪侠之士相助，惩恶除奸，匡扶社稷。主要倾向是宣扬"忠君"思想。大多数作品的思想性、艺术性都很差。

（六）林纾的翻译小说。林纾（1852—1924），字琴南，任教于京师大学堂，曾依靠他人口述，用文言翻译欧美等国的小说170余种。20世纪初，特别是辛亥革命前后，他翻译的小说在全国图书市场广为流通，深受知识分子喜爱。其中有不少是世界名著，如《巴黎茶花女遗事》、《鲁滨逊漂流记》、

《黑奴吁天录》、《伊索寓言》等。这些译作使中国的读者接触到西方文学，开阔了视野。

六、科学技术著作

继明代之后，清代的科学技术仍落后于西方，但在数学、农学、植物学等方面涌现了不少杰出著作。清代后期，中国知识分子李善兰、徐寿、华蘅芳等人与部分外国传教士翻译出版了一批外国科学技术著作。西方近代数学、化学、物理学、医学、生物学、地学、工艺及技术著作陆续传入中国。

（一）《数理精蕴》，清代前期的数学代表作，数学家梅瑴成（1681—1764）主编。从明末至康熙年间传入中国的西方数学，由梅氏汇集整理，系统编纂，共 53 卷。雍正元年（1723），由武英殿修书处刊行。曾多次刷印，流通各地。本书对清代数学的发展和应用发挥了很大作用。

（二）《知本提纲》。农学著作。作者杨屾（1699—1784），是清代鼎盛时期的杰出农学家，陕西兴平人，以教私塾为业。他总结当地农民和自己的农业生产实践经验，用 10 年时间写出这部农学名著。内容包括耕种、园艺、树艺、蚕桑、畜牧等实用技术，对选种、施肥的论述尤有创见。

（三）《农学报》。光绪二十三年（1897）在上海创刊的半月刊，后改旬刊。罗振玉（1866—1940）主办。先后译载数百部农业书籍，多译自日文版书。著名的有《蔬菜栽培学》、《家禽疾病篇》等。除译载书籍外，还发表农业科技译文，报道清廷的农业政策和各地农事消息。湖广总督张之洞通知所辖各地订购此报，小县 3 份，大县 10 份，"展转传观，细心考究"。

（四）《陶冶图编次》。制瓷技术著作。作者唐英（1686—1756），在景德镇负责皇家瓷器督造近 30 年，对制瓷工艺进行了科学总结，撰成此书，配图 20 幅。乾隆八年（1743）面世，后传至欧洲。中国古代制瓷工艺在乾隆年间达到顶峰，唐英应得首功。

（五）《植物名实图考》。以药用植物为主的植物学著作。作者吴其浚（1789—1847），嘉、道年间历任总督、巡抚等职，为官走遍中国大部分地区，留心民情，认真考察各地植物，历 40 年编成该书。他去世后，于道光二十八年（1848）刊行。书中收植物 1714 种，多可药用，比《本草纲目》

增加 519 种，对植物品种、形态、性味、用途、产地有详细记述。植物图精确，超过前人，澄清了前人包括李时珍在内的许多误解，在国际上有一定影响。

七、医药学著作

我国的传统医学到了清代又有新发展。本草、医方、医案、医史、诊断、针灸、专科医术等方面的著作，问世较多，代表著作有《医宗金鉴》、《本草纲目拾遗》、《医林改错》等。

（一）《医宗金鉴》。官修医书，吴谦等编著。乾隆七年（1742）刊行，共 90 卷。是介绍中医临床经验的名著，对医学经典《金匮要略》、《伤寒论》等书做了不少订正。侧重论述各科疾病的诊断、辨证、治法、方剂，简明扼要，切合实用。本书流传颇广，迄今仍为中医学的重要文献。

（二）《本草纲目拾遗》。赵学敏（1719—1805）著于乾隆十一年（1746），仿《本草纲目》体例，共收药物 921 种。其中，有 716 种是《本草纲目》未载或误收的。本书对《本草纲目》拾遗补阙，纠谬正误，相得益彰，有较高的学术价值。

（三）《医林改错》。中国古代解剖学著作。王清任（1768—1831）著。道光十年（1830）刊行。作者在行医过程中发现古医书对人体结构和脏腑功能的记载有错讹之处。作者花了 40 多年时间进行观察、研究。根据他亲临坟冢、刑场观察残尸遗体的脏器结构，详细论述了脏腑的生理解剖，改正了古代医书论述上的讹误。对大脑及心血管系统的认识有所突破和提高。一百多年来，本书在国内广为流传，西方人已将其节译成外文。

第十章　民国时期的书业

　　1911 年的辛亥革命，推翻了中国历史上最后一个封建帝制——清朝。从 1912 年（民国元年）南京临时政府成立，到 1949 年（民国三十八年）蒋介石国民政府覆灭，中华民国存在了 38 年。民国的历史，是新旧交替，旧民主主义革命转变为新民主主义革命的历史。民国的社会，仍是半殖民地半封建社会，部分地区一度沦为殖民地。在此期间，国际上爆发了两次世界大战。在国内，军阀战争连续不断，又经历了第一、第二次国内革命战争、抗日战争和解放战争。中国共产党领导全国人民为反对帝国主义、反对封建主义、反对官僚资本主义进行了艰苦卓绝的斗争，最终取得胜利。在这一历史阶段，充满了新生与腐朽、革命与反动、进步与倒退的殊死较量。

　　清末民初（1911—1912），京师无战事，国家藏书和民间藏书基本上未受损失，不像历代新建王朝那样由政府大规模购求遗书，此后，政治舞台风云变幻，战乱频繁，不论北洋政府还是 1927 年以后的国民政府，都不重视文化建设，从未组织过具有重大意义的可以传世的书籍编纂活动。国民党的官办书店逆历史潮流而动，无所建树，被时代所抛弃。清末起步的民族资本创办的新书业，在五四运动的推动下有了很大发展，作出了不小的贡献。但由于帝国主义侵略势力和反动势力的摧残，好景不长，经营艰难。在沦陷区，日伪政权也创办书店，为日本的侵略张目。从 20 世纪 20 年代初起，中国共产党和进步人士陆续创办的进步书店，前仆后继，战胜了国内外敌人的文化"围剿"，随着新民主主义革命的胜利，日益发展壮大。本章将在第二节至第五节作专题叙述。从本章起，本书一律用公元纪年。

第一节 民营书业和官办书业

民国时期，上海是全国的书业中心。民族资本创办的大、中型出版发行书业多集中于上海。这些企业的分支机构则延伸到其他大中城市。在其他城市，出书兼售书的书店为数较少，以零售为主的书店在五四运动以后得到一定程度的发展。1927年蒋介石集团叛变革命，在国民党统治区陆续创办了一批国民党的官办书店。1931年九一八事变和1937年七七事变，日本侵占了我国大片领土，沦陷区的日伪政权相继建立了日伪书店和汉奸书店。

一、上海是全国书业中心

继晚清之后，上海仍是全国最大的城市，工商业发达，交通便利，学校众多，文人学者荟萃，书业活跃。1937年全面抗日战争爆发前，上海出版的图书品种占全国90%以上，出版的报刊占80%左右。1935年，上海市教育局调查，全市共有书店260家。其中资金在5000元以下的小书店有164家（多为零售书店），5000元至1万元的29家（多以零售书店为主），1.1万元至5万元的28家，5万元以上的39家。日军侵占上海以后，书店数量有所减少。

（一）上海的五大书店。从民族资本创办的书店来看，规模最大，出书最多，在全国颇有影响的，应属商务印书馆（资金400万元）、中华书局（资金200万元）、世界书局（资金100万元）、大东书局（资金40万元）、开明书店（资金20万元）。这五家书店也是民国时期全国著名的民营书店。此外，民智书局、神州国光社、良友图书公司的资金均在30万元至50万元之间，其规模都比开明书店大，但知名度却不如"开明"。人们一提起大型书店，则称"商、中、世、大、开"。

1.商务印书馆。该馆的创立和清末经营情况前已叙及。从民初至抗日战争前是商务印书馆发展的全盛时期，设有总务处、编译所、发行所和印刷总厂。在北京、香港设印刷分厂。在全国大中城市先后设立分支馆36处，代销点 1000 个，全馆职工 4500 人，在海外的新加坡、吉隆坡设有分馆。其规模之大，出书品种之多，职工人数之众，均居全国书业界之冠。商务印书馆的出现，我国始有近代化的出版发行企业。它在介绍西方的科学、文学，在保存和传播中国古籍和其他学术著作方面，都有过重大的贡献。

商务印书馆人才济济。许多名人、学者曾在商务印书馆工作过。中华人民共和国成立后曾任中共中央副主席、国务院副总理的陈云，20 世纪 20 年代就在商务印书馆发行所工作多年。文化部首任部长沈雁冰、副部长郑振铎，出版总署署长胡愈之、副署长叶圣陶和周建人，中国科学院副院长竺可桢，全国人大常委会副委员长陈叔通等，均曾在该馆工作过。抗战胜利后任国民政府行政院副院长的王云五曾长期担任该馆总经理。该馆编译所更是人才济济。如该馆哲学教育部部长朱经农原系北京大学教授，总编助理唐钺为留美心理学博士，史地部部长竺可桢为留美地理学博士，算学部部长段抚群曾任北京大学教授。还有特约编辑杨杏佛、胡明复、秉农山等人都是上海、南京等地大学的知名教授。该馆还涌现出一批发行人才，创办中华书局的陆费逵、创办世界书局的沈知方、创办大东书局的吕子泉，均在商务从事过发行业务。创办开明书店的章锡琛曾在商务从事编辑工作，也精通发行。

为培养经营人才，1908 年至 1923 年商务曾创办出版发行专业学校。从第四届起招收中学毕业生，学习 10 余门课程，三年毕业后作为正式职员录用。张元济兼任校长，共培养 318 人。

商务印书馆的营业员，一般都经过严格训练。被誉为"交际博士"的黄警顽，是商务营业员的代表人物。但是，不到 50 岁就被商务辞退，原因是节省资金，对一般员工不发给退休金。他于 1907 年（14 岁）进馆当练习生。他说："每日做着既是紧张、繁杂，又是平凡、简单的工作"。对待读者热心诚恳，服务周到；对商务印书馆出版的书都能应答如流。他在 1947 年退休时怒怼说："我在店堂里从 1913 年一直奔走到 1946 年。前后 33 年，变成一张会说话的活动柜台，一本没有字的大字典，一具商务印书馆的活广告"（高崧《商务印书馆出书概况》）。商务印书馆曾授给黄警顽"敬业乐群"的奖状。当年，民营书店对一般员工不到退休年龄就被辞退，这样可以不承担员工的养老金。黄警顽不到 50 岁就被辞退，他的老年生活因贫病交加而病逝。

张元济对商务印书馆开拓业务贡献最大，1920—1930年曾任总经理，前已叙及。1949年曾参加政治协商会议。建国后任上海文史馆馆长。毛泽东对其评价很高。

担任商务印书馆总经理长达16年的王云五（1888—1979），是广东香山人，生于上海，只受过5年学校教育，经过半工半读自学成才。1921年9月，经胡适举荐进入商务印书馆工作，次年1月接任该馆编译所所长，起用学有专长的新人，以现代学科分类改组编译所。王云五在商务主编大型丛书《万有文库》（2000多册），首创四角号码检字法，1930年出任商务总经理。经过张元济、王云五和商务员工苦心经营，度过了1932年一·二八事变时商务印书馆被侵华日军炮火炸毁的空前劫难。1946年5月，经蒋介石约请，王云五辞去商务印书馆总经理职务，先后出任国民政府经济部部长、行政院副院长、代理行政院长、国民政府委员兼财政部部长。他主持的币制改革，酿成臭名昭著的金圆券风潮，因此声名狼藉。1948年12月25日，中共中央公布43名战犯名单，王云五名列15名战犯。1949年，王云五随蒋介石逃到台湾，"官"至蒋介石集团的"行政院副院长"、"代理行政院长"。1963年辞"官"，又重操旧业，担任台湾商务印书馆董事长。1979年8月病逝。

2. 中华书局。1912年1月成立于上海。创办人陆费逵（1886—1941），字伯鸿，原任商务印书馆出版部主任。他看到清王朝腐败已极，民情激昂；革命党人英勇牺牲，仆一起百，革命成功指日可待，遂与商务编译所的戴克敦、发行所的沈知方商定，秘密编撰共和教科书。为避清吏耳目，新编教科书交日本人经营的作新印刷所排印。武昌起义成功，新编教科书已十成八九。陆费逵立即辞去商务职，与戴克敦、沈知方等人自创基业，设发行所于福州路，定名中华书局，1912年（民国元年）元旦开业。年仅26岁的陆费逵任总经理兼发行所所长。当年春季开学，该局编印的《中华教科书》热销，出现"顾客坐索，供不应求"的盛况。商务印书馆等印行的清朝课本，顿时成为废纸，另编新本已措手不及。从此，"中华"成为商务印书馆在市场竞争中的劲旅。该局陆续在各大城市设立分局自办印刷厂。从成立至1949年，中华书局约出版各类图书6000余种。先后出版《大中华》、《小朋友》等20种杂志。出版的重要图书有《中华大字典》、《辞海》、"新文化丛书"、

"社会科学丛书"以及装订成 2000 册的《四部备要》等。

中华书局创办人陆费逵，浙江桐乡人。精明强干，有魄力，大权独揽，办事果断，对发行业务尤为精通。1909 年，他 19 岁在武昌创办新学界书店，销售《革命军》、《警示钟》、《猛回头》等书以及康梁维新派编印的图书和上海广学会翻译出版的科学图书。王云五与鲁迅早年在民国初期的教育部共事，同任科级干部。1927 年蒋介石叛变革命，疯狂杀害共产党人和革命群众。王云五右转，抱住蒋介石大腿；鲁迅左转，成为反对蒋家王朝的文化旗手。1927 年之后，商务没有出版过鲁迅任何一本著作。鲁迅批评过商务出版的期刊"不敢有抗日字样"，还严厉批判王云五主编的《万有文库》："汇印新作当然是很好的，但新作必须是精粹的本子，这才可以救读者们的知识的饥荒。就是重印旧作，也并不算坏，不过这旧作必须已是一种带有文献性的本子，这才足供读者们研究。如果仅仅是克日速成的草稿，或是栈房角落的存书，改换新装，招摇过市，但以'大'或'多'或'廉'诱人，使读者花去不少的钱，实际上却不过得到一堆废物，这恶影响之在读书界是很不小的。凡留心于文化前进的人，对于这些书应该加以检讨！"（摘自 2018 年第 9 期《书屋》）

这套 2000 多册的《万有文库》并不畅销，王云五借助南京国民党教育部通知，下令各县成立图书馆，每县必须买一套。紧接着商务印书馆又发函给各县，要求各县预订。尽管如此，仍受到抵制。商务员工建议少印一些，防止积压，王云五不听。结果，造成严重积压。新中国成立后各地商务分馆公私合营清产核资，积压的《万有文库》只好作为废纸处理。附设阅览室，供寒苦学子免费阅读。他每天边卖书边读书，力求勤进快销，加速周转，做到"架上不存连日货，腹中留有架上书"。次年，他参加反清革命组织日知会，兼任《楚报》主笔，因撰文反对清朝借款筑路，报社被张之洞查封。陆费逵脱险去上海，先后任昌明书店经理、文明书局编辑。22 岁进商务印书馆，历任国文部编辑、出版部部长。1915 年，中华书局改组为股份有限公司，中华书局总经理、编辑所所长、发行所所长均由他一人担任。1936 年，任中华书局董事长，被选为上海书业公会主席。1941 年，病逝于九龙。

3. 世界书局。1917 年，沈知方以世界书局名义在上海出书。1921 年正式建局，组成股份有限公司。在上海福州路山东路设门市部，把门面漆成红色，以"红屋"相号召，引起读者注意。又投入巨资设立印刷厂，在各大城市设分局。1945年，国民党李石曾集团强制投入半数以上股款，李石曾任总经理，该书局从此成为官僚资本企业。上海解放，经上海军管会认真清理，国民党官股没收，私股退还，书局于1950年停业。从1917年创立到1949年上海解放，世界书局约出书5500种。早期以出版武侠小说、言情小说和探案小说为主。中期跻入教科书市场，出版《英语标准读本》等教科书。据1930年《上海教育月刊》第12期的统计，上海市的小学教科书市场，商务印书馆占32.2%，中华书局占20%，世界占32%，商务印书馆、中华书局合资的国民书局占18.8%。此外，世界书局也出版了少数倾向进步的图书。后期，由李石曾掌权，撤掉沈知方总经理的职务，出版物趋向落后。

沈知方（1883—1939），原名芝芳，浙江绍兴人。一生从事书业经营。15岁（1897）在绍兴奎照楼书坊当学徒，翌年入余姚玉海楼书坊，两年后进上海广益书局从事发行业务，已颇有名声。商务印书馆夏粹芳聘他为业务顾问，每月给50元车马费，商务召开业务会议请他列席，他笑而就之。同时，与人合办国学扶轮社、古书流通处、进步书局。1911年8月，商务印书馆照例准备预印明年发行的教科书《大清国民读本》，唯担心时局有变，举棋不定。夏粹芳征求沈的意见。沈推说人微言轻，事关国家大事，不便置否，但若改编太早，恐有杀头封门之危险，何况革命党声势虽大，恐一时难以推翻清朝。夏采纳了沈的意见，力主按惯例预印。其实，沈知方早已与陆费逵等人商定，日夜赶编《中华教科书》。不久，武昌起义成功，各省相继独立，上海光复，沈、陆等人乘时崛起，创立中华书局。沈知方任副经理，致力于开拓教科书市场。1917年，因建造发行所大楼投入过多，资金周转不灵，中华书局发生经济危机，曾一度设想与商务合并，沈知方退出。他凭借熟悉图书市场的优势，自己单干，组稿、编书，用世界书局、广文书局、中国第一书局等名称出书，获利颇丰。1921年正式创立世界书局。

沈知方精通发行业务。年轻时，跟随书业老前辈到各行省、各码头、赶科举考场售书，练就了一套售书本领。只消一见书名，略看内容，便能预测该书的销路，应该销往南方还是北方，指出广州、汉口、北平可各销多少册。沈知方晚年，因债台高筑，生活凄惨，被迫将家财当尽卖绝，还清债务，一年后病逝。

4. 大东书局。1916 年在上海福州路成立。吕子泉、王幼堂等四人合资经营，在各大城市设有分局。其教科书发行量位居民营同业的第四位。该书局也出版了一些具有学术、文献价值的图书，如郭沫若的《甲骨文字研究》、《殷周青铜器铭文研究》，傅东华译《现代名家小说代表作》等。大东书局成立 15 周年时，自编纪念册，印有蒋介石为该书局的题词。大东书局的印刷厂设备先进，承印国民政府的钞票、印花税票，获利甚丰。抗战胜利后，官僚资本侵入，杜月笙任董事长，国民党实力派陶百川控制局务。上海解放后，因官僚资本占有较大份额，实行军管。1955 年按出书类别，并入上海的各公私合营出版社。

5. 开明书店。1926 年在上海宝山路创办，后迁福州路。创办人章锡琛（1889—1969），字雪村，原在商务主编《妇女》杂志，受五四运动影响，与同事周建人在妇女解放问题上向旧礼教发起攻击，得罪了一批封建卫道士，1925 年被商务印书馆解雇。在胡愈之、郑振铎等进步知识分子的支持下创办《新女性》杂志。翌年 8 月，与其在商务印书馆沈阳分馆工作的二弟章锡珊合资创办开明书店，资金仅 5000 元。1928 年，由夏丏尊、丰子恺等 8 人发起，改组为股份有限公司。经多次增资，股本达 30 万元。总经理先后由杜梅生、章锡琛、范洗人担任，总编辑先后由夏丏尊、叶圣陶担任。该店出版的青少年读物，约占出书总数的四分之三。夏丏尊译《爱的教育》、胡绳的《二千年间》（历史读物）、叶圣陶的《稻草人》和《古代英雄的石像》、丰子恺的《子恺漫画》等，都是深受青少年喜爱的读物。该店编的课外读物《开明活页文选》，受到中学师生的欢迎，实属首创。该店还出版了一批文学名著，如茅盾的《子夜》、郭沫若的《离骚今译》、巴金的《家》、夏衍译高尔基的《母亲》等，誉满海内外。由夏丏尊、金仲华主编的《中学生》杂志，在当年发行 2 万册，实属不易。这个刊物在新中国成立后继续出版，20 世纪 90 年代的订户达 100 万户。

开明书店在政治上没有被国民党反动派所利用，始终坚持中间偏左的立场，被公认为是一家较进步的书店。1947 年，国民党上海市党部强令全市书店出售蒋介石的大幅肖像，通过书业公会向每个书店摊派若干张。开明书店坚决不出售，但又不敢硬顶，只好按摊派的份额如数买进，全部送往库房，让"蒋总统"在黑暗的角落里和老鼠做伴。仅此一例，足证其立场之鲜明。新中国首任文化部部长沈雁冰曾"赞颂叶圣陶和开明书店的其他进步人士，在国民党统治下虽未赤膊上阵，也作了有效的斗争"（《叶圣陶年谱》，载《新文学史料》1982年第1期）。

开明书店创办人章锡琛，浙江绍兴人，曾任师范学校教师。他在开明书店主持店务很有眼光。林语堂编的《英文读本》，先与北新书局接洽，被拒绝。经向章锡琛试探，虽版税苛刻，章立即答允，然后采取促销措施。首先请林语堂在英文《字林西报》发表文章，批评现行各家书店出版的英文课本之不足，为开明书店即将出版的英文课本开辟市场。再请著名画家丰子恺绘制课本插图，并精心设计书籍装帧，大登广告。后因世界版英文课本与开明版林语堂编英文课本有雷同之处。开明起诉，同世界书局打赢了一场版权官司。各大报刊纷纷发表消息，无意中得到了一般广告所无法得到的促销效果。此书发行20余年，林语堂得版税收入达30万元之巨。"开明"的收入更为可观。朱起凤以毕生精力编成的300万字巨著《蠡测编》，是学术价值很高的语文工具书，先交商务印书馆及其他几家大书店，均以排印成本高、销路没把握为由，拒绝出版。后找开明书店，章锡琛很快接受，冒亏本风险付出稿费6000元，易名《辞通》，发出预约券一万张，两个月内售完，以后又一再加印，"开明"名利双收。

上海沦陷，日本人曾以同情开明书店的重大损失为幌子，找章锡琛谈判，表示愿意投资"合作"，对外可不公开，被章锡琛严词拒绝。太平洋事变后，日军侵占上海租界，抄走开明书店的存书数十万册。章锡琛与夏丏尊遭日本宪兵队逮捕，经日本友人内山完造营救才获释。新中国成立后，章锡琛先后任出版总署调查研究处处长、中华书局副总编辑。1969年病逝。

（二）上海的书店街。从1919年五四运动起，到1937年抗战全面爆发，上海的书业发展迅速。设有门市的书店主要分布在福州路以及自福州路转角至广东路稍南的一段。中华、商务、开明、世界、大东、广益、民智、泰东、有正、光明、生活、黎明、新月、百新、启明、春明、太平、东方、博文、开华、九州、广智、永祥、大众、金屋、传薪、中央、万象、彪蒙、勤有、群众、国华、梁溪、武学等书局（书店）以及扫叶山房、来青阁、校经山房、徐胜记画片店、三一画片公司等，都分布在这一带。

此外，在广东路曾一度设有亚东图书馆。九江路设有千顷堂书店。河南中路设有新亚、小说林、乐群、国学扶轮社等。北四川路曾设有良友图书公司以及新知、天马、春野、内山等书店。尚有一些设在里弄内或非繁华街区的书店，难以一一列举。

上述书店，有的经营时间很长，新中国成立后仍继续经营；也有相当一部分旋生旋灭，经营时间只有一两年。在上海的民营书店中，出过好书或在书业史上产生一定影响的不在少数，限于篇幅，仅对亚东、泰东、光华、龙门、内山等五家书店略作介绍。"皮包书店"是民国书业的畸形现象，也略作介绍。

1.亚东图书馆。1913年成立。创办人汪孟邹（1878—1953），安徽绩溪人。同陈独秀、胡适、章士钊等交往甚密。初期总代理北京大学出版部出版的图书，先后出版章士钊主编的《甲寅杂志》和《胡适文存》、《独秀文存》以及蒋光慈等人的一批早期革命文学作品，风行一时；代发《新潮》、《新青年》、《每周评论》、《星期评论》、《少年中国》等多种进步期刊。1919年前，全国出版界出版的《水浒传》、《红楼梦》等古典小说，均不分段，也无标点。汪孟邹之子汪原放（1897—1980）根据胡适的《标点符号》札记，始创分段标点版古典小说。1920年8月，新版《水浒传》出版，趁胡适在南京讲学之机，该馆带400部书到南京等师范学校去卖，数小时售罄。接着该馆陆续出版了十多种标点本古典小说，深受读者欢迎，从此，在出版界推广开来。1927年四一二反革命政变后，上海处于白色恐怖之中，"亚东"冒极大风险保存《瞿秋白论文集》书稿，直至1949年上海解放，才通过三联书店负责人徐伯昕将这部珍藏20余年的革命烈士书稿，交给瞿秋白的夫人杨之华。汪孟邹于1953年病逝，"亚东"于同年歇业。

2.泰东图书局。1915年成立，创办人赵南公。五四运动以后改出新文化书刊。1920—1921年间，进步文化人郭沫若、郑伯奇、成仿吾从日本回国，住进该局，遂侧重出版新文学团体——创造社编辑的文艺书籍。如《创造季刊》、《创造周报》、郭沫若的《女神》及译著《少年维特之烦恼》、郁达夫的《沉沦》等。赵南公因出版进步书籍，曾先后被英租界巡捕房拘禁3次，1927年停业。

3.光华书局。1925年成立，创办人张静庐、沈松泉。与郭沫若、成仿吾、潘汉年等进步作家的关系密切，专营新文艺书刊。郭沫若在《续创造十年》一文中说："在五卅惨案发生以后，他们两人（指张静庐、沈松泉）又起心想做点书生意。上海的商家惯例是以端午、中秋、年底的三关结账的。他们在端午过后把书拿去付印，因而印刷、纸张等费便可以挨到中秋，等到中秋来时，卖书所得的钱已可以周转了。故而他们的成本，我知道就是出了些钱租了一间办公室，在福州路上正对着棋盘街口的一家门面极窄小的药店的楼上。书出后，他们起初是找那药店代售的。但不久，他们竟把药店顶过来，便成为自己的门面。这便是光华书局诞生史。那书店，可以说是作为创造社的形式而存在的。"该局先后出版发行创造社的《洪水》半月刊，潘汉年、叶灵凤合编的《幻洲》半月刊，高长虹主编的《狂飙》周刊，鲁迅、冯雪峰主编的《萌芽》月刊，朱镜我、李一氓主编的《巴尔底山》旬刊，周扬等主编的《文学月报》。还出版了郭沫若、胡也频、丁玲、冯雪峰等进步作家的著作。前后共出书200余种，有30余种书被国民党当局查禁，损失严重。1935年5月，因欠债无力偿还，书局被法院查封。

4.龙门联合书局。1930年成立，创办人严幼芝（1900—1988），初名龙门印书局。影印发行进口的外文科技书，以征订的方式向各大学供应外文科技教材。1938年，与文华、北洋等5家书店组成股份有限公司，改名龙门联合书局，推举大同大学校长胡敦复任董事长，严幼芝任董事兼总经理。先后在各大城市建立分局，从事发行业务。1945年抗战胜利后，美国出版商曾向上海公共租界的法院控告"龙门"侵犯版权，要求赔偿损失。当时，我国并未加入国际版权联盟，影印他国出版物不受国际版权法约束，美方败诉。此后，该书局增设中文科技书编辑室，侧重出版发行中文科技书，缩减了影印业务。新中国成立后，在高教部、中国科学院的支持下，书局业务日益兴旺。1954年8月，中国科学院编译局的部分编辑出版业务部门与该书局合并，成立公私合营性质的科学出版社，严幼芝任经理。

5.内山书店。日本人内山完造（1885—1959）创办。1917 年在上海北四川路魏盛里建立，后在施高塔路开设门市部。以出售日本出版的左翼出版物和现代日本文学的中译本为主要业务。仅 1926 年，该店即售出日文《马恩全集》350 套，《现代日本文学全集》1000 套，《世界文学全集》400 套，《经济学全集》500 套，《大众文学全集》200 套……受马克思主义的思想影响，许多青年知识分子都争相阅读从日本进口的左翼出版物，而内山书店几乎独家经销这方面的书籍。由鲁迅、郭沫若、田汉、夏丏尊、冯雪峰、夏衍、李达、欧阳予倩等众多左翼作家译成中文出版的现代日本文学作品达 350 余种，均由内山书店销售。内山夫妇对来店的中外人士一视同仁，热忱周到，绝不以貌取人。店内设有桌椅，读者可以在这里品茶、交谈。开架售书，可以赊卖，从而赢得中国人的信任，读者日益增多。1931 年，在上海英租界开设内山书店分店。1942 年，该店被日本侵略军军部任命管理上海南京路上的英美系书店——别发书店和中美图书公司。由于不能拒绝，不得已只承担了中美图书公司的管理工作，同时将内山书店改组为股份有限公司。1945 年 8 月日本无条件投降，内山先生向股东还清股金，并将剩余资产分配给全店 30 余名中国店员。1946 年，国民党当局将内山书店作为"敌产"接收。

内山书店创办人内山完造是日本冈山县人，基督教徒。1913 年由日本大阪的大学眼药总店参天堂派来上海，担任推销员。越 4 年，与其夫人美喜子在上海办起书店，开始只经销基督教书籍和医学书籍。五四运动后，改变经营方向，并与左翼作家鲁迅、郭沫若等人建立起十分密切的关系。蒋介石在上海发动四一二反革命政变，郭沫若被通缉，曾先后两次到内山书店避难。内山安排郭沫若东渡日本，并为郭介绍同业关系，帮助其著作在日本出版。鲁迅晚年在上海的 10 年，得到内山完造多方面的关照和支持。鲁迅也曾几次到内山书店避难。

当年，反动文人曾对鲁迅与内山的友谊进行攻击。鲁迅在《伪自由书》的"后记"里严加痛斥："至于内山书店，三年以来，我确是常去坐，检书谈话，比和上海的有些所谓文人相对还安心，因为我确信他做生意，是要赚钱的，却不做侦探；他卖书，是要赚钱的，却不卖人血；这一点，倒是凡有自以为人，而其实狗也不如的文人们应该竭力学习的！"1936 年，鲁迅病危时，内山守护在鲁迅身边。1941年12月，上海日本宪兵队拘捕鲁迅夫人许广平入狱，达两个多月，经内山多方营救，才获释。开明书店的章锡琛、夏丏尊也曾被日本宪兵队逮捕，经内山奔走营救，半个月后两人获释。

1947年，蒋介石集团扩大内战，加强了对上海的恐怖统治，强制命令内山完造等33名日本人回国，说有"颠覆国民政府阴谋团"的嫌疑，内山被诬控为"阴谋团"首领。他只穿一套衣服返回日本。1950年，内山当选日中友好协会理事长，从事日中友好活动，曾多次来华访问。1959年，来中国治病，因医治无效在北京逝世。内山书店在上海惨淡经营了30个春秋，为促进中日人民友谊与文化交流作出了贡献。

1935年，内山之弟嘉吉在日本东京也开设了一家内山书店，经营由上海内山书店购进的中国书刊，同时也向上海内山书店出口日本书刊。1968年，嘉吉在东京神保町建了一幢三层楼，专营中国书籍。

6."皮包书店"。多系有一定书业经验的失业职工，自己编书、出书、售书，把所有的原稿、校样、发票、图章等都放在一只皮包里，贬称"皮包书店"。这些书业经营者拎着皮包到处活动，联系书稿，安排印制。出书后委托书店、书摊代销。连环画册一度热销，经营此类书的"皮包书店"最多时达40余家。还有不少"皮包书店"专出迎合小市民趣味的打斗、色情、荒诞以及封建迷信的书。

（三）上海书业的职工运动。上海书业的职工文化素质较高，接受新事物快，职工运动活跃，通过罢工活动，逐步从经济斗争走向政治斗争，积极参加了五四运动、五卅运动和周恩来领导的上海工人武装起义。

1. 书业工人的第一次罢工。五四运动前后，上海书业的印刷工人约有一万多人。工人最多的是商务印书馆、中华书局，每厂约有千余人。他们的工资低，工头每月可得20元至50元，技术工人得10元至30元，学徒工仅得1元至10元。工作时间长，每日工作9小时，经常"开夜工"，每日工作达12小时。做月工的每月可以拿到固定工资，但排字、铅印、浇字等工种多为计价包工，遇到星期日或书局生意清淡时，包工的工资锐减。装订女工在家里操作，从早忙到夜晚，收入微薄。厂里的工头"竭力把工人压制活剥，以献媚于资本家……又把较优的缺役，都任用他的私人；你若反对他，或不服他，他就想法子把你停歇生意。商务印书馆、中华书局等几家工厂里，都有过'各部分领袖，倘有不公的事，尽可告发'云云的通告，然而工人和资本家接近的时候究竟很少，怎样能够详细明白这当中的内幕呢？况且工头就是资本家的功狗，只要他所做的事，于资本家没有害，资本家就是晓得了他有弊，自然也不去追究他的"（廖维民《印刷工人的内容》，载1920年《新青年》杂志第七卷第六号）。

印刷工人收入的微薄，在五四运动前尤甚。1917年3月，商务印书馆决定改变中文排版版面字数的传统计算方法，空行不计酬，空白页更不计酬，致影响工人计件收入。排字工人派代表与馆方谈判，被拒绝。排字工人遂宣告罢工，印刷、装订工人起而响应。中华书局印刷工人表示支持，也宣告罢工，罢工人数共达700余人。馆方被迫让步，仍维持原来的计酬办法不变，4位工人代表却被解雇。当年的印刷工人仍处在"自在"的阶段，而不是一个"自为"的阶级。因为中国共产党还未诞生，书业的职工运动还没有和马克思主义相结合。这是中国书业职工最早发生的罢工。

2. 为支持五四运动举行政治罢工。1919年5月4日，由北京的共产主义知识分子和数千名学生发起的反对帝国主义和封建主义的五四运动，得到全国人民的支持。运动的中心逐步由北京移到上海，形成以工人阶级为主力军包括城市小资产阶级、民族资产阶级参加的革命运动——上海"六三运动"。当年6月5日，商务印书馆、中华书局的全体职工采取联合行动，罢工一周，支援北京学生爱国运动。其他书店也在5日上午陆续罢市。罢工运动也波及外商开办的书店。6月7日，英商创办的别发书店（又称别发洋行）全体华人职工"为政府之不良，压制学界"而罢工罢市。这家书店于1870年在上海外滩开业，后迁南京路，销售英文书，书价按英镑折算。6月10日，美商创办的伊文思图书公司全体华人职工罢市停业，与学界取得一致行动。

3. 由商务印书馆发行所引发的全馆职工大罢工。该所在商务印书馆各部门中机构最大，员工最多，约有500多人。商务发行所内设批发、发货、财务等处和本版柜、文具柜、仪器柜、西书柜以及虹口分店等20多个部门。罢工事件发生于1925年8月22日，持续7天，29日胜利复工。整个罢工是有计划有步骤进行的。罢工的前一天，该馆职工召开工会成立大会，到会千余人，选出执行委员 23 人。1919 年考入商务发行所工作的陈云（当时名廖陈云、中共党员）任委员长。22 日，首先由该馆发行所全体职工发起罢工，复工条件是增加工资，改善生活待遇，承认工会。

发行所的罢工宣言说："……工作既苦，时间又如此冗长，精神自然不济的了。偶有错讹，曾不稍加原谅，当大众广座之间立即训斥；甚而至于开除。更有进者，开除后的皇皇然'枪毙盗犯'式的通告，露布在大众面前，这是如何难堪的事实，其漠视职工之人权，又为如何？薪水的微小，说来真也可怜。其不足十元及十元上下实占百分之七十五……年来上海之生计的高涨无不数倍于此……馆中亦每年有所谓花红者，在几个当局，确实可以称为花红（例如经理月薪三百元，而年得花红二三万元），在我们薪水小者，却也可叹（月薪十余元者仅年得花红十余元，甚有不足薪水一月者）。这种百与一之比的不平等的分配，真不知从何说起！当局对于同人的集会结社，戒备之严，真是不可思议，而其压迫同人个人行动，亦无所不用其极。他们一方面用各部主任为压迫同人之工具，一方面使他们的爪牙暗探来窥察同人的行动；一被察觉便可借故辞退。在资本制度之下，此种现象，亦许是普遍的，但剥削同人集会自由的手段之狡猾，有如商务者，也许是少见的……我们在这重重压迫的黑暗中，实在忍无可忍了。我们感觉到改进生活、减少工作时间、保障人权和集会自由等的必要，知道组织工会之刻不容缓，现已集议定章，正式成立职工会……现本会已议决于八月二十二日起，宣告罢工……"（《中国现代出版史料》甲编）

发行所的罢工宣言发布后，该馆工会同时发布罢工宣言："亲爱的工友们！发行所的同人因为生活太苦，压迫太厉害，现在已经全体罢工，向公司提出改良他们生活的正当要求，并且希望我们全体同人援助。我们是应当援助他们的。并且我们自己也因为工钱太少的缘故，生活已苦得不堪。我们也应当向公司提出正当的要求，改良我们的生活，增加我们的工钱。我们向公司要求的条件如下（略）"。于是，印刷所、总务处和编译所的职工纷纷响应，相继加入罢工行列。当晚，成立罢工执行委员会，选举廖陈云为委员长。推派沈雁冰、郑振铎、孙珺瑜等 13 名代表与馆方谈判。由沈雁冰亲笔拟定了九条复工条件。

23 日，商务资方发表声明，对发行所罢工宣言加以辩驳。工会罢工委员会又发表《对资方声明之声明》，一一驳斥了资方的论点，"决定非达到目的是不能上工的了"。双方的声明均在上海的各大报纸上发表。

经过谈判，资方接受了复工条件（沈雁冰手书《复工条件》），遂于 29 日复工。资方所以很快屈服，是因这时正是秋季教科书旺销季节，如果"迁延不决，下半年营业约计损失当在二十余万元之巨。而教科书有继续性质，万一改用别本，欲图恢复，不知须历若干年月"（《罢工案卷》）。但资方并不甘心，于年终解雇发行所、印刷所近百名职工。12 月 22 日，两所职工又实行反解雇罢工，要求让被解雇者复工。25 日，大批军警至商务印刷厂，殴打工人纠察队员，开枪镇压，约三四十人负伤，40 余人被捕。后经谈判，释放所有被捕职工，馆方同意复工条件。1926 年 1 月全部复工。

商务印书馆职工大罢工取得的全面胜利，意义重大。20 世纪 80 年代沈雁冰回忆说："商务印书馆罢工是党发动的，意在重振'五卅'运动以后被压迫而渐趋低潮的上海工人运动。党中央派了徐梅坤在罢工委员会内组织临时党团，实际领导罢工斗争，我也参加了临时党团。……商务印书馆罢工结束，中华书局全体职工也罢工了，接着又是邮政工人的罢工。这样，党所领导的上海工人运动开始了新的发展阶段"（茅盾《"五卅"运动与商务印书馆罢工》，转引自《商务印书馆大事记》）。上海解放初期，时任政务院副总理的陈云曾到商务印书馆发行所视察，亲切询问了大罢工时的老职工近况。

1982 年，时任中共中央政治局常委，中央副主席的陈云，为纪念商务印书馆建馆 85 周年题词："商务印书馆是我在那里当过学徒、店员，也进行过阶级斗争的地方"、"应该说商务印书馆在解放前是中国的一个很重要的文化教育事业单位。"

4. 书业职工在大革命时期作出的牺牲。1925 年 5 月，上海日本纱厂资本家枪杀工人顾正红（共产党员），打伤工人 10 余人，激起了全国人民的愤怒，在中国共产党领导下掀起了反对帝国主义的"五卅"运动。上海总工会举行了 20 余万工人参加的总同盟罢工，上海各书店纷纷响应，同时举行了罢工、罢市。中华书局印刷所工人刘华，担任上海总工会代理委员长。"五卅"运动期间被军阀逮捕，同年 12 月 17 日，刘华光荣牺牲。"五卅"运动是中国工人运动史上前所未有的创举，揭开了大革命高潮的序幕。

1927 年 3 月 21 日，当北伐军从浙江推进到上海近郊时，上海工人在陈独秀、周恩来等组成的特委会领导下，发动总罢工，随即转为武装起义。商务印书馆、中华书局、世界书局等单位的许多职工参加起义。商务印书馆职工徐文思、陈安芳、胡林根、王金有、余茂宏、俞敬忠、赵延经 7 人在战斗中英勇牺牲。4 月 12 日，蒋介石在上海发动反革命政变，袭击设在商务印书馆俱乐部的工人纠察队总指挥处，解除工人纠察队的武装。4 月 13 日，上海工人和市民召开 10 万人的群众大会，要求释放被拘工友，交还纠察队被缴枪械，会后冒雨游行。蒋介石指使军队从埋伏处冲出，用机枪向密集的人群扫射，当场打死 100 多人。中华书局牺牲的职工有朱锦玉、汤炳南、秦源泉。世界书局参加纠察队的职工也有数人牺牲（姓名不详）。4 月 14 日，上海知名人士胡愈之、郑振铎等 7 人联名写信，强烈谴责蒋介石反革命军队的暴行。1927 年 9 月，因遭敌人通缉，中共党员陈云、王景云、杨贤江、祝志澄等 7 人被迫离开商务印书馆。上海书业职工为大革命作出的贡献和牺牲，为民国书业史谱写了光辉的一页。

（四）上海书业的经营特色。上海是全国的书业中心，书店多，出书多，竞争激烈。经营不善，随时可能倒闭。商务印书馆等大型书店之所以能够存在并取得巨大发展，除了注重选聘人才和出书质量等因素外，善于经营，重视发行，是它们的共同特色。从已掌握的史料来分析，其经营特色似可概括为如下几点：

1. 致力市场竞争，无情兼并对手。在书业界竞争最激烈的是发行教科书。为了扩大本版教科书的市场占有份额，千方百计把市场"劲敌"挤垮。1912 年，黎元洪与张伯烈等人投资于上海集成图书公司，改组为民国第一图书局，主要编印教科书，因受到同业排挤，打不开市场，1913 年迁汉口，不久倒闭。1904 年开业的小说林社，1913 年被有正书局兼并。1908 年，席子佩等人创办的中国图书公司，设发行所于河南路商务印书馆的对门，专事编辑出版教科书，尤以高小史地课本最受学校欢迎，是商务印书馆发行教科书的劲敌。民初，商务印书馆暗地里收买该公司股票，至 1913 年，该公司已受商务印书馆支配，改名为中国和记图书公司。1918 年，终被商务印书馆兼并。由于种种原因被商务印书馆收买或兼并的书店，还有国学扶轮社、美华书馆、乐群书局、中外舆图局等。1927年徐志摩创办的新月书店，于1933年底也被商务印书馆收购。

其他几个大书店对市场竞争的失利者也采取兼并政策。1902年成立的文明书局，也是从出版教科书发迹，其编印的《蒙学课本》为我国最早的小学课本之一。后因经营不善，1932年被中华书局兼并。前已叙及的广智书局，1925年被世界书局兼并。

商务印书馆、中华书局、世界书局这三大单位之间的竞争也很激烈。1917年，中华书局因投入基建的资金过多，又因同业中伤，存户纷纷提款。陆费逵以债务关系一度被控告扣压，书局濒于倒闭。商务印书馆看准这个竞争机会，"以雄厚实力，书籍跌价倾销，购书加赠书券，售价几不敷成本。"新生的中华书局无可奈何，只得照商务印书馆的办法推销书籍。"商务董事高××有云：'这样竞争，不是两败俱伤，而是两败俱亡'"（吴铁生《解放前中华书局琐记》）。陆费逵被迫与商务印书馆谈判合并，因商务印书馆内部意见不一致，作罢。1924年，世界书局打入教科书市场，商务印书馆、中华书局为排挤这个新的竞争对手，先用利诱，愿以10万元送给沈知方个人，条件是世界书局停止出版教科书。沈知方断然拒绝。于是，商务印书馆、中华书局合资设立国民书局，编印新国民小学教科书一套，不计成本，用赠送、跌价的办法与世界书局竞争。由于这套书是从商务、中华原有旧课本拼凑成的，不受学校欢迎。加之这两家书局又同床异梦，结局是国民书局的资金消耗殆尽，只好停业。在竞争压力下，世界书局也大伤元气。

这种竞争在其他城市的书业也同样存在。例如，1906年在南京开业的昌明书店，1913年被商务印书馆南京分馆兼并。1925年在北京成立的未名社，1933年被开明书店北平分店兼并。

2.开设分支机构，扩大批发辐射面。民国时期的书业，没有总经销或总发行的批发企业，出版者只能四处奔走委托一个个零售书店代销，对外地的零售书店供货后，常常收不回货款，造成坏账。因此，资金较为雄厚的出版发行企业要到各大城市开设自己的分支机构。商务印书馆共在各地设立分支馆86处，实际上没有这么多，陆续有停业的，长期经营的有30多处，并非每省设立一处，有的省在各城市设立几处，在一些偏远省则根本不设立。中华书局设立分支局 50 处。有些分支局并非由中华书局直接投资建立，而是由当地书商自建，与中华书局订有合同，用中华书局的招牌，侧重销售中华书局版书。其他如世界、大东、开明、广益、佛学等书店，都在各大城市或多或少地建立了分支机构。

建立一个分支机构就增加一个批零兼营的据点，开拓一片市场。各分支机构向附近城市的书店发展特约经销处，在批发折扣等方面给予优惠，以便借其他书店的人力、物力和店铺做自己的生意。这样，上海的各大书店都各自拥有一个发行所，通过分支机构和特约经销处，构成自己的发行网。有了这样一个发行网络，便于收集市场信息，扩大批发，防止呆滞欠账。旧中国的经济文化相当落后，零售书店的图书销售是十分有限的。但"泰山不让砾石故能成其大，江海不辞小流故能成其深"，各大书店重视这些零零星星的销量，集中起来仍然很可观。各分支店的一般图书销售量虽然大一些，却仍难以维持开支，主要靠发行教科书的收入。据开明书店某分店的资料，教科书销售约占分店全年销售总额的 60%。

各大书店的决策层都把发行环节视作企业发展的龙头。商务印书馆的张元济长期主持编译所，但他"在编译所下班后再到发行所，辛苦忙碌之极"（陈叔通《回忆商务印书馆》）。因为不了解发行，不研究市场，就无法确定出版选题。在商务印书馆出版的《张元济日记》中，不乏关于发行的记事。1912 年 5 月 21 日记有："通告寄售事，经编译所核准寄售，仍送总务处复，方能作准。"同年 7 月 29 日记有："刘廷枚交三四年比较寄卖盈亏表。"同年 8 月 3 日记有："寄卖处太滥，有一地两家者，有已有同行仍旧并立者，有两年无往来者。"这些史料表明，早在民国初期，商务印书馆就推行寄售这种购销形式，而且在每个城市只物色一家书店寄售，防止太多太滥。1918 年 3 月和 12 月的日记，均提到发展特约经销处的具体规定。该馆发行所和分支馆对于一些重要著作向读者征求预订的情况，在他的日记中也多有记载。

张元济非常重视新书预订工作，特别是《四部丛刊》、《万有文库》等大部头著作，主要运用预订的形式开拓市场。他说："夫书贵流通，流通之机，在于廉价。"如何廉价？一个重要办法，就是通过预订，让读者分期付款，

"既可出书迅速，使读者先睹为快，亦复分年纳价，使购者置重若轻"（张元济《印行四部丛刊启例》）。这个"置重若轻"对于当代书业仍有启迪作用。

从《张元济日记》中还可以了解到当年的书籍成本和批发折扣。1921年9月21日，张元济到北京同美国教授孟罗会晤。张在日记中有一段相互交谈的记事："孟罗问，如小说约若干可收回成本？余云成本亦有轻重，大约须二千部……问如何定价？如何发售？余云，定价门市七折，批发约五折，成本约二五。渠言，美国成本亦相同。问版税如何？余云，照定价一成。渠云，美国亦然，但近来多至一成五。余云，有版税之书本馆大抵八折"（《张元济日记》）。由此可知，民国初年书籍定价为出版成本的4倍，一般按对折批发。商务印书馆版图书在本馆门市零售，可按七折至八折优待读者。

建立分支机构只有实力雄厚的大型书店才能办得到。一般中小书店（出版社）资金少，出书不多，无力到外地发展分支店。虽然出版了内容好、质量高的书，也无法把书籍销至全国各地。为解决这个问题，开明书店原总编辑夏丏尊在1945年12月17日上海《大公报》上以《中国书业的新途径》为题发表文章，主张"将原来机构改组，把出版机关与发行机关分立"。具体办法是，"一、以上海现有书店为发起人，在上海组织联合书店（假定之名）股份有限公司，资本十亿元，任各方投资。二、联合书店不出版书籍，但以发行为业务，在全国各省、市、县设立分店，其普遍应如邮局。三、现有书店各自动改称为出版社，出版社专营出版，其资本可大可小。各出版社以所出版之书籍批发与联合书店发行，不自设总店门市部与各地分店。四、联合书店营业以现款交易为原则，于收到各出版社所出之书籍时，即按批发折扣，以定价几分之几付给现款，余额按期结清。"

夏丏尊认为，出版与发行分工的好处："一、发行效力大可增加，假定一部新书每县销行十册，全国两千余县合计可销行两万册。印数既多，造货成本自廉，可使读者减轻负担。二、推广费及管理费可以减少，无滥放回佣及吃倒账等流弊。三、资金周转灵活。四、任何著作者可纠合同志或独立以小资本经营出版社，依各自的兴趣刊行各门类的书籍，不必一定再委托书店出版。书籍的种类将因此大大增加……五、营业统一，无垄断可言。书籍之销行与否，全视其内容与定价如何。各出版家将在书籍的内容上、成本上互相竞争，促成文化的向上。"夏丏尊的设想是很有价值的。不过，在当年的国民党统治区很难实现。新中国成立伊始，出版总署署长胡愈之（夏丏尊的同乡和学生）实行出版、发行分工专业化，其思路可能源出于此。

3.注重重印，备货充分。各大书局的初版书，多由书局编辑所提出印数，售缺后重印则由书局发行所掌握。发行所根据各分支馆的报表和自己的库存数，预测市场需求，决定何时重印。商务的发行所预测某书的需求超过500本，就组织重印。严复译的西方名著《天演论》到1921年，商务已重印20次，《群学肄言》到1919年也重印了10多次。开明书店出版巴金的《家》，销路颇旺，但每次只印1万册，即将脱销，再重印1万册。这样，有利于加速资金周转，又可防止积压。

各书局的发行所多采取集中备货，让分支机构勤进勤添。这就把脱销与积压的风险都由发行所承担，而发行所则采取不断重印、适量备货的办法化解风险。据汪家熔先生统计，1916—1922年商务印书馆每年度的销售额与年底存货额的比率，平均为1：1.6，即每销货1元，有1.6元的备货。较为充分的备货，保证了分支机构的添货需要，防止了脱销。据开明书店南京分店经理陆联棠回忆，该店每年年终，将库存书一律按三折核价入账，仍按定价出售。这样核算出来的经营利润较为实在，为企业发展留有后劲。

各书局对自己的分支机构都很重视沟通信息和业务指导。商务印书馆先后编印的业务刊物有《同舟》、《馆务通讯》、《通讯录》、《同行月刊》等。开明书店编有《开明通讯》。中华、世界等书局也都有自己的沟通信息措施。

4.一业为主，多种经营。各书局的发行所除经营本版书这个主业外，还兼营其他商品。中华书局发行所兼营文具仪器、标本模型、运动器械、教育用具、风琴乐器以及用玻璃、陶瓷制的文具。1929年，附设中华教育用具制造厂于上海昆明路，制造教育用具、复印机、打字机、日月星期时辰钟、八用日历钟、各种理化仪器，由本局发行所及各分店销售。20世纪30年代初期，曾自制标准国语国音留声机片、基本英语留声机片等，附以课本，出售给自学者。该局发行所还与欧美厂商挂钩，独家经销他们出品的文具、文教仪器和乐器。商务印书馆的发行所也大体如此，经营中外文具、教育玩具、化学试剂、动植物标本、风琴乐器、运动用品、照相器材等。商务印书馆还一度经营过电影事业。他们在成套发行大部头图书如《四部丛刊》、《万有文库》、"百衲本二十四史"时，都备有特制的专用书橱，实用美观，与图书配套出售。开明书店的分支机构没有商务印书馆、中华书局多，较少兼营其他商品，但也灌制过英语正音留声机片，与英语教科书配套发行。开明书店的邮购业务开展得好。该店向读者赠送一种书签，可作尺子用，印有："请以任何方式给开明书店邮购课一个机会，试验它是否具有为君服务的忠诚与能力。"

5.工作人员精干，注重效率。开明书店的用人情况最有代表性。1934年，是该店业务最兴旺的时期，全体工作人员仅百余人。民国末期，开明书店编辑所只有16人（有2人还是兼职）。他们要负责组稿、审稿、编辑加工、装帧设计以及校对，每月还要编辑出版4种期刊，可见其工作效率之高。该店的分店一般只有10人左右，有的仅六七人。上海总店的库房有2000多平方米，只配备6人，负责收书、仓储保管、包装发运；不仅发运图书，还要发运杂志，工作量满负荷。

开明的资方也有一套团结职工的办法。职工工资略高于同业。每年冬、夏季尾，各发双薪一个月。每年春节前，由总经理一一接见职工，个人谈话，对一年的辛苦工作表示谢意，同时发给"红包"，金额约为一个月的工资，也有多于此数的。在每年开过董事会分配股东红利时，总要提出一部分红利买来开明书店的股票，按职位高低、工作表现、年资长短分配给职工。进店不满三年的不分。在店的年数愈长，得到的股票份额愈多。资方用这种办法把职工的命运与书店的命运拴在一起。这也是开明书店"开明"之处。

在其他出版发行企业，劳资之间的矛盾时紧时松。

有些书店的职工兢兢业业为资方效力，却免不了被解雇的厄运。中华书局常以政治、经济等等原因为借口裁员、减薪。每逢6月底和12月底，都有一些职工被辞退。1940年曾发生震惊书业界的1400余人被解雇事件。中华书局章程中虽然也有退休、养老的职工福利规定，除少数书局元老或业务骨干外，多数职工常常不到退休年龄就被解雇了。商务印书馆也不时借故解雇职工。每逢年终，人人自危。该馆印有固定格式的解雇通函："阁下职务至本年十二月三十一日止，明年另请高就。"只要填上你的名字，便遭受失业之苦。许多书店的资方，正是用这种"饥饿政策"来达到提高工效之目的。

二、北京及其他城市的书业

民国以来，全国书业已完成由古老的雕版印卖向近现代书店转变。随着新式学校教育的发展和公共图书馆事业的兴起，带动了北京以及其他城市零售书店的发展，逐步形成了若干书店街，其货源主要来自上海。上海的商务、中华、世界、大东、开明、生活、新知等大中型书店在各大城市的书业中占有重要地位。部分城市虽然也有一些集编、印、发于一体的书店，其实力和影响都没有商务印书馆和中华书局大。

（一）北京的民营新书业。北京是高等学府林立的文化古都，文人学者云集，但出版业并不发达。民国时期（含汪伪统治时期在内）北京约出书7400种，出书单位包括机关、学校、研究机构、学术团体、杂志社、报社、个人、新书店、古旧书店等。绝大多数出版者仅出书一二种，出书10种以上的还不到100家，而出版100种以上的仅5家。它们是北京大学、燕京大学、文化学社、地质研究所、北平研究院。除文化学社可以勉强算作经营机构外，其他4家都是学术机构。五四运动前后直至七七事变，北京出现了不少新型出版发行机构。如：北新书局、平民书局、海音书局、立达书局、民友书局、东亚书局、北京书店、人文书店、好望书店、著者书店、新潮社、未名社、新社、平社、朴社等。北京的书店经济实力都较差，没有像上海的商务印书馆、中华书局那样以出版发行教科书作后盾，从而形成自己的分支机构系统，扩大市场份额。北京的大中型书店出版一般图书，没有大型批发机构替出版者向全国辐射。因此，出书少，经营年代不长，多是昙花一现。北平沦陷后，有出书能力的书店锐减。抗战胜利后，有所发展，但随着国民党政权的通货膨胀，又奄奄一息。

民国后期，北平约有零售书店300余家，书摊近百个。在零售书店中，古旧书店或兼营少量新书的旧书店约占半数；经营新书的书店，有少数看准市场需求也出版书籍；多数书店兼营文具，实际是书籍文具店。上海的商务印书馆、中华书局等16家大型出版发行企业在北京设有分店，以批发为主兼营零售。零售书店的货源主要来自上海，一般按六折购进，再按原定价加价 10%（地区差价）出售。

北京琉璃厂仍是名闻全国的书店街。这条街以及与其连接的杨梅竹斜街、南新华街，最多时有近百家书店。上海分设来京的商务、中华、世界、开明、北新、龙门、大东、启明、锦章、儿童、大中国、会文堂等书局均设在这一带。许多古旧书店仍汇聚此地。

北京的打磨厂相当于半条书店街。老二酉堂、宝文堂等七八家书店设于此地。它们拥有自己的客户，主要向华北、东北的县城或农村批发农村私塾用书《三字经》、《百家姓》、《幼学琼林》，尺牍，习字用的字帖，仿影，以及市民需要的戏曲、唱本等。每天都有背包提笼的外地书贩前来批进图书。

东安市场和西单市场从 20 世纪 20 年代起增加了不少小本经营的书店、书摊。东安市场的售书摊、书铺最多时达 60 余家，最不景气时也有二三十家。西单商场多书摊，约 30 家。商场里的书店不能"千店一面"，在经营品种上各有分工，形成各自的经营特色。有新书、旧书、古书、新旧外文书以及碑帖、字画、期刊、画册、京剧唱本等。有的书店发现热门书或急需教材，则从事盗版、影印活动。东安市场的华盛书局影印大学教材《范氏大代数》发了财，成为市场书业的首户。同文书店店主刘殿文善于发行新旧期刊，被誉为"杂志大王"。中原书店店主从摆书摊起家，后来自学英文，在东安市场办起两开间的书店，专营外文旧书。

东安市场的旧书摊绵延 100 多米，以品种丰富、价格便宜著称。有些远居清华、燕京大学的教授、学生，往返数十里进城来"逛书摊"。两校为方便教授、学生购书，将"校车"终点站设在东安市场附近。抗战爆发以后，有些摊主暗中出售进步书刊。他们向熟悉的可靠读者介绍线装《金刚经》，翻开封面，原来是毛泽东的《新民主主义论》。他们劝读者随便翻翻《文史通义》，原来是毛泽东的《论持久战》。

琉璃厂仍沿袭清代的风俗，每年春节在厂甸举办为期半个月的庙会，同时也是热闹非凡的书市。自和平门向南，街道两侧直至海王村（今中国书店），摆起长长的书摊和画棚。

（二）各地的书店街。民国时期，出版中心在上海，其出版的图书基本上可以批发到各大中城市。这些城市兼营出版的书店不多，图书零售业发展较快，在南京、苏州、武汉、长沙、杭州、天津、开封、昆明、桂林、重庆等城市都形成了书店较为集中的街区。

1.南京花牌楼书店街。清末民初，南京三山街一带的古老书肆，日趋萧条，经营新书的书店则如雨后春笋，陆陆续续在花牌楼一带的街区开业。花牌楼是指以杨公井以南的商业街为中心，从大行宫沿太平南路延至夫子庙，最多时有新式书店四五十家。由上海分设来的商务、中华、生活、开明、良友、世界、北新、大东、益智、广益、神州等书店均设在花牌楼一带。1937年日军侵占南京，进行疯狂的烧、杀、抢、掠，书店街遭到严重破坏，许多十分珍贵的古籍如唐刻本《四分戒经》、唐代画卷《天女像》等，均被日军抢走。南京各图书馆藏书被毁170万册。书店街从此衰落，后续开业的多为一两人经营的书籍文具店。

2.苏州护龙街书店街。位于今苏州市区人民中路中段一带。20世纪30年代，全市约有50家书店，设在护龙街中段的书店占半数以上，书店林立，蔚为壮观。不过仍以古旧书店为主，在这一带多达13家。玄妙观前的书店、书摊也有20多家，是文人学子"淘书"的好去处。

3.武汉的书店街。汉口最多时有书店108家，主要集中在交通路，半边街（后称统一街）、江汉路一带。上海各大书店多在这一街区设立分店，当地人创办的书店也汇聚于此。1919年开业的广益书局规模较大，品种丰富。20世纪30年代初，该店大量批销评弹鼓词《说唐》、《征西》等小册子，几分钱一本，旺销一时。在半边街有一些旧式书铺，木版翻印"四书"、"五经"、《三字经》等书和京、汉、楚剧的各类唱本，批销到各县以及邻近各省乡镇。抗战爆发，平、津、沪、宁相继沦陷，大批文化人来武汉。1937年冬到1938年10月，武汉成为战时首都，突然增加30多家书店，宣传抗战的刊物达100多种。生活书店总管理处从上海迁汉，在邹韬奋主持下，出版抗战读物最多，影响也最大。

武昌是文化名城，也有个书店街，在胡林翼路（今民主路）和横街头，最多时有32家书店。多数是小本经营的书籍文具店或旧书店。较为著名的有创立于1902年的亚新地学社，是我国最早编印、发行地图的书店。

4. 长沙玉泉街——府正街书店街。长沙的玉泉街为古旧书店集中的街区，20 世纪 30 年代初有二三十家之多，著名的有谭氏旧书店、刘氏碑帖石印书店等。1914 年，在长沙读书的毛泽东，常在玉泉街的古旧书店购书。与玉泉街紧邻的府正街则是新书店较为集中的街区。中华、世界、大东、泰东、群治等十余家书店设在此。抗战初期，因平、津、沪、宁、汉相继沦陷，大批文化人来到长沙，广大群众的抗日爱国热情高涨，促进了书业繁荣。零售书店增至 80 余家，出版社从无到有发展到 7 家。出版发行最多的是宣传抗战的小册子。1938 年 11 月 12 日，岳阳沦陷，国民党军队惊慌失措，纵火烧毁长沙市区，许多书店化为灰烬。

5. 杭州书肆街。杭州自古就是书业中心之一。20 世纪二三十年代，杭州市区丰乐桥以东一段大街，为书店、书摊较为集中的街区。古旧书业盛于新书业，著名的有拜经楼、抱经堂、松泉阁、文汇堂等。新书业多由上海的大书店设分店于此。

6. 天津北马路和天祥市场。1900 年英法等帝国主义在天津强占租界。清末民初，四海显宦、学人多来租界隐居，天津北马路一带的商业逐渐繁荣。直隶书局最早在此开设分号，继之而起的是上海的大书店——商务、中华、文明、大东等书局在东北角大胡同一带设立分号。天津人开设的零售书店如文成堂、聚文山房、文海山房、华文魁等也设在这条街上，20 世纪 40 年代后期衰落。河北区大经路（今中山路）则是集贤书局、永和书局等十余家古旧书店集中之地。

1924 年，天津建成规模较大的天祥市场（今劝业商场旧址），有 40 家书店在场内营业。营业面积较宽、新书品种较多的是瑞记、大陆、大庆等书局。这些书店各有自己的经营门路。抗日战争时期，有的书商，左手拿出《资本论》、《列宁文选》，右手又拿出《性史》和春宫图。新旧杂糅，图书市场十分混乱。

7. 广州书店街。民国初年，广州有门市的书店共 102 家，民国末年（1949）仍是这个数字。可能是一种巧合。不过，民初至民末，各书店的店主和招牌却变化很大。全市约 1/3 的书店集中在汉民北路（民初称永汉北路）。书店的规模不大，约有 2/3 的书店，实际为书籍、文具店。

8. 开封书店街。开封是民国时期的河南省会。市中心的商业区，有一条街命名为北书店街，书店、文具店、纸张店多汇集于此，自营的小书店占多数，主要销售上海版书。南书店街多缨帽靴鞋铺，没有几家书店。

9. 福州南后街书店街。清中叶，在南后街有带草堂、藏古堂等 20 多家书肆，民初开始衰落。继而兴起 10 多家经销上海版书的新书店，多兼营文具、纸张。番禺学者王国端寄居福州，曾将南后街比作北京琉璃厂，赋诗说："正阳门外琉璃厂，衣锦坊前南后街。"

为什么会形成书店街呢？因为零售书店的规模小，如果分散在大中城市的各地显得孤零零，不易引起读者注意。如果集中在一个街区，可以"集店成市"。各家书店确定自己的经营特色。读者要想买书就会到书店街浏览。新中国成立初期，新华书店为方便读者，才分散设点。20 世纪 90 年代，大中城市建有大型书城：备书 205 种以上，营业面积达万平方米以上。大型书城一般成为城市的文化地标，因此不再形成新的书店街。

（三）其他省会城市的书店。除上述已经形成书店街的城市外，其他省会城市的零售书店也有所发展。

1. 济南。1927 年，济南有 12 家书店，至抗战前发展到 20 家。经营时间最长的是 1902 年由官署招商创办的山东官书局，1922 年交私人经营，改名山东书局，1945 年歇业。在新书业中，仍是上海分设于济南的几大书局影响最大。

2. 太原。新书业很少。晚清的浚文书局于 20 世纪 20 年代改名山西书局，刊刻少许古书，自设门市部出售，兼售上海版新书。30 年代，民营新书业有所发展，最多时不到 20 家，另有古旧书店和书摊 20 家，多设于太原第一市场。

3. 沈阳。民初，在沈阳中街古楼一带有几家新式书局开业。20 世纪 30 年代初，发展到 43 家。最有影响的仍是商务印书馆、中华书局设立的分店。它们的批发客户遍及东北三省。

4. 哈尔滨是新兴城市，基本没有古旧书店，有民营的零售书店 10 家左右，而外国人开设的书店达 23 家。其中，俄国人经营的俄文书店 10 家，日本人经营的日文书店 9 家，犹太人经营的英文、俄文书店 3 家，还有一个波兰人办的书店。经营时间最长和规模较大的，是日本人于 1919 年开设的岗田书店和 1920 年开设的千叶书店。1945 年 8 月日本投降，日人开办的书店均倒闭。俄文书店多，是因为这个城市的俄国侨民多。1931 年九一八事变以后日文书店多，反映了这个城市的殖民地性质。解放战争时期，哈尔滨成为东北解放区首府，东北书店、光华书店、北麟书店均集中在哈尔滨道里地段街，也具有"集店成市"的规模。

5.西安。西安是文化古城，古旧书业较多，集中在南苑门一带，新书业仅 10 余家，其中包括国民党官办书局和商务、中华、大东等书局设立的分支机构。

6.迪化（今乌鲁木齐）。新书业不发达，但先后创办的几家书店却很有名。博达书馆于 1926 年开业，主要经营上海出版物，是商务印书馆在新疆的代销店，兼营文具和教学用具。当地学校用的汉文教科书多由该馆供应。曾一度在兰州设立分馆。1937 年，被新疆军阀盛世才查封。新疆民众反帝联合会于 1935 年创办文化书店，编印和发行维吾尔文、哈萨克文和汉文教科书，同时经销生活书店的进步出版物，1949 年停办。

安庆、保定、南昌、兰州、吉林、归绥（今呼和浩特）等省会城市也有一些中小书店，从略。西南各省会城市，从民初到抗战前，新书业并不兴旺，抗日战争时期成为大后方，曾一度繁荣。

三、抗战时期的大后方书业

1937 年七七事变，抗日战争爆发。华北、华东的大片国土相继沦陷。1938 年 10 月，武汉失守，国民政府迁都重庆。国内经济文化重心逐步向西南转移，上海、南京等地的著名书店渐次内迁。桂林成为战时文化城，重庆、成都、昆明、贵阳等地的书业顿时呈兴旺之势。

（一）桂林文化城。抗日战争时期，李宗仁、白崇禧的"桂系"同"蒋系"有矛盾，中共领导人周恩来、叶剑英多次到广西省会桂林做"桂系"上层人物的统战工作。八路军桂林办事处与中共广西、桂林党组织一度同"桂系"密切合作，在大后方桂林，出现了一个较好的合作抗日的政治局面。在较为宽松的政治环境下，来自全国各地的进步文化人士多达千人，著名的有郭沫若、茅盾、巴金、田汉、夏衍、胡愈之、李四光、何香凝、徐悲鸿、张大千等。上海、汉口、广州沦陷后，一些知名书业特别是进步书业生活书店、新知书店、读书出版社相继迁来桂林，一些进步文化人也在桂林办起书店。

1938—1944 年桂林的书业空前繁荣。在这里先后办起书店、出版社 180多家。先后创办的杂志有 205 种。书版印刷厂的排字能力每月可达 4000 万字。当年的桂西路（今解放西路）几乎全是书店，被称为"书店街"。这个时期，桂林出书 2000 多种，其中文艺书最多，达 892 种。茅盾的《霜叶红似二月花》，巴金的《雾》，艾芜的《故乡》、《山野》等长篇小说均在桂林初版。著名出版家赵家璧回忆桂林文化城说："精神食粮——书，有 80% 是由它（桂林）出产供给的。所以说桂林是文化城，不如说它是出版城更来得适当"（《中国近现代出版史学术讨论会文集》）。

桂林的书业大体可分 4 种类型。一类是直接或间接由中国共产党领导的书店，如生活、读书、新知三家书店。新华日报桂林营业处，文化供应社、三户图书社等，本章第四节另作介绍。二类是以进步文化人为骨干建立的书店，如文献、国光、立体、耕耘、大地、创作、文人、石火、文化生活、文学编译等出版社以及白虹、集美、文光、科学、开明、光明、春草、良友书店和上海杂志公司。三类是中间性书店，如商务、中华、万有、南方、现代书局。四类是国民党、三青团以及反动文人开办的书店，约七八家，为数不多。

（二）重庆新书业。抗战前重庆有书店 40 余家，除上海设此的五大书局分店外，规模都很小，有一部分是古旧书店。1938 年，武汉、广州失守，国民政府迁都重庆，中共中央在重庆设立南方局，生活等进步书店、国民党官办书店、上海五大书局的总管理处陆续迁来重庆，从沦陷区转移来渝的一批文化人也纷纷办起书店，使战时重庆的出版发行事业有了迅速发展。据统计，1943 年重庆有大大小小书店 149 家，当年出版图书 1642 种，占全国出书总数 4408 种的 37.2%，出版杂志 250 种，占全国出刊总数 786 种的31.8%。

重庆的书店门市部遍布主要街区。在售珠市、武库街和劝工局街一带书店最多，被称为"文化街"。生活书店、新知书店、读书出版社、新华日报营业处、北新书局、世界书局、大东书局、儿童书局、中学生书局、中国书局、复兴书局、东方书社、万光书局、永生书局、兵学书店、青年书店、拔提书店、正中书局、中国文化服务社等数十家书店都设在这一带。在都邮街、白象街、林森路（今解放西路）以及高等学府较多的北碚等街区，也有不少书店。

重庆的书店众多，现仅对"七联处"和"新出版业联合总处"略加叙述。

1. "七联处"。1943年4月，国民政府教育部指定商务印书馆、中华书局、正中书局、世界书局、大东书局、开明书店、文通书局等7家书店在重庆联合组成国定本中小学教科书联合供应处（以下简称"七联处"）。设理事会，正中书局总经理吴大钧任董事长。当年3月，教育部通令国统区中小学统一使用国立编辑馆的"国定本教科书"，指定上述7家书店联合印制，按规定的分配比例发行。正中书局、商务印书馆、中华书局各占23%，世界书局占12%，大东书局占8%，开明书店占7%，文通书局占4%。这7家书店可以得到官方的特殊照顾和低息贷款。其他民营书店不得染指教科书的印制发行。抗战胜利后，这7家书店的总管理处和"七联处"迁往上海。留在重庆的7家书店仍继续联合发行教科书，更名"七联重庆供应处"。

2. 新出版业联合总处。1943年12月，以生活、读书、新知三家书店为核心，联合上海杂志公司（张静庐创办）、文化生活出版社（巴金为总编辑）、文化供应社（桂林进步人士创办）、群益出版社（郭沫若创办）等13家出版单位的经理组成（以下简称"新联总处"）。每半月或一月开一次代表会议，由读书出版社总经理黄洛峰主持，商讨新出版业面临的种种问题。对外交涉，多由张静庐出面。翌年春，决定开设联营书店，公推黄洛峰为董事长，张静庐为总经理，股东增至22家。1944年5月1日，设于重庆林森路的第一联营书店开业。8月，在成都开设第二联营书店。9月，新联总处改组为新出版业联营书店股份有限公司，张静庐为董事长。同年底，在西安设立办事处（特约分店）。抗战胜利后，又在武汉、广州、北平设立分店。

新联总处是生活、读书、新知等进步书店团结、联合中小民营书业，以维护共同利益为号召，进行反压迫斗争的产物。当年的中小民营书店受到重庆当局的种种压迫。正中书局、商务印书馆等"七联处"可以享受低价的配给纸，而中小民营书店印书用纸的价格则高出配给纸价的二三倍，印刷工价也较"七联处"高出许多，更不能享受银行的低息贷款。加之，国民党的法币贬值，物价狂涨，更使中小民营书店难以维持。新联总处成立后，通过种种方式同反动当局作斗争。例如，抗议书刊检查，拒绝缴纳新增设的营业税，公开抨击把持出版业同业公会的国民党党棍和文化特务，联名刊登全版广告揭穿公私印刷厂的无理加价。新联总处29家成员曾于1944年6月14日在《新华日报》发表《出版业紧急呼吁》，要求供应平价纸张，公开评定印刷价格，改善印刷品邮递等，引起社会舆论的极大关注。这个"呼吁"在发动签名连署时，商务、中华等"七联处"成员都拒绝连署。新联总处经过多次斗争，获得了相当的胜利，提高了中小民营书店的社会地位。大家认识到只有联合起来才有力量，而新联总处是可以信赖的代言人。

联营书店的开业为新联总处成员开拓了市场，中小出版单位的最大困扰是没有自己的发行网，每出一本书都要奔跑于各零售书店推销。联营书店在重庆、成都、西安设立了分店，批零兼营。客户来进货，只要到联营书店，就可进添到数十家书店的出版物，因而批发与零售业务大增。联营书店还可以采取统一的促销措施，在报刊上大登新书广告。因此，参加联营书店的股东逐年增多，从最初的19家发展到新中国成立前夕的43家。

（三）成都新书业。抗战前，成都的新书销量有限。1934年，号称文化街的祠堂街仅有六七家规模很小的新式书店。抗战期间，新书业有所发展，最多时有17家。生活、读书两家进步书店只经营一两年就被反动当局查封。新中国成立前夕，联营书店也被查封，曾琪林等4位工作人员被国民党特务逮捕，惨遭杀害。

（四）贵阳新书业。贵阳是贵州省会，因交通不便，社会不安定，贵阳新书业滞后。商务印书馆、中华书局曾在贵阳设立分店，因运输困难，被迫停业。它们的出版物由贵阳的文通书局代销。抗战期间，上海的书局内迁重庆，纷纷派人在贵阳开设分局，当地也创办了几家书店，最多时贵阳有新式书店20家。读书、新知两家进步书店在贵阳合办读新书店。皖南事变后，生活书店、读新书店、自力书店被反动当局查封，三家书店的经理周积涵、孙家林、张志新被捕，关押了三年多，后越狱成功。

文通书局是西南地区最大的民营资本创办的集出版、印刷、发行于一体的出版企业。1898 年在贵阳设立，创办人华之鸿，继承人华问渠。初创时，从日本进口铅印、石印和照相制版设备，克服重重困难运抵贵阳，从事印刷业务。1927 年成立图书部，贩运上海、南京等地出版的教科书和图书。图书部后来扩大为文通书局贵阳分局，又增设遵义分局。1932 年，承担供应全省中小学教科书，从此发迹。1941 年，成立总管理处，设编辑所、发行所、印刷所。聘请顾颉刚、白寿彝等名人主持编辑业务，出版"大学丛书"、教学用书等多种，先后在重庆、成都、昆明、长沙、上海、广州设立分局。贵阳解放后该书局仍继续经营。

（五）昆明新书业。昆明地处西南边陲，交通不便，书业滞后。据 1936 年官方统计，全市有新、旧书店 12 家，从业人员共 69 人。抗战期间，滇黔公路和滇缅公路通车，昆明成为大后方经济文化重镇，高等学府、学术团体迁此，图书市场扩大。先后开业的书店达 73 家，为抗战前的 6 倍多。市区光华街、武成路、华山西路及南路，书店较多，主要销售桂林和重庆的出版物。

（六）其他后方地区的新书业。抗战时期，在国民党统治区的一些交通枢纽城市和临时省会，新书业有所发展。

1. 湖南衡阳。是通往大西南的门户，距衡阳 45 公里的耒阳是长沙沦陷后湖南的临时省会。这两个城市共有书店 62 家（衡阳 55 家）。在耒阳设立的国民党官办中山文化书局，翻印国民党"党义"书和各种时事小册子，硬性分配机关、团体、学校购买。

2. 广东韶关。1938 年 10 月广州沦陷之后，韶关成为广东临时省会，书店发展到 26 家，云集于曲江风度中路。

3. 浙江金华、丽水。1937 年底杭州沦陷，金华成为浙江临时省会。1938 年，金华地区有书店 52 家，先后出版报刊 62 种。丽水地区有书店 26 家，1940 年增至 35 家。1939 年，国民政府军事委员会在金华设立文化驿站，向东南各地中转运送书报。

4. 福建永安。是抗战时期的福建临时省会，一时成为文人、学者荟萃之地。先后有改进、建国、东南等中小出版社近 30 家，多自生自灭，共出书

700 多种，有零售书店 17 家。

四、国民党创办的书店

国民党最早创办的书店是民智书局，第一次国共合作时期表现进步。1927 年蒋介石叛变革命以后，建立了正中书局等 4 个反动书店。抗战期间，国民党又在大后方新建了中国文化服务社等 4 个书店和 5 个书刊供应处。除早期的民智书局外，国民党创办的书店，都是为蒋介石推行反革命政策唱赞歌的，没有留下有价值的传世之作。

（一）第一次国共合作时期的民智书局。1922 年在上海建立。根据孙中山的指示，由国民党上海总部向各地爱国华侨集资开办。主持人林焕廷。出版孙中山《建国方略》等多种著作，同时经销《向导》周报、《中国青年》、"创造社丛书"等进步书刊。中共中央创办的人民出版社出版物，该书局的销售量颇多。1925 年孙中山逝世后，林焕廷改任建造南京中山陵负责人。民智书局由郑树南负责。1927 年四一二反革命政变后，该书局开始右倾倒退，业务日趋萎缩，1936 年倒闭。

（二）蒋介石四一二反革命政变后创办的反动书店。1927 年 4 月 12 日蒋介石叛变革命，疯狂屠杀共产党人和革命群众，在南京成立国民政府。为了从舆论上维护他的反动统治，先后创办了 4 个反动书店。

1.独立出版社。1928 年在南京创办，是国民党政府官办的出版发行机构。抗日战争爆发，迁重庆。1942 年，由国民党中央宣传部副部长潘公展兼任该社经理。该社旨在维护蒋介石的独裁统治，主要出版时事政治读物，也出版一些社会科学和文艺书刊，是当年重庆出书较多的出版社之一。抗战胜利后迁返南京、上海，在不少省城建立了分社。

2.正中书局。1931 年在南京创办，隶属于国民党中央党务系统，指派陈立夫、陈布雷、潘公展、吴秉常等 11 人为董事。首任董事长陈立夫，首任出版委员长（总编辑）叶楚伧，CC 派吴秉常长期任总经理。设立营业、编辑、印务三所。初期，在上海、杭州、重庆设有分局。抗战爆发，总局迁重庆。主要出版时事政治读物，蒋介石的《政治建设言论集》、《新生活运动言论集》、《西安半月记》、《中国之命运》等反动图书均由该书局出版。此外，还出版了"卫生教育丛书"、"外交丛书"、"国防教育丛书"、"时代丛书"、"正中科学知识丛书"等多种。最初的经费由国民党中央党部拨付。1938 年，陈立夫任教育部部长期间，教育部编辑委员会编辑一套"国定本"中小学教科书，将出版权交给正中书局。该书局从中获取了厚利，遂在大后方各省重要城市设立分局。据 1942 年统计，共有 18 个分局。抗战胜利后，该书局总管理处迁返南京，并派人到各省会接收敌伪书店，建立分局。

正中书局分局主要从事发行业务，设业务、会计、保管三部。部主任均由总管理处调配、任命。会计和保管两部对总处负有经济、财产的直接责任，每天都要向总处寄《营业日报》和《出纳日报》，应上缴的现金要逐日存入指定的交通银行，汇往总处，分局无权支取。分局从课本销售总额中提取 30%、从图书销售总额中提取 36%，作为经营、开支费用。正中书局的职员，必须是国民党员（抗战胜利后新成立的分局有所例外），职工工资略高于政府职员。

1949 年春，南京解放前，正中书局总局随蒋介石集团逃往台北。2003 年 3 月，由于国民党运营出现困难，台北正中书局将所有股权以 7 亿元台币转售给具有华裔背景的美国 M3 公司。同年 4 月，重新开张。

3. 拔提书店。国民党复兴社于 1932 年在南京建立的军方书店。拔提是英文 party 的音译，系军事用语，可译为分遣队。1938 年迁重庆。肖赞育、陈友生先后任经理。主要出版军事书籍，如"国民军事丛书"、"中央警官学校丛书"、"战争图画丛书"等。抗战时期，在大后方有 9 个分店。抗战胜利后，总店迁返南京，又在北平等不少城市设立分店。

4. 胜利出版社。1937 年在上海成立的国民党官方出版社。抗战后迁广州，出版"华南丛书"。再迁重庆，同时在江西、福建设立出书机构，分别出版发行图书。该社受国民党中宣部副部长潘公展控制。抗战胜利后，在重庆、上海、北平三地出书，共 10 余种。

（三）抗战期间创办的书店。抗战期间，国民党又在重庆和备战区新建了一批书店。国民党中央宣传部增设出版事业处和书刊供应处。

1. 中国文化服务社。1938 年在重庆建立总社，国民党要人王世杰任董事长，刘百闵任社长，程希孟任总编辑。以出版国民党党义之类书籍为主要任务。如"中国国民党丛书"，收录有《中国国民党宣言集》、《中国国民党党史概要》、蒋中正《总理遗教六讲》等，也出版一些社会科学、文学艺术书籍。在国民党创办的书店中，该社发展的分支机构最多。据 1943 年 5 月统计，这家书店有分社 18 个，支社及分销处 563 个。其分支机构以扩展发行业务为主要任务。重庆、福建、陕西、四川、广西等分社也出版少量图书。抗战胜利后，总社迁上海，又在北平、天津等大中城市新建立了一批分社。

2. 青年书店。1939 年在重庆创办，国民政府军事委员会政治部主办，1942 年由三民主义青年团接办。俞树立任总经理，陈铨任总编辑。在重庆民生路设有门市部。出版《中国青年》月刊和国民党党义之类书籍。独家发行军事委员会政治部编印的政治教程、集训教材等书。1942 年，青年书店在大后方共建立分支店 28 个。抗战胜利后，总店迁南京。

3. 国民出版社。1940 年 7 月在浙江金华创办。系国民党官方与私人集股创办。负责人胡建中，主编赵建新。在江西建有分社，在重庆建立总社和总发行所，金华改分社。出版发行国民党党义以及时事宣传读物。

4. 建设书店。1938 年 9 月在广西南宁创办。初为国民党桂系创办的"省营"书店，发行民团周刊社出版的书刊，代销省内外各大书局的出版物。同年 9 月，该店迁桂林，南宁改分店，陆续在广西全省 64 个县建立了分支店或分销处。

5. 国民党中央宣传部出版事业处和书刊供应处。1941 年在重庆同时成立。出版事业处是国民党中央宣传部指导出版工作的职能部门。书刊供应处有 4 个，是该部从事出版发行的业务机构。其中：重庆供应处由出版事业处直接组织运作，承担西南各省的书刊供应；西安供应处承担西北各省的书刊供应；衡阳供应处承担湘、鄂、粤、桂各省区的书刊供应；上饶供应处承担东南各省区的书刊供应。

各供应处内设编辑、印刷、事务三股和会计室。每月按出版事业处提供的纸型，组织翻印发行，向各机关、部队、学校、团体分发书刊；批发业务交当地书店承办。各供应处也自行编印一些小册子。据 1942 年 10 月统计，共出书 342 种。

国民党中央宣传部将正中书局、中国文化服务社、青年书店、拔提书店、国民出版社、独立出版社列为国民党"中央所属 6 家书店"。1941 年，这 6 家书店共出书 305 种，共有分支店 558 处。

1940 年初，蒋经国在江西赣州创办新赣南出版社，自任社长。后改名中华正气出版社。共出版《蒋介石文集》等 49 种书。1945 年，蒋经国调离赣州，该社停业。

解放战争期间，全国各地陆续解放，国民党官办书店及其分支店，分别由中国人民解放军军事管制委员会接管，移交给随军进城的新华书店。其职工除自谋职业者外，多被当地新华书店留用。正中书局总管理处随国民党中央机关逃至我国台湾地区，继续在台湾地区营业。

值得一提的是，陈独秀一生先后五次被捕，最后一次 1932 年关押在南京老虎桥监狱。经过斗争，陈独秀被国民党当局允许写作。1937 年被释放，他完成了《小学识字教本》书稿大纲。出狱后，完成了 42 万字《小学识字教本》。这是一本语言学专著。1941 年初，国民党"编译馆"预付稿费两万元，准备出版该书。但书稿送到国民党"教育部"部长陈立夫终审批示："内容无大碍，可出版，但'小学'两字不妥，易与小学生、小学校混开来，须改书名。"陈独秀得知后非常气愤地说："小学指声音训法、说文考据，古来有之，断不能改。"如此，书稿被搁置起来。由国民党"编译馆"油印 50 部留存。1942 年陈独秀 63 岁病逝，仍未见到自己付出多年心血的书稿出版。

1971 年，台湾"中国语文研究中心"出版了"小学识字教本"500 册，并把书名改为《文字新铨》，作者姓名被隐去。

五、日本侵略者对沦陷区书店的迫害及其建立的日伪书店

1931 年九一八事变，日本侵占了我国东北。1937 年七七事变，日本又侵占了我国华北、华东、中南等大部分领土。日本侵略者在我国沦陷区，用轰炸、封门、捕人、杀人、没收图书和资财等手段疯狂迫害我沦陷区的民营书店。侵华日军为推行殖民地文化，实施奴化教育，又指使汉奸傀儡政权，建立了一批敌伪书店或汉奸书店。

（一）日本侵略者迫害我沦陷区民营书店的暴行。上海是全国书业中

心，受侵华日军的迫害最为严重。其他沦陷区的书店，也同样受到迫害和摧残。

1.炸毁和占用。1932年1月28日，侵华日军发动淞沪侵略战争，即一·二八事变，商务印书馆的总务处、印刷所、编译所、书栈房及附设之涵芬楼（东方图书馆）均被日军炸毁，该馆珍藏的46万册图书化为灰烬，经济损失达1630万元，相当于企业资本的3倍。侵华日军司令狰狞地说："炸毁上海几条街区没什么意义，消灭商务印书馆，则永远不能恢复。"商务印书馆总馆因无力发工资，周建人等大部分员工被辞退。商务印书馆总馆停业8个月，复业不久，又接到日本侵略者的恐吓信："上海毁烧尔馆，尔书馆还是恶习不改，仍印三民之书，党部之语。今若不速改恶习，我军到处，是商务印书馆尽烧毁。我日国有言在先，那时莫悔，尔国若立圣道，读孔孟之书，不敌我日本之货，仍是好国。若不然，我日本虽小，将决一死战"（《中国图书商报》1999年11月12日）。

1937年8月13日，日军侵占上海，开明书店的印刷厂、经理室、编译所、存书库房全部被日军炮火击毁，该店的损失占全部资产的80%。世界书局印刷厂被日军充作兵营，库存的大批教科书被化成纸浆，大批国学名著被劫往日本，金属品底版被熔作军用器材。1938年11月，日伪上海政权命世界书局与他们合作，遭拒绝，为日伪所恨。日军将定时炸弹携入福州路世界书局发行所内，炸弹爆炸，营业员一死一伤。

2.查封和没收图书。1941年12月8日太平洋战争爆发，上海租界被日军占领。12月19日，日本宪兵会同上海租界工部局搜查商务、中华、世界、大东、开明等书店，没收大批存书。日本宪兵在检查图书时，只要看到书内有"日本"、"苏联"、"国难"等字，不管上下文意如何，一律没收。仅商务发行所一家，就被没收图书462万册。12月26日，日本军部将上述五大书店（局）查封。当天，还搜查了兄弟图书公司（生活书店的化名）、良友图书公司和光明书局等，这些书店均被查封。包括它们的支店、库房、印刷厂一共查封17处。这些书店的经理和职工，在敌人的枪尖下被逐出店堂，不许携带任何物件，连个人衣袋里的东西，都要被日本宪兵搜出、扣留。各书店的前后门均被贴上"日军报道部封印"的封条。后来，日军内部对没收书店有分歧，上海的日本侨民代表在一次会议上也认为没收书店不妥。种种原因促使日本军部改变政策，1942年1月18日通知被封书店，可于1月25日启封复业，但附加种种苛刻条件。诸如检查交出"抗日与其他有害治安之图书"，"将来出版图书须事前受工部局检阅，并得其准许"，"改组上海市书业同业公会"等。

3.捕人杀人。上海沦陷时，许多著名的书店内迁，上海改设办事处，保留门市部，以出售存书为主。一些知名的出版家也纷纷离开上海。有的人没有走，曾发生麻烦。开明书店的章锡琛、夏丏尊于1942年被日本宪兵逮捕。如果没有日本友人内山完造的奔走营救，恐遭不测。1942年4月，由巴金主持的文化出版社留守上海的负责人陆圣泉，被租界捕房逮捕，同时抄走两卡车图书。捕房献媚于日本宪兵队，陆圣泉陷入日军虎口，惨遭杀害。

4.其他沦陷区书店同样遭受迫害。东北三省被日军占领后，多数书店倒闭。商务印书馆、中华书局在沈阳等地设立的分局处于半瘫痪状态，营业额下降80%。1936年，中华书局沈阳分局被伪满政权取缔。1938年，日军侵占青岛，该市大小书店多次遭日伪军搜查、劫掠。商务印书馆青岛分馆有80多箱图书被日伪军抄走。该馆经理史久如为维护民族大义，不经销日伪出版的课本和图书，被日本宪兵队逮捕，经多方营救获释。史久如宣布分馆停业，改名敦源书店维持经营。同年，福建厦门沦陷，日军大肆搜查厦门的商务印书馆、中华书局等分馆（局），没收并焚毁图书数万册。香港、广州沦陷，一些内迁的书店又遭受惨重损失。

（二）伪满傀儡政权创办的"满图"和"满配"。1931年九一八事变，蒋介石采取不抵抗主义，日本帝国主义很快侵占我国东北，在长春（改名新京）建立伪满洲国傀儡政权。1937年，日伪政权在长春设立满洲图书株式会社（以下简称"满图"）。株式会社即股份公司。其中，伪满政府的股份占79%，日本东京、大阪的4家书店（株式会社）股份占21%。日本人石川正作、驹越五贞先后任理事长。理事多为日本人。"满图"的主要业务是编辑、印刷、发行各类教科书和一般图书。出版《新满洲》、《麒麟》等汉奸期刊。

"满图"的出版物旨在灌输奴化教育，使中国人变成日本帝国主义的"顺民"，安于被奴役、被侵略、被统治的地位。它编印的教科书侧重日文、日语，根本不出版中国历史和地理的课本，让小学生只知道"大日本帝国"、"天照大神"，不让他们知道中国。"满图"印行的小说，都是为其殖民统治服务的。如美化日本法西斯制造伪满傀儡国家历史的小说《建国列传》、《晨晓的满洲》，标榜"民族协和"的小说《嫩江祭》，美化九一八事变日军侵占沈阳的强盗小说《奉天城附近》，咒骂抗日联军的小说《讨匪行》等。

满洲图书配给株式会社是"满图"于1939年在长春设立的子公司（以下简称"满配"）。日本人大桥进一任理事长，理事均为日本人。它是"满图"的总发行机构，统率伪满境内的图书贩卖业，经营书刊进出口业务，大批输入日本出版物总发行日伪教科书和一般图书，经营印刷纸张和学生用品。在安东（今丹东）、奉天（今沈阳）、大连、瓦房店、锦州、哈尔滨、牡丹江、图们等地设有营业所。在日本东京、大阪也设有营业所，办理日文书刊进口业务。"满配"的营业所为批发、零售的基地，又在东北各地建立400个贩卖所，主要向学校销售日伪教科书。贩卖所多由各市县（旗）伪满教育会承办。一般书籍、杂志则由"满配"或营业所向民营书店批发。伪满境内约有300家民营的书籍、文具店。

除"满图"、"满配"外，日本人在东北开设的日文书店众多，仅沈阳太原街就有日本书店13家，大连有日本书店70余家。东北的其他中小城市几乎都有日本人开设的书店。1945年8月日本投降，"满图"、"满配"以及形形色色的日本书店一律倒闭。

（三）汪伪政权创办的书店。1937年七七事变后，华北、华东和中南的大片国土被侵华日军占领。日本在占领区相继建立两个伪政府，一是以汉奸王克敏为首的北平"中华民国临时政府"；二是以汉奸梁鸿志为首的南京"中华民国维新政府"。1939年汪精卫集团公开投敌。在日军操纵下，"中华民国临时政府"和"中华民国维新政府"取消。1940年3月30日在南京成立以汉奸汪精卫为首的伪国民政府。为了给日本侵华唱赞歌，几个伪政府先后成立了汉奸书店。

1. 新民印书馆。1938年在北平成立，是华北王克敏伪政权控制的北方最大出版发行机构。主持人祝惺元。出版汉奸杂志《中和》月刊、《艺文杂志》等，出版文艺丛书等多种图书。在山西太原、河北保定、山东济南等沦陷城市也设有新民印书馆或称新民图书社，承担日伪编印的教科书发行任务。济南新民图书社向各县发行日伪教科书，主要通过伪县公署教育科办理。太原新民印书馆由日本人主持，又称"旭东公司"，负责"征募省内各县村镇教科书贩卖代理店"。太原日伪政权又设立一家太原书店，定为"国定教科书贩卖代理店"。

据汪伪政府档案材料，华北伪政权还创办有华北文化书局，对华北（含山东）地区的民营书业进行控制。

2.中央书报发行所。1940年在南京成立，汪伪政府宣传部创办。总经理颜加保。总发行或经销汪伪政府及其各部院会、文教机关编印的各种书报刊和教科书，进口和销售日文书刊，垄断民营出版物的发行权，代发汪伪宣传刊物，垂直管理该所的分支机构。

中央书报发行所在南京设有门市部，在上海、香港、广州、汉口、杭州、海口、苏州、蚌埠以及越南河内设有分所，在无锡、九江、芜湖、汕头、常州、镇江、金坛、福州、厦门、安庆、嘉兴设有支所，在135个县城设有分销处。此外，还设立28个日文书零售店。许多分所经理均由日本人担任。

中央书报发行所向日军占领区发行书报刊，靠汪伪政府控制的交通工具运输。向华南各分所运送书报刊，由侵华日军报道部交由日军代运。向汉口分所发运的书报刊，交由日本长江运输机构杉木组代理。不论伪官方还是民营书店，向华北占领区发行书报刊，必须通过该发行所封发寄运。否则，华北地区的日伪宪兵警察一律检扣。

这家汉奸发行所享有的种种特权表明，它是日本侵略军豢养的一只鹰犬，是不折不扣的汉奸书店。尽管有日本主子给它做靠山，垄断南京的发行业务，但实际的发行册数却寥寥无几。1941年4月，是该所经营的兴旺时期，当月仅"发行书籍30129册"（中国第二档案馆藏，汪伪宣传部报告）。

在汪伪政府成立之前，以汉奸梁鸿志为头目的南京"维新政府"创办三通书局，伪专员汤新民任经理，主要发行伪政权编印的教科书。中央书报发行所成立以后，与三通书局互抢教科书发行权。汪伪教育部对这两家书店都不敢得罪，曾应允中等以上教科书由中央书报发行所总经销。三通书局依其政治背景和经济实力要求分销。双方僵持不下，持续半年之久，学校开课，尚未解决。中央书报发行所见形势对自己不利，宣布"本学期暂时退让"，拨出一部分教科书交三通书局销售，但表示"总经销权绝未有丝毫放弃"。

抗日战争胜利，汪伪书店均被国民政府接收大员接管。

第二节　进步书店的建立与发展

1919 年爆发的五四运动，标志着新民主主义革命开始。为适应革命斗争的需要，由中国共产党或进步人士创办的，以传播马克思主义、推广新文化为宗旨的进步书店，在一些城市崛起，逐渐向部分县城发展。本节主要介绍五四运动以来至 1937 年抗战爆发前，进步书店艰苦卓绝的奋斗情况。20 世纪 30 年代建立的生活、读书、新知等书店，主要业绩在抗战以后，将在本章第四节专题叙述。

一、进步书社的崛起

进步书社的建立与发展是历史的必然。1915 年，以陈独秀为首的一批先进知识分子，以《新青年》杂志（第一卷称《青年杂志》）为阵地，以科学与民主为口号发起新文化运动，沉重地打击了封建专制的思想文化基础，激发了广大青年寻找革命真理的热情，为图书市场创造了新的需求。1917 年，"十月革命一声炮响，给我们送来了马克思列宁主义"。1919 年五四运动以后的新文化，增加了马克思列宁主义的传播。五四运动期间涌现的进步社团相继创办书店，致力于新文化的推广。著名的有利群书社、文化书社、新青年社、新知识书社、齐鲁书社等。

（一）利群书社。1920 年 2 月 1 日在武昌横街头开业，创办人恽代英。工作人员都是经过挑选的"有几分向上"的进步青年，最多时有 12 人。在社内实行半工半读制度，分成两组，一组上午销售书刊，下午自修，另一组则正相反，两组轮换。每个人都有明确的职责和分工，共同遵守书社内部规定的"十四条约法"。《恽代英日记》中说，利群书社的营业，"固然一方面是为维持大家的生活，一方面是做个文化传播的机关，所以凡有好书无论销行与否总得办到，常为社会多数或少数人求他对于改进事业所需要的书，又不买的人，尽可以在营业的地方观览，算兼办了图书馆一样。因为我们原不是做计较锱铢的商人……"武汉共产主义小组领导人董必武、陈潭秋对利群书社给予了大力支持，曾协助购进马克思主义著作，如《共产党宣言》、《资本论浅说》、马克思《经济学说》、考茨基《唯物史观》等，还经销《新青年》、《湘江评论》、《共产党》、《星期评论》、《武汉星期评论》、《劳动界》等进步报刊。

利群书社经常组织读书报告会，由马克思主义研究会成员轮流作读书报告，向读者推荐好书，指导他们自修。在暑期，则帮助青年学生举办读书会，免费借阅新书刊。中共党员萧楚女曾在书社自修，"二七"大罢工时期壮烈牺牲的施洋律师也在这里接受了马克思主义。该社还通过邮购业务联系了一大批外地读者。

北洋军阀湖北督军王占元于1921年6月下旬发动兵变，抢劫武昌，利群书社被毁停办。

利群书社创办人恽代英（1895—1931），江苏武进人，出生于湖北武昌，就读于武汉中华大学文学系，是五四时期武汉学生运动的公认领袖。在创办书社的当年，与萧楚女等发起组织中国社会主义青年团，次年加入中国共产党。历任团中央宣传部部长兼《中国青年》主编、国共合作时期黄埔军校政治总教官，参加"八一"南昌起义和广州起义。1930年在上海被国民党特务逮捕，次年牺牲于南京狱中。译著有《阶级争斗》书等。

（二）文化书社。1920年9月9日在长沙潮宗街开业，后迁水风井。毛泽东联络新民学会会员和社会知名人士集资创办。"不论谁投的本永远不得收回，亦永远不要利息。此书社但永远为投本的人所共有。书社发达了，本钱到了几万万元，彼此不因以为利；失败至于不剩一元，彼此无怨"（1920年7月31日长沙《大公报》刊载的《发起文化书社》）。当年8月2日在长沙楚怡小学召开有17人参加的发起人会议，议决《文化书社组织大纲》，推定毛泽东、易礼容、彭璜为筹备员。书社开业后，毛泽东任特别交涉员，易礼容任经理。营业员最初有2人，业务发达时有6人。毛泽东当时任湖南第一师范附属小学主事（校长），所以未任书社经理。但书社的筹备、集资、对外业务联系以及经营管理，均由毛泽东主持。"文化书社的缘起、组织大纲和社务报告等各项文件，都是毛泽东亲自起草的"（易礼容《毛主席创办长沙文化书社》）。易礼容说："毛泽东任特别交涉员，可说是办'外交'的，我在他领导下任经理"。中国共产党成立后，文化书社成为中共湘区委员会办的书店，也是湘区委员会的联络机关。

文化书社"以运销中外各种有价值之书报杂志为主旨。书报杂志发售，务期便宜、迅速，庶使各种有价值之新出版物，广布全省，人人有阅读之机会"（《文化书社组织大纲》）。毛泽东制定的这个办社主旨，在他撰写的文化书社各种文件中多次提到。文化书社售出的书刊中夹有《敬告买这本书的先生》的信。信中说："我们社里所销的东西，曾经严格的选择过，尽是较有价值之新出版物（思想陈旧的都不要）……我们的目的——湖南人个个像先生一样思想得了进步，因而产生一种新文化。我们的方法——至诚恳切的做介绍新书报的工作，务使新书报普播湖南省"（《新民学会资料》，人民出版社1980年版）。毛泽东在1919年主编《新湖南》周刊时提出："什么都可以牺牲，唯宗旨绝对不能牺牲"（《中国现代出版史料》甲编）。他创办文化书社也坚持了这一原则。开办书社初期，经济条件相当困难，全体书社职员都没有拿书社的工资。不论如何困难，他们绝不牺牲书社的宗旨去推销那些可以带来巨额利润的庸俗下流读物。

文化书社大力发行有价值之新出版物，目的在于唤起民众的革命觉悟，实现民众的大联合。毛泽东撰写的《文化书社缘起》中说："湖南人现在的脑子饥荒实在过于肚子饥荒，青年人尤其嗷嗷待哺。文化书社愿用最迅速最简便的方法介绍中外各种新书报杂志，以充青年及全体湖南人新研究的材料"（《新民学会资料》）。文化书社开业初期发行的书刊有《共产党宣言》、《资本论入门》、《新青年》杂志等200多种。随着业务的发展，图书品种越来越丰富，为广大读者提供了最有价值的精神食粮。

毛泽东对文化书社的作用给予了高度评价。他在第二期《社务报告》中说："大家晓得现时的急务，莫要于传播文化，而传播文化有效，则莫要于办'文化书社式'的书社。如果经营得法，一个书社的效，何止抵几个学校的效"（《文化书社》)。1921 年 1 月 3 日，新民学会会员在文化书社开会，讨论改造中国等问题。毛泽东说："文化书社最经济有效，望大家设法推广"（《新民学会资料》)。会议一致同意把"推广文化书社"列入改造中国的"基本事业"之一。1 月 16 日，新民学会继续开会，谈"会友个人的进行计划"，出席 21 人依次发言。毛泽东谈及个人计划是："在长沙做的事，除教育外，拟注力于文化书社之充实与推广"（《新民学会资料》)。

新民学会"推广文化书社"就是建立文化书社的发行网。首先，在长沙的 7 所学校建立了书报贩卖部。又依靠新民学会会员的支持，陆续在平江、浏西（浏阳西乡）、武冈、宝庆、衡阳、宁乡、溆浦、嘉禾、岳阳等 9 个县建立了文化书社分社。"本社对于分社，照本退与，不赚分文，所有优价折扣，都归分社。因此分社即因生意少不能多盈利，亦断不至亏耗本钱"。

为实现文化书社的宗旨，毛泽东以新民学会会员为基础，联合一切可以联合的力量发展书社事业。一些社会知名人士如长沙县县长姜济寰、长沙商会会长左益斋、湖南第一师范校长易培基、周南女校校长朱剑凡等，均慷慨投资，成为书社社员。1926 年，驻湖南的国民革命军第二军军长谭延闿为标榜"民主自由"，也投资 400 元。这些人投资，在经济上支持了书社发展，在政治上扩大了书社的社会影响，为宣传马克思主义增加了助力，减少了阻力。这是毛泽东统一战线思想的早期实践，而且是非常成功的实践。

文化书社共经营了 7 年。1927 年 5 月 21 日，国民党右派在长沙发动反革命政变，屠杀共产党人和工农群众（史称"马日事变"），文化书社被迫停业。7 月初一度恢复营业，7 月 15 日被反动军警查封。各分社也相继被查封或被迫停业。

马日事变后，文化书社工作人员付出了重大牺牲。书社第二任经理李庠（1894—1927），被国民党反动派拘捕。他是湖南嘉禾人，湖南省立商专毕业后，就到文化书社任会计兼营业员，1926 年，易礼容被湘区党组织调走，另有任务。李庠继任经理，由毛泽东介绍加入中国共产党。同年兼任湖南省农民协会会计主任。马日事变时，敌人悬赏一万元通缉他。10 月 17 日被捕，遭严刑拷打。敌人用烧红的烙铁烙他，他忠贞不屈。10 月 20 日，在长沙识字岭惨遭杀害。同他一起被捕的书社职员冯福生，也受尽酷刑，后来越狱成功，奔赴井冈山。毛泽东的三弟毛泽覃也在书社工作，同另外几位书社职员许文亮、刘大身等奔赴中央苏区，在几次反"围剿"战斗中先后牺牲。

文化书社各分社的工作人员也有牺牲。武冈分社经理李秋涛（？—1928），马日事变后，在南乡组织武装起义，与敌人搏斗时中弹牺牲。宁乡分社创办人、经理姜孟周（1883—1929），1928年被叛徒告密，翌年在宁乡惨遭杀害。湘鄂西革命根据地创办人之一段德昌，曾在宁乡分社工作，1934年5月被王明路线以莫须有罪名杀害。新中国成立后，荣获全国第一号革命烈士证书。嘉禾分社创办人唐朝英，因叛徒告密，被反动军队杀害。岳阳分社社员、工作人员彭邀，马日事变后投奔叶挺的教导团，参加"八一"南昌起义，历任红军营长、军部参谋、师长，在中央苏区第四次反"围剿"战斗中牺牲。

文化书社首任经理易礼容（1898—1997），湖南省商立专门学校毕业，1919年加入新民学会，1920年任文化书社经理。1921年经毛泽东介绍入党。1927年4月，参加中共第五次代表大会，当选中央委员，负责湖南省委工作。同年，党的"八七"紧急会议未通知他参加。俄国代表在会上指责湖南省委易礼容代表地主阶级。"八七"会议后，他被撤销了湖南省委书记、军委书记职务。1929年初，他到上海找江苏省委，有人叛变告密，他被迫去日本，从此与党失去联系。新中国成立后，易礼容作为民主人士担任全国政协副秘书长。1997年享年百岁（99周岁）过世。1979年，本书作者郑士德曾先后两次访问易礼容。易礼容确认《文化书社缘起》、《文化书社社务报告》均为毛泽东亲自撰写。

（三）新青年社。1920年9月在上海成立，陈独秀创办。该社是由1915年9月创刊的《新青年》杂志（第一卷原名《青年杂志》）发展而来，从创刊号起至第7卷第6期止，均由上海群益书社发行。1920年9月，出版第8卷第1期时，脱离群益书社，成立新青年社，除继续出版《新青年》杂志外，还出版发行图书。编辑部设在上海法租界环龙路渔阳里（今南昌路铭德里）2号，陈独秀、沈雁冰、李达、陈望道等均曾参加该社编辑部工作。同年10月，该社帮助上海的店员组织创办《伙友》周刊，通过这个刊物同工人、店员发生联系。新青年社总发行所设在法租界大马路大自鸣钟对面（今金陵东路 279 号），苏新甫任总发行所经理。总发行所设有门市部，零售书刊。1921 年 4 月，法租界巡捕房不许该社在上海印行书刊。当年，陈独秀赴广州，该社也跟随迁往广州，在昌兴马路 28 号继续经营，总发行所改称发行部。委托上海的民智书局和伊文思图书公司（英商创办）经销该社出版物。新青年社出版的图书有《共产党宣言》、《阶级争斗》、"新青年丛书"等 20 多种。瞿秋白对新青年社评价很高。他在《中国党史纲要大纲》一书中，提到五四时期进步社团与党的关系，把新青年社称之为"共产党的细胞"。

（四）新知识书社。1921 年 3 月在北京成立，以李大钊为书记的中共北京支部创办。"3 月 6 日，新知识书社在北京大学二院召开募股大会。会议决定成立筹备委员会。李大钊出席了会议，并被推选为筹备委员会总务股委员"（《北京革命史大事记》）。这个书社的活动情况不详。毛泽东在文化书社第二期《文化书社社务报告》中曾提及：1921 年"三月，北京成立一个新知（识）书社，是和文化书社宗旨大致相同的一个新起的书社。刊印一部《罗素五大讲演》，与本社交涉代销预约，本社已答应代销"（《文化书社》）。从"和文化书社宗旨大致相同"这一点来看，新知书社可能就是新知识书社。文化书社经销北京的进步书刊，均由李大钊代为联系和担保，所以，新知识书社出的书，文化书社"答应代销"，合情合理。

据《北京革命史大事记》，1922 年"2 月 8 日，在李大钊的指导下，共产党员邓中夏、朱务善等人创办的校友夜校正式开学，学员有北京大学出版部和新知识书社的工人 50 多名"。这表明，新知识书社设在北京大学，它的工作人员是北大的校友，与北大出版部关系密切。同年 1 月 15 日创刊的中国社会主义青年团的机关刊物《先驱》，就是由北大出版部发行的。新知识书社何时结束，未见记载，但至少在 1922 年仍然存在。

（五）齐鲁书社。1920 年在济南布政司大街 88 号开业。由进步人士王乐平等 20 余人集股创办。王乐平任董事长、社长，王昌龄任经理。是五四运动后在山东推销进步书刊的第一家书店。中共一大代表王尽美、邓恩铭经常在该社活动和工作。当时的进步团体"励新学会"、"平民学会"都设在社内，是国民党左派和共产党进行活动的场所。1926 年夏，军阀张宗昌督鲁，镇压革命，该社销售的许多进步书刊遭查禁，被迫停业。

二、中共中央成立初期和大革命时期创办的书店

1921 年 7 月 1 日中国共产党成立。新青年社成为党中央的出版发行机构，因迁往广州，在工作联系上诸多不便。1927 年 9 月，中共中央局创办人民出版社，接着又创办《向导》周报发行所。随着形势的变化，在大革命时期相继创办了上海书店、上海书报流通处、长江书店。这几个书店有继承关系，店名不同，实为一家。

（一）人民出版社。1921 年 9 月在上海南成都路辅德里 625 号成立。中共中央宣传主任李达任社长，编辑、校对和发行均由他一人承担。仅一年时间就出版了《马克思全书》、《列宁全书》及其他理论读物 18 种，依靠党团员广泛推销。1922 年秋，李达离开上海，人民出版社迁广州。翌年，并入新青年社。

李达（1890—1966），号鹤鸣，湖南零陵人。上海共产主义小组发起人之一，出席中国共产党第一次代表大会，被选为中共中央局宣传主任、人民出版社社长。兼《共产党》月刊主编，《新青年》杂志编辑。人民出版社出书费用是他一个人筹措的。1922 年 7 月，因与陈独秀政见有争执，离开上海去湖南自修大学任教。人民出版社因此结束。1927 年大革命失败后，李达在白区长期担任大学教授。1928 年，与邓初民创办昆仑书店，坚持出版马克思主义理论著作，1932 年，因一名店员被捕，被迫停业。同年，在上海自办笔耕堂书店，继续出版马克思主义理论著作，1937 年停业。新中国成立前夕，重新入党，历任湖南大学校长、武汉大学校长。著有《社会学大纲》、《经济学大纲》、《实践论解说》、《矛盾论解说》等。

（二）《向导》发行所。1922 年 9 月在上海公共租界梅白路（今新昌路）建立。中共上海地委兼区执委书记徐梅坤任经理。《向导》是中共中央第一个政治机关报，16 开本周刊。1922 年 9 月 13 日在上海创刊，蔡和森、彭述之、瞿秋白等相继任主编。党的主要领导人和活动家多在该刊上撰稿。1927 年 7 月汪精卫叛变后停刊，共出 201 期。创刊初期，由《向导》发行所按指定渠道专送或寄发上海、武汉、广州、北平、杭州等地。1923 年 11 月，《向导》周刊移交上海书店发行。

（三）上海书店。1923 年 11 月 1 日在上海小北门民国路振业里 11 号（今人民路 1025 号）开业。中共中央执委徐梅坤、瞿秋白主持创办。该店是新青年社的继续。那时，党中央在上海，而党中央的出版发行机构却随陈独秀在广州，诸多不便。1923 年 8 月，中央决定将新青年社迁回上海，"只是迁回来不能再用原来的名称，也不能再设在租界里。因此决定另起炉灶，地址在华界"（徐白民《上海书店回忆录》）。10 月，新青年社的全部存书由经理苏新甫从广州运回上海，改名上海书店。各地书店代售新青年社出版物的欠账，均交由上海书店接管。各地书店欠账不少，多是收不回来的烂账。上海书店第一任经理由中共中央执委徐白民担任，后由毛泽民接任。

上海书店除发行中共中央的刊物《向导》、《新青年》、《前锋》和团中央机关刊物《中国青年》以及新青年社、人民出版社的存书外，也自行出版图书。邓中夏、瞿秋白、陈望道、蔡和森、恽代英、萧楚女、张太雷、施存统、安体诚、蒋光慈等党的著名活动家的著作，都曾在上海书店出版。

上海书店为避免外界注意，对自己出的书（含新青年社、人民出版社的存书）秘密发行，在店内不公开陈列。公开代售的是各民营书店的出版物。徐白民回忆说："其中以民智书局、亚东图书馆、新文化书社的书为多；而商务、中华这两家大书店是比较苛刻，代售可以，但不能退回。上海书店就用现款配购，选择这两家书店出版的比较有价值的几种新书，各三五本，以备一格。这样一来，书橱放得满满的了。同时还兼售一些文具用品"（徐白民《上海书店回忆录》）。

上海书店原由中共中央宣传部领导。1924 年 5 月，中共中央出版部成立，原在中宣部负责出版工作的张伯简（洪鸿，白族）任出版部书记。从此，上海书店成为中共中央出版部的公开机构。1925 年 1 月中共四大以后，更名为中共中央发行部（有时亦称出版发行部）。当年秋，张伯简调任广东军委书记，由中央秘书长王若飞兼任中共中央发行部部长，毛泽民任发行部经理。他们从湖南等地的党组织中选拔一批优秀党团员充实了上海书店的发行人员。

毛泽民主持上海书店，首先致力于书刊发行网的建设。据他的夫人钱希均回忆说："泽民在全国奔波建立发行网。上海、武汉、广州、长沙、宁波等地，都有我们的书店，就连香港和法国的巴黎也有我们的代销处"（钱希均《回忆毛泽民同志》）。

上海书店向外地发行书刊，因"受邮局严查，完全不能邮寄"，要由中共中央组织部所属的中央交通处通过党内的交通网来运送。1925年1月制定的《中央组织部工作进行计划》规定："使本党宣传品广布全国，也是中央组织部重要工作之一。因此，中央组织部须设一交通干事，其任务：（1）指导出版部向各地扩张公开的宣传品之销路；（2）筹划向各地秘密的输送本党宣传品及函件……"（《党内交通史料选编》第一辑）

1925年4月30日发出的《中共中央通告》第28号，对党内交通网运送书刊的办法作了具体规定，要选择"妥当地址（一个或两个），最好是靠近轮船码头便于运送的地方作接纳中央出版品（如《向导》、《中国工人》、《新青年》、《党报》及其他临时刊物，不论是赠品的、推销的，或代转当地书局以及投邮的）的机关"。同时要求："办理交通负责人，专门担任分配递送中央寄来的各种出版品及组织临时贩卖队或秘密发散传单队等职。此负责人，应选得力能胜任之同志。""以后关于中央出版品的营业部分，如营业部（即书店）须各地转交或代为投邮时，必须经过交通干事认可方才寄出，但各地收到此项书报时，务必代之妥为转递。"这个通告，对交通干事运送中央出版物的细节也作了交代："中央寄交各地之件，脚钱概由中央给予，各地不必再给酒资"；"各地交通干事与中央交通干事直接通信时，可直寄上海英租界上海大学何尚智转洪鸿或由钟祖之转亦可"。洪鸿即张伯简，当时任中央出版发行部书记。可见，做好中共中央出版物的运送、发行工作，是全党的一项重要任务。

由党内交通网运送书刊持续到1931年。据当年任华南交通总站负责人的饶卫华回忆说："党中央在上海印刷，送到香港发行的书刊，当时我们是通过由上海至香港轮船上的海员同志（或工会会员）代为携带。这种宣传品数量比较多，容易被敌人发现，通过海员同志携带则较安全。每逢轮船到岸后，我们就派人上船去接受这些书刊，经常负责这项工作的是潘云波同志。干这种工作需要胆量、机警、沉着，才不致被守在码头上的警探发现。潘云波同志每次都很出色地完成任务，从未发生问题"（《党内交通史料选编》第一辑)。当年，由上海书店运往全国各地的书刊，都要经过千难万险，实在不容易。

上海书店发行的各种书刊，很少在店内存放，主要存放在山海关路的"秘密作坊"，这里是分发中央出版物，运送到上海和全国的发行基地。新出版的书刊，由书店人员利用晚上时间秘密包装、发运。各地党组织创办的书店"关于书籍方面完全由上海书店供应，代售上海其他书店的书刊也由上店负责接洽并负担保之责。实际上等于上店的支店。那时有这样一个计划：凡是上店有直接关系在各地的支店，此后都将以当地地名作为支店的店名，成为上店的一个发行系统"(徐白民《上海书店回忆录》)。中国共产党自从创办上海书店以来，就注重在全国建立自己的发行系统。抗日战争和解放战争时期的新华书店、三联书店都继承和发扬了这个传统。

为确保上海书店出版物的印行，中央出版发行部在上海创办崇文堂印书局。因泄密曾两次搬迁，先后改名和记印刷所、文明印务局。毛泽民经常去印刷所安排工作，曾被敌人拘捕，后设计脱逃。

1926年2月3日，军阀孙传芳以"煽动工团，妨害治安"的"罪名"，指使上海警察厅将上海书店查封，书店会计田声被拘。此后，上海书店又以宝山书店的名义在上海宝山路开业。1927年3月初，北伐军直逼南京、上海，宝山书店改名《向导》、《新青年》、《中国青年》上海总发行所，公开在《民国日报》刊登开业启事。3月下旬，陈独秀、周恩来领导的上海工人第三次武装起义获胜，占领了上海除租界以外的地区，总发行所改名长江书店，连续多日在《民国日报》、《时事新报》刊登开幕启事和大幅书目广告。四一二反革命政变后的第二天，上海长江书店被蒋介石反动集团查封。

主持上海书店的毛泽民(1896—1943)，字咏莲，后改为润莲，湖南湘潭韶山人，毛泽东之弟。曾任共产党组办的安源工人消费合作社总经理。1925年在广州农民运动讲习所学习结业，赴上海，主持党中央的出版发行工作，化名杨杰，公开身份是印刷厂老板——杨经理。四一二反革命政变后，在上海创办协盛印刷所，组织"地下"的出版发行活动。1929年，奉周恩来之命，转移至天津，创办华兴印刷公司，继续从事出版发行活动。1931年深秋，到中央苏区瑞金，任中华苏维埃政府银行行长。长征期间，负责红一方面军的供给工作。到达陕北后，任中国工农民主政府经济部副部长，后调任八路军驻新疆办事处负责人。1943 年 9 月，被新疆军阀盛世才拘捕，壮烈牺牲。

（四）上海书报流通处。1924 年初在上海浙江路华兴坊创办，主持人董受之。实为上海书店最大的分销处。有 10 余名流动供应员，骑自行车到各大学、工厂推销上海书店的出版物，兼办书刊代购代送业务。每期《向导》周刊可流动销售两千余册，《中国青年》可销售三四千册。对发行人员按销售总额的 20%—30%发给酬金。书报流通处因受到军阀当局的监视和迫害，1925 年 7 月停办。

（五）汉口长江书店。1926 年 11 月在汉口开业。9 月，北伐军攻克汉口，以武汉为中心的长江一带革命运动出现高潮，中共中央迁来汉口，分管宣传工作的瞿秋白，通知将上海书店（长江书店）的存书运来武汉，在汉口后城马路（今中山大道）开设长江书店，苏新甫任经理。毛泽民调任《汉口民国日报》社经理。该报连续刊登《长江书店启事》："本店经售向导社、新青年社、中国青年社并一切关于革命的书报。'没有革命的理论，便没有革命的行动。'本店愿意于这革命高潮中供给革命民众以研究高深革命理论的材料。凡我革命同志欲购革命的书报，请移至敝店可也。"同年 9 月，《中国青年》杂志刊登长江书店的新书广告，特别注明"继承上海书店营业"。说明汉口长江书店是原上海书店在新形势下的延续。

在大革命高潮的影响下，武汉的读者迫切需要革命书刊。长江书店开业，广大读者特别是青年学生从四面八方奔来，书店的店堂被挤得水泄不通。从上海、广州运来的书刊在 3 天内销售一空。因添配的书刊一时接应不上，书店只好一度拉上铁门。不久，上海文明印务局的全部机器设备运到汉口，在济生马路福生里（今汉口前进三路）创办长江印刷厂，大量重印革命书刊。瞿秋白译的《列宁主义概论》（即《列宁主义基础》）首次由长江书店出版。毛泽东于 1927 年 3 月初写的《湖南农民运动考察报告》，最初在湖南省委机关刊物《战士》上连载。中央机关刊物《向导》刊载了一部分，因陈独秀阻挠，其余部分未予刊登。瞿秋白把这个"报告"改名《湖南农民革命》，交长江书店出版。瞿秋白为该书写的序言说："中国的革命者个个都应当读一读毛泽东这本书。"

由于购书的读者众多，长江书店于 1927 年 5 月 1 日迁至后城马路济生路口的一座更为宽敞的楼房营业。利用迁址的机会在《汉口民国日报》大做广告称："所有各种书报大减价一个月，以副惠顾诸君之雅意。"长江书店总发行的刊物有《向导》周报、《赤女》等 6 种，总发行的图书见于当时书目广告的有 90 余种。广告宣传持续了一个月。《汉口民国日报》是第一次国共合作时期国民党湖北省党部的机关报，实际是由共产党员主持工作。董必武任社长、沈雁冰任总编辑，毛泽民任经理。因此，该报对长江书店的出版发行活动给予大力支持。

1927 年春，中共中央在汉口成立中央出版局，张太雷任局长，有一个秘密的办公用房，刻了图章，没有工作人员。5 月初，汪原放继任局长。总书记陈独秀交给他的任务是，节制长江书店、节制长江印刷厂、节制宏源纸行。当年 4 月，中央宣传部设立出版科，负责人王步文。

1927 年 7 月 15 日，在武汉主持国民政府的汪精卫叛变革命，残酷镇压共产党人和工农群众。7 月 20 日，长江书店被封，但仍坚持秘密出版发行工作至 1927 年底。长江书店从开业至结束约一年多时间，出版新书和重印书共 47 种，经销的书刊有数百种。

（六）广州农民运动讲习所的出版活动。第一次国共合作期间，经共产党人提议，国民党中央执行委员会自 1924 年 7 月起，开办农民运动讲习所，由共产党人彭湃、阮啸仙、毛泽东先后任所长，教员有周恩来、萧楚女、恽代英、李立三等。到 1926 年 10 月，共办 6 期，毕业学员共 796 人，多分赴原籍开展农民运动。为适应教学和开展农运的需要，农讲所以中央农民部的名义创办《中国农民》月刊和《农民运动》周刊，出版农民运动丛书 7 种，农民运动丛刊 32 种，小丛书 4 种。第六届农讲所（1926 年 5 月至 10 月）由毛泽东直接主持，招收学员最多，达 327 名。据《第六届农民运动讲习所办理经过》载："编印农民运动丛刊计共五十二种，现已出版者十七种"（《中国现代出版史料》甲编）。农讲所出版的书刊，对于培养农运干部、推动农民运动发挥了巨大作用。

三、大革命失败至 20 世纪 30 年代初创办的进步书店

1924—1927 年第一次国共合作，掀起轰轰烈烈的"打倒列强、除军阀"的大革命，由于蒋介石、汪精卫的叛变而招致失败。蒋、汪合流实行白色恐怖，革命报刊和进步书店被国民党反动派查封。中共"八七"会议后，新选出的临时中央政治局从汉口迁回上海。中共中央机关刊物《向导》被查封，中央决定恢复机关刊物，刊名为《布尔什维克》。在上海又陆续创办无产阶级书店、秋阳书店、华兴书局从事地下出版发行活动。共产党领导的两个文学团体创造社和太阳社也相继在上海创办书店，公开或半公开出版发行书刊。

（一）《布尔什维克》编辑部。1927 年 10 月在上海愚园路亨昌里 418 号成立。当月，临时中央政治局向全党发出通告，任命瞿秋白、罗亦农、邓中夏、王若飞、郑超麟 5 人组成《布尔什维克》杂志编委会，瞿秋白任编委会主任，刚被任命为中央出版局局长的郑超麟主持编委会日常工作。《布尔什维克》杂志于当年 10 月 24 日创刊，初为周刊，后改半月刊、月刊、双月刊，直至不定期刊。共出 5 卷 52 期。瞿秋白撰稿最多，先后在该刊发表社论、评论 50 余篇。创刊不久，编委从 5 人扩大到 26 人，新增编委有蔡和森、张太雷、毛泽东、周恩来、李立三、恽代英、陆定一、任弼时、李富春、张闻天等人。1928 年 6 月瞿秋白去苏联，先后由李立三、张闻天任编委主任。当时的中央领导一切听命于第三国际，把革命低潮误为高潮，到处组织暴动，《布尔什维克》发表许多"左"倾错误的文章。

当时，虽有中央出版局局长的名义，却未设中央出版局机构。中央的书报刊发行工作由毛泽民主持，印刷工作由彭礼和主持。印刷、发行的一些重大问题，由郑超麟加以协调解决。郑超麟调走后，则由先后任中共中央宣传部部长的李立三和张闻天主持出版工作。

在白色恐怖下，中共中央机关刊物面临的最大难题是如何广泛地发行出去。为此，中央常委向全党发出第十一号《中央通告》，该通告规定："《布尔什维克》之发行由交通处负责传递。各省委务使每一支部都能按时收到阅读，各支部都应负责推销，介绍读者……各省委当指定当地若干学生同志特

别责成他们推销到党外去；每一省委应于月底前报告他们所销份数，并说明下月所销份数。"

为防止国民党反动派查禁，《布尔什维克》采用多种伪装封面。二卷三期封面类似鸳鸯蝴蝶派文艺刊物，化名《少女怀春》。从二卷七期起，改成32开书本型，封面伪装为《新时代国语教授书》。后来又化名为《中国古史考》、《金贵银贱之研究》等。

四一二反革命政变后，中共中央领导的上海总工会转入地下，出版《上海工人》旬刊，也采用伪装封面：《自由之花》、《劝世文》、《时晴毛毛雨》、《春花秋月》、《滑稽大王》、《佛祖求道记》等，共出20余期，几乎每期都换一个伪装书名。

（二）无产阶级书店。1928年在上海创办，创办人不详。已知出书23种，著名的有《广州公社》，用文字和图片介绍了1927年12月广州起义的革命史实。1929年，无产阶级书店的出版物均被国民党反动派查禁。当年所取的店名毫无保护色，反映了中央领导人的"左"倾路线，其出版物易被查禁，是必然的了。

（三）秋阳书店。1929年春在上海南成都路口开业。在中共中央军委书记周恩来直接领导下，由中央拨给经费，并由江苏省委军委向社会集资招股创办。曾任中宣部出版科科长的王步文和江苏省委军委秘书的胡允恭先后任董事长，王逸常任经理。出版发行革命书刊，同时作为党的国际联络机关，以订书账务往来的名义，收发共产国际拨给的活动经费。1930年夏，因张国焘之弟张国澍叛变，该店被英捕房破坏。

（四）华兴书局。1929年在上海创办的中共地下出版发行机构，创办人华岗。自1930年至1931年间，国民党反动派明文查禁该书局出版的图书，有案可查的达49种。1931年，国民党特务在河南开封邮局查出该书局寄给开封大学和济汴中学的图书包件，国民党河南省政府主席刘峙电告上海市国民党当局。3月1日，淞沪警备司令部按邮包寄出地址到上海康脑脱路（今康定路）762号来搜查，这里是空房一间，华兴书局早已奉命转移。此后，化名启阳书店、春阳书店、浦江书店继续从事地下出版发行活动，结束年代不详。

（五）创造社出版部。创造社是 1921 年由郭沫若、郁达夫、成仿吾等人发起的新文学团体，其成员积极从事文学创作和文学翻译，其出版物由泰东图书局出版发行。1923 年曾在上海北四川路开设书店，由郭沫若夫人郭安娜（日本人，本名佐藤富子）负责经营。1926 年 3 月，郭沫若离沪赴广州，该店也随之迁移，仍由郭安娜经营，大革命失败，停办。

1925 年冬，周全平、叶灵凤、潘汉年等人在上海宝山路创办创造社出版部（另在广州昌兴街设立分部，即郭安娜经营的书店）。出版创造社丛书、世界名著选等百余种图书，编印《创造》、《文艺生活》等 10 余种文艺期刊。1929 年 2 月该部被查封。因早有准备，立即转换地址成立江南书店，由郑伯奇、朱镜我主持，继续出版发行书刊。出有《新思潮》月刊和吴黎平译的马克思《反杜林论》等。1931 年再次被国民党当局查封。

（六）春野书店。1927 年 12 月在上海北四川路虬江路开业。进步文学社团太阳社成员蒋光慈、钱杏邨、孟超等合资创办。蒋光慈主持店务。经销进步书刊，创办《太阳月刊》，出版"太阳小丛书"等多种文艺书籍。该店出版物拥有众多读者，风靡一时。1929 年 8 月，因《世界周刊》遭国民党当局查禁，该店受株连被封。

四、中共地方组织从成立至抗战前创办的书店

由于蒋介石实行独裁统治，不许人民集会、结社，中共地下组织向知识分子、青年学生、公教人员进行思想工作，主要靠进步书刊。这就要创办书店，配备得力干部开展出版发行工作。限于篇幅，分省略作叙述。

（一）江苏。1931 年 1 月，中共江苏省委发行部在上海成立，专门负责党的出版物发行工作。发行部下设南京、南通、无锡、徐州、东海 5 个发行总站。各总站负责附近三四个县的书刊供应。各县（区）委设发行部或称发行分站。每个支部指定一人兼任发行干事。有的县委发行部还在全县组建了若干书刊代销处。

（二）上海。由中共党员创办的书店主要有：

1. 大江书铺。1928 年 9 月由陈望道创办。出版马列主义理论著作、苏联文学译著和左翼文学作品，多被国民党当局查禁，亏损严重。1933 年，

该店盘给开明书店。新中国成立后，陈望道历任华东高教局长、复旦大学校长、全国人大常委等职。

2.人间书店。1928年由左翼文学家胡也频、丁玲创办，一年后停业。1931年，胡也频被国民党当局秘密杀害于上海龙华。

3.辛垦书店。1929年由左翼文学家任白戈、沙汀创办，抗战爆发后停业。

4.湖风书局。1931年由著名中共党员宣侠父创办，1932年被国民党当局查封。从此转入"地下"，坚持出版发行活动，直至1935年。

5.公益书店。1927年四一二反革命政变后，谢旦如在北四川路老靶子路独资创办。书店一楼经营旧书，二楼备有印刷机给中共地下党印刷秘密文件和左翼文化人印制进步书刊。出版《马克思主义文艺论文集》、瞿秋白杂文集《海上述林》和左联的《前哨·纪念战死者专号》等书刊。（专号一切费用由谢旦如承担）据1932年9月1日《鲁迅日记》，谢旦如曾设家宴款待鲁迅夫妇和瞿秋白夫妇。停业日期不详。

上海的一些民营书店如开明书店、水沫书店、现代书局、南强书店、春秋书店、神州国光社、良友图书公司等也曾出版发行过进步书刊。

（三）浙江。已知的有我等书店，1928年9月在杭州新民路丰乐桥畔开业，中共地下党员崔晓立奉组织之命创办。经销进步书刊，还组织读书会，宣讲马克思主义。12月中旬，该店被国民党浙江省党部查封，崔晓立被捕，壮烈牺牲。在宁波，中共地下组织于1925年创办宁波书店，主要销售上海书店的出版物。当地进步人士还创办了明星书局，销售《向导》、《新青年》等书刊。四一二反革命政变后，该店改营教科书。

（四）江西。已知的有文化书社，1922年在南昌三道桥东湖畔开业，中共江西党组织创始人赵醒侬创办，方志敏任经理。1923年3月被江西军阀蔡成勋查封。方志敏被通缉，机警脱险。翌年7月，在南昌百花洲以明星书店的名义重新开业。1926年8月，该店被军阀邓如琢查封，赵醒侬被捕，英勇就义。11月，北伐军占领南昌，明星书店复业。四一二反革命政变后被蒋介石查封。方志敏奉组织之命奔赴农村，创建赣东北革命根据地和工农红军第四军。1935年1月同国民党军队作战时，因叛徒出卖被捕。7月，英勇就义。遗著《可爱的中国》，是新中国成立后经久不衰的畅销书。

（五）安徽。已知的有新皖书店，1925 年中共安徽党组织在安庆创办，实为上海书店的分店。

（六）山东。中共地下组织建立的书店，已知的有：

1. 青岛书店。1928 年在青岛平原路开业，中共山东党组织创始人邓恩铭创办。20 世纪 30 年代初期停业。

2. 荒岛书店。1933 年在青岛广西路开业，孙乐文、张智忠创办。孙、张二人陆续入党，该店成为中共地下组织的活动据点。曾两次被国民党市党部查封，经过合法斗争，两次恢复营业。1937 年抗战爆发，停业。

3. 国民书店。1930 年春在滕县南门里开业，中共滕县特支委员会创办。因组建革命外围组织读书会，引起国民党怀疑。1932 年被查封，书店发行员雷斯修等被捕。

4. 文成书局。1933 年 1 月在莱芜县鲁西街开业，中共莱芜县委派王其仁等党员自筹资金创办。以走乡串学卖书作掩护，从事党的秘密联络工作。1935 年底，因环境恶化，被迫停业。

5. 文化书店。1937 年在东平县城开业，山东省委万里发动进步知识分子集股筹资创办。4 名工作人员均为中共党员，是地下党组织秘密活动场所和联络中心。1938 年 8 月日军侵占东平，停办。

（七）东北地区。在哈尔滨、沈阳各有一家进步书店，还有一个秘密出售进步书刊的书摊。

1. 哈尔滨书店。1924 年在哈尔滨道外裤裆街开业，中共哈尔滨党组织创始人陈为人创办，经理秦墨林。主要发售上海书店出版物，是哈尔滨党组织的秘密联络点。1926 年 4 月，哈尔滨特别支部改组为中共北满地方委员会，书店由地方委员会领导。同年 10 月，书店被奉系军阀一度查封，后恢复营业。1930 年 3 月再次被封禁。

2. 王忠生书摊。1930 年在哈尔滨道里七道街开业，摊床上陈列的一般是旧书，书箱里藏有进步书刊，提供给较为熟悉的读者。有钱可买，无钱可看。1940 年 6 月，王忠生被日伪当局逮捕，受尽酷刑，经营 10 年之久的进步书摊从此停业。

3. 绿野书店。1928 年在沈阳督军署街开业，由沈阳党组织支持的进步知识分子刘丹岩创办，刘丹岩任经理，王仁斋等 3 名店员均为中共党员。主要销售进步文学作品。翌年，刘丹岩一度被捕。1931 年九一八事变后，书店被日本侵略军查封。

（八）河北。著名的有协生印书局、北方人民出版社。在少数县城也办有进步书店。

1. 协生印书局。1926 年在保定市西大街开业，中共党员张培植（1891—1939）创办。系中共保定地下组织联络点，公开场合印刷教科书、学生补充读物，承揽表册、广告、信笺等零活，所得利润充作党的活动经费。20 世纪 30 年代初起，秘密印行进步书刊和党组织的文件，已知书目有 36 种。职工 70 多人。1939 年 6 月，张培植因给晋察冀边区抗日根据地运送印刷设备，被日本桑木部队特务机关逮捕，壮烈牺牲，书局被封。书局旧址，被保定市人民政府定为文物保护单位。

2. 北方人民出版社。1931 年在保定成立，中共保定党组织创办，负责人王一民（辛垦），以订正重印中共中央出版机构如上海书店、华兴书局的出版物为主要任务。常用伪装封面化名出书，通过党的组织系统发行，同时委托各校门房、书店、书摊代销。1932 年 2 月，国民党当局镇压保定师范学潮，军警屠杀、逮捕众多学生。王一民被通缉，机警脱逃。该社被迫停业。

3. 郁文阁。1933 年在河北定兴城内开业，书商马郁文创办，自任经理，倾向革命。该店逐渐成为中共地下组织的秘密联络站。抗战期间，马郁文多次以书店作掩护，向敌后根据地运送枪支、纸张等。1954 年歇业。

4. 蠡吾书局。1927 年在河北蠡县城内西小街开业，由刘宪曾、杨登弟等 6 位中共党员集资创办，经营书刊和文具纸张，实为县委的秘密联络站。抗战期间，印行革命读物和抗日小学课本，盈利作为党的活动经费。1938 年，日军侵占蠡县城，歇业。

（九）天津。已知的有华新印刷公司，还有北方书店和知识书店。

1. 华新印刷公司。1929 年在天津唐山道 47 号开业。当年初，国民党特务对上海的控制越来越严，主持中央工作的周恩来决定将中央出版局的印刷厂迁往天津。2 月，派毛泽民带领部分印刷人员到天津，印刷机器等设备也通过海运抵达天津。主要印行党中央的书报刊，翻印发行《布尔什维克》杂志。毛泽民任经理，柳直荀负责核定稿件和国际交通。1931年，中共顺直省委负责人贺昌被捕，该公司奉命停办。

2.北方书店。1929年在天津法租界24号路17号（今劝业场北侧）开业。根据地下党的部署，由张友渔、李子昂、曹景周等党员集股创办，曹景周任经理。薄一波、贺昌、张兆丰等领导人均在这里开过会。1930年8月，法租界巡捕房突然来书店搜捕，"搜得可疑书籍甚多"。该店被封，会计刘佣僧被捕，判刑两年半。中共党员符号（符沙）来书店办事，因手持的自著诗集《铁大姐》是国民党下令查禁的图书，也被判刑两年半。

3.知识书店。1936年9月在天津法租界21号路开业。叶笃庄出资创办，经理吴砚农、副经理易吉光（二人均为中共党员），受中共河北省委领导。易吉光时任中共天津市委书记，该店也受市委领导。主要经销进步书刊，出版沈志远主编的《国际知识》杂志。抗战爆发，该店引起敌人注意，1937年9月经河北省委书记李大章批准，停止营业。

（十）北平。1932年10月，中共北平地下市委增设发行部，出版发行书刊。次年5月，发行部部长张景毅等人被捕叛变，发行部撤销。1935年1月，中共北平工作委员会再次设立发行部，秘密发行书刊。20世纪30年代，北平国民党当局查禁进步书刊200余种，多为该部发行。

（十一）山西。已知建有4个进步书店，关停年月不详。

1.晋华书社。1921年8月在太原开业。太原社会主义青年团发动进步教师和学生集资创办，团员姚錞任经理。第一次在山西发行《共产党宣言》等革命书刊。

2.新愿书社。1922年5月在山西临汾开业。临汾第一高校进步教师景仙洲创办，兼任经理。主要经销进步书刊，是当地进步青年的活动场所。

3.新兴书社。1922年秋在山西临汾开业。由中共党员张震山等5人集资创办。彭真在临汾发展地下党组织，进行秘密革命活动，就住在该社。

4.生存书店。1936年在山西运城路家巷开业。中共党员武克仁奉党组织之命创办，店名为蔡元培所题，经销进步书刊。该店也是中共运城党组织的秘密联络站和工作机关。

（十二）河南。已知的有秋水书店，1931 年在开封北书店街开业。中共河南党组织负责人杨斯萍（女）安排党员郭晓棠等人创办，由进步青年集资入股。以销售上海等地出版的进步书刊为主要任务。同时也是党的秘密联络站。1932 年秋，国民党当局派军警将该店店员郭济英（党员）捕去，书店被查封。不久，杨斯萍也被捕，惨遭杀害。郭济英被关押 5 年多获释，后来担任沁阳县三区区长，抗日战争时期被汉奸队伍皇协军杀害。

（十三）湖北。除设在汉口的长江书店外，在武昌、汉口、汉阳发行进步书刊的书店还有共进书社、时中书社、东壁书社、工人导报发行所等多处。大革命高潮时期，由刘少奇主持的湖北省总工会设有出版处，一年多时间共出版发行进步书刊 200 万册。1927 年 7 月 15 日汪精卫叛变革命，上述书店均被查封。共进书社建有党团小组，伍修权将军少年时代曾在这家书店当学徒，并参加社会主义青年团，从事进步书刊的发行工作。

（十四）湖南。除长沙的文化书社以及在宁乡等 9 个县建立的文化书社分社外，毛泽东于 1926 年 6 月回韶山建立党支部时，派支部成员钟志申在银田寺（集镇）建立了"合作书店"，向农村推广新文化，同时作为党的通信联络机关。这是中国共产党最早在农村设立的书店。1924 年，在平江县城，中共党员吴克坚创办乐群书社，销售马克思主义书刊。大革命时期，湖南省委书记李维汉在长沙建立了真理书店，湘潭党组织建立了湘潭书店，均以销售进步书刊为己任。大革命失败，这些书店均被国民党当局查封。

（十五）广东。新青年社从广州迁回上海后，中共广州党组织在广州建立了平民出版社和国光书店。广东潮州的党组织在潮州建立了韩江书店。这几个书店的具体情况不详。

大革命失败后，中共广东省委先后出版《红旗》、《两广实话》等 10 多种刊物和大批小册子。为加强书报刊及各种宣传品的出版发行工作，省委设立宣传委员会，负责供给各种宣传刊物；县区设发行部与发行科，地方支部组织发行队，有专职的发行干部与发行员。省委还先后创办了地下书店，并作为地下工作据点。其中著名的有绿波书店，因经营亏损严重而停办。

（十六）广西。已知的有梧州苍梧书社和南宁苍梧书店。

1. 梧州苍梧书社。1926 年在梧州开业。中共梧州党组织委派钟云创办，经理陈漫远。四一二反革命政变后，钟云被国民党当局逮捕，英勇就义。书社被封。

2.南宁苍梧书店——春秋书店。1936年初在梧州开业，中共党员杨铁如创办，由宣侠父出面找李济深拨给了开办书店的资金。1938年迁南宁营业，秘密翻印发行延安出版物。1940年停业。杨铁如又在桂林开办白虹书店，抗战胜利迁南宁，改名春秋书店。1956年，该店并入南宁市新华书店。

（十七）福建。已知的有福州书店和泉州书店。

1.福州书店。1925年2月在福州鼓楼附近开业。中共党员翁良毓创办，自任经理。不久，又以左海书局的名称在南街锦巷口开设分店。这两个书店主要销售上海书店的出版物。1925年12月，翁良毓被福建军阀周荫人逮捕，英勇就义，时年21岁。书店被查封。

2.泉州书店。1926年12月在泉州小泉涧巷北口开业。创办人唐生、白海棠（均为中国台湾地区人）。主要出售上海书店的出版物。1927年四一二反革命政变后被查封。唐、白二人被勒令离开泉州。

（十八）云南。已知的有文劲书店，1932年初在云南墨江县城开业。中共墨江工作委员会创办，经销进步书刊，又作为地方党组织的联络机关。1933年，书店经理熊文和被国民党县党部逮捕，英勇就义。书店被封。

（十九）四川。中共四川党组织建立的书店较多。开业最早的是重庆新曙书店（1925）、合川导文社书店（1926），在宜宾中山学校内开设的宜宾书店（1926）。这几家书店主要经销上海书店的出版物。四一二反革命政变后，三家书店均被国民党当局查封。中共地下党又在重庆开设民星书店，在成都开设国民书店，在万县开设万县书店，在宜宾开设合众书店、平凡书店。其他如内江、潼南、巴中、合川、广安、岳池、营山、苍溪等20多个市县，中共地下组织均先后设立过书店。限于篇幅，仅对付出重大牺牲的三个书店略作介绍。

1.晓东书店。1928年在内江县城建立。原名百城书店，后由中共党员廖释惑接任经理，迁移新址，改名晓东书店，作为中共内江县委的秘密联络点。1930年5月，受王明"左"倾路线的支配，县委被暴露。反动军警三次搜查书店，虽未获任何证据，仍将书店查封。廖释惑被捕入狱，受尽酷刑，英勇就义。

2.潼南书店。1930年1月在潼南县城开业，由谭世良等30多位中共地下党员集资创办，表面上为灰色书店，秘密发行进步书刊，谭世良任经理。该店同时又是中共潼南特支的军事联络站。受王明"左"倾路线的支配，书店被暴露，谭世良壮烈牺牲，4名工作人员全被拘捕。

3.辅仁书社。1926年7月在川北巴中县城开业。中共党员苟寿南等三人集资创办，经销进步书刊。苟寿南兼任县农民协会会长，公开编印和发行《农民夜校课本》。书店成员均在县农民夜校兼课，培训骨干，开展农民运动。四一二反革命政变后，该店翻印发行郭沫若的《请看今日之蒋介石》，揭露蒋介石叛变革命的罪行。国民党军阀田颂尧定此事为"川北第一大党案"，派兵查封书店。书店工作人员张诗洲等二人被捕，经理苟寿南脱险。1928年冬，苟寿南返回巴中，以行医为掩护，从事地下党交通联络工作，仍秘密发行革命书刊，直至1949年巴中解放。

（二十）陕西。中共陕西省委于1927年5月在西安东大街创办"廿八"书报社，赵葆华任负责人，5名工作人员均为中共党员。主要发行上海书店的出版物。每种书刊发行量达两三千册，多至万册。"廿八"两个字合起来为"共"字，寓意为共产主义奋斗。反革命政变后，宁汉合流，书报社转入地下。不久赵葆华奉命参加渭华起义，书报社停业。

五、鲁迅创办和扶助的书店

鲁迅（1881—1936），周树人，字豫才，浙江绍兴人，是伟大的思想家、革命家和文学家。四一二反革命政变后，他目睹蒋介石集团疯狂屠杀工农大众和青年学生，思想开始发生质的飞跃，向阶级论者和马克思主义者过渡，成为中国共产党的挚友。他在极端险恶的情况下，领导左翼作家联盟坚持文艺战线的反帝反封建斗争，粉碎了国民党的文化"围剿"。在鲁迅的一生岁月中，为编辑出版事业付出的精力和时间占有很大比重。据统计，鲁迅编辑和参与编辑的图书有76种，丛书11种，主持或参与编辑的文艺刊物有20种，为别人之译著作序跋的有43种，校阅并介绍出版的有40种。他扶助了北新书局，自办北新书屋，与人合办未名社。此后，又自办三闲书屋和诸夏怀霜社。

（一）北新书局。1925 年在北京翠花胡同开业，追随鲁迅的文艺青年李小峰创办。以鲁迅译作《苦闷的象征》出书之日为书局开张之时。鲁迅为该书亲拟广告，在北京大学各院门口张贴，并在《语丝》杂志上刊登。鲁迅主编的《语丝》、《奔流》等杂志均由该书局总经销。鲁迅常到书局了解发行情况，"有所指示，有所询问，如书要摊开，尽读者翻阅，外地有哪些地方读者来信购书之类"（李小峰《鲁迅先生与北新书局》）。当代著名作家、翻译家萧乾曾在北新书局当过练习生。

1926 年，该书局因发行《语丝》被占据北京的东北军阀张作霖查封。后迁上海营业，在福州路开设门市部，在北京设分局。鲁迅的《呐喊》、《彷徨》等多种著作最早在该书局出版。1931 年，因发行华兴书局出版物，一度被国民党当局查封。抗战期间，出版业务移往广州。抗战胜利后以印行教学参考书和文艺书为主。1953 年，北新书局并入上海的四联出版社。1956 年，"四联"并入上海文化出版社。

萧乾 14 岁开始谋生，考入由鲁迅支持的北新书局。北新书局是五四运动后出现的新型出版社。这里成为萧乾人生中另外一个课堂。他接触到先进的社会思潮，读到了许多进步的文学著作。他的三堂兄极力反对他入北新书局工作。萧乾坚持自己的选择和三堂兄决裂。之后，萧乾成长为著名的记者和编辑家。

（二）未名社。由鲁迅等人发起的文学团体，1925 年在北京成立。因出版"未名丛书"而得名。鲁迅说："未名社是一个实地劳作，不尚叫嚣的小团体。"他主张："不要贴大广告，却不妨卖好货色。"主持未名社经营的是韦素园、李霁野。包括鲁迅的作品在内，该社先后出版文艺书 20 多种。设立门市部经销进步文学作品。创办《未名》半月刊。1928 年，北平反动当局将该社作为"共产党机关"查封，李霁野等二人被捕。半年后获释，该社启封。1933 年盘给开明书店。

（三）北新书屋。1927 年 3 月在广州芳草街 44 号开业。当年 1 月，鲁迅从厦门来广州任中山大学教务长和文学系主任。他为打破广州文坛的沉寂而开办书店。鲁迅的夫人许广平以"景宋"笔名在广州《国民新闻》报上介绍了这家文学书店。许广平之妹许月平主持门市营业。广州青年凡接触过新文学的，人人都知道鲁迅的大名，都拜读过鲁迅的作品，但是鲁迅的书主要行销北京和上海，在广州不太容易买到。所以鲁迅决定在广州开一家书店，主要卖自己的书。

北新书屋的货源主要来自北平的未名社和上海的北新书局。鲁迅亲自主持发行业务，"寄书、寄款、结账的零星工作全堆在他一个人身上。……就在这样实际工作的磨炼里，先生精通了许多业务上的技术，'包扎'的坚牢与齐楚，就令景宋惊佩过"（臧克家《鲁迅先生与编辑出版工作》）。同年3月15日，鲁迅写信让出版方寄书："我所做的东西，买者甚多，前几天至涨到照定价加五成，近已卖断，而无书，遂有真笔版之《呐喊》出现，千本以一星期卖完。《坟》如出版，可寄百本来。所谓'真笔版'（即油印本）。"4月9日致李霁野：前回寄来的书籍，《象牙之塔》、《坟》、《关于鲁迅》三种，俱已卖完，望即续寄。《莽原合本》也即卖完，要者尚多，可即寄二十本来。

四一二反革命政变后，广州发生四一五反革命事变。许多进步青年被捕，进步书刊被禁，外地寄给北新书屋的《语丝》、《莽原》等书刊遭国民党特务扣留。广州某邮局因扣下的刊物太多，无处存放，一律焚毁。鲁迅的名字上了国民党特务的黑名单。北新书屋被迫于8月中旬停业，存书廉价转给了共和书局。最终结账，亏损80元。鲁迅被迫赴上海定居。

（四）三闲书屋。1931年在上海成立。鲁迅自费创办的无店铺书店。鲁迅写的三闲书屋开业广告说："敝书屋因为对于现在出版界的堕落和滑头，有些不满足，所以仗了三个有闲，一千资本，来认真绍介诚实的译作，有益的画本，货真价实，童叟无欺。宁可折本关门，绝不偷工减料。"书屋设在鲁迅家里，并无门市部，从编辑、出版，到跑印刷厂、交书店代售，均由鲁迅及其夫人许广平办理。先后出版鲁迅的译作苏联长篇小说《毁灭》、《铁流》等多种图书。1936年鲁迅逝世后，许广平继续以三闲书屋的名义出版《鲁迅书简》、《且介亭杂文》及其二集、末编等7种书。

（五）诸夏怀霜社。1936年，鲁迅以此名义编辑出版瞿秋白遗作《海上述林》（译文集）。夏，中国古称；诸夏，全国人民；霜，瞿秋白早年的名字。诸夏怀霜，寓意为全国人民怀念瞿秋白。

鲁迅在上海除自办出版机构外，1928 年还与柔石等人合资创办朝花社（无店铺书店）。1934 年，又以自己的书稿《南腔北调集》和版税支持进步青年费慎祥创办联华书局。鲁迅夫人许广平对支持费慎祥出书，曾有过一段回忆："出版《准风月谈》、《花边文学》等著作全是为了革命文学不被敌人扼杀而特行印出的。只要印得出，在读者中间得到传播，那算是对敌人示威的目的达到了。故由费慎祥出的书，从未结算过稿费，甚或自己贴出纸张，印刷费亦所甘愿"（许广平《鲁迅回忆录》）。

第三节　土地革命时期革命根据地的出版发行事业

1927 年 4—7 月，蒋介石、汪精卫控制的国民党叛变革命，使尚处于幼年时期的中国共产党遭受惨重损失。1927 年 8 月 1 日，周恩来等领导的南昌起义，打响了武装反抗国民党反动派的第一枪，从此进入土地革命战争时期，即第二次国内革命战争时期（1927 年 8 月至 1937 年 7 月）。党的"八七"会议批判了以陈独秀为代表的右倾机会主义错误，确定了土地革命和武装起义的方针。1927 年 10 月，毛泽东领导的湘赣边界秋收起义队伍，在井冈山建立第一个革命根据地，开创了以农村包围城市、最后夺取全国政权的正确道路。中共领导的其他起义队伍又创建了湘鄂西、鄂豫皖等 10 多块革命根据地。全国革命根据地最盛时达 300 多个县，工农红军达 30 万人。各根据地在粉碎敌人"围剿"的同时，进行了土地革命，加强了根据地的政权建设和经济、文化建设。根据地的出版发行事业正是适应革命战争和建设的需要而发展起来的。本节以介绍中央革命根据地的出版发行活动为重点，同时叙及湘鄂西、鄂豫皖、川陕等根据地的书店情况。

一、中央革命根据地的出版发行概况

1929 年 1 月，毛泽东、朱德率领中国工农红军第四军主力从井冈山出发，先后建立了赣西南、闽西两个根据地。1931 年 9 月，第三次反"围剿"取得伟大胜利，两个根据地连成一片，发展成以瑞金为中心的中央革命根据

地（当年称中央苏区）。11 月，在瑞金成立中央工农民主政府（中华苏维埃共和国临时中央政府），毛泽东被选为主席。中央革命根据地拥有 21 个县，250 万人口，中央工农红军达 10 万人。在频繁的反"围剿"战争环境中，短短的三四年内，根据地的出版发行事业已初具规模。

（一）古田会议把编印书刊列入议程。1929 年 12 月，毛泽东在福建上杭县古田主持召开了中国共产党红军第四军第九次代表大会，会上通过了毛泽东起草的代表大会决议案，即古田会议决议。其中第三部分党内教育问题指出："红军党内最迫切的问题，要算是教育的问题。为了红军的健全与扩大，为了斗争任务之能够负荷，都要从党内教育做起。"教育离不开图书，因此在决议案中强调："编辑各种教育同志的小册子"，"有组织的分配看书"，"对不识字的党员读书报"，"出版石印的或油印的画报"，要"很艺术地编制课本"，其内容要有"革命故事、社会进化史故事、卫生、游击区域的地理及政治经济常识、革命歌、图报等"。决议规定："各纵队政治部负责编制青年识字课本。"

古田会议决议有力地促进了红军和根据地的书报刊出版发行活动。《红军报》、《战士报》、《前进》、《福建红旗》等报刊均在古田会议后（1930）创刊。红四军和兴国东北特区、南路行委、闽粤赣省委等相继出版了一批思想政治读物和训练材料，著名的有《共产主义与共产党》、《阶级斗争》、《富农问题》、《红四军各级政治工作纲领》等。

（二）赣西南、闽西两个根据地的出版发行活动。1930 年 10 月，由朱德任总指挥、毛泽东任政治委员的红一军团攻克赣西重镇吉安，使赣西南各小块根据地连成一片，成立了江西省工农民主政府，曾山任主席。省文化部编辑出版了列宁小学教科书。省工农兵第一次代表大会通过的《文化教育工作决议》要求："各地遇有新旧书籍、标本仪器、古物及革命的遗址，应由当地政府护送省文化部处理保管。"这个新生的人民政权很重视书籍、文物的管理和保护。赣西南出版的报刊有：《红色江西》、《赣南红旗》、《赤潮》等；还出版了一批书籍，发行量较大的有：《工农千字课》、《苏维埃读本》、《古田会议决议》、《共产主义与共产党》等。

1929 年春，红四军转战闽西。地方党组织在邓子恢、张鼎丞领导下发动上杭、龙岩、永定等地农民武装起义，开展土地革命。1930 年 3 月召开闽西工农兵代表大会，选举产生闽西工农民主政府，邓子恢任主席。代表大会通过的《文化问题决议案》提出："废止国民党党化课本，另由闽西文化委员会编制新课本，或由县政府编制，闽西政府批准"。编制新课本，就要设立印刷发行机构。该决议案强调："闽西政府应开设书店，承办各种革命书籍。"同时要求："各区乡政府要切实进行识字运动。"农村识字运动的开展，为书店发行通俗书报刊创造了市场。

这个决议案逐步得到实施，闽西列宁书局很快在长汀县城开业（另作专题叙述）。文化课本的编辑出版，由闽西工农民主政府文化委员会承担。当年秋季，大量翻印发行了"富有阶级性而适合工农用的看图识字课本"。

（三）中央革命根据地的文化建设和新闻出版。1931 年 11 月，中央工农民主政府在瑞金成立。中央革命根据地着重发展小学教育，在各县的区、乡、村普遍设立了列宁小学，还开办了许多识字班和夜校。为了培养政治和军事干部，设立了中央党校、中央军事政治学校、工农红军大学、工农红军卫生学校及其他专科学校。为了活跃根据地的精神文化生活，各级政府组织了剧社、戏剧队和农村俱乐部，在瑞金设立了中央图书馆。为了学习和研究马克思主义，以张闻天（洛甫）为书记成立了马克思主义研究总会，各省委和中央机关、群众团体陆续成立了分会。各类学校和文化团体，都需要书报刊。

作为文化教育事业组成部分的新闻出版事业也有了相应发展。中央根据地出版的报纸和期刊有：中央政府机关报《红色中华》，后来成为党、政、工、青的联合机关报，周以粟主编，瞿秋白继任主编。初销 7000 份，后达 4 万份；共青团苏区中央局机关刊《青年实话》，阿伪主编，由团苏区中央局宣传部部长陆定一领导，最高发行量达 3 万份；中华全国总工会苏区执行局机关刊物《苏区工人》，倪志侠主编，发行量不详；工农红军总政治部机关报《红星报》，邓小平主编，发行 1.7 万份，在长征途中仍坚持用油印出版。中共临时中央局从上海迁来瑞金，出版中央局机关刊物《斗争》，张闻天主编，仅中央根据地每期就发行 2.7 万份。

在出版方面，中央和地方的党、政、军机关以及学校、书店、报社等，均有出版或翻印图书的。

在印刷方面，中央政府设有中央印刷厂。陈祥生、祝志澄先后任厂长。该厂设编辑、铅印、石印、铸字、刻字、装订、油墨等 8 个生产部门，拥有 200 多名职工。中央军委和中央政府的财政、教育等部以及《青年实话》报，均设有印刷所。部分县城设有小型铅印、石印机构。

在发行方面，从首都瑞金到各县、区基本建成了书报刊发行网络。发行机构另作专题叙述。

中央根据地究竟出版了多少种书报刊？由于 1934 年第五次反"围剿"失败，红军主力开始长征，国民党反动派对中央根据地杀、烧、搜、掠，革命文物史料稀缺，已无法作精确统计。20 世纪 80 年代后期，瑞金革命纪念馆青年学者严帆经过多方面的调查研究，得出初步结论：中央革命根据地出版的报刊约有 160 余种，书籍约有 400 余种。

二、中央革命根据地的出版机构

中央革命根据地曾经出版过书报刊的单位比较多，专门设有编审出版机构的主要有：

（一）中央出版局。全称为中华苏维埃共和国临时中央政府中央出版局，约于 1931 年成立。同年 5 月 20 日印有列宁的《国家与革命》，封面上标明"中共苏区中央局宣传部出版，中央出版局总发行，各省书店代售"。可见，最迟在 5 月份该局已经成立。中央出版局出版的书籍，目前已发现的有《政治经济学》、《社会进化简史》、《论清党》等 20 余种。中央教育人民委员部编辑的学校用的游艺教材《竞争游戏》，也由中央出版局出版。有些以中央苏维埃政府名义编印的书籍，如《政治学大纲》、《苏维埃政权讲授大纲》等，也可能是该局出版的。中央出版局对中央根据地辖区有无出版管理职能，尚未见文献记载。

中央出版局内设编审部、发行部。第一任局长朱荣生，在职时间很短，就调走了。第二任局长张人亚，兼中央工农检查委员会委员。1932 年 12 月间，因公从瑞金赴长汀，途中患急病，抢救无效，病逝时年仅 32 岁。《红色中华》报发表了悼念他的文章。从史料来看，中央出版局于 1934 年 1 月还在出书。第三任局长不详。

（二）中央教育人民委员部编审委员会。1932 年 6 月成立，徐特立任主任委员。该会制定了文化教育类图书的出版规划，废止国民党编印的旧课本。两年多时间编辑出版了根据地中小学适用的各科教科书和教授大纲、教学法等。同时还出版了社会教育用书，如《青年平民读本》、《群众课本》、《工农课本》等。根据《中国现代出版史料》乙编刊载的《第二次国内革命战争时期苏区出版物简目》，属于"教科用书"有 28 种，其中由中央教育人民委员部编印的占 23 种。此系"简目"，史料搜集不全，实际出书品种可能超过此数。1934 年 4 月，编审委员会改制为中央教育人民委员会编审局。

中央工农民主政府于 1933 年发布的《地方苏维埃暂行组织法（草案）》规定，中央根据地之各省教育部，设立编审出版科。其任务是："管理普通教育与社会教育的各种材料之编辑，审查下级教育部及私人编辑的材料，并管理出版事业"。这个规定表明，中央根据地管理出版事业的机关，是各级政府教育部。中央教育人民委员会除编印"教科用书"外，还承担各省教育部申报的重要书稿之审查。

（三）中央革命军事委员会出版局。1932 年初成立，隶属于中央军委总政治部。王稼祥任总政治部主任，军委出版局长不详。该局附设印刷所。主要出版军事著作，已知的有《游击队怎样动作》、《战术讲授录》、《赤卫军事训练教材》等 10 余种书，其封面上均印明"中革军委出版局出版"字样。也有些书如《帝国主义与中国》、《政治工作》、《火线上的一年》等，署名中国工农红军总政治部编印或重编，可能也是军委出版局出版。当年处于紧张的战争时期，出书署名并不规范。

中央革命军事委员会也设有编译委员会，主要翻译军事著作。如《德国联合兵种之指挥战斗》、《战术与战略》等书，均署名"中革军委编译委员会译"、"中革军委出版局出版"。

各部队也有编印图书的。如红军十二军总政治部曾出版（翻印）《列宁主义概论》等数种书。红四军总政治部于 1934 年还出版了《古田运动政治课材料》。

此外，中央军委出版《红星报》。邓小平受王明路线迫害，曾由王稼祥调任《红星报》主编。

邓小平主编的《红星报》，很长时间只有两个人，从选稿、编辑、印刷、发行以及各种文章的撰写，都要他自己亲力亲为。五天一期的报纸，每期发行17000多份，工作之繁重可想而知。

《红星报》的编辑部在白屋子，军委印刷厂在乌石垅，相距三四华里。每期稿子编好后，先要送到印刷厂。校对时，邓小平一丝不苟，极为认真。印刷厂的铅字不够用，在用大号铅字印标题时，邓小平遇到缺字就用四个小号铅字拼在一起，像"战争"的"战"字，"故事"的"故"字，"烈士"的"烈"字等，很多都是这样印上去的，保证了版面的统一美观。

每当有重要的社论和理论文章发表，他在编辑修改后，总是再请中央军委负责人周恩来、红军总政治部主任王稼祥最后审定。他还经常约请中央党政军领导同志和各方面负责人为《红星报》起草社论，撰写文章。

1934年8月随红军长征，邓小平继续编《红星报》，1935年1月，遵义会议结束了王明军事路线统治，邓小平任中共中央秘书长，告别了历进一年半的编辑工作。

（四）中国工农红军学校出版科。1931年10月成立。原名中华苏维埃中央军事政治学校编审出版科，1932年5月改现名。中国工农红军学校是培养红军军事政治干部的。萧劲光、刘伯承、叶剑英、何长工、周昆等先后任（或兼任）校长。出版科隶属学校政治部，黄火青、周以粟、欧阳钦先后任政治部主任，出版科下设编辑室、发行所、印刷所。中国工农红军学校主要出版军事、政治教材，已知的有《步兵教程》（1—4卷）、《政治问答》（13卷）、《中国工农红军军用号谱》、《红军哨音、灯号、旗语通讯》等10余种书。该校还出版了《马克思主义政治经济学》、《世界革命简史》、《革命领袖传略》等书。1932年11月1日《红色中华》报曾刊登《工农红军学校出版科发行所启事》，主要内容是宣传推销该校的出版物。1933年出版的《军队的参谋工作》，封面上印有"红军学校发行所发行，中革军委编译委员会译印"。可见，这个发行所不仅发行本校出版物，也发行其他单位的出版物。

1933年10月，中国工农红军学校改制为工农红军大学、红军第一步兵学校、红军第二步兵学校、红军特科学校、游击队干部学校。工农红军大学由何长工任校长。该校政治部也设有出版科，已知的出版物有《红军军事摘要》，署名"工农红军大学出版"。

（五）中国工农红军卫生学校编审出版科。1932 年春成立。工农红军总卫生部部长贺诚兼任校长。编审出版科隶属于学校政治部，主要出版医药卫生书籍。已知的出版物有《实用内科学》、《实用外科药物学》、《简明药物学》、《医学知识课本》等 40 余种书。

（六）中央党校编审处。1933 年 3 月成立。该校原称马克思共产主义学校，后改称中央党校，设有高级训练班、党政工团干部训练班、新苏区工作人员训练班。党校编审处有 7 名工作人员，处长由副校长董必武兼任。该校从成立到开始长征，仅一年半时间。已知的出版物有《列宁主义问题》、《中国革命基本问题》、《论清党》等 5 种。

（七）马克思主义研究总会编译部。该会是 1933 年 4 月由政治局常委张闻天（洛甫）倡议发起的学术团体，设有组织部、研究部、编译部。编译部的任务是：编辑总会《通讯》，编纂和翻译出版各项材料，管理文库事项。已知的出版物有《共产党宣言》（附《雇佣劳动与资本》）。和张闻天的《中国经济之性质问题的研究》等。

（八）工农美术社。1933 年 12 月成立，隶属中央教育人民委员部。社长蔡乾，有专业美术工作者 10 余人。承担美术作品的出版、创作研究和展览任务。已知的出版物有《革命画集》等 3 种，均为黑白石印。

（九）工农剧社编审委员会。1933 年 3 月成立，由工农红军学校政治部领导。沙可夫兼任该社编审委员会主任。主要任务是编写和审定剧本、歌曲。出版的剧本已知的有 10 余种，均为油印本，可能为非卖品。著名的有《号炮集》，1934 年由瞿秋白选编，共收录《牺牲》、《非人生活》等 5 个话剧剧本，工农剧社油印出版。

此外，红色中华报社、青年实话报社、少先队中央总队部等，也出版一些书籍。

三、中央革命根据地的发行机构

中央革命根据地（中央苏区）十分重视书报刊发行网点建设。在首都瑞金设有中央总发行部，还设有工农红军书局、实话书店。在长汀，设有闽西列宁书局。在其他一些县城设有红色书店或推销代派处。在《地方苏维埃政府暂行组织条例》中规定："各级苏维埃政府必须设置印刷股和发行科。"由此建立了负责报刊印刷和发行的地方机构。

（一）中央总发行部。1932年4月成立。其前身为红色中华报社发行科，随着书报刊出版事业的发展，改由中央出版局领导。1932年4月6日《红色中华》报有一条声明："本报发行科为扩大营业起见，特改称中央出版局总发行部，所有以前一切报费未缴清者，请见报后即日算清寄交。"既然改称中央出版局总发行部，就不仅仅发行报纸，还发行图书和期刊，对外用中央总发行部的名称。从流传下来的实物或文献记载来看，有的书如《三个国际》、《殖民地与半殖民地革命运动大纲》等书，印有"中央出版局出版"、"总发行部发行"。有的书如《为列宁主义化而斗争》等，只印"中央印刷局印刷"、"中央总发行部发行"。有的书如《中国地图》、《世界地图》、《毒瓦斯防御法》等，只标明"中央总发行部发行"。

1932年7月21日《红色中华》报发表了中央总发行部关于统一发行折扣的启事："本部对于过去推销代派《红色中华》及其他书报回扣均不统一，最近已有改变，但仍未完全统一，从八月一日起重新规定如下：五百份以上七折，一千份以上六折半；以后推销代派，不得将书报费内扣除邮票费，如有寄钱或邮资欠资等，亦由其加倍偿还。"五百份以上七折，恐怕主要指报纸，一般图书的批发不可能以五百份为起点，一个售书点能销售几十本已经不少了。

（二）中央局发行部。1933年上半年，中共临时中央局从上海迁入中央根据地瑞金组建的发行机构。有可能中央总发行部划归中央局领导，改称中央局发行部，又称中央发行部。其任务除发行图书和《红色中华》报外，又加上发行中央出版的其他报刊如《斗争》、《布尔什维克》等。1933年7月8日《红色中华》报发表了《中央局发行部启事》："过去所赠送各机关的各种报纸并无定额，浪费很大，现规定赠送办法：《斗争》省委和省政府十份，县委、县政府五份，区委和区政府二份；《红色中华》报加倍。"《红色中华》报不可能由两个发行部同时发行。"中央局发行部"出现后，在新出版的书报刊上再未见到"中央总发行部"这个名称。

1933 年 7 月至 1934 年出版的部分书籍，如《二月革命至十月革命》、《列宁主义问题》、《中国革命基本问题》、《二苏大会文献》、《革命画集》、《革命诗集》等，均印有"中央局发行部发行"字样。1934 年 7 月出版的《布尔什维克》，封底印有"中共中央局出版，中央发行部发行，中央印刷厂印刷"字样。

中央根据地出版的图书毕竟有限，中央局发行部，大量业务是发行《红色中华》报。为纪念《红色中华》出版 100 期，邓颖超在该报发表专文说："深刻检查和整顿《红色中华》的发行工作，扩大发行网，组织叫卖队，建立代售处，经过各种的群众团体，俱乐部，列宁室，经过每个通讯员，每个读者，利用一切的关系和交通的可能，把'红中'活跃到各苏区，活跃到各边区，活跃到环绕苏区的白区，活跃到中心城市，活跃飞舞到全中国劳苦群众中去，扩大'红中'的发行，扩大红军与苏维埃的影响，扩大苏维埃运动，组织全国革命运动的配合与汇合！"邓颖超的文章，论述了如何组建发行网，也论述了发行的要求和目的，迄今仍有参考借鉴价值。

（三）闽西列宁书局。1931 年春在福建省汀州开业。闽西工农民主政府创办。书局主任詹孝光（中共党员）。书局设有印刷所、编辑部、发行部、会计科和事务股。有工作人员 30 余人。另在永定县城设立永定分局。书局实行股份制，面向干部和工农群众发行股票，集股近万元。入股者可优惠购买书局经营的各种书刊，年终按股份分配红利，定期公布账目。1932 年 9 月 20 日《红色中华》报曾刊载《闽西列宁书局第二期会计预决算书启事》，详细公布了书局各业务部门的收支数字，有一定的利润。

该书局以经营根据地出版的课本和一般书报刊为主业。早期，曾承担《青年实话》报的总发行任务，每期发行 3 万份左右。有关领导人邓颖超、陆定一、冯文彬等常来书局了解情况，有时就在书局编校报纸。书局印刷所还印制了马克思、列宁等革命导师的肖像，颇为畅销。后来，该报迁往瑞金。

该书局还自行编辑出版了一些书籍。已知的有《识字课本》、《看图识字课本》、《群众课本》、《苏区新歌曲》、《红军军事概要》等多种。书局印刷所前身是中共党员毛钟鸣开办的"毛铭新印刷所"。书局成立后，又新添设了一些设备，曾承印《红旗报》、《战线报》、《闽西红旗》、《红色福建》、《红色闽赣》等革命报刊，也承印闽西工农民主政府的各种布告和宣传材料。1932年4月，毛泽东率领东路军入闽，曾来书局视察。

红军主力长征后，书局将印刷机器设备转移到山区，仍坚持出版报刊。后来因形势险恶，红军游击队将机器等埋藏在深山。新中国成立后，被群众发现，挖出机器作为革命文物献给了当地人民政府。

（四）工农红军书局。1932年在瑞金县城开业。是军委出版局、工农红军总政治部发行科、工农红军学校发行所、工农红军卫生学校发行部联合经营的书刊发行机构。内设经理部、营业部、财务部、推销代派部，有工作人员10余人。主要承担上述几个单位出版的书报刊批发零售业务，同时也销售中央根据地其他单位的出版物。1933年7月29日《红色中华》曾刊载工农红军书局启事："本书局为适应同志们学习参考便利起见，特采集中共、少共中央局、中央出版局、工农红军学校……出版的各种政治军事书籍、画报、刊物（均有图书目录）等发售，欢迎来购买。"在《战术讲授录》、《中国的军队》等书的扉页上，印有"发行：工农红军书局、各地红色书店、各级发行科"。

（五）青年实话书店。1933年8月青年实话报社从汀州迁入瑞金，设于瑞金沙州坝下肖村，自设总发行所。青年实话书店也出版一些适合青年需要的革命故事、革命歌曲一类的书。已知的有《革命歌谣集》、《革命纪念节故事》、《革命山歌小调集》、《革命歌集》（两种）等。青年实话书店设经理一人，工作人员五六人。

青年实话书店经常在报刊上刊登新书出版消息。1934年6月25日以《大家所盼望的各个纪念节的故事集出版了》为题发表消息说："这一本故事集里，有25个纪念节的详细故事……有与纪念节有关系的革命领袖的传略，在十二个月内，无如那一个纪念节都很了然，每个工作同志应人手一册……发行者：青年实话书店。本集初版仅五千本，除预订外，所剩有限，欲购从速。"

（六）工农红军学校发行所。在该校的出版物上，一般均印明"工农红军学校发行所发行"。可能与该校出版科为同一机构，办理发行业务用发行所的名称。1932 年 11 月，发行所在《红星》报上公布的优惠售书办法称："为着普遍供应各地区的红军、地方武装以及一切革命战士的军事政治书籍，以便于同志们工作上的参考……现供书目，凡五份以上九折，十份以上八五折，五十份以上八折，一百份以上七折半，五百份以上七折，一千份以上六折半。优待红军，一律半价供应。代派十份以上四折半。凡购买书籍者可将书目及款项寄本发行所，自将书寄上。"工农红军学校主要出版军事著作，作为学校的教材。各部队多集体购书，所以规定了优惠折扣。有些书的发行量相当可观，《红军哨音、灯号、旗语通讯》，初版印了 1 万册。由这家发行所代售的《游击队怎样动作》，初版印了 1.2 万册。引人注意的是："代派十份以上四折半。"代派即批发，可以理解为根据地的红色书店向该所批进图书，批发折扣为五五折。

（七）工农红军卫生学校发行部。隶属校政治部领导的医药卫生书籍发行机构。1933 年秋多次在《红色中华》报上刊登《发行启事》，介绍了《药物学》、《诊断学》、《内科》、《实用外科手术》等多种书籍，一一标明售价（均在大洋一元以上），并介绍了"书籍代售处：前方代售处——第三兵站医院；后方代售处——总卫生部收发处"。

（八）红色书店。中央根据地县政府文化部创办的书报刊零售机构，或称赤色书局。规模较小，一般安排一两个专职售书人员。已知在兴国、瑞金、博生、胜利等县以及赣南、闽赣、粤赣等苏区均设有红色书店。

中央的出版发行单位除通过各县的红色书店推销书报刊外，还组织业余性质的推销代派处，代销各种出版物。这些代派处多由各地的机关团体或个人兼办。按销售额获取一定的发行折扣收入。中央总发行部曾对推销代派处的发行折扣，在《红色中华》上作过统一规定。

红色书店或县政府发行科还组织当地群众建立叫卖队，沿街流动推销书报，按推销额给予劳动报酬。也有些机关单位的工作人员利用业余时间义务推销书报。

综上所述，中央革命根据地在短短几年时间，组织起专营的、兼营的和业余的发行力量，形成书报刊发行网络。这些发行网络所以能够存在，同中共中央十分重视文化教育有关。中央苏区有 700 多所列宁小学（每村 2—3 所）、800 多所工农夜校扫盲学员 52292 人，读书小组 1981 个……几乎每个街道、每个村落都有戏剧小组。俱乐部和列宁红角（图书箱）（据 1934 年夏《红色中华》报）。

中央苏区文化教育事业的蓬勃发展，令蒋介石大为震惊，他给江西省主席的训令说："共产党盘踞的整个地区建起列宁小学，每个县往往有几十乃至几百个此类学校……政府军收复这些地区之后，我们却不能在那里发展民族教育。对比之下，我们有愧!"（萧三《中央苏区的文化建设》）。国民党反动杂志《汗——血》议论说："我们不应以老眼光看待敌人，仅以军事力量剿共是绝不行的，因为共党非同一班，非以往之异党能比也。共党虽穷，但毕竟办起了许多学校。……再观我文化教育工作，真可谓羞惭得无地可容"。

中央苏区加速发展的文化教育，离不开各种图书、教科书和扫盲课本。这从一个侧面表明，苏区的书店具有广阔的市场需求，仅仅发行教学用书就得以生存发展。

第五次反"围剿"后，中央红军开始长征。国民党剿共总指挥陈诚，曾大量搜集中央苏区出版的各类图书（含石印、铅印、油印），包括各类教科书 250 种至 300 种。1949 年初，国民党战败逃往台湾。陈诚把这些书带到台湾，构成石叟文库。后来，被美国哈佛大学收藏。（据 2011 年 7 月 2 日中央电视台中国教育频道晚 10 时 30 分至 45 分专题报道）。

1933 年 9 月，蒋介石发起第五次"围剿"。由于王明"左"倾冒险主义，全盘否定毛泽东的正确战略战术，在临时中央负责人博古（秦邦宪）和李德（共产国际派来的军事顾问）的错误指挥下，红军和根据地遭受重大损失。中央机关和红军主力被迫于 1934 年 10 月退出根据地，进行长征。中央根据地的出版发行事业全部丧失。

四、湘鄂西等革命根据地的出版发行事业

已知在湘鄂西、湘鄂赣、鄂豫皖、川陕等革命根据地也相继建立了书店。有的名称为印刷厂、出版社、图书馆，因从事书报刊发行业务，实为书店。邓小平领导的左右江根据地，出版发行活动也很活跃，主要通过党组织

和群众团体赠发。

（一）湘鄂西列宁书店。1930 年在湖北洪湖县瞿家湾开业。全称为湘鄂西列宁文化书店。1931 年秋，为纪念革命根据地主要创始人周逸群牺牲，改名逸群书店。初建时隶属联县政府文化部。1931 年 12 月，湘鄂西省工农民主政府在瞿家湾成立，改由湘鄂西省工农民主政府文化部领导。列宁书店有 5 名工作人员。经理何玉麟，中共党员，女青年，湖南南县人，高中文化程度，善于管理，兼任瞿家湾列宁小学校长。书店的主要任务是发行根据地自行出版的各类课本、书籍和报刊，也通过交通站到白区采购一些如鲁迅著作等进步文学作品，兼营文具、纸张。书店的资金由工农民主政府拨给，只限用于经营周转，不准用于开支或挪作他用。书店的各项开支及工作人员生活费用，均由工农政府统一列支。

湘鄂西根据地是 1927 年底至 1930 年由贺龙、周逸群率领红军第二军团在游击战争的基础上逐步开辟的。包括湘鄂边、洪湖、巴兴归、襄枣宜等革命根据地。为加速普及教育，努力使更多人识字，1930 年春统计，湘鄂西根据地"已开设 292 所列宁小学，拥有学生 1200 人。此外，还办了一些儿童学习组、工人学校和成人夜校。为解决师资缺乏问题，开办了一些教师速成训练班，以革命家传略作为主要教材"（萧三《中央苏区的文化建设》）。湘鄂西根据地的一些重点县如沔阳、江陵、石首、监利、华容、潜江、天门等地，都办有县列宁书店。规模最大的是 1930 年初成立的沔阳县列宁书店，有 20 多名工作人员，经理刘开元。翻印印书刊出售，在业务上与省列宁书店没有直接联系。

从 1930 年到 1934 年秋，由于第二次、第三次"左"倾路线的错误领导，根据地的革命斗争遭到严重挫折。1932 年 10 月，洪湖根据地丧失，省列宁（逸群）书店停办。其他县的列宁书店最迟于 1934 年秋停办。

（二）湘鄂赣红旗出版社。1931 年在湖南平江县成立。最初用油印出报，以后成立木梓局、印刷局，开始用雕版或石印出版书报刊和革命传单。根据地出版的报刊有《战斗报》、《工农战斗画报》、《红旗报》、《列宁青字》、《儿童实话》、《工人生活》等 10 余种。还出版发行了识字课本、识字挂图和列宁学校的课本以及政治读物、革命歌曲集等。平江还有一家"赤色石印生产合作社",曾于 1932 年 8 月印制了湘鄂赣省文化部编辑的《列宁读本》。

湘鄂赣革命根据地是 1928 年 7 月由彭德怀、滕代远、黄公略等领导平江起义,建立了红五军,经过游击战争发展而来。最盛时有 16 个县,包括湖南的平江、浏阳等 4 县,江西的修水、宜春等 5 县,湖北的通城、崇阳等 7 县。1930 年 9 月成立湘鄂赣省工农民主政府。红旗出版社由省政府文化部领导。

规模较大的县也建立了书店。浏阳县工农民主政府建立了列宁图书馆,负责出版发行本县需要的课本和书刊。当年,浏阳根据地有列宁学校、赤色小学、工农夜校、妇女半日学校共 159 所。为解决教材问题,县政府文化委员会编写了列宁学校、赤色小学、工农夜校需要的三套教科书,共 25 种,由列宁图书馆承担印刷、发行。该馆实际是一家书店,用石印机印课本,有的书则用木活字排印。浏阳县工农民主政府还编辑一种期刊《暴动》,也由列宁图书馆出版发行。

1934 年红军主力长征,根据地丧失,红旗出版社、列宁图书馆等出版发行机构撤销。

(三)鄂豫皖特区石印科。1929 年初在鄂豫边一个小村庄杨畈村建立,仅有十几名工人。1931 年 2 月,徐向前少年时,曾在河北阜平县城的民营书店学徒两年多。王树声率领工农红军攻克豫南的新集,鄂豫皖特区工农民主政府宣告成立。石印科由杨畈村迁至新集南郊,隶属特区政府领导,工作人员增多,对外称鄂豫皖印刷公司。崔兴远兼任科长,王少华、卢初桥任副科长,主持日常业务。特区党、政、军机关和群众团体创办的《列宁报》、《鄂豫皖红旗》、《战斗报》、《少年先锋报》、《赤色儿童报》等,均由石印科印制、发行。特区政府文教委员会编辑的各类课本、政治读物、革命歌曲集等,也多由该科印行,发往鄂豫皖苏区各地。

鄂豫皖革命根据地是由鄂豫边(1927 年 11 月黄安、麻城起义)、豫东南(1929 年 12 月商城起义)、皖西(1930 年 1 月六安、霍山起义)3 个革命根据地发展而来。最盛时包括鄂、豫、皖 3 省边区的 26 个县。"在鄂预皖苏区,除列宁小学外,还创办了列宁中学和马克思中学以及一些成人夜校。从现有材料看,去年(1929)冬天识字人数已增长了 40%—50%"。1931 年

11 月成立红四方面军,徐向前任总指挥。除特区政府领导的石印科(位于鄂豫边的新集)外,在豫东南根据地的商城设有红日印刷厂,在皖西根据地的六安设有皖西列宁石印局。这两个机构均承担印刷和发行书报刊的任务。1932 年 10 月,由于第三次"左"倾路线和张国焘的错误领导,未能粉碎国民党军的第四次"围剿",石印科随红四方面军主力撤出根据地,带走两部石印机,向川陕地区转移。皖西列宁石印局与红日印刷厂因根据地丧失而撤销。

(四)川陕苏区工农书店。1933 年 8 月在川陕革命根据地巴中县城开业,隶属川陕工农民主政府文化委员会。文化委员会设出版局,负责各类课本、书籍、报纸、杂志以及宣传品的编辑、出版工作,先后出版《共产党》、《川北穷人》、《赤化金川》等 17 种报刊以及通俗读物等。工农书店负责发行工作。共青团川陕省委《关于青年文化教育决议》第七条提出:"省文化委员会出版有很多青年教材及课本。各级学校缺课本,即来巴中城工农书店购买,价格便宜。"川陕省工农民主政府规定,烈军属、游击队、贫雇农的子女入学,一律免费供应课本。工人、店员入文化学习班,书费由雇主承担。

工农书店很重视图书宣传。1933 年 12 月 6 日《红军报》发表消息说:"工农书店负责发售各种文化课本、政治理论书籍,如《干部必读》、《红色战士读本》、《列宁小学课本》、《五言杂字》、《四言杂字》、《土地法令》、《劳动法令》、《共产主义 ABC》和各种宣传材料。"从川陕工农政府出版局和工农书店成立,到此次在报上发表出版消息,仅仅 4 个月。在战争环境中出版这么多书籍,难能可贵。

工农书店的发行工作很主动。有一批专职发行员携带书报和各种宣传品,到山区流动供应或免费赠发,经常利用夜间奔赴国民党统治区,秘密向群众散发。有时还到前沿阵地,向国民党士兵喊话,大量散发瓦解敌军士气的宣传品。各种发行费用由工农民主政府财政开支,工农书店无经济负担。

工农书店发行量最大的是《红军报》及各类课本。在一般书籍中,革命歌曲集、文艺演唱材料发行得较为普遍。该店发行的《工农小曲》,最受欢迎,老少乐唱。其中有的歌曲至今仍在巴中一带流传。

除出版局外,其他机关单位也有出版图书的。红四方面军卫生部编印卫生学校和医务训练班的教材，已发现的有《看护学》、《药物学》等 7 种。红四方面军总政治部秘书长廖承志曾亲手绘制、木刻《马克思像》，印发给各机关单位，也在工农书店出售。巴中县兴文乡吴家大院的堂屋正中，曾贴有此像。红军撤走后，农民贴上"天神榜"予以覆盖，长期保存。新中国成立后，献给了川陕革命根据地博物馆。

川陕革命根据地是红四方面军由鄂豫皖进入川陕边，与当地革命武装会合开辟的。1934 年，根据地扩大到 22 个县。1933 年，中共川陕省委第二次党员代表大会通过的《组织问题决议案》规定："省委要有发行部，订出发行工作计划，建立灵活发行网。"除已建立的巴中工农书店外，通江、仪陇两县也建立了工农书店。在根据地的其他各县，建立了工农书店代销处，在各机关单位组织了义务发行员。

1935 年 5 月，国民党军发动进攻，在张国焘的错误领导下，红四方面军放弃了川陕根据地。向川康边转移，工农书店及其发行网撤销。

（五）琼崖特委发行部。土地革命时期，中共琼崖特委领导海南岛人民多次举行武装起义，开辟了琼崖革命根据地。1930 年 4 月到 1932 年 7 月，是琼崖革命高潮时期，恢复了失去的琼山、文昌等 8 县苏区，又开辟了崖县等 4 县的新苏区，人口达 100 万人。在土地革命深入的地方，办起了农业合作社、军械局、医院、红军干部学校、党校、文化馆、师范学校。琼崖特委、苏维埃文委及各县苏区政府、学校陆续创办报刊，出版通俗读物。仅特委就先后出版《琼崖红旗》、《工农兵》等 10 种期刊。还出版了小学课本和《党校训练材料》等多种书籍。

琼崖革命根据地已形成畅通的发行网络。中共琼崖特委建发行部，县区设发行科，地方支部组织发行队，有专职的发行干部与发行员。为了培训发行工作人员，中共琼崖特委于 1932 年编写了《发行工作材料》（油印小册子，今存广东省档案馆）。该书要求发行工作，"普遍和深入到工农兵士学生城市贫民的广大群众中去"，并对如何建立发行交通网、组织发行干事与发行队等作了具体说明。该书是实践经验的总结，反映了琼崖根据地的出版发行工作概况。1933 年，由于受王明"左"倾路线的危害，琼崖根据地损失百分之九十以上，发行部等组织消失。抗战时期又重建根据地，开展游击战。

第四节　抗战以来国统区的生活·读书·新知 三联书店及其他进步书店

1933 年至 1935 年 2 月，王明"左"倾路线使中共上海地下组织连续遭到三次大破坏，地下党员处于个自为战的状态。原有的进步书店或者被查封，或因经营亏损而倒闭。在这万马齐暗的时刻，生活、读书、新知三家书店陆续在上海崛起。他们顶逆流、战恶浪，终于迎来新中国诞生。

抗日战争、解放战争期间，中共地下组织在国统区也陆续创办了一批进步书店。他们同生活等书店一样，受到国民党当局的残酷迫害。许多书店工作人员被盯梢、拘禁，直至被杀害。他们的英雄业绩，同样为中国书业史增辉。

一、生活·读书·新知三联书店

生活书店、读书出版社、新知书店都诞生在民族危难之时，随着国土的沦丧，从上海迁至武汉，再迁重庆和桂林，迅速在国民党统治区建立了自己的分支机构。这三家书店在中国共产党的领导下，顽强地同国民党反动派作斗争，坚持出版发行革命书刊，积极影响广大知识青年走上革命的道路。1948 年，三家书店合并为生活·读书·新知三联书店。

（一）生活书店。1932 年 7 月在上海开业。创办人邹韬奋。其前身为中华职业教育社于 1925 年 10 月创办的《生活》周刊编辑部。1930 年 1 月，正式成立《生活》周刊社，邹韬奋任社长兼主编。10 月，该社成立书报代办部，为外地读者代购代寄上海出版物。1931 年九一八事变后，《生活》周刊转变为以抗日救亡为中心的时事政治刊物，攻击不抗日的黑暗势力，发行量从原来的 2000 份迅速上升到 15 万份。随着事业的发展，《生活》周刊社经过财务结算，与中华职业教育社分离，于 1932 年 7 月 1 日正式成立生活书店。翌年 7 月，该店接受中共地下党员胡愈之的设计，内部采取合作社的组织形式，实行"经营集体化，管理民主化，盈利归全体"。全店职工均为生活出版合作社社员。社员大会选举邹韬奋为经理，徐伯昕为副经理。公推徐伯昕为法人代表。抗战爆发,该店迁武汉,上海改为办事处。武汉沦陷,迁重庆,设总管理处,邹、徐先后任总经理,胡绳任总编辑。

生活书店很重视出版期刊,这是同敌人短兵相接的有力武器。国民党当局把它视作眼中钉,对该店出版的时事政治类期刊不断加以扼杀。但一种期刊被封,另一种期刊又继之而起。《生活》周刊于1933年12月被查封,接着办起《新生》周刊。该刊因发表艾寒松的《闲话皇帝》,日本帝国主义以该文"侮辱天皇"为借口,要求蒋介石集团严惩这个一贯宣传抗日爱国的刊物。蒋介石集团卑躬屈膝,不仅查封《新生》,还判处该刊主编杜重远一年两个月徒刑。消息传开,群众为之震怒,在上海掀起了声势浩大的抗议示威游行,促使全国抗日浪潮更加高涨,史称"《新生》事件"。不久,邹韬奋主编《大众生活》,影响巨大,每期销20万份,最多时达30万份。出版16期被禁。接着又由金仲华主编《永生》周刊,出版17期又被国民党查禁……生活书店出版的其他期刊还有《世界知识》、《文学月刊》等8种。

生活书店共出版各类图书1000余种。除马列经典著作外,著名的还有"青年自学丛书"、"少年文库"、"创作文库"、"世界知识丛书"、"世界学术名著译丛"等。

抗战初期是生活书店的鼎盛时期,拥有55个分店,9个流动供应所。自办发行网点遍及后方14个省。生活书店门市部的经营品种较为丰富,除批发、零售本版书刊外,也经销外版书刊,门市部的经营方针是:"好书皆备,备书皆好。"因此,在读者中享有很高的声誉。1939年,某国民党要人在国民党五中全会上说:"生活书店的书籍刊物,虽在穷乡僻壤,随处可见,可谓无孔不入,其势力实在可怕,而本党的文化事业却等于零,不能和他竞争,所以非根本消灭不可。"从此,国民党当局加紧了对生活等进步书店的迫害。生活书店的50多个分店陆续被查封或被迫停业,各分店的存书、资财、现金被没收;有几位分店经理被捕,西安分店经理被长期关押,死于狱中。只剩下重庆一店,留作"样子"。其实,重庆分店原来也在查封之列,1941年2月,国民党重庆市党部根据中央党部丑阳密令,发出了生宣字第54号密令,重庆的宪兵、警察正在拟具查封办法。因年初皖南事变一个多月来,遭到了国内外各方面的非议,中共方面对国民党进行了严正交涉和斗争，蒋介石集团的反共措施不得不作些收敛。加之，各地生活书店查封事公开揭露后，在国民参政会上也受到质询和批评。特务横行，民心丧失，国民党当局相当被动。在这种形势下，查封重庆分店的密令没有执行。但国民党当局并不死心，曾通过御用报纸散布谣言，威胁生活书店自动停业。主持中共南方局的周恩来找时任生活书店总经理徐伯昕谈话："重庆生活书店仍要坚持下去，除非国民党来封你们的门，你们不要自动停业"（《生活书店史稿》）。周恩来的指示，给生活书店同人以极大鼓舞。此后，生活书店采取新的斗争策略，又新开设一批书店，化名经营。

抗战胜利，生活书店的重庆分店与读书、新知的重庆分店合并，组成生活·读书·新知三联书店重庆分店，仲秋元任经理。三家书店的总管理处迁回上海，仍分开经营。蒋介石集团发动内战，均被迫迁至香港。1948 年 6 月 6 日，周恩来致电在香港的章汉夫转胡绳："请告三联书店负责同志，即将三联工作人员及编辑人员主力逐渐转来解放区，资本亦尽可能转来。"同年 10 月，三家书店全面合并，称生活·读书·新知三联书店。在香港设三联书店临时管理委员会，读书的黄洛峰任管委会主席，生活的徐伯昕任三联书店总管理处总经理，新知的沈静芷任副总经理。胡绳以及三联的部分人员离港北上。1949 年北平解放，三联总管理处迁北平。

生活书店的创始人邹韬奋及其法人代表徐伯昕为生活书店的建立与发展作出了卓越贡献。

邹韬奋（1895—1944），江西余江人，生于福建永安。原名恩润，1921 年毕业于上海圣约翰大学。1922 年任中华职业教育社编辑部主任，主编《教育与职业》月刊。1926 年任《生活》周刊主编。1931 年 1 月 9 日，邹韬奋在《生活》周刊发表了主张抗战反对内战，对蒋介石集团的恐吓"绝不屈服"的文章。没过几天，国民党高级军官胡宗南奉命找邹韬奋谈话。两人就抗日问题和《生活》周刊的主张进行了四个小时的辩论。胡宗南企图对邹韬奋施加压力，使其改变立场。邹韬奋义正词严，毫不动摇。此后，他以毕生精力创办生活书店，主编多种刊物，反对国民党当局的不抵抗政策，宣传抗日救国。他是上海文化界救国会和全国各界救亡联合会执行委员。1932 年"一·二八"淞沪抗战时期，他为 19 路军征养军需品、慰劳品，在沪西设立伤兵医院。

1936 年 11 月，与沈钧儒等 6 位救国会负责人被国民党当局逮捕入狱，史称"七君子"事件。抗战爆发后出狱。

在抗日救亡实践中，邹韬奋对中国共产党的认识日益加深，从爱国主义者转变为共产主义者，为坚持进步出版事业顽强奋斗，宁折不屈。1940 年 7 月，国民党要员刘百闵奉蒋介石之命找邹韬奋谈判，要求生活书店与国民党的正中书局、独立出版社"合并"或"联合"，成立三单位的总管理处，由邹韬奋主持管理。声称如果接受这个方案，国民党可以给生活书店投资，被查封的分店可考虑恢复。否则，"后患可虑"。邹韬奋清醒地认识到，如此"合并"、"联合"，实为消灭、吞没，因而严词拒绝。1941 年 2 月，为抗议国民党当局对生活书店的摧残，邹韬奋辞去国民参政员。在周恩来的支持和周密安排下，邹韬奋经桂林出走香港。蒋介石获悉，急电桂林国民党当局拦阻扣留。但电文到之时，邹韬奋已飞抵香港，又投入新的战斗。

日军于 1941 年 12 月侵占香港。在香港中共组织的掩护下，邹韬奋于 1942 年 1 月进入广东东江游击区。蒋介石获得情报，秘密发出通缉令，命令国民党特务机关"就地惩办"。周恩来电示中共东江纵队司令员曾山："一定要让邹韬奋就地隐蔽，并保证他的安全。"8 月，邹韬奋根据周恩来的建议，前往苏北抗日根据地。他在苏北住了 4 个多月，因患重病，秘密到上海治疗。1944 年 7 月，在上海病逝。中共中央发来唁电，接受他在遗嘱中的申请，追认他为中共党员。延安、重庆和苏北解放区分别举行了追悼大会。毛泽东题挽词："热爱人民，真诚地为人民服务，鞠躬尽瘁，死而后已，这就是邹韬奋先生的精神，这就是他之所以感动人的地方。"中华人民共和国成立后，为了纪念和发扬他的革命精神，上海市人民政府在邹韬奋故居建立了韬奋纪念馆。1955 年出版《韬奋文集》（共三卷）。1984 年，为纪念邹韬奋的丰功伟绩，中国出版工作者协会设立全国出版界最高奖——中国韬奋出版奖。1995 年，为纪念邹韬奋诞辰 100 周年，中共中央总书记江泽民题词："继承和弘扬韬奋真诚为人民服务的精神"；李鹏总理题词："韬奋同志是新闻出版战线上的典范。"《韬奋全集》于本年出版。

徐伯昕（1905—1984），江苏武进人。原名徐亮，笔名徐吟秋、徐味冰、赵锡庆。1926 年协助邹韬奋承办《生活》周刊，负责发行工作。由于徐伯昕的辛苦经营。该刊每期发行量从 1300 份激增到 15.5 万份。生活书店正式成立后，他负责出版、发行、财务以及分店的业务建设。1940 年，被选举为总经理。

徐伯昕为人审慎、勤奋。生活书店从两个半人起家（邹、徐，另有一人兼做半日工作），在逆境中得到生存和发展，是同他的审慎从事分不开的。他在政治上坚定地依靠共产党的领导，曾在重庆申请入党。周恩来说："我们早已把你当作自己的人了。"1944 年，经批准为中共党员。他在经营上善于聚财、理财、生财，善于采取促销策略把书刊广泛地发行出去。他的勤奋，表现在全身心投入书店事业，别无他顾。曾任生活书店总编辑的胡绳说他："既有'生意人'的精明，又有革命家的胆略和远识。"1949 年 4 月，徐伯昕在苏北解放区被任命为中共中央宣传部出版委员会委员。新中国成立后，他是新华书店总店第一任总经理。又任出版总署发行管理局局长（兼总店总经理）。后任全国政协常委兼副秘书长，长期从事全国政协工作。为第一、二、三、五届全国人大代表，第六、七届中国民主促进会副主席，第一届中国出版工作者协会副主席。全国政协副主席赵朴初作诗概括徐伯昕的一生："其执事也敬，其与人也忠，力行至老死，志业信无穷。"

（二）读书出版社。初名读书生活出版社，1936 年在上海开业。前身是 1934 年 11 月创刊的《读书生活》杂志社，爱国民主人士李公朴创办。1936 年 11 月，该刊被国民党当局查禁，遂将所发表的文章编辑成书，以读书生活出版社名义出版。当年秋发生"七君子"事件，李公朴被捕（抗战后获释）。此后由黄洛峰担任总经理，艾思奇任编辑部主任。该社先后出版的期刊有《读书生活》、《哲学杂志》等 10 余种。从开业至 1948 年底，共出版图书 300 余种。艾思奇的《大众哲学》（初名《哲学讲话》），深受广大读者欢迎，连续重版 30 多次。在上海沦陷区极端困难的条件下，该社出版了郭大力、王亚南合译的马克思《资本论》，冒极大风险海运至香港再转运至重庆大后方，广泛发行。

抗战爆发后，读书出版社内迁武汉，再迁重庆。上海改为分社，又陆续在广州、桂林、成都、昆明设立分支机构，在贵阳与新知书店合办读新书店。1941 年皖南事变后，该社在国统区的分社只剩下重庆一处，其他分社及贵阳读新书店均被国民党当局查封，工作人员遭逮捕。上海分社转入地下，分社负责人郑易里曾一度被日本特务机关逮捕。抗战胜利，总社迁回上海，内战爆发，被迫转移香港。

黄洛峰（1909—1980），云南鹤庆人。1927年加入中国共产党。曾任安宁、易门、禄丰三县中共特委书记、共青团昆明市委书记。1930年赴日本留学。1931年九一八事变后回国，任上海民众反日救国联合会秘书长。因组织反日活动一度被捕。1934年，在北平主编《学会生活》杂志。被查禁，改名《西南风》杂志，继续宣传进步思潮。1937年初，刚刚成立的读书生活出版社，濒于极度困难，黄洛峰应邀赴上海出任该社经理（后改称总经理）。历时10余年，他呕心沥血，苦心经营，坚持出版发行进步书刊。

黄洛峰善于团结同业，开展统战工作。1943年，他以生活、读书、新知三家书店为核心，说服和争取30多家倾向进步的民营书店成立重庆新出版业联合总处。不久，又组建联营书店，公推他出任董事长。抗战胜利，他组织同业开展取消国民党出版法的斗争，又在各大城市继续掀起"文稿概不送审"的"拒检运动"，迫使国民党当局宣布撤销了书报刊审查制度。

1946年，黄洛峰到上海，与徐伯昕、沈静芷研究了生活、读书、新知三家书店联合发展的新途径。确定三家书店联合：在北平创办朝华书店；在山东解放区烟台和东北解放区的大连、哈尔滨等6个城市创办光华书店；在台北与人合办新创造出版社。1948年，生活、读书、新知三家书店在香港彻底合并。按照他的提议，三联书店实行集中统一管理。

1949年2月黄洛峰奉命赴北平，任中共中央宣传部出版委员会主任委员。新中国成立后，历任出版总署出版局局长兼新华书店总管理处总经理、总署党组副书记兼办公厅主任、文化部出版局局长、文化学院院长、文化部办公厅主任、文化部部长助理等职。为第一届全国人大代表，第三、四、五届全国政协委员，第一届中国出版工作者协会副主席。

（三）新知书店。其前身为钱俊瑞、薛暮桥等人在上海创办的《中国农村》杂志社。1935年秋，以此为基础成立新知书店，出版发行进步书刊。内部实行合作社制。徐雪寒任总经理。陆续出版期刊《新世纪》、《语文》等10余种，出版图书200余种。梅益译苏联文学名著《钢铁是怎样炼成的》

最早由该店出版。

抗战爆发，新知书店迁武汉。中共中央长江局建立中国出版社，其一切社务均委托新知书店办理。武汉失陷，该店迁桂林，华应申任总经理。在重庆、金华、昆明、平江等 15 个城市设立分店，在沪、港设办事处。徐雪寒驻重庆新知书店，根据中共中央南方局的指示，继续以中国出版社名义出版书刊、重印延安解放社的书刊。1939 年 6 月 12 日，国民党反动派制造平江惨案，新知书店平江分店负责人吴渊被活埋。1941 年皖南事变后，该店除重庆一店外，均被国民党当局查禁，桂林改办事处。华应申赴苏北解放区，沈静芷继任总经理。抗战胜利，该店迁回上海，内战爆发，被迫转移香港。

新知与生活、读书三家书店的联合始于 1940 年。这一年，该店在苏北解放区的盐城——新四军军部所在地建立苏北大众书店。由新知上海办事处的王益任经理。在黄桥、海安、东台建立大众书店支店。

新知书店创始人徐雪寒（1911—2005），原名徐汉臣，浙江慈溪人。1926 年加入中国共产党。1934 年春，与中共党员钱俊瑞、薛暮桥等人组织中国经济情报社。新知书店开业，任总经理。初期因资金困难，徐雪寒四处活动，向中共地下党员和文化出版界进步人士劝募，10 元一股，集资六七百元，生活书店投资 1000 元。初期无力办门市部，出书交生活书店发行。随着事业的发展，才自办批发和门市部并建立分店。1940 年冬，周恩来在重庆当面交给徐雪寒一笔经费，指示他从新知书店抽调一批中共党员去闽、浙、赣等地开设经营书籍、文具的灰色书店，以便必要时作为党的掩护和交通之用。他派出曾霞初等 6 名党员分头赴这些地区建店。因时机不成熟，中共南方局一直未启用这些隐蔽机构。后来，日军打通浙赣路，派出的这批干部奉命返回桂林。

皖南事变后，新知书店受到极大破坏，徐雪寒奉命撤出国统区，返回上海。1943 年进入苏皖边区，曾任华中银行行长，并在潘汉年领导下从事隐蔽战线工作。新中国成立后，历任上海铁路局局长、华东军政委员会贸易部部长、中央人民政府对外贸易部副部长等职。

二、生活、读书、新知三家书店的经营特色

20 世纪 30 年代至 40 年代，共产党人或进步人士在国民党统治区创办

的书店不在少数，而能够在困境中长期生存和发展，名扬海内外，坚持到新中国成立的，主要有生活、读书、新知这三家书店。因此，研究他们共同的经营特色，为当代书业所借鉴是很有必要的。

（一）政治与经济并重。三家书店的领导人，既有政治家的头脑，又有生意人的精明。把这两者结合起来，在任何情况下都能找出有效的斗争方式和经营策略。抗战以来，他们在中共中央南方局的领导下，政治立场坚定，历尽艰险，不畏强暴。同时又巧妙地运用合法斗争艺术，既不丧失革命原则，又不"左"倾冒进或猛冲猛打。一个刊物被查禁，紧接着又创办一个新刊物。这个书店被查封，那个书店又化名开张。你封你的，我干我的。今天被压下去，明天要奋发起来。"一息尚存，绝不罢休"（《生活书店史稿》）。

三家书店在坚持革命方向的前提下，十分注重经营策略，千方百计精打细算，量入为出，尽可能多地赚钱。邹韬奋在《生活史话》中说："我们拼命赚钱，拼命用钱，但是赚钱却坚守着合理正当的途径，绝不赚'不义之财'。用钱也不是浪费用，却是很认真地用到事业上面去"（《中国现代出版史料》乙编）。冷酷的现实表明，不赚钱就难以维持自己的生存和发展。生活书店开创时登记资金仅 2000 元。1935 年 12 月向国民政府实业部作为商号注册时资金达 15 万元，可见发展之迅速。三家书店创办初期，资金严重紧缺，他们主要采取以下办法吸收社会资金：

1. 利用邮购户结余款。读书书店和新知书店初创期无力设门市部，主要靠邮购和批发来扩大销路。生活书店是靠邮购业务起家的，每天可收到数百封甚至上千封读者购书信。当年，开展邮购业务有三大利益：（1）门市房租昂贵，邮购房租便宜；（2）按读者购书单四出进货，不必事先备货，既可防止存书损失，又可赚到批零差价；（3）读者汇款多有结余，积少成多，成为长期无息贷款。生活书店在抗战前拥有 5 万邮购户，存款余额近 10 万元，当年，10 万元可购买 4 万多令纸张用于印书。

2. 利用书刊预订款。三家书店在出版方面实行杂志与书籍并重。通过杂志订户预收定金，用于再生产。生活书店每年预收的杂志定金约 10 万元，不仅不付利息，还会产生利润。他们每次出版重点书籍，也实行现款预订。生活书店的"青年自学丛书"、"世界文库"，在出书前大登广告，征求读者预订，预付现金可享受折扣优待。不仅吸收大量资金，也为确定新书印数提供了可靠依据。读书出版社运用巧妙办法竟在国民党的《中央日报》上刊出《资本论》的现金预订广告，在社会上引起强烈反响。蒋介石大发雷霆，下令把当天报纸全部收回。实际上已无法全部收回，其结果适得其反，更加引起人们对这条预订广告的关注。

3.在本版杂志上吸收客户广告。《生活》周刊每期都大量刊登国货广告，其广告费收入足以抵付每期刊物的成本而有余。所收的杂志预订款等于纯收益。而生活书店发行的刊物有10种之多，其收益相当可观。三家书店编辑杂志的工作效率也很高。读书出版社以不同读者为对象，同时办了3个杂志，由艾思奇、柳湜主持，加上几个编辑就完成了。

4.发展副业，支持主业。由于国民党的迫害，加上恶性通货膨胀，三家书店虽然善于利用社会资金，在经济上仍然困难重重。生活书店在上海沦陷初期，就预见到迁往武汉后可能遇到的经济困难，当时就抽出一部分骨干和资金，在上海开设正泰行，从事上海与内地之间的贸易。在桂林开设光华、裕中两个贸易行。读书出版社在重庆与新华日报社合作，开设了文华纸行，从四川的梁山、大竹等纸张产地采购纸张，运到重庆出售。新知书店在桂林开设了裕丰贸易行，在重庆开设了珠江饮食店，均获利较丰，补贴了书店亏损。解放战争初期，三家书店还联合办了一个海上贸易机构，将解放区急需的物资如进步书刊、油墨、印刷机、钞票纸、西药、五金、军用电线等，从上海经海路运往山东石岛、辽宁庄河、大连等解放区，然后再运回解放区的土产品如海产品、中药材等。

（二）出版与发行并举。这三家书店既是书刊出版单位，又是发行单位。在抗战的大后方，不仅建立了自己的门市部，还发展了自己的分店。这也是总结了20世纪二三十年代其他进步书店失败的教训。胡愈之曾回忆当年的书业情况说："从前进步书店没有钱，没有钱就办'皮包书店'，出的书不一定坏，但是卖不出去，因为卖书要通过别人的书店，别人的书店有充分理由不卖你的书，你就没办法。钱一下子周转不过来，就有很多书店办不下去，出了几本书就关门了，不是被国民党封掉的，因为没钱办不下去了"（胡愈之《我的回忆》）在白色恐怖下，许多书店不敢经销进步书刊，这就是胡愈之所说的"有充分理由不卖你的书"的原因。所以，三家书店纷纷派人到各地开设分支店，建立自己的发行渠道。不仅发行本版书刊，也经销、代销各种有益的书刊。有不少新型的规模不大的出版社，也委托这三家书店的分店，代销自己的出版物。

为了指导分店的工作，生活书店办有内部刊物《店务通讯》，邹韬奋每周写一篇文章，旨在鼓励全店同人热爱进步文化事业，加强管理，提高职工素质，并对如何办好书店进行极其重要的探索。1940年，他把这些文章选编成《事业管理与职业修养》一书，公开出版。这是邹韬奋15年兢兢业业经营生活书店的经验总结。本书成为传世之作，新中国成立后多次再版。读书出版社也办有内部刊物《社讯》，黄洛峰也不断写文章指导分店做好发行工作。

三家书店都很重视门市工作，要求营业员知书、识书，熟悉读者，警惕国民党文化特务。生活书店分店经理王仿子总结了《门市工作七十二条》，这是我国书店行业最早制定的门市服务规范。三家书店还联合组织同人读书会，鼓励营业员多读书、读好书，定期组织交流讨论。

三家书店善于用各种宣传手段促进书刊销路。他们在自己出版的各种杂志上，刊登新书广告，既不必支付广告费，又先声夺人扩大了新书的影响。他们还编印形形色色的新书目录，通过分支机构广为散发。读书出版社利用邮购户卡片，日积月累，组成了一个非常丰富的读者通讯录。该社编印的书目或其他宣传推广品，就按这个读者通讯录有针对性地寄发，起了很好的促销作用。在报刊上刊登的新书广告词，往往由名作家亲自撰写，成为传世的杰作。生活书店出版的报告文学集《中国的一日》，由主编此书的茅盾撰写广告词："这里有富有者的荒淫与享乐，饥饿线上挣扎的大众，献身民族革命的志士，女性的被压迫与摧残，落后阶层的麻木，宗教迷信的猖獗，国民党公务人员的腐化，土豪劣绅的横暴。从本书十八编中所收的500篇文章里面可以看出中国的一日或不限于此一日的丑恶与圣洁、光明与黑暗交织成一个总面目。"这则广告词仅百余字，动人心弦，有力地激发了广大读者的阅读动机。

生活书店还组织进步书业在有影响力的报纸上刊登联合广告，占据整个版面，声势大，效果好，广告费由各家书店分摊。有时将国民党查禁的书也照样刊出，注明"禁售"。许多读者出于逆反心理，纷纷来信索购"禁售"的书。

（三）竭诚服务，对读者绝对忠诚。竭诚为读者服务是三家书店的共同宗旨。邹韬奋在《店务通讯》上反复强调"发展服务精神"。他说："生活书店可以说是服务社会起家的。……对于读者的种种需要只要是我们的力量办得到的，没有不竭尽心力为他们服务。最有趣的是，有的读者因为夫人要生产，托我们代为物色好的产科医院；有的读者因为吃官司，托我们代为介绍可靠的律师；乃至远在南洋的读者，因为母亲和夫人要买国内的绸缎衣料，也委托我们代为选购。我们无一事不是尽我们的心力去做，以最诚恳的心情去做。只需于读者有点帮助，我们从来不怕麻烦，不避辛苦，诚心恳意地服务"（邹韬奋《事业管理与职业修养》）。邹韬奋在《生活史话》中也一再强调："服务是'生活精神'最重要的因素，也可以说是生活书店的奠基石"（《中国现代出版史料》乙编）。

读书出版社也非常强调为读者服务。该社在成立"缘起"中，猛烈地批判当时中国出版界"眼睛只看到利润"，根本"不肯把眼睛俯视劳苦大众的现象"。该社向公众表示，要为广大民众服务，"不出一本理论不正确的书，不印一本只图销路、无益大众的书……我们要做到出版、作家、读者三方面的友谊合作"。历史证明，读书出版社以极其严肃的态度实践了自己的诺言。读书出版社招收新人员进店工作的"第一课"，就是向他们介绍本社的历史和任务，帮助他们树立为读者服务的思想。

新知书店的中共党员人数最多，约占全店职工总数的50%，党组织更加重视方针任务教育和服务思想教育。

三家书店以最好的服务，赢得广大读者的鼎力相助。贵阳的读新书店在读者中结交了不少知心朋友。每当书店遇到困难时，就会有读者伸出援助之手。国民党的贵州高等法院刑庭庭长吴煜恒，经常阅读进步书刊，思想发生变化。他得到国民党当局要查禁书的消息，总是尽早打招呼，让书店有所准备。贵阳邮局有几位邮递员，是读新书店的基本读者。每当从重庆、桂林寄来图书邮件时，邮递员就事先通知书店到公路上等候，秘密拆封，让书店把邮件取走，然后把邮袋照原样封好。待国民党邮检所的特务检查邮袋时，一无所获。当地开明人士贺梓斋也是书店的挚友，曾冒险替书店寄存大批"禁书"。

生活书店设在各地的分店，每当在政治上受到迫害，就有众多读者相助。广东梅县国民党党部的无线电台技术员王吉田，经常来生活书店梅县分店阅读或购买书刊。营业员的热情服务，使他深受感动。有一天，王吉田截获国民党广东省党部的密电，通知梅县党部搜查生活书店。他立即跑到书店透露了这个机密，并透露了"禁书"名单，嘱咐早作准备。书店立即清理出30多种有可能被查禁的书，连夜运往郊外的秘密书库。第二天，县党部来了3个人，拿着书单在该店检查了大半天，未发现任何"禁书"，悻悻而去。在其他分店，类似的事例不胜枚举。

（四）区分一、二、三条战线。主持中共中央南方局工作的周恩来副主席，对生活等三家书店的处境非常关心。1940年初夏，周恩来约生活书店徐伯昕、读书出版社黄洛峰和新知书店徐雪寒谈话，指示他们以民间企业的形式去延安和华北敌后根据地创办书店。他们按照这一指示，经过一段时期的准备，在九、十两月分两次派人到晋东南抗日根据地和延安开设了华北书店。

1941年皖南事变后，三家书店遭到国民党反动派的全面摧残。面临这种严峻的形势，如何隐蔽精干，保存力量，利于持久作战，是个极为复杂而艰巨的任务。1942年8月，周恩来听取徐伯昕关于生活书店的应变部署和工作汇报，指示三家书店："在投资合营与化名经营的出版机构中，务必要区分一、二、三条战线，以利于战斗，免予遭受更加严重的损失"（《周恩来年谱》）。根据这一指示，三店采用新的策略，将已办的书店逐一排队。

第一线书店。在重庆仍坚持用三店的招牌，继续营业，在政治上冲锋陷阵，准备牺牲。1947年，内战爆发，重庆三联书店经理仲秋元被捕，被关押在重庆渣滓洞。该店全体人员仍不顾个人安危，坚持营业。1949年3月，经民主同盟沈钧儒营救，仲秋元获释。新中国成立后，仲秋元任新华书店总店图书发行部主任。20世纪80年代任文化部副部长。

第二线书店。不能再用三店的招牌继续营业的，则另起店名。偏重于经营同现实政治接触较少的理论性著作、历史著作和社会科学基础读物。

第三线书店。另起店名，较二线书店更加稳重隐蔽，以经营中外文艺读物、知识性读物和工具书为主。

三家书店开设的第二、三线书店较多。生活书店在重庆开设了文林出版社、峨眉出版社、国讯书店，与人合办立信会计图书用品社。在桂林开设了学艺出版社，与冯玉祥合办三户图书社等。读书出版社在重庆与人合办自强出版社，在桂林开设新光书店和建业文具公司，在广东曲江开设中南图书文具公司，在昆明开设金碧文具店。新知书店在重庆开设亚美图书社，在桂林开设远方书店、实学书局、泰风公司。抗战胜利后，三家书店又在武汉、长沙、广州等地联合建立了主要从事发行业务的联营书店、兄弟图书公司等。

三家书店按一、二、三条战线安排国统区的出版发行机构，体现了中国共产党的统一战线政策，也符合合法斗争与秘密斗争相结合的战略战术。这也是三联书店战胜敌人，保存实力，终于迎来新中国曙光的重要因素。

三、抗战以来国统区的其他进步书店

抗日战争、解放战争期间，战斗在国民党统治区的一些中共地方组织或进步人士，也陆续建立了一批书店，主要经销生活、读书、新知三家书店的图书；有条件的则公开或秘密重印、发行延安出版物。少数书店也自编自印图书。这些书店同样受到国民党当局的迫害。

（一）浙江。以金华、丽水等地为后方，在中共浙江省委和金衢特委的领导下，陆续创办了不少进步书店。著名的有：金华战时书报供应社、椒江书店、会文图书社等。

1.金华战时书报供应社。1937年12月在金华开业。中共浙江省临时工委书记兼金华县委书记徐洁身等人创办。翌年3月，改建为新知书店金华分店，并在丽水、武义、江山、建德、慈溪等县设办事处或分销处。受新四军秘书长李一氓的委托，代印代发新四军军部机关刊物《抗敌》杂志。该店发行的抗日救亡书刊遍及浙、赣、皖、闽4省。1939年6月，该店被国民党宪兵查封。3个月后，中共地下组织又以金华书店的名义重新开业，停办时间不详。

2.椒江书店。1937年11月在海门开业。中共海门地下组织创办。在发行进步书刊的同时，还举办讲座、组织读书会和街头文艺演出等。该店曾一度利用晚上时间，在书店门前边发行《抗战歌声》，边教唱。青少年云集，抗战的歌声很快在大街小巷流行开来。1939年，中共地下组织获悉国民党特务即将迫害该店，遂停办。不久，又在黄岩开办新生书店，实际是椒江书店的继续。

3.会文图书社。光绪年间在丽水县城创办，创办人董富阳。辛亥革命后与上海各大书局建立特约经销关系，丽水附近各县的中小学课本、教学仪器多由该社供应。抗战时期，董富阳之孙董乐辅是中共地下党员，主持该社业务，经销新知、生活等店的出版物。曾翻印发行毛泽东著作。因经常受到国民党县党部的骚扰和查抄，中共地下组织为保护董乐辅的安全，1939年将其调走。该社存书盘售给其他书店。

抗战时期，浙江中共地下组织创办的书店还有：宁波新生书报社、奉化抗战书店、绍兴禹风书店、嵊县群力书店、丽水浙东书店和碧湖书店、义乌抗建书店、兰溪战时书报社等。皖南事变后，上述书店陆续被国民党当局查封。

（二）福建。在福建的临时省会永安，国民党曾创办改进出版社，在共产党员的参与和支持下，出版不少进步书刊。还有一家国民党官办书店东南出版社，历任经理均为中共党员或共青团员。1945年7月，该社历任的7位负责人均被捕，出版社停办。

解放战争时期，中共福建地下组织创办的书店有：福州的中流、六艺等书店，厦门的东方出版社，建瓯的闽北书店，漳州的大路书店，泉州的五一出版社，福安的新人书屋等。这些书店均秘密销售进步出版物，有些还承担中共地下组织联络站的任务。

（三）江西。影响较大的是成立于1938年3月的大众文化社，地址在南昌中山路翘步街口，中共江西地下省委以新四军驻南昌办事处名义扶助进步文化人漆裕元创办，以推销中共南方局的《新华日报》及进步书刊为主要业务。在吉安设有分店。中共江西省委书记曾山和省委宣传部部长黄道多次到该社指导工作。该社曾一度被国民党特务捣毁。1939年3月，国民党部队从南昌败退前夕，书社工作人员除一女同志外，全部被国民党当局逮捕，关在集中营，经理漆裕元光荣牺牲。

（四）湖南。抗战爆发，平、津、宁、沪、汉等城市的文化人撤退到湖南，中共地下组织和进步人士开办的书店不少。

1. 湖南战时书报供应所。1938 年 7 月在长沙开业。长沙沦陷，迁邵阳。中共湖南省委青委创办，所长张迈群。主要供应有关抗日救亡的书报刊。在湖南湘乡、衡阳、新化设有办事处。与湖南未沦陷的 51 个县 300 多个单位保持业务联系。战时书报供应所结合发行工作，组织歌咏队，教唱革命歌曲。定期出版《人人看》、《壁报资料》等小刊物，印发给各救亡团体。为配合各地学校进行战时教育，每周出版一期《战时补助教材》，销至湘、赣、桂、云等省。1939 年 6 月，国民党当局在湖南制造"平江惨案"，战时书报供应所处境险恶，1940 年停办。

2. 湘江书店和五五书店。湘江书店，1937 年 11 月由进步青年李华辑创办，地址在衡阳火药街，初名读者书店。不久，李华辑加入中国共产党。翌年 7 月，中共衡阳县工委将该店改名湘江书店，作为党的地下联络站。李华辑任书记兼经理，并以书店为基地，组织青年读书会和救亡歌咏队。公开销售自然科学和文化教育读物，半公开销售进步书刊。该店曾秘密印行毛泽东的《论持久战》等多种著作，每种书均发行 5000 册以上。一度出版《新阶段》杂志（旬刊），出至 5 期，八路军驻湘办事处主任徐特立指示停刊。1939 年 4 月，该店被日军飞机炸毁，被迫停业。与此同时，李华辑及书店工作人员向愚被国民党当局逮捕。经叶剑英营救，获释。

五五书店。1939 年 7 月在衡阳司前街开业。八路军驻湘办事处拨出少量资金，由刘国英（女）、向愚等中共党员集资创办。实为湘江书店的继续。在八路军办事处主任徐特立的直接领导下，出版《半月文摘》期刊，曾印行罗瑞卿的《抗日军队中的政治工作》等数种书籍，发行量均达数千册。

抗战时期中共湖南地下组织创办的书店还有：长沙的民众书店、翰文书店，衡阳的新阶段书店，南岳的抗日书店、知行书店，邵阳的长江书店、民众书店，沅陵的垦荒书店，湘乡的抗敌书报合作社，汝城的星光书店，宁乡的战时书报合作社，郴县的牖智书社，平江的大众书店，溆浦的民众书局、生力书社等。这些书店在 1940—1942 年间，先后被国民党特务捣毁、查封或被迫停业。

解放战争时期，中共湖南地下组织或进步人士又新开设了一批进步书店。主要有：长沙的求知书店、中国书店、大公书店、兄弟书店、知源书店、金国印书馆、青年建国文化公司、新社会出版社，湘潭的友谊书店、国民书报社，耒阳的立文书局等。其中，长沙求知书店经理徐汉卿及其妹徐玮被国民党当局杀害，书店被封。长沙的中国书店两次被国民党武装特务捣毁。该店经理孙阜民是中共外围组织成员，在上海设立驻沪办事处，自任经理。该店被封时孙阜民正在上海，国民党特务设计把他骗回长沙，惨遭杀害，年仅 24 岁。也有几家书店因活动隐蔽，度过"长夜"迎来长沙和平解放。

（五）广东。1937 年上海沦陷，生活书店、读书出版社、新知书店以及巴金创办的文化生活出版社曾迁来广州。中共广东省委在广州创办了统一出版社、中心出版社。夏衍在广州主持的《救亡日报》社创办了南方出版社。1938 年 10 月，广州沦陷，上述新闻出版单位多迁往香港和桂林。国民党的广东省政府迁往韶关的曲江（韶关郊区）。共产党人在曲江掌握的书店有新建设出版社，在香港创办了南洋图书公司和新民主出版社。

1. 新建设出版社。1941 年在曲江开业，由国民党第七战区长官司令部编辑委员会创办。第七战区司令长官张发奎请当时中山大学校长、国民党"左派"许崇清担任编委会主任，负责出版《新建设》和《阵中文汇》两种杂志，同时也出版一些宣传三民主义的图书。许崇清聘请新知书店总店出版部主任陈荡（中共党员）任编委会出版部主任。为了扩大《新建设》等书刊的发行，另组建新建设出版社，只从事本外版书刊的发行业务，设门市部、批发部、邮购部等。陈荡兼任该社经理。他接受了新知书店总店派来的 9 名工作人员，安排在重要岗位上，使进销业务大权掌握在共产党人手里。同时，又将皖南事变后被查封的生活、读书、新知三家书店的存书，作为丰富门市部的图书品种买进来。实际上是用国民党的钱买下被国民党查禁封存的图书，又把它发行出去。陈荡等人利用国民党军办书店发行进步书刊，也采取了许多策略。后来，他受到国民党上层人物的怀疑，遂机警地辞去职务，对他的怀疑也就不了了之。

2.南洋图书公司。1941 年在香港开业。新知书店总店与桂林文化供应社合作创办，经理吉少甫。重印发行中共中央机关刊物《解放》和南方局刊物《群众》，经销文化供应社和新知书店的出版物。此外，生活书店创办的星群书店，读书出版社创办的光夏书店，继续在香港经营。

3.新民主出版社。1946 年 3 月在香港开业。中共香港地下组织创办，是香港《华商报》的出版发行机构。廖沫沙任主编，邓家恺、吴仲先后任经理。主要任务是翻印发行解放区出版物，也出版了"中国人民文艺丛书"等新书，同时经销国统区出版的进步书刊。设门市部、批发部和邮购部。内地闽粤赣边区以及海南岛、东江、西江、粤北、南路等游击区均在香港设有联络站，任务之一就是采购该社出版的革命书刊，运回游击区或边区。该社通过邮购等各种方式建立了海外（主要是东南亚）基本读者联系卡数千张，增进了该社与华侨读者的感情。海外一些华侨读者经常协助该社发行书刊。

中共在广东各县的地下组织也建有书店。和平地下县委于 1939 年建立八一三书店，坚持经营 6 年。1945 年春，该店经理黄唯周等 9 人被国民党当局逮捕，经斗争获释。此外，普宁县委建有合利书店，经营情况不详。

（六）广西。广西桂林是大后方进步书业中心。生活、读书、新知三家书店在桂林书业中最有影响，前已叙及。还有文化供应社、新华日报馆桂林分馆（书店）、三户图书社等也为发展进步书业作出了贡献。在广西的部分县城，中共地下组织也创办了一批进步书店，较有影响的有群生、八桂、北流等书店。

1.文化供应社。1939 年 10 月在桂林开业。胡愈之奉中共南方局之命代表救国会；陈劭先、陈此生代表李宗仁为会长的广西建设研究会，并会同社会知名人士沈钧儒、杜重远、林励儒等 40 余人集资创办，设编辑部、发行所、门市部。由白崇禧的老师、广西临时参议会议长李任仁任董事长，曾任孙中山大元帅府经理处长的陈劭先任社长，陈此生任总务主任，胡愈之任编辑部主任。该社工作人员大部分由八路军桂林办事处主任李克农推荐。该社实际上由八路军桂林办事处领导。1941 年八路军桂林办事处撤离，中共南方局派在桂林领导党的文化工作的邵荃麟进入该社。该社的存在和发展，是中国共产党在国统区出版界实行统一战线的成功范例。

文化供应社共出书 500 余种。由胡愈之主持出版的"国民必读"丛书包括抗战常识、农业技术、社会科学、自然科学、文艺演唱材料、挂图、地图、字典等 261 种。该社运用地方行政力量，发动广西全省基层组织建立文化室，购买这套图书，开展宣传教育活动。这是我国现代书业有组织有计划地出版发行通俗读物系列套书，组建文化室普及科学文化知识的创举。

1943 年初，国民党中央宣传部部长吴铁城决定接办文化供应社。李任仁、陈劭先以该社为民间集资创办为由，并以他们在广西的特殊社会地位以及与李宗仁、白崇禧的历史关系，力阻吴铁城插手。作为妥协策略，陈劭先、陈此生、邵荃麟等宣告辞职。但该社的出版发行工作仍掌握在中共党员和非党进步人士手中。中华人民共和国成立后，该社迁来北京，1953 年停业。

1949 年，李任仁、陈劭先等人应中共中央之请，先后来京，参加全国政治协商会议。广西解放后，李任仁任广西省人民政府副省长。陈劭先来京，任政务院政务委员。

2. 三户图书社。1937 年由爱国名将冯玉祥在上海创办。上海沦陷，迁武汉，又迁桂林，与生活书店合作经营。生活书店派贺尚华任经理。陆续出版艾芜、艾青、田汉、田间、臧克家、沙汀、王西彦等进步作家的作品。该社总经销《文学创作》、《广西妇女》等 7 种杂志，销量颇大。1944 年桂林沦陷，停业。新中国成立后，贺尚华任新华书店总店业务处副主任。

3. 新华日报桂林营业处。1938 年创办，主要任务是发行重庆出版的《新华日报》，设立门市部翻印和销售进步书刊。国民党特务常伪装成进步读者在门市部翻阅图书，实为暗中监视。待到门市部收市时，则要求书店介绍新到的进步书刊。当营业员从柜内取出时，他就撕破伪装，拿出国民党当局的"检查证"，进行搜查、勒索、迫害，类似事件发生多次。

4. 群生书店。1936 年 10 月在玉林县城开业。中共桂东南地下组织创办，同时为地下组织的交通联络站。凌建平、黄经柱、何姗姗（女）先后任经理。批发零售进步书刊，发行覆盖面遍及附近的 5 个县。1943 年 1 月 13 日，该店被国民党当局查封，经理何姗姗、营业员黄友荣以及正在书店看书的读者吴培杰等多人被捕。

5.北流书店。1940年6月由中共北流地下县委创办。陈维拉任经理。地下县委领导的抗日游击队所需枪支弹药，由该店负责转运和保管。1943年1月，该店被国民党当局查封，书店工作人员李焱光被捕，遭受酷刑。

中共广西地下组织创办的书店还有：梧州的八桂书店，马山的白山书店，贵县的抗建书店和怀城书店，容县的七七书店，博白的博文书店，陆川的新民书店、新文化书店和新生书店等。

（七）四川。四川省是国民党当局实行文化专制极为严厉的地区，但中共地下组织和进步人士仍创办了不少进步书店。其货源主要来自重庆、成都的生活、读书、新知三家书店，新华日报馆营业部也出版或翻印延安出版物向全省辐射。

1.新华日报馆营业部。《新华日报》是中国共产党第一个在国统区公开发行的机关报。1938年1月11日在汉口创刊，12月25日迁重庆出版。社长潘梓年，总经理熊瑾玎。经国共两党达成的协议，该馆在国统区是合法的新闻机构，又是出版发行机构，陆续出版图书200余种。报馆的图书门市部开始设在重庆的苍坪街，被日机炸毁。迁西三街又被炸毁。迁化龙桥和若瑟堂，分两处营业，若瑟堂门市部再次被炸毁。最后迁民生路208号，在此处营业时间最长，社会影响最大。重庆解放后，被作为红岩纪念馆的组成部分，恢复了当年的原貌。

新华日报馆营业部有两个主要业务部门，一是发行科，发行《新华日报》；二是图书科，即门市部，销售本版书刊、延安解放社和新华书店的出版物、国统区的进步出版物，还销售苏联莫斯科外文出版局的中、俄、英、法、德等各种版本的政治、经济类书籍、儿童读物和《真理报》、《消息报》等。门市部工作人员的任务很重，不仅要发行好书刊，还要时刻注意保护读者，免遭特务的盯梢、迫害，严防敌人投放爆炸物。1945年1月，营业部两次被特务纵火，均被门市部工作人员及时扑灭，未成巨灾，部分书刊受损。营业部在图书科办公室请客，特务们爬在窗子上来认面孔，偷听讲话。读者来发行科订报，常受特务威吓。报童有时被特务打得头破血流。潘建萍等一些发行人员，上了特务的黑名单。抗战胜利，内战爆发，国民党指使特务和大批暴徒，将该馆门市部及成都营业分处捣毁，门市工作人员被打伤。

1947年2月，中共代表团和新华日报馆工作人员撤回延安，营业部停办。

2. 八濛书店。1939年5月在渠县县城开业，定名新岩书店。中共渠县地下县委书记唐毅创办，经理杨景凡。主要经销重庆生活、读书、新知等书店的出版物。1940年7月，该店被日机炸毁。1941年初，地下县委又重新集资建店，取名八濛书店。书店的业务负责人曾在国民党中国文化服务总社发行部工作的沈汉担任。此人参加了中共的外围组织——读书会，受过进步思想的教育。他委托中国文化服务总社从事书刊发运的谢开，将重庆出版的进步书刊夹在正中书局的出版物中，以国民党文化服务社的名义寄给渠县八濛书店。这条渠道用了3年多，既躲过了国民党对邮件的检查，保证了安全；又缩短了寄邮时间，节约了运费。1948年，中共地下组织获悉国民党特务将要破坏八濛书店，立即通知杨景凡、沈汉等5人躲避，特务的阴谋没有得逞。不久，该店被国民党县长查封。中共地下组织又在原址开办大光书店。几个月后，因特务告密，又被勒令查封。从新岩书店到八濛书店、大光书店，历尽艰险经营了8年多，是在国统区经营时间较长的进步书店之一。书店创办人唐毅，1949年牺牲于重庆渣滓洞。

3. 旭声书店。1938年8月在荣县县城开业。辛亥革命元老、当年任中共四川省委书记的吴玉章，回到阔别10多年的家乡荣县，向旭光小学校长范晶如等4名地下党员传达中共中央指示精神，倡议开办书店。他亲自请孙中山之子孙科题写"旭声书店"的"金字招牌"，增加了书店的保护色。范晶如兼任旭光书店经理。公开经营中华书局、商务印书馆出版物和文具用品，秘密销售进步书刊。该店的邮件，得到邮局一职员的保护。通过统战工作，该店与县政府社会科科长关系密切，可以及时获得查禁书刊的情报，预做准备。进步书刊则寄存在国民党县党部宣传干事刘一先（中共地下党员）家中，确保安全。皖南事变后，旭声书店因与吴玉章有关，被国民党县党部强行查封。

在四川各地，由中共地下组织和进步人士创办的书店还有：重庆的群益出版社（郭沫若创办），自贡的战时书报流通处、荣昌的光明书店，丰都的文化书店，江津的大公书店，西昌的进修书店，成都的益明书店和战士出版社等。此外，东北流亡青年礼广贵在成都联营书店的支持下，团结了一批进步青年，在成都建立了西川书局，并在绵竹、德阳、金堂、罗江、淮州、孝泉镇和赵镇设立了七个分店。

1947 年，国民党阴谋策划了"六二"大逮捕，礼广贵创办的西川书局及其分店全部被特务捣毁，有 4 人被捕，其他工作人员被迫流亡。成都联营书店的邓晋浩、张之光也相继被捕。联营书店经理曾琪林惨遭杀害，同时罹难的还有新华日报社成都营业处经理（中共川康特委书记）罗世文，曾在重庆生活书店工作的华凤夏（中共川康特委负责人之一），重庆现代书店经理蔡梦慰等多人以及成都益明书店经理杨道生被国民党特务活埋在龙泉驿山。还有雪莱书店的王屏、岳池书店的韦炜光、通江书店的冉崇儒等，也都因发行进步书刊，被国民党特务杀害。

（八）云南。较为著名的进步书店有北门书屋和康宁书店。

1. 北门书屋。1943 年初在昆明北门街开业。著名民主人士李公朴创办，主要经销进步书刊。李公朴的名望和书刊内容吸引了远近读者，常常顾客盈门。随着营业的兴旺，一年后自设编辑部，张光年（光未然）任主编，出版了一批中外文学作品、诗歌集和青少年读物，还秘密印行了毛泽东、朱德的著作。李公朴从事民主运动和开办北门书屋，引起国民党当局的仇视，1946 年 7 月 11 日，被特务暗杀。北门书屋停办。

2. 康宁书店。1944 年 3 月在昆明晓东街开业。中共地下党员孙仲宇根据中共云南省工委的指示创办。表面上同其他民营书店一样，不卖令反动当局产生怀疑的书刊，甚至摆一点黄色读物，作为掩护。大量的进步书刊和《新华日报》则通过秘密渠道发行，供应范围辐射至省内各县。由于注意隐蔽，工作严谨，用人得当，该店从开业到 1950 年春昆明和平解放，历时 6 年，始终未受到敌人破坏。昆明解放，康宁书店并入云南新华书店。

（九）陕西。1936 年 6 月，中共中央在陕西西安成立东北军工作委员会，周恩来任书记，叶剑英任中央代表。东工委制定了《东北军工作的指导原则》和宣传提纲，编印了以东北军为宣传对象的《还我河山》、《打回老家去》等多种小册子，通过各种途径广为散发，对东北军产生了重大影响。与此同时，由中共党员宋绮云任总编辑的《西北文化日报》（西北军报纸）和由中共党员张兆麟、陈翰伯任正副总编辑的《西京日报》（东北军报纸），在出报的同时，曾出版数十种抗日救亡小册子。西安事变后，中共西北特别支部又以西安出版社、陕西人民出版社、火把社、战士出版社等名义，出版发行一大批进步书刊。

（十）上海。抗战初期，上海成为沦陷区。抗战胜利，上海成为国统区。这里的进步书店始终坚持斗争。除生活、读书、新知三家书店创办的化名书店外，还有复社、亚美书店、时代出版社、利群书报联合发行所等多家书店。

1. 复社。1937 年秋冬在上海成立，是不公开的出版发行机构。由胡愈之发起，胡愈之、许广平、周建人、吴耀宗、张宗麟、郑振铎、王任叔、冯宾符、陈明等 20 人合资组建，张宗麟负责经理业务。在日军占领的上海，该社最早编辑出版《鲁迅全集》，"六百余万言之全集，竟得于三个月中短期完成，实开中国出版界之奇迹……总揽其成者，为胡愈之、张宗麟两先生。在全集出版时，张先生全部精力，几尽放在发行方面"（许广平《鲁迅全集编校后记》）。

复社出版的美国记者埃德加·斯诺访问陕北写成《红星照耀中国》，1937 年 10 月在英国伦敦出版。11 月，斯诺来到上海，送给胡愈之一本。胡愈之读后，发现该书用大量事实澄清了蒋介石集团对陕北根据地的造谣污蔑，有力地批驳了反共宣传，立即由复社翻译中文本。考虑到"红星"二字太引人注目，于发行不力，为掩敌耳目，将该书中译本改书名为《西行漫记》。于 1938 年 2 月在上海出版，颇为畅销，当年重印了三次，并从上海传播到各地，出现多种重印本。上海各大学、中学组织的读书会，普遍传阅这本书。有的读书会，把这本书拆成几部分，让学生们交换阅读。半年时间，连续重印 5 次，共发行 8 万册。各地依照复社版本重印册数尚未计入内，许多青年受到这本书的启发，毅然参加革命。后来成为著名漫画家的华君武，在《崇敬与感激》一文中，回忆了当年阅读此书的感受："读着读着，我被它吸引住了。从感性上我认识了中国共产党、中国工农红军和老百姓的关系，原来中国还有这样一块净土——陕北。"1938 年，他经过 3 个月的长途跋涉，奔赴延安，参加革命。复社出版的图书还有《列宁选集》等多种著作。1941 年 12 月，日军进占上海租界，复社停业。胡愈之于 1938 年去武汉。

负责发行工作的陈明，后来参加新四军，在作战中牺牲。

2. 亚美书店。1939 年 8 月在上海青岛路开业。中共江苏地下省委文委创办。徐达、王敏之先后任经理。凡属秘密发行的书刊，则通过秘密渠道，分送到可靠人员手里，再通过他们销售到群众中去，每月结一次账。代销人员均为地下党员，组织严密，从未被敌人破获。该店还为上海附近的抗日游击区服务。1941 年 12 月 8 日太平洋战争爆发，日军攻占上海英法租界，该店奉命关停。

3. 时代出版社。1941 年在上海创办。由驻在上海的苏联塔斯社远东分社出资，实为中共地下组织领导的出版发行单位。上海地下党文化总支部书记姜椿芳任总编辑，苏联人塔斯社记者匝开莫任发行人。在上海、南京、杭州设有门市部（称分社）。主要出版介绍苏联各方面信息的书刊，并出版中文《时代》周刊，一度出版《时代日报》。《青年近卫军》、《日日夜夜》等许多苏联文学名著，首次由该社译成中文出版。发行人员冒险将该社出版物运往解放区发行。在日军占领的上海，该社之所以能够存在，是因日本推行南进战略，且与苏联订有互不侵犯条约，只好容忍该社出版中、俄文书刊。抗战胜利后，中苏是同盟国，蒋介石又与苏联签订中苏友好条约，也不便查封时代出版社。1951 年，该社迁北京。翌年，苏联政府将该社交给了中国政府。

抗战胜利，毛泽东、周恩来在重庆谈判期间，于 1945 年 9 月 14 日给中共中央并转华中解放区负责人发出电报，要求尽快派干部"去上海办报纸、杂志、通讯社和书店、印刷所……必须下决心用最大力量经营之"（《毛泽东新闻工作文选》，新华出版社版）。根据毛泽东电示，生活、读书、新知等进步书店迅速迁往上海。中共组织派张执一借给生活书店 100 两黄金作为在上海开展出版发行工作的基金。为掩敌耳目，生活书店还化名成立了韬奋出版社、华夏书店、骆驼书店、致用书店、峨眉出版社、士林书店、新生图书服务社（专营书刊邮购业务）、自由出版社（与王造时合办，以门市经营为主）；新知书店化名成立了永年书局、南洋书店；读书出版社化名成立了自强出版社。其他进步书店如郭沫若的群益出版社、俞鸿模的海燕书店、黄宝殉的耕耘出版社、翦伯赞任总编辑的大孚出版公司（陶行知创办）、作家叶以群的新群出版社等，均陆续从重庆迁来上海。

解放战争期间，上海的进步书店不断受到国民党当局的迫害。轻者被拘捕审讯，重者惨遭杀害，以《文萃》周刊社和利群书报发行所牺牲的人员最多。

《文萃》周刊社于1945年10月在上海创办，由中共上海地下组织文委领导，黎澍、姚溱先后任主编。《文萃》杂志由人人书报社秘密发行。1947年7月，负责该刊编、印、发的陈子涛、骆何民、吴承德被国民党中统特务逮捕，壮烈牺牲。人人书报社也受到牵连，该社周阿林、郭来业、汪文彬等人被捕，书报社停业。

利群书报联合发行所。1947年在上海河南中路开业，是万叶书店、文光书店等6个出版单位的联合发行机构。除发行6家书店的出版物外，还经销外版书刊。1948年10月12日，国民党特务在邮局查到香港的进步书店寄给该所的邮件里，有《中国大财阀蒋介石》、《整风文献》等书，于是跟踪邮递员去该所搜查。利群发行所的工作人员、作者、来访者及职工好友均被逮捕，受牵连者达140多人。发行所经理赵寿先在被审讯时跳楼牺牲。该所郑显芝、焦伯荣、严庚初、周宝训、吕飞巡、黄秉乾6人于上海解放前夕被国民党当局活埋。

为防止国民党迫害，生活、读书、新知三家书店迁香港。

（十一）其他省市。由于史料湮没，中共地下组织在国统区创办的书店难以全面著录。已知的还有：江苏南通的苏北文化服务社和晓塘书店，江西吉安和南昌的文山书店，湖北的安陆书报供应社，河南的南阳新生书店、开封河南书店、镇平涅光书店、方城群众书店，安徽的无为书店、蒙城大同书店（该店杨子仪、尚志忠被国民党当局活埋），河北任丘的群众书店，山西太原的读者书店，甘肃的兰州书报社、兰州同仁消费合作社，内蒙古河套地区的西北书店等。解放战争时期，北平有中外出版社、朝华书店、北方书店；天津有知识书店、读者书店等。这些书店，经营的时间有长有短，都对传播马列主义和毛泽东思想与科学文化知识作出了贡献。

第五节　解放区出版发行事业

1935 年 10 月，中共中央率领中国工农红军经过二万五千里长征，胜利到达陕北。翌年 12 月，促成西安事变的和平解决，实现了第二次国共合作。1937 年七七事变不久，国民党军队溃败，华北、华东、华中的广大国土被日军侵占。经与国民党政府达成的协议，中国工农红军及其在南方各省坚持斗争的游击队，分别改编为八路军、新四军，挺进敌后，发动群众，开展了强大而又普遍的游击战争，逐步将苦难的沦陷区收复过来，变成光明的解放区，又称敌后抗日根据地。随着根据地的扩大和抗日民主政权的巩固，解放区的出版发行事业从无到有，得到了蓬勃发展。

一、中共中央主管出版发行事业的机构

中共中央十分重视出版工作。在长征途中，仍油印发行了一批小册子。已知的有《战士读本》、《民族政策》等。长征胜利会师后，1936 年，中央进驻陕北保安，成立中央出版局，局长廖承志。

最早提出把红军长征宣传出去的是毛泽东。毛泽东的敌人是害怕共产党宣传的，但毛泽东一直把宣传看得比打仗更重要。

1936 年 8 月 5 日，毛泽东指示红一方面军政治部成立编辑委员会，号召参加过长征的红军同志，把"自己在长征中所经历的战斗、民情风俗"写下来，向外界介绍长征。征文启事获得积极响应，两个月后，编辑部收到 200 多篇稿件共 50 多万字。

1937 年 2 月，第一部出自延安的长征文集《二万五千里》出版，后更名为《红军长征记》，其中很多作者后来成为共和国的开国元勋、著名将领。

中央出版局出版了"红军故事丛书"，还以解放出版社的名义出版"真理小丛书"数种。1937 年 1 月 13 日，中共中央从保安进驻延安，物质条件有很大改善，又处于相对和平的后方环境，有利于发展革命的出版事业。中共中央在延安的 10 年期间（1937—1947），设立了主管出版发行的领导机构，同时也是从事出版发行的工作机构。开始为中共中央党报委员会，后来成立

中共中央出版发行部，又改制为中央出版局，最后并入中共中央宣传部。

（一）中共中央党报委员会。1937年1月22日，中共中央决定恢复原在中央苏区的中央党报委员会，由张闻天、秦邦宪、周恩来、王明、何凯丰组成。该会以解放社名义出版中央理论刊物《解放》，出版马列著作和毛泽东等中央领导人的重要著作；管理新华社和《新中华报》。由张闻天主管，有时由秦邦宪、何凯丰兼管。廖承志、徐冰先后任秘书长，主持日常工作。

中央党报委员会下设资料科、出版科、发行科，1937年4月合并为出版发行科。办公地址开始在延安北门外，不久，迁清凉山。该会出版的书刊，均印明"解放社出版，新华书店发行"（1937年为解放周刊社出版，1938年改称解放社出版）。中共中央曾于1938年2月4日在《解放》周刊上刊登启事："凡本党文件、领导人言论、本党历史等，均委托（重庆）中国出版社及延安解放社印行。"直至1950年，中共中央主管出版发行机关编印的重要著作，均署名解放社出版；编印的一般书籍，署名新华书店出版。1950年12月，解放社和新华书店的版权，归新成立的人民出版社。

1939年6月，中央党报委员会的出版发行科并入新成立的中共中央发行部。9月，改称中共中央出版发行部。1943年3月，中央党报委员会撤销。由毛泽东、王稼祥、秦邦宪、何凯丰组成中央宣传委员会，统一领导管理中共中央宣传部、解放日报社（包括新华社、中央新华广播电台）、中央出版局、中央党校、中央文委的工作。

（二）中共中央出版发行部。1939年6月在延安清凉山成立。中共中央组织部副部长李富春兼任部长，王林任副部长，苏生任秘书长。初建时称中共中央发行部，设组织、发行、会计三个科，共20人。9月1日，改称中共中央出版发行部，设出版、发行、印刷、秘书、总务五个处。抽调一批有出版发行工作经验的干部充实了机构，工作人员（含新华书店）最多时达200人。办公地址迁至延安北门外的西山坡。山下有7间平房作为新华书店的店址和门市部。中央印刷厂、出版处校对科和发行处的部分人员，仍留在清凉山。

中共中央出版发行部是适应形势发展建立的。1938年8月，朱德总司令从抗日前线返回延安，在延安各界的欢迎大会上的讲话中说："前方文化粮食非常缺乏，看不到书籍报纸，而敌人的特务机关通过新民会、宣抚班，统治了新闻、杂志、书籍，组织了各种欺骗宣传团体，出版了大批的报纸、杂志、小册子、传单，来宣传'东亚新秩序'。……我们后方要把出版的马列著作、毛泽东著作和抗日的书报刊物大批地输送到前方去。"边区文化界救亡协会立即响应朱总司令的号召，向延安的各机关团体发起募捐书籍活动，共募到 7000 多册。但因党报委员会发行科人员少，运输能力小，难以尽快运到前方。有些书刊虽已运出延安，却压在沿途的交通兵站。

1939 年，抗日战争进入相持阶段。蒋介石消极抗日、积极反共的面目日益暴露。当年 2 月，国民党在重庆召开五届五中全会，制定"溶共、防共、限共、反共"的方针，秘密通过《限制异党活动办法》。在文化出版方面，禁止解放社出版物的发行，查封各地的进步书店，禁止人们阅读并没收进步书刊。中共中央针对当时的严峻形势，决定大力加强发行工作，采取各种形式把革命的出版物发行到敌后根据地和国统区、敌占区。

1939 年 3 月 22 日，中共中央发出《关于建立发行部的通知》。通知说："为了适当地散发、分配与推销党的各种出版物，统一对于各种发行机关的领导，打破各地顽固分子对于本党出版物的查禁与封锁，研究各种发行工作的经验，中央特决定：从中央起，至县委止一律设立发行部，必要时区委亦设立发行部，支部委员会设发行干事。地委以上发行部除部长及必要的干事外，得依工作需要，设立巡视员若干人。同时，发行部有必要时成立发行委员会，吸收各种发行机关的负责同志参加。"通知还要求："各级党委同志应动员一批有发行工作经验的同志担任发行工作，并注意培养发行工作干部，不轻易调动他们的工作，以求得专门化与熟练。"4 月，任弼时、李富春向中央党报委员会等有关部门传达了中央书记处关于成立中央发行部的决定。党报委员会的出版发行科并入中央发行部。中央组织部又从中央党校、抗日军政大学、陕北公学等部门抽调曾在生活、新知等书店工作过的干部王矛、卜明、周保昌、吴彬、叶文等到中央发行部工作。同年 9 月，改名中共中央出版发行部。

中央各部门翻译或编辑审定的书稿，均由出版发行部出版，还出版《共产党人》、《中国青年》、《中国妇女》等刊物。该部直接领导中央印刷厂和新华书店总店，并采取多种措施，把延安出版物输送到各根据地、国统区和沦陷区。

从 1939 年起，国民党派出 40 万军队包围陕甘宁边区，时有进犯事件发生。各敌后根据地也被敌伪分割包围。因此，把延安的出版物输送到各敌后根据地十分困难。1939 年 11 月，中共中央出版发行部派发行处长向叔宝、运输科长许光庭去晋绥、晋察冀等根据地进行调查研究，建立发行网点。到达晋绥边区的兴县时，发现从延安发给晋察冀的 60 多箱书籍因敌人封锁，积压在那里。碰巧由晋察冀边区过来拥有 30 多匹骡子的运输队，驻兴县的一二九师师长贺龙，决定利用这些骡子驮运图书，加派一个连的兵力护送，由向、许二人带队向晋察冀根据地进发。这支史无前例的武装运书队伍，目标大，行动笨重，不易隐蔽。进入游击区，时刻有可能遭到敌人袭击；进入敌占区，危险更大。为冲过敌人封锁线，队伍一夜强行军 120 华里。大家渴得难以忍受，有的同志只好喝自己的尿，润润喉咙。他们历尽艰险，同敌人周旋 20 多天，终于平安到达目的地——晋察冀边区。

为解决运送图书的困难，只能从延安发出样书或纸型，由各地自行翻印，就地供应。1940 年 9 月 10 日，由总书记张闻天起草，中共中央发出《关于发展文化运动的指示》，要求"每一个较大的根据地应开办一个完全的印刷厂，已有印刷厂的要力求完善与扩充，要把一个印刷厂的建设看得比建设一万、几万军队还重要。要注意组织报纸、刊物、书籍的发行工作，要有专门的运输机关与运输掩护部队，要把运输文化食粮看得比运输被服弹药还重要"。精神可以变为物质。这个指示，充分说明中共中央高度重视书报刊的巨大作用。

1940 年 11 月，许光庭从晋察冀返回延安（向叔宝调兴县工作）。出版发行部向中央作了汇报。12 月 25 日，毛泽东为中共中央起草对党内的指示——《论政策》，再次强调："每个根据地都要建立印刷厂，出版书报，组织发行和输送的机关"（《毛泽东选集》第二卷）。根据这个指示，出版发行部抽调 30 名干部分赴各敌后根据地，参加与推动各地区出版发行工作的开展。

各地党委为落实中央的指示精神，相继建立了出版发行机构。这是新华书店在各解放区得到迅速发展的重要原因。

1941 年 12 月，中共中央机关实行精兵简政，中央出版发行部改制为中央出版局。

（三）中央出版局。1941年12月在延安北门外成立，后迁回清凉山。解放日报社社长秦邦宪兼任局长。许之祯任秘书长，主持日常工作。设出版、发行（新华书店）、指导三个科。实行精兵简政之后，如何继续做好出版发行工作，中央书记处作了专题研究。1942年4月15日，中共中央发出《关于统一延安出版工作的通知》，确定"集中指导，分散经营"的原则。"中央出版局负统一指导、计划、组织全延安各系统一般编辑出版发行工作之责（中央书记处及西北局常委会直接出版的书报除外）。中央出版局应会同中央宣传部及各有关部门，按时决定编辑、出版、发行工作的一般方针与具体计划，并保证其实现。"通知要求，各编审机构"独立工作，今后不应减弱，而应加强"。

当年延安的编审机构有：中央宣传部马列著作翻译机构，中央军委编译局，延安医科大学和自然科学院的教材编审部，边区教育厅中小学课本编审处等。这些机构编辑审定的公开发行的书籍，一般都交中央出版局，以解放社或新华书店的名义出版。

（四）中共中央宣传部发行科与出版组。1945年8月，抗日战争取得伟大胜利。中共中央从延安派出大批干部分赴新解放区工作。为了节省人力、物力，1946年1月中央出版局撤销，有关工作机构并入中央宣传部。许之祯负责主持出版发行工作。尹达、徐律负责出版工作，刘思让负责发行工作，中央印刷厂划归中宣部领导。新华书店总店并入中宣部，名义保留，公开发行图书仍用总店名义；对党内发书，用中宣部发行科名义。出版图书仍用解放社或新华书店的名义。

1947年3月，国民党军队进攻延安，中宣部随中央机关转移至瓦窑堡。5月初，转移至晋绥边区，许之祯等人暂停出版业务，被分配到东北新解放区工作。1948年，中宣部转移至晋察冀解放区的西柏坡，重新设立出版组。

同年6月，中共中央发出《关于宣传工作中请示与报告制度的决定》。其中第五条规定："凡各地用党及党的负责同志名义所出版的书籍杂志，在出版前，应分别种类送交党的有关部门审查……凡关于全国性、全党性问题的著作，其内容不同于中央已经公布的主张，或虽无不同于中央主张之处，而其性质特别重要者，均应送中央审查或取得中央同意出版。凡中央负责同志未经正式公布的著作，未经中央同意，各地不得擅自出版。"第七条规定："各中央局、分局宣传部每半年应向中央宣传部作一次系统的情况报告。报告内容的第（2）项是'党的与非党的书籍、杂志出版发行状况，书店工作状况与经济状况'。"中共中央在解放战争进入关键时刻，仍然十分重视出版发行工作。

二、延安——敌后抗日根据地出版中心

抗日战争时期的延安，为全国进步人士、进步青年以及爱国侨胞所向往。他们从祖国各地冲过敌人封锁线汇聚于此。各种干部学校、培训班林立，学术研究团体众多，人们的学习热情高涨。延安的中国人民抗日军政大学仅 1938 年 1 月至 8 月，就有来自全国各地的 8000 多名青年在这里学习。延安抗大及其 12 所分校先后培养军政干部 10 万余名。延安成为人才济济的文化城，也成为敌后抗日根据地的出版中心。中共中央设立的主管出版的领导机构，也是出版事业机构。延安的一些机关、团体如：八路军军政杂志社、鲁迅艺术文学院、民族问题研究会、边区文化教育研究社、解放日报文化供应部、边区音协编译出版部、敌情编委会、印工合作社等，也或多或少编辑图书、地图、年画等。专业的出版、印刷、发行单位则有解放社、中央印刷厂、新华书店总店、华北书店、陕甘宁边区新华书店、大众读物社等。

（一）解放社。中共中央出版的《解放》周刊以及马列著作和毛泽东等中央领导人的重要著作均以解放社名义公开出版。1937 年 4 月 24 日建立。先后出版《两个策略》、《左派幼稚病》、《二月革命至十月革命》、《国家与革命》。此后又出版"马克思恩格斯丛书"一套十卷本以及抗日战争参考丛书、《列宁选集》十八卷，还有两卷（最后两卷）因战争破坏未及出版。《斯大林选集》五卷本于 1939 年 3 月出齐。

毛泽东著《论持久战》，最早在《解放》周刊发表，各地翻印版本众多，延安也出版了单行本。《论持久战》使我军和广大人民群众对于坚持持久抗战充满必胜信心，对于国民党将领消除抗日速胜论和抗日亡国论等错误思想产生了不小影响。白崇禧读了《论持久战》，归纳为两句心得："积小胜为大

胜，以空间换时间。"宋庆龄把该书译成英文，在海外出版。

（二）中央印刷厂。1937 年 2 月由中华苏维埃政府国民经济部在延安清凉山建立。主要由该部副部长毛泽民领导筹建，后来隶属中央主管出版的领导机关。延安出版的《解放日报》（前身为《新中华报》）等多种报刊以及各种图书，均由该厂印刷。毛泽东多次到厂视察，教育工人说："印刷厂生产精神食粮，办好一个印刷厂，抵得上一个师"（延安清凉山新闻出版革命纪念馆编《万众瞩目清凉山》）。

中央印刷厂工人们的劳动热情很高。经过技术革新运动，劳动生产率提高 50%。先后有 12 人次在生产竞赛中被评为边区劳动模范，有两人被选为中共七大代表。

厂长祝志澄（1906—1968）是中国共产党印刷事业的开创者之一。上海人，15 岁到上海商务印书馆做排字工人。1925 年参加"五卅"运动和商务印书馆的工人大罢工。1927 年参加中央军委书记周恩来领导的上海工人第三次武装起义，任商务工人纠察队分队长。四一二反革命政变后，在革命低潮时加入中国共产党。1931 年带领工人携带印刷机到中央苏区瑞金建立中央印刷厂，任副厂长。经过长征来到陕北后，他任延安中央印刷厂厂长 10 年，荣获陕甘宁边区甲等劳动英雄称号，作为正式代表出席中共七大。北平和平解放后，任中共中央宣传部出版委员会副主任。新中国成立后任出版总署出版局副局长兼新华书店总管理处副总经理、北京市文化局副局长等职，长期主管书刊印刷事业。是全国政协第二、三、四届委员，中华全国总工会首届执行委员。

除中央印刷厂外，延安还设有八路军印刷厂、边区银行光华印刷厂等。

（三）新华书店总店。1937 年 4 月 24 日由中共中央党报委员会在延安北门外建立，不久迁清凉山。内部建制为党报委员会出版发行科。对外公开发行的一般书籍，初名新华书局，同年 10 月改称新华书店。延安出版的书报杂志，统一由该店向全国发行。初创时的新华书店（出版发行科），由党报委员会出版发行科科长涂国林任负责人。初创时，该店（出版发行科）有 7 名工作人员。科长涂国林曾在上海从事党的地下发行工作多年，1937 年初调来延安，为创建新华书店作出了贡献。20 世纪 80 年代初，任五机部政治部主任。副科长（新华书店副经理）黄植，20世纪80年代初任中共陕西省委宣传部部长。新华书店初创期的5名工作人员，都是经过长征考验的红军战士。其中，来自一方面军的2人，来自四方面军的2人，陕北老红军1人。他们把长征精神带进了新华书店。从1938年起，新华书店（中央党报委员会出版发行科）增加了工作人员，健全了财会制度，调进王庶心（陈赓将军夫人）任会计；周一民（原名周秀珠，中共满洲省委书记罗登贤烈士的夫人）任出纳；涂松之（一二九师政委张浩的夫人）任库管员；《解放》周刊西安分销处主任王自力调回发行科，负责书刊推广、联络和交通工作。

涂国林（1909—1999），实际是新华书店首任经理。他是湖南华容县人，中共党员。1926年参加革命，在长沙冒着被捕风险走街串巷发行党中央机关刊物《向导》杂志。曾在毛泽东主持的武昌中央农民运动讲习所学习。后来，参加周恩来领导的"八一"南昌起义，又参加贺龙领导的湘鄂西起义，在上海从事党的地下发行工作多年。1936年到陕北保安任中共中央白区工作部秘书。1937年1月，中共中央机关进驻延安，白区工作部撤销，他被调到中共中央党报委员会，先后任资料研究科科长、出版科科长、发行科科长。不久，两个科合并，任出版发行科科长。1940年调重庆，任《新华日报》管理委员会委员兼营业部主任，为扩大发行新华日报社公开出版的书报刊，他同国民党的宪兵、警察、特务进行了艰苦卓绝的斗争，曾一度被国民党宪兵团逮捕，经周恩来严正交涉，当天获释。因涂国林的职务已公开暴露，调任中共中央南方局出版发行科科长。新中国成立后，20世纪70年代任核工业部政治部主任。1980年从核工业部顾问的岗位上离休。1982年，本书作者郑士德曾到涂国林家访问。年过古稀的涂国林应约撰写创办新华书店的回忆录：《党中央进驻延安初期的书刊发行工作》，刊于新华书店总店出版的《书店工作史料》第二辑。

中共中央党报委员会第二任出版发行科科长（新华书店负责人）王均予，曾是上海地下党做秘密交通发行工作的总负责人。他接替涂国林，把发行工作做得井井有条。张闻天赞扬他为"发行大王"。第三任出版发行科科长向叔宝，曾在中共天津地下党创办的知识书店工作，精通出版发行业务。中共中央出版发行部成立，任发行处处长。

当时的新华书店（出版发行科），人少事多，工作任务繁重，经常工作至夜深。大家在一盏油灯下，写贴头，捆扎图书包件。清晨，还要挑起七八十斤重的包件，爬过崎岖的山坡，涉过尽是鹅卵石的延河水，到延安邮局付邮。

新华书店发行的书报刊在社会上产生很大影响。国民党当局坐卧不安。1937年10月，国民党陕西省教育厅厅长周某下令："查封延安新华书店和《解放》周刊。"延安是解放区，查封延安新华书店不过是一句空话，但《解放》周刊在国统区的发行，却受到阻挠。该刊西安分销处被国民党军警查封，《解放》杂志被劫去2万多份，书籍数百册。敌人还在三原、西安等地设岗搜查。10月30日，《解放》周刊第21期发表时评《抗议〈解放〉周刊的查禁》："向西安当局及南京最高当局提出严正抗议……向全国抗日同胞作最愤慨的声诉"（《解放》工潮）。经八路军西安办事处和八路军南京办事处的严正交涉，国民党中央宣传部部长邵力子电示其陕西省党部："和解了事"（《解放》工潮2期）。《解放》周刊西安分销处启封，工作人员王自力获释，被没收的书报发还。从此，新华书局改名新华书店，以示该店是在斗争中创办的。

《解放》周刊西安分销处是中共在西安从事统战工作的南汉宸、张道吾创办的。主要任务是发行延安出版的书报杂志。西安分销处恢复营业后，经常有特务前来破坏。殴打贩卖《解放》周刊的报童，对前来购书的读者进行盯梢、恐吓。但是，一些进步青年则在暗中帮助分销处开展发行工作。

1939年9月1日，新华书店独立建制，直接由中央出版发行部领导。曾在上海生活书店工作过的王矛任经理。不久，由张道吾继任。在8月18日、22日的《新中华报》上，新华书店连续刊登启事："本店为介绍全国正确书报，以利边区读者之购阅起见，最近特派人赴重庆采购大批书刊，并扩大营业。因旧址不敷应用，拟于最近迁移至本市北门外（鲁艺旧址），照常营业。各界读者移玉光顾，无任欢迎。"8月25日，该店又在《新中华报》上刊登启事说："……自9月1日起迁移至本市北门外新址办公。"在这一天的报上，还刊登了"新华书店总经销的七大杂志"广告和"新书广告"。该店在北门外新址开业的那一天，读者盈门。毛泽东亲笔题写了新华书店的店招。朱德、张闻天等中央领导人以及文化界人士到书店视察，表示祝贺。

1940 年，敌后根据地晋西北的兴县、晋西南的黎城、陇东的庆阳相继成立新华书店分店，延安的新华书店改称新华书店总店。出版发行部第二任发行处处长易吉光兼任总店经理。发行处与总店实为一个机构。在易吉光主持下，总店充实了干部，健全了机构，设批发、邮购、推广、会计等科。全盛时期有职工 80 余人。延安各机关单位订阅的各种报刊，由总店通讯班专送。1940 年解放社出版的《抗战中的中国政治》、《中国现代史参考资料》等书的版权页上，均印有"发行者新华书店：总店延安，分店兴县、黎城"。

新华书店总店也出版图书。著名的有：《整风文献》范文澜主编的《中国通史简编》，郭沫若的《甲申三百年祭》，贺敬之、丁毅执笔编写的《白毛女》等。

为了配合干部的文化学习，总店还出版了徐特立等人编撰的《文化课本》。毛泽东为这本书写了序言："一个革命干部，必须能看能写，又有丰富的社会常识与自然常识，以为从事工作的基础和学习理论的基础，工作才有做好的希望，理论也才有学好的希望。没有这个基础，就是说不识字，不能看，不能写，其社会常识与自然常识限于直接见闻的范围，这样的人，虽然也能做某些工作，但要做得好是不可能的；虽然也能学到某些革命道理，但要学得好也是不可能的。"

1944 年，为了配合八路军、新四军对日伪军的全面反攻，新华书店总店于当年 10 月出版发行了《中国敌后战场抗日根据地分区详图》，四开七张包括：《晋察冀边区图》、《晋冀鲁豫边区图》、《山东图》、《晋绥边区图》、《东江区、琼崖区图》、《淮南区、皖中区、苏南区、浙东区图》、《淮北区、苏北区、鄂豫皖边区图》；附图五幅，包括《中国抗战形势一览图》以及华北、华中、华南的《敌后战场形势图》和《我根据地农林牧分布图》，均用有光纸三色石印；另附《抗日民主根据地概况》一册。在《解放日报》上刊登广告，欢迎预订。

新华书店总店对国统区的供应。有的交由邮局寄发；有的通过地下党组织秘密运输渠道；有的则寄送样书、纸型，在国统区重印，就地秘密发行。

对敌后根据地的供应。由于国民党的封锁和日伪军的分割包围，运送图书困难重重，因缺乏现代运输工具，只能靠人力、畜力运输。从延安到绥德，要走 6 天；到晋西北，要走十天半月。到其他根据地，要通过敌人封锁线。在那种环境下，新华书店总店发行一种书所花费的人力、物力以及承担的风险，是难以用货币计算的。

毛泽东十分重视书刊发行的运输问题。指示出版发行部副部长王林，设计几个方案，画好运输线路图，再到他那里汇报。对于发往晋察冀、晋冀鲁豫等根据地的书刊，由兴县分店转运。另在西安设立转运点，只要八路军的汽车去西安，总后勤部部长叶季壮就通知总店，尽快把准备好的图书包件装上军车，由西安转运到河南确山县竹沟镇新四军留守处，再转发给新四军军备支队。八路军、新四军的军车，把运送延安出版物当作重要的武器来保护。从延安去敌后的干部也常常成为书店的义务运书员。他们把运送书刊或带到敌后根据地重印的样书、纸型，看得比自己的生命还重要。

1940 年 11 月 4 日的《新中华报》，发表了叶林的长篇文章《三年来（1937—1939）的新华书店》。文章对三年来新华书店的艰苦创业作了总结：共发行各种书籍 130 余种，不下 50 万册；报刊 10 种，不下百万册；还发行大后方的进步书刊和苏联外国工人出版社的书籍 200 多种，报刊 70 余种。文章揭露了国民党当局非法查禁、扣留、没收延安出版物的罪行："其封锁前哨由西安而三原、咸阳，而中部、洛川，甚至公开检查第十八集团军的汽车而没收该车送往前方的书报……我们曾接到许多读者来信，声诉他们因看了《解放》、《新中华报》等刊物而遭遇的苦境，有的被警告，被解职，以致被关进牢狱。"

这篇文章是在易吉光的主持下撰写的。据当年在中央出版发行部工作过的老同志们回忆，都不知叶林是谁，可能是化名，也可能就是易吉光所撰写。

易吉光（1903—1983），湖北宜昌人。1926 年参加中国共产党，曾任中共宜昌县委书记、麻城县委书记。20 世纪 30 年代初，在上海任中共中央出版发行部科长，与人合编《中国论坛》杂志。1936 年任中共天津市委书记，兼知识书店副经理。抗战初期，任武汉、重庆《新华日报》营业部主任。1939 年 10 月 22 日，他以《什么是发行工作》为题，在重庆《新华日报》发表文章，对书报刊发行工作的意义、性质、作用以及如何做好发行工作，作了全面论述。他指出："由于出发点不同，规定了发行工作的性质。比如拿目前来说，汉奸汪精卫等投降分子，为要进行其投降买办的勾当，大量发行书报；而进行神圣抗战的各党派及其他社团，为宣传和组织抗战救国工作，也要大量发行书报。所以，无论革命或反革命都要利用这有利的武器，做宣传鼓动工作的先锋。所不同的只在于一则是利用它来欺骗与麻醉人民，一则是利用它启发人民的觉悟，把民众组织起来，成为伟大的抗战的力量。"他强调："发行工作者，应努力改变旧的传统工作方法，把发行工作的活动范围扩大，使其深入群众……发行网的重心，应当确立在工厂、农村、兵营、学校之中。"在我国书报刊发行史上，这是第一篇精辟论述发行工作性质的文章。1939 年底，中共中央组织部调易吉光来延安，任新华书店总店经理。他主持总店工作近 3 年，建树颇多：改分配赠送制为经营销售制，扩大书刊批发业务，公开征求读者意见，通过报刊经常报道新华书店的业务活动等。1942 年底，易吉光调赴敌后根据地工作。新中国成立后，任武汉市副市长等职。

当年，在延安的机关、部队等所有单位均实行供给制。因此，新华书店总店发行的书报刊有相当一部分是向各单位分配赠送，只在门市零售实行现款交易。赠送制有很大的浪费，为解决这个问题，中共中央总书记兼中央宣传部部长张闻天在 1941 年 3 月 19 日的政治局会议上提出："新华书店今后要实行新制度，取消赠送制度，实行独立的经营出版事业。书价不能过分提高，由中央补贴。新华书店过去亏欠要清理，中央津贴十万元(陕甘宁币)。"

根据此次政治局会议的决定，新华书店总店向社会各界公告："为长期服务文化事业，在经济上力求自给自足，力求书报推销合理化，新办法取消对外赠送及记账往来制度，自 5 月 1 日起一律改为现款购批。"实行全面的经营销售制以后，使书报刊的发行更加有针对性，减少了浪费，改善了书店的经营管理。同年 12 月 17 日的政治局会议上，张闻天又提出："今后出版发行工作需要有固定的经费，使政治领导与财权领导统一起来。出版会计制度等要具体研究。"还指出，"出版发行工作应注意面向全国"。12 月底，中央出版发行部改制为中央出版局，在出版、发行两科之外设立了指导科，加强了对各根据地出版发行工作的指导。

1942年五一国际劳动节，毛泽东在中央出版局秘书长许之桢和总店经理易吉光陪同下，视察了新华书店总店。毛泽东说："发行工作很重要，你们向边区输送精神食粮，向全国、向全世界传播党的声音，是很了不起的。"当天，还视察了中央印刷厂。在印刷厂饭厅，给大家讲了抗日战争形势，再次强调做好出版印刷发行工作对于指导抗日战争的重要意义。

易吉光调离总店后，由中央出版局发行科科长卜明兼任总店经理。在他的主持下，采取"明修栈道，暗度陈仓"的策略，同国民党当局扣压延安出版物作斗争。凡发往云、贵、川、甘等大后方的出版物，继续从国民党控制的西安邮局挂号寄发，以迷惑、麻痹国民党特务的检查，即"明修栈道"；同时，另辟蹊径，把出版物先运到甘肃庆安的陇东分店，在那里改装，委托商人或地下工作者带到邻近的国统区邮局寄发，即"暗度陈仓"。在那一带，国民党当局与陕甘军阀有矛盾，对邮件的检查、控制流于形式。1943年，中央出版局编了一本批判蒋介石著《中国之命运》的书，封面伪装成蒋著《中国之命运》，用"暗度陈仓"的策略，发行到成都、重庆等地。在一所国民党的政治学校里，这本书大受欢迎，学员们争相传阅，闹得当局一筹莫展。

1944年，中外记者西北参观团访问延安。中央出版局局长秦邦宪在清凉山举行记者招待会。国民党记者邓友德在会上挑衅，提问新华书店为什么不卖正中书局的书？秦邦宪反问："正中书局为什么不卖解放社的书？"并揭露说："你们正中书局不仅不卖解放社的书，连新华书店发给国民党军政机关、军政要人的书，都被你们非法扣留了。"说到这，他拿出一沓西安邮局扣留挂号印刷品的通知单当场一一宣读：某年某月某日，新华书店寄往某地的邮件，被西安检查机关扣留……邓友德理屈词穷，在中外记者的一片嘲笑声中溜出会场。

卜明（1917—1966），浙江湖州人。曾在上海生活书店、新知书店工作。1938年来到延安，先后在中央出版发行部、中央出版局工作。抗战胜利，奉命到东北解放区参加土地改革，历任宁安县委宣传部副部长、县公安局副局长、东北新华书店总店副总经理、新华书店总管理处人事室主任、出版总署印刷管理局副局长，文化部干部司司长等职。"文化大革命"期间，被迫害致死。

1946 年初，延安的大批干部调赴新解放区工作。中央出版局建制撤销，新华书店总店名义保留，人员大为精减，改制为中共中央宣传部发行科，科长许之桢。前已述及，中宣部发行科和新华书店总店，实际是一个机构、两块牌子。应许之桢的请求，毛泽东专为新华书店总店题写了店名（解放战争期间遗佚）。

1947 年 5 月，胡宗南指挥国民党的 15 个旅进攻延安，中共中央作战略转移，主动撤离延安。在大规模运动战、游击战的环境中，中宣部发行科（新华书店总店）结束业务，人员相继调往各解放区工作。

（四）华北书店。1941 年 10 月在延安北门外开业。重庆的生活、读书、新知三家书店奉中共中央南方局周恩来的指示，联合派人来延安，以民营面貌创办华北书店。柳湜任总经理。12 月，柳湜被选为边区政府委员、边区政府教育厅厅长。曾任生活书店重庆分店经理的李文（李济安）任延安华北书店经理，林默涵主持编辑工作。陕甘宁边区的小学课本由该店出版发行。华北书店以民营书店面貌出版《铁流》、《毁灭》、《中国史话》、《从猿到人》等各类图书 40 余种。1942 年秋，中央宣传部将该店划归中共西北局宣传部领导。西北局宣传部又将成立不久的陕甘宁边区新华书店与华北书店合并经营。实际是一套机构，对外挂两块招牌。1944 年 11 月，为纪念邹韬奋逝世，华北书店改名韬奋书店。

（五）陕甘宁边区新华书店。1942 年 5 月 1 日在延安南门外新市场开业。中共陕甘宁边区中央局（后改名西北局）宣传部创办。出版发行书刊，并以西北文化服务社名义进销大后方进步书籍。首任经理宋玉麟。当年秋，整风运动开始，边区新华书店与华北书店合并经营，李文任经理，龚家华任副经理。宋玉麟入党校学习，后来调赴山东解放区，在山东新华书店工作。上海解放后，任新华书店上海分店经理。

合并经营后的陕甘宁边区新华书店，经营规模扩大。在李文主持下，自建五间门面二层楼房的门市部，是当年延安城内最阔气的门面房。自办石印厂，出版领袖像、地图、年画、连环画。闻名国内的通俗文艺读物《兄妹开荒》、《血泪仇》，科普读物《十万个为什么》、《地球和宇宙》等，均为陕甘宁边区新华书店出版。1943年，边区书店在延安生产展览会和骡马大会搭棚售书，毛泽东到书棚视察，了解老百姓喜欢什么书。为贯彻延安文艺座谈会精神，边区书店派人深入工厂、农村流动供应图书。由艾思奇执笔，《解放日报》发表社论，给予充分肯定。李文又在当日的报上发表专文《怎样把书报送到工农兵手里》。抗战胜利，李文、龚家华调新解放区工作。陶信镛、陈林彬任陕甘宁边区新华书店正副经理。

边区新华书店究竟出版过多少种书无法统计。据1946年8月23日《解放日报》报道，陕甘宁边区新华书店有分支店及代销处43处，"今年上半年出书50余种，7.5万册"。1947年3月，国民党胡宗南军队进犯延安。边区书店并入群众报社，随军行动。翌年4月，人民解放军收复延安，该店与报社分开，在原址恢复营业。根据西北局宣传部的决定，改名西北新华书店，经理常紫钟，副经理陈林彬、王乃夫。该店集中全力为即将解放的大西北准备图书，及时供应西北新解放区需要。1948年7月，由王乃夫负责在西北野战军建立随军书店（又称野战书店），并在军、师两级设立随军图书馆。随军书店在新区宣传发行图书，影响巨大，受到西北野战军彭德怀司令员的表扬。

1949年5月20日西安解放。西北新华书店迁入西安，充实了编、印、发机构，在西安设立两个直属门市部。关中、汉中等新解放的县城，由当地党政机关相继建立新华书店。7月，根据西北局的决定，西北新华书店抽调惠泽民、马照岐等12名干部随军赴甘肃。8月26日兰州解放。9月1日，新华书店兰州总分店（后改名甘肃分店）成立，惠、马任正副经理。新疆、青海、宁夏等分店，均为新中国成立后由西北新华书店派出干部建立的。

（六）延安和陕甘宁边区的其他书店。除新华书店系统外，其他部门也建有书店：

1.光华书店。1937年6月在延安府前西巷开业。边区银行与青救会合办，得到中宣部的支持。主持人任柏生。上海生活书店批发科长邵公文等2人参与筹建。光华书店经理张季良，两名工作人员李自强、林之燕。书店只有两间门面，门、窗均为玻璃，在当年的延安算是新式铺面。营业很好，从上海生活书店发来的新书，往往被读者一抢而光。原有3人忙不过来，又从陕北公学毕业生调来 4 位女同志，她们穿着灰色军装，红光满面，精神焕发，热情接待读者。1938 年 11 月 20 日，侵华日军的 6 架飞机突然轰炸延安，投下 159 枚重磅炸弹。当时，许多抗大的学员和机关干部正在光华书店购书。炸弹集中落在光华书店附近，书店成为一片瓦砾，死伤学员、干部 70 多人。光华书店同志光荣牺牲。此后，由于交通阻塞，国民党反动派封锁，上海方面的新书来不了，该店并入光华商店。

2. 西北抗敌书店。1938 年 5 月，中共绥德特委在绥德县城创办。经理常紫钟。该书店自办印刷厂，出版书刊。首次出版毛泽东的《辩证法唯物论》（毛泽东曾批示，延安不出版此书）。抗战胜利后，改名绥德大众书店。1949 年，改名新华书店绥德支店。

3. 大众读物社。1940 年 3 月由中共陕甘宁边区中央局在延安杨家岭建立。社长周文，先后有金照、胡绩伟等 30 人参加该社工作。主办边区《群众报》和《大众习作》杂志，出版"大众文库"和"大众画库"等丛书。1942 年 2 月改制为边区群众报社。谢觉哉任社长，胡绩伟任总编辑。出书任务交陕甘宁边区新华书店。

三、各敌后抗日根据地（解放区）的出版发行事业

到 1940 年底，中国共产党领导的武装部队在华北、华中、华南已创建陕甘宁、晋绥、晋察冀、晋冀豫、冀鲁豫、山东、苏中、苏南、苏北、皖东、皖中、皖南、皖东北、豫皖苏、东江、琼崖等 16 块敌后抗日根据地，亦称解放区。抗日根据地共拥有 1 亿人口。根据中共中央关于"建立印刷厂，出版书报，组织发行和输送机关"的指示精神，在较大的根据地相继建立了新华书店（也有以地名作为店名的，后改称新华书店）。抗战胜利后，新华书店在各个解放区有了更大的发展。

抗日根据地一般都处于山区、农村，交通闭塞，经济文化落后。新华书店在游击战争的环境下，白手起家，克服重重困难，为传播马列主义毛泽东思想，为根据地的文化建设作出了重要贡献。正如毛泽东所说："敌人已将我们过去的文化中心变为文化落后区域，而我们则要将过去的文化落后区域变为文化中心"（《毛泽东选集》第二卷）。现将各根据地的主要书店介绍如下。

（一）晋绥新华书店。1940年3月在山西兴县成立。其前身为八路军一二〇师三五八旅随军文化合作社。开始称新华书店兴县分店，承担向晋察冀等根据地转运延安出版物的任务。又称晋西北新华书店。1942年10月改称晋绥新华书店，由中共中央晋绥分局宣传部领导。首任经理江奔海。主要销售延安出版物，自行出版《吕梁英雄传》、《千古恨》等通俗文艺读物近百种，先后创办《人民时代》等6种刊物，印行课本、新年画。常将瓦解敌军的宣传读物，用伪装封面发给游击区敌伪据点和敌占区。全边区建立20多个分支店。

1949年6月，晋绥新华书店奉命结束业务，书店多数干部随军南下川康，创办成渝等地新华书店。留在兴县的书店改名晋西北新华书店。晋绥边区的吕梁新华书店随领导机关进入榆次，与华北新华书店榆次分店合并，组成华北新华书店太原总分店。新中国成立后，改制为新华书店山西分店。

（二）晋察冀新华书店。1941年5月，中共中央北方分局在河北省灵寿县陈庄镇创办，首任经理罗军。在该店创办前，中共中央北方分局曾举办发行干部训练班。分局秘书长姚依林上第一课，讲述党的发行工作性质及其重要意义，中央出版发行部发行处处长向叔宝、运输科科长许光庭主讲发行业务课。分局组织部副部长刘仁亲自安排教务和学员伙食。训练班结束，学员们分赴边区各县从事书报刊发行工作。晋察冀新华书店成立不久，遭日军飞机轰炸，罗军及发行员王吉贵牺牲。秦一飞继任经理。逐步在边区各县建立了发行网点。此后，该店随领导机关迁阜平县。

罗军（1915—1941），河北冀县人。师范毕业，曾任本县小学教师。1933年加入中国共产党。1941年1月任中共中央北方分局机要交通科科长兼《晋察冀日报》社发行科科长。报社发行员有60多人，罗军带领发行员跋山涉水，巧妙穿过敌人封锁，把书报刊送到边区根据地和敌占区。1941年5月5日北方分局在河北灵寿县陈庄镇建立新华书店晋察冀分店，罗军担任首任经理。报社发行科与书店实为一套人马、两块牌子。陈庄是进出晋察冀边区的交通要道。贺龙将军率120师在这里全歼日伪军800余人，缴获大批武器弹药。敌人伺机反扑。1941年7月23日，日军9架飞机来袭。头一天夜里，罗军组织发行员加班赶发《晋察冀日报》。23日上午，敌机越顶而过，罗军安排书店人员尽快起来进入防空洞。11 时敌机忽而复返，在陈庄投下 80 多枚炸弹。有人急喊，"罗军，快进防空洞"，罗军坚定地说，"别管我，我要把夜间赶发的报纸安排好"。这时，又有一颗炸弹投下来，年仅 26 岁的罗军和发行员王吉贵光荣牺牲。

晋察冀边区司令员兼政委聂荣臻非常重视书报刊发行工作。他委托《晋察冀日报》邓拓编辑出版了《毛泽东选集》，公开发行。1941 年，他写信给各级党组织，要求"把发行工作重新整顿和加强起来。必须了解这一工作不是我党组织的附属工作，而是党的宣传与组织的重要工作，要把这一工作看做输送子弹到最激烈的战线上去"(《新华书店六十年纪事（1937—1997）》)。

抗战期间，晋察冀新华书店共出书 600 余种，还出版英文杂志《晋察冀》，连同伪装封面的革命书刊，通过地下渠道发往平、津等敌占城市。

1948 年 1 月，晋察冀出版局成立，分局宣传部部长周扬兼任局长，王子野任编辑部部长，李长彬任出版发行部部长兼晋察冀新华书店经理。全边区的分支店有了较大发展。其中，有些分支店也兼办出版、印刷业务。

1. 冀中新华书店。1945 年 2 月，冀中导报社在河北河间县创办。经理王钊。设编辑部、发行部和印刷厂。职工近 500 人。负责河北中部 3 市 44 个县的图书、课本供应任务。冀中的四个分区（地委）分别建有博古、大众、文化、解放书店（后统称新华书店），均自行出书。抗美援朝期间，王钊调任甘肃空军中校。

2. 冀东新华书店。1946 年 3 月，由冀东日报社在河北遵化县创办。张助国、刘方先后任经理。自办印刷厂、造纸厂，出版课本和通俗读物。职工最多时达 300 人。解放战争开始，该店随军开展游击战争。有一年，因经费困难，书店工作人员直至 5 月仍未换下棉衣，只好自己动手拆棉改单，自己动手做鞋穿。唐山解放，该店迁唐山。

（三）华北新华书店。1942 年 1 月在晋冀鲁豫边区的辽县（今左权县）岭南开业，由中共中央北方局宣传部领导。杜毓云、史育才先后任经理。设编辑部、印刷厂、发行部，发展了众多的分支店。其前身可追溯到 1938 年 7 月在山西长治成立的太行文化教育出版社。社长张作园，书记陈沂。出版《战时读本》等多种图书以及年画、宣传画等。1939 年 12 月并入新华日报华北分馆（中共中央北方局机关报）。1941 年，该馆开始以华北新华书店的名义出版发行图书，在报馆所在地的麻田镇开设新华书店门市部。经理赵国良。八路军前线总部首长刘伯承、邓小平常来书店看书，指示书店："要和部队取得密切联系，走出去和老百姓打成一片"（《书店工作史料》第一辑）。

1942 年初，中共中央北方局宣传部发出《关于晋冀豫区出版发行工作的决定》。根据这个决定，在太行区建立了华北新华书店总店，与报馆正式分开，独立建制。各区党委也陆续建立了新华书店分店。华北总店集编、印、发于一体，先后创办《华北文艺》、《大众科学》等 7 种杂志。赵树理的《小二黑结婚》、《李有才板话》、《李家庄变迁》等通俗文艺名著，均由华北新华书店总店出版。八路军副总司令彭德怀路经西安时，命随行人员购置铅印设备，运回太行山区，交华北新华书店印刷书刊。他亲自过问《小二黑结婚》一书的出版。

1947 年 10 月，华北新华书店开始了承担晋冀鲁豫中央局《毛泽东选集》出版任务。1948 年 5 月出版，精装 16 开、上下册两卷，印 2000 册党内发行。本书是在晋冀鲁豫中央局宣传部副部长张磐石主持下，由华北新华书店编辑部王春等人根据《六大以来》、《两条路线》等编辑的。共收入 61 篇文章。北平和平解放，编辑部改制为中宣部出版委员会编辑部。

11 月 27 日石家庄解放，华北新华书店和晋察冀新华书店分别设立分店及门市部。12 月，彭真、聂荣臻两位首长曾来此视察。华北总店出书种数缺乏完整统计，仅 1945 年就出书 124 种，发行近 60 万册。为扩大发行网，解放战争时期在太行、太岳等地区共发展 70 多处文化合作社，由群众集股创办，销售华北新华书店版图书。新中国成立后，多改制为新华书店县支店。1949 年 2 月，北平和平解放，华北新华书店总店在经理史育才带领下进入和平解放的北平，改制为中共中央宣传部出版委员会发行部，史育才任发行部主任。

1942 年 5 月，日本侵略军对太行抗日根据地进行大"扫荡"。根据地军民经过 38 天奋战取得反"扫荡"胜利。出版发行人员在枪林弹雨之中，既是战斗员，又是发行员，"平时搞出版发行，战时打敌人"，27 位同志献出了宝贵的生命。其中有新华日报华北分馆社长何云、华北新华书店审计室主任黄君珏、出版科科长肖炳昆、黎城门市部负责人徐晨钟等人。

何云（1904—1942），原名朱士乔，浙江上虞县人，留学日本，九一八后回国参加抗日救亡活动。1932年加入中国共产党。1933年被国民党逮捕，抗战爆发后获释。任南京《金陵日报》编辑，参与汉口《新华日报》筹建工作，任国际版编辑。在晋鲁豫边区创办《新华日报》华北版，任社长、总编辑，兼新华社华北总分社社长、晋鲁豫边区临时参议会参议员。直接创办和领导华北新华书店。5月28日，在山西省辽县大羊沟附近被敌人包围，因与部队失去联系，在战斗中牺牲。

黄君珏（1912—1942），女，湖南湘潭县人。早年参加革命，大革命失败后，到上海复旦大学经济系读书。1930年入党，因参加学生运动被捕入狱，经组织营救出狱。1939年到太行根据地，先后在太行文化教育出版社、新华日报经理部和华北新华书店工作。任书店审计室主任期间，制订了一系列财务管理和经济核算制度，为书店的创建作出了积极贡献。5月反"扫荡"时，她拿起枪杆，英勇奋战。6月2日，因隐藏的山洞被敌人发现，为掩护战友脱险，她只身冲出洞口，勇敢地抗击并吸引敌人，后跳崖牺牲，壮烈殉国，时年仅三十岁。重庆《新华日报》等党报先后载文深情地追悼新华书店的这位女英雄。

在晋冀鲁豫边区，除华北新华书店外，集编、印、发于一体的书店还有：

1. 华北书店。1941年1月在辽县桐峪镇开业。奉周恩来的指示，生活、读书、新知三家书店联合派人，从重庆历尽艰险来到太行山区，以民营面目创办华北书店。首任经理李文。他调延安后，刘大明任经理。经过三年来的艰苦创业，从3人发展到50多人，拥有3个门市部，1个印刷厂。重印生活等三家书店的出版物，在边区发行；也自编了一些新书。1943年10月，该店与华北新华书店合并经营，对外仍用两个书店的名称。华北书店后改名韬奋书店。

2. 太岳书店。1940年6月由太岳日报社在山西沁源创办，经理李德元。其自办印刷厂，自制油墨和纸张。出版《工农兵》月刊，编印通俗读物和重印延安出版物共200余种。建立3个门市部和9个分支店。1944年改称太岳新华书店。1945年共发行图书32.4万册，平均全地区每10人有一本新书，这对有史以来只拿锄头不近书本的广大农民来说，是一个不可小瞧的数字。太原解放，该店并入太原总分店。经理李德元调任总店计划财务处主任。

3.冀鲁豫书店。1944年春，冀鲁豫日报社在河南濮阳建立。张鲁泉、刘大明任正副经理。设编辑部、营业部，管理两个印刷厂，有职工300人。重印发行各解放区出版物。多次随军转移，迁山东菏泽、济宁、朝城，后改名冀鲁豫新华书店。1949年春，该店奉命抽调部分干部随军南下，在江西建立上饶新华书店。又随军到贵阳，建立新华书店贵州分店。1949年秋，以冀鲁豫边区为基础成立平原省。冀鲁豫新华书店迁至平原省省会新乡市，改名新华书店平原分店，首任经理任泽。平原分店撤销后，任泽调任新华书店湖北分店经理。

4.冀南书店。1945年4月中共冀南区党委宣传部在河北威县创办，经理赵鼎新。设编辑部、印刷厂和发行部。出版《工农兵》、《文丛》等杂志，重印发行解放区出版物。1947年改称冀南新华书店。1949年秋，冀南、冀中、冀东三个书店的领导机构合并，在保定组成新华书店河北分店。

1948年6月，晋冀鲁豫与晋察冀两个解放区连成一片，合并为华北区。华北新华书店与晋察冀新华书店的领导机构奉命合并，组成新的华北新华书店总店。史育才、李长彬任正副经理，由中共中央华北局宣传部领导。各分支机构按新的行政区划归属管理。同年11月，华北局宣传部发出通知，明确规定："华北新华书店出版的书籍，各区党委（太岳、太行、冀南、冀中、冀东、冀鲁豫、北岳、晋中、绥蒙）所属的新华书店都有推销的义务，而无拒绝的权力"（《华北区新华书店编年纪事（1937—1954）》）。这对华北解放区建立统一、有效的书刊发行网发挥了重要作用。史育才调任新华书店总务副总经理。李长林任外文出版社社长。

（四）山东新华书店。其前身可追溯到1940年4月在山东沂水县创办的山东文化出版社，主要出版发行课本和通俗读物。12月，改名大众印书馆，继续出书。1942年4月，并入中共中央山东分局领导的大众日报社。不久，报社出版科以山东新华书店的名称出版发行图书。1944年7月，成立山东新华书店，内部建制为报社出版部。刘力子、周倮昌任正副经理。1946年

4月，书店直接归中共中央华东局宣传部领导（抗战胜利后，中共中央华中局北移山东，与山东分局组成华东局）。王益、叶籁士任正副经理。该书店自办印刷厂，成立编辑部，发展分支机构。解放战争开始，山东新华书店根据战略部署随上级领导机构多次辗转迁移。华中新华书店北撤山东，与山东新华书店合并，华中新华书店的华应申、华青禾任山东新华书店的副经理。1948年改称华东新华书店总店。王益任经理。1948年秋，华应申调中共中央宣传部出版组。华青禾在河南创办中南新华书店任经理。

1947年4月，山东新华书店在第三野战军政治部设立随军书店，在三野各兵团、后勤部设立5个随军书店中心支店，在各军部、特纵、供给部、卫生部、海军部设立24个支店，在各师、团设立21个小型图书馆。共计51个单位，统称随军书店。钟虹、陈雨先后任经理。主要任务是向部队供应图书。淮海战役期间，书店人员把图书直接送到前沿阵地。随军书店于1950年结束。3年间，共发行图书50万册，出版6种部队读物，印行24万册。

1948年9月，济南解放，华东新华书店总店派出40多人在济南建店。同时奉命以济南军事管制委员会的名义接管国民党的书店和印刷厂。1949年2月，华东总店进入济南。所属各印刷厂也先后迁入济南。不久，组成一支362人的南下出版队伍，编为青州总队第一中队，由王益、叶籁士带领，随军渡过长江。4月23日南京解放，派吕纪、刘近村等人建立新华书店南京分店。中宣部出版委员会派卢鸣谷携带大批图书先期进入南京，共同参加了接管和建店工作，5月，上海解放，南下出版队伍进入上海，组成新的华东新华书店总店，王益、叶籁士任正副经理。设立印刷厂、编辑部，组建上海分店，并委托商务、中华、开明等63家私营书店和400多个书报摊经销革命书刊。

1949年5月，杭州解放。上海华东总店派16名干部在杭州六公园建立浙江分店，钟虹任经理。8月，福州解放，华东总店派出10名干部，在福州南门附近建立福建分店，省军管会新闻出版处副处长吉人兼任经理，刘近村任副经理。

1946年6月，山东全省解放。留在济南的华东总店，改名山东新华书店总店。经理张榕，副经理陈静之、张治。山东总店拥有9个印刷厂，132

个分支店，职工 2460 人。山东新华书店自 1944 年成立至新中国诞生，共出书千余种。著名的有"新华小文库"、"战时小丛书"、"文艺创作丛书"、"大众文库"等。先后出版《新华文摘》、《文化翻身》等 10 余种杂志。

在山东敌后根据地，中共各区党委创办的书店，也是集编、印、发于一身，拥有印刷厂，出版课本、图书。主要有：

1. 胶东联合出版社。1938 年 8 月在黄县建立，实为胶东大众报社出版发行书籍所用的副牌。后改名胶东新华书店。经理王璟。

2. 渤海报社发行科。1940 年开始出书。后改名渤海新华书店，经理刘子章。曾出版宣传画、年画，通过武工队发给敌占区的伪军家属和伪军据点，对瓦解伪军士气发挥了一定作用。

3. 鲁中新华书店。1945 年在莱芜建立，经理李克公。

4. 海滨书局。1942 年春在莒南十字路镇建立。附属于一一五师战士报社，经理潘寿卿，出版少量书籍，主要从事书报刊发行。1944 年并入山东新华书店。

5. 鲁南新华书店。1945 年在费县建立。经理张治。1947 年随军北撤。1948 年，鲁中、鲁南、滨海三个行政区合并为鲁中南行政区。张治奉命在沂水县组建鲁中南新华书店，经理张治。

（五）新四军军部的出版发行机构。1937 年 12 月，以叶挺为军长的新四军在武汉正式成立，迅速向长江两岸的苏皖地区挺进，坚持华中敌后抗战。军部领导机关驻皖南泾县的云岭。军政治部在云岭创办《抗敌报》，又创办《抗敌》杂志。这两份报纸、杂志先由金华新知书店总经销，后改由军部组建的战地文化服务社发行。

战地文化服务社是新四军文化工作委员会的公开办事机构。任务是开展战地文化工作，包括出版发行工作。军部战地文化处处长钱俊瑞兼任社长。该社用抗敌的名称出版了大批图书，行销敌占区和大后方。仅刊物就出版了 8 种。这些书刊均由军部印刷所印刷。印刷所对外也用战地文化服务社的名称。

在云岭还有一个抗敌书店（"抗敌"是新四军臂章上的番号），又称新四军随军书店。以销售抗敌出版物和大后方进步书刊为主要任务。这家书店是由新知书店派朱希去建立的，得到新四军政委项英的亲切关注。项英亲笔签发了一张名片，通知张家渡兵站和岩寺派出所对书刊运输工作给予大力协助。抗敌书店由军政治部宣传教育部领导。方均、朱晓光任正副经理。在云岭、中村分设门市部，在泾县城、章家渡、茂林镇等处设立代销处。书店工作人员有 20 余人。经常派出流动供应小分队，长途跋涉去新四军各支队供应图书。身经百战的一支队司令员陈毅最爱读书，也特别爱护书店。每次来军部，总要到书店看看。要求书店派出流动供应小分队，也是陈毅最早提出的。有一次，流动供应小分队去一支队的路上，与陈毅将军相遇。他亲切地询问这次流动供应的计划，指点敌我情况，交代到基层部队的工作方法。当场选了一批书，委托小分队带给一支队司令部。

1940 年 11 月，国民党反动派妄图消灭皖南新四军的阴谋活动日益加紧。军部多次疏散非战斗人员，抗敌书店人员奉命分批转移，只留下方均、朱晓光两位经理，集中在教导总队政治处，由余立金领导。1941 年 1 月 3 日零时，军部由三支队开路北撤。蒋介石集团策划已久的"反共"军事阴谋——皖南事变爆发，方、朱二人被俘，在国民党的上饶集中营受尽折磨。朱晓光越狱成功。方均与新四军被俘战友参加"赤石暴动"，壮烈牺牲。

方均原为皖北金寨生活书店经理。国民党特务纵火将该店烧毁，同时以烧毁案件为名追捕方均。方均深夜从大火中逃出，来到皖南抗敌书店任职，不幸牺牲。朱晓光历尽险途，返回桂林新知书店总店。解放战争时期任哈尔滨光华书店经理。新中国成立后，历任华东新华书店上海分店经理、新华书店总店期刊发行部副主任。20 世纪 70 年代离休前，任中国图书进出口公司领导成员。

（六）华中新华书店。1945 年 12 月在苏皖边区的淮阴成立，由中共中央华中局宣传部领导。华应申、华青禾任正副经理。设编辑部、发行部、印刷厂。在苏皖边区政府管辖的 7 个分区设立分店。1947 年 2 月，随军北撤山东。不久，并入山东新华书店。华中新华书店存在一年多，出书 159 种。出版的新著有《上饶集中营》、《李闯王》等，杂志有《江淮文化》、《生活》等。华中新华书店的部分分支店在当地党委领导下辗转迁移，开展游击战。溧潼支店经理刘铭，为了保护一船书，不幸被俘，壮烈牺牲。1948 年，书店发行人员经常驾船偷渡长江，进入江南内河，在地下党组织的协助下把书刊发行到敌占区。揭露蒋家王朝大势已去的《秋风扫落叶》小册子被装满五麻袋，巧妙地发行到国民党军队中，好比千万枚炸弹在敌人心窝里爆炸，反响极为强烈。

1948 年 11 月，中共苏中、苏北两个区党委合并成立中共华中工委。工委宣传部以 1947 年初由苏中区党委成立的苏中韬奋书店为基础，集中华中新华书店撤退到海边一带的部分分支店，在江苏射阳中兴桥新建华中新华书店总店。经理周天泽。设编、印、发等部门，工作人员近百名。华中解放区的各分区（专区）一级的分店和各县支店，已迅速恢复和发展。

1949 年 3 月，根据华中工委宣传部的决定，华中新华书店总店组建成苏南新华书店总店和苏州、常州、镇江、松江 4 个分店，准备随军渡江南下，去苏南新解放区开展工作。4 月 23 日，江苏无锡市解放，从苏北出发随军南下的苏南新华书店在无锡市成立，设编、印、发等部门，经理周天泽。由中共苏南区党委宣传部领导。与此同时，苏南地区的苏州、常州、镇江、松江 4 个分店正式成立，又陆续在苏南建立 18 个县支店。

1949 年 3 月，华中工委宣传部从原华中一、二、九分区的新华书店抽调干部，在江苏泰州建立苏北新华书店，由中共苏北区党委宣传部领导，经理汪普庆。原泰州、扬州、盐城、淮阴、南通五个分区（专区）书店改称分店，在苏北建立 35 个县支店。同年 12 月，苏北新华书店随区党委迁扬州市，设编辑、发行等科。

属于华中解放区的淮南、淮北地区，早在抗日战争时期中共地方党组织就建立了出版发行机构。主要有：

1.雪枫书店。其前身为 1938 年 9 月由新四军四师创办的拂晓报社，出报又出书。1942 年该报社创办拂晓出版社，社长冯定。1945 年，为纪念彭雪枫师长牺牲，改名雪枫书店。1948 年改制为江淮新华书店。淮海战役胜利，该店随军进入合肥，发展为皖北新华书店，由中共皖北区党委宣传部领导，经理孙立功。该店设有皖北新华印刷厂，翻印出版部分书籍。新中国成立后，孙立功调任上海新华书店经理。

2.淮南教育出版社。1941 年淮南行署在天长县创办，社长刘健农。主要出版学校课本，供淮南解放区 18 个县中小学的教学需要。1946 年 6 月，该社工作人员随军北撤，机构撤销。

3. 淮南通俗文化出版社。1944 年，淮南文化抗敌协会在天长县创办，出版通俗读物多种，1945 年底撤销。

4. 新华论坛社。1944 年中共淮南区党委宣传部在天长县创办。由钱俊瑞主编《新华论坛》杂志，同时出版发行书籍。1945 年底撤销。

5. 皖南新华书店。1949 年 6 月，中共皖南区党委宣传部在屯溪（今黄山市）创办，经理贺申府。拥有印刷厂，出版书籍、课本。同年 8 月，迁芜湖市。

（七）其他敌后根据地的书店。抗日战争期间，中国共产党领导的八路军、新四军和华南抗日游击队建立的规模较大、较巩固的根据地，一般都建立了出版发行机构。除前已叙及的外，已知的还有：

1. 江南书店（又称江南社）。1940 年 5 月，中共苏南东路特委在江苏常熟县董浜建立。社长冯二郎（刘平若），副社长兼发行部主任傅学群。出版特委机关报《大众报》和特委机关刊《江南》杂志，同时印行书籍，并通过秘密渠道进销上海的进步出版物。为适应游击战争环境和水网地区河道纵横的特点，书店的编辑部、发行部、印刷厂均设在从敌人缴获的运粮木船上，从两条船发展到 13 条船。有 40 名工作人员。1941 年 3 月，在沙洲县塍镇设门市部，对外称江南书店。

江南书店是一支"文化舰队"，常年游弋于江南水乡，出没于阳澄湖畔，奋战于芦荡之中。在苏常太、澄锡虞等根据地和游击区的 90 多个水乡小镇设立了发行站。江南书店的船只把新出版的书报杂志交这些发行站销售。常熟县徐市发行站仅《大众报》每期即可售出 300 份，该镇的少年抗日先锋队在早市上义务发行江南社的出版物。苏州县的唐藕、李白、任石，太仓县的横泾等水乡发行站，在中共地方党组织的领导下办得很活跃。1941 年秋，日伪军对苏南东路地区疯狂"清乡"，发行站多被破坏。江南书店留少数人员坚持原地斗争，多数人员转移至苏中根据地。

2. 浙东书局，后改称浙东韬奋书店。1944 年在浙江东部四明山根据地的余姚县梁弄镇建立，隶属中共浙东区党委宣传部。经理诸克，总发行部主任钟虹。拥有 3 个印刷厂，5 个发行分部，对外均称浙东书局，有 200 多名工作人员。印刷发行《新浙东报》，重印发行解放区出版物，进销上海进步书籍。

浙东区党委敌工部出版一份日文《解放周报》，通过多种途径向侵华日军分送。浙东韬奋书店承担发行和邮寄任务，并派人到敌占区发行。发行员黄流思经常闯进余姚城，把日文报纸投到日本宪兵队院内。有一次，他被一个日本兵抓住，日本兵叫他不要声张，用各种手势和半通不通的中国话告诉他：不要把报纸投到当官的那边，被抓住要杀头；这里都是小兵，愿意看你们的报纸，要把报纸送到这里来。就这样，一位有正义感的日本兵，通过浙东书局黄流思成了日文《解放周报》的义务发行员。

1945 年 9 月，新四军浙东纵队主动从浙东根据地撤出，北上苏北、山东。浙东韬奋书店停办，工作人员随军北上，钟虹等部分人员调入山东新华书店。

3. 前进出版社。1941 年 7 月，在广东东江游击区（今紫金、博罗、河源一带）建立，由曾生、王作尧等人领导的东江抗日游击队（后发展为东江纵队）创办。负责人陈嘉、沙克。曾出版"前进文萃丛书"和《前进报》、《抗日杂志》、《新百姓》、《大家团结》等报刊。1946 年 6 月，东江纵队奉中共中央命令北撤烟台，前进出版社停办。

（八）东北书店。1945 年 11 月 16 日在沈阳创办。内部建制为东北日报社发行部。向叔宝、史修德任正副经理。月底，从沈阳撤出，在激烈动荡的战争环境中，边行军，边发行书报，边接收敌伪的印刷器材。1946 年 6 月，在哈尔滨建店。8 月，在东北解放区的后方基地佳木斯建立总店，设立新华印刷厂。随着战争形势的好转和北满解放区的巩固，1947 年 7 月，东北书店总店迁哈尔滨，与报社分开，充实了编、印、发机构，直接由中共中央东北局宣传部领导。总经理李文，副总经理周保昌、卢鸣谷。在北满解放区迅速建立了近百个分支店。配合土地改革，开展了书画下乡活动。

1948 年 11 月，东北全区解放，东北总店迁返沈阳，陆续在东北全区建立 16 个分店、185 个市县支店，拥有哈尔滨、长春、沈阳三个新华印刷厂（佳木斯印刷厂迁沈阳）和苏家屯造纸厂、文具厂，创办东北文化用品供应社。

根据中共中央东北局宣传部的决定，东北书店改称东北新华书店，全区分支店的人、财、物由东北新华书店总店统一管理，在政治上由当地党委宣传部领导。

东北新华书店总店从1945年冬成立到1950年，共出书近千种，出版《新农村》、《知识》等8种期刊，出版发行课本近3000万册。该店于1948年5月在哈尔滨出版《毛泽东选集》6卷合订本，分羊皮面、布面两种精装，印行2万部，在东北解放区引起轰动，并发行到平、津、沪地区。

东北新华书店总店总经理李文（1913—2010），江苏江阴人，1928年到著名诗人徐志摩在上海创办的新月书店工作，1934年入生活书店，历任生活书店重庆分店经理、延安华北书店和陕甘宁边区新华书店经理。抗战胜利，随军进入东北。他为创办东北新华书店的编辑部、印刷厂和分支店作出重大贡献。1951年任东北人民政府出版局局长，后调工业战线，历任鞍钢大型轧钢厂、鞍钢冷轧薄板厂（均为"一五"计划时期苏联帮助兴建的工业项目）厂长、"文化大革命"前调任北京钢铁学院（今北京科技大学）党委书记兼副院长等职。他在古稀之年创作《邹韬奋》电视连续剧剧本（8集），任该电视片的总顾问。著有《胡愈之论世界语》、主编《生活书店史稿》。

由于战争的分割，东北解放区的中共省委、区党委也陆续创办一批书店，出版发行书籍。1949年，各店统一改称东北新华书店的分店，光华书店改称生活·读书·新知三联书店。主要有：

1.大连大众书店。1945年8月在大连市天津街开业。经理（民主人士）车升五，副经理徐澄波，总编辑柳青。自办印刷厂，共出书400余种。1949年，改名东北新华书店大连分店。

2.辽东建国书社。1945年11月在安东（今丹东）市开业。史屏、姜信之先后任经理。安东被国民党军占领后，书社随军转移至长白、通化。1947年春，安东再次解放，书社迁回。共出书120种。翻印晋察冀日报社版《毛泽东选集》，送给毛主席。毛主席亲笔回信表示感谢。1949年，改名东北新华书店辽东分店。

3.牡丹江书店。1946年3月在牡丹江市开业，牡丹江日报社创办。经理郑士德。共出书40余种。当年，合江省委书记张闻天曾将他在延安出版的《中国现代革命运动史》加以修订后交该店重新出版。1947年初，改名东北书店牡丹江分店。

4. 内蒙古书店。1947年9月在内蒙古自治区乌兰浩特开业，由内蒙古报社领导。经理日义莫德（蒙古族）。出版发行蒙文书，同时销售东北书店总店的出版物。1948年，改名东北书店内蒙古分店。

5. 光华书店。1946年11月首先在大连开业，由生活、读书、新知三家书店共同创办。陆续在哈尔滨、齐齐哈尔、佳木斯、长春、丹东、沈阳等东北解放区的6个城市建店。总经理邵公文。用三联书店的纸型重印发行了大批图书，也出版了一批新著，如丁玲的《太阳照在桑干河上》。

6. 鲁迅文化供应社。著名作家萧军于1946年在哈尔滨创办，翻印出版鲁迅著作和萧军、萧红的著作，出版《文化报》。设门市部、批发部。1948年底停办。

7. 兆麟书店。1946年，由东北中苏友好协会在哈尔滨创办，出版《苏联介绍》杂志，还翻译出版《25年来的苏维埃政权》等多种介绍苏联的图书。宋之的主编的《生活报》，由该店总发行。该报与萧军主编的《文化报》就当时的社会认识问题互相论战，持续一年，引起广大读者注意，成为一时的热门话题。1949年初，并入东北新华书店哈尔滨分店。

在吉林解放区创办的有吉林书店、吉东书店、胜利书店。在南满解放区创办的还有辽南书店、辽东书店、辽西书店、热东人民书店、冀热辽书店等。1949年，这几家书店均改名东北新华书店分店。

（九）中原新华书店。1948年7月，华东新华书店总店奉命抽调一批干部被编入长江支队，随军进入河南。9月，在宝丰建立中原新华书店，由中共中央中原局宣传部领导。华青禾、彭展任正副经理。10月，该店进驻刚刚解放的郑州。1949年4月，在开封市北书店街，以豫皖苏新华书店为基础，建立新华书店河南分店（后迁郑州），王矛、亓爱众任正副经理。5月16日武汉解放，中原新华书店随军进驻汉口。6月，中共中央华中局在武汉成立，该店改名新华书店华中管理处，统一经营编、印、发业务，出书178种。在汉口建立分店，经理张全吾。中共湖北省委宣传部在武昌建立湖北分店，经理浦一之。1949年12月，华中局改为中南局，新华书店华中管理处改名新华书店中南总分店。

1949 年 5 月 22 日南昌解放。中共江西省委工作团与新华书店华中管理处共同派出干部，于 9 月 1 日成立新华书店江西分店。曾霞初任经理。8 月 5 日长沙和平解放。华中管理处派出 14 名干部，分水、陆两路运送图书进入长沙。8 月 28 日成立新华书店湖南分店。李崇钦、赵诚任正副经理。

两广和西南地区的新华书店分店是 1949 年中华人民共和国成立后建立的，另章叙述。

（十）平、津新华书店。北平、天津两市的新华书店，是由华北新华书店总店和东北书店总店分头派人建立的。1948 年底，全国解放指日可待。根据华北局宣传部的指示，华北新华书店总店从晋察冀、冀中、冀南的新华书店抽调干部，由李长彬、苏光带队，到河北霸县胜芳镇集训，准备进入天津办店。1949 年 1 月 14 日，中国人民解放军天津军管会发出向天津进发的命令。李长彬带领书店小分队于当日晚到达杨柳青镇。翌日晨向天津市区进发。那时战火正酣，硝烟弥漫。1 月 17 日天津解放。翌日，天津新华书店第一门市部开业，原华北新华书店石家庄总分店经理苏光任负责人。

中共中央东北局宣传部于 1949 年 1 月初接到中共中央宣传部来电，要求东北书店总店派部分干部携带大批图书随第四野战军入关，协助中宣部和华北新华书店到北平和天津建立新华书店。东北书店总店抽调 30 多名干部，由副总经理卢鸣谷、齐齐哈尔分店经理史修德带队，配备两辆军用卡车和一辆吉普车满载图书，开赴天津。在天津解放的当天晚上入城。因正中书局已被炮火击中，经天津军管会主任黄克诚批准，将坐落在繁华街区的国民党农业银行大楼拨给东北书店。1 月 19 日开业，称天津新华书店第二门市部，史修德任负责人。6 月，根据上级决定，来自华北、东北的两支书店队伍合并，组成新华书店天津分店，苏光任经理。

当年 3 月，生活·读书·新知三联书店在天津建立分店，陈怀平任经理。

1 月下旬，东北书店总店卢鸣谷率 10 余人从天津出发到达北平郊区，向北平军管会主任叶剑英汇报了在北平建立书店的计划。与此同时，华北新华书店来北平建店人员在李长彬、王钊率领下，也到达北平郊区。

1949 年 1 月 31 日北平和平解放。2 月 3 日，中国人民解放军举行北平入城式。华北、东北两个新华书店的小分队随军入城。根据中国人民解放军北平市军事管制委员会的命令，由徐迈进、卢鸣谷、万启盈和王钊、张兴树组成两个军管代表组，分别接管国民党的正中书局北平分局、独立出版社、中国文化服务社北平分社以及这几家的印刷厂。

卢鸣谷在北平王府井大街的正中书局和独立出版社的原址建立新华书店第一门市部（又称王府井新华书店），2 月 10 日开业。王钊在北平西单的中国文化服务社原址建立新华书店第二门市部（又称西单新华书店），2 月 15 日开业。人们如饥似渴地到这两家书店购买革命图书。特别是王府井书店，每天接待 6000 余名读者。战地记者刘白羽采访王府井书店说："新华书店每天有这么多读者，在全国解放区都没有见过，这是空前的盛况"（《北京市新华书店四十年历程》）。5 月 10 日，进入北平的华北、东北两家书店的领导机构合并，成立新华书店北平（新中国成立后，改称北京）分店，首任经理史修德。

2 月 20 日，北平市军管会命令祝志澄、周永生等组成军管组接管位于北礼士路的国民党正中书局北平印刷厂。接管时，厂内四门大开，轻便物资几乎全被劫走，遍地布满避弹壕，室内堆积着三尺厚的马粪、垃圾。新中国成立前（1 月 5 日）一场大火，烧毁房屋 300 余间，机器 100 余部。接管后，从华北新华印刷厂调来 60 余名职工，又收编国民党办的独立出版社印刷厂，于 4 月 24 日正式成立北平（京）新华印刷厂，首任厂长周永生。

2 月初，华北新华书店总店从石家庄迁来北平。稍后，生活·读书·新知三联书店总管理处从香港迁来北平。3 月，三联书店在王府井大街建立北平分店，首任经理曹健飞。各城市的三联书店于 1949 年初改名新中国书局。8 月，又恢复三联书店名称。

（十一）中共中央宣传部出版委员会。1949 年 2 月 22 日在北平成立。是中共中央宣传部主管出版事业的机构，并直接从事出版发行工作。主任委员黄洛峰，副主任委员华应申、徐伯昕。

早在 1948 年 8 月，中共中央就决定建立主管全国出版事业的领导机构。1948 年 12 月，毛泽东在西柏坡重新题写了新华书店的店招。1949 年 2 月初，中宣部派出版组祝志澄、华应申等 10 余人前来北平，准备在北平建立新华书店总店。

中共北平市委非常关心出版事业。2 月 7 日，北平市委书记彭真、北平军管会主任兼市长叶剑英、北平市委副书记赵振声（李葆华）给驻在河北平山县西柏坡的中共中央发电，请示有关出版问题。2 月 11 日，中共中央"关于北平出版事业致彭、叶、赵电"称：

甲、新华总店与华北新华书店即开始实行统一，从北平做起。

（一）在北平只用新华书店招牌，不用华北名义。（二）全国性书籍，出版时用新华书店名义，不用华北名义。（三）中央未到北平前，总店及华北新华书店到北平人员统归周扬管理。（四）中央未到北平前，书店所需费用，由华北局拨给。总店的正式投资预算，则经中央批准后，由中央拨给。

乙、新中国书店（局）现在事实上是国家与私人合营，将来可能仍保持此种方式。具体决定，须待黄洛峰来后再定。我们对此书店（注，即生活·读书·新知三联书店）态度，须积极加以帮助和领导，望在没收的书店门市部中拨一个给他。

丙、为筹划与进行新华总店与华北之统一及领导新华与新中国两店的出版事业，组织临时的出版工作委员会，由黄洛峰、祝志澄、王子野、平杰三、华应申、史育才为委员（后来，又增加徐伯昕、卢鸣谷、王钊为委员）。委员会主任由周扬到北平后决定。

丁、以上各项请周扬到北平后负责执行。

（据中央档案馆保存的 1949 年中共中央档案）。

周扬从西柏坡返回北平。2 月 22 日在华北局宣传部召开出版委员会第一次会议，各位委员出席。会议讨论了党的出版事业的集中统一问题，在步骤上首先把平、津和华北的新华书店统一起来。祝志澄在会上说，中宣部出版组来北平的任务是筹设新华书店总店。来北平后晤及军管会文化接管委员会主任钱俊瑞，才知道东北书店已来人来书，且已决定把正中、独立两店店址拨归中央运用。在中央未决定前，暂拨交东北书店先开书店。出版组经请示中央同意，决定先做出版工作，并将新华印刷厂筹建起来，建立总店的计划推迟。这次会议，标志着中宣部出版委员会正式成立。在中央未来北平前，由华北局宣传部部长周扬领导。中央到北平后，直接由中央宣传部领导。办公地址经几次搬迁，最后定在北平市东城区东总布胡同 10 号。

出版委员会下设出版、厂务两处，秘书、会计两室。出版发行书刊用新华书店名义，出版 12 种"干部必读"用解放社名义。出版委员会直接领导华北新华书店总店、平津两个分店、三联书店总管理处、北平新华印刷厂及油墨厂等。会本部 87 人，所属单位共 1428 人。1949 年 11 月 1 日，中央人民政府出版总署在东总布胡同 10 号正式成立，出版委员会改制为出版总署出版局。

出版委员会存在 9 个月，做了大量工作：统一重要著作的版本，以新华书店的名义出版了 315 种图书，主要供应平、津、沪、宁、汉等新解放的城市；成立教科书编审委员会，统一出版秋季中小学教科书，主要供应华北地区；贯彻公私兼顾的政策，组织国营新华书店与中华书局、商务印书馆等私营书店联合印制、发行中小学教科书，以解决私营书店的经营困难；创办《新华月报》等 9 种期刊，由新华书店向全国发行；派徐伯昕、祝志澄、卢鸣谷、万启盈等 24 人组成南下工作组，随军进入南京、上海，与华东新华书店的南下队伍会合，接收国民党官办书店，建立新华书店；召开全国新华书店出版工作会议，讨论通过了统一全国新华书店的决议；举办训练班，培训出版发行干部；等等。

四、解放区新华书店的优良传统

由于战争的分割，设在延安的新华书店总店，同各大解放区新华书店很少有业务联系，更谈不上统一管理。但解放区新华书店都是在中国共产党的直接创办和领导下，在人民民主政权的支持下，经历了抗日战争的烽火和解放战争的硝烟而发展壮大起来的。坚定的革命精神，无私的奉献精神，艰苦的创业精神，竭诚的服务精神，是各解放区新华书店的共同特点。

（一）坚定的革命精神。解放区的一切出版发行活动，都围绕着一个目标，为了夺取新民主主义革命的伟大胜利。解放区的物质条件很差，印刷生产力落后，但出版物的内容却精益求精，对党和人民高度负责。已出版的 5000 多种图书中，没有一种是迎合落后意识或低级趣味的。当年出书，定价低廉，时有亏损，但绝不拿原则作交易，绝不唯利是图。新华书店发行的图书，在人民群众中享有很高的声誉，被读者视为革命的火种，知识的化身。它引导人们参加抗战，参加革命，追求进步。正因如此，1941年中共中央宣传部在《关于宣传鼓动工作提纲》中强调："报纸、刊物、书籍是党的宣传鼓动工作最锐利武器，党应当善于充分地利用这些武器……应当大量地印刷和发行各种革命的书报。"

新华书店工作人员有较强的革命意识。参加新华书店工作，就是参加革命。中共中央宣传部部长陆定一说："新华书店的工作人员，首先是革命家，同时又是出版工作者。革命家就是政治家，无条件为人民服务，就是我们的政治方向。绝不可脱离政治和人民，为出版而出版。革命的出版工作是革命工作中必不可少的一部分。在革命的分工中，分配做出版工作，是光荣的，国家给了我们如此重大的责任，我们要对人民负责"（1949年《全国新华书店出版工作会议专辑》）。这段话，既是对解放区新华书店工作的总结，又进一步指明了新华书店的经营方向：对人民负责，无条件为人民服务。在东北等地新华书店的门面上，都高悬毛泽东书写的"为人民服务"五个大字，以表明书店的宗旨，并接受广大人民群众的监督。书店招收新人员，首先要上"为人民服务"这一课。晋察冀、晋绥、山东、东北等解放区的新华书店，都举办过训练班，培养训练出版发行干部，以增强他们的思想、业务素质。

（二）无私的奉献精神。抗日战争和解放战争时期，新华书店付出了重大牺牲，许多工作人员把自己的生命和鲜血奉献给了革命事业。在太行山麓，齐鲁大地，江淮芦荡，辽沈平原，处处都留下了新华书店革命先烈的血迹。胶东联合出版社（胶东新华书店前身）在1939年的反"扫荡"战斗中，牺牲和负伤70多人。排字工人王书俭舍己救人的事迹撼人心弦。他背着重伤员老刘突围，途中又发现一位伤员卧地呻吟。他把老刘背到隐蔽地带，返回来救护这位伤员，不幸被日军赶上，他和卧地的伤员被一并刺死。1941年，晋察冀新华书店被日机炸毁，经理罗军和发行员王吉贵中弹牺牲。在多次反"扫荡"战斗中，该店又陆续牺牲12位发行员。晋绥新华书店的韩孝礼等3人先后在反"扫荡"战斗中牺牲。1942年5月，新华日报华北分馆和华北新华书店的工作人员在太行山区同日伪军浴血奋战，有27人牺牲。

华北新华书店审计室主任黄君珏（女）带领王建和韩瑞两位女战友同敌人迂回战斗了两天，眼看突出重围，突然与日伪军遭遇。她们三人坚守在山顶的洞穴里，利用有利地形毙敌多人。从清晨战斗到黄昏，敌人最终攻上来时，她们三人大义凛然，跳崖牺牲。

跳崖殉国的黄君珏，南京人，1930 年入党。毕业于上海复旦大学经济系，因参加学生运动被国民党当局逮捕入狱。抗战爆发，经组织营救出狱，被分配到太行根据地，先后在太行文化教育出版社、新华日报华北分馆和华北新华书店工作。曾就边区经济问题在《新华日报》发表多篇文章。牺牲时年仅 29 岁，留下一个两岁男孩。记者鲁兮为黄君珏撰写的悼诗说："生为人杰死犹雄，沥血忠肝气若虹，龙战连年酬壮志，娥眉风骨几人同。"黄君珏的两位战友王健、韩瑞（均为华北新华书店女干部。她们二人宁死不屈，顽强战斗，终因寡不敌众，被侵华日军吊起，在熊熊烈火中壮烈牺牲）。

抗战胜利以后，国民党军队向解放区进攻，又有一批新华书店工作者牺牲。1946 年 11 月，淮北解放区的雪枫书店（皖北新华书店前身）撤出泗州城，在一次夜行军中同敌人遭遇，有 10 余人被俘。他们坚贞不屈，没有一个人屈服，均惨遭杀害。1945 年 11 月，东北书店铁西分店女经理武云勉，在沈阳被国民党特务暗杀。1947 年 6 月，安东第二次解放，辽东建国书社负责人胡良田从临江返回安东建店，途中被溃逃的国民党军队杀害。解放战争期间苏北解放区的高邮书店经理晏子云、溱潼新华书店经理刘铭均光荣牺牲。1948 年，中原新华书店在向河南的进军途中，也有一位同志（姓名佚）牺牲。上述烈士的事迹，为新华书店的历史——也为中国现代出版史谱写了光辉的一页。

新华书店工作人员的奉献精神还表现在忘我的创造性劳动上。他们不为名，不为利，克服一切困难，为宣传革命真理、传播科学文化知识倾注全部心血。晋绥新华书店三次被日伪军烧毁，书店工作人员在群众支持下一次次重建起来。根据地的书店，每当得知敌人"扫荡"的情报，就"空室清野"，迅速把印刷机、图书等转移到隐蔽安全地带。这是一项紧急而艰巨的任务，往往要在一夜之间或几个小时内完成。太岳新华书店曾将图书用油纸包好，装入几个大木箱内，埋在断墙残壁附近，然后把断墙推倒，刚好压在埋有木箱的部位。有一次，他们把印刷机埋在菜园里，耘好菜地，撒上菜籽，一场春雨过后，长出绿油油的菜苗。敌人怎么也想不到，在菜苗下面藏有生产"精神炮弹"的印刷机。

（三）艰苦的创业精神。各解放区的新华书店，多数都是由党报创办的。随着解放区的巩固、扩大和出版发行业务的发展，才从报社分离出来，独立建制，改由上级党委宣传部直接领导。抗战时期的敌后根据地，基本上都处于贫困山区，交通不便，经济落后，又遭日伪的封锁、"扫荡"，出版图书、课本全靠自力更生、艰苦奋斗。没有铅印设备，则就地取材搞石印；没有纸张，则就地寻找原料自制桑皮纸、马兰纸或麻纸；没有油墨就用松烟灰、蓖麻油土法仿制；铸字用的铅，是从老百姓家里一两一两收购来的；没有住房，自己动手打窑洞、盖草房。新华书店同其他机关、部队一样，实行供给制，每人每天按 2 钱油、2 钱盐、8 两粮食的低标准供给伙食。每月发的津贴费，只够买一小包烟丝。粮食不够吃，挖野菜充饥，自己动手开荒种地。1940 年，延安新华书店总店的粮食、蔬菜生产以及畜牧业生产获得大丰收，"从半自给过渡到全自给"。中共中央机关报《新中华报》为此作了专题报道。

总之，革命的理想、困难的环境，培养了新华书店工作者的艰苦创业精神。他们力求用经营积累、发展书店事业。随着抗日战争、解放战争的节节胜利，新华书店派出小分队冒着枪林弹雨，随军挺进，最早进入新解放的城市。在军管会的领导和关怀下，选择最佳店址，尽快办起新华书店。

据中华人民共和国成立前夕——1949 年 9 月的统计，全国已有新华书店 735 处，职工 8100 人（含新华印刷厂）。华北、东北、华东、西北、中南五大战略区新华书店共出书 5291 种，发行 4 亿多册（西南新华书店尚未成立）。这些数据，从一个侧面反映了新华书店的艰苦创业成果。

（四）竭诚的服务精神。在游击战争的环境里从事出版发行工作，必须时时刻刻依靠群众的支持。敌人来"扫荡"的情报，要靠群众传递；空室清野，要靠群众帮助；向各个被分割的地区运送书报，要靠群众标出的暗号冲过敌人封锁线；在反"扫荡"斗争中，消灭敌人，保护自己，要靠群众掩护。风风雨雨的战争岁月，使新华书店同解放区的广大人民群众建立起鱼水之情。得到人民群众的关心和支持，必须全心全意为人民服务。出版图书以面向工农大众的通俗读物为主，发行工作的重点是面向农村。有些书店往往就借住在农民家里。

大后方的生活、读书、新知等书店向解放区输送了不少优秀干部。例如李文、王益、华应申、卜明、周保昌、华青禾、邵公文、刘大明、王仿子、朱晓光、吴毅潮等，都成为解放区新华书店事业的创业人。生活书店竭诚为读者服务的精神以及他们可贵的经营作风和出版发行经验，通过李文、王益等人带到了解放区新华书店。

受条件的限制，解放区出版的书籍主要为现实政治服务、为战争服务，属于文化积累性质的大部头著作和科学技术著作出得较少。久经考验的解放区出版发行大军，为团结民营书店，开创新中国的社会主义出版、印刷、发行事业，创造了极为有利的条件。

第六节　民国时期的图书市场

1911 年辛亥革命的伟大胜利成果，很快被袁世凯窃取。民国初期的图书市场同清末相比没有太大的变化。1919 年掀起的反帝反封建的五四运动，使中国思想界经历了一次巨大的震动。从五四运动到新中国成立整整 30 年，这 30 年，研究和传播马列主义毛泽东思想成为不可抗拒的潮流。反映在图书市场上，进步书刊和宣传爱国抗日的书刊，深受广大人民群众欢迎。这是民国时期图书市场的主流。

民国时期私人藏书家锐减，新兴的图书馆事业为书业发展增加了一股新动力。据统计，1916 年全国仅有图书馆 260 所，到 1936 年达 5196 所。由于日寇侵华战争的破坏，1943 年减至 940 所。最大的民营企业商务印书馆开始在海外设立分支机构，成为我国新书出口的滥觞。古籍出口的畸形发展，反映了外国势力对我国珍贵文物的掠夺。

北洋政府和国民政府相继颁布出版法，并且把印刷所和书店当作危险行业严加控制。这两个反动政府对图书市场的管理，已经变成对进步书业的法西斯专政。

一、民国时期的常销、畅销书

尽管反动势力疯狂地加以阻挠、查禁，进步书刊的市场需求却越来越扩大。由于反动当局的倒行逆施和日本帝国主义的入侵，民营书业好景不长，越来越不景气，市场秩序混乱，低级庸俗读物泛滥。在年画市场上，上海的月份牌画迫使木板年画败下阵来，而解放区的新年画却独树一帜，受到翻身农民的喜爱。

（一）进步书刊常销不衰。我国的先进知识分子从 1917 年俄国十月社会主义革命的胜利，看到了中国的希望。以毛泽东为代表的中国共产党人一接受马列主义就把它同中国的反帝反封建群众运动相结合，出版书刊，推广新文化，唤起民众的革命觉悟。这些书刊常销不衰。1921 年 4 月，毛泽东撰写的《文化书社社务报告》第二期专题介绍了当年的"书报畅销"情况："本社所销的书一百六十余种，杂志四十余种，报三种。在去年开幕至本年三月底，除开寒假时一个月外，余月均很畅销，社里总是供不应求。一面因为本社资金太少，不能向外埠大批买书，小批则随到随尽的缘故；一面也是社会对于新出版物的需要骤然迫切起来，受了新思潮的正面刺激和旧思想的反面刺激，一时感发兴起，尽力购读，实在是一种可喜的现象。买书的人，自然以学界为多，但如《劳动界》等小册子，销于劳动者间的也不少。以年龄论，买书的人自然以青年为多，壮年以上的人次之"（《文化书社》，湖南出版社版）。这段文献，把当年进步书报畅销的原因以及读者对象，分析得很清楚。从文化书社的售书统计来看，"《劳动界》的销量最大，竟达五千本，《新青年》二千本，《新生活》二千四百本，《马克思资本论入门》二百本，《社会主义史》一百部……"只有五六个职工的文化书社，仅在长沙一地，进步书刊发行量如此之大，令人振奋。

民国年间，图书市场容量不大。中华书局创始人陆费逵于 1932 年撰文回忆《六十年来中国之出版与印刷业》说："我国出版之书，多则销二三万部，少则销一二千部。……每一书坊开若干年，只剩些不销之书籍，和无着落之欠账，便不得不关门了。前清末年的许多书坊，至今存在的差不多只有商务印书馆和广益书局几家；其余不是关门便是出盘。"对比之下，以传播马克思主义为宗旨的上海书店的出版物却大有市场。例如：《向导丛书·不平等条约》发行量达 10 万册。该店 1925 年 3 月出版的《马克思主义浅说》，到 12 月已印至第 8 版；同年出版的《将来之妇女》，印行了 11 版。1926 年，《向导》在全国每期销到 10 万册。

汉口长江书店发行的书籍也十分畅销。1927 年 5 月，时任中共中央出版局局长的汪原放曾去长江书店视察。他回忆说："我们去时，上海到书有十几大箱，又有不少大书包，各家的书都有。正在开箱时，旁边已有不少人在等。箱子开之，来不及上架，只好就凑在箱边卖。不一会，来买的人更多了，想必是闻风而来的。有人看一看书上的定价，付了钱便拿了书走了。可以说是一抢而光……当时的青年人争读新书，真是如饥似渴"（汪原放《回忆亚东图书馆》）。

土地革命时期，中央苏区的出版发行机构面向工农兵大众，出版了不少本子薄、价格低的通俗读物，如《革命故事集》、《革命诗集》、《革命歌集》、《革命山歌小调集》等，都拥有众多的读者。1933 年《青年实话报》发表消息说："青年实话编辑委员会新出版的《革命歌集》，又美丽，又正确，真的风行一时，一下子就销完了六千份。现在再版一万五千份……九月底出版，爱唱革命歌的同志，望快订购。"中央苏区处于偏僻的山区农村，交通不便，经济文化落后，像《革命歌集》之类的通俗读物，"一下子就销完了六千份"，又继续加印一万五千份，说明中央苏区的群众文化生活很活跃，也说明土地革命在文化落后的农村，第一次开辟了图书市场。

抗日战争时期，生活、读书、新知等进步书店在白色恐怖氛围中之所以能够生存和发展，一个重要原因就是他们出版发行的图书是革命的、进步的，顺应了时代潮流，才拥有众多的读者。著名民主人士、教育家黄炎培（1878—1965）在抗战初期走遍西南的几个城市，来到重庆对生活书店负责人说："商务也罢，正中也罢，都是冷冷清清的，只有你们的书店拥有广大的读者"（《生活书店史稿》）。

进步书刊的畅销，从国民党的文件中也可得到证实。1938 年 3 月，国民党中央宣传部的《审查书籍刊物总报告》说："自抗战以来，坊间所售之应时书籍及刊物，风起云涌，盛极一时，皆共党及左倾色彩占极大多数"（引自中国第二历史档案馆藏国民政府战史编纂委员会档案）。由于进步书刊畅销、常销，一些中小民营书店（"坊间"）也乐于销售。

1945年6月，毛泽东在中共第七次全国代表大会上讲话，建议党员干部认真阅读五本马列主义著作：《共产党宣言》、《社会主义从空想到科学的发展》、《社会民主党在民主革命中的两个策略》、《共产主义运动中的"左派"幼稚病》、《联共（布）党史简明教程》。朱德总司令在"七大"的报告《论解放区战场》和刘少奇《关于修改党的章程的报告》。以及毛泽东的著作，在解放战争期间以及新中国成立初期，成为各地新华书店十分热销的畅销书。

新解放的城市，广大读者如饥似渴地需求解放社、新华书店出版的书刊。1945年9月，新成立的大连大众书店（后改称新华书店大连分店）出版毛泽东的《论联合政府》1万册，读者争相购读，10天售缺。1948年11月，沈阳解放，从老解放区"哈尔滨运来的马列著作《社会科学概论》、《新人生观》、《中国解放区短篇小说选》等许多书，不数日就销售一空。门市部里摆着毛主席著作的专台，犹如强有力的磁石，吸引着广大读者"（卢鸣谷《东北新华书店在战斗中成长》）。随第四野战军进入天津的史修德写信给东北书店总店，汇报天津新华书店第二门市部开业盛况说："每天有数千群众涌进门市部，排队选购新书。……读者最欢迎的书是马恩列斯著作和毛主席著作，《共产党宣言》、《帝国主义论》、《共产主义运动中的"左派"幼稚病》、《列宁主义问题》、《马恩文选》、《论联合政府》、《新民主主义论》、《整风文献》、《社会科学概论》等书，每天各销售一百多册。其次是文艺读物，也受到读者欢迎"。随北平军管会进入北平城的东北新华书店随军小分队负责人卢鸣谷，写信给东北书店总店，汇报王府井新华书店的开业盛况说："那些大中学校的学生们，看到我们的出版物都特别高兴。都说，过去'饿'透了，这回可要看饱了。他们把银元和订婚戒指换了人民币，来买我们的各种书刊。《毛泽东选集》一天卖出四五十部，可惜存书太少，我们不敢摆出来出售。读者都以能买到这部珍贵的书而高兴。"信中列举毛泽东、朱德的一些单篇著作，"每天销二三百册。《暴风骤雨》、《无敌三勇士》、《动荡的十年》、《开不败的花朵》、《鲁迅杂文选》、《林家铺子》、《丰收》、《高干大》、《解放区短篇小说选》等文艺作品，每天销售 100 多册。书店门市部里整天挤满着各阶层读者，工人、学生、职员，还有国民党军队起义的军官。他们急切需要知道党的政策和政治常识这类书籍"。

南京、上海相继解放，刚刚入城的新华书店，营业十分兴旺。国民党统治南京多年，使南京成为一个没有精神文化生活的死城。中国人民解放军南京军管会接收了正中书局和中国文化服务社，发现"这两家书店存有大量的蒋介石的《中国之命运》、希特勒的《我的奋斗》、陈立夫的《唯生主义》，还有一些'反共戡乱'的小册子，除此再也找不到其他书籍了"。南京新华书店在这两家书店的旧址开业，从东北、华北、山东等老解放区新华书店发来大批书籍，除马列著作、毛泽东著作热销外，"《中国近代史》、《中国史话》、《知识分子任务与出路》、《真理究竟在哪里》、《吕梁英雄传》、《解放区短篇小说选》、《种谷记》、《红娘子》、《闯王进京》、《一个女人翻身的故事》、《暴风骤雨》、《无敌三勇士》、《兄妹开荒》、《夫妻识字》、《白毛女》、《血泪仇》等书，都受到读者的热烈欢迎"（卢鸣谷《胜利进军中建立的京津宁沪新华书店》）。上海解放，上海新华书店第一门市部就在中国文化服务社旧址开业。"每天早晨，天蒙蒙亮，书店门口就挤满了读者，气氛热烈。不少读者买书不是一本两本，而是一扎书，一捆书。在上海书市，这种盛况是空前的"（邵杏生《上海第一家新华书店》）。

（二）抗日救亡书刊深得民心。1931 年九一八事变，国难当头，民族危机空前严重。许多爱国志士振臂疾呼，大力出版抗日救亡书刊，深受广大人民群众欢迎。邹韬奋先后主编的《生活》、《大众生活》等抗日期刊，每期发行量达 15 万到 20 多万册，创当时报刊发行量的最高纪录。燕京大学教授、历史学家顾颉刚于 1934 年在北平秘密创办通俗读物编刊社，出版鼓词、唱本、剧本、画册，宣传抗日救亡，一分钱一本，主要通过书摊、小贩在街头叫卖。如《宋哲元大战喜峰口》销了七万册，反映绥远抗战的《百灵庙》半年印了五次，销售十万册。到 1937 年七七事变撤离北平，"编刊社编印出版的书刊和图画，共约六百种，五千万册。……因编刊社不要版权，各地翻印的数量也很大。据调查，北平的老二西堂和泰山堂 1937 年翻印达七十万册"

（郭敬《通俗读物编刊社简史》，载《新闻出版史料征集简报》第一期）。该社"在北平出的最后一本书，是卢沟桥事变发生后连夜编写和赶印出来的二十九军《血战卢沟桥》。三天印发了二十万册"。该社撤出北平后，曾在西安出版八路军《大战平型关》、《火烧阳明堡》等抗日故事书，军民争相购读，却遭到国民党当局的反感——对该社停发补助费。

其他进步书店、民营书店也纷纷出版抗战读物。生活书店从七七事变到上海沦陷的4个多月内，就出版战时读物近百种，均一销而光。该店内迁武汉、重庆，又出版多种抗战丛书以及反映抗战的文艺作品。至于抗战歌曲集，则是许多书店常备常销品种。浙江丽水的会文图书社，自编歌曲集《抗战歌声》，发行量达10万册。丽水的图书市场狭小，一本歌曲集发行量如此之大，充分反映了时代要求。

抗战初期，"亡国论"和"速胜论"等错误观点甚嚣尘上。解放社于1938年出版毛泽东的《论持久战》一书，以强大的说服力批驳了当时流行的种种错误观点，系统阐明了抗日持久战方针，为动员全民抗战和指导抗战发挥了巨大作用。解放区的新华书店和国统区的进步书店不断重印，大力发行，连敌占区城市的小书摊也秘密出售。这本抗战名著各地翻印发行数量之多，已难以统计。

（三）文艺书几占全部出版物之半。民初黑幕小说盛行。五四文学革命兴起，诞生一种用白话文写作的新诗和新体小说，具有现代民主主义思想色彩，引起社会关注，直接影响图书市场需求动向。人们曾一度以阅读新诗、新小说为时尚。一些摩登女郎也"拣选几本时髦的洋装书，或轰动一时的情诗、情书、制帧精美的恋爱小说，挟之以邀游通衢大街，当做炫耀的装潢品，的确是彼时流行的风尚。这是过去新文化运动的副产品"（王平陵《出版物的行销问题》，载1944年4月出版的《东方杂志》第40卷第7号）。把购买新诗、新体小说作为一种时髦行为，毕竟不会持久，但它反映了刚刚诞生的现代文学书籍风行一时的盛况。

进入抗战时期，"文艺书几占全部出版物二分之一。其原因为，一般人在战时生活苦闷之中，多以文艺书为消遣，所以大部分比较低级趣味的作品，目前容易销售。而作者如此苦闷时期，以文艺作品为手段，间接来描写社会的黑暗面，比较的自由，这也是一种原因……加以社会经济一般的贫乏，出版家因为专门著述销路有限，往往不愿轻易下成本，因此学术专著甚少"（吴铁声《我国出版界的现在与未来》）。

文艺书几占全部出版物的半数，这个论断也得到国民党官方的证实。国民党中央图书杂志审查委员会曾对 1943 年国统区出书的品种构成作过调查统计："文艺增至百分之四十八，政治减至百分之九，经济减至百分之四，史地与科学各减至百分之三，阐扬三民主义的减至百分之一"（1944 年 4 月出版的《东方杂志》第 40 卷第 7 号）。

在文艺书市场上不乏传世的优秀之作。鲁迅的《呐喊》、《彷徨》，郭沫若的《女神》及其译著《少年维特之烦恼》，茅盾的《子夜》，巴金的《家》，叶圣陶的《倪焕之》，老舍的《骆驼祥子》，冰心的《寄小读者》，曹禺的《雷雨》、《日出》等，都是各地书店常备常销的品种。这些书在国统区、解放区都很畅销。在日伪统治的沦陷区，一些书商也不断盗印出售。其他著名作家的作品也有许多是常销不衰的。

鲁迅是我国现代文学奠基人。他的作品尤其受到广大读者的欢迎。1927 年 3 月 15 日，鲁迅给李霁野写信介绍广州北新书屋的图书销售情况："我所做的东西，买者甚多……近已买断，遂有真笔版之《呐喊》出现，千本以一星期卖完"（引自《鲁迅书简》）。这里所说的真笔版，就是刻写的油印本，仅在广州一地，一星期竟售出一千本，实为罕见的热销。1940 年 4 月，延安的新华书店总店曾派周佩昌去重庆、桂林等地购进大后方的出版物，因生活书店经销的《鲁迅全集》已全部订出，只好从读者预订数中挤出 20 部，让他带回延安。他到重庆向周恩来汇报购书情况。周恩来指示他，退回 18 部给生活书店供应订户的需要，带回延安两部，送给毛泽东一部，延安鲁迅图书馆一部。由此可见，《鲁迅全集》供应之紧张。

内容好的书不见得一面市就畅销，要靠一系列的宣传促销。夏丏尊译著《爱的教育》，先由商务印书馆出版，被编入"文学研究会丛书"，销路不畅。夏与商务印书馆相商，取消出版合同，交开明书店重新出版。该店精心设计封面，在本版杂志《中学生》、《新少年》刊登广告，发表推荐文章，逐渐引起教育界的注意，畅销 10 余年不衰，到 1949 年重印了 100 次。

内容优秀、畅销的文艺书毕竟占少数，而那些粗制滥造的庸俗小说却以量取胜，长期充斥民国年间的图书市场。清末民初兴起的鸳鸯蝴蝶派小说，迎合小市民的消遣需要，风行多年。其内容可大体分为黑幕、嫖娼、哀情、言情、家庭、宫闱等类，也有人把鬼怪、侦探、武侠等方面内容的小说也归入鸳鸯蝴蝶派。此类小说，五四运动前多用文言，五四运动后改用白话。虽然受到五四新文化运动的冲击，但因市民阶层是一个庞大的读者群，这方面的小说始终占有不小的市场份额。有人统计，在民国年间，鸳鸯蝴蝶派先后创办的刊物共有 160 余种，小说约有 2200 多种。它是一般中小民营书店、书摊的常销品种，更是租书业的主要出租品种。

鸳鸯蝴蝶派小说，多数是诲淫诲盗、荒诞不经的，被斥之为"坏人心术，消磨志气"，或"无病呻吟"，并不过分。但也有一些内容较为健康，有一定进步意义的作品。如张恨水的《啼笑姻缘》、《金粉世家》、《春明外史》等书，曾多次重印，具有一定的文学价值。抗战时期他到了重庆，陆续写了《八十一梦》、《魍魉世界》，抗战胜利后又写了《五子登科》等小说，愤怒揭露蒋介石集团的贪污腐败及其种种丑闻，热销一时。

20 世纪 30 年代的上海，曾出现"一折八扣书"。即定价一元的书，打一折成为一角，再加八扣，按八分钱出售。"首创此举的，是上海福州路望平街口的新文化书店，主持者范某把《水浒》、《红楼梦》、《三国演义》、《说岳全传》等旧小说，加标点，分段落翻印出版。且一折八扣，登报宣传。不明真相的读者认为他们这样做一定大蚀其本。岂知范某非但不蚀本，而且在一年内赚了二十万元，成了富翁。原来那时加拿大报纸在我国大量倾销，每一令只卖三元，旧小说既不要付稿费，也不涉及版权问题，初版只算成本。这种畅销书再版三版，越销越广，那就有利可图。各地书店也认为这种书很便宜，易于脱手，都现批现卖"（郑逸梅《书报话旧》）。

其他书店看到"一折八扣书"有利可图，仿效者越来越多。多用于印制武侠、言情等通俗小说。仅广益书局伪用大达书局的名义就印行了百余种。有些书店甚至用一折六扣、一折五扣来吸引读者。"这样一来，许多书粗制滥造，错字百出，文字节佚不全，引起读者大为不满，结果无人问津，成为废纸"。

（四）月份牌画成为年画市场新宠。清末民初，上海的洋商——保险公司、英美烟草公司等企业用现代印刷技术出版一种带有月份节气的年画，上下拷镶金边，便于悬挂，时称月份牌画。画的内容多为古装、时装仕女。其原意是作为广告宣传品，由各地的经理处分送给客户。英美烟草公司在每箱烟中附送几十张月份牌画，各地经理处却将这些画作价出售，每张售价高达2元，十分畅销。

上海的印刷业看到月份牌画大有市场，遂进口新式印刷设备，改进技术，组织画稿，出版发行月份牌年画，逐步形成一个新的年画行业。著名的有徐胜记印刷厂、三一印刷公司、正兴美术印刷公司、华美画片社、庐山画片社等10多家。有些名为印刷公司，实为集出版、印刷、发行于一体的书店，设立门市部，办理月份牌画的批发、零售业务。另有素绚斋、陈正泰等画店，专为年画印刷商代理批发业务。上海年画行业的批发辐射面几遍全国，并向东南亚华人聚居城市出口。

月份牌画的特点是，印制精细，色彩鲜艳，图案新颖，装潢别致。由于发行数量多，品种越来越丰富，价格并不比木版年画贵。上述因素导致传统的木版年画渐渐被市场所淘汰。杨柳青等木版年画产地连续受到火灾、水患、军阀混战和侵华日军的破坏，画版损失严重，许多画商破产，也是木版年画衰落的一个原因。

解放区的美术工作者吸收木版旧年画墨线水印技法，创作了一批鼓舞军民抗战和发展生产的新年画，由新华书店出版发行。1943年冬，在延安、绥德、关中、三边以及晋绥的兴县，开展了新年画创作竞赛活动，选出佳作40多种。木刻艺术家古元的《拥军图》是最受群众喜爱也是最畅销的新年画之一。1945年5月，延安《解放日报》发表消息说："延安印的《门神》、《丰衣足食图》、《平型关大战》最受欢迎。"著名画家罗工柳说："在关中分区最受欢迎的是《平型关大战》。定边印的《纺织图》、《全家福》销路最好。"可见经过改造的赋予时代内容的木版年画，仍然受到解放区老百姓的欢迎。

解放战争时期，哈尔滨的东北书店总店和东北画报社用现代胶印技术出版100多种新年画，如《四平街保卫战》、《土地还家》、《新年劳军》、《劳武结合》等优秀作品，深受翻身农民的欢迎，畅销东北解放区。在冀中解放区，著名木刻家古元、彦涵精心绘制的毛泽东、朱德、周恩来等领袖画像，彩色石印，可与胶印媲美，成为年画的新品种，畅销于华北平原。

二、古旧书市场的盛衰

民国时期的古旧书市场受政治形势的影响，几经起落。清代藏书家的藏书在战乱中大量流出，丰富了古旧书业货源。一些专家、教授成为新型藏书家，同古旧书店建立了密切关系。北京、上海是古旧书业中心，形成独特的经营特色，造就一批杰出的古旧书商。新兴的图书馆事业扩大了古旧书市场需求，既是古旧书业的重要服务对象，又是购求珍本秘籍的竞争对手。

（一）古旧书的市场行情。清末民初，废止经艺旧文，重科学考据，经、集两类古籍销路大减，子、史类古书日益畅销。随着新式学校的建立，图书馆的兴起，士子进京求学，新发迹的达官、武人附庸风雅以藏书为乐事，促成民国初期古旧书业的繁荣。但是，好景不长。受新文化运动的冲击，古旧书的行情一落千丈。谢兴尧在《书林逸话》中说："民国十五六年（1926—1927）间，如地方志之最佳者（明末、清初及少见者），不过五角一本，大约一部四册、六册，价仅二三元，普通者每部不过一元余。犹忆某次去（北京）隆福寺书店，见人买方志书，不论部册，以手杖量其书堆之高矮，为省手续，其贱可知"（张静庐辑注《中国出版史料补编》）。

古旧书为历史文物。民国以来，不仅宋、元、明版本越来越少，就连清代版本也成紧俏之书。物以稀为贵，古旧书业以购销珍稀古书为生财之道。随着民族资本创办的新书业的成长壮大，开始用现代印刷技术重印古籍。清代刻本《二十四史》、《资治通鉴》，古旧书店的售价均达一二百两纹银。新书店重新出版的铅印本，售价不过数十元，且获利极丰。商务印书馆于 1919 年辑印《四部丛刊》，"先后两版，数逾五千"（《四部丛刊续编缘起》）。"其内容则经史百家，包罗万象，其价值则宋元善本，名家校藏。在昔时士庶之家，一部犹不可得者，至此千余元即可集古今图书之精英。……中外竞购，于是中华以次各书局继踵印行《四部备要》、《清史列传》等，开明书店又印"二十五史"及补编等。风起云涌，争印古籍，其影响旧书业者至深且大"（谢兴尧《书林逸话》）。此外，各大图书馆，北京、燕京、清华等大学也陆续印行古籍。每新印一种古籍，就使古旧书店受到一次冲击。资金较充裕的古旧书店也相继自印古籍，不敢后人。但由于资力、学识的限制，毕竟难以与商务、中华等新式大型书店竞争，无法挽回古旧书业的颓势。

1937年七七事变初起，国民党军队节节败退，大好山河相继沦陷。社会动荡，人心惶惶，古旧书业极度萧条。经过一年多，古旧书业开始复苏，市场渐趋活跃。到20世纪40年代初，平、沪古旧书业出现畸形繁荣。1941年，北平的古旧书价与七七事变前比较，"经部与诗集，约增一倍；子部随笔小说，约加三四倍；史部杂史、地理及子部考据等，约增五六倍；至于珍本秘籍、旧抄精校，竟增至十倍以上，抑或过之……于是每家书店，皆派干员或远赴苏、杭、沪、粤，或近走齐、鲁、豫、晋，远采近取，博采穷搜，每寄货回，均获厚利"。

古旧书的一度走俏，主要由于日本、美国等外国人的搜购，地方志尤为外国人搜购的重点。中国的一些大学、图书馆也渐知地方志的重要，纷纷争购。一本普通的明刻《肇庆府志》，北京书商以700元高价购得，转手以1200元卖给了美国人。

抗战胜利，蒋介石发动内战，加上蒋、宋、孔、陈"四大家族"的掠夺，国统区的经济陷入严重危机，物价狂涨。1937年，100元法币能买一头牛，到1947年底仅能买三分之一盒火柴。国民党滥发纸币，使工商业大批倒闭。古旧书业也同样陷入困境，北平解放前夕，古旧书店已从300多家减少到110家，从业人员仅剩209人，平均每店不到2人。为了维持生活，有些书店只好忍痛将古旧书作为废纸论斤卖掉。当年从事古旧书收售业务的雷梦水，"曾得见一部《经略洪承畴奏对笔记》，扉页题曰：'戊子（1948）冬至前夕，故书摊上购书五本，每本金圆券一元，烧饼两元一枚，一本书仅半个烧饼耳。'"北大教授林庚在《我与图书馆》一文中回忆说："解放前夕，买书特别便宜，线装书有的论斤约，我的书架上自然也就慢慢地装满了书。"可见，当时的古旧书业十分萧条。

苏州古旧书业也同样"门庭冷落，奄奄一息，已在存没之间"（苦竹斋主《书林谈屑》）。杭州的古旧书业也"遭受严重摧残，称担计斤，视同废纸，诚亘古未有之浩劫，其损失岂可以代价计算也"（朱遂祥《杭州旧书回忆录》）。

商务、中华等新书业也处于风雨飘摇之中。一是出书成本高，售价却因"金圆券"的飞速贬值而不能相抵；二是扩大批发必须赊销，而多放账利息折蚀，损失严重；三是民不聊生，购买力下降，图书市场萎缩。

（二）较为著名的古旧书店。民国期间，北京、上海仍是全国古旧书业中心，苏州的古旧书业也较有实力。这几个城市较为著名的古旧书店有下列一些。

1.来薰阁。1912 年在北京琉璃厂开业。陈连彬创办，其侄陈杭（字济川）继其业。侧重经营戏曲小说及大部头古籍。在上海设有分店，常派人去江浙一带收购古书，多佳本。嘉兴沈氏爱日庐藏书、上海孙毓修藏书、天津马善人藏书，均被该店购去。陈济川是京沪书业同行中的头面人物，经营经验丰富，记忆力犹强，凡稀见之书，某年售价若干，归何处，随口说出，无稍差。

2.邃雅斋。1926 年在北京琉璃厂开业。董金榜、刘英豪等三人合伙经营。曾收得明代兰雪堂、清代黄丕烈等名家藏书。与人合伙以 4 万元巨资购得南京邓氏祖传古书。1936 年，自行出版发行邃雅斋丛书，名噪一时。

3.富晋书社。1912 年在北京琉璃厂开业。王富晋创办。在上海设有分号。曾购得扬州测海楼藏书 589 箱，共 8020 种。王氏老成持重，好书到手，不急于求售，待价而沽。经营 40 余年的宏道堂书店，被王氏富晋书社兼并。

4.通学斋。1919 年在北京南新华街开业。北大教授、藏书家伦哲如出资，交书商孙殿起经营。孙氏所收善本最多，随收随售，不求厚利，广交名流，为专家学者所赞许。说他："辛苦何曾为贩书，梳篇理叶亦寒儒"（《琉璃厂小志》）。

孙殿起（1894—1958），河北冀县人，号贸翁。勤奋好学，刻苦钻研，精鉴古籍版本，熟知某书有若干版本，某刻最善，某本多舛误，某片藏于何处。他经常奔波于大江南北，访幽探微，搜残补缺，能见人之所未见，得人之所未得。曾访得康熙年间泰山瓷版《周易说略》，成为书林佳话。这位仅读过 3 年私塾、学徒出身的书商，熟读历代名家书目，强记书名、作者，凡清代著述，必一一笔录书名、作者、刻版年代，随见随录，持之以恒。历史学家顾颉刚称赞他："数十年如一日，搜集材料的耐心是非常难能可贵的。"

孙殿起是"由商而士"的典型，著有《贩书偶记》及其《续编》、《清代禁书知见录》。这几种书，可补《四库全书总目》和《清史稿·艺文志》之不足，在学术界享有盛誉。另著有《琉璃厂小志》、《北京风俗杂咏》等。在他病危之际（1958），手不能写，还口授资料，嘱其徒弟（外甥）雷梦水整理成书。

5. 松筠阁。1921年在北京琉璃厂开业，刘殿文创办。以收售旧杂志为主业。刘氏记忆力强，精通杂志目录之学，善于把零本杂志集配成套，人称"杂志大王"。他将《新青年》、《向导》、《东方杂志》、《语丝》等早期革命杂志收集成套，吸引了很多热血青年前来求购。七七事变后，盘踞北平的日本宪兵队疯狂查禁进步书刊，具有民族情感的刘殿文仍继续收集有抗日内容的杂志。他采取多种策略躲过了敌人的多次搜查。新中国成立后，仍继续营业。1958年公私合营，后并入北京中国书店。1974年刘氏病逝，享年78岁。

6. 古书流通处。1916年在上海三马路惠福里开业。沈知方、陈立炎等合办。"三十年来，大江以南言版本者，书肆以古书流通处为第一，藏书售出者以抱经楼为第一。古书流通处初开幕时，列架数十，无一为道光以后之物，名刻名钞，俯拾皆是。入其肆者，目眩神迷，如坠万宝山中……凡藏家之大批出售者，悉为其网罗"（陈乃乾《上海书林梦忆录》）。卢氏抱经堂藏书、嘉定廖寿丰"百数十箱"藏书等，均被这家书店购进。

7. 忠厚书庄。1914年在上海带钩桥路（今山东南路）开业，李紫东创办。李氏16岁入北京琉璃厂翰文斋书店学徒，得店主韩俊华传授，精通版本目录之学。满徒后常来江南收购古书，与常熟瞿氏铁琴铜剑楼、乌程蒋氏密韵楼等藏书家关系密切。他只身来到上海，经营忠厚书庄数十年，经手的善本书有两不卖：一不卖给外国人，防止国宝外流；二不卖给旧社会的官署，他们把书商看成下等人，左右刁难。1942年，该店迁北平，改名忠厚合记书庄。

8. 博古斋。开业年限不详。柳蓉春在上海三马路惠福里创办。柳氏经营经验丰富，"遇旧本书，入手即知为何时何地所刻，谁家装潢，及某刻为足本，某刻有脱误，历历如数家珍"。该店曾影印发行《百川学海》、《津逮秘书》等多种大部头丛书。柳氏殁后，该店迁苏州护龙街，由其后人继续经营。

9. 来青阁。光绪四年（1878）在苏州护龙街开业。茶商杨云溪创办，民国年间由其孙杨寿祺继业。在上海设有分号。曾影印发行宋代建本《礼记郑注》等多种古籍。杨寿祺是苏州书业的头面人物，善于鉴别古书版本。他曾收到一本南宋书棚本《群贤小集》，历800多年不知为多少藏书家收藏过。在清代，收藏过此书的就有曹寅、郎温勤、石仓、扬州马氏小玲珑山馆、苏州钱景开书肆、汪雪礓等。汪氏死后，此书不知去向，又过了百多年，到1947年，竟在长沙被发现。长沙书商李某把这个信息告知北京邃雅斋主人刘英豪，劝其收购。刘疑为影印本，未予理睬。来青阁杨寿祺断然以10两黄金的价格收购到手。刘英豪闻讯专程来访，一见这本古书，顿时面红耳赤，因坐失良机而后悔不及。业内人士盛赞杨寿祺知书识书，敢于决策。这本宋版书后被南京中央图书馆购去，南京解放前夕被运往台湾。

10.文学山房。光绪二十五年（1899）在苏州护龙街开业。江杏溪创办，子孙相承，三代业书。其子静澜，孙澄波，均精通贩书之术。苏州、无锡一带藏书家如朱达夫、冯桂芬、叶昌炽、丁士涵等10多位藏书家之书，均被该店收购。该店出版之"文学山房丛书"28种，风行一时，远销海内外。

在苏州，还有一家"设肆垂三百年"的扫叶山房，在上一章已作介绍，从略。

民国以来，在一些较大城市均有古旧书店。如杭州的古欢堂、抱经堂，西安的阎氏古董店，长沙的文善书店、李集古书局，福州的聚成堂，广州的登云阁等，均有一定的名气。扬州、屯溪、安庆、宁波、佛山、济南、开封、成都等地古旧书业也小有名声。抗战期间，昆明的古旧书店达16家，以经营新书和古旧书的古今书店最为兴旺，拥有15万元资金，一个月周转一次。被国民党查禁的进步文艺作品，这里多有出售。

（三）古旧书业经营特色。民国时期的古旧书业，以经营线装古籍为主，服务对象主要为专家学者。概括它们的经营特色有如下几条。

1.外收与坐收相结合。古旧书有如古董，无法制造，其货源主要来自大大小小的藏书之家。古旧书店除了坐店收购外，要派精明强干的业务人员去外地收购。北京的一些资金雄厚的古旧书店经常派人到北方各省以及江浙、两湖、云广等地收购。外出收购常有厚利可图，利润达10倍之多，但也有一定的风险。北京的晋华、待求两家书店因购进临清徐氏数千种藏书，造成积压，不得不廉价处理，亏损严重，被迫倒闭。琉璃厂邃雅斋、会文斋两家书店误将明代复宋刻本当成宋代刻本高价购进，被藏书家邢赞亭指出，才恍然大悟，为避免同行耻笑，只好藏之不售。杭州文元堂书店经理杨耀松在乡下购进旧书两大箧，书上皆有蝇头小字批注，因不识货以每册 10 元售出，多被北京的古旧书商买去。"事后，始有人告耀松曰：'尔所售去蝇头小字书，皆劳季言批校本也。若持之京沪，每册当值百元以上。'耀松大为悔恨（陈乃乾《上海书林梦艺录》）"。可卖百元一册的书，因不知名人批注本的价值，仅卖了 10 元。劳季言（1820—1864），名格，字季言，浙江余杭人。家多藏秘籍，精于考证、校勘之学。所校之书，皆密行细书，其引证博而且精。

外出收购藏书往往受到当地豪绅的阻挠。1931 年，北京富晋书社在江苏江都购得吴氏测海楼藏书。当地谣传这批书将转卖给外国人，江都县长禁其装运出境。富晋书社只好花钱走门路，由省民政厅、教育厅联合下令，命江都县长放行。上海忠厚书庄李紫东在杭州购妥已故藏书家崔永安的大批遗书。杭州富商王某要求李紫东将这批书全部转让给他。李不肯，王怒，指使警察监视，不许将书运出崔家之门。崔氏夫人亦怒，把书款退还给李，又拒绝卖给富商王某。抗战爆发，这批书被日军炮火击毁。

外出收购常常能以低价买到珍稀古籍。1931 年，北平琉璃厂书商张修德在山西某地以几元钱的贱价购得明万历丁巳（1617）《金瓶梅词话》刻本。此书在清初即被查禁，不见诸家著录，实为海内外孤本，后以 500 元转售给文友堂。这家书店常同日本书商有往来，遇有善本便以高价售给日本人。北平图书馆馆长徐森玉为防止善本外流，亲自前来议购此书，文友堂竟要价两千银元。该馆因经费不足作罢。此事引起文化界公愤，北平学生书写了"爱国锄奸"的字条，贴在该店门上。该店经理畏祸，经再三磋商，由学者赵万里等三人集资以一千八百银元的高价购得。随后以"古佚小说刊行社"的名义影印出版。每部定价 100 大洋，所得利润补偿书价。从此，这部书得以重新传世。1957 年，古籍刊行社依据 1931 年"古佚小说刊行社"的底本用珂罗版影印了《金瓶梅词话》2000 部，专供专家学者研究用。

古旧书店坐店收购，称"碰柜"。清末的遗老遗少，多藏有古籍或名人书画，待经济拮据或家业败落时卖出。古旧书商对本地藏书家的状况了如指掌。藏家整批出售藏书时，必找多家书店竞购，售与出高价者。书商则"取蚕食不取鲸吞"，即不一定出高价买整批书（鲸吞），而待藏家急需用钱时零星买进（蚕食）。琉璃厂廷智书店经理白进臣，"对北京之各藏书家知之甚稔，一有散出，即捷足先得"（《琉璃厂小志》）。坐店收购不乏盗卖销赃之书。1914 年，窃贼蒋继渭串通冯某等人，越墙进入浙江宁波范氏天一阁藏书楼，盗出珍贵古籍 1400 余册，由冯某出面卖给上海的来青阁和六艺书局。这两家书店怕引起祸端，急忙转售给食旧廛书店。这家书店与日本的书商关系密切，遂着手编目，并向日商讨价还价，打算尽快脱手，销赃灭迹。天一阁失窃三个月后，范氏家族才发觉，立即派人赴沪侦访，10 多天未查出下落。遂生一计，以天一阁范氏主人名义在上海各大报纸刊登启事："阁中被盗，失去书籍多种，但无关紧要，不愿收回。唯有先祖遗像手卷两件，自明以来历经名人题识，世代保藏，务请送还，当以万金为酬，绝不追究。"冯某利令智昏，梦想得万金之赏，把窃来的手卷亲自送往范氏在上海的寓所，当即被租界警方逮捕。经审讯，冯某招出售于谁家。于是，六艺书局等三家书店都成了替窃书贼销赃的被告。窃书贼被判刑 10 年，三家书店均被处以罚金。

2.用最好的服务赢得专家、学者信赖。五四运动以后，追求版本的藏书家日益减少，以治学为本的专家学者成为古旧书店的主要供应对象。一些经营成功的古旧书店都用热忱周到的服务同这些新型藏书家建立密切关系。凡有所托，必尽力办理。历史学家陈垣研究《元典章》，书商孙殿起凭借丰富的目录学知识，尽力把有关的元史资料包括冷僻的野史笔记查找齐备，送书上门供陈垣选用。陈垣说："我完成的几部著作，有孙殿起的一份功劳。"孙殿起原在琉璃厂宏京堂书店当店员，经常给北大教授伦哲如（伦明）送书上门，熟悉这位教授的需求和研究课题，凡某类缺某书、某卷，某卷缺某页，都默记在心，一一为其觅补。久而久之，二人成为莫逆之交。于是，伦哲如出资金，让孙殿起自立门户，开设通学斋书店。书商王雨也以自己的热忱服务，赢得梁启超的信任，资助王雨开设藻玉堂书店。往来十八载，待如家人。

重友情、讲信义是古旧书商经营成功的重要条件。抗战时期，在重庆任教的甲骨文专家胡厚宣，函请北平来薰阁经理陈济川代寻一部古书。已沦陷的北平与重庆不通邮。陈济川设法找到这部书，将书拆开，每次用信封装入几页，通过香港转寄给重庆，直到将这部书寄完，书款只字未提。上海沦陷后，郑振铎等进步学者为躲避日军和汉奸的迫害，常在来薰阁上海分店秘密集会，共议抢救古籍问题。魏建功等教授带领学生多人路过上海，都以来薰阁上海分店为中转站，足见交谊之深。

琉璃厂开通书社经理郭纪森与燕大教授洪煨莲的至诚之交更加感人。郭纪森为洪教授代查代购珍稀古籍不下数百种，坚守诚信，书价合理，被洪引为知己。1942 年，洪煨莲一度被日本宪兵逮捕入狱。家中只有老伴和小女二人，郭纪森对洪家百般照顾，帮助整理藏书，一一装箱，设法转移至安全处所。1946 年春，洪应聘携全家赴美国讲学，临行前将巨款购得的《明实录》等 10 余部古籍暂存郭纪森的开通书社，言明待明年归国时来取。谁知，此去 30 多年杳无音信。20 世纪 70 年代末，中美关系转暖，双方才互通音信。郭复信说，当年寄存的书籍仍完好无损，使洪非常感动。洪从美国捎来委托书，将在京的一处房产赠给郭，被郭婉言谢绝。

3. 抄补旧籍的高超技艺。古旧书店不仅仅是把收购来的古书转手卖出，还要将缺页的旧籍加以抄补，对破损的古书进行修整。这是一种"整旧如旧"的高超技艺，被文人学士叹为"绝活"，誉为古书的"续命汤"。琉璃厂邃雅斋书店的二掌柜刘子杰的抄书、补书技术高明，在同业中久负盛名。他的徒弟王志鹏抄书技艺更加青出于蓝。他补写短缺的书页，字体、墨色以及行格粗细都讲究与原书毫厘不差。古书页子上霉烂虫蠹之处，经过他的修补，可与原书页浑然成为一体。如果不经指点，外行人难辨真伪。法国汉学家杜伯恩常来邃雅斋选购图书，十分赞赏这位小伙计的高超技艺。经他推荐，一位德国女记者专为王志鹏拍摄了正在抄补古书页的照片，发表在德国的一家杂志上。

琉璃厂文友堂书店的郑学刚也是抄补古书的高手。该店收到一册宋刻《文苑英华》，系海内孤本，甚为名贵，可惜书中残缺一页。经郑学刚手书补配后，送给著名藏书家刘晦之鉴定，请他辨认抄补的那一页。经刘氏反复审阅，终未查出。此事在书业中传开，莫不惊叹。

琉璃厂修文堂可以把破碎或黏结的古书修补完好。谢兴尧在《书林逸话》中说:"友人某君买得宋本《孟子》,因水湿泥侵,硬如干饼。整理之后,不啻新书。余有《续说郛》数种,为《说郛》目录以外者,惟共一包,破碎不堪,迨装订压平,毫无粘补痕迹。似此繁难,非高手莫办"(张静庐辑注《中国出版史料补编》)。古旧书业为抄补、修复珍贵古籍作出了重要贡献。

4.古旧书业公会的"封货"。各大城市的古旧书业都有自己的行业公会,沿袭清代旧制称"文昌会馆"。古旧书经营者(经理)自愿入会,始得为会员。公推执事人员,办理本行会务。在会务活动中最受会员欢迎的是"封货",即在行业内部组织拍卖会。民国时期,各行各业,出入账目,以端午、中秋、新年三节为结算期,平时不能要账。一些书店因资金紧张急需脱手部分存书,或出外购来的古籍急欲归本还贷,可将书运至行业公会请求拍卖。待各会员提供的存书到相当数量汇集,加以搭配成堆并编列序号,每堆至少在5种书以上。然后确定"封货"日期,通知各会员书店按时参加。拍卖时,各会员先查看书堆,考虑销路如何,决定购进时,则写明号数和给价,加以秘封交公会执事人员。当日晚,当众开封,价高者得,7日后付款。这属于在会员之间廉价拍卖,未入会的书店经营者无权参加。

上海古旧书业公会的"封货"方法与北京略有不同。先让各会员仔细检阅每一堆被拍卖的书,心中自行估价。开始拍卖时,由公会头面人物主持,按号提书,各会员由低到高相继出价,直至最后无人再加价时,主持人当即敲板,决定书归出价最高的会员。藏书家谢光甫生前不惜出巨资购书,孤本秘籍,多为其所有。他去世不久,后人将大批藏书卖给一家旧书店。该店通过书业公会的"封货",把这批书转售给同业,迅速收回资金。

古旧书业也有自己的行规、行话。在出售的古旧书上,用暗码标价。对读者和同业保密。琉璃厂勤有堂书店的暗码标价为:一秕、二生、三意、四兴、五隆、六古、七财、八源、九茂、十盛。如某书背面标有"生源兴"三字,即该书最低售价为二百八十四元。本店人员一看便知。这样做,便于同读者讨价还价,也防止同业竞相压价。郑振铎给上海来薰阁设计的书价暗码是:"明月松间照,清泉石上流。"用这10个字来表示1—10的数字代号。

古旧书业的行话也不少。如:"秀气",指本少利厚的书;"卖漏",指未估准行情,售价低了;"借将",指店内无此书,应顾客要求从同业中搜求来的书；"吃软片"，指出售碑帖、书画；"灾梨祸枣"，即雕版印书，梨树枣树的木质坚硬，适于雕版，耐磨损，可长期存储。

5.书商作伪，以假乱真。在抢救、保存和传播祖国文化遗产方面，古旧书业功不可没。但也有部分书商唯利是图，伪造古书，骗人钱财。这也是历代书肆的通病。明代高濂在《燕闲清赏笺》中就有书肆伪造宋版书的记载。清代蒋光煦为吴寿旸写的《拜经楼藏书题跋记》也历数书商作伪的罪状，严加挞伐。民国时期，书商作伪的手法更多。例如：（1）用残本冒充全书。有的古本已残缺不全，书商则重新挖补目录或重刊目录，或另题书名，充作全本高价出售。（2）将清末复刻的宋、元版旧书，抽出重刊牌记或叙、跋，用红茶水染成灰黄色，冒充宋、元古本出售。（3）伪造名人藏书章，宋、元、明刻本如被明、清两代名人收藏，盖有他们的藏书印章或题跋，则身价倍增。当代作家唐弢回忆说："一九四五、四八年间，一部极普通的明刻，如果有个'陶陶室'钤记，几行'复翁'题跋，要价马上高到黄金几十两。……这类书里又多造假。北京琉璃厂的旧书铺里，过去哪一家没有几颗名收藏家、名校勘家印章的仿制品呢？便连内府'御览之宝'，也一样能够作伪。大抵书价愈高，愈有人想在里面捣鬼。……我敢说，愈是大藏书家，他的库里愈多假书"（唐弢《晦庵书话》）。

古旧书店经营的古画也有伪制品。自明代以来，作画多用特殊工艺制成的宣纸。普通宣纸有四五层，厚的有十多层。在宣纸上用墨极易渲染，下面的几层都能浸透画家的笔墨。古字画佳作被古旧书店购进，往往会被揭出若干层，再用宣纸托裱，墨迹较淡处，再照样添补润色。新墨易被识别，用薰旧法使复制品变旧变暗，令人难辨真伪。北京故宫和沈阳故宫各藏有一幅赵之谦《牡丹》图轴。经专家鉴定，确认沈阳故宫所藏是作伪者揭二层所为。

（四）图书馆直接收购古旧书。我国现代图书馆事业约兴起于1925年。中华教育改进社图书教育委员会于当年倡议，将美国退还的庚子赔款拨出三分之一，用于建设8所公共图书馆，分布于各主要城市。1928年，全国教育大会通过决议，吁请教育部通令全国各学校均须设置图书馆，每年购书经费应占全校经费的5%。从此，经济文化较发达的省市纷纷兴办图书馆，激发了图书市场的需求，促进了新书和古旧书的公费销路。

各大图书馆不仅采购新书，更注重收藏古籍。清末创办的国立北京图书馆（今国家图书馆），规模最大，购藏最多，收罗最广。首任馆长缪荃孙经常到琉璃厂采购图书，与各家书店最熟。该馆还常派员到沪、苏、杭等地，直接向藏书家或其后人收购旧藏珍籍。一些名人如王国维、李慈铭、梁启超等手校藏书，多被北京图书馆收购。

1921 年，北洋政府教育部将 8000 麻袋的明清档案，以 4000 元低价卖给了北京西单的同懋源纸店，准备化浆造纸。罗振玉、陈垣等学者闻讯，花费 1.3 万元买回。后来，大部分转售给北大图书馆，其余部分卖给了天津著名藏书家李盛铎。1941 年，北大图书馆出资 50 万元，又将李盛铎的部分藏书购去。

日本帝国主义发动的侵华战争，使我国的公私藏书蒙受巨大损失。前已叙及，1932 年 1 月 28 日，日军发动侵略上海的"淞沪之役"，商务印书馆的东方图书馆被日军飞机炸毁，藏书损失惨重。张元济回忆说："战事激烈之际，飞灰漫天，残纸堕地，无一非吾商务印书馆之书。"郑振铎记述当年日机轰炸上海市区的情况也说："东北角终日夜火光熊熊，烬余焦纸，遍天空飞舞如墨蝶。数十百片随风坠庭前。拾之，犹微温，隐隐有字迹，皆先民之文献也"（郑振铎《劫中得书记》）。郑振铎寄藏在开明书店的 100 多箱古书，也在这时被日机炸毁，烧得片纸不存。

那时的上海古旧书店"亦皆作结束计，无书应市。通衢之间，残书布地，不择价而售。亦有以双篮盛书，肩挑而趋，沿街叫卖者"（郑振铎《劫中得书记》）。

1937 年抗日战争全面爆发，大半个中国相继沦陷。山东图书馆藏书最早散出，北平隆福寺某书店派人到济南坐收，所获甚多。琉璃厂有数家书店合资，派人赴南京、上海、广州等地收书，寄回 1000 包。以广东图书馆散失图书最多。

清代及民初的藏书家多集中于苏浙皖等南方数省境内。1938 年江南各地相继沦陷，这些地方的藏书家深感难以继续收藏古籍，其后代也无意在战火中保留先人藏书，纷纷出售。日本、美国则乘机通过代理商高价收购。一些陷留在上海的学者对古籍外流忧心忡忡，深恐江南典籍自此而尽。暨南大学校长何炳松、光华大学校长张寿镛等人先后向撤退到重庆的国民政府呼吁，希望拨公款收购。当年有个负责管理历年由英国退还庚子赔款的机构——中英庚款董事会（董事长朱家骅）与撤到重庆的中央图书馆（馆长蒋复璁）合作，从退还的庚款中陆续拨出190万元，委托上海的何炳松、张寿镛、郑振铎，香港的叶恭绰等，搜购即将散失沦灭的善本古籍。为避日伪耳目，以民间社团"文献保存同志会"的名义从事购书活动。何、张二人均为大学校长，负责与重庆方面联系和购书经费的收付，叶负责香港、广东方面的搜购，并主持由沪寄港图书的转运。直接与南方藏书家或书店接洽购书以及承担所购图书的保管、编目等繁重工作的是郑振铎。

郑振铎（1898—1958），现代作家、文学史家和版本目录学家。福建长乐人，生于浙江温州，字西谛，笔名郭源新。曾任燕京大学、清华大学教授、暨南大学文学院院长兼中文系主任。抗战期间留上海，坚持进步文化工作。1940年至1941年，为中央图书馆搜购藏书家的藏书，备尝辛苦。他也是藏书家，典衣节食，聚书二十余载，所得近万种。常囊无一文，而积书盈室充栋。新中国成立后，先后任文化部文物局局长、文化部副部长等职。1958年率中国文化代表团出国访问途中因飞机失事遇难。著有《文学大纲》、《插图本中国文学史》、《中国俗文学史》等。

郑振铎冒极大风险在沦陷的上海抢救古籍，既要与平、沪等地的古旧书商竞争，又要同美国、日本的搜购活动角逐。美国哈佛大学出6万美元收购方志及各类善本，日本人以40万元买走天津藏书家李盛铎的遗书，又将染指庐江刘氏"远碧楼"的7万余册藏书。北平琉璃厂邃雅斋、修文堂、文禄堂等书店经理也推波助澜，赶赴上海争购。他们经常以高价斩获，再以更高的价格同郑振铎等人谈判。有些善本书为防止流亡异国，郑振铎只好忍痛购下。他采取的对策是，对于零星小藏书家通过古旧书店搜购，对于大藏家则直接洽商，动之以大义，劝之以私交，先后购得上海刘氏"玉海堂"、江宁邓氏"群碧楼"、嘉兴沈氏"海日楼"、庐江刘氏"远碧楼"、顺德李氏"泰华楼"、顺德邓氏"风雨楼"、吴兴刘氏"嘉业堂"及张氏"适园"的全部藏书或其中的精品。香港方面搜购到第一藏书家——莫氏"五十万卷楼"散出的古籍。在这些藏书楼中，以南浔刘氏"嘉业堂"最为著名。1949年春，周恩来给进军浙江的第三野战军七兵团发出专电，指令务须保护南浔嘉业堂和宁波天一阁。

"嘉业堂藏书楼"主人刘承干（1882—1963）是南浔首富。其祖父经营湖丝出口生意，成巨富。其父刘锦藻是位学者。承干幼承家教，嗜好读书、藏书。书商们不远千里为他送书上门。1924 年，他在浙江湖州南浔镇刘氏家园建成一座规模巨大的藏书楼，取名"嘉业楼"。占地 20 亩，四周环水，有楼七楹。江南几位著名藏书家的书都被他高价买下，耗资 30 万元，藏书 60 万卷，多为名家故物。刘承干改变传统的藏书为宝、秘不示人的旧俗，志在流通，先后投资 20 余万元，刻书 130 余种，95% 为丛书，并在上海创办嘉业堂售书处，销售这些丛书。刘氏与友人说："天灾人祸不可避免，我若把善本孤本刻印出来，到社会上一本成了千本，再遇天灾人祸就不怕失传了。"1940 年，日本人想以 60 万元买走他的全部藏书。经郑振铎等人晓以大义，没有卖出。郑选其藏书之精华——明刊本 1300 种，稀世抄本 30 种，以 25 万元为"文献保存同志会"购下。抗战期间，刘承干之妾暗中将嘉业楼珍藏的 42 册《永乐大典》（占存世卷 11%）卖给了日本人经办的满洲铁路大连图书馆。战后，由进驻大连的苏联军队运往俄境，藏列宁图书馆。1954 年，苏联回赠给我国，藏于北京图书馆（今国家图书馆）。全国解放后，刘氏将一部分藏书卖给复旦大学，另一部分藏书捐给浙江省图书馆。他的藏书楼被完整地保存下来，列为浙江省级文物保护单位。

郑振铎等人以"文献保存同志会"名义共搜购善本古籍 4864 部，普通线装本书 1.1 万部。陆续分批运至香港，再由香港转运重庆。其中，有 111 箱古籍因在港核对、登录、加盖中央图书馆藏书印章，拖延了时日，赶上太平洋战争爆发，日军占领香港，这批书被侵华日军劫至日本。1946 年 2 月，有人在日本东京帝国图书馆发现这批书。经中国驻日代表团查明真相，限令日方编造目录全数归还。翌年 2 月，终于从日本运抵南京中央图书馆。1949 年，蒋介石集团逃往台湾，这批珍贵的善本典籍包括已转运到重庆的部分，全部被运至台湾。

抗战期间，中华书局图书馆也直接向藏书家收购图书。浙江吴兴蒋孟苹"密云楼"的藏书共 311 箱（5.4 万册），全被中华书局购去。郑振铎的个人藏书，也被这家书局购去 5500 册。抗战胜利后，山东聊城杨氏"海源阁"所藏的宋元珍本被北平图书馆购藏。

三、图书进出口贸易

民国初期，我国书业界开始与西方书业同行有所接触，京沪的古旧书商同日本古旧书商的联系有所加强。但新书的出口以及西方原版书的进口，都极其有限，而古旧书的出口却呈畸形发展。在沦陷区，日本人开设的书店专从日本进口日文书在华销售，前已叙及，从略。

（一）新书出口。民国时期的新书贸易出口始于商务印书馆。1911 年，商务印书馆张元济曾去德国，参加德累斯顿万国图书博览会，参展的商务版图书获最优金质奖。这是我国出版物第一次进入国际书展。为扩展海外市场，商务印书馆于 1914 年在香港设立分馆，1916 年又在新加坡设立分馆。这两个分馆的主要业务是向印度尼西亚、菲律宾、泰国、缅甸、马来西亚等华侨、华裔聚居地区出口商务版图书，而以中小学课本、语文工具书为大宗。1920 年，中华书局的出版物也开始向海外辐射，在新加坡设立分销处，由华侨庄希泉创办的国货公司代理。1923 年，中华书局在新加坡正式建立分局，旋又在香港建立分局。这两个分局也致力于向东南亚地区出口课本和教学参考书。东南亚各地的华侨社团多自办华文学校，一般都采用商务、中华版课本。

20 世纪 30 年代成立的生活、读书、新知三家书店也很重视开辟海外发行渠道。建店初期，它们均以邮购方式联系海外读者。1936 年，生活书店在香港设立安生书店，将国内进步出版物推向海外。抗战期间，这三家书店都在香港设立了分店或办事处，生活书店还在新加坡设立了分店。三家书店不仅出口本版书，也出口其他书店出版的书刊。太平洋战争爆发，国内各书店的出口业务均陷入停顿。

20 世纪 40 年代在香港成立的新民主出版社，为开辟海外市场，在新加坡、曼谷、苏门答腊设立了经销处，以香港本社及经销处为基地，在东南亚发展了一批由华侨经营的书店为批发客户，销售香港出版的进步书刊。

此外，上海还有一家由英国人创办的别发书店，又称别发洋行，设于上海外滩，后迁南京路，专售进口英文书籍。该店将"四书"、"五经"、《唐诗》、《离骚》、《三国演义》、《水浒传》、《红楼梦》等译成英文出版，还用英文出版了《孔子》、《老子》、《庄子》、《西施》、《王昭君》、《杨贵妃》等书。书价按英镑折算，主要销售给在华的外国人，同时也向西方出口。为扩展东南亚的英文书市场，在香港、新加坡设有分店。

（二）古旧书出口。我国的古旧书出口业务，在民国前期主要以日本为对象。1937 年七七事变后，美国成为大宗买主。由于国民党政府的昏庸无能和放弃管理，在美、日两国的高价竞购下，许许多多具有重要文物价值的善本古籍浮海而去，我国的文化遗产遭到严重损失。

早在民国初期，北京的古旧书业就与日本古旧书业建立了业务关系。日本书商松村常住琉璃厂松筠阁书店，把采购到的古旧书陆续运往日本。后来，该店在业务上得罪了松村，松村就移住到隆福寺街的文殿阁书店，把购书业务转到了文殿阁。20 世纪 30 年代，来薰阁、通学斋、文奎堂、松筠阁等书店都有许多较为固定的日本客户。有些日本人经常出入琉璃厂一带的古旧书店，一次可以买几十部《皇清经解》。来薰阁的陈济川两次赴日本联系客户，推销古籍。通学斋孙殿起与日本的一些汉学家关系密切，经常代他们购书，还根据他们的研究课题推荐图书。日本《诗经》研究专家藤松林多次收到孙殿起邮售的古籍，称赞孙为"真圣人也"。文奎堂书店对日本的邮购业务也很兴旺，几乎每天都到邮局往日本寄邮包。日本的藏书家也专程来北京选购古籍。岩崎久弥男爵于 1917 年创办的"东洋文库"，24 万册藏书中约半数为中文古籍，都是从我国购去的。

1939 年前后，我国古旧书出口业务空前高涨，这是一种异常现象。日本和英国通过他们的代理人或代理商，争出高价收购中国的古旧书，而地方志尤为猎获的重点。

日本侵略者把收购中国古旧书作为侵华的政治、经济、军事情报来源。日本东方文化委员会、南满铁路株式会社、兴亚院等，都以增加库藏中文书籍为名，通过中国人中的所谓临时顾问实为文化汉奸多方搜求我国府、州、县志和善本书。这些顾问同一些唯利是图的书商相勾结，奔走于藏书家之门。

在流入日本的书籍中，贸易出口仅占一部分，大量是日本军国主义掠夺去的。1944 年，故宫博物院所藏珍贵古籍 11032 册被日军洗劫。河南省通志馆藏古籍 8000 册，被日军掠走。此外，上海、南京、福州、桂林、安庆等地图书馆、博物馆的大部分珍贵图书均被敌掠走。据中国人民抗日战争纪念馆副馆长刘建业的调查，"日军在对我国图书馆、博物馆狂轰滥炸的同时，贪婪地劫夺包括古籍、字画、碑帖、古物、艺术品等文物共 360.7 万件另 1870 箱。其中古籍珍本、善本、孤本图书达 300 万册以上。战后，日本曾返还中国 15 万多册图书"（《中国文化报》1995 年 7 月 21 日）。

抗战爆发后，美国国会图书馆以及一些大学的研究机构掀起中国研究热，急欲了解中国的山川、产业、风物。设在北平的燕京哈佛社、大同书店都是专为美国购书的机构。凡志书只要为其目录所无者，任何高价均必购置。

中国古旧书流入美国的数字无法统计，据当年美国国会图书馆东方部主任赫美尔博士说："中国珍贵图书，现正源源流入美国，举凡稀世孤本，珍藏秘稿，文史遗著，品类毕备，国会图书馆及全国各大学图书馆中，均有发现。凡此善本，月以千计……即以国会图书馆而论，已二十万册，为数且与日俱增"（郑振铎《劫中得书记》）。1944 年 3 月 7 日路透社华盛顿电讯称："极可珍贵之中国古书，从战火中保全者，现纷纷运入美国。中国藏书家将其世藏珍本，以贱价售之，半为避免被日人掠去，半为维持其难民生活。今在华之购书代表又购进数千册，尚有许多将分置于全国各大学之图书馆中……近已运抵美国之中国书籍中，有数千种系地方之史乘，如府志、县志之类。"美国赫美尔博士的介绍以及路透社报道均表明，在抗战期间，我国众多的善本古籍被美国购去。面对文化遗产的流失，郑振铎沉痛地说："史在他邦，文归海外，奇耻大辱，百世莫涤"（郑振铎《劫中得书记》）。

也有一些藏书家拒绝向外国出售藏书。成都的严谷声（1890—1976）就是爱国藏书家的代表。严谷声的父亲严雁峰（1855—1910）以经营盐业起家，所得积蓄多用于购书。严谷声继承父志在民国年间继续购书，藏书达 30 万卷。20 世纪 30 年代，日本东京文禄堂书店欲以高价收购严氏所藏之 2000余种地方志，被严谷声拒绝。40 年代，美国哈佛大学以 50 万美元收购其部分藏书，仍遭拒绝。成都解放前夕，国民党要人张群、朱家骅等人劝严谷声携带名贵古籍赴台湾或香港，也遭拒绝。当时，邵力子曾致函严谷声，转达了周恩来对古籍的关注以及对严氏的敬重。

（三）外文书进口。我国对西方原版书的进口贸易始于商务印书馆。1914年，张元济出访欧美各国，以商务印书馆的名义同一些英、美出版公司签订合同，作为西方原版书在中国销售的代理店。此后，开明书店、文明书局、世界书局以及一些以经营西书为主业的书店，也陆续从西方进口语言教材、语文工具书、教学参考书等，在门市上销售；龙门书局则以进口西方科技书为主。由于语言文字的障碍，又加上多年战争的影响，各地书店进口外文书的数量微乎其微，销量极小。

在解放区，延安新华书店曾从苏联进口一批中文版马列主义著作如《列宁文集》、《列宁主义基础》等书。解放战争时期，东北书店也从苏联进口了一大批中文版书籍。多为精装本，纸好价廉。苏联在哈尔滨、大连创办的大型百货公司秋林公司设有书籍部，销售从苏联进口的俄文书。苏联还在新疆的迪化（今乌鲁木齐）设立了国际书店，在伊犁、喀什、塔城、阿勒泰设有分店，销售苏联出版的中、俄文书籍。

四、图书市场管理

民国时期的北洋政府、国民党的国民政府以及沦陷区的日伪政府，在不同的政治背景下，对图书市场都分别采取了一些管理举措。它们的共同之处，就是严禁进步出版物的流通，与其说是管理，不如说是对进步书业的法西斯迫害。

（一）北洋政府时期。1912年4月，袁世凯篡夺政权推行独裁统治，激起以孙中山为代表的革命民主力量的反对。不久，爆发了武装反袁的"二次革命"。袁世凯命京师警察厅通知各报馆、书店，凡临时发行或散布的书报刊"均须先行送厅检查"；又命交通部通知各地邮局，查扣反袁出版物。"二次革命"失败后，袁世凯宣布孙中山的国民党为"乱党"，"嗣后再有以国民党发布印刷物者，应即一律拿办"。交通部训令邮政总局："凡封面题有国民党字样之邮件，一律扣留，送地方官检查。"1914年1月，袁世凯再次通令各省，对销售国民党出版物者，从严惩办。

袁世凯的北洋政府于 1914 年 12 月颁布的《出版法》规定："出版之文书图画，应于发行或散布前，禀报该管警察官署，并将出版物以一份送该官署，以一份经由官署送内务部备案。"尽管如此，反袁出版物仍照样流通。1915 年 5 月，袁世凯准备接受"二十一条"卖国条款，国内掀起反日救国高潮，市场上宣传共和民主、抨击袁氏称帝、反对日本侵略的图书，如《降魔剑》、《中华国民必读》、《照妖镜中之袁世凯》、《倭奴之野心》、《中日交涉之真相》等，热销一时。袁世凯指使交通部发布《检查和扣留煽乱邮件章程》，要求检查人员在邮局的检查活动必须保密，邮局应予协助。上海出版的一种反袁读物被伪装成医书《万应救急方》，上海邮局"疏于查察"，被寄往全国各地，该邮局局长受到处分。坐卧不宁的袁世凯命交通部派人到京、津、沪、宁、杭、渝等 17 个城市进行检查。

北洋政府教育部内设通俗教育研究会，负责小说等类一般图书的调研和审查。1916 年，该部制定《审核小说标准》，"分小说为教育、政事、哲学及宗教、史地、实质科学、社会情况、寓言及谐语、杂记八类。每类分上、中、下三等。上等者设法提倡，中等者听任之，下等者限制或禁止"（郑鹤声《清末民初对于民众读物编审之经过》）。从 1916 年至 1921 年，（北洋政府）通俗教育研究会共审查小说等一般图书 1386 种。对于应该禁售的图书（多为色情、淫秽、黑幕等类小说），由（北洋政府）教育部转请内务部发布禁书令，各地警局则通知书业公会，转告所有的书店不得贩卖。例如，1916 年 3 月，内务部发文给各省，查禁"蓄意诲淫，大伤风化"的《绣榻野史》、《浪史奇观》两种小说。山东省省长公署立即向本省警厅、道尹、知事发出训令，"即希饬属查禁，用维正俗"。此类禁书令每年发布多次，不过是层层照转了事。

内务部禁止流动书贩兜售猥鄙图书。1916 年 5 月，通俗教育研究会向内务部、教育部呈文说："查都中有一种小贩怀夹小筐包件，盛储各种小说于街头巷尾茶坊酒肆之间，任意兜售之书，大都猥鄙龌龊，莫可究诘，其或夹带淫画秘卖。此等人往来街市，踪迹无定，较之列摊设肆者流布尤广，津沪等租界亦有此项售书之人……拟恳咨行内务部，转饬警厅，遇有此类售书之人，随时稽查；遇有违害之书，立即禁止"(《山东省清末民国时期出版法令训令选编专辑》)。内务部、教育部立即转发了这个呈文，除布置京师警察厅照办外，又给各省省长，"转令所属饬属，严查禁止贩售，务期根株尽绝，用端风纪"。

禁止淫秽书刊的流通具有国际性。早在 1910 年，就由法国政府主持，在巴黎召开国际会议，制定《禁止淫刊公约草案》。1923 年 8 月 31 日，又在瑞士日内瓦召开禁止淫刊国际会议，正式通过了《国际禁止淫刊公约》。中国为缔约国之一，由驻法全权公使陈箓代表中国政府签约。这个公约的第六条规定："如遇在缔约国中一国境内有犯第一条所载情罪之事实，而有理由确信各该违禁物件系在他缔约国境内制造，或由他缔约国运入者，则应由 1910 年 5 月 4 日协定内指定之机关，立将各事实通知该他国机关，同时并给予各种完全消息，俾便取相当办法。"该公约"第一条所载情罪之事实"，是指制造或收存淫秽图书及其他淫秽物品用于贸易或散布或当众陈列。"1910年 5 月 4 日协定内指定之机关"，是指主管查禁淫秽图书及其他淫秽物品的政权机关，我国北洋政府时期为内务部，国民政府时期为内政部。

北洋政府内务部除动用警力查禁淫秽书刊外，还要依靠书业公会的行业自律。1922 年，上海书业商会组织会员书店建立了"书业正心团"，通过本行业的相互协调和监督，"专行调查、销毁一切足以危害人心风俗之淫词小说，先从最淫亵之书入手，计销毁淫书底板三十六付，淫书四万六千三百九十六本"。该会劝告北京书业界依法组织"正心团"，并呈请教育部咨行内务部转饬警察厅，召集书业商人，"劝令仿照上海书业公所办法，销毁淫书"(张静庐辑注《中国出版史料补编》)。书业公会的行业自律，对加强图书市场管理发挥了一定作用。

1919 年，五四运动以后的新文化运动逐步发展为宣传马克思主义的思想解放运动。北洋政府极端仇视这个运动，通令各地严禁利用书刊宣传"过激主义"。步兵统领王怀庆给内务部的呈文，惊呼马克思主义的传播"其祸甚于洪水猛兽"，应"严加防范，以遏乱萌"。同年 5 月，北京学联刊物《五七》被警察厅查禁。8 月，司法总长朱深派武装爪牙封闭李大钊创办的每周评论社，又派人到北京邮局查扣《每周评论》杂志。派到邮局的检查员是群"蠢猪"，竟将有"评论"二字的杂志如上海寄京的《星期评论》等，全部扣留。20 年代初，《新青年》、《湘江评论》、《新湖南》、《浙江新潮》、《北京大学学生周刊》、《天津学生联合会报》等进步杂志，均被查禁。1920 年 2 月 2 日，北洋政府国务院发布禁书训令，仅这一次就要查禁"过激主义印刷物"83 种。北京、上海等城市的警察厅专门设立了检查邮件的机构，重点查扣进步书刊。对执行不力者，予以处分。

北洋政府不仅禁书还要杀人。在袁世凯统治下，全国共有 71 家报馆被封，49 家报馆受到法院传讯，报刊工作者有 25 人被杀，60 人被捕。袁世凯死后，皖系军阀上台，仅 1917 年就有 18 家报馆被封，17 名报刊工作者被捕。1921 年中国共产党成立，皖系军阀把镇压的矛头指向共产党人。京兆尹公署、步军统领衙门和京师警察厅联合发出布告，凡举报"散布过激印刷书件之党人，赏洋五百元"。1926 年 5 月，京畿卫戍司令王怀庆发布 17 条《保安办法》，对"宣传赤化，主张共产者，不分首从，一律处以死刑"（《北京革命史大事记（1919—1949）》）。

1927 年 4 月，东北军阀张作霖控制了北京政权，此人疯狂反共，上台伊始就杀害了中共北方区委书记李大钊，另有 19 位革命者同时被杀。《京报》社长邵飘萍、上海《申报》记者许蕰、青岛《公民报》记者胡信之、北京《社会日报》社长林白水等人，均在张作霖的屠刀下被害。在张作霖的指使下，京师警察总监陈兴亚通令各区、郊警署，检查界内书肆书摊，严查进步书刊，又令"此后凡到新书，务须先送警厅审查，始准售卖"（《北京革命史大事记（1919—1949）》）。北京、上海等地警察厅还严加控制印刷行业，发布《管理印刷营业细则》，凡印刷"过激主义"书刊或共产党出版物，立即查封，并以同党论处。在此期间，中共党组织在各地创办的书店相继被反动政府查封。

1917 年 1 月蔡元培任北京大学校长，他在《教育独立》一文中说："窃惟书籍之用，胜于象犀之珍，图史之功，当与日月并寿。扬学海之波，状人文之盛矣！"蔡元培多次发表演说指出，要普及教育，必须使教授学生尽量吸取日新月异之世界学术，因此必须大量购置图书报刊。他说："发展文化首先要从教育入手，但教育并不仅仅限于在学校进行，图书馆博物馆等也都是非常重要的场所。"1927年，蔡元培担任中华民国大学院院长，在大学院特设图书馆组，同时公布《图书馆条例》。他呼吁：小学校应有图书馆，普通图书馆应有儿童阅览室。凡是有志读书而无力买书的人都可以到图书馆研究。

从1917年起，蔡元培等名人倡导建立新式图书馆，从而发起席卷全国的"新图书馆运动"，前后持续20年。这对于各地书业扩大图书销售发挥了重要作用。图书馆成为书店的主要服务对象。

（二）国民政府时期。1927年蒋介石发动四一二反革命政变，在南京建立国民政府，实行白色恐怖统治，对图书市场的控制更加疯狂。当年6月，在南京的一些学校流传的进步书刊以及反蒋派系的出版物甚多，蒋介石命令南京戒严司令部"从速取缔，并派员前赴邮局，严密检查"。南京、上海的进步书店多被查封。

为严厉控制图书市场，南京国民政府颁发了一系列法律法规。1929年1月发布《宣传品审查条例》，1930年12月颁布《出版法》，1931年10月颁布《出版法施行细则》。这个出版法对报纸、书籍、杂志的限制，无微不至，旨在查禁进步出版物。1932年11月，国民党中央宣传部又发出《宣传品审查标准》，规定：凡宣传马克思主义，便被认为"反动"；凡批评国民党的不抵抗政策，要求抗日者，便被认为危害"民国"；凡对国民党有任何不满者，便被认为"替共产党张目"。上述出版物一律被查禁。鲁迅在《扣丝杂感》一文中说："当局只要看到一个'俄'字，就惊心动魄，更不顾及时代和内容，一概查禁没收。"1934年6月，国民党中央宣传委员会公布《图书杂志审查办法》，命令各书局在图书、杂志出版之前，应将原稿送"国民党中央宣传委员会图书杂志审查委员会"审查。否则，"予以处分"。

上海约有400多家书店，进步文人、学者也多集中于此。国民党遂将图书杂志审查委员会设于上海，任命项德言等7人为审查员。他们可随意删改原稿，被删之处又不许留空白，致使某些书刊被压制和"阉割"得一塌糊涂。鲁迅在《且介亭杂文二集·后记》里，对当时书稿被审的情况作过抨击："中央图书杂志审查委员会到底在上海出现了，于是每本出版物上，就有了一行'中宣会图书杂志审委会审查证……字第……呈'字样，说明着该抽去的已经抽去,该删改的已经删改,并且保证着发卖的安全——不过也并不完全有效,例如我那《二心集》被删剩的东西,书店改名《拾零集》,是经过检查的,但在杭州仍被没收。"鲁迅的《二心集》共编入38篇文章,被抽掉22篇。抽掉的原稿被没收。鲁迅的《集外集》,被删掉10篇,还莫名其妙地将原封面设计"鲁迅:集外集",改为"集外集鲁迅著"。鲁迅主编的《译文》杂志第5期原稿送审,"被抽去四篇之多(删去一点者不算),稿遂不够,只得我们赶译补足。此为他们虐待异己法之一。使之疲于奔命,一也;使内无佳作,二也;使出版延期,因失读者信用,三也……这真是出版界之大厄,我看是世界上所没有的"(鲁迅1935年1月5日致曹靖华信)。

图书杂志审委会对郭沫若、茅盾、巴金、夏衍、郁达夫、潘汉年、阿英、田汉、丁玲等大批知名作家的作品,也以同样手法加以抽、删、扣、禁。1934年2月,仅上海一地就有149种文艺书以及《萌芽》、《作家》等多种杂志被禁止出售。禁书名单涉及作家28人,涉及书店25家,使十几家中小书店濒于破产。光华书店、现代书店被禁图书最多。开明书店联合20多家书店,先后两次向国民党上海市党部"请愿"。章锡琛等又联名向国民党要人邵力子、蔡元培写信,要求解除禁令。国民党被迫放宽禁书尺度,允许部分书"改正后重印"。

1935年5月发生《新生》事件,图书杂志审查委员会以"疏于审查"的"过失",被国民党当局撤销,但禁书从未停止。当年8月,国民党中央宣传部发出密令,查禁676种社会科学书刊。

国民党当局还利用特务机关控制图书市场。蒋介石命令"军统"接管各地邮电检查所,"统一全国邮电检查事宜",密令施行《邮电检查规则》。国民党特务机关发现伪装书刊流通,立即发布《关于查禁共党假名刊物》的密令,印发《共产党反动刊物化名表》,要求各地"严厉检查,予以销毁"(中国第二档案馆藏《国民政府档案》)。1933年11月,上海艺华影片公司被国民党特务捣毁,紧接着上海良友图书公司、神州国光社、光华书局的门市部也遭到特务破坏。同时,上海所有的书店、报馆和影剧院都接到特务机关印发的恐吓信:"对于赤色作家所作文字,如鲁迅、茅盾、蓬子、沈端先、钱杏邨及其他赤色作家的作品、反动文字以及反动剧评、苏联情况之介绍等,一律不得刊行、登载和发行。如有不遵，我们必以较对付艺华及良友公司更激烈、更彻底的手段对付你们，绝不宽假"（丁易《中国左翼作家联盟的成立及其和反动政治的斗争》）。

国民党特务秘密捕杀进步作家。1931 年 2 月，进步作家柔石、殷夫、胡也频、李伟森、冯铿在上海龙华被特务秘密枪杀。女作家丁玲在上海被特务绑去，并当场枪杀拒捕的优秀作家应修人。"统计鲁迅的后半生，无时无刻不在蒋介石的特务走狗们追索下过活"。1932 年秋，上海反帝同盟被破坏，所有到会人都被当场枪决。

在其他城市，国民党当局也以特务手段对书业进行法西斯管制。1933 年，国民党武汉警备司令部会同市公安局和市党部先后两次密查武汉市的大小书店，大批普罗文学作品被查禁，并将查禁情况和中国普罗文学作家的姓名列表，密呈"军事委员会委员长南昌行营"。当年 10 月 30 日，国民党的行政院向各地发出 4841 号密令，转发了武汉的"密呈"，强调"普罗文学全系挑拨阶级感情，企图煽起斗争，以推翻现有一切制度，其为祸之烈，不可言喻"。要求"各执行机关切实认真取缔"（《中国现代出版史料》乙编）。

1937 年抗战爆发，国共第二次合作。在国民党统治区，进步书刊和宣传抗战的书刊受到广大读者欢迎，常销不衰。对此，国民党当局十分恐惧。1938 年 7 月，国民党第五届中央常务委员会第 86 次会议通过《修正抗战期间图书杂志审查标准》和《战时图书杂志原稿审查办法》，限制极严。不久，又重新成立中央图书杂志审查委员会，机构较过去庞大，由国民党中宣部副部长潘公展兼任主任委员。在国统区各省及重要城市设图书杂志审查处，少数重要的县设审查分处。各地国民党的党政军警机关均参加当地的书刊审查，并作为省、县党部党务中心工作之一。为便于地方上的审查，中央图审会以密件印发了《审查法规》和《审查手册》。

抗战期间已经出版的图书包括社会科学和文艺创作等，都要经过审查许可，才准予销售。如果认为"内容不妥"或"左"倾，则由中央图审会列入禁书目录，密令各地查禁取缔。该会几乎每月都要印发《查禁书刊一览表》，以密件寄发各省市。国民党的军事委员会特检处则通令各地邮电检查所，注意查扣有关邮件。

各地书店要出版新书或杂志，"除自然科学、应用科学之无关国防者及各种教科书之应送教育部审查者外"，均应送审原稿。所有的送审原稿要经过抽、删、扣、禁这几个关口，取得审查证字号（印在封底左上角），才能发行。

国民党当局对进步书店的搜查无尽无休。他们没有统一的检查机关，"有时有宪兵团，有时有警察局，有时有党部，有时有便衣密探，后来又加上三青团。负责审查之机关所认为应禁之书报，对出版者既不通知书名及理由，搜查机关又如此杂乱，故搜查时出版界殊感无可遵循，听便任意取书！搜查者纷至沓来，亦无一定标准，今日甲机关认为非禁书，明日乙机关来却认为禁书，甚至有些机关借口检查，将大量书报满载而归，从不发还，亦不宣布审查结果。衡阳有一个机关的检查老爷居然利用这个机会，把这样'满载而归'的书籍另开一爿小书店，大做生意"（邹韬奋《对"图书杂志原稿审查办法"的抗争》）。

国民党当局把零售书店和印刷店视为危险行业，严加管制。1943 年，国民政府行政院发布《书店印刷店管理规则》，要求书店和印刷店必须加入同业公会。"书店发行或代售之图书杂志及其他出版品应按月造具目录二份，分送地方主管官署及当地图书杂志审查处或分处，并由地方主管官署按季汇编目录呈送省政府及同级党部……汇送中央宣传部、内政部、教育部及中央图书杂志审查委员会。印刷店承受印刷之图书杂志及其出版品，应按月造具目录二份，分送地方主管官署同级党部及当地图书杂志审查处或分处"（《中国现代出版史料》丙编）。这个"规则"，可以说对书刊市场的管制严厉到极点，但遭到许多书店的抵制，不了了之。

国民党当局究竟查禁了多少书刊？尚无完整统计。张克明先生在《民国时期查禁书目概述》一文中说，据国民党中央宣传部等档案记载，第二次国内革命战争时期"被查禁的书刊达二千余种"。又"据国民党中宣部和中央图书杂志审查委员会的档案统计，1938 年 3 月到 1945 年 8 月期间查禁书刊达二千种以上"（《江苏出版史志》1989 年第 2 期）。这二者相加即达 4000余种。解放战争时期，国民党查禁的书刊也不在少数。1946 年 5 月底，北平市政府一天就查禁《解放》（三日刊）、《中国农村》（月刊）等报刊 75 种。

蒋介石下达《戡乱总动员令》之后，查禁的进步书刊之多，已难以统计。有些地方官员查禁了你的书，还不准说出去。例如，1938 年 8 月 13 日，甘肃省主席朱绍良为掩盖其禁书罪行，亲自召集各书店经理谈话，威胁说："审查委员会禁售的书，顾客来问时，你们不准说有，更不能说是政府禁卖的。"十足地反映了国民党当局既反动又心虚的丑恶心态。

抗战期间以及战后，国民党的军警宪特对进步书店的迫害和对作家、出版发行工作者的捕杀，较之战前有过之而无不及，本章第二、四节已有叙述，从略。

国民党当局使尽浑身解数疯狂地禁书、封店和捕人杀人，但因逆历史潮流而动，并未达到他们的预期目的。1944 年 4 月，国民党的中央图书杂志审查委员会第一科科长在"签呈"中说，自 1938 年 10 月至 1943 年 12 月列表取缔的 1414 种书刊，"经各地查获没收者仅 559 种，其余 855 种，则虚有取缔之名，而毫无所获。复查此 559 种中查获册数最多者，首推艾思奇著《实践与理论》，计 531 册，次为巴人著《生活思索与学习》495 册，再次为陈唯实著《民族革命哲学》468 册。查获地方最多者的书籍为立波译《秘密的中国》，经渝、陕、湘、桂、黔、浙、甘等八处查获，余多一地一册一种，经三处查获者极少"（中国第二历史档案馆藏《中央图书杂志审查委员会档案》）。第一科的"签呈"，供认了国民党当局对查禁进步书刊、禁锢图书市场的失败，也反映了进步书业反查禁斗争的胜利。

（三）日伪政权对沦陷区图书市场的管制。1931 年九一八事变后，我国东北地区被日本帝国主义侵占。伪满傀儡政权于 1932 年 12 月发布《出版法》，设置种种禁令管制图书市场。对带有民族意识的书刊一律禁止出售。据伪满文教部记载，仅 1932 年 3 月至 7 月，就在东北的几个城市焚毁"禁书"650万册。1937 年又再次"焚书"，下令"与国策不相容的恶类书，悉以驱逐取缔"（长春市图书馆藏《满洲国现势》）。日伪政权设立于长春的满洲图书配给株式会社，基本上垄断了东北的图书市场。它还有一个特别使命，就是协助"出版警察"管理图书市场，查禁书刊。

1937 年七七事变后，在北平成立的汉奸政权——中华民国临时政府（1940 年 3 月改组为华北政务委员会）在日本特务机关长喜多诚一的操纵下，于 1938 年春对平、津等城市的书店进行大清查，重点查禁抗日书刊和宣传马克思主义的书刊。伪北平市警察局向书业公会发布《检扣书籍刊物一览表》，共禁售书刊 786 种。该表后面还有附注："不在此单以内的书，若有一二句有碍邦交之文字，亦在禁止之列，请格外注意，自行严密检查为要。"同年 7 月，伪临时政府公布了《出版法》。

1939 年 7 月，汉奸组织"新民会中央指导部调查科"到平、津等地书店调查，并印发《禁止图书目录》，封面印有"抗日之部第一辑"。卷首有日文说明，内分军事、政治、外交、经济、社会、殖民、交通、历史、地理、文艺等 15 类，共禁售书籍 1139 种。9 月，又编印第二个《禁止图书目录》，封面印有"社会主义之部"。卷首也有日文说明，分政治、经济、哲学、历史、教育、艺术、传记、一般 8 个部分，共查禁书籍 702 种。这两个禁书目录所以印有日文说明，可能便于新民会向其日本主子邀功请赏。

1941 年 9 月，伪华北政务委员会教育总署（督办周作人）发出密令，再一次检查图书市场。日本军方通知日本宪兵队和特务机关直接督促和参加，已知的禁售图书有 900 多种，多为抗日书刊和进步书刊。

按日本军方的授意，伪政权对查禁的图书分类编号，"在每种书封面或封底打上'禁发'图章，批明查禁原因和没收日期。甚至还有贴上一张预先印好的纸条，详细地标明查禁书的日期、性质、册数、店名和地址。一度落网，线索宛然，从此便永远成为追踪的对象。其用心之毒，比起国民党反动派那些酒囊饭袋的'检查老爷'来，的确不可同日而语"（唐弢《晦庵书话》）。

日本军方和汪伪政权对上海等地书店的迫害和禁书活动，本章第一节已有叙述，从略。

（四）解放区的图书市场管理。抗战胜利以前，各解放区多处于边远农村、山区，在历史上就基本没有或很少有私营书店，在一些县城和大集镇，只有新华书店的分支机构或代销处，图书市场较为健康、干净，民主政府从未查禁过图书。个别内容不妥的图书，则由出版部门通知新华书店作停售处理，此种现象极少发生。民主政府为发展文教事业，完全免收新华书店的营业税和所得税。新华书店发展的私营代销店也享受免税待遇。

解放战争期间，解放区不断扩大，许多城市陆续解放。为加强新解放区图书市场的管理，中共中央于 1948 年 12 月 20 日发出《对新区出版事业的政策的暂行规定》："凡国民党反动政府及其地方政府下的各机关，各反动党派与特务机关所主办的图书出版机关，连同其书籍、资财、印刷所等，一律没收。民营及非官僚资本所经营的书店，不接收，仍准继续营业，其中官僚资本应予没收者，须经详细调查确实，报告中央再行处理。凡允许继续营业的书店，其书籍暂任其自由发卖，不加审查。如出版教科书者，则劝告他们自行停售党义公民等教科书，及自行修改有关政治的教科书（如历史）。对于新出版的书籍中，如有政治上反动而又发生了重大影响的书籍，必须干涉及禁止者，暂时采用个别禁止及个别干涉的办法。这些书籍如非由显著的反动派所著作出版，则在采取禁止干涉措施前应向中央请示"（《中国共产党陕甘宁边区出版大事记》)。这个文件表明，中共中央对新解放区民营书店完全采取团结的政策，"其书籍任其自由发卖，不加审查"。对于有官僚资本股份的书店，在处理上极其慎重。

第七节　民国时期的代表著作

民国年间，出版图书的书店约有 400 家左右，多为小型出版单位，忽生忽灭者占多数。全国究竟出版了多少种图书？无法作完整统计。据《民国时期总书目》著录，共出书 124040 种。这个数字是根据北京、上海、重庆三家图书馆的藏书统计的，实际出书种数可能超过此数，但它基本上反映了民国时期的出书规模。

民国的历史只有 38 年，内忧外患，战争不断。但中西文化交流活跃，新旧思想冲突加剧，正是在这样一个社会大变动的环境里，产生了许多对我国政治、经济、文化发生重要影响的著作。因出书门类繁多，只能将主要的代表著作介绍如下。至于译著，除马列经典著作外，其他从略。

一、马列著作和毛泽东著作

中国新民主主义革命的胜利是同马克思列宁主义在中国的广泛传播分

不开的。毛泽东思想是马列主义在中国的运用和发展，是被实践证明了的关于中国革命的正确的理论原则和经验总结。在马列主义、毛泽东思想的指导下，中国历史发生了翻天覆地的变化，迎来了新中国的诞生。因此，有必要把马列著作和毛泽东著作从哲学社会科学图书类别中提出来，首先加以叙述。

（一）马列著作。20 世纪初，我国的一些先进分子为了向西方寻求救国救民的真理，在向国内介绍西方社会主义学说的同时，开始译介马克思、恩格斯著作的某些片段。1905 年，孙中山领导的《民报》，曾发表《共产党宣言》的要点和十项纲领及马克思、恩格斯的生平。此后，《天义报》、《新世界》等报刊，也曾发表过马恩著作的部分译文。随着五四运动的深入发展，以李大钊、陈独秀、毛泽东、周恩来为代表的具有共产主义思想的革命知识分子，纷纷组建共产主义小组，研究马克思主义。《新青年》、《每周评论》、《国民》、《晨报》等有影响的报刊陆续发表马恩著作的部分译文，其社会影响日益扩大。

1921 年中国共产党成立，马克思列宁主义在中国的传播进入一个新阶段。新青年社、人民出版社、上海书店、长江书店、华兴书局等系统地翻译出版了《共产党宣言》、《雇佣劳动与资本》、《国家与革命》、《列宁主义基础》等多种著作。第二次国内革命战争时期，马列经典著作的出版与发行，在极为困难的条件下坚持进行。中共中央于 1937 年进驻延安以后，专门成立了翻译机构，解放社以《马克思恩格斯丛书》、《列宁选集》（18 卷）等形式出版了大批马列著作。国统区的进步书店也克服重重困难陆续出版或翻印这些著作。马克思的经济学巨著《资本论》全译本也在抗战时期由读书出版社出版。到新中国成立前夕，马列的一些主要著作基本上都有了中译本。据不完全统计，从 1917 年至 1949 年，我国共出版马列著作 532 种。其中，马恩著作 84 种，列宁著作 188 种，斯大林著作 210 种，按专题选编的马列文集 48 种。

（二）毛泽东著作。是毛泽东思想的集中概括，内容极为丰富，包括哲学、政治、经济、军事、文化等多方面的著作。1927 年，汉口长江书店出版的《湖南农民革命》（即《湖南农民运动考察报告》），是以单篇本形式出版的第一本毛泽东著作。此后，在土地革命时期、抗日战争和解放战争时期，毛泽东陆续发表了大批著作，对指导中国革命取得伟大胜利发挥了决定性作用。毛泽东著作的单篇本在解放区、国统区以及沦陷区不断出版或翻印，深受广大人民群众的欢迎。

为了系统地宣传和组织学习毛泽东思想，在解放区先后出版三种不同版本的《毛泽东选集》。

1. 晋察冀日报版。1944年7月出版，中共中央晋察冀分局书记聂荣臻委托邓拓主持编选，经中共中央宣传委员会批准。全书分5卷，约50万字。1947年3月，扩编为6卷本，约60万字，以中共晋察冀中央局名义出版。翌年2月，又出了一卷《续编》，其中编入1930年1月写的《给林彪的信》，该信批评了当年林彪以及党内一些同志对时局估量的悲观思想。林彪发现此书，给毛泽东写信，希望不要公布他的名字，以免在国内外引起误解。晋察冀中央局根据中央的指示，立即通知晋察冀新华书店，将《续编》停售。

2. 中共晋冀鲁豫中央局版。1948年3月出版，晋冀鲁豫中央局宣传部副部长张盘石主持编选。当时尚未公开发表的文章，作附录编入。16开本，布脊精装上下两册，由华北新华书店印行，只限党内发行。

3. 东北书店版。1948年5月在哈尔滨出版，中共中央东北局宣传部部长凯丰主持编选。凡1947年12月底以前已公开发表的毛泽东的著作和文章，全被编入。报经中共中央批准，由东北书店总店公开出版发行。全书为6卷合订本，大32开，道林纸精印，分羊皮封面和布面两种精装。东北解放区哈尔滨的物质条件较好，东北版《毛泽东选集》，在用纸用料、印刷制版、装帧设计等方面均很考究，从内容到形式，可以说是解放区出版物的代表作。1949年3月下旬，北平市长兼北平军管会主任叶剑英，派他的秘书来到王府井新华书店，购买10部东北版《毛泽东选集》，作为礼品赠送给来北平进行和平谈判的以张治中为首席代表的国民党政府代表团。

二、哲学、社会科学著作

以五四运动为开端的中国新民主主义革命，必然要涉及哲学、政治、经济、历史等诸多问题。新旧思想的交锋和冲撞，促进了哲学社会科学著作的繁荣。在《民国总书目》中，政治、经济、历史等类著作占有不小的比重。

其中虽然有许多糟粕，但不可否认也确有不少具有较高学术价值的名著，简要介绍如下。

（一）《建国方略》。孙中山著，1917—1921 年出版。孙中山在反对袁世凯复辟帝制和反对段祺瑞军阀统治遭受挫折以后，在上海写成。中山先生试图从理论上总结经验教训，探索新的道路。全书由《孙文学说》（1919 年出版）、《实业计划》（1921 年出版）、《民权初步》（1917 年出版）三部著作合编组成。其内容主要宣传民主政治，批判封建专制主义。《实业计划》阐述了开发中国实业的途径、原则和方法，对后来中国经济的发展有借鉴价值。

（二）《社会学大纲》。李达著，1937 年由李达在上海自费创办的笔耕堂书店出版。它不同于一般社会学著作，是以阐述马克思主义的辩证唯物论和历史唯物论为内容的哲学著作。此书寄到延安，毛泽东读了 10 遍，作了详细眉批，并推荐给延安哲学研究会和抗日军政大学，指出这是"中国人自己写的第一本马克思主义哲学教科书。在十年反动时期，有这样一本书是难得的"（郭化若《在毛主席身边工作片断》，《解放军报》1978 年 12 月 28 日）。毛泽东写信给李达，盛赞"李达是真正的人"，希望将此书再寄一批到延安。

（三）《大众哲学》。艾思奇著，1936 年由上海读书生活出版社出版。原名《哲学讲话》，1935 年出版不久，被国民党当局查禁。经修订改名《大众哲学》，在屡遭查禁的情况下，到 1948 年共发行 32 版，各地翻印本尚未计入内。这是一本马克思主义哲学入门图书，内容深入浅出，深刻阐述了马克思唯物主义原理、认识论和辩证法的基本规律及范畴。数以万计的读者受此书影响，走上革命道路。

（四）《中国哲学史》。冯友兰著，1930 年由上海神州国光社出版上卷，1934 年由商务印书馆出版上下两卷。是中国学者撰写的第一部完整的中国哲学史专著，在学术界产生较大影响。陈寅恪在审阅书稿的报告中说："窃查此书，取材严谨，持论精当，允宜列入清华丛书，以贡献于学界。"新中国成立后，作者用马克思主义的观点和方法重新撰写，定名《中国哲学史新编》。贯通古今的新编成为一部具有丰富内容和个性的中国哲学通史。

（五）《清代学术概论》。梁启超著，1921 年由商务印书馆出版。是近代中国第一部全面系统总结有清一代学术思想发展史的通论性著作。著者概括了清代学术思潮的变迁，重点评述了乾嘉学派及其代表人物，剖析了清代学术的得失利弊，论断颇有独到之处。梁氏认为清儒治学以归纳法为特征，近似于西方科学发展中的归纳实证法，本可导致自然科学的发达，由于中国腐朽的封建科举制度以及中国知识界历来轻视科学技术，终于断送了中国学术发展的新契机。梁氏的另一力作《中国近三百年学术史》，也具有较高的学术价值。

（六）《经济学概论》、《中国经济改造》。这两本著作均为马寅初在抗战时期的重庆撰成，在大后方多次重印。书中深入研究了官僚资本，揭露了以蒋介石为首的"四大家族"利用抗日战争、倚仗政治权势大发国难财的罪恶行径。作者根据大量调查资料，提出向发国难财者征收"临时财产税"议案。马寅初的经济思想和爱国主张影响了一代学子，引起全国及世界舆论界的重视。

（七）《十批判书》、《青铜时代》。均为郭沫若著，1945年由重庆群益出版社出版。前书对先秦诸子的学术思想进行了研究批判，提出许多与新史学阵营相反的论点，以较多的证据论证殷周为奴隶社会。后书是研究古代意识形态文章的结集。这两部著作为姐妹篇，前书偏于批判，后书偏于考证。

（八）《清代通史》。萧一山著，1923年由中华书局出版。当时，日本人稻叶君山的《清朝全史》风行一时，使中国史学界蒙受耻辱。萧氏埋头苦读，发愤著成此书。全书取材丰富，线索清晰，将清代历史按时间顺序分若干阶段，分叙政治、经济、文化等内容。出版后引起学术界震动。李大钊、梁启超、蒋梦麟等著名学者都为此书作序，极为推崇。

（九）《中国通史简编》。范文澜著，1941年由新华书店总店在延安出版上册，翌年出版中册。1945—1947年又改为八册出版。1948年出版修订本，此后又陆续修订，1955年由人民出版社出版修订本第三版。该书系统叙述了从原始社会到1840年鸦片战争前夕的中国历史，是第一部运用马克思主义观点编写的较为完整的中国通史。1947年夏，该书曾由新知书店在上海重印发行。国民党的南京《中央日报》发表社论，对该书进行诋毁。不久，国民党中央宣传部副部长陶希圣通过中央社发表"谈话"，再次攻击该书，宣布查禁。国民党当局未曾料到，他们的社论和要人谈话，充当了该书的义务宣传员，新知书店初次印 2000 部，很快售缺，又连续加印 2 次，两三个月之间售出 6000 部。这在当年很不景气的上海书业界极不寻常。这部书对新中国史学界产生了积极影响。

三、工具书和大型丛书

民国年间，商务印书馆、中华书局等出版发行机构凭借自己的经济实力和编辑人才，陆续出版了一批大型语文工具书和大型丛书，为学界所重，造福士林。

（一）《中华大字典》。欧阳溥存等编，中华书局于 1915 年出版。在《康熙字典》基础上采用新的编纂方法改编而成，收字 4.8 万个，增加了口语字和科技用字，纠正《康熙字典》的错误 4000 余条。在我国字典中是收字较多的一种，迄今仍有参考价值。1918 年，中华书局以这部字典为蓝本，以普通实用为主，又出版《实用大字典》，收字 1.4 万个。在市场竞争的推动下，商务印书馆先后出版了《新字典》、《学生字典》和《国音学生字汇》，后者陆续发行 400 万册以上，为民国时期字典印数的最高纪录。

（二）《辞源》和《辞海》。这两部由商务印书馆、中华书局分别出版的大型综合性辞书，都曾风行一时，均收字 1.3 万个，复词 10 万余条，各具特色。20 世纪 70 年代末至 80 年代初都进行了修订，重新出版。

《辞源》是中国近代第一部汉语大辞书。陆文奎等人编纂，1915 年由商务印书馆出版。其特点是以语词为主，兼收百科，强调实用，重古溯源，成为名副其实的辞源。该书发行量不断上升，仅国难版在 1932 年 2 月至 1937 年 11 月的五年间，就累计发行了 23 版。1979 年作了较大修订，成为专供阅读古籍用的古汉语辞典。

为了与商务印书馆的《辞源》竞争，中华书局于 1936 年出版《辞海》，舒新城等主编。《辞海》取《辞源》之所长而补其所短，致力于增补新词目，内容新颖，考证精确。1979 年上海辞书出版社出版了三卷本新《辞海》，主编先后有舒新城、陈望道、夏征农等。1989 年和 1999 年又再次修订，增加许多新知识，反映了 20 世纪 80 年代至 90 年代的科学文化和辞书编辑出版水平。

（三）《万有文库》。王云五主编，1929—1937 年由商务印书馆陆续出版的特大型丛书。共两集，第一集收书 1010 种，2000 册。其中包括国学丛书、汉译世界名著、史地、百科、农学、工学、商学、师范、算学、医学、体育等 13 种丛书。第二集与第一集衔接，范围更广，共收书 700 余种，2328 册。所谓"万有文库"，实际是丛书的丛书，内容相当丰富，流传甚广，适合于图书馆收藏。

1933 年，国民政府教育部、民政部应商务印书馆的请求，曾联合发出第 8322 号训令，要求各地订购《万有文库》。训令说："查图书设备为增长民智之唯一方法，我国各地之经济状况多属困难，各重要市县虽间有各种图书馆之设立，大抵限于财力庋藏稀少，其未设立各县更不待言，事实若此，何由使一般民众人人有阅读图书之机会，而提高其知识。本部等有鉴及此，特会令各省民政、教育两厅，各市社会、教育两局转饬所属各县市政府，务须购备《万有文库》一部，存置教育厅、各县市教育局，以充实地方图书设备，并由教育厅汇集订购，以省手续而节经费"（《山东省清末民国时期出版法令训令选编专辑》）。这个训令发出后，商务印书馆又向各省市教育厅局发出呈请预约的函件。略称："敝馆出版此书，原为对于全国图书馆谋充分之贡献，售价本极低廉……兹谨将《万有文库》售价再行勉为减低，如汇购二十五部以上，照规定预约价国币五百七十元八五折……汇购五十部以上照八折……邮运费每部各三十二元。敬祈俯赐提倡，广为购备，立将贵省各县市拟购部数汇齐示知，以便超前领款，准备缴书，不胜感企待命之至。随文附呈文库目录十册，尚乞察存……"此前，山东省各县市教育局及省立教育机关学校已经各订购一部。接到教育、民政两部的训令和商务的预约函件后，山东省政府再次发出训令，要求各县市政府购备《万有文库》。其他省市的预约情况不详，可能也大体如此。

商务印书馆不仅有胆识出版 4000 余册的大型丛书，也善于运用公关手段创造市场需求，扩大这套文库的发行。不过，其中有些书的内容质量并不高，往往是要人名流介绍来的书稿，商务印书馆碍于情面，无法拒绝，只好接收下来编入《万有文库》。一套丛书达 4000 余册，也不可能册册是精品。

（四）其他大型丛书。资金雄厚的商务印书馆、中华书局等书店都很重视出版上百种以上的丛书。如：商务印书馆的《四部丛刊》，精选宋、元、明、清刻本、钞本编成，总计523种；商务印书馆的《丛书集成》，选录从宋到清的著名丛书100部，去其重复，共收图书4000余种（有人批评这套丛书，错字连篇，倒页缺页触目皆是，校对、装订均系外包工）；中华书局的《四部备要》，辑录重要经史子集典籍包括"二十四史"、《十三经注疏》等，共收书347种。这几种大型丛书为保存和传播我国的古籍，弘扬民族文化，发挥了重要作用。

开明书店出版的"开明青年丛书"含100余种书，以知识性和趣味性并重为特点，深入浅出，学术质量较高。

生活书店的"青年自学丛书"，出书虽然不到百种，但社会影响很大，旨在介绍哲学社会科学和文学方面的知识，引导青年进步。这套丛书共出版三辑，每辑10种，发行总册数超过100万册。

四、文学著作

《民国时期总书目》共收录文学类图书21023种，占收录书目总数的16.95%，品种之多位居各类图书的首位。在文学类中占主导地位并获得巨大成就的是人民大众反帝反封建的进步文学作品。其中，有许多传世之作，限于篇幅，只能介绍几种不同类型的代表作。

（一）《鲁迅全集》。鲁迅是中国现代最伟大的文学家。1918年5月，他第一次用"鲁迅"的笔名发表中国现代文学史上第一篇白话小说《狂人日记》，彻底揭露了封建家族制度和旧礼教的吃人本质，从而成为中国现代文学的奠基之作。此后"便一发不可收拾"，接连发表了多篇小说和600多篇杂文。享誉世界的名著《阿Q正传》，是鲁迅的代表作。1936年，鲁迅逝世后，许广平等人即着手鲁迅著作的搜集整理工作。不久，上海沦陷。1938年，胡愈之等人创办的进步出版机构复社，完成了《鲁迅全集》的编辑出版工作。包括译文在内共20卷，600万字。1973年，由人民文学出版社再版发行。1981年，该社重编《鲁迅全集》（不包括译文）共16卷。这是目前内容较完备、注释较精确的版本。

（二）《女神》。郭沫若的第一部新诗集。1921年由上海泰东图书局出版。

诗人以高昂的革命激情、炽热的爱国情怀，用诗歌谱写了五四时期的最强音。《女神》创立了多样的自由的诗歌形式，有长诗、小诗；有散文体、民歌体和诗剧。在诗的内容、表现形式、艺术手法等方面，开创了一代诗歌的新风。

（三）《子夜》。茅盾著，1933 年由上海开明书店出版的长篇小说。轰动文坛，曾多次重印，被国外译成德文、英文等多种外文版本。小说以民族资本家吴荪甫与买办金融资本家赵伯韬之间的矛盾和斗争为主线，真实地描述了 20 世纪 30 年代初期政治动乱、经济凋敝以及工农运动，揭示了帝国主义及其代理人买办阶级对中国民族工业的压迫摧残。是我国现代文学史上一部有重要地位和重大影响的长篇小说，标志着左翼文艺运动的卓越成果。

（四）《家》。巴金著，1933 年上海开明书店出版。是以反封建为鲜明主题的长篇小说。加上该书的续作《春》、《秋》，总称《激流三部曲》。小说以五四时期的四川成都为背景，通过一个大家庭的没落和分化，揭示了封建宗法制度的崩溃，歌颂了青年一代的觉醒和抗争。当年，有不少描写封建家庭解体的小说，巴金的《家》写得最为成功，影响最大，激荡了几代青年读者的心灵。

（五）《骆驼祥子》。老舍著，1933 年人间书屋出版。小说叙述了一个充满青春活力的人力车夫祥子，希望以个人奋斗改变自己卑贱地位的悲惨故事。作者通过祥子的悲剧，揭示了各种反动势力与广大劳动者之间的深刻矛盾，控诉了旧社会人吃人的罪恶；也揭示了祥子这个典型人物在性格、心理等方面的弱点，具有深刻的社会意义。

（六）《寄小读者》。冰心著，1926 年由北新书局出版。是冰心最负盛名的散文代表作，也是中国现代最早的儿童文学作品，曾先后印行几十次。作者在美国留学期间，怀着远离故土的思乡之情，以通讯形式为中国的小读者写下了优美篇章。在这些散文中，主要描写大自然的美好、母爱的崇高、童真的纯洁以及对祖国的热爱。笔调清新秀丽、优雅隽美，文白相间，被称为独特的"冰心体"。

（七）《雷雨》和《日出》。均为曹禺著的话剧剧本，1936 年由上海文化生活出版社相继出版。《雷雨》共四幕，以一天的时间、两个场景，写出周、鲁两家，8 个人物，前后 30 年间复杂的矛盾冲突，揭露了周朴园这个带有浓厚封建色彩的资产阶级家庭的腐朽没落。周家的崩溃，反映了旧中国社会的罪恶及其必然灭亡的历史命运。

《日出》也是四幕话剧，反映了 20 世纪 30 年代初期中国城市生活的黑暗现实。剧本以交际花陈白露的活动为中心，展示了上层社会的腐朽糜烂与下层社会的饥寒交迫，批判了资本主义的罪恶制度，体现了作者对光明未来的追求。

《雷雨》、《日出》的先后问世，震动了当年的剧坛，而且一直保持旺盛的艺术生命力。它标志着我国话剧艺术开始走向成熟，堪与世界优秀剧作相媲美。

（八）《解放区短篇创作选》。周扬编，1946 年由东北书店出版。中原、苏南、湖北等地新华书店纷纷重印发行。本书编入的短篇小说包括丁玲的《我在霞村的时候》、孙犁的《荷花淀》、邵子南的《地雷阵》、孔厥的《一个女人翻身的故事》、康濯的《我的两家房东》等，均为脍炙人口的佳作，生动地反映了敌后抗日根据地人民群众的斗争与生活。

（九）《吕梁英雄传》。马峰、西戎合著，1945 年吕梁文化教育出版社出版的章回体长篇小说。通篇由吕梁山康家寨的民兵抗战故事连缀而成，一个个机智勇敢的民兵，以他们可歌可泣的英雄事迹，显示了人民战争的强大威力，再现了中华民族反对外来侵略的壮烈画面。此书出版后，东北、华北等解放区的新华书店纷纷重印发行，常销不衰。

（十）《三里湾》和《小二黑结婚》。赵树理著，在解放区农村深受欢迎。是深刻反映农村题材的作品。

（十一）《暴风骤雨》。周立波著，1948 年 4 月由东北书店出版，是最早反映中国土地改革运动的优秀长篇小说，思想艺术体现了延安文艺座谈会确定的文艺创作新方向。小说的内容表明，土地改革不仅推翻了封建制度，而且带来了农民的觉醒，引起农村阶级关系的改变。小说结构清晰，情节紧张，基本上包容了土地改革的全过程。全书选用经过提炼的东北口语，富有地方韵味。

五、科学技术著作

《民国时期总书目》收录的科学技术类（含自然科学、医药卫生）图书占出书总数的 11%。其中，一般教科用书较多，科普读物次之，学术专著最少。不仅品种少，发行量更少。这是民国时期，我国工业基础薄弱、科学技术落后在出版方面的反映。尽管如此，当年的科学工作者仍然不畏艰难险阻，积极从事科学研究，著书立说，在不少学科取得了卓越成就。

（一）《中国地质学》。李四光著，作者是杰出的地质学家，地质力学的创始人。早在 20 世纪 20 年代，他就着手对地层变形构造进行力学分析，经过 20 年的刻苦研究，著成《中国地质学》，形成自己的理论体系。这本科学著作把地质学和力学结合起来，用力学观点来解释各种地质现象，从而创造出地质学的边缘学科——地质力学。新中国成立后，本书为寻找各种矿产和研究地震，提供了有力的理论依据。

（二）《气象学》。竺可桢著，出版于 20 世纪 30 年代中期。此书全面阐述了中国气候，探讨了气流运行规律，开创了中国现代气象科学理论，为中国的长期气象预报提供了重要依据。

（三）《侯氏制碱法》。侯德榜著，1943 年出版。抗战前，中国的烧碱主要依靠进口。战时，进口有限，国内生产的液体烧碱，质量差，产量小，供不应求。侯德榜经过多年的研究和实践，首创"侯氏制碱法"，撰成此书。书中论述了用同一套工艺流程生产出纯碱和氯化氢化肥，可以节约原材料，提高能源利用率，降低生产成本，实现连续化生产。该书是对世界制碱技术的一大贡献。

（四）《堆垒素数论》。华罗庚著，作者于 1938 年到英国剑桥大学，参加由一些著名数学家组成的数论小组，主攻堆垒素数论。经过两年的刻苦钻研，他解决了这个领域里的一些数学难题，如华林问题、塔莱问题、奇数哥德巴赫问题等，并得出了著名的华氏定理。20 世纪 40 年代初完成的重要著作《堆垒素数论》，是华罗庚数学研究成果的结晶，受到国际数学界的高度评价。

第十一章　中华人民共和国书业（上）

1949 年 10 月 1 日，中华人民共和国成立，标志着中国共产党领导全国人民取得了新民主主义革命的伟大胜利。100 多年来的我国半殖民地、半封建社会从此结束。中国历史从此开辟了一个新纪元。新中国成立后，中国共产党领导全国人民进行社会主义改造和社会主义建设，取得了伟大成就。社会主义制度的建立是我国历史上最深刻最伟大的社会变革，是我国一切进步和发展的基础。1966 年 5 月至 1976 年 10 月的"文化大革命"，使党、国家和人民遭受严重挫折损失。1976 年 10 月，粉碎江青反革命集团，"文化大革命"从此结束。1978 年 12 月，中国共产党召开十一届三中全会，我国进入建设有中国特色社会主义新时期，实行改革开放，取得了新的伟大胜利。总的来说，新中国成立 50 年（1949—1999）来，极大地解放和发展了社会生产力，我国的经济、文化、科学、教育得到蓬勃发展。在此基础上，新中国书业揭开了灿烂辉煌的新篇章。

新中国成立半个世纪以来，书业的历史可大体分为 3 个时期，即："文化大革命"前的 17 年，是我国社会主义书业奠基时期；"文化大革命"的 10 年，是书业遭到破坏和停滞时期；1978 年 12 月，中国共产党召开十一届三中全会以来的 20 年（1978.12—1999），是我国书业进入改革开放的新时期。第一、二两个时期的情况在本章叙述，改革开放以来的情况在第十二章叙述。本书内容截至 20 世纪末。21 世纪新中国书业更加繁荣的发展情况，希望有识之士另行著述。

第一节　新中国为发展出版发行事业采取的重大决策

中华人民共和国成立后，中国共产党和人民政府为发展出版发行事业，采取了一系列重大决策，从中央到地方建立了出版管理机关，统一了全国新华书店，实行了出版事业的专业分工，对私营出版业和发行业进行了社会主义改造。为纠正"大跃进"造成的混乱，采取了整顿措施。从新中国成立到"文化大革命"前的 17 年间，我国社会主义出版发行事业已经建立和发展起来，实现了初步繁荣。

一、出版管理机关的建立

新中国成立伊始，中央人民政府成立了出版总署，中共中央宣传部成立了出版处（局），各省、自治区、直辖市也相应成立了出版行政管理机构，加强了对出版发行事业的管理和领导。1954 年 12 月，出版总署撤销，文化部成立出版事业管理局。

（一）中央人民政府出版总署。1949 年 11 月 1 日成立，是国家管理全国出版事业的机关，受政务院领导及政务院文化教育委员会的指导。其主要任务为：建立及经营国家出版、印刷、发行事宜；掌理国家出版物的编辑、翻译及审订工作；联系或指导全国各方面的编译出版工作；调整公营、公私合营及私营出版事业的相互关系（《中央人民政府出版总署暂行组织条例》）。署长胡愈之，副署长叶圣陶、周建人。此后，陈克寒、萨空了先后任副署长。

出版总署为开创新中国出版事业做了大量工作，组织了若干重要著作的出版，统一了新华书店，推行出版事业的专业分工，调整书业的公私关系，陆续建立和发展了国有出版、印刷、发行事业。

胡愈之（1896—1986），浙江上虞人，中共党员，曾留学法国。1914 年进上海商务印书馆编译所，历 20 年。从 1933 年入党起，始终以民主人士身份从事党的文化出版统战工作。他推动邹韬奋创办生活书店，多次帮助其擘画设计。上海沦陷初期，他发起创办了出版发行机构——复社。1938 年 5 月，到武汉任国民政府军委会政治部第三厅五处处长，在周恩来领导下从事新闻出版工作。后来，他到桂林团结一批文化人，创办文化供应社。1940 年，组织上安排他去新加坡，在爱国华侨领袖陈嘉庚创办的《南洋商报》主持编辑工作。1948 年回国，曾任《光明日报》总编辑、新华书店总编辑。新中国成立后，历任出版总署署长、中国文字改革委员会副主任、文化部副部长、第五届全国政协副主席、第六届全国人大常委会副委员长等职。他被选为中国民主同盟中央委员会副主席、代主席。

胡愈之具有丰富的出版发行实践经验，长于宏观管理，善于真抓实干，在 20 世纪 50 年代至 60 年代主持筹划了若干重要出版工程。著有《莫斯科印象记》、《胡愈之文集》、《胡愈之出版文集》等。后一部文集是研究新中国成立初期出版发行史不可多得的文献。

（二）《毛泽东选集》出版委员会。1950 年 5 月，中共中央决定成立《毛泽东选集》出版委员会，刘少奇任主任委员，主要成员有胡乔木、陈伯达、田家英，由人民出版社出版，新华书店发行。新华书店总店、总分店、省分店成立《毛泽东选集》发行小组，各店经理任发行小组组长，亲自领导发行工作。

出版总署决定，由黄洛峰、祝志澄、华应申、王益等 13 人组成《毛泽东选集》出版、印刷、发行工作委员会。新华书店总店于 1951 年 9 月 19 日向各总分店、省分店发出《〈毛泽东选集〉发行计划》，要求各地新华书店必须以高度的责任心、周密的布置，保证发行计划的完成。

1951 年 10 月 12 日，《毛泽东选集》第一卷（100 万册）在全国新华书店发行。读者满怀激情排成长长的购书队伍，当地党政领导主持发行仪式、参加发行活动。京、沪、津、沈、汉、渝等大城市书店当天上午，第一批到书全部售完。

1952 年 4 月 10 日，《毛泽东选集》第二卷（150 万册），在全国新华书店发行，发行盛况同第一卷。1953 年 4 月 10 日，《毛泽东选集》第三卷（150 万册）发行。1960 年 10 月 1 日，《毛泽东选集》第四卷先在京、津、沪和省会城市发行，陆续在全国各市县发行。10 月 15 日文化部发出关于改善服务态度的通知："《毛泽东选集》第四卷在省会城市新华书店发行以来，群情欢腾，争先购买，因需求量巨大，与供应量之间有很大矛盾，增加了发行工作的困难。各地出版行政机关必须加强对书店工作人员的思想教育工作。要对服务态度进行一次专门检查，对暂时不能供应的读者，要热情解释，说明由于印刷量大，只能分批供应，逐步满足。要尽可能在门市部陈列样书，供读者翻阅。书店收到书后，应随到随卖，迅速发到读者手里，不要积压。"《毛泽东选集》第一至第三卷总计发行436万套。1960年10月，《毛泽东选集》第四卷随印随发，各市县读者排长队购买，仍未满足需要。1964年4月，第一至第四卷加印250万套，北大、清华的大学生们闻讯连夜在王府井书店门前，排成长长的队伍等候购买。北京市委考虑到大学生们的健康，经劝阻，散去。凌晨1时，散去的大学生们又按原来的次序排成长长的购书队伍。此情此景，是本书作者之二郑士德亲眼所见，深为感动。

为了缓解《毛泽东选集》供应紧张状况，田家英等人从《毛泽东选集》中精选若干重要文章以《毛泽东著作选读》甲、乙两种版本为书名，交人民出版社出版，1963—1964年，全国新华书店共发行6500万册（部）。这两年，重印毛泽东著作单篇本1亿册。"文化大革命"前，毛泽东著作出版发行数量之多，古今中外罕见。但是，"文化大革命"期间，以江青为首的"四人帮"，却将"压制毛泽东著作出版的罪行"强加给中央领导机关和出版发行单位。

《毛主席诗词》（37首）于1964年1月1日正式出版，全国共发行9600万册。许多青年学习、背诵毛主席诗词成为全国城乡浓郁政治氛围。

（三）中共中央宣传部出版处（局级）。1950年设立，是中宣部主管出版工作的局级职能机构。曾两度称新闻出版处，处长包之静，副处长许力以、袁靳、陈笑雨先后任副处长。正副处长实为正副局长。出版处的主要工作是，监督出版战线对党的路线与方针政策的贯彻执行；进行调查研究，向部领导反映情况；与国家出版行政部门经常接触，商酌重大问题；处理部领导交办事宜，包括代中共中央、中宣部起草有关出版方面的文件。该处的工作人员十分精干，初时只有三四人，到20世纪60年代最多时也不超过10人。

包之静（1912—1971），江苏苏州人，中共党员。长期在华中、山东解放区从事新闻工作，曾任华中新华日报社副社长、山东大众日报社社长。

1950年调任中宣部出版处（局）长。他起草的中宣部《关于改进书籍出版工作和提高出版物质量的报告》，对纠正"大跃进"时期出版系统的浮夸风和纠正当时滥编滥印图书的现象发挥了重要作用。1961年，他组织调查并起草了《关于毛泽东思想和领袖革命事迹宣传中一些问题的检查报告》，经中宣部办公会议多次讨论修改后，由中共中央批转全党，纠正由林彪发起的全国学习和宣传毛泽东思想的简单化、庸俗化倾向。这件好事，却成为"文化大革命"中的重大事件。林彪、江青反革命集团为此大做文章，把这个文件作为中宣部"反对毛泽东思想"的重要罪证之一。执笔人包之静受到严重打击，于1971年病逝。

（四）中华人民共和国文化部出版事业管理局。1954年12月设立，是文化部负责指导、管理全国出版事业的职能机构。在原出版总署的基础上改制，初期编制200人，到1958年精减至30余人。黄洛峰、王益、陈翰伯先后任局长，任副局长的先后有金灿然、王益、史育才、陈原、王仿子。

文化部出版事业管理局主管全国出版事业10多年（截至"文化大革命"初），推动了国营出版、印刷、发行事业的发展，出台了一系列出版法规，完成了对私营出版发行事业的社会主义改造，精心安排了一批重要著作的编印发工程，全国出版事业出现了初步繁荣发展局面。

根据文化部决定，新华书店总店从廊房头条10号迁入文化部。总店人员从200多人减少到30人。与文化部出版事业管理局合署办公。文化部出版事业管理局局长王益兼任总店总经理。出版事业管理局副局长史育才兼任总店副总经理。王璟副经理主持总店日常工作。不久，周天泽副总经理调任文化部计划财务司司长。华青禾调任总店副总经理。总店下设办公室、编刊室、研究室。文化部发出通知，总店直接领导、管理北京发行所、科技发行所、储运公司和图书发行干校，对各地新华书店可以发通知、召开会议、指导业务。

文化部出版事业管理局首任局长黄洛峰，本书第十章已作介绍。

第二任局长王益（1917—2009），江苏无锡人，中共党员。1935年进入上海生活书店开始其出版生涯，历任新知书店广州分店经理、苏北大众书店经理、新四军政治部宣传部出版发行科科长、山东新华书店经理。新中国成立后，历任华东新闻出版局副局长兼华东新华书店经理、新华书店总店总经理、出版总署发行管理局副局长、文化部出版局副局长、局长。粉碎"四人帮"后，任国家出版局副局长、新闻出版署特邀顾问、中国印刷技术协会第一、第二届理事长、中国出版工作者协会顾问。他是第五、第六、第七届全国政协委员。

王益从事出版工作时间之长、任职范围之广、积累经验之丰富、对我国出版事业贡献之多，在我国出版界罕见。改革开放以来，他首先倡导和提出了图书发行体制改革的基本思路和框架。他对改变我国印刷落后面貌作出了重大贡献。王益是学者型的领导，对国内外书业史及其发展规律有较深入的研究，脚踏实地，求真务实。著有《出版工作基础知识》、《王益出版发行文集》、《不倦地追求：王益出版印刷发行文集续编》等，译著有《图书出版的艺术和科学》。

（五）外文出版发行事业局。1963 年成立。国务院直属局，负责对外书刊出版发行的事业机构和管理机构。首任局长罗俊，继任局长吴文焘、范敬宜、林戍荪、杨正泉。所属单位有外文出版社、外文印刷厂、中国国际书店（后改名中国国际图书贸易总公司）以及《人民画报》、《人民中国》等期刊社。1989 年更名为外文出版发行局。20 世纪 90 年代以来，该局拥有 10 家出版社和 5 家期刊社以及中国国际图书贸易总公司，北京外文印刷厂等 17 个单位，并在美、英、德、日、埃及、墨西哥等国设有子公司或办事处。每年以 17 种外文出版 1000 多种图书、19 种期刊，发行到 182 个国家和地区。该局及其所属单位有外国专家和外籍工作人员 80 多人。我国的外文出版发行事业在该局的统一领导下，对促进对外文化交流，增进各国人民对中国的了解，发挥了重要作用。

首任局长罗俊（1913—2003），江苏昆山人，中共党员。曾留学日本、美国。新中国成立前曾任上海复旦大学教授等职。新中国成立后历任中国人民银行上海分行副行长、中华全国供销合作总社副主任、对外文化联络委员会副主任兼外文出版社社长。1963 年任外文出版发行事业局局长，后任港澳办公室副主任，1979 年再度出任外文出版发行事业局局长。他是中共十二大代表，第三届全国人大代表，第六、第七届全国政协委员。

（六）地方出版行政机关。新中国成立初期，各大行政区陆续成立出版局或新闻出版局，部分省、自治区、直辖市设立新闻出版处（室）。1954年秋，各大行政区撤销，其出版行政机关相应撤销。同年底，文化部主管出版事业后，各省、自治区、直辖市文化局（厅）增设出版处，作为职能机构管理本省（区、市）的出版行政工作。上海成立了出版局。全国各市（地）、县则由文化局或文教局管理本地书店。

出版发行事业作为文化宣传战线的重要组成部分，理所当然地接受中共地方党委宣传部的领导。各省、自治区、直辖市党委宣传部设有出版处。20世纪50年代，各地新华书店和部分出版社均由当地党委宣传部直接领导。到90年代，仍有部分省市实行这种管理体制。

二、全国新华书店的统一集中

新中国成立后，在各个解放区成长壮大的新华书店迅速实现了统一。当时的新华书店是集编、印、发于一体的出版发行机构，它与坚持在国统区战斗的生活·读书·新知三联书店，共同构成新中国成立初期国有出版、印刷、发行事业的坚实基础。

（一）出版战线的胜利会师。1949年10月3日，中共中央宣传部在首都北京召开全国新华书店出版工作会议。各大行政区新华书店、部分省分店、三联书店以及有关单位派代表出席了会议。正式代表74人，列席41人。这是革命出版战线的胜利会师，也是新中国成立后召开的第一个全国性出版会议，中心议题是实现全国新华书店的统一。毛泽东主席为会议题词"认真做好出版工作"，并在中南海颐年堂接见了与会的正式代表，亲切地同代表们一一握手。朱德总司令在开幕式上作了重要讲话，并为会议题词："加强领导力求进步"。中宣部部长陆定一先后三次在大会上讲话。副部长陈伯达就提高出版质量问题在大会上作专题讲话。开会第一天，《人民日报》以《祝全国新华书店出版会议》为题发表短评，指出这次"会议开幕，是我国人民文化战线上重大的事件之一，它标志着全国出版事业适应新的情况开始走向全国范围的统一。过去曾经分散地独立作战的解放区人民出版事业，从此将逐渐成为中华人民共和国统一的战斗整体，成为人民出版事业坚强的领导骨干"。

会议代表认真学习了具有临时宪法作用的《中国人民政治协商会议共同纲领》，并将该纲领第四十九条"发展人民出版事业，并注重出版有益于人民的通俗书报"作为重要议题进行了学习讨论。

会议沟通了情况，交流了经验。新华书店总编辑胡愈之作了《全国出版事业概况》的报告。中宣部出版委员会主任委员黄洛峰作了《出版委员会工作报告》，出版委员会副主任委员徐伯昕作了《国统区革命出版工作报告》。各大行政区新华书店代表团团长李文（东北）、史育才（华北）、王顺桐（西北）、王益（华东）、华青禾（华中）等，先后在大会上作工作报告，汇报本行政区新华书店事业的建立和发展情况。三联书店协理邵公文在大会上作了《生活·读书·新知三联书店工作报告》。各代表团一致拥护统一，加强专业化、企业化。两广和西南地区尚未解放，没有代表参加会议。会议通过了统一全国新华书店的各项决议，确定了店徽，规定店招统一用毛泽东题写的标准体，红底黄字。

会议开了 17 天，10 月 19 日闭幕。陆定一在闭幕词中说："会议的成绩，是在政策上、组织上、制度上、业务上都得到了一致的意见，奠定了全国新华书店统一的基础。"10 月 21 日，《人民日报》以《出版会议的收获》为题发表了社论。

中共中央宣传部于 10 月 26 日发出《关于全国新华书店出版工作会议的通报》，指出："现在中央人民政府已经成立，决定自 1950 年起把新华书店改为国营，统一由中央人民政府出版总署及下设的编审局和出版局集中领导，各地新华书店工作人员同时划归出版总署统一调度。依照集中领导、分散经营的原则，各地新华书店还需接受各级党委的领导，并按时向各地党委宣传部作工作报告。"

这次会议经受住了历史的考验，对新中国成立初期人民出版事业的建立和发展具有里程碑意义。

（二）出版总署发布《关于统一全国新华书店的决定》。出版总署成立后，中宣部出版委员会改制为出版总署出版局。出版总署将全国新华书店出版工作会议通过的关于统一的各项决议，根据机构变动的新情况，加以修正，经政务院文化教育委员会批准，于 1950 年 3 月 25 日发出《关于统一全国新华书店的决定》。

根据《决定》的要求，出版总署出版局的业务部门从出版局分离出来，于 1950 年 4 月 1 日在北京成立新华书店总管理处，隶属出版总署。下设出版、厂务、发行 3 个专业化单元，实行独立核算。中央财政拨付的资金约折合 2024 万斤小米。出版局局长黄洛峰兼任总管理处总经理，副局长祝志澄、华应申兼任总管理处副总经理。全国各地新华书店的业务归新华书店总管理处领导。总管理处存在 8 个月，做了大量工作。出版部平均每天出版两种书。厂务部在京、津建立了新华印刷厂。发行部购置了库房和办公场所，为建立新华书店总店创造了条件。

《决定》明确，全国各大行政区（华北、华东、东北、西北、中南、华南、西南）新华书店总店改称新华书店总分店，设立编辑、出版、印刷、发行等专业部门。总分店下设分店，原则上在各省省会和中央直辖市设立。分店下设支店，设于市、县或重要集镇。分支店一般只做发行业务。全国新华书店系统的人事、财务（资金）、业务实行系统内的分级管理，总管理处统一调度。

（三）统一的必要性。统一全国新华书店是国家的大局所决定的，也是新华书店发展规律所要求的。旧中国经济落后，又加上日本侵华战争和蒋介石发动内战造成的破坏，新中国成立初期国家财政非常困难。为争取国家财政经济的基本好转，1950 年 3 月 3 日，中央人民政府政务院发布《关于统一国家财政经济工作的决定》。同一天，中共中央就统一财经问题发出通知，要求全党必须尽一切方法保障这个决定的全部实施。毛泽东主席在中共七届三中全会的报告中，把"巩固财政经济的统一管理和统一领导"作为方针提出。国有出版发行企业也必然要贯彻这个方针。

从新华书店的建立、发展情况来看，也需要统一。过去在战争条件下，解放区被分割成许多块块，中共地方党委建立的新华书店，只能分散经营。随着解放区的扩大和连成一片，各解放区的新华书店就开始走向统一。1948 年底，东北全境解放，中共中央东北局宣传部作出决定，东北全区各省、市、县新华书店的人、财、物统一由设在沈阳的东北新华书店总店管理，在政治上、工作上仍由当地党委宣传部领导。山东、华北等解放区的新华书店也开始实现统一。

胡愈之对统一新华书店的必要性作了精辟论述。1950 年 5 月，他在新华书店总管理处召开的一次会议上说："新华书店是国家的书店，但到现在还不能真正统一起来。虽然都挂上同一招牌，内部依然是若干独立王国。分支店与总分店之间，分支店与分支店之间发货解款，如同普通同业之间的关系，往往只是从各自的单纯营业观点来考虑，好销的、有利可图的书才接受过来发行，不易销的，无利可图的，就推出去，既没有从出版工作的政治任务去考虑，又不从国营书店的全盘利益去打算"（《胡愈之出版文集》）。他还指出：不统一，书价难统一，当时在兰州买一本《论人民民主专政》，要花两块银圆；不统一，无法照顾经济文化落后地区的书店，他们的经营亏损无法贴补；不统一，出版发行系统的货款结算困难。

中共中央对统一新华书店非常重视。1949 年底至 1950 年 4 月，人民解放军解放了除西藏以外的整个中国。为了在新区加快建立新华书店，中共中央宣传部于 1949 年 12 月 26 日向中南局、西南局及华南分局的宣传部发出通知说，西南和华南地区的新华书店"在创立时期，业务及人事由中央局、分局宣传部直接领导，由地方政府拨给一定资金、纸张、房屋及印刷厂，并应拟定书籍生产（翻印为主）与建立发行网的初步计划，与出版总署建立密切联系。……目前重要人事决定后，由出版总署加委，计划由出版总署备案并加研究，将来逐渐移归出版总署领导"（《中华人民共和国出版史料》第一辑）。这个通知为统一新区的新华书店铺平了道路。1950 年 7 月 27 日，中共中央批转了《中央宣传部关于目前出版工作的指示》，重申"全国新华书店统一经营，建立内部统一的国家发行机构"（《中华人民共和国出版史料》第二辑）。

（四）统一工作在部分地区遇到阻力。中宣部部长陆定一于 1951 年 1 月 23 日向周恩来总理并中共中央呈送《关于新华书店统一工作的报告》说："现在全国各地共有总分店 8 处，分店 47 处，支店 1031 处。华北、西北、西南地区已全部统一（注：东北地区在新中国成立前已实现统一），华东除福建外也大体统一了。只有中南区统一工作很差，全区有分支店 308 处，已统一的只有 38 个支店。其原因，除总分店对统一工作抓得不紧外，也由于地方党委对统一工作还有抵抗。……拟请中央再给中南局一个指示，希望中南局通告各级党委遵守中央指示，积极支持新华书店的统一工作"（《中华人民共和国出版史料》第三辑）。统一工作要由中共中央作指示，既说明统一的重要，也说明党中央对新华书店的关怀和重视。

中共中央于 1951 年 1 月 30 日向中南局发出指示称，"全国各大行政区新华书店均已统一，仅中南 90% 仍未统一"，要求中南局"通知各级中共党委遵照中央指示，积极协助并支持新华书店的统一工作，其人员、资金原由中共地方党委和政府机关调拨者，一律不得抽回，并将结果报告中央"（《中原——中南新华书店史》）。为贯彻中共中央指示，中共中央中南局于 3 月 6 日向所属各级党委发出《关于新华书店统一工作的指示》，强调"各级党委应积极协助并支持新华书店中南总分店对中南区各地新华书店的统一工作，并限于 6 月底前彻底完成"（《中华人民共和国出版史料》第三辑）。在指示中批评了个别地方从新华书店抽走干部、资金，转移书籍的现象。中南军政委员会于同月 28 日也发出《关于统一中南区新华书店的决定》。由于各级党委的重视，中南区新华书店的统一工作 6 月底如期完成。

（五）统一带来的优越性。全国新华书店的统一工作于 1951 年底完成。其优越性很快体现出来：（1）全国新华书店系统增强了整体观念，中央版图书的发行工作大为加强；（2）基层书店可以及时得到上级书店的帮助，信息灵通；（3）加速了资金周转和回笼；（4）保证完成统一布置的发行任务。1951 年全国新华书店以极大的政治热情完成 1 亿册抗美援朝书刊的宣传发行任务。如果不统一，这个任务是很难完成的。这一年，全国新华书店的书刊销售总额比上年增长 1.6 倍。

从历史发展来看，新华书店的统一还可以补充三点好处：（1）统一了业务规章制度，为统一书价、垂直发运、扩大发行网点创造了条件；（2）壮大了国营书店的经济实力，为团结改造私营出版发行业创造了条件；（3）为实行出版事业的专业分工创造了条件。

三、出版、印刷、发行实行专业分工

整个出版事业的专业分工，是新中国成立初期在胡愈之署长主持下对出版事业进行的一大改革，影响深远。

（一）专业分工的必要性。早在 1949 年 3 月，胡愈之就向华北局宣传部长周扬提出，出版、印刷、发行"三者应实行分工"。周扬曾将胡愈之的建议报告中央并报陆定一。出版总署发布《关于统一全国新华书店的决定》之后，胡愈之就进一步考虑出版事业的专业分工问题。1950 年 4 月，他在三联书店召开的分店经理会议上说："要求统一，必须分工；一切业务，不能由一个机关来做，需要分工合作。分工就不至冲突和重复，便可节省浪费。……以后将由分工而走向专业化"（《胡愈之出版文集》）。同年 5 月，他在新华书店华北总分店召开的分店经理会议上说："书刊的出版与发行，是两种性质不同的业务，应当分工。出版和发行分了工后，出版部门可再分工。例如有的出文艺书，有的出理工书，有的出学校教科书，诸如此类，各有专业。专业化之后，所出的书更精更好，而且可以避免重复"。他主张新华书店解脱出版、印刷任务，专营发行，"除推销公营出版业的出版物外，应当担负两项任务：（1）推销私营和公私合营出版业的出版物；（2）对一般的私营贩卖书店担任批售工作"。可见，他是把分工专业同调整出版界的公私关系联系起来考虑的。

胡愈之提出的分工专业的思路，可能受 3 个方面的影响：一是来自他长期从事出版工作的实践思考；二是早在 1945 年，老出版家夏丏尊就提出了这个设想（详见本书第十章第一节）；三是受苏联实行出版发行分工专业化的影响。当出版总署最初讨论这项改革时，胡愈之说："一些负责同志顾虑很多，经过长时期的反复讨论，意见才趋于一致"。

（二）周恩来总理签发专业分工的文件。出版总署为实行出版发行的专业分工，1950 年 4 月至 9 月，先后召开了一系列会议进行充分酝酿，征求各方面意见。8 月底至 9 月下旬，又连续召开了全国新华书店第二届工作会议、第一届全国出版会议，最后形成决议，实行出版、印刷、发行的分工和出版专业化。

这项改革得到了政务院批准。10 月 13 日，胡愈之向政务院第五十四次政务会议提出《出版总署关于第一届全国出版会议综合报告》，重点汇报了出版事业的分工和专业化问题。10 月 28 日，周恩来总理签发了《中央人民政府政务院关于改进和发展全国出版事业的指示》，明确指出，"书籍杂志的出版、发行、印刷是三种性质不同的工作，原则上应当逐步实现科学的分工"；"凡有可能与必要自己建立编辑或出版机构的政府部门和人民团体，应逐步建立之，但应注意精简"。同时强调，要"扶植地方的出版工作"，"国营的新华书店应从速完成其全国分支店的统一经营。……团结与组织一切私营的书店，共同把书刊发行工作做好"（新华书店总店编《图书发行工作文件选编（1964—1981）》）。

出版总署于同一天发布了第一届全国出版会议通过的五项决议和《关于国营书刊出版印刷发行企业分工专业化与调整公私关系的决定》。

（三）新华书店总管理处和各大行政区总分店一分为三。根据政务院的指示和出版总署的决议、决定，1950年12月下旬，新华书店总管理处的出版部与总署编译局的部分编译机构组成人民出版社，成为专业的国家政治书籍出版社。各总分店的编辑出版部门分别改建为各大行政区人民出版社。

新华书店总管理处所属京、津两地印刷厂以及各总分店、省市分店所属印刷厂，分别成为独立的企业单位，称××新华印刷厂。

新华书店总管理处的发行部改建为新华书店总店，各总分店的发行部改建为专营发行的总分店。新华书店各地分支店统一由新华书店总店分级管理，同时接受当地党委宣传部和出版行政机关的领导。

从1951年1月1日起，新华书店改为全国性的专业发行机构，凡对人民有益的书刊，不分公私，均予以发行。

人民出版社、新华印刷厂总管理处、新华书店总店均直属出版总署。新华书店总管理处于1950年12月底撤销。新华书店总店办公地址在北京市和平门外延寿寺街刘家大门一号，原系新华书店总管理处发行部。共有房间124.5间，地基5.1亩，系以27.50疋五幅布折价购得。总店总经理徐伯昕（原任生活·读书·新知三联书店总经理），副总经理王益、史育才、储安平。1954年8月，迁前门廊房头条10号办公，刘家大门改职工宿舍。廊房头条10号原为天宝金店，有135房间，总店用6500疋五幅布折价购得。

其他公营出版社如工人出版社、青年出版社分别作为以工人、青年为读者对象的专业出版社。此后新建的各专业出版社均由各专业机关分别领导，出版的图书统一交新华书店总发行。

（四）社店之间签订的第一个产销合同。人民出版社与新华书店总店于1950年12月相继完成组建工作。中宣部副部长胡乔木指出，社店之间的关系应该是"亲兄弟，明算账"。本着这个精神，社店双方于1951年3月1日签订了产销合同。其要点是：人民出版社的出版物由新华书店总店总发行，不得委托第三方发行或自办发行。购销形式分为订货、寄售两种。有时间性读物超过交货期一周，一般读物超过交货期半个月，可将订货之一部分改作寄售。社方按六五折向店方收取书款，4个月付清。寄售书按月实销实结。产销合同的监证人是出版总署办公厅。各大行政区的人民出版社与新华书店总分店也以这个合同为范本，分别签订了产销合同。

这个产销合同在经济利益方面明显地向出版倾斜。根据我国书店的经营规律和历史惯例，总发行折扣应为书价的五折，起码应达到六折，因为整个流通过程要经过总发行、批发、零售等多个流通环节，每个环节都要支付税金、发行费用和承担存书损失，发行折扣太低不利于疏通发行渠道。因人民出版社刚刚成立，新华书店在经济上要给予支持，所以按六五折签订合同。这一时期，华北等地新华书店的发行费用（含课本）约占书价的33%，发运费用约占书价的5%，合计为38%，而产销合同确定的全部发行折扣仅为35%。这意味着，包括京、津在内的华北地区，新华书店系统改为发行企业后，平均每发行一种书要亏损3%。随着统一全国书价，地区差价被取消，边远地区的书店亏损更多。

这个合同签订半年之后，国家统一规定国有企业之间取消商业信用，实行划拨清算，原定的4个月付清书款，改为社方交货3日内，店方全部付清书款。原定的寄售条款无形中被取消。从1953年起，出版总署决定，把发行折扣再缩减5个百分点，用来降低书价——整个流通领域的发行折扣从35%减为30%（即发行所7折向全国新华书店发货）。"文化大革命"期间，马列著作、毛泽东著作和"样板戏"图书图片的发行折扣，又从30%减为20%（发行所8折向全国新华书店发货）。许多新华书店由于有教科书这个经营支柱和国家财政、地方财政的弥补，才得以维持。

（五）报刊与图书的发行实行分工。从1953年1月起报刊与图书的发行又进行了专业分工。邮电部、出版总署于 1952 年 12 月 28 日发布《关于改进出版物发行工作的联合决定》：定期出版物（报纸、期刊）由邮电局负责总发行，不定期出版物（含课本、一般图书及图片）由各书店（包括国营的、公私合营的和私营的）负责总发行。原由新华书店总发行的期刊及其订户、发行设备，从 1953 年 1 月起无偿移交给邮电局系统，新华书店总店及总分店期刊发行部工作人员也调到邮电局继续从事期刊发行工作。

四、对私营书业的社会主义改造

1952 年，中共中央按照毛泽东主席的提议，提出了过渡时期总路线，制定了对私营工商业进行社会主义改造的一系列方针、政策和步骤，在没有多大社会震动的情况下，到 1956 年底基本完成了改造任务。私营书业包括出版业、图书批发业和零售业，在出版发行的过程中作用不同，实行社会主义改造的方式也有所不同。

（一）对私营出版业的改造。据出版总署《1950 年上半年工作报告》，在全国 11 个大城市中，有私营书店 1009 家。其中有 244 家属于出版业，除商务印书馆、中华书局、开明书店等少数规模大而历史久的出版业外，多数为小出版商或零售书店兼出少量图书。当年，私营出书种数占全国出书种数的 57%，销售册数占全国图书销售总册数的 17%，公营出版的图书发行册数则占销售总册数的 83%。

私营出版物质量低劣的占多数。1951 年 10 月，中宣部《关于出版工作向中共中央的报告》指出，私营出版业"小部分基础较好，并有了专业的方向和较健全的机构，它们在我们直接与间接领导下，出版了一些有益于人民的读物，并要求改为公营和公私合营；其中一大部分则单纯以赢利为目的，从事投机。这些出版业的出版物很多是错误百出的，甚至歪曲马列主义毛泽东思想，偷运封建的、买办的、法西斯主义的私货。这些出版物的特点是'抢先'，其中不少是解放前的出版物，用抽补的方法，加上了一些所谓新内容。有的只是剪贴抄袭、粗制滥造的东西。通俗读物中的情况尤为混乱，上海的'跑马书'即是著例"（《中华人民共和国出版史料》第三辑）。

根据对私营出版业现状的分析，中宣部在《报告》中提出："分别对象，采取积极的措施，对真正愿意为人民出版事业而努力的力量，促使其联合经营或公私合营，确定其专业方向，务期于 5 年内将其中大部分改组为公私合营……目前拟根据即将颁布的《管理书刊出版业印刷业发行业暂行条例》，进行核准营业的登记及调查工作，淘汰投机出版业，并肃清出版业中的反革命分子。"毛泽东批示："同意这个报告。"根据上述《报告》和毛泽东的批示，国家对私营出版业的改造从 1952 年就开始了。

上海的私营出版单位最多，社会主义改造的任务较重。上海出版行政机关通过核准营业登记，淘汰了一批投机出版商，主要是"皮包书店"。通过出版分工专业，组织私营出版业进行联营，然后由国家投入部分资金实行公私合营。

上海出版业组织私私联营的基本情况如下：

童联出版社。由万叶、启明等 8 家私营书店组成，专业出版儿童读物。以后又扩大为 34 家，改称儿童读物联合发行公司，简称"童联书店"。

通联书店。由广益、北新、春明等 92 家私营书店组成，专业出版通俗读物。全称为上海通俗读物出版业联合书店。

连联书店。由大众美术出版社、教育出版社等 37 家私营书店组成上海连环图画出版业联合书店，简称"连联书店"。以后又吸收一批美术出版商，联合组成新美术出版社。

新文艺出版社。由文化生活、群益等 6 家私营出版社联合组成，专业出版文学书。

四联出版社。由大中国书局等 4 家私营书店组成，专业出版实用图书。

新知识出版社。由神州国光社、立信会计图书用品社等 6 家出版社组成，专业出版文化教育类图书。

上海画片出版社。由徐胜记、庐山等 9 家私营年画出版商组成，新华书店投入部分资金，实行公私合营，由新华书店上海发行所总发行。

上述这种私私联营仍较松散。部分出版商唯利是图，不时出现违法行为。1952 年，全国开展"五反"运动，上海市书业公会筹委会抽查了 21 家私营出版商的"五毒"：行贿计 2.5 亿元、黄金 10 两；偷税、漏税计 3.8 亿元；盗窃国家资财计 147 亿元、黄金 4 两、美元 4507 元；偷工减料计 15 亿元；

盗窃国家经济情报 2 件（以上均为旧人民币，折合新人民币，亿元为万元）。

除上海外，其他私营出版商较多的城市，也开始组织私私联营。武汉的 36 家私营书店组成武汉通俗读物出版社。长沙的 40 多家私营书店组成湖南通俗读物出版社。广州的 40 多家私营书店组成南方通俗读物联合出版社。

北京的私营出版业以上海在京设立的分支机构实力最强。其他多为小本经营的零售书店，间或出版少量图书，或兼营文具。1952 年经正式核准为出版业营业的，仅有大众、群众、宝文堂等 5 家，其他 12 家"暂时核准营业"。其中有不少靠新中国成立初期从事盗版起家。经过调整，大众出版社、宝文堂于 1954—1955 年改为公私合营，群众书店并入大众出版社。其他转为零售书店或改营他业。

1954 年 2 月，中共七届四中全会正式批准过渡时期总路线，对私营工商业的改造开始转入重点发展公私合营这种高级形式的国家资本主义。所得利润实行"四马分肥"，即分为国家所得税、企业公积金、职工福利费、资方红利 4 个部分。

在大型的私营出版企业中，开明书店董事会于 1950 年 2 月就向政府具文正式申请公私合营。6 月，该店总管理处从沪迁京。1951 年冬，为帮助其解决经营困难，出版总署拨给资金 5 万元。经充分协商，1953 年 4 月与共青团中央所属的青年出版社合并，组成公私合营股份制有限公司。邵力子任该公司董事长，团中央第一书记胡耀邦任常务董事。董事会成员有朱语今、章锡琛等 16 人。改名中国青年出版社。在该社出书的版权页上，刊印社名旁边注明"青年出版社、开明书店联合组织"。对开明书店的原有股东，在每年结算赢利时发给应得的红利。1956 年后实行定息制度，直至 1966 年 9 月。

商务印书馆、中华书局的总管理处也于 1950 年由沪迁京，经书面申请，均于 1954 年被批准实行公私合营。按出版专业分工，商务印书馆主要编译出版世界哲学、社会科学方面的学术著作和语文工具书；中华书局主要出版中国古籍及有关研究著作。其他基础较好、经营正派的私营出版业包括私私联营的出版社，也逐步由国家投入资金，实行了公私合营。对基础差、缺少合格编辑人员的出版商，则加以裁并，人员做了妥善安置。1956 年，全国基本完成了对私营出版业的社会主义改造。1958 年，全国所有的出版社均实现了国营。

（二）对私营批发书店的改造。旧中国书业不发达，除商务印书馆、中华书局等大型书店拥有发行所和分支机构批发本版图书外，几乎没有像样的批发书店。新中国成立后，在各大城市出现了一些图书（主要是年画）转批商，数量不多，规模极小。新中国成立前后一段时期，商务、中华、开明等书店的发行部门在经营上都遇到很大困难，营业萎缩，亏损严重。"虽然它们自己有相当广的全国发行机构（商务印书馆全国有 29 个分店），但无力养活自己的机构，那些机构反而成为他们的严重负担"（1950 年 6 月《出版总署向政务院文教委员会的工作报告》）。

为了帮助解决商务、中华、开明这三家书店的经营困难，1951 年 1 月，出版总署同意他们按照出版、发行专业分工的原则，将编辑出版机构与发行机构分开，并以三联书店（公股）的发行机构为首，加上联营书店（1943 年，生活、读书、新知三家书店在重庆联合倾向进步的私营书店所组成，1950 年改为公私合营），共 5 家书店的发行机构及其分支店，组成公私合营的中国图书发行公司（以下简称"中图公司"）。全公司包括各地的分支机构共有职工 2058 人，共有分支店 87 处。总管理处设在北京，总经理邵公文。在京、津、沪、沈、汉、穗、渝等 24 个大中城市设分公司（由当地的三联、商务、中华、开明、联营等 5 家书店的分支机构合并组成）。主要任务是发行上述 5 家书店出版机构的出版物，同时也发行中国青年、重工业、机械工业、新文艺、新群、龙门等几十家公私出版单位的出版物。

中图公司成立以后，公股在企业内部已处于主导地位，逐步改变了亏损局面。1950 年中图公司未组建前，商务、中华、开明三家书店的发行部门共亏损 90 万元。中图公司成立的第一年（1951 年），仍亏损 70 万元。1952 年扭亏为盈，赢利 75 万元。1953 年赢利 100 万元，这一年，私股陆续退还，它实质上已成为国营图书发行企业。1954 年 1 月，出版总署经请示政务院批准，将该公司并入新华书店系统。各地分公司并入所在城市的新华书店，门市部仍保持中图公司的招牌（1958 年换上新华书店招牌）。中图公司的领导干部一般均被安排为当地新华书店的经理或副经理。

中图公司总管理处与设在北京的新华书店华北总分店业务部门合并，于

1954 年 1 月组建成新华书店北京发行所，负责办理北京地区出版物的总发行业务。该所由新华书店总店领导。

书业集中的上海也加强了对私营批发书店的改造。1954 年 9 月，以通联、连联和章联 3 家私私联营书店为基础，组成公私合营的上海图书发行公司，负责总经销上海各私营出版社的出版物。这样，就基本上控制和掌握了上海全部私营出版社的出版物，排挤了私营投机批发书商，同时安排以批发为主的私营书店转营零售。

1954 年秋，各大行政区政府机构撤销，新华书店各总分店也随之撤销。以各总分店的人力、财力为基础，分别成立了新华书店上海、沈阳、武汉、重庆发行所。西安未成立发行所，其出版物由新华书店陕西分店发行。

各发行所的成立以及新华书店全国分支机构的发展，扩大了国营出版物的发行，也有利于对私营出版发行业的社会主义改造。1954 年底，新华书店系统几乎全部掌握了图书产地和销地的批发环节，割断了私营出版业与私营发行业的批销联系网络。

批发是图书流通的枢纽。如果批发环节不由国营书店掌握，一些粗制滥造的书、盗版书以及其他非法出版物，势将泛滥于图书市场。

（三）对私营零售书业的安排改造。全国解放后，私营零售书业有所发展。据 1954 年统计，全国有私营零售书店 3500 户（多数为小本经营的夫妻店），从业人员约 8000 人。这些书店主要集中在大中城市，半数以上兼营文具或其他商品。上海最多，564 户；北京次之，253 户。新中国成立初期，私营零售书店的货源，大部分来自私营出版业。那时，私营出版物的定价比国营出版物高出一倍，私营书店可按 6 折赊销进货，另加地区差价出售。这些书店的营业额虽然不大，但因毛利润率高达 50% 以上，尚可维持。

随着新华书店系统掌握了产地和销地的批发环节之后，私营零售书店只能在当地新华书店进货。如果新华书店仍能按照过去私营出版商的优惠批发条件开展批发，则足可维持私营零售书店的生存和发展。但是，如前所述，国营出版社给新华书店的全部发行折扣（含总发行、转批、零售三个环节）仅为 30%。发行所 7 折进货，对各地分支店七八折发货。各地分支店对私营书店的批发折扣仍维持 8 折。

私营零售书店从私营出版商（含转批商）进货可得毛利润率（发行折扣）40%—50%（含地区差价），改从新华书店进货只得毛利润率（发行折扣）20%，实际收入锐减。1952年的"三反"、"五反"运动以后，因部分私营工商业者施放"五毒"，导致私营工商业声誉下降，私营零售书店也不例外，营业额降低，因进货渠道改变毛利润率又减少50%以上，无疑是雪上加霜。1954年，全国约有300家私营零售书店因入不敷出而倒闭。

1955年初，文化部指示新华书店总店把妥善安排私营书店作为当年的重要任务。为此，总店作了认真部署，要求全国新华书店特别是城市店，在当地党政机关的领导下，加强批发业务，给私营同业以足够维持生活的营业额。配合政府主管部门的工作，不让一家歇业，不让一人失业。安排的主要形式是实行经销、代销，让私营同业挂出新华书店经（代）销店的牌子，以提高他们的营业声誉。

为帮助私营同业扩大销售，总店决定实行"三让"政策：（1）让批发折扣，从八折改为七五折批发（各地新华书店七八折进货，七五折批发，显然亏本）；（2）让经营品种，适合私营书店销售的热销品种，如字典、地图、唱本、歌本、部分小说、连环画册等，让给私营书店销售；（3）让营业时间，新华书店每周休息一天或平日减少一两个小时营业，让读者到附近的私营书店购书。

经过上述安排，私营书店经营情况显著好转。1955年新华书店对私营书店的批发额较上年增长1.8倍。1956年，全国私营书店实行了全行业公私合营，许多城市组建了公私合营书店总店。1958年，公私合营书店普遍并入当地新华店。

对私营出版发行事业的改造是历史的必然，同其他行业的社会主义改造一样，是伟大的历史性胜利。不足之处是，对私营零售书店的改造，要求过急，工作过粗，改变过快，形式也过于单一。

五、出版发行"大跃进"造成的混乱

1958年，中共八大二次会议通过了社会主义建设总路线及其基本点，反映了广大人民群众迫切要求改变我国经济文化落后状况的普遍愿望，但急

于求成，忽视了客观经济规律，造成了很大的负面影响。总路线提出后，各行各业都掀起了"大跃进"运动，出版发行单位也不例外。

（一）"大跃进"带来的高指标、浮夸风。1958 年 3 月，文化部在上海召开全国出版工作跃进会议，动员中央和地方的各出版社反右倾、"破保守"，多出书、快出书。与此同时，在上海召开新华书店第四次分店经理会议，动员与会代表检查右倾保守思想，用"打擂台"的形式促使各省书店经理加大全年销售指标。一般地说，图书销售年平均增长 10%—20%，已经很可观了。但是，在那种增长指标小了就是右倾保守的会议气氛中，增长 30% 都是太保守了。这个人上台发言，表示 1958 年图书销售增长 50%；另一个人则表示增长 60%，就这样"你追我赶"，有人甚至把 1958 年全省书店图书销售指标定为增长 120%，从而成为"打擂台"的"英雄"、"胜利者"。

文化部领导在这两个会议上提出：出版要适当增加数量，大力提高质量；发行要增加数量和提高质量并重。但在会上一再反右倾，夸大主观意志的作用，提高质量并无措施保证，实际上是鼓吹了"高指标"，助长了浮夸风。

1958 年的"大跃进"和 1959 年的"持续跃进"，导致出版社盲目追求出书品种，片面图快，制造"三天出一种书"、"一天出一种书"，甚至"十几个小时出一种书"，多为靠剪刀、糨糊拼凑起来的报刊材料。图书内容有不少是宣扬"浮夸风"的，例如"星子公社亩产六万斤"；还有宣扬"共产风"的，例如，"歌唱吃饭不要钱"等。许多地方出版社还出版了一大批不成熟的介绍农业生产经验的小册子。

1958 年，全国共出版一般书籍 4.5 万种，是新中国成立 9 年来出书种数最多的年份。其中，不乏优秀图书，如《鲁迅全集》、《青春之歌》等。但多数书的内容质量较差，缺乏生命力，相当一部分积压在书店库房里。

在高指标的压力下，许多市县新华书店则依靠当地党政机关的动员，大搞"图书发行群众运动"，大放发行图书的"卫星"。陕西长安县新华书店当年秋发行农村读物 86 万册，该县县长宣布，到年底再发行 620 万册。福建惠安由县委挂帅，出动 1600 名文教干部、教师，"苦战 10 天"，发行小册子 180 万册，全县平均每人购 3.6 册。"卫星"越放越"高"，广西桂平县书店"大干 20 天"，发行 378 万册图书。河南、陕西等省店则分别宣布当年第四季度发行通俗读物 5000 万册。江西宣布仅毛泽东著作就要发行 1200 万册。这些数字竞赛，都含有很大的浮夸成分。总店店刊《图书发行》报错误地推广了这些"跃进经验"。结果，造成全国新华书店的存书积压和赊销坏账。靠行政动员发到公社、生产队的大批图书，有相当一部分并未起到实际作用。

（二）纠正忽视出书质量的倾向。针对出版发行工作"大跃进"发生的问题，文化部于 1958 年 11 月 5 日发出《关于各出版单位今年应进行群众性的出书质量检查的通知》，指出："有若干出版物出现不少政治性错误和严重的技术性错误……依靠剪刀糨糊编书的倾向，又有了某些滋长，造成了一定程度的重复和浪费。"因此，要求全国省一级以上出版社，普遍进行一次出书质量检查，"为明年放'卫星'打好思想基础"。12 月 28 日，周恩来总理对文化部发展群众文化事业要求过高过急，违背创作规律，大放文艺"卫星"等问题进行了批评，指示取消放文艺"卫星"的口号。出版系统遵照周总理的指示，纠正了一些错误做法，也取消了放"卫星"的口号。

出版发行"大跃进"出现的问题，引起了党中央的重视。1959 年 3 月 30 日，中共中央发出《关于报刊书籍出版发行工作几个问题的通知》，指出："图书出版部门对于出版物的实际需要，常常缺乏实事求是的估计，片面地追求数量，忽视质量，以致粗制滥造的情形很严重。报刊的出版和发行，也有盲目发展和忽视质量的倾向。各地发行部门相当普遍地发动了数字的竞赛，甚至用行政手段强迫摊派……各类出版物在各地特别是在人民公社有很大的积压和浪费。""出版社今年应该着重整顿巩固，提高质量……出版和发行机关不要主观地规定数字指标，在群众中强行推销。出版和发行工作，都不能发动关于数量方面的竞赛运动。现在的出版物发行数量过大的，应当加以控制和压缩"（《出版工作文件选编（1958—1961）》）。

根据中共中央通知精神，全国出版社于 1959—1960 年对 1958 年以来的出书情况进行了一次全面检查。1958 年全国有出版社 95 家。经整顿，1960 年底压缩为 79 家。

（三）调整管理体制，整顿新华书店。发行工作的整顿是结合调整新华书店管理体制进行的。1951 年底，新华书店刚刚实现统一。1955 年 11 月，文化部规定，新华书店各省市分店及其所属支店，改由地方文化行政机关领导管理，新华书店总店仍有领导和监督的责任。1958年"大跃进"，文化部于当年6月发出《关于改变新华书店体制的通知》，"新华书店各省、自治区、直辖市分店，彻底下放，由地方文化、出版行政机关全权管理，分店名义取消，改称××省（自治区、直辖市）新华书店"。各省文化（出版）行政机关根据文化部通知精神，也将市（地区）县支店彻底下放，支店名义取消，改称××（市）县新华书店交由市县文化行政机关全权领导。少数城市将新华书店门市部下放给街道领导。

新华书店层层下放，全国的图书发行工作大为削弱。文化部不得不于1962年9月发出《关于调整新华书店省以下各级机构管理体制的通知》。通知指出，1958年市县新华书店下放以后"主要的问题是：1.图书发行的业务方针不能全面地贯彻，图书货源难以统一调度。2.企业的经营管理削弱，原来的一套管理制度大多被搁置。许多书店的财务管理、图书管理混乱。3.干部队伍也有所削弱，受过专业训练的、业务比较熟练的市县书店经理和会计等业务骨干，近几年调动频繁，抽走很多，相反又安插了不少体弱多病或水平过低不适宜做书店工作的人员到书店……"（《出版工作文件选编（1962—1966.5)》）。

针对这些问题，文化部通知要求"将原已下放的市县书店，改为由省书店和市县的文化行政部门双重领导，在业务上以省书店的领导为主，在干部的教育与管理上以市县文化行政机关为主，财务由省书店统一管理，大城市的地区门市部，原则上应当由市书店统一领导"（《出版工作文件选编（1962—1966.5)》）。

在文化部上述通知发出前一个月，国务院批转了《文化部关于调整和充实新华书店业务骨干问题的请示报告》，要求各省、自治区、直辖市人民委员会，"对书店的工作和人员进行一次切实的整顿……一九五八年以后调离书店的经理、会计和主要业务骨干，尽可能调回书店工作。图书发行队伍应该力求稳定"，"市、县级书店的经理、会计和主要业务骨干，必须调动时，应经省、自治区、直辖市的文化行政部门同意"（《出版工作文件选编（1962—1966.5)》）。

这次调整市县新华书店管理体制，是同国务院 1962 年 5 月发出的《关于商业部系统恢复和建立各级专业公司的决定》的精神一致的。市县书店的人员少，规模小，水平不一，业务繁重，在当地又缺乏同业比较，而发行工作的系统性和专业性较强，在充分尊重当地党政机关领导的基础上，需要实行规模经营，由省书店把这些分散的小书店（市县新华书店）联合起来，在方针政策、进销业务、企业管理等方面进行具体领导和监督管理。这次改制以后，新华书店事实上成为以省、自治区、直辖市为单位的专业公司。

体制下放出现的许多问题，并不能因书店的管理体制调整而自然得到解决。经过一年的调查研究，1963 年 8 月，中共中央宣传部转发了《文化部党组关于整顿新华书店基层单位的请示报告》，要求各中央局宣传部，各省、自治区、直辖市党委宣传部参照文化部党组的这个报告，从服务方向、干部队伍、财务管理等方面对市县新华书店进行一次整顿。同时提出，"新华书店总店应该对全国新华书店的工作加强业务指导"（《出版工作文件选编（1962—1966.5）》）。同年 12 月，文化部又专门发出通知，对总店同各地新华书店的业务指导关系作了规定。

为配合整顿，总店总结了多年来的发行工作经验和"大跃进"高指标、瞎指挥、浮夸风等教训，制定了《新华书店县店工作条例》。文化部作为"试行草案"于 1963 年 9 月颁发，要求"结合当前对基层书店的整顿工作"贯彻试行。在整顿过程中，各地书店清理了账目，经审查批准，报废了"大跃进"以来因粗制滥造而卖不掉的存书。经济损失惊人，不算地方财政拨款弥补，仅财政部就先后两次拨款达 1.2 亿元（相当于 20 世纪 90 年代的十几亿元），弥补全国新华书店的亏损。

六、缓和图书供应紧张状况

由于"大跃进"和人民公社运动的失误，加上连续几年的自然灾害，1959—1961 年我国出现了严重的经济困难，粮食紧张，各种物资短缺，直接影响出版事业的发展，图书供应出现十分紧张的局面。

（一）妥善安排图书市场。由于国民经济出现的暂时困难，1961 年的全国出版用纸锐减，只达到 1951 年的水平，图书销售数量倒退到 1955 年的水平。各地书店特别是大中城市书店在"大跃进"时期积压的存书滞销，新书不能足量订进，只能由各发行所酌情分配，严重供不应求。

文化部出版局把妥善安排图书市场作为 20 世纪 60 年代初期的重要任务。在王益局长的直接主持下提出 7 项措施：改进图书分配，加强计划发行，重印急需图书，挖掘存书潜力，收购旧书再售，开展租书业务，改善服务态度。1961 年 4 月，以这 7 项措施为内容，文化部副部长胡愈之签发了《文化部关于加强计划发行缓和图书供应工作中紧张状况的通知》。6 月，文化部又与商业部发出《关于加强旧书回收工作的联合通知》，要求商业系统所属的"废品回收部门收购到的旧书刊，在处理前首先应经当地新华书店鉴别挑选"。并对旧书回收的范围、价格、经营分工以及应注意事项作了规定。

（二）七项措施取得成效。从 1961 年至 1963 年，出版发行部门把解决图书供应紧张的问题作为一项重点工作，年年布置狠抓落实。1961 年，全国新华书店经清理存书，调剂余缺，约增加图书销售 8000 万册。各地书店共回收解放后出版的旧书 3500 万册，售出 80%。以湖南为例，全省 98 个店有 90 个店开展了旧书收售业务，1961 年共收进旧书 91 万册，售出 73 万册。……长沙市店在河西学校区收购 7 天，回收旧书 1.2 万册，其中 70% 为畅销品种。四川成都市店 1961 年收售旧书 130 万册，还抢救了一批珍稀革命史料。当年，该店代读者寄售旧书 1400 余册。

各地新华书店普遍开展了租书业务。重庆市新华书店除在门市部租赁图书外，还发展了 223 个租书摊。1961 年，该市出租图书近 900 万人次。新疆石河子市新华书店出租图书 10.5 万人次。河北怀来县新华书店备有租书品种 600 余种。一册《穆桂英》连环画册，8 个月租阅了 646 人次。一册《王若飞在狱中》，8 个月出租 168 人次。当年的租金非常便宜，每本书每天的租金仅收 1 分—2 分钱。租书的品种有近半数是从回收的旧书中补充来的。沈阳市新华书店帮助 8 个家庭妇女组建了一个合作租书店，1961 年共租阅 83.2 万人次，其中连环画册租阅了 81 万人次，文艺小说租阅 2.2 万人次。《三家巷》、《烈火金刚》等书，每册均租阅 30 人次以上。人们买不到书，可以租阅。许多书店的租书业务延续 10 多年，甘肃全省书店和农村供销社办的租书点，到 1976 年仍保持 1047 处。

文化部出版局从战备纸中拨出 7000 吨，由总店做市场调查，采取"点菜出版"的办法，重印供应了 260 余种紧缺书，包括古今中外名著和语文工具书，发出后很快销售一空。

由于出版用纸不足，许多新书不能满足各地书店的订货需要。1962 年 5 月，北京、上海两个发行所共同制定了《图书分配办法》，经全国图书发行工作会议讨论通过，由文化部颁发试行。《图书分配办法》规定，对不能充分供应的图书，"根据各省、市、自治区各类图书的读者对象的人数和过去的销售水平"，制订分配比例（大城市适当照顾），"按分配比例逐级进行分配"（《图书发行工作文件选编（1950—1963）》）。当年，是典型的卖方市场，各省级书店纷纷以各种理由争取加大对本省（市、区）的分配比例份额。这个《图书分配办法》一直执行到 70 年代中期。

经过出版发行部门的努力，到 1963 年，图书供应基本得到缓和。由于货源日益充沛，1963—1965 年，城乡图书发行工作都开展得很活跃。不幸的是"文化大革命"接踵而至。收售旧书、开展租书、代读者寄售图书等许多深受读者欢迎的做法，没有普遍坚持下去。

第二节　国有出版发行事业

从 1949 年中华人民共和国成立到 1966 年"文化大革命"爆发前的 17 年间，是我国国有出版社和新华书店初步繁荣发展时期。首都北京成为全国出版中心，上海仍不失为重要的出版基地，在其他各省、市、自治区也都从无到有地建立了国有出版社。专营图书发行的新华书店已建立起遍及全国城镇的图书发行网。

一、北京成为全国出版中心

1951 年实行出版专业化以来，国有出版社逐步发展壮大。1950 年全国有国有出版机构 27 家，主要是新华书店总管理处、各大行政区新华书店总分店、部分省分店以及三联书店总管理处。新华、三联系统以外的，只有工人出版社、青年出版社、人民军医出版社等少数几家。1957 年，对私营出版业的社会主义改造全部完成，国有出版社发展到 103 家。1958 年，"大跃进"以后紧接着出现三年困难，经过整顿合并，到"文化大革命"前的 1965 年，国有出版社有 87 家。其中，中央级出版社 38 家，地方出版社 49 家。中央级出版社集中在北京，成为全国出版中心。

从新中国成立到"文化大革命"前的 17 年间，在北京建立的社会科学、文化教育、文学艺术等方面的出版社有：人民、工人、人民教育、高等教育、商务印书馆、中华书局、人民文学、人民美术、人民音乐、通俗读物、民族、外文、北京、戏剧、作家、地图、世界知识、群众、电影、文物、财政经济、法律、体育、中国青年、中国少年儿童、荣宝斋、农村读物等出版社。大学出版社只有中国人民大学出版社一家。

为了适应经济建设的需要，中央各部委成立许多专业对口的科学技术出版社，如科学、科学普及、机械工业、建筑工业、铁道、交通、邮电、农业、林业、地质、水利电力、国防工业、煤炭工业、轻工业、石油工业、冶金工业、化学工业、纺织工业、卫生、统计、技术标准等出版社。其中，许多工业技术出版社曾于 1960 年一度合并为中国工业出版社，后来又分开。

解放军系统建立了人民军医、解放军、解放军文艺等出版社。

北京地区的出版社实力雄厚，按专业化方向出书，各具优势。1955—1965 年按出书品种平均计算，北京出书品种占全国出书品种总数的 45.3%。新中国成立以来直至 90 年代后期，北京的许多出版社出版了一大批优秀著作，有的成为传世之作。

二、地方出版社的建立和发展

在地方出版社中，首先应该提到上海。它是全国的重要出版基地。其次是北京，北京出版社成立时间虽然较迟，但它的出版资源、出版实力较为雄厚。第三是天津，新中国成立初期就成立了三家出版社。其他各省、自治区也陆续建立了国有出版社，改革开放之后日益发展壮大。

（一）上海——重要出版基地。新中国成立前夕，上海全市有书店、出版社 500 余家。其中，有出书业务的约 150 家，到 1951 年已发展到 391 家，

"皮包书店"占相当多数。1952年下半年，华东新闻出版局按照政务院颁布的《管理书刊出版业印刷业发行业暂行条例》，进行登记和核发许可证，淘汰了一批不够条件的出版商。1953年底，全市出版业减至252家。经过私私联营、公私合营，1954年底全市出版社合并为80家。接着又继续合并改组，到1956年，全市出版社均为国营出版社，有上海人民、上海美术、新文艺、新美术、上海文化、上海音乐、上海科学技术、上海古籍、少年儿童等9家。出版社的数量虽然减少了，但各社的规模壮大了，编辑力量雄厚了，上海出版物在全国图书市场上的影响进一步扩大。

上海人民出版社的前身为华东人民出版社，1955年初改用现名。建社以来，出版许多重要学术著作，在国内外赢得一定声誉。

上海人民美术出版社的前身为华东人民美术出版社，1955年改现名。1956—1958年，上海公私合营的新美术出版社和上海画片出版社先后并入该社。20世纪90年代之前，该社出版的连环画和年画，在全国图书市场占有较大优势。

中国基督教联合书局是1887年在上海成立的教会书店——广学会，上海解放后继续在上海博物院路（今虎丘路）128号营业。1950年曾出版《四福音大辞典》等21种书。此后，每年都有新书问世。知名人士黎照寰博士任董事长，胡祖荫、丁光训、江文汉等先后任总干事。1956年12月，该会与中华浸礼会书局、青年会全国协会出版部、中国主日学会共同组成中国基督教联合书局，推选黎照寰为书局董事会主席，江文汉为总干事。下设出版部、发行部、总务部，有工作人员50多人。一时声势颇盛。

上海是中国近代出版事业的发祥地，许多老出版家如罗竹风（1911—1996）、舒新城（1893—1960）、宋原放（1923—2005）、赵家璧（1908—1997）等人为上海出版事业的发展都作出了突出贡献。

（二）北京出版社。1956年9月成立，中共北京市委宣传部领导的综合性出版社。首任社长由《北京日报》总编辑周游兼任。继任社长有安捷、王宪铨、朱述新等。"文化大革命"期间，该社撤销。1978年6月恢复。改革开放以来，该社有了迅速发展，陆续建立北京古籍、北京旅游、北京少年儿童、北京十月文艺、北京教育、北京美术摄影、文津等7个专业出版社，形成规模经营。1999 年，组建成北京出版社出版集团。自建社至 20 世纪 90 年代末，共出书万余种，发行 3 亿余册，400 多种图书获奖。该社每年都出版一批宣传首都、服务首都建设的图书，具有浓郁的北京特色。

（三）天津。新中国成立初期，全国的三大城市是京、沪、津。因此，天津人民出版社较其他省区成立得早，1950 年就成立了，后续又成立了天津人民美术出版社、百花文艺出版社等。天津出版的大型画册以及年画、中堂画在国内图书市场占有重要地位。

（四）其他各省、自治区国有出版社的建立。1950 年 12 月，以各大行政区的新华书店总分店编辑部、出版部为基础，分别成立了华东（上海）、东北（沈阳）、西北（西安）、中南（武汉）、华南（广州）、西南（重庆）人民出版社。基本上一个大行政区设立一家国有的综合性出版社。但也有例外。如江苏，就分别设立了苏南（无锡市）、苏北（扬州）人民出版社，1953 年 1 月两社合并，在南京成立江苏人民出版社。在四川，除西南人民出版社外，还设有西南青年、西南卫生书报、四川人民、川西人民、川南人民、川北人民、重庆人民、四川民族等出版社。1956 年初，几经合并组成四川人民、重庆人民两家出版社。

1954 年大行政区撤销，各大行政区人民出版社均改称所在省、市人民出版社。其他各省、自治区也在此前后，成立了人民出版社。"文化大革命"前，基本上一省（区）一社。少数省（区）另设有民族出版社或教育、文艺、美术出版社。

"文化大革命"前，地方出版社按照"群众化、通俗化、地方化"的方针，主要出版时事政治读物、干部学习材料、农业生产知识读物、扫盲课本及通俗文艺读物，还负责租型印制中小学课本。

三、新华书店发展到全国各市县

1950 年 12 月实行出版发行专业分工以后，新华书店总店和各大行政区的总分店加快了建设分支店的速度，各分支店也加快了建设门市部或专业书店的速度。1965 年底，全国新华书店已从新中国成立前夕的 705 处发展到 4076 处。

（一）新华书店总店。1951 年 1 月 1 日在北京成立。政务院财政经济委员会主任陈云签发了公字第 35 号营业执照。总店的机构和任务多次变动，新中国成立初期是全国新华书店的领导管理部门，总店的图书、期刊、课本发行部承担中央一级出版物的总发行任务。1952 年 6 月，总店精简机构，与出版总署发行局合署办公，总发行业务交由华北总分店承担。这一年，总店进行了清产核资工作。经统计，全国新华书店自有资金 2175 万元（折合新币）。1954 年秋，各总分店随着各大行政区党政领导机关的撤销而撤销，总店管理任务加重，从各总分店抽调一批干部，扩充机构，直接领导、管理全国省市分店和各发行所。1956 年，总店与省、直辖市文化（出版）局对分店实行双重领导，各自治区新华书店改为地方国营。1958 年，各分店及沪、汉、沈、渝发行所下放给各省、直辖市文化（出版）局，总店再次精简机构，人员从 220 人减至 30 人，迁入文化部大楼办公，成为文化部出版局管理全国图书发行事业的职能部门。局级建制，对全国新华书店负有业务指导责任。

1958 年 8 月，总店以北京发行所为基础，组建北京发行所、科技发行所、外文发行所、储运公司、文化部图书发行干部学校。这 5 个单位均由总店领导管理。三年困难时期，科技发行所并入北京发行所，干校并入文化学院。

为沟通发行信息，加强业务指导，从总店成立起，就创办店刊《新华通报》，后改名《发行通报》。1955 年元旦创刊《图书发行》报，1995 年改名《中国图书商报》，由总店和中国书刊发行业协会主办，成为全国书店的报纸。21 世纪改由中国出版集团领导。

"文化大革命"前的 17 年，总店统一和健全了全国新华书店的规章制度，自办图书中转运输，制定了大专教材、中小学课本以及各类专业书的发行办法，推动各地书店广泛开展了农村发行和工矿区发行，培养了大批发行干部。

总店第一、二任总经理徐伯昕、王益，本书已作介绍。第三任总经理史育才（1914—1998），河北阜城人，中共党员。新中国成立前后任华北新华书店经理、新华书店总管理处发行部主任。1951 年总店成立，任副总经理。

1957 年，任文化部出版局副局长兼总店副总经理，1962 年任总店总经理，后调任文化部对外联络司司长。20 世纪 80 年代，任北京印刷技术研究所所长等职。史育才为创建华北新华书店、新华书店总管理处发行部、新华书店北京发行所作出了贡献。

第四任总经理王璟（1915—2008），山东黄县人，中共党员。长期在山东、东北解放区从事出版、印刷、发行工作。1950 年 12 月出版、印刷、发行分工专业后，任新华书店东北总分店副经理、经理。1954 年调北京，任总店副总经理兼北京发行所经理。1958 年起，主持总店工作，1960 年 12 月任总经理，直至 1983 年离休。他主持总店工作长达 25 年。"大跃进"以后，他为整顿全国新华书店，发展农村供销社售书点；"文化大革命"后为恢复总店机构和京所业务，扩建储运公司以及争取全国新华书店实行利润留成等，作出了贡献。他是中国出版工作者协会第一届副主席，第二届顾问。

（二）华北总分店及各省、自治区、直辖市分店。华北新华书店在北平解放后进入北平，其编辑出版工作人员和印刷厂人员划入中宣部出版委员会的出版处和厂务处，只保留了发行机构，经理史育才。出版总署成立，华北新华书店改称华北总分店，李长彬接任经理。所属的邯郸、保定、石家庄三个总分店，改制为分店。1950 年 8 月，华北总分店并入新华书店总管理处发行部。1952 年 6 月，再次成立华北总分店，史育才兼任经理，总店原有的图书、期刊、课本三个发行部和总发行业务全部移交华北总分店。1953 年 12 月，华北总分店的图书、课本等业务部门与中国图书发行公司总管理处合并，成立新华书店北京发行所，史育才兼任经理。华北总分店成为华北地区分支店的管理机构，经理卢鸣谷。1954 年 7 月，华北总分店撤销。

华北总分店下属有北京、天津、河北、山西、察哈尔、蒙绥（后改内蒙古自治区）等 6 个分店，前 4 个分店初创情况，本书第十章已述及，现将后两个分店略述如下。

察哈尔分店。1948 年 3 月在河北满城建立，后迁张家口市，经理李平。1952 年察哈尔省建制撤销，该店改制为张家口支店。

蒙绥分店——内蒙古自治区新华书店。1948 年 11 月在原绥远省丰镇成立。初称绥蒙新华书店，经理文野。1949 年 9 月，绥远省和平解放，该店进入归绥市，改称绥远分店。1952 年，内蒙古人民政府迁归绥，该店改称蒙绥分店。东北总分店所属的内蒙古分店改称内蒙古东部区分店。1954 年绥远省建制撤销，辖区划归内蒙古自治区，归绥市改称呼和浩特市，以蒙绥分店为基础成立内蒙古自治区新华书店，包维新（蒙古族，原东部区分店经理）任副经理并主持工作。5 月，东部区分店撤销，改制为呼伦贝尔盟新华书店。东部区分店所属旗（县）支店统由内蒙古自治区新华书店领导。

（三）华东总分店及各省分店。1951 年初，以华东新华书店总店发行部为基础组建华东总分店。卢鸣谷、周天泽先后任经理。1950 年 11 月，中共中央华东局第二书记、华东军区司令员陈毅为华东总分店第二次分店会议题词："教育群众，传播经验，努力普及，逐步提高。"华东总分店领导的分店最多，实力雄厚。新华书店华东总分店于 1954 年 11 月撤销，改制为上海新华书店及新华书店上海发行所（两块招牌，一个机构），承担上海地区出版物的总发行任务，首任经理周天泽。翌年，周天泽调任新华书店总店副总经理，由副经理孙立功主持工作。

华东总分店首任经理卢鸣谷（1917—1994），为创建哈、沈、津、平、宁、沪的新华书店立下了汗马功劳。他是浙江余杭人，中共党员。早年入上海世界书局从事发行业务，1938 年奔赴延安，入抗大学习。1939 年后，历任新四军二师《抗战报》主编、《东北日报》记者、东北书店总店副总经理。他和该店总经理李文等人在解放战争初期极为艰苦的条件下，在佳木斯、哈尔滨创建东北书店总店。辽沈战役决胜时刻，他率领 20 多名干部，从哈尔滨南下，屡经战火风险，在沈阳解放当天冒着炮火随军进城。奉沈阳军管会主任陈云之命，接管了 5 家国民党办的书店及其印刷厂，创建沈阳东北书店。经他多次向沈阳市军管会主任陈云、副主任张学思请示汇报，被批准接管已被其他系统接管了的马路湾大楼（5000 平方米），为东北书店总店迁往沈阳提供了极好的办公条件。

1949 年初，东北书店总店迁沈阳，刚刚安置就绪，卢鸣谷又奉命带领 30 名干部，满载两卡车图书，随第四野战军入关，参与接管平、津两地国民党出版机构，先后创建天津和平路、北京王府井两个新华书店，被任命为中宣部出版委员会委员。不久，他奉中宣部出版委员会之命南下，随百万雄师强渡长江，与华东新华书店南下干部吕纪等人会合，接管南京的国民党出版发行机构，创建南京新华书店，并调派书店干部随刘邓大军向大西南进发。上海解放不久，他任华东新华书店总店副总经理，以上海军管会代表的职务进驻上海世界书局总管理处和大东书局总管理处。经清理账目，查明世界书局的官僚资本占总资本的51％，宣布由政府接管，私股退还；大东书局的官僚资本不到50％，改公私合营。卢鸣谷为参加抗战而离开世界书局，经过12年南征北战，又作为军管会代表进驻世界书局，极富传奇色彩。1953年调到北京，历任新华书店华北总分店经理、《北京日报》副总编辑、鞍山钢铁学院副院长、冶金工业出版社社长兼中国出版工作者协会科技出版委员会主任委员等职。

华东总分店所属分店有：上海、山东、浙江、福建、苏南、苏北、南京、皖南、皖北和随军分店。上海解放时，在上海市军管会统一领导下，由书报摊的中共地下党组织接管了国民党的独立出版社，成立人民书报供应社，归华东总分店领导。

上海分店。原为华东总店的门市机构，1951年2月正式成立上海分店，管理上海全市新华书店门市部，并负责对上海市的书刊批发业务。朱晓光、宋玉麟先后任经理。1958年，上海分店并入上海新华书店。

人民书报供应社。1949年6月在上海成立，经理钟德秋。主要承担全市书报摊的书刊批发业务，积极引导和组织上海400多家书报摊发行进步书刊，并在上海街头建立了一批书亭。该社还将报章70多人组成一支列车书刊服务队，活跃在沪宁、宁芜、沪杭等铁路线上，向列车上的旅客供应新书刊。1951年3月，该社并入上海分店。上海刚刚解放，就能把遍布全市的书报摊组织起来，引导他们发行新书刊，不发坏书。这是个非常成功的经验。

山东分店原为山东总分店。1952年5月改称分店，首任分店经理李克公。济南、青岛等分店改称支店。

苏南、苏北、南京三个分店于1953年1月合并成立江苏分店，设在南京，首任经理陈一清。

皖南、皖北两个分店于1952年6月合并为安徽分店，设在合肥市，首任经理张良。

浙江、福建两个分店的初建情况本书第十章已述及。

（四）东北总分店及各省分店。1951年初，以东北新华书店总店发行部为基础在沈阳组建专一从事图书发行业务的东北总分店。周保昌、王璟先后任经理。新中国成立时，东北新华书店的分支店已遍及东北全区各市县，并实现了人、财、物统一管理。1954年8月，东北总分店撤销，改制为沈阳发行所，承担沈阳地区出版物的总发行业务。首任经理杨新吾。1958年，该所并入辽宁省新华书店。

东北总分店经理周保昌（1921—1992），浙江嘉兴人，中共党员。1936年到生活书店工作。1938年奔赴延安，在中共中央出版发行部、新华书店总店工作。1941年到山东敌后抗日根据地，参与创办山东新华书店，任副经理。抗战胜利，随军进入东北，任东北书店总店副总经理，主管发行业务和分支店工作。1951年初，编、印、发分工专业，任东北总分店经理。1953年调到北京，历任新华书店总店副总经理、人民出版社副社长、中国国际书店副总经理等职。周保昌善于总结工作，富有创新精神，对东北全区新华书店的课本发行、农村发行和工矿区发行多有建树。他担任人民出版社副社长期间，狠抓经营管理，1958年首创出版社自办发行，三年困难时期因精减人员而停办。著有《在发行工作岗位上——发行工作的实践和理论》、《东北解放区出版发行工作的回顾》等书，与王益等合著《战争年代的山东新华书店》。

东北总分店所属的分店有：松江、嫩江、吉林、辽东、辽西、热河、沈阳、大连和内蒙古（东部区）。

松江分店又称哈尔滨分店。1949年初，以迁入沈阳的东北书店总店留哈机构为基础组建，首任经理郑士德。松江省境内的牡丹江、佳木斯分店，改支店。

嫩江分店又称齐齐哈尔分店。首任经理史修德。史修德随卢鸣谷入关，历任北京分店经理、文化部党委办公室主任。林金武继任齐齐哈尔分店经理。

1954年8月，松江、嫩江两省合并为黑龙江省。上述两分店同时合并，在哈尔滨组建黑龙江省分店，首任经理纪树德。

吉林省分店本书第十章已叙及。

辽宁省分店。1954 年 8 月，辽东、辽西两省合并为辽宁省，省会沈阳。辽东、辽西两分店(本书第十章已叙及）同时合并，在沈阳组建辽宁省分店，首任经理刘建华（原为中国图书发行公司沈阳分公司经理）。

热河分店。原名冀热辽分店，1947 年 7 月在赤峰建立，翌年春撤至凌源。11 月承德第二次解放，迁承德，改名热河分店。经理王世钦。1955 年 12 月热河省建制撤销，该店改承德支店。热河分店所属 22 个市县支店，分别划给内蒙古、河北、辽宁分店管理。

（五）中南总分店及各省、自治区分店。1951 年初，中南总分店以原发行部为基础在武汉组建。华青禾、郭敬先后任经理。1954 年 8 月撤销，改制为武汉发行所，经理倪德甫。1958 年该所并入湖北省新华书店，经理倪德甫。

中南总分店经理华青禾（1914—1979），江苏宝应人，中共党员。1939 年入生活书店总管理处工作，曾任苏北大众书店、华中新华书店、山东新华书店的副经理。1947 年 12 月率山东新华书店部分干部进入中原解放区，为创建中原——中南新华书店的编、印、发事业作出了贡献。1954 年调到北京，曾任商务印书馆副总经理、新华书店总店副总经理、中国社会科学院图书馆馆长等职。

中南总分店所属湖北、湖南、江西等分店已在本书第十章叙及。新中国成立后成立的有华南总分店和广西分店。

华南总分店。1949 年 10 月由香港新民主出版社派吴仲等 10 多人经东江解放区进入刚刚解放 5 天的广州。11 月 7 日建立广州新华书店。根据出版总署的指示改称华南总分店，经理吴仲。分管广东、广西两省分支店，兼办图书出口业务。1953 年春，该店一分为二，改制为广东分店，经理叶青华；广州分店，经理龚稼华。这两个分店均归中南总分店领导。中南总分店撤销后，广州分店归广东分店领导。

广西分店。1949 年 12 月中南总分店派人在桂林创办，后迁南宁，首任经理王重。1958 年迁南宁，改名广西壮族自治区新华书店。

（六）西南总分店及各省、自治区分店。西南总分店于1949年12月在重庆成立。首任经理宋萍。中共中央西南局第一书记邓小平曾为该店题词："加强政治文化粮食的出版发行工作，消灭落后和愚昧，乃是我们长期而严重的政治任务。"西南军政委员会主席刘伯承题词："把新民主主义的文化食粮发给到广大的饥饿的人群去。"该店为创建川、康、贵、滇、藏等省（区）分店付出了巨大的人力、物力。

西南总分店首任经理宋萍，山西临县人，中共党员。新中国成立前任中共中央晋绥分局出版发行科长。1949年随军入川，在重庆创建西南总分店。此后，曾任山西省文化厅副厅长、山西省新闻出版局副局长等职。

贵州分店。1950年1月15日在贵阳建立，首任经理宁起枷。初创时期的工作人员主要来自由杜方率领的冀鲁豫新华书店随军南下小分队（12人），宁起枷调总店工作后，杜方继任经理。该店一苗族干部公出途中遭土匪杀害。该店派人分别去安顺、贵定等县建立支店，途中遭遇土匪，得解放军营救，冲出重围。

云南分店。1950年3月18日在昆明建立，首任经理张锡文。初创期的工作人员主要来自在南京组建的西南服务团云南支队二大队二中队四分队（新华书店小分队，22人）。在该店筹建期间，省军管会主任陈赓将军亲临检查，指示该店尽快开门营业，以繁荣市面，稳定社会秩序。中共地下党创办的云南人民日报文化部（书店）。中共地下党创办的昆北书店、康宁书店先后并入云南分店。

西康分店。1950年4月28日在雅安建立，经理郭守春（晋绥新华书店随军南下干部）。1955年10月，该店随西康省建制撤销而撤销，并入雅安支店。所属各州、县支店归四川分店管理。

四川解放初期，全省划分为4个行政公署（中共区党委），西南总分店在四川各行政公署所在地建立4个分店。

川西分店。1950年2月1日在成都建立，经理白真（随军南下干部，原晋绥新华书店经理）。

川北分店。1950年3月8日在南充建立，首任经理张家祺。中共川北区党委书记兼行政公署主任胡耀邦签发通知，指令川北的4个专区、36个县都要建立"人民书店"，作为川北分店的发行网点。此后，四川的其他行署也发展了不少"人民书店"。这些由县政府文教科办的书店，全省达79处，逐步改制为新华书店县支店。

川东分店。1950年4月1日在重庆建立，西南总分店发行部主任潘建萍兼任经理。1952年7月，改制为重庆分店。经理杨文屏。原川东分店所属支店，由西南总分店新组建的川东工作组管理。

川南分店。1950年2月22日在泸州建立，经理徐传德。

1952年8月，四川省人民政府在成都建立，各行政公署撤销，川西、川北、川南分店分别改制为成都、南充、泸州支店，川东工作组撤销。全省支店统一由新组建的四川省分店管理。

四川省分店。1952年10月1日在成都建立。首任经理白真。1954年西南总分店撤销，重庆分店划归四川分店领导。1958年，重庆发行所也改由四川分店领导。

西藏新华书店。其前身为1951年3月由西南总分店派钱朴、王培生等7人组成的中国人民解放军十八军随军分店，在军政治部领导下随军进藏。4月下旬，到达甘孜，建立帐篷书店。从甘孜到拉萨，数千里路程全靠步行。他们过草地，翻雪山，涉冰河，越峻岭，迎着风霜，露宿旷野。10月26日，随军书店第一批进藏人员参加了中国人民解放军拉萨入城式。此后，西南总分店又陆续派出4批发行人员进藏。1952年7月，该店转入地方，归中共西藏工委宣传部领导。1955年元旦，定名为西藏新华书店，首任经理郭鹏翔。1957年，中共中央决定，第二个五年计划期间西藏不进行民主改革，西藏新华书店及两个供应站奉命停止营业，工作人员调回四川，只有昌都新华书店继续营业。1959年元旦，西藏新华书店重新恢复营业，经理盛旦如。京、沪、渝发行所和四川分店付出高额运费把藏汉书籍寄往该店。1965年9月，西藏自治区成立，该店改名西藏自治区新华书店。

（七）西北总分店及各省、自治区分店。1951年初，编、印、发分工专业，西北总分店以西北新华书店总店发行部为基础组建。首任经理常紫钟。1950年2月，中共中央西北局第一书记、西北军政委员会主席彭德怀为该店题词："把科学的大众的文化推广到群众中去"。西北局书记、西北军政委员会副主席习仲勋题词："努力学习，熟悉业务，为做好人民的文化食粮补给转运工作而奋斗"。西北总分店于1954年9月撤销，业务机构并入陕西分店。

西北总分店经理常紫钟（1912—2006），陕西米脂人，中共党员。抗战时期在绥德创办西北抗敌书店。1948年春第一野战军收复延安，任陕甘宁边区新华书店经理。此后，历任西北军政委员会出版局副局长兼新华书店西北总分店经理、出版总署出版管理局副局长、财经出版社副社长、农业部宣传教育局局长兼农业出版社社长等职。新中国成立前后，他为开创大西北的出版发行事业作出了贡献。他主持农业出版社工作20多年，业绩显著。

西北总分店所属的甘肃分店本书第十章已叙及。新中国成立后建立的有新疆总分店和宁夏、青海、陕西等分店。

新疆总分店。1950年1月10日在乌鲁木齐（当时称迪化）成立，初称迪化分店。8月奉出版总署指示改称新疆总分店，由新华书店总管理处（后改总店）和西北总分店领导。首任经理陈林彬（西北总分店副经理）。该店在苏联驻乌鲁木齐领事馆的协助下，接收了原由苏联国际书店经营的乌鲁木齐、伊犁、喀什、塔城、阿勒泰等5处国际书店，改制为新华书店。1952年8月，新疆总分店改称新疆分店，1954年改地方国营。1955年10月1日，新疆维吾尔自治区成立，改名新疆维吾尔自治区新华书店。

宁夏分店。1949年10月18日在银川成立，初称银川分店，1950年1月改称宁夏分店。首任经理李和春。1954年8月，宁夏省建制撤销，该店以原服务科为基础组建银川支店。1958年10月，宁夏回族自治区成立，重新组建的宁夏回族自治区新华书店于当年9月1日开业，首任经理崔生祥。

青海分店。1950年3月22日在西宁成立，首任经理是西北总分店派来建店的高振旺。

陕西分店。1951年1月26日成立，首任经理马腾。此前，陕西已有45个市、地、县支店，由西北总分店直接领导。陕西分店成立，全省支店划给陕西分店领导。

四、全国新华书店的重大业务活动

从新中国成立到"文化大革命"前的 17 年间，全国新华书店的发行工作有了很大进展，现将其重大业务活动简叙如下。

（一）积极配合扫盲运动，发行扫盲课本和通俗读物。新中国成立初期（1950），我国的文盲率高达 80%。在旧中国，广大农民生活在社会最底层，被剥夺了受教育的权利，农民的文盲率高达 95%，新中国要从一个落后的农业国改造成中国社会主义特色的工业国，党中央非常重视扫除文盲的工作，1966 年"文化大革命"以前，全国扫除文盲运动先后出现三次高潮。1950 年 9 月召开的全国教育工作会议，强调工农教育以识字教育为主。提出"推广师资教育，逐步减少文盲"的口号，在周恩来总理指示下，政务院成立了扫除文盲工作委员会，规定扫除文盲标准，干部和工人可认识 2000 个常用字，能阅读通俗书报，能写二三百字的应用短文。农民一般能认识 1000 个常用字，大体上能阅读通俗书报，能写常用的便条、收据。此后，扫盲标准有所提高。

全国新华书店加强农村图书发行工作，首要任务是大力发行扫盲课本，为巩固扫盲成果，还要大力向农村发行通俗读物，《三里湾》、《小二黑结婚》、《庄农杂志》等通俗读物，在全国农村，几乎家喻户晓。1953 年第二次扫盲运动高潮是结合抗美援朝，保家卫国 1 亿多册发行运动进行的。对农村扫盲发挥了积极推动作用。1953 年东北人民出版社出版的《农民速成识字课本》像《三字经》一样的采用韵文体："日月光，照四方，天上名，地下亮，毛主席，共产党，领导咱，有力量……"深受扫盲农民欢迎，销量大增。

第三次扫盲运动高潮，是 1955 年结合农业合作化运动掀起的。当年秋，毛泽东主编《中国农村的社会主义高潮》，看了山东莒南县高家柳沟村青年团支部开展扫除文盲的经验，非常高兴。他把这篇文章的题目改为《莒南县高家柳沟村青年团支部创办记工学习班的经验》，收入《中国农村的社会主义高潮》，并写下 800 字的按语："这种学习班，各地应当普遍仿办，各级青年团应当领导这一工作，一切党政机关应当予以支持。"1955 年 11 月 11 日，毛泽东把扫盲运动与农业合作化运动相结合的想法，在党的七届六次会议上说:"扫盲运动,我看要扫起来才好。有些地方把扫盲运动扫掉了,这不好。要在合作化中间把文盲扫掉。不是把扫盲运动扫掉,而是扫盲。"

毛泽东对高家柳沟村的批示和在党的七届六中全会的讲话精神,很快传达到全国。根据他的批示和讲话,各省、市(地)结合当地实际,出版了新扫盲课本,新华书店也把新扫盲课本结合农业合作化文件发遍所有村庄,第三次扫盲运动开展得深入、有效。1964年全国开展第二次人口普查,并对文化素质进行了全面调查:15岁以上人口的文盲率,已从新中国成立初期的80%下降到52%。经过三次扫盲运动高潮,已有1亿多人口摘掉了"文盲"帽子。为巩固扫盲成果,1964年文化部召开农村图书发行工作会议,提出精选品种,出版农村版书,降低书价,不发城市,只发农村。

1978年党的十一届三中全会实行改革开放以后,随着国力增强,教育经费增加,我国实行九年制义务教育(适学儿童免费入学),经过40年改革开放,迄今全国成人文盲已基本消失。

(二)开展声势浩大的抗美援朝书刊发行活动。1950年6月25日朝鲜战争爆发,美国军队打着联合国的旗号于同年9月在朝鲜半岛的仁川登陆,入侵朝鲜北方,战火烧到我国东北边境。10月,我东北边防军组成中国人民志愿军,跨过鸭绿江抗击美军侵略,支援朝鲜人民,并在全国城乡掀起轰轰烈烈的抗美援朝、保家卫国运动。新华书店总店根据出版总署《加强抗美援朝书刊发行工作的指示》,布置全国新华书店于1951年宣传发行有关抗美援朝的书刊1亿册,以提高广大人民群众战胜美国侵略的信心。那时,全国只有5亿多人口,1亿册可不是一个小数字。各地书店在当地党委的领导下,在各界大力支持下,大造声势,组织和依靠各种社会力量包括区乡干部、中学生在内,把宣传抗美援朝的书刊发遍了全国城乡,基本上完成了1亿册发行计划,影响巨大。但在部分农村,也出现一些偏差——承担发行的区乡干部按户派销。问题发生以后,新华书店总店连续发出通知,布置全国新华书店进行检查纠正,反复强调坚持自愿购买原则。

在抗美援朝、保家卫国的伟大运动中,总店通知全国新华书店职工利用业余时间进行义务劳动,将劳动收入汇集到北京,共计人民币22.8亿元(旧币),由总店统一向中国人民志愿军捐献"新华书店职工号"飞机1架(15

亿元，旧币）、高射炮一门。

为了向赴朝作战的中国人民志愿军供应精神食粮，新华书店东北总分店于 1950 年 12 月，从大连分店抽调 10 名干部组成随军书店赴朝，到达前线后改为赠送图书并组织阅览，名称改为新华书店战地文化服务队。战地上缺乏文化生活，图书画册最受战士们欢迎。1951 年 3 月初，志愿军政治部主任甘泗淇回沈阳，同东北总分店联系，希望新华书店增派战地文化服务队员，多向志愿军运送鼓舞士气的图书、画册。东北总分店派图书发行部主任郑士德赴京汇报，总店决定从全国书店选派战地文化服务队员，以最快的速度、最好的图书支援志愿军。从 3 月中旬起，各总分店派出的战地文化服务队员到东北总分店集中，共 59 人，经短期培训，于 4 月初奔赴朝鲜战场。其中，新华书店系统 50 人，来自华北、东北、华东、中南、西南总分店和山东总分店。另有 9 人来自中国国际书店和中国图书发行公司，由东北总分店的王明武任队长，下分 7 个小队。为加强对战地文化服务队的后方管理和联系，东北总分店图书发行部设立了部队发行科。为解决书源问题，全国新华书店向社会发起了声势浩大的为志愿军募书活动。同时，全国抗美援朝总会拨出专款印制了 80 万册连环画册（俗称"小人书"）。这些图书由东北总分店经过筛选，源源不断地运送到朝鲜前线。

新华书店战地文化服务队在志愿军政治部宣传部的领导下，冒着枪林弹雨，为广大指战员服务。历时 2 年 7 个月，共赠发图书 700 万册，帮助连队建立图书室（箱）7600 多个。志愿军战士长期坚守在前沿坑道里，阅读书籍、画册成为他们最好的文化活动。一本本连环画册被翻阅得书页鼓胀，书角卷起。最受欢迎的是《董存瑞舍身炸碉堡》、《英雄连长杨根思》、《郭志田英雄排》、《刘胡兰》、《侵略者的下场》等连环画册。连队指导员经常用画册里的英雄故事进行战前动员，鼓舞士气。著名战斗英雄黄继光壮烈牺牲时，在衣兜里仍装有《钢铁战士》等两本画册。

1953 年 7 月朝鲜停战协定正式签署。战地文化服务队随志愿军部队胜利回国。服务队员高照杰（山东总分店干部）在朝鲜战场光荣牺牲，志愿军政治部追恤他为烈士。另有 4 位队员光荣负伤。有 11 位队员经过总结、评功活动，荣立三等功，获朝鲜民主主义人民共和国军功章。他们是程彬、王智高、杨登阁、舒明（以上四人东北）、吕士才（华北）、杨嶙（山东）、胡志成、李光仁（以上二人中南）、俞效良（华东）、陈政荣、章士寰（以上二人西南）。

战地文化服务队的工作得到志愿军政治部的高度评价。1953 年 8 月 14 日，该部给新华书店总店、中国图书发行公司、中国国际书店发来的感谢信说："两年来，战地文化服务队的所有同志，无不以积极、热情、勇敢、刻苦的工作精神来完成自己的任务。在前沿的坑道里，在后方的运输线上，在后勤的医院里，在炮兵的阵地上，到处都听到他们在组织战士们阅读图书，讲故事……战斗打响了，他们不畏惧，站到快要出击的队伍中，选择战士们熟悉的英雄故事，或真人真事，鼓励部队的杀敌情绪，给部队以生动的革命英雄主义教育……在运输条件困难的时候，他们冒着敌机的封锁用耙犁把图书拉到各个阵地；在部队高度分散的情况下，他们冲过敌炮轰击，翻山越岭，把图书背到各个坑道里"（《新华书店总店史（1951—1992）》）。

1956 年 4 月，总店应志愿军驻朝部队的要求，委托辽宁分店组建随军书店，再次奔赴朝鲜。该店由最初的 15 人增加到 42 人（吉林、黑龙江两分店也派人参加）。负责人李善义、石玉明。书店设在志愿军驻朝总部，下设 7 个供应站。他们在做好门市供应的同时，还跟随志愿军的交通车到团、营流动供应。

志愿军的各级领导部门把随军书店及其供应站视同自己的直属部门，在政治上关心，在工作上支持，在生活上关怀备至。有两个供应站经常到三八线附近流动供应。他们去过板门店，到过上甘岭。《解放军报》、《志愿军报》都报道过随军书店的发行活动，还发表过他们在"军人集"上销售图书的照片。1956 年 6 月，总店总经理王益到朝鲜访问，专程看望了随军书店工作人员。志愿军司令员杨勇将军在山洞内的指挥部会见了王益，同时接见了随军书店的负责人。杨勇将军说："新华书店组织随军书店到朝鲜，为我军政治教育解决了一个大问题……"（《辽宁图书发行史料》第二辑）志愿军政委王平将军多次视察随军书店及其供应站，对工作人员嘘寒问暖，倍加关怀。

1958 年，中国人民志愿军完成抗美援朝任务，从 3 月起，撤军回国。随军书店及各供应站分期分批随所在部队撤回祖国。该店在两年多的时间里共发行图书 240 万册。

（三）加快城乡发行网点建设。1951 年 12 月，政务院发布《关于建立全国报纸书刊发行网的决定》，要求"迅速建立全国的广大规模的报纸书刊发行网，广泛深入地发行有利于人民的报纸书刊"（文化部出版局办公室编《出版工作文件选编（1949—1957）》）。根据《决定》的精神，新华书店系统加快了发行网点建设。第一个五年计划期间（1953—1957），平均每年新建门市部 400 处。在少数农村集镇，新华书店也开始设立门市部。1958 年 4 月 24 日，国务院总理周恩来、副总理彭德怀、秘书长习仲勋在河南省省长陪同下视察了河南陕县新华书店大营门市部。周总理向营业员了解了哪些书最畅销，农民爱看哪些书，近年读者对图书的需要有哪些变化等。《图书发行》报道了周总理等领导同志的视察消息，使全国新华书店员工受到极大鼓舞。

1960 年，全国新华书店已有门市部 5872 处。由于我国出现严重经济困难，国家决定压缩城镇人口，精减职工，关闭一些小商店。在各地党政领导机关的统一部署下，1961—1962 年，全国新华书店的门市部被砍掉 2081 处，占原有门市部总数的 35%。1963 年只剩下 3791 处。全国新华书店的职工减少 16%（约 3000 人）。

为加强对部队的图书供应，新华书店总店于 1953 年与中央军委总政治部文化部签订了《关于开展部队图书发行工作的协议》，由新华书店的分支店委托部队的军人俱乐部代销图书。1956 年，文化部又与解放军总政治部联合发出《关于加强部队图书发行工作的联合指示》，进一步完善了由军人俱乐部代销图书的办法。在驻军较多的地区，当地新华书店均指定专人到部队流动供应图书。

根据政务院《决定》的要求，一些大中城市新华书店还在著名饭店、车站候车室、铁路客运列车、客运轮船设立了售书处。1963 年，在周恩来总理过问下，北京市新华书店在首都机场候机厅建立了图书销售部。周总理曾亲临视察。

为加强对农村的图书供应，新华书店总店历来强调由书店经理带头下乡，全店人员轮流下乡，并配备专职农村发行员常年在农村流动供应图书。

1955 年全国出现农业合作化高潮。文化部、中华全国供销合作总社于 1956 年 1 月发出《关于加强农村图书发行工作的联合指示》，要求"所有基层供销社都增加图书发行业务，在供销社文化用品商店或综合商店设立图书部或专柜"。经过层层开会布置，基层供销社的图书业务迅速铺开。1956 年，全国农村共建立供销社售书点 2.2 万处，发行到农村的图书较上年增长 58%。

由于对农村的图书购买力估计过高，许多供销社售书点备货过多，摊子铺得过大，经过 1957 年上半年的调整，绝大多数供销社都改由百货、文具门市部兼营图书，基本上做到保本自给。依靠供销社在农村建立 2 万多个图书发行网点，在我国出版发行事业史上是一个创举，其重大意义不可低估。

1958 年的"大跃进"和"人民公社化"，"左"的思潮泛滥，认为供销社图书专柜不能适应"日益增长的农村需要"。各地市县书店只用一两个月时间在绝大多数农村人民公社建立起公社书店，直接由公社党委领导。一般都有单独的门面，配备 1—3 个营业员，从而取代了供销社售书点。开始阶段，靠公社的动员，大搞"发行运动"，显得轰轰烈烈，但不能持久。因为，农村图书购买力毕竟很低，在一个公社范围内，养不起一个公社书店，结果造成存书积压，外欠严重（发给各生产队的书收不回钱来），公社书店的劳动生产率极低。加上正值三年困难时期（1959—1961），一些公社书店陆续被撤销。1961 年底，勉强维持的尚有万余处。1962 年 6 月，中央清仓核资领导小组发出第 12 号通报，"原则决定撤销公社书店"。从这里可以得出一条教训，建立农村发行网点的规模和速度，必须以真实的市场需求为前提，与当地农村的经济、文化条件相适应，不能急于求成、过分超前。

公社书店被撤销以后，农村图书发行网点出现空白。1963 年 4 月，文化部与中华全国供销合作总社再次发出联合通知，要求在较大集镇的供销社恢复图书业务，以门市守点经营为主，社店双方要建立长期合作关系，允许供销社售书点有一定的退货率。1965 年，全国农村供销社售书点又发展到 4 万余处。县新华书店约有三分之一人力长年在农村流动供应图书，并辅导供销社办好图书专柜。这是新中国成立以来农村发行工作开展得最扎实、最活跃的一年。

（四）推行计划发行。从 1953 年起，我国开始实行第一个五年经济建设计划，随着对资本主义工商业和个体经济改造的完成，一个高度集中的计划经济体制逐步扩大到包括出版发行事业在内的全部经济活动。轻工业部为了"计划生产"，向出版行政机关要出版用纸计划。铁道部为了"计划运输"，向新华书店总店要运书计划。1952 年 10 月，出版总署署长胡愈之在第二届全国出版行政会议上作了《为进一步实现出版工作的计划化而奋斗》的报告，出版总署发行事业管理局副局长华应申在此次会议上以《进一步地实行计划发行》为题代表发行组作了中心发言。1953 年，新华书店总店为贯彻这次会议精神，将"推行计划发行，逐步求得供需平衡"作为此后一两年的工作方针。

推行计划发行的基本内容是：（1）全国新华书店都要有年度、季度以及分月的发行计划，制定进、销、存指标；（2）大力推行预订制度，在新书出版前广泛征求各需书单位或读者的预订数，适当缩小零售数；（3）与各类图书馆、资料室订立图书供应合同；（4）推行系统发行，即按教育系统、工会系统、青年团等系统有针对性地宣传推荐图书；（5）推广发行记录卡，对每一种图书（或重点书）的进、销、存流转情况作跟踪记录。

上述做法，对加强发行工作的计划性，减少盲目性发挥了一定作用。当年提出的"了解书，了解读者"的口号，影响深远。但是，由于认识上的局限性，当年对计划发行的某些论述和要求，夸大了编制全面的真正符合实际情况的计划的可能性，忽视了市场调节的积极作用，过分强调"定量发行"和预订制，甚至要求"读者应该暂时地忍受"零购不到书刊的不方便，"努力养成预订书刊的习惯"（《人民日报》社论《进一步实行报刊图书的计划发行》，1952 年 12 月 30 日），这就必然带来某些图书报刊人为的供应紧张。随着时间的推移，"计划发行"这个术语逐渐为实践所淘汰，但它的某些内容却被保留下来。

1958 年 6 月，为了宣传推广优秀读物，总店所属北京发行所出版了《多读好书》丛刊。全国人大常务委员会副委员长郭沫若题写了刊名。文化部部长沈雁冰（茅盾）为创刊号撰写了《推荐好书还须好文章》，作为代发刊词。中共中央副主席、全国人大常委会委员长朱德为该刊第二期题写了"认真读书"的条幅。巴金、老舍、臧克家等著名作家为该刊题词、写诗。该刊在社会上引起好评，共编印 4 辑，总计发行 47 万册。后因三年经济困难停刊。

（五）建立统一的规章制度。新华书店从分散经营走向统一集中，需要建立统一的业务、财务等方面的规章制度，以期步调一致，有章可循。1951 年，总店就向全国新华书店颁发了《进货工作要则》、《批发工作要则》、《同业批发简章》、《进发货试行条例》等。在这个基础上进一步总结经验，于 1959 年制定了《图书进发货试行章程》，由文化部正式颁发。直至 80 年代中期，全国新华书店仍在执行这个章程。

新华书店各发货店发给各地书店的图书包件，主要靠铁路运输。20 世纪五六十年代，全国有半数以上的县书店不通铁路。1959 年底，总店制定了《新华书店自办图书中转工作办法》，组织在铁路线上的 320 个市县书店作为中转店，承担 1515 个不通铁路的市县书店的图书转运任务。新华书店系统自办图书中转，加快了转运速度，节约了运输费用，为全国各行业的首创。1963 年，从北京、上海向全国各地书店发货的平均运输费用率为书籍定价的 1.5%，比 1957 年以前降低 50%。

在计划财务等方面，总店陆续建立了新华书店"会计制度"、"统计报表制度"、"货款结算制度"、"处理滞销书准备金制度"等，这对提高全店的企业经营管理水平、协调社店关系发挥了重要作用。当年，各地新华书店收到出版社和发货店发来的图书，5 日内通过银行全部付清书款，不知拖欠货款为何事；除停售书外，也不知退货率为何事。

（六）大力创办少数民族地区的书店事业。由于历史上的原因，在我国少数民族地区，新中国成立前几乎没有书店或很少有书店。新中国成立后，为了发展少数民族地区的科学文化，不论赔钱与否，至少在每个县（旗）都建立了新华书店。

内蒙古自治区，新中国成立前仅在归绥市有两家私营小书铺。从解放到 1957 年，全自治区 7 盟 2 市 76 个旗（县）以及新建的工矿区、林区，普遍设立了新华书店。到 1998 年已有新华书店 202 处。1960—1965 年，各旗（县）书店派人参加"乌兰牧骑"（文艺宣传队），到牧区发行图书，效果很好。"乌兰牧骑"为草原上的牧民演唱革命歌曲，同时发行《革命歌曲大家唱》；给牧民举办"阶级教育展览"，同时推销阶级教育读物。20 世纪 80 年代改革开放以后，牧区发行更加活跃。锡林郭勒盟新华书店配备多辆越野吉普车，在千里草原和边防哨卡流动供应图书。

吉林省的朝鲜族延边自治州，1956 年已建成新华书店的门市部 86 个。根据总店规定，位于延吉市的延边自治州书店承担东北及全国朝文书籍、朝文课本总发行任务，年均销售朝文图书上千万册。该自治州安图县书店松江镇门市部有位朝鲜族女营业员崔月仙，坚持 7 年头顶书籍包件上山下乡，为长白山区的农民服务，累计行程 1.5 万华里，被称为"顶书万里的红色发行员"。她的先进事迹被《红旗》杂志、《人民画报》、《民族画报》、《中国妇女》、《吉林日报》、《延边日报》等报刊作了大量报道。

在甘肃的少数民族地区设有新华书店 17 处。据 1949—1959 年的统计，全省书店共发行各种少数民族文字图书 150 余万册。肃南县新华书店的发行员，20 世纪 60 年代活跃在白雪皑皑的祁连山深处，向裕固族、藏族牧民供应图书。有位藏族老牧民深有感触地说："活了大半辈子，第一次见到书是什么样子！"

为支援柴达木建设，青海海西支店的发行员李正清，常年露宿风餐，在人烟稀少的大草原向藏族牧民供应图书。1956 年在野马滩一带流动供应的途中，因翻车遇难，光荣牺牲。青海刚察县店藏族女经理李红英经常到牧区发行藏文书，深受群众欢迎。一些藏族老人称她"乐乐"（藏语，儿女中最小、最受疼爱的），年轻人则称她"阿姐"。

新疆维吾尔自治区在新中国成立前除迪化（乌鲁木齐）有两家私营小书店外，在各县城和农牧区包括书店在内的各种文化设施几乎一片空白。新疆和平解放，新华书店总店拨补 20 万斤小米的资金帮助新疆总分店建店。到 1960 年达到县县有新华书店，已开设 153 个门市部，还在新疆生产建设兵团办起 157 处团场书店。随着克拉玛依油田的开发和石河子新城的崛起，这两个市新华书店从条件极为艰苦的地窝子书店起家，到 20 世纪 60 年代已建起宽敞明亮的书店大楼。新疆各地新华书店把发行维、哈、蒙等民族文字图书放在重要地位，销售额每年以 20% 的速度增长。

西藏自治区地广人稀，交通十分不便，建立县书店有很大难度。到 1965 年已建立 10 个县书店。20 世纪 90 年代，全区 7 个地市、59 个县有了新华书店。平均海拔 4400 米的阿里地区，被称为"生命禁区"，也建立了阿里地区新华书店。

宁夏回族自治区和广西壮族自治区的新华书店都有了突飞猛进的发展。以宁夏为例，1950 年全区书店发行图书 23 万册，1965 年则发行 604 万册，增长 25 倍。1985 年发行 2483 万册，较 1965 年增长 4 倍。广西是"八山一水一分田"的欠发达地区，1958 年广西壮族自治区成立时，全区已建立新华书店 82 处，门市部 105 处。

第三节 1966—1976 年间书业受到摧残

"文化大革命"使我国国民经济和科学、教育、文化等各项事业都遭到重大挫折和损失。这场不是也不可能是任何意义上的革命，是从文化领域的批判开始的，作为文化领域里的出版发行事业，首当其冲，受到的摧残和破坏更加严重。

一、混淆敌我界限，全盘否定出版发行队伍

1966 年 5 月 16 日，由康生、陈伯达等人起草，经毛泽东定稿的《中国共产党中央委员会通知》（简称"五一六通知"）正式发出，标志着"文化大革命"的发动。《通知》要求全党"彻底批判学术界、教育界、新闻界、文艺界、出版界的资产阶级反动思想，夺取这些文化领域中的领导权"。出版界是被批判的五界之一，最早受到冲击，也是最早被"夺权"的部门。

（一）"文化大革命"的导火线与出版界。1965 年 11 月 10 日，由江青、张春桥阴谋策划，由姚文元炮制的《评新编历史剧〈海瑞罢官〉》，在上海《文汇报》发表。这篇文章不仅点名批判北京市副市长、著名史学家吴晗，还涉及 1961 年以来中央领导层在许多重大政策问题上的分歧。随之而来的在文化领域的批判运动，成为"文化大革命"的导火线。中共中央书记处彭真等领导人对姚文元的文章采取慎重态度，北京各报刊在 10 多天后才开始转载。当时，正在上海的毛泽东对此非常不满，下令由上海人民出版社出版小册子

向全国发行。新华书店上海发行所急电全国各地新华书店征求订数。由于江青等人歪曲事实真相，谎称北京市新华书店奉市委之命对此书不表态、不订货，误使毛泽东认为以彭真为首的北京市委是"针插不进，水泼不进"的"独立王国"。从此，对《海瑞罢官》怎样表态，几乎成为判断是否反党及反社会主义的唯一标准。

事实真相是这样的：11 月 24 日，新华书店上海发行所给北京市新华书店发来征求《评新编历史剧〈海瑞罢官〉》一书订数的电报，电报中要求请示北京市委后回电。北京市店的业务人员议论，上海来电征订的不过是一本戏剧评论的小册子！订与不订，要不要请示市委是我们书店的事，上海方面有什么权力要我们去请示市委？但议论归议论，北京市店经理还是按电报要求办了。次日，市店业务科长孙忠铨带着电报到了市委宣传部。宣传部部长李琪见到电报很恼火，对事先不打招呼就公开批判北京市副市长吴晗表示愤慨。认为现在出了书，按正常业务系统发行就是了，还让新华书店来请示市委，这是强人所难。但为了顾全大局，李琪带领宣传部办公室主任夏觉去找主管文教工作的市委书记邓拓。邓拓正在国际饭店开会，被李琪请出会议室。他看了电报，说："我正在开会，你们先回去。"11 月 26 日，李琪让夏觉用电话通知孙忠铨："市委同意订购。"孙问订多少合适，夏说："这是你们的正常业务，自行决定。"北京市店随即用电话通知上海发行所，订购 8000册。为慎重起见，11 月 29 日又用电报补报了订数。

"文化大革命"初期，根据江青等人放出的谣言，一些红卫兵小报纷纷传说北京市委拒绝发行姚文元的小册子。1986 年天津人民出版社版《"文化大革命"十年史》也说："两个星期过去了，北京等地报刊仍拒不转载姚文元的文章。毛泽东为了驾驭局势，下令：出小册子，十一月二十四日，上海新华书店急电全国各地的新华书店征求订数。北京市新华书店奉市委之命不表态，电话询问也不表示意见。直到二十九日才在来自上面的压力下，被迫同意征订，但是拒绝发行。"这段记载与史实不符，应予澄清。

1966 年"五一六通知"发布的前后，彭真、罗瑞卿、陆定一、杨尚昆已被江青等"四人帮"打成"反党集团"。他们的各项职务均被撤销，原来以彭真为首的中央文化革命小组也被撤销，重新设立隶属政治局常委的中央文革小组。组长陈伯达，顾问康生，副组长江青、张春桥，组员王力、关锋、戚本禹、姚文元。这个小组成为发动全国内乱的指挥部。

为了制造打倒彭真的社会舆论，在江青、张春桥的策划下，1966 年 5 月 10 日，上海《解放日报》和《文汇报》同时发表姚文元的《评"三家村"——〈燕山夜话〉、〈三家村札记〉的反动本质》。文章诬陷说，邓拓、吴晗、廖沫沙，以"三家村"为名写文章是"一场向社会主义的大进攻"。翌日，全国各大报纸立即转载，各地迅速掀起愤怒声讨"三家村"的惊涛骇浪，吴晗、邓拓含冤自杀。出版《燕山夜话》、《三家村札记》的北京出版社，被诬为"'三家村'黑帮的批发部"，社长、总编辑被批斗。1968 年，该社被勒令撤销，全社人员被下放农村劳动。影响所及，全国各地都在寻找和揪斗"三家村"的"支持者"。有些新华书店经理和业务人员因发行邓拓的《燕山夜话》等书而最早遭审查、批判斗争。西安市新华书店女进货员尤敏，因根据市场需求，多次添订《燕山夜话》、《三家村札记》等书，成为她"反党反社会主义"的"罪证"，没完没了地被揭发、批判，一次又一次地被"上挂下联"，竟为此蒙受 10 年不白之冤。

（二）"造反派"夺权，出版管理机关被"砸烂"。1966 年 3 月 30 日，毛泽东在上海同江青、康生、张春桥等谈话时说："中宣部是阎王殿，要打倒阎王，解放小鬼"（《关于建国以来党的若干历史问题的决议·注释本》）。"五一六通知"发出后，中宣部的正副部长很快被打倒。"文化大革命"开始，上升为中共中央政治局常委、副总理兼中央宣传部部长的陶铸，签发了《中宣部关于处理刘少奇〈论共产党员的修养〉一书意见的通知》，规定"可以继续出售，售完为止"。此事，成为他包庇刘少奇的重要"罪证"之一，加上其他种种"罪名"，于 1967 年初被打倒。从此，中宣部成为彻底"砸烂"单位，在"文化大革命"期间消失，工作人员被下放到宁夏农村劳动。

主管文化出版事业的文化部，早在 1963 年就被毛泽东批评为"帝王将相部、才子佳人部、外国死人部"。1964 年，在中宣部副部长周扬主持下，文化部进行了整风，不适当地采取政治运动和群众斗争的方式，对文化部副部长齐燕铭、夏衍、徐光霄、徐平羽、陈荒煤以及不少司局长进行了错误的过火的批判。整风结束，部长沈雁冰和几位副部长以及部分司局长被调出文化部。部长由中宣部部长陆定一兼任，新任的第一副部长、党组书记肖望东以及新任副部长石西民、赵辛初、颜金生等刚刚到职一年多，就赶上了"文化大革命"。他们也被加上种种"莫须有"的罪名，或被揪斗，或"靠边站"。

1967 年 1 月 10 日，文化部党委报请周总理和中宣部部长陶铸批准，在北京民族饭店召开"第二次全国毛主席著作印制计划会议"，竟被出版界造反派组织"造了反"，会议草草结束。1 月 22 日，《人民日报》以第 3 版半版的篇幅发表了北京、上海出版系统造反派组织（共 22 个）"夺取出版大权"的联合宣言，同时发表评论员的短评《出版毛主席著作的大权我们掌》。

1 月 26 日，主管宣传出版工作的中央文革小组成员王力在人民大会堂接见人民出版社、北京新华印刷厂等造反派组织的代表。"王力向同时参加接见的江青、陈伯达介绍：'他们是造了那个会（指北京民族饭店会议）反的同志。'江青高兴地说：'你们夺权夺得好！''你们的气魄很大，我们坚决支持你们！'陈伯达也说：'支持你们！'这时有人插话：'那个会是文化部颜金生指挥的。'江青说：'颜金生也不是好东西。'"（方厚枢《当代中国出版史上特殊的一页》），江青一句话，这位刚刚调来文化部、久经战场考验的将军（少将）、文化部副部长兼党委书记颜金生从此被打倒、批斗。

1 月 27 日，由北京、上海 26 个"造反"派组织在北京组成"全国革命造反派出版毛主席著作委员会筹备委员会"，宣告"彻底砸烂旧文化部、旧出版局"，"出版、印刷、发行毛主席著作的一切大权"归这个筹委会。2 月 12 日，中共中央、国务院发出通告，取消一切所谓"全国性组织"。筹委会向王力请示后，更名为"革命造反派印制毛主席著作工作小组"。这个小组约掌权 3 个月。

（三）毛主席著作出版办公室的组建。1967 年 4 月 30 日，周恩来总理在中南海小礼堂接见中央各部的群众组织代表，提出"文教口子已经解散。中央文革小组直接管中宣部、文化部、教育部、新华社。中央文革小组下设宣传出版、艺术电影、教育三组"。5 月 11 日，毛主席著作出版办公室成立，有 13 个工作人员。中央文革宣传组办公室向全国发出通知说："根据中央文革小组关于旧文化部出版局及所属单位归中央文革宣传组管理的决定，为了使原出版局一些急需办理的业务、行政工作照常进行，暂定由毛主席著出版办公室代行原出版局的领导职权。"1967 年 10 月,中央文革宣传组被撤销,毛主席著作出版办公室继续通过中央文革的联络员向中央文革请示汇报工作。1968 年 12 月,"首都工人、解放军毛泽东思想宣传队"一行 5 人进驻该办公室。从此,改由军宣队负责该室工作。

各省、自治区、直辖市相继成立"革委会",也参照中央的模式成立了毛主席著作出版办公室。

(四)国务院出版口和国家出版事业管理局的成立。1970 年 5 月,国务院设立出版口三人领导小组,领导文化部直属的出版、印刷、发行单位。同年 10 月,根据周总理指示,毛主席著作出版办公室并入国务院出版口,成立出版口五人领导小组,由王济生负责,直属国务院值班室领导。

军宣队、工宣队于 1972 年 8 月撤出。在周总理的关心和指示下,出版部门的一批老干部陆续得到解放和任用,由原文化部副部长徐光霄主持出版口领导小组工作。1973 年 9 月,国务院成立国家出版事业管理局(简称"国家出版局"),徐光霄主持工作,出版口被撤销。1975 年 3 月,原文化部副部长石西民任国家出版局局长。各直属出版发行单位开始恢复,业务秩序有所好转。但是,1976 年春出现的"批邓、反击右倾翻案风"使出版系统又陷入混乱状态。

(五)出版界的"犁庭扫院"。"文化大革命"期间,江青反革命集团疯狂地打击、迫害出版发行部门的干部。从出版社的社长、总编辑到只有一二十个人的县新华书店经理,几乎都被打成"走资本主义道路的当权派",或忠实执行"反革命修正主义的黑线人物"。经过"清理阶级队伍"和清查"五一六"分子,出版界同其他各界一样,制造了数不清的冤、假、错案。

"四人帮"为了控制出版战线,决定对出版界"犁庭扫院",实行出版队伍"大换班"。张春桥提出,要把出版发行部门的"老人马、老思想、老作风统统换掉"。1969 年,文化部及其所属单位绝大部分工作人员(约 4000 人,含职工家属 600 多人)被下放到湖北咸宁农村——向阳湖区,组建成由军宣队领导的文化部"五七干校",从事得不偿失的围湖造田,破坏了湖区的生态环境。共编成 27 个连队,出版发行队伍占 7 个连队。1972 年,经周恩来总理过问,文化部下放干部才被陆陆续续调回原单位,恢复工作。

各地出版发行单位的大部分人也被下放劳动。有的到"五七干校"，有的带领全家到农村插队落户。许多人直至 1976 年粉碎"四人帮"后才得以返回原单位，恢复工作。

二、出版事业萎缩，"书荒"严重

"文化大革命"被说成是同修正主义路线、同走资本主义道路的斗争，新中国成立以来的出版发行事业被全盘否定，导致书店里的大批图书被停售，新书锐减，经营混乱，损失惊人。

（一）大批图书成了"封、资、修毒草"。发动"文化大革命"的"五一六通知"，错误地认为"资产阶级代表人物、反革命修正主义分子"混进了文化界、出版界，"掌握了领导权"，"他们对于一切牛鬼蛇神却放手让其出笼，多年来塞满了我们的报纸、广播、刊物、书籍、教科书、讲演、文艺作品……"导致全国新华书店陈列出售的哲学、社会科学、文学艺术、文化教育等类的大部分图书，都成了"封、资、修毒草"，被迫下架封存或报废化成纸浆。

1966 年 8 月，在陈伯达、江青的煽动下，首都红卫兵"破四旧"，"横扫一切牛鬼蛇神"，勒令北京王府井新华书店"铲除大毒草"，并在书店橱窗贴出"害人不浅"的对联。该店被迫把大批图书下架。天津市新华书店各门市部，大部分书架、书柜无书陈列。当年全国最大的书店——上海南京东路新华书店，"文化大革命"前有社科类书 1792 种，"文化大革命"开始后，只剩 200 种。1971 年初，国务院出版口调查估计，全国书店被封存停售的图书达 5.76 亿册。仅新华书店北京发行所封存的就有 7876 种、800 多万册。1972 年，财政部发文，规定全国新华书店处理存书资金的控制指标共达 2.3 亿元。

"文化大革命"期间毁书现象严重。云南省"革委会"批转云南省新华书店（实为在该店掌权的造反派）《彻底清理存书，处理毒草》的报告，要求全省书店除马列著作、毛泽东著作、党和国家文件、鲁迅和高尔基著作外，其余统统销毁。仅省书店库房即销毁 2700 种。

古旧书店的日子更不好过。经营古书，被批判为宣扬封建主义；经营解放后版旧书，被批判为宣扬"修正主义"。北京中国书店因受到吴晗、邓拓等北京市领导人的关心和支持（常来购书），被诬为"'三家村'黑店"。"文化大革命"初至1972年，该店的全部古旧书被封存。上海某读者在经营古旧书的上海书店，发现20世纪30年代画报上刊有江青早期活动的材料，写信告知江青。江青最怕人们知道她的上海丑史，竟下令将那位写信的读者抓了起来。随后，她又想起北京中国书店也可能藏有30年代的上海旧画报，就以找古旧诗集为名，到该店库房乱翻一气。

（二）撤并出版发行机构，出书锐减。到1971年初，全国仅剩出版社53家，其中中央20家，地方33家。出版社工作人员也大为减少。文化部所属的人民、人民文学等5家出版社，1966年共有工作人员1077人。到1971年初，留京工作的仅166人。上海原有10家出版社，"文化大革命"初共有工作人员1540人，"文化大革命"时期被合并成一家——上海人民出版社，留社工作的仅172人。

新华书店总店只留京2人，其余包括老弱病人员在内全部被下放到咸宁文化部"五七干校"。新华书店外文发行所全体被下放人员刚登上去湖北咸宁的火车，前来送行的军宣队负责人突然在火车上宣布该所撤销，让他们长期在"五七干校"安家落户。

江青一伙推行文化专制主义。在出版界禁区林立，"棍子"、"帽子"满天飞，造成出书锐减。1965年，全国出书2万种。"文化大革命"开始的1966年，降至1.1万种，主要是上半年出的书。1967年降至2925种，全国图书销售额倒退10年，跌到1956年的水平。如果扣除课本和毛泽东著作的销售，跌得更多。其后几年，出书略有增加，也不过每年出书三四千种，社会上的书荒日趋严重。面对文化饥渴，一些青年只好冒险阅读"地下流传"的《第二次握手》、《一只绣花鞋》等手抄本小说（这两本书的内容都比较健康，但被打成非法出版物，作者被判刑。改革开放后，已由出版社正式出版）。

期刊品种下降得更惨。1965年，全国约发行期刊790种。到1970年，公开发行的期刊仅剩21种，成为中国近百年来期刊发行史上最凋零的年代。1975年，邓小平主持中央日常工作期间，许多期刊迅速恢复，达476种。

（三）"四人帮"的小册子流毒全国。"文化大革命"时期的出版物，多数是为"四人帮"篡党夺权制造舆论的。通常由他们直接操纵的写作班子梁效、唐晓文、罗思鼎等炮制文章，先在报刊上发表，然后编成小册子向全国发行。1973—1974 年的"批林批孔"、评法批儒，1975 年的评《水浒》批宋江，1976 年春的"批邓、反击右倾翻案风"，都是影射、攻击、中伤周恩来、邓小平以及不听从他们"指挥棒"的领导干部的。

这些带有"四人帮"流毒的小册子发行量很大，多为奉命公款购买，"人手一册"，却受到干部职工的抵制，很少有人读它。1976 年 10 月"四人帮"覆灭，全国新华书店清理此类存书，约损失 2 亿元。仅山西一省就报废了 1200 万元，相当于全省书店固定资产总值的 2.5 倍。

三、企业管理混乱，损失严重

"文化大革命"十年，否定一切的无政府主义思潮泛滥，搞乱了人们的思想，颠倒了是非，图书发行系统的经营管理受到极大破坏，经济损失惊人。

（一）批判"条条专政"带来的混乱。1970 年，中央各部委在地方上的直属企业都奉命下放给地方，否则就是"条条专政"。新华书店系统早在 1958 年已将省级书店下放，从未收回。但各地批判"条条专政"发生连锁反应，省级书店也奉命将所属的市县书店下放给市县文化局。不少省级书店被撤销或者被合并。辽宁、安徽、甘肃等省的市县书店下放后，一度与文化馆、广播站、电影院等文化部门合并为一个单位，称"毛泽东思想宣传站"。有些书店门市部改称"红化馆"、"敬展馆"或"忠字馆"。

市县书店下放又重新出现"大跃进"时期的混乱现象，而且更加严重。统一的规章制度被废止，熟悉业务的大批骨干被调走，书店的流动资金被挪作他用。在不少地方，一些老弱病残人员以及文化程度极低的人员被安排到书店工作，书店的经营管理水平和发行队伍素质明显下降。

（二）批判"管、卡、压"造成的损失。基层书店被"造反夺权"，合理的规章制度和企业经营计划，被说成是"职工头上的枷锁"，是不突出政治的"管、卡、压"，统统被废除。1966—1972 年，许多市县书店管理失控，推行"无计划、无指标、无考核"的"群众愿意咋办就咋办"的"三无管理"，造成进销失调，账目混乱，漏洞百出。

"文化大革命"最混乱时期，有些书店实行"五不开门"：打"派仗"不开门，搞"大批判"不开门，学习"毛著"不开门，学习江青在农村树立的"典型"——"小靳庄"唱歌跳舞不开门，批斗"走资派"不开门。读者远道来书店购书，遇到"五不开门"只能失望而归。在"服务得好会出修正主义"的谬论影响下，各地书店的服务态度和服务质量也远不如"文化大革命"前。"为读者找书，为书找读者"，被批判为"没有阶级观点"。有些城市店设立的专家、学者接待室和基本读者联系卡，被说成是"为反动学术权威服务"，被统统取消。

企业管理的混乱导致书店系统严重亏损。北京中国书店从 1966 年到 1971 年共亏损 141 万元，等于"文化大革命"前该店开业 13 年全部上缴利税的总和。江西、福建、云南、贵州等省，"文化大革命"前期约有半数以上的市县书店亏损。内蒙古全区书店仅 1968 年一年就亏损 362 万元。宁夏从 1969 年起，大多数书店都发生亏损，靠财政补贴过日子。四川全省新华书店从 1968 年至 1971 年累计亏损 1174 万元。1972 年，四川的亏损店占全省书店总数的 97%，共计亏损 621 万元，比 1950—1959 年的全省书店利润总额 500 万元还多出 121 万元。其他省书店的情况也大体类似。

（三）有些县（市）新华书店在武斗中被毁。"文化大革命"时期，全国处于"打倒一切"、"全面内战"的混乱状态，在某些地区武斗成风，书店深受其害。河北清苑、唐县等地，因两派组织武斗不停，迫使当地新华书店长期停业。河北涞源县一派组织的武斗人员，手持棍棒强迫书店停业。更严重的是，一些书店在当地的武斗中被毁。浙江温州市书店连续 3 次在武斗中受到损失。第一次被火烧，损失 50 万元以上。经修复后，又被一派武斗组织占为据点，书店的存书包件被用来做工事、筑堡垒，以致弹穿、烧毁、散失图书无数。1974 年的最后一次武斗，书店的门窗被机枪子弹全部击毁，书店被迫停业半个月。浙江的永嘉、瑞安、青田、黄岩等县的书店，也在武斗中受到严重损失。四川雅安地区新华书店和重庆杨家坪新华书店均被武斗引起的炮火烧毁。四川凉山自治州新华书店也多次被无引信的炮弹击中，弹痕累累。

四、全国掀起"红宝书"发行活动

"红宝书"是"文化大革命"时期人们对毛泽东著作的敬称。"五一六通知"发出后，《毛泽东选集》、《毛主席语录》便被用来作为发动人民群众参加"文化大革命"，进行"造反夺权"，开展"斗、批、改"和"斗私批修"的特殊武器。

（一）"文化大革命"前两年的毛泽东著作发行情况。从 1959 年反右倾以来，党和国家的民主生活逐渐不正常，对毛泽东的个人崇拜现象不断滋长。林彪鼓吹"顶峰"论，说毛主席的话是最高指示，"一句顶一万句"，这种说法在全党全军全国广为流传。林彪利用手中的权力在全国掀起"活学活用"毛主席著作运动，既别有用心，又违反科学。1964 年，全国共发行《毛泽东选集》（一——四卷）260 万部，《毛泽东著作选读》甲、乙种本共发行 1539 万部，各种单篇本、汇编本发行 1.6 亿册。全国城乡开展"社教"运动（"四清"运动）、新兵入伍、民兵训练、大学生考试、机关干部理论学习等，都要公费购买《毛泽东选集》，虽然发行了数百万部，仍然供应紧张。1964 年国庆节前夕，北京的大学生获悉王府井新华书店于 10 月 1 日供应《毛泽东选集》，在王府井大街排成惊人的购书长队，通宵达旦等候购买。该店于国庆节当天投放 1 万部，远未满足需要。广大读者如此热爱《毛泽东选集》，是出于真诚，但由于计划经济体制以及纸张供应不足等复杂原因，一时难以完全敞开供应。1966 年 3 月 3 日，文化部发出通知：今年印制《毛泽东选集》500 万部，要求"通过机关、团体等单位分配，有计划有重点地供应读者需要，省会城市应在门市部酌量零售一部分"。

"文化大革命"开始，林彪、江青一伙阴谋篡党夺权，把中宣部、文化部的领导班子成员打成"反党反社会主义的修正主义分子"，罗织的罪名之一，就是"反对毛泽东思想，压制毛主席著作的出版发行"。当年，由于纸张供应不足，印刷生产力紧张，《毛泽东选集》因多为公费购买，需要量庞大，尽管已发行数百万套仍供不应求。但毛泽东著作单行本和甲、乙种选读本不仅充分供应，在各地书店已发生积压。所谓"压制毛主席著作出版发行"，实为借题发挥，恶毒诬陷。1966 年 6 月 7 日，林彪控制的《解放军报》

发表社论，强调"毛泽东思想是我们的命根子，不论什么时候，不管什么样的'权威'，谁反对毛泽东思想，我们都要全党共讨之，全国共诛之"。这样，就把《毛泽东选集》供应不足，同"反对毛泽东思想"画了等号。从中宣部、文化部以及各级出版行政机关负责人、中央和地方人民出版社负责人、新华书店总店和省市县书店经理，甚至某些经营图书的供销社主任因《毛泽东选集》供应不足，都被扣上了"反对毛泽东思想，压制毛主席著作出版发行"的"罪名"。

（二）"文化大革命"期间毛泽东著作的出版。1966 年 8 月初，中共中央作出决定：把出版发行《毛泽东选集》列为"压倒一切的任务"。由肖望东主持工作的文化部当时尚未被"打倒"，制定了年内印行《毛泽东选集》1500 万部，甲、乙种选读本 6000 万册，《毛主席语录》1 亿册的计划。8 月 8 日，新华社为此发表了消息，《人民日报》以《全国人民的大喜事》为题发表了社论。8 月 12 日，《毛泽东选集》第一批重印出版，北京大学、清华大学等不少院校纷纷举行迎"宝书"大会。那时，报纸上天天报道《毛泽东选集》在全国各大城市的发行情况。

国务院各有关部委为表示热烈拥护中央的决定，对毛泽东著作的出版发行实行了空前的优惠政策。

1. 国家经委向国务院工交各部和民航总局发出通知，免费运输毛泽东著作。通知说，自 1966 年 9 月 1 日起，全国铁路交通部门对毛主席著作、毛主席像的运输，优先拨车、装运，不得积压；凡持有新华书店、机关团体、部队介绍信向铁道部、交通部所属运输单位、各地邮局、民航总局托运或邮寄毛主席著作，运费、装卸费、邮递费一律免收；民航向全国各地航运毛主席著作纸型一律免费。

2. 财政部发出通知，对出版、印刷、发行毛主席著作、毛主席像一律免税。

3. 中国人民银行总行发出通知，对出版发行毛主席著作的银行贷款，免计利息。

4. 国家科委和文化部发出联合通知，要求各科技出版社压缩新书品种，不印再版书，减少期刊篇幅或延长刊期，以节省纸张和印刷生产力，用于印制毛主席著作。

5. 文化部、财政部发出联合通知，将《毛泽东选集》普及本定价从每部 3.25 元降为 2 元。由于发行毛泽东著作免收运费、免税和免计银行贷款利息，文化部规定发行所（省级新华书店）的进货折扣从七折改为八折，向各地书店的发货折扣从七八折改为八五折，书店向供销社的批发折扣改为九折。

国务院各有关部委的优惠政策，仅持续一年多，就一律取消了。但《毛泽东选集》的定价 2 元，是经中央批准的，不能恢复至 3.25 元，减少的发行折扣也无法恢复，发行亏损只好由书店承担。

"文化大革命"期间，全国究竟出版多少册毛泽东著作，已难以统计。因为不仅各地出版社出版，一些机关部队和群众组织也出版。1966 年，第二轻工业部拨给出版毛泽东著作专用塑料（封面用）1.3 万吨，而群众组织出版毛泽东著作专用塑料即达 8000 吨。上海人民出版社于 1966 年按纸型重印《毛主席语录》250 万册，而上海群众组织印制的各种语录本超过 500 万册。到 1969 年底，毛泽东著作的出版数量已远远超出全国人口数量，各地新华书店普遍发生积压。当年秋，根据周总理讲话指示精神，通知各地出版部门：《毛泽东选集》全国城乡已经普及，今后不再统一安排印刷；《毛主席语录》不要再印。

据国家出版局 1977 年 6 月统计，1966—1976 年由出版社正式出版的毛泽东著作共达 45.38 亿册。其中，《毛泽东选集》共 9.65 亿册，折合 2.41 亿部，《毛主席语录》10.24 亿册，《毛泽东著作选读》及各种汇编本、单篇本 25.46 亿册。《最高指示》（单张语录）21.1 亿张。毛主席标准画像和各种摄影像共出版 41.8 亿张，《毛主席去安源》（油画）出版了 110 万张。

（三）"文化大革命"期间毛泽东著作的发行。1967 年 1 月，首先在上海，陆续在全国掀起由造反派夺取党和政府各级领导权的狂暴行动。经过无数的纠纷和漫长的争夺，各级地方政权——革命委员会相继成立。完成所谓"一个阶级推翻一个阶级的革命"。在极左思潮的支配下，许多"革委会"成立后的第一件大事，就是大张旗鼓地开展"红宝书"发行运动，有些地方称"忠字化"运动、"红化"运动。《毛泽东选集》、《老三篇》、《毛主席语录》、《毛主席诗词》、单张语录以及毛主席的标准像、生活像等，通过各种形式层层分配，新闻媒体大造声势。在城镇，基本上是公费购买，由各单位按人头分发。在农村，则以生产队为单位，按户分发，秋收后扣款。这种发行活动已远远超出新华书店的经营行为，而成为各级"革委会"对毛泽东的"三忠于"、"四无限"的表态。

有些人民农村公社举行隆重的"敬迎红宝书"仪式。物色政治上最最可靠的"红人"领队，挑选红色马匹套上用红色油漆新刷过的胶轮车，满载红色塑料封面的"红宝书"，红旗引路，众人列队跟随，敲锣打鼓，送书到各村。各村则组织群众列队恭迎。湖南、福建、江西、安徽等省农村的许多农户敬立"宝书台"，专放"红宝书"。发行活动中的形式主义，背离了宣传毛泽东思想的宗旨。

各省发行毛泽东著作的数量相当惊人。例如，辽宁全省共发行 1.44 亿册，按人口平均，每人 5.1 册。单张语录 3161 万张。毛主席标准像发行数量已无法统计，仅生活摄影像就发行 1.24 亿张。福建发行毛泽东著作 9200 万册，全省人均 4 册。贵州是经济文化欠发达地区，竟发行 8000 万册，户均 10 册。

一些书店对毛泽东著作等政治书籍有意超量多订。订少了，怕被扣上"反对毛泽东思想"的"帽子"，不得了；积压了是业务问题，无所谓。

五、周恩来对出版战线"左"倾错误的纠正

"文化大革命"期间，周恩来总理处于非常困难的境地。他顾全大局，任劳任怨，为继续进行党和国家的正常工作，为尽量减少动乱所造成的损失，同林彪、江青一伙进行了多种形式的斗争。从 1970 年下半年起，周恩来亲自过问出版工作，为纠正"左"倾错误，恢复备受摧残的出版事业费尽了心血。

（一）恢复出版部门的正常业务。1969 年 9 月，周总理派国务院值班室负责人调查了解出版情况。1970 年，国务院成立出版口，并将原由中央文革小组控制的毛主席著作出版办公室并入出版口。他指示出版口制定一般图书的出版规划，不能割断历史。当年 9 月 17 日，他同文化教育部门一些负责人谈话，针对陈伯达不准出版《四角号码辞典》的禁令说："王云五编的

《四角号码辞典》为什么不能用？不要因人废文。一个人有问题，书就不能用了？它总有可取之处嘛！"他针对江青一伙"否定一切，打倒一切"的嚣张气焰，有力地批判说："任何思想的发展都不是无根的，新社会是从旧社会脱胎出来的。剥削阶级的出身不能改，思想却是可以改造的。这就叫历史唯物主义。要有点辩证法，不要一听封建主义、资本主义就气炸了"（《周恩来选集》下卷）。

周恩来对许多出版单位被撤销提出批评。他说："中华书局、商务印书馆就不能要了？那样做，不叫为群众服务。青年一代着急没有书看，他们没有好书看，就看坏书。"他对社会上出现的"书荒"十分焦虑："要懂得水有源树有根。毛泽东思想是从马克思列宁主义发展来的，马克思列宁主义是毛泽东思想的根。《新华字典》也是从《康熙字典》发展来的嘛！编字典可以有创造，但创造也要有基础。要古为今用，推陈出新。新的出不来，旧的又不能用，怎么办？"（《周恩来选集》下卷）根据他这次谈话，中央一级出版单位从 1971 年起陆续恢复正常业务。影响所及，各省级出版单位也开始重建或恢复。

（二）制止发行部门封存销毁图书。1971 年 3 月 15 日，国务院在北京召开全国出版工作座谈会。这次会议开了 4 个多月，到 7 月 29 日才结束。周恩来日理万机，仍亲自看会议简报，了解与会代表反映的情况。4 月 12 日凌晨和 6 月 24 日下午，他两次接见会议领导小组全体成员，一共讲话 7 个多小时，深刻地批评了极左思潮在出版发行部门的反映，制止任意封存和销毁图书。他说："同志们说，有的地方把（书店）封存的图书都烧了，我看烧的结果就是后悔。……否定一切，不一分为二，这是极左思潮，不是毛泽东思想。我们要用历史唯物主义的观点来看问题。那些把书都烧了的，还不是受极左思潮的影响？不一分为二，就是极左思潮"（《周恩来选集》下卷）。

4 月 12 日凌晨那次会上，周恩来指名要新华书店总店负责人到会汇报工作。当时，总店尚未恢复，原总店总经理王璟从"五七干校"调京不久，安排到北京发行所工作。会议领导小组紧急派车把他接来。周恩来向王璟了解了新华书店现状，强调指出，书店不能胡乱报废图书，不能把"文化大革命"前的书封存、下架，应该从库房里拿出来公开陈列出售。

周恩来说:"《鲁迅全集》封起来干什么?这不是滑稽得很吗?普列汉诺夫前期是马克思主义者,有好的著作。把有点问题的书都封起来,只有少数人能看,只相信自己不会受影响,其他人就都会受影响?群众总是比我们个人知道得多,他们是能够作出判断的。一面说青年没书读,一面又不给他们书读,就是不相信青年人能判断。无怪现在没有书读了,这完全是思想垄断,不是社会主义民主"(《周恩来选集》下卷)。

周恩来要求出版部门"广开言路",多出书。在此次会议上,他对青少年迫切需要的文艺、经济、历史、地理、科技等类读物的出版,作了详尽指示。他说:"你们管出版的,要印一些历史书。……你们的出版计划中有没有历史书籍?现在书店里中国和外国的历史书都没有。不出历史、地理书籍,是个大缺点。……不讲历史、割断历史怎么行呢?中国人不讲中国历史总差点劲。毛主席的著作还有不少篇幅是讲历史的嘛!读毛主席的著作也得懂历史。""我看现在要出一批书,要广开言路。……有些青年连世界地理位置、重大历史事件都搞不清楚,知识面越来越窄,这不行,这样是不能真正高举毛泽东思想伟大红旗的"(《周恩来选集》下卷)。

一些大城市书店,根据周恩来的谈话精神,将部分封存的书籍重新陈列上架,公开出售。但由于张春桥、姚文元插手此次出版座谈会,对出版战线作出两个错误估计:一是"文化大革命"前17年的出版工作是"反革命专政",二是"出版队伍基本上是资产阶级的",并将其塞进中发〔1971〕43号文件《全国出版工作座谈会议报告》,周恩来对此次会议的许多指示和谈话精神并未向全国出版发行单位传达。

(三)组织专家学者点校二十四史。"文化大革命"前只点校出版了《史记》、《汉书》、《后汉书》和《三国志》。1971年,在国务院召开出版工作座谈会期间,周总理在一封建议标点二十四史的来信上批示:"二十四史中除已有标点者外,再加《清史稿》,都请中华书局负责加以组织,请人标点,由顾颉刚先生总其成,究如何为好,请吴庆彤同志提出版会议一议。"吴庆彤是国务院办公室主任。4月7日,他率领国务院出版口、中华书局的领导人到顾颉刚家中传达周总理的批示。4月29日,在吴庆彤主持下召开了二十四史及《清史稿》标点印行工作会议。会上讨论了顾颉刚的计划书和中华书局的计划安排，决定抽调专家学者集中到北京、上海，组成两个标点组，分头进行；又由白寿彝牵头组成点校组，分工合作，顾颉刚总其成。

5月中旬，毛泽东批准了这次会议所拟订的工作计划。80多位史学界名流分别从"五七干校"或被审查场所借调到京、沪，参加这项点校工程。1973年二十四史点校完毕，1978年全部出版。

（四）对四部古典小说的发行部署提出批评。1972年1月，国务院出版口领导小组考虑到美国总统尼克松即将访华，为扩大政治影响，向外国记者显示图书市场"繁荣"，决定向市场投放《红楼梦》等四部古典文学名著。但由于"四人帮"推行文化专制主义，书店能够公开出售的图书品种极为有限，"书荒"严重。人民文学出版社、北京发行所连同北京市新华书店总共仅存有"四部古典"3800多部，不用说发给全国书店，就是只在北京市敞开供应，也会一"抢"而光。出版口通知北京发行所，将"四部古典"重点发给尼克松将要访问的北京（1000部）、上海（700部）、杭州（300部），其他15个开放城市各发20—50部。同时规定："只卖给外国人，不供应国内读者。"结果，引起读者对书店的不满，一些外国通讯社也乘机发消息，加以嘲弄。

2月16日深夜，周恩来获悉此事，立即找来国务院业务组负责人和北京市"革委会"主任吴德等人，对他们说："现在要注意一种倾向，比如为了尼克松访华，出版方面把几部古典小说摆出来，光卖给外国人，不卖给中国人，何必呢！有书，中国人要卖，外国人也要卖；没有书，你就别摆出来。你们要管这个事，防止再发生类似的事情，要从这件事入手，好好检查一下，各个涉外部门也要查一查。……弄虚作假，早已批评过了，不能搞那个东西。马上通知上海、杭州，不能那样办，那样做是错误的"。周恩来说："给你们扣个帽子，你们这个做法是'崇美思想'。不是说过尼克松来了，要不卑不亢，不冷不热吗？为什么尼克松来了，就把书摆出来呢？其他商品也不要为尼克松来了而摆样子"（陆本瑞《周总理对出版工作的一次批评与教诲》）。周总理要求吴德检查一下北京市的工作。

当时，李先念副总理也在座。他说，古典小说为什么不可以印呢？是不是还怕？中国的历史嘛，不是从天上掉下来的。有人回答，需要写一批判性的序。李先念问，你那个序什么时候写出来？写不出来，就不要序了嘛！周恩来点头表示同意，说："序一下写不出来，不要序也可以"（陆本瑞《周总理对出版工作的一次批评与教诲》）。

国务院办公室于 17 日晨 3 时半传达了周恩来的指示。出版口领导小组立即作了检查，纠正了这个错误，并采取措施，抓紧布置了四部古典小说的重印工作。同年 4 月中旬，《红楼梦》等四部古典小说共重印 20 万部，公开发行。

（五）重病在身仍关心出版规划。1966 年 8 月，全国掀起规模空前的"破四旧"运动，《新华字典》、《辞海》等许多语文工具书被批判为"大毒草"而停止出售。学生上学无字典可用。1971 年全国出版工作座谈会以后，周恩来亲自过问《新华字典》、《辞海》等工具书的修订工作。1975 年 5 月，国家出版局、教育部在广州召开中外语文词典编写出版规划座谈会，制定了 10 年内编写出版 160 部中外文语文词典的规划。这个出版规划报告，由主持国务院工作的邓小平副总理审阅后，送请周总理审批。当时，周总理已身患重病，在病床上审批同意了这个报告，并注明"因病，在我处压了一下"。人民的好总理，对党和国家各项事业鞠躬尽瘁的精神，令人肃然起敬。进入改革开放的 20 世纪 80 年代，列入该规划的 100 多种中外文辞典如新编《汉语大词典》、《汉语大字典》、《英汉词典》等，已陆续出版。周恩来生前对出版工作的最后一个批示，终于全部落实。

第十二章　中华人民共和国书业（下）

　　1976 年 10 月粉碎江青反革命集团的胜利，结束了持续 10 年的"文化大革命"，饱受摧残的出版发行事业开始恢复，走向正常。1978 年 12 月，中国共产党召开十一届三中全会，作出了把党和国家的工作重点转移到社会主义现代化建设上来的战略决策。从此，我国历史进入改革开放的新时期，极大地促进了我国书业的繁荣发展。本章主要叙述改革开放 20 年来（1978年 12 月—1999 年），党和国家为发展出版发行事业采取的重大决策，以及出版发行事业改革和发展的概况。

第一节　改革开放以来的出版管理机关和决策

　　党的十一届三中全会以后，经过拨乱反正，各级出版管理机关得到恢复和加强。在深入调查研究的基础上，中共中央、国务院以及出版管理机关作出一系列决策，推动了出版发行事业的改革和发展。

一、出版管理机关的恢复和加强

　　"文化大革命"初期，各级出版行政机关被"砸烂"，后期虽然有所恢复，但由于受"四人帮"的干扰或支配，不断折腾，不是"反黑线回潮"，就是"反击右倾翻案风"，使出版行政机关无法正常工作。粉碎江青反革命集团以后，特别是 1978 年 12 月党的十一届三中全会以后，经过拨乱反正，正本清源，在正确的思想、组织和政治路线的指导下，各级出版管理机关才得以恢复、建立和加强。

（一）中宣部出版局恢复建制。1977 年 11 月，中共中央宣传部重新成立，中宣部出版局同时恢复建制。首任局长边春光，继任局长先后有许力以、伍杰、刘国雄、高明光、邬书林、张小影（女）。副局长袁亮曾一度主持该局工作。该局作为中宣部主管出版的工作部门，注重调查研究，密切联系出版发行单位，为中宣部作出发展出版事业的决策发挥了重要作用。

主持中宣部出版局工作时间最长的是许力以（1923—2010），广东海康人，中共党员。新中国成立前长期从事党的新闻工作。1951 年到中宣部出版处（局）工作，以后任副处（局）长，直至"文化大革命"爆发。党的十一届三中全会后，历任国家出版局副局长、中宣部出版局局长。被选为中国出版工作者协会第一、第二届副主席。退居二线后，任新闻出版署特邀顾问、中国出版工作者协会国际合作出版促进会会长等职。他具有几十年的出版管理工作经验，为促进出版事业的改革开放、促进对外合作出版和版权贸易作出了贡献。他是《中国大百科全书·新闻出版卷》出版学分编编委会主任、《中国出版百科全书》主编。主要著作有《许力以出版文集》、《人类文明与出版》等。他的《中国文化与出版》被日本出版界译成日文出版。

（二）改革开放以来的国家出版局。1977 年 5 月，中央派王匡、陈翰伯、王子野主持国家出版局工作。1978 年 3 月，王匡被正式任命为国家出版局局长，同年 7 月调任中共港澳工委书记、新华社香港分社第一社长。国务院任命陈翰伯为国家出版局代局长。先后任副局长的有王子野、王益、许力以、常平。

1977 年 3 月中央工作会议以后，邓小平正式恢复工作，分管科学教育工作。同年 8 月，他在中央召开的科学教育工作座谈会上指出，新中国成立以后 17 年，教育战线、科研战线的主导方面是红线，我国知识分子绝大多数是自觉自愿地为社会主义服务的。他推翻了林彪、江青等人鼓吹的"文艺黑线专政论"、"教育黑线专政论"，号召尊重脑力劳动，尊重人才。根据此次会议精神，国家出版局于 1977 年 12 月召开全国出版工作座谈会，推翻了"四人帮"强加在出版战线的两个"估计"，即新中国成立 17 年来的出版战线是"反革命专政"，出版战线"大多数"知识分子的世界观"基本上还是资产阶级的"。

会后，国家出版局着重从两个方面拨乱反正：一是落实干部政策，为被打倒或错误处理的领导干部和知识分子平反冤假错案，重新安排工作，他们中的很多人成为新时期出版工作的领导者或业务骨干；二是落实书的政策，把"文化大革命"中被划为"封、资、修毒草"的一大批图书解放出来，重新出版。1978 年 3 月，国家出版局安排落实 35 种中外文学作品的重印工作，于 5 月 1 日在各大中城市新华书店供应，每种书发行 40 万册至 50 万册，很快售光。此后，又安排重印工具书、科技书和少年儿童读物共 57 种，于当年国庆节投放，发到各地书店后被读者一"抢"而光，共发行 3200 万册。

1978 年 7 月，国务院批转了国家出版局《关于加强和改进出版工作的报告》，要求"尽快把出版工作搞上去"、"尽快改变目前书刊品种少、出版周期长，印刷技术落后的状况"。同时强调"整顿和加强图书发行工作。各级新华书店应当健全机构，充实人员"。

党的十一届三中全会以后，国家出版局陆续安排了科技书、少儿读物、少数民族文字图书、农村读物、政治理论读物等方面的出版发行工作，制定了 3000 余种古籍的出版规划，重新确定了地方出版社的出版方针，启动了对外合作出版，建立了中国大百科全书出版社、中国出版对外贸易总公司、北京印刷学院等机构。到 1982 年，"书荒"问题基本解决，图书市场出现了繁荣景象。

国家出版局代局长陈翰伯（1914—1988），祖籍江苏苏州，天津人，中共党员。1935 年冬参加"一二·九"学生运动领导工作，曾任北平学联党团书记。1936 年毕业于燕京大学新闻系。1937 年，他以燕大校友身份陪同美国著名记者 E. 斯诺到延安采访。新中国成立前，长期从事新闻工作，曾任张学良在西安办的《西京民报》总编辑、杨虎城办的《西北文化日报》国际新闻编辑和社论撰稿人。1949 年 2 月任新华社总社编委兼国际新闻部主任。新中国成立后任中宣部理论处副（局）处长、商务印书馆总经理兼总编辑、文化部出版局局长。1978 年任国家出版局代局长，直至 1982 年退居二线。他为出版界的拨乱反正，解决全国性的"书荒"问题，启动出版发行改革，作出了贡献。他是第五、第六、第七届全国政协委员，中国出版工作者协会第一、第二届主席。一生写有大量时评、政论和理论文章。著有《国会和政府》、《论美苏关系》、《陈翰伯出版文集》等。

（三）文化部出版局、国家出版局和国家版权局。1982年初，国务院进行机构改革，部委由52个裁并为39个，直属机构由42个裁并为10个。5月，国家出版局并入文化部，改制为文化部出版事业管理局。局长边春光，副局长宋木文、刘杲。不久，宋木文升任文化部副部长。同年11月，文化部党组根据中央书记处的决定，设置加强和改进出版工作的咨询机构——国家出版委员会，由退居二线的15位著名出版家任委员，王子野任主任委员。

1985年7月，国务院设立国家版权局，文化部出版局改称国家出版局。这两个局实为一个机构，两块牌子，仍由文化部领导。

国家版权局是中国政府管理和指导全国出版物版权事宜的机构。主要任务是起草版权法、法规，制定版权工作规章并监督实施；代表国家处理涉外版权关系；负责指导全国版权管理工作等。

1986年10月，国家出版局和国家版权局改为国务院直属局。局长宋木文、副局长刘杲。1987年1月，国家出版局撤销。国务院成立中华人民共和国新闻出版署。

从文化部出版局成立到改制、撤销，近5年时间，推进了出版发行改革，扩大了对外出版交流，创办了中国出版科学研究所，制定和印发了《1981—1990年全国出版事业发展规划纲要（草案）》，推行了中国标准书号制度。拨出巨款扩建了沈阳、武汉、重庆、西安等印刷发行基地，以解决印刷生产力不足、出版周期过长的问题。

文化部出版局（后改称国家出版局）局长边春光（1925—1989），山东莱芜人，中共党员。长期从事党的青年工作，1952年调中国青年出版社，历任编委、副社长、社长兼总编辑。1970年调西安工作，曾任陕西省出版局局长、中共陕西省委宣传部部长。1977年调回北京，历任中宣部出版局局长、文化部出版局局长、国家出版局局长。1987年，任新闻出版署特邀顾问、中国出版科学研究所所长。主编中国第一部《出版辞典》，主编"出版知识丛书"，著有《边春光出版文集》。

（四）中华人民共和国新闻出版署。1987年1月成立，是国务院管理全国新闻出版事业的直属机构。首任署长杜导正，1989年离休，由宋木文接任署长。第一、第二任副署长刘杲、王强华、卢玉忆（女）、于永湛；国家版权局局长宋木文，副局长刘杲。第三任（从 1993 年 6 月起）署长于友先，副署长于永湛、桂晓风、梁衡、谢宏、杨牧之（谢宏、梁衡先后调人民日报社任副总编辑）；国家版权局局长于友先，副局长沈仁干。新闻出版署成立 10 多年来为加强新闻出版事业的宏观管理做了大量工作。从 20 世纪 80 年代后期起，在全国开展了深入持久的"扫黄打非"斗争，取得了一个又一个胜利。1989 年以后，根据中央指示，整顿了报纸、期刊和图书的出版，并对全国出版社进行了重新注册登记。此后，多次查禁买卖书号，对书号使用实行宏观调控。多次整顿图书音像市场，推行批发进场、零售归市制度。为规范编、印、发行，制定和发布了一系列管理新闻出版事业的法规。

推动出版发行事业的改革是新闻出版署的工作重点。在总结 80 年代中期改革实践的基础上，中宣部与新闻出版署于 1988 年 5 月发出《关于当前出版社改革的若干意见》和《关于当前图书发行体制改革的若干意见》，深化了出版发行改革。20 世纪 90 年代以来，该署历年召开的全国新闻出版局长会议，都把出版发行事业的改革作为重要议题，针对新情况推出新举措，总的工作方针则是一手抓繁荣，一手抓管理。

为促进出版事业的繁荣，新闻出版署组织实施的"八五"重点图书出版规划项目基本完成，国家"九五"重点图书出版规划 1200 种（又称"1200 精品图书工程"）已全面启动。为了向少年儿童提供精品读物，根据中央领导同志指示，于 1995 年 12 月制定了中国儿童动画图书出版工程。这项工程进展顺利，到 1997 年已出版中国自己的动画丛书 236 种，累计发行 1200 余万册。从 1993 年起到 1999 年，新闻出版署连续组织了四届国家图书奖的评奖活动，多次表彰了优秀出版社和良好出版社，主办了中国书刊发行奖，还制定和组织实施了出版发行行业岗位培训规划。自 1995 年起，新闻出版署每年进行"全国图书质量大检查"，并通报检查结果，表扬、奖励优秀图书，批评、处罚不合格图书。1997 年，新闻出版署发布《图书质量保障体系》，使图书质量管理更加规范化、系统化。这些举措有力地促进了出版事业的繁荣。

改革开放以来，我国出版界陆续成立了中国出版工作者协会、中国印刷技术协会、中国书刊发行业协会、中国编辑学会、中国期刊协会、中国音像协会等社会团体，均归口新闻出版署管理和指导。这些协会为繁荣发展出版发行事业做了大量工作。

新闻出版署首任署长杜导正，原任《光明日报》总编辑，到署任职两年多离休。

继任署长宋木文（1929—2015），吉林榆树人，中共党员。曾任国家出版局办公室主任、文化部出版局副局长、文化部副部长、国家出版局局长等职。新闻出版署成立，任副署长兼国家版权局局长。1989年任署长。他为加强新闻出版事业的宏观管理，加大"扫黄打非"的力度，促进出版发行的改革和发展，作出了贡献。1993年退居二线。同年8月被选为第三届中国出版工作者协会主席。他是第八届全国人大代表、全国人大常委会教科文卫委员会委员。著有《宋木文出版文集》、《亲历出版三十年》（上、下卷）。

继任署长于友先（1937—），山东蓬莱人，中共党员。1960年毕业于天津南开大学中文系。曾任河南人民出版社社长、总编辑，河南省教委主任，河南省人民政府副省长兼教委主任，中共河南省委常委、宣传部长。1993年5月任新闻出版署署长、国家版权局局长。他是中共第十三、十四、十五届代表大会代表，党的十五大被选为中纪委委员。在新的形势下，他提出的"建设有中国特色社会主义出版事业的基本思路"，对推动全国出版发行事业的改革和发展具有重要意义。2000年1月，退居二线，被选为第四届中国出版工作者协会主席。

（五）地方出版管理机关。随着1973年国家出版局的成立，各省、自治区、直辖市也陆续成立了出版局。1982年，国家出版局并入文化部，除上海、天津、广西仍保留出版局外，大部分省级出版局并入文化厅（局），有12个省建立了出版总社。不久，湖南、湖北、广东先后恢复出版局。1987年初，新闻出版署成立，各省、自治区、直辖市以及省会城市和部分地市，先后成立了新闻出版局和版权局，管理本地区的新闻、出版、印刷、发行工作和版权工作，并会同有关部门管理图书市场，查处非法出版活动，审理本地区的版权纠纷。

二、出版发行事业的改革开放

粉碎江青反革命集团，特别是党的十一届三中全会实行改革开放以来，中共中央非常关怀和重视出版事业。1982 年 12 月，全国人民代表大会第五次会议把"国家发展为人民服务、为社会主义服务的出版发行事业"，列入修改后新颁布的《中华人民共和国宪法》。中共中央、国务院为发展出版发行事业多次发出通知、指示和决定，并进行了法律法规建设。

（一）1981 年 5 月、7 月，中共中央政治局常委、中央副主席陈云两次对古籍整理出版工作作出指示：要制定一个长远规划，把一些重要古籍译成现代汉语，组织人力，分批分期整理出版。9 月，中共中央发出《关于整理我国古籍的指示》，国务院成立了由李一氓任组长的古籍整理出版规划小组。1982—1990 年，已整理出版 4000 多种古籍。李一氓病逝，1991 年国务院任命匡亚明为出版规划小组组长。1991—2000 年整理出版规划项目 2000 种，多数已整理出版。这对保存和继承我国丰富的文化遗产具有重大意义。

（二）中共中央、国务院于 1983 年 6 月发布《关于加强出版工作的决定》。早在 1982 年 1 月，中央宣传部向中共中央报送了国家出版局党组《关于三中全会以来出版工作的汇报提纲》。2 月 4 日，中央书记处在总书记胡耀邦主持下召开会议，讨论了上述汇报提纲。会议肯定了新中国成立以来出版发行工作取得的重大成绩，特别是党的十一届三中全会以来的明显进步，并对新时期出版工作的方针、任务以及需要解决的问题，提出了重要意见。中央书记处决定，由中央宣传部牵头，组织出版、财政、计委、轻工等有关部门代中央、国务院起草一个关于加强出版印刷发行工作的决定。经过一年多调查研究，征求意见，先后起草了 14 稿。1983 年 2 月 21 日，中央书记处召开会议讨论通过了《中共中央国务院关于加强出版工作的决定》，于 6 月 6 日以中发〔1983〕24 号文件正式发出。这个《决定》成为新时期指导出版工作的重要纲领。

《决定》首先指出："社会主义现代化建设的新形势，把出版工作推到我党我国历史上前所未有的重要地位。""出版物的质量和数量如何，直接反映着并影响着我国的政治、经济、文化和教育的发展水平。""任何一种先进思想和科学文化知识，一经出版发行，就能传之久远，在更大的范围和更长的时间内发挥作用。"

《决定》指明了我国出版工作的性质、根本方针和基本任务，明确出版物具有精神产品和商品的两重性，强调正确处理社会效益和经济效益的关系，并对编、印、发的改革以及出版管理改革提出了具体要求。以中共中央文件的形式对上述重大原则作出科学阐述和明确规定，在中国共产党的历史上是第一次，对我国出版发行事业的繁荣发展具有划时代指导意义。

《决定》还对编、印、发工作中存在的实际困难提出了切实有效的解决措施。《决定》针对印刷技术落后和发行网点不足的困难，规定出版系统实行利改税，税率由55%减为35%，税后利润全部留给出版系统发展事业。在当年，实现这项政策，出版系统每年可多留利几千万元。《决定》要求，把发展图书发行网点纳入全国城镇建设规划，并对新华书店总店新建2.4万平方米库房作出具体规定，当年就开始落实。

（三）国务院于1987年7月发布《关于严厉打击非法出版活动的通知》（以下简称《通知》）。鉴于社会上非法出版活动日益猖獗，国务院决定在全国范围开展一次打击非法出版活动的行动。《通知》对什么是非法出版活动作了明确界定，并对制止非法出版物的出版、印制、发行提出了严格要求。由政府各有关部门联合行动，共同打击非法出版活动，取得了重大成果。同时也为此后的扫除黄色书刊、打击非法出版活动奠定了基础。对此，本书在第十三章另有叙述。

（四）中共中央、国务院召开电话会议整顿清理书报刊和音像市场。1989年前后，有严重政治错误的书报刊越来越多，宣扬淫秽色情、凶杀暴力、封建迷信的出版物和音像制品泛滥，非法出版物和走私进口的出版物屡禁不绝。这些精神毒品和文化垃圾成为诱发犯罪、破坏社会安定的一大公害。1989年7月，中共中央政治局常委、书记处书记李瑞环在全国宣传部长会议上传达了中共中央政治局常委会的指示：对"扫黄"问题要下决心，下力量抓出成效，绝不手软。同月，新闻出版署发出《关于检查、整顿书刊市场的紧急通知》，对检查、整顿范围和处理权限作出了具体部署。8月24日，中共中央、国务院在北京召开全国整顿清理书报刊和音像市场电话会议，要求各级党委、政府动员起来，加强领导，精心组织，集中力量对书报刊和音像市场进行一次全面的整顿、清理，重点是"扫黄"。政治局候补委员、书记处书记、中宣部部长丁关根主持会议，政治局常委、书记处书记李瑞环和政治局委员、国务委员李铁映分别在会上作了重要讲话。十几个中央有关部委和各省、自治区、直辖市党政领导机关的主要负责人以及有关厅局负责人出席了电话会议，并在北京主会场或本地分会场汇报了情况和下一步打算。

同年9月中旬，李瑞环在广州主持召开了南方四省（粤、闽、浙、琼）"扫黄"工作座谈会。他要求各省负责人深入"扫黄"第一线，进一步发动群众，关心、支持这项工作，并与专门力量结合起来，形成"扫黄"光荣、"嗜黄"可耻、"贩黄"有罪的强大社会舆论。要求宣传、文化、出版、工商、税务、公安、海关、边防、教育等部门和工会、共青团、妇联等群众团体齐心协力，积极主动承担任务，一抓到底，取得成效。

1990年10月，根据中共中央继续深入"扫黄"的指示精神，全国整顿清理书报刊和音像市场工作小组在北京召开了全国"扫黄"工作会议，对一年来的"扫黄"工作进行了总结。截至1990年8月底，全国共取缔违禁书刊3200万册，音像制品240万盒，取缔制黄、贩黄和从事非法出版活动的犯罪窝点3200多个，破获这类案件1万多起，依法查处违法犯罪人员（包括行政处罚、治安处罚）近8万人，罚没款933万元，查获没收走私进口违禁出版物78万多件。在清理整顿的基础上，撤销了一批错误严重的出版单位，对书刊印刷厂和集体、个体发行单位进行了重新登记，停止了个体发行单位的批发业务。

全国新华书店在这次"扫黄"斗争中经受了考验。书店工作人员拒绝"贩黄"、"售黄"，以大力发行优秀读物的实际行动，抵制了黄色书刊的泛滥，受到了社会好评。

（五）国家对县新华书店和部分出版物实行财税优惠政策。县新华书店承担农村图书发行任务，发行费用大、赢利低，发到农村的一般书籍基本亏损。国家税务总局鉴于此，于1990年以国税发〔1990〕157号文通知各省、自治区、直辖市税务局和计划单列市税务局，"对县和县以下新华书店和农村供销社销售图书业务，从 1990 年 9 月 1 日起至 1991 年底，减半征收零售环节营业税。如减半征税后仍有困难，可按税收管理体制，报经主管税务机关批准，再酌情给予减免税照顾。本通知中所说的县包括市辖县和县级市"。1992 年 3 月，国家税务局再次发出通知，将减半征税延至 1993 年底。

中共中央于 1992 年发出 9 号文件，决定对宣传文化单位统一实行优惠的财税政策。财政部、国家税务总局根据这个文件精神于 1994 年 12 月联合发出《关于继续对宣传文化单位实行财税优惠政策的规定》。其中第三条第二款规定："全国县及县以下新华书店和农村供销社销售的出版物的增值税，'八五'期间实行先征后退的办法，退还的税款用于发行网点建设。"对"大中小学的学生课本和专为少年儿童出版发行的报纸和刊物"、"科技图书和科技期刊"的增值税，也实行先征税后退税。

这项优惠政策体现了党和国家对出版发行事业的巨大支持，对提高广大基层书店销售图书的积极性、解决基层书店流动资金不足和发展农村发行网点发挥了重要作用。

（六）中共中央政治局常委会议审议批准新闻出版署党组报告。1995 年 1 月 12 日，中央政治局常委会议审议和批准了新闻出版署党组《关于进一步加强和改进出版工作的报告》（以下简称《报告》）。中央领导指示，新闻出版是一项非常重要的事业，事关社会风气、民族素质的提高和下一代的成长。各级领导都要关心和支持出版工作，加强对出版工作的领导。出版物是特殊商品，不能完全交给市场去调节；要抵制和扫除黄色、腐败的东西，让优秀出版物占领市场。

同年 4 月，中共中央办公厅、国务院办公厅转发了新闻出版署党组的《报告》。《报告》回顾和总结了 10 多年来的出版工作，分析了发展态势，提出"在新的形势下，建设有中国特色社会主义出版事业的基本思路是：通过建立适应社会主义市场经济体制和精神文明建设需要，符合出版规律的管理体制和运行机制，推动整个出版业从以规模数量增长为主要特征的阶段向以优质高效为主要特征的阶段转移"。按照这个基本思路，《报告》制定了进一步深化改革、繁荣出版的具体目标和措施。中央审议和批准这个《报告》，使全国出版战线受到极大鼓舞。几年来的实践表明，《报告》对实现出版工作的阶段性转移、加强宏观管理和繁荣出版物市场发挥了重要指导作用。

（七）有关出版的法律法规相继颁布。改革开放以来，我国仅用了10多年时间走过了发达国家几十年、上百年所走过的著作权立法路程。1990年9月7日，第七届全国人民代表大会常务委员会第十五次会议通过了《中华人民共和国著作权法》，又陆续颁布了《中华人民共和国著作权法实施条例》、《计算机软件保护条例》、《实施国际著作权条约的规定》等，逐步形成著作权保护的法律体系。

出版法规建设取得了重大成就。1987—1998年颁布施行的新闻出版法规有400多件。重要的如1997年1月国务院令第210号发布的《出版管理条例》、同年3月国务院令第212号发布的《印刷业管理条例》、同年12月新闻出版署令第11号发布的《电子出版物管理规定》等。1997年3月经第八届全国人民代表大会第五次会议修改，以中华人民共和国主席令第83号发布的《中华人民共和国刑法》，直接与新闻出版有关的条款达14条。1998年12月，最高人民法院公布《关于审理非法出版物刑事案件具体应用法律若干问题的解释》，进一步完善了有关出版方面的法律法规。

第二节 出版社的改革和发展

党的十一届三中全会以后，全国出版社贯彻解放思想、实事求是的思想路线，根据党的工作重点转移的新形势进行了恢复、整顿和建设。1980年4月，中宣部转发了国家出版局制定的《出版社工作暂行条例》，从方针政策上、制度上保证了出版社工作的正常开展。在此基础上，以提高出书质量为主要内容的出版改革，逐步启动。改革的深化，使精品佳作大量涌现，出版社的规模和数量有了很大发展。

一、出版社的改革

1978年12月至1999年间的出版社改革，大体上可以概括为出版方针任务的调整、出版布局的改变、出版责任制的建立、出版体制的转轨、对外合作出版和版权贸易的开拓、出版集团的组建等。

（一）出版方针任务的调整。出版战线贯彻党的十一届三中全会以来的路线、方针、政策，全面地拨乱反正，冲破了长期的"左"的严重束缚，否定了以阶级斗争为纲的出版方针，确立了适应全党工作转向以经济建设为中心的新时期的出版工作方针和基本任务。

国家出版局党组在 1979 年 3—5 月间连续召开党组扩大会议，讨论调整出版方针问题，纠正在出版与政治的关系上造成的思想混乱，纠正多年以来"围着政治运动转"的出书倾向，拓宽了出书领域，为广大著译者、编辑工作者提供了施展才华的广阔天地。在《出版社工作暂行条例》中第一次明确提出为人民服务、为社会主义服务的方向，第一次提出包括发行在内的整个出版工作的三项基本任务，即宣传马克思列宁主义、毛泽东思想，传播积累科学文化技术知识和成果，丰富人民的精神文化生活。1983 年中共中央、国务院发布的《关于加强出版工作的决定》，对此又作了更全面、更明确的表述。这是对出版方针任务的重大调整，促使出版工作从停滞走向发展，从复苏走向繁荣。

（二）出版布局的改变。改革开放以前，我国出版社主要集中在北京，地方出版社除上海较多外，其他各省、自治区、直辖市一般只有一两家出版社。从 20 世纪 50 年代起，地方出版社就执行"地方化、群众化、通俗化"的出版方针。当时，地方出版社均处于初创阶段，执行这个方针无可厚非，历经 20 多年的发展，各方面情况发生了很大变化，但仍然固于"三化"方针，人为地束缚了地方出版事业的发展。1979 年 12 月，国家出版局在长沙召开全国出版工作座谈会，坚持解放思想，支持地方出版社实行"立足本省、面向全国"的出书方针，突破了"三化"的限制，调动了地方出版社的积极性。

1983 年，以贯彻落实中共中央、国务院《关于加强出版工作的决定》为契机，许多地方逐步由一家综合出版社分解为若干家专业出版社，促使全国出版社布局发生了重大变化。地方出版社已由 1978 年的 52 家发展到 1999 年的 346 家（含副牌 20 家），20 年增加约 5.7 倍。出书品种（初版）已占全国出书品种的 59%。地方出版社出版了许多有重要学术价值的著作和大型丛书。

在出版布局方面，除了地方出版社有了迅猛发展外，还有两大变化：一是国务院各部委和各民主党派创办的出版社明显增多；二是大学创办的出版社从"文化大革命"前的 1 家已发展到近百家。

（三）出版责任制的建立。图书的内容质量是出版社的生命线。出版社改革的一项重要内容就是建立以提高出书质量为中心的各种责任制。《中共中央国务院关于加强出版工作的决定》指出，"编辑部门的改革，一项重要的内容是抓责任制"。1984 年 6 月，文化部在哈尔滨召开全国地方出版工作会议，强调出版社编辑部"要实行岗位责任制，要规定先进合理的定额，超额给奖；同时实行若干以提高图书质量为主要考核内容的单项奖"。1985 年 7 月，中宣部转发文化部党组《关于全国出版局（社）长会议的报告》指出："出版改革已经有了一个良好的开端，近一年来，许多出版社试行了以提高图书质量为中心的联系经济奖惩的责任制，较好地调动了广大知识分子的积极性，在探索用经济杠杆促进精神生产方面取得了进展。"

20 世纪 80 年代前期，各出版社一般都实行党委领导下的社长、总编辑负责制。1988 年 5 月，中宣部、新闻出版署联合发出《关于当前出版社改革的若干意见》，提出"逐步推行社长负责制"，"在出版社各个部门实行多种形式的责任制"。实践表明，责任制的建立，强化了出版社的经营能力，有效地提高了出书质量，精品图书日益增多，其中不乏传世之作，这是出版改革的重要成果。

但是，部分出版社把承包经营引入各编辑室，甚至承包到编辑个人，在承包利润指标的压力下，导致图书质量滑坡，弊端丛生。20 世纪 90 年代中期，已加以纠正。

（四）出版体制的转轨。1984 年 6 月，文化部在哈尔滨召开的地方出版工作会议上首次提出，"要使出版社由单纯的生产型逐步转变为生产经营型"。1988 年 5 月，中宣部、新闻出版署联合发出《关于当前出版社改革的若干意见》，再次提出"出版社必须由生产型向生产经营型转变。使出版社既是图书的出版者，又是图书的经营者"。根据这个文件精神，各出版社对原来的体制包括领导体制、经营体制、管理体制、人事体制、分配体制陆续进行了改革。实行了更加严格的经济核算制度和按劳分配制度，普遍建立了发行部门，开展了自办发行。中国共产党第十四次代表大会提出建立社会主义市场经济体制的目标后，全国出版社正在由计划经济的旧体制向适应社会主义市场经济的新体制转轨，实行自主经营，自负盈亏，依法出书，照章纳税。出版社普遍增强了市场营销观念和市场竞争观念。

（五）对外合作出版和版权贸易的开拓。1979 年以来，我国出版社打破了封闭状态，开始同外国的出版公司合作出版图书。1980 年，国务院和中宣部批准了国家出版局《关于加强同国外合作出版的报告》，对外合作出版业务有了新进展。1981 年 5 月，国家出版局在成都召开全国对外合作出版工作座谈会，总结交流了经验，讨论制定了《加强对外合作出版管理的暂行规定》。10 月，国务院转发了这个规定。

从 1979 年到 1989 年，中国出版界与世界各国和地区签订合作出版协议 600 多项，已经合作出版的图书 1000 多种，与中国出版社合作的海外出版公司有 200 多家，涉及 20 多个国家和地区。中国大百科全书出版社成立不久，即与美国不列颠百科全书出版公司谈判出版《简明不列颠百科全书》中文版。1980 年签订协议，1986 年出齐。中共中央政治局常委邓小平对此次合作出版给予了高度重视，曾于 1979 年 11 月（双方谈判时）、1980 年 9 月（双方签订协议时）、1985 年 9 月（开始出书时），先后三次会见美方来华代表团的负责人。

我国对外合作出版的形式主要有两种，一种是双方共同投资，所得利益双方平分。如上海人民美术出版社与南斯拉夫评论社合作出版的大型画册《中国》，中国摄影出版社与澳大利亚威尔顿哈代公司合作出版的《中国——长征》等，均采取这种形式。另一种是由中方提供书稿，对方负责在国外出版发行，在经济上按双方协议办理。如文物出版社与日本平凡社合作出版的《中国石窟》(共 20 卷)，新华出版社与瑞士一家出版公司合作出版的《熊猫》等，都采取这种形式。此外，也有由中外双方共同编撰，分别出版发行的。如商务印书馆与英国牛津大学出版社合作出版的《精选英汉·汉英词典》，英语部分由牛津负责，汉语部分由商务印书馆负责。合作出版的书稿内容涉及中外语文工具书、教科书、科学技术、农业、医药、体育、文学、美术、文物、旅游、烹调、轻工、建筑等许多方面。

由于历史的原因，国外的书店很少销售中国内地的出版物，通过对外合作出版，可以利用外国出版公司的发行渠道，把合作出版的图书发行到国外各地。合作出版的大型画册《中国》、《中国——长征》、《俯瞰中国》等书，均在国外发行 10 多万部。

进入 20 世纪 90 年代，同海外合作出版的图书开始走向系列化，许多大部头著作受到外国读者的欢迎。著名的如《中国美术全集》60 卷、《中国大百科全书》74 卷、《中国古代建筑》10 卷等。外语教学与研究出版社与英国朗文公司合作，邀请中英两国专家共同修订《新概念英语》，双方共同拥有版权，共同开拓市场，从 1997 年上市，到 1999 年已销售 30 万套（120 万册）。

1992 年 10 月和 1993 年 4 月，我国先后加入了三个国际版权公约：《保护文学和艺术作品伯尔尼公约》、《世界版权公约》和《保护录音制品制作者防止未经许可复制其录音制品公约》。至此，我国已成为主要国际版权及相关权利公约成员国，与世界上 100 多个国家建立了相互保护版权的关系。1990—1999 年，我国版权贸易引进与输出都有了大幅度增长，仅通过出版社开展的图书版权贸易就超过 2.5 万项。其中，引进 2 万项，输出超过 5000 项。输出图书版权最多的地区是北京、浙江、山东、湖北、四川、广西、上海、宁夏、天津、江苏。我国处于发展阶段，引进版权的数量大于输出数量的局面，势将持续很长时间，但输出的增长速度较快，预示着我国图书版权输出的前景光明。

（六）图书价格管理的改革。从 20 世纪 50 年代起，我国的书籍定价是按政府统一规定的印张定价标准来确定的，忽视印数因素，违背价值规律。20 世纪 80 年代后期有所突破，但仍严格控制利润率。1987 年 5 月 3 日，吉林省出版总社经省物价局同意，实行《关于学术著作按成本定价的规定》。8 月 10 日，新闻出版署经国家物价局同意，复函中国科学院："同意印数在 3000 册以下的学术著作和专业著作可参照成本定价。"这是我国改革书价体制的第一步。1993 年 4 月，新闻出版署根据国家物价局〔1992〕价工字 541 号文件精神，发出《关于改革书刊价格管理的通知》，对书刊价格管理作了重大改革。除大中专教材、中小学课本的价格仍按现行管理体制和管理权限实行定价外，一般图书的价格由出版单位根据纸张成本、印刷工价和发行册数自行制定定价标准。书价放开后，许多图书的价格涨幅过高，读者反映强烈，在一定程度上抑制了图书购买力。但在社会主义市场经济条件下，放开书价势在必行。

（七）出版集团的组建。1996年3月，新闻出版署在南京召开全国新闻出版局长会议期间，受中共中央政治局委员、国务委员李铁映的委托，国家体改委副秘书长冯并在会上作了《推动管理体制改革，实现两个根本转变》的报告，介绍了国家经济体制改革的总体走势，还谈了出版业的结构调整和集团化经营等问题。他认为，根据出版业自身的规律，面临高新技术的挑战，出版业应按现代企业制度的思路试行集团化经营。会议就组建出版集团作了较多讨论，一致主张，要积极审慎，大力推行。经过试点，到1998年底，上海、广东、辽宁等省市的若干出版社，以规模经营为目的陆续组建了出版集团。中央部委的一些出版社也在酝酿联合，以人民美术出版社、荣宝斋、连环画出版社三家为核心层的中国美术出版总社1998年4月成立。1999年6月，北京出版社也组建成出版集团。出版集团将成为出版事业的骨干，而各具特色的中小出版社也是不可缺少的重要力量。

二、出版社事业的发展

我国以经济建设为中心的大环境和科教兴国、加强社会主义精神文明建设的总体战略，为包括编、印、发在内的整个出版事业的发展创造了极为有利的条件，而出版改革直接促进了出版社事业的兴旺发达。主要表现为：出版社增多，出书品种丰富，出版数量增长，出版印刷科技含量提高，多媒体出版物发展迅猛。

（一）出版社增多。1999年全国有出版社566家，为1978年105家的约5.4倍。其中，中央级出版社220家，地方出版社346家。在地方出版社中，上海最多，达37家，年出书近万种。其次是，四川20家、辽宁18家、广东和山东各17家、北京市和江苏各16家。陕、鄂、浙、吉、湘、豫、黑、津、闽、新等省、自治区均在10家以上。据1999年统计，在全国出版社中，产值过亿元的有71家，过2亿元的有32家。

随着出版社的增多，出版编辑队伍不断壮大，队伍素质有了很大提高。

截至 1999 年，全国出版系统有博士 200 多名，硕士 3000 多名，本科毕业生 30000 多名。一大批编辑、出版工作者有了专业技术职称。

中央级出版社集中在北京。从 20 世纪 90 年代中期起，中国出版工作者协会和中国书刊发行业协会，每年都联合在京举办图书订货会，全国各出版社均在会上设摊供货，约有 3000 名书店人员到会订货，每次成交总额超过 15 亿元。供货码洋前 10 名的出版社均在北京，前百名中有 60% 在北京。书店人员订货划单时，首选北京，其次选各省、市、自治区版。可见，北京是全国出版中心。它以众多的出版社和丰富的出版资源，带动了全国图书市场的繁荣。

改革开放以来，我国民族出版事业有了空前发展。全国已有出版民族文字图书的民族出版社 36 家，分布在 14 个省、市、自治区，每年用 17 种民族文字出版各类图书 3000—4000 余种。从 1981 年到 1999 年，全国共出版民族文字图书 5 万多种，已向全国 5000 万少数民族人民供应民族文字图书 8 亿册。在民族自治区中，新疆的出版社最多，有 11 家，内蒙古和广西各有 8 家，宁夏 3 家，西藏 4 家。改革开放以来，全国新闻出版系统向西藏新闻出版事业提供的援助，折合人民币达 2290 万元。西藏人民出版社成立近 30 年来，共出版图书 6600 多种，绝大多数是改革开放后出版的。其中藏文书占 80% 左右。

（二）出书品种丰富。1978 年全国出书 1.5 万种，较"文化大革命"期间倍增，但仅及 1960 年出书种数的 50%，说明 1978 年图书品种仍处于匮乏状态。改革开放以后，出书品种逐年递增，到 1999 年已达 14 万种（其中出版新书 8.3 万种），为 20 年前的约 9.3 倍。大批重点图书出版工程相继完成，精品汇集，异彩纷呈，图书市场已从卖方市场向买方市场转变。

研究图书品种增长，还要分析图书重印（再版）率的变化。20 年来，图书重印率不断提高，在一定意义上反映了读者对出书认可程度的提高。1978—1979 年，图书重印率平均为 19.3%。1980—1989 年，10 年间平均每年的图书重印率为 25.8%。1990—1994 年，平均每年图书重印率为 33%。1994 年，新闻出版署提出出版工作向优质高效阶段转移。1995—1999 年，平均每年图书重印率为 43.5%。这从一个侧面，反映了阶段性转移取得了可喜成绩。

图书品种增多，大批精品书不断涌现，反映了出版事业的繁荣。然而，在图书市场上低水平重复品种和平庸书仍占有不小的比例。为了优化选题，调整好出书结构，合理配置出版资源，出书品种不是越多越好。为此，新闻出版署于 1994 年 5 月发出通知，对书号使用总量进行宏观控制。几年来的实践表明，这项举措促进了出版工作向优质高效转移。

（三）出版数量增长。1978 年，全国的图书（含书籍、课本、图片）总印数为 37.74 亿册，到 1985 年达 66.73 亿册，7 年间，平均每年增长 9%。1986 年开始下降，此后 10 年间（1986—1995），徘徊在 56 亿册至 63 亿册之间。1996 年开始增长，达 71.6 亿册，1999 年达 73.16 亿册，较 1978 年增长约 94%；1999 年，出版图书用纸量达 319.35 亿印张，较 1978 年增长 1.36 倍。

图书印数之所以出现 10 年徘徊现象，主要原因是出版社把图书购销形式改为经销，县书店经营风险加大，不敢订货。此外，还有如下原因：一是年画发行量急剧下降，1978 年发行年画近 7 亿张（在统计上一张按一册计算）1999 年仅发行 0.48 亿张；二是 20 世纪 80 年代后期至 90 年代前期，书价涨幅过高，影响了图书销售特别是向农村的销售；三是知识信息的传媒增多，文化消费多元化，电视、互联网、报刊夺去相当一部分图书销量；四是买卖书号出书及其他非法出版物的泛滥，严重冲击了图书市场，这部分出版物的发行数量无法统计。

（四）出版印刷科技含量提高。自 1982 年以来，我国的印刷技术改造取得了巨大进步。排字由手工铅排发展到激光照排，彩图由照相分色到电子分色制版，进一步向彩色图文合一的桌面出版系统发展。印刷方式的主流向胶印发展，铅印已面临被淘汰局面。出书周期已由 20 年前的 300 天缩短为 80 天左右。书籍装订开始向机械化、联动化发展。运用计算机管理出版事务和编务已经起步；大型书稿资料数据库和大型出版信息管理数据库已在开发建设之中。地图出版已从手工制图发展为计算机制图，又从单一的计算机制图发展到计算机联网，资源共享。

北京大学计算机研究所所长王选（1937—2006）被誉为我国现代印刷

业革命的奠基人。1974 年，他担任了国家重点项目"计算机—激光汉字编辑排版系统研制开发"的技术负责人。王选及其课题组艰苦攻关，终于在1985 年研究成功。此后，不断推陈出新，从照排到普及轻印刷、远程排版，从黑白到彩色，都作出了突出贡献，从而使中国的印刷技术重新跃居世界前列。《人民日报》称王选为"印刷业当代毕昇"。

在肯定出版工作科技含量提高的同时，还应看到其不足。许多出版单位虽然已经建立了计算机系统，但开发、应用水平尚未充分实现或发挥计算机系统的应有功能。目前，能够使用计算机对编、印、发各个环节进行全程管理的单位不多。

（五）多媒体出版物发展迅猛。20 年来，出版物已由传统的单一纸介质发展为图书、音像、电子多媒体。1978 年以前，除上海中国唱片公司外，全国没有一家音像出版单位。到 1999 年，全国已有音像出版单位 292 家（含图书出版社音像部 87 家），出版了各种音像制品包括盒式录音带（AT）、激光唱片（CD）、激光视盘（LD）、数码激光视盘（VCD）等共 18667 种。

电子出版物——只读光盘（CD—ROM）在我国起步较晚，1994 年仅出版 30 多种，1995 年出版 150 多种，到 1997 年已出版 1025 种，可见其发展速度之快。1998 年已有电子出版单位 64 家，制作、复制单位上百家。几年来不仅出版品种增多，生产技术也取得了很大进步。人民美术出版社与北京银冠电子科技公司联合出版的《世界文化遗产系列·故宫》，于 1997 年获得第六届法国"莫必斯"多媒体光盘国际大赛"评委特别奖"，是我国电子出版物在国际上首次获奖。

电子出版物为保存和传播卷帙浩繁的大部头书籍开拓了新路。清代雍正六年（1728）用铜活字排印的《古今图书集成》，约 16 亿字，共 5020 册。1999 年，由广西金海湾电子音像出版社推出该书电子版，连同新编索引在内仅用 27 张光盘。藏于文渊阁的《四库全书》（共收书 3500 多种，9.97 亿字）以及总结新中国 50 年历史经验的《当代中国》丛书（150 卷，208 册）等，均于 1999 年推出了电子版。

期刊上网服务是国家"九五"计划的重要项目之一。《中国学术期刊》光盘版，到 1999 年 6 月已拥有 3500 多种核心期刊和专业特色期刊入编，按月定期出版，形成了具有从 1994 年至 1999 年的近 300 万篇全文文献、400 万条题录摘要信息的巨大信息资源。

三、新建出版社举例

改革开放以来新建出版社达 400 多家。其中有许多是后起之秀，经营有道，各具特色，出版了一大批在社会上有影响的著作。限于篇幅，仅列举少数出版社，作简要介绍。

（一）中国大百科全书出版社。1978 年 11 月在北京成立，邓小平题写社名。是编辑出版百科全书和其他工具书、学术著作的专业出版社。首任总编辑姜椿芳。该社编辑出版的《中国大百科全书》，第一版共 74 卷约 1 亿字，已于 1993 年全部出齐。此后，又出版了第二版。这是我国第一部大型综合性现代百科全书，在国内外有较高的知名度。该社还出版了《简明不列颠百科全书》（中文版，10 卷本）、《世界经济百科全书》等多种有分量的工具书。

（二）金盾出版社。1983 年在北京成立，是中国人民解放军总后勤部列编单位。王朝宗、谢德元、刘新明先后任社长、总编辑。该社在社会主义市场经济的大潮中找到了自己的最佳位置，以实用科技书为主要出书范围，以后勤基层单位和农村中等文化程度的读者为主要服务对象，以派出推销员直接与基层新华书店建立试销—寄销关系为主要促销手段，十多年来取得了很大成绩。

该社出版的图书覆盖全国 80% 以上的县（市）新华书店以及众多的农村售书点。平均每种书发行 18 万册，重印（再版）率达 70%，平均出版周期 45 天。该社推销员到基层书店的一项重要任务是了解市场信息，每年新书选题有半数以上来自生产实际需求。出书对路，促销有力，社店关系密切，敢于承担退货风险，是该社的一大特色；该社实行聘用制，聘用不少军队系统离退休的师、团职干部从事出版发行工作，是该社的又一特色。1994 年 12 月，中宣部、新闻出版署、中国出版工作者协会和中国书刊发行业协会在京联合举办金盾出版社经验研讨会，总结推广了该社经验。仅就一个出版社的经验，由中宣部、新闻出版署等部门组织全国性的专题研讨会，是新中国成立以来的第一次。

（三）外语教学与研究出版社。1979年在北京成立，首任社长熊健。李明义1993年3月—2007年3月任社长。初建时，只有七八个人，借款30万元作为资本金。改革开放为该社发展提供了良好机遇，在北京外国语大学的直接领导与支持下，截至1999年该社共出版各类外语图书4500余种，有200多种获国际国内优秀图书奖，全社资产增值1000倍。1989—1999年，该社每年发行码洋由1000万元增长到近4亿元，年均销售增长率达61%，年均利润增长率达75%，实现了社会效益和经济效益的双丰收。20世纪90年代后期，该社已拥有2万平方米的现代化出版大楼，500名员工分布在社本部及其下属机构工作。该社是改革开放以来最具经营特色、发展最快的出版社。

其他如清华大学出版社、北京大学出版社、武汉大学出版社等，都办出了特色，受到国家教委的表彰。

（四）电子工业出版社。1982年在北京成立，首任社长兼总编辑梁祥丰。主要出版电子工业类科学技术和经营管理方面的专著、教材、工具书和实用读物。建社以来，已出版图书3000余种，发行3000余万册。20世纪90年代中期，年出书发行量已达2亿元。该社出版的电子计算机类图书在图书市场上创出了名牌，同清华大学、人民邮电、机械工业并列为出版此类图书的"四强社"。该社最先进入电子出版物领域，出版一大批科技、教育软件、数据库、英语教学等类电子出版物和音像制品。

改革开放以来，中央一级科技出版社，普遍注重出版高新科学技术专著，销量虽然不大，所发挥的作用却不可低估。新建的出版社如航空工业、宇航、中国石化、兵器工业、军事科学、环境科学、气象、地震（1976年成立）、原子能（1973年成立）等在出版高新技术专著方面都作出了贡献。

（五）山东科学技术出版社。1978年在济南建立，首任社长李海昆。以出版农村科技读物为重点，突出地方特色。有选择地出版国内外科技专著。截至1998年，已出书4200余种，发行4亿多册。1988年开始设立"泰山科技专著出版基金"，用于补贴具有国内或国际水平的科技专著出版。建社以来有30多种书获国家级图书奖。

山东科技出版社在一定程度上代表了新建地方出版社的发展情况。多数省、自治区和直辖市，除20世纪50年代建立的人民出版社外，还建有科技、文艺、少年儿童读物、教育、美术等专业出版社。这些出版社的规模有大有小，都出版了一批在全国有影响的图书。浙江教育出版社出版的《中国少年儿童百科全书》，已在全国发行数百万套。江苏科技出版社的《儿童英语大观园》、安徽文艺出版社的《井上靖文集》，均获1999年亚太图书金奖。新闻出版署表彰1997年度良好出版社150家，其中地方出版社占88家，绝大多数是改革开放以来新建立的。

第三节　图书发行改革和发展

图书发行改革是在两次整顿的基础上开展起来的。根据1977年10月国家出版局在武汉召开的全国图书发行工作座谈会的部署，1978年成为全国新华书店的整顿年，整顿了领导班子、职工队伍、业务秩序和企业管理。这次整顿收效显著，但属于恢复性的。1983—1984年，根据国务院关于整顿国有企业的统一部署，各地新华书店再次进行企业整顿。这是一次建设性整顿，为图书发行事业的改革和发展奠定了良好基础。

一、图书发行改革

20多年来（1978.12—1999）图书发行改革之路并不平坦，是在不断探索、不断实践中一步一步展开的。大体可以分为四步：恢复"财权统一"，实行"三多一少"，推进"三放一联"，培育和规范图书市场。

（一）恢复"财权统一"。1977年10月，国家出版局在武汉召开全国图书发行工作座谈会，回顾了自新中国成立初期新华书店统一集中以来，市县书店管理体制几次下放又几次收回到省的经验教训。一致认为，把财务管理权集中到省级新华书店，有利于加强管理，有利于企业系统自我发展。因此在会议纪要中提出："要创造条件把财权重新移交给省级书店管理。"财政部文教司也力主把市县书店财权收归到省级书店。1978年12月，财政部、国家出版局联合发出通知："从1979年元月起，县（市）书店的财务由省级书店统一管理。"通知说："新华书店的图书销售价格在全国是统一的，没有地区差价。不论大小城市、山区、边远地区和少数民族地区，新华书店零售店销售毛利相同，而销售成本（发行费用）却有较大差距，交通便利地区的书店利润较多，农村书店常年亏损，这是不合理的。如果市县书店的财务由省（市、区）书店统一管理，就可以综合平衡，统一规划，以盈补亏，有利于图书发行事业的发展。"

许多省（市、区）在统一财权的同时，陆续将市县书店人事管理权统一收归省级书店。由企业办企业，发展自己的分支机构体系，实行人、财、物三权的统一管理，是办好大型发行企业的前提条件。这也是被过去国统区的商务印书馆、三联书店以及解放区的东北书店等众多大中型出版发行企业的历史实践所证明了的成功经验。1983 年，《中共中央国务院关于加强出版工作的决定》也指出："基层书店人员的管理，在条件具备时，应由省级新华书店同当地有关部门共同负责，以省级新华书店管理为主。"

多年来新华书店的发行网点发展缓慢，"文化大革命"期间不仅未发展反而减少 1000 多处。20 世纪 70 年代后期，新华书店门市部因无力维修，有相当一部分门面房处于少、小、危（房屋）状态。中宣部出版局对此曾作过专题调查。新华书店总店一再建议用利润留成的办法来解决基层书店的维修和重建问题。财政部表示支持，但必须把市县书店的财权收归到省级书店，才可以考虑以省级新华书店为单位实行利润留成。

市县书店财权收到省不久，财政部与国家出版局联合发出通知，从1979 年 7 月 1 日起，在新华书店系统实行利润留成。当年，在全国各行各业中，实行全行业利润留成的只有新华书店系统。具体做法是，按全省（自治区）书店实现的净利润，上交财政 50%，省级书店留成 50%。三个直辖市书店留成 40%，解汇总店 10%；京沪发行所、储运公司留成 25%，解汇总店 25%。省级书店留成部分，用来建立生产发展基金、福利基金、奖励基金，并对边远地区书店的亏损给予弥补。总店集中部分按财政部规定，分别补贴给西藏、新疆、内蒙古、青海、宁夏、云南等经济条件差、利润少的省级书店。对部分地区书店出现的特殊困难或自然灾害损失，酌情给予一次性补贴。1980—1984 年的 5 年期间，总店利用集中的利润留成，补贴边疆少数民族地区书店 3600 余万元；由新华书店北京发行所给予发行折扣优惠，补贴 500 余万元，共计补贴 4200 万元。这些措施有效地支援了民族地区的新华书店建设。从 1985 年起，由文化部出版局接办此项工作，继续对民族地区书店进行补贴，实行 1 年，因故停止。

未实现利润留成以前，国有书店的所得利润全部上交财政，使企业没有自我发展余地。实行利润留成以来（1984 年起统一实行利改税，书店留成 65%），调动了国有书店的积极性。从 1979 年到 1985 年共 7 年间，全国新华书店增加的固定资产等于新中国成立以来 30 年累计固定资产总额的 1.4 倍。7 年间，新华书店新建门市部 3100 余处，较 1978 年底增加 60%，总数达 8200 处。以福建为例，1980 年，市县书店的人事、财务管理权回归省书店后，就集中资金用于基本建设，到 1984 年为市县书店安排 69 个建设项目，投资 1380 万元。5 年间新形成的固定资产为 1979 年的 3 倍。

新华书店系统实行人、财、物"三权"的统一，强化了业务指导，促进了图书销售。从 1979 年算起，到 1985 年，全国新华书店图书销售额年均增长 17%。

新华书店的"三权统一"仅仅坚持了 7 年。1986—1987 年，各级政府部门决定层层下放权力，全国约有 1/3 省级书店奉上级之命将市县书店人、财、物管理权又交给市县文化局；有 1/3 省级书店以《中共中央国务院关于加强出版工作的决定》为依据，仍坚持原有管理体制未变，另有 1/3 省级书店将人事管理权限放掉，财权未放。此后七八年的实践表明，市县书店下放的多数省（区），县店职工大量增加，劳动效率较之未下放的省大幅度降低。20 世纪 90 年代中期，有些省以组建发行集团的名义，花费很大力气又把市县书店的人、财、物管理权收归到省级书店。

20 世纪 80 年代后期，出版发行界对新华书店管理体制问题多有争论。一种观点认为，改革就是要打破新华书店这个系统。省级书店应改为批发服务型，对市县书店的管理职能应该交给当地文化行政机关。市县书店的人、财、物要彻底下放，以鼓励店与店之间的竞争，并为出版社自办发行创造条件。另一种观点认为，新华书店是企业，是独立于政权之外的经济实体。中央政府和地方政府有收权和放权问题，但对经济组织——企业来说，不存在收权放权问题，而是要按照图书流通规律的客观要求，赋予它应有的经营权。应该允许新华书店像过去的商务印书馆和三联书店那样，拥有自己的分支机构和业务指挥系统。新华书店系统的人、财、物管理和业务管理，是总公司对子公司的企业管理，不能把它混同于行政管理。打破新华书店这个系统，使之成为一盘散沙，削弱了系统功能，对扩大图书销售不利。20世纪90年代后期，多数省以建立发行集团为因，将市县新华书店的人、财、物的权限上收省级发行集团。

（二）实行"三多一少"。从1981年10月起，国家出版局多次召开座谈会，讨论图书发行体制改革问题。1982年4月，该局改制为文化部出版事业管理局，继续研究发行改革。7月，文化部发出《关于图书发行体制改革工作的通知》，同时附发了原国家出版局《关于图书发行体制改革问题的报告》。《报告》提出"要在全国组成一个以国营新华书店为主体的，多种经济成分，发展民营书店，多条流通渠道，多种购销形式，少流转环节的图书发行网"。这个《报告》提出"三多一少"。

1. 多种经济成分。是在继续发展国营书店的同时，"积极发展集体书店，适当发展个体书店"。早在1980年，全国新华书店就根据国家出版局的通知，积极支持集个体书店的发展。20世纪80年代前期，集个体书店主要在当地新华书店进货。随着多渠道的形成，集个体书店则直接向出版社或集体书店批发机构进货。各地新华书店因缺乏折扣优势，对集个体的批发业务萎缩。到1999年，包括集个体书店、民营书店在内的非国有书店已发展到35282处，从网点数上看，已超过新华书店门市部2倍多。但新华书店的备书品种多，规模大，又多处于城镇的黄金地段。1999年，新华书店的图书（含课本）销售册数仍占全行业的96%，销售金额占86%。

2. 多条流通渠道。除新华书店发货店（发行所）承担总发行的这条已有的渠道外，出版社可直接向国有书店和非国有书店批发图书，但根据规定"零售价格、批发折扣和售书时间应与新华书店统一"（《出版工作文件选编（1981—1983.12）》）这个文件对统一批发折扣等规定是十分必要的，但执行起来却走了样。新华书店发货店以七五折（后改为七二折）向全国市县新华书店批发，而出版社则以六八折或七折向大中城市新华书店和城市的非国有

厅或省新闻出版局签订承包合同。财权未下放的，则市、地书店向省店承包；县（市）书店向市、地书店承包。财权下放的书店，则向当地财政、文化行政机关承包。

国营书店的经营承包从 1983 年就开始试点。总店曾总结推广了山西代县和辽宁锦州两个新华书店的经营承包经验。1983 年，江苏省店在 16 个市县新华书店试行经营承包，平均实现利润较上年同期增长 17.6%，其他未承包的市县新华书店利润只增长 0.9%。1987 年初，中宣部出版局召开图书发行体制改革座谈会，肯定了在新华书店系统实行经营承包制。1988 年，中宣部、新闻出版署正式发出文件，国有书店实行放权承包。经过若干年的实践，发现这种承包制也存在弊端，主要是短期行为严重，不利于企业的长远发展。20 世纪 90 年代中期，一般不再推行承包制，而是推行目标管理，健全经营责任制。

2. 放开批发渠道。主要是建立多渠道并存的批发体系。除新华书店、出版社加强批发业务外，有条件的集体书店经省一级出版行政机关批准，也可以开展批发业务。文件中对出版社自办批发明确规定：其"批发条件（包括批发时间、批发折扣和批发品种）应与新华发货店一致，保护产地和销地专营批发机构的积极性"。文件下发后，这一重要规定并未被执行，有章不依，违规不究。出版社凭借成本优势，加大批发折扣同自己所委托的新华书店发货店竞争，社店"内耗"加大。

某些承包给个人的集体书店和一些"假集体、真个体的"书商——所谓"二渠道"拥有了批发权，靠打"擦边球式"的"合作出版"，用买书号出书、盗版盗印等非法手段，获取了巨额非法利润，建立起公开的或地下的批发网络。通过批发折扣的低进低出，几乎垄断了书摊市场。据某市图书批发市场调查，某些（不是全部）批发书商（含非法书商）的批发折扣，一般书籍三五折至四五折，教辅类书四五折至五五折。国有出版社出版的图书，平均成本一般为四折。可见，某些"二渠道"非法插足出版，自印（或盗印）自发，严重破坏了图书市场秩序。当然，对批发书商不能一概否定，也不乏好的或比较好的，但他们的批发折扣绝不会如此"大方"。

3. 放开购销形式和发行折扣。文件中提出多种购销形式，除包销、经销、寄销外，还提出经销包退、试销、发样订货、看样订货等。同时指出"寄销是推广方向，应该积极试行"。但是寄销的推广进展缓慢，到20世纪90年代中期，在一些大中城市书店才略有推开，寄销品种约占全部经营品种的20%—30%。每年由出版发行单位举办的看样订货会却异常活跃。放开发行折扣，主要实行浮动折扣。文件强调要给基层订货店多让一些折扣，在市场竞争的推动下，到90年代后期这一条基本落实。即给基层书店（含非国有书店）的发货折扣已从七八折改为六八折甚至六折。

4.大力发展横向联合。旨在打破条块分割和地区封锁，实行店与店、社与社、社与店之间通过投资、参股等办法联合开办书店、批销中心或组织联合经营活动。文件下达后，出版社的发行部门最早实行联合，在北京组织了社科9联、科技23联、科技32联等。主要目的是联合举办订货会和业务协调活动。辽宁社店联合参股在沈阳创办了批零兼营的北方图书城及其连锁店，收效显著。

（四）培育和规范图书市场。1996年6月，新闻出版署发出《关于培育和规范图书市场的若干意见》（以下简称《意见》），指出"当前深化图书发行体制改革，要以培育和规范图书市场为中心环节"。这个文件的发出，标志着图书发行体制改革进入一个新阶段。《意见》的主要内容，有如下几个方面。

1.发展和完善图书市场网络。《意见》强调，要建立若干个全方位能起主导作用的全国性的大型批发市场，抓好省级新华书店的批销中心。在《意见》发出前，新华书店总店以及江西、新疆、广西、吉林等省（区）新华书店已经建立了批销中心。《意见》发出后，到1999年，全国已建立图书批销中心120多家，多为省（区）、市（地）新华书店创办。在大中城市，新闻出版行政部门普遍设立了图书批发市场，部分出版社和非国有图书批发单位集中在这里设立摊位，经营二级批发业务。由于出版社自办批发业务，各自建立自己的客户系统，全国性大型图书批发市场始终未建立起来，而北京、上海、天津的新华书店发行所却逐渐萎缩。

批销中心和批发市场的建立有利于各种所有制的零售书店特别是小型书店、书亭、书摊就近到批销中心或批发市场购进现货。但也有不利之处，批销中心或批发市场储备的现货品种毕竟有限，有些新书因备货少或根本未备，外地的书店迟到一步便无法购进，只能批销中心或批发市场有什么书，就进什么书。据湖北宜昌市新华书店1999年上半年对市属8个县（市）新华书店调查，交通便利的店平均1个月至1个半月派人外出组织一次现货选购，交通不便的店平均2至3个月才派人外出去批销中心选购一次。解决这个问题的关键仍然是实行寄销、配送，上下游供应链增加科技含量，利用网络技术和计算机技术，实行信息对接和图书的订、销、存、退数据共享。

2. 建立新型购销关系。《意见》再次强调大力推广寄销，同时推进图书购销代理制。代理制与寄销类似，即在出版社与省级发货店之间建立代理体制。图书在客户买走之前，所有权属于出版社，批发交易的购销形式、发运方式、批发折扣、结算方法等均由出版社决定。作为代理方的发货店则利用自己的规模经营优势和货款回收功能，来扩大批发覆盖面。代理的形式可分总代理、部分品种代理、储运代理、专项代理和区域代理等。根据这个文件精神，新华书店的发货店以及民营图书发行公司都在进行代理制试点。代理制的经营风险主要由出版社承担，全面持久地推开，还需要一个较长的实践过程。

3. 建立和完善市场规则。这些规则包括：对国有书店以外的二级批发单位实行总量控制，只限于在直辖市、省会、自治区首府及计划单列市发展，由新闻出版署下达控制指标，并统一核发二级批发经营许可证；实行图书征订发行委托书制度，无委托书进行图书征订发行，视为非法经营活动；国有书店不得从出版社、国有发行单位以外的渠道进货；等等。这些规则，对保证市场的有序化和经营者行为规范化发挥了重要作用。但在部分地区或部分单位无视规则，有禁不止的现象仍时有发生。

4. 转换国有书店的经营机制。国有书店要积极进行现代企业制度的探索，省级发货店可以组建全省发行集团，实行集团化经营，对所属基层书店实行一体化连锁经营。在这个文件发出之前，已有山东、湖北、黑龙江、河北、陕西等省新华书店组建了发行集团。到1999年，又有北京、上海、天津、湖南、江苏、四川、江西、辽宁、云南等省市组建成发行集团。有的发行集团和省、市新华系统开始试行连锁经营。深圳市新华书店从1996年即开始推行连锁经营，收到明显效果。

这些集团的名称不一，都是按现代企业制度建立的法人联合体。例如，江苏新华发行集团，拥有全省市县新华书店、省外文书店、扬州古籍书店等 81 家全资子公司。集团资产总额 20.1 亿元，所属零售书店 878 处。集团对全资控股子公司的人、财、物实行统一管理。成立不久，其规模经营的优势已显现出来。1999 年 9 月，广东新华发行集团股份有限公司成立。它由广东省新华书店控股，由省内外 96 家出版发行单位组成。吸纳了省内 60 余家新华书店，还吸纳了省内出版社及首都名牌出版社投资入股。拥有总资产 2.2 亿元，初步实现了以资产为纽带，以连锁经营为中心的管理模式。在物流方面，实行以配送寄销为主的营运措施。

计划经济时期，新华书店与其他国有企业一样普遍存在"铁交椅、铁饭碗、大锅饭"的弊端。企业管理滞后，不适应向社会主义市场经济过渡的要求。从 1994 年起，全国新华书店及外文、古旧等国有书店，以人事、劳动、分配"三项制度"改革为突破口，促进了经营机制的转变。

二、图书发行事业的发展

从 1978 年底到 1999 年这 20 多年来，图书发行改革推动了图书发行事业的发展：发行网点增多，国有大型书店的迅速发展，现代科技的运用，发行队伍素质的提高。改革开放后，新华书店总店的职能发生较大变化，有必要略加叙述。

（一）发行网点增多。1999 年，全国共有图书发行网点近 8 万处（未含港、澳、台数字，下同），较 1978 年的 6.5 万处增长 23%。在当时的 6.5 万处中，有 5000 处是新华书店的门市部，6 万处是农村供销社售书点。20 世纪 80 年代后期以来，因供销社改变体制，实行个人承包，销售图书利润太低甚至亏损，导致供销社售书点历年递减，到 1999 年尚存 17707 处，较 20年前减少 2/3。

20 年间，新华书店系统的发行网点（含管理店、发货店、零售卖场）已发展到 1999 年的 13023 处，是 1978 年的 2.6 倍。在农村，新华书店增加了一批集镇门市部。在城市新建或改建一批专业书店，如科技、医药卫生、少儿读物、文化教育、文学艺术、古旧书、外文书、音像等专业书店。天津市店在繁华的和平路新建改建专业书店 12 家，形成专业书店一条街。北京在 1983 年建成 12 家专业书店，各具特色。专业书店有利于发行人员熟悉专业书。上海新建的音乐书店兼营中西乐器，形成音乐图书、唱片、音带、像带、收录机、乐器等视听设备一条龙。1999 年，全国专业书店已达 1149 处。

我国少数民族地区的发行网点有了更大发展。以西藏自治区为例，在西藏和平解放前，根本没有现代意义的图书发行事业，截至 1999 年除西藏人民出版社外，已有自治区、地市、县三级新华书店 67 处，形成了覆盖全自治区的发行网络。1978 年 12 月至 1999 年，为广大藏族读者提供各种藏文图书 9000 多万册。

出版社办的书店，1999 年已达 700 余处，主要销售本版书，多为专业书店。

新华书店发行网点的增加也意味着企业固定资产的增值。山东临沂市新华书店的发展是个典型的例子。1981 年该店自有房屋 810 平方米，1984 年为 4630 平方米，1991 年为 19640 平方米，1997 年达 33874 平方米。1997 年的自有房屋建筑面积较 1948 年建店时增加 40 倍，较 1981 年改革开放以来增加 6.3 倍。再举一个县书店的例子：重庆市属永川县（1982 年改市）新华书店，1954 年建店，营业面积仅 70 平方米，固定资产 2400 元。经过几代新华人的辛勤经营，事业发展，实力增强。1999 年，已有房屋面积近 9000 平方米，总资产近 2000 万元。原来只有一个门市部，改革开放以来，已有城区门市 3 个，农村集镇门市 9 个。由原单一的图书经营，发展到图书、音像、电子产品、文化体育用品以及电脑城的多元化经营。

（二）新华书店的拆迁风波。1992—1994 年，北京、上海、郑州、西安、贵阳等不少城市在繁华街区进行房地产开发，建设豪华商城，新华书店门市部被拆迁，新安置的地点极不理想，有欠公平。有的地方因此引起行政诉讼，由当地书店状告房管局。1994 年 3 月，在全国人大八届二次会议和全国政协八届二次会议召开之际，宋木文（新闻出版署署长）等 15 位全国人大代表、刘杲（中国书刊发行业协会会长）等 3 位政协委员联名提出呼吁书，呼吁重视和加强图书发行网点建设，制止拆迁新华书店之风。各大新闻媒体作了报道，从而引起各地党政领导机关重视，一般都得到了妥善解决。

1994 年 10 月初，北京王府井大街新建东方广场楼群动工，王府井新华书店将被拆迁到偏僻街区。对此，引起社会舆论密切关注。《科技日报》、《光明日报》、《中国青年报》等首都大报连续发表有关报道、评论和呼吁。雷洁琼等 10 位著名人士联名投书《光明日报》，对王府井书店的未来新建店址深表关切。10 月 31 日，北京市人民政府接受社会舆论和呼吁，作出决定，新建的王府井新华书店仍安排在王府井大街，并给予了优惠政策。11 月 13 日（星期日），大雪纷飞，是王府井书店拆迁前的最后一个营业日，读者闻讯纷纷前来购书，以抒发惜别之情。当天，读者流量达 10 万人次。该店经理孟繁宏率领全店 400 多名职工接待读者，仍然应接不暇。许多读者自发地充当义务营业员，协助书店售书。书店和读者的鱼水之情被记者以《向新华书店鞠一个躬》为题，在《人民日报》发表了长篇通讯。当天晚上营业结束时，全店职工在门前列队，送别读者，向读者致敬。广大读者的热情支持和深切关怀，感动得全店职工热泪盈眶，不少女营业员激动得失声痛哭。那种感人场面，创中国图书发行史之最。王府井新华书店的新建营业大楼建筑面积1.7 万平方米，较拆迁前增加 3 倍。已于 2000 年 9 月 26 日重新开张。

（三）新建的国有大型书店增多。改革开放以来，绝大多数市县新华书店利用自己的积累，进行了新建、扩建。在 20 世纪 80 年代，新建的多为县书店的卖场。进入 90 年代，新建的大型书店增多。到 1996 年，全国新华书店新建成的 2000 平方米以上的大型书店达 150 余座。1998 年新开业的大型书店又有 50 座。位于北京西长安街的北京图书大厦，建筑面积 2.5 万平方米，营业面积 1.6 万平方米。备书 20 万种。上海书城也于同年建成，营业面积 1 万平方米。其他如广州、深圳、武汉、哈尔滨、长沙、青岛、沈阳、乌鲁木齐等城市新华书店，在 20 世纪 90 年代建成或扩建的大型书店，其规模都相当可观。1994 年建成的广州购书中心，建筑面积 2.3 万平方米，图书营业面积 1.5 万平方米，备书已达 10 多万种。

中央级出版社——生活·读书·新知三联书店于 1996 年 11 月在北京建成一座大型零售书店，称三联韬奋图书中心。营业面积 2000 平方米，备书6 万种，以社会科学类、综合类的学术性著作为主。该店经常举办读书报告会，受到读者的欢迎和新闻媒体的关注。它是中央一级出版社创办的最大书店。

在一些中小城市，如四川绵阳、河南洛阳、辽宁普兰店、山东临沂、湖北荆州等许多地方，也建起了造型新颖、备书丰富的大型书店。在建的还有杭州、昆明、兰州、呼和浩特、包头、合肥、石家庄、南宁、南昌、天津等城市的书店。这些新建的大型书店，在装潢设计、卖场布局、配套设施等方面，体现了时代特色，引入了现代导购、宣传、电脑查询等服务项目，为读者营造了舒适温馨的购书环境。

（四）用现代科技装备书店事业。书店现代化的一个重要标志是运用电子计算机进行全面的业务管理。最早使用电子计算机的是新华书店总店北京发行所。1985年11月，该所经国家经委批准，从日本进口了 M—240D 大型电子计算机成套设备。在北京拥有这种型号电子计算机的单位只有7家。经过装配、调试，投入使用，繁重的图书进发业务已逐步由手工操作过渡到电脑处理。20世纪90年代，各省级发货店也陆续装备了电子计算机，在程序上逐步完善，功能日益完备，基本涵盖了图书进发、储运、财务、管理等各个方面。

新华书店的销货店首先是大中城市书店，20世纪90年代以来也开始运用计算机管理，开发了图书营销信息管理系统，运用计算机网络、数据通信和条形码扫描等先进技术，实现了进货、储运、销售、管理等全流程自动化，使图书发行业务从传统的码洋管理上升到品种管理。读者可以利用计算机终端查询图书，了解图书信息。读者选购图书后，由书店营业员通过 POS 机计价、开票和收款。POS 机通过后台的电脑设备自动存储已售图书的进、销、存数据，便于随时查询，取代了过去用手工繁复操作的图书发行记录卡。

有些新建的大型书店还应用了电视监控系统和电子防盗系统。北京图书大厦于1999年全面启动了技术先进的 CM9750 防盗监控系统。它由32部摄像机组成，监控器的探头按最大设置角度分布在大厦的各个楼层，实行移动扫描，24小时监控并录像。两名工作人员操作整套监控系统，通过对讲机与各营业厅保安人员保持联系。一偷书者3次出手，3次被捉。

截至 1997 年底，全国县以上新华书店已拥有各种类型的电子计算机 4017 台，硬件、软件总投资已超过 1.1 亿元，综合业务基本上实现了电脑管理。部分书店对计算机的应用开始由单机操作向网络化发展。浙江实行计算机管理的市县新华书店和农村集镇书店，均可通过网上查询省店批销中心的货源，进行网上订货。

利用信息高速公路开展售书业务的网上书店已于 1997 年启动。网上书店主要集中在北京、上海、广州等大城市。如新华书店北京图书大厦、上海书城、电子工业出版社、人民教育、中国现代书店、广州在线书店、当当、卓越、8848 等。因处于初创阶段，网上书店的经营效果还不够理想，但前景光明。北京图书大厦网上书店可存储 50 万种书目信息，在中外银行业的支持下，国内外读者都可便捷地从这家网上书店购书。到 1999 年，当当、卓越两个民营的大型网上书店已经异军突起，在网购图书市场上占有重要份额。

（五）非国有书店日益发展壮大。非国有书店包括集体、个体书店（前已叙及达 3.5 万余处），还包括私营独资和私营股份制的大中型零售书店。有些民营书店的资本金已达数百万元甚至千万元以上，其经营规模和经济实力远远超过集个体书店。著名的民营书店如：北京的万圣书园、风入松、国林风、龙之媒等书店，上海的季风书园，广州的学而优书店，南京的大众书城，湖南弘道连锁书店，苏州的苏州书城，杭州的枫林晚书店，福州的华夏书城，成都的世云书店，贵阳的西西弗书店，哈尔滨的学府书店，等等。这些书店的共同特点是：经营者的文化层次高，品种丰富档次高，注重专业特色，经营思路灵活，有的还开设了网上书店，在社会上已形成品牌，小有名声。

（六）多层次培训发行队伍。为适应改革开放新时期的需要，培训发行队伍是刻不容缓的课题。1982 年，根据中共中央书记处关于轮训新华书店发行队伍的指示精神，文化部批转了新华书店总店拟定的《全国新华书店发行人员轮训规划》。按照规划要求，总店先后举办了 18 期省地（市）书店领导干部训练班或读书班。各省级书店和部分地市书店分别建立了培训基地。到 1987 年底，共培训 7 万人次，基本上实现了轮训规划。

为了培养发行管理人才,总店拨出 285 万元,支持武汉大学于 1983 年设立图书发行管理专业(4 年制本科,20 世纪 90 年代改为出版发行系)。次年,又在该校和北京的文化管理干部学院分别设立了培训在职干部的图书发行专修科（两年制大专）。华东六省市书店以及四川、广东、北京等省市书店还分别与安徽大学、成都大学、中山大学、山东大学、北京商学院等院校达成协议,设立了图书发行专修科。新华书店系统投资总额达 379 万元,解决了这些大学办学初期经费不足的困难。(到 20 世纪 90 年代中期,除武汉大学外,其他大学的图书发行专业均已停办。)这些大学培养的图书发行管理专业本科生和专修科生,毕业后多数被分配到新华书店或出版社工作。到 1999 年,这些毕业生有许多已经成为省、市、县新华书店的领导骨干,有的已被提拔为省市新闻出版局领导干部。在大学设立图书发行管理专业,在我国图书发行史和教育史上是第一次。它不仅为出版发行单位培养了大批专业人才,也使我国的图书发行从实践上升为理论,逐步形成一门科学。

20 世纪 80 年代,在各省、自治区、直辖市出版局或省级新华书店,先后设立了 17 所（印刷）发行中专学校或图书发行中专学校,使图书发行中等职业教育走上了正轨。

为了解决培训需要,20 世纪 80 年代前期,新华书店总店会同江苏、上海、安徽、浙江、北京、河南、山东、广西、辽宁、吉林、黑龙江等省市书店,组成 8 个编写组,陆续编写出版了《图书发行学概论》、《科技书发行》、《农村发行》、《门市发行》等 10 种图书发行的职工培训教材。

为了解决高等院校和中专学校图书发行专业的教学需要,经新闻出版署批准,以总店总经理汪轶千牵头,组织有关院校的教授和书店专家,先后建立了图书发行学中专教材编审委员会和图书发行学高等教材编审委员会。到 1998 年,已经出版中专教材 18 种(中国书店出版社版),大学教材 10 种(高等教育出版社版)。武汉大学图书情报学院出版发行系根据 10 多年的教学成果,也陆续编著了一批图书发行学教材。此外,总店还组织编写了《图书发行员技能》等 5 种工人技术等级培训教材(人民教育出版社版)。江苏、浙江、湖南、福建、辽宁、北京等省市书店和总店的专家学者,也出版了不少有关图书发行学的论著和基础知识读物。

从古代到改革开放前，我国出版了数十万种著作，有关图书发行的书却如凤毛麟角。改革开放以后，在新华书店总店的主持下，才真正填补了这方面的空白。到 1998 年，有关图书发行学的教材、专著、史料、丛书、音像带等，已出版 160 多种。各地新华书店自行编印的店史或书店志尚未计入在内。大量教材、专著问世，结束了"发行无学"的历史。

1995 年 12 月，新闻出版署、中共中央宣传部、国家教委、人事部联合发布了《关于在出版行业开展岗位培训实施持证上岗制度的规定》，要求用 3 年或更长一些时间将出版社社长、总编辑、编辑室主任，期刊主编，书刊定点印刷企业厂长，新华书店省、地（市）、县店经理培训一遍（均含副职），并实行持证上岗制度。到 1998 年底，全国已举办编、印、发岗位培训班 530 余期，累计培训 2.2 万人，已完成上述 8 个岗位培训计划 90% 以上。其中，培训省级书店经理 160 余人，市县书店经理 5700 余人。这是新中国成立以来出版发行行业规模最大、计划性最强的一次培训活动。

为提高图书发行员队伍整体素质，新闻出版署、劳动部于 1998 年发出联合通知，对国有和非国有发行单位的图书发行员实行职业资格证书制度。1999 年 10 月，新闻出版署成立职业技能鉴定指导中心，各省、自治区、直辖市新闻出版局成立职业技能鉴定站（所），将对全国图书发行行业实行持证上岗的规范考核、鉴定、发证工作。

（七）举办全国书市。这是改革开放以来图书发行行业的一大创新。其特点是，选择理想的公共场所，由多家书店、出版社临时汇聚众多的售书摊位，列摊成市，历时 3—5 天，以丰富的图书品种和浩大的宣传声势，吸引数十万、上百万的读者前来参观、购书。书市期间，结合举行新书首发式、读书报告会、出版信息交流会、作者签名售书、读者评选优秀图书等多种多样活动。这种书市，具有浓郁的文化节日气氛，成为新闻媒体宣传报道的热点。按书市的规模，有地方性的，也有全国性的。

截至 1999 年，全国书市已举办十届。首届全国书市于 1980 年 10 月 7—21 日由新华书店总店和北京市新华书店在北京劳动人民文化宫举办，共接待读者 76 万人次，售书 420 万册。时隔 9 年（1989 年 10 月），总店与北京市店又在劳动人民文化宫举办第二届全国书市，接待读者 60 万人次，售书

210 万册。从 20 世纪 90 年代起，则轮流在上海（1990）、广州（1991）、成都（1992）、武汉（1994）、深圳（1996）、长春（1997）、西安（1998）、长沙（1999）举办了第三届至第十届全国书市。接待读者最少的一届为 20 万人次，最多的一届达 110 万人次，每届售书均在 100 万册—200 万册之间。

三、改革开放的新华书店总店

1973 年，总店机构开始恢复，工作人员陆续从咸宁文化部"五七干校"调回。王璟继续任总经理，1983 年离休。同年，国务院任命汪轶千为总经理，1995 年退休。现任（1993 年以来）总经理是邓耘。从总店机构恢复到 20 世纪 80 年代中期，总店对全国新华书店仍负有业务指导责任，并代表全国新华书店向有关部门以及国外同行业联系业务。1987 年，总店职能转变。因此，对改革开放以来的总店有必要分阶段来叙述。

（一）从总店机构恢复到 20 世纪 80 年代中期。这一时期，总店除管理、领导北京发行所和储运公司外，还对全国新华书店承担业务指导责任。

1. 推动新华书店系统的改革。总店通过调查研究、召开会议以及《图书发行》报的舆论导向，不断总结推广图书发行改革经验。例如：推行新华系统全行业利润留成、变闭架售书为开架售书、实行存书分年核价办法、推广市县书店的经营承包、扶持和发展集个体书店、试行寄销、推行年画看样征订、加强进货控制防止黄色书刊流入主渠道等，取得了有目共睹的成果。

2. 协助新华书店系统解决某些共同性的困难。此类问题往往在各地书店难以自行解决，需要由总店进行调查研究，提出方案，向国家出版局请示汇报，或直接向中央有关部门反映情况，争取统一解决。例如，处理"四人帮"流毒图书的报废损失，恢复马列著作毛泽东著作的原有发行折扣，解决书店系统积压报废图书的基金、解决书店系统的贷款问题和货款结算困难等。20世纪 80 年代，铁路运输紧张，经总店联系汇报，铁道部多次发出命令，对新华书店的图书包件特别是教科书、大学教材包件，优先运输。新华书店系统的财务结算遇到困难，经总店联系，中国人民银行发出通知，对新华书店的结算收费实行优待。

20 世纪 80 年代初期，边疆少数民族地区的书店经营困难，少数民族文

字图书的发行渠道不畅。1982 年 8 月，总店在西宁市召开少数民族文字图
书发行工作座谈会，议定了 6 项举措。会后，文化部批转了总店《关于大力
加强少数民族文字图书发行工作的报告》。各有关书店贯彻《报告》精神，
加上总店对民族地区经费困难书店的经济补贴，民族文字图书的发行数量有
了显著增长。

3. 培养和表彰先进典型。1979 年 4 月和 1983 年 3 月，总店先后两次召
开全国新华书店表彰先进大会。1979 年表彰先进单位先进集体 44 个，先
进工作者 40 人。1983 年表彰先进集体 133 个，先进工作者 166 人。特别是
1983 年的表彰大会开得很隆重，中共中央书记处书记兼中宣部部长邓力群、
文化部部长朱穆之、全国总工会书记处书记刘实等领导同志到会讲话并颁
奖，新闻媒体作了宣传报道。这两次大会表彰的先进事迹、先进经验，总店
分别编印成书，发给了各地书店学习参考。1987 年总店职能改变，表彰先
进的活动停顿了 10 余年。

为了继承和发扬新华书店的光荣传统，总店于 1987 年 4 月间举办了新
华书店创建 50 周年纪念活动，受到党和国家领导人的高度重视和热情关怀。
中共中央政治局常委、中央军委主席邓小平为此次店庆活动出版的《新华
书店五十春秋》（店史）题写了书名。中共中央总书记胡耀邦为《新华书店
五十年》（店史画册）题写了书名。中华人民共和国主席李先念、中共中央
纪律检查委员会第一书记陈云、中共中央政治局委员胡乔木、中共中央书记
处书记邓力群、全国人大常委会副委员长王任重和副委员长黄华、国务委员
谷牧等党和国家领导人分别为此次店庆活动题词，全国政协副主席赵朴初为
"新华书店五十年纪念书画展"（在北京中国美术馆举办）题写了长诗。

当年 4 月 24 日，总店在全国政协礼堂召开了有 500 多位出版发行界人
士参加的"新华书店创建 50 周年纪念大会"。中央书记处书记邓力群到会讲
话。总店总经理汪轶千向大会汇报了新华书店 50 年发展历程和工作情况。
首都的各大媒体作了报道。各地新华书店也同时举办了店庆活动，受到当地
党政领导的关怀和社会舆论的重视。此次店庆活动实际是一次卓有成效的公
关活动，对扩大新华书店的社会影响和加强全店 10 万职工的店史教育发挥
了重要作用。

4. 加强农村图书发行工作是总店历年工作的重点。1985 年，总店还与联合国教科文组织亚太区域图书发展办事处签订合同，在山东黄县农村进行扩大图书销售方法的试验，取得成功。当年 8 月至 10 月，黄县新华书店在农村扩大宣传，组织多种力量开展优质服务，仅 3 个月时间就在农村售书110 万册，比上年同期增长 47%。该办事处向亚太区域印发了总店的试验报告，扩大了新华书店在国际书业中的影响。

5. 组织编写图书发行教材和培训图书发行队伍，前已叙及。因这两项工作坚持 10 多年，成绩显著，总店被劳动部、国务院生产委员会、人事部、国家教委、全国总工会等部门共同授予全国职工教育先进单位称号。

6. 总店所属单位的基本建设取得新成绩。10 年间，总店的储运公司先后建成 3 万平方米的库房，新建了马连道储运基地。北京发行所建成 6000平方米的办公大楼。

总店的服务、协调和业务指导，增强了全国新华书店的凝聚力和亲和力，直接促进了总店所属北京发行所对中央版图书的总发行业务。1978 年，北京发行所向全国新华书店发行中央版图书 4.9 亿册，到 1985 年已达 9.2 亿册，创历史最高纪录。这一年，总店所属储运公司的中央版图书发运量达 6万吨，也是创历史最高纪录。

（二）总店职能改变。1987 年 10 月 1 日，总店同所属单位北京发行所、储运公司合并为一个经济实体。合并后的机构仍称新华书店总店，其性质为中央一级图书发行企业，直属新闻出版署领导。总店内设第一发行部（对外称北京发行所）、第二发行部（对外称科技发行所）、第三发行部（对外称音像发行所）、储运部（对外称新华书店总店储运公司）、新华书店总店批销中心等经营部门，同时出版《中国图书商报》和《新华书目报》。从此，总店对全国新华书店不再承担业务指导任务。总店改变职能 10 多年来，中央一级出版社普遍增设发行部，开展自办发行；总店的各发行所面临市场竞争，也千方百计扩大批发。

在总店被取消业务指导职能之后，有些省级书店也被改为批发服务型书店，对市县新华书店的业务指导职能一度被取消，但很快恢复，到 20 世纪90 年代又进一步加强了。各省级书店把市县书店作为自己的分支店，强化了省版书的发行，并规定了省版书发行指标。

（三）总店改变职能后仍竭力为全国新华书店服务。组织编写图书发行学高等教材、中专教材以及发行员技术等级教材，仍由总店承担。省级店经理岗位培训工作继续由总店协助举办。受新闻出版署的委托，总店还承担了中国书刊发行业协会的筹备工作。该会成立后，总店无偿提供了办公用房和办公设备。新闻出版署职业技能鉴定指导中心，初建阶段挂靠在总店。此外，还有几项较大的活动分述如下：

1.举办店庆活动。1992年4月，为纪念新华书店成立55周年，经总店请示汇报，中共中央总书记江泽民亲笔题词："继承和发扬新华书店光荣的革命传统。"1995年6月，国务院总理李鹏为《新华书店总店史》（人民出版社出版）题词："发扬新华书店光荣传统，为社会主义精神文明建设作出更大的贡献"。第三代中央领导的关怀，使全国新华书店12万名员工深受鼓舞。

1997年4月24日，由总店具体筹备，新闻出版署在北京人民大会堂召开了"纪念新华书店创建60周年座谈会"。中共中央政治局委员、国务委员李铁映发来贺信。李鹏总理在李铁映陪同下，在中南海紫光阁会见了全体与会代表，并发表了重要讲话。此次店庆活动丰富多彩：全国新华书店开展了知识技能比赛，推动了职工业务素质的提高；开展了创"三优"百日推销活动，增强了两个效益；由总店发起，全国新华书店及全体职工集资捐献100万元，在延安柳林乡兴建了3000平方米的新华书店希望小学，表达了新华儿女对革命圣地延安的拳拳赤子之心。由总店出资，修复了新华书店在延安清凉山创业的故迹。

2.申请音像制品经营许可证。1991年3月，全国新华书店系统开始发行《中华大家唱（卡拉OK）曲库》，但对其他音像制品尚未取得经营许可。经总店多次向中宣部、新闻出版署请示汇报，并向国家工商行政管理局介绍新华书店成功发行《曲库》的工作，很快得到党政领导机关的支持。同年8月30日，新闻出版署和国家工商行政管理局联合发出《关于新华书店经营音像制品业务有关问题的通知》，批准总店并原则同意各级新华书店经营录音录像制品的批发、零售、租赁和音响设备、视频产品的批发、零售业务。

3. 注册新华书店服务商标。1993 年以来，广东、江西、湖北、福建、北京等地相继出现个体书店私自悬挂新华书店店招的现象。1997 年又出现了海外华人在境外抢注新华书店商标的事件。为维护新华书店的信誉和形象，使"新华书店"这一著名商标得到法律保护，新华书店总店自 1993 年起开始了长达 5 年的商标注册申请工作。在这期间，全国政协委员、中国书刊发行业协会会长刘杲在全国政协会议期间，曾联合多位政协委员提交了《关于尽快解决新华书店服务商标注册》的提案。在中国商标事务所的指导下，经国家工商局商标评审委员会复审，1998 年 1 月，终于使"新华书店"服务商标注册成功。该商标是全国新华书店系统的共同标志，属于共有知识产权，新华书店商标的无形资产属全系统共享。

改革开放以来，主持总店工作达 10 余年的总经理汪轶千（1930—），是江苏太仓人，中共党员，高级经济师。1949 年入上海新华书店工作。1954 年，到苏联莫斯科普列汉诺夫国民经济学院贸易经济系图书发行专业学习，1958 年毕业回国。历任总店研究室调研员、北京发行所副经理、总店副总经理。1983—1994 年任总店总经理。1985 年 11 月，他写信给中共中央总书记胡耀邦，反映了出版发行工作中的问题。经胡耀邦批示，中央办公厅将该信印成中央书记处例会文件。11 月 18 日，中央书记处开会讨论出版工作，一并作了研究。汪轶千为总店和全国新华书店的改革和发展作出了贡献。他是中国书刊发行业协会第一届副会长，第二、第三届顾问，著有《中国图书发行的昨天与今天》，译有《苏联出版事业四十年》。

四、书店行业的模范人物

新中国成立 50 年来（1949—1999 年），在全国图书发行行业（含新华书店、外文书店、古旧书店、公私合营书店、出版社发行部门、图书进出口单位、集个体书店）中涌现出一大批先进模范人物。据不完全统计，从 1949 年至 1999 年荣获全国和省部级劳动模范称号的有 33 人；荣获全国新闻出版系统和全国图书发行系统先进工作者称号的有 533 人；荣获全国百佳出版工作者称号的有 26 人；荣获全国出版界最高荣誉奖——中国韬奋出版奖（第 1—6 届）的有 7 人；荣获新闻出版署颁发的全国书刊发行业最高奖——

中国书刊发行奖（第 1—2 届）的有 200 人；荣获省辖市（地区）和县（市）劳动模范、先进工作者称号的为数众多，难以统计。

在先进模范人物中，有书店的领导干部、中层干部，更多的是在基层工作的一般发行人员。下面侧重介绍几位营业员和农村发行员的先进事迹。

（一）全国"三八"红旗手谢翠凤（1934—），女，上海人，中共党员。1953 年考入上海南京东路新华书店当营业员，30 多年如一日，勤勤恳恳为读者服务。先后 9 次被评为上海市先进工作者，1960 年荣获全国"三八"红旗手称号。1979 年被国家出版局评为全国书店系统先进工作者。她的基本功是刻苦熟悉书籍内容，精心收集各种新书目录和报刊书评，认真摘记，不断翻阅，年长日久，成为一位"活目录"，对读者的提问对答如流。有时介绍之详细，评论之精确，令读者惊叹。

她以自己的优质服务联系了一大批经常来店购书的中高级知识分子，建立了基本读者联系卡。对读者的急需总是想方设法满足，忌说"没有"。每当来了基本适合读者需要的专业书，就及时同他们打招呼，甚至托人先把新书捎去。读者十分奇怪："阿凤怎么知道我急需这本书！" 20 世纪 60 年代初期，在全国书店系统曾掀起"学习谢翠凤"热潮。

（二）北京市劳动模范黄腊荣（1940—），女，湖南邵阳人，中共党员。1956 年考入新华书店北京分店，长期在西单科技门市部担任医药卫生组营业员，经过刻苦钻研和长期售书实践，初步掌握了中医学基础理论知识和中医学历代名家名著，善于为读者找书，为书找读者，被誉为"读者的贴心人"，多次被评为市、局级先进工作者。后被提拔为西单科技书店副经理。

1979 年 12 月 26 日《人民日报》在《共产党员》专栏里介绍了黄腊荣热情为读者服务的事迹。从此，各地读者纷纷来信托她买书。20 世纪 80 年代初期，平均每月收到读者来信 600 封。她对每一封来信都做了认真处理，不仅代购图书，还代读者买药、代订杂志等。仅 1983 年就收到读者表扬信 1036 封。1986 年春，教育部门在哈尔滨召开教材工作会议，代表们传颂黄腊荣为外地院校解决急需教材的感人事迹，并联名给她写来热情洋溢的感谢信。20 世纪 80 年代以来，她两次当选北京市劳动模范。1986 年被中共北京市委授予优秀共产党员荣誉称号。

（三）全国书店系统先进工作者王维英（1913—），女，黑龙江双城县人，中共党员。1953 年与丈夫在牡丹江市开办大中书店，1956 年公私合营，不久并入牡丹江市新华书店，被安排在门市部科技组担任营业员。主要任务是带着《科技新书目》和各种地方版的《征订书目》，依据调查资料逐一登门征订售书。她在发行过程中虚心向科技读者请教，积累科技知识，有针对性地为生产、科研服务。1960 年夏，牡丹江铁工厂试制新产品遇到难题，想找一本化学书参考，派人向王维英求助。第二天，她把《化学世界》送到车间。3 天后，新产品试制成功。1982 年夏，牡丹江医学研究所研制心内膜穿刺心脏起搏器模型，因缺乏生物电阻数据使研制工程停顿下来，几天过去，一无所获，人们急得团团转。这时，一位鹤发银丝的老妪拿来一部英文版《医用物理学》。人们围上来，急速翻阅。"啊，在这儿！"——科学数据查到了，一阵狂喜，一片赞誉。这位老妪就是连日来为找书而奔忙的王维英。这是从王维英为生产、科研服务的众多类似"镜头"中随便剪取的两个事例。

王维英是推销图书的能手。1979 年退休后，个体书店用高薪聘她去工作，被她拒绝。她继续为市新华书店征订售书。1984 年，市书店积压 2 万多册技工教材。业务人员请她帮助。她凭借人熟、地熟、业务熟的优势，仅用 10 多天时间就为这批积压的技工教材全部找到了需要单位。她多次被评为市、省和全国书店系统先进工作者，获得市劳动模范和省"三八"红旗手称号。

（四）四川省劳动模范余德槐（1935—），四川眉山县人，中共党员。1957 年到眉山县新华书店担任农村发行员。30 多年来，他跑遍了全县农村，善于发行农业技术书，热情帮助农民脱贫致富。蔡金乡农民余应富，倾全家所有买来 2000 只北京幼鸭，因不会饲养焦急万分。余德槐专程给他送来《农村养鸭》、《鸡鸭鹅饲养管理》等 3 种书。这位农民如获至宝，攻克了"饲养关"，成为有名的养鸭大户。马铺乡女青年王冬秀承包的鱼塘，大批鱼苗死亡，急得这位姑娘痛哭失声。余德槐从书上帮她找出原因，使鱼苗得救。眉城乡农民左信息，养鸡 3 次失败，靠老余供应的养鸡专业书，成为养鸡能手，盖起了漂亮的楼房。回龙乡农光果园有百亩柑橘树 7 年不挂果，老余带上柑橘栽培等多种书，又代请专家帮助治理，终于树茂果丰。余德槐急农民之所急、供农民之所需的动人事例，不胜枚举。《人民日报》、《四川日报》等7种报刊，都报道过他的先进事迹。从1960年起，他陆续荣获地区、省、全国新华书店系统先进工作者称号，3次荣获乐山地区党政领导机关授予的不同先进称号，当选为眉山县和乐山市（地区）的人民代表。他是四川省劳动模范，又是中国韬奋出版奖获得者。1994年，四川人民出版社出版了《书山有路——韬奋出版奖获得者余德槐》一书，全面系统地介绍了他的先进事迹。

（五）全国新华书店系统先进工作者牟长清（1933—），土家族，湖北利川市人，中共党员。1964年，他从文化馆调到利川市新华书店担任农村发行员。利川是山区，境内层峦叠嶂，沟壑纵横。牟长清长年累月，身背五六十斤重的图书包件，在崇山峻岭之中不息地奔波，整整26年。每年约在农村发行一般图书万余册。他把适合农村需要的图书，编成顺口溜，利用农村集日、区乡干部开会、放电影或演戏的时机，取出三才板，边打边唱，生动地介绍图书内容，人们越聚越多，图书销路大增。

他在20多年的下乡路途中，曾多次攀山涉水遇险，多次与毒蛇野兽周旋，多次受狂风暴雨袭击，但他为农民服务的热情不减。1975年他被提拔为书店副经理，仍常年坚持下乡，人称"铁脚板"。利川市店有个制度，新来该店工作的年轻人，第一课就是跟随牟副经理下乡流动售书两个月。20世纪80年代以来，该店已有7名农村发行员成为第二代"铁脚板"。

（六）内蒙古自治区劳动模范岳·莫勒腾（1947—），女，蒙古族，内蒙古自治区阿拉善盟人，蒙文专科学校毕业，中共党员。1972年调来阿拉善盟新华书店，任门市部主任。1980年，她主动要求到牧区流动售书，"要为牧民送温暖，让他们掌握科学文化知识，变沙漠为绿洲"。她说服了领导，做通了亲人的工作。从此，办起了"骆驼书店"。

她和女同伴袁清宏，牵着骆驼，驮上图书，走向腾格里大漠荒原。这里，人烟稀少，平均每平方公里0.56人。她俩以豪迈的气概开始了"白天干粮佐清水，夜晚霜冷伴驼眠，涉沙越梁觅人烟，书卖千家再返还"的生活。在牧区流动供应图书，几乎每天都要遇到大风，风卷着豆大的沙粒抽打在她们的脸上，浑身挂满了尘土。风沙、饥渴和劳累使她们的体重下降，但牧民们亲如家人的关怀更激发了她们的工作热情。

1983 年，"骆驼书店"变成"汽车书店"。岳·莫勒腾被提拔为阿拉善盟新华书店副经理，仍坚持到牧区流动供应图书。有一次，汽车行驶在茫茫的戈壁滩上翻了车，她和车上另外 3 个人都被摔得昏过去。她第一个苏醒过来，强忍疼痛爬出车外，救出压在车厢里的 3 个人。她又一步一晃地走了十几里，到镇里搬来"救兵"。

20 世纪 80 年代，她共下乡 1100 多天，售书 10 万余册。这个发行数量，在城市书店不足为奇，而在大漠荒原，却来之不易。1983 年，她被评为全国新华书店先进工作者。1986 年，内蒙古自治区人民政府授予她劳动模范称号。1987 年，在自治区妇联组织的"学文化、学科学、比素质、比贡献"的竞赛活动中，岳·莫勒腾名列榜首。

上述 6 位模范人物，是全国 20 多万图书营业员、发行员的杰出代表，但杰出代表绝不止这 6 位。他们的共同特点是，始终在发行第一线直接为广大读者服务，热爱读者，热爱图书，热爱发行岗位，默默"耕耘"，创造性工作，把自己的锦绣年华和大半生奉献给了新中国图书发行事业。

第十三章　中华人民共和国 50 年（1949—1999）来的图书市场

　　本章叙述的内容，是从 1949 年 10 月 1 日新中国成立起，截至 1999 年这 50 年来的图书市场概貌。在旧中国，图书出版量最多的年份为 1936 年，全年约出版 1.78 亿册。那时，还没有图书销售册数统计，出版的册数不等于全部销掉。新中国成立后的 1950 年，全国已销售图书 2 亿册，超过了旧中国图书出版最多的年份。1999 年，全国图书销量达 72 亿册，比 1950 年增长 35 倍。图书销售的大幅度增长，意味着图书市场的空前扩大。

　　据本书统计，1949—1999 年，全国共计出版图书（不含重版、重印书）1291736 种，可概称 129 万种。这 50 年间，全国累计销售图书 1834 亿册（包括新中国成立前解放区的图书货源）。面对如此广阔的"知识海洋"和日益增多的新学科，已无法用少数品种来说明新中国成立以来出版的代表著作。由王益、汪轶千主编的《图书商品学》，较详细地介绍了新中国成立以来出版的重要著作和各个类别的代表著作。本章不再单列专节叙述。

第一节　50 年（1949—1999）来的畅销书

　　畅销书反映了一定时期的政治、经济、文化背景，反映了人们对图书需求的热点。随着图书市场的扩大，畅销书的发行量也在不断提高。胡愈之回忆说："解放前，除课本外，每种书平均发行量为 2000 册。1951 年除课本外，每种书初版发行数平均为 9782 册，约为解放前的 5 倍"（《胡愈之出版文集》）。超过平均发行数的书，都可称为畅销书。新中国成立以来，超过平均发行数的书多如牛毛，许多畅销书的发行量达数十万册、数百万册，甚至上千万册。本节将按照几个历史阶段，选择部分畅销书略作叙述。

年画市场在新中国成立后得到了蓬勃发展。音像市场在改革开放后迅速崛起。这二者将在本节专题叙述。

一、基本完成社会主义改造时期的畅销书

从 1949 年 10 月到 1956 年，是我国基本完成社会主义改造时期。在图书市场上最为畅销的是干部理论学习读物、时事宣传读物、农业合作化读物、扫盲读物被推荐的少年儿童读物等。

（一）干部理论学习用书空前热销。1949 年 3 月中共中央召开七届二中全会，提出了促进革命取得全国胜利和组织这个胜利的方针。面临全国胜利在即，党的工作重心由农村转移到城市。为顺利实现这个转移，中共中央决定编辑一套名为《干部必读》的理论读物，组织广大干部用马克思主义理论武装头脑。这套《干部必读》包括《共产党宣言》、《国家与革命》等 12 种著作，以解放社名义出版，新华书店发行。中宣部出版委员会成立后的第一个任务就是出版这套书，到 1949 年 10 月，已出版 11 种，尚有一种未出。这套书刚一出版，就呈供不应求之势。1950 年连续重印，先后发行了 123 万套，仍没有充分满足需要。这套书，是新中国成立初期的头号畅销书。1952 年改出单行本。其中，《社会发展简史》和《政治经济学》，被指定为干部理论学习教材，规定每周三下午，为机关、学校和国有企事业单位的理论学习时间。在城市，几乎每个干部都买了这两本书。艾思奇的《历史唯物论——社会发展史讲授提纲》也热销一时，成为普及唯物史观、推动知识分子思想改造的一本重要读物。

新版《毛泽东选集》的出版发行，是全国出版界的一件大事，也是全党的一件大事。新中国成立前，解放区已经出版过多种版本的《毛泽东选集》。1949 年 2 月，中宣部出版委员会成立后，就着手编辑新版《毛泽东选集》。出版发行工作分别由人民出版社、新华书店承担。1951 年 10 月 12 日，《毛泽东选集》第一卷在全国新华书店统一发行。当天早晨，广大读者在各地新华书店门前排起长长的购书队伍，新闻媒体以头条新闻报道了发行盛况。

（二）时事宣传读物大普及。1951 年，发行抗美援朝书刊 1 亿册，本书第十一章已作叙述。其中，发行量最多的是"抗美援朝小丛书"、《美国侵华史》、《朝鲜前线通讯集》以及《时事手册》半月刊（每期发行 350 万册）等。同年，为配合镇压反革命运动，全国共发行《中华人民共和国惩治反革命条例图解通俗本》（华东人民出版社版）1068 万册。为配合宣传婚姻法，全国共发行《婚姻法图解通俗本》（华东人民出版社版）1150 万册。此书大量发往农村，对破除封建买卖婚姻发挥了重要作用。

1950 年 3 月，在周恩来总理的亲切关怀下，胡华编著的《中国新民主主义革命史（初稿）》由新华书店出版发行，成为新中国各界了解中国革命和中国共产党历史的普及读物。第一次印 2 万册，很快售缺。经作者修订，同年由人民出版社出版第二版，仍然热销。20 世纪 50 年代共计印 13 版，发行 230 万册。民族出版社出版了哈萨克文版和维吾尔文版。外文出版社出版了日文版和朝鲜文版。

1953 年 12 月，中宣部发出《关于党在过渡时期总路线的学习和宣传提纲》，在全国掀起声势浩大的总路线宣传运动。各出版社出版了有关宣传总路线的图书 276 种，到 1954 年 3 月，全国约发行 6000 万册。

（三）农业合作化读物大量下乡。1955 年 10 月，中共七届六中全会通过了《关于农业合作化问题的决议》，紧接着在全国农村掀起农业合作化高潮。广大农村干部和农民迫切需要了解有关合作化的方针、政策和办社经验。全国新华书店发行毛泽东著《关于农业合作化问题》以及《中共中央关于农业合作化问题的决议》、《农业生产合作社示范章程（草案）》3 种书共 4000 多万册，基本发遍了所有的村庄。1956 年初，毛泽东主持编辑并加按语的《中国农村的社会主义高潮》出版，继续又出版了《高潮》选本，发行量共达 200 多万册。

上述时事宣传读物和农业合作化读物，本子薄，定价低（一般不超过 1 角钱），出版及时，发行工作得到各级党政领导部门的支持，新华书店又有宣传发行此类书的经验，因此发行量巨大。

（四）有组织地宣传推荐少年儿童读物。1955 年，毛泽东在团中央《关于少年儿童读物奇缺的报告》上批示："大量地创作、出版、发行少年儿童读物。"为贯彻这个批示精神,《人民日报》发表了相关社论;教育部和共青团中央联合发出少年儿童读物推荐书目。各地新华书店普遍举办了少年儿童读物宣传月,扩大这批读物的发行。各地小学校纷纷建立图书室或班级图书角。当年,仅推荐书目所列的读物,全国就发行 4600 万册。其中,最受欢迎的图书有:《毛泽东的故事和传说》、《黄继光的故事》、《董存瑞的故事》、《和爸爸一起坐牢的日子》、《王孝和的故事》、《八个小英雄》、《雾海枪声》、《飞向月球》、《安徒生童话》、《金斧头》、《深山探宝》等。从 1950 年到 1956 年,共出版少年儿童读物 2315 种,发行 1 亿册。那个时期,小学生的学习生活并不那么紧张,有充裕的时间阅读课外读物。各地教育局和学校也提倡和辅导学生阅读课外读物。

为了减轻读者负担,从 1953 年 1 月起,图书定价普遍降低 5%。从 1956 年 4 月起,再次降低定价,少年儿童读物的定价降低 25%,是各类读物中降价幅度最大的。其他图书的定价,约降低 8%—20% 不等。按物价指数计算,1956—1957 年的书价,只合旧中国抗战前出版业最繁荣时期的 1936 年书价的 44%。

二、大规模建设社会主义时期的畅销书

1957 年到 1966 年"文化大革命"爆发,我国在社会主义改造完成的基础上开始转入大规模社会主义建设。在这一时期,革命现实主义文学作品空前畅销,科技知识读物销量大增,农村读物的发行一再掀起高潮。

(一)革命现实主义文学作品成为市场热点。第一个五年计划时期,此类文艺书已开始走俏。上海、沈阳、大连、武汉、济南、南宁、湖州等不少城市的新华书店,经常与青年团市委、文联等单位举办读书报告会,向青少年推荐优秀的文学作品。推荐的书主要有:《把一切献给党》、《可爱的中国》、《铁道游击队》、《向秀丽》、《保卫延安》、《三千里江山》、《绞刑架下的报告》、《古丽雅的道路》、《海鸥》、《卓娅和舒拉的故事》、《青年英雄故事》等。通过报告会的推荐和新闻媒体的评介,这些书很快成为畅销书。

从 20 世纪 50 年代中期到 60 年代初,是发行文学书籍的黄金时代。1957 年 5 月 31 日出版的《文艺报》(第 7 号)载文说:"截至本日,出版量

最大，销售量最广的文学书籍有：《保卫延安》（83 万册）、《三千里江山》（40 万册）、《女共产党员》（47 万册）、《可爱的中国》（178 万册）、《把一切献给党》（408 万册）、《毛泽东的故事和传说》（112 万册）、《高玉宝》（92 万册）、《刘胡兰》（76 万册）、《青年英雄的故事》（60 万册）、《宝葫芦的秘密》（97 万册）、《红楼梦》（23 万册）、《三国演义》（38 万册）、《钢铁是怎样炼成的》（100 万册）、《绞刑架下的报告》（60 万册）、《拖拉机站长与总农艺师》（124 万册）、《卓娅和舒拉的故事》（134 万册）、《海鸥》（83 万册）、《牛虻》（70 万册）、《我们的切身事业》（54 万册）。"

　　上述畅销书只限于 1957 年及其以前历年的销售情况。1958 年到"文化大革命"前又出版一大批深受读者欢迎的文艺读物，如《红岩》、《红旗谱》、《红日》、《青春之歌》、《林海雪原》、《苦菜花》、《朝阳花》、《野火春风斗古城》、《铁道游击队》、《敌后武工队》等。以《红岩》为例，出版后被改编成电影、话剧、曲艺等多种艺术形式，进一步拓宽了这本小说的销路，累计印 51 次，共发行 900 多万册。1958 年出版的《红旗谱》发行 500 万册。之所以畅销，是作者梁斌的亲身经历。他当过县大队政委，深入日军侵占的敌区做过兵运，组织过游击队，他的亲历实践，保证了作品内容的真实性，真实性决定了这部作品深受读者欢迎。在诗歌方面，中青版的《革命烈士诗抄》可作为畅销书的代表，印数达百万册以上。

　　20 世纪五六十年代的畅销文艺读物，绝大多数为反映革命斗争题材的作品。畅销的原因，首先是这些书的内容好，能够激发广大青少年读者的阅读兴趣。其次是各地党委、部队政治部、工会、共青团等组织善于利用这些书籍对青少年进行思想教育，各地报刊注重宣传推荐。机关、学校、部队、工厂的图书室，大量购买供本单位读者借阅。最后，各地书店同有关部门联合举办读书报告会，对扩大优秀文艺读物的发行，无疑也起了积极作用。上海举办《我的一家》报告会，售出该书 28 万册。举办《在烈火中永生》报告会，售出该书 23 万册。上海卢湾区新华书店在 1959—1960 年举办读书报告会 30 余次。该区光华化工厂某车间的工人，受报告会的积极影响，文艺书爱好者由 1 人增加到 17 人。可见，举办读书报告会是培育图书市场的重要举措。"文化大革命"爆发后，这种行之有效的促销方法随之消失。

20 世纪 60 年代初，中苏矛盾和冲突加剧。苏联单方面撕毁中苏双方签订的协议、合同，撤走在华专家，停止供应我国急需的关键设备，使我国正处于 3 年困难时期的国民经济雪上加霜。为了激励国人不屈服于外部压力，不怕鬼，不信邪，迎难而上，文学研究所所长何其芳根据毛泽东的指示，从我国历代笔记小说中选编了《不怕鬼的故事》。毛泽东亲自审改该书序言，并送刘少奇、周恩来、邓小平、郭沫若、周扬等人过目。1961 年该书由人民文学出版社出版，《人民日报》、《红旗》杂志、《北京周报》（英文）全文发表该书序言，在国内外引起很大轰动。这本只有 105 页的文艺书，销行 200 万册，仍供不应求。

1962 年 8 月，惯于制造冤案的康生，在北戴河召开的中共中央工作会议上，把《刘志丹》一书定为反党小说。这部书的作者、编者和出版社负责人被扣上"利用小说反党是一大发明"的"莫须有"罪名，受到株连。曾经支持这部小说写作的习仲勋等人被说成是为高岗翻案的"反党集团"。1978 年十一届三中全会后，才为这一冤案平反。

20 世纪 60 年代中期空前热销的诗集是《毛主席诗词》（37 首）。1964 年元旦出版，北京王府井新华书店门前排起购书长龙，不到两天售出 1.8 万册。2 日晚，该店门前 2000 多读者办理预约登记。该书重印两次达 80 万册，仍供应紧张。1966—1968 年，该书在全国共发行 9600 万册。

（二）科技知识读物销量大增。随着大规模经济建设的开展，科学技术书籍特别是以技术工人为对象的科技知识读物销售量逐步增长。最为畅销的应属机械工业出版社出版的《机械工人切削手册》，不断修订，年年重印，发行量共达 750 万册。《机械工人速成看图》也是热销书，鞍山市新华书店到各工厂流动供应，一次售出 950 册。

1958 年下半年，大炼钢铁成为全国压倒一切的中心任务，各行各业都要支援"钢铁元帅升帐"。各地书店则抽出人力上矿山、到炉边发行《土法炼铁》、《土法炼钢》之类介绍小（小高炉）、土（土法炼钢铁）、群（大搞群众运动）的小册子，全国约发行 4000 万册。1958—1959 年两年，全国新华书店发行的冶金版科技书，等于过去 5 年发行此类书总册数的 4.7 倍。1958 年 10 月 17 日，中共中央副主席刘少奇视察安徽蚌埠钢铁厂工地，称赞在该工地流动售书的蚌埠市新华书店发行员："为工人服务，很好，很好。"

20 世纪 60 年代初，正是经济困难时期，农村迷信活动有所抬头。各地新华书店到农村大量发行《世界上有鬼神吗》、《鬼神的秘密》等普及科学知识的小册子，对破除迷信起了很好的作用。著名漫画家华君武曾在《人民日报》发表一幅漫画——由于科普图书下乡，吓得灶王爷惊慌失措，四处躲藏。少年儿童出版社（沪）于 1961—1962 年出版的科普读物《十万个为什么》，上市后立即引起轰动，不到两年重印 11 次，30 多年来先后出版过 6 个版本，累计发行 1000 多万套（1 亿多册）。1999 年更新内容后出版的新世纪版，依然畅销。

20 世纪 60 年代前期，农村电力发展较快。许多村庄用上了电灯、电磨，开始用电力灌溉农田。《安全用电常识》一类书在农村大有市场。太原郊区某村的两名业余电工买到《常用电工线路的安装和检修》，学习书上的知识检查了全村线路，堵塞了跑电漏电，全村每月的电费从 450 元减少到 147 元。这说明，科技知识下乡使农民直接受益。

（三）阶级教育读物和"农村版"书。1962 年 9 月，中共中央八届十中全会，把社会主义社会中一定范围内存在的阶级斗争扩大化和绝对化，从 1963 年至 1966 年"文化大革命"前夕，在我国农村开展了大规模的社会主义教育运动（又称"四清"运动）。运动中多留自留地、设立自由市场、包产到户等正确主张及其他不同性质的问题都被视为阶级斗争或阶级斗争在党内的反映，使不少基层干部受到不应有的打击。出版发行工作也要与"以阶级斗争为纲"紧密配合，仅《农村阶级斗争讲话》就发行了 150 万册。其他如《万恶的地主阶级》、《血和泪的回忆》、《三代人的脚印》、《必要的一课》等上百种书，发行量均达数十万册或上百万册。

1963 年，毛泽东发出"向雷锋同志学习"的号召，广大青少年热烈响应。《雷锋日记》、《雷锋的故事》、《毛主席的好战士——雷锋》等有关雷锋的书，成为 60 年代的热销书。许多县书店均发行上千册。

1964 年 5 月，文化部在京召开全国农村发行工作会议，制定了一系列加强农村图书发行的措施，指定农村读物出版社从全国出版物中精选适合农村广泛需要的图书，降低售价，印行"农村版"。1965 年选出 15 种，包括

阶级教育、文化艺术、科学技术等方面的畅销书专发农村，首批销售 1200
万册。这本来是一个成功的做法，1966 年遇上"文化大革命"，"农村版"
书从此中断。

1964—1965 年，各县新华书店的图书下乡活动十分活跃。福建大田县
山峦重叠，村落分散。当地流传着"上崖见青天，下坡是深渊，喊话听得见，
走路大半天"的民谣。该县书店职工为发行农村读物，冬踏冰雪，夏顶烈
日，挑着书担，走遍了全县的山山水水、社社队队。那年，全国新华书店有
5000 多名专职农村发行员，加上县书店经理带头下乡，全店职工轮流下乡。
他们豪迈地唱出："不怕风梳头，不怕雨洗脸，不怕书担重，不怕脚下磨出
千层茧。图书下乡农民乐，越苦越累心越甜。"许多发行员长年累月活跃在
农村，居无定处，食无定时，为向农民传播科学文化知识奉献了大半生。

三、"文化大革命"时期的畅销书

"文化大革命"期间（1966 年 5 月至 1976 年 10 月），发行量最大的图
书是毛泽东著作，本书第十一章已作详细叙述，从略。1970 年庐山会议后，
马列著作的销量大增。1975 年，"四人帮"阴谋掀起"评《水浒》"宣传运动，
《水浒》得以上百万册出版，热销一时。

（一）马列著作销量上亿册。1970 年 8 月下旬，中共九届二中全会在庐
山召开，毛泽东察觉林彪等人为争夺个人权力进行的宗派活动，严厉批评了
林彪的同伙陈伯达鼓吹的"天才论"，提出"不要上号称懂得马克思，而实
际上根本不懂马克思那样一些人的当"。会后，在全党开展了"批陈整风"。
11 月，中央发出高级干部学习马列著作的通知，强调"只有读一些马恩列
斯的基本著作，才能识别真假马列主义"。在这样一个历史背景下，马列著
作的发行量大增。1971—1972 年两年，全国共发行马列著作 1.73 亿册。

1971 年九一三事件，林彪一伙发动的武装政变阴谋被彻底粉碎。毛泽
东号召全党"要搞马克思主义，不要搞修正主义"，"要认真看书学习，弄懂
马克思主义"。为适应干部学习的需要，人民出版社于 1972 年 5 月出版了《马
克思恩格斯选集》(4 卷本)。同年 10 月，重新编选出版《列宁选集》(4 卷本)。
这两个选集的发行量均超过 100 万部。当年，各机关和企事业单位每天上班

后，要安排一个小时学习马列著作。

（二）《水浒》热销一时。1975 年 8 月，毛泽东应北京大学一位女教师的要求，谈了自己对古典小说《水浒》的看法。"四人帮"立刻抓住这个题目在全国报刊上掀起了评《水浒》宣传运动。人民文学出版社奉命紧急出版一百回本和七十回本的《水浒》，上海人民出版社又出版一百二十回本的《水浒全传》。这三种版本，在书前都有毛泽东评论《水浒》的两段语录，还有鲁迅论《水浒》，并加上长达 12 页的"前言"。人们长期没有古典小说可读，而且也不敢公开阅读，这本具有"文化大革命"时代烙印的《水浒》的出版，在社会上引起轰动，多次加急重印。

大张旗鼓地评《水浒》，出版发行《水浒》，是"四人帮"的一大阴谋。江青公然制造舆论说："《水浒》的要害是排斥晁盖，架空晁盖"，意在诬陷周恩来、邓小平"架空毛主席"。毛泽东获悉，对江青严加斥责，使"四人帮"的阴谋没有得逞。

（三）人民群众争购周恩来像，寄托哀思。1976 年 1 月 8 日，人民的好总理周恩来逝世，全国各族人民无限悲痛。自 9 日至 15 日，首都的人民群众自发地赶到书店，怀着悲痛的心情购买周恩来像。在北京王府井新华书店，排队购像的群众从早到晚，一直保持 1500 人左右，有时高达 2000 人。在书店一楼、二楼营业厅，经常被排队的群众挤得水泄不通。一位 80 岁老人，拄着拐杖，满含热泪，要买周总理像以示悼念。北京国棉一厂女工刚下夜班，就远道赶来书店排队。在京郊插队的知识青年，从水利工地劳动收工，饭也顾不得吃，就骑自行车赶了几十里夜路，进城购买周总理照片。由于需求量大，周恩来像总是供不应求，只好随到随供应。有一天，王府井书店一直供应到深夜 11 时半。

1 月 13 日，在北京甘家口新华书店营业厅，有许多群众从上午 11 时一直等到下午 6 时才买到像。民族学院的维吾尔族和哈萨克族的两位工农兵学员，受全班委托来购买周恩来照片，因一时供应不足，只按限额买到 4 张。这两个学员热泪盈眶，一再要求书店给予照顾，终于拿到 20 张，才满意离去。短短几天时间，北京市新华书店共零售周恩来像 42 万张。其中，对开像 25 万张，新华图片社洗印的 6 寸至 12 寸的照片 17 万张。一位国家领导人逝世，人民群众自发地来书店排队购像，以寄托哀思，仅北京城就零售出40多万张，史无前例。

其他城市的购像情况也大体如此。上海市新华书店职工不分昼夜工作，零售出周恩来像15万张。上海印刷五厂和中华印刷厂的工人们夜以继日赶印周恩来像，由上海发行所空运给各边疆省（区）的新华书店。

四、1978 年 12 月至 1999 年间的畅销书

1978 年 12 月十一届三中全会以来，我国实行改革开放，到 1999 年刚好 20 年，图书市场不断扩大，图书品种越来越丰富，供应数量越来越充沛，图书质量包括内容质量和印刷装帧质量越来越好。到 20 世纪 90 年代，"书荒"已经成为被人们淡忘的传说，各类图书在市场上不断涌现热点、亮点，市场需求日趋多层次多元化，畅销书的类别增多，只能择其要者加以概述。

（一）中外名著热、数理化热、外语书热。随着"文化大革命"的结束，广大读者渴求知识，急需读书。各类图书馆、资料室都要重新购置"文化大革命"期间损失了的图书。为缓和"书荒"，1978 年 5 月，国家出版局拨出大量纸张，由京、沪等地出版社重印了一批中外文学名著，投放市场。但分配到各省、自治区，每种书不过几千册，杯水车薪。读者往往在书店门前排起长队，争相购买。为解决读者排队问题，各省出版社纷纷租型重印。到 1980 年，各地重印品种增多，全国累计发行量达 2 亿册。1979 年全国图书销售 12.7 亿元，较"文化大革命"前的 1965 年增长 196%，较 1978 年增长 35.7%，如此大幅度增长是前所未有的。

随着高等院校恢复统一招生考试制度，上山下乡的知识青年出现了学习数理化热。当年出版的此类书不多，上海出版的"数理化自学丛书"成为最火爆的热销书，仅 1978 年上半年就销售 160 万套。《广播英语教材》的销路，也同样火爆。1978 年 5 月，美国书商代表团访问北京，目睹了在王府井新华书店门前排得长长的购书队伍，原来这些读者正在购买《广播英语教材》。同年 11 月出版的美国《出版商周刊》对此评介说："看起来买书的人多到惊人的程度。"这两类书不仅在京、津、沪等大城市热销，在边远地区也同样如此。1979 年，新疆乌鲁木齐市新华书店共发行"数理化自学丛书"和学

外语读物 190 万册，数量之多，在新疆图书发行史上是空前的。

20 世纪 80 年代前期，过去很少出版的茶余饭后的消闲书走俏市场。1980 年，上海古籍出版社重印旧小说《三侠五义》9.5 万册，出人意料地热销，又加印 90 万册。其他省市有十几家出版社跟着翻印，不到两年共发行 450 万册。其他如《施公案》、《彭公案》、《济公传》等旧小说印数也达百万册之多。1981 年，国家出版局曾发出《从严控制旧小说印数》的通知。但紧接着有 29 家出版社租印 89 种外国惊险推理小说，印数达 2000 多万册。仅克里斯蒂作品两年就出了 32 种，印数达 820 万册。金庸、梁羽生等人的新武侠小说，也改头换面重复印行，印数达 1600 多万册。

（二）持续多年的科技书热。1978 年 3 月在北京召开的全国科学大会，迎来了科学的春天。邓小平在会上强调"科学技术是生产力"，广大科技人员和工人、农民钻研科学技术的积极性高涨。城市工矿区新华书店在 80 年代初期销售的科技书，比 70 年代末期约增长 1 倍半。其中，出现不少畅销书。例如，《工程力学》发行 56 万册，《实用五金手册》发行 160 万册，大部头的《机械工程手册》（25 卷）和《电机工程手册》（26 卷）各发行 10 万套。约从 1984 年起，电子计算机类图书的需求量日增，高等院校开设电子计算机课，工业系统举办微机训练班，逐渐形成电脑书热，《BASIC 语言》到 1988 年累计发行量已达 1000 万册。继之而起的有关新技术、新材料、新学科以及管理科学等方面的著作，也出现了一批畅销、常销书。

大规模举办科技书市是 20 世纪 80 年代扩大科技书销路的一种新形式。1983 年 10 月，北京市新华书店与 78 家科技出版社在京联合举办全国科技书市，盛况空前。著名科学家卢嘉锡、茅以升、黄家驷、吴阶平、金善宝、沈鸿、陈景润以及著名书法家启功等，应邀到书市同广大读者见面。共接待读者 40 万人次，售书 400 万册。同年，武汉市新华书店举办机械工业书展销，由省机械厅向所属工厂、科研单位、大专院校发出邀请函 2000 多封，在武胜路新华书店展销 4 天，售出此类书等于平时半年的销售量。上海、天津、沈阳、重庆、济南、南京等大城市新华书店也经常举办科技书市或专业科技书展销，影响大，销路好。20 世纪 90 年代，各类专业书展销进一步扩大到全国大中城市书店。

20 世纪 90 年代，中共中央提出科教兴国战略，进一步激发了科技书市场的活力。中国书刊发行业协会从 1991 年起到 1998 年，连续举办了 5 次科技类全国优秀畅销书评选活动，共评出优秀科技畅销书近 600 种。科学出版社与中共中央党校出版社联合出版的《现代科学技术基础知识》，重印 20 次，累计发行 161 万册。我国的建筑业发展速度高于国民经济 2—3 个百分点，建筑工业类书颇为畅销。《建筑施工手册》发行 50 多万册。《建筑设计资料集》发行 30 万册。随着人们生活的改善，室内装修设计类书，图文并茂，经常被列入畅销书榜。电子计算机类书以新、快见长，继续保持增长势头。

医学书以内容不断修订更新、临床实用的权威性著作最为畅销。人民卫生出版社版的《实用内科学》自 1952 年初版，至 20 世纪 90 年代已修订 10 版，39 印次，累计销售 150 余万册。该社于 1951 年初版的《新编药物学》，至 1997 年已修订 14 版，不断增加新的药物品种，不断吸收新的药学理论及临床用药经验，越来越受读者欢迎，已累计销售 200 万部。后起之秀的上海科技出版社版《家庭医生手册》售出 80 万册，《内科手册》售出 50 万册。

党的十一届三中全会以来，农业技术图书的需求量大增。1979—1985 年，全国发行到农村的图书（主要是科技书），年均增长 20%。四川乐山地区召开专业户代表会议，乐山新华书店到会场摆摊售书，《禽畜病防治》200 本、《猪经大全》100 本，顷刻售缺。《柑橘病虫害图册》、《服装与缝纫》等书均很畅销。北京市怀柔县新华书店背篓下乡发行农业科技书，成绩卓著，1979 年 12 月 28 日荣获国务院嘉奖令。

1985 年 2 月，陕西省新华书店配合农业科技市场洽谈会，在农业科学城——咸阳市扬陵区举办农业书市，展销农技书 5000 余种，售出 7.8 万册，在社会上产生良好影响。

1992 年 12 月，中宣部、新闻出版署在北京人民大会堂隆重召开"全国百县农村图书发行先进单位颁奖大会"，表彰了北京怀柔、河南正阳、湖南沅江等 103 个单位推动图书下乡，特别是农技书下乡。农业出版社的"农村书库"、"九亿农民致富"丛书享誉农村，成为 90 年代后期的名牌农技书。1996 年，江苏 8 家出版社和省新华书店联合编辑出版的大型丛书"跨世纪农村书库"，首次印行 2 万套（208 万册），两个月销售一空。农业版的《养鸡 500 天》发行量超过 100 万册，金盾版的《快速养猪法》发行量达 380 万册，山东科技版的《红富士苹果》仅在山东栖霞一个县就发行 4 万册。袁隆平的重大科研成果《水稻育种栽培学》面世，帮助几千万农民将这一技术成果直接运用到生产中，上亿亩水稻大面积增产，被誉为中国的"绿色革命"。

（三）政治理论著作影响巨大。这里所说的"政治理论著作"包括毛泽东著作、邓小平著作、周恩来等老一辈无产阶级革命家著作、党和国家的重要文献以及一般政治理论读物等。

《邓小平文选》是改革开放 20 年来对全国读者影响最大、发行量最大的一部著作。从 1980 年至 1989 年，10 年间全国共发行邓小平著作 1.08 亿册。其中，1983 年出版的《邓小平文选（1975—1982）》发行 4408 万册。1993 年出版《邓小平文选》第三卷，短短两个月就发行 2000 万册。1994 年出版《邓小平文选》第二版第一、二卷，发行 859.8 万套。邓小平著作 20 年累计发行量达 1.45 亿册。此外，学习邓小平著作的辅导材料也发行不少，仅1995 年出版的《邓小平同志建设有中国特色社会主义理论学习纲要》就发行 1100 万册。

1997 年 2 月 19 日，世纪伟人邓小平与世长辞，全国人民无比悲痛，纷纷到新华书店购买邓小平同志画像以寄托哀思，仅 8 天时间全国共发行347.4 万张。两周内发行《敬爱的邓小平同志永远活在我们心中》212.4 万册。

1991 年，《毛泽东选集》（1—4 卷）第二版出版，受到广大读者的欢迎，全国共发行 1193.8 万套。

1978—1999 年间，全国出版了不少老一辈无产阶级革命家的著作，发行量均很可观。《周恩来选集》发行 700 余万册，《陈云文稿选编》发行 640万册，《刘少奇选集》发行 571 万册。朱德、董必武、叶剑英、李先念等人的选集或文选，发行量均很可观。

党的十一届三中全会以来党和国家的重要文献，发行量均在 3000 万册以上，1981 年 6 月党的十一届六中全会通过的《关于建国以来党的若干历史问题的决议》，发行 4167 万册。

江泽民著作是以江泽民为主要代表的中国共产党人对邓小平理论的坚持、运用和发展，人民出版社已经出版了 10 余种，深受广大读者欢迎。

1997 年 9 月，江泽民同志在党的十五大会议上的报告《高举邓小平理论伟大旗帜，把建设有中国特色社会主义事业全面推向二十一世纪》，发行量达3243 万册。

20 世纪 80 年代初期，一般政治理论读物的销路不畅。1981 年 9 月和1983 年 8 月，中共中央总书记胡耀邦曾作过两次批示，要求出版发行部门重视一般政治读物和知识读物的发行。中宣部和国家出版局迅速作出部署。1983 年，中国出版工作者协会主持评选出 49 种优秀通俗政治理论读物，各地新华书店为贯彻中央领导的批示精神，加强了对此类书的宣传发行工作，到 1984 年 6 月，上述 49 种书共计发行 3194 万册。

（四）其他各类畅销书举要。以经济建设为中心的战略转移，促使经济理论、经济改革、管理科学、市场营销等方面的著作热销。薛暮桥的《中国社会主义经济问题研究》初版发行 5 万册，陆续重印数十次，共发行 900万册。回顾 20 年来改革成果的《强国之路》，在 1998 年北京图书订货会上，一次就订出 88 万册。

史学著作方面最大的畅销书是胡绳的《从鸦片战争到五四运动》（上下册），初版印 1.4 万册，经过总店胡华编著的《中国新民主主义革命史（初稿）》，初版发行 2 万册，20 世纪 50 年代发行第 13 版，共发行 230 万册。还有哈萨克文、维吾尔文版等少数民族文版印刷。推荐，不断重印，共发行 150 多万部。胡绳主编的《中国共产党的七十年》，初版第一次印刷 95万册，顷刻售缺。范文澜主编的《中国通史简编》，新中国成立后常销不衰。范文澜逝世后，该书未完成部分由蔡美彪主持完成，1994 年全书共 10 册出齐，定名《中国通史》，由人民出版社出版。新中国成立以来该书已累计发行 100 多万册。

在工具书方面，发行量最大的是商务印书馆出版的《新华字典》，收单字 11000 多个，注音准确，释义简明，自 1953 年初版，几经修订，到 1998年累计印数已达 3.4 亿册，几乎走进了每个中国家庭，创世界辞书发行史的新纪录。商务版的《现代汉语词典》，1978 年出版，常销不衰，1996 年修订，累计发行量达 3000 多万册。上海辞书出版社出版的《辞海》(1979 年版、1989 年版) 也是常销不衰的语文工具书，1999 年又出了新版本。特大型工具书《中国大百科全书》共 74 卷，堪称中国文化丰碑。1993 年全部出齐，已发行 5 万多套。收单字 54678 个的《汉语大字典》和收词条 37.5 万条的《汉语大词典》分别于 1990 年、1994 年出齐，是当今世界收汉字最多、收汉语词条最多的大型字典、词典，在学术界产生了重要影响。

依法治国使许多法律书籍成为畅销、常销品种。1986 年是普法教育第一年，全国约出版普法读物 600 余种，共发行 6700 多万册。《法学词典》出版 6 个月，发行 40 万册。

读书活动为图书市场带来了生机和活力。20 世纪 80 年代曾开展"振兴中华职工读书活动"、"全国青年读书活动"、"红领巾读书读报奖章活动"等，凡被读书活动指导委员会推荐的图书均畅销一时。1993 年开展的"爱我中华爱我家乡读书活动"，由北京发行所供应活动用书，发行量超过 1000 万册。1994 年 8 月，在京举行此次读书活动颁奖大会。国家副主席荣毅仁对这次读书活动取得成功表示祝贺，全国人大常委会副委员长雷洁琼、中宣部常务副部长徐惟诚向受表彰的单位和个人颁奖。1997 年喜迎香港回归读书活动共发行相关图书 3000 多万册。《香港新纪元》、《香港的昨天、今天和明天》等书的相继出版，带动了香港回归类书籍的热销。1999 年初由全国妇联发动的"光辉的五十年"读书活动，全国共有 4500 万中小学生参加，被推荐的图书共发行 3080 万册。

文艺书市场，总的来说没有 20 世纪五六十年代火爆，电视的普及夺走了人们相当多的阅读文艺小说的时间。但电视、电影播映的一些文艺作品，也推动了同名文艺小说的热销。钱钟书的《围城》初版于 20 世纪 40 年代，仅发行数千册。20 世纪 80 年代末，《围城》电视剧播出后引起轰动，人民文学版《围城》小说的销路直线上升，发行 100 多万册，而不法书商的盗版书几倍于此。二月河的《雍正皇帝》，也因同一内容电视剧的播出，发行达 30 万册。此书的盗版同样猖獗，武汉的长江文艺出版社不惜拿出 10 万元，悬赏举报盗版者。翻译小说方面，前苏联的《钢铁是怎样炼成的》最受欢迎。自 1952 年至 1995 年，共重版 57 次，发行 250 余万册。1989 年，共青团中央把该书列为"人生的路标"畅销书之一，1999 年国庆节前夕，该书又被评选为优秀畅销书。

1989 年冬，为巩固"扫黄"成果，活跃图书市场，新华书店总店北京发行所征订发行五六十年代优秀文艺读物 100 多种，发行数量达 350 余万册。新闻出版署对此作了充分肯定，并通知各地新闻出版局，仿效总店的做法抓好优秀图书的重印征订工作。

名人传记或回忆录受到市场青睐。党的十一届三中全会审查和纠正了过去对彭德怀所作的错误结论。不久，《彭德怀自述》出版，引起社会关注，多次重印，累计发行 560 万册。茅盾的《我走过的道路》、夏衍的《懒寻旧梦录》以及巴金、老舍等著名作家的回忆录均较畅销。1993 年纪念毛泽东诞辰 100 周年，掀起毛泽东传记热，《毛泽东自述》、《毛泽东之路》、《一代巨人毛泽东》等书销路火爆。歌颂毛泽东的歌曲《红太阳》（录音带），全国售出 100 多万盒。改革开放的总设计师邓小平深受人民爱戴。中央文献出版社版毛毛著《我的父亲邓小平》是 1994 年最闪光的畅销书，发行量超过 100 万册。周恩来的传记也深受欢迎，在 1998 年北京图书订货会上，中央文献出版社版《周恩来传》一次订出 15 万套，江苏文艺出版社版《百年恩来》订出 11.2 万册。

中国古典文学四大名著是常销品种，有 30 多家出版社竞相出版。定价最低、销量最大的是长沙岳麓书社版。该社（1982 年成立）到 1998 年底，出版的《红楼梦》、《三国演义》、《水浒传》、《西游记》4 部书的发行量，共达 1100 多万部。其他社出的这 4 种书，也有一定的销量，多的发行数十万册，少的发行上万册。近 20 年来，四部古典名著销量之大，在历史上是空前的。

少年儿童读物的热销、常销品种较多。1998 年共出版 6293 种，同 1977 年相比，增加 33 倍，总印数增加 8.3 倍。20 世纪 80 年代著名的畅销书是少年儿童出版社（沪）出版的《365 夜》，重印 16 次，累计发行 300 多万册。进入 90 年代，销量最大的是广东教育出版社版的《新三字经》，总印数达 3000 万册，稳居 1995 年全国畅销书榜首。该书荣获中宣部的"五个一工程"一本好书奖。1998 年 1 月 13 日晚，中央电视台"焦点访谈"专题介绍了浙江少年儿童出版社出版的《中国少年儿童百科全书》（全套 4 本，定价 175 元），引起轰动效应，各地书店不断添进，到 1999 年初，已发行 170 万套。这是新中国成立以来，定价最高、发行量最多的大部头少年儿童读物。

连环画册（64 开本）是新中国成立以来至 20 世纪 80 年代前期最受欢迎的读物，老少皆宜，定价低，开本小，发行量巨大。据不完全统计，1951—1956 年，全国共出版连环画册 2200 种，共计发行 1.1 亿册。著名的如《鸡毛信》、《童工》、《东郭先生》、《水浒》、《三国演义》、《红楼梦》、《大闹天宫》、《铁道游击队》等，已成为中国连环画史上的经典作品，不断重印，影响深远。1965 年，连环画册的平均印数为 13.4 万册，1981 年平均印数为 46.6 万册。直至 1985 年，其平均印数仍在 40 万—50 万册之间。此后，随着电视的逐渐普及，连环画册（64 开本）受到极大冲击。年销量由 8 亿册直线滑落到几百万册，20 世纪 90 年代初，日本卡通漫画读物借助电视媒体"助阵"，登陆中国市场，《铁臂阿童木》、《机器猫》等填补了传统连环画册退市后形成的"真空"。1993—1994 年间，引进的国外卡通读物在中国市场的年销量已突破 1 亿册。许多引进版卡通带有暴力、色情内容，危害少年儿童身心健康。

1995 年 8 月，江泽民总书记写信给上海美术电影制片厂："希望广大动画艺术工作者在党的文艺方针指引下，不断推出思想性、艺术性、观赏性高度统一的动画艺术精品，为少年儿童提供更多更好的精神食粮，让我国自己的动画英雄形象成为广大少年儿童的楷模和朋友"（《中国出版年鉴（1996）》）中宣部和新闻出版署为贯彻中央领导的指示，多次召开会议，研究部署了中国儿童动画出版工程。1995—1997 年已出版《神脑聪仔》、《中华少年奇才》、《地球保卫战》等中国儿童动画丛书 236 种，累计发行 1200 多万册。

五、1949—1999 年间的年画市场

年画作为民间喜闻乐见的流行的一种艺术形式，在新中国成立后得到了迅速发展，年画的发行量逐年增长。最受欢迎的年画发行量超过百万张，甚至上千万张。但是，到了 20 世纪 80 年代后期，由于人们审美观念的更新以及其他原因，年画市场逐渐缩小，而挂历市场则一度呈畸形发展。

（一）毛泽东审阅修改《关于新年画工作的指示》。1949 年 11 月 22 日，文化部草拟了《关于新年画工作的指示》（以下简称《指示》），由中宣部部

长陆定一、副部长胡乔木报送毛泽东、刘少奇、周恩来审阅。

《指示》要求各地文教机关团体，应将开展新年画工作作为春节文教宣传工作中重要任务之一。"在年画中应当着重表现劳动人民新的、愉快的、斗争的生活和他们英勇健康的形象。在技术上，必须充分运用民间形式，力求适合广大群众的欣赏习惯。在印刷上，必须避免浮华，减低成本，照顾到群众的购买力，切忌售价过高。在发行上，必须利用旧年画的发行网（香烛店、小书摊、货郎担子等），以争取年画的广大市场。"在这段文字之后，刘少奇加了下面一段话："在某些流行'门神'画、月份牌画等类新年艺术形式的地方，也应当注意利用和改造这些形式，使其成为新艺术普及运动的工具。"《指示》强调："为广泛开展新年画工作，各地政府文教部门和文艺团体应当发动和组织新美术工作者从事新年画创作。"在这段文字之后，周恩来加写："告诉他们这是一项重要的和有广泛效果的艺术工作，反对某些美术工作者轻视这种普及工作的倾向。"毛泽东批示："应有沈雁冰署名，应公开发表"。这个文件于 1949 年 11 月 26 日以中央人民政府文化部部长沈雁冰的名义发布了。新中国的年画创作、出版、发行以及团结改造旧年画行业，就是按照这个《指示》精神逐步开展起来的。京、沪、津等地美术出版部门率先组织一批画家创作和出版了新年画。

（二）新、旧年画的市场竞争。1950—1954 年，几家国营美术出版社刚刚建立，出版的新年画品种不多，产量尚不及旧年画多。1954 年春节前，新华书店总店对保定等地的年画市场进行了调查，发现私营版年画约占 75%，国营版年画占 25%。在保定的市面上，经营私营版的年画摊远远多于新华书店组织的经营国营版年画摊。这些私营年画摊点以及在农村的流动画贩，主要通过京、津、保等地的年画转手批发商，销售上海、天津等地的私营版年画。1954 年秋，全国新华书店加强了对季节性年画发行网点的组织建设，国营百货商店、文具店以及城乡供销社普遍经销国营版年画。

为了从源头上掌握年画货源，1954 年 9 月，根据自愿原则，上海出版行政部门将徐胜记等 9 家私营年画出版商组成公私合营的上海画片出版社，由新华书店上海发行所总发行，向全国新华书店发货。

对年画转批商则采取联合批发的形式加以改造。以天津为例，1954 年，在市政府的倡导下，天津新华书店发起，组成全市年画联合批发机构，有 17 家私营年画庄自愿参加，旨在扩大健康有益的畅销年画的发行，排除私营投机垄断，以稳定年画市场。1955 年春节共联批 121 万张，比上年私营年画庄批销总数增长 2.5 倍。北京等地的私营年画庄也都由新华书店组织了年画联合批发活动，均收到了满意的效果。

1950—1953 年，全国公私版年画每年约发行 3000 多万张，《我们热爱和平》年画在抗美援朝年代几乎家家张贴。《梁山伯与祝英台》、《嫦娥奔月》、《同欢同乐》等月份牌画也深受民众喜爱。1954 年国营版年画出版力量开始壮大，约发行 1 亿张。此后，逐年增长。1965 年春节，全国出版年画 1300 多种，发行近 2 亿张。这个时期出版的著名年画——董希文的新中国《开国大典》，多次再版，销行上千万张。

"文化大革命"期间，年画的创作和出版发行遭逢厄运。传统的祝福新年、期望丰收、吉祥如意、花鸟风物、幸福平安等年画题材，均被批判为"封、资、修"货色，各地书店的存画，被化浆处理。在年画市场上，几乎千篇一律为"样板戏"画，缺乏年画固有的喜庆特色，销路不畅只好积压在书店库房，又不敢报废。

（三）年画市场的繁荣。从 1978 年至 1985 年，是我国年画出版发行量最多的时期。出版年画的出版社已从 20 世纪 50 年代的 10 家增至 50 余家。年画品种增至 4900 余种，印数达 7 亿张。《女排夺魁》、《领袖与人民》、《人民功臣》等许多年画，反映了时代新貌，受到广泛欢迎。

1983 年 1 月，人民美术出版社出版了毛泽东、周恩来、刘少奇、朱德的合影像（简称"四老像"）以及他们与邓小平、陈云的合影像（简称"六老像"），时逢春节，广大人民群众作为年画购买，陆续发行了 3000 多万张。1994 年 9 月，由四川省新华书店策划、组稿，四川美术出版社出版的《敬爱的小平同志》年画组画，发行量近千万张，是 20 世纪 90 年代以来最畅销的年画。

（四）年画市场的缩小。从 1986 年起，全国的年画发行量开始滑坡。这一年约发行 6 亿张，较上年减少 14%。此后，每年以 10%—15% 的幅度递减。到了 20 世纪 90 年代，减少的幅度进一步加大。1990 年发行 1.65 亿张，1996 年已降至 0.19 亿张，1997 年仅发行 270 万张（《中国出版年鉴（1998）》）。

年画市场日益缩小的原因，主要是城乡居民住房条件的改善，各种新的装饰材料和装饰方法的应用，导致单张年画已不适应室内装饰的需要。生活环境的改善，带来了人们审美欣赏的多元化。具有现代感的挂历，取代了部分年画的销量。1982 年，出版社出版的挂历达 452.8 万册，1986 年增至 1500 万册。20 世纪 90 年代前期，私营出版发行商非法出版的挂历增多，大打折扣战和回扣战，价格高得惊人，使合法出版的挂历受到冲击。20 世纪 90 年代末期，挂历市场已趋萎缩。

非法印行的年画使国有出版社出版的年画受到严重冲击，这也是年画市场萎缩的重要原因之一。

六、音像制品市场

音像制品是应用录音、录像等技术手段，把创作、表演的声音、形象录制在磁带、光盘等物质载体上，借助专用设备重放的视听出版物。音像制品包括录音制品和录像制品两大类。在我国，这两类制品的市场是改革开放以来逐步培育和发展起来的。

（一）录音制品市场。1898 年，丹麦科学家皮尔森发明了以钢带为载体的录音磁带，最早出现的录音机如同钢琴一样的庞大、笨重。经过半个多世纪的改进，荷兰飞利浦公司于 1963 年推出便于携带的盒式录音机和盒式磁带。我国出版发行的盒式录音带始自 1978 年，最早上市并受到青睐的是学习外语磁带。1979 年，我国只有两家音像出版社，盒式录音带品种不到百种。随着改革开放的深入和人民生活水平的提高，录音带市场日益繁荣。全国外文书店、新华书店以及民营书店普遍增设了此项销售业务。在大中城市和多数县城还出现了一大批非国有的音像专卖店。

（二）录像制品市场。1956 年，美国生产出广播用录像机，使磁性录像走上实用阶段。20 世纪 80 年代初，我国开始生产录像带，其原材料依赖进口。1985 年以后，我国陆续引进空白录像磁带生产线，许多国产电视剧制成的录像带开始大量上市，进口的电影片录像带也进入我国市场。20 世纪

90 年代中期，国产版录像带已达 8000 余种。

20 世纪 90 年代中期，激光小视盘的市场份额逐渐加大，使录像带的生产和销售受到冲击，市场占有份额逐渐下降。激光小视盘即 VCD，又称激光影碟。其优点是轻盈小巧，启动和搜画的速度快，售价低，已成为 90 年代后期销售量最多的音像制品。VCD 以卡拉 OK 内容居多。

随着科学技术的进步，20 世纪 90 年代后期又出现了数字视盘，又称高密度视盘，简称 DVD。其特点是图像清晰度高，音响效果好，双面刻录讯号，市场前景看好。

同图书相比，音像制品的购销条件较为优惠。可以赊销，可以退货；售缺后添货容易，到货快。包装封面上不印售价，在同一城市可以有若干价格。1999 年，全国已有 10 万多个音像制品的销售、租赁点。当年共出版音像制品 18667 种，1.77 亿盒（张），年销售量 1.6 亿盒（张），销售总金额达 12.37 亿元。因走私、盗版猖獗，正版制品的销售量较上年仅增长 1.12%。

（三）《中华大家唱（卡拉 OK）曲库》（以下简称《曲库》）的发行。1991 年 3 月，中宣部常务副部长徐惟诚主持会议，布置了这套《曲库》的出版发行事宜。确定由中国音乐家协会副主席赵沨任《曲库》编委会主任，选择音乐精品，分别以录音带、录像带、激光视盘、歌本等形式出版大型系列《曲库》，交新华书店总店音像发行所总发行，全国新华书店(含外文书店)独家销售。

5 月 28 日，由徐惟诚主持，在北京人民大会堂举行了这套《曲库》的首发式。中共中央政治局常委李瑞环到会，发表了重要讲话，要求全国新华书店从加强精神文明建设的高度，深入普遍地发行好这套《曲库》。10 月，总店召开由省、市、自治区新华书店代表参加的《曲库》发行工作会议，沟通了情况，交流了经验。徐惟诚到会讲话，称赞《曲库》的出版发行是音乐普及工作的一件大事，希望各地新华书店再接再厉把《曲库》发行得更好。截至 1992 年底，这套拥有 86 个版号的《曲库》系列，已发行录音带 286 万盒，录像带 38.6 万盒，歌本 64 万册，在社会上产生了良好影响，被誉为 20 世纪 90 年代我国音像制品发行工作的盛事。

第二节　古旧书市场和图书进出口贸易

全国解放前的两三年间，古旧书业奄奄一息。新中国成立后，随着科学文化事业的发展，古旧书业得以振兴。经过社会主义改造，私营古旧书业转为国营（20 世纪 90 年代称国有）。40 多年来，国有古旧书店为抢救、保护和整理历史上遗留的古籍，以及组织旧书刊的再流通，发挥了重要作用。

从晚清到民国时期，我国的图书出口贸易多以珍藏的古籍为主，大量的珍本秘籍浮海而去，令人痛心。新中国成立后，从根本上改变了这种出卖文化遗产的羞辱历史。我国建立了对外出版发行机构，每年都有数以百万计的中外文新书刊，向世界各国和地区出口，同时进口外文书刊，为我所用。

一、新中国古旧书业

新中国成立后，党和政府十分重视抢救、保护古旧书刊。国务院发布了《关于禁止珍贵文物图书出口暂行办法》。文化部和轻工业部联合发出了《禁止用旧版线装古书做纸浆原料的规定》和《从废品回收中的书刊化浆前应让古旧书店进行拣选的规定》。这些文件，为发展新中国的古旧书业创造了良好的外部环境。

粉碎"四人帮"以后，为恢复和发展古旧书收售业务，新华书店总店于1979 年 1 月召开了有 22 个城市古旧书店代表参加的古旧书收售业务座谈会。进一步明确了古旧书店的任务，加强了店际协作，适当调整了收售价格。国家出版局批转了此次座谈会的文件，为促进古旧书的流通发挥了重要作用。

北京、上海历来是古旧书业中心，其他城市的私营古旧书业经过公私合营也都建立起颇具规模的古旧书店。

（一）北京市中国书店。经著名学者吴晗、郑振铎、齐燕铭等人倡议，北京市人民政府于 1952 年 11 月批准建立地方国营的古旧书店——中国书店。开始由北京市工商局领导，1954 年划归市文化出版行政机关领导。首任经理是张问松（原任新华书店北京分店副经理）。那时，全市有 110 家私营古旧书店，由于资金短缺，且存在观望等待心理，收售情况不够景气。中国书店成立初期只有13个人，营业蒸蒸日上。该店古旧书销售约占全市古旧书销售总额的三分之一。1956年，北京私营古旧书业挂上了实行公私合营的牌子，但各家书店仍照旧独立经营。1958年，以中国书店为公股，组织各私营古旧书店公私合营，定股定息。以琉璃厂的来薰阁、邃雅斋，隆福寺的修绠堂、文奎堂，东安市场的中原书店、春明书店，西单商场的文光书店为基础，在全市调整建立25个中国书店古旧书门市部。不少私方经理被提升为领导干部。其中有真才实学的专业人员包括资本家、小业主在内，都作为技术专家看待。有些专家还被选为市、区人民代表或市政协委员。

东安市场的私营古旧书摊较集中，1958年有32家，每摊不过一两个人，公私合营以后由中国书店组成古旧书联营体，分设古书、解放前旧书、解放后旧书、外文旧书、旧期刊等5个门店。

实行全行业公私合营以后，中国书店的经营实力增强，开展了古籍复制出版工作，成立了古书装修部，抽调30多名具有丰富经验的古旧书收购人员，到全国各地开展收购业务。同时，组织人力对古旧残卷书、过期的期刊、报纸进行集配，使之成功配套。该店多次举办珍善本古籍和革命文献资料展览，受到各界欢迎。

用最好的服务结交专家学者是我国古旧书业的优良传统。中国书店继承和发扬了这个传统。郭沫若、郑振铎、齐燕铭、吴晗、茅盾、巴金、阿英、李一氓、万里、谷牧、韩念龙、邓拓等专家学者经常是该店的座上客，在这里看书、买书。不少人为该店题词、作诗、作画。邓拓赋诗赠该店："寻书忘岁月，人莫笑蹉跎。但满邺侯架，宁辞辛苦多。"邺侯即唐代宰相、藏书家李泌（722—789），封邺侯，后人以邺架形容藏书之多。

中国书店继承了传统的古旧书修补技术。设有古籍装订修补组，40多年来已有三代人在这里默默无闻地从事这项特殊技艺，先后修补破旧古籍20余万册。有一部《七省方略》（共千余册），被虫蛀得像个马蜂窝，经修补师精心修补，完好如初。一部元刻本《血盆经》，书页糟得如同关东烟叶，一碰就掉渣。经过20多道修补工序，又复原貌，可再延长200多年寿命。

（二）上海书店。其前身为1954年9月成立的上海图书发行公司。1956年，该公司包括参加公私合营的新书店73家、古旧书店56家、新旧书摊

371 户。1958 年该公司改名上海古旧书店，专营古旧书，直接由上海市出版局领导。经营新书的书店、书亭全部划给了上海新华书店。1967 年，该店改名上海书店，经营业务不变。1975 年，邓小平主持国务院工作，曾指示筹办北京《思想战线》杂志社。上海书店向该社供应了《东方杂志》影印本，激怒了"四人帮"在上海的余党，被定为"严重政治事件"。上海书店领导班子因此被改组。改革开放后，该店的业务有了迅速发展，正式设立出版部、发行部，自建复印厂和装订厂，在全市设有古旧书门市部和收购处12 个。

（三）其他城市的古旧书店。经过对私营古旧书业的改造，在天津以及各省会城市和重庆、苏州、扬州、开封、安庆、芜湖、屯溪等文化古城，都建立了国营古旧书店，除天津古旧书店由市出版行政机关直接领导外，其他古旧书店均由当地新华书店创办和管理。这些书店都经营古旧图书、新旧字画、碑帖拓本、旧期刊，同时还经营新印古籍、文史专著、美术画册等。

在书业史上，藏书家既是古旧书的供应对象，又是古旧书的收购对象。随着每个藏书家的兴衰，大批古籍经古旧书店售出又购回，川流不息。但从晚清开始，散存在民间的古籍，渐由私人手中转入公共图书馆收藏。民国后期，藏书家已大为减少。新中国成立后，古旧书店从社会上收购到的珍贵古籍主要供应给图书馆或科研单位，而这些单位只购进收藏，一般不再出售。因此，各地古旧书店的古书货源日益减少，几乎有出无进。只靠收售新中国成立后版旧书，利润过低难以维持。包括京、津、沪古旧书店在内，都把经营新出版的古籍和文史类图书作为经营支柱。

"文化大革命"时期，各地古旧书店为抢救古旧书作出了重要贡献。不少人家怕被造反派查抄，把成麻袋的古旧书往废品站里送。北京中国书店曾从废品站抢救出珂罗版名人画册一板车，捡出《二十五史补编》等古旧书一卡车。该店老收购员郭纪森每周要到废品站跑 4 趟，10 年不断，共购回古旧书 2.4 万公斤。广州古旧书店派人参加"破四旧办公室"，把红卫兵抄家送来的大批古旧书保护起来。他们还到藏书较多的人家，就地把藏书集中起来，临时贴上广州市公安局军管会的封条，使藏书免遭浩劫。在西安，有两位学者的藏书被红卫兵抄走，西安古旧书店派人前往交涉，以押送去市文管会审查为名抢救出来。事后，把抢救出的 6000 多册古旧书如数还给两位学者。开封古旧书店派人到造纸厂值班，经常从又脏又臭的废纸堆中抢救出珍贵古旧书。南宁市新华书店古旧书门市部从自治区 41 个县陆续抢救出准备化浆的古旧书刊 2100 多包。上海古旧书店老收购员张馥荪被临时借调到上海文管会，负责清理查抄来的古书。他从一批书箱里发现 20 根金条，计 200 两，立即上交组织，经查实后，如数归还失主。

二、古旧书的再流通

古旧书业的基本任务就是把社会上散存的甚至即将毁损的古旧书收购起来，加以整理、集配、装订、修补，然后再把它流通出去，满足读者需要。其中，收购是关键，需要经验丰富的收购员慧眼识珠。20 世纪 90 年代以来举办的古旧书拍卖会，以竞价的方式使一些珍稀古籍再现市场。

（一）沙里淘金——古旧书收购。从 20 世纪 50 年代到 90 年代后期，我国古旧书业收购并销售了大批古旧书，节约了社会物质财富，发挥了精神文明的作用。据北京中国书店统计，40 多年来共收购各种古旧书 6800 万册。其中，珍善本古籍 5000 多部，稀见革命文献 2 万余部。此外，还集配中外文旧期刊、报纸 8000 多种，30 多万套。上海书店仅在"文化大革命"前的 10 年间，就收购古旧书 5000 多万册。其中珍善本古籍 4800 余种，稀见革命文献 8000 多册。其他各地古旧书店收购的古旧书刊资料也相当可观。据安徽省新华书店统计，1956—1961 年，全省各古旧书店共收购古旧书 100 万册。其中，稀有、珍贵的古旧书达 3000 多种，2 万余册。

古旧书收购好比沙里淘金，往往要经过四处奔走，跋山涉水，才从一堆乱纸破书中抢救出十分珍贵的古籍。中国书店收购人员在农家发现一位老太太夹鞋样的书，竟是一册《永乐大典》；在装破烂的麻袋里竟裹着几册明代刻本。1959 年，中国书店的收购人员购到宋刊本《楚辞集注》，历经 800 余年仍保存完好，实为海内孤本。该店业务员刘连仲在补配元刊本《通志》时，从一部破损的线装书里发现三张《新编校正西厢记》残页，经专家鉴定，确认是元代刻本。传世《西厢记》版本约 40 余种，公认最早版本为明代弘治年间刻印的。这 3 张残页的发现可为《西厢记》最早刻本上推 100 多年。上海书店收购到唐初写本书《卜筮书》一卷，如此古老的书，在元明清时代已极为罕见。

有些成套书散佚多年，又被古旧书店收购配齐，破镜重圆。北京大学图书馆藏有宋版《攻媿先生文集》102 卷，传世极稀，唯缺首册，据查已散佚百年。20 世纪 50 年代，中国书店在收书时巧遇原书首册，当即售归该馆珍藏。该店于 1957 年收得清代内府藏书《毛诗》卷四，钤有清内府"天禄琳琅"藏书章。后知北京图书馆藏有前三卷，此卷与馆藏三卷当为一套，经核对果然如此，终于珠联璧合。此类书林佳话还有不少。

中国书店收购外文原版书也大有成效。该店老收购员种金明懂英、德等外文，不时收购到晚清和民国年间从西方购进的外文书。有一次，他帮助已故著名学者章士钊（1882—1973）的后人整理尘封多年的外文书垛，得到章家信任，购得大批德文原版国际共运史文献。其中有考茨基主编的 1883—1922 年《新时代》刊物全套，有李卜克内西和卢森堡主编的大批书报杂志。该店将这批珍贵史料转售给中共中央马列著作编译局，派上了用场。该局曾花外汇去国外购买这批文献复制品，没有买到。

（二）重新崛起的旧书摊。20 世纪 80 年代后期以来，旧书摊又重新兴起。北京潘家园旧书市场日益兴旺。在一些城市的旧货市场，个体经营的旧书摊排列成行，成为淘书人的好去处。其中不乏具有文物史料价值的珍稀图书。有人在宁波的旧书摊上购得失传 300 余年的清初禁书《留青广集》（诗文集）。书中称清朝为"匪朝"，具有浓厚的反清意识。该书在《中国古代禁书大观》一书中有存目，但在其他古籍善本总目中未见著录，可能为海内孤本。

20 世纪 90 年代后期，在南京等地大学，出现了"校园旧书市"。每年五六月，即将毕业的大学生自发地组织起来，在校园摆书摊，把自己读过的书转让给在校同学，书市上充满同窗情结，几乎是半送半卖，一般的书二、三折就转让。售书者与购书者常常就出让的书展开讨论。毕业生热情地向低年级同学介绍出售图书的内容、特点、阅读方法、注意事项，书市俨然成为另一课堂。这与两千年前的长安太学"槐市"（详见本书第三章），颇有相似之处。

（三）方兴未艾的古旧书拍卖。我国古旧书刊、古今书画成为拍卖品，始自 1992 年。到 1999 年春季，全国各地已举办古旧书拍卖专场 20 余次。北京嘉德拍卖公司，最早举办古籍善本拍卖业务。1995 年，经政府有关部门批准，中国书店成为我国首家有图书拍卖权的书店。此后，上海朵云轩（即上海书画出版社）、北京荣宝斋也取得了图书或艺术品的拍卖权。

我国散存于民间的珍善本古籍日渐稀少，其拍卖价格日益升高。一件唐代人写的《续华严经疏》手卷，拍卖成交价格为 40 万元。宋代刻本《古史》（一册），刻印精良，竞购者以 9 万元获得。元代刻本《昌黎先生集》，以 25 万元成交。宋、元刊本在拍卖会上极少出现，明清刊本的价格也"物以稀为贵"。明代刻本《列女传》以 2.5 万元起价，直拍至 6.2 万元成交。明版《仙媛纪事》以 1.5 万元起价，3 万元收槌。由上海博古斋参拍的《四库全书珍本》，从 2.5 万元开拍，经 84 回合竞投，抬到 29 万元成交。有时，同一种书在不同的拍卖会上成交价格悬殊。清嘉庆九年（1804）刻本《百美新咏图传》（6 册），在中国书店 1996 年 9 月举办的拍卖会上，起拍价 3000 元，以 3500 元成交。在嘉德拍卖公司 1995 年春季拍卖会上，同是这种书又是同版刻本，起价 6000 元，以 3.52 万元成交。

民国年间出版的一些罕见图书行情不低。民国期间的藏书家傅增湘影抄朝鲜活字本《海东诸国记》，有多方名家钤印，拍出了 3 万元高价。1932 年初版精装铅印《屠倭实记》不过百页，如在古旧书门市部标价出售不会超过 200 元，在中国书店 1996 年拍卖会上，开槌价 500 元，经众多买家激烈竞价，以 2 万元成交。一部民国版的《营造法式》，从 5000 元抬至 1.5 万元落槌。女作家张爱玲著《流言》（1944 年出版的平装本），底价 100 元，被炒到 1500 元成交。1923 年影印宋代周密撰《草窗韵语》，蓝印本（2 册），异常精美，在上海拍卖。一位学者爱不释手，几经竞价，终以 5720 元的高价为其所得。

新中国成立后出版的一些印数少的精品书，同样可以拍得高价。1965 年人民版线装本《毛泽东选集》，仅印 100 部，以 800 元起价，一直拍到 2800 元才成交。20 世纪 90 年代出现连环画收藏热，有些五六十年代出版的连环画精品，在 1998 年上海拍卖会上，每册成交价格高达数百元。华东新华书店 1951 年出版的《木兰从军》连环画，成交价 550 元。1956 年朝花版连环画《永不掉队》，成交价 800 元。老杂志也可卖得高价。自 1950 年创刊至 90 年代后期的《大众电影》（全套）拍卖价格已近万元。1980 年创刊的《紫禁城》杂志，至 20 世纪 90 年代后期全份无缺者开价至 5000 元。《人民画报》创刊号标价达 500—700 元。

古今名画拍卖成交价高得惊人。宋代名画《十咏图》，原为清宫藏品，北京瀚海拍卖公司以 1800 万元售归故宫博物院。明代成化年间（1465—1487）刊刻、人工彩绘的《孔子圣迹图》，在北京嘉德拍卖公司 1995 年举办的古籍拍卖会上，从 55 万元起拍，110 万元成交。

荣宝斋于 1996 年秋举办的近现代书画专场拍卖会，也十分红火。徐悲鸿 20 世纪 50 年代初为郭沫若作画《九州无事乐耕耘》，192.5 万元成交。傅抱石的《贵妃觅君王图》，177.1 万元成交。

为规范拍卖活动，我国公布了《中国拍卖法》，于 1997 年 1 月 1 日起实施。该法规定，要加强行业自律，杜绝赝品，杜绝虚假交易，杜绝私下串通。拍卖市场的法治化和规范化促进了古旧书和古今书画的流通。随着人们收入的增加，特别是部分富裕起来的中年、青年人，有的把收藏图书作为投资的手段，有的致力于某一类专业书刊、书画的收藏。可以说，具有当代特色的藏书家队伍正在形成之中。

三、图书进出口贸易

新中国成立后，我国建立了对外图书贸易机构，以"向全世界正确地介绍新中国"为宗旨，努力扩大海外图书市场，同时输入对我国有用的书刊。至 1999 年，我国已有 11 亿册中外文书刊发行到世界 180 多个国家和地区。

（一）对外图书贸易的开拓。1949 年 12 月，出版总署在北京成立对外图书贸易企业——国际书店，新华书店总店副总经理史育才兼任经理，朱希任第一副经理主持工作。1950 年 3 月改称国际书店总店，在京、沪、汉、沈、哈、津、穗、渝以及大连成立分店。初期由新华书店总管理处及其改制后的新华书店总店领导。1952 年改由出版总署直接领导，总署发行局副局长华应申兼任总经理。1953 年，邵公文继任总经理，直至改革开放初期。

国际书店初创时期，主要负责出口我国出版的中外文书刊，进口苏联、东欧国家的出版物，发给各大城市的国际书店分店销售。稍后，逐步与日本和西方国家的书商及进步团体开办的书店建立了贸易关系。美国的封锁禁运，为我国开展图书进出口事业设置了重重障碍。国际书店采取的策略是，对于资本主义国家、前殖民地、附属国的书刊出口，坚持细水长流的方针，多渠道开辟国外市场。为了输入西方主要国家的科技书刊和文献资料，则千方百计开辟进口渠道。

国民经济三年恢复时期（1950—1952），我国出版的中外文书刊，共计出口 400 万册。其中，外文期刊对外发行 52 万册。出口范围达 42 个国家和地区。

第一个五年计划建设时期（1953—1957），我国国民经济状况开始好转，经过日内瓦会议和万隆会议，中国的和平外交政策取得了重大胜利，国际威望提高，为开拓国外图书市场提供了有利条件。国际书店陆续在 50 多个国家和地区，与 370 多家书店建立起代销合作关系。5 年间，共出口 500 多万册书刊。其中，中文书刊约 400 多万册。我国中外文书刊出口较多的国家是：朝鲜、越南、蒙古国、日本、印度尼西亚、苏联、英国、东德等。我国与东欧一些社会主义国家最早开展了合作出版，其方式是，由我国外文出版社提供儿童读物的半成品图样，由东欧国家的出版社套印本国文字，装订成书在本国销售。1956 年，国家加强了科研机构设置，提出“向科学进军”的口号，书刊进口业务有了较大发展，1956 年外文科技书刊进口额较上年增长 3 倍。

国际书店设在各大城市的分店，于 1955 年改制为当地新华书店的外文部，或称外文书店、外文门市部，负责发行从苏联和东欧国家进口的书刊以及国内出版的外文书刊。从西方国家进口的多为外文科技书刊，数量较少，主要发给各科研单位和图书馆等订户。1958 年，国际书店划归国务院对外文化联络委员会领导。

20 世纪 60 年代初，中苏关系紧张，国际共产主义运动的意识形态分歧加剧，使中国图书出口受到严重影响。国外数十家具有政治色彩的书店中断了与我国的书刊贸易。针对形势的变化，国际书店先后向欧洲、亚洲、非洲、拉丁美洲等地派出常驻代表，寻求新的贸易伙伴，与外国书商建立新的代销关系，使图书出口从下降转为回升。1959 年我国书刊出口 1777 万册，

1961 年降为 880 万册，1962 年开始恢复，1963 年上升为 1543 万册。在此期间，国际书店还加强了对国外读者的邮购业务。

从 1964 年 1 月起，我国的书刊进口与出口分开。国际书店专门经营中外文出版物的出口业务，划归国务院新成立的外文出版发行事业局领导，改名中国国际书店，对外加副牌"中国出版物中心"。以中国国际书店进口部为基础，国家科委成立中国外文书店，专门从事进口外文书刊业务。因国家外汇的限制，以进口外文科技书为主。

（二）"文化大革命"期间的图书进出口。"文化大革命"期间推行的极左路线严重破坏了我国的图书进出口贸易。1965 年，我国出口的中文报刊已达 300 多种。"文化大革命"以来，可供出口的只有《红旗》杂志、《人民日报》等十几种报刊。大量中文图书被下架封存，国内不准发行，更不准出口。"文化大革命"前可供出口的画册、图片、中国画、剪纸等艺术品或艺术复制品达千种以上，"文化大革命"期间不仅不能出口，有些竟被作为废品销毁。出口的中外文书刊，几乎都是宣传"文化大革命"的，使一些国家当局产生疑虑，限制中国书刊输入。由于盲目追求出口数量，使国外一些销售中国书刊（含外文版）的书店，造成存货积压，销售停滞，拖欠严重，大量货款收不回来，造成坏账。

经过 10 多年辛勤努力，好不容易建立起来的国外发行网点，受到"四人帮"煽动的极左思潮的摧残。书刊出口强调"以我为主，政治划线"。中国国际书店同各国大书商的贸易往来和互利合作关系，被批判为"走资本主义道路"、"崇洋媚外"，被迫割断关系，导致出口量锐减。"文化大革命"前的 1965 年，中文图书出口 401 万册，而 1966—1971 年的 6 年期间，共计出口 120 万册，仅为 1965 年一年出口量的 30%。出口的外文书刊内容充满"一左、二窄、三套话"的弊端，读者对象越来越窄，发行量也少于"文化大革命"前。

图书进口也受到"四人帮"干扰，已进口的大批书刊被禁锢，新进口的书刊数量大幅度压缩。各城市的外文书店被迫停业或改营国内出版的中文书。新华书店总店的外文发行所被文化部军宣队撤销。1971 年，中国外文书店改名中国图书进口公司，由于进口业务的萎缩，处于勉强维持状态。

1972 年，中美两国签订《上海公报》，我国书刊对美国的出口有了迅速进展，到 1976 年底，出口量共达 182 万册。

（三）改革开放以来的图书进出口。党的十一届三中全会以来，我国实行对内改革、对外开放的政策，综合国力大为增强，国际地位空前提高，同各国的经济文化交流日益频繁。许多国家不断掀起"中国热"，可供出口的中文图书品种越来越丰富。外文出版机构原来只有外文、新世界两家出版社，20 世纪 80 年代以来陆续增加了中国文学、朝华、海豚、中国世界语、今日中国、人民中国、中国画报、北京周报、新星等 11 家由外文出版发行事业局领导的出版社。由该局所属单位出版的对外发行的外文期刊已达 50 多种。此外，中国对外翻译出版公司、科学、文物、中国旅游、人民卫生等出版社也出版部分外文书；全国重点高等院校还出版学术水平较高的学报外文版。所有这些，都丰富了外文书刊的出口货源。

我国的图书进出口体制进行了调整。过去是图书的进口与出口分开，由中国图书进口公司与中国国际书店（对外出口）各把一口，独家经营。1980 年，国家出版局建立中国出版对外贸易总公司（简称"出版外贸"），经营各类书刊、艺术品、印刷设备器材等进出口业务，在国内主要省市设有分公司（由本省、市新闻出版局领导管理）。1981 年，经国家进出口委员会批准，中国图书进口公司增加出口业务，改名中国图书进出口总公司（简称"中图"），并在广州、上海、深圳、西安设有分公司。同年，经国务院批准，中国国际书店恢复进口业务。1983 年该店改名中国国际图书贸易总公司（简称"国图"）。

上述三大公司各具特色。在出口方面，"国图"基础雄厚，占我国中外文书刊出口份额的绝对优势。在进口方面，"中图"实力最强，占外文书刊进口份额的绝对优势。经国务院批准，"中图"从 1986 年起每两年举办一次北京国际图书博览会，开展中外图书贸易、版权贸易和合作出版项目。博览会规模逐届扩大，成交额逐届增长，已成为亚洲最大的国际书业盛会。"出版外贸"是后起之秀，见缝插针，每年出口图书上百万册。

除上述三大公司外，国家教委、国家经委以及部分省、市、自治区也成立了图书进出口公司。中华书局、荣宝斋、文物出版社等出版社获得了自办本版书（画）的出口权。在广州有一家中华商务贸易公司（原称中华商务广州办事处），组织内地出版物对香港出口，并进口港台等地出版物。

外贸部所属中国工艺美术品进出口公司经营中国画的出口业务。1965年国画出口额达 158 万美元。"文化大革命"期间出口额下降。1976 年的出口额为 94 万美元。此后，出口额均超过 100 万美元。在出口的国画中，经文物管理部门鉴定可以出口的古画约占一半，另一半是工艺美术部门生产的仿古画以及木版水印画和现代国画家的创作。主要销往我国港澳、东南亚地区，日、韩、欧、美等地区也略有销路。

据统计，我国出版的中外文书刊(不含国画)，1979—1989 年共计出口 3.8 亿册。1990—1999 年，对外出口略低于这个数字。主要原因是：由于多媒体的发展，外文期刊出口量滑坡；出口的大部头著作增多，小册子减少；外文出版发行单位加强了经济核算，努力减少出口亏损。20 世纪 90 年代的中外文书刊出口，更加注重社会效益与经济效益的统一。

多头出口既要有竞争，又要有所协同，力避内耗。20 世纪 90 年代初期，中文书刊出口曾发生无序竞争，某些出口单位降低贸易条件，竞相压价，让外商钻了空子，国家蒙受损失。1994 年，由"出版外贸"和"国图"倡议，中国书刊发行业协会组建了出口委员会，全国 30 多家书刊出口单位的法人代表为该委员会委员。每年开展行业协调活动，共同制定了书刊出口的有关协议。这对规范书刊出口秩序，维护国家和行业的整体利益，发挥了积极作用。

中文书刊的国外市场有待进一步开拓。购买中文书刊的主要是海外学者和图书馆以及华侨华裔，销售最多的是文史哲图书，中医药针灸等方面的书也占一小部分，自然科学方面图书需求不大。从销售方式看，一是由国外开办的中文书店销售；二是海外读者直接来中国购买或邮购；三是通过网络销售。

随着国家科教文化事业的发展，我国进口书刊的品种和数量加大。由于进口书价昂贵，用户单位外汇额度有限，只能区别轻重缓急，广罗精选，加快购进。有些高科技文献资料，如果缓进一年，就会失去 30% 的情报价值，再迟进一两年则接近老化。

　　从国外进口的外文书刊一般都是按国内订户的预订数，由各地外文书店供应。各地外文书店还承担国内出版的外文书刊供应任务。

　　我国出版物的出口与进口相比较，处于不平衡状态。1999 年，全国书报刊和音像制品、电子出版物共计出口 505.65 万册（份、盒），总计金额 1636.72 万美元；同年进口书报刊和音像制品、电子出版物 307.58 万册（份、盒），总计金额 6013.73 万美元。出口数量远远高于进口数量。由于我国的书价低，出口销售金额仅为进口金额的 27.2%。扩大国外市场，让更多更好的中国出版物走向世界，将是中国出版发行事业 21 世纪的奋斗目标之一。

　　为开拓海外图书市场作出贡献的人物众多，较突出的是邵公文（1913—1998），苏州人，中共党员。1931 年在邹韬奋主办的上海生活周刊社工作，1933 年任生活书店批发科长，此后历任贵阳、桂林等地生活书店分店经理、东北光华书店总经理、生活·读书·新知三联书店总经理，公私合营的中国图书发行公司总经理。1953 年任中国国际书店总经理，主持该店工作 24 年，历尽艰辛和风风雨雨，为开创新中国图书进出口事业作出了贡献。他具有丰富的发行经验，深知扩大海外市场必须利用各种力量建立国外发行网。在他主持工作的全盛时期，同国外 1100 家同业建立了书刊代销关系，拥有近 25 万个海外读者订户。1977 年起，他担任外文出版发行事业局领导成员、顾问，著有《从学徒到总经理——书店生涯回忆》。

第三节　图书市场管理

　　新中国成立以来，人民政府对图书市场的管理，旨在依法取缔非法出版活动，查禁非法出版物，以保障人民有秩序地行使出版自由的正当权利，维护社会安定和进步，维护出版发行行业的合法权益和健康发展。

　　1949—1999 年间的图书市场管理，大体可以分为 3 个阶段：从新中国成立到改革开放前（1949—1977），非法出版活动不多，或者说没有形成大的气候，图书市场管理较为单一；改革开放初期（1978—1985），以滥编滥印为特征的非法出版活动增多，图书市场出现混乱现象，政府主管部门连续发文加以制止；20 世纪 80 年代后期至 1999 年，黄色书刊泛滥，盗版猖獗，政府加大了集中打击的力度。

一、改革开放前的图书市场管理

新中国成立初期，国家对图书市场的管理，主要是规范书业的经营行为，审慎查禁书刊；保护版权，禁止翻印书刊；对反动、淫秽、荒诞的书刊画册，进行了处理。私营书业完成社会主义改造之后，国营出版物占据了图书市场，非法出版物基本绝迹。"文化大革命"期间，形形色色的红卫兵"小报"满天飞，但没有作为商品进入市场，不属于图书市场管理的范围。

（一）政务院发布法规治理出版、印刷、发行业。1952 年 8 月，政务院发布《管理书刊出版业印刷业发行业暂行条例》，是新中国最早出台的治理图书市场的法规。全国书刊出版业、印刷业、发行业不论公营、公私合营和私营，一律按《条例》规定，备具营业申请书经当地出版行政机关核准，凭许可证向当地工商行政机关申请登记，方可开业。已经开业的，要重新进行申请登记，最迟不得超过 1952 年 10 月 15 日，经核准才能继续营业。

各地出版行政机关在接受申请与核准的过程中，淘汰了一批投机出版商，规范了出版发行业的经营行为，从源头上净化了图书市场，并为私营书业的社会主义改造创造了条件。

（二）审慎查禁书刊。1951 年 11 月，出版总署发出《关于查禁书刊的规定》，要求各地出版行政机关查禁书刊必须报请出版总署批准，在未经批准前，各地可先行封存。这就统一了查禁标准，也可防止甲地禁售乙地仍在发行。从 1951 年 9 月至 1952 年 5 月，出版总署共批准查禁 53 种新书。不久发现，查禁的尺度过宽。出版总署于 1952 年 7 月发出《关于查禁书刊问题的指示》，对于若干不该查禁而查禁的书，撤销了禁令。强调"审读书刊、处理书刊，是一种执行国家文化教育政策的大事，必须以认真严肃的态度来进行。而查禁书刊是出版行政机关处理书刊的最后手段，将决定一本书刊的存废，更必须出之以极端郑重的负责态度"。"一般只查禁直接反对《共同纲领》而对国家和人民有重大危害的书刊"（《中华人民共和国出版史料》第四辑）此后，出版行政机关对查禁书刊均采取十分审慎的态度。但在历次政治运动中，仍有部分图书因种种原因被停售。一般由出版社书面通知新华书店的发货店，由发货店通知全国新华书店，对停售书作退货处理，退货损失由出版社承担。可见，计划经济时期对图书市场的管理比较容易。

（三）用新历书取代封建迷信的旧历书。1951 年 5 月，出版总署发出《关于编印发行 1952 年历书的指示》说："就全国范围来说，含有封建迷信的旧历书仍旧有不可忽视的力量，这种情况，必须改变。"（《出版工作文件选编（1949—1957)》）《指示》规定，由人民出版社负责组织新农历中有关政治部分的材料，供各地采用。新农历中有关生产和卫生常识部分，由各地人民出版社自行编辑。对于私营出版社出版的历书（含日历、台历），不涉及政治内容而只讲历象的，只要没有科学上的错误，可以自由出版。同时规定："一切公营及公私合营的发行机构，均不得代售含有封建迷信毒素的旧历书。出版行政机关并应说服私营书店及摊贩不代售此种旧历书。"当时的政策不是查禁旧历书，而是大力出版发行新历书来取代旧历书。从 1952 年起，含有封建迷信内容的旧历书基本上未在市场露面。

（四）保护版权，纠正任意翻印图书。新中国成立前后，东北新华书店和保定新华书店曾各翻印了一种中华书局出版的科技书。中华书局对此提出抗议。中宣部出版委员会于 1949 年 11 月向各地新华书店发出通知，制止侵权翻印，"以后非经作者和原出版者同意，不得任意翻印外版书籍"。此后，各地新华书店不再翻印外版书。

北京的一些书商擅自翻印新华书店出版物的现象较为严重。据出版总署办公厅计划处调查，自平津解放至 1949 年 11 月，已发现北京的翻印书商 15 家（其中有两家私营印刷厂）翻印解放社、新华书店出版的畅销书 91 种，总印数估计至少达 27 万册。这些书商规模不大，多为独资的家庭手工业式的店铺。当年 5 月，解放社、新华书店登报声明禁止翻印后，这些翻印书商转入地下，其发行网已伸至天津、河北、河南等地。翻印书较正版书价格便宜，又可获得巨额利润，几乎所有的书摊都卖翻印书。

为处理翻印问题，北京市人民政府新闻处曾召集全市私营书商开会，说明翻印违法，并要求他们在报上公开道歉，并将翻印书送审。此后，私营书商的翻印风基本被刹住。

1953 年，河南、湖北、江西、江苏、山东、广西等地，又陆续发生机关团体任意翻印国营出版物的事件。江西省翻印的最多，南昌市的非出版单位翻印的图书、图片达 186 种，印发 100 余万册、8 万余张。经政务院文教委员会同意，出版总署作出规定，"一切机关团体不得擅自翻印出版社出版的书籍、图片，以重版权，而免浪费"。要求各地新闻出版行政机关将这个规定转告有关机关团体。出版总署《禁止任意翻印图书的规定》下达后，很少再有类似事件发生。

（五）制止私商非法出版图书。1954 年，东北人民政府新闻出版处发现沈阳、鞍山、哈尔滨有几家私商和私营印刷厂没有出版许可证，擅自出版唱本、年画等，立即加以制止，并通知各公私营印刷厂，"凡未经核准为出版业者，不得接受其印件"。同时，"加强图书市场的管理，发现私人非法出版物时，要追查出版者和承印者"。出版总署为此发出通报，认为东北人民政府新闻出版处"提出的处理办法是可行的"，要求各地"应该用一切办法不使私商用各种变相办法非法出版书籍、图片、年画、唱本"。

1956 年，私营书业完成社会主义改造，图书流通环节统一由全国新华书店掌握，包括盗版在内的一切非法出版活动销声匿迹。

（六）处理反动、淫秽、荒诞的书刊图画。1955 年春，文化部党组接到刘少奇、周恩来对青年团中央关于反动、淫秽、荒诞书刊图画毒害青年儿童的批语。经过调查研究，文化部党组向中共中央并毛泽东报送了关于处理此类图书的请示报告。《报告》称："省会以上城市约有租赁书籍和连环画的店铺、摊子和流动摊贩一万个以上，其中八大城市就占了约七千个左右，其中只有百分之十左右出租旧小说，其余都是出租连环画的。""估计全国租书铺摊共有图书二万种以上，一千万册左右，读者每天达一百五十万人左右。连环画的读者以少年儿童占多数。"（《出版工作文件选编（1949—1957）》）出租的品种约 80% 是旧社会遗存下来的反动、淫秽、荒诞的小说、画册。《报告》提出了具体的处理办法。

5 月 20 日，中共中央发出《关于处理反动的、淫秽的、荒诞的书刊图画问题和关于加强对私营文化事业和企业的管理和改造的指示》。7 月 22 日，国务院发布《关于处理反动的、淫秽的、荒诞的书刊图画的指示》，指明了此类出版物的严重危害："一部分人民群众，尤其是青年、少年、儿童，读了这些书，思想堕落，身体败坏，生活腐化，学业旷废，工作消极，甚至出现殴斗、盗窃、奸淫、凶杀等犯罪行为。这就严重地影响了社会治安的巩固，妨碍了社会主义建设事业的顺利进行。"因此，必须进行坚决的严肃的处理。处理的办法分为查禁、收换、保留。凡属查禁的图书要经过一定的审批手续，"查禁的面应窄"。收换旧书，"大体上以二比一的比价（如一元新书收换二元旧书）。发给摊贩新书书券，让他们到国营书店领取新书，以便继续营业"。

处理反动、淫秽、荒诞图书的工作，全国省辖市以上城市统一于 1955 年 8 月开始，其他市、县视当地条件自行决定，到 1956 年 6 月结束。此次处理，形成遍及全国的一次运动，各地党、政、工、青、妇共同参与，各有分工。报刊，广播大造声势。各工厂、学校和街道里弄都被动员起来，用若干典型事例宣传此类图书的毒害，说明政府严加处理的必要。当年有一条很成功的经验，就是通过书业公会或书摊联谊会把租书铺摊组织起来，经常进行思想教育，照顾他们的生活，争取大多数铺摊团结在政府周围，协助政府处理有毒害的出版物。

1958 年 1 月，文化部发出《关于处理反动、淫秽、荒诞书刊图画问题的通知》，充分肯定了 1955—1956 年处理此类有害出版物所取得的巨大成绩，同时指出："还有一些不法的印制者和由海外秘密贩运的，少数唯利是图和别有用心的租书铺、摊，还在公开或秘密地租赁、出售有害的图书……根据'过去从宽，今后从严'的方针予以取缔和法办"（《出版工作文件选编（1958—1961）》）。

二、改革开放初期制止滥编滥印

改革开放初期，本书是指 1978—1985 年这 8 年期间。图书市场存在的主要问题是：绝迹多年的淫秽出版物初露端倪；某些机关单位滥编滥印图书成风；侠义、公案等古旧小说印数失控。政府有关部门针对上述问题，加强了对图书市场的治理。

（一）查处偷运进口的淫书淫画。此类出版物早在 1956 年已进行了大张旗鼓的处理，绝迹多年，"文化大革命"后期又有露面，主要是从海外邮寄、夹带进来的。此类出版物多在青少年之间暗中流传，很少在市场露面。国家最高权力机关对此极为重视，1979 年 7 月第五届全国人民代表大会第二次会议通过的《中华人民共和国刑法》第一百七十条规定："以营利为目的，制作、贩卖淫书、淫画的，处三年以下有期徒刑、拘役或者管制，可以并处罚金。"

随着我国对外交往的增多，从国外和海外偷运进口的淫书、淫画以及其他诲淫物品也显著增多。据海关总署统计，1980 年从进口的出版物中，没收淫秽色情读物 1.9 万件，比上年增加 4.1 倍。还发现有少数非法书商，复制此类读物，出售牟利。为此，中共中央宣传部和公安部、文化部、商业部、交通部、国家旅游局、国家工商行政管理局、海关总署于 1981 年 4 月联合发出《关于查禁淫书淫画和其他诲淫物品的通知》，要求各有关部门加强联系，互通情报，配合行动，切实查禁淫书淫画等的流散和蔓延。

上述 8 部（局）的联合通知发出后，从海关偷运进口淫书淫画大为减少，但又发现通过贸易途径进口的问题。天津海关 1981 年上半年先后查获国内有 8 个单位通过中国图书进出口总公司自国外进口淫秽、色情图书 4 批共 90 册。立即被海关没收。中央宣传部于同年 10 月再次发出通知，严禁进口淫秽、色情图书并通报批评了 8 个订书单位。国务院进出口图书协调小组要求图书进出口部门提出加强管理贸易性进口图书的具体办法。

（二）制止机关团体等单位滥编滥印图书。从 1978 年起，一些机关、学校、团体和国有企事业单位擅自编印市场上的热销书，高价兜售，行销遍及全国。1978 年 1 月，国务院批转了国家出版局《关于克服书刊内容重复和滥编滥印现象的报告》，要求各省、市、自治区革命委员会和国务院各部委"认真抓一下这个问题，并督促有关部门进行一次检查，采取切实有效措施加以改变"。这个文件发布后，稍有收敛，但不久又有一些单位滥编图书。河北大学《学报》编辑部和中文系部分教师擅自编印内容庞杂的《中国古代短篇小说选》（10 册），自行销售 14.4 万册，其中有些内容污秽不堪。还有许多教学单位竞相编印各种高考习题集、复习大纲和教学参考资料，质量低劣，在社会上产生了不好的影响。

1980 年 6 月，国务院再次批转国家出版局、教育部、公安部、文化部等 8 个部局《关于制止滥编滥印书刊和加强出版管理工作的报告》，提出了 9 条治理措施。这个文件第一次提出了"非法出版单位"、"非法出版物"等名词，但对滥编滥印的处理，仅仅是没收其非法收入归财政，对有关人员进行严肃处理。由于处理的力度不够，滥编滥印之风仍禁而不止。例如：福建晋江县石狮公社塔前文具厂于 1984 年非法录制和出版发行各种外语教学录音带、复习资料及题解，直接向许多学校征订，牟取暴利。同年，吉林四平市的《群众艺术》杂志社非法出版《女皇野史》，《松辽文学》杂志社非法出版《无头女尸》。按国家规定杂志社是不许出版书籍的，但有些杂志社背离办刊方针，以增刊的形式胡编滥造情趣低下的"剑侠"、"传奇"、"奇案"、"野史"、"秘录"，用猎奇的手法招徕读者，高价出售，造成"精神污染"。

（三）控制侠义、公案、言情等旧小说的印数。改革开放初期，出版界深刻批判了"四人帮"推行的"文化禁锢主义"，出书选题大为开阔，出版工作日渐活跃，但也有部分出版社与社会上的滥编滥印相呼应，大量印行旧社会出版的《三侠五义》、《施公案》、《彭公案》、《济公传》等旧小说。其中有的书印数达数百万册。这些旧小说虽然反映了封建社会的黑暗、残暴，但也宣扬了封建道德观念和因果报应等迷信思想。1981 年 1—2 月，国家出版局两次发出通知，从严控制旧小说印数，一般不许超过 3 万册。可是有少数出版社不听招呼，继续滥印滥出。

1982 年 4 月，国家出版局再次发出通知，坚决制止滥印古旧小说。从控制印数到坚决制止，是个很大的变化。"自文到之日起，不许继续出版，所有正在印制的这类小说一律停印，已印好的暂行封存，听候处理"（《出版工作文件选编（1981—1983)》），同时要求新华书店对这类小说的进货、销售和宣传都要严加限制。今后对古旧小说的出版，"要纳入统一规划"。这个通知下达后，滥印古旧小说之风基本被刹住。

三、20 世纪 80 年代中期以来的"扫黄"、"打非"

从 20 世纪 80 年代初起，我国的集体、个体、私营书店和书摊发展迅速。到 80 年代中期，已逐步形成一条有别于新华书店主渠道的"二渠道"。其中一些非法书商疯狂印制黄色书刊或音像制品，滥印畅销书，甚至翻印境外出版的反动出版物、通过某些民营书商泛滥于图书市场。为此，政府主管部门连年开展"扫黄"、"打非"活动。1989年中共十三届四中全会以后，在中共中央、国务院的直接领导下，加大了集中打击的力度，10余年来"扫黄"成果累累。此类非法出版活动有着复杂的国际国内原因，有敌对势力颠覆破坏的政治背景也有暴利可图的经济诱因。所以打击此类非法出版活动是一项长期而艰巨的斗争。

（一）开展声势浩大的"扫黄"斗争。非法出版活动始于社会上的滥编滥印。因为有暴利可图，一些非法书商就铤而走险。1986年沈阳市私营的群英书店擅自印行《九·一三内幕》，发往东北三省及西北、西南等地达100万册，又盗印河北文联的《大千世界》30万册，《辽宁日报》等三家国营印刷厂为其非法出版提供了纸张和印刷条件。1986年初，国家出版局等政府主管部门查获非法出版物143种，多为宣扬打斗、色情、凶杀、封建迷信和有严重政治错误的书。同年3月，国家出版局、国家工商行政管理局、公安部联合发出《关于严厉打击非法出版活动的紧急通知》，要求各地出版行政、工商管理、公安部门集中力量、集中时间坚决取缔非法出版活动。但是，禁而不止并且有继续发展的趋势。

1987年7月6日，国务院发出《关于严厉打击非法出版活动的通知》，7月30日新闻出版署、广播电影电视部、文化部、公安部、司法部、国家工商行政管理局、轻工业部、铁道部、交通部、邮电部、中国民用航空局、财政部联合发出《关于贯彻落实国务院〈关于严厉打击非法出版活动的通知〉的通知》。各地的专职"扫黄"队伍是从这个通知发出后建立起来的。《通知》要求："车站、港口、机场、邮局等运输传递环节要大力配合查处非法出版活动的工作，凡集体单位和个体工商户通过铁路、公路、航空和邮局成批托运或邮寄（一次邮寄在100件或500公斤以上）出版物时，须由当地新闻出版或文化管理、广播电视部门审查并出具证明。"这个规定非常必要，但一次托运或邮寄只要不超过100件或500公斤，就可放行，往往被非法书商钻空子。他们还可用金钱打通交通运输环节，为其托运或邮寄非法出版物。非法书商曹志欣编印淫秽、色情的《情海欲波》，因没有出版行政部门开具的《大件书刊准运证》，在无锡火车站托运碰壁，遂向邮局贿赂 3000 元，打通了大批邮寄淫秽读物的关口，堂而皇之地寄往全国 17 个省市的"二渠道"网点。

由于交通运输环节卡不住，非法出版活动变本加厉。1988 年 4 月至 1989 年 8 月，新闻出版行政机关陆续查禁收缴黄色图书及其他有害图书 254 种，刊登黄色内容的期刊（多为增刊、专号）64 种。为贯彻中共中央、国务院电话会议精神（本书第十二章已叙及），1989 年 9 月，中共中央办公厅、国务院办公厅联合发出《关于整顿、清理书报刊市场和音像市场严厉打击犯罪活动的通知》，全国掀起一场声势浩大的"扫黄"斗争。许多省的省委书记、省长亲自指挥这场斗争。不到 1 年时间，全国共查处黄色书刊 3000 多万册，狠狠打击了"制黄"、"贩黄"分子的嚣张气焰。

20 世纪 90 年代以来，中共中央、国务院多次召开全国"扫黄"工作会议，由宣传部门、政法部门共同部署，年年开展"扫黄"、"打非"斗争。从 1995 年起，这项工作已连续被写入政府工作报告。据不完全统计，从 1994 年到 1998 年，全国共收缴非法书刊 4439.4 万册、违禁音像制品和电子出版物 8705 万张（盒），查获的非法光盘生产线 79 条，端掉黑窝点 2000 多个，查处案件 1 万多起。广大群众一致反映，"扫黄"、"打非"是中国共产党和人民政府为人民办的一件大好事。

（二）非法出版物的主要形式。纵观 20 世纪 80 年代中期以来的非法出版物，主要采取鱼目混珠的形式出笼。

1. 伪称。用随便编造的出版社名义出书。例如，1987 年查处的《小鱼吃大鱼》，伪称西藏民族出版社出版；《小赌神》伪称天山出版社出版；《血煞星》伪称内蒙古出版社出版。1900 年查处的《狂蝶戏花》，伪称江城文艺出版社出版；《邪神·瘟将》伪称中国文艺出版社出版……这些出版社都是根本不存在的。

2. 冒名。冒充国家批准的出版社名义出书。1986 年查处的《天妒红颜》，冒充春风文艺出版社版。1989 年查处的《一个男人和八个女人》，冒充河北人民出版社版；《情场十年》，冒充昆仑出版社版。1992 年查处的《女杀手》，冒充中国妇女出版社版等。

被列入 1996 年冬全国"扫黄"、"打非"要案的江苏大丰县唐葆春 7

人团伙，假冒多家出版社的名义擅自编印中小学教辅读物 95 种，非法销售 488 万册，码洋高达 1067 万元。这些非法读物的内容，错误百出，用贿赂、给学校回扣等手段，流向全国 10 多个省市的中小学生手中，严重干扰了教学秩序。

3. 不署名。书上不印出版、印刷单位的名称，也没有版权页。1989 年查处的《床上功夫》、《疯狂的少妇》、《夜梦春晓》，1990 年查处的《卖身女郎》、《住宅风水勘吉凶》、《指掌相法》等，均不印出版者、印刷者名称。

4. 走私。一些境外出版的反动、淫秽出版物，由犯罪分子走私入境，或者在大陆秘密翻印销售。如 1987 年查处的在台湾出版的反动图书，1988 年查处的在香港出版的淫秽刊物等，均系走私入境。1998 年下半年以来，从境外流入的反动出版物较往年又有上升趋势。

5. 加印。印刷厂擅自加印，暗中出售。成都市不法分子朱培勇等人盗印《金瓶梅词话》2800 套，每套售价 350 元，非法经营额近百万元，而印刷厂又私下加印 800 套，通过非法渠道售出。石家庄市北方印刷厂承印《中越战争秘录》，出版社出具"付印单"10 万册，该厂竟私自加印 70 万册，非法批发给"二渠道"销售。此类情况时有发生。

6. 买卖书号非法包销。由于政府加大了打击非法出版活动的力度，许多不法书商则变换手法与正式出版单位相勾结，以"协作出版"或"代印、代发"（实为非法包印包销）的名义，买书号出书。出版社出卖书号，实际是出卖了国家赋予的出版权，既毒害了广大读者，又玷污了出版社的声誉。某书商从延边某出版社买来书号，印售淫秽图书《玫瑰梦》40 万册，获利 90 余万元，而该社仅得到几万元。山西希望社从上海某出版社买来书号，出版了违反党和国家民族、宗教政策，侮辱穆斯林群众的《性风俗》。北京的部分穆斯林群众举着愤怒的标语牌到天安门广场游行示威，影响波及 19 个省、自治区。书贩子梁国俊与某文艺出版社"合作出版"《江湖浪子》，由梁国俊在保定包印包销。在付印时书名不变，书稿内容却被偷梁换柱成淫书《血煞星》。原定印数 1.5 万套，实际印 7.5 万套，书价从原定的 5.6 元变成 15.6 元。待出版社发觉，这个书贩子已赚得大批昧心钱逃之夭夭。

从 20 世纪 80 年代中期起，新闻出版署三令五申，"严格禁止买卖书号、刊号、版号"，"严禁任何单位和个人参与出版、印刷、复制、发行等活动"。"出版单位不得向没有一级批发权的任何发行单位转让或变相转让总发行权，也不得向非发行单位批发出版物。"（《中国出版年鉴（1998）》）但是，买卖书号、"代印代发"等非法出版活动仍时有发生。1999 年 7—10 月破获的"法轮功"非法出版物大案就是典型事例，另作专题叙述。

（三）不法书商纷纷落入法网。由于加大了打击力度，每年都有一批从事非法出版活动的书商被绳之以法。1991 年，江苏镇江查获的"9·18"特大非法出版案，印制反动、淫秽书刊 25 种，135.9 万册。主犯曹志欣被镇江中级人民法院判处死刑，同犯张爱洲等 3 人被判刑 9—15 年。1994 年李红兵非法出版案，主犯被南京鼓楼区人民法院判处徒刑 11 年，剥夺政治权利 2 年。1995 年，陈建国犯罪团伙印制、贩卖淫秽图书《奇异的性风格》，保定市中级人民法院依法判处主犯陈建国无期徒刑，剥夺政治权利终身，同犯王红友等 4 人分别被判处徒刑 15—20 年。原保定市文化局干部何建平为这个犯罪团伙开具运输非法出版物的证明，以玩忽职守罪判处徒刑 2 年。1995 年，湖南国晓书社制黄、贩黄主犯万长庚，被湖南常德市中级人民法院判处死刑，同犯彭建安被判处无期徒刑，另有 8 名同犯被判处徒刑 14 年及 1 年零 3 个月不等。1996 年，河北《市场文学》主编曹增书出卖该刊刊号，由范颖尚等人用这个刊号出版具有反动内容的《热门话题》A、B 卷，石家庄市长安区人民法院判处主犯范颖尚徒刑 13 年，判处同犯靳建国等人徒刑 4 年，曹增书以玩忽职守罪被判处徒刑 1 年零 6 个月。

以上只是列举了几个大案要案，判处 10 年以下徒刑的案件则不胜枚举。天网恢恢，从事非法出版活动的罪犯迟早会落入法网。

（四）治理违法违规的出版单位。鉴于一些出版单位以协作出版或代印、代发的名义卖书号，导致一批淫秽、色情图书进入图书市场。新闻出版署于 1989 年连续 3 次发文，对协作出版的协作对象以及代印、代发作了严格规定，严禁出版单位与集体或个人搞协作出版；代发单位必须是有总发行权的国有发行单位，严禁同集个体书店搞代印代发。但是，某些出版单位却明知故犯。同年 10 月，中共中央办公厅、国务院办公厅发出《关于整顿报刊和出版社的通知》，决定对于犯有严重政治错误的、出版淫秽色情图书情节严重的、违反出版管理规定情节严重的出版社，撤销登记。根据这个通知精神，仅 1989 年，新闻出版署就陆续撤销了中国盲文、中国民间文艺、广州文化、贵州美术、海南人民、台声、黄河文艺等出版社，北京日报出版社也被撤销。被撤销出版社的共同特点，都是违反协作出版和代印代发的规定，出卖书号，任由不法书商印售淫秽、色情及其他有害图书。此外，主管机关还对 9 家出版社给予了行政处罚。

1990 年全国出版社实行重新登记注册，全国有 36 家出版社、2 家出版社分社被撤销、停办或合并。此后，新闻出版行政机关继续加强管理，完善了对出版单位的年检制度。出版社与非法书商合作出版淫秽、色情图书的情况已基本消除，但买卖书号出版一般图书的情况仍屡禁不绝。成都出版社 1995 年出版图书 205 种，其中有 124 种是违反规定的"协作出版"。随机抽查 13 种书，就发现严重的卖书号现象。大世界出版有限公司 1994 年底以来共出书 32 种，有 6 种是卖书号图书，占全部出书种数的 19%。山西高校联合出版社卖书号图书占出书种数的 56%。该社 1994—1995 年全部收入 201 万元，其中 160 万元是靠卖书号收取的所谓管理费。1996 年，新闻出版署陆续发文，将上述三个出版单位予以撤销。

1996 年 1 月，国务院办公厅再次发出《关于坚决取缔非法出版活动的通知》，重申"未经新闻出版行政管理部门批准，任何单位和个人不得从事图书、报纸、期刊、音像及电子出版物的出版、印制、复制和发行活动"、"严禁买卖书号、刊号、版号"（《中国出版年鉴（1997）》）。

（五）治理印刷行业。非法出版物的大量出笼，与印刷企业发展过多、过滥以及管理失控有直接关系。20 世纪 90 年代中期，全国约有各类印刷企业 10 万家，200 万职工。这还不包括无照无证的非法印刷作坊。山西某县有个村庄成了无照无证的印刷村，共有印刷机 100 多台，一年非法印制的各类教辅读物发货总额达 7000 多万元。有的国有印刷厂也与不法分子相勾结从事非法印刷，如河南杞县印刷厂厂长与马保林团伙共同犯罪，盗印《岁月随想》等书 28 种、101 万册。河北蔚县印刷厂正副厂长与山西大同书商合伙盗印《现代汉语词典》等多种图书，总码洋达 228 万元。

为加强对印刷行业的治理，新闻出版署、公安部、国家工商行政管理局、文化部、轻工业部于 1988 年 11 月联合发出《印刷行业管理暂行办法》，为制止非法印刷活动从多方面作出了具体规定。1989 年 12 月，新闻出版署发出《加强书报刊印刷管理的规定》，要求各地新闻出版局会同有关部门对本地区印刷企业尽快完成整顿工作，并进行一次全面的普查、登记和验收。在此基础上实行书刊定点印刷制度。1997 年 3 月，国务院颁布《印刷业管理条例》。8 月，新闻出版署发布《出版物印刷管理规定》。这两项法规进一步完善了对书报刊印刷的管理。截至 1999 年，取缔无证无照非法印刷企业 3723 家，查处违法违规印刷案件 116 起，收缴非法印刷品 617 万册。由于受经济利益的驱动，仍有非法出版物特别是盗版书从印刷这个源头流入图书市场。

（六）治理发行行业。从印刷环节出笼的黄色书刊和其他非法出版物，主要通过某些私营书商和书摊流入市场，具有光荣传统的全国新华书店进行了抵制和斗争（极个别的除外）。为了清理、整顿书刊市场，1989 年 11 月，新闻出版署、国家工商行政管理局发布了《关于加强集体、个体、私营书店（摊）管理的暂行规定》，明确"个体、私营书店（摊）一律不准经营图书、期刊（包括挂历、画册、明信片）的批发业务，只能按有关规定开展零售业务"。对集体书店经营二级批发业务，规定了严格的审批条件。1990 年 1 月，新闻出版署部署各地新闻出版行政机关按照上述《暂行规定》，对集体、个体、私营书店（摊）进行重新登记，坚决取缔不具备经营条件或参与制黄、贩黄的店摊，从严掌握和适当压缩经营批发业务的集体书店。1993 年 6 月，新闻出版署发出通知，查处了"二渠道"的两个非法社团组织。

为了规范二级批发，制止无照经营和超范围经营，20 世纪 90 年代初期，各大中城市相继建立了书刊批发市场。1995 年起，新闻出版署发出通知，实行批发进场制度，除新华书店、外文书店和出版单位直接进行的批发业务外，其他批发单位一律进场开展批发业务。在场外从事批发按非法经营查处，凡进场销售的书刊必须经当地书刊市场管理部门审查批准。获得二级批发权的集体书店有相当一部分实为个人承包，或本来就是私人经营，为了标出"集体"的名义才找一个挂靠单位，每年交若干管理费。某些戴"红帽子"的私营批发书商与买卖书号、盗版盗印、制黄贩黄等违法犯罪活动有着千丝万缕的联系。有些书商就是靠非法出版活动发财的。"9·18"特大非法出版案的主犯曹志欣在江苏镇江市经营所谓集体所有的"明珠书社",挂靠单位为安徽蚌埠市文化局。实为他个人开办,只是每月给文化局 3000 元管理费,而文化局对其经营活动一概不管。曹志欣打着文化局的旗号疯狂从事非法出版活动。

为加强对拥有二级批发权的集体书店的监督管理,新闻出版署于 1996 年对二级批发进行了整顿,并下达"九五"期间二级批发单位总量控制指标。各地新闻出版局为此做了大量工作,对二级批发单位逐个审核,实行优胜劣汰。到 1997 年底,全国二级书刊批发单位已由整顿前的 3262 处减少到 1384 处,淘汰 57.6%。

为整顿图书市场秩序,1992 年 2 月,中共中央宣传部、新闻出版署、国家工商行政管理局、监察部、财政部、国家税务局联合发出《严禁非图书经营单位发行图书的通知》。1997 年 2 月,国务院颁发的《出版管理条例》第三十五条、第三十六条对此又作出更加明确的规定。

(七)继续治理盗版活动。图书盗版也是一种非法出版活动,虽然每年都进行查处,却屡禁不止,且有愈演愈烈之势。人民文学出版社出版钱钟书所著的《围城》,有 20 种盗印本。该书出版 20 年来,正版发行 180 万册,盗版销售估计达 200 万册。商务印书馆的《现代汉语词典》(修订本)出版不到两个月即遭盗版,仅北京就发现 30 多种盗印本。某不法书商一人就盗印了 8 万多册,码洋达 440 万元。该馆出版的《新华字典》修订本刚刚出版一个月,全国各地已发现 10 种盗印本。上海译文出版社几乎每年都有二三十种图书被盗印。许多不法分子惯用边远地区出版社的名义印发盗版书。据不完全统计,1997 年用青海人民出版社名义出的盗印书达 120 起,1998 年也不下 100 起。

音像制品和电子出版物的盗版活动尤为猖獗,音像市场几乎被盗版制品所占领。清华大学出版社出版的电子出版物《大嘴英语》,在"莫必斯"多媒体光盘国际大奖赛上获奖后不几天,市场上就出现 5 种盗版光盘。

盗版活动愈演愈烈主要是经济利益所驱使。盗版书,投入少,产出多,可以按四折低价批发,很快收回资金。同"制黄、贩黄"相比,被抓获的风险小。不法书商同印刷厂相勾结,利用计算机扫描技术与现代印刷技术盗印的图书,一般人包括图书市场管理人员在内,很难分辨出是正版还是盗版。

有些出版社在书上做了防伪标志，然而有的盗版书上的"防伪"标志几乎可以乱真。

不法书商从事盗版活动，侵害了作者的著作权和出版社的专有出版权，不利于繁荣科学文化，严重影响我国保护知识产权的国际声誉。

盗版书的泛滥严重侵占了正版书的市场份额。非法经营者对盗版书实行低价倾销，以七折至对折的低价在市场出售，而遵纪守法的书店按七折甚至七五折的进价购进正版书，无法与盗版书竞争。漓江版长篇历史小说《太平天国》，1999 年 2 月至 3 月各印 1 万套，很快售缺。4 月又印 1 万套只销出2000 套，因为这时盗版书已达 15 万套。商务版《新华字典》未被盗版前，许多市县新华书店年销量可达万册。20 世纪 90 年代后期，因受盗版冲击，一些市县新华书店的年销量不足千册。某省教辅读物和学前班课本市场，盗版书占 85%。

电子出版物光盘的盗版活动更为严重。这些产品的开发成本高，尤其是精品选题，定价不可能太低，而盗版光盘的生产成本不到 2 元，其市场售价往往卖到 10 元以下，从而使正版光盘的出版发行濒临困境。

盗版活动的猖獗已引起政府的高度重视。1999 年 3 月，朱镕基总理在九届全国人大二次会议上所作的政府工作报告中强调指出，要"加大对书刊、音像盗版活动的打击力度"。1999 年上半年，新闻出版署和公安部会同海关系统查获走私光盘案 8 起，收缴盗版光盘 100 万张。同年 10 月，全国各地又开展了大规模打击系列 VCD 盗版特别行动，销售盗版光盘的商店均有不同程度的收敛。同年 11 月，中国书刊发行业协会联合全行业发起了拒发和举报盗版书活动，收到一定的成效。

（八）破获"法轮功"非法出版物特大案件。20 世纪 90 年代初期冒出的"法轮功"邪教组织，以教主李洪志为首，非法出版图书和音像制品，散布歪理邪说，蒙骗坑害群众，公开煽动与党和国家对抗，危害了国家安全与社会稳定。1999 年 7 月 22 日，中共中央决定抓紧处理和解决"法轮功"问题。当天，民政部宣布"法轮大法研究会"及其操纵的"法轮功"组织为非法组织。新闻出版署、公安部、国家工商行政管理局、海关总署、全国"扫黄"工作小组办公室也在当天联合发出紧急通知，要求各地集中清理"法轮功"出版物。截至当年 10 月，已发现署名李洪志的"法轮功"书籍 19 种，非法发行 1000 余万册。

据新华社电讯，出版过反科学、反社会、反政府的"法轮功"图书和音像制品的出版社有 10 家。这些出版社之所以犯这样严重的政治错误，原因之一是卖书号给"法轮大法研究会"或者让这个邪教组织非法包印包销。

在李洪志策划安排下，自 1993 年至 1996 年，非法出版 11 种、约 218 万册的"法轮功"书籍，销售总额达 744 万元。北京的"法轮大法研究会"以对折或五五折从出版社包销，全价兜售给各地的"法轮功"练习者、信众。

1996 年之后，为逃避新闻出版和税务等管理部门的稽查，加上新闻出版署发出查禁收缴有关"法轮功"书籍的通知，李洪志将非法出版发行基地从北京转移到外地（以武汉、济南为主）。通过非法经营，更隐蔽、更大规模地自印自发"法轮功"出版物。用低成本、高定价以及从精神上控制信众等手段，像吸血鬼一般掠夺练功者的血汗钱，散布"法轮功"瘟疫。据新华社 1999 年 10 月 21 日电讯，政府有关机关已分别在武汉和济南破获 3 起非法出版和销售"法轮功"类书籍、音像制品及其他物品的特大案件。3 案的非法经营额共计 1.3 亿元，非法获利共达 3886 万元。其中，相当一部分非法获利以"稿费"、"著作权使用费"、"赞助费"等名义流入李洪志腰包。据调查，此人在海外有巨额存款。直接从事这些非法出版活动的少数"法轮功"骨干分子也占有了数额可观的钱财，依附于这个邪教组织的不法书商也参与了非法利润的瓜分。

据有关部门透露，在武汉、济南破获的 3 起案件只是冰山的一角，参与非法出版和销售"法轮功"出版物案件的还有北京、长春、哈尔滨、大连、重庆等多起。"法轮功"骨干分子姚洁、纪烈武等人将香港的所谓"法轮佛法出版社"出版的 40 余万册"法轮功"邪教书籍偷运到北京销售，销售额达 590 万元，并将非法收入转移到香港。

国家迅速破获"法轮功"非法出版物特大案件，大快人心，受到广大人民群众的热烈拥护。我国的书业也必将从这些特大案件中吸取教训，严格遵循国家颁布的有关编、印、发的法律法规，加强行业自律，不给"法轮功"之类邪教组织以可乘之机。

责任编辑：余　平

封面设计：汪　阳

责任校对：刘　青

图书在版编目（CIP）数据

中国书业史／郑士德，郑北星　著 . —北京：人民出版社，2021.6

ISBN 978－7－01－022978－2

I.①中⋯　II.①郑⋯②郑⋯　III.①图书－出版发行－文化史－中国
　IV.① G239.29

中国版本图书馆 CIP 数据核字（2020）第 262512 号

中国书业史
ZHONGGUO SHUYESHI

郑士德　郑北星　著

人 民 出 版 社 出版发行

（100706　北京市东城区隆福寺街 99 号）

北京汇林印务有限公司印刷　新华书店经销

2021 年 6 月第 1 版　2021 年 6 月北京第 1 次印刷

开本：710 毫米 ×1000 毫米 1/16　印张：53

字数：800 千字

ISBN 978－7－01－022978－2　定价：198.00 元（上、下册）

邮购地址 100706　北京市东城区隆福寺街 99 号

人民东方图书销售中心　电话（010）65250042　65289539